4TH EDITION

儿童与青少年异常心理学 第四版

Introduction to Abnormal Child and Adolescent Psychology

[美]罗伯特·韦斯(Robert Weis) 著
贺雯琪 译
刘靖 祝卓宏 审校

新华出版社

图书在版编目（CIP）数据

儿童与青少年异常心理学 : 第四版 / (美) 罗伯特・韦斯著 ; 贺雯琪译 . -- 北京 : 新华出版社 , 2025.9. --
ISBN 978-7-5166-7964-7
I. B844.14
中国国家版本馆 CIP 数据核字第 2025B1T185 号

Introduction to Abnormal Child and Adolescent Psychology, Fourth Edition
By Robert Weis

儿童与青少年异常心理学：第四版

作者：［美］罗伯特・韦斯
译者：贺雯琪
出版人：匡乐成
出版统筹：沈建　王永霞
责任编辑：陈君君
出品：图文出版事业部
特约编辑：赵昕培　吕梦阳
特约策划：领学东方
封面设计：孙杨
出版发行：新华出版社有限责任公司
（北京市石景山区京原路 8 号　邮编：100040）
印刷：天津画中画印刷有限公司

成品尺寸：215mm × 275mm　1/16
印张：53.25　**字数：**1100 千字
版次：2025 年 9 月第 1 版
印次：2025 年 9 月第 1 次印刷
书号：ISBN 978-7-5166-7964-7
定价：198.00 元

推荐序

在中国，随着社会转型加速，教育竞争白热化、家庭结构核心化及数字技术渗透，青少年心理健康问题日益凸显，已然成为成千上万家庭的痛点问题、心理健康领域的难点问题、全社会高度关注的热点问题和关乎国家发展的战略问题。2021 年，北京安定医院郑毅教授等学者共同发布首个有关中国儿童青少年精神疾病患病率的流行病学调查，结果显示，在 6~16 岁在校学生中，中国儿童青少年的精神障碍总患病率高达 17.5%。儿童青少年的心理健康问题不仅仅是孩子自身发展的问题，还关系到家庭环境、学校环境、社会环境等方面的原因。

从家庭环境来看，部分家长不当的管教方式，如过度严苛或过度溺爱，以及家庭关系的不和谐，如频繁争吵、情感疏离等，都对青少年的心理产生了负面影响。许多青少年在这样的家庭氛围中成长，容易出现焦虑、抑郁等情绪问题，甚至产生人际交往障碍。

在学校环境方面，学业压力如沉重的大山，压在青少年稚嫩的肩头。频繁考试、名次竞争，让他们承受着巨大的心理负担。同时，校园欺凌、同学之间的排挤以及不良的师生关系等问题，也严重威胁着青少年的心理健康。有调查显示，相当比例的青少年因学习压力过大而出现心理困扰，部分学生甚至因不堪重负而产生厌学情绪。

社会环境同样不容忽视。随着社会的快速发展，各种思潮相互碰撞，青少年在面对复杂的社会现象时，容易产生迷茫和困惑。此外，网络的普及虽然带来了便利，但也引发了一系列问题，如网络欺凌、游戏沉迷、信息过载等，对青少年的心理健康构成了新的挑战。据相关研究表明，长时间沉迷于网络的青少年，更容易出现情绪低落、注意力不集中等心理问题。

面对日益普遍且严重的心理问题，全社会需要形成合力，共同关注青少年的心理健康，做好预防及康复工作。政府应发挥主导作用，加大对心理健康领域的投入，制定相关政策，推动心理健康服务体系的建设。例如，学校教师和各类教育机构的工作人员，应将心理健康教育融入日常教学中，不仅要关注学生的学习成绩，更要关心学生的心理健康；教师要具备一定的心理学知识和技能，能够及时发现学生的心理问题，并给予有效的帮助和引导；增加学校心理健康教育的师资配备，提高心理健康教育的课程质量；保证孩子每天一个小时的体育课、充分利用课间 15 分钟和大课间；推动“五育”并举和家校社医联动，鼓励社会力量参与心理健康服务，建设更多的心理咨询机构和康复中心、青少年活动中心、社区服务机构等；应积极开展心理健康教育活动，丰富青少年的课余生活，可以组织心理健康讲座、心理拓展训练等活动，提高青少年的心理素质和应对压力的能力；社区还可以加强对周边环境的治理，为青少年创造一个安全、和谐的生活环境。

面对如此复杂的青少年异常心理状况，专业的心理学著作显得尤为重要。《儿童与青少年异常心理学》便是这样一本极具价值的书籍。这本书在美国出版后，收获了如潮好评，其专业性和权威性得到了广泛认可。众多美国心理学专家对其赞誉有加，认为它为儿童与青少年异常心理学领域的研究和实践提供了全面而深入的指导。许多专业人士依据书中的理论和方法，成功帮助了大量有心理问题的儿童和青少年，积累了丰富的成功案例。例如，在一些多动症儿童的治疗中，运用书中关于多动症的诊断标准和干预方法，有效改善了这些孩子的症状，提高了他们的学习和生活质量，使得他们能够更好地融入社会。

对于中国儿童青少年，书中所讲的病例也具有很强的现实意义。以注意缺陷多动障碍（ADHD）为例，这是一种常见于儿童和青少年时期的神经发育障碍。许多患有 ADHD 的孩子在学习和生活中面临着诸多困难。他们往往难以集中注意力，在课堂上容易分心、好动，导致学习成绩不佳。在人际交往方面，由于他们的行为表现与其他孩子不同，可能会受到同伴的排斥，进而影响他们的自尊心和自信心。在治疗过程中，我们可以借鉴《儿童与青少年异常心理学》中的方法，采用药物治疗和行为干预相结合的方式。通过使用合适的药物来调节孩子的神经递质水平，同时依据书中的行为干预策略，如制定明确的规则、给予及时的奖励和反馈等，帮助孩子逐步改善行为。经过一段时间的治疗，许多孩子的症状可以得到明显缓解，学习成绩得以提高，与同伴的关系也得到改善。

再比如儿童焦虑症，这也是一种较为常见的心理问题。书中详细阐述了儿童焦虑症的症状表现、病因以及治疗方法。在中国，不少孩子因为学习压力、家庭环境等因素患上了焦虑症。他们可能会在考试前过度紧张，出现失眠、食欲缺乏等症状，在面对新的环境或任务时，也容易表现出过度的担忧和不安。我们可以根据本书中的指导，采用认知行为疗法，帮助孩子识别和改变负面的思维模式和行为习惯。同时，通过放松训练等方法，帮助他们缓解焦虑情绪。实践证明，这些方法取得了良好的效果，许多孩子的焦虑症状可以得到有效控制，能够更加积极乐观地面对生活和学习。

作为一本专业的教材，《儿童与青少年异常心理学》对于医学院的学生和教师来说，具有极高的教学价值。医学院的学生通过学习这本书，可以系统地了解儿童与青少年异常心理学的知识体系，掌握各种心理障碍的诊断标准、评估方法和治疗技术，为今后从事相关领域的工作打下坚实的基础。教师在教学过程中，可以以这本书为核心，结合实际案例进行讲解，引导学生深入思考和分析问题，培养学生的临床思维能力和实践操作能力。

对于普通教师而言，这本书也是不可多得的教学参考资料。在日常教学中，教师们常常会遇到一些行为表现异常的学生，通过阅读这本书，教师可以更好地理解这些学生的心理问题，及时发现并给予适当的帮助。例如，当教师发现学生出现厌学情绪时，可以依据书中关于学习障碍和情绪问题的相关内容，对学生进行综合评估，判断其是否存在心理问题，并采取相应的措施，如与家长沟通、提供心理辅导等。

这本书同样可以让家长们受益良多。家长是孩子成长过程中的第一任教师，孩子的心理健康状况与家长的关注和引导密切相关。现在很多家长都是终身成长型的知识分子，非常重视学习心理学，特别是希望学习一些与孩子健康成长的心理学知识。通过阅读这本书，家长可以了解孩子在不同年龄段可能出现的心理问题，以及如何早期发现和干预。当孩子出现情绪波动、行为异常时，家长能够运用书中的知识，正确判断孩子的情况，并给予恰当的关爱和支持。比如，当孩子出现焦虑情绪时，家长可以根据书中的建议，帮助孩子调整心态，缓解压力，营造一个温馨、和谐的家庭环境。

可以说，《儿童与青少年异常心理学》是一本对中国青少年心理健康工作具有重要指导意义的经典著作。它不仅为我们提供了专业的知识和方法，也为全社会关注青少年心理健康问题指明了方向。希望通过各方的共同努力，能够充分利用这本书的价值，让更多的儿童和青少年受益，帮助他们健康成长，拥有美好的未来。

中国科学院心理研究所　祝卓宏教授

2025 年 5 月 17 日

邀 请

从前，有一位老人住在海边。一天早上，他在海滩上散步，发现岸边满是海星。前一天晚上的暴风雨已经过去，海星搁浅在沙滩上。

老人注意到远处有一个小男孩沿着海岸线走过来。男孩越走越近，他不时停下来，弯腰捡起海星，把它们扔进海里。当男孩走到老人面前时，老人喊道："早上好！请问你在干什么？"

男孩停下来，抬头看了看老人，回答道："我要把海星们扔回海里。暴风雨把它们冲到海滩上，它们不能自己回到海里。它们需要我的帮助。"

老人回答道："但是这个海滩上肯定有成千上万的海星。恐怕你帮不了什么大忙。"

男孩弯下腰，捡起另一只海星，尽可能远地把它扔进海里。然后，他转向老人，微笑着说："我帮了那只海星！"

就像故事中的海星一样，许多儿童与青少年需要帮助。大约 20% 的儿童青少年在成年前至少经历过一种精神障碍。这一比例意味着仅在美国就有近 15 000 000 名儿童青少年会在行为、认知或社会情感功能方面遇到问题。这些问题包括唐氏综合征（Down syndrome）或孤独症（自闭症）谱系障碍（autism spectrum disorder, ASD）等发育障碍、注意缺陷/多动障碍（attention-deficit/ hyperactivity disorder, ADHD）或攻击性行为（aggressive behavior）等外化问题、焦虑（anxiety）和抑郁（depression）等内化问题以及进食障碍（eating disorder）和失眠（insomnia）等健康相关问题。这样的问题是严重的，会对儿童青少年自我照顾和与他人沟通的能力、在学校表现、培养与家人和朋友的关系，以及在生活中获得幸福和满足感方面产生负面影响。

同样令人担忧的是，大多数需要帮助的儿童与青少年得到的是不合格的护理或没有得到任何专业性的治疗。获得有效治疗的障碍包括对儿童青少年心理问题认识不足；获得高质量心理卫生服务的机会有限，尤其是来自社会经济水平低下的家庭的儿童青少年；以及接受循证治疗培训的精神卫生专业人员总体短缺。儿童青少年问题的数量和严重程度会让我们变得悲观，就像故事中的老人一样。

另一方面，最近的科学进步使我们充满希望，激励我们帮助需要帮助的儿童青少年和家庭。在过去的 30 年里，儿童精神病理学的科学研究显著增多。新的研究推动了这一领域的发展，使我们能够更加充分地了解这些问题出现的原因。研究依赖专业团队合作，通过遗传、生物、心理、家庭和社会文化方面的多层次分析发现这些障碍出现的原因。

同样，我们在为有心理健康问题的儿童青少年开发循证治疗方面也取得了巨大进展。这些治疗包括可以在诊所、医院、学校和社区提供的新药、心理治疗（psychotherapy）和预防策略。调整这些干预措施的努力也增加了，以满足来自不同文化、族裔、语言和社会经济背景的儿童青少年和家庭的需要。

最近的全球流行病还让儿童青少年和家庭需要应对巨大的压力。儿童需要适应居家学习、与校园朋友的分离，以及诸多既往喜爱的活动中断所带来的变化。父母必须兼顾工作和照顾子女及其他亲属的责任。家庭必须忍受因失去亲人而产生的悲伤和因几乎所有生活领域都存在的不确定性而产生的焦虑。最近的健康危机给我们提出了挑战，让我们以心理韧性、勇气和同情心面对这些压力源。

现在，世界比以往任何时候都更加迫切地需要愿意将自己的职业生涯奉献给有需要的儿童青少年及其家庭的有爱心的专业人士。即使你不打算成为一名精神卫生专业人士，你也有可能在孩子的生活中扮演重要角色（如果你还没有）。并非所有人都被要求成为研究者或治疗师，但每个人都有机会作为照顾者、父母、教师、教练或导师，以某种身份增进儿童青少年的福祉。这本书旨在向你介绍这个在智力上令人兴奋、就个人而言也有意义的领域。欢迎你们！

本书目标

本书专为对儿童与青少年异常心理学、儿童精神病理学，以及有特殊需要的儿童青少年或其他特殊儿童青少年相关的科学研究感兴趣的学生设计。它采用发展精神病理学方法来理解有行为、认知和社会情感问题的儿童青少年。发展精神病理学的视角检验了儿童与青少年的障碍如何随时间出现，特别关注影响发展过程和轨迹的风险与保护因素，并在正常发展以及儿童青少年社会-文化身份和价值观的背景下研究儿童精神病理学。

本书有四个主要目标：（1）介绍发展精神病理学的原理；（2）帮助读者了解心理科学与临床实践相结合的重要性；（3）介绍如何对儿童青少年和家庭进行循证的、符合伦理的治疗；（4）将本书所含知识应用于生活。

目标 1：介绍发展精神病理学的原理

本书的第一个目标是介绍发展精神病理学的原理，并展示其观点如何帮助我们理解儿童青少年的精神障碍。儿童青少年的问题是由多重因素决定的，并且不断变化。为了更好地理解这些问题，我们需要整合来自多个学科的研究成果，并将这些信息应用于特定发展和社会文化背景下的儿童青少年和家庭。初学的学生有可能感到这项任务非常艰巨。然而，发展精神病理学的观点使我们能够理解不同时间和环境下儿童青少年发展的复杂性，不会过分简化研究文献，也不会让初接触者望而生畏。

本书将介绍许多影响儿童青少年发展和导致心理问题出现的因素。为了帮助整理研究文献，我在三个广泛的分析层面上介绍了每种障碍。

- *生物层面*包括遗传和表观遗传对发育、大脑结构及功能、神经递质和激素的影响，以及随时间推移对儿童青少年身体成熟的影响。
- *心理层面*包括儿童青少年的思维、情感和行为的相互作用。
- *社会–文化层面*包括儿童青少年与家人及朋友的关系、他们的族裔文化背景与身份、他们的社会经济地位，以及他们的学校、邻居和社区的特点。

儿童青少年的精神障碍可以在每一个层面上进行分析。然而，儿童青少年的精神病理学的最完整描述通常涉及跨层面和跨时间的交互作用。我希望本书能帮助你们了解儿童与青少年异常心理学的跨学科性和复杂性。

目标 2：帮助读者了解心理科学与临床实践相结合的重要性

心理学研究和临床实践不是分开的。与之相反，有效的治疗依赖现有的心理学研究，而最有意义的心理学研究往往受到临床实践的启发。

本书从两个方面强调了研究与实践的关系。首先，我在本书中纳入了详细的案例研究。这些案例研究以真实来访者的情况为基础（他们的姓名和其他可识别信息已被更改），具体说明了每种障碍，并显示了儿童青少年问题的复杂性及其对家庭的影响。我希望这些案例研究不仅能帮助你们区分各种障碍，还能让你们注意到受这些障碍影响的儿童青少年、父母和其他照顾者。

在这本书中，你们还会发现本书具有一个特色板块——“从科学到实践”。这部分内容描述了治疗师如何利用研究结果来帮助他们的来访者。这个板块中的大多数案例提供了循证治疗的具体例子。我希望这可以展示从业者如何将研究转化到现实生活中。

目标 3：介绍如何对儿童青少年和家庭进行循证的、符合伦理的治疗

我的第三个目标是让你们了解循证治疗和循证实践。循证治疗包括在科学研究文献中已被证明有效的社会心理治疗、药物治疗和预防策略。在可能的范围内，我提供了每种治疗方法的详细描述，以便你们了解干预手段背后的理论以及治疗方法在诊所、医院和学校中的应用情况。然后，我简要评述了每种治疗方法在理想条件下进行研究时的疗效和在真实世界中的有效性。

循证实践包括选择具有良好循证依据的治疗以迎合儿童青少年及其家庭的需求、偏好和社会文化背景。娴熟的治疗始于对研究文献的透彻了解。然而，也取决于运用这些知识以解决家庭当前所关心的问题、利用家庭的优势并尊重家庭的价值观和传统的能力。

我的目标不是教你们如何进行治疗。相反，我希望你们能够将每种障碍的病因与治疗师可能使用的治疗方式联系起来。我也希望我对循证疗法的重视能帮助你们成为更好的心理服务使用者。不幸的是，儿童青少年和家庭可获得的缺乏实证支持的干预措施太多，而最需要帮助的家庭可获得的循证治疗太少。希望本书能帮助你辨别哪些疗法是建立在科学基础之上，哪些只是出于善意却无效甚至有害的治疗方式。

以符合伦理的方式向家庭提供心理服务同样重要。父母和照顾者将他们的孩子委托给专业人士，希望他们接受的治疗会有所帮助。治疗师必须使用循证干预，以最大限度地提高治疗成功的可能性，并将伤害风险降至最低。与此同时，治疗师必须尊重家庭的权利和固有尊严，在与他人的专业互动中保持诚实和真诚，并在其实践和社区中促进公正和公平。

目标 4：将本书中的知识应用于生活

最后，我想向你们说明为什么理解儿童精神病理学及其治疗很重要。大多数学生不会成为心理学家或心理咨询师。然而，所有学生都有多种机会影响儿童与青少年的生活和发展结果。也许你会成为一名内科医生、护士、教师、托育工作者，或者一名言语治疗师、职业治疗师、康乐治疗师，又或者其他直接与儿童青少年打交道的专业人士。也许你会志愿在学校或社区担任教练、教师或导师。如果你还没有孩子，你很可能有一天会成为父母或照顾者，并承担起抚养下一代的主要责任。虽然你可能不会成为一名心理健康专业人士，但你可以依靠心理科学和批判性思维，做出关于你的家庭、孩子、学校、社区和社会的明智决定。

组织和主要特点

发展性的结构

本书是按发展顺序组织起来的。最先呈现的是婴儿期和幼儿期的精神障碍，其次是最常见于儿童后期、青少年期和成年期的障碍。本书分为五个部分：

第一部分：循证研究和实践

这个部分向学生介绍儿童与青少年异常心理学领域（第一章），解释发展精神病理学视角（第二章），概述研究儿童青少年的精神障碍最常用的研究方法和研究设计（第三章），介绍评估和治疗儿童青少年和家庭的常见方法（第四章）。这些章节还包含了儿童青少年研究和临床环境中的职业伦理。

第二部分：发育障碍和残疾

这个部分介绍了婴儿期和幼儿期常见的神经发育障碍：智力障碍和发育障碍（第五章）、孤独症谱系障碍（第六章）和交流与学习障碍（第七章）。

第三部分：破坏性障碍和物质使用问题

这个部分包括儿童与青少年表现出的破坏性行为问题。这些问题包括注意缺陷/多动障碍（第八章）和对立违抗障碍、品行障碍和间歇性暴怒障碍（第九章）。这个部分还有一章与儿童与青少年物质使用问题有关（第十章），这些问题通常出现在破坏性行为的背景下。

第四部分：情感与思维障碍

这个部分的大部分内容涉及内化障碍：焦虑、强迫症及相关问题（第十一章），创伤相关障碍和儿童青少年虐待（第十二章），抑郁、自杀和非自杀性自伤（第十三章）及双相情感障碍（第十四章）。这个部分的最后一章也涉及儿童青少年精神分裂症。

第五部分：健康相关障碍

最后的一部分包括喂养和进食障碍（第十五章）、排泄障碍、睡眠障碍和儿科健康问题（第十六章）。这些障碍反映了一系列与健康相关的疾病，说明了身心健康之间的联系。

生物学、心理学和社会文化的方法

本书每章都按主题分为几个小节。例如，关于孤独症（自闭症）谱系障碍的第六章分为以下内容:（6.1）描述与流行病学，（6.2）病因，（6.3）识别、预防和治疗。每个小节都可以作为一个模块单独学习和呈现。因此，教师可以在特定的日期教授特定的小节，或者只教授那些他们认为与课程最相关的部分。

每章的内容都从对一种精神障碍的描述开始，介绍《精神障碍诊断与统计手册（第五版）》[*Diagnostic and Statistical Manual of Mental Disorders*, Fifth Edition (DSM-5)]提出的诊断标准、患病率和相关特征，然后从生物学、心理学和社会文化三个层面讨论该障碍的病因。每章的结尾都使用临床儿童与青少年心理学学会（Society of Clinical Child and Adolescent Psychology）和美国儿童与青少年精神医学学会（American Academy of Child and Adolescent Psychiatry）制定的标准来描述循证治疗。书中的案例研究描述了每一种障碍，"从科学到实践"展示了治疗师如何应用研究结果来帮助儿童青少年和家庭。

问与答

本书的每一小节都是以问题为标题的。例如，关于孤独症谱系障碍的第六章包括以下小节:"如何识别和诊断孤独症谱系障碍？""我们如何使用应用行为分析来治疗 ASD？""药物对 ASD 患儿有效吗？"。这样提出问题有三个作用:

1. 使学生的阅读更有针对性。这些问题本质上是放在相关内容之前的学习目标。因此，它们可以帮助学生聚焦突出的主题，即每种障碍的描述、病因和治疗方法。

2. 激励学生阅读。有趣、与阅读相关的问题促使学生阅读文章并找到答案。儿童青少年的精神障碍有多常见？儿童青少年的性别如何影响其得到诊断的可能性？药物治疗和心理治疗的结合是否比单独心理治疗更有效？像这样的问题会激发学生的兴趣，促使他们更多地学习。

3. 促进学习。心理学家知道，进行实践练习和详尽的阅读是促进学习和记忆最有效的两种策略（Dunlosky, Rawson, Marsh, Nathan, & Willingham, 2013）。本书中出现的问题能让学生在阅读时备考，通过将自己的答案与章节概要相对照来检验学习成效。学生也可以在上课前使用这些总结快速复习要点。

新特点

本书第四版进行了若干重要更新：

- 第四版增加了关于研究方法的新章节。第三章首先描述了科学思维的基本特征以及在与儿童青少年和家庭合作时依赖伪科学的危险。这一章介绍了研究人员常用于（1）描述、（2）预测、（3）解释儿童青少年的发展和（4）重复研究发现。
- 每一章都进行了修订，以整合社会文化因素影响每种障碍的表现、患病率、病程和治疗方式的信息。例如，各章节更详尽地探讨了儿童的性别、族裔、语言、宗教信仰、文化适应、移民经历或社会经济地位等因素可能对其发展产生的影响。导论章节还涵盖了交叉性理论、文化敏感性评估实践以及社会 - 生态发展模型等主题内容。
- 每种障碍的循证治疗都是根据其基本理论或原则而不是名称组织的。例如，与孤独症谱系障碍的循证治疗相关的内容是根据是否强调应用行为分析、发展性社会—语用模式或功能性交流技能来组织的。虽然这些内容详细描述了治疗方法的具体名称（例如，早期密集行为干预、早期干预丹佛模式、图片交换交流系统），但其重点是每种治疗方法背后的理论和原则。这种强调基础理论，而不是强调某种治疗的方法，符合临床儿童与青少年心理学学会和美国儿童与青少年精神病学学会关于儿童青少年和家庭循证治疗的建议。
- 当然，本书每一章都进行了更新，以反映当前的科学研究和推荐的临床实践。自本书上一版以来，一些儿童青少年问题的患病率和人口分布发生了变化。例如，在第三版出版以来的 3 年中，孤独症谱系障碍的患病率和性别分布发生了显著变化，此版本反映出了这一变化。同样，青少年使用尼古丁、大麻、电子烟产品已经取代了传统的吸烟和其他烟草使用。本书也展示了几乎每种障碍的风险和保护因素方面的新研究进展，并就评估和治疗建议介绍了新出版的指南或实践规范。此摘要不可能全面列出所有更新。本书还纳入了数百篇过去 3 年中发表的新参考文献。第四版不仅仅对以前的版本进行了“更新”，而且通过呈现新兴的话题和令人兴奋的新研究，对旧版内容进行了扩展。

CONTENTS

目　录

第一部分
循证研究与实践

第二部分
发育障碍和残疾

第三部分

破坏性障碍和物质使用问题

第四部分 情感与思维障碍

第五部分

健康相关障碍

PART I

第一部分

循证研究与实践

EVIDENCE-BASED RESEARCH AND PRACTICE

第一章

儿童与青少年异常心理学的科学与实践

THE SCIENCE AND PRACTICE OF ABNORMAL CHILD PSYCHOLOGY

学习目标

阅读本章后，你应该能够做到以下几点：

1.1 批判性地评价适用于儿童与青少年的精神障碍的概念。解释精神健康专业人士如何使用 DSM-5 的诊断标准为儿童青少年做诊断。

1.2 描述儿童青少年精神障碍的患病率，以及患病率如何随儿童青少年年龄、性别、社会经济地位和族裔的不同而变化。

1.3 描述循证实践的特点以及给孩子和家庭提供帮助的专业人士的类型。明确并应用在帮助儿童青少年和家庭时很重要的四个伦理原则。

从前有一个工匠，他使出浑身解数造出了一个精美的新壶。壶是黏土材质的，经过工匠饱经风霜的双手被烤制成了漂亮的形状。工匠给壶上了釉，并用独特而美丽的颜色和图案装饰它。这个壶制作完成时，工匠带着它去附近的一口井给家里打水。令他吃惊的是，他发现这个壶还在窑中时就已经有一个小裂缝了，这导致壶的底部漏水。裂缝一开始很小，随着时间的推移，它变得越来越大、越来越明显。

有一天，工匠的朋友对工匠说："那壶有裂缝，你回到家时就已经失去了一半的水。为什么不把它扔了，再造一个新的呢？"工匠停下来，转向他的朋友并回答："是的，这壶确实漏了，但是每天它都能浇灌我回家路上沿途的花儿。"果然，工匠回家那条路两侧长出了各式各样的野花，而其他地方的土地都是贫瘠的。作为回应，工匠的朋友只是简单点点头表示同意。

这个破壶的故事说明了每个人都有自己的重要性和价值。尽管有时候难以辨认，但是每个人都有独特的天赋和才能。在研究有心理问题的儿童青少年时，我们很容易把注意力放在他们的局限上，而忽略儿童青少年本身。许多存在这类问题的儿童青少年在诸如洗澡、穿衣或说话的日常活动中面临着巨大挑战，有些儿童青少年在学习或者与他人交流方面很吃力，还有一些在控制自己的行为和情绪上有困难。

尽管有这些残疾、障碍或者被诊断有心理问题，但儿童青少年都有自己的内在价值。儿童青少年的父母、教师以及所有与儿童青少年有交集的人都面临着一个挑战，那就是，在关注问题时不能忽视儿童青少年本身。我的一个患者威尔天生患有唐氏综合征。尽管他在阅读和数学方面很吃力，但他还是教他的同学们要耐心、要有同情心、要尊重与他们不同的人。我的另一个患者卡姆登患有注意缺陷多动障碍，即使接受了药物和心理治疗，他在课堂上也难以集中注意力。然而，他非常幽默，热爱足球。还有一个患者克洛伊，她过去受困于焦虑和抑郁，但是家庭治疗帮她改善了她与父母的关系，并改善了她与社区中其他人的关系。

正在阅读本书的你们或许很喜欢与儿童青少年互动，并且正在帮助有需要的儿童青少年。我希望本书介绍的心理科学和循证方法能够帮助儿童青少年和他们的家庭。你们这样的学生经常会在一线进行治疗工作，有些在收容所帮助有精神障碍的儿童青少年，还有些作为行为治疗师帮助有发育障碍的儿童青少年。此外，还有一些学生会自愿帮助那些处在风险中的儿童青少年。他们或许在指导那些学习迟缓的儿童青少年，给那些有缺陷的孩子们当大哥哥、大姐姐，又或许在高风险社区为那里的孩子提供课后辅导。想要帮助有需要的儿童青少年的人并不少，但困难在于找到愿意运用科学原理和循证实践来帮助儿童青少年的人。这个领域非常需要聪颖、有同情心的学生，且愿意投入时间和精力，用心理科学去帮助儿童青少年。我很开心你们愿意在这段有意义的旅程中迈出第一步。

1.1　识别儿童青少年的行为问题

我们所说的“异常”指的是什么？

偏差、残疾和痛苦

学界对于如何定义儿童青少年的异常行为，以及如何最精确地区分异常和正常功能，都没有达成共识。然而，精神健康专家提出了三个广泛的标准来帮助识别青少年的心理问题：偏差、残疾和痛苦（deviancy, disability, and distress）（Cicchetti, 2016a; Dulcan, 2019）。

定义异常的第一种方法基于统计偏差（*statistical deviation*）。如果采用这种方法，异常行为就是由其在大众当中的相对罕见程度来定义的。比如，青少年出现转瞬即逝的自杀想法是非常常见的，然而从统计数据来看，反复出现自杀想法的情况是少见的，而这可能表明青少年有抑郁症之类的心境障碍（mood disorder）。因此，心理学家可能会用一个量表评估来访者的情况，并将其与其他相同年龄和性别的儿童青少年进行比较，鉴别出那些症状严重程度远远超出正常范围的儿童青少年（Achenbach, 2015）。

用统计偏差定义异常的主要局限性是：并非所有罕见的行为都代表了精神障碍。想象一下，一个女孩经常哭，喜欢待在她自己的房间里，不想和朋友一起玩，而且在完成学业方面遇到问题。从统计偏差的角度来看，我们可以诊断这个女孩患有抑郁症，因为她表现出来的情绪问题在同龄女孩中很少见。然而，如果我们得知她的祖父在她接受评估的前几天去世，那我们可能会把她的行为解释为一种正常的哀伤反应，而不是一种抑郁症的指标。尽管统计上的罕见性可能是一种异常定义的重要组成部分，但是它本身不足以说明问题。统计上的偏差并不考虑儿童青少年行为的背景。

第二种定义异常的方法基于*缺损*（*disability*）或者损害程度。从这个观点来看，异常行为是以干扰儿童青少年社交或学业功能的想法、行为或情感为特征的。例如，一个青少年因为与男友分手而感到悲伤，但她只要还能与朋友保持关系、与父母和谐相处、在学校表现良好，就不会被诊断为抑郁症。另一方面，如果她在这三个方面都有困难，那她的行为可能被认为是异常的。

用损害程度定义异常有一个严重的缺点：许多患有精神障碍的儿童青少年没有明显的残疾。例如，15 岁的多萝西・杜蒂尔（Dorothy Dutiel）在亚利桑那州格伦代尔的高中自杀，并杀死了一名同学。多萝西从另一个同学那里得到了一把枪，而这位学生并不知道多萝西情绪低落而且有意伤害他人。事发后，急救人员在多萝西的口袋里发现一张手写纸条，上面写着："我想澄清一下，给我枪的学生和他的家人与我的行为没有任何关联。他认为我需要枪来自卫。我为了得到枪撒了谎。"多萝西的同学没有意识到她的情绪很低落，因为她会和朋友们在一起，在学校表现很好，也没有表现出悲伤。并不是所有的精神健康问题都伴随着明显的损伤（Lynch, 2018）。

第三种定义异常的方法是看儿童青少年情绪上的*痛苦*（*distress*）程度。人们可以通过抑郁心境、易激惹、焦虑、担忧、恐慌、困惑、沮丧、愤怒或其他烦躁情绪来表现痛苦。

用痛苦程度来定义异常的一个问题是：痛苦是主观的。尽管其他人也能观察到痛苦的迹象（例如，手心出汗、脸红），但我们通常需要通过询问儿童青少年的感受来衡量痛苦，而有些小孩子无法报告他们的感受。例如，他们可能会抱怨头痛或胃痛等身体症状，而不会抱怨负面情绪。还有的儿童青少年很难区分自己的感受。比如，他们可能无法区分感到"愤怒"和感到"受伤"。更为复杂的是，我们没有客观的标准来评估儿童青少年的痛苦程度。例如，一个报告感觉"糟糕"的青少年可能比另一个报告感觉"糟糕"的青少年体验了更多的痛苦。

根据痛苦程度来定义异常的另一个问题是，许多有严重行为问题的儿童青少年没有体验过负面情绪。例如，一些出现有害和破坏性行为的青少年并没有表现出焦虑或抑郁。只有当他们被抓住并受到惩罚时，他们才会感到难过或懊悔。同样，对成人有对立和违抗行为的年幼儿童很少表达心理层面的痛苦。相反，他们的破坏性行为会给其他人带来痛苦，比如他们的父母或教师。

有害的功能失调

杰罗姆·韦克菲尔德（Jerome Wakefield, 1992, 1997）提出了一个颇具影响力的方法来定义异常行为，这个方法基于**有害的功能失调**（**harmful dysfunction**）的概念。根据此方法，一种行为需满足两个标准才会被认为是异常的。第一，这个人必须表现出一种功能失调。也就是说，某种进化出来的内部机制无法以正确的方式工作。第二，功能失调必须造成损害。它必须限制人的生命活动或以某种方式威胁人的健康和幸福（Widiger & Mullins-Sweatt, 2018）。

为了理解这两个标准，让我们来看一个来自医学领域的例子。心脏病是一种医学上的疾病，因为（1）它涉及身体循环系统功能的异常，并且（2）这种深层的功能失调会导致残疾或死亡。同样，韦克菲尔德认为，有害的功能失调标准可以用来确定精神健康问题。例如，抑郁症是一种障碍，因为（1）它涉及个体无法有效调节情绪，并且（2）这种深层的功能失调可能导致损害、痛苦和自伤（Wakefield, Lorenzo-Luaces, & Lee, 2018）。

小　结

- 对于什么是定义儿童青少年的异常行为并将其与正常的儿童青少年功能区分开来的最好方式，专业人士持有不同意见。
- 异常的三个特征包括：（1）统计上的偏差或罕见性；（2）残疾或损害；（3）痛苦。
- 杰罗姆·韦克菲尔德提出了异常行为的“有害的功能失调”定义。如果一种行为反映了生物或心理系统深层的功能失调，并导致残疾或痛苦，那么它就是异常的。

DSM-5 如何定义异常？

定　义

在美国，大多数精神健康专业人士使用**《精神障碍诊断与统计手册（第五版）》**，来诊断成人和儿童青少年精神健康问题（American Psychiatric Association, 2013）。DSM-5 对**精神障碍**（**mental disorder**）的定义反映了韦克菲尔德关于有害的功能失调的概念，强调了残疾和痛苦在区分正常和异常行为中的作用：

> 精神障碍是一种综合征，其特征表现为个体的认知、情绪调节或行为方面有临床意义的功能紊乱，它反映了精神功能潜在的心理、生物或发展过程中的异常。精神障碍通常与在社交、职业或其他重要活动中显著的痛苦或残疾有关。像对所爱的人死亡这样常见的应激源或丧痛的可预期的或符合文化认同的反应，并非精神障碍。异常的社会行为（例如，政治、宗教或性）和主要表现为个体与社会之间冲突的问题并非精神障碍，除非这种异常或冲突是上述个体功能失调的结果。（American Psychiatric Association, 2013, p.20）

值得注意的是，DSM-5 将精神障碍患者描述为“通常”经历显著残疾或痛苦的个体——他们可能并不总是同时表现出这两种特征。正如我们所看到的，一些儿童青少年体验到了强烈的情感痛苦，但他们并没有表现出明显的社会或学习功能受损。有些儿童青少年辍学、酗酒和使用其他毒品，和/或具有犯罪行为，但没有报告焦虑、低落情绪或自卑。尽管大多数有精神健康问题的儿童青少年都经历过痛苦和损害，但使用 DSM-5 做诊断时，大多数情况下只需要一个特征。

局　限

DSM-5 由美国精神病学协会（American Psychiatric Association）出版，反映了一种识别精神健康问题的医学方法。根据 DSM-5 的定义，精神障碍存在于个体内部，就像医学疾病一样。例如，如果有人被诊断出患有天花，我们就知道这种疾病是由一种病毒引起的，而这种病毒已经感染了这个人的身体。这种病毒引起的症状（例如疲劳、发热、皮疹）会导致严重损伤和死亡风险增加。同样，采用医学模式诊断精神障碍的从业者认为，如果孩子出现行为、认知或情绪方面的症状，那么这些问题是由孩子内部的一些深层功能失调引起的，而这些功能失调会导致痛苦或损害（Stein et al., 2010c）。

DSM-5 将精神障碍医学概念化的做法，尤其是当它应用于儿童与青少年时，至少有三个局限性。

第一，我们往往不知道儿童青少年产生心理问题的根本原因。在 15 世纪，当医生首次描述天花时，他们根据天花患者皮肤上会出现小水泡（即皮疹）的症状进行诊断。许多年后，研究人员才发现，天花是由病毒感染引起的，而皮疹不是病因。同样，当精神健康专家诊断一个儿童青少年患有 ADHD 时，他们描述的是该儿童青少年的症状（即多动和/或注意力不集中），而不是该障碍产生的根本原因。虽然研究人员已经确定了 ADHD 的几个风险因素，但导致这种障碍的单一深层原因尚未找到。

第二，许多儿童青少年的精神障碍的本质是关系性的，也就是说，障碍发生在人与人之间，而不是个体内部。因此，我们最好在人际关系中理解儿童青少年的精神障碍。例如，有对立和违抗行为的幼儿会与成人争吵、拒绝服从要求、不如意时会大发脾气。有趣的是，他们的违抗行为往往针对某些特定成人（例如父母）。因此，这种障碍似乎取决于儿童青少年与某些人的关系，这样的障碍就不仅仅是儿童青少年单方面的问题。人际关系对于儿童与青少年的精神障碍来说尤其重要，因为儿童青少年的福祉（well-being）很大程度上取决于其他人（Heyman & Slep, 2020）。

第三，儿童青少年的行为只能在他们所处的文化环境中理解。在一个环境中被认为是“功能失调”的行为在另一个环境中可能被认为是适应性的。以一个名叫尼娅的女孩为例，她和父母住在加利福尼亚州的一个军事基地。一听说母亲很快就要被派往战区，尼娅就对父母双方都过分依恋，吃不好、睡不好、拒绝上学。根据有害的功能失调标准，尼娅可能被诊断为焦虑障碍，因为（1）她有情绪调节问题；（2）这些问题限制了她的社交和学习功能。然而，考虑到她的社会背景，也就是她母亲即将被部署调动，她的焦虑可能是合理的。所以，儿童青少年的行为最好在其所处的社会文化环境背景中理解，而不能被孤立理解（Achenbach, 2019）。

小　结

- 根据 DSM-5，精神障碍反映了一种导致个体残疾或痛苦的生理、发育或心理功能失调。此定义借用了韦克菲尔德关于有害功能障碍的概念。
- DSM-5 在诊断精神障碍方面采用了一种医学方法。
- 将医学方法应用于诊断儿童与青少年精神障碍的局限性在于：（1）我们不是总能确定儿童期精神障碍产生的根本原因；（2）许多儿童期精神障碍最好在人际关系中理解，而不是仅限于儿童本身；（3）儿童青少年的行为最好从他们所处的社会文化环境中理解。

心理学家如何诊断儿童青少年的精神健康问题？

每一种 DSM-5 中提及的障碍都是由特定的体征和症状来定义的。**体征**（**sign**）是一种障碍的外显特征，而**症状**（**symptom**）是一种与障碍相关的主观体验。例如，抑郁症的体征是体重减轻或行动迟缓。与之相对，抑郁症的症状是主观上缺乏食欲或精力。要被诊断出患有某种障碍，患者必须具备手册中描述的体征和症状。

为了说明 DSM-5 中使用的诊断方法，请看抑郁症的诊断标准（图 1.1）。抑郁症的特点是：在一段时间（至少持续 2 周）内，儿童或青少年经历了明显的心境紊乱。患有抑郁症的儿童青少年通常在一天中的大部分时间都会体验到悲伤、无望或易激惹的情绪，不再从事他们以前喜欢的活动，例如和家人在一起、和朋友一起玩，或者其他兴趣爱好和体育活动。患有抑郁症的儿童青少年在认知、情绪和身体方面也会出现各种问题。这种心境紊乱会导致儿童青少年在学校、家庭或与同伴交往时面临痛苦或出现问题（American Psychiatric Association, 2013）。

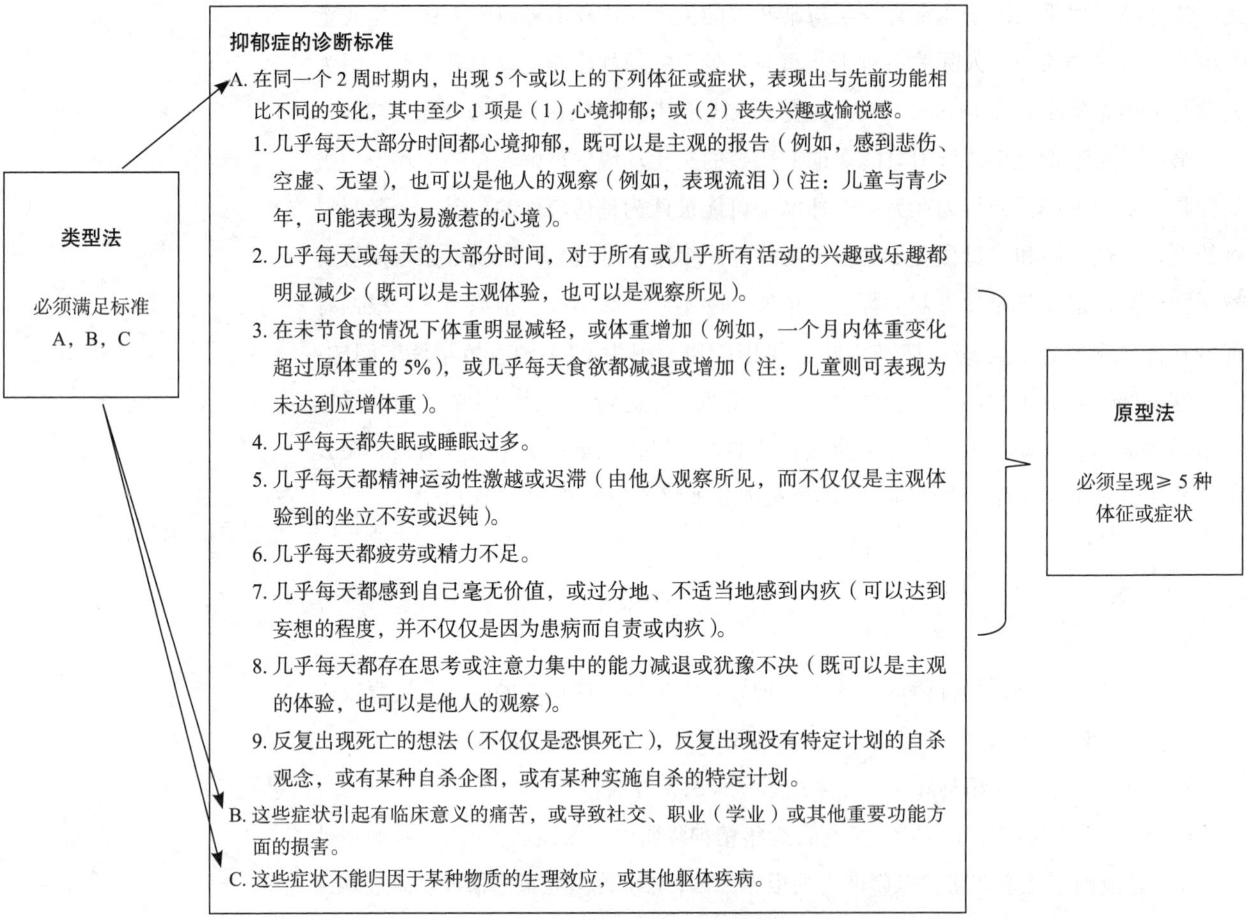

图 1.1　DSM-5 的诊断方法

类型法

DSM-5 混合使用了三种不同的分类方法：（1）类型法（categorical classification）；（2）原型法（prototypical classification）；（3）维度法（dimensional classification）。

类型法根据一系列基本标准将精神障碍划分为相互排斥的组别或类别。类型法是最古老的分类方法，主要用于生物学和医学领域。例如，在生物学领域，如果一个动物具备（a）有脊椎、（b）有毛发、（c）用母乳喂养幼崽这三个标准，那么它就是哺乳动物，不具备这些基本特征的动物不是哺乳动物。在医学领域，一个人如果在调节血糖方面有严重问题，他就会被诊断为糖尿病，没有严重血糖问题的人不会被诊断为糖尿病。同样，每种精神障碍都是由 DSM-5 中列出的基本诊断标准来定义的。不符合标准的人将不会被诊断为患有特定的障碍（Widiger & Mullins-Sweatt, 2018）。

你可以在抑郁障碍的诊断标准中看到类型法这种分类方法。抑郁发作有三个基本特征（标记为 A、B 和 C），三者都是被诊断为抑郁症所必需的。

原型法

原型法是基于个体的体征和症状映射到该障碍的理想形象或原型上的程度的分类方法（Westen, 2012）。这种方法假设患有某种特定障碍的个体可能表现出某种变异性，并非所有患有该障碍的个体都会以完全相同的方式来表现障碍。例如，如果你被要求在脑海中描绘一只鸟，你很可能会想象出一个小的、会飞的、长着喙的动物，它看起来像麻雀或知更鸟。你最初想象的鸟像企鹅或鸵鸟的可能性要小得多。麻雀或知更鸟与企鹅或鸵鸟相比更接近鸟类的原型，尽管后两种动物肯定也是鸟类。

与之相似，DSM-5 认识到，大多数患有特定障碍的个体表现出与该障碍原型相似的体征和症状。但是，DSM-5 也允许人们表现这些诊断特征的方式存在一些差异。

你可以在 DSM-5 对抑郁障碍的诊断标准中看到原型法的元素。虽然这种障碍有 3 个基本特征，但是体征和症状有 9 种表现方式，下诊断只需要患者有其中 5 种体征或症状。例如，一些抑郁的儿童青少年会有认知困难，比如难以集中注意力做作业、认为自己没有价值，或者反复出现死亡的想法。有些患有抑郁症的儿童青少年也会出现躯体问题，如食欲下降、失眠和疲劳。在进行诊断时，原型法允许经历精神障碍的儿童青少年表现出的体征或症状具有一定灵活性。

维度法

维度法假设精神障碍的严重程度是一个从轻度到重度的连续体，在这个连续体中描述个体的痛苦和 / 或残疾的严重程度。维度法的一个优点是它比简单的类型法和原型法传递出更多的信息。比如，临床医生可以描述一个患有孤独症的儿童在社交方面有轻度损害，但在行为方面有严重损害（例如具有重复动作以及难以适应日常生活变化的症状），而不是仅仅做出这个儿童患有孤独症的诊断。维度法的第二个优点是，它允许临床医生监测儿童青少年的功能随时间变化的情况。例如，经过几年的行为治疗后，一个儿童可能仍然符合孤独症的诊断标准，但他的重复行为却从“重度”改善到“轻度”。

之前版本的 DSM 因对类型法和原型法的完全依赖而受到批评。因此，DSM-5 的制定者试着将维度法纳入新版本。维度法在 DSM-5 中的跨界症状量表（Cross-Cutting Symptom Measure）体现得最为明显。该量表可用于评估儿童青少年体征和症状的严重程度。该量表允许对 10 个广泛领域进行维度分类，包括躯体症状和睡眠问题、焦虑和抑郁、愤怒和易激惹、躁狂和精神病性症状。儿童青少年在每个领域的严重程度可以用“没有或完全没有”到“重度或几乎每天”的五点连续型量表进行描述。

表 1.1 展示了一位临床医生使用跨界症状量表对一名青少年的评分。这些评分显示

这名青少年经历着中度到重度的抑郁情绪和易激惹，但焦虑和担忧较少。这些评分提供了这名青少年的诊断数据之外的信息，可以当作评估这名青少年治疗进展的基线。

表 1.1　DSM-5 儿童跨界症状量表

在过去的两周时间里，儿童在多大程度上（或多频繁）	没有 完全没有	极轻度 罕见，少于 1 天或 2 天	轻度 数天	中度 超过半数的天数	重度 几乎每天
情绪					
看起来悲伤和情绪低落，长达几小时	0	1	2	3	(4)
对过去常做的事情的兴趣减退	0	1	2	3	(4)
看起来比平常更易怒	0	1	2	(3)	4
焦虑					
讲述自己感到紧张、焦虑或恐惧	0	(1)	2	3	4
无法停止担心	0	1	(2)	3	4

一些 DSM-5 中的障碍还使临床医生能够用诊断标注来提供有关来访者的更多信息。**诊断标注（diagnostic specifier）**是描述患有相同障碍的个体的相对同质亚群的标签。通常，标注是根据个体的体征和症状设定的。例如，一些患有 ADHD 的儿童青少年的症状主要表现为多动和冲动，但他们听父母和教师的话。而另外一些患有 ADHD 的儿童青少年会在课堂上做白日梦，但可以保持安静且不乱动。虽然这些儿童青少年都被诊断出患有 ADHD，但临床医生可能会将“主要表现为多动 / 冲动”或“主要表现为注意缺陷”的标签分别给予第一组和第二组的儿童青少年。这些标注为儿童青少年行为提供了比单独的诊断标签更精确的描述。

小　结

- DSM-5 采用类型法进行分类，因为它要求儿童青少年的体征或症状符合特定的诊断标准。不符合所有标准的儿童青少年不会被诊断出患有这种疾病。
- DSM-5 还使用原型法对许多障碍进行分类。儿童青少年可以表现出一些可能的症状和体征，这些症状和体征反映了一个患有某种精神障碍的儿童青少年的典型形象。
- DSM-5 使用维度法对一些障碍进行分类。临床医生可以在一个从轻度到重度的连续体上表示儿童青少年残疾或痛苦的严重程度。

给儿童青少年下诊断的利与弊有哪些？

可能的好处

第一，诊断分类最明显的好处是省时省力。想象一下，你是一位心理学家，刚刚评估了一个疑似发育迟缓的 3 岁儿童。你发现这个孩子在社交和重复行为方面表现出严重而普遍的问题。不用描述这些症状，你可以简单地使用合适的诊断标签：孤独症谱系障碍。

第二，它可以帮助专业交流。另一位看过你诊断结果的精神卫生专家知道，你的患儿表现出 DSM-5 中描述的孤独症谱系障碍的症状和体征。第二位专业人员不需要自己对这个患儿进行评估，就可以得出独立的诊断，从而了解他的功能。

第三，诊断有助于预测。如果你知道你的患者患有孤独症，你可以利用现有的研究文献来确定他的预后或可能的转归。例如，大多数 ASD 患儿在社交和交流功能方面表现出慢性损害；然而，认知能力较强且语言技能发展较好的患儿预后最好。研究文献还表明，4 岁前接受治疗的患儿往往具有最佳的发展结果。你可以与患儿的父母分享这些信息，这样他们就可以对孩子的教育和治疗做出更明智的决定（Pijl, Buitelaar, de Korte, Rommelse, & Oosterling, 2019）。

第四，与诊断分类密切相关的好处是它可以帮助计划治疗。如果你知道你的来访者患有孤独症，你也可以利用现有的研究文献来计划干预。例如，许多研究表明，早期、密集的行为干预可以有效地提高患孤独症幼儿的社交和交流能力。艺术和音乐治疗之类的其他形式的治疗具有的实验支持要少得多（Volkmar, Reichow, Westphal, & Mandell, 2015）。

第五，诊断分类可以帮助个体获得社会或教育服务。例如，美国 2004 年颁布的《残疾人教育改善法案》（The Individuals with Disabilities Education Improvement Act, IDEIA）是一项联邦法律，规定 ASD 患儿因其发育残疾而有权接受特殊教育。特殊教育可能涉及去上特需幼儿园、学区支付的早期密集行为训练、提供课堂助理或导师、学业住宿、职业技能培训和其他服务。

第六，诊断分类对照顾者有帮助。虽然没有父母在孩子被诊断出患有精神障碍时感到高兴，但当孩子的障碍最终被确诊时，许多父母会感到欣慰。在听说自己 3 岁的孩子患有孤独症后，一位家长说：“我终于知道怎么回事了。我一直怀疑孩子患有孤独症，现在我确定了。我想我们终于能前进了。”诊断标签还可以促进患有类似障碍的儿童青少年的照顾者之间的交流，以便他们共享信息和获得社会支持。

第七，诊断分类可以促进科学发现。研究孤独症病因和治疗的研究人员可以将他们的研究结果与其他人的研究结果进行比较。事实上，许多研究是由跨领域的研究小组进行的。只要研究人员使用相同的诊断标准和程序对儿童青少年进行分类，结果就可以结合起来，以对这种障碍有更透彻的了解。

潜在的缺陷

DSM-5 分类系统也有一些固有的缺点和风险（Hyman, 2011; Rutter, 2011）。一个缺点就是，DSM-5 的方法常常会以牺牲详细信息为代价达到省时省力的目的。尽管一个诊断标签可以向其他人传达大量信息，但它不可能提供全面描述一个个体所需的大量信息。正如我们所看到的，被给予相同诊断的儿童青少年可以表现出不同的行为模式和损害程度。我们绝不能忽视每个儿童与青少年的独特优势和劣势。

对 DSM-5 诊断系统的第二个批评是：它不能充分反映个人的环境背景。精神卫生专业人士追求在儿童青少年的发展水平和环境背景下了解儿童青少年的问题。儿童与青少年表现出的许多有问题的行为可以被看作在特定时间点适应压力环境的尝试。例如，一些受到身体虐待的儿童青少年会通过防御和不信任他人来应对他们遭受的虐待。尽管这些应对策略在他们遭受虐待时可以在心理上保护他们，但这可能会干扰他们日后的人际关系发展（Cicchetti & Doyle, 2016）。

DSM-5 的第三个缺点在于它侧重于个体。DSM-5 将精神病理学概念化为存在于个体内部的东西。然而，儿童青少年的障碍往往是关系性的。例如，患有对立违抗障碍的儿童青少年表现出对他人的不顺从和违抗行为，尤其是对处于权威地位的成人。大量研究表明，亲子互动的质量在对立违抗障碍的发展中起着重要作用。此外，这种障碍的治疗在很大程度上依赖于父母的参与。然而，在 DSM-5 系统中，对立违抗障碍的诊断是针对儿童青少年做出的。DSM-5 诊断方法可能忽略照顾者、其他家庭成员和同伴在儿童青少年问题的发展和维持中的作用。

DSM-5 系统的第四个局限在于正常和异常之间的区别有时是武断的。在 DSM-5 使用的分类方法中，个体要么有障碍，要么没有。例如，要被诊断为 ADHD，一个儿童或青少年至少需要表现出 6 种注意缺陷或多动-冲动的症状。如果儿童或青少年只表现出所需的 6 种症状中的 5 种，他就不能被诊断为 ADHD。尽管没有诊断似乎是件好事，但这可能意味着他得不到所需的治疗或支持服务。

对 DSM-5 的第五个批评是：有时诊断类别之间的界限是不明确的。如 DSM-5 一般的类别分类系统在一个诊断组的所有诊断都是同质的，两个不同的诊断之间有明确的界限，并且诊断类别相互排斥时才能够最好地发挥作用。不幸的是，这些条件并不总是得到满足。当两种障碍包含相同的症状或体征时，儿童青少年可以同时被诊断为两种障碍，造成两种障碍的人为并存。例如，双相情感障碍是一种严重的情绪障碍，1% ～ 2% 的儿童青少年患有这种障碍。一些研究表明，多达 80% 的患有双相情感障碍的青少年也符合 ADHD 的诊断标准。在大多数情况下，患有双相情感障碍的儿童青少年即使没有情绪问题也会明显表现出 ADHD 的症状。然而，在某些情况下，双相情感障碍和 ADHD 的高共病率是由两种障碍的诊断标准中包含活动增加、注意力持续时间短、注意力不集中、话多和冲动行为这些相同体征和症状造成的。因为症状和体征的重叠，一些患有双相情感障碍的儿童青少年可能被误诊为 ADHD（Youngstrom, Arnold, & Frazier, 2010）。

研究领域的标准

美国国家精神卫生研究所（The National Institute of Mental Health, NIMH）正尝试超越目前根据症状和体征的描述对精神障碍进行分类的 DSM-5 系统（Insel & Lieberman, 2013）。NIMH 发起了**研究领域标准（Research Domain Criteria, RDoC）倡议**，以确定每种障碍的遗传学和生物学原因。精神障碍“涉及大脑通路的生物性障碍，与认知、情感或行为的特定领域有关”（Insel & Lieberman, 2013），这一假设是 RDoC 的基础。这项倡议的目标是利用遗传和生物医学研究确定这些障碍产生的根本原因，以便提供更有效的治疗。具体来说，研究以基因、分子、细胞、神经回路、生理学和行为在几个层次的分析为目标。

DSM-5 的批评者认为，DSM-5 不是一本精神障碍的“圣经”，它的功能更像一本字典——仅仅根据可以观察到的体征和自我报告的症状提供对精神障碍的定义。相反，RDoC 倡议的拥护者认为我们需要一个新的系统来解决每种障碍潜在的遗传和神经系统原因（Reed, Robles, & Dominguez-Martinez, 2018）。

DSM-5 和 RDoC 倡议反映了概念化精神障碍的不同方法（Lilienfeld & Treadway, 2016）。时间会告诉我们，基于深层遗传风险和神经回路的分类是否会提高诊断的有效性，并引出比基于描述分类的治疗手段更有效的治疗方法。同时，心理学家不应忘记从生物学和社会心理学的角度、结合青少年的发育和周围环境来探讨儿童青少年的精神障碍获得的丰富信息。精神健康研究的最新进展表明，在解释儿童青少年的精神障碍“原因和发展”方面，心理、家庭和社会文化的影响至少与其他诊断系统强调的遗传学和生物学因素同等重要（Cicchetti, 2016a, 2016b）。此外，通过改善儿童青少年和家庭的心理、家庭和社会文化功能，对精神障碍的循证治疗大都表现出“更高”的水平（Christophersen & Vanscoyoc, 2013）。我们绝不能忽视这些心理社会干预措施，在帮助高危儿童青少年的同时也要展望未来。

小 结

- DSM-5 是省时省力的，它还可以让专业人士清楚地交流，并且有助于预测转归和计划治疗。诊断还可以帮助儿童青少年获取教育或心理服务，帮助照顾者了解孩子的行为，并促进研究。
- DSM-5 诊断可能无法详细描述儿童青少年的优势和功能，可能无法反映儿童青少年的发展或环境背景，并且可能过于关注儿童青少年本身而非其生活中的重要他人。
- DSM-5 的诊断标准主要基于每种障碍的体征和症状，而 RDoC 倡议根据潜在的生物学病因对儿童青少年进行分类。

社会文化因素如何影响我们对精神障碍的理解？

文化、族裔和族裔

正如我们所见，理解儿童青少年精神健康问题必须结合其家庭的文化背景和经历。**文化**是指人们从社会群体中获得的价值观、知识和实践，它反映了历史、发展经验和当前的社会背景，塑造了人们的观点。一个人的文化特征包括其所在的地理起源、移民状况、语言、宗教、残疾状况、性取向和身份等方面。文化受到社会网络的高度影响，即他们的家人、朋友和社区成员（Comas-Diaz & Brown, 2018）。

族裔是一个被建构出来的文化范畴。根据表面的身体特征，人们被分成不同的群体。尽管族裔在生物学上没有统一的定义，但美国人口普查局将族裔概念用于人口统计。族裔认同可以影响人们的价值观、信仰和行为。在美国，族裔类别包括白人、黑人或非洲裔美国人、美洲印第安人或阿拉斯加土著、亚洲人，以及夏威夷土著或其他太平洋岛民。一个人也可以被认为是归属于多族裔的（English et al., 2020）。

族裔是一种被建构出来的文化身份，被用来界定群体和社区。儿童青少年的族裔可以植根于共同的历史、地理位置、语言、宗教或共同的经历，使一个群体区别于其他群体。例如，一个青少年可能会认为他是拉丁美洲人，因为他出生在拉丁美洲。他可能是白人、黑人、美洲原住民、欧洲人与美洲原住民混血，或属于多族裔。另一个青少年可能会认为她是西班牙裔，因为她会说西班牙语。她可能出生在巴塞罗那、布宜诺斯艾利斯或巴尔的摩。第三个青少年可能是来自洪都拉斯的移民。虽然他出生在拉丁美洲，会说西班牙语，但他和家人移民美国的经历对他的身份认同和世界观至关重要（Comas-Diaz & Brown, 2018）。

精神健康专业人士必须仔细地将精神障碍的症状与特定社会或文化中认可的行为和心理状态区分开来。举个例子，一个名叫约瑟夫的 3 岁儿童坚持晚上和父母睡觉。尽管约瑟夫拒绝自己上床睡觉可能意味着睡眠障碍，但这也可能反映出其家庭的社会文化信仰和价值观。例如，在许多非西方社会，要求幼儿单独睡觉被认为是残忍的，不利于他们的社会和情感发展。如果约瑟夫的睡眠习惯在文化上是合适的，不会让他的父母担心，也不会限制这个家庭的活动，那就不会被归为精神健康问题（Mindell, Sadeh, Kwon, & Goh, 2013）。

当临床医生被要求评估来自其他文化的儿童青少年时，区分异常症状和文化认可的行为尤其具有挑战性（Causadias, Vitriol, & Atkin, 2019）。下面以一个来自不同背景的亚裔美国青少年朱莉娅为例。

案例研究
文化、族裔和族裔的重要性

两个世界

朱莉娅是一个16岁的亚裔美国女孩，在被诊断出患有一种罕见的癌症后，她的肿瘤医生把她转到我们的诊所。朱莉娅拒绝接受放射治疗或服药以治疗她的疾病。朱莉娅的医生怀疑她很偏执，因为当他在办公室给她做检查时，她勃然大怒。

朱莉娅不情愿地同意来我们诊所见一位了解她社会文化背景的心理治疗师。朱莉娅是在美国出生的东南亚老挝苗族移民。朱莉娅的父母因为老挝内战和针对苗族人的族裔屠杀到美国寻求庇护。朱莉娅的父母不会说英语，与苗族社区以外的人接触有限。朱莉娅就读于一所公立高中，英语水平很好，但对美国文化和西方医学不信任。

朱莉娅承认，她对自己的癌症诊断感到害怕，想接受治疗。不过，她也希望尊重父母，尊重家人的传统价值观和生活方式。她的心理治疗师建议，请一名有苗族信仰的治疗师与她的医生交流，确定朱莉娅和她的家人可以接受哪些方面的医疗。随着时间的推移，通过让朱莉娅所在社区的年长者参加所有放射治疗过程，对肿瘤医生开的药物进行净化处理，并配合朱莉娅家人重视的传统疗法，最终，朱莉娅成功地接受了西医的治疗。

儿童青少年的文化、族裔和族裔至少可以从四个方面影响诊断过程。第一，生活在美国的少数族裔成员通常有不同的文化价值观，这些价值观影响他们对孩子的看法、对抚养孩子的信念以及他们认为哪些行为有问题。例如，非拉美裔白人父母通常非常重视培养孩子的社会情感发展并鼓励孩子自主。在亲子互动过程中，这些父母的行为通常是温暖且反应敏锐的。相比之下，许多非裔美国父母相对来说更重视孩子的顺从。因此，他们可能对孩子有很高的期望，并采取不太宽容的养育策略。临床医生需要意识到社会化目标中的文化差异，以及父母对儿童青少年适当和不适当的行为的看法（Comas-Diaz & Brown, 2018）。

第二，在美国生活的新移民经常遇到与文化适应有关的心理社会压力源。文化适应压力源包括融入主流文化、与大家庭及朋友分离、语言差异、教育和就业机会有限以及偏见。一些移民与主流文化的成员不具有相同的法律地位。由于这些原因，这些家庭所遇到的心理社会压力源的绝对数量比那些属于主流文化的家庭所遇到的要多（Vu, Castro, Cheah, & Yu, 2019）。

第三，语言和文化差异可能导致对少数族裔儿童青少年的评估和诊断出现问题。评估和诊断过程主要是为生活在美国和其他西方社会的讲英语的人设计的。描述某些心理症状的词不容易翻译成其他语言。此外，来自其他文化的个体报告的许多症状并不容易符合 DSM-5 诊断标准。心理测验几乎总是以讲英语的儿童与青少年为对象。例如，在俄亥俄州哥伦布市长大的儿童很可能会认为智力测试中“克里斯托弗·哥伦布是谁?”这个问题相当简单，然而，最近搬到该城市的移民儿童可能会觉得这个问题极具挑战性。心理学家在解释测试结果时必须意识到语言和文化知识的差异（Benisz, Dumont, & Kaufman, 2018）。

第四，少数族裔在精神健康研究中往往未被充分代表。在过去的 20 年里，研究人员在了解儿童与青少年精神障碍产生的原因和治疗方法方面取得了相当大的进展。然而，相对来说，研究人员对于儿童青少年族裔和文化背景的差异如何使他们更容易患某些障碍或者如何影响治疗知之甚少。此外，研究人员直到最近才开始创建专门针对少数族裔儿童青少年的治疗方案。例如，一个可以帮助拉丁美洲儿童利用与其文化相关的支持手段应对创伤事件的特殊疗法已经开发出来。儿童青少年以团体形式学习正念技巧以及更多与他们的社会文化态度和价值观相一致的应对策略。显然，我们需要做更多的研究来探究精神病理学和文化的相互作用（Hoskins, Duncan, Moskowitz, & Ordóñez, 2018）。

小　结

- 必须根据儿童青少年的文化、族裔、族裔和身份认同来理解儿童青少年的发展和功能。
- 精神健康专业人士应特别注意:（1）社会和文化因素如何影响家庭对子女的期望和养育子女的观念;（2）家庭的移民历史和文化适应程度;（3）语言如何影响家庭对子女行为的描述;（4）少数族裔家庭在精神健康研究中未被充分代表的程度。

1.2　儿童青少年的精神障碍的患病率

精神障碍在儿童青少年中有多常见?

患病率和发病率

研究人员进行流行病学研究以估算一般人群中精神障碍的患病率。**患病率**（**prevalence**）是指特定人群中有医学或心理问题的个体的百分比。为了估计儿童与青少年精神障碍的患病率，流行病学家从父母、教师和精神健康专业人员那里收集信息。有时，流行病学家也从儿童与青少年自身收集数据，特别是当问题涉及可能对父母隐瞒的行为、想法或感受时（例如酗酒和其他吸毒、自杀意念）。流行病学家可以利用这些信息来确定*时点患病率*（*point prevalence*），即在给定时间点患有精神障碍的儿童青少年的百分比；以及*终生患病率*（*lifetime prevalence*），即一生中任何时候患有精神障碍的儿童青少年的百分比。

有时，流行病学家想确定一个儿童或青少年在一段特定的时间内患上某种障碍的可能性。**发病率（incidence）**是指在一段固定时间内（通常为 1 年）新发障碍病例的百分比。因为发病率仅指一种障碍的新病例，所以其数值通常比患病率小得多。例如，孤独症谱系障碍的终生患病率约为 1.8%，也就是说，美国大约有 1.8% 的儿童青少年被诊断出患有孤独症谱系障碍。然而，孤独症谱系障碍的发病率约为 0.3%，也就是说，在任何一年中，约有 0.3% 的儿童青少年首次被诊断出患有孤独症谱系障碍（Centers for Disease Control and Prevention, 2020c）。

确定儿童青少年精神健康问题的流行情况具有挑战性，原因有几个。第一，没有单一的机构追踪儿童与青少年精神障碍的流行情况。估计患病率必须使用不同研究小组进行的许多单独研究的数据（Costello & Angold, 2016）。

第二，各流行病学研究采用不同的方法收集数据，得出的结果略有不同。例如，国家健康访谈调查（National Health Interview Survey, NHIS）通过每年采访 12 000 名父母来估计儿童青少年的精神障碍的患病率，全国青少年风险行为调查（National Youth Risk Behavior Survey）则通过每年对 16 000 名高中生进行问卷调查来估计青少年的行为和物质使用问题。不同的研究方法（例如采访父母与对青少年进行问卷调查）可能产生不同的结果。父母可能可以很好地报告孩子破坏性行为的严重程度，但对孩子情绪低落或酗酒情况的估计不太准确。相比之下，青少年也许能更准确地记录自己的情绪和立场，但他们也可能低估自己行为问题的严重性（Kamphaus, Reynolds, & Dever, 2014; Stiffler & Dever, 2015）。

第三，高质量数据收集困难。许多人不想参加冗长的调查，有些人不理解问题，还有一些人提供的信息不准确。进行大规模的访谈或调查也是昂贵和耗时的。

尽管存在这些方法上的障碍，研究人员还是进行了几项大型流行病学研究以估计儿童青少年的精神障碍的患病率。总的来说，这些研究包括来自成千上万的儿童青少年和他们的照顾者的数据，使用了各种各样的研究方法。这些数据表明，在任何一个年份，13% ～ 15% 的儿童青少年都会经历精神障碍。略多于 20% 的儿童青少年在成年前的某个时候经历过精神障碍（Perou et al., 2016）。

最近的数据表明，儿童青少年精神健康问题的总体患病率正在上升。例如，在过去 10 年中，美国接受精神健康或物质滥用相关治疗的儿童青少年人数增加了 24%。同时，为治疗心理障碍而被给予药物治疗的儿童青少年数也增加了约 28%（Visser, Danielson, & Bitsko, 2014）。在过去的 20 年里，患有心理障碍（如抑郁症）的儿童青少年的住院率增加了 80%。

表 1.2 展示了美国儿童与青少年中特定精神障碍的患病率，ADHD 是最常见的障碍。几乎 9% 的儿童青少年在成年前的某个时候会被诊断出患有这种障碍。焦虑障碍（如分离焦虑障碍或社交恐惧症）也比较常见。

表 1.2　儿童与青少年精神障碍的患病率（%）

诊断	过去 12 月	终身
任何障碍	13.1	20.1
注意缺陷 / 多动障碍	8.1	8.9
焦虑障碍	4.0	4.7
抑郁障碍	3.0	3.9
品行问题	2.1	3.9
孤独症谱系障碍	0.3	1.8
进食障碍	0.2	0.7
双相谱系障碍	0.2	0.3
抽动 / Tourette 氏障碍	0.2	0.3
精神分裂症	< 0.1	0.1

注：此表显示了每种障碍在儿童青少年中的患病率，数值为以下几个数据库（2013—2020 年）中数据的中位数：美国疾病预防控制中心（Centers for Disease Control and Prevention）、美国国家共病调查-青少年补充部分（National Comorbidity Survey Replication-Adolescent Supplement）、美国全国健康访谈调查（National Health Interview Survey）、美国国家健康与营养调查数据（National Health and Nutrition Examination Survey）、美国全国儿童健康调查（National Survey of Children's Health）、美国国家药物使用与健康调查（National Survey on Drug Use and Health）、美国全国青少年危险行为调查（the National Youth Risk Behavior Survey）。

某些情况（如孤独症谱系障碍）比以前人们认为的更常见，大约每 59 名儿童青少年中就有 1 人会患这种严重的精神障碍（Centers for Disease Control and Prevention, 2020c）。其他问题（如进食障碍和精神分裂症）在儿童青少年中相对少见。

共病和费用

儿童青少年的精神障碍往往是一起发生的。**共病（comorbidity）**是指同一个个体同时出现两种或两种以上的障碍。平均而言，约 40% 患有一种精神障碍的儿童与青少年至少还患有一种其他障碍（Merikangas & He, 2014）。某些障碍在儿童与青少年中表现出高度的共病性。例如，75% 患有抑郁症的儿童青少年也会经历一种干扰日常功能的焦虑障碍（Cummings, Caporino, & Kendall, 2014）。大约 50% 患有 ADHD 的儿童少年也表现出品行问题，例如对父母或其他成人的对立和违抗行为（Pliszka, 2015）。在儿童青少年中，对于许多精神健康问题，共病是一种规律而不是例外。

精神障碍会对儿童青少年及其家庭的生活产生负面影响。美国儿童与青少年精神卫生保健的总费用每年约为 2470 亿美元（Centers for Disease Control and Prevention, 2016b）。有精神健康问题的儿童青少年需要循证干预，如心理咨询和 / 或药物治疗，以帮助他们控制症状和改善功能。儿童青少年的精神健康问题会影响照顾者的健康，导致他们的生产力降低、家庭压力变大。社区为儿童青少年的精神健康问题付出的成本是巨大的，社会成本包括为有品行问题的儿童青少年提供康复服务、为有物质使用障碍的儿童青少年提供有关药物和酒精的咨询、为遭受虐待的儿童青少年提供家庭团聚与团聚服务。认知、学习和行为问题会妨碍儿童青少年从常规教育中受益，因此学区必须为他们支付特殊教育服务费用。预防儿童期精神障碍会使家庭免于痛苦，并为社区节省开支。遗憾的是，在美国，预防仍然是应对儿童及青少年精神病理的一种未得到充分利用的方法。（Forbes, Rapee, & Krueger, 2020）。

小　结

- 患病率指在特定人群中患有某种障碍的儿童青少年的百分比。发病率指在一段时间内一种障碍的新发病例的百分比。
- 每年有 13% ～ 15% 的儿童青少年经历精神障碍。20% 的儿童青少年在成年前经历过精神障碍。儿童青少年最常见的障碍是 ADHD 和焦虑障碍。
- 患一种障碍的儿童青少年中，有 40% 患有另一种（共病）障碍。

影响儿童青少年的精神障碍患病率的因素有哪些?

年　龄

精神障碍的患病率随年龄的不同而不同。平均来看，青少年比年幼儿童更容易患精神障碍，我们掌握的关于青少年精神健康问题患病率的最佳数据来自美国国家共病调查-青少年补充部分（National Comorbidity Survey Replication-Adolescent Supplement）（Kessler et al., 2012a）。该项目的研究人员选取了具有代表性的样本，对来自全国的超过 10 000 名 13 ～ 17 岁的青少年进行了访谈。研究人员还向受访者的父母发放了评估表，以收集有关青少年功能的额外数据。结果显示，23.4% 的青少年在过去一个月内有精神健康问题，40.3% 的青少年在过去一年内有精神健康问题。虽然青少年所经历的问题大多是轻度到中度的，但总体上的患病率比以前针对年幼儿童的研究中的患病率要高得多（Kessler et al., 2012b）。

美国国家共病调查研究也可以让我们比较儿童期和青春期特定障碍的患病率（图 1.2）。某些障碍在年幼的孩子中更为常见，比如孤独症谱系障碍、分离焦虑障碍和 ADHD。然而，大多数障碍的患病率随着年龄的增长而增加。例如，与青春期前儿童相比，青少年更容易出现社交恐惧症、抑郁症、双相情感障碍和进食障碍等问题。酒精和其他药物使用的问题通常也出现在青春期，而在青春期前的儿童中相对少见（Merikangas & He, 2014）。

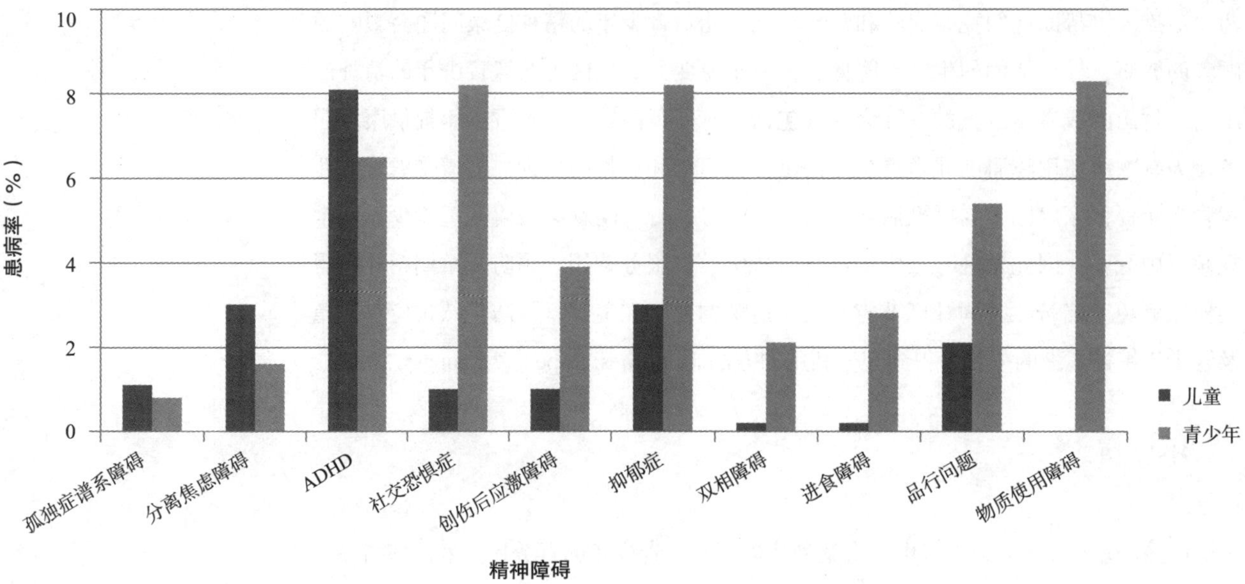

图 1.2 儿童期青春期精神障碍的患病率随年龄的变化

注：一般来说，青少年比年幼儿童更容易出现精神障碍。然而，一些障碍（如孤独症谱系障碍和分离焦虑障碍）更常见于年幼儿童。

性 别

精神障碍的患病率也因性别而异。在儿童早期，许多精神障碍更常见于男孩。例如，男孩被诊断出患有孤独症谱系障碍的可能性是女孩的 4 倍，被诊断出患有 ADHD 的可能性是女孩的 3 倍。男孩也比女孩更容易表现出破坏性行为问题，如对立违抗障碍。男孩和女孩在其他障碍上的患病率差不多（Perou et al., 2016）。

然而，到了青春期，女孩比男孩更容易出现精神健康问题（Kessler et al., 2012a）。在品行问题和身体攻击方面，青春期男孩仍然比青春期女孩面临更大的风险。同样，青春期男孩比青春期女孩更容易出现酒精和其他药物的问题。然而，青春期女孩患抑郁症或焦虑障碍的可能性是青春期男孩的 2 ～ 3 倍。此外，青春期女孩被诊断为进食障碍的可能性是青春期男孩的 5 ～ 10 倍。

心理学家们一直在努力解释为什么女孩在青春期精神健康问题会急剧增加。研究人员提出了许多原因，从青春期的生理变化到女性一生中遭遇的不合理社会文化期望。然而，最近研究人员发现了两个特别重要的因素：压力生活事件和女孩对这些事件的看法。

在一项研究中，研究人员追踪了一个从儿童后期到青少年期的青少年大样本（J. L. Hamilton, Stange, Abramson, & Alloy, 2015）。大多数青少年报告在这段时间内感到压力增加；然而，女孩对人际压力源，也就是涉及重要他人或关系的压力事件特别敏感。例如，少年期与青少年期，女孩尤其可能报告在与父母、同伴或恋人交往时遇到困难。

也许更重要的是，女孩们对这些人际压力源的看法影响了她们的情绪。例如，那些认为自己应该为这些人际关系问题负责的青少年（“我妈妈生我的气是我的错”）比那些不责备自己的青少年（“我妈妈下班后一直不高兴”）更容易患抑郁症。与之类似，那些倾向于过度思考这些事件的青少年（“我想知道为什么我的朋友会生我的气。是因为我说的话吗？”）也比不关注这些事件的女孩更容易出现抑郁问题。这些发现表明，女孩对人际关系问题的想法可以在极大程度上决定她们的幸福感（从科学到实践）。

从科学到实践

人际压力和性别

想象你是一个中学生，一些同学在走廊里聊天。当你打招呼的时候，他们不理你。为什么？你做错什么了吗？你说什么蠢话了吗？你穿错衣服了吗？

研究人员发现，青春期女孩比青春期男孩对这种人际关系更敏感。当女孩们消极地解释这些情况（“她们生我的气”）、责备自己（“我一定说错话了”）、反复回顾或思考这些情况时，她们会变得抑郁。事实上，青春期女孩患抑郁症的可能性是男孩的 2 倍。

认知疗法基于这样的假设，即如果青少年能够改变他们对这种情况的看法，他们会感觉好些。认知心理治疗师可能会要求来访者为同学的行为寻找其他解释。有没有可能你的同学没听见你打招呼，或者他们正忙着做别的事情？对这样的事件做出不同的解释可以改善青少年的情绪。

注：基于 J. L. 汉密尔顿及其同事（J. L. Hamilton and colleagues, 2015）。

社会经济地位

社会经济地位（socioeconomic status, SES）是一个变量，反映了儿童青少年所处环境的三个方面：（1）父母的教育水平；（2）父母的就业情况；（3）家庭收入。这三个变量是相互关联的，受教育程度较高的父母往往从事更复杂、薪水更高的工作。总的来说，低 SES 家庭的孩子比中等或高 SES 家庭的孩子患精神障碍的风险更高（Kessler et al., 2012a）。

SES 与精神障碍风险之间的联系至少有两种解释。第一，SES 越高的父母自己可能越不容易出现心理问题。他们会把有益于孩子精神健康的基因遗传给孩子。第二，SES 越高的父母也许越有可能为孩子提供保护他们少出心理问题的环境。例如，收入更高的父母更有能力为子女提供更高质量的健康保健、营养保障或学校教育。这些早期的经历可以保护他们的孩子，避免孩子出现精神健康问题。

当然，遗传因素和环境因素往往相互作用使儿童青少年处于患精神障碍的危险之中。例如，在一项大型研究中，研究人员调查了低收入和高收入家庭儿童青少年ADHD的患病率（Rowland et al., 2019）。研究发现，如果父母双方都没有ADHD，低收入家庭孩子患ADHD的可能性是高收入家庭孩子的6倍。然而，如果父母也患有ADHD，低收入家庭儿童青少年患ADHD的可能性是高收入家庭儿童青少年的10倍。这些发现表明遗传风险和环境质量都会影响患病率。

家庭的构成是儿童青少年精神健康的一个相关预测因子。最近的研究表明，只与亲生父母中一人一起生活的儿童青少年患焦虑障碍或心境障碍的可能性是与亲生父母双方一起生活的儿童青少年的2倍。此外，生活在单亲家庭的青少年患行为或物质使用障碍的可能性是生活在双亲家庭的青少年的6倍（Kessler et al., 2012a）。SES可以部分解释单亲家庭与精神健康问题增加之间的联系。单亲家庭的收入往往低于双亲家庭，而且，单亲家庭也比双亲家庭有更大的压力，更难监控孩子的行为。这些因素反过来又会导致孩子出现行为问题。

族裔和民族

族裔和儿童青少年的精神障碍之间的关系是复杂的。某些障碍在非拉丁裔的白人家庭中更常见。比如，年幼的非拉丁美洲白人儿童青少年的孤独症谱系障碍的患病率（1.1%）大约是拉丁美洲儿童青少年（0.5%）或非洲裔美国儿童青少年（0.4%）的2倍。同样，非拉丁裔白人儿童青少年（9.1%）比非洲裔美国人（8.0%）或拉丁裔儿童青少年（4.1%）更多被诊断出患有ADHD。与非白人同龄人相比，白人儿童青少年中焦虑障碍也更为常见（Perou et al., 2016）。

另一方面，非裔美国儿童青少年比白人儿童青少年更容易出现品行问题。具体来说，大约8.1%的非洲裔美国儿童青少年会在童年的某个时候出现对立违抗行为或品行障碍，相比之下，白人和拉丁美洲儿童青少年出现相同精神障碍的概率分别为4.2%和3.9%（Perou et al., 2016）。

什么可以解释这些差异呢？一种可能性是SES的差异部分解释了不同族裔间精神障碍患病率的差异。不幸的是，美国许多少数族裔的成员大部分来自SES较低的家庭（Taylor & Wang, 2013）。因此，少数族裔家庭往往与低SES家庭面临许多相同的风险：获得高质量健康保健和营养的机会少、养育方式不理想、教育经验贫乏和家庭压力大。移民家庭也面临特殊风险，例如与语言差异和文化适应相关的压力（Coll & Magnuson, 2014）。这些危险因素可能解释了少数族裔儿童青少年中品行问题的高患病率。事实上，当研究人员控制SES这个因素时，不同族裔的儿童青少年被诊断出精神障碍的比例差异较小（Hayden & Mash, 2014）。

另一种可能性是，儿童青少年的族裔或族裔背景可能部分决定了他们的精神障碍被识别和治疗的可能性。例如，非洲裔美国人和拉丁裔儿童可能比非拉丁裔白人儿童更晚地被诊断出孤独症（Ratto, Reznick, & Turner-Brown, 2015）。研究表明，少数族裔父母通常不太能够识别孤独症的早期迹象，因此，他们孩子的精神障碍可能没有得到诊断和治疗（Magaña, Lopez, Aguinaga, & Morton, 2013）。同样，最近的研究发现，许多拉丁裔父母认为 ADHD 的多动–冲动症状在发展上是正常的。因此，他们可能不太可能认为孩子的症状是问题，也不太可能寻求治疗（Gerdes, Lawton, Haack, & Hurtado, 2014）。

第三种可能性是，患病率反映出了不同族裔和族裔群体的文化价值观。例如，与非拉丁美洲裔白人青少年相比，非洲裔美国青少年患酒精和其他药物使用问题的可能性要小得多（Kessler et al., 2012a）。一些专家认为，非洲裔美国人的文化倾向于阻止酗酒，因此保护了这些青少年免受物质使用问题的困扰（Zapolski, Pedersen, McCarthy, & Smith, 2014）。此外，非洲裔美国青少年越赞同这些文化信仰，他们就越有可能避免酗酒和使用其他毒品（Stock et al., 2013）。

小　结

- 青少年精神健康问题的患病率高于青春期前儿童。
- 在儿童期，男孩比女孩更容易出现精神健康问题。在青春期，女孩比男孩更容易出现精神健康问题。
- SES 反映了父母的受教育程度、就业状况和收入。来自低 SES 家庭的儿童青少年精神健康问题的风险增加。
- 某些障碍，例如 ADHD 和焦虑障碍，在非拉丁美洲白人儿童青少年中最常被诊断出来。其他障碍，例如品行问题，更多在来自其他族裔或族裔背景的儿童青少年中被诊断出来。这些差异可能反映了家庭 SES、影响求助的文化因素，和 / 或作为族裔和族裔功能的患病率的实际差异。

大多数有精神健康问题的儿童青少年会接受治疗吗？

获得治疗

尽管有 20% 的儿童与青少年在成年前的某个时期会出现精神健康问题，但其中只有大约一半接受治疗。最近的流行病学研究表明，只有 51% 的患有精神障碍的儿童和 45% 的青少年接受治疗或药物治疗（Centers for Disease Control and Prevention, 2016b; Costello, He, Sampson, Kessler, & Merikangas, 2014）。儿童青少年接受治疗的可能性取决于他们的精神障碍。例如，患有 ADHD 的儿童青少年最有可能接受治疗，治疗通常是以服用兴奋剂（如哌甲酯，methylphenidate）的形式进行的。相比之下，患有焦虑障碍的儿童青少年接受治疗的可能性最小，尽管焦虑障碍是所有儿童期精神健康问题中最有可能治愈的一种（Weisz et al., 2017）。

有精神健康问题的儿童与青少年最有可能在学校接受治疗（24%），然后是专门的精神卫生诊所（23%），或医疗机构（10%）。一些儿童青少年通过其他社会机构

（8%）、提供补充或替代药物的诊所（5%），或者少年司法系统（5%）接受服务。正如我们所料，患有 ADHD 和学习障碍的儿童青少年最有可能在学校接受治疗，而患有某些高风险障碍（如进食障碍和药物使用问题）的儿童青少年更可能去专门的精神卫生诊所或医院就诊。患有焦虑和情绪障碍的儿童与青少年最有可能接受儿科医生的治疗。

并非所有儿童青少年都能平等地获得高质量的精神卫生服务。高社会经济地位的家庭最有可能从心理学家和医生那里为孩子获取精神卫生服务。相比之下，SES 较低的儿童青少年大都通过公立学校、公共服务机构和少年司法系统接受治疗。此外，非洲裔美国儿童青少年比非拉丁裔白人儿童青少年接受治疗的可能性更低（Costello et al., 2014）。

总而言之，这些数据表明，只有大约一半有精神健康问题的儿童青少年得到了需要的治疗。当儿童青少年能够接受治疗时，精神卫生专家往往无法提供治疗。相反，许多儿童青少年接受的照顾来自学校工作人员、少年司法官员、护士和儿科医生。我们迫切需要学生将自己的职业生涯奉献给儿童与青少年，为他们提供专门的精神卫生服务，不论是提供循证治疗还是消除这些家庭获得高质量护理的社会文化障碍。

药物的使用

在过去20年中，异常儿童心理学领域最大的变化之一是**精神药物**（**psychotropic medication**），即用于治疗行为、认知或情绪问题的处方药物使用增加。大约 7.5% 的学龄儿童与青少年至少服用过一种精神药物（Howie, Pastor, & Lukacs, 2014; Jonas, Gu, & Albertorio-Diaz, 2013）。

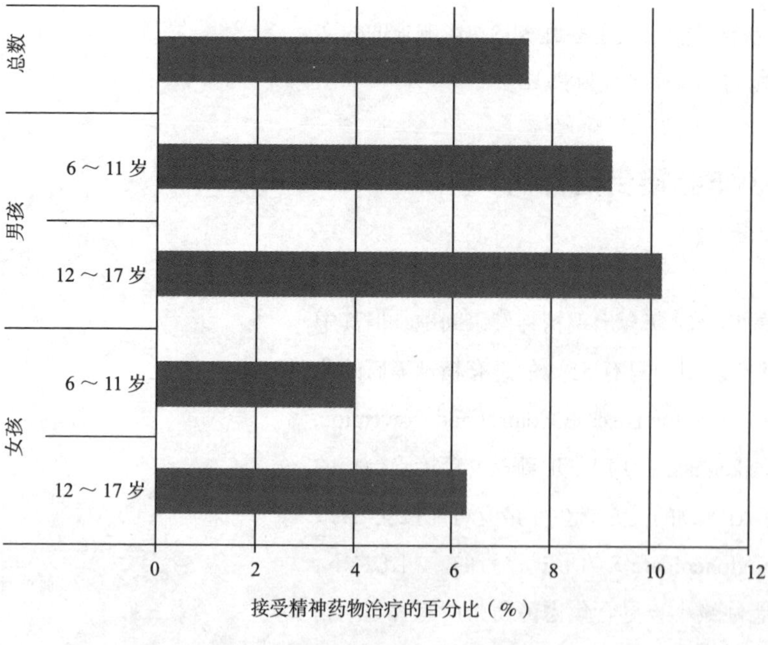

图 1.3 儿童及青少年精神药物使用情况

注：大约 7.5% 的儿童青少年使用过精神药物。男孩比女孩更可能使用精神药物，青少年比青春期前儿童更可能使用精神药物（Howie et al., 2014）。

精神药物的使用随着儿童青少年年龄的变化而变化（图 1.3）。青少年比青春期前儿童更常被予以精神药物治疗。青少年更多地使用精神药物很可能反映出青少年精神健康问题的总体患病率高于低龄儿童。此外，青少年的精神健康问题往往更为严重，因此可能更需要药物治疗。尽管幼儿比大一些的儿童与青少年更不可能接受药物治疗，但大约 2% 的学龄前儿童至少服用一种药物来处理精神健康问题（Chirdkiatgumchai et al., 2013; Fontanella, Hiance, Phillips, Bridge, & Campo, 2014）。

药物的使用也因性别而异。无论年龄大小，男孩比女孩更容易因心理问题接受药物治疗。这种药物使用的性别差异反映了这样一个事实，即男孩被诊断为 ADHD 并接受药物治疗的可能性大约是女孩的 3 倍。

在过去的 20 年里，接受心理问题药物治疗的儿童青少年增加了一倍多，而在同一时期，接受非药物心理治疗的儿童青少年比例相对稳定（Olfson, Blanco, Wang, Laje, & Correll, 2014; Olfson, He, & Merikangas, 2013）。两个因素似乎在推动儿童与青少年使用精神药物数量的总体上升。第一，临床医生越来越善于识别儿童青少年的精神障碍。第二，与 20 年前相比，现在的医生治疗儿童青少年时有更多的药物可选（Bowers, Weston, Mast, Nelson, & Jackson, 2020）。

并非所有类型的精神药物的使用都表现出同样的增长趋势。哌甲酯等用于治疗 ADHD 的药物的使用量在过去 20 年中出现了巨大的增长。相比之下，用于治疗焦虑障碍（即抗焦虑药）和精神分裂症（即抗精神病药）等思维障碍的药物的使用量增长速度较慢。只有一类针对儿童与青少年的药物的使用量有所下降，即抗抑郁药。20 世纪 90 年代，医生开始给有抑郁症状的儿童青少年开抗抑郁药，比如百优解（Prozac）。然而，2004 年，美国食品和药物管理局（Food and Drug Administration, FDA）发出警告，指出服用抗抑郁药的儿童青少年（4%）比服用安慰剂的抑郁症儿童青少年（2%）更容易产生自杀想法。因为这个警告，抗抑郁药的处方数下降了。今天，抗抑郁药通常用于那些表现出更严重的抑郁症状和经过心理治疗没有充分改善的儿童青少年（Friedman, 2014）。

药物处方是否过量？为了回答这个问题，研究人员在美国范围内具有代表性的青少年样本中调查了心理问题和精神药物使用情况（Merikangas & He, 2014）。在过去的一年里，大约 40% 的青少年出现过精神健康问题。然而，只有 14.2% 有精神健康问题的青少年接受了药物治疗。这些发现挑战了人们普遍认为的对儿童青少年开出的精神药物处方过多的观点。相反，许多可能受益于药物的儿童与青少年从来没有接受过药物治疗。

治疗的阻碍

研究人员和政策专家已经发现了一些阻碍家庭获得高质量精神卫生治疗服务的因素（Garland et al., 2013; Santiago, Kaltman, & Miranda, 2013）。首先，经济上的阻碍会限制儿童青少年获得治疗的机会。心理治疗、药物治疗和其他形式的治疗可能是昂贵的。即使是有私人健康保险的家庭，儿童或青少年能接受的治疗时间或类型也可能受到限制。低收入家庭可能面临的另一个挑战是，他们能从公共社会服务系统获得治疗，而这个系统往往负担过重、资金不足。低收入的父母在治疗方面也面临实际困难，例如难以获得休息时间、接送孩子参与治疗以及照顾其他孩子。

其次，社会文化因素可能会降低家庭接受治疗的意愿。例如，一些少数族裔家庭可能认为心理治疗是无效的或与他们眼前的问题无关。与其寻求心理治疗或咨询，这些家庭可能向医生、神职人员或他们所在社区的年长者寻求治疗、建议或支持。其他来自不同文化背景的父母可能认为主要针对白人中产阶级家庭的治疗方法不适用于他们。例如，一些父母不同意治疗师提出的避免在孩子行为不端时打他们屁股的建议。还有一些父母可能找不到能用他们的语言交流的治疗师（American Psychological Association, 2017b）。

再次，即使家庭有能力并愿意接受治疗，也可能找不到高质量的精神健康服务资源：许多社区没有循证精神卫生治疗服务。例如，多系统疗法是对有严重行为问题的大龄青少年的有效治疗方法。许多研究表明，多系统疗法可以减少青少年的破坏性品行问题，改善他们的社会和学业功能，减少他们被捕和监禁的可能性，并节省社区资金（Dopp, Borduin, Wagner, & Sawyer, 2014; van der Stouwe, Asscher, Stams, Deković, & van der Laan, 2014）。然而，很少有临床医生接受过多系统治疗的培训，而且只有少数社区提供这种治疗。

然后，儿童与青少年精神健康方面的专家数量完全满足不了需求。美国目前的精神卫生系统只能满足大约 10% 有心理问题的儿童青少年的需要。此外，美国只有 63% 的州设有为儿童与青少年提供治疗的精神卫生诊所（Cummings, Wen, & Druss, 2013）。接受治疗者通常是表现出最严重的痛苦或损害的那些儿童青少年。对于存在中度抑郁症、轻度学习障碍或不健康饮食习惯等不太严重的心理问题的儿童青少年，他们在病情恶化之前往往得不到识别和治疗。精神卫生服务不足在贫穷的社区尤其明显。

最后，**污名化**（**stigma**）可能影响儿童青少年接受精神卫生治疗服务（O'Driscoll, Heary, Hennessy, & McKeague, 2012）。污名是指对患有精神障碍的个体的负面看法，这种看法会导致恐惧、回避、被他人歧视或羞耻和低自我价值感（Corrigan, Bink, Schmidt, Jones, & Rüsch, 2016）。精神障碍的污名有多种形式。在闲聊中，人们会使用诸如“疯子”“傻子”和“精神病”这样的词语，但没有考虑这些词语对有精神健康问题的人有何影响。孩子们可能会用“弱智”这个贬义词来取笑他们的同学。患有精神障碍的儿童青少年的父母经常报告说，他们因为孩子的障碍而受到学校和医务人员的歧视。一些保险公司歧视精神障碍患者，不为精神障碍和生理疾病提供同等保险。电影和电视节目不公地把有精神健康问题的人描绘成暴力、不可预测、精神错乱或狡猾的人。即使是患有精神障碍的儿童青少年也被描绘出负面形象（Martinez & Hinshaw, 2016）。

一些父母不愿意让孩子接受治疗，因为诊断和治疗有负面的含义。事实上，大约 25% 的儿科医生接诊的病例涉及行为或情绪问题，这些问题可以由精神卫生专业人士更好地解决（Horwitz et al., 2002），但患儿父母经常寻求儿科医生和家庭医生的帮助，以避免精神卫生治疗的污名。与儿童青少年的精神障碍的诊断和治疗相关的污名导致许多处于风险中的儿童青少年得到的服务不够理想（Bowers, Manion,

Papadopoulos, & Gauvreau, 2013）。

污名还可以从几个方面对儿童青少年及其家庭产生负面影响。第一，它会导致羞耻感或堕落感，从而降低自尊和自我价值感。由他人的社会判断所产生的负面自我形象反过来又会加重症状或阻碍治疗。第二，污名化会导致自我实现预言。儿童青少年可能因为诊断标签而对自己持负面看法。在某些情况下，儿童青少年可能改变他们的行为以符合诊断标签，或使用诊断作为他们出现行为问题的借口。第三，污名会降低家庭寻求心理服务的可能性。许多表现出明显行为、情绪和学习问题的儿童青少年没有得到治疗，是因为父母不希望他们的障碍得到诊断（Martinez & Hinshaw, 2016）。

小　结

- 仅仅半数有精神健康问题的孩子接受了治疗。来自高 SES 家庭的非拉丁裔白人儿童与青少年是最容易接受治疗的。
- 大约有 7.5% 的学龄儿童服用过至少一种精神药物。青少年（而不是儿童）和男孩（而不是女孩）更常使用药物。
- 治疗的阻碍包括经济问题、社区缺乏高质量的治疗、缺乏训练有素的临床医生和污名。

1.3　科学与实践相结合

什么是循证实践？

科学的重要性

想象一下，服用非处方药后，你胃部的异常疼痛没有消失。你去看医生，希望他能找出你的病因，并给出有效的治疗方法。你会希望医生的评估、诊断和治疗策略是循证的，也就是说，它们反映了科学研究和可获取的最佳实践（Rousseau & Gunia, 2016）。

心理学家和其他从事儿童青少年和家庭工作的精神卫生专业人士也致力于循证实践。根据美国心理学会（American Psychological Association, APA）的说法，**循证实践（evidence-based practice）**是“在患者特点、文化和偏好的背景下，现有的最佳研究与临床专业知识的结合”（APA Presidential Task Force, 2006, p.273）。循证实践的目的是为儿童、青少年和家庭提供最高质量的精神卫生服务，促进社区的精神健康状况（J. Hamilton, Daleiden, & Youngstrom, 2015）。

采用循证方法的临床医生在帮助有需要的儿童青少年和家庭时会考虑以下三个因素：

科学的研究：根据研究文献，什么样的评估方法和治疗形式最适合有特定问题的儿童青少年？

临床经验：根据我自己的专业经验和判断，我评估和治疗这个儿童或青少年的最佳方法是什么？

患者特点：儿童青少年的年龄、性别、社会文化背景或者家庭对治疗的期望和偏好会如何影响我帮助他们的方式？

因此，循证实践的首要步骤是参考科学研究文献。如果父母要求对患有 ADHD 的儿子进行治疗，哪种治疗方式最有帮助？幸运的是，专业组织已经确定了**循证疗法**（**evidence-based treatment**），也就是在研究中显示能减少儿童青少年的症状和改善他们功能的心理治疗和药物治疗。例如，临床儿童与青少年心理学协会（Society of Clinical Child and Adolescent Psychology, 2020）有一个很好的网站：effectivechildtherapy.org，这个网站介绍了最具实证支持的儿童青少年的精神障碍心理社会治疗方法。同样，美国儿童与青少年精神医学学会（American Academy of Child and Adolescent Psychiatry, 2020）也发布了指南，帮助医生确定对儿童青少年的精神障碍有效的药物和心理社会治疗。

得到确认的治疗方法

- 至少有 2 项由独立研究人员进行的严格操作的实验研究表明该疗法疗效优于安慰剂。

很可能有效的治疗方法

- 至少有 2 项严格操作的研究表明该疗法疗效优于等待组（延迟治疗）对照。

可能有效的治疗方法

- 至少有 1 项严格操作的研究表明该疗法疗效优于等待组（延迟治疗）或未治疗组。

经验性治疗方法

- 至少有 1 项方法上有局限的研究显示该疗法是有帮助的。

疗效存疑的治疗方法

- 该疗法经过测试，证明效果不如等待组（延迟治疗）或未治疗组。

图 1.4　循证治疗的级别

注：治疗可以根据实证支持的水平分层来组织。已有的治疗方法得到了多个进行良好的实验的支持，这些实验表明，该疗法比安慰剂更有效（Southam-Gerow & Prinstein, 2014）。

循证治疗通常分为五个级别，这取决于研究支持程度（图 1.4）。例如，一种被称为“父母训练”（parent training）的行为疗法被认为是治疗 ADHD 患儿的一种完善方法，因为由独立研究小组进行的几项高质量的实验研究表明，它可以减少儿童青少年 ADHD 的症状。因此，父母行为训练被认为是一种一线的心理社会治疗方法。在这种训练中，父母要学会监控孩子的行为，并强化恰当的那部分。另一方面，神经反馈训练（neurofeedback training）被认为可能是有效的，因为它的实证支持较少。尽管研究表明，这种治疗方法可以帮助儿童青少年调节大脑活动和行为，但它在被视为一线治疗方法之前还需要被反复研究。相比之下，社会技能训练对治疗 ADHD 的效果值得怀疑。大多数患有 ADHD 的儿童青少年已经具备足够的社交技能，知道如何在社交场合中表现；他们面对的主要问题是行为控制能力有限，无法持续抑制冲动行为以将认知转化为行动（Evans, Owens, & Bunford, 2014）。

循证实践不仅仅意味着使用循证治疗，临床医生还必须运用他们的知识和经验定制干预措施，以满足儿童青少年和家庭的社会情感需求。想象一下，一位母亲带着患有 ADHD 的儿子参加他们的第一次治疗。治疗师最初可能会决定使用父母行为训练。然而，治疗师很快意识到，母亲在第一次治疗中需要时间来倾诉对儿子行为问题的挫败感，以及对前夫拒绝分担养育责任的不满情况。熟练的治疗师明白，循证治疗必须加以改进才能满足家庭的迫切需要。因此，治疗师可能会将初始目标设定为共情那位感到无力或孤立无援的母亲，与之建立治疗联盟（Rajwan, Chacko, Wymbs, & Wymbs, 2014）。

最后，循证实践要求临床医生考虑他们治疗的儿童青少年和家庭的特征和社会人口背景（Gonzales, Lau, Murray, Pina, & Barrera, 2016）。例如，治疗师有时很难让父亲参与父母训练。因此，研究人员修改了传统的父母训练，以更好地处理父亲的兴趣问题。一种叫作 COACHES（Coaching Our Acting-Out Children: Heightening Essential Skills）的治疗方法，可以让父亲在与孩子踢足球时练习父母管理技巧。几项研究表明，COACHES 项目不仅吸引了那些原本可能回避治疗的父亲，还改善了孩子在赛场和家中的行为（Isaacs, Webb, Jerome, & Fabiano, 2015）。

小　结

- 循证实践将高质量的研究和临床专业知识相结合，用以促进儿童青少年和家庭的福祉。循证治疗会考虑儿童青少年和家庭的优势和挑战、他们的文化身份和背景，以及他们对治疗的偏好。
- 高质量的研究表明，循证治疗可以减少儿童青少年的行为问题和 / 或改善他们的功能。
- 循证实践是重要的，因为它增加了临床医生帮助患者的可能性，减少了伤害的风险。

哪些专业人士帮助儿童青少年和家庭?

助人职业

儿童青少年的精神健康问题是复杂的。因此，他们的治疗通常需要不同教育背景和训练经历的专业人员进行协作。在本节中，我们将了解提供这些服务的不同类型的专业人员。与儿童青少年和家庭相关的助人职业太多了，我们不能在这里将其一一介绍。不过，我们将介绍一些主要的研究领域，希望能激励你自己去学习更多的关于这些领域的知识（Landrum & Davis, 2014; Metz, 2016; Norcross & Sayette, 2016）。

心理学家（*psychologist*）[1] 评估、诊断和治疗有精神障碍的患者。他们拥有临床或心理咨询的博士学位（PhD 或 PsyD）。心理学家不是医生，因此，他们中的大多数不用药物治疗，而是使用心理治疗和其他非医学干预手段。儿童心理学家要完成 4

1　在国外许多地方，心理学家是一个执照的头衔。本文中具体指的是临床心理学家（clinical psychologist）。——译者注年或 5 年的研究生课程和美国心理学会 1 年的实习认证。其中许多人还获得了评估、治疗或神经心理学方面的博士后研究经历。他们在医院、诊所、住院治疗机构、私人诊所、学院或大学工作。

学校心理学家（*school psychologist*）评估、诊断和治疗会干扰儿童青少年在学校的功能的行为、认知和社会情感问题。这些人中的大多数专门从事发展和学习障碍的鉴别和治疗，提供以学校为基础的精神卫生服务，并充当家庭和学校之间的联络人。他们大多拥有教育专业学位（EdS）或者教育或心理学博士学位（EdD 或 PhD），并获得了美国全国学校心理学家协会（National Association of School Psychologists）或美国心理学会的认证。

精神科医生（*psychiatrist*）是专门从事精神障碍评估、诊断和治疗的医师（MD 或 DO）。他们在医学院完成了学业，作为精神病学住院医师经过了 4 年的学习，并得到美国精神医学和神经病学委员会（American Board of Psychiatry and Neurology）认证。儿童精神科医生专门研究儿童与青少年的精神障碍。他们的大部分工作涉及开精神药物处方和监测儿童对治疗的反应。

儿科医生（*pediatrician*）是治疗儿童与青少年疾病的医生（MD 或 DO）。他们也可能给患有 ADHD、焦虑障碍和抑郁症的儿童青少年开精神药物。他们在医学院完成了学业，作为儿科住院医师经过了 3 年的学习，并得到美国儿科委员会认证（American Board of Pediatrics）。发育-行为儿科医生专门评估和治疗有发展障碍和行为问题的儿童青少年。他们在医院和诊所工作。

精神科-精神健康护士（*psychiatric-mental health nurse*）是专门护理精神障碍患者的护士。精神科-精神健康护士从业人员有硕士或博士学位，在美国的许多州是可以独立执业的。他们往往在医院、诊所和住院治疗机构工作。

持执照的专业心理咨询师（*licensed professional counselors, LPCs*）是处理儿童、青少年、成人和家庭心理健康问题的专业人员。大多数持执照的专业咨询师拥有硕士学位，并于独立执业前在督导下完成了研究生临床工作。他们通常采用一种疗法，关注来访者的优势和目标，而不是阻碍和局限。他们在社区精神卫生中心工作和私人开业。

婚姻和家庭治疗师（*marriage and family therapist*）是接受过夫妻和家庭系统疗法培训的精神健康专家。他们被授权诊断和治疗夫妇或家庭中的心理和情绪障碍。他们大多数拥有硕士学位，在门诊和私人诊所工作。

社会工作者（*social worker*）是为经历心理社会压力的个体和家庭提供咨询和支持的专业人士。大多数持执照社会工作者（LSWs）都拥有学士或硕士学位，并为儿童青少年和家庭提供个案管理服务。有执照的临床社会工作者（LCSWs）通常拥有硕士学位，也可以提供治疗。他们在医院、诊所、住院治疗机构、社会服务机构和学校工作。

语言病理学家（*speech-language pathologist*）评估、诊断和治疗儿童青少年的交流障碍，如语言迟缓、发音问题和口吃问题。他们也可以帮助那些因受伤、发育障碍或孤独症而有语言问题的儿童青少年。他们大多拥有硕士学位，在学校、诊所和医院工作。

职业治疗师（*occupational therapist*）通过日常活动和锻炼来治疗生病、受伤或残疾的儿童青少年。他们帮助儿童青少年发展、恢复，提高游戏、教育和日常生活所需的技能。他们通常拥有硕士学位，在学校、诊所和医院工作。

特殊教育教师（*special education teacher*）帮助有认知、情感和身体残疾的学生。他们调整课程以满足这些学生的需要。有些特殊教育教师还教授有严重残疾的学生基本的沟通和日常生活技能。他们通常拥有教育学士或硕士学位，并持有教师资格证，在学校工作。

学校心理咨询师（*school counselor*）帮助学生发展学业和社交能力，以促进学业成功。职业咨询师则通过技能培养，职业或教育项目选择提供支持，协助青少年完成职业决策过程。大多数学校心理咨询师拥有学校咨询硕士学位，并在学校工作。

儿童生活专家（*child life expert*）是通过活动和游戏帮助儿童和家庭应对社会心理压力的专业人士。他们可以帮助因外伤而与家人分离的儿童青少年以及因疾病或受伤而住院的儿童青少年。大多数儿童生活专家拥有学士学位，有儿童发展和家庭系统方面的专业背景。他们在诊所、住院治疗机构和医院工作。

作为循证助人者的学生们

大学生们经常会为有需要的儿童青少年和家庭提供服务。学生们为发育障碍者提供帮助、担任患有孤独症青少年的行为治疗师、为学习障碍患儿提供辅导，或在寄宿治疗机构、少年拘留中心和医院做心理方面的工作。学生还通过志愿服务提供专业辅助服务。例如，许多学生为有风险的儿童青少年提供指导、为小学和高中生提供校内服务、接听危机热线，并帮助当地社区精神卫生中心开展工作。

你会提供这样的一线服务吗？如果是这样，你会极大地帮助儿童、青少年和有需要的家庭。虽然你可能无法直接干预，但你可以从心理科学的角度为儿童青少年提供治疗支持。当你帮助别人时，问问你自己以下三组问题：

- 我提供的干预或服务的循证证据有什么？我的工作有科学基础吗？是否有其他服务可以为我服务的人提供更大的帮助？
- 我的工作有效率吗？我是否在监控我提供的服务的有效性，以确定我是否在帮助我的来访者？我有可能伤害他们吗？
- 在工作中，我是否尊重他人的权利和尊严，是否以负责任和专业的态度行事，是否正直地代表了心理学领域？是否有人以合乎道德和科学的方式监督我的工作？

当你读这本书的时候，考虑一下你如何运用科学原理来帮助你理解儿童与青少年的障碍。并非只有精神卫生专业人士需要用科学方法帮助他人。所有与儿童青少年一起工作的人都被要求使用有科学证据的方法来帮助改善他人的功能。

小 结

- 治疗通常包含心理学家、医生、教师和其他专业人员的协同服务。
- 学生们在志愿帮助有需要的儿童青少年和家庭时也可以运用循证实践的原则。

为什么符合伦理的治疗是重要的?

美国心理学会伦理守则

伦理（ethics）是指某一特定职业中被确定为可接受的行为标准。伦理不应与个体的道德相混淆，也就是说，后者是个体对某一行为对错的个人信念。伦理行为由群体共识决定；道德由个人信念决定（Knapp, Gottlieb, & Handelsman, 2015）。所有精神卫生专业人员都遵守指导他们职业实践的伦理规范。不同的职业组织有不同的伦理规范。这些准则包括 APA（2017a）的《心理学家的伦理原则与行为规范》（*Ethical Principles of Psychologists and Code of Conduct*），美国全国学校心理学家协会（2010）的《职业伦理规范》（*Principles for Professional Ethics*），美国咨询协会（American Counseling Association, 2014）的《伦理守则》（*Code of Ethics*），美国学校咨询师协会（American School Counselor Association, 2010）的《学校咨询师伦理标准》（*Ethical Standards for School Counselors*）。由于美国心理学会的伦理守则是最常用的伦理系统，所以我们将更详细地介绍它。

美国心理学会伦理守则（APA Ethics Code）提供了一套共同的原则和标准，心理学家在这些原则和标准的基础上开展专业和科学工作（APA, 2017a）。美国心理学会伦理守则的主要目标以保护与心理学家一起工作的个体（如来访者、被试、学生）为福祉。由于伦理守则得到了美国心理学会的认可，所有美国心理学会的成员和学生会员都必须熟悉该准则并遵守其规则。不遵守该伦理守则可能会受到美国心理学会、心理学许可委员会和其他专业组织的制裁（Koocher & Campbell, 2018）。

伦理守则的第一部分描述了五个普遍的**伦理原则（ethical principle）**，即心理学家职业行为的理想。普遍原则本质上是一种理想的倡导，它们不是可强制执行的规则。相反，普遍原则描述了所有心理学家都应该努力达到的理想的心理学实践标准：

善行与无害（*beneficence and nonmaleficence*）：心理学家应努力使与他们一起工作的人受益，并注意不造成伤害。

忠实与责任（*fidelity and responsibility*）：心理学家应建立信任的关系……意识到他们的专业和科学责任……坚持职业行为标准，明确其职业角色和义务，（并）对其行为承担适当责任。

诚信与正直（*integrity*）：心理学家应追求在科学、教学和心理学实践中提高准确性、诚实性和真实性。

公正与公平（*justice*）：心理学家应认识到，所有人都有权公平和公正地获得心理学服务并从中受益。

尊重他人的权利和尊严（*respect for people's rights and dignity*）：心理学家应尊重所有人的尊严和价值，尊重个人隐私权、保密权和自我决定权。

伦理守则的第二部分为**伦理标准**（**ethical standard**），即指导专业实践和研究的具体规则。伦理标准涵盖所有重要的专业活动，包括评估、治疗、研究和教学。伦理标准需要描述得太多，我们将介绍一些和儿童与青少年的治疗相关性较高的规则。这些规则分为四类（Koocher, 2008），有时被叫作伦理四原则（Four Cs of ethics）：（1）胜任力；（2）知情同意；（3）保密；（4）利益冲突。

胜任力

根据美国心理学会伦理守则（APA, 2017a），“心理学家只能为在其能力范围内的人群和领域提供服务、教学和进行研究”。**胜任力**是指利用教育、培训和专业经验向个体和团体提供循证服务的能力。一般来说，心理学家通过三种方式获得和保持胜任力。第一，心理学家具备必要的教育背景，能对其服务的儿童、家庭及群体进行评估、诊断与治疗。第二，心理学家通过持续接受专业培训与督导实践，保持对循证实践的认知敏锐度，并可能将其临床工作拓展至新的群体。第三，心理学家持续监测自身身心健康与社会文化认知能力，确保这些因素不影响其提供有效服务的专业水平。（Nagy, 2011）。

在能力范围内进行练习以保证来访者的福祉很重要。在培训领域之外进行实践的心理学家可能比知识和技能更丰富的治疗师效率更低。在能力范围之外执业的治疗师也有可能伤害他们的来访者。

胜任力和儿童与青少年的评估和治疗尤其相关。在诊断和治疗儿童青少年的精神障碍方面，我们还缺乏接受过正规教育和培训的治疗师。许多临床医生的教育和临床经验主要集中在成人方面，他们可能会在能力范围之外提供服务。以威廉姆斯博士为例，她是一位面临胜任力相关伦理问题的心理学家，是治疗成人物质使用障碍的专家。然而，她在青少年物质使用障碍的治疗方面缺乏专门的培训和督导。如果她不先接受更多的培训就为青少年提供服务，那很可能是不符合伦理的。理想的情况是，威廉姆斯博士去参加一些关于青少年物质使用障碍的课程，并接受在这方面有专长的同事的督导。

胜任力也与心理学专业的学生有关。学生们经常服务于儿童青少年精神卫生治疗的第一线。例如，一些学生为ASD患儿提供行为干预，另一些学生帮助管理患ADHD青少年的暑期治疗项目，还有一些学生在集体之家或住院治疗机构工作。他们仍然是学生，鉴于其学生身份，必须接受具备执业资质的心理学家或其他精神健康专业人员的督导，且督导者须对其工作承担专业责任。督导的水平应该始终适应学生的水平，学生应能够对当前的督导有安全感，绝不应被迫承担超出受训范围的责任。同样重要的是，学生不应为向他们的导师寻求帮助而感到尴尬。

案例研究

与儿童青少年相关的伦理标准：胜任力

好心的威廉姆斯博士

威廉姆斯博士是一位临床心理学家，她在治疗成人和伴侣心理问题，尤其是酗酒问题方面有15年的经验。事实上，威廉姆斯博士在帮助有慢性酒精使用问题的成人方面的专业性已经得到了社区的认可。一天，她接到一位母亲的电话。这位母亲要为15岁的儿子预约。她儿子最近因携带酒精饮品参加学校体育活动而被停课，并因未成年非法持有酒精饮品。威廉姆斯医生应该接受这名来访者吗？

知情同意

也许避免伦理问题的最好方法是确保孩子和家庭在决定参与治疗之前知道他们需要同意哪些内容。伦理规范要求心理学家在评估、治疗或研究之前必须征得个人的**知情同意**。个体必须具备理解治疗相关事实及后果的认知能力，并自愿同意参与治疗。知情同意保障了个体的自主决定权。（Nagy, 2011）。

治疗的知情同意包括许多组成部分。第一，个体有权知悉治疗方案的具体内容、预期风险与获益、治疗周期及费用预估；第二，心理学家需说明可选替代治疗方案，并客观分析推荐方案的优势与不足；第三，心理学家必须明确告知个体参与的自愿性，可随时无条件退出治疗；第四，心理学家应当详细解释保密协议的例外情形。（APA, 2017a）。

在治疗儿童与青少年时，知情同意尤其重要。与成人不同，儿童青少年很少自己主动接受治疗。相反，儿童与青少年通常由父母、教师、其他学校人员、儿科医生或（有时）少年法庭送去治疗。尽管这些成人希望儿童青少年参与治疗，但儿童青少年的积极性可能很低。以拒绝参与治疗的蕾切尔为例。

案例研究
与儿童青少年相关的伦理标准：知情同意

心怀怨恨的蕾切尔

蕾切尔是一位 11 岁的女孩，她因在学校的捣乱行为被辅导员送到我们诊所。蕾切尔越来越喜怒无常，最近还和教师吵了两次架。蕾切尔的父母承认，她在家里也表现出类似的暴躁情绪，她在学校和社区里与许多以前的朋友疏远了。

在第一次治疗中，蕾切尔安静地坐在父母中间，双臂交叉，这是一种防御的姿态。蕾切尔的母亲说："蕾切尔一直很敏感。她很容易失控，会冲我们厉声喊叫，然后在房间里躲一整晚。"她父亲补充说："我们希望你能和她谈谈，找出问题所在。"这时，蕾切尔张开双臂，站起来，指着她的父母，喊道："我来告诉你问题出在哪里！他和她！"她冲出房间，"砰"地关上了门。

由于年龄和法律地位所限，儿童与青少年通常不具备表达知情同意的能力。知情同意意味着个人理解并自由地同意参与治疗。儿童青少年可能没有充分认识参与治疗的风险和好处的能力。年纪稍大的儿童与青少年，如蕾切尔，可能不会自由地同意参加治疗，因为他们可能会感到来自他人的压力。与之相对，代理同意（proxy consent）是从父母或法定监护人那里获得的。然后，心理学家在提供服务之前获得儿童与青少年的**认可**（**assent**）。为了获得认可，心理学家通常使用儿童青少年能够理解的语言来描述治疗，讨论儿童或青少年可能接受的治疗目标，并请求儿童青少年暂时同意开始治疗（Shumaker & Medoff, 2013）。尽管蕾切尔的父母同意接受治疗，但一个娴熟的治疗师知道获得蕾切尔的认可是必不可少的。认可让蕾切尔在治疗的初始阶段有发言权，并允许她为治疗设定对她来说很重要的目标（和治疗范围），而不仅仅是对她的父母和教师来说重要的目标（Knapp et al., 2015）。

在极少数案例中，儿童青少年可以在没有父母同意的情况下接受治疗（Hecker & Sori, 2010）。比如，临床医生可以为处于危机状态的儿童青少年提供治疗（例如，考虑自杀）。同样，如果儿童青少年因疑似受虐待、忽视或危害而寻求治疗，临床医生可以延迟获得父母的知情同意。在诊所和学校工作的心理学家也可以向怀孕或有性健康问题的儿童青少年提供短期精神卫生服务（Jacob & Kleinheksel, 2012）。特殊情况下可延迟获取父母的知情同意，以便为急需救助的儿童青少年提供即时干预，或保障那些可能因需父母同意而回避帮助的青少年获得必要帮助（Gustafson & McNamara, 2010）。

保　密

保密是指来访者对于自己在治疗过程中提供的信息不会被泄露给他人的期待。

这种对保密的期待至少有两个作用。第一，它增加了需要精神卫生服务的人寻求治疗的可能性。第二，它使得来访者更自由地谈论自己，并促进治疗进程（Koocher & Campbell, 2018）。

在大多数情况下，保密是来访者的一项伦理和法律权利。治疗师如果违反来访者的保密权，就可能会受到专业机构的制裁，并承担法律责任。许多心理学家认为保护来访者的隐私是最重要的伦理标准（Sikorski & Kuo, 2015）。

尽管来访者有权在与他们的治疗师交流时要求对方保密，但来访者应该意识到，他们披露的信息并不完全是私人的。治疗师必须让来访者对保密的有限性知情，最好是在第一次治疗中就告知来访者（DeMers & Siegel, 2018）。

第一，如果来访者即将给自己或他人带来危险，治疗师必须突破保密义务，以保护来访者或他 / 她威胁到的人的福祉。例如，如果一个青少年告诉他的治疗师，他打算在结束今天的治疗后自杀，那么治疗师有责任告知和提醒青少年的监护人，以保护青少年免受自我伤害。心理学家保护青少年健康的义务超越了青少年的保密权。

第二，如果治疗师怀疑儿童青少年受到虐待或忽视，治疗师必须突破保密以保护儿童青少年。例如，如果一个 12 岁的女孩在治疗过程中承认受到继父的虐待，那么治疗师有义务通知女孩的母亲和相关政府部门，以保护女孩不受进一步的伤害。

第三，在特殊情况下，法官可以发布法院命令，要求治疗师披露来访者在治疗中提供的信息。例如，法官可能会命令一位心理学家提供一位因严重犯罪活动而被捕的青少年来访者的信息。

第四，治疗师可以披露有限的来访者信息，以获得服务报酬。例如，治疗师通常需要向保险公司提供有关来访者的信息。这些信息通常包括来访者的姓名、人口统计信息、诊断和治疗计划。通常，只有保险公司才有权获得这些信息。

第五，治疗师可以向同事披露有限的来访者信息，以获得咨询或督导。治疗师在向其他专业人士寻求建议时，通常可采用概括性表述说明来访者问题。但是，治疗师仅能向同行提供获取帮助所必需的最低限度信息，并严格避免使用姓名等可识别身份的内容。

治疗师也有责任在了解到儿童青少年正在进行有潜在风险的行为时保护他们免受伤害。当治疗师保护儿童青少年的责任与治疗师保密的责任发生冲突时，伦理困境常常会出现。以正在挑战保密极限的女孩雷娜为例。

案例研究

与儿童青少年相关的伦理标准：保密

里斯克 · 雷娜

雷娜是一名 16 岁的高中二年级学生，她正在治疗长期存在的抑郁问题。在一次治疗中，雷娜告诉她的治疗师，她的父母周末要去旅行过夜，她打算趁他们不在的时候和她的男朋友发生性关系。她解释说，这个决定是“重大的”，因为在此之前她从来没有与任何人发生过性关系。

雷娜的治疗师询问了雷娜一些关于性健康和避孕方法的问题，还想知道雷娜是否对于开始一段性关系感到任何压力。治疗师应该对雷娜的性决定保密吗？这个决定应该仅有雷娜和治疗师知道，还是雷娜的父母也有权知道？

当治疗师面对关于保密的决定时，他们必须权衡两个因素：（1）潜在有害或适应不良行为的频率、强度和持续时间；（2）维持治疗过程的重要性（Sullivan, Ramirez, Rae, Razo, & George, 2010）。一般来说，随着伤害风险增加，治疗师更容易突破保密规则。例如，如果雷娜的性决定是自由做出的，且她怀孕或患病的风险很低，大多数治疗师会尊重她的保密权。然而，如果我们知道雷娜的“男朋友”是她在网上认识的一个25岁的男人，我们可能就需要采取措施保护她免受伤害。在任何情况下，治疗师都认为维持治疗关系非常重要。如果治疗师向雷娜的父母透露了这些信息，雷娜还会信任她的治疗师（或任何其他治疗师）吗？突破保密对雷娜的长期精神健康有什么影响？

根据美国的《健康保险可携性与责任法案》（Health Insurance Portability and Accountability Act, HIPAA），保密权由子女的父母所有，而不是孩子本人。因此，父母有权了解其子女在治疗中披露的信息（Sikorski & Kuo, 2015）。治疗师必须平衡父母的权利和儿童与青少年对保密的期望。一方面，父母有权了解子女的医疗和心理治疗情况；另一方面，如果治疗师未经儿童与青少年允许就把他们的想法和感受告诉他们的父母，那么儿童与青少年就不可能充分地参与治疗。

大多数心理学家在治疗早期就向父母和青少年提出了保密问题。下面是一种提出保密问题的措辞策略：

> 当孩子对治疗中的交流的私密性有信心时，心理治疗才能达到最佳效果。与此同时，父母也希望对孩子的健康与安全保有知情权。既然您（指父母）都曾经当过孩子，必然理解孩子可能想要在咨询中探讨性、酒精或其他话题。现在，我们需要共同商定：如何在保障孩子治疗过程中的保密性，使其畅所欲言的同时，确保您对子女安全的合理知情。（Koocher & Daniel, 2012）。

利益冲突

通常，当父母为孩子寻求治疗时，他们最看重孩子的利益。然而，心理学家有时不清楚自己是在为儿童青少年还是为他们的父母提供服务，而这时伦理问题就会出现。《伦理守则》指出，心理学家必须避免此类利益冲突，也就是说，心理学家必须避免所处关系损害其客观性、胜任力或帮助来访者的有效性。

在儿童与青少年治疗中，利益冲突可以通过几种方式产生。当治疗师在孩子面前扮演专业角色，然后（无意中）在孩子父母面前扮演另一个角色时，冲突就会发生。以玛格丽特为例，她向她的治疗师展现了一个与潜在利益冲突相关的困境。

案例研究

与儿童青少年相关的伦理标准：利益冲突

玛格丽特的伤心母亲

玛格丽特是一个 12 岁的女孩，她因对立和违抗行为被转诊到我们诊所。虽然玛格丽特在学校基本上是听话的，但她经常不尊重母亲，发脾气以逃避在家里的责任。

治疗师会见了玛格丽特的母亲以获得更多的信息。在谈话过程中，玛格丽特的母亲非常沮丧，她与玛格丽特的父亲正经历着相当多的婚姻问题。她说，她很难照顾玛格丽特，也很难在家庭和工作中履行其他职责。她也承认有自杀的想法。

治疗师认为玛格丽特的破坏行为与她母亲的抑郁情绪有关。除了为玛格丽特的破坏性行为提供治疗，她还提出单独为玛格丽特的母亲提供咨询。这是个好决定吗?

尽管出于好意，但是治疗师与玛格丽特和她的母亲建立了多重关系（multiple relationship）。当一个治疗师以专业人士的身份对一位来访者开展工作，并且与同一位来访者或与该来访者有密切关系的人建立另一种关系时，多重关系就产生了。当多重关系损害了工作的客观性时，这种关系就成了问题（Campbell, Vasquez, Behnke, & Kinscherff, 2010）。治疗师能否在有效地治疗玛格丽特的同时也为她的母亲提供服务？治疗师把玛格丽特的母亲介绍给另一位治疗师会更好吗？

在分居和离婚的情况下，利益冲突也会出现（Shumaker & Medoff, 2013），想象一下，玛格丽特的家庭状况每况愈下。玛格丽特的父亲决定与玛格丽特的母亲离婚，并要求获得玛格丽特的监护权。她的父亲要求得到玛格丽特的治疗记录，其中包括有关她母亲的抑郁情绪和难以照顾玛格丽特的信息。他打算利用这些信息获得他女儿的监护权。

这位治疗师现在发现自己是玛格丽特的治疗师、她母亲的治疗师和她父亲的潜在证人。显然，治疗师的客观性受到了威胁！在这一点上，治疗师必须让两个成人都知道这一冲突，并解释不让玛格丽特的父母接触女儿治疗记录的重要性。

治疗师可以通过问这样一个问题来避免利益冲突：谁是我的来访者？在大多数情况下，治疗师会将孩子或整个家庭当作来访者。在这种情况下，治疗师不会向家庭的某个成员提供单独服务。如果父母在治疗中提出的目标与他们孩子或家庭的目标是不同的，治疗师会承认这些目标，但会将父母转介给另一个治疗师，以避免多重关系。

小　结

- 伦理实践增加了临床医生帮助其来访者（即善行）和避免伤害（无害）的可能性。
- 美国心理学会伦理守则包括指导心理学家专业活动的广泛伦理原则（即理想目标）和他们在进行研究、帮助来访者或与公众互动时必须遵循的具体标准（即规则）。
- 在就儿童青少年和家庭开展工作时，四个伦理标准尤为重要：（1）胜任力；（2）知情同意；（3）保密；（4）利益冲突。它们有时被称为职业伦理的“四个C”。

关键术语

美国心理学会伦理守则（APA ethics code）：一套为心理学家其专业和科学工作建立的共同的原则和标准；其他职业（如学校心理学家、社会工作者）也有类似的伦理规范。

认可（assent）：因年龄或认知能力而不能同意参与治疗或研究的个体认可参与的协议。

类型法（categorical classification）：一种诊断方法，根据一系列基本标准将障碍分成互斥的组别。

共病（comorbidity）：同一个人同时患上两种或两种以上的障碍。

胜任力（competence）：精神卫生专业人员用于提供循证服务的教育、培训和专业经验；专业人员必须在其专业范围内进行实践。

保密（confidentiality）：未经同意不得向他人披露儿童青少年和家庭在治疗过程中所提供信息的期望。

知情同意（consent）：个体知情并且自由决定参与治疗。

文化（culture）：人们从社会群体中获得的价值观、知识和实践。

《精神障碍诊断与统计手册》第五版［*Diagnostic and Statistical Manual of Mental Disorders*, Fifth Edition(DSM-5)］：美国精神医学会采用的精神障碍分类和诊断标准的汇编，被美国大多数精神卫生专业人员使用。

诊断标注（diagnostic specifier）：一个标签，用于描述具有特定障碍的个体的相对同质亚群。

维度法（dimensional classification）：一种诊断方法，在这种方法中，个体的痛

苦和 / 或损伤的严重程度在一个连续体上被描述。

伦理原则（ethical principle）：心理学专业实践的广泛理想或抱负目标。

伦理标准（ethical standard）：指导心理学专业实践的具体规则。

伦理（ethics）：一种职业的原则和标准，确保高质量的治疗并保护他人的权利和尊严。

族裔（ethnicity）：一种建构出来的文化身份，用于界定群体和社区；它可以植根于共同的历史、地理位置、语言、宗教或共同的经验，使个人或群体区别于其他人或群体。

循证实践（evidence-based practice）：整合实证研究和临床专业知识，在了解儿童青少年的特点、文化和偏好的基础上帮助儿童青少年和家庭。

循证治疗（evidence-based treatment）：被良好的研究证明可以缓解儿童青少年症状并改善他们功能的心理疗法和药物。

有害的功能失调（harmful dysfunction）：一种异常行为的定义，其特征是（1）某些内在机制不能执行其自然进化出来的功能，以及（2）这种失能会造成伤害。

发病率（incidence）：在一段固定的时间内（通常是一年内）一种精神障碍新发病例的百分比。

精神障碍（mental disorder）：一种综合征，其特征表现为个体的认知、情绪调节或行为方面有临床意义的功能紊乱，它反映了精神功能潜在的心理、生物或发展过程中的异常（DSM-5）。

多重关系（multiple relationship）：当一个以专业身份为一位来访者工作的治疗师，与同一位来访者或与该来访者有密切联系的人建立另一种关系时，多重关系就会产生。多重关系会损害治疗的客观性和质量。

患病率（prevalence）：某一特定人群中，有某一种医疗或心理状况的个体所占的百分比。

原型法（prototypical classification）：一种根据个体的体征和症状在多大程度上与该精神障碍的理想形象或原型相符的诊断方法。

精神药物（psychotropic medication）：用于治疗焦虑、抑郁症和精神分裂症等精神障碍的处方药。

族裔（race）：一个被建构出来的文化范畴，可以用来根据表面的身体特征将人们分成不同的群体。

研究领域标准倡议［Research Domain Criteria(RDoC) initiative］：NIMH 支持的一个项目，旨在建立一个基于深层遗传学和生物学原因的新精神障碍分类系统。

体征（sign）：可观察到的某种精神障碍的特征（如多动、行动迟缓）。

社会经济地位（socioeconomic status, SES）：反映儿童青少年环境三个方面的综合变量：（1）父母的教育水平；（2）父母的就业情况；（3）家庭收入。

污名化（stigma）：可能导致恐惧、逃避和被他人歧视，或羞耻和低自我价值感的消极的信念。

症状（symptom）：与某一精神障碍有关的主观体验（如焦虑、低落的心境）。

批判性思维练习

1. 根据 DSM-5，精神障碍是一种行为模式，其特征是存在于个体内心的痛苦或残疾。这一定义有哪些局限性（特别是在应用于儿童与青少年时）？

2. 在一般人群中，大约 40% 患有精神障碍的儿童青少年至少共病另一种障碍。然而，共病率在精神卫生诊所就诊的儿童青少年中要高得多，达到 70% ～ 80%。怎么解释这种差异？

3. 阿卜迪是一名 14 岁的男孩，因自杀未遂被送往医院急诊室。阿卜迪是索马里新移民，不会说英语。阿卜迪身体状况稳定后，医院的心理学家通过翻译对他进行了评估，以确定他是否符合抑郁症或其他精神障碍的诊断标准。如果你是心理学家，在对阿卜迪进行访谈时，你会考虑哪些因素？

4. 艾莉森是一名心理学专业的学生，毕业后对与孩子和家庭一起工作很感兴趣。艾莉森不想读博士或获得医学学位。她还有什么职业选择？她怎样才能找到更多关于这些职业的信息呢？

5. 泰勒是一个社区精神健康中心的实习生。在实习期间，她怀疑她的一个 9 岁男孩来访者可能受到父母的身体虐待。男孩的父母对他进行“粗暴的管教”，比如狠狠地打他的屁股。而这个男孩从来没有抱怨过，身上也从来没有任何伤痕。泰勒该怎么办？

第二章

儿童期精神障碍原因

THE CAUSES OF CHILDHOOD DISORDERS

学习目标

阅读本章后，你应该能做到以下几点：

2.1 了解发展精神病理学的基本原理，以此来研究儿童青少年行为问题出现的原因。

2.2 解释遗传、表观遗传和其他生物因素如何使儿童青少年处于心理健康问题的风险之中。

2.3 描述心理因素（即思维、情感和行为）如何导致儿童青少年出现精神障碍。

2.4 分析社会文化因素对儿童青少年近期和远期发展的影响。

2.1　发展精神病理学

很久以前，六个盲人碰到一头大象。每个人都摸了这个动物的不同部位以确定它是什么。摸腿的人说大象像柱子；摸尾巴的人说大象像绳子；摸耳朵的人说大象像扇子，以此类推。

这几个盲人为大象到底像什么而争吵，直到国王走了过来。国王不是盲人，他解决了他们的争论。国王说："你们都是对的，但只有一部分是对的。你们观点不一致的原因是你们每个人都摸到了它的不同部位。你们必须齐心协力才能了解全貌。"

就像故事中的人一样，心理学家试图用一系列方法来理解儿童期精神障碍产生的原因。一些心理学家研究行为的生物学基础；另一些侧重儿童的行为、思想或情感；还有一些研究家庭、朋友和社会对儿童发展的影响。尽管每种方法都很有帮助，但每种方法都只有部分作用。

例如，如果科学家试图仅从遗传学或大脑异常的角度来理解孤独症谱系障碍，他们就会忽视全心付出的父母和高质量的学校在ASD患儿的发展结果中能起到的作用。尽管生物学原因在孤独症的产生中起着重要作用，但父母和学校也会影响ASD患儿的发展。

同样，如果一位研究人员认为进食障碍是由媒体对女性不切实际的描述造成的，他可能会忽视操作性条件作用（operant conditioning）可以用来解释暴饮暴食等危险行为这一点。尽管电视、电影和其他媒体会导致青少年的不健康饮食行为，但随着时间推移，其他因素也会影响这种障碍。儿童青少年的心理问题是复杂的，是由多种因素决定的。当我们从多个角度看待精神障碍时，它们才最容易被理解。

什么是发展精神病理学？

随时间的发展

发展精神病理学（developmental psychopathology）是一种用来了解儿童青少年发展和随时间推移出现的儿童青少年的精神健康问题的多学科方法（Beauchaine & Cicchetti, 2020; Rutter & Sroufe, 2000）。发展精神病理学家试图通过三个分析层次来确定儿童青少年精神障碍的病因：

1. *生物学层次*：儿童青少年的基因、大脑结构和功能、身体健康和发育；
2. *心理学层次*：儿童青少年的思维、感情和行为；
3. *社会文化层次*：儿童青少年的家庭、朋友、学校、社区、族裔和文化背景。

发展精神病理学家会整合这三个层次的数据，以便更好地了解儿童青少年出现问题的原因，并找到最佳的治疗方法（Hinshaw & Beauchaine, 2015）。他们使用**概率渐成论（probabilistic epigenesis）**这个术语来描述各个层面的因素如何随时间推移影响儿童青少年的发展（Cicchetti, 2016a, 2016b）。

为了理解每一个层次的分析对其他层次的影响，请看一个患有唐氏综合征的孩子尼娜的例子。唐氏综合征是一种由第21条染色体突变引起的遗传性疾病（层次1：生物）。这种基因突变导致尼娜的大脑和中枢神经系统以非典型的方式发育。她大脑中对语言推理、记忆和学习很重要的区域结构不规则。

这些生理上的异常，反过来又影响了她幼年时期的心理功能（层次2：心理）。尼娜的父母报告说，尼娜的运动能力、语言运用和自理能力都有发展延迟。在学校里，她读、写、数数比其他孩子都慢。

这些心理特征影响了尼娜从父母和教师那里得到的照顾（层次3：社会文化）。可以理解，尼娜的母亲非常保护她，尼娜的教师在学校也为她提供额外帮助。尼娜的认知功能也影响了她与同伴的关系。尼娜宁愿和年幼的孩子一起玩，也不愿和她的同学一起玩。尼娜上初中时，她在学业上落后于同龄人。在助教的协助下，尼娜每天能有半天时间在普通六年级教室学习，剩下的时间在特殊教育教室学习。尼娜所在的学区提供的这些额外服务使她得以在高中期间开始做一份兼职工作。尼娜的故事说明了随时间推移而发展的过程，每一个发展层次都会对后续更高一级的发展层次产生影响。

发展渐成（developmental epigenesis）也是一个双向的过程。基因和生物因素当然会影响心理和社会文化功能，然而，心理和社会文化因素同样能够调节基因与生物学因素对发展的影响。许多专家使用“交互作用”（*transactional*）一词来描述不同层次的因素随时间推移相互影响的方式（Kerig, 2016; Sameroff, 2000）。

为了理解发展的交互作用的本质，请看另一个患有唐氏综合征的孩子安东尼的例子。安妮塔是安东尼的母亲，当她的产科医生告诉她安东尼有这种疾病（层次 1：生物）时，她很伤心。安妮塔没有绝望，而是决定给儿子提供她能提供的最优越的早期环境，从而最大限度地发挥儿子的认知、社交和行为潜能。安妮塔花了无数个小时和安东尼聊天，与他一起看书、听音乐、玩游戏和郊游（层次 3：社会文化）。

安妮塔也学会了利用安东尼的优势。例如，她注意到，安东尼的动手实践比口头指导能更有效地掌握技能。虽然安东尼学习语言和日常生活技能的速度很慢，但安妮塔对他有很高的期望。她保持耐心，并试着精心安排，提供帮助，使安东尼可以独立学习这些技能。安妮塔让安东尼进入一所特需幼儿园，并积极参与他的整个教育过程（层次 2：心理）。安东尼发展出了良好的语言和日常生活技能，并从高中毕业。如今，安东尼在一家大公司的收发室做一份全职工作，独立生活，喜欢和朋友打保龄球和钓鱼。

理解儿童青少年的发展是不容易的，原因有二。第一，发展受到多个层面的许多因素的影响：基因和生物、心理、家庭和社会因素。第二，这些因素随着时间推移不断变化，彼此相互影响。因此，没有单一因素决定儿童青少年最后是什么样。反之，发展过程是概率性的，一个人的发展结果可能会因许多生物、心理和社会文化因素的相互作用而不同。发展精神病理学家使用“概率性”（*probabilistic*）一词描述随时间推移影响发展的因素间的复杂的交互作用（Gottlieb & Willoughby, 2006; Rutter & Sroufe, 2000）。

适应行为与适应不良行为

从发展精神病理学的角度来看，行为正常还是异常，是由行为对儿童青少年能力发展的促进程度决定的。**适应行为（adaptive behavior）**使儿童青少年能够随着时间推移发展社交、情感和行为上的能力，并满足不断变化的环境的需求。适应行为的例子包括学步期儿童学习理解他人的情绪状态、学龄儿童学习在行动前思考，以及青少年使用道德推理解决人际问题。这些行为是适应性的，因为它们能让孩子们以一种有效和灵活的方式理解并与环境互动（Cicchetti, 2019）。

适应不良行为（maladaptive behavior）会干扰儿童青少年社交、情感和行为方面的能力，或不符合环境变化的需求。适应不良行为的例子包括幼儿不理解他人情绪表达或退出社交、学龄儿童生气时冲动地打别人，以及青少年虐待同伴。这些行为被认为是适应不良的，因为它们表明孩子发展能力失败，并且干扰了儿童青少年的社会情感健康（Cicchetti, 2019）。

适应行为是由儿童青少年的发展背景（*developmental context*）决定的。正常和异常取决于儿童青少年的年龄和发展水平。想象一下，一个 2 岁的男孩早上拒绝穿衣服，在被告知早餐不能吃饼干时会发脾气。尽管这些对立的行为会让父母感到担忧，但对于一个 2 岁的孩子来说，这些行为通常不会被认为是不正常的。事实上，固执可以反映出幼儿在发展上对自主性的要求。然而，6 岁儿童表现出相同的行为可能被认为是适应不良和不正常的。在他的年龄和发展水平的背景下，这些行为很可能反映了平衡自主性需求与尊重父母权威之间的问题（Burt, Coatsworth, & Masten, 2016）。

适应行为也由孩子的环境背景决定。以 13 岁的男孩泽维尔为例，他有离家出走、整夜不归、逃学、成绩不好的经历。显然，泽维尔的行为是有问题的。然而，如果我们发现泽维尔在家里同时受到身体虐待，我们可能会发现他的问题行为反映了他在尝试应对这种心理社会压力。具体来说，泽维尔离家出走、彻夜不归是为了逃避肉体上的虐待。此外，由于家庭环境的压力，他很可能难以完成作业和上学。泽维尔的行为最好从他的环境背景来理解。

发展精神病理学家认为发展异常是对正常状态的偏离。我们识别、理解和治疗儿童青少年的精神障碍的能力取决于我们对儿童青少年的正常发展的了解。以一个 16 岁的男孩乔治为例，他已经开始在聚会上和朋友喝酒。在过去的 6 个月里，乔治几乎每个月都在和朋友聚会时喝好几杯酒。他喝酒是为了好玩，醉酒时从不惹麻烦，也从不把自己置于危险境地。再以一个正在节食减肥的 14 岁女孩玛丽亚为例。尽管玛丽亚的体重对于她这个年龄和身高的女孩来说处在平均水平，但是她对自己的身体非常不满意，觉得自己至少需要减掉七公斤左右的体重。我们是否认为乔治和玛丽亚的行为是不正常的，部分取决于他们的行为是不是他们这个年龄的青少年的非典型行为，或者是否与他们所面临的环境要求不一致。我们需要了解他们这个年龄段的青少年的正常发展情况，以确定他们的行为是否不典型，是否有潜在的问题（Masten & Kalstabakken, 2019）。

发展精神病理学家也认为，异常行为可以揭示儿童与青少年的正常发展情况。那些明显表现出在掌握发展任务方面有延迟或在满足环境需求方面失败的孩子，可以让我们了解发展通常是如何进行的。例如，患有孤独症的儿童青少年在感知和解释他人的社会行为方面表现出异常的缺陷。通过研究这些缺陷，研究人员开始了解没有这种情况的婴儿和儿童青少年处理社会信息的能力如何发展（Toth & Manly, 2020）。

小　结

- 发展是由三个宽泛的分析层次中的多个因素塑造的：生物、心理和社会文化层次。发展是概率性的，而不是预先确定的。发展也是交互的，随着时间推移，每个因素都会影响其他因素。
- 发展精神病理学家认为行为要么是适应性的，要么是适应不良的。适应的思维、感受和行动能提高儿童青少年的能力。
- 适应和适应不良的行为只能在儿童青少年发展和环境的背景下理解。在一种情况下，某个行为是适应的，但或许在过去的另一个情况下或者另一个时间里就是适应不良的了。

什么影响了发展的进程？

发展路径

在儿童青少年的成长的过程中，他们面临着某些**发展任务**（**developmental task**）或挑战，这些任务或挑战很大程度上取决于他们的年龄和发展水平。埃里克·埃里克森（Erik Erikson, 1963）概述了个体从婴儿期到老年期所面临的一些最重要的社会和情感任务。例如，婴儿面临的主要发展任务是建立对充满爱的和反应敏锐的照顾者的信任感。婴儿须建立一种期望，即他们的照顾者对他们的身体、社交和情感需求敏感并做出反应，并认为自己值得接受他人的这种照顾和关注。青春期的主要发展任务是建立一种认同感。青少年必须培养出一种连贯的自我意识，将童年经历与成年目标联系起来。人们通常在青少年时期通过尝试不同的社会角色来完成这项任务（表2.1）。

表 2.1　儿童期到青春期常见的发展任务

阶段		发展任务
	婴幼儿	● 依恋照顾者 ● 基础的运动技巧：坐、站、走、跳 ● 习得基础的说话能力和语言技巧 ● 从父母那里获得自主感
	年纪较小的儿童	● 照顾自我和在家帮忙 ● 在家里、学校和公共场合服从规则 ● 学习基础的学习技巧：阅读、拼写、写作、算数 ● 建立和维持友谊
	年纪较大的儿童	● 在外有更强的独立性（例如在课外活动或体育活动中） ● 掌握更高级的学习技巧：创造性写作、科学、高级数学 ● 发展个人身份或自我意识 ● 培养与同伴的亲密关系
	青少年	● 更多地参与或从事俱乐部、志愿工作或兼职工作 ● 为全职工作、工作培训或上大学做准备 ● 遵守社会规则（例如按时回家、开车、物质使用方面的规则） ● 建立亲密的友谊以及可能的恋爱关系

发展精神病理学家用**发展路径**（**developmental pathway**）这个术语来描述儿童青少年发展的过程或轨迹（Masten & Kalstabakken, 2019）。发展任务在这一路径中呈现分叉。儿童青少年要么能成功地掌握发展任务，要么在成功解决问题上出问题。掌握发展心理任务可以培养儿童青少年的能力，使他们走上最佳发展的道路。然而，未能掌握早期发展任务可能会干扰后期技能和

能力的发展。

例如，对照顾者建立基本信任感的婴儿在日后的儿童期可能有能力更好地建立和维持友谊。然而，在婴儿期未能建立起对照顾者的信任感可能会影响儿童在儿童后期发展亲密同伴关系的能力（Handley, Russotti, Rogosch, & Cicchetti, 2020）。同样，年纪较小的儿童如果学会调节自己的行为和情绪，他或她在学校里或许就能够集中注意力，应对与同学之间的小挫折和小纠纷。然而，当年纪较小的儿童无法调节自己时，那些继续发脾气或表现出攻击行为的儿童可能会被同伴排斥（Beauchaine & Cicchetti, 2020）。以一个在发展路径上出了问题的男孩卡特为例。

案例研究
发展路径

问题路径

卡特是一个 13 岁的男孩，他因为打架被送到学校的心理学家那里。尽管卡特最直接的问题是午餐时和放学后与其他男孩打架，但心理学家知道卡特的问题开始得更早。卡特还是学龄前儿童时，他曾被母亲的同居男朋友虐待。像许多遭受身体虐待的儿童一样，卡特在信任成人（尤其是男人）方面出现了问题。当他悲伤、害怕或需要安慰和保证时，他不愿意与他人建立亲密的情感联结，也不愿意依赖他人。卡特变得不信任别人，并经常认为别人会对他生气或伤害他。这些早期的经历使他走上了一条布满障碍的发展道路，这些障碍阻碍了他健康地看待自己和他人。

卡特早期遭受虐待的经历也告诉他，身体攻击可能是表达愤怒和解决人际关系问题的一种有效的短期策略。卡特没有学会避免争吵或调节情绪，而是倾向于通过大喊大叫、推搡或拳打脚踢来解决争端。这些攻击性行为干扰了他发展出更具适应性、亲社会性的问题解决策略的能力，并使他在走向长期问题的道路上越陷越深。

现在上中学的卡特几乎没有朋友，而且他的大多数同龄人都很讨厌他。由于他遭受了社会排斥，卡特就与和他一样受排斥的儿童与青少年在一块玩，但这些孩子又会让他做出更严重、更具破坏性的行为：逃学、故意破坏和酗酒。许多孩子在青少年时期表现出品行问题和反社会行为，而卡特走的就是这些孩子的道路。

幸运的是，对卡特来说时间还不算太晚。他的学校心理学家可能会帮助他找到与亲社会的同伴重新建立关系的方法。也许卡特可以参加运动队或课后俱乐部。心理学家也许还能教卡特一些新的策略来调节他的情绪和解决社会问题，这样他就不必打架了。最重要的是，也许心理学家的专业干预和共情或许能让卡特开始信任其他成人。这样的干预可以帮助卡特找到一条在行为、社交和情感上都具备适应性能力的走向成年的新道路。

我们也可以把发展类比成建筑。我们的基因禀赋可能构成建筑的地基，它奠定了我们的生理特征、神经生物学潜能基础以及行为倾向。建筑的底层可能由早期环境经验构成，包括产前环境、妊娠及分娩条件。随后之上的楼层则由产后经历搭建而成，如我们的营养和保健、我们与父母和其他照顾者发展的关系、我们受到的教育的质量，以及我们在学校交的朋友。我们的大楼上层的完整性部分取决于下层的力量。例如，地基问题会给更高层次的形成带来额外的挑战。但是，特别高水平的发展可以部分弥补地基的不足。

然而，这座建筑并不是存在于真空之中。搭建这一结构时的大环境也很重要。就像温度、风和雨会影响建筑物的建造一样，儿童青少年的社会文化背景也会影响其发展。社会和文化条件，比如高质量的学校、安全的社区以及保护和重视儿童青少年和家庭的社区可以促进儿童青少年的心理健康。而有些社会和文化因素，如贫困和犯罪，会损害儿童青少年的发展。

连续性和变化性

发展精神病理学家也对预测发展过程感兴趣。有些心理问题往往是暂时的，很少持续到青春期或成年。例如，排泄障碍（如遗尿和遗粪）往往只存在于儿童早期。

还有些障碍表现出**同型连续性**（**homotypic continuity**），也就是说，障碍从儿童期持续到青少年期或成年期而相对不变。例如，患有智力障碍或孤独症的幼儿成年后可能会继续有这些问题。尽管这些问题的严重程度可能会随着时间推移而降低，但这些孩子可能会继续分别经历认知或社会功能方面的问题（Maughan & Rutter, 2010）。

然而，大多数儿童青少年的精神障碍表现出**异型连续性**（**heterotypic continuity**），也就是说，儿童青少年的症状随着时间推移而改变，但他们潜在的行为模式保持不变。

为了理解异型连续性，请看一个被诊断为 ADHD 的 6 岁男孩本的例子。像大多数患有 ADHD 的男孩一样，本最突出的问题是多动。他上课时经常离开座位，和邻座的同学聊天，摆弄自己的衣服和随身物品。然而，到了中学，本表现出的问题更多是注意力不集中，而不是多动。他在课堂上很难集中注意力，很难记得完成作业，考试时也很难集中注意力。成年后，作为一个年轻的成人，本继续经历深层的 ADHD 症状，但最使他困扰的问题是组织、计划和确定家庭和工作中各种活动的优先顺序。尽管本最直接的症状已经改变，但他深层的注意力和抑制问题却持续了很久（Barkley, 2016）。

另一个异型连续性的例子可以在埃玛身上看到，她是一个非常害羞的学龄前儿童。约 15% 的婴儿天生具有某种气质倾向，当处于陌生情境时，这种气质会使其更容易发展为羞怯和抑制的行为模式（Fox, Snidman, Haas, Degnan, & Kagan, 2015）。埃玛就遗传了这种倾向，当她与母亲分开，她就会变得极度焦虑。当母亲把她留在幼儿园，她会哭、发脾气，也会出现躯体疾病。虽然埃玛的分离焦虑逐渐减轻，但她在中学时就开始经历长期的焦虑问题。现在，作为一个年轻的成人，埃玛继续经历着焦虑和抑郁的问题。尽管埃玛的症状随着时间推移而改变，但她深层的情绪困扰一直持续到成年。

等效性和多效性

当然，并不是所有的儿童青少年的精神障碍都会持续到成年。为什么在某些情况下连续性会出现，而在另一些情况下连续性不会出现？发展精神病理学家对这些不同结果的个体差异非常感兴趣。预测发展中的个体差异是非常困难的，因为正如我们所看到的，随着时间推移，许多因素相互作用，以此影响儿童青少年。因素之间的相互作用随着时间推移产生两种现象：等效性（equifinality）和多效性（multifinality）。

当具有不同发展史的儿童青少年表现出相似的发展结果时，**等效性**就会出现（图 2.1）。假设你是一位心理学家，为少年法庭做评估工作。你的一部分职责是评估那些因非法活动被逮捕且被判定存在违法行为的青少年期的男孩，以便向法院提出有关治疗的建议。你评估的所有男孩都有相似的发展结果，也就是说，他们都表现出品行问题。然而，在你评估了许多男孩之后，你发现他们的成长史是完全不同的。有些男孩在幼年时期受到身体虐待，有些男孩有 ADHD 和冒险行为的问题，还有一些男孩有长期出现攻击性和破坏性行为的历史。你的发现说明了儿童青少年发展中的等效原则：许多不同的途径会导向相同的发展结果。

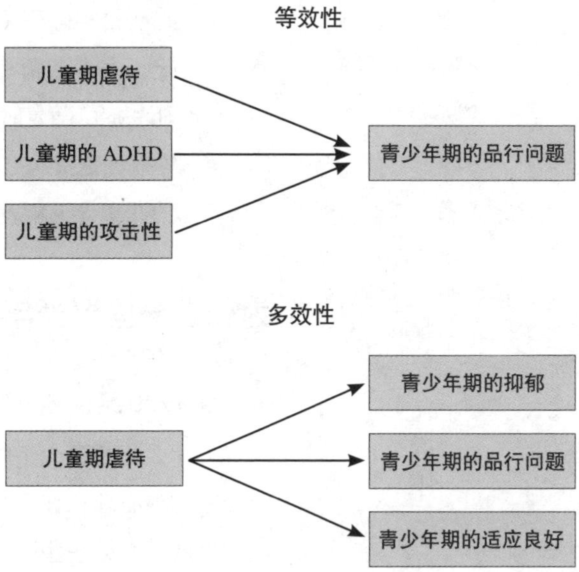

图 2.1　等效性和多效性

注：等效性是指不同病史的儿童青少年表现出相同的结果。多效性是指有相同病史的儿童青少年表现出不同的结果。

多效性原则是指早期经历相似的儿童青少年表现出不同结果的倾向。假设你是一名临床社会工作者，负责评估遭受身体虐待的儿童青少年。在你的职业生涯中，你评估了一些被照顾者虐待的儿童与青少年。你注意到这些儿童与青少年中的一些人表现出长期的情绪和行为问题，而另一些人似乎没有表现出长期的影响。你的观察反映了多效性的原则：早期经历相似的儿童青少年可能表现出不同的发展结果。

等效性原则使得确定儿童青少年精神障碍产生的原因非常困难。由于等效性，我们通常无法根据儿童青少年目前的症状推断出问题出现的原因。例如，许多人错误地认为，所有对年幼儿童进行性虐待的青少年自身在过去都受到过性虐待。实际上，青少年参与性虐待的原因有很多，不仅仅是因为他们自己曾经是受害者（Fox & DeLisi, 2019）。

而多效性原则限制了我们预测儿童青少年发展结果的能力。例如，许多人错误地认为，如果一个儿童或青少年受到性虐待，她很可能在日后的生活中表现出从性功能障碍和攻击性到抑郁和焦虑的一系列情绪和行为问题。事实上，受到性虐待的男孩和女孩的发展结果差别很大。有些儿童或青少年表现出显著的适应不良，而另一些则几乎未显现长期负面影响。结果的多样说明了预测发展结果的困难（Hinshaw & Beauchaine, 2015）。

小 结

- 发展路径反映了随着时间推移，儿童青少年面对发展任务的方式。早期发展任务的能力（如婴儿期的信任）可以促进后期发展任务的能力（如青春期的友谊）。
- 有些精神障碍（如孤独症）表现出同型连续性，随着时间推移保持相对稳定。大多数精神障碍（如焦虑障碍和情绪障碍）表现出异型连续性，其体征和症状随着时间推移而改变，但深层的问题仍然相对稳定。
- 等效性是指病史不同的儿童青少年表现出相同的结果。多效性是指病史相同的儿童青少年表现出不同的结果。

为什么一些青少年比其他青少年的转归要好?

风险和保护性因素

为什么儿童青少年的发展路径有如此大的变异性？答案是，儿童青少年的发展是由生物、心理和社会文化因素的相互作用决定的。其中一些因素促进了健康的适应性发展，而另一些因素则增加了儿童青少年走上不太理想、适应不良的发展道路的可能性。

发展精神病理学家用**风险因素**（**risk factor**）一词来描述影响儿童青少年发展的因素，这些因素会干扰儿童青少年能力的获得或损害儿童青少年适应环境的能力。风险因素可以是生物的、心理的或社会文化的因素（Cicchetti, 2016a）。

一般来说，儿童青少年经历过的风险因素越多，他们患上精神障碍的可能性就越大。在一项研究中，研究人员统计了一个青少年大样本所经历的环境风险因素（McLaughlin et al., 2012）。大约 58% 的青少年至少经历过一种风险因素，如父母离婚、父母的物质使用问题或经济困难；无论族裔、族裔或性别，儿童青少年所经历的风险越多，他们出现心理健康问题的可能性就越大；某些风险因素尤其能预测障碍，如父母的犯罪行为、父母的心理健康问题、家庭暴力和虐待。

然而，值得注意的是，并非所有经历过这些风险因素的儿童青少年都会患上精神障碍。**保护性因素**（**protective factor**）是指可以缓冲风险对儿童青少年发展的负面影响以及促进适应的生物、心理和社会文化方面的影响。例如，父母离婚是幼儿行为和情绪障碍的风险因素，在经历长期压力和经济困难的家庭中尤其如此

（Hetherington, 2014）。然而，某些因素可以保护离异父母的子女不受风险因素的影响。这些保护性因素包括儿童青少年的气质或天生的情感倾向（一种生理因素）、亲子关系的质量（一种心理因素）以及父母依赖他人支持的程度（一种社会文化因素）。

风险因素的显著性取决于儿童青少年的年龄、性别、发展水平和环境背景。例如，儿童性虐待是儿童在以后出现心理社会问题的一个风险因素。然而，性虐待的影响取决于儿童的性别和虐待发生的年龄。当男孩在儿童早期受到性虐待时，他们往往表现出受到了性伤害最高程度的不利影响；而当虐待发生在青春期早期时，女孩往往表现出最差的发展结果。同样，保护性因素使儿童青少年免受有害影响的能力取决于环境。例如，许多遭受性虐待的儿童与青少年报告说，他们遭受了相当大的痛苦和伤害。然而，与没有支持性照顾者的儿童青少年相比，那些能够依靠关心、非冒犯性的父母的孩子通常能够更有效地应对这种压力（Cohen, Deblinger, & Mannarino, 2019）。

心理韧性

保护性因素被认为能促进高危儿童青少年的心理韧性。**心理韧性**（**resilience**）是指，尽管存在多种风险因素，一些儿童与青少年仍有发展能力的倾向（Hayden & Mash, 2014）。以拉蒙和拉斐尔这对兄弟为例。他们在同一个低收入、高犯罪率的社区长大，却有不同的结局。

案例研究
风险和心理韧性

多样的发展路径

拉蒙和拉斐尔是在同一个贫困社区长大的兄弟。拉蒙是哥哥，在很小的时候就开始表现出破坏性的行为。他对母亲不敬、对教师不屑一顾、对学业不上心。到了小学后期，他因打架、逃学多次被停课。在初中时，拉蒙与一些带他做了其他反社会行为的同伴来往，如在商店行窃和闯入汽车。到了青春期，拉蒙就不怎么上学了，靠卖毒品赚钱。拉蒙 15 岁时，因为他的反社会行为和逃学，他的母亲被解除了监护权。

拉斐尔是弟弟，也表现出了违抗和攻击的早期问题。然而，这些问题并没有持续到小学早期。虽然拉斐尔不喜欢上学，但他和一位识别出他绘画天赋的美术教师交上了朋友。该教师教他绘画，并帮助他展示作品。拉斐尔还参加了当地社区中心的艺术课程，学习新的艺术形式。通过这些课程，他遇到了其他对绘画感兴趣的青少年。拉斐尔在高中的各科成绩普遍低，但他在艺术、音乐和绘画方面都很出色。他随班毕业，后来在社区学院学习室内设计。

拉蒙的困难和拉斐尔的高心理韧性出现是因为什么？虽然没有简单的答案，但部分原因可能是，在拉斐尔的成长过程中，保护性因素的出现恰逢其时。拉蒙的反社会行为之路可能是由介绍他从事犯罪活动的同伴促成的。相比之下，拉斐尔的同伴团体鼓励亲社会活动和艺术能力的发展。如果拉斐尔的教师在拉斐尔与那些不良同伴建立了友谊之后才鼓励他发展自己的才能，他会和拉蒙走上同样的发展道路吗？虽然我们还不能确定，但我们可以推测，尽管存在多重风险，这些保护因素还是在拉斐尔发展能力方面发挥了重要作用。

大多数保护性因素都是自发产生的：教师培养高危青少年的特殊才能，教练鼓励患有抑郁症的男孩加入团体，被虐待的女孩被慈爱的父母收养。然而，有时候保护性因素被计划用来防止障碍的出现。例如，社区可以提供免费的婴幼儿筛查，以识别和帮助具有早期发展障碍的儿童。同样，学校也可以为有学习障碍风险的学生提供预防方案。心理治疗甚至也可以看作一种保护因素。心理治疗有助于儿童与青少年改变发展轨迹，促进长期健康。

小　结

- 风险因素妨碍了儿童青少年获得能力或适应周围环境的能力。保护性因素可以缓冲儿童青少年的风险。
- 尽管存在多种风险因素，但当儿童青少年发展出能力时，心理韧性就会产生。

2.2　发展中的生物性影响因素

基因如何影响发展？

基因和染色体

我们的身体中大约有 50 万亿个细胞，每个细胞都包含我们完整的遗传密码。密码是由脱氧核糖核酸（deoxyribonucleic acid, DNA）编码而成的。DNA 的形状像一个扭曲的梯子，或双螺旋。梯子的“绳索”由糖（脱氧核糖）和磷酸盐组成。梯子的“阶梯”由氢键连接在一起的化学碱基对组成。它们的结构只允许它们以某种特定的方式结合，形成我们独特的基因蓝图。DNA 指导每个细胞构建蛋白质，这些蛋白质构成人的结构和特征（Frommlet, Bogdan, & Ramsey, 2016）。

DNA 片段被组织成**基因**（**gene**）。一个人类的细胞包含大约 20 000 个基因。如果每个细胞中的基因都一端与一端连接在一起，它们大约有 2 米长。为了节省细胞内的空间，基因包裹着一种叫作组蛋白的特殊蛋白质。**组蛋白**（**histone**）很重要，因为它们可以通过某种特殊方式与基因结合，来“开启”和“关闭”基因。

基因被组织在一起，称为**染色体**（**chromosome**）。在正常发育的人类中，每个细胞包含 23 对染色体，总共 46 条。其中 22 对称为常染色体，在男性和女性中都一样。第 23 对是性染色体，在男性和女性中是不同的。女性有两条 X 染色体，而男性有一条 X 染色体和一条 Y 染色体（插图 2.1）。

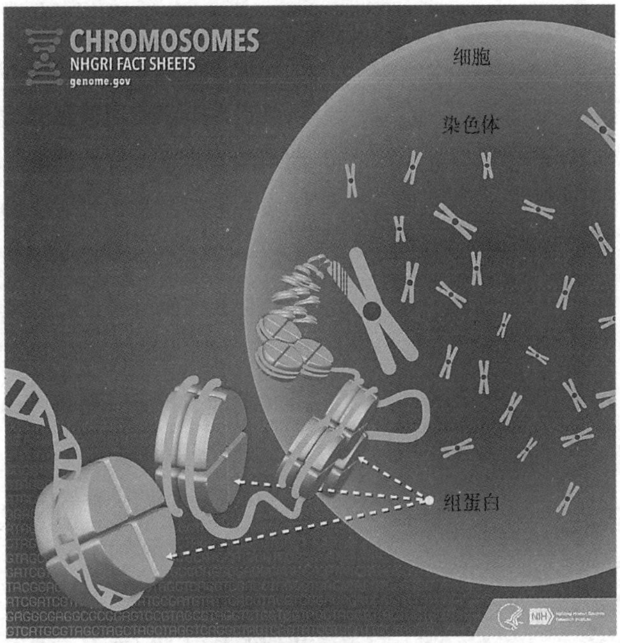

插图 2.1　每个细胞包含 23 对染色体。每一条染色体都包含由 DNA 和蛋白质（称为组蛋白）组成的基因，DNA 被包裹在这些蛋白质周围。

大多数细胞在有丝分裂（mitosis）过程中形成。在这个过程中，染色体对一分为二，并自我复制。然后，细胞分裂成两个细胞，每个细胞有 23 对染色体。生成的（子）细胞与原始（父）细胞相同。每个细胞都包含完整的遗传密码，但只有某些片段被打开或关闭。这些片段告诉细胞它的功能，让它为肺组织、心脏组织或身体的其他部分工作。

性细胞（即精子和卵子）的生成方式与其他细胞不同，它们的生成过程称为减数分裂（meiosis）。就像有丝分裂一样，染色体对在这一过程中也会分裂和复制。然而，与有丝分裂不同的是，在减数分裂中，染色体对排列在一起并相互交换遗传物质，这一过程称为重组（recombination）。最后，重组的染色体分裂成两个与亲本细胞基因不同的子细胞，并再次分裂成性细胞。结果是，性细胞的遗传信息与亲本细胞略有不同，染色体数目只有亲本细胞的一半。当性细胞在受精过程中结合时，父母双方都为后代贡献一组染色体及其多样性遗传。当减数分裂过程中出现问题时，许多遗传性障碍就会出现。例如，孩子可能从父母双方那里继承了过多或过少的染色体。唐氏综合征通常发生在受精过程中孩子继承了额外的第 21 条染色体时（Frommlet et al., 2016）。

神经发育正常的个体有相同的基因。人们外表的差异来自这些基因的微小变异，这些基因称为**等位基因**（**alleles**）。例如，所有人都有决定头发颜色的基因，而不同的等位基因会影响一个人是金发、红发还是黑发。这些等位基因通常是遗传自父母或源于自发的基因突变（Nussbaum, 2016）。

许多人错误地认为基因决定行为。例如，新闻播音员可能会错误地报道说，研究人员发现了一种与性取向有关的基因，或者一种使人表现出攻击性行为的基因。其实基因只是人体产生蛋白质的蓝图。一些蛋白质部分决定我们的头发颜色、眼睛颜色或皮肤色素沉着，而其他因素会影响我们的身高、体型和胆固醇（这令人伤心）。没有基因能指导行为。然而，基因可以导致我们身体的某些结构和功能改变，使我们倾向于以某种方式行事（Jaffee, 2016）。

行为遗传学

行为遗传学（**behavioral genetics**）是研究基因和行为之间关系的一个研究领域。行为遗传学家使用三种方法确定遗传和环境影响对发展的相对贡献。第一种也是最简单的方法是进行*家族研究*（*family study*）。在一项家族研究中，研究人员要确定同一家族的成员是否具有某种特征。如果这个特征部分是由遗传学因素决定的，那么生物学上相关的个体比不相关的个体更可能共享这个特征。

例如，研究人员通过家族研究来检验儿童青少年智力的遗传性。如果看一下图2.2中浅色的柱子，我们会发现血亲之间的智商得分相关性高于非血亲之间的智商得分相关性。行为**一致性**（**concordance**）表示为个体之间的相关性，范围从1.0（即完全一致）到0（即不相似）。两个亲生兄弟姐妹的智商得分之间的平均相关系数约为0.45，而两个血缘上无关的儿童或青少年的智商得分之间的平均相关系数仅为0.27。这些发现表明遗传因素在儿童青少年智力中起作用。

家族研究的主要局限性在于它们不能充分控制环境的影响。虽然亲人间确实有相似的基因，但他们通常也生活在相似的环境中。大多数家庭成员住在同一所房子里，住在同一个社区，具有相似的社会经济和文化背景。因此，当家族研究表明近亲比远亲更容易患某种障碍时，我们无法确定这种相似性是由于共同的基因还是相似的环境而产生的。

为了区分基因和环境对行为的相对影响，行为遗传学家进行了*收养研究*（*adoption study*）。在一项收养研究中，研究人员对出生后不久就与亲生家庭分离的儿童青少年进行了调查。如果一个行为属性受到遗传的影响，我们会期望，比起收养他们的亲属，儿童青少年与他们血亲有更高的相似性。

例如，父母与其亲生子女的智商得分之间的平均相关系数约为0.40。相比之下，父母和收养子女的智商得分之间的平均相关系数只有0.25。由于儿童青少年与亲生父母的相似性比养父母的相似性更高，我们可以得出结论：遗传因素在儿童青少年智力发展中起着不可替代的作用。

收养研究的主要缺陷在于，收养孩子的父母往往不是一般人群中的典型父母。收养机构会仔细甄别准收养父母，然后再把孩子交给他们照顾。因此，养父母不太可能有心理健康问题，而且更有可能比其他父母有更高的收入和教育背景。此外，与一般人群中的父母相比，那些让子女被收养的父母往往有更高的精神疾病发病率，并且有着更不利的背景。亲生家庭和收养家庭之间的这些差异可能部分解释了儿童青少年与其亲生父母之间的相似性高于其养父母的现象。

行为遗传学家鉴定基因和环境对行为的相对贡献的第三种方法是进行*双生子研究*（*twin study*）。在一项双生子研究中，研究人员比较了单卵（monozygotic，MZ；同卵）和双卵（dizygotic，DZ；异卵）双生子之间的一致性。同卵双生子是同一个卵子和精子细胞的产物。因此，他们有100%的遗传相似性。异卵双生子是不同卵子和精子的产物。因此，他们只共享50%的基因，就像其他亲生兄弟姐妹一样。同卵双生子的智商得分之间的相关系数为 0.85，而异卵双生子的相关系数仅为 0.55。同卵双生子的一致性高于异卵双生子，这表明智力至少部分是由基因决定的。

在某些情况下，通过检查与亲生父母生活在一起的双生子（如图 2.2 中的浅色柱子）和出生时分离的双生子（如图 2.2 中的深色柱子），双生子研究和收养研究会结合起来。例如，一起抚养的同卵双生子的智商平均相关系数为 0.85，而分开抚养的同卵双生子的智商平均相关系数也非常高，为 0.75。共同抚养或分开抚养的双生子之间的高度相关性表明，遗传因素在智力发展中起着重要作用。即使是出生后不久分离的双生子，智商水平也非常相似。

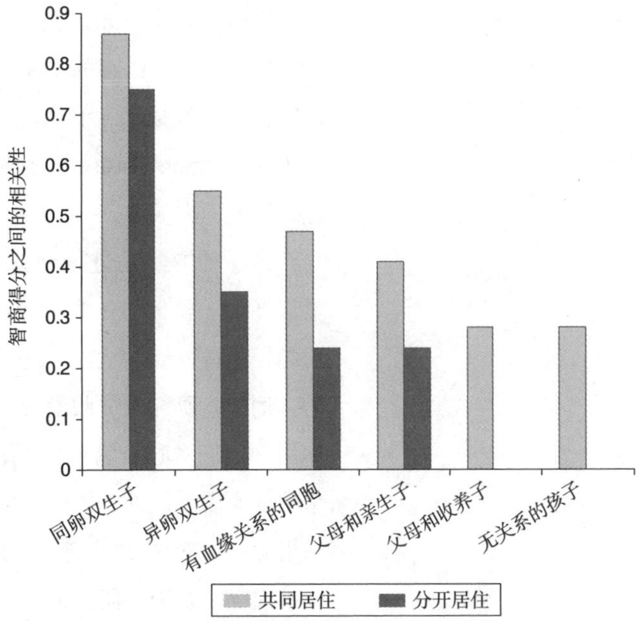

图 2.2 基因和环境对智力的影响

行为遗传学家通常将环境影响分为两类：共享环境因素和非共享环境因素。**共享环境因素**（**shared environmental factor**）是兄弟姐妹共同的经验。例如，兄弟姐妹通常由同一对父母抚养、在同一所房子里长大、上同一所学校，并且属于同一个教会。共享的环境经验使兄弟姐妹更加相似。相反，**非共享环境因素**（**nonshared environmental factor**）是兄弟姐妹不同的经验。例如，兄弟姐妹可能有不同的朋友、做不同的运动，或者在学校里上不同的科目。兄弟姐妹也可能与父母有不同类型的关系。这些非共享的环境因素往往比共享的经验更多地解释了儿童青少年行为的差异。非共享的环境因素有助于解释为什么兄弟姐妹即使在同一个家里长大，也可能出现很大的不同（Plomin, DeFries, Knopik, & Neiderhiser, 2017）。

分子遗传学

研究基因对行为影响的另一种方法是在分子（而不是行为）水平上研究儿童青少年的基因。我们在对人类基因组的了解和基因研究技术上的最新进展使科学家能够寻找可能部分导致某些障碍的特定基因（Kornilov & Grigorenko, 2016）。

回想一下，在神经正常发育的人类中，基因表现出的自然变异称为等位基因。在**分子遗传学**（**molecular genetics**）这一科学领域中，研究人员尝试将特定等位基因的存在与某些属性、行为或障碍联系起来。确定哪些等位基因可能导致特定障碍的一种方法是进行*连锁研究*（*linkage study*）。在连锁研究中，研究人员搜索个体的整个遗传结构［即进行“基因组扫描”（genome scan）］，寻找某些等位基因的存在和特定障碍的存在。如果研究人员在患有某种障碍的人身上发现了某些等位基因，而在没有同种障碍的人身上没有发现这些等位基因，他们就假设这种等位基因是导致这种障碍的部分原因（Schulze & McMahon, 2019）。

当研究人员不知道在哪里寻找导致这种障碍的基因时，他们倾向于使用连锁研究。鉴于人类基因组的规模，确定某些等位基因和特定障碍之间的联系很难。然而，研究人员已经成功地利用连锁研究确定了导致单基因障碍的等位基因，例如亨廷顿病（Huntington disease）。在确定取决于多个基因的存在或不存在的障碍的病因方面，连锁研究不太成功。

另一种方法是进行*相关研究*（*association study*）。在一项相关研究中，研究人员选择了一种他们认为可能在障碍发生中起作用的特定基因。然后，他们检查这个“候选”基因的某个特定等位基因是否与这个障碍有关（Jaffee, 2016）。

例如，研究人员假设影响神经递质多巴胺的特定基因可能在 ADHD 的发展中起作用。他们对这种特殊的基因产生怀疑是因为多巴胺的异常被认为是 ADHD 的一个明确原因。此外，影响大脑多巴胺的药物可以减轻 ADHD 的症状。研究人员找了一组患有 ADHD 的儿童和一组健康儿童。然后，他们检查两组儿童是否有不同的候选基因等位基因。研究人员发现这个基因的某个等位基因在患有 ADHD 的儿童青少年中比不患有 ADHD 的儿童青少年中更常见。因此，他们得出结论，该基因可能是 ADHD 的部分病因（Langley, 2019）。

当然，分子遗传学研究比这里描述的要复杂得多。几乎所有的精神障碍都受到多个基因的影响；一个特定的等位基因的存在和一个特定障碍的出现之间几乎没有一对一的关系。此外，基因从来不会直接影响行为；它们对行为的影响总是受到环境的影响（Kornilov & Grigorenko, 2016）。

小　结

- 等位基因是控制同一性状不同形态的基因。我们从父母那里遗传的等位基因会影响我们的身体属性（例如头发和眼睛的颜色）以及我们患某些障碍的风险。
- 行为遗传学家进行家族、收养和双生子研究，以确定智力、个性和心理健康问题等心理特征的遗传性。
- 分子遗传学家进行连锁和相关研究，以确定特定的、可能是某些障碍的基础的基因。

基因和环境如何相互影响?

素质-压力模型

基因指导我们的成熟，但它们并不决定我们的发展。我们的**基因型**（**genotype**）指我们从父母那里继承的遗传密码。相反，我们的**表现型**（**phenotype**）是我们遗传禀赋的可观察的表达。我们的表现型是由基因和环境之间复杂的相互作用决定的

（Grigorenko et al., 2016）。

素质–压力模型（**diathesis-stress model**）可以用来解释基因和环境相互作用以及影响发展的方式。根据这个模型，当潜在的遗传风险由压力经历或生活事件触发时，孩子就会表现出一种障碍。遗传风险和环境压力对障碍的出现都是必要的；只有遗传风险或环境体验其中之一不足以导致障碍（Plomin et al., 2017）。

在阿夫沙洛姆·卡斯皮及其同事（Avshalom Caspi and colleagues, 2003）进行的一项著名研究中，我们可以看到素质–压力模型的实用性。研究人员追踪了一大群孩子从儿童早期到成年早期的经历，以研究儿童青少年虐待与日后抑郁之间的关系。正如我们所料，遭受虐待的儿童青少年在日后的生活中有患抑郁症的风险。然而，受虐待的儿童青少年是否患上抑郁症取决于其基因型（图 2.3）。

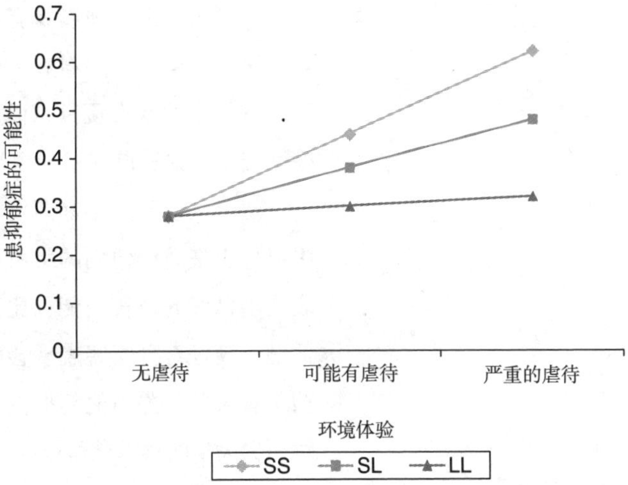

图 2.3　素质–压力模型

注：儿童青少年患抑郁症的可能性取决于他们的遗传风险和环境压力（即虐待）。SS 即两个短等位基因，SL 即一个短等位基因、一个长等位基因，LL 即两个长等位基因。基于卡斯皮及其同事（Caspi and colleagues, 2003）。

不管他们的基因是什么，没有经历过虐待的孩子在日后的生活中患抑郁症的风险都很低。然而，受到严重虐待的儿童青少年会有不同的结果，这取决于他们的基因型。具体来说，遗传了一个或两个血清素转运体基因短链等位变异的儿童在成年后很可能患上抑郁症。这个基因调节神经递质血清素，而血清素是一种在情绪调节中起重要作用的化学物质。这种基因的短基因似乎使儿童青少年在遭受虐待的情况下有患抑郁症的风险。相比之下，即使受到不当治疗，遗传了两个血清素转运体基因长链等位变异的儿童青少年在成年后不太可能患上抑郁症。这种基因的长等位基因似乎可以保护儿童青少年免受生活应激事件的影响。

素质–压力模型在解释多效性，即儿童青少年暴露在相同的环境压力下表现出不同发展结果的倾向时特别有帮助。在卡斯皮及其同事 2003 年的研究中，受虐待的儿童青少年受其遗传影响而表现出不同的结果。

基因–环境相关性

素质–压力模型显示基因和环境都影响发展。桑德拉·斯卡尔（Sandra Scarr）和凯瑟琳·麦卡特尼（Kathleen McCartney）1983 年提出的第二个有影响力的模型表明，基因和环境不是独立的。根据**基因–环境相关模型**（**gene-environment correlation model**），我们有时会选择与基因型互补的环境。具体来说，基因–环境相关性有三种类型：被动型（passive）、唤起型（evocative）和主动型（active）。

我们的亲生父母决定了我们的基因型，也决定了我们早期环境经验的质量。我们的基因和早期经历是相关的。例如，高智商的父母可能会把这种遗传倾向遗传给孩子。同时，由于他们具有高智力并且可能有着高收入，这些父母可以提供更高质量的医疗、营养、照料和学校条件。明智的父母经常与孩子说话、给孩子读书，提供增进健康的教育玩具，以及带孩子去郊游。通过这种方式，他们的孩子被动地接受基因型，并获得有利于高智商的早期环境经验。

随着儿童青少年逐渐发展，他们的表现型逐渐从基因型和早期环境的相互作用中显现出来。像他们的父母一样，他们可能开始表现出高于平均水平的智力。他们表现出良好的语言技能、比同龄人学得更快、独立完成更多的任务，而且对许多的话题充满好奇。这些表现会唤起其他人的某些反应。学校工作人员可能会认定这些孩子有天赋，并为他们提供更丰富的教育。他们可能会被高中速成班录取，并获得对顶尖大学的学术奖学金。

随着儿童青少年不断发展，他们主动选择有利于他们基因型的环境经验。例如，他们可能会与其他志趣相投的聪明孩子建立友谊；主动参与课外活动，满足他们对科学、音乐或艺术的好奇心；选择有挑战性和有回报的大学专业。在某种意义上，儿童青少年基于他们的基因和早期经验的累积影响选择自己的环境。

既然你已经了解了基因与环境之间的相关性，那么看看柯比的例子（从科学到实践）。你能用被动型、唤起型和主动型的基因-环境相关性的概念来解释柯比出现问题的原因吗？

从科学到实践

理解基因-环境相关性

柯比是一个 10 岁的男孩，在当地一所公立学校读三年级。柯比一年级时成绩不及格，今年可能还会不及格。柯比的阅读能力远低于平均水平，经常在数学测试中犯错，而且写作能力也很差。学校心理学家没有发现柯比患有学习障碍，然而，心理测试显示他的智力水平低于平均水平。

柯比在课堂上经常捣乱，注意力不集中。教师说柯比的父母“根本不在乎”。教师曾试着通过电话联系柯比的母亲，但她通常不回电话，也很少听从教师的家庭辅导建议。如果情况没有改善，柯比明年可能会被送去“特殊教育”班补习。

在社交方面，柯比很笨拙。他比同班同学高大，因为身材高大、成绩差，以及经常受到教师的训斥而受到嘲笑。同学们因为他的名字取笑他，还笑他穿旧的“沃尔玛衣服”、发型糟糕、总是“闻起来像热狗”——因为他家有烧木头的炉子。

柯比在班上几乎没有朋友。放学后，他经常和大一点的孩子在初中混。柯比有几次被发现吸烟，教师们也怀疑他会喝酒。放学后他还开始挑逗年幼的孩子。

柯比的问题包括学习能力差、在学校捣乱和被同龄人拒绝。这些可以用三种类型的基因-环境相关性来解释。

1. 柯比*被动*接受了父母的基因，这些基因可能会使他面临学习成绩低下的风险。此外，他的父母还为他提供了不利于取得好成绩的早期环境。他们可能负担不起高质量学校的学费，似乎也不参与对柯比的教育。因此，柯比在阅读方面有困难，并在学业中表现了出来。

2. 柯比糟糕的学习能力和外表*唤起*他人的消极反应。教师们对他的行为表现深感困扰，同学们也不喜欢他。

3. 柯比开始*主动*选择让他的基因更容易表现出来的环境，并开始出现破坏行为。由于遭到同龄人的排斥，柯比转而与年长男孩交往，并在其影响下开始接触烟酒。

如果你是柯比的治疗师，你会如何运用基因–环境相关性的概念来干预和帮助柯比建立新的发展之路？

表观遗传学

根据素质–压力模型，只有当儿童青少年既有遗传某种障碍的基因风险，又面临引发障碍的环境压力源时，他们才会患上某种障碍。此外，基因与环境的相关性表明，我们的基因型和环境不是独立的；我们有时会选择有利于我们基因的环境。一个称为**行为表观遗传学**（**behavioral epigenetics**）的新研究领域中的发现表明，环境因素也可以直接影响我们的基因表达和我们患心理健康问题的风险（Hill & Toth, 2016）。

回想一下，我们的基因是由DNA组成的，在我们每个细胞中，DNA被组织成基因和染色体。基因引导蛋白质的形成，使每个细胞特化并执行其基本功能。这些蛋白质影响我们的健康、外表、思想、感受和行为。

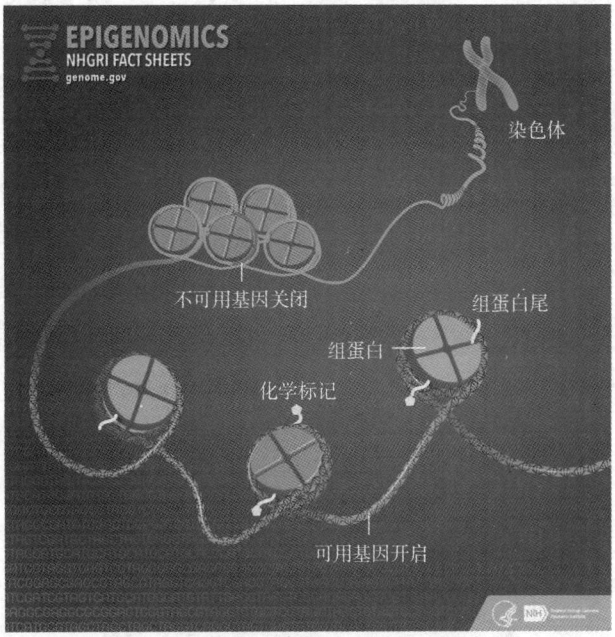

插图 2.2　化学标记和组蛋白不是基因组本身的一部分，它们影响单个基因的表达，并能影响行为。

表观遗传结构由化学化合物和蛋白质组成，它们附着在我们的DNA上并开启或关闭基因。这些化合物和蛋白质不是我们遗传密码的一部分，因此，科学家称它们为表观遗传（即在基因组之上）。当这些表观遗传结构附着在DNA上并调节其表达时，科学家们说它们已经“标记”了基因组。虽然这些标记不会改变DNA本身，但它们确实改变了细胞使用DNA指令的方式。这些表观遗传标记可以在新细胞分裂时传递给它们。此外，表观遗传标记也可以代代相传。

表观遗传化合物可以通过2种方式影响DNA的表达（插图2.2）。在一个称为*DNA甲基化*（*DNA methylation*）的过程中，蛋白质将化学标签（称为甲基）附着在基因的某些部分上，从而开启或关闭它们。在另一个叫作组蛋白修饰（*histone modification*）的过程中，DNA 紧密或松散地包裹在组蛋白周围。松散包裹的 DNA 片段可以表达，而紧密包裹的 DNA 片段则不能表达（National Human Genome Research Institute, 2019）。

环境经验可以改变表观遗传结构。某些环境因素，如饮食、吸烟和暴露于疾病，已被证明会改变结构，导致基因密码的不同表达。表观遗传结构是可遗传的。尽管当父母将基因传递给孩子时，大部分表观基因组被重置，但一些结构仍然存在并影响孩子的表现型（Cicchetti, 2019）。

麦吉尔大学的研究人员首先证明了表观遗传对大鼠行为的影响（Weaver et al., 2004）。老鼠幼崽有一种特定的基因来调节它们的应激反应。这个基因紧紧包裹在一个阻止它变得活跃的组蛋白周围。研究人员发现，母亲对幼崽的养育行为（例如舔、梳毛）导致这部分基因从组蛋白中释放出来，使其得以表达。当这些幼崽成年后，它们比那些被母亲养育较少的老鼠更能应对压力。随后的研究表明，这些表观遗传变化影响了这些老鼠对自己后代的照顾，从而将这种应激反应传递给下一代（Masterpasqua, 2009）。

研究人员才刚刚开始了解表观遗传学如何帮助解释儿童青少年障碍的发展。在最近的一项研究中，研究人员调查了抑郁和非抑郁母亲的照顾行为。正如我们所料，抑郁母亲比非抑郁母亲对他们的孩子表达了更多的负面情绪。此外，抑郁母亲的孩子与非抑郁母亲的孩子表现出不同的表观遗传结构，表明这些早期照顾经历可能会影响儿童青少年的表观遗传活动。我们需要进行纵向研究，以确定这些由早期经验引起的表观遗传变化是否会影响儿童青少年随后的行为（Moore, 2015）。

其他的研究已经开始检验存在行为问题的儿童青少年的表观遗传结构。在一项大规模研究中，研究人员调查了因破坏性行为而被送往心理健康诊所的儿童与青少年。研究人员发现，儿童青少年的应激激素和他们行为问题的严重程度与他们的表观遗传结构的变化有关，特别是与皮质醇受体基因表达相关的结构相关。这一发现很有趣，因为皮质醇是人体主要的应激激素；此外，皮质醇受体基因在调节人体应激反应中发挥作用。这种基因表达的表观遗传变化可能是这些儿童青少年所表现出的一些问题的基础（Dadds, Moul, Hawes, Mendoza Diaz, & Brennan, 2016）。

我们才刚刚开始认识行为表观遗传学如何帮助我们理解儿童青少年的精神障碍的出现。也许同样重要的是，这些研究可能有一天会有助于研发出可以影响表观遗传结构、基因表达和精神健康问题患病风险的药物（Nigg, 2016b）。

小　结

- 根据素质-压力模型，儿童青少年必须同时具有（1）遗传风险和（2）环境压力，才能发展出障碍。该模型有助于解释多效性，即具有相似基因或经历的儿童青少年有不同结果的倾向。

- 基因-环境相关模型假设我们的基因和环境是相关的。基因与环境的关系有三种类型：被动型、唤起型和主动型。它们的相对重要性随着发展而变化。
- 表观遗传结构（例如，甲基标签和组蛋白）可以使基因“开启”或“关闭”。这些结构不是儿童青少年基因型的一部分，可以被环境经历改变并代代相传。

发育的过程中大脑是如何改变的？

科学的进步使我们对从婴儿期到青春期的大脑和神经系统有了越来越详细的了解。随着时间推移，对儿童青少年的研究已经得出了大脑发育的几个原则（Roberts, 2020）。

1. 大脑由1000亿个神经元组成。

神经元（neuron）通常是一种非常狭长的神经细胞。大多数神经元都很小。你可以把50个神经元并排放置在结束这句话末尾的句号里。神经元的长度从1毫米到超过1米不等。神经元也是非常多的；如果你要把大脑中的每一个神经元都数出来，以每秒钟一个神经元的速度，你需要3000多年才能完成这项任务。

神经元的结构可以告诉我们它的功能。大多数神经元的中心是细胞体，它的主要作用是为细胞执行代谢功能，即维持细胞的存活。神经元也有树突，它是像手指一样的附属物，接收来自外界刺激（如光、压力）或其他神经元的信息。最后，神经元有一个较长的轴突，它将信息从树突和细胞体传递到神经元的末端。神经元通过控制进入细胞的正负电荷来传递信息。信息沿着轴突传导，其方式类似于电线上的电流。哺乳动物的轴突被一种叫作髓鞘［由施万细胞[1]（Schwann cell）产生］的脂肪物质包裹着，这种物质可以增加传导并加速电脉冲（插图2.3）。

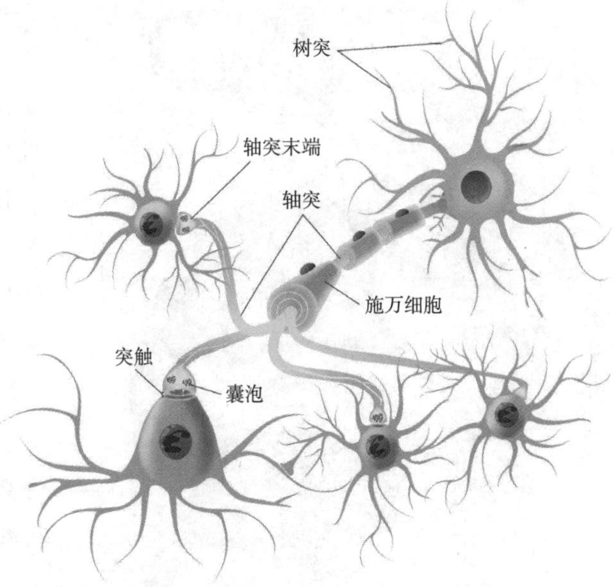

插图2.3　神经元给轴突传递电信号，它们通过被称为神经递质的化学信使与其他神经元进行交流。

2. 神经元通过化学信使进行交流。

每个神经元通常与其他神经元形成许多连接，形成一个复杂的神经网络。虽然信息在神经元内以电的方式传递，但在神经元间以化学方式传递。当脉冲到达轴突末端时，它会触发一种叫作**神经递质（neurotransmitter）**的化学信使的释放。神经递质被释放到突触中，突触是神经元之间的一个小裂缝。在突触中，神经递质可以被其他神经元检测到，使它们

1　又译雪旺细胞，又称神经膜细胞（neurolemmal cell）。

改变电荷。神经递质的充分刺激可以使其他神经细胞变得活跃，从而将冲动传递给下一个神经元。

神经递质有不同的功能。有些是兴奋性（*excitatory*）的，它们增加了神经元的正电荷，使其更易被激活。例如，多巴胺是一种兴奋性神经递质，对注意力的集中非常重要。某些脑区多巴胺不足与ADHD有关。有些神经递质是抑制性（*inhibitory*）的，它们增加了神经元的负电荷，使其更不易被激活。例如，γ-氨基丁酸（gamma aminobutyric acid, GABA）是一种抑制性神经递质。酒精会增加GABA，减慢反应、判断和决策。大多数精神药物和药物通过增强或减弱神经递质的作用来影响行为。

3. 大脑是自下而上组织起来的。

大脑中，在进化过程中较原始的区域首先发展，然后是更复杂、更高级的大脑区域。例如，**脑干**（**brain stem**）由延髓（*medulla oblongata*）、脑桥（*pons*）和中脑（*midbrain*）组成，主要负责心率、呼吸和觉醒等基本功能。它在我们出生时就发育好了，是我们生存所必需的（Ganzel & Morris, 2016）。

类似地，**小脑**（**cerebellum**）是一个靠近大脑后部的脑区，它主要负责平衡和协调运动。它在生命的第一年迅速发育。有趣的是，小脑在青少年早期会经历第二轮成熟过程。研究者认为，除调控肢体运动的灵活性外，小脑还参与促进认知活动的流畅性与效率。小脑在青少年期的成熟或可解释：一方面，年长青少年会表现出更协调的肢体动作；另一方面，个体在发育过程中的整体认知效率也会普遍提升。

就在脑干的上方，大脑的中心，有两个重要的区域也相对较早地成熟。**基底节**（**basal ganglia**）位于脑干和更高级的皮质区域之间。基底节具有许多重要的功能。它们的主要作用之一是帮助运动控制，另一个功能是过滤来自感官的传入信息，并将这些信息传递到其他大脑区域进行处理。基底节也参与了注意力和情绪的调节。研究人员认为，儿童与青少年时期基底节的结构变化可能是学龄期儿童运动功能、注意力和情绪处理能力增强的原因。

最后，**边缘系统**（**limbic system**）位于大脑深处、皮质后侧。边缘系统的两个重要组成部分是杏仁核（*amygdala*）和海马（*hippocampus*）。杏仁核帮助我们理解和表达情绪，尤其是负性情绪，如恐惧和愤怒。海马在情绪处理，特别是情绪记忆的形成中也起着重要作用（插图2.4）。

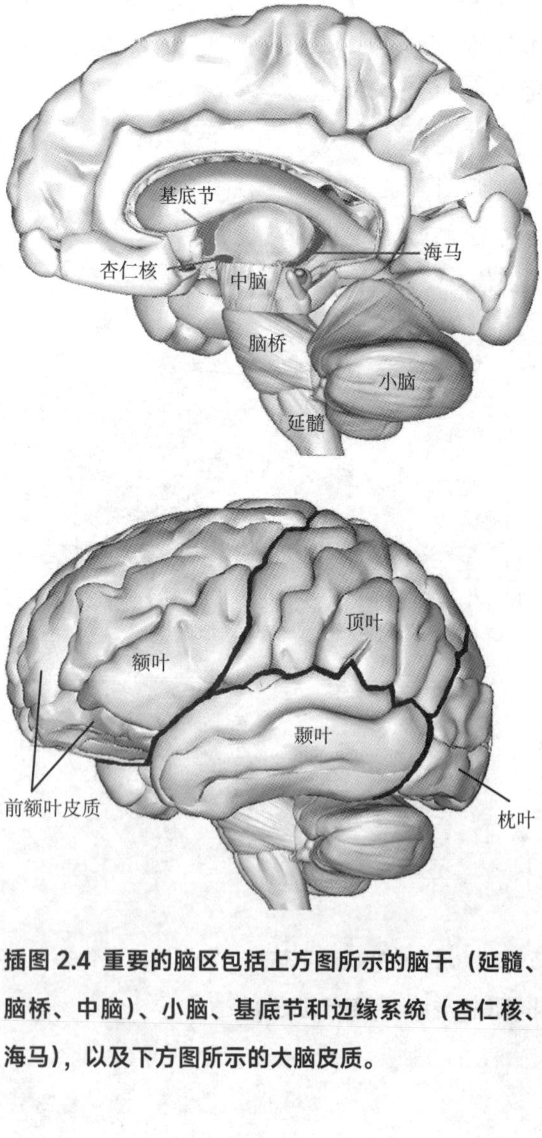

插图2.4 重要的脑区包括上方图所示的脑干（延髓、脑桥、中脑）、小脑、基底节和边缘系统（杏仁核、海马），以及下方图所示的大脑皮质。

4. 高阶区域可能直到成年才成熟。

大脑皮质（**cerebral cortex**）是大脑的最外层。它被分成四个叶。枕叶（*occipital lobe*）位于大脑后部，主要负责视觉加工。从出生到 2 岁，大脑的这个区域似乎经历了最多的变化。相反，位于大脑两侧和顶部的顶叶（*parietal lobe*）的体积在 6 岁左右达到峰值。顶叶主要负责整合视觉、听觉和触觉信息。位于大脑的侧面和底部的颞叶（*temporal lobe*）在出生后的头 6 年也会出现生长高峰。颞叶有多种功能，包括参与听觉、语言、情感的表达和调节。

前额叶（*frontal lobe*）的体积在儿童后期或青少年早期达到峰值。额叶皮质在语言产生、问题解决和记忆技能方面起着重要作用，这些技能在儿童期发展迅速。额叶的一个特殊区域，即前额叶，在青春期早期生长达到高峰，并在成年早期重组。这个大脑区域负责计划、组织和优先安排活动，以实现长期目标。前额叶的发展被认为是个体在成年早期提高注意力、抑制和整体自我调节能力的基础（de Haan & Johnson, 2016）。

5. 经验可以影响大脑。

虽然大脑的成熟似乎决定了个体发育，但成熟和行为之间的关系是双向的。大脑可以根据经验而改变。生物成熟和环境经验以三种方式相互作用来塑造发展中的大脑（Cicchetti, 2019）。

第一，大脑发展的某些方面是基因驱动（*gene driven*）的。这些方面在很大程度上不受经验的影响，几乎完全由基因决定。例如，脑干的发育以及神经元从脑中部向皮层的迁移过程，被认为是由基因预先编程的。发展心理学家将这种基因在胚胎发育中相对于环境经验的主导作用称为“渠化现象”（canalization）。（canalization）（Blair, Raver, & Finegood, 2016）。

第二，大脑发展的某些方面是经验预期（*experience expectant*）的，即脑区的形成部分依赖从环境中获得的信息。婴儿有过多的神经连接，其中许多是他们不需要的。被使用的神经连接会被维护和加强，而未使用的神经连接则萎缩和死亡。一个神经连接是被保留还是被修剪取决于个体经验。例如，如果婴儿在出生后的头几年接触日语，负责处理日语发音的神经连接就可能会加强。然而，在发育的早期没有接触过日语的婴儿可能会失去在处理日语过程中起作用的神经连接。因此，在婴儿期或幼儿期不接触日语的儿童可能会发现，他们很难在说日语的时候不带口音。发展心理学家通常把经验可以极大塑造神经结构和功能的发展时期称为发展敏感期。

第三，大脑的发育可能是经验依赖（*experience dependent*）的，即后天的环境经验可以导致新的神经连接的形成，或者导致大脑组织或结构的变化。**神经可塑性**（**neural plasticity**）指的是大脑的适应性特征，即大脑对环境经验做出反应而改变其结构和 / 或功能的能力。这些经验可以是内在的，也可以是外在的。内在经验改变了大脑和神经系统的微环境。例如，暴露于过高水平的睾酮或应激激素可能导致多个脑区的结构改变；而外在刺激则源于有机体外部，如婴儿接触环境毒素可能导致脑损伤。（Cicchetti, 2015）。

神经科学家发现，大脑对环境压力具有显著的适应性，尤其是当这些压力源在生命早期出现时。也许大脑可塑性最显著的例子是被称为功能性大脑半球切除术（functional hemispherectomy）的外科手术。该手术被用于患有药物难治性单侧脑源性癫痫的儿童患者，其癫痫发作具有以下特征：导致严重功能损害、发作频率高且对药物治疗无响应。手术中，外科医生将切除功能异常半球（癫痫灶所在侧）的整个顶叶，并切断胼胝体——这束神经纤维原本负责将癫痫放电传导至对侧半球。

尽管切除或断开了几个大脑区域，但儿童通常在术后表现出显著的恢复。这些孩子常会出现对侧肢体无力或轻度瘫痪。此外，如果左半球被切除，大多数儿童都会遇到语言问题。然而，这些儿童通常在术后 6 ～ 12 个月内恢复大部分丧失的功能，因为剩余的半球逐渐承担了许多丧失的功能。事实上，大多数接受这种手术的儿童都能够在 6 ～ 8 周后重返学校（van Schooneveld, Braun, van Rijen, van Nieuwenhuizen, & Jennekens-Schinkel, 2016）。

积极的环境体验也能导致新的神经连接形成。神经心理学家唐纳德·赫布（Donald Hebb, 1949）提出神经元的同步激活可促使它们形成新的连接，"同步放电的神经元会强化彼此联结"（neurons that fire together, wire together）。最近，神经科学家已经能够展示这种**突触发生**（**synaptogenesis**），也就是由于经验形成的新的神经连接。例如，在丰富的生活环境中饲养的大鼠（例如，给予额外的空间以及玩具和迷宫）与在典型的笼子中饲养的大鼠的大脑结构和功能表现出差异；接受过大量盲文训练的人，大脑中负责处理触觉的区域得以发展；技术娴熟的音乐家表现出负责控制乐器手指位置的大脑区域的重组。

小　结

- 大脑由 1000 亿个神经元组成，这些神经元形成数以万亿计的突触连接。神经元以放电的形式传递自身内部的信息。神经元通过被称为神经递质的化学信使相互传递信息。
- 大脑发育的特点是快速发展，随后出现神经元的修剪。发育开始于进化上较原始的大脑区域（如脑干、基底节、边缘系统），结束于负责高级功能的区域（如大脑皮质）。
- 发展可以是基因驱动的、经验预期的或经验依赖的。环境经验可引发突触发生和神经连接重组（即可塑性）。

2.3 心理对发展的影响

学习理论对理解儿童青少年的精神障碍有何重要意义?

心理学家经常用**学习理论**(**learning theory**)来解释和预测儿童青少年的外显行为。从学习理论的角度来看，儿童青少年的行为在很大程度上取决于环境中的偶发事件。学习有三种方式:(1)通过经典条件作用;(2)通过操作性条件作用;(3)通过模仿。

经典条件作用

在**经典条件作用**(**classical conditioning**)中，当儿童青少年将两个刺激物在时间上配对时，学习就发生了。一种刺激最初被称为中性刺激(neutral stimulus, NS),因为它不会引起反应。另一种刺激最初被称为无条件刺激(unconditioned stimulus, UCS),因为它会引起非学习或无条件反应(unconditioned response, UCR)。如果两种刺激同时出现，孩子可能会将NS与UCS联系起来。

巴甫洛夫证明，如果两种刺激物连续出现，狗会将节拍器声响(NS)与肉末(UCS)的出现联系起来。经过多次重复配对后，仅节拍器声响即可引发唾液分泌。条件反射形成之后，先前的中性刺激(如节拍器声响)称为条件刺激(conditioned stimulus, CS),而产生的反应(如唾液分泌)称为条件反应(conditioned response, CR)。

经典条件作用可以用来解释某些儿童青少年的精神障碍的出现。例如，被狗咬伤的男孩可能会把看到狗(NS)和被咬的经历(UCS)联系起来。反过来，狗咬人自然会引起恐惧反应(UCR)。后来，任何一只狗(CS)的出现都可能引起类似的恐惧反应(CR)。最终这个男孩可能发展出对狗的恐惧症。

再举一个例子。一个女孩在高中数学课上做笔记时突然惊恐发作。这次发作非常严重，为了隐私和安全，她立刻离开教室，跑到浴室。女孩将课堂(NS)与惊恐发作(UCS)联系起来，后者自然会引起强烈的负面情绪(UCR)。后来，任何想重新进入教室(CS)的想法都可能引起忧虑或焦虑(CR)。她可能会害怕上学。

减少通过经典条件作用而习得的行为的一种方法是反复暴露在CS之下，直到CR的严重程度降低。当CS不再引起CR时，我们说*消退*(*extinction*)已经发生了。

暴露疗法是大多数焦虑障碍的主要治疗方法。在一个称为*逐级暴露*(*graded exposure*)的过程中，消退是逐渐发生的。例如，治疗师可能会建议一个害怕狗的男孩逐渐花更多的时间和狗在一起，以消除这种恐惧。起初，男孩可能只是简单地看狗的照片，然后与被拴住的狗待在一个房间里，最后养一只狗。在男孩反复接触狗之后，狗的出现便不再引起他强烈的恐惧反应。

在一个称为冲击疗法[1]（*flooding*）的过程中，消退会很快发生——通常在一次治疗中。例如，一个害怕上学的女孩可能会和她的治疗师一起进入数学教室，一直待在那里直到恐惧消退。虽然冲击疗法是一种比逐级暴露更快速的治疗方法，但它很少用于儿童青少年，因为它会造成更大的痛苦。

操作性条件作用

经典条件作用发生在儿童青少年将两个刺激及时联系在一起时，而**操作性条件作用**（**operant conditioning**）发生在儿童青少年将一个动作与环境中的一个结果联系在一起时。操作性条件作用基于这样一个概念，即我们行为的后果决定了这些行为重复的可能性。

如果我们行为的后果增加了将来重复这种行为的可能性，这些后果就强化了我们的行为。**强化**（**reinforcement**）可以是正的，也可以是负的。当一个人受到刺激，增加了行为的可能性时，就会产生正强化（*positive reinforcement*）。例如，父亲可能会在女儿晚餐吃蔬菜后给她冰激凌。如果饭后吃冰激凌增加了女孩将来吃蔬菜的可能性，我们就说冰激凌正强化了女孩的进食。

许多人错误地认为，正强化一词中的形容词“正”指的是强化物的愉悦感。事实上，正这个词只是指刺激是被呈现给个体的这一事实。一些令人愉快的刺激并不是对所有的孩子都有正强化的作用。例如，如果一个 2 岁大的孩子去上厕所就给他一块糖，那么他将来上厕所的可能性会增加。然而，如果一个 14 岁的孩子完成作业便给他一块糖果，这可能不会增加他将来完成数学作业的可能性。

此外，一些不愉快的刺激也可能是正强化物。例如，教师可能会因学生扰乱课堂秩序斥责他。如果教师的训斥导致学生的破坏性行为增加，那么教师的行为是正强化物，无论它看起来多么令人厌恶。

当对刺激的撤除或回避增加了行为的可能性时，负强化（*negative reinforcement*）就会发生。例如，父亲可能会在女儿吃完蔬菜后才让她离开餐桌。如果通过吃蔬菜来逃离餐桌增加了女孩将来吃蔬菜的可能性，我们就说父亲的行为负强化了孩子的进食。

负强化往往是儿童青少年行为问题的基础。例如，一位母亲可能会让她的儿子关掉播放器并打扫房间。儿子可能会忽视母亲，因为他更乐意看他最喜欢的节目。这位母亲可能会收回她的要求，亲自打扫儿子的房间。如果母亲的行为（即撤回她的要求）增加了她的儿子在未来忽视她要求的可能性，我们就说母亲的行为负强化了儿子的不服从。她在教他不要理会她的要求。

与强化相比，**惩罚**（**punishment**）总会降低未来行为的概率。惩罚有正负两种。正惩罚（*positive punishment*）是指刺激的出现减少了行为发生的可能性。例如，母亲可能会因为儿子不听话而打他屁股。如果打孩子的屁股会减少孩子的反抗，那么

1 又称满灌疗法、暴露疗法等。

这就是一种正惩罚。负惩罚（*negative punishment*）是指撤销或移除一种刺激便会降低行为发生可能性。例如，教师可能会不让在课堂上捣乱的孩子参与好玩的课堂活动。如果教师的行为导致学生破坏行为的减少，那么教师的行为就是一种负惩罚（表 2.2）。

表 2.2　操作性条件作用

		刺激物	
		提供（+）	撤销（-）
行为	增加（强化）	**正强化** 孩子吃完蔬菜，给她一份甜点	**负强化** 孩子吃完蔬菜，允许她离开桌子
	减少（惩罚）	**正惩罚** 责骂扰乱课堂秩序的孩子	**负惩罚** 不让扰乱课堂秩序的孩子课间休息

注：强化增加未来的行为，而惩罚减少未来的行为。

临床医生更喜欢用强化而不是惩罚来纠正行为问题。然而，在某些情况下，惩罚可以用于治疗。例如，治疗师可能会教父母用正惩罚来纠正儿子尿床的问题。每次男孩尿床时，父母可能会要求男孩采取一系列旨在纠正问题行为的行动。这些行动可能包括拆下床上用品，把被褥拿到洗衣机前，协助洗床单被套，换上新床单，以及坐在马桶上小便。类似地，治疗师可能会教父母把暂停的方法用作一种负惩罚，纠正捣蛋的学龄前儿童的行为。暂停是指让儿童青少年在一段时间内远离所有潜在的强化刺激，减少儿童青少年的反抗。儿童青少年可能被要求坐在一个特定的椅子上 3 分钟，不能玩玩具、看电视或接触其他刺激物。

社会学习

行为也可以通过观察他人来习得。阿尔伯特·班杜拉（Albert Bandura）和他的同事（Bandura, Ross, & Ross, 1961）指出，孩子们在看到大人打波波娃娃时，往往会模仿大人的攻击性行为。班杜拉的**社会学习理论**（**social learning theory**）提出通过模仿来学习是行为习得的主要机制。当被模仿者在年龄和性别上与儿童青少年相似，以及当被模仿者因其行为而得到强化时，社会学习尤其可能发生。

模仿也被用来解释和治疗儿童青少年的行为问题。例如，父母给孩子做焦虑的榜样，会增加孩子患焦虑障碍的可能性。害怕社交场合的母亲可能成为女儿的社交恐惧的榜样。具体来说，母亲可能会因为担心在公共场合显得愚蠢而避免参加社交聚会。她还可能告诉女儿，其他人都很挑剔并且爱品头论足，从而增加女儿对社交场合的恐惧。因此，她的女儿可能会产生焦虑，并倾向于社交回避（Knappe, Beesdo-Baum, Fehm, Lieb, & Wittchen, 2012）。

治疗师也可以用榜样来减轻这个女孩的社交焦虑。具体来说，治疗师可能会让教师给这个女孩配一个“课堂伙伴”——一个有良好社交技能并愿意为适当的社会行为做榜样的女同学。通过观察她的“伙伴”，这个女孩可能会发现社交场合通常是愉快的，很少是灾难性的。因此，她的社交焦虑可能会减少（Scaini, Belotti, Ogliari, & Battaglia, 2016）。

小　结

- 经典条件作用发生在儿童青少年将两种刺激及时联系在一起的时候。通过经典条件作用习得的行为可以通过暴露技术进行消退。
- 操作性条件作用发生在儿童青少年将行为与环境后果联系起来的时候。强化总是增加未来行为的可能性；惩罚总是减少未来行为的可能性。强化和惩罚可以是正的，也可以是负的。
- 社会性学习发生在儿童青少年通过模仿习得一种行为的时候。

认知发展对理解儿童青少年的精神障碍有何重要意义？

认知发展

认知发展（cognitive development）指的是儿童青少年感知、思维、语言和解决问题能力的变化。让·皮亚杰（Jean Piaget）的认知发展理论为思考儿童青少年的认知发展提供了一个框架。根据这一理论，发展以不变的顺序经历了四大阶段。随着阶段的发展，儿童青少年的认知能力发展得更加复杂（Barrouillet, 2015; Carey, Zaitchik, & Bascandziev, 2015）。

*感知运动阶段（sensorimotor stage）*的婴儿（0～2岁）主要通过偶然事件或试错来发展对自己和周围环境的理解。这一阶段的特征包括客体永久性（object permanence）的出现，即孩子即使看不见一个物体也具有该物体存在的意识；假装游戏，假装一个物体（如娃娃）是另一个物体（如真正的婴儿）；以及语言使用的增加。在这一阶段，运动技能、假装游戏和语言的缺陷可以表明一系列的神经发育问题。

*前运算阶段（preoperational stage）*的学龄前儿童（2～6岁）可以使用更加复杂的语言，并开始使用象征性思维。他们可以对自己的世界形成更为复杂的认识，可以在行动之前就开始计划自己的行动。处于这一阶段的儿童发展出了心理理论，认识到他人的心理状态［即心智（mind）］可能与他们自己的不同。因此，孩子们可以开始从他人的角度出发看待问题，理解他人的动机和感受，并以共情的方式回应。孤独症谱系障碍和社交（语用）交流障碍等问题的特征是心理理论和共情理解延迟。

学龄儿童（6～12岁）进入*具体运算阶段（concrete operation stage）*。在整个小学阶段，这些儿童发展出更成熟的守恒能力。也就是说，他们理解物体的外观可能会改变，但它们的量和数量保持不变。守恒与物质世界有关，而不是与抽象的思维有关。因此，处于这一阶段的儿童可以学习与物理世界有关的科目（如算术、阅读），而非更抽象的科目（如代数、文学分析）。

最后，青少年（≥ 12 岁）会达到*形式运算阶段*（*formal operation stage*），这个阶段以逻辑演绎推理为特征。在这个阶段，青少年可以开始使用一般性原则来确定具体的真理，他们能够进行更抽象的思考。形式运算使青少年和处于成年早期的个体能够理解代数和几何、心理学和社会学，或哲学和政治学——这些科目的内容都是幼儿无法理解的。

社会认知

社会认知（social cognition）是认知发展的一个重要方面，它关系到我们思考社会情境的能力。社会认知以社会信息加工理论为基础，是人类感知、判断、存储和检索社会信息的一般模型。社会认知概念的核心是我们形成关于自己和他人的图式（*schema*）或心理模型。这些图式建立在先前的人际交往经验的基础上，并引导和指导未来的社会行为。例如，一个有良好的社交技巧和许多朋友的孩子可能会期望新同学是友好的。他可能会接近新同学，在课间休息时找新同学一起玩。相比之下，一个在社交时觉得尴尬并且被同伴拒绝的孩子可能会预期一个新同学也会拒绝他。因此，他可能会回避新同学（Bargh, 2013; Fiske & Taylor, 2013）。

社会信息加工问题是许多儿童青少年的精神障碍的基础。例如，对同伴有攻击性行为的儿童青少年通常对自己和他人都有负面的图式。此外，当面对社会问题时，他们倾向于将他人的行为视为敌意的或拒绝的，并且难以想到和平解决问题的策略（Dodge, Godwin, & Conduct Problems Prevention Research Group, 2013）。同样，患有抑郁症的儿童青少年通常认为自己在社交场合无能为力。当面对社交问题时，他们往往回避他人，导致他人拒绝，而这又反过来证实了他们的低自我价值。幸运的是，目前已有专门的心理治疗疗法能改善儿童青少年的社交信息处理能力，并缓解其行为与情绪问题（Michl, McLaughlin, Shepherd, & Nolen-Hoeksema, 2013）。

小　结

- 皮亚杰确定了认知发展的四个阶段。这些阶段描述了儿童青少年思维、问题解决和语言能力的提高。
- 社会认知是指儿童青少年思考社会情境和解决人际问题的能力。一些儿童青少年的精神障碍与解决社交问题的偏差或缺陷有关。

情绪发展对理解儿童青少年的精神障碍有何重要意义？

情绪发展

情绪发展（emotional development）是指儿童青少年对感受的体验、表达、理解和调节的产生和完善（Odle, 2016）。情绪发展的过程反映了儿童青少年身体的成熟、更加复杂的认知，以及与他人相处的经验（Cole, 2016）。

情绪表达始于婴儿期。哭是新生儿一种强有力的交流方式。痛苦、快乐、愤怒、恐惧和兴趣是婴儿最早表现出来的情绪。新生儿偶尔也会笑，但是有意识地对他人微笑通常要到4个月大后才会出现。悲伤和恐惧等情绪通常出现在人生第一年的后半段。

幼儿期的特点是大脑边缘系统和额叶的快速发育以及更大程度地独立于父母。因此，幼儿开始表现出更为复杂的情感，比如骄傲（坚持自主）和羞耻（冒险和失败）。在3～5岁，儿童发展出更强的共情能力。共情能力取决于关注他人情绪表达、正确标记他人的情绪以及看待他人观点的能力。患有孤独症谱系障碍的儿童青少年通常表现出情绪表达和理解他人情感的延迟。

认知的进步，特别是语言的进步，使学龄前儿童和学龄儿童能够标记和区分自己的情绪。例如，幼儿园的小朋友可以开始区分感到“疯狂”和感到“悲伤”。幼儿也能更好地用语言表达自己的感受，而不是通过攻击、哭泣或发脾气来表达。幼儿还学习如何在不同的环境中改变他们的情绪表达。例如，一个儿童在家里所能表达的情绪可能与他在教室或操场上所表达的情绪有所不同（Bridges, 2018）。

情绪调节

儿童与青少年时期的一项主要任务是提高情绪调节能力。**情绪调节（emotion regulation）**指的是我们用来识别、标记和控制情绪的过程，以及我们通过行动表达这些情绪的方式。情绪调节对发展的各个方面都很重要：它影响我们的注意力和专注力、思维过程、记忆、人际关系以及设定和实现长期目标的能力（Odle, 2016）。

儿童青少年调节情绪的能力随着时间推移而变化。最初，情绪调节高度依赖于他人。例如，一个婴儿在冷或饿的时候可能会向他的母亲哭泣，一个幼儿在操场上擦破膝盖时可能会跑去找他的父亲。渐渐地，儿童青少年会发展出更独立地调节情绪的策略。例如，一个大一点的儿童可能会骑自行车来缓解她对学校的焦虑，而一个青春期的孩子可能会和朋友一起去看电影来消解他在家里的烦恼。独立于他人调节自己情绪的能力对社会情感发展至关重要（LeBlanc, Essau, & Ollendick, 2018）。

儿童青少年用来调节情绪的过程可以分为两大类：主动性调节与回应性调节。主动性调节（*effortful process*）包括有意识地转移注意、改变认知或调整行为，目的是增加积极情绪或实现长期目标。想象一下，一个女孩罚球失误，她的球队输掉了一场重要的篮球比赛。为了调节自己的情绪，她可以采用多种主动性调节策略。比如，将注意力从失误场景转移到队友的鼓励话语（如“别担心，下次会更好”）；或对情境进行认知重评（如“职业球员也会投失罚球”）还可以把这个情境看作一个学习的机会，下定决心练习投篮（Eisenberg, Hernandez, & Spinrad, 2018）。

相反，**回应性调节**（*reactive process*）是儿童青少年对情绪的自动化反应，这是儿童青少年采用的一种僵化的或习惯性的方式。例如，一个女孩没有投进能赢得比赛的罚球，她可能会哭着跑向更衣室，也可能发脾气或推搡对手。这种回应性调节可能会帮助女孩在短期内感觉更好，但它们阻碍了她实现长期目标的能力。她不太可能在哭过或吵架之后更多地练习投篮。

当儿童青少年习惯性地、僵化地依赖回应性调节来调节情绪时，许多儿童青少年的精神障碍就会出现。例如，当孩子们通过压抑、回避或退缩对压力事件做出反应时，就会出现内化障碍，如焦虑和抑郁。相反，当孩子们通过压抑、回避或退缩对压力事件做出反应时，可能发展为内化障碍（internalizing disorder），如焦虑和抑郁。当孩子们以攻击或冲动行为自动化地回应情绪诱发情境，则容易发展出外化障碍（externalizing disorder），如品行问题、ADHD 等（Fernandes, Tan-Manusukhani, & Essau, 2018; Hannesdottir & Ollendick, 2018）。

还有些障碍也反映出情绪调节困难。例如，破坏性心境失调障碍（disruptive mood dysregulation）见于那些表现出慢性易激惹和严重脾气爆发的幼儿。针对这种障碍的治疗包括教导孩子回避可能发脾气的情境，并寻找新的方法来应对负面情绪。进食障碍（eating disorder）有时也反映了情绪调节的深层问题。一些青少年的暴食和清除可能是用来减轻焦虑、抑郁，或低自我价值的适应不良的情绪调节策略。自伤（如烧伤或割伤）也可以视为有问题的调节情绪策略。对这些障碍的治疗通常包括用更健康、更有效的应对技能取代这些适应不良的情绪调节策略（Baudinet, Dawson, Madden, & Hay, 2018; Kircanski, Leibenluft, & Brotman, 2019）。

小　结

- 早期的情绪发展主要关于情绪表达和准确理解他人的情绪。ASD 患儿在发展这些技能时经常遇到问题。
- 后期的情绪发展主要集中在提高情绪调节能力上，即识别、标记和控制我们的情绪和情绪表现的能力。有品行问题、焦虑和情绪障碍的儿童青少年通常在情绪调节方面有困难。

2.4　社会文化对发展的影响

父母如何影响孩子的发育?

气质与适配性

气质（**temperament**）是指婴儿对环境刺激做出反应时的行为和情绪的模式，通常在出生后的前几周可以观察到（Kagan, 2014）。随着时间推移和环境改变，气质逐渐发展得相对稳定。气质反映了人格的一个方面，被认为是先天的。孩子们带着一种特殊的气质来到这个世界，这种气质有助于他们理解自己的经历。这些经历反过来又与他们的气质相互作用，塑造了他们的个性（Stifter & Dollar, 2016）。

有2个或2个以上孩子的父母可以意识到孩子们在气质上的差异。一个孩子可能相对安静，心烦意乱时容易平静，但在新情境下胆小。然而，他的兄弟姐妹可能会因轻微的挑衅而哭泣，睡眠差、挑食，在操场上玩的时候表现得非常冒失大胆。气质有助于解释为什么即使亲生兄弟姐妹有50%的基因是相同的，并且由同一对父母抚养长大，行为也可能非常不同。

纽约纵向研究（New York Longitudinal Study）为婴儿期气质与成年后人格的关联提供了最权威的实证依据。在这项研究中，斯泰拉・切斯、亚历山大・托马斯和赫伯特・伯奇（Stella Chess, Alexander Thomas, & Herbert Birch, 1965）将儿童分为三个气质型：

1. *易养型儿童*（*easy children*）在亲子互动中往往表现出高度的积极情绪，日常活动有规律，能轻松适应陌生人或新环境。情绪平复快。这些孩子被归类为“易养”的，因为他们给照顾者带来的问题较少。

2. *难养型儿童*（*difficult children*）在亲子互动中往往表现出更多的负面情绪并易激惹；对环境刺激反应强度更高；饮食、睡眠及如厕等生理节律建立困难；日常生活或环境改变时更易出现情绪波动。这些孩子被贴上“难养”的标签，因为他们的行为给照顾者带来了挑战。

3. *启动缓慢型儿童*（*slow-to-warm-up children*）在亲子互动中活动水平和情绪表达较低，面对新环境或陌生人时表现得更谨慎。这些孩子被认为是“启动缓慢”的，因为他们需要更多的时间来适应环境的变化。

研究人员发现，在所有族裔和社会经济群体的儿童青少年身上都可以观察到相同的气质维度。婴儿在2～3个月大时就表现出稳定的气质倾向。最重要的是婴儿的气质与环境的要求和期望之间的**适配性**（**goodness-of-fit**）。例如，相比由拥有安全居所、灵活工作及亲友支持系统的单亲抚养的“难养型”婴儿，一个由正处在高压力的单亲抚养的“难养型”婴儿，更易出现问题。

发展精神病理学家致力于探究气质因素在多大程度上可能增加儿童未来患心理障碍的风险。例如，杰罗姆·凯根（Jerome Kagan）研究了气质的一个维度，即情绪回应性，这可以在4个月大的婴儿身上观察到。当面对一个新的刺激（例如悬挂的手机）时，高回应性的婴儿看起来很痛苦。相反，低回应性的婴儿在受到相同的刺激时仍然保持平静。当在14个月和21个月再次测试时，高回应性婴儿通常在新的情况下（例如小丑进入房间）表现出抑制和恐惧，而低回应性的婴儿往往更外向。此外，在婴儿期表现出高回应性和在幼儿期表现出恐惧的儿童在未来患焦虑障碍的风险较高（Fox et al., 2015）。

重要的是要记住，气质并不能决定儿童青少年的人格或精神病理风险。然而，气质会影响儿童青少年的人格和随后与他人的互动。例如，内森·福克斯（Nathan Fox）进行了一项令人印象深刻的纵向研究，调查了婴儿期难养型气质与青少年期和成年早期出现的精神障碍之间的关系。研究表明，抑制型的幼儿在成年早期时出现焦虑问题的风险更高。然而，青少年期的同伴网络在很大程度上解释了早期气质和后期焦虑之间的关系。回避社交以及同伴网络较小的抑制型儿童青少年更容易患上焦虑障碍相反，能够建立支持性同伴网络的抑制型儿童青少年没有表现出焦虑增加。这些发现表明，气质可以使儿童青少年走上某些发展道路，但气质本身并不能决定儿童青少年的发展结果（Frenkel et al., 2015）。

依 恋

依恋（attachment）是指照顾者和孩子之间的情感联结，在危险或不确定的时候起到保护和安抚孩子的作用（Grossman, Bretherton, Waters, & Grossman, 2016）。约翰·鲍尔比（John Bowlby, 1969, 1973, 1980）认为亲子依恋关系有三个基本功能。

第一，依恋有助于保护孩子免受危险。婴儿和幼儿在生理上倾向于在害怕、不安或对周围环境不确定时寻求父母的帮助。同时，父母倾向于回应婴儿对关注和照顾的要求（Pasco Fearon, Groh, Bakermans-Kranenburg, van IJzendoorn, & Roisman, 2016）。

第二，依恋为亲子之间提供了分享积极情感体验的途径。通过与父母的互动，婴儿学会了社交互动中自然的互惠和人际关系的相互妥协。

第三，依恋帮助婴儿学会调节负面情绪和行为。最初，婴儿依靠照顾者的安慰来控制焦虑和痛苦。随着时间推移，孩子们会发展出**内部工作模型（internal working model）**，或者他们照顾者的心理表征，这能够帮助他们应对社会心理压力。婴儿学会利用这些心理表征作为“安全基地”，从此开始探索周围环境，调节情绪和行为。

生命最初几年亲子互动的质量会影响依恋关系的初始质量。为孩子提供敏感和反应敏锐的照顾的父母通过一种一致和适合发展的方式满足孩子的需要，他们通常会与孩子建立安全的依恋关系。反过来，孩子们也开始期待父母给予他们敏感和及时的照顾。与此同时，这些孩子开始认为自己值得这样被对待。

与此相反的是，如果不以一致的方式提供敏感和反应敏锐的照顾，父母很可能会与孩子建立不安全的依恋关系。当这些孩子感到害怕或不安时，他们并不指望父母能有效地满足他们的需要并且帮助他们调节情绪。他们的内部工作模型认为父母不可得或不一致。同时，他们可能认为自己不值得别人的关注和关心。

玛丽·安斯沃思及其同事（Mary Ainsworth and colleagues, 1978）发现了三种依恋模式，它们是在生命的最初几个月发展起来的。通过**陌生情境**（**strange situation**）测验，一种基于实验室的标准化测试，研究人员观察到这些模式发生在12个月大的婴儿身上。陌生情境测验在一间游戏室开展，在过程中婴儿会与他们的父母分开很短的一段时间。大多数婴儿分离期间都会感到痛苦。然而，研究人员主要感兴趣的是婴儿在与父母团聚时对父母的反应。具体来说，研究人员观察婴儿是否能够利用他们的父母作为一种减少痛苦和重返游戏的方法。

大多数参与陌生情境测验的孩子都表现出与父母的*安全的依恋关系*（*secure attachment*）。这些孩子把父母当作安全基地，以此调节情绪、控制行为，并返回游戏。虽然孩子们在分离期间通常表现出相当大的痛苦，但他们在与父母团聚时会寻求安慰和与父母的身体接触。过了一会儿，照顾者的安慰安抚了这些婴儿，他们就能够重新探索房间。

相比之下，一些婴儿与父母发展出*不安全–回避的依恋关系*（*insecure-avoidant attachment relationship*）。当与父母团聚时，这些婴儿表现得被动和冷漠。事实上，这些婴儿中的许多会主动回避父母的关注，拒绝或忽略他们。虽然这些婴儿可能会因为分离而心烦意乱，但当父母回来时，他们似乎对父母不感兴趣或怨恨。这些婴儿没有把父母当作调节情绪的安全基地，而是试图依靠自己来应对分离带来的压力。依恋理论学家对这种现象的解释是，父母总是拒绝孩子寻求关注的要求，故而促成了他们和孩子之间的不安全–回避的依恋关系。

还有一些婴儿与父母发展出*不安全–矛盾的依恋关系*（*insecure-ambivalent attachment relationship*）。当与父母分开时，这些婴儿通常表现出相当的痛苦。然而，当与父母团聚时，这些婴儿在寻求和拒绝照顾者的支持之间反复变化。例如，一个婴儿可能一开始会主动让母亲把自己抱起来，然后立即推开母亲。这些婴儿的行为传达了这样一种观念：他们迫切希望父母给予安慰，但他们并不期望父母能充分满足他们的需要。依恋理论学家认为，在照顾孩子和忽视孩子之间交替变化的父母培养了这种不安全–矛盾的依恋关系。

安斯沃思注意到，有些婴儿的依恋模式无法被归类为三种典型中的任何一种。在陌生情境下，当这些婴儿与照顾者分开，他们往往表现出重复的、刻板的行为，如手臂、颈部或背部的不安的运动。当与照顾者团聚时，这些婴儿往往会僵住，凝视空旷的地方，或表现出恐惧。玛丽·梅因（Mary Main）是安斯沃思的一名学生，她将这些孩子归类为*混乱型依恋*（*disorganized/disoriented attachment*），因为他们的行为不像其他婴儿那样有组织（Main & Solomon, 1986）。随后的研究表明，混乱型依恋与过往的忽视经历有关。此外，许多发展出混乱型依恋关系的婴儿的照顾者在孩子出生前或出生后不久经历了重大的丧失或创伤。

明尼苏达州亲子纵向研究（Minnesota Longitudinal Study of Parents and Children）考察了婴儿期母婴依恋与儿童青少年发展结果之间的关系。总的来说，研究结果表明，婴幼儿期安全型依恋的发展与后期的社会情感能力有关。例如，在学龄前阶段，形成安全型依恋关系的婴儿往往更受欢迎、心理韧性更高、更能做到随机应变且更具合作性。到 6 岁时，与有不安全型依恋史的儿童相比，这些儿童在行为顺从性、互动回应性、自主能力及共情表现等方面均更具优势。

相比之下，发展出不安全-回避依恋关系的婴儿更容易在长大后出现偷窃、撒谎或欺骗等行为问题。还有些孩子有出现情绪问题的风险，如易激惹、愤怒和抑郁。这些孩子也更容易招致同伴的消极反应。

发展出不安全-矛盾依恋的婴儿往往过度依赖家里的照顾者和幼儿园的教师。在学龄期间，他们经常表现得沮丧、被动或无助。在尝试新事物或其他活动时总是需要大人再三安抚和保证。

最后，混乱型依恋的婴儿在儿童期出现行为问题的风险最高。特别是这些孩子中的许多人对他们的照顾者表现出对立、违抗或恶意的行为。这些孩子也最有可能发展出攻击性行为和品行问题。在青少年期，这些孩子有可能出现解离症状，比如不可预期地意识中断或记忆缺失。

尽管早期的亲子依恋似乎会让儿童进入要么“良性发展”，要么“发展”的道路上，但这并不能决定他们的命运。许多儿童青少年从婴儿期到青春期都会因为与其他照顾者的互动而改变他们的依恋模式。支持性的亲戚、教师、教练和朋友可以为那些最初没有安全感的儿童青少年提供矫正性的情感体验，使他们改变人际关系工作模式。事实上，研究人员已经确认，一些婴儿的依恋模式会从不安全的（婴儿期）转变为安全的（儿童期），这主要是因为他们生活中有来自成人的敏感的和高回应性的照顾。到了青春期，这些青少年往往在家庭和同伴功能方面有所改善（van IJzendoorn & Bakermans-Kranenburg, 2014）。事实上，心理治疗可以被看作一种改变个人工作模式的方法，它可以将一种基于拒绝或不一致的关系转变为一种基于敏感和信任的关系。

养育行为

尽管不同家庭和文化的养育实践有很大差异，但心理学家已经确定了至少两个对发展很重要的养育维度（Kerig, 2016）。第一个维度是父母回应性（*parental responsiveness*），指父母通过以下方式对待孩子的程度：温暖接纳的态度，以敏感且及时的方式调整行为以满足子女需求，并通过共同活动和积极情感与子女互动。第二个维度是父母要求性（*parental demandingness*），指父母在以下方面的表现程度：

对孩子的行为提出适龄期望，明确制定并一致执行行为规则，以及对孩子活动进行合理监督。(Bornstein, 2016)。

戴安娜·鲍姆林德 (Diana Baumrind, 1991) 根据照顾者对回应性和要求性养育行为的认可程度，将他们分为四种**养育类型** (**parenting type**)。*权威型父母* (*authoritative parent*) 对孩子既有反应又有要求。他们为孩子设定较高但适龄的行为期望，并通过提供情感支持帮助孩子达成这些期望；在亲子互动中保持坚定但非侵入；运用纪律支持并培养孩子如何自我调节行为，但不是用惩罚性的纪律；既重视责任培养，也充分理解儿童对敏感和回应性照顾的需求。

专制型父母 (*authoritarian parent*) 表现出高水平的要求和低水平的反应。这些父母看重孩子的顺从和成就。他们为孩子制定高标准，并对孩子的行为进行严格限制。他们制定明确的规则，并期望规则得到遵守。这些父母高度参与孩子的生活，为孩子提供有组织、结构化、有监督的教育、课外活动和社会经历。他们努力教导孩子自力更生和承担责任，但他们对孩子履行这些责任的支持和鼓励较少。

放纵型父母 (*indulgent parent*) 表现出高水平的反应和低水平的要求。他们通常被描述为宽容的、非指导性和放任的。他们重视孩子的自主性和探索性，很少对孩子的行为设限，不用纪律约束孩子。

忽视型父母 (*uninvolved parent*) 表现出低水平的反应和要求。这些父母与孩子的互动通常较少或者不一致，这通常是因为他们被其他社会心理压力源所牵制 (如从事多份工作、照料年长亲属等) (Baumrind, 1991; Weiss & Schwarz, 1996)。

总的来说，权威型父母养育的孩子表现出最好的发展结果。这类孩子一般有着良好的社交技能、情感能力和自理及自律能力。专制型父母养育的孩子往往在学业上表现良好，但存在低自尊和同伴交往问题的风险，特别是在儿童后期和青少年期早期。放纵型父母养育的孩子常表现出高水平的自尊和良好的社交技能，但在儿童期易出现行为问题，在青少年期易出现物质使用问题。忽视型父母养育的孩子通常表现出最差的结果，这些孩子面临低学术成就、行为问题的风险，在发展过程中易出现情感问题 (Baumrind, 1991; Weiss & Schwarz, 1996)。

小　结

- 气质是指婴幼儿对新的环境刺激做出反应时组织行为的方式。儿童青少年的气质与其照料环境之间的适配性对儿童青少年的发展很重要。
- 依恋是指照顾者和孩子之间的情感纽带，有助于促进安全的建立。依恋是与生俱来的；然而，依恋的质量取决于照顾者对孩子的敏感度和回应度。
- 根据照顾者的反应和要求，养育类型可以分为四种：(1) 权威型；(2) 专制型；(3) 放纵型；(4) 忽视型。

同伴如何影响发展?

人际理论

哈里·斯塔克·沙利文（Harry Stack Sullivan）是一位有影响力的精神病学家，他在1953年首次提出了关于友谊对社会情感发展重要性的系统理论。他认为亲密、充满信任的友谊对人们的自我意识和整体幸福感至关重要。相比之下，沙利文认为孤独是人类最痛苦的经历。

沙利文认为，亲密性是令人满意的人际关系的核心特征。根据他的理论，亲密关系具有以下典型特质：彼此珍视且平等相待，存在情感上的亲密与脆弱性。这种关系既能培育爱的能力，又可抵御焦虑、孤立与孤独感。沙利文还划分了从婴儿期至成年期的人际发展各阶段，其标志是在关系中建立亲密性的能力逐步提升。

幼儿（2～6岁）的关系亲密度往往较低。幼儿的关系要么是两个地位不平等的人（例如父母和孩子）之间的关系，要么是两个没有亲密情感关系的平等者（例如同玩一个玩具的两个孩子）之间的关系。孩子们的主要任务是学会延迟满足，以便随着时间推移维持人际关系。孩子们必须学会轮流有序、分享物品、遵守规则，这样每个人都能享受游戏。有些孩子会发展出想象中的朋友来“实践”这些技能。

稍大的儿童（6～9岁）开始与同龄人建立关系。沙利文认为这些友谊对日后的关系至关重要。在教室和操场上，学龄儿童决定他们喜欢和不喜欢哪个同龄人。接受另一个孩子进入自己的游戏小组时，孩子会传递出“我喜欢你，也重视你”的信息。接纳让孩子们建立自我价值感。

沙利文将青春期前（9～12岁）描述为一个“安静的奇迹”，孩子们此时开始与一个或多个“最好”的朋友发展亲密关系。在遇到困难时，这些朋友是安全和支持的源泉。沙利文认为，这些关系可以培养爱。当另一个人的幸福和安全感变得与自己的幸福和安全感同等重要时，爱就会产生。沙利文认为，爱的关系允许青春期前的儿童分享自己的感受，而不用担心被拒绝或羞辱，并在探索身份和价值观时冒险。

青春期（≥13岁）开始于情窦初开，结束于与他人建立爱和相互支持的关系。沙利文认为，青少年早期是一个感到不安全和自我怀疑的时期，这种感受可以通过同伴的情感支持来调整。然而，随着时间推移，青少年利用他们日益增长的亲密能力来建立深厚的朋友关系和浪漫关系。这种转变的一部分涉及将对方视为拥有自己的身份、价值观和内在价值的自主个体，而不是为了满足他们的需求而设计的对象。

同伴接纳和排斥

人际关系的形成取决于认知、情感、行为和社会因素。第一，建立友谊的能力取决于儿童青少年的认知发展。幼儿必须能够参与他人的活动、模仿他人的行为、理解因果关系、具备基本的语言能力。患有孤独症、交流或学习障碍以及发育障碍的儿童青少年可能会因为这些方面的缺陷而难以获得同伴的接受。

第二，人际关系取决于准确解读他人情绪的能力、调节自己情绪表达的能力，以及共情的能力。正如我们所看到的，患有孤独症的儿童青少年很难理解情绪和表达共情。有情绪障碍的儿童青少年通常也有情绪调节方面的问题。易激惹、悲伤或社交退缩会损害他们与家人和朋友的关系。

第三，儿童青少年必须能够规范自己的行为来建立和维持友谊。有 ADHD 和其他破坏性行为障碍的儿童青少年常常因为他们的令人反感的、高频的或攻击性的行为而被同龄人拒绝。

第四，儿童青少年需要充足的社交技巧以构建与他人的亲密关系（McGinnis, 2011a, 2011b）。这些技巧包括知道如何向陌生人介绍自己、如何避免与朋友争斗以及如何应对社交压力或同伴压力。社交技巧不足可能导致同伴的拒绝。一部分被同伴拒绝的青少年会出现抑郁症状和其他情绪障碍，而另一部分则会与不良同伴进行交往，这可能导致他们出现反社会行为。

小　结

- 沙利文认为亲密的友谊对儿童青少年的社会性和情绪能力至关重要，儿童期友谊的形成是未来建立相互尊重的成人人际关系的基础。
- 同伴之间的接纳取决于行为、认知和社会情感能力。任何一个方面出现了问题都会导致被同伴排斥和心理上的问题。

其他社会文化因素如何影响发展？

近端和远端风险

到目前为止，我们主要关注儿童青少年的精神障碍的直接原因。这些原因包括孩子的基因型、大脑结构和功能、学习经历、思想和情感以及人际关系。这些直接决定儿童青少年功能的因素通常被称为*近端风险因素*（*proximal risk factor*），因为它们可以直接影响儿童青少年的健康。例如，遗传性疾病会导致智力低下，而严厉、专制的养育环境会导致孩子的对立和违抗行为。绝大多数针对儿童精神病理学病因的研究都集中在近端风险因素上，因为它们通常是最容易研究的（Tolan, 2016）。

研究人员已经更多地将注意力转向儿童青少年行为问题的*远端风险因素*（*distal risk factor*）。远端风险因素是指影响儿童青少年发展的社会、文化和广泛环境影响。一个重要的远端风险因素是社会经济地位（SES）。与中 SES 家庭和高 SES 家庭的青少年相比，低 SES 家庭的儿童青少年患行为和情绪障碍的风险更高。其他远端风险因素包括家庭结构（例如，单亲家庭）、邻里质量（例如，人口密度、犯罪率）和更广泛的社会文化价值观（例如，学校、家庭或宗教的重要性）（Wadsworth, Evans, Grant, Carter, & Duffy, 2016）。

远端风险因素，如贫困和邻里关系不良，可以*直接影响*（*directly influence*）儿童青少年的发展。例如，摄入铅的婴儿和幼儿会有出现行为问题和学习问题的风险。一般来说，从老房子墙上脱落的油漆中含铅，暴露在这种环境中的儿童青少年会面临更高的铅摄入风险。低 SES 家庭的孩子通常住在更老、更破旧的房子里，更多地接触含铅油漆。因此，来自低 SES 家庭的儿童青少年铅中毒和随后的神经损伤的发生率最高（Jennings & Fox, 2015）。

远端风险因素也可以*间接影响*（*indirectly influence*）儿童青少年的发展。例如，我们可以通过父母为经济问题争论的程度预测他们对孩子管教的严厉程度。他们严厉的养育行为反过来又预测了孩子出现行为问题。在这种情况下，经济压力通过增加有问题的养育行为，间接导致孩子的行为问题（Lee, Lee, & August, 2012）。

布朗芬布伦纳的生态系统理论

发展心理学家乌里·布朗芬布伦纳（Urie Bronfenbrenner）也许对社会文化因素影响儿童青少年的方式给出了最具影响力和最全面的解释。根据布朗芬布伦纳（1979, 2005）的**生态系统理论**（**ecological systems theory**），儿童青少年的环境可以被视为一个同心系统中的多层次结构，每个较小的系统嵌套在其他系统中，就像堆叠的杯子（图 2.4）。

微观系统（*microsystem*）反映了儿童青少年周围的环境和对其发展的近端影响。微观系统内的因素包括儿童青少年的遗传、生物功能、心理过程以及与父母和家庭的互动。微观系统还包括儿童青少年与教师、教练和同伴的关系以及他们所扮演的各种社会角色（例如学生、运动员、朋友）。微观系统是“发展的主要引擎”，儿童青少年与照顾者和朋友的互动被认为是其发展结果的最重要决定因素（Bronfenbrenner & Morris, 1998）

中间系统（*mesosystem*）是指微观系统之间的连接。例如，儿童青少年在家庭和学校的关系是其整体功能的重要决定因素。然而，家庭和学校之间互动的质量也影响儿童青少年的福祉。有些父母在孩子的教育、社团和体育活动中发挥积极作用，而有些父母对孩子的活动不感兴趣，这也会造成孩子的发展结果有差异。

外部系统（*exosystem*）反映了背景性的影响，该系统影响微观系统但不直接影响孩子。例如，父亲可能会被要求改变工作时间或延长工作时间以保住工作。这些与工作有关的变化可能会影响他与孩子相处的时间。同样，学校董事会可能会决定减少某些课外活动的经费，导致孩子放弃喜爱的运动或社团。父母改变工作日程和学校董事会改变经费，可以改变孩子的日常生活，从而间接影响他们的发展。

宏观系统（*macrosystem*）是指社会、经济和文化对儿童青少年发展的广泛影响。这些因素中最主要的是社会经济方面的劣势、社区环境质量和媒体接触情况。其他广泛的影响可能包括家庭的宗教信仰、文化价值观和历史（Tolan, 2016）。

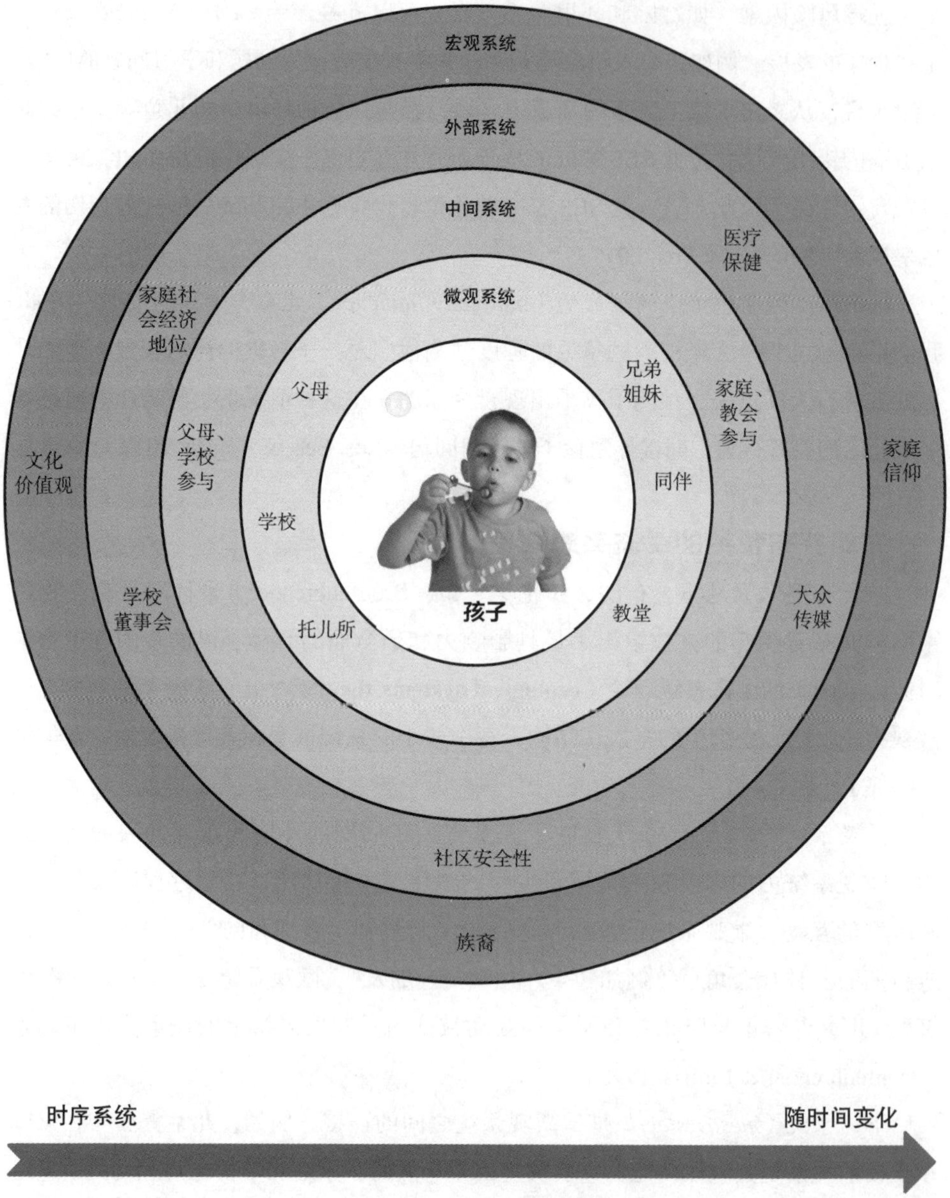

图 2.4　布朗芬布伦纳的生态系统理论

注：随着时间推移，发展是由近端和远端因素塑造的。改编自布朗芬布伦纳（1979, 2005）。

布朗芬布伦纳认识到，随着时间推移，所有 4 种系统对发展的影响都会发生变化。事实上，他认为时间是其模型中的第 5 个系统——时序系统（*chronosystem*）。时间以两种方式影响儿童青少年的发展。第一，各种系统的重要性取决于儿童的年龄和发展水平。例如，同伴在儿童后期和青春期比在学龄前时期对儿童青少年的发展结果有更为重要的影响。第二，不同时代的儿童青少年面临不同的风险。例如，20 世纪上半叶出生的美国儿童青少年面临着经济大萧条和第二次世界大战的双重威胁。他们的子孙后代则经历了越战和冷战时期。而今天的美国儿童青少年面临着新的风险：国内和国际恐怖主义、环境灾难以及新型冠状病毒肺炎这样的严重疾病。

每一代的儿童与青少年都必须找到应对这些压力的方法。对儿童青少年发展的全面了解取决于对儿童青少年与这些环境系统的交互作用以及这些交互作用如何随时间变化的理解（Shelton, 2019）。

小 结

- 近端风险因素直接影响儿童青少年的发展。远端风险因素包括更广泛的社会和文化影响，通过家庭、学校、社区或社会间接影响儿童青少年。
- 布朗芬布伦纳的生态系统理论认为，儿童青少年的发展发生在一系列嵌套的从微观系统（如直接影响）到宏观系统（如间接影响）的社会系统中。发展也必须从时间的角度来理解。

关键术语

适应行为（adaptive behavior）：那些使儿童青少年随着时间推移发展社交、情绪和行为能力，并满足环境中不断变化的要求的想法、感受和行为。

等位基因（alleles）：由遗传或突变产生的基因的不同形式。

依恋（attachment）：照顾者和孩子之间的情感纽带，在危险或不确定的时候保护和安抚孩子。

基底节（basal ganglia）：位于大脑皮质下的脑区；它们帮助控制运动、过滤传入的信息、将信息传递给其他区域，并调节注意力和情绪。

行为表观遗传学（behavioral epigenetics）：一个科学领域，研究环境及经历如何影响基因表达并代代相传。

行为遗传学（behavioral genetics）：研究基因和行为之间关系的科学研究领域，主要的研究兴趣点在于确定性状或障碍的遗传可能性。

脑干（brain stem）：一个在进化上很古老的脑区，负责许多维持生命的基本功能，由延髓、脑桥和中脑组成。

小脑（cerebellum）：位于后部的脑区，主要负责平衡和协调。

大脑皮质（cerebral cortex）：大脑的最外层，由额叶、顶叶、枕叶和颞叶组成。

染色体（chromosome）：在典型发育的人类中，是由 23 对基因组成的线状基因链。

经典条件作用（classical conditioning）：一种学习方式，其中两个刺激及时配对在一起，一个先前中性的刺激会引起一个自动的、无条件的反应。

认知发展（cognitive development）：个体感知、思维、语言和问题解决能力的发展变化。

一致性（concordance）：行为遗传学家用来描述两个人都有某种特征或障碍的可

能性，前提是假设其中一个人有这种特征。

发展路径（developmental pathway）：儿童青少年行为、认知或社会情感发展的可能过程或路径，范围从适应到适应不良。

发展精神病理学（developmental psychopathology）：一种跨学科的方法，研究整个生命周期中的适应性和适应不良的发展。根据这一观点，随着时间推移，发展是由生物、心理和社会文化因素的复杂的相互作用决定的。

发展任务（developmental task）：儿童青少年在每个年龄或发展阶段所面临的行为、认知或社会情感挑战。

素质-压力模型（diathesis-stress model）：一个广泛的理论，假设一个儿童或青少年在同时具备（1）潜在的患病遗传风险和（2）触发其发病的环境经验或生活事件时会表现出的一种障碍。

生态系统理论（ecological systems theory）：一种关于儿童青少年发展的理论，由同心嵌套的系统组成，包括微观系统、中间系统、外部系统、宏观系统和时序系统。

情绪发展（emotional development）：个体对情绪的体验、表达、理解和调节的产生和完善。

情绪调节（emotion regulation）：人们用来识别、标记和控制自己的感受以及对这些感受的表达的过程。

等效性（equifinality）：具有不同成长史的儿童青少年表现出相似发展结果的现象。

基因（gene）：构成染色体一部分的数千个核苷酸；它们从父母传给后代并影响后代的特征。

基因-环境相关模型（gene-environment correlation model）：该模型认为我们的环境部分受基因型的影响；相关的类型有三种：（1）被动型；（2）唤起型；（3）主动型。

基因型（genotype）：我们从父母那里继承的遗传密码。

适配性（goodness-of-fit）：儿童青少年的气质与其所在环境的特征，特别是养育行为的匹配度。

异型连续性（heterotypic continuity）：症状随时间而改变，但其基本模式保持不变的现象（例如，患者的 ADHD 的症状从儿童期到成年期发生变化，但他仍有深层的抑制问题）。

组蛋白（histone）：存在于细胞中的蛋白质，就像缠绕 DNA 的线轴。它们调节基因的表达，让基因“开启”或“关闭”。

同型连续性（homotypic continuity）：随着时间推移，障碍持续相对不变的现象（例如，一个智力障碍的男孩成年后仍然有这种障碍）。

内部工作模型（internal working model）：依恋理论中，照顾者帮助个体应对心理社会压力的心理表征。

学习理论（learning theory）：对行为原因的一种宽泛的解释，认为学习机制包括经典条件作用、操作性条件作用和模仿。

边缘系统（limbic system）：位于大脑深处，负责情绪处理和记忆；由杏仁核、海马和其他结构组成。

适应不良行为（maladaptive behavior）：干扰儿童青少年社交、情感和行为能力或不符合环境变化要求的思维、感受和行为。

分子遗传学（molecular genetics）：探讨特定基因与特征和障碍存在与否之间关系的一个科学研究领域。

多效性（multifinality）：早期经历相似的儿童青少年表现出不同的社会、情感和行为结果的现象。

神经可塑性（neural plasticity）：一个用来描述大脑对环境经历做出反应而改变其结构或功能的能力的术语。

神经元（neuron）：神经细胞，由树突、胞体、轴突和末梢组成，利用电信号传递信息。

神经递质（neurotransmitter）：使神经元传递信息的化学信使，例如多巴胺和血清素。

非共享环境因素（nonshared environmental factor）：兄弟姐妹之间不同的经历（例如，不同的年龄、性别、朋友、运动或爱好）。

操作性条件作用（operant conditioning）：一种学习方式，在这种学习方式中，一个行为与一个环境后果相联系，它要么是强化，要么是惩罚。

养育类型（parenting type）：基于反应和需求程度，将养育行为分为 4 类：权威型、专制型、放纵型、忽视型。

表现型（phenotype）：遗传禀赋的可观察到的表达。

概率渐成论（probabilistic epigenesis）：发展精神病理学的一个原则，指遗传、生物和社会文化因素随着时间推移相互作用影响（但不是绝对决定）发展的方式。

保护性因素（protective factor）：缓冲风险对儿童青少年发展的负面影响和促进适应性功能的影响因素。

惩罚（punishment）：在操作性条件作用中，减少未来行为可能性的环境性结果。

强化（reinforcement）：在操作性条件作用中，增加未来行为可能性的环境性结果。

心理韧性（resilience）：尽管存在多种风险因素，一些儿童青少年仍有发展社交、情感和行为能力的倾向。

风险因素（risk factor）：对发展产生影响，这种影响妨碍孩子掌握能力或损害他们适应环境的能力。

共享环境因素（shared environmental factor）：兄弟姐妹共同的环境经历（例如，相同的父母、居住环境、学校）。

社会认知（social cognition）：指一个人思考社会情境，感知、解释和解决人际问题的能力。

社会学习理论（social learning theory）：人们通过观察、模仿和示范来相互学习的观点。

陌生情境（strange situation）：一个基于实验室的婴儿-照顾者依恋测验；可用于确定依恋的安全性。

突触发生（synaptogenesis）：神经元数目和神经元间联系的增加，由成熟和经验引起。

气质（temperament）：对环境刺激做出反应时的行为和情绪的模式；气质是天生的。

批判性思维练习

1. 约翰逊夫人让她 5 岁的儿子比利去看心理医生，因为他表现出对立和违抗行为的问题（例如，哭泣、发脾气、顶嘴）。心理医生在诊所观察了 20 分钟约翰逊夫人和比利一起做游戏的过程。过程中，约翰逊夫人一再对比利大喊大叫，并威胁要打他屁股。比利和他母亲之间的交互作用如何解释比利的行为问题？

2. 你和你的亲生兄弟姐妹像吗？虽然你和你的兄弟姐妹可能是由同一对父母抚养并且在同一个家里长大，但你们可能有不同的个性、兴趣和未来目标。使用共享和非共享环境因素的概念来解释为什么在同一个家庭中长大的两个亲生兄弟姐妹会非常不同。

3. 萨凡娜是一个 12 岁的女孩，在社交场合非常害羞。她热爱计算机编程和图形设计，今年夏天想参加一个培训班来提高自己的技能。然而，她不敢去参加培训班。你如何利用逐级暴露来帮助萨凡娜克服上课的焦虑？

4. 布鲁诺是一个 14 个月大的婴儿，他参与了陌生情境测验。当布鲁诺一个人待着的时候，他变得非常沮丧，大哭起来。然而，当他母亲回到房间时，他跑向她，示意想被抱起来，然后投入母亲的怀抱。一位观察者评论道："布鲁诺似乎没有安全地依恋他母亲。他妈妈走的时候他很容易生气！"这个说法准确吗？

5. 戴安娜·鲍姆林德发现，来自权威型家庭的孩子往往有最好的发展结果。然而，大多数支持这一结论的研究都是针对中产阶级、非拉丁裔白人家庭进行的。SES 或族裔如何影响父母行为与儿童青少年发展结果之间的关系？

第三章

儿童青少年和家庭的研究方法

RESEARCH METHODS WITH CHILDREN AND FAMILIES

学习目标

阅读本章后，你应该能够做到以下几点：

3.1 用科学思维的 5 个原则来区分科学研究和伪科学。

3.2 了解并描述儿童与青少年科学研究的四个目标：描述、预测、解释和重复。评估儿童青少年研究中常用的各种研究设计的优缺点，如相关研究、实验研究和准实验研究。

3.3 解释伦理在进行儿童青少年和家庭的研究时的重要性。

3.1　科学与伪科学

插图 3.1　克拉克 · 斯坦利：响尾蛇之王。

如今，“蛇油”（snake oil）一词被用来描述任何一种缺乏有效证据支持其有效性的可疑疗法（插图 3.1）。然而，在 19 世纪，蛇油被美国各地修建铁路系统的移民广泛使用。几个世纪以来，蛇油作为一种外用软膏用于治疗关节炎、关节痛和轻微皮肤刺激。蛇油有效成分源自中国水蛇脂肪，富含具有抗炎功效的 Ω-3 脂肪酸。当时的中国劳工在辛苦工作一天后会用这种药膏来舒缓肌肉疼痛（Anderson, 2016）。

商人克拉克 · 斯坦利（Clark Stanley）开始向美国工人推销蛇油。因为美国没有中国水蛇，他就用响尾蛇的脂肪来调制蛇油。斯坦利声称他是从霍皮族印第安人那里了解到蛇油的。他周游全国，展示他的“灵丹妙药”的治疗能力。在 1893 年的芝加哥世界博览会上，斯坦利把他的药用在了几个观众身上，这些观众对它的效果感到震惊。

斯坦利的蛇油有两个问题。首先，美国响尾蛇脂肪中含有的 ω-3 脂肪酸比中国水蛇脂肪少得多。其次，斯坦利的软膏根本不含任何蛇油。分析表明，该软膏由矿物油、牛脂、辣椒、松节油和樟脑组成。美国政府以“冒牌”为由对斯坦利处以 20 美元罚款，斯坦利从未对指控提出异议。

科学思维与伪科学有何不同？

科学：减少偏差的方法

尽管蛇油不流行了，但如今医学界也不乏实证支持有限的伪科学疗法。狂妄的断言和夸张的承诺在儿童青少年异常心理学领域尤其常见。通过网络搜索，我们可以发现大量未经证实的治疗儿童青少年问题的方法。像斯坦利的顾客一样，如今的父母和教师也常常迫切需要一种有效的疗法。因此，许多“专家”提供的治疗方法并没有科学支持。最好的情况是，这些疗法似乎有效，不过是因为孩子和父母对其抱有信任；最坏的情况是，这些“治疗”不仅让家庭耗费数千美元，延误有效干预的时机，还可能让家庭面临严重的伤害和痛苦。（Foxx & Mulick, 2016; Washburn et al., 2020）。

伪科学（**pseudoscience**）由陈述、信念和实践组成，人们声称这些陈述、信念和实践是循证的，但与科学思维的原则不相容。伪科学经常以夸大和相互矛盾且无法证伪的说法为特点，依赖逸事或个人信念而不是仔细收集的证据，还不欢迎被他人评价。

为什么这些未经证实的伪科学疗法继续存在着？简单的答案是，它们利用了所有人固有的偏见（Travers, Ayers, Simpson, & Crutchfield, 2017）。

证实性偏见（**confirmatory bias**）是一种*选择性思维*（*selective thinking*），在这种思维中，我们的认知受到信念、想法和期望的影响。我们寻找符合这些期望的信息，忽略或最小化相反的证据。如果我们期望蛇油能治疗关节炎，我们可以想象在涂抹软膏后疼痛减轻或活动度增加。同样，如果我们期望“感觉统合疗法”或“神经疗法”能减少儿童青少年的行为问题，我们可能会系统地去寻找治疗后儿童青少年行为改善的证据（Kazdin, 2017）。

情感偏见（**affective bias**）是一种*愿望思维*（*wishful thinking*），在这种想法中，我们的感知受到欲望、动机和情感的影响。如果我们迫切地希望某件事情发生，就可能真的看到它发生的情景。身体疼痛的劳动者可能希望蛇油减轻他们的痛苦。他们强烈的欲望使他们夸大了药膏的好处。同样，患有严重孤独症的儿童的父母可能非常希望他们的孩子能更有效地交流。他们可能会求助于辅助疗法、多种维生素或特殊饮食，因为这些疗法承诺可以治愈其他方法治不好的问题（Lilienfeld, 2019）。

科学（**science**）是用来防止这些偏差的一套原则和程序（Lilienfeld, 2019）。科学不是依赖于期望、情绪或偶然的观察，而是仔细、系统地收集数据来了解我们自己和我们周围的世界。在某种程度上，科学是一种对傲慢的控制，它帮助我们看到世界的本来面目，而不是我们所希望的样子（Tavris & Aronson, 2015）。

有 5 项原则指导科学性思维。让我们看看每一个原则和例子，并举例说明它对研究儿童青少年的精神障碍及其治疗的重要性。

原则 1：可证伪性

可证伪性（**falsifiability**）是科学思维最重要的原则，指某个观点能够被证明是错误的属性。当心理学家试图解释一种障碍的病因或治疗的有效性时，他的解释必须是可证伪的，也就是说，必须存在某种方法能够收集证据来证明该解释是错误的。如果一个假设不能被证伪，那么它就不能基于证据被推翻或否认（Lilienfeld, 2018）。

辅助沟通法（*facilitated communication*）是一个无法证伪的伪科学治疗方法的例子。辅助沟通法是在 20 世纪 80 年代发展起来的一种治疗严重孤独症的方法。许多 ASD 患儿不会说话，不能与他人交流。辅助沟通法的支持者认为这些儿童青少年有正常的认知能力，但是他们的神经系统问题限制了他们说话的能力。通过训练有素的“辅助者”协助这些孩子使用手、手腕或手臂，这些孩子可以学会用键盘打字。首次被引入时，辅助沟通法被视为一种神奇的治疗方法。这些孩子中的许多人有生以来第一次分享自己的想法和感受，参与学校生活，甚至对父母说“我爱你”（Foxx & Mulick, 2016）。

但是辅助沟通法也有一些问题。以艾斯琳为例，她的经历揭示了这种“奇迹疗法”的一些缺点。

案例研究
科学推理与可证伪性

援助之手

14 岁的艾斯琳・温德罗患有严重的孤独症，不会说话，自理能力有限。她的父母朱莉安和塔利尝试了几十种治疗方法来改善艾斯琳的功能，但这些方法都没有什么效果。后来，在中学时期，艾斯琳尝试了辅助沟通法，这改变了她的生活。突然间，艾斯琳能够和家人交流，完成学业、写故事和诗歌。

然而，有一天，艾斯琳打了一条信息，声称她的父亲对她进行了性虐待。尽管艾斯琳的父母否认了这一指控，警察也没有发现性虐待的证据，但警方还是将艾斯琳和她的兄弟从家中带走，逮捕了他们的父亲，并禁止他们的母亲与他们联系。

艾斯琳真的输入了这些信息吗？这些信息有没有可能是她的辅助者输入的？艾斯琳的辅助者声称，她没有以任何方式影响艾斯琳打字。然而，一些心理学家怀疑辅助者在不知不觉中引导了艾斯琳的手，就像人们玩占卜板时做的那样。

在审讯过程中，法官检验了辅助沟通法。法官请艾斯琳的辅助者离开房间，然后问了艾斯琳几个简单的问题：你有兄弟姐妹吗？我是男性还是女性？我穿什么颜色的毛衣？当辅助者返回后，艾斯琳通过辅助沟通技术的作答呈现出惊人一致的测试结果。但在每一项测试中，当辅助者听不到问题时，艾斯琳的回答都是毫无意义的。

艾斯琳在法庭上回答不出问题，这使辅助沟通法失去了信誉。尽管如此，辅助沟通法的支持者们仍然坚定他们的信念。当艾斯琳和她的辅助者被问及为什么艾斯琳不能回答如此简单的问题时，他们打出“我很害怕”的字样。支持者认为，辅助沟通法是有效的，但只有在孩子们没有被其他人审视或评估的情况下才是有效的。基于这一推理，辅助沟通法是无法证伪的，因为它不能被证明是错误的。如果艾斯琳输入了错误的答案，那是因为测试环境有问题，而不是疗法本身有问题。

对艾斯琳父亲的所有指控都被撤销，她的家人获得了超过 575 万美元的赔偿。尽管科学证据已使辅助沟通法受到质疑，但在美国各地，这种方法仍以“辅助打字”和“快速提升”等形式存在（Hemsley et al., 2019; Lilienfeld, Marshall, Todd, & Shane, 2015）。

原则 2：批判性思维

心理学家同样倚重**批判性思维**。他们不会轻信表面信息，也不会盲从个人信念或他人观点，而是持续探寻行为背后可能存在的其他合理解释。科学家始终保持着怀疑精神，时刻追问：“证据何在？”

在使用治疗性抚触（*therapeutic touch*）来治疗有躯体疾病或受伤的儿童青少年的例子中就缺乏批判性思维。治疗性抚触是基于“人类有一个能量场延伸到身体表面之外”这种理念的疗法，当这个能量场变得失调、不平衡或受阻时，我们可能就经历焦虑、抑郁、疼痛或疾病。治疗性抚触的治疗师声称他们可以通过将手放在人的皮肤上方来评估患者的能量场。如果检测到能量干扰，他们可以通过特殊操作重新平衡、协调或恢复患者的能量场。

治疗性抚触通常由护士或其他专业人士进行，通常用于治疗儿童青少年的焦虑、哮喘、头痛、睡眠问题和慢性疼痛。

艾米莉·罗莎（Emily Rosa）对治疗性抚触持怀疑态度（插图 3.2）。尽管许多患者声称这种做法减少了焦虑和疼痛，但她想知道这些变化是否仅仅是由患者对症状减轻的期待和希望导致的。这些治疗师真的能感受到并操纵他人的能量场吗？

罗莎让治疗性抚触治疗师做一个简单的测试（Rosa, Rosa, Sarner,

插图 3.2　11 岁时，艾米莉·罗莎在《美国医学会杂志》（*Journal of the American Medical Association*）上发表了她的研究结果，揭露了治疗性抚触的真面目。

& Barrett, 1998）。每个治疗师将手放在屏幕下，手掌朝上。然后，罗莎把她的手随机地放在医生的左或右手掌正上方。如果治疗师能够探测到他人的能量场，他们应该能够“感觉”到来自罗莎的能量，并且每次都能正确地选出罗莎把手放在了哪只手的上方。然而，结果显示，治疗师识别正确的次数只占总次数的 44%，比掷硬币的概率还低。罗莎的批判性思维使治疗性抚触受到质疑。尽管如此，这种疗法至今仍在美国各地的医院和诊所中，由满怀善意的准专业人员继续提供。（Schlefman, Rappaport, Adams-Gerdts, & Stubblefield, 2017）。

原则 3：简约性

简约性（**parsimony**）是一项科学原则，即我们应该尽可能为行为提供最简单的解释。简约原则有时被称为“奥卡姆剃刀”（Occam's razor），因为中世纪哲学家奥卡姆的威廉（William of Occam）认为应该选择更简单的而不是更复杂的解释（Lilienfeld, 2018）。

目前关于一种称作*眼动脱敏再加工*（*eye movement desensitization and reprocessing, EMDR*）疗法的争论阐明了简约这个科学原则。EMDR 用于治疗遭受过心理创伤的个体。根据 EMDR 专业人士的说法，当个体经历一件创伤性事件时，他可能很难处理这个经历并将其整合到记忆中。因此，与创伤相似的刺激会触发不想要的记忆、情绪或感觉。例如，一个被狗袭击过的孩子，在听到狗吠声时可能会闪回当时的受袭场景。EMDR 的支持者认为通过帮助来访者处理和整合创伤经历到长期记忆中，可以减轻闪回和其他症状（Shapiro & Laliotis, 2015）。

为了整合创伤记忆，EMDR 治疗师要求来访者回想和描述他们创伤经历的各个方面。这个过程是暴露疗法的一种形式，在这种疗法中，来访者要有意识地思考创伤性事件。然后，治疗师将手指或另一个移动目标在来访者的视野中来回移动几秒钟，来访者跟随目标完成一系列的双侧眼球运动。眼球运动时患者就像在观看一场快节奏的网球比赛的观众，他们的眼睛跟着球来回移动。这个过程会重复数次，直到来访者的焦虑消失。

有一些证据表明，EMDR 能有效地减轻青少年和成人的创伤后应激反应。然而，科学家们并不认同它的工作原理。EMDR 专业人士提供了几种解释。有人认为 EMDR 中使用的快速眼动模拟了睡眠时的眼动，另一些人认为眼球的移动会增加大脑左右半球之间的相互作用，还有一些人认为眼球运动能增强人的记忆力（Shapiro & Laliotis, 2015）。

然而，一些科学家怀疑 EMDR 中标志性的快速眼动对治疗的必要性。为了测试眼动的重要性，研究人员对那些经历过火灾或爆炸等创伤性事件后出现焦虑和情绪问题的儿童青少年进行了调查。一些儿童青少年接受传统的 EMDR 治疗，而另一些儿童青少年接受暴露疗法，不进行快速的眼球运动。结果显示，两组儿童青少年都有相似的良好效果。暴露疗法中加入快速眼球运动的疗效仅稍优于传统暴露疗法

（Rodenburg, Benjamin, de Roos, Meijer, & Stams, 2009）。

一些研究人员得出结论：EMDR 的工作原理很简单，就是让患者暴露于创伤记忆，直到他们的焦虑减轻。“奥卡姆剃刀”原则指导我们选择这个更简洁而不是更复杂的解释。事实上，暴露疗法被认为是治疗儿童青少年创伤相关障碍和焦虑障碍的一线疗法（Higa-McMillan, Francis, Rith-Najarian, & Chorpita, 2017）。

原则 4：精确性

精确性（precision）原则意味着科学家们在收集数据和从观察推导结论上非常谨慎。在日常生活中，人们通常会感知到实际上并不存在的一些事件间的联系。我们还会假设，如果两个事件同时发生，那么就是一个事件导致另一个事件。这些虚假或虚幻的关联（*illusory correlation*）让我们相信，如果我们在比赛日穿上最喜欢的运动队的球衣，我们的球队就会赢；我们应该避免在满月的夜晚外出；给儿童吃含糖的零食会让他们过度活跃。

美国的反疫苗运动说明了不精确的思维和从相关数据推断因果关系的危险（Miller, 2015）。1998 年，医生安德鲁 · 韦克菲尔德（Andrew Wakefield）在著名的医学杂志《柳叶刀》（*The Lancet*）上发表了一篇论文，指出婴儿接种麻疹、腮腺炎和风疹（measles, mumps, and rubella, MMR）疫苗与出现神经系统的问题之间存在联系。这篇论文描述了 12 名在接种疫苗后不久出现孤独症症状的儿童的情况。在几次新闻发布会上，韦克菲尔德声称疫苗可能会导致孤独症，某些疫苗应该停止使用，以防止儿童患上孤独症。结果，疫苗接种率从 95% 骤降到 80%。麻疹的患病人数从韦克菲尔德论文发表前的每年 56 例上升到 10 年后的每年 1300 多例（Centers for Disease Control and Prevention, 2019b）。

很明显，近年来孤独症的患病率急剧上升。例如，2007 年，美国每 150 名儿童中有 1 名被诊断为孤独症，而今天，美国每 59 名儿童中就有 1 名被诊断为孤独症。有些儿童在接种疫苗后不久出现孤独症症状，这是事实。孤独症的最初症状通常出现于 6 ～ 24 个月大的婴幼儿，与大多数儿童接种 MMR 疫苗的时间差不多（Howard & Reiss, 2019）。

虽然疫苗接种和孤独症同时发生，但这并不意味着疫苗会导致孤独症。鉴于疫苗接种率高以及孤独症的高患病率，一定数量的儿童在接种疫苗后不久会出现孤独症症状，但这只是巧合（表 3.1）。

表 3.1 美国儿童的疫苗接种率和孤独症患病率

3 988 000 每年在美国出生的儿童数	×	0.9 （接种疫苗的儿童的百分比）	=	3 589 200 每年接种疫苗的儿童数
3 589 200 每年接种疫苗的儿童数	÷	59 （每 59 名儿童中就有 1 人患有孤独症）	=	60 834 每年接种疫苗且将患上孤独症的儿童数
60 834 每年接种疫苗后患上孤独症的儿童数	×	0.8 （80% 的父母在孩子 6 ～ 24 个月大时第一次注意到儿童有孤独症的征象）	=	48 667 父母在孩子 6 ～ 24 个月大时第一次发现孤独症征象的接种疫苗的儿童数
48 667 父母在孩子 6 ～ 24 个月大时第一次发现孤独症征象的接种疫苗的儿童数	÷	528 6 ～ 24 个月的天数	=	92 在任意一天偶然地表现出孤独症征象的接种疫苗的儿童数

注： 接种麻疹、腮腺炎和风疹（MMR）疫苗的儿童在 6 ～ 24 月龄期间的至少 2 天接种该疫苗。因此，我们预计美国每年会有 92 名儿童在接种疫苗后立即出现孤独症的最初症状。基于霍华德和里斯（Howard and Reiss, 2019）。

在过去的 20 年里，研究人员一直在寻找疫苗与孤独症之间的因果关系。最近一项涉及 120 多万儿童的分析显示，孤独症与疫苗之间没有关系（Taylor, Swerdfeger, & Eslick, 2015）。因为伪造数据，韦克菲尔德的原始论文被《柳叶刀》撤回，之后他被禁止行医。尽管如此，他仍然警告父母不要接种疫苗。与此同时，麻疹在美国、英国和其他一些国家暴发，这些国家的父母因为这些毫无根据的恐惧而拒绝给孩子接种疫苗（Hopkins, 2019）。

原则 5：可重复性

可重复性（**reproducibility**）是指研究结果在被接受之前必须被重复。对可重复性的需求是基于这样一种理念：若某项研究结果是真实的，那么其他研究者采用相似方法也应能获得一致结果。可重复性很重要，儿童青少年与家庭理应获得可信且准确的信息（Simons, 2015）。

重复性研究有两种类型：直接重复和概念重复。直接重复（*direct replication*）是重复原来的研究中使用的确切程序，以确定是否发现相同的结果。直接重复让我们有信心相信原来的研究结果是准确和稳健的。概念重复（*conceptual replication*）是指使用不同的方法检验与原始研究相同的假设。概念重复有助于我们确认原始发现背后的理论观点是否正确（Tackett, Brandes, King, & Markon, 2019）。

例如，研究人员可能会发现，某种自然拼读法能提升阅读障碍儿童的阅读能力。为验证该结果，研究者可采用两种方式：其一，进行直接重复验证——使用相同的教学方法，在新一批阅读障碍儿童样本中重复原始研究；其二，进行概念性重复验证——采用另一种基于自然拼读原理的阅读方法，检验其是否同样有效提升阅读障碍儿童的阅读能力。

抵制药物滥用教育（Drug Abuse Resistance Education, D.A.R.E.）项目说明了可重复性的重要性。D.A.R.E. 是美国使用最广泛的酒精和毒品预防计划。D.A.R.E. 创立于 20 世纪 80 年代，警察每周给在校学生上课，旨在向儿童青少年提供有关吸毒危险的信息，教授决策技巧，并帮助他们建立自尊。

与该项目相关的研究人员对 D.A.R.E. 进行的早期评估表明，该项目非常成功（Faine & Bohlander, 1989）。这些结果推动了该项目的普及，它最终被美国 80% 的学区采用，每年花费近 10 亿美元（Ennett, Tobler, Ringwalt, & Flewelling, 1994）。

不幸的是，后来的研究无法重现最初的结果。总的来说，参加 D.A.R.E. 项目的学生在对待毒品的态度、与警察的关系以及自尊心方面与从未参加过该项目的学生没有差异（West & O'Neal, 2004）。更令人担忧的是，一些参加了 D.A.R.E. 的儿童在青少年期比没有参加该项目的儿童更可能使用酒精和其他药品（Sloboda et al., 2009）。

虽然 D.A.R.E. 早期的优势无法被重复，但该项目仍在美国的许多学区开展，并且已被修订和更名。一些研究表明，这个新的计划可能比原来的 D.A.R.E. 更有效，但在我们对这些发现产生信心之前，还需要进行重复研究（Caputi & McLellan, 2018）。

心理学领域花在可重复性上的时间和精力太少。心理学期刊倾向于青睐新的和令人兴奋的研究发现，而不是重复的研究结果。因此，在已发表的研究中，只有大约 1% 是重复研究（Makel, Plucker, & Hegarty, 2012）。

一些心理学家试图通过重复在著名期刊上发表的心理学研究结果弥补重复研究方面的缺陷。规模最大的尝试是由布里安·诺塞克和开放科学合作（Brian Nosek and the Open Science Collaboration, 2015）主导的，该项目中 270 名研究人员组成的团队对认知和社会心理学领域的 100 项研究进行了直接重复。不幸的是，研究人员只能重复 36% 的研究结果。这种低重复率促使一些专家声称心理学正在经历一场**可重复性危机（replication crisis）**，也就是说，研究人员无法重复先前研究的发现。低重复率也出现在其他领域，如商业、经济和医学领域（Martin & Clarke, 2018）。

最近，临床心理学家开始尝试鼓励更多的重复研究（Cybulski, Mayo-Wilson, & Grant, 2017）。开放科学中心已建立专门的数据存储库，供研究者共享数据并报告重复研究结果。同样，《心理科学展望》（*Perspectives on Psychological Science*）期刊也系统收录各类重复性研究。临床研究者还被鼓励对治疗方案研究进行预注册，即在观测研究结果前，先行报备研究目的、设计方案及方法。若结果显示治疗方案无效，其他研究者便能获取这一重要信息（Nosek & Lindsay, 2018）。

小　结

- 伪科学由一系列看似基于实证证据，实则违背科学思维的陈述、信念和实践构成。它利用了我们固有的认知和情感偏见。
- 科学是用来理解自然世界的一套原则和程序。它依赖仔细、系统地收集实证数据，而不是期望、情绪或偶然的观察。

- 科学的特点是：（1）可证伪性；（2）批判性思维；（3）简约性；（4）精确性；（5）可重复性。

什么是科学方法？

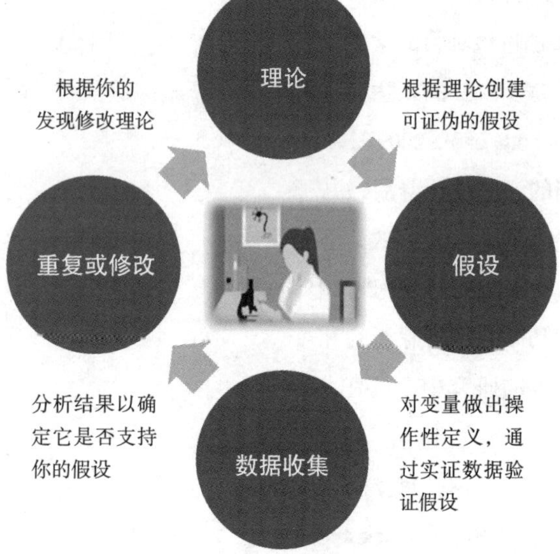

图 3.1　科学方法

注：心理学家用科学方法收集、评估以及组织关于人类行为和发展的信息。

除了科学思维的五大核心原则，心理科学家还遵循科学方法（**scientific method**），即收集、评估和组织自然世界信息的程序（图 3.1）。

科学方法的核心是**理论**（**theory**）。心理学理论是一套完整的观点，解释和预测人类行为或发展的许多方面。例如，让·皮亚杰（1964）提出了一个认知发展理论，在这个理论中，个体从婴儿期到成年期经历四个不同的阶段。皮亚杰的理论促进了我们对整个生命周期认知能力的理解，并可以让我们对不同年龄段儿童青少年的问题解决能力做出预测。

与之类似，阿尔伯特·班杜拉（1978）发展了社会学习理论。他相信孩子们会模仿别人的行为，特别是当那些人的某种行为方式得到强化时。班杜拉的理论增进了我们关于儿童青少年学习信息和获得新技能的知识。它可以让我们预测当孩子们接触到某些学习榜样，比如暴力的电子游戏角色或亲社会的同伴时，他们会有什么样的行为。

理论通常过于宽泛和抽象，无法在一项研究中进行检验。因此，科学家们对该理论的一个或多个部分提出了**假设**（**hypothesis**）。假设是关于 2 个或多个变量之间关系的具体的、可证伪的预测。例如，一位研究人员可能会假设，玩暴力电子游戏的儿童青少年比不玩暴力电子游戏的儿童青少年更有可能表现出攻击性。研究者的假设检验了社会学习理论的一个方面，即接触暴力游戏会增加儿童青少年表现出攻击性的可能性。

科学家利用**实证数据**（**empirical data**）来检验假说。实证数据指的是通过我们的感官收集到的信息。心理学家可能会在上课或课间休息时观察孩子，让他们的父母填写有关孩子在家行为的评定量表，或者进行测试来评估孩子的智力或个性。科学家不依赖非实证来源的信息，例如他们的个人信念、感受或权威人士的意见。

为了用实证数据检验假设，研究人员必须对研究中的每个变量做出操作性定义。**操作性定义**（**operational definition**）指定如何测量每个变量。例如，研究人员可能将一个儿童或青少年"暴露于暴力视频游戏"操作性定义为他拥有的被娱乐软件评级委员会评定为成人级游戏的数量。同样地，研究者可能会将"攻击"操作性定义为儿童青少年过去一年中在学校里推搡、击打或肢体冲突的次数。

在收集数据之后，研究人员将分析和解释他们的发现。如果研究结果支持研究者的假设，那么他们就可以对他们的假设所基于的理论有更强的信心。理想情况下，研究人员将尝试重复他们的研究，看看他们的发现是否具有可重复性，是否可以应用于不同的个体或情境。

如果研究结果不支持研究人员的假设，研究人员可能需要修改他们的理论。不成功的研究也很重要，因为这些失败可以帮助改进理论，使我们更好地理解儿童青少年的行为和发展。

小　结

- 科学方法是用来收集、评估和组织有关自然世界的实证数据的一套程序。
- 心理科学家根据更广泛的行为和发展理论，提出并检验具体的、可证伪的假设。
- 科学家依靠实证数据来检验假说。他们对概念做出操作性定义，这样他们就可以更精确地测量它们，并且让其他科学家可以重复他们的发现。

3.2　研究目标和方法

心理学研究有四大目标：(1）描述；(2）预测；(3）解释；(4）重复。心理学家使用不同的方法来完成每一个目标。例如，想要描述ADHD本质特征的心理学家可能会使用案例研究或调查，而对解释兴奋剂如何减少儿童青少年ADHD症状感兴趣的心理学家可能会进行实验。在这一节中，我们将探讨一些最常用的研究方法在儿童青少年异常心理学领域的应用。

心理学家如何描述行为？

案例研究

案例研究（case study）是对个体、群体或现象的详细描述。进行案例研究的研究人员尽可能详细地记录研究对象的生活背景、当前功能以及其他相关生活方面。案例研究也可以描述个体的发展或对治疗的反应。案例研究侧重于**个性化评估（idiographic assessment）**——也就是说，评估个体的独特能力、经验和行为（Fishman, 2018b）。

案例研究在描述新型障碍时具有独特价值。例如，1932年德国医生弗朗茨·克拉默（Franz Kramer）与汉斯·波尔诺（Hans Pollnow）报告了一组儿童病例，将其命名为“多动症”（hyperkinetic disease）（Lange, Reichl, Lange, Tucha, & Tucha,

2010）。该障碍患儿没有受伤或疾病史，但他们的行为在家庭和学校造成了问题。他们最显著的特征就是多动：

> 这些孩子一秒钟也坐不住。他们在房间里跑来跑去、爬上爬下，特别是喜欢高高的家具。当运动冲动被阻止时，他们会很不高兴。他们随意地触摸或移动任何可接触到的东西，没有任何目的。

许多男孩也表现出了集中注意力方面的问题：

> 孩子们无法把注意力集中在困难的任务上。他们在活动中也表现得没有毅力。他们经常扰乱课堂，难以与他人和谐相处，而且通常不受同伴欢迎。

克拉默和波尔诺的描述为我们现在称为 ADHD 的障碍提供了基础。他们发现的两大类症状，即多动和注意力不集中，至今仍被用来诊断儿童青少年的这种障碍。另一位临床医生查尔斯·布拉德利（Charles Bradley）使用案例研究的方法描述了对这些儿童青少年可能的治疗方法。

从科学到实践
一种治愈头痛的方法

1937 年，一位名叫查尔斯·布拉德利（Charles Bradley）的年轻儿科医生在治疗一名患有慢性头痛的男孩（Strohl, 2011）。当传统的治疗方法失败后，布拉德利试图用一种新的叫作苯丙胺（Benzedrine）的兴奋剂来缓解男孩的头痛。尽管苯丙胺对男孩的头痛几乎没有缓解作用，但它立竿见影地显著提升了男孩的注意力水平和学业表现。布拉德利决定在其他孩子身上试用该药物并描述他们的反应：

> 使用苯丙胺所带来的最引人注目的行为改变是，大约一半孩子的学习成绩显著提高。他们对自己所做的事情更感兴趣，而且做得更快更准确。此外，这些儿童的身体活动明显减少，情绪反应趋于平缓，但对周围环境的兴趣并未减弱。

布拉德利偶然发现使用兴奋剂是治疗 ADHD 的有效方法。如今，像安非他明（amphetamine）和哌甲酯这样的药物是治疗这种障碍最有效的方法（Faraone & Buitelaar, 2010）。

案例研究有几个局限。最重要的是，案例研究的结果可能无法推广到更广泛的人群中。尽管兴奋剂对布拉德利的几个患者有效，但直到20世纪50年代，哌甲酯才被证明能够帮助大多数有注意力问题的儿童青少年。案例研究也容易产生研究者偏倚。布拉德利观察到患者病情好转可能仅仅是因为他希望药物能够帮助他们。最后，由于每个孩子都是独一无二的，案例研究的结果难以复制。我们需要对更大的儿童青少年样本进行系统研究，才能确保案例研究中描述的现象是准确的，并且广泛适用于儿童青少年。

调 查

调查（survey）常常被用来描述规模更大的儿童青少年群体。案例研究侧重对单个儿童或青少年的具体评估，而调查则侧重通则式评估（**nomothetic assessment**），即获取未成年群体在思维、情感和行为方面的典型模式信息。例如，心理学家可能会进行调查，以确定学龄儿童中患ADHD儿童所占的百分比、儿童首次出现症状的年龄，或父母对药物治疗的态度。

调查的结果取决于如何选择被试。研究人员无法调查整个人群中的每一个人，他们必须为他们的研究选择一个被试样本。理想情况下，研究人员应采用**随机抽样法**（**random selection**）——确保目标群体中的每一个体都有同等概率被纳入研究。若被试经随机抽样选取，则其提供的数据应能反映总体人群的特征。（Hsu, 2017）。

例如，美国疾病控制中心（Centers for Disease Control）的研究人员想确定美国儿童青少年ADHD的患病率。他们利用联邦人口普查的记录随机抽取了大量儿童青少年样本。然后，他们让每个被随机选中的孩子的父母报告孩子是否被诊断出患有ADHD。研究人员发现，9.1%的儿童青少年被诊断患有ADHD，这反映出美国大约610万儿童青少年患有该障碍。因为研究人员随机选择了被试进行调查，他们有理由相信他们收集的数据反映了一般人群中ADHD的患病率（Danielson et al., 2018）。

大多数调查都是*定量*（*quantitative*）的，也就是说，他们收集由儿童青少年、父母或其他人提供的数字化数据或评分。例如，研究人员可能会问父母孩子是否被诊断为ADHD，或者让教师报告学生注意力问题的严重程度，范围从1（低）到7（高）。调查也可以是*定性*（*qualitative*）的，也就是说，他们可能会要求受访者对儿童青少年的行为进行口头描述。例如，调查问题可能会让父母列出孩子的三大优点，或者让教师描述学生在课堂上的典型行为。

神经影像学

神经影像学方法也被用来描述有心理健康问题的儿童青少年的大脑结构和功能。从20世纪70年代开始，临床医生和研究人员使用计算机断层扫描（computed tomography, CT）获得更详细的大脑图像。CT扫描使用可移动的X射线设备拍摄多张图像，计算机整合这些图像形成清晰的大脑图像。遗憾的是，CT扫描使患者暴露于辐射。因此，对儿童青少年进行 CT 扫描时需谨慎（Roberts, 2020）。

在 20 世纪 80 年代，一种新的工具，即**磁共振成像**（**magnetic resonance imaging, MRI**）被开发出来。磁共振成像技术是基于这样一个事实：当人体组织被置于强磁场中，并暴露在短暂的射频能量脉冲中，组织中的细胞会发出一个短暂的信号，即共振。不同类型的组织发出的信号略有不同。在大脑中，神经元（即灰质）、髓鞘（即白质）和脑脊液发出不同的信号。计算机可以利用这些不同的信号生成大脑的数字图像。磁共振成像仪产生二维的脑组织图像，计算机可以将其整合（即一张张“堆叠”起来），从而生成三维图像（Picon, Volpe, Sterzer, & Heinz, 2016）。

与 CT 以及大多数其他成像技术相比，MRI 有许多优点。第一，MRI 没有辐射，它是安全的，甚至被用来获取发育中胎儿的大脑图像。第二，因为 MRI 是安全的，所以它可以用于健康的儿童青少年，并可以一直反复使用。因此，MRI 使我们能够研究同一个孩子的大脑的不同发育阶段。第三，MRI 比传统的神经成像方法能更清晰、更精确地显示大脑（Giedd & Denker, 2015）。

MRI 可以让我们发现患有精神障碍的儿童青少年大脑的结构异常。在典型的磁共振研究中，研究人员会扫描患有或不患有特定障碍的孩子的大脑。例如，卡斯特利亚诺斯及其同事（Castellanos and colleagues, 2002）扫描了患有和不患有 ADHD 的儿童青少年的大脑。研究人员比较了两组儿童青少年额叶皮质的体积，他们发现，患 ADHD 儿童青少年的额叶皮质体积比不患 ADHD 的儿童青少年平均少 4%。这些结果很重要，因为部分额叶皮层的活动不足被认为是一些 ADHD 症状出现的原因。

功能性磁共振成像（**functional magnetic resonance imaging, fMRI**）被用来测量大脑的活动。fMRI 测量大脑含氧血红蛋白浓度的变化。当个体有心理活动时，大脑中变得活跃的区域的含氧血红蛋白浓度增加。因此，fMRI 可以显示出个体大脑中那些在某些心理活动中最活跃的区域（Sadock & Sadock, 2015）。

为了使用 fMRI，研究人员通常使用传统 MRI 来获得个体大脑的图像。然后，研究人员要求患者在收集 fMRI 数据的同时进行一系列的心理活动。例如，研究人员可能会让患有孤独症的青少年描述人的脸部照片上的情绪表达，或者让有学习障碍的儿童青少年阅读或解决数学问题。然后研究人员将这些 fMRI 结果叠加在传统的 MRI 结构上，以显示大脑中最活跃的区域。

塔姆、梅农和里斯（Tamm, Menon, and Reiss, 2006）用 fMRI 来确定大脑的哪些脑区的问题可能导致了患 ADHD 青少年的注意力缺陷。他们让患有 ADHD 和未患 ADHD 的青少年在进行 fMRI 的同时进行注意力测试。具体来说，他们给青少年呈现一系列圆或三角形。青少年被要求在看到一个圆时按一个按钮，在看到一个三角形时按另一个按钮。正如预期的那样，患有 ADHD 的青少年比未患 ADHD 的青少年犯了更多的错误。此外，患有 ADHD 的青少年某些脑区的活动明显少于健康的同龄人。研究人员得出结论，这些大脑区域可能在人们的注意指向和调节能力中发挥作用。

有时，儿童青少年大脑区域之间的连接出现异常。科学家可以利用一种称为**弥**

散张量成像（diffusion tensor imaging, DTI）的技术来研究连接这些区域的纤维。DTI 与 fMRI 类似，但它测量的是水分子在脑组织中的扩散情况。DTI 提供了连接大脑区域的白质，即髓鞘轴突的密度和体积的高分辨率图像（插图 3.3）。通过测量这种组织的结构完整性，科学家可以估计大脑各区域之间的连通性（Baribeau & Anagnostou, 2015; Emsell, Van Hecke, & Tournier, 2016）。

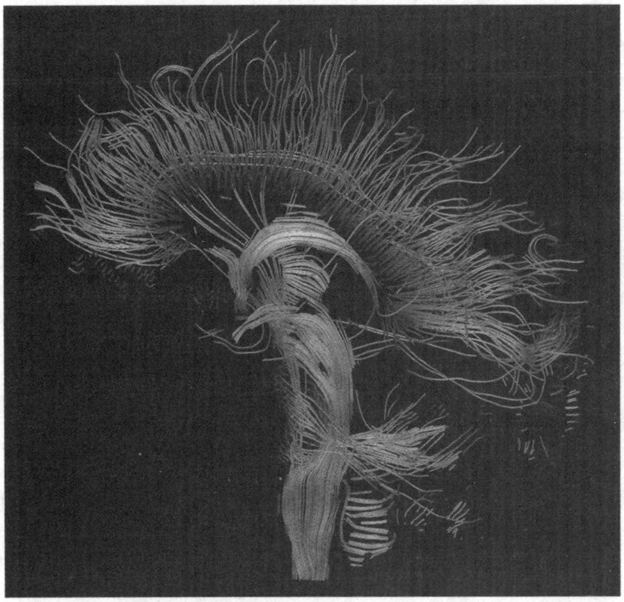

插图 3.3　弥散张量成像（diffusion tensor imaging, DTI）显示大脑白质的连通性。

例如，吴及其同事（Wu and colleagues, 2019）使用 DTI 对患有和未患有 ADHD 的学龄儿童的大脑进行了比较。研究人员对连接大脑额叶与其他负责注意力和行为控制的区域的白质束进行了研究。他们发现患有 ADHD 的儿童连接这些大脑区域的白质细胞密度和体积较小，尤其是右半球。他们的发现很重要，因为连通性减少可能是许多 ADHD 症状的基础。

针对儿童与青少年的神经影像学研究结果往往不一致。这种差异的原因之一是，不同研究在被试招募、数据采集方法和神经影像分辨率方面存在差异。研究方法上的细微差别会导致不同的结果。例如，布齐亚内及其同事（Bouziane and colleagues, 2019）也使用 DTI 对患有和未患有 ADHD 的儿童青少年的大脑进行了比较。令人惊讶的是，他们发现患有和未患有这种障碍的儿童青少年的大脑连接性之间没有差异。与其他研究不同的是，在他们的研究中，该研究中所有 ADHD 患儿此前均未接受过药物治疗。研究者提出，其他研究中观察到的 ADHD 患儿大脑连接性降低现象，可能部分归因于药物治疗而非 ADHD 本身。

结果不一致的另一个原因是，儿童青少年在大脑体积和大脑发育速度上表现出巨大的变异性。例如，根据儿童青少年的年龄和性别等因素，大脑总容量的差异可能高达 20%。研究人员如果希望确定患有特殊障碍的儿童青少年大脑的结构异常，就需要仔细控制以上因素（Sadock & Sadock, 2015）。

也许结果不一致的最重要原因是，研究结果出现不一致的最重要原因或许在于：儿童与青少年的精神障碍很少由单一因素引起，也难以简单归因于特定脑区异常。例如，ADHD 似乎是由生物、心理和社会文化因素之间的复杂关系引起的。如果认为特定的大脑异常可以解释所有（甚至大多数）ADHD 或任何其他障碍，那就错了。相反，很可能是大脑结构的早期差异与环境经验相互作用而导致的症状（Nusslock, 2018）。

小　结

- 案例研究提供了对个体、小团体或现象的详细描述。案例研究侧重于具体的评估，即独特的能力、行为或经验。案例研究对于描述新型障碍或治疗方法特别有用。

- 调查用来描述更大群体中的个体。调查着眼于一般规律评估，即人们通常是如何思考、感觉或行动的。随机抽样调查能反映更大的群体的情况。
- 常用的神经成像技术包括 MRI、fMRI 和 DTI。这些技术分别提供大脑结构、功能和连通性的图像。

心理学家如何预测行为？

相关研究

调查也可以用来预测儿童青少年的行为或发展结果。有些研究人员想要确定 ADHD 的可能风险因素（*risk factor*）。例如，儿童青少年从父母那里遗传的基因、怀孕或分娩期间的并发症以及儿童早期暴露于疾病或毒素都会增加个体患上这种障碍的可能性。有些研究人员则关注那些可能降低儿童青少年症状发生概率的保护性因素（*protective factor*）。例如，如果母亲接受产前医疗护理、在孕期避免饮酒和其他药物，以及在分娩后进行压力管理，儿童青少年患 ADHD 的风险都可能降低。还有一些研究人员探究儿童青少年的预后（*prognosis*）或发展结果。例如，一些患有 ADHD 的儿童青少年可能会在成长过程中出现学业问题、抑郁或物质使用障碍。**相关研究**（**correlational study**）使研究人员能够探索这些变量之间的可能关系（Kazdin, 2017）。

研究人员通常使用相关系数来量化两个变量之间的相关程度。皮尔逊积矩**相关系数**［**correlation coefficient (*r*)**］是最常用的统计量。它反映了两个变量之间的线性关系。相关系数范围从 1.0 到−1.0。

相关的强度（*strength*）是由数字的绝对值决定的。接近 1.0 或−1.0 的系数表示强相关；如果我们知道一个变量的值，我们就可以准确地预测另一个变量的值。接近 0 的系数表示弱或不存在相关，说明一个变量的值不能告诉我们关于另一个变量值的太多信息。

相关的方向（*direction*）由系数的符号决定。正值表示变量之间的正相关，即一个变量增加时，另一个变量也增加。负值表示负相关，即一个变量增加时，另一个变量减少。

汉弗莱斯及其同事（Humphreys and colleagues, 2013）利用相关系数研究了儿童青少年 ADHD 症状与其社会功能之间的关系。他们让父母对孩子 ADHD 症状的严重程度、在家照顾孩子的压力程度以及孩子与同伴的关系质量进行评分。研究人员发现，儿童青少年 ADHD 症状与家庭养育压力呈正相关（r=0.32）：儿童青少年症状越严重，养育压力越大。相比之下，研究人员发现儿童青少年 ADHD 症状与同伴交往质量呈负相关（r=−0.31）：儿童青少年症状越严重，他们在学校的朋友就越少。

相关不等于因果

相关性研究使我们能够确定变量之间的关系，但无法证明一个变量是另一个变量的原因。相关关系并不等同于因果关系，主要基于以下两个原因。

第一，两个变量之间的相关性并不能告诉我们两个变量之间关系的方向。人们很容易得到“孩子的行为问题会增加父母的压力”的结论。然而，事实也有可能相反。处于高应激状态的父母可能更容易对孩子发脾气，增加孩子的破坏性行为（图 3.2）。

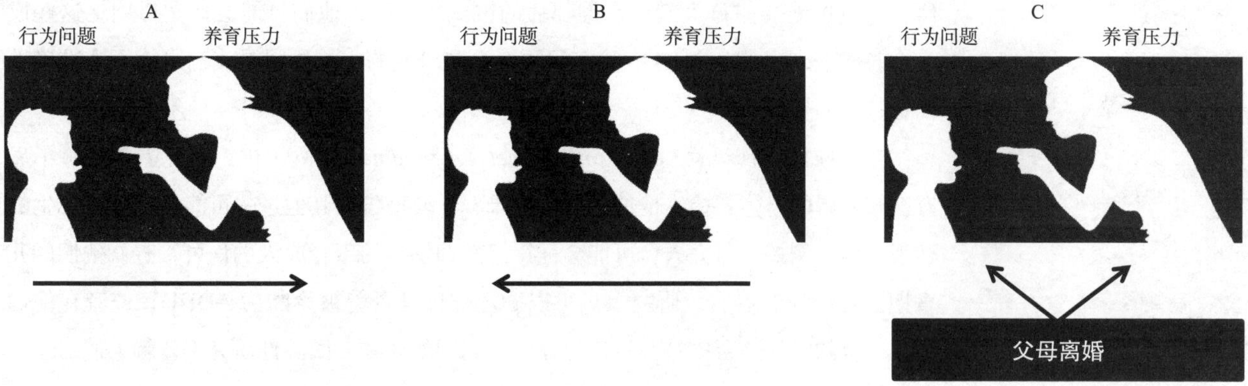

图 3.2 相关并不意味着因果关系

注：（A）孩子的行为问题会增加养育压力；（B）养育压力会增加行为问题；（C）其他因素（如父母离婚）会增加行为问题和养育压力。

第二，相关性研究没有排除相关的其他解释。第三个变量也许可以解释孩子行为问题的严重性和他们父母的压力水平。例如，父母离婚、失业或疾病可能会对孩子的行为和父母的压力水平产生不利影响。

横断面研究和纵向研究

在研究未成年精神障碍时，有两种类型的相关研究设计具有特殊价值：（1）横断研究（cross-sectional study）；（2）纵向研究（longitudinal study）（Kazdin, 2017）。

在一项**横断研究**中，研究人员在同一时间点检验变量之间的关系。例如，汉弗莱斯及其同事（2013）评估了儿童青少年 ADHD 症状与情绪之间的关系。他们发现这些变量之间存在显著的正相关关系：ADHD 症状较多的儿童青少年也有较多的抑郁症状。然而，研究人员无法确定这种关系的方向，因为变量是在同一时间点评估的。

在一项**纵向研究**中，研究人员通过在不同时间测量变量来确定变量之间关系的方向。在一项前瞻性纵向研究（*prospective longitudinal study*）中，研究人员在时间 1 测量一个假设的预测变量，在时间 2 测量其预期结果。例如，汉弗莱斯及其同事（2013）第二次研究中采用前瞻性纵向研究检查了儿童早期的 ADHD 症状和成年早期的抑郁症状。他们发现早期的注意力问题和后来的抑郁之间有着显著的正相关关系。由于儿童青少年的 ADHD 症状和抑郁症状是在不同的时间点进行评估的，研究人员得出了“儿童青少年的注意力问题出现在他们的抑郁症状之前”的结论（Markon & Markon, 2018）。

前瞻性纵向研究很难进行，因为研究人员必须等待很长时间才能检验他们的假设，而被试往往在完成研究之前就退出了研究。因此，一些研究人员会使用其他方法。在回顾性纵向研究（*retrospective longitudinal study*）中，研究人员招募一些已知障碍的个体，并让他们（或他们的父母）回忆过去可能预示障碍出现的事件。例如，研究人员可能会招募大量患有抑郁症的被试。然后，他们可能会让父母回忆这些成人小时候表现出的 ADHD 症状。回顾性纵向研究的主要局限是人们可能无法准确地回忆过去的事件。

在一项回溯性纵向研究（*follow-back longitudinal study*）中，研究人员招募了患有已知障碍的个体，检查他们的医疗记录、学校报告或其他过去可能预示障碍发生的客观数据。例如，研究人员可能会征得患有抑郁症的年轻成人的许可，查看他们的儿童期医疗记录。然后，研究人员可以确定被试是否曾被诊断为 ADHD，或者在他们还是儿童的时候是否曾被开过治疗注意力问题的药物。回溯性研究不依赖人们对过去事件的记忆。然而，获得高质量的记录往往是困难的（Wright & Markon, 2018）。

中介变量

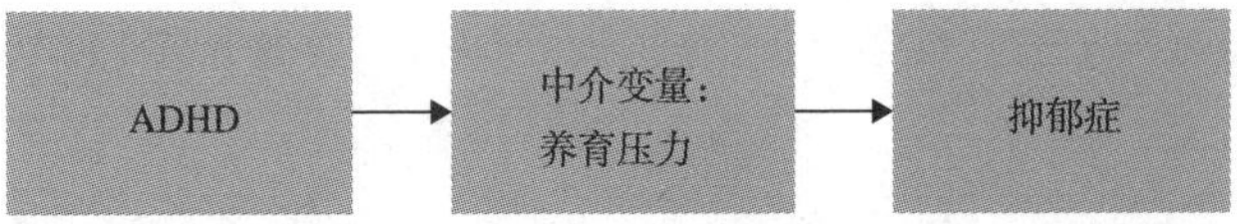

注：中介变量解释了两个变量如何相关。养育一个患 ADHD 的孩子会导致压力和家庭中的矛盾。压力和矛盾越多，儿童青少年患抑郁症的可能性就越高（Humphreys et al., 2017）。

调节变量

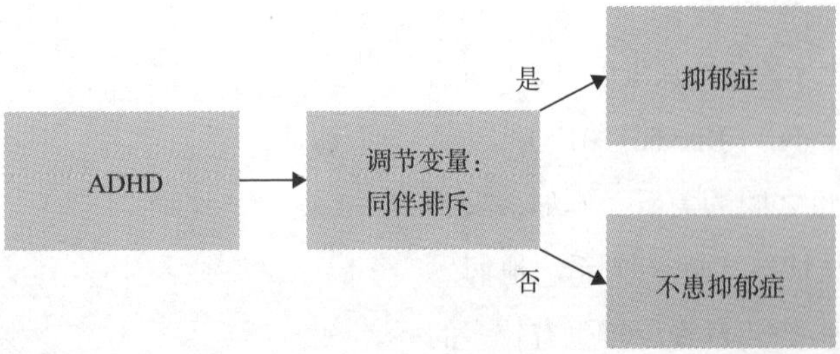

注：调节变量影响两个变量之间关系的方向或强度。孩子患抑郁症的可能性取决于他们是否被同伴排斥（Humphreys et al., 2017）。

图 3.3　中介变量和调节变量

中介变量和调节变量

相当多的研究已经证实了儿童期的 ADHD 症状和日后的抑郁症之间的联系。尽管这种相关性存在，但并没有告诉我们这两个变量是如何相关的，也没有告诉我们为什么一些 ADHD 患儿会发展出抑郁症，而有些则不会。为了回答这种更复杂的问题，研究人员要寻找中介变量（mediator）和调节变量（moderator）（Baron & Kenny, 1986）。

中介变量是能够解释两个变量间作用机制的变量，其作用在于阐明一个变量预测另一个变量的内在过程。这类变量通常属于连续变量，即其取值可在从低到高的范围内连续变化。（图 3.3）。

例如，养育压力可能在儿童青少年的 ADHD 和日后抑郁症之间起中介作用。儿童青少年 ADHD 的症状会增加养育压力，导致父母更容易情绪失控，因孩子的注意力不集中或多动行为而责备他们，或以严厉或惩罚性的方式管教孩子。久而久之，这些不当的养育行为可能引发儿童的抑郁情绪（Humphreys, Galán, Tottenham, & Lee, 2017）。

调节变量是影响其他两个变量之间关系的方向或强度的变量。调节变量有助于确定在哪种条件下一个变量预测着另一个变量的变化。调节变量往往是分类变量（categorical variable），例如性别（男孩、女孩）、年龄（儿童、青少年）、族裔（白人、非白人）、家庭收入（低收入、中产阶级）和诊断状况（患 ADHD、未患 ADHD）。

例如，同伴排斥可能会调节儿童期 ADHD 和日后的抑郁症之间的关系。ADHD 患儿如果被同学拒绝而且朋友也很少，那么他们患抑郁症和其他情绪问题的风险就会增加。相比之下，能够交朋友和维持与同学的关系的患 ADHD 的儿童青少年不太可能变得抑郁（Humphreys et al., 2017）。

中介变量和调节变量很重要，因为它们可以提示预防或治疗儿童青少年问题的方法。例如，预防患 ADHD 的儿童青少年患上抑郁症的一种方法是帮助他们的父母管理他们的压力水平，避免与孩子的负性互动。另一个策略是帮助儿童青少年建立友谊，避免被同学拒绝（Evans, Owens, Wymbs, & Ray, 2019）。

小　结

- 相关性研究可以研究人员探索变量之间的关系。相关系数（r）表示两个变量之间线性关系的强度和方向。相关性意味着这两个变量相互关联，并不意味着一个变量导致或影响另一个变量。
- 横断研究可以检验在同一时间点变量之间的相关性。纵向研究考察了在不同时间点变量之间的相关性。
- 中介变量解释了两个变量之间的关系，通常是连续变量。调节变量解释了两个变量相关的条件，通常是分类变量。

心理学家如何解释行为?

实　验

研究人员通常不满足于仅仅确认变量间的相关性。他们还想确定一个变量的变化是否会导致另一个变量相应的变化。建立因果关系的最好方法是进行**实验**（**experiment**）。在一项实验中，研究人员将被试随机分配到 2 个或 2 个以上的组。他们操纵一个变量［即自变量（independent variable）］，并保持所有其他因素不变。然后，他们检查操纵对第二个变量［即因变量（dependent variable）］的影响。实验可以得到因果推论，因为研究人员在研究开始时将被试随机分配到不同的组，并在整个研究期间对各组进行相同的干预。如果各组在研究结束时有所不同，研究人员可以得出他们对自变量的操纵导致了这种差异的结论（Kazdin, 2017）。

随机分配（random assignment）是实验研究的基础。随机分配意味着每位被试被分配到各实验组的机会均等。通过随机分配被试，研究人员在研究开始前降低了被试群体在某些有意义的方面存在差异的可能性。如果没有随机分配，研究结束时出现的组间差异可能应归因于研究开始时存在的差异，而不是对自变量本身的操纵。

随机对照实验（randomized controlled trial）是检验疗效的一种特殊类型的实验。通常，研究人员从精神卫生诊所、医院或社区招募患有相同障碍的被试。然后，研究人员随机将被试分为至少两组：接受干预的治疗组和用于比较的对照组。两组被试在实验处理上保持完全一致，唯一区别在于自变量操纵——在这里是指治疗。在研究结束时，研究人员希望在接受治疗的被试中看到比对照组更好的结果。

让我们来看一个随机对照实验的例子，该实验旨在研究神经反馈疗法的疗效。神经反馈疗法是治疗 ADHD 的一种流行且相对较新的疗法。

神经反馈疗法（有时称为“神经疗法”或“大脑训练”）的前提是，ADHD 患儿表现出非典型的大脑活动。这种非典型的大脑活动，反过来又会导致注意力、集中注意力和冲动控制方面的问题。在神经反馈疗法中，儿童青少年要学习调节他们的大脑活动以减少 ADHD 症状（Thibault, Lifshitz, & Raz, 2017）。

在典型的神经反馈疗法过程中，临床医生使用一种称为脑电图（electroencephalogram, EEG）的设备实时测量儿童青少年的大脑活动。放置在儿童青少年头皮上的电极测量大脑各个区域的电活动波长，特别是负责集中注意力的区域。有 2 种波长特别重要：反映休息和精神困倦状态的低频 θ 波，反映注意力集中和警觉状态的高频 β 波。比起健康的儿童青少年，患 ADHD 的儿童青少年往往会有大量的低频 θ 波和相对较少的高频 β 波。这种非典型的大脑活动被认为是他们出现注意力问题的基础（Loo & Makeig, 2013）。

来自脑电图的信息被传送到一台计算机，计算机将其转换成屏幕上的视觉图像。儿童青少年可以学习通过改变大脑活动来控制图像。例如，儿童青少年可能在电脑屏幕上看到海豚。当脑电图显示低频 θ 波时，海豚停止游泳并浮到水面。然而，当脑电图显示高频 β 波时，海豚游得更快，潜入海底，并搜集宝藏。儿童青少年学着通过调节大脑活动控制海豚的行为并赚取宝藏（插图 3.4）。

插图 3.4　儿童青少年可以通过玩这样的游戏来学习调控他们的大脑活动。但是这些游戏真的能提高他们的注意力以及改善他们的行为吗?

一段时间以后，儿童青少年可以学会减少 θ 波和增加 β 波的活动。一些临床医生认为，随着儿童青少年控制大脑活动能力增强，他们集中注意力的能力也会随之增强。训练可能需要每周进行多次，持续几个月的时间（Janssen et al., 2017）。

为了评估神经反馈疗法，研究人员招募了患 ADHD 的儿童青少年作为被试，并将他们随机分到治疗组或对照组。治疗组接受神经反馈疗法，而对照组没有接受这种治疗。为了评估结果，研究人员让父母在研究前后对其孩子的症状进行评分。正如预期的那样，接受神经反馈疗法的儿童青少年的父母报告孩子的情况有显著改善，而对照组儿童青少年的父母没有报告改善（Steiner, Frenette, Rene, Brennan, & Perrin, 2014）。

对照组的类型

实验研究中的一个关键问题是如何处理对照组的被试。一些研究人员将治疗组与无治疗的对照组（*no-treatment control group*）进行比较。在这类研究中，对照组的被试没有得到任何治疗。使用无治疗的对照组的主要问题是，不对有心理健康问题的儿童青少年进行治疗是不合伦理的。不给 ADHD 患儿治疗会导致他们在家和学校出现注意力问题和行为问题。

一个可能的解决办法是将对照组的治疗延迟一小段时间，而非完全不治疗。在这种情况下，研究人员将治疗组的被试与分配到等待对照组（*waitlist control group*）的被试进行比较。被分配到等待组的儿童青少年被延迟治疗，但并非完全不治疗。在研究结束时，等待组里的儿童青少年也可以参与治疗。设置等待对照组可能是符合伦理的评估疗效的方法（表 3.2）。

表 3.2　对照组的类型

控制的类型	描述	主要的优势	主要的局限
无治疗	儿童青少年不接受治疗	易实施	有时是不符合伦理的
等待组	对儿童青少年的治疗延迟到研究结束	比起无治疗更加符合伦理	家庭知道孩子不接受治疗，这或许会影响结果
关注–安慰剂	儿童青少年只接受关注或“假”治疗	可以控制安慰剂效应（比如，对孩子会改善的期望）	在心理治疗研究中通常很难知道使用什么作为安慰剂
常规治疗	儿童青少年接受通常可在社区获得的治疗	最严格的方法；新的治疗方法必须至少和社区现有的治疗方法一样有用	通常难以控制和监测儿童青少年在社区接受的治疗

例如，在另一项研究中，研究人员将 ADHD 患儿随机分到神经反馈治疗组和等待对照组。和以前一样，研究人员通过让他们的父母在研究前后对注意力问题进行评分来评估孩子的转归。正如预期的那样，治疗组儿童青少年的父母报告症状显著减轻，而对照组儿童青少年的父母则报告没有变化。在研究结束时，等待组的儿童青少年也得到了神经反馈疗法的治疗（Cortese et al., 2017）。

无治疗对照组和等待组都有另一个缺点：被试知道他们要么接受治疗，要么充当对照组。知道这点可能影响他们在治疗过程中的行为以及他们对症状减轻的看法。**安慰剂效应（placebo effect）**指的是人们仅仅因为知道自己正在接受治疗并且期望治疗有效而出现改善的倾向。研究人员必须控制安慰剂效应，他们需要能够将症状减轻归因于治疗本身，而不是人们对正在接受治疗或相信他们会好转的意识（Thibault et al., 2017）。

为了减少安慰剂效应，研究人员使用了关注-安慰剂对照组（*attention-placebo control group*）。在一项关注-安慰剂对照研究中，被分配到对照组的被试接受一种理论上无效的“治疗”，它类似于实际治疗组被试接受的治疗。在医学研究中，被试可能会服用一种看起来像实际药物但没有活性成分的药。在心理学研究中，被试可能会与治疗师谈论日常事件，但不会接受任何形式的真正治疗。关注-安慰剂对照组的被试可能认为他们正在接受实际治疗，从而控制安慰剂效应。

例如，研究人员将接受神经反馈疗法的 ADHD 患儿与随机分配到接受“假”神经反馈疗法的另一组儿童青少年进行了比较。对照组的儿童青少年也在玩相同的神经反馈游戏时被连接上了脑电图仪器。然而，他们收到的反馈是随机的，与他们实际的大脑活动无关。因为这些孩子和他们的父母相信他们正在接受真正的神经反馈疗法，所以研究人员能够控制安慰剂效应。令人惊讶的是，实际接受神经反馈疗法的孩子的父母报告的结果只比接受假神经反馈疗法的孩子的父母报告的结果稍微好一些。这些发现告诉我们，神经反馈疗法的好处主要是由安慰剂效应造成的，而不是这种疗法本身（Arnold et al., 2013）。

最后一个选择是将接受新疗法的被试与接受**常规治疗**［**treatment as usual (TAU)**］的被试进行比较。分配到 TAU 对照组的被试被转介给社区的临床医生，并接受这些临床医生提供的治疗。使用 TAU 对照组是对新疗法最严格的一种测试方法。新疗法必须证明其疗效与现有疗法相当或比现有方法更好。

例如，研究人员随机将 ADHD 患儿分入两组。第一组接受兴奋剂治疗（TAU），第二组接受神经反馈治疗。父母报告表示，服药的孩子比接受神经反馈疗法的孩子进步显著。此外，那些不知道孩子接受了治疗的教师报告说，服药的孩子有显著改善，但接受神经反馈疗法的孩子没有改善。研究人员得出结论，药物治疗优于神经反馈疗法，神经反馈疗法的许多效果应该用父母的期望来解释（Gelade, Janssen, Bink, Maras, & Oosterlaan, 2016）。

随机对照实验可以分为开放标签研究（open-label study）或盲法研究（blind study）。在**开放标签研究**中，被试和研究人员知道哪些被试正在接受治疗，哪些被分配到对照组。开放标签研究之所以得名，是因为在医学研究中，被试可以在瓶子的标签上看到他们正在服用的药物的名称。开放标签研究增加了人们的偏见影响研究结果的可能性。例如，如果儿童与青少年知道自己正在接受治疗，他们可能会改变自己的行为，或者他们的父母可能会感觉到更大的改善。

在**双盲研究**（**double-blind study**）中，被试和研究人员都不知道被试被分配到了哪一组。双盲研究通过平等对待两组被试并且不让研究人员知道被试接受治疗的情况来减少偏差。

小 结

- 实验是一种特殊类型的研究，被试被随机分配到两个或两个以上的组，其中一个组中至少有一个自变量被操纵，所有其他因素保持不变。实验使我们能够对因果关系做出推断。
- 关注–安慰剂和常规治疗对照组可以减少安慰剂效应。安慰剂效应是指人们因为知道自己正在接受治疗且希望治疗能起作用而出现改善的倾向。
- 双盲研究减少了实验中的偏差。研究人员和被试都不知道每个被试被分配到哪个组。

心理学家如何重复研究?

荟萃分析

心理学研究的最终目的是重复。如果我们的研究是可重复的，那我们就会对这个研究的结果更加有信心。在那种评估疗效的研究中，可重复性是尤其重要的。我们希望在将疗法推荐给家庭之前对这些疗法的效果有信心（Schmidt, 2017）。

不是所有探究同一现象的研究都得到了相同的结果。一个研究可能表明某疗法在很大程度上改善了儿童青少年的功能，另一个研究可能表明这个疗法的效果一般，然后第三个研究可能表明这个疗法没有丝毫作用。这些研究在被试的数量和测量的方式上都有不同。我们如何将这些结果结合起来，去判定某疗法的整体效果和有用性?

荟萃分析（**meta-analysis**）是一个被广泛使用的统计学技术，这个方法将许多研究的结果结合在一起，整合出全面的、数值化的结果（Del Re & Fluckiger, 2018）。每一个研究的结果被转化成单个的矩阵，被称作效应量。**效应量**（**effect size, ES**）反映出了治疗组和对照组在研究结束时的差异的大小。这里是荟萃分析的公式：

$$\mathrm{ES}=\frac{M\text{治疗组}-M\text{对照组}}{SD}$$

首先，我们计算治疗组平均分与对照组平均分的差值。然后，我们将这个差异除以分数的标准差（standard deviation, SD）。标准差是一种对变化性的度量，其结果是一个单一的数字，反映了治疗组和对照组之间的标准化的差异。结果为正表明治疗组的表现优于对照组，且治疗是有帮助的；结果为负表明对照组比治疗组有更好的结果，而且治疗是有害的（Hoyt & Del Re, 2018）。

我们可以通过计算加权平均效应量的方式来综合多项研究的结果。研究是根据被试的数量进行加权的，因此大型研究比小型研究对平均值的影响更大。根据经验，小于等于 0.2 的效应量被认为是“小”效应量，0.5 的效应量被认为是“中等”效应量，0.8 的或更大的效应量被认为是“大”效应量（Ferguson, 2017）。

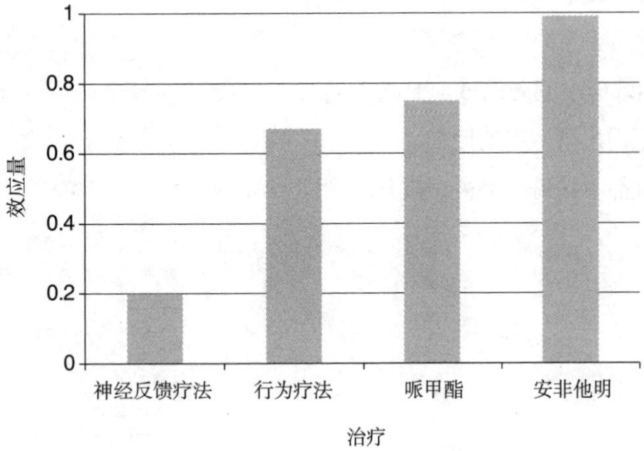

图 3.4 对儿童青少年 ADHD 治疗方法的荟萃分析

注：荟萃分析被用来将不同研究的结果结合成一个效应量。此荟萃分析显示了与安慰剂相比不同治疗手段对 ADHD 的疗效。神经反馈疗法对儿童青少年的症状疗效较弱，而行为疗法和药物治疗有着更强的疗效。

荟萃分析的例子

图 3.4 显示了对 ADHD 患儿进行神经反馈疗法、行为疗法和药物治疗的荟萃分析结果。这些荟萃分析结合了数百项研究的结果，涉及数千名患有这种障碍的儿童青少年。因此，研究结果可以用来决定哪种疗法最有可能帮助 ADHD 患儿（Cortese et al., 2017; Fabiano et al., 2010; Faraone & Buitelaar, 2010）。

图 3.4 中的柱状图显示了每种治疗形式与安慰剂相比的平均加权效应量。总的来说，神经反馈对 ADHD 症状的影响很小（且不显著），行为治疗的影响中等，药物治疗的影响较大。因此，循证实践表明，临床医生应该使用行为疗法和 / 或药物治疗儿童青少年 ADHD，因为这些疗法是最可能有帮助的（Evans et al., 2019）。

小　结

- 荟萃分析是一种统计技术，研究者使用这种技术来将众多研究的结果整合成为一个单一的、数值化的结果。
- 荟萃分析会产生一个效应量，效应量告诉我们疗效如何。效应量通常反映了研究结束时，治疗组和对照组的标准差是有差异的。
- 一般规则是，0.2 或更小的数值代表小效应量，0.5 是中效应量，0.8 或更大数值为大效应量。

什么是准实验研究？

实验研究可以让我们推断变量之间的因果关系，因为被试是随机分配的。然而，有时研究人员无法进行真正的实验，因为无法实现随机分配。相反，研究人员会进行准实验。在一项**准实验研究**（**quasi-experimental study**）中，研究人员操纵一个自变量（例如提供治疗）并注意因变量的变化（例如儿童青少年的转归），但是并没有将被试随机分配到不同的组，因此无法推断治疗的疗效。“准”（quasi）的意思是“看起来像”。准实验研究看起来像一个真正的实验，但它缺乏实验的基本要素，即随机分配。

让我们来看看在儿童与青少年异常心理学领域中三种最常见的准实验研究的应用：前后测研究（pretest-posttest study）、不等组研究（nonequivalent groups study）和单被试研究（single subject study）。

前后测研究

前后测研究是一项准实验研究，研究中同一组被试至少被测量两次：基线时（治疗前）和研究结束时（治疗后）。因为所有被试都接受治疗，没有对照组，因此不可能进行随机分组。

例如，研究人员进行了一项前后测研究，调查兴奋剂对儿童青少年 ADHD 症状的作用。他们对一个 ADHD 患儿大样本进行了大约 12 周的兴奋剂治疗。为了评估结果，他们要求临床医生、父母和教师在研究开始和结束时对儿童青少年的 ADHD 症状进行评分。总的来说，75% 的儿童青少年症状明显减轻（Döpfner, Görtz-Dorten, Breuer, & Rothenberger, 2011）。

因为这项研究缺乏一个对照组，研究人员无法得出“药物减轻了儿童青少年症状”的结论。除了药物治疗，其他因素可能更好地解释了这项研究的结果。**内部效度（internal validity）**是指操纵自变量（例如治疗）导致因变量（例如儿童青少年的转归）相应变化的程度。当其他因素可以解释儿童青少年转归时，研究者认为这些因素会威胁到研究的内部效度。**对内部效度的威胁（threats to internal validity）的存在**限制了我们从准实验研究中得出因果推论（Kazdin, 2017）。

第一，*成熟（maturation）*会影响研究的内部效度。成熟是指儿童青少年随着时间推移而发生的变化。例如，随着大脑的成熟，儿童青少年更能集中注意力并有更好的冲动控制能力。所有的儿童青少年，甚至那些没有接受治疗的儿童青少年，都有可能因为大脑的成熟而表现出 ADHD 症状的减轻。除非研究人员将接受治疗的儿童青少年与对照组中未接受治疗的儿童青少年进行比较，否则治疗的效果无法与单纯的成熟区分开来。

第二，*环境因素（environmental factor）*会威胁前后测研究的内部效度。环境因素包括儿童青少年的家庭（例如离婚）、学校（例如新教师）或同伴群体（例如好友搬走）的变化。环境因素还包括重大事件（例如经济萧条、新冠大流行）或儿童青少年周围更微妙的变化。例如，如果研究人员对儿童青少年的症状进行评估的方式是在上学期间做前测，在暑假中做后测，随着时间推移，父母们可能会报告更少的注意力问题。然而，这种注意力的明显提高也许可以由这样一个事实来解释，即注意力不集中造成的问题在暑假里要比上学期间少。在没有对照组进行比较的情况下，这些环境变化可能解释了研究的一些结果。

第三，*重复测量（repeated testing）*也会威胁内部效度。反复评估儿童青少年的行为会使其症状随着时间推移表现出改善。比如，儿童与青少年知道其父母和教师在监测他们的行为，他们可能会努力表现得更专心或听话。同样，如果父母和教师反复被要求对孩子的行为进行评分，他们可能会更加注意改善的迹象。在没有对照组的情况下，治疗的部分获益可能仅仅是因为儿童青少年被监测和多次测评而出现。

损耗会威胁到研究的内部效度。**被试流失**（**attrition**）是指在整个研究过程中被试的流失。损耗通常是因为被试决定退出研究或干脆停止参加治疗。当治疗组中有很大比例的被试退出研究时，研究的内部效度就会受到威胁。例如，德普夫纳及其同事（Döpfner and colleagues, 2011）发现，75% 完成研究的儿童青少年 ADHD 的症状显著减少。然而，这个数据很可能高估了受益于药物治疗的儿童青少年的实际数量。仔细检查数据显示，原始样本中有 6% 的儿童青少年过早退出了研究，这可能是因为药物对他们无效或产生了令人不快的副作用。这些孩子退出研究的事实可以部分解释研究结果显示的药物的明显作用。

不等组

不等组研究是一项更复杂的准实验研究，研究人员比较了治疗组和对照组的被试，但被试不是随机分配到这些组的。因为研究人员没有随机将被试分配到这两个组，这两个组是不等同的，也就是说，被试在接受治疗前可能会有一些不同。因此，如果研究人员注意到治疗后各组之间的差异，他们也不能肯定地说治疗导致了这些差异。

例如，研究人员想知道治疗儿童 ADHD 的药物是否可以降低青少年酗酒和吸毒的可能性。理想情况下，研究人员会将青少年随机分配到接受药物治疗的治疗组或不接受药物治疗的对照组，几年后比较两组青少年中物质使用问题的患病率。

然而，研究人员不能将青少年随机分为治疗组和对照组，因为将 ADHD 患儿的治疗推迟太久是有违伦理的。作为替代，研究人员比较了一组患有 ADHD 且在儿童期使用药物控制症状的青少年和另一组患有 ADHD 但在儿童期没有使用药物控制症状的青少年。研究人员发现，与从未服药的 ADHD 青少年相比，服过药的 ADHD 青少年饮酒和使用其他物质的可能性更小（Hammerness, Petty, Faraone, & Biederman, 2017）。

因为这个研究包括了一个对照组，所以其内部效度受到的威胁较小。例如，成熟不太可能解释青少年物质使用的差异，因为这两组青少年在发育的同一阶段都接受了评估。同样，两组被试的退出率大致相等，排除了被试流失导致研究结果的可能解释。然而，使用不等组研究会对内部效度产生一种特殊的威胁，这被称为选择偏倚（selection bias）。

选择偏倚是指治疗组和对照组之间的系统性差异，这是在没有随机分组的情况下出现的。因为不等组研究缺乏随机分配，治疗组和对照组的儿童青少年在研究开始时就是不相同的。研究开始时，两组在人口统计学变量、家庭背景或对药物的态度上可能存在细微差异。因此，研究结束时看到的物质使用差异可能是由这些细微的差异而不是药物本身造成的。

单被试研究

单被试研究是一种准实验研究，这类研究中，唯一一个被试的行为是跨时间评估的，通常是测量被试在进行治疗和不进行治疗情况下的行为。当想要评估特定来访者的治疗效果时，治疗师经常使用单被试研究。因为该研究只涉及一个被试，所以这种研究缺乏对照组和随机分配。然而，将儿童青少年在接受治疗时表现出的行为模式与未接受治疗或治疗停止时的行为模式进行比较，是可以说明干预有效性的。

在单被试研究中评估治疗效果的最简单方法是使用*AB*设计（*AB design*）。在这种方法中，我们测量治疗前后儿童青少年行为的频率或严重程度。“A”指基线时的行为水平，“B”指实施干预时的行为水平。例如，学校心理学家可能会要求教师评估学生两周内每天在数学课上注意力集中时间的百分比。第一周（A）作为衡量孩子注意力的基线。第二周（B）教师使用一个贴纸表来强化课堂专注行为。她可能会表扬在课堂上保持专注的孩子，并奖励一张贴纸。从阶段A到阶段B的注意力增加表明治疗是有效的（Gast & Baekey, 2016）。

评估治疗效果的一个更成熟的方法是使用轮回设计［*reversal (ABAB) design*］。教师在基线（做A）和治疗期间（B）对孩子的行为进行评分。然后，教师暂时停止治疗（即停止使用贴纸奖励表），并留意孩子行为的任何变化（第二个A）。如果治疗有助于改善，那么停止使用贴纸奖励表会导致注意力暂时下降。最后，教师将恢复治疗（第二个B）。如果贴纸表是有效的，孩子的任务时间应该再次增加（图3.5）。

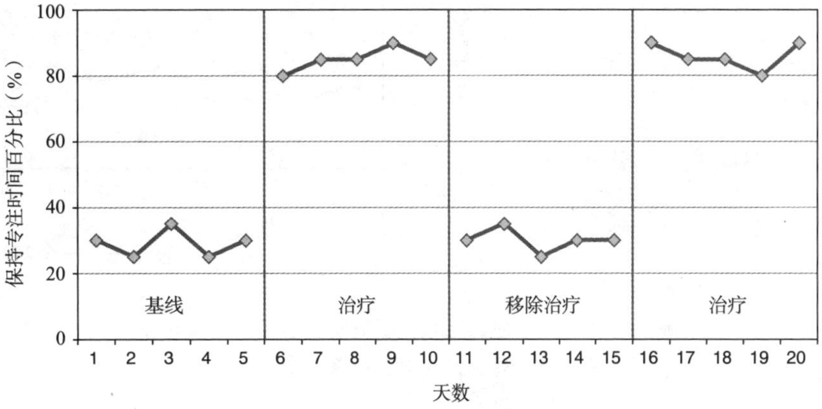

图3.5　ABAB轮回设计

注：这种结果模式表明，这种疗法在提高孩子在数学课上的注意力方面是有效的。基于加斯特和贝克尔（Gast and Baekey, 2015）。

第三种方法是使用多基线设计（*multiple baseline design*）。多基线设计是指收集多个行为的基线数据，或在多个设置中评估同一行为。治疗师将每种行为或设置当作独立的目标，并关注疗效（Gast et al., 2016）。

例如，教师可以在两种设置下收集关于学生注意力的基线数据：数学课（基线1）和阅读课（基线2）。在第一周，教师只需在每种设置中对学生每天的注意力进行评估。第二周，教师用一个贴纸表来强化学生在数学课上的专注行为，并留意学生在这种设置下注意力的提高。在第三周，教师还开始使用贴纸奖励表来强化阅读课上的专注行为，并留意随后在阅读课上的改善。因为学生的注意力改善仅出现在干预阶段，所以我们有理由相信，治疗是出现这种改善的原因（图3.6）。

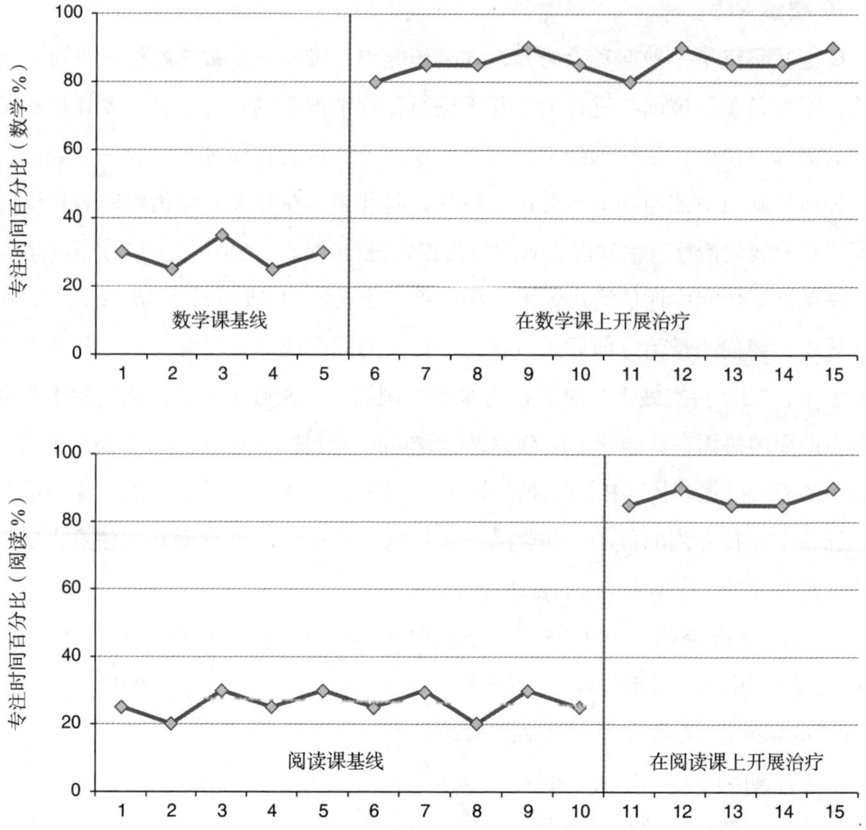

图 3.6　一个多基线设计

注：基线数据是在两种不同的环境下收集的：数学课和阅读课。当治疗应用于每种课堂时，行为只在对应的课堂中有所改善。

使用轮回治疗或多基线的单被试研究强有力地证明了治疗对特定儿童青少年有效。所有单被试研究的主要局限在于因果推论只基于一个人的数据。因此，单被试研究的结果是否适用于其他设置中的其他个体通常是不清楚的。研究的**外部效度**（**external validity**）是指研究结果对他人和其他情境的推广程度。为了建立外部效度，结果必须与其他个体在其他地方由其他临床医生重复（Ledford, Wolery, & Gast, 2016）。

小　结

- 准实验研究通常看起来像真实验，但缺乏随机分配。因此，准实验设计的内部效度是有限的。在准实验研究中，我们不能说一个变量引起或影响另一个变量。
- 常见的准实验设计包括前后测研究（缺少对照组）和不等组研究（缺少随机分组）。

- 单被试研究通常使用轮回设计（ABAB）或多基线设计来确定治疗是否影响儿童青少年的行为。

3.3　儿童青少年与家庭伦理研究

在儿童青少年研究中，哪些伦理问题是重要的？

伦理是指在一个特定的行业中的可被接受的行为标准。在第一章中，我们已详细探讨了 APA 的伦理规范，以及与有心理健康问题的儿童青少年及其家庭的治疗相关的若干关键议题。在本节中，我们将探讨与儿童青少年和家庭心理健康研究相关的伦理议题。以霍尔博士为例，她是一位心理学家，希望对儿童青少年 ADHD 的治疗进行研究。

案例研究

研究伦理

伦理议题

霍尔博士是一位儿童心理学家，她正在研究行为疗法对 ADHD 幼儿的影响。她邀请有这种情况的学龄前儿童的父母参加她的研究。霍尔博士在与父母和孩子进行研究时，必须牢记哪些伦理问题？

权衡利与弊

指导所有助人职业的两个最重要的伦理原则是善行和无害。**善行**意味着权衡一个人行为的获益与所涉及的风险或成本；**无害**意味着避免伤害或造成尽可能少的不适以达到有益的结果。在进行研究时，心理学家必须权衡研究的益处与被试可能因参与研究而遭受的伤害或不适。

第一，一项研究必须有明确的潜在获益，且获益超过可能的成本。如霍尔博士可能想研究一种针对 ADHD 幼儿的基于学校的行为治疗方案的效果。这种治疗的潜在获益包括改善儿童的注意力、行为和学习技能。这些获益须超过参与研究可能带来的成本，如缺课。第二，不允许进行导致极度痛苦或身体伤害的研究，即使这些研究有可能提供科学信息。如，一位研究人员不能仅仅为了研究 ADHD 对儿童青少年发展和学业成绩的长期影响而拒绝患 ADHD 儿童青少年接受有效的药物或其他治疗。

获得父母同意和儿童青少年认可

另一个重要的伦理原则是自主性，即人们有权在知情的情况下对自己的生活做决定。为了尊重自主性，心理学家在整个研究过程中都要得到被试的同意。**研究中的知情同意（informed consent in research）**意味着被试知道研究的目的和性质，并自由地同意参与研究（American Psychological Association, 2017a）。

根据 APA 伦理规范，霍尔博士必须向被试提供以下信息，以便他们就参与研究做出知情决定：

- 研究目的、持续时间及具体程序的相关说明；
- 参与完全自愿且可随时退出的声明；
- 可能涉及的参与风险；
- 预期可获得的研究收益；
- 参与相关的其他激励措施（如金钱报酬）；
- 数据访问权限的说明；
- 提出额外问题的机会。

知情同意应被视为贯穿被试参与研究始终的程序。霍尔博士应该确保她的被试始终意识到，他们可以随时撤回自己的同意而不受处罚。如果被试对自己参与的任何方面感到不确定，他们还必须有足够的机会就研究提出问题（Lasser & Gottlieb, 2018）。

对少数族裔家庭进行研究的研究人员必须特别注意尊重被试的自主性和社会文化背景。例如，霍尔博士必须确保，她使用被试能够理解的语言向他们提供信息。她还必须避免通过提供过多的奖励（例如给予大笔资金）或含蓄地威胁不让其获益（例如限制他们的孩子在学校获得服务）的方式向家庭施压。霍尔博士还必须注意尊重可能是非法移民的或在原籍国遭受虐待的家庭的隐私（Fisher et al., 2017）。

儿童与青少年可能因其未成年人身份而不能同意进行研究。在进行涉及儿童与青少年的研究时，心理学家首先要征得父母或合法监护人的同意。然后，他们要得到儿童青少年的认可。获得儿童青少年认可包括使用儿童青少年能理解的语言向他们解释研究的目的和程序，指出他们的参与是自愿的、他们可以随时退出，并回答他们可能对研究提出的任何问题。

尊重保密性

保密性是指没有经过被试的同意，不与他人共享被试的信息。保密性是研究的关键，这增加了被试提供准确和诚实的信息的意愿。保密不是绝对的。在某些情况下，心理学家被要求突破保密并披露信息，以保护他人的福祉。这些保密限制的突破包括虐待或忽视儿童青少年、自杀想法或行为以及伤害他人的意图。

在许多司法领域，儿童与青少年因其未成年人身份而没有保密权。从法律上来讲，他们的父母有权获得他们提供的任何信息。然而，研究人员通常试图鼓励父母尊重孩子的保密性，不在没有正当理由的情况下获取信息。

避免欺骗

当研究人员故意向被试提供虚假或不完整的信息以误导他们时，就会产生**欺骗**（**deception**）。根据 APA 伦理规范，研究人员不得欺骗被试，除非研究的重大科学价值证明欺骗行为是正当的，并且其他非欺骗性技术不可行（American Psychological Association, 2017a）。

如，西摩、麦卡蒂和克洛尼斯–图斯卡诺（Seymour, Macatee, and Chronis-Tuscano, 2018）想研究患 ADHD 儿童是否比未患 ADHD 的儿童应对挫折的能力更弱。他们让所有受试儿童玩一个游戏，在游戏中这些儿童需要用鼠标追踪一个图形。为了引发挫折，研究人员对游戏进行了操纵：他们对程序进行了修改，让光标不时向相反的方向移动，导致儿童出现失误。研究人员发现，患 ADHD 儿童比未患 ADHD 的同伴更快放弃游戏。由于研究的获益比儿童暂时经历的挫折更加重要，而且如果不进行欺骗这个研究就无法开展，研究人员被允许欺骗被试。

事后情况说明

心理学家在研究结束时应向被试进行**事后情况说明**（**debriefing**），其内容包括描述研究的性质、结果和结论，回答被试可能提出的有关研究的问题。心理学家还应告知被试是否使用了欺骗的方式，并澄清对研究的任何误解。如果心理学家发现被试受到了伤害，他们要采取合理的措施将伤害降到最低。

小　结

- 在对儿童青少年和家庭进行研究时，心理学家必须权衡研究的获益和潜在风险。研究人员不能进行会引起疼痛、强烈痛苦或伤害的研究，不管它们提供了多少科学价值。
- 参与研究是自愿的。研究人员在收集数据之前要征得父母的同意和孩子的认可。
- 心理学家应避免在研究的性质上欺骗被试。欺骗在有限的条件下才被允许，例如当一项研究有重大的科学价值，并且不欺骗就无法开展研究时。

关键术语

情感偏见（affective bias）：一种单凭主观愿望的想法，在这种想法中我们的感知受到欲望、动机和情感的影响。

被试流失（attrition）：由于研究过程中被试的流失而对研究的内部效度造成的威胁。

善行（beneficence）：一个伦理原则，指权衡个体行为的利与弊。

案例研究（case study）：一种研究设计，可以对个体、群体或现象进行详细描述。

证实性偏见（confirmatory bias）：一种选择性思维的形式，这种思维让我们的认知受到我们自己的信念、想法和期望的影响。

相关系数［correlation coefficient (r)］：两个变量之间线性关系的强度和方向的统计量度。

相关性研究（correlational study）：研究变量之间关系的研究设计。

批判性思维（critical thinking）：对现象持怀疑态度并寻求合理的替代解释，而不是依赖于他人的信念或观点的倾向。

横断面研究（cross-sectional study）：一种研究设计，在同一时间点检验变量之间的关系。

事后情况说明（dcbricfing）：一个科学研究的重要组成部分，即研究者描述研究的性质、结果和结论，并回答被试可能提出的有关研究的问题。

欺骗（deception）：研究人员故意向被试提供虚假或不完整的信息以误导被试；只能在有限的条件下使用。

弥散张量成像（diffusion tensor imaging, DTI）：一种神经成像方法，通过测量脑内白质的密度和体积来估计脑区之间的连通性。

双盲研究（double-blind study）：一种研究设计，被试和研究者都不知道哪些被试接受治疗，哪些被试在对照组。

效应量（effect size, ES）：在荟萃分析中，是指研究结束时治疗组和对照组间疗效的加权均值差的数值。

实证数据（empirical data）：通过我们的感官，特别是直接观察和仔细测量获得的信息。

实验（experiment）：一种研究设计，使研究人员能够得出变量之间的因果关系。实验的基本特征包括随机分配、对一个变量的系统性操纵以及保持所有外部因素不变。

外部效度（external validity）：研究结果能推广到研究之外的人和情境的程度。

可证伪性（falsifiability）：一个观点能被证明是错误的特性，是所有科学假设的基本特征。

功能性磁共振成像（functional magnetic resonance imaging, fMRI）：一种神经成像方法，通过检测心理活动中的血氧浓度来测量大脑活动。

假设（hypothesis）：关于两个或多个变量之间关系的具体的、可证伪的预测。

具体评估（idiographic assessment）：收集数据以评估一个人的独特能力、经验和行为。

研究中的知情同意（informed consent in research）：所有研究中的一个伦理要求，包括确保被试了解研究的目的和性质、同意自由参与，并知道他们可以随时退出。

内部效度（internal validity）：我们可以得出结论的程度，即研究中对自变量（如治疗）的操纵导致了因变量（如结果）的相应变化。

纵向研究（longitudinal study）：一种研究设计，在不同的时间点检验变量之间的关联，指出变量之间的时间关系。

磁共振成像（magnetic resonance imaging, MRI）：一种神经影像学方法，通过强磁场生成静态的、高精度的人体结构图像。

中介变量（mediator）：有助于解释其他两个变量之间关系的变量，通常是连续变量。

荟萃分析（meta-analysis）：一种统计技术，通过整合多项研究结果，最终生成一个被称为效应量的综合数值结果。

调节变量（moderator）：影响另外两个变量的方向或强度的变量，通常是分类变量。

通则式评估（nomothetic assessment）：一种数据收集方法，用来评估人们通常如何思考、感觉或行动。

不等组研究（nonequivalent groups study）：一种准实验研究，研究人员比较治疗组和对照组，但被试不是随机分配入各组。

无害（nonmaleficence）：一种伦理原则，意味着避免伤害或造成尽可能少的不适以达到有益的结果。

开放标签研究（open-label study）：一种研究设计，被试和研究人员知道哪些被试正在接受治疗，哪些作为对照。

操作性定义（operational definition）：对于在一项研究中如何测量一个变量的精确描述。

简约性（parsimony）：一种科学原则，规定应选择更简单而非更复杂的解释。

安慰剂效应（placebo effect）：人们仅仅因为知道自己正在接受治疗而改变行为的倾向。安慰剂效应威胁研究的内部效度。

精确性（precision）：科学家收集数据并从观察中得出结论的谨慎态度。

前后测研究（pretest-posttest study）：一种准实验研究，在治疗前后对同一组被试进行评估。

伪科学（pseudoscience）：声称是循证的，但与科学思维不相容的陈述、信念和实践。伪科学主要基于偏见、观点和对权威的诉求。

准实验研究（quasi-experimental study）：一种研究设计。准实验研究操纵自变量，而不对被试进行随机分配。

随机分配（random assignment）：一种研究方法，每个被试都有同等的机会成为每种实验条件中的一部分。随机分配是实验的基本特征。

随机选择（random selection）：为研究招募被试的一种方式，在给定的人群中，每个人都有同等的机会被招募。

随机对照实验（randomized controlled trial）：用于检验治疗效果的一种特殊类型的实验，被试被随机分配到治疗组或对照组。

可重复性危机（replication crisis）：指发现许多科学研究的结果很难或不可能被重复。

可重复性（reproducibility）：研究结果在被接受之前必须被重复的科学原则。

科学（science）：用来防止偏见思维的一套原则和程序，凭借细致、系统地收集数据来了解我们自己和世界。

科学方法（scientific method）：用来收集、评估和组织关于自然世界的程序。

选择偏倚（selection bias）：治疗组和对照组的被试之间的系统性差异，当被试不是随机分配的时候会出现。选择偏倚是在不等组研究中经常遇到的问题。

单被试研究（single subject study）：一种准实验研究，评估单一被试的行为随着时间推移的变化，通常是测量被试在进行治疗和不进行治疗情况下的行为。

理论（theory）：解释和预测行为或发展的广泛方面的一套完整思想。

对内部效度的威胁（threats to internal validity）：限制我们做出因果推论的能力的研究特征，包括成熟、环境因素、重复施测、被试流失，以及选择偏倚。

常规治疗（treatment as usual, TAU）：最严格的对照组，被试被转介给社区的治疗师，接受他们提供的常规治疗方案。

批判性思维练习

1. 阿莉莎是一个 8 岁男孩的母亲。她的儿子在阅读上有困难，最近被诊断有阅读障碍。尽管男孩在学校参加了一个语音阅读的项目，但他的进步一直很慢。阿莉莎的朋友告诉她镇上有个治疗师使用“视觉治疗”，可以帮助她的孩子解决阅读问题。这种疗法包括教孩子们特殊的眼球追踪技能，帮助他们集中注意力，并鼓励他们使用特殊的彩色镜片，以更清楚地看到文字。“视觉治疗是我侄子的救命稻草，”她的朋友说，“这个疗法的费用很高，但它确实帮助我侄子学会了快速阅读，你应该试试。”为什么父母会追捧无实证支持的治疗以帮助他们的孩子（如视觉治疗）？这样的治疗有什么危险？[1]

1 视觉治疗并不被推荐用来治疗阅读障碍。美国儿科学会（American Academy of Pediatrics）、美国眼科学会（American Academy of Ophthalmology）和美国儿科眼科协会（American Association for Pediatric Ophthalmology）(2014) 在一份联合声明中给出结论：“科学证据不支持眼保健操、行为视觉疗法或特殊有色滤镜或镜片的疗效。缺乏有效性的科学证据的诊断和治疗方法（包括眼保健操、行为视觉疗法或特殊有色滤镜或镜片）不被认可，也不应被推荐。”——原注

2. 卢卡斯是一位学校心理学家，他想确认一个课前锻炼计划是否能减少一年级学生在课上的多动症状。卢卡斯在研究中可能如何定义“多动”？

3. 柯比·迪特德卡德及其同事（Kirby Deater-Deckard and colleagues, 1996）很关注严厉体罚（如打屁股）对儿童发育是否有影响。他们发现，受到父母严厉体罚的孩子在学校表现出更多的行为问题，但只有当被试来自欧美家庭时才是如此。在非洲裔美国儿童中，严厉的纪律和行为问题之间没有关系。在这项研究中，族裔是如何作为一个调节变量的？如何解释这些不同的结果？

第四章

评估和治疗儿童青少年问题

ASSESSING AND TREATING CHILDREN'S PROBLEMS

学习目标

阅读本章后，你应该能够做到以下几点：

4.1 描述心理评估的目的以及使用多种方法获取多来源的信息的重要性。

了解评估儿童青少年行为、认知和社会情感功能的基本技术。

解释心理测量中标准化、信度和效度的重要性。

4.2 区分主流心理治疗体系，并阐明如何调整循证治疗方法以适应家庭的社会文化背景。

4.3 评估治疗对儿童青少年和家庭的理论疗效和实际有效性。

4.1　心理评估

什么是心理评估？

定义和目的

心理评估（psychological assessment）是指收集有关儿童青少年和家庭的数据，以得出关于他们现在功能和未来健康的有效结论的过程。对儿童与青少年进行评估有几个方面目的（Sattler, 2014）。第一，评估可以用来筛查（*screen*）儿童青少年可能的行为问题或发育迟滞。例如，儿科医师可能邀请心理学家对一名幼儿进行筛查，该幼儿虽感觉和运动功能正常，却表现出语言习得和社交技能的发育迟缓。心理学家可进行简要评估，以判断其是否存在需要干预的显著发育迟滞。早期筛查可以预防在日后的发展中出现更严重的问题（Briggs-Gowan, Godoy, Heberle, & Carter, 2016）。

第二，评估可以用来做出诊断。例如，父母可能会因孩子表现出一系列的行为问题而让孩子去找心理学家进行咨询。治疗师将对儿童的能力优势与劣势进行全面评估，以明确问题的性质。治疗师可能会使用一个或多个诊断标签来标注儿童的主要问题领域。诊断可以帮助父母了解孩子的功能，可以让临床医生估计孩子的预后，以及帮助临床医生确定治疗方案（Achenbach & Rescorla, 2016）。

第三，一些评估是为了制定治疗计划。例如，三年级的教师可能会让学校的心理学家去评估一个反复在课间休息时霸凌他人的儿童。在这种情况下，评估的目的是找出他霸凌他人的深层原因并计划干预。在仔细观察霸凌者的行为之后，学校心理学家可能会注意到这个男孩只和某些同龄人打架。因此学校心理学家可能会建议在课间休息时，霸凌者必须与这些同龄人分开，以避免发生问题。

第四，评估可用于监测治疗中病情的进步。例如，儿科医生可能会给一个患有ADHD的男孩开哌甲酯。她可能会让这个男孩的教师为男孩在过去3周里的ADHD症状打分。在第一个星期里，男孩可能不吃药物。在第二周和第三周，男孩可能服用不同剂量的药物。儿科医生可以使用教师在3周内的评分来确定这种药是否减轻了男孩的症状，以及多少剂量更有效。

心理评估涉及的远不止做测验或下诊断。评估还包括了解儿童青少年在所处环境中的优势和劣势，并且得出关于如何有效帮助他们改善生活的结论。以一个经历了巨大痛苦的女孩萨拉为例。萨拉的父母需要帮助来确定治疗女儿问题的最佳方法。

案例研究
心理评估

固执的萨拉

14岁的萨拉因慢性的身体健康问题而被送到我们的诊所儿科医生这里。学年伊始，萨拉经常头痛、胃痛、恶心，这些影响了她上学。萨拉早上醒来的时候会出现这些症状，她求妈妈让她待在家里，等到中午她的情况就会好些。萨拉的儿科医生确定她没有生理上的问题并建议由心理学家对她进行心理评估以确定她困扰的来源。“上周是个关键点，”她妈妈说，“那天我丈夫有预定好的行程，而且我上班已经迟到了。萨拉又跟我说她生病了，求我让她待在家里。我拒绝了，她就像个2岁小孩一样发脾气。”萨拉的缺课已经开始影响她的学业。她的教师表示：“她缺了很多课，而且她的数学成绩落后于她的同学。她是一个可爱、体贴的女孩。我真的希望我们能找到办法去帮助她。”

心理评估是一个过程。从科学的角度来看，每次评估都类似于样本量为1的研究。临床医生要倾听父母最迫切的困扰，并开始就儿童青少年的功能建构一些假设。例如，如果一个儿童或青少年拒绝上学，就像萨拉，可能的假设包括（1）她可能有认知或学习方面的问题，导致她在学校学习困难；（2）她受到欺负、同伴排斥，或者她在学校遇到了其他想要避免的社会问题；（3）她对学校感到焦虑或者担心离开家。

临床医生通过从父母、教师和孩子那里收集数据，系统地测验这些假设。数据支持的假设被保留，没有数据支持的假设会根据新的证据进行修改。

评估原则

对儿童青少年行为最准确的理解来源于**多方法评估**（**multimethod assessment**）。多方法评估涉及以多种不同的方式收集数据，以更全面地了解儿童青少年（Butcher, 2019）。理想情况下，多方法评估包括四个部分：

1. 对儿童青少年及其照顾者进行访谈；
2. 观察儿童青少年行为；
3. 收集儿童青少年自身，及其父母和教师对其行为各方面的评分；
4. 用常模参照测验评估具体领域的功能。

多方法评估非常有助于确定萨拉的身体困扰和她不想上学的原因。首先，我们可能要对萨拉的母亲进行访谈，以更多地了解她的家庭和成长史。萨拉有这个问题多久了？她的成绩如何？她在学校有朋友吗？

其次，我们可能想观察萨拉拒绝上学的一手信息。也许我们可以找到一种方法来进行干预，让她的家人的早晨过得更顺利。

然后，我们可以让萨拉的父母和教师对萨拉的以下方面进行行为评分，分别评估萨拉在学校和家里的功能。当然，也许她是在其他领域出了问题。

最后，我们可以评估萨拉的认知能力、学业能力或社会情感功能。她有学习障碍吗？这是不是导致了在学校里的学业问题和尴尬？萨拉是不是因为抑郁或焦虑而不想上学？

多来源评估（**multi-informant assessment**）对于完整了解儿童青少年的问题同样必要。数据应从不同的人那里收集。以前的研究表明父母、教师和儿童青少年对儿童青少年问题的评分的相关性很低。不同报告者的总体相关系数只有 0.28。因此，一个只依靠单一数据来源的临床医生无法准确完整地了解儿童青少年的功能（de Los Reyes et al., 2015）。

为什么报告者在评估中有如此多分歧？至少有两个原因。第一，不同的报告者了解儿童青少年的功能的类型有所不同。比如，父母和教师都能观察到儿童青少年的行为表现，但可能无法准确评估他们的思维和感受。

第二，在不同的环境中，儿童青少年的行为会有很大的不同。例如，儿童青少年在学校可能看起来很焦虑但在家里却显得很放松。同样，儿童青少年也可能对父母是逆反、不尊敬的，但对教师礼貌顺从。事实上，对于同一个儿童或青少年来说，比起教师和父母中一人在不同环境下的观察之间的相关性（*r*=0.28），同一环境下的父亲和母亲的观察之间的相关性更高（*r*=0.58）。因此，报告者之间的差异往往反映了报告者们对同一个儿童或青少年不同方面的了解以及在不同环境下儿童或青少年行为的变化。因此，临床医生必须收集整合来自多个报告者的信息（Villabø, Gere, Torgersen, March, & Kendall, 2012）。

多来源评估将有助于检验我们的关于萨拉问题来源的初步假设。比如，萨拉的父母可能会报告她在家里有慢性头痛、胃痛、恶心的症状，然而教师可能会报告说她在学校里没有这样的问题。事实上，教师可能会说萨拉有很好的社交能力，在学校还有几个朋友。这些数据可能表明校园霸凌不是萨拉拒绝上学的原因。我们需要修正假设，并思考是否有别的假设。

小　结

- 心理评估有几个目的：（1）筛查问题；（2）做出诊断；（3）制定治疗计划；（4）监测治疗过程。
- 多方法评估包括通过对儿童青少年和家庭进行访谈，观察儿童青少年行为、收集行为评分和实施常模参照测验。
- 多来源评估包括收集来自照顾者、教师和（如果适用）儿童青少年他们自己的数据。

什么是诊断性访谈和精神状态检查？

诊断性访谈

心理评估最重要的组成部分是**诊断性访谈**（**diagnostic interview**）。这个访谈通常在第一次会谈时就进行，也可扩展至多次会谈中。访谈对象通常包括儿童青少年及其父母，有时也包括大家庭的成员、教师和其他了解儿童青少年情况或功能的人。一些临床医生更喜欢让孩子和他们的父母在一起做访谈，而有些临床医生单独对儿童青少年进行访谈（Sommers-Flanagan, 2018）。

访谈的第一个目的是开始和家庭建立**融洽的关系**（**rapport**）。访谈结束时，家庭成员应该感到治疗师理解他们的想法并提供了一个可行的解决方案来解决他们的问题，并且可以与治疗师合作一起帮助儿童青少年。因为许多儿童青少年不愿意参与治疗，在治疗他们时，和谐融洽的关系尤为重要。例如，萨拉可能会为她父母带她去治疗而感到愤怒、怨恨或尴尬。反过来，父母可能会被萨拉拒绝上学的行为激怒。为建立融洽的关系，治疗师会坦诚表达出自己认可这些感受，并提供治疗能够改善这种状况的希望（Allen & Becker, 2020）。

访谈的第二个目的是确定家庭**主诉问题**（**presenting problem**），也就是家庭寻求帮助的主要原因。治疗师会收集包括问题从什么时候开始、持续了多久，以及家庭采取了哪些措施来解决这个问题的信息。治疗师同时评估是否所有家庭成员都认同这个问题确实存在。例如，萨拉的父母可能会认定萨拉拒绝上学是主要的问题，而萨拉可能认为她父母的唠叨使她更焦虑。治疗师经常给每个家庭成员一定的时间从自己的角度解释问题（Kearney, Freeman, & Bacon, 2020）。

访谈的第三个目的是获取儿童青少年的**心理社会史**（**psychosocial history**）和关于当前功能的信息（表 4.1）。通常，临床医生会对儿童青少年、父母和教师进行访谈以收集这些信息。有时，临床医生还会回顾儿童青少年的学业情况和医疗记录。全面的心理社会史评估了儿童青少年在家里、学校以及和社区的同伴在一起时的功能（Reynolds & Kamphaus, 2015）。

表 4.1　评估心理社会史和当前功能

领域	问题例子
呈现的问题	
描述	是什么让你决定今天来做心理治疗？
开始	这个问题是什么时候开始的？
病程	问题变化过吗？变得更好了还是更差了？
持续时间	这个问题持续了多长时间？
前因	这个问题开始之前出现了什么压力源吗？
结果	什么因素让这个问题一直持续下去？
尝试过的解决方法	你有没有找到可以帮助缓解这个问题的方法？
家庭和文化	
结构	你家里有多少人？
父母	你的职业和教育背景是什么？
兄弟姐妹	孩子与兄弟姐妹的关系如何？
社会经济状态	家庭的经济保障如何？住房情况如何？
文化	你在家说什么语言？
精神障碍史	你家里有没有人和你的孩子有类似的问题？
发展史	
妊娠 / 分娩	母亲孕期有医学问题吗？
早期发展	你的孩子什么时候学会走路、说话？

续 表

领域	问题例子
医疗史	你的孩子受到过任何严重的伤害或者患过严重的疾病吗?
身体健康	你的孩子现在正在吃任何的药物吗?
学业史	
成就	你的孩子学习怎么样?
问题	教师曾经说你的孩子有什么学业上的问题吗?
参与	你对孩子的教师满意吗?
目标	你的孩子可以从高中毕业或上大学吗?
社交史	
父母	你跟孩子的关系如何?
同辈	你的孩子在学校或者社区里有朋友吗?
社交技巧	你的孩子的倾听/轮流/分享的能力如何?
行为史	
兴趣	你的孩子会参与什么课外活动吗?
物质使用	你的孩子抽烟、喝酒或者使用其他药物吗?
性行为	你的孩子有性行为吗?
精神障碍史	
病史	你的孩子曾被诊断患有精神障碍吗?
心理治疗	你的孩子之前接受过心理咨询或者住过院吗?
药物治疗	你的孩子之前因为这个问题吃过什么处方药吗?

注: 改编自加西亚·巴雷拉和摩尔(Garcia-Barrera and Moore, 2013)以及雷诺兹和坎帕斯(Reynolds and Kamphaus, 2015)。

通常，访谈的最终目的是为儿童青少年做出初步诊断。大多数临床医生在访谈和心理社会史中会非正式地回顾诊断标准。一些临床医生会用**结构化诊断性会谈**(**structured diagnostic interview**)系统地回顾所有主要的精神障碍的诊断，以此确定儿童青少年是否符合任何诊断标准(Kearney et al., 2020)。

例如，学龄儿童情感障碍和精神分裂症问卷(Schedule for Affective Disorders and Schizophrenia for School Aged Children, Kiddie-SADS)是目前应用最广泛的儿童与青少年半结构化诊断访谈量表。在收集了关于儿童青少年呈现出的问题和心理社会史的信息之后，临床医生用 Kiddle-SADS 对儿童青少年和父母进行访谈。访谈中最初的一些问题用来筛选儿童青少年是否符合 DSM-5 中一些主要障碍的诊断标准，比如焦虑障碍、抑郁障碍和品行问题。如果父母或儿童青少年对这些筛查问题表示认同，临床医生将系统地排查症状，看看儿童青少年是否符合 DSM–5 中任何特定障碍的诊断标准（Kaufman et al., 2016）。

儿童青少年问题的文化概念化

许多临床医生会用**文化概念化访谈**（**cultural formulation interview**）收集关于来访者族裔、族裔和文化认同的数据。临床医生可以利用这些信息来理解身份认同可能会怎样影响来访者的心理健康问题、心理社会压力源和参与治疗的意愿（American Psychiatric Association, 2013; Lewis-Fernandez, Aggarwal, Hinton, Kirmayer, & Hinton, 2016）。

在访谈中，临床医生会给儿童青少年和他们的照顾者提出开放式问题，让他们分别从自己的角度来看儿童青少年问题。完整的访谈包括四个部分，如下所示。

从科学到实践
文化概念化访谈

心理学家试图从儿童青少年的文化背景和过去经历中理解他们的问题。实现这一目标的一种方法是进行文化概念化访谈。临床医生可能在访谈中问以下问题：

我想知道是什么问题把你的家庭带到了这里，了解这点后我能更有效地帮助你。我想要了解你的经历和想法。我将会问你一些关于到底发生了什么以及你的家庭如何处理这个问题的问题。答案没有对错之分。

儿童青少年问题的文化定义

人们通常以自己的方式理解问题，这可能与治疗师描述问题的方式相似或者不同，那么你是怎么描述你家庭的问题的？

对问题原因和背景的文化认知

有时，人们的背景或身份会使问题变好或变坏。“背景或身份”是指你所属的社会团体、你所使用的语言、你和你的家人来自哪里、你的族裔或族裔、你的性别或性取向，以及你的信仰或宗教。你的家庭背景或身份认同是否对目前的问题有影响？

影响问题应对和过去求助行为的文化因素

有什么阻碍了你的家人得到帮助吗？例如，金钱、工作或家庭承诺、污名化或歧视，或者那些不理解你的语言或背景的人？

影响当前求助的文化因素

有时候，治疗师和来访者可能会互相误解，因为他们来自不同的背景、有不同的期望。在这一点上你有担心过吗？你是否怀疑心理治疗能为你和家庭提供所需的支持与关怀？

注：基于路易丝·费尔南德斯（Lewis-Fernandez et al., 2016）。

第一，临床医生要找到一个关于儿童青少年问题的文化定义（*cultural definition of the child's problem*）。家庭成员如何理解这个问题？家庭成员会如何给社区中的其他人（比如亲戚或密友）描述这个问题？例如，我们可能知道萨拉小时候她的家庭从萨尔瓦多移民到了美国。由于发生在家乡的暴力，他们到美国寻求庇护。萨拉在美国生活了 5 年，一直是一个好学生。然而，这一学年，她比平常更容易出现易激惹的症状。她的医生诊断她患了肺结核，但她的家人形容她的问题是“中了咒语”或“倔强固执”。一开始，我们可以使用她家人用来描述问题的语言来表示我们正在努力从他们的角度看问题（Boehnlein, Westermeyer, & Scalco, 2016）。

第二，临床医生会去评估家庭对问题的起因和发生背景的文化观点（*cultural perceptions of the problem's cause and context*）。根据家庭成员的观点，问题是怎么来的？家庭文化特点的哪些方面可能导致了这个问题或为其提供支持？比如，我们可能会发现萨拉的父母对她的行为感到羞愧和失望。他们把她的不好的成绩归因于“懒惰”和“不尊重家人”。与此相反，萨拉可能感觉“夹在家庭和学校中间”。她知道父母对她很失望，而且父母还有很多其他生活压力——同时从事多种工作、照顾她的弟弟妹妹以及试图在美国建立一个新家庭。她可能会说：“他们来到这个国家是为了让我们过上更好的生活，但我让他们失望了。”（Rousseau & Guzder, 2016）

第三，临床医生要收集有关影响问题应对和过去求助行为的文化因素（*cultural factors that affect coping and past help-seeking*）信息。家庭如何应对这个问题？哪些应对有用，哪些没用？虽然萨拉的父母很忙，但是他们可能愿意参与治疗，以帮助处理萨拉拒绝上学这个问题。我们可能会和她的父母一起找到参与治疗的障碍，比如他们的工作时间安排、儿童托管服务难以获得或治疗费用过高。

第四，临床医生会评估影响当前求助的文化因素（*cultural factors affecting current help-seeking*）。这个家庭对与这位临床医生一起处理问题感到舒服吗？临床医生的治疗建议这家人能接受吗？一开始，关于萨拉的问题，她的家人更愿意与内科医生交流，而非心理健康专业人士。他们也可能更喜欢会说西班牙语的专业人士。为了帮助萨拉在学校更加自如，我们可能会建议一家人去做心理治疗。几次治疗之后，家庭可以重新评估当下的境况以及心理治疗是否对他们有帮助（Aggarwal, Jimenez-Solomon, Lam, Hinton, & Lewis-Fernandez, 2016）。

精神状态检查

在访谈过程中，一些临床医生也会进行**精神状态检查**（**mental status exam**）（Sadock & Sadock, 2015）。精神状态检查是一种评估，涉及儿童青少年当前三大广泛领域的功能：（1）外貌和行为（appearance and actions）;（2）情绪（emotion）;（3）认知（cognition）。

在外貌和行为方面，临床医生检查儿童青少年在治疗过程中的外显行为，尤其关注儿童青少年的穿着、姿势、眼神交流、与他人互动的质量，以及对治疗师的态度。

在情绪方面，临床医生评估儿童青少年的心境和情感。**心境**（**mood**）是指儿童青少年的长期情绪倾向。治疗师通常通过询问孩子本人和父母关于孩子的整体情绪功能来评估心境。心境的范围可以从害羞、压抑到敏感、好辩、乐观、无忧无虑。**情感**（**affect**）是指儿童青少年短期的、外在的情绪表达。情感通常是通过在治疗中观察儿童青少年的面部表情和身体动作推断出来的。情感可以包括泪流满面、愤怒和社交退缩。一些儿童青少年会表现出一系列的情感表现，但还有些儿童青少年很少有情绪的表达。临床医生特别感兴趣的是儿童青少年的情感是否符合他自我报告的心境或特定情况。例如，如果一个儿童或青少年在谈论父母的死亡时大笑，就是表现出了不协调的情感。

临床医生会用几种方法评估儿童青少年的认知能力。认知的一个方面是思维内容（*thought content*），即儿童青少年认知的主体。例如，一些儿童青少年着迷于某些话题或爱好，而有些儿童青少年的思维总是被持续的担忧或恐惧所困扰。在严重的情况下，儿童青少年会出现与现实不符的妄想或奇怪的想法。认知的另一个方面是思维过程（*thought process*），即儿童青少年形成关联和解决问题的内在方式。思维过程通常是从儿童青少年的语言中推断出来的。例如，临床医生观察儿童青少年的语言是否连贯、是否快速且难以听懂，或者是否在谈话中突然停止说话。

认知的其他方面包括儿童青少年的整体智力、注意力、记忆和定向力（orientation）。**定向力**指儿童青少年对自己、周围环境和当下发生的事情的意识。例如，一个儿童或青少年可能因一场车祸出现定向力缺失。缺乏对人、地点和时间的定向力可能代表有严重的认知障碍。

儿童青少年的认知能力的最后一个组成部分是自知力（insight）和判断力（judgment）。**自知力**指的是儿童青少年意识到自己可能有社交、情感或者行为问题。有进食障碍和品行问题的儿童青少年通常自知力不足，他们往往否认自己有问题。**判断力**是指儿童青少年对自身行为问题的严重性以及问题对自己和其他人影响的理解。判断力也指儿童青少年在行动之前考虑自己行为的后果的能力。患 ADHD 和有品行问题的儿童青少年往往判断力不足（Sommers-Flanagan, 2018）。

让我们想象一下，第一次治疗中对萨拉和她的母亲进行访谈的情境。萨拉是一个有情感退缩（emotionally withdrawn）问题的女孩，她在妈妈的再三保证之下才参与治疗。萨拉和她当牙科保健师的母亲住在一起。她爸爸是一个厨师，几个月前因为中风而无法工作。萨拉的成长过程并没有什么特别的，但是她母亲说她是个“害羞”和“缺乏自信的”的孩子，总是不愿尝试新事物。萨拉的身体健康情况一直很好，直到今年年初开学，她开始出现一些躯体症状。在学业上，萨拉总是落后于她的同学。然而，她从未接受过学习障碍测验。萨拉承认上学让她感到“不舒服”，但不愿意详细解释。不过，她知道自己在学校有一些朋友，她也将教师描述为“还行”。萨拉是学校足球队的一员，但由于缺勤，她一直没有资格参加比赛。她从未被转介去治疗或服用过处方药。

我们可以用 Kiddle-SADS 系统地评估萨拉不愿意上学的情况：

- 有没有什么时候你需要被强迫才会去上学？你对上学感到担心吗？告诉我那些感受。
- 你是否担心当你不在家的时候，会有不好的事情发生在你身上？
- 你是否担心当你在学校的时候，会有不好的事情发生在你父母身上？

萨拉对这些问题的回答表明她经常拒绝上学，并且担心她不在父母身边时会有不好的事情发生在父母身上。她的回答表明她可能有与亲人分离有关的焦虑障碍。

小 结

- 诊断性访谈是心理评估的基石。临床医生与家庭建立融洽的关系，收集家庭呈现的问题、既往史和当前社会文化背景的信息。
- 许多临床医生进行文化概念化访谈，从家庭所处的社会和文化背景以及价值观的角度去理解家庭的担忧。
- 精神状态检查可以快速了解儿童青少年的（1）外貌和行为；（2）情绪；（3）认知。

心理学家如何进行行为观察？

观察法

行为观察对儿童青少年评估很重要。尽管父母关于孩子行为的报告是有用的，但是靠观察儿童青少年收集到的丰富信息也是无可替代的。临床医生有三种观察儿童青少年的方式（Greene & Ollendick, 2020）。第一，大多数临床医生会在临床会谈中观察儿童青少年。临床医生可能会关注儿童青少年的活动水平、言语和行为、情感表达、与他人互动的质量以及其他外显行为。这种非正式观察的不足在于儿童青少年在诊室里的行为可能不能代表他们在家和在学校的行为。

第二，许多临床医生会通过“模拟任务”（performing analog task）来观察儿童青少年的行为表现。模拟任务模拟现实生活中的活动或情境。例如，临床医生可能想观察一位母亲和她学龄前的孩子的互动，那么治疗师可能会让这两个人在诊所的游戏室里玩 20 分钟。在游戏结束时，临床医生可能会要求母亲告诉孩子停止游戏并打扫房间。这个模拟任务可以让临床医生直接观察母亲如何向孩子发出命令、孩子如何回应她的命令，以及母亲如何管教孩子。从模拟观察中收集的信息可以帮助临床医生理解父母和孩子之间的互动模式是如何导致孩子的行为问题的。

第三，一些临床医生会进行*自然观察*（*naturalistic observation*）。在数学课上，一位学校心理学家可能会观察疑似患有 ADHD 的儿童青少年的活动水平。目标儿童出现 ADHD 症状的频率可以与班上其他儿童出现 ADHD 症状的频率进行比较。自然观察的主要优点是临床医生可以观察到儿童青少年在日常环境中的行为，而主要缺点是耗时。自然观察法的第二个局限是反应性效应，即儿童可能因为意识到自己被观察而表现出非自然状态的行为。

行为功能分析

行为功能分析（**functional analysis of behavior**）包括根据直接观察或他人报告来识别儿童青少年行为的前因后果。功能分析的基础是儿童青少年的行为是有目的的，也就是说，他们的行为是有功能的（Kamphaus & Dever, 2018）。在大多数情况下，行为的目的是奖励最大化和惩罚最小化。通过仔细观察行为前后发生的事件，临床医生可以确定行为的目的（Beavers, Iwata, & Lerman, 2013; Kratochwill, 2014）。

实施功能分析时，临床医生首先需要用明确、可观察的操作性术语界定儿童青少年的行为问题。接着，临床医生需要收集目标行为的前因与后果的相关数据。前因（antecedent）指行为发生前的环境条件，后果（consequence）则是行为发生后随即出现且通常具有强化作用的环境条件。临床医生可利用这些关于行为前因后果的信息来规划治疗（O’Brien, Haynes, & Kaholokula, 2015）。

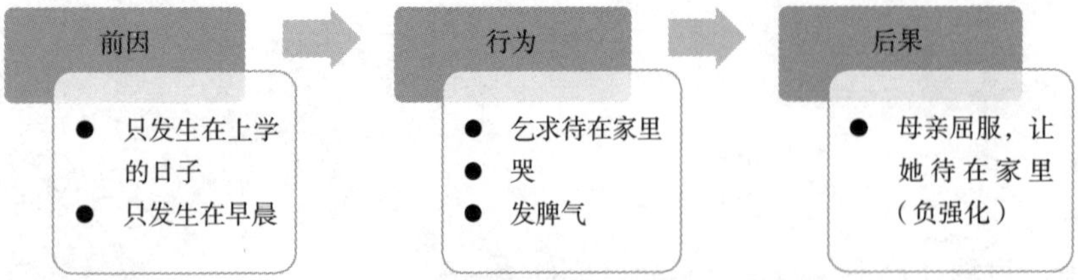

图 4.1 萨拉的行为的功能分析

注：功能分析包括识别引发行为问题的前因以及随着时间推移维持这些问题的后果。基于戴维森（Davison, 2019）。

让我们根据萨拉母亲的详细报告（图 4.1）对萨拉拒绝上学的行为进行功能分析。我们可以操作性地将“拒绝上学”定义为，萨拉因至少出现过一次的身体问题（如头痛、恶心）而回避上学。然后，我们会让她的母亲报告她拒绝上学的前因后果。萨拉的母亲说她只有在上学的时候才有身体问题（从不在周末），而且只在早上（从不在上课时间）有身体问题。最后，我们将设法搞清楚她拒绝上学的后果。她的父母对她的乞求和发脾气有何反应？她的母亲报告说，她通常屈服于萨拉的要求，并允许她待在家里。母亲的默许使萨拉平静下来，她往往在中午就感觉好些了。这些发现表明母亲允许萨拉待在家里的决定通过让她避免不愉快的刺激（例如上学）负强化了萨拉的行为。因此，萨拉更可能拒绝上学。

小　结

- 临床医生可以在临床访谈过程中观察儿童青少年的行为，也可在诊所通过执行模拟任务或在学校等自然情境中进行观察。
- 行为功能分析采用 ABC 模型：（A）引发行为的前因；（B）行为本身；（C）随着时间推移，维持行为的后果。
- 临床医生可以通过改变前因或后果来改变儿童青少年的行为。

心理学家如何评估儿童青少年的认知功能？

智　力

儿童青少年经常因为认知功能的问题而被送去做测验。例如，一对父母可能请求心理学家对他们的存在发育障碍的孩子进行智力评估，以确定这个孩子的认知优势和劣势。一位教师可能想知道他的学生是否有学习障碍。一名内科医生可能会要求病人做检查，因为她在一次自行车事故之后出现了记忆问题。在这些情况下，评估很可能涉及智力测验（Freeman & Chen, 2020）。

在过去的一个世纪里，在定义智力和开发测量智力测验方面，研究者们付出了相当大的努力。几乎所有的理论家都认识到，智力反映了一个人心理功能的一些方面。这些方面有着遗传学和生物学起源，但受教育和经验的影响。阿尔弗雷德·比奈（Alfred Binet）和西奥多·西蒙（Theodore Simon）是首先开发智力测验的科学家，他们将智力定义为“判断能力、理解能力和推理能力”（1916, pp. 42–43）。多年后，智力测验史上的另一位重要人物大卫·韦克斯勒（David Wechsler）将智力描述为“个体有目的地行动、理性思考和有效应对环境的能力”（1958, p. 7）。约翰·卡罗尔（John Carroll）进一步认为，智力是“个体能够从环境中学习并长期记忆知识和技能的程度和速度，包括在家庭和学校以及日常经验中习得的知识和技能”（1997, p. 44）。因此，**智力**是一个广泛的概念，它关系到人们适应环境、解决问题、准确有效地学习和使用信息的能力（Snyderman & Rothman, 1987）。

《韦氏儿童智力量表-第五版》（*Wechsler Intelligence Scale for Children–Fifth Edition*, WISC–V; Wechsler, Raiford, & Holdnack, 2014）是对儿童与青少年最常用的智力测验。韦克斯勒在 20 世纪 30 年代开始开发测验，试图测量成人智力和问题解决能力的各个方面。后来，他开发了一个简化版的成人测验以测量儿童青少年的智力功能。第一版 WISC 开发于 1949 年。这项测验适用于 6 ～ 16 岁的儿童青少年。WISC–V 由一系列简短的子测验组成，这些子测验有纸质形式和电子形式（表 4.2）。

WISC–V 可以生成全量表智商（full scale IQ, FSIQ）分数（Kaufman & Raiford, 2016）。FSIQ 反映了儿童在测试所有领域中的表现，因而能够整体评估其认知能力水平。但若仅关注 FSIQ 分数，往往可能忽略儿童青少年在特定领域的优劣势。因此，多数治疗师会通过分析 WISC-V 的五个指标（即主要分量表）得分，从而更全面地评估儿童的心理功能。以下是这些指标的描述：

表 4.2　WISC–V 条目举例

语言理解
狗和猫有什么相似之处？
什么是照相机？

流体推理
选择一个组合，以保证第二个天平的平衡

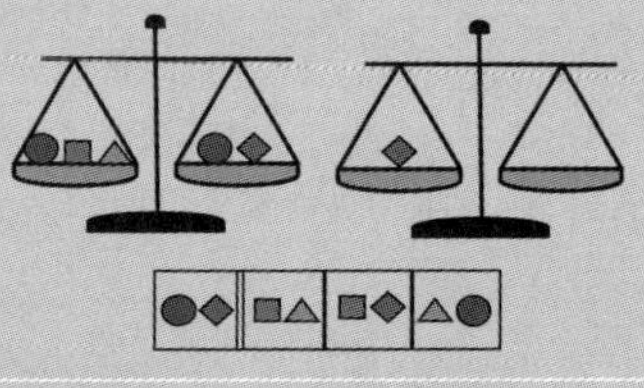

视觉–空间推理
使用左侧的色块拼出右侧的色块

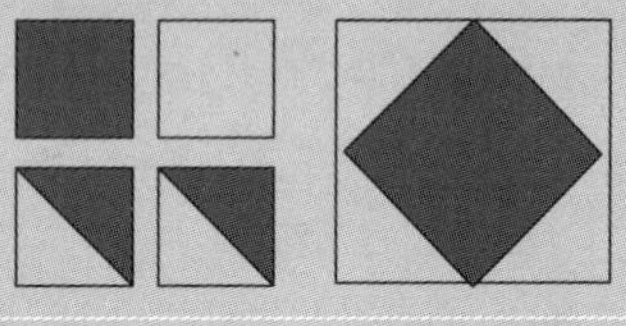

工作记忆
重复一个由 8 个数字组成的字符串
倒着重复数字 1 到 10

加工速度
使用下面的键尽可能快地复制更多的符号

1	2	3	4	5
x	→	▲	#	?

言语理解（*verbal comprehension*）反映儿童青少年的词汇知识水平，以及其运用言语信息进行自我表达和解决词汇 / 故事类问题的能力。需要言语理解能力的日常任务包括分享事实和信息、理解单词和短语的含义、理解言语类比和故事。

流体推理（*fluid reasoning*）反映了儿童青少年解决新颖的（主要是非言语性问题）的能力、辨识事物间潜在模式与关系的能力以及进行抽象思维的能力。需要流体推理能力的日常任务包括：识别数字或事物的规律模式，以及运用抽象思维解决新问题。

视觉–空间推理（*visual-spatial reasoning*）反映儿童青少年对视觉呈现材料进行注意、组织和解释的能力，运用视觉信息解决即时问题的能力。需要视觉空间推理的日常任务包括拼拼图和走迷宫。

工作记忆（*working memory*）反映了注意信息、在记忆中保留和操纵视觉或听觉信息，并在必要时应用信息的能力。需要工作记忆的日常任务包括记住某人的电话号码和在头脑中解决数学问题。

加工速度（*processing speed*）反映了儿童青少年快速扫描视觉信息的能力、迅速而准确地做出决策的能力、即时执行决策的能力。需要加工速度的日常任务包括：在超市货架间快速寻找特定商品，或完成需要信息匹配与分类的活动。

心理学家检查一个儿童或青少年在每个指标上的得分，并注意具有相对优势和弱势的方面。例如，一个儿童或青少年的 FSIQ 可能在平均值的范围内，但他的言语理解得分可能远低于他的知觉和视觉—空间推理的得分。心理学家可能会预测这个儿童或青少年在学校里可能会因学校采取传统的口头教学而出现学习上的困难。因此心理学家可能会建议教师使用视觉演示和亲手操作来帮助这个儿童或青少年学习（Weiss, Saklofske, Holdnack, & Prifitera, 2020）。

智力测验分数服从**正态分布**（**normal distribution**），平均值为100，标准差为15（图4.2）。测验得分在一般人群中的分布是钟形的，大多数人得分相对接近100分，少部分人的得分在两端。大约95%的人的得分在平均值的两个标准差之内（例如，IQ=70～130）。剩下的5%的人的得分在两端。大约2.2%的人得分低于70分，这些人会被认定为有智力障碍。大约2.2%的人的得分超过130，这说明他们智力功能极高，在一些领域被认为是“天才”（Cohen, Swerdlik, & Sturman, 2013）。

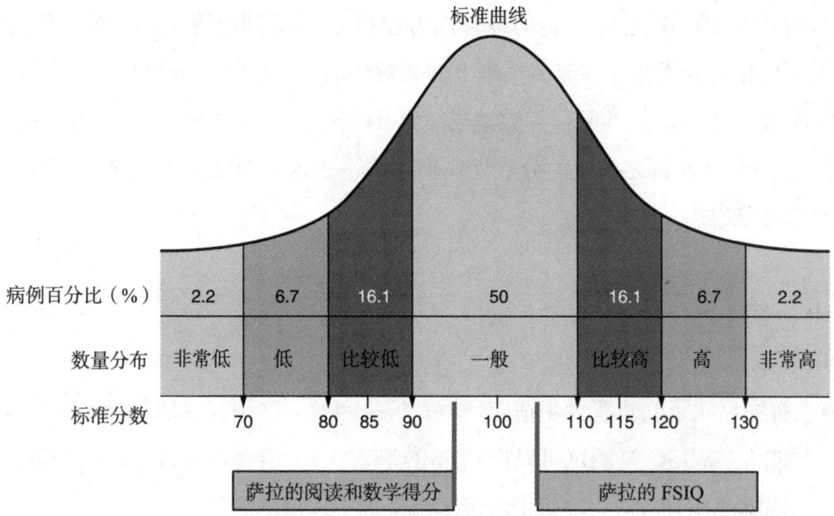

图4.2 正态分布或“钟形曲线”

注：萨拉的智力和学业成绩在平均范围内，表明她没有认知问题。

学业成就

学业成就（**academic achievement**）是指儿童青少年通过正式和非正式的教育经历学到的知识和学业技能。一些临床医生会区分智力测验和成就测验，前者衡量个体的智力能力或学习能力，后者衡量个体已经学习过并保留下来的知识（Flanagan & Alfonso, 2017）。

学业成就的测验通常衡量三大技能：阅读、数学和书面表达。这三个方面反映了公立学校承认的学习障碍的主要类型。还有一些测验评估学习功能的第四个维度——口头表达，反映了儿童青少年的听说能力（Katz & Brown, 2020）。

《伍德考克-约翰逊成就测验》（*Woodcock-Johnson IV Tests of Achievement*, WJ-IV; Schrank et al., 2014）是应用最广泛、最全面的学业成就测验。WJ-IV评估在阅读、数学和书面语言方面的学业成就。在每个领域里，心理学家都可以评估儿童青少年的基本技能、熟练度（即速度和准确度）和高级应用能力。比如，儿童青少年的数学技能可以通过要求他们计算数学问题（即基本技能）、在短时间内解决尽可能多的简单数学问题（即数学熟练度）或正确回答难度递增的数学故事问题（即应用性问题解决）来评估。

WJ-IV 在 3 个成就领域中的每一个领域都会产生标准分数，平均值 100，标准差 15。得分低于平均值超过 1 个标准差（即＜ 85）可能表示在某一特定领域的学业成就迟缓，得分低于平均值超过 1.5 个标准差（即＜ 78）可能表示有学习障碍（American Psychiatric Association, 2013）。通常情况下，临床医生会同时测查儿童青少年的智力和成就分数，以更加完整地了解他的优势和弱势（Benisz et al., 2018）。

在 WISC–V 测试中，萨拉的 FSIQ 是 104 分，这正好在平均范围内。她的成绩的百分位数是 60，这意味着她的综合能力超过 60% 的同龄青少年。她在语言理解方面表现出相对的优势，在流体推理方面相对薄弱；不过她的分数都在正常范围内。在 WJ-IV 测试中，萨拉的阅读和数学成绩为 94 分，也在平均范围内。她的分数的百分位数是 35。总而言之，她的分数处在平均水平，这表明她拒绝上学不是因为认知问题或学习障碍。

小　结

- 智力反映了儿童青少年适应环境、解决问题、准确有效地学习和应用信息的能力。WISC–V 测试可以得到 FSIQ 和对（1）语言理解;（2）流体推理;（3）视觉–空间推理;（4）工作记忆;（5）加工速度的测量。
- 学业成就是指儿童青少年通过正规和非正规的教育经历学到的知识和技能。WJ-IV 测试可以得到阅读、数学和书面表达三方面的得分。
- IQ 分数和成就测验的分数呈正态分布，平均值为 100，标准差为 15。

心理学家如何评估儿童青少年的个性和社会情感功能？

人格测验

人格（personality）是指个体在思维、情感和行为方面表现出的相对稳定的模式。由于儿童正处于这三个领域全面发展的特殊阶段，心理学家通常避免对儿童人格做出绝对化论断，而是更倾向于结合儿童的身体成熟度、发展任务和不断变化的环境背景，从其思维、情感和行为表现来理解其心理功能。（Butcher, 2019）。

在稍大的青少年和成人中最常用的自陈式人格测验是明尼苏达多项人格测验（Minnesota Multiphasic Personality Inventory, MMPI）。尽管测验的名称是这样，但是 MMPI 更应被视为一种心理病理和社会情感功能的测验，而非对人格本身的测验。最初的 MMPI 中的条目为是 / 非条目，用以评估几个功能领域。明尼苏达多项人格测验最新青少年专用版本为 MMPI- 青少年重组版（MMPI-Adolescent-Restructured Form, MMPI-A-RF; Archer, 2016）。这项自陈式测验评估了青少年功能的三个高阶领域:（1）情绪 / 内化功能失调;（2）行为 / 外化功能失调;（3）思维功能失调。此外，它还根据青少年的自我报告，在九个重组临床（restructured clinical, RC）量表上生成人格剖面图：

情绪低落（RCd）：不满、无望、自我怀疑
躯体症状（RC1）：如头痛、胃痛和恶心
低积极情绪（RC2）：抑郁、缺乏快乐
愤世嫉俗（RC3）：认为他人普遍坏或自私
反社会行为（RC4）：品行和物质使用问题
迫害思想（RC6）：怀疑或不信任他人
功能失调的消极情绪（RC7）：焦虑、易激惹、脆弱的感受
异常体验（RC8）：不寻常的感知或奇怪的想法
轻躁狂（RC9）：冲动、夸大和高能量

MMPI-A-RF 得出的分数有一些是用来评估青少年对测验的态度和特定的心理问题的。例如，该测验包含几个*效度量表*（*validity scale*），用于检验不一致的回答或过度暴露或掩盖症状的倾向。这个测验还包括具体的*问题量表*（*problem scale*），用以评估物质使用、对学校的消极态度以及家庭关系中的冲突等问题。

MMPI-A-RF 可以产生平均值为 50，标准差为 10 的分数（称为 T 分数）。与其他青少年相比，60 分或更高的分数表明社会情感功能存在临床上显著的问题。临床医生通常将青少年的 T 分数绘制在一个剖面图上，以图形化的方式显示出青少年功能最突出的方面（Handel, 2016）。

萨拉的 MMPI-A-RF 剖面图显示，与同龄的其他青春期女孩相比，她在各种情绪 / 内化功能失调的领域得分偏高（图 4.3）。在评估身体健康问题（RC1）和焦虑、担忧等负面情绪（RC7）的量表上，她的得分特别高。相比之下，萨拉在情绪低落（RCd）和低积极情绪量表（RC2）上的得分不高，这表明萨拉心理上的痛苦可能通过躯体疾病和失眠而不是通过抑郁和无望的感受表达出来。

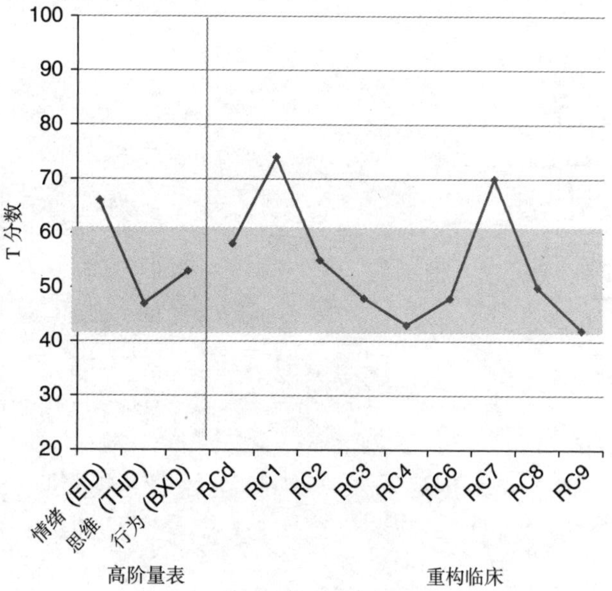

图 4.3 萨拉的 MMPI-A-RF 剖面图

注：与其他青少年相比，萨拉在情绪 / 内化功能失调（Emotional/Internalizing Dysfunction, EID）量表上存在显著问题。她的主要问题是躯体症状（RC1）和焦虑（RC7）。

父母、教师和自我报告量表

临床医生常采用检核表或评定量表，由家长 / 教师等成人评估儿童青少年的行为及社会情感功能。大龄儿童与青少年也会被要求进行自我评估。使用最广泛的评估量表包括阿肯巴赫经验评估系统

（Achenbach System of Empirically Based Assessment, ASEBA; Achenbach, 2015）、康纳斯综合行为评分量表（Conners Comprehensive Behavior Rating Scales, Conners, 2019）和儿童行为评估系统-第三版（Behavior Assessment System for Children, Third Edition, BASC-3; Reynolds & Kamphaus, 2015）。

例如，BASC-3 可以由不同家庭和学校环境中的父母、教师、大龄儿童与青少年使用。每个评估者都独立地从 5 个维度多方面地评估儿童青少年的行为、社会情感功能。这 5 个维度包括：（1）外显行为，如攻击性和多动；（2）内化行为，如焦虑和抑郁；（3）学业问题，如注意力和学习困难；（4）适应性技能，如沟通和社会功能；（5）总体行为症状索引。

表 4.3　萨拉在 BASC-3 父母教师评定量表上的得分

综合 / 分量表	T 分数		描述
	父母	教师	
外显问题	52	44	
多动	55	48	过度活动或冲动
攻击性	46	40	对他人语言或身体上的敌意
品行问题	48	42	反社会的或破坏规则的行为
内化问题	70*	58	
焦虑	71*	60	紧张、恐惧或者担忧
抑郁	62	55	干扰正常生活的悲伤或压力
躯体化	75*	59	抱怨身体问题
学校问题	—	50	
学业问题	—	44	学业或家庭作业问题
注意力问题	—	54	注意力低下或者容易分心
适应性技能	48	51	
适应性	55	58	如何应对环境变化
社交技巧	46	48	与他人有效的互动
功能性交流	50	55	与他人有效分享观点
领导力	42	42	与他人一起合作以达到目标
学习技巧	—	57	组织性技巧和学习习惯
行为症状	52	55	

注：与其他同龄女孩相比，萨拉在临床上表现出明显的内化问题，其特征是焦虑和躯体（即身体健康）问题。她的教师报告萨拉在学校没有显著的问题。

* 问题得分≥ 70 或适应技能得分≤ 30，提示存在临床显著问题。

临床医生可以比较同龄、同性别的儿童青少年的父母或教师的评分。相似地，他们也会比较同龄和同性别的青少年的自我报告。结果以 T 分数表示，该分数反映个体心理功能与同龄群体常模的偏离程度。问题分数达到高于平均值 2 个或 2 个以上标准差（≥ 70），或适应性技能得分低于平均值 2 个标准差或更低（≤ 30）则表明有临床上显著的困难，这可能表示需要治疗（Kamphaus & Dever, 2018）。

萨拉的母亲和班主任完成了 BASC-3，分别用以评估萨拉在家里和学校中的功能（表 4.3）。她母亲的评估结果表明，与其他同龄女孩相比，萨拉存在严重的焦虑和身体健康的抱怨。相反，她的教师报告显示，她在学校很少有问题。这些数据表明萨拉有关于她自己身体健康的焦虑，比如头痛和胃痛，也有关于家人的担忧。

特定症状问卷

临床医生也可以进行其他测验来评估特定障碍。例如，孤独症谱系评定量表（Autism Spectrum Rating Scales, ASRS; Goldstein & Naglieri, 2013）被广泛用于筛查疑似有孤独症的儿童青少年。临床医生将该量表用于父母和教师，让他们就 DSM-5 中孤独症的症状对儿童青少年进行打分。ASRS 还评估儿童青少年的沟通能力和社交技巧、刻板的、重复的或仪式化行为的倾向、对感官刺激的敏感性（比如，特定的纹理或声音）

和自我调节的能力。ASRS 是一个常模参照测验，临床医生可以将某个青少年在此量表上的得分与其他年龄相近的青少年以及以前被诊断为孤独症的青少年进行比较。

康纳斯量表第三版（Conners 3; Conners, 2015）是一个行为评定量表，用于筛查儿童青少年的 ADHD 和破坏性行为。该量表评估了 DSM-5 中的 ADHD 症状。父母、教师和大龄儿童都能使用这个量表，提供有关儿童青少年功能的在家和在学校的多来源数据。该测验还评估了其他潜在的问题，如对成人的对立行为、学习困难和同伴排斥。临床医生可以将这个量表得出的 T 分数用来比较该儿童青少年与其他相同年龄和性别的儿童青少年。

儿童焦虑抑郁修订版问卷（The Revised Children's Anxiety and Depression Scale; Weiss & Chorpita, 2011）可能会用于像萨拉那样表现出内化问题的女孩。这份自陈式问卷评估了 5 种 DSM-5 焦虑障碍以及抑郁的症状。该问卷会得到 T 分数，临床医生可以将一个儿童的分数与其他相同年龄和性别的儿童的 T 分数进行比较。萨拉的报告显示，与同龄的其他女孩相比，她有明显的分离焦虑问题（图 4.4）。当她必须离开父母时，她会经历强烈的焦虑或惊恐；当她长时间离开父母时，她会为他们担心。

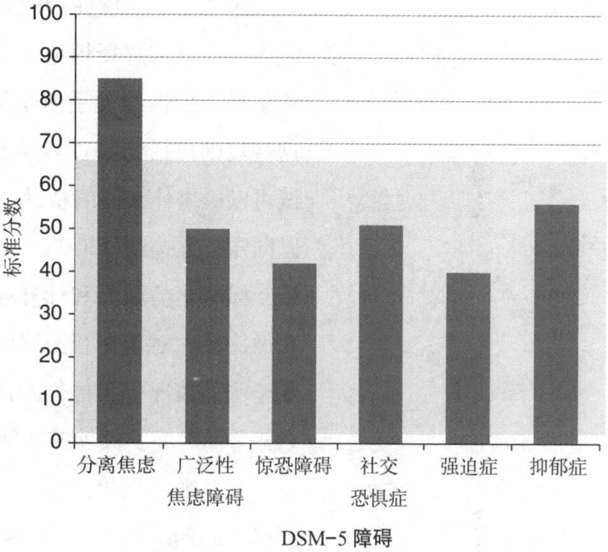

图 4.4 萨拉在儿童焦虑抑郁修订版问卷上的得分

注：临床医生使用特定的症状量表，以评估特定的心理问题。如该量表，显示与其他同龄女孩相比，萨拉有显著的对分离的恐惧（T ≥ 70）。

总之，诊断性会谈、观察和常模参照测验的数据表明，萨拉的躯体症状和拒绝上学是由对与父母分离的深层焦虑造成的。萨拉的症状是在她父亲中风后不久出现的。由于母亲工作繁忙，萨拉在父亲康复期间照顾了他一整个夏天。随着学年临近，萨拉一直在想，如果她离开父亲去上学，他可能会再次中风。她对父亲的焦虑和对分离的恐惧与日俱增，直到她开始出现躯体症状。通过允许萨拉待在家里不上学，她的母亲无意中强化了这些症状，这使得萨拉一直拒绝上学。

小 结

- MMPI-A-RF 是一个广泛运用的自评量表，它可以测量青少年的社会情感功能。它包含 3 个综合得分（即情绪、行为和思维）和 9 个临床量表得分。
- BASC-3 可由父母、教师或大龄儿童与青少年完成，可获得行为问题和适应功能的总体评估。
- 许多人格和社会情感功能测验的结果均以 T 分数表示，其平均值为 50，标准差为 10。

什么是好的心理测验?

心理测验有很多种，但并不是所有的测验都是好的。临床医生的诊断和治疗建议的准确性取决于他选择的测验的质量以及施测方式。在本节中，我们将讨论循证测验的三个最重要的特征:（1）标准化（standardization）;（2）信度（reliability）;（3）效度（validity）。

标准化

多数临床情境使用的心理测验均遵循某种标准化——即对所有被试采用统一的施测、计分和解释规范。以 WISC-V 为例，所有受测的 7 岁儿童接受完全相同的测验条目。根据测验手册中描述的具体规则，条目以相同的方式呈现给所有受测者。这些规则包括受测者必须坐在哪里、如何给出指导语、允许多少时间作答，以及主试可以提供什么样的帮助（如果有）。儿童的答案也使用手册中给出的具体指导原则以同样的方式计分（Wechsler et al., 2014）。

标准化的施测和计分可以让临床医生将一个儿童的测验成绩与其他同龄人的表现做比较。对于在智力测验中正确答题数相同的两个儿童来说，只有在以标准化方式施测的情况下，他们的认知功能水平才被认为是可以比较的。如果主试给一个儿童额外的时间、额外的帮助或更大的鼓励，这种条件下的比较是不合适的。

大多数标准化测验，如 WISC–V，都是有常模参照的。临床医生使用**常模参照测验（norm-referenced test）**量化特定的儿童青少年与其他相同年龄、年级和 / 或性别的儿童青少年的相似程度。这些测验被称为常模参照测验是因为将某一儿童或青少年与儿童青少年的标准样本相比较。儿童青少年的标准样本指一大组儿童青少年，在人口统计学上反映了更大的人群，例如美国所有儿童青少年或患有 ADHD 的儿童青少年。常模参照测验包括智力测验、人格测验和行为评定量表（Achenbach, 2015）。

为了使这些分数更有意义，他们会将儿童青少年在常模参照测验中的成绩与其他儿童青少年的表现进行比较。想象一个 9 岁的小女孩正确地回答了 WISC–V 中 45 个问题。临床医生会将她的“原始分”记录为 45 分。然而，45 分的原始分并不能让临床医生判断这个女孩在智力方面是天才、一般还是发育迟缓。为了解释她的原始分，临床医生需要将她的原始分与常模样本分数进行比较，即已完成 WISC-V 的其他儿童青少年的分数。如果标准样本中 9 岁儿童的平均原始分是 45 分，而女孩的原始分数也是 45 分，那么临床医生可能会得出结论，这个女孩的认知功能在平均范围内。然而，如果标准样本中 9 岁儿童的平均原始分为 30 分，而女孩的原始分为 45 分，临床医生可能会得出女孩的认知功能高于平均水平的结论。

因此，常模参照测验的结果在很大程度上取决于个体儿童青少年与标准样本的比较，至少要根据儿童青少年的年龄进行比较。例如，在智力测验方面，9 岁儿童必须与其他 9 岁儿童相比较，而不是与 6 岁儿童或 12 岁儿童相比较。在其他心理测验，特别是行为和社会情感功能测验中，比较是根据年龄和性别进行的。例如，男孩往往比女孩表现出更多的 ADHD 症状。因此，当临床医生得到一对父母对他们 9 岁儿子的 ADHD 的评分时，他会将这些评分与标准样本中其他 9 岁男孩的评分进行比较（Achenbach, 2015）。

通常，临床医生希望量化儿童青少年得分高于或低于标准样本平均分的程度。为了量化某一儿童或青少年得分与平均值的偏差，临床医生将儿童青少年的原始测验分数转换为标准分数。标准分数是一个被改变成不同尺度的原始分数，具有特定的平均值和标准差。例如，智力测验的平均值为 100，标准差为 15。与其他同龄儿童青少年相比，FSIQ 为 100 的儿童青少年属于平均水平，而 FSIQ 为 115 的儿童青少年则被视为高于平均水平。

信　度

信度是指心理测验结果的一致性。随着时间推移以及在不同环境下，同一个受测者做一个有信度的测验会得到一致的分数。虽然信度有很多种，但是最常见的是重测信度（test-retest reliability）、评定者信度（inter-rater reliability）和内部一致性信度（internal consistency）（Hogan & Tsushima, 2018）。

*重测信度*是指随着时间推移测验分数的一致性。想象一下，你买了一个智能手环来帮助你塑形。你每天早上走路去上第一节课的时候都要戴上手环。如果手环每天估计的步数大致相同，我们可以说它表现出很高的重测信度，因为这种装置在多次施测中产生一致的分数。心理测验也应该有很高的重测信度。一个 FSIQ 为 110 的儿童或青少年在几个月后也应该获得相近的 FSIQ 分数。

*评定者信度*是指 2 个或 2 个以上评分者或观察者的测验分数的一致性。想象一下，你有足够的钱买两款不同的智能手环来测量你的日常活动，每个手腕上一个。如果每个装置检测出的步数相近，我们可以说这两个装置显示出极好的评定者信度，因为它们显示出一致的结果。同样地，心理测验也应该显示出很高的评定者信度。例如，在 WISC–V 的部分测试中，心理学家根据儿童青少年答案的完备程度来打分。如果一个儿童把大象定义为一种动物，她可能会得到 1 分，而如果她把它定义为一种有四条腿、一个鼻子和大耳朵的动物，她可能会得到 2 分。不同的心理学家应该为相同的回答打相同的分数，这样才显示出较高的评定者信度。

*内部一致性信度*是指测验条目产生一致分数的程度。想象一下，你想用智能手环获得你的体力活动估计值。你决定用三种方法来测量活动：（1）使用手环的计步器；（2）使用 GPS 数据；（3）人工记录。如果你那天运动量很大，那么这三个分数都应该很高，因为它们都测量了相同的结构（即活动）。另一方面，如果你那天久坐不动，这三个分数都应该很低。这些数据表明内部一致性良好，因为测量相同结构的条目应产生一致的结果。

心理测验也应该有很高的内部一致性。例如，WISC–V 言语理解测验就显示了非常高的内部一致性信度。言语能力优秀的儿童青少年往往能正确地回答大多数条目的问题，而言语能力较弱的儿童青少年往往难以回答。高度的内部一致性信度表明，语言理解指数的条目衡量的是相同的结构（如语言理解），而不是其他结构（如儿童青少年的视觉空间技能或记忆）。

信度可以用一个范围从 0 到 1.0 的系数来量化。信度系数为 1.0 表示完全一致。什么是“可接受的”信度取决于不同类型的信度以及被测验的结构。例如，评估被认为随时间保持稳定的特征（比如 FSIQ）的测验应该有很高的重测信度。与此相反，针对随时间而改变的心理状态（如抑郁或焦虑症状）的测验，可能具有较低的重测信度。

效 度

效度是指一个测验准确地衡量它所要衡量的内容的程度，如智力测验应该测量智力，抑郁测验应该测量抑郁等（Hogan & Tsushima, 2018）。

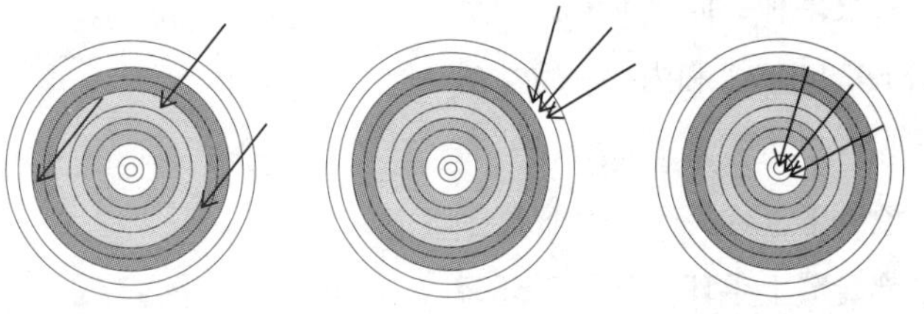

图 4.5 信度和效度

注：信度是指测验分数的一致性；效度是指其准确性。心理测验必须产生一致的分数，准确地衡量它们被设计用来衡量的结构。

信度反映的是一致性，而效度反映的则是准确度。想象一下，一个技术欠佳的弓箭手的箭随机地分布在靶子上。技术欠佳的弓箭手表现出低信度（他的箭散布在靶子上）和低效度（他未射中靶心）。现在想象一个更好的弓箭手，他射出的五支箭聚集在一起，但离靶心很远。较好的射手表现出较高的信度（他的箭非常集中），但效度较低（因为他也没射中靶心）。最后，想象一个神射手，他的箭都射在靶心上。神射手具有很高的信度和效度，就像一个理想的心理测验（图 4.5）。

严格地说，效度不是测验本身的属性。相反，效度是指测验能够准确用于特定目的的程度（Hogan & Tsushima，2018）。想象一下，你用智能手环记录了一个月的日常体育活动。你每天的活动水平都非常高（10 000 步），而且相对稳定（即高信度）。因此，你可能会得出结论，即你很健康。然而，当你去看医生时，她告诉你，你有高血压和胆固醇。智能手环的计步数据可能是衡量活动水平的可靠指标，但可能不是衡量整体健康状况的有效指标。同样，儿童青少年的 WISC–V 视觉–空间推理得分可以提供对其视觉空间推理能力的准确估计，但它可能不是评价儿童青少年阅读或写作技能的准确指标。

心理测验的效度至少可以从三个方面来检验。首先，心理学家可以看测验的**内容效度（content validity）**。具体来说，测验条目的内容应与测验目的相关。例如，儿童抑郁量表（第二版）（Children's Depression Inventory, Second Edition, CDI-2; Kovacs, 2011）是评估儿童抑郁最广泛使用的工具。这项测验包含了许多反映抑郁症诊断标准的条目，例如“我一直很悲伤”“我一直很暴躁”和“我每晚都睡不着觉”。CDI-2 具有极好的内容效度，因为这些条目与 DSM-5 描述的抑郁症症状一致。

其次，心理学家也会检验测验的**结构效度**（**construct validity**）（Cronbach & Meehl, 1955）。结构效度是指测验结果反映假设的属性或结构的程度。诸如智力、抑郁、焦虑、攻击的大多数心理变量符合某种结构。结构不能直接被测量；相反，它们必须从外显的行为或人们的自我报告中被推断出来。例如，智力水平可能表现为优异的学业成绩，抑郁状态可能通过频繁哭泣行为显现，攻击倾向或可从肢体冲突史中得以反映。

为了研究测验的结构效度，心理学家研究了测验分数与结构相似和不相似的其他测验之间的关系。*聚合效度*（*convergent validity*）的证据来自该测验结果和与其理论结构相似的测验的结果之间的显著相关性。*区分效度*（*discriminant validity*）的证据来自该测验结果与其理论结构无关的测验的结果之间无显著相关。例如，CDI-2 的聚合效度表现为 CDI-2 与儿童青少年抑郁的其他测验的结果的高相关性，而 CDI-2 的区分效度表现为 CDI-2 与其他儿童青少年问题（如焦虑和攻击）的测验结果的较低相关性。

最后，心理学家还要检验测验的**校标关联效度**（**criterion-related validity**）。校标关联效度指的是测验分数在多大程度上可以用来推断某个外部基准或标准的可能状态。衡量校标关联效度的一个指标叫作*同时效度*（*concurrent validity*），即测量的分数在同一时间点上与某一标准相关的程度。例如，患有抑郁症的儿童青少年在 CDI-2 上的得分应该明显高于没有抑郁症的儿童青少年。校标关联效度的另一方面也称为预测效度。*预测效度*（*predicative validity*）是指测验分数预测理论预期结果的能力。例如，CDI-2 分数高的儿童青少年将来可能有自杀想法和行为的风险（Geisinger, 2018）。

小 结

- 标准化测验在施测、计分和解释这些方面对所有受测儿童青少年都保持一致。大多数标准化测验都是常模参照测验。从这些测验中得到的分数量化了儿童青少年的表现与同龄人的相似程度。
- 信度是指测验的一致性。包括重测信度、评定者信度和内部一致性信度。
- 效度是指测验准确反映目标结构的程度。包括内容效度、结构效度和校标关联效度。

4.2 心理治疗的系统

精神卫生专业人员权威又令人信任。人们遇到情绪困扰和日常生活问题时通常会去看心理治疗师。来访者往往处于脆弱状态，他们寻求的是对其需求敏感并且能及时回应的关怀。当来访者是未成年个体时，提供循证且符合伦理的治疗尤其重要。父母和其他照顾者将他们最宝贵的一部分——他们的孩子——托付给治疗师，期望治疗师能够帮助孩子克服问题，达到尽可能高的功能水平。为了介绍各种治疗方法，让我们看看安娜的例子，她需要一位熟练的、乐于助人的专业人士的帮助。

案例研究
心理治疗

安娜的秘密

16 岁的安娜在牙医的办公室第一次暴露了她暴食和清除的习惯，这里本来是最不可能暴露她问题的地方。在一次例行洗牙的过程中，牙医注意到她的牙釉质明显受损，后牙整体呈黄灰色。这些迹象，再加上她的唾液腺轻微发炎，表明她反复呕吐。

“当牙医问我是不是故意让自己呕吐时，我真的有种奇怪的感觉，恐惧和解脱交织在一起。”安娜后来向她的治疗师解释道，“我很尴尬，但现在能谈论这件事情，也让我感觉好了一点。”

在治疗师的帮助下，安娜同意告诉妈妈她有暴食和清除的习惯。她这样的行为始于 18 个月前。随着压力程度变化，情况起起伏伏。当她对家人、朋友或学校感到不安时，以及当她感到孤独或被冷落时，她最有可能暴食。她喜欢吃零食，尤其是薯片、谷物类食品和拉面。平均来说，安娜每周会暴食 4 ～ 5 次。

“当安娜告诉我时，我并不感到惊讶，”她妈妈补充道，“她试图通过把水龙头打开、洗很多次澡，或者用空气清新剂和薄荷糖来掩盖这一切。这就像客厅里的大象。我们都看到了，但没有人谈论它。”

“好吧，它现在公开了。”安娜的治疗师答道，“让我们看看能不能找到办法让情况变好。”

什么是心理治疗?

治疗的定义和共同因素

大多数精神卫生专业人士把大部分时间花在实践心理治疗上。不幸的是，没有人为心理治疗给出一个让所有从业者满意的定义。雷蒙德·科西尼（Raymond Corsini, 2005）对心理治疗提出了一个有影响力的定义：

> **心理治疗**是双方互动的一个专业的过程……其目的是减轻以下任何一个或所有方面的痛苦：认知功能（思维障碍）、情感功能（痛苦或情绪上的

> 不适）或行为功能（行为缺乏）……治疗师需要了解一些关于人格的起源、发展、维持和变化的理论，以及一些与该理论逻辑相关的治疗方法，并应获得专业和法律上的许可。

根据这个定义，我们可以说心理治疗是一个人际交往过程。治疗必须包括心理治疗师和来访者这两个人之间的互动。治疗师可以是任何一个在提供精神卫生服务方面受过专门培训的专业人士。治疗师可以包括心理学家、精神科医生、心理咨询师和社工；不过，治疗师也可以包括接受过心理社会干预培训和督导的准专业人士（Hill, 2020）。

治疗师运用关于人类发展和心理病理成因的理论来发明减轻来访者心理痛苦的方法。来访者是指存在一定程度的心理痛苦或功能损害，并通过自愿参与治疗性互动以促成改变的个体。

心理治疗的目的是调整思维、情绪，或减轻症状和提高幸福感。改变主要通过与治疗师的互动而发生。具体来说，治疗师需根据其采用的精神病理学理论，创造相应的治疗条件以改善来访者的心理功能。

杰罗姆·弗兰克（Jerome Frank, 1973）认为，存在一些适用于所有疗法的因素。这些共同因素（**common factors**）包括来访者和治疗师之间建立的信任关系、让改变发生的特定设置、关于来访者痛苦的理论或解释，以及双方共同参与的，旨在减轻心理痛苦或功能损伤的治疗性程序。弗兰克认为，这些心理治疗的共同因素自过去以来就是心理治疗和精神疗愈的主要组成部分（Frank & Frank, 2004）。

著名心理学家卡尔·罗杰斯（Carl Rogers, 1957）认为，治疗改变的发生有三个充要条件。罗杰斯将以人为中心的心理治疗发展成为一种主要关注以下三个因素的治疗方法。

第一，治疗师必须共情（*empathy*）来访者。具体来说，治疗师必须努力从来访者的角度来理解这个世界，并对来访者的思想、感受和行为有浓厚的兴趣。

第二，治疗师必须用*真诚一致*（*congruence*）的方式回应来访者，即治疗师必须表现出对来访者的真挚感情，避免保持情感上的超然、疏远或脱离。罗杰斯将理想的治疗关系描述为“透明的”——也就是说，在治疗过程中，来访者应该很容易看到治疗师的真实感受。治疗师不会试图隐藏自己的感情或摆架子。

第三，治疗师必须为来访者提供*无条件的积极关注*（*unconditional positive regard*），也就是说，治疗师必须对来访者的行为和特点给予支持且不评判，以便在信任和接纳的基础上建立关系。治疗师要充分重视来访者的自身价值，并对其自主决定给予专业支持。罗杰斯认为，如果治疗师为来访者提供这三种条件，来访者将从治疗中最大限度地获益（Rogers, 1961）。

治疗联盟

成功治疗的一个基本要素是**治疗联盟**（**therapeutic alliance**）或者说来访者和治疗师之间的合作关系。治疗联盟既有情感成分，也有认知成分。在情感方面，来访者和治疗师必须体验到基于信任和支持的积极情感联结。在认知方面，来访者和治疗师必须就治疗目标以及达到这些目标所需的步骤达成一致。建立这些情感纽带以及同意治疗过程是治疗早期的首要任务（Karver, De Nadai, Monahan,& Shirk, 2018）。

建立治疗联盟很重要，因为这预示着儿童青少年心理治疗的成功。与治疗师的联结越紧密，并对治疗目标达成一致，那么来访者就会更大程度上参与治疗，改变其行为的意愿也更高，在治疗过程中也会表现出更开放的态度。同样，与孩子的治疗师建立密切关系的父母更有可能与孩子一起参与治疗，并贯彻治疗师的建议以帮助孩子。相反，一个不良的治疗联盟预示着治疗参与度低、治疗方法上的不合作或对抗，来访者脱落的可能性高（Norcross & Lambert, 2020）。

很少有治疗师质疑治疗的共同因素的重要性和稳固的治疗联盟的必要性。然而，大多数临床工作者认为这些因素是必要的，但这不足以带来变化。因此，治疗师们要用符合人类发展理论和精神病理成因的具体策略和方法来补充这些共同因素和联盟建立技巧。他们使用的具体疗法取决于他们所实践的心理治疗系统、来访者的问题以及家庭的目标和资源（Karver et al., 2018）。

小　结

- 心理治疗是至少两个人参与的一种专业关系，目的是减轻心理痛苦或功能损害，促进成长和提高能力。这一目标是通过在这种专业关系中改变来访者的思维、感受或行为方式实现的。
- 罗杰斯指出了在治疗中让改变发生的三个因素:（1）共情;（2）真诚一致;（3）无条件的积极关注。
- 治疗联盟描述了治疗师和来访者之间的关系。这个关系的质量预测了在治疗中发生的改变。

心理治疗的主要系统有哪些?

心理治疗系统或“学派”有数百种。这些疗法可以根据处理来访者问题的层次将其粗略分类。这些层次包括儿童青少年的（1）当下的症状和外显行为;（2）思维模式;（3）人际关系;（4）家庭结构和功能;（5）自我意识（Prochaska & Norcross, 2019）。

行为疗法

行为疗法（**behavior therapy**）主要关注来访者的外显行为。行为疗法起源于约瑟夫·沃尔普（Joseph Wolpe, 1958）、汉斯·艾森克（Hans Eysenck, 1959）和 B. F. 斯金纳（B. F. Skinner, 1974）。行为治疗师从症状层面解决来访者的问题。行为治疗师并不认为深层的人格特征或无意识冲突会影响行为。相反，行为是由环境的偶然性决定的，也就是说，周围环境中的条件诱发、强化或惩罚人的行为。行为疗法的目标通常是改变这些环境的偶然性，以增加来访者发展出更具适应性的行为模式的可能性。

回想一下，行为治疗师通常会对来访者的问题行为进行功能分析，以确定引发行为的情况（前因）或随时间推移强化行为的条件（后果）。然后，行为治疗师与来访者合作，找到方法去避免这些环境触发因素或改变维持行为的后果（Miltenberger, Miller, & Zerger, 2015）。

回想一下，安娜最有问题的行为是她暴食和清除的倾向。行为治疗师会仔细记录安娜暴食的频率。然后，治疗师会努力找出经常出现在暴食之前的情境。例如，安娜可能会报告，她的暴食行为往往出现在放学后、感到孤独时，以及感到饥饿的时候。治疗师也会努力确定安娜的暴食是如何随着时间推移而被维持的。安娜可能会报告，在暴食之后，她会立刻感觉不那么孤独和饥饿。因此，这些不愉快情绪的消退会对暴食行为产生负强化（Fishman, 2018a）。

在治疗过程中，行为治疗师可能会教安娜监控她的暴食行为及其前因后果。然后，治疗师可能会帮助安娜避免引发暴食的前因。例如，治疗师可能会帮助安娜规律饮食、均衡饮食以避免强烈的饥饿感。同样地，治疗师可能会帮助安娜找到避免孤独和无聊的方法，因为孤独和无聊往往会引发她的暴食。治疗师可能会鼓励安娜更多地参与课后活动，或者教她发展更令人满意的同伴关系。或者，治疗师可以帮助安娜找到应对策略，如放松技巧或锻炼，以管理负面情绪。通过改变引起或强化暴食行为的环境因素，安娜应该能够减少暴食的频率。

认知疗法

认知疗法（**cognitive therapy**）主要关注来访者对自己、他人和未来的思考模式。认知治疗师亚伦·贝克（Aaron Beck, 1976）认为，当人们在思考中出现被称为认知偏差（cognitive bias）和认知歪曲（cognitive distortion）的系统性错误时，他们就会体验到心理困扰和障碍。当个体有选择地关注生活中的消极方面，而不是以一种更平衡、更现实的方式看待情况时，就会产生*认知偏差*。例如，一个有社交焦虑的女孩在课堂上做报告时，可能只关注同学的大笑或窃笑，而不关注教师表示赞同地点头。同样，一个患有抑郁症的男孩可能只会注意到午餐时只有一个同学和他坐在一起这个客观事实，而不是这个朋友选择了和他待在一起，并且感受到朋友的支持。

当个体歪曲现实以符合自己的消极世界观时，*认知歪曲*就会发生。例如，有社交焦虑的女孩可能会误认为同学们在她做报告时发出笑声是批评的表现。她可能会想："他们在嘲笑我。他们觉得我愚蠢。"这些歪曲的想法反过来可能会干扰她做好报告的能力，并导致其他人实际的批评，从而证实她的期望。同样，患抑郁症的男孩可能会误以为午餐时很少有朋友陪他一起吃饭是他一文不值的体现。他可能会想："没人喜欢我。我就是这样一个失败者。"他歪曲的思想反过来又可能使他表现得闷闷不乐或逃避他人，从而导致他的同学们拒绝他，证实了他对自己的负面看法（DiGiuseppe, David, & Venezia, 2018）。

认知疗法的最初目标是帮助患者认识到我们的思维、感受和行为之间的密切联系。虽然我们通常很难直接控制自己的感情，但我们可以控制自己的想法或行为。我们如果改变自己的思维方式或行为方式，往往就可以改善自己的感受。下面展示了认知治疗师向儿童青少年教授思维、感受和行为之间关系的一种方法（Beidel & Reinecke, 2016）。

从科学到实践

儿童青少年的认知疗法

认知治疗师教孩子，我们的思维方式会影响我们的感受。如果我们能改变对一种情况的看法，就可能会感觉好些。例如，治疗师可能会用大象和老鼠的卡通画，向一个焦虑的孩子解释这个概念。

治疗师：这头大象的感受如何？

儿童：他害怕。

治疗师：为什么？

儿童：他认为老鼠会伤害他。

治疗师：老鼠真的会伤害到他吗？

儿童：不会，这只老鼠太小了。

治疗师：如果大象有另一种想法，比如"这只小老鼠真可爱"，那么他会有什么不同的感受吗？

儿童：我想，或许他会开心并且想要和这只小老鼠一起玩。

治疗师：所以我们对情境的思考方式会影响我们的感受。

儿童：是的，就像这头大象一样。

认知治疗师帮助来访者识别和挑战偏差和歪曲，并采用更准确的思维方式。认知疗法中的一项主要技术是询问来访者是否有证据支持他们的信念。例如，治疗师可能会问焦虑的女孩："你怎么知道你的同学认为你很愚蠢？你有什么证据支持你的观点？有没有相反的证据证明也许他们实际上喜欢你做的报告？"同样，治疗师可能会问患有抑郁症的男孩："有什么证据表明午餐时没有人愿意和你坐在一起？你不是说有个男孩和你坐在一起吗？如果你看到一个孩子在吃午饭的时候一个人坐着，你会认为他一文不值或是一个失败者吗？"治疗的目的不是教来访者用积极的方式思考，而是帮助他们更现实地，而不是用偏差或歪曲的方式看待自己、他人和世界（Kendall, 2018）。

认知治疗师会把注意力集中在安娜的暴食和清除相关的想法上。安娜可能会感到孤独，心想："我一文不值。没有人喜欢我。"治疗师可能会帮助安娜挑战这个信念，以确定这是事实还是认知歪曲。例如，治疗师可能会问安娜："有什么证据表明没有人喜欢你？当你感到孤独的时候，如果你给朋友发短信或打电话，会有人愿意和你交谈吗？"

安娜也可能会想："如果我打电话给别人说我很孤独，想做点什么，他们可能会嘲笑我，说我是个失败者。"治疗师可能会质疑安娜歪曲的信念，问她："如果学校的另一个女孩打电话给你，说她感到孤独，想和你待在一起，你会取笑她吗？你是不是更有可能帮助她，让她高兴起来？你不觉得如果你提出要求，你的朋友也会为你做同样的事吗？"

认知疗法强调思维、情感和行为之间的联系。随着来访者学会以更现实、更灵活的方式思考，他们可能会体验到更少的负面情绪，并以更具适应性和灵活性的方式行事。通常，认知治疗师会将行为治疗的元素融入他们的治疗中。认知行为疗法（cognitive–behavioral therapy, CBT）是指综合运用认知和行为方法进行治疗的疗法（Beidel & Reinecke, 2016）。

人际疗法

人际疗法（interpersonal therapy）主要关注来访者与他人关系的质量以及他们随时间推移处理这些关系的能力。这种疗法最初由杰拉尔德·克勒曼（Gerald Klerman）和米娜·魏斯曼（Myrna Weissman）开创，用于治疗抑郁症（Weissman, 2020）。人际疗法基于约翰·鲍尔比（John Bowlby）和哈里·斯塔克·沙利文（Harry Stack Sullivan）的理论。鲍尔比（1969, 1973）认为，人们会形成一个关于照顾者和生活中其他重要个体的内部工作模式。建立在信任和对照料的期望之上的内部工作模型可以促进之后的社会情感能力。然而，基于不信任和不一致照料的内部工作模式可能会干扰未来关系的发展。沙利文（1953）认为人际关系对心理健康至关重要。儿童期的友谊有助于青少年发展认同感和自我价值感，并为成年后建立更亲密的关系奠定基础。人际关系中的问题会影响社会情感功能和自我概念。

人际治疗师认为，当人们的人际关系受到干扰时，问题就会出现（Weissman, Markowitz, & Klerman, 2018）。四种类型的破坏尤为重要。第一，人际关系可能会因为亲人的死亡或丧失（*death or loss*）而中断。第二，当个体经历人际关系的转变（*interpersonal transition*）或社会角色的改变时，关系问题就会出现（例如从初中到高中的适应问题）。第三，当个体经历人际冲突（*interpersonal dispute*）时，也就是说，当他的社会角色与其他人的期望相冲突时（例如父母和青少年对约会或上大学的重要性有分歧），问题就会出现。第四，当个体的人际关系缺陷（*interpersonal deficit*）妨碍了他建立和维持友谊的能力时，问题就会出现（例如，过度害羞或缺乏社交技能）。

人际关系治疗师试图找出并纠正可能导致儿童青少年出现问题的人际关系困难。治疗师选择的治疗策略取决于来访者人际关系问题的性质。例如，治疗师可以在治疗中给青少年充分的时间来哀悼，帮助他们处理父母离世的体验。然后，治疗师可能会帮助来访者找到方法来应对生活中父母的缺失。或者，治疗师可以帮助一个过度害羞的青少年发展社交技能，这样他就可以拓展他的同伴网络和社会支持系统（Lipsitz & Markowitz, 2018）。

人际治疗师可能会注意到，安娜的进食问题发生在她父亲换了工作、全家搬到新的社区和她去新学区上学后不久。治疗师可能会将安娜的进食障碍解释为一种非适应性的对减肥的尝试，这可以让她对他人有吸引力，并在新学校获得同伴的接受。她严格的饮食也可以被看作是安娜在人际关系发生变化的背景下控制生活的一种方式。通过支持和建议的结合，治疗师将帮助安娜表达失去老邻居和朋友的悲伤，应对她搬到一所新学校的情况，并找到更有效的方法让她在目前的环境中建立新的人际关系（Rudolph, Lansford, & Rodkin, 2016）。

家庭系统疗法

家庭系统疗法（**family systems therapy**）旨在改善家庭成员之间的交流模式和互动质量（Bitter, 2013）。尽管家庭治疗有许多类型，但所有的家庭治疗师都将家庭视为一个系统，也就是一个由相互联系的个体组成的网络，这些个体影响并部分引导彼此的行为。将家庭视为一个系统对治疗有几个意义。第一，任何家庭成员都不能被孤立地理解。家庭成员的行为最好在家庭中所有其他成员的背景下理解。第二，家庭治疗师将整个家庭，而不仅仅是出现问题的个体视为他们的“来访者”。第三，系统疗法假设一个家庭成员的变化必然会影响到所有家庭成员。因此，家庭治疗师认为，帮助一个或两个家庭成员改善他们的功能可以减少家庭里出现问题的家庭成员的症状（Kerig, 2016）。

家庭治疗师萨尔瓦多·米纽庆（Salvador Minuchin, 1974）发展了结构家庭治疗（*structural family therapy*）。结构家庭治疗师主要关注家庭成员之间以及家庭与外部世界的关系结构。在健康的家庭中，父母在相互尊重和开放沟通的基础上，彼此间形成了强大的社会情感纽带或联盟。此外，在健康的家庭中，父母在自己和孩子之间是有边界的。具体来说，父母尊重孩子发展中的自主性，满足他们的社会情感需求，但父母仍是权威。

在不健康的家庭中，父母中的一方与子女结成联盟，孤立或疏远另一方于家庭之外。例如，母亲可能因为父亲酗酒而鼓励女儿与自己结盟以反对父亲。母女之间的联盟可能会让父亲感到与家人疏远，而母女可能会对父亲产生怨恨。这种由于两个家庭成员之间形成联盟，使第三个成员感到孤立或被排斥的现象有时被称为三角关系（Sexton & Stanton, 2018）。

此外，在不健康的家庭中，父母和子女之间的边界往往过于僵化或过于模糊。疏离的家庭的特点是过分僵化的边界，家庭成员之间的开放交流被扼杀，成员之间感到彼此失去联结。与此相反，卷入程度深的家庭的特点是模糊的边界，家庭成员缺乏自主性，不断侵入他人的生活（Wendel & Gouze,2015）。

阿德勒家庭治疗（*Adlerian family therapy*）是另一种现代家庭系统疗法方法，可以帮助父母应对孩子的行为问题（Sherman & Dinkmeyer, 2014）。使用阿德勒家庭治疗的治疗师认为，包括孩子在内的所有家庭成员都会根据意义、有效性和目的性追求生活。他们认为儿童青少年的行为问题是为了实现家庭的意义或目的而做出的非适应性尝试。具体来说，不良行为发生可能有四个理由：（1）引起注意；（2）维护自己在父母那里的自主性；（3）报复或"寻求公平"；（4）逃避责任及独处。治疗师的任务是找出儿童青少年不良行为的目的，帮助父母在家庭中找到一个更具适应性的角色。

家庭治疗师会坚持让安娜和她的父母一起前来治疗，至少参与部分治疗。治疗师可能会注意安娜家庭中的联盟和边界，以及安娜的进食障碍可能在以什么样的方式维持非适应性的家庭系统。例如，治疗师可能会发现安娜的父母经常争吵，并考虑离婚，而安娜的症状与她父母的婚姻问题同时出现。治疗师可能会假设安娜出现进食问题是为了通过分散她父母对婚姻纠纷的注意力来维持家庭结构（Wendel & Gouze, 2015）。

家庭治疗师也可能注意到安娜的父母过度保护、要求过高。治疗师可能会将安娜减肥的愿望解释为她试图获得父母认可的非适应性行为。治疗师可能会把安娜的父母转介给伴侣咨询师，以帮助他们改善关系质量。同时，治疗师可能会与安娜和她的父母合作，以改善家庭中的沟通情况。治疗的一个目标可能是帮助安娜的父母让安娜在日常行为上有更多的自主权（Bitter, 2013）。

心理动力疗法

心理动力疗法（**psychodynamic therapy**）主要关注自我的无意识冲突。心理动力疗法基于西格蒙德·弗洛伊德（Sigmund Freud, 1923, 1961）、安娜·弗洛伊德（Anna Freud, 1936）和一大批新弗洛伊德理论家在理论上和临床上的工作。尽管心理动力学的方法有许多，但几乎所有治疗师都认为无意识的想法、感觉、梦、意象或愿望会影响我们的行为（Barber & Solomonov, 2018）。

西格蒙德·弗洛伊德认为，思维类似于具有不同意识水平的地形图。根据弗洛伊德的心智地形学说（*topographic theory on mind*），有两个水平影响和指导我们的思维、情感和行为。意识是由思维和感受组成的，这些思维和感受是可及的，比如你正在读的书、环境中的噪声，或者短暂的饥饿感。相比之下，无意识由一些虽然不能立即触及，但仍然可以影响我们行为的思想、情感、愿望和意象等心理过程组成，这些是我们甚至无法对自己承认的。丧失、被拒绝、恐惧或痛苦的经历会影响无意识的精神活动。从心理动力学的角度来看，心理症状往往反映了这些无意识的心理过程（Terr, 2015）。

心理动力疗法的主要目的是获得领悟（*insight*），就是说，让个体意识到自己导致症状出现的无意识冲突。领悟被认为会减轻症状和引导更具适应性的行为（Barber & Solomonov, 2018）。

治疗师帮助来访者领悟的一种方法是关注来访者的移情、来访者对治疗师的态度和互动模式。移情（*transference*）被认为反映了来访者的人际关系史以及投射到治疗师身上的无意识的想法和感受。例如，被父母身体虐待或忽视的青少年可能会对治疗师表达不信任和敌意。来访者可能会无意识地认为治疗师会像她的父母一样抛弃、拒绝或虐待她。治疗师可以通过移情帮助病人获得对这些无意识想法和感受的意识。例如，治疗师可能会试探性地诠释来访者的移情："我注意到，每当我们谈论结束治疗时，你都会对我非常生气和愤怒。我想知道，你是否害怕我会抛弃你？"在治疗过程中，随着来访者对自己痛苦的原因有了更深入的领悟，他们可能会体验到症状减轻，发展出更好的应对焦虑的方法，并与他人建立更令人满意的关系（Terr, 2015）。

心理动力治疗师可能会关注安娜的移情。在多次治疗过程中，治疗师可能会注意到安娜在治疗过程中经常表现出无助和孩子气，好像她希望治疗师告诉她该怎么做。此外，当治疗师保持非指导性并坚持让安娜自己解决问题时，安娜可能会对治疗师感到沮丧和愤怒。治疗师可能会将安娜的移情理解为一种无意识的渴望，希望保持一种孩童般的状态。治疗师可能会认为，只要安娜保持无助和孩子气，她就不必承担让她焦虑的成人责任：找兼职、上大学或离开家。治疗师可能会认为安娜的进食障碍确保了她的父母会关心她，给予她关注和同情心，而不是让她养成更自主、更适龄的行为。

小　结

- 行为治疗师关注儿童青少年的外显行为。他们试图通过改变环境的前因或后果来改变问题行为。
- 认知治疗师关注儿童青少年对自我、他人和未来的看法。他们发现并挑战导致非适应性行为或情绪的有偏差或歪曲的想法。
- 人际治疗师关注儿童青少年心理健康的质量与家人和朋友的关系。他们帮助儿童青少年应对这些关系的中断或改善他们的人际交往能力。

- 家庭治疗师将整个家庭系统视为来访者。他们相信一个家庭成员的进步将改变家庭的所有成员。
- 心理动力治疗师关注影响儿童青少年功能的无意识想法和感受，也关注移情，即来访者基于其发展史形成的、指向治疗师的情感和行为模式。

什么是文化适应性治疗？

交叉性

美国心理协会制定了适应性治疗的指南，以满足来自多元文化背景的儿童青少年和家庭的需要。为了提供适应不同文化的治疗，心理学工作者必须培养对来访者社会文化历史、身份和价值观的欣赏、理解和学习的意愿（APA, 2017b）。

APA 多元文化指南的核心是一个概念，即儿童青少年的身份认同是由多种生态系统塑造的。每个儿童青少年都将自己视为家庭、同伴群体、学校、社区和社团的一员。儿童青少年的身份认同也由其教育背景、族裔、性别、移民身份、收入、宗教、性别身份和社会文化价值观构成。身份认同是不断变化的，这取决于儿童青少年的年龄、经历以及其生活的更广泛的社会政治背景（Bronfenbrenner, 1979, 2005）。

心理学家用**交叉性**（**intersectionality**）这个词来描述这些社会文化因素如何相互作用，以塑造儿童青少年的同一性，并且促进或阻碍其发展（Rosenthal, 2017）。心理学家们并没有对每一个因素进行单独的研究，而是试图了解身份认同如何以适应性或非适应性的方式影响儿童青少年（图 4.6）。

图 4.6 交叉性

注： 交叉性是指社会文化因素相互作用的方式，随着时间推移，形成儿童青少年的身份认同，促进或阻碍其发展。

大多数研究集中在社会文化层面的身份认同相互作用的方式上，以及这些相互作用如何影响儿童青少年获得高质量的心理治疗。例如，同样有抑郁症，与非拉丁裔白人未成年相比，非洲裔和拉丁裔儿童青少年获得循证治疗的比例显著更低。这种治疗上的族裔差异部分是由父母对待治疗态度的文化差异造成的。平均而言，少数族裔儿童青少年的父母比非拉丁裔白人儿童青少年的父母更担心羞耻感或心理治疗的有效性，也不太可能为子女寻求服务。如果少数族裔父母说的语言与治疗师不同，或者他们认为治疗师对他们的社会文化背景和经历不敏感，他们也可能不愿意接受治疗（Comas-Diaz & Brown, 2018）。

同时，生活贫困的少数族裔儿童青少年接受治疗的可能性更小。非洲裔美国人和拉丁美洲人的低收入家庭面临更多的治疗障碍，而这些治疗障碍可能不会限制中或高社会经济地位的少数族裔家庭。这些障碍包括治疗费用、获得儿童托管服务和前去接受治疗的交通工具、确保休假时间以及在社区获得高质量的心理健康服务（Cummings, Ji, Lally, & Druss, 2019）。

族裔和社会经济地位会相互影响，使儿童青少年面临更高的其他心理问题的风险。例如，与父母一起进行的行为治疗是对那些对成人持对立违抗态度的儿童青少年最有效的治疗方法之一。然而，低收入少数族裔父母很少参与行为治疗。即使在方便的地点提供服务，并向父母提供免费交通和儿童托管服务，只有不到三分之一的符合条件的父母真正参与治疗。父母通常报告说，没时间和高压力是他们不利用这些服务的主要原因（Gross, Breitenstein, Eisbach, Hoppe, & Harrison, 2015）。

最近，研究人员试图利用家庭的社会文化背景来增加治疗的参与度，提高治疗的有效性。**文化适应性治疗（culturally adapted treatment）**包括调整循证心理治疗以适应家庭的社会文化背景。治疗师要倾听家庭的背景和迫切的需要，使治疗符合实际并与家庭目前的优势和挑战相关（Pina, Polo, & Huey, 2019）。

文化适应的例子

芝加哥父母计划（Chicago Parent Program）是一个为家庭中有对立违抗行为孩子的少数族裔、低收入家庭设计的文化适应性治疗方案的例子。这项计划是基于行为治疗的父母培训。最初，这项计划会教导父母强化孩子的适应性行为，如集中注意力和服从，并以一致的方式管理孩子的行为问题。在每次治疗中，父母们都会观看演示照顾者养育技巧的录像片段。父母确定并讨论有效的养育策略，并在他们试图对自己的孩子实施这些技巧时相互提供支持。最初的方案对中等收入的白人家庭非常有效，但对少数族裔的、低收入家庭的效果要差得多（Gross et al., 2015）。

因此，研究人员调整了这个项目，以满足生活在城市中的低收入非洲裔美国人和拉丁美洲父母的需要。在研究人员咨询了父母之后，调整了课程中讲授的技能，使之更可行，并且与他们更相关。例如，把重点放在强调服从的技巧和对生活在繁忙城市的家庭来说很重要的儿童青少年安全技能上。还重构了关于使用体罚（例如打屁股）的部分。许多少数族裔父母认为体罚在文化上是适当的，对养育子女很重要。研究人员制作了新的录像片段，让其与非洲裔美国家庭和拉丁美洲家庭更具文化相关性。比如，一段视频演示了如何管理儿童青少年在自助洗衣店的不当行为，另一段视频讲述了如何处理多代养育冲突。对该项目的评估表明，它对父母和孩子的行为有持久的影响。超过 90% 的父母表示非常满意，88% 的父母表示会对朋友强烈推荐此项目（van Mourik, Crone, de Wolff, & Reis, 2018）。

小　结

- APA 制定的指南可以帮助临床医生调整治疗，以满足来自多元文化背景的儿童青少年和家庭的需要。这些指南的核心是一个概念，即儿童青少年的身份认同受到多种生态系统的影响。

- 心理学家用交叉性这个词来描述社会文化因素以相互作用的方式塑造儿童青少年的身份认同，促进或阻碍其发展。
- 文化适应性治疗包括根据家庭的社会文化背景、期望、需要和优势来调整循证治疗。

4.3　儿童青少年心理治疗的理论疗效和实际疗效

儿童青少年心理治疗如何不同于成人心理治疗?

儿童青少年心理治疗和成人心理治疗在几个方面有所不同。第一，儿童青少年和成人在动机上往往存在差异。大多数成人自主寻求心理治疗，在进行首次预约时，他们至少有一些改变自己的动力。事实上，一些证据表明，寻求治疗和初次预约行为本身就是一种治疗（Nathan & Gorman, 2016）。相比之下，儿童与青少年几乎总是由其他人，特别是父母和教师送去接受治疗。儿童青少年很少意识到他们的行为、情感和社会问题的严重性，也很少意识到他们通常表现出低改变动力。大多数治疗师最初都会尝试增加儿童青少年对治疗师的信任和参与治疗的意愿（Dean, Britt, Bell, Stanley, & Collings, 2017）。

第二，儿童青少年和成人的认知和社会情感差异会影响治疗过程。大多数形式的儿童与青少年治疗是成人治疗的延伸。然而，由于儿童与青少年年纪小，他们往往缺乏许多必要的认知、社会和情感技能，这让他们不能充分受益于心理治疗技术。例如，认知疗法在很大程度上依靠来访者的元认知能力，即思考自己的想法的能力。然而，元认知能力在儿童期和青少年期发展，幼儿可能会感到认知疗法过于抽象和困难。类似地，认知和心理动力学疗法通常依赖于来访者和治疗师之间的言语交流。幼儿和语言能力有限的儿童青少年可能难以参与这些形式的治疗（Kendall, 2018）。

第三，与成人相比，儿童青少年的治疗目标往往不同。成人心理治疗的首要目标通常是减轻症状。当来访者恢复到以前的功能状态时，大多数治疗师和来访者都认为治疗是成功的。在儿童与青少年的治疗中，恢复以往的功能往往是不够的。儿童与青少年治疗的目标是减轻症状，同时促进他们的发展。例如，患有 ADHD 的儿童青少年可能会参与行为治疗，并服用药物来缓解多动和注意力不集中的症状。然而，这些行为问题很可能使他与同学疏远。因此，治疗师可能还有另外一个目标，就是帮助儿童青少年在班级里被大家接受，改变被同伴排斥的情况。

第四，相较于成人，儿童与青少年通常对自身行为改变的掌控能力更为有限。成人通常比儿童青少年对自己的行为和环境状况有更大的自主性。例如，一个抑郁的成年女性可能会决定多锻炼、加入一个社会支持小组、练习冥想、换工作，或者离开她的伴侣。然而，一个因父母婚姻冲突而抑郁的男孩改变环境的能力就比较弱。尽管他可能决定锻炼身体或参加课外活动，但他无法离开家或找到新的父母。儿童青少年的社会情感功能与父母的行为密切相关，因此，这个男孩的改变能力与父母在治疗中的参与直接相关。

第五，与成人相比，儿童与青少年更有可能患有多种精神障碍。在社区的儿童青少年中，大约 40% 患有一种障碍的儿童青少年也患有第二种障碍。在门诊就诊的儿童青少年中，根据儿童青少年的年龄和具体问题，共病率为 50% ～ 90%。治疗儿童与青少年的临床医生必须同时治疗多种障碍，而低龄来访者往往不会积极参与其中（Weisz, 2014）。

小　结

- 儿童青少年往往没有成人那么积极地参与治疗，而且他们可能缺乏参与许多最初为成人设计的治疗所必需的认知或自我调节技能。
- 成人心理治疗侧重于减轻症状，而儿童青少年心理治疗还包括促进儿童青少年的成长和发展。
- 儿童青少年比成人更容易共病，而且比成人更难通过改变生活环境以改善功能。

儿童青少年心理治疗有效吗?

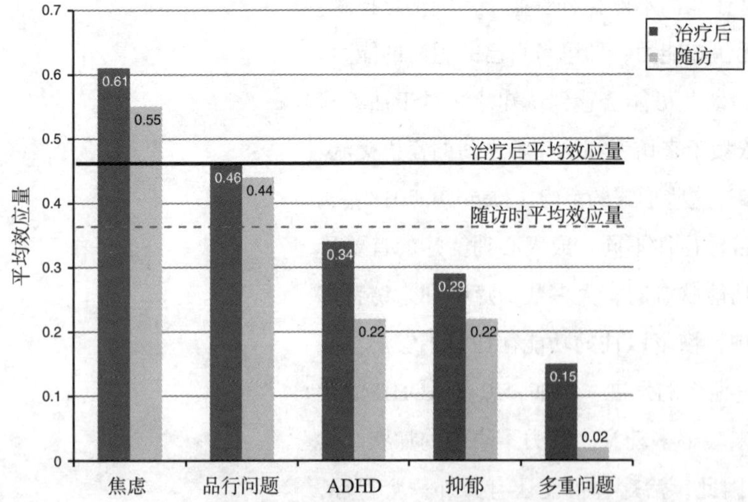

图 4.7　儿童青少年心理治疗有效吗?

注：总的来说，治疗对儿童青少年在治疗后（ES=0.46）和大约 1 年后（ES=0.36）的功能有中等影响。治疗效果也取决于儿童青少年问题的性质。基于魏斯及其同事（2017）。

治疗的总体疗效

约翰·魏斯及其同事（John Weisz and colleagues, 2017）使用荟萃分析来检验心理治疗对儿童与青少年的影响。如前所述，荟萃分析是一种统计技术，研究人员将许多研究的结果合并成一个称为效应量（effect size, ES）的指标。效应量反映了接受治疗的儿童青少年与对照组儿童青少年之间的差异（Del Re & Fluckiger, 2018）。

他们的荟萃分析结合了过去 50 年的 447 项研究的结果，涉及 30 431 名儿童青少年。结果表明心理治疗对这些儿童青少年治疗的整体效果为中等（ES=0.46）。参与治疗的儿童青少年的功能比对照组的儿童青少年的功能高出 0.5 个标准差（图 4.7）。

治疗后 1 年左右，心理治疗对儿童青少年的结果的影响更小（ES=0.36），但仍然显著。即使在治疗 1 年后，参与治疗的儿童青少年的功能仍比未接受治疗的儿童青少年好三分之一个标准差。

治疗对儿童青少年功能的影响也取决于儿童青少年主诉问题的性质。治疗对患焦虑障碍的儿童青少年效果最好，但对患抑郁症的儿童青少年效果稍差。此外，同时针对多个问题的治疗对儿童青少年的转归影响很小。这是值得关注的，因为接受治疗的儿童青少年往往有多种问题需要治疗。

哪种疗法效果最好？

虽然儿童青少年治疗有效是令人鼓舞的，但我们也想知道哪种治疗方法最有效。研究成人心理治疗的研究人员得出了所有形式的治疗都同样有效的结论。没有一个单一的心理治疗系统在任何情况下都能发挥最佳效果（Norcross & Lambert, 2020）。一些研究人员将这种现象称为**渡渡鸟效应**（**dodo verdict**）（Parloff, 1984; Rosenzweig, 1936）。在《爱丽丝梦游仙境》（*Alice in Wonderland*）中，爱丽丝观看了一场比赛，每个参赛者从不同的位置出发，朝不同的方向赛跑，最后所有参赛者都获胜了。故事中的一个人物渡渡鸟总结道："每个人都赢了，而且都必须有奖。"同样，在成人心理治疗中，几乎没有证据表明某一形式的治疗优于任何其他形式的治疗（插图 4.1）。

插图 4.1　渡渡鸟效应是指对所有循证疗法都同样有效的发现。

渡渡鸟效应是否也适用于儿童青少年心理治疗？结果是复杂的（Weisz et al., 2017）。一方面，在研究人员所检验的所有治疗方法中儿童青少年的治疗反应都一样好。例如，认知和行为疗法与其他治疗方法（如人际疗法、家庭疗法）一样有效。此外，主要针对照顾者和其他家庭成员的治疗方法与主要针对儿童与青少年本身的治疗方法同样有效。这些发现在很大程度上支持了渡渡鸟效应。

另一方面，每种治疗方法的疗效取决于谁报告儿童青少年治疗后的转归。总的来说，行为和认知疗法与父母、教师及儿童青少年报告的最佳转归相关。其他形式的治疗（如人际治疗、家庭治疗）在教师或其他家庭以外的成人报告结果时效果不佳。这些发现并不支持渡渡鸟效应，而是说明涉及儿童青少年的行为和认知疗法在家庭和学校环境中会有最好的效果。

治疗效果不随儿童青少年年龄、性别或族裔而变化。儿童与青少年对治疗的反应同样好。同样，男孩和女孩的治疗效果相似。治疗似乎对白人和非白人儿童青少年也同样有效，但在少数族裔儿童青少年和家庭中心理治疗的效果还需要更多的研究。

疗效与有效性

总体而言，魏斯及其同事（2017）的荟萃分析显示了心理治疗对大多数儿童青少年的**疗效**（**efficacy**）。研究人员用疗效一词来指代在理想条件下进行研究时，治疗对儿童青少年功能的治疗效果。比方说，被纳入荟萃分析的研究是由大学研究团队进行的，所有临床干预均由受过系统培训且接受督导的治疗师执行。这些治疗师严格遵循单一疗法手册，即详细规定治疗流程的标准化操作指南，进行精心设计和全程规范化的干预。疗效研究中的被试是自愿的，他们同意参加这项研究。被试也是经过筛选的，以确保他们存在研究者关注的障碍或问题，而且他们通常不存在共病。

相比之下，大多数儿童与青少年的心理治疗不是在最佳条件下进行的。研究人员使用**有效性**（**effectiveness**）一词指在真实世界条件中心理治疗对儿童青少年功能的治疗效果。例如，大多数儿童青少年在心理卫生诊所、医院和学校接受治疗，而不是在大学研究中心。临床医生通常不只接受任何一种特定治疗形式的培训，而是依赖于一系列的治疗技术。临床医生往往有大量的病例，很少有时间仔细筛查和准备。他们也可能受到保险公司提供治疗的数量和种类的限制。在大多数临床环境中，来访者不是特意选择的，临床医生几乎会治疗任何寻求帮助的人。而且来访者往往有多重的、通常难以定义的问题，有时无法被准确归入 DSM-5 诊断类别（Norcross & Lambert, 2020）。

儿童青少年心理治疗的有效性如何，治疗是基于真实世界条件的吗？令人惊讶的是，很少有研究回答这个问题。李、霍瓦特和亨斯利（Lee, Horvath, and Hunsley, 2013）发现，只有 20 项研究考察了真实世界条件下儿童与青少年心理治疗的有效性。在焦虑和抑郁方面，在接受针对焦虑或抑郁的行为、认知或人际治疗的儿童青少年中，80% 完成了治疗；在完成治疗后，65% 的儿童青少年治疗有效，他们的功能与没有这些心理健康问题的儿童青少年相似。在品行问题方面，81% 的接受行为治疗的家庭完成了治疗。平均而言，69% 的接受治疗的儿童青少年比没有接受治疗的儿童青少年有更好的转归。然而，这些儿童青少年的转归差别很大，一些研究显示行为有很大改善，而另一些研究显示症状没有减轻。

总之，这些发现表明，在真实世界条件下儿童青少年的心理治疗是有效的。然而，值得注意的是，所有证实治疗有效性的研究均基于先前已在理想条件下被验证有效的干预方案。只要临床医生在实践中使用循证治疗，他们就有理由相信他们可以帮助来访者（Weisz et al., 2013）。

小 结

- 荟萃分析显示，儿童与青少年心理治疗的总体效应量为中等（ES=0.46）。接受治疗的儿童青少年比没有接受治疗的儿童青少年的功能好大约 0.5 个标准差。

- 渡渡鸟效应描述了所有的心理治疗都同样有效的倾向。尽管渡渡鸟效应适用于成人心理治疗，但一些数据表明，认知和行为治疗可能比其他儿童青少年心理治疗更有效。
- 疗效是指理想状态下的治疗效果。有效性是指在真实世界条件下治疗的效果。大多数研究表明，儿童青少年心理治疗在理想条件下的疗效和在真实世界条件中的有效性都很好。

关键术语

学业成就（academic achievement）：儿童青少年通过正规和非正规教育经历学到的知识和技能；通常包含阅读、数学和书面语言这几个方面。

情绪（affect）：儿童青少年的短期情绪表达，可以通过观察来评估。

行为疗法（behavior therapy）：以儿童青少年的外显行为为关注点的心理治疗体系，试图通过改变环境性偶发事件来改变行为，这些偶发事件要么引发行为，要么随着时间推移维持行为。

认知疗法（cognitive therapy）：以儿童青少年的想法为关注点的心理治疗系统；识别并挑战导致非适应性行为或情绪的歪曲或有偏差的认知。

共同因素（common factor）：所有形式的有效心理治疗都有的共同特点，包括支持性关系、对来访者问题的合理解释以及缓解问题的方法。

结构效度（construct validity）：测验得分反映评估者感兴趣的心理结构的程度；高结构效度通常以相似结构的高相关（聚合效度）和不同结构的低相关（区分效度）来判定。

内容效度（content validity）：测验题目与评估者感兴趣的心理结构的相关程度，通常通过请专家对每个项目进行评分来判定。

校标关联效度（criterion-related validity）：测验分数可用于推断某个感兴趣的外部变量的可能状态的程度；通常在测试分数与同一时间点（同时效度）或未来（预测效度）的结果相关时可以得以验证。

文化概念化访谈（cultural formulation interview）：一种用于收集有关家庭的族裔、族裔和文化身份信息，以及这些身份认同如何影响他们目前的问题、优势和治疗偏好的访谈。

文化适应性治疗（culturally adapted treatment）：调整循证心理治疗以适应家庭的社会文化背景和价值观。

诊断性会谈（diagnostic interview）：最常见的评估技术，临床医生将其用于收集有关儿童青少年和家庭所呈现的问题、病史和当前功能的数据。

渡渡鸟效应（dodo verdict）：一个用来描述没有一种单一的心理治疗系统在所有情况下都最有效的术语。

有效性（effectiveness）：真实世界条件（例如，治疗师使用多种方法、来访者存在共病情况）下的治疗效果。

疗效（efficacy）：在理想条件（例如，治疗师训练有素并受到密集督导、来访者是被精心挑选出来的，来访者只有单一问题）下的治疗效果。

家庭系统疗法（family systems therapy）：把整个家庭看作来访者的心理治疗系统，认为一个家庭成员行为的改善必然会改变家庭的所有成员。

行为功能分析（functional analysis of behavior）：一种评估技术，临床医生使用这种技术识别诱发行为的前因事件和维持行为的环境性结果。

自知力（insight）：在精神状态检查中，儿童青少年认识到自己可能有心理问题的程度。

智力（intelligence）：与人们适应环境、解决问题以及准确有效地学习和使用信息的能力有关的广泛结构。

人际疗法（interpersonal therapy）：一种心理治疗系统，关注儿童青少年与他人关系的质量，帮助儿童青少年应对这些关系随着时间的改变。

交叉性（intersectionality）：用来描述个体的社会文化因素和/或身份认同相互作用以促进或阻碍其发展的术语。

判断力（judgment）：在精神状态检查中，儿童青少年在行动之前先考虑行为后果的能力。

精神状态检查（mental status exam）：对儿童青少年目前在三大方面的功能状态进行评估：（1）外貌和行为；（2）情绪；（3）认知。

心境（mood）：儿童青少年长期的情绪倾向，通常通过自我报告进行评估。

多来源评估（multi-informant assessment）：从几个不同的人（例如，父母、教师、儿童青少年自己）收集数据以获得不同情境下儿童青少年功能的评估过程。

多方法评估（multimethod assessment）：用多种不同的方法收集数据（例如，自我报告、观察、测验）以更完整地了解儿童青少年功能。

常模参照测验（norm-referenced test）：测验得分量化了儿童青少年在测验中的表现与同龄人的分数的偏离程度。

正态分布（normal distribution）：一种钟形的分数分布，大多数儿童青少年的分数接近平均值，少数儿童青少年得分位于两端。

定向力（orientation）：在精神状态检查中，儿童青少年对人、地点和时间的意识。

人格（personality）：一个人相对稳定的思想、感情和外显行为的模式。

呈现的问题（presenting problem）：家庭寻求帮助的主要原因。

心理动力疗法（psychodynamic therapy）：一种心理治疗系统，关注影响儿童青少年功能的无意识想法和感受。该疗法经常关注移情，也就是来访者对治疗师的态度和反应模式。

心理评估（psychological assessment）：收集有关儿童青少年和家庭的数据，以就其目前的功能和未来的幸福状况得出有效结论的过程。

心理社会史（psychosocial history）：诊断性访谈的一部分，临床医生在访谈中收集的有关儿童青少年既往发展、教育、医疗和心理方面的信息。

心理治疗（psychotherapy）：一种包括至少两个人的职业关系，目标是减轻痛苦或损害，促进成长和适应。这一目标通常通过改变来访者的想法、感受或行为来实现。

融洽的关系（rapport）：治疗关系的一个方面。在融洽的关系中，来访者相信治疗师理解自己的感受，并且在治疗初始阶段就愿意参与治疗。

信度（reliability）：心理测验评分的一致性，包括重测信度、评定者信度和内部一致性信度。

标准化（standardization）：循证测验的性质，表示测验以相同的方式对所有受测者进行施测、计分和解释。

结构化诊断性访谈（structured diagnostic interview）：一种评估过程。临床医生对儿童青少年和/或父母系统地进行所有主要精神疾病诊断的检查，以确定儿童青少年是否符合任何诊断标准。

治疗联盟（therapeutic alliance）：来访者和治疗师之间建立在信任基础上的合作关系，双方都朝着共同的目标努力。

效度（validity）：测验准确反映特定目的所需结构的能力，包括内容效度、结构效度和与校标关联效度这几个类型。

批判性思维练习

1. 想象一下，你是一个心理学家，你要对一个患有 ADHD 的 8 岁男孩进行评估。你可以从谁那里收集关于这个男孩行为的信息？你可以用什么方法评估他的功能？

2. 马蒂亚斯是一个 9 岁的男孩，他随母亲和弟弟妹妹从哥伦比亚移民到美国。马蒂亚斯的学校心理学家担心马蒂亚斯可能患有 ADHD。心理学家对马蒂亚斯的母亲说了她的担忧，但马蒂亚斯的母亲表示对儿子的治疗不感兴趣。学校心理学家如何对马蒂亚斯的母亲进行文化概念化访谈，以了解她对治疗的担忧？

3. 心理测验可能可靠但无效吗？可能有效但不可靠吗？

4. 玛蒂是一个 14 岁的女孩，她的父亲去世了，她现在经历着抑郁。她对以前喜欢的许多活动都失去了兴趣、精力不足、嗜睡、对别人脾气暴躁。她也基本上放弃了学业，对教师持消极态度。她的心理咨询师可能会怎样使用（1）行为疗法，（2）认知疗法和（3）人际疗法来帮助玛蒂？

5. 福克斯先生十几岁的女儿患有焦虑障碍。儿科医生建议她去看心理医生。福克斯先生很失望，说："我不相信心理治疗。焦虑是由神经化学方面的原因引起的，再多的谈话治疗也无济于事。"儿童与青少年心理治疗在理想条件下和真实世界条件中都有效的证据是什么？

PART II

第二部分

发育障碍和残疾

DEVELOPMENTAL DISORDERS AND DISABILITIES

第五章

智力障碍与发育障碍

INTELLECTUAL DISABILITY AND DEVELOPMENTAL DISORDERS

学习目标

阅读本章后，你应该能够做到以下几点：

5.1 描述智力障碍和全面发育迟缓的主要特征。

解释发育障碍患儿在认知和适应功能方面的差异。

列举并举例说明某些发育障碍患儿表现出的挑战性行为。

5.2 解释遗传、代谢和环境可能如何导致儿童与青少年的发育障碍。

5.3 确定预防和治疗儿童与青少年发育障碍和相关问题的循证技术。

5.1 描述和流行病学

什么是智力障碍?

智力障碍（**intellectual disability, ID**）是一个用于描述行为表现极具多样性的群体的术语。这类人群的范围包括：需要持续被照护的严重发育障碍的，以及仅有轻度发育迟缓、通常与同龄人无显著差异的儿童青少年。这些儿童青少年大多数会接受大众化的教育，许多人会参加社区的教育和娱乐活动，还有些长大后能赚钱养家。在这一章中，我们将研究这一异质性群体，探索他们出现障碍的原因，并学习循证策略，帮助他们实现最大的潜能（Witwer, Lawton, & Aman, 2014）。

所有患 ID 的个体都有显著的智力功能低下（表 5.1）。他们在感知和处理新信息、快速有效地学习、运用知识和技能解决新问题、创造性地灵活思考、快速准确地做出反应等方面有问题。在大约 5 岁及以上的儿童中，智力功能是使用标准化的、单独施测的智力测验来测量的。前文提到过，IQ 分数是正态分布的，平均值为 100，标准差为 15。IQ 得分大约低于平均值 2 个标准差（即 IQ ＜ 70 分）可能表明智力功能有严重缺陷。大多数 IQ 测验的测量误差约为 5 分。因此，在确定智力缺陷时，IQ 得分的 65 ～ 75 这个得分区间被建议当作临界区间（American Psychiatric Association, 2013）。2% ～ 3% 的儿童青少年的 IQ 低于临界值。

表 5.1 智力障碍的诊断标准

智力障碍（智力发育障碍）是在发育阶段发生的障碍，包括智力和适应功能两方面的缺陷，表现在概念、社交和实用的领域中。必须符合下列 3 项诊断标准。

A. 经过临床评估和个体化、标准化的智力测评确认的智力功能的缺陷，如推理、问题解决、计划、抽象思维、判断、学业学习和从经验中学习。

B. 适应功能的缺陷导致未能达到个人的独立性和社会责任方面的发育水平和社会文化标准。在没有持续的支持的情况下，适应缺陷导致一个或多个日常生活功能受限，如交流、社会参与和独立生活，且在多个环境中，如家庭、学校、工作和社区。

C. 智力和适应缺陷在发育阶段发生。

患 ID 的个体也表现出显著的适应功能的缺陷。**适应功能**（**adaptive functioning**）是指个体应对常见的生活需求的有效程度以及他们在多大程度上达到了某个特定年龄段、社会文化背景和社区要求的个人独立标准（American Psychiatric Association, 2013）。智力功能指的是人们学习信息和解决问题的能力，而适应功能指的是人们以适龄的方式满足社会日常需求的典型水平（Sturmey, 2014b）。

DSM-5 确定了适应功能的三个领域：概念、社交和实践。要被诊断为 ID，个体必须在至少一个领域有缺损。通常，患 ID 的儿童青少年会遇到多方面的问题：

概念技能：理解语言、说、读、写、数、辨别时间、解决数学问题、有学习和记忆信息的能力和技能。

社交技能：具备人际交往能力（例如与他人交谈时进行眼神交流）、遵守规则（例如可以轮流进行游戏）、参与解决社会问题（例如避免争吵）、理解他人（例如具备共情能力），以及建立和保持友谊。

实践技能：日常生活活动，包括个人护理（例如穿衣、梳洗）、保证自身安全（例如过马路前先看看路两边的情况）、家庭活动（例如打电话）、学习 / 工作技能（例如准时出席）、参与娱乐活动（例如俱乐部、业余爱好），以及使用金钱（例如在商店购买商品）。

适应功能可以通过与照顾者就其孩子的行为进行访谈，并将他们的报告与同年龄、性别和文化群体的其他个体的行为进行比较来评估（Tasse et al., 2012）。

通常，心理学家会采用常模参照访谈或评定量表，向照料者收集儿童适应功能的相关信息。例如，诊断性适应行为量表（Diagnostic Adaptive Behavior Scale,

DABS）是一种针对发育障碍患儿照顾者的半结构式访谈。根据照顾者的报告，访谈者对患儿在概念、社交和实践领域的适应行为进行评分。下面提供了可在不同年龄段评估的适应行为的示例。与 IQ 分数类似，DABS 提供了标准分数以表明个体相对于同龄人的适应功能。在至少一个领域得分低于平均值 2 个标准差以上（即< 70 分）可能表明适应功能的显著损害（Balboni et al., 2014; Schalock, Tasse, & Balboni, 2015）。

从科学到实践

临床医生如何衡量适应功能？

临床医生通过对照顾者进行半结构化访谈来评估适应功能。适应功能量表可以让临床医生评估儿童与青少年的概念、社交和实践技能。照顾者的报告被转换成标准分数，可以用来确定个体与其他同龄、同性别的个体相比是否有缺陷。下面是一些适应功能的领域，可以在幼儿、大龄儿童与青少年中进行评估。

	幼儿	大龄儿童	青少年
概念	一个一个数清楚 10 个物体 清楚自己生日的年月日	陈述一分、一角和一元硬币的价值 进行数学运算	可以把表或钟拨到正确的时间 可以完成一个工作申请
社交	在到访的时候说“你好”，在离开的时候说“再见” 当有需要的时候会求助	阅读并遵守常见标志（例如，停止、禁止进入） 清楚小组对话的主题	有令人满意的友谊 保持个人信息私人化
实践	能使用洗手间 能使用杯子喝水，且不会洒出来	接电话 可以安全地过车来车往的马路	独自上学或工作 洗衣服或盘子

注：基于 DABS（Schalock et al., 2015）。

注意，ID 的特点是智力功能低下和适应行为方面的问题。许多人错误地认为 ID 完全由 IQ 决定，然而，适应功能的缺陷对诊断同样必要。一个 IQ 为 65 分，但适应功能没有问题的儿童不会被诊断为 ID（Sturmey, 2014a）。

最后，所有 ID 患者在生命早期都表现出智力和适应功能的缺陷。虽然有些人直到成年后才被确认为有 ID，但他们一定有从儿童期开始出现智力和日常生活问题的历史。起病时间将 ID 与其他以智力和适应功能问题为特征的障碍区分开来。

小　结

- 智力障碍是 DSM-5 中的一种障碍，其特征是早期出现的智力和适应功能严重缺陷。智力和适应功能缺陷是诊断的必要条件。
- 一般来说，有智力功能缺损的儿童青少年的 IQ 得分比其他同龄儿童青少年的 IQ 得分平均值低两个标准差以上（＜ 70 分）。
- 适应功能是指个体能像同龄人一样完成日常任务的能力。DSM-5 指出了适应功能的三个维度：（1）概念；（2）社交；（3）实践。

我们如何描述儿童与青少年智力障碍的严重性?

临床医生根据儿童与青少年的适应功能水平来确定 ID 的严重程度。只有一个领域的适应功能有轻度缺陷（即标准分数 55 ～ 70）的儿童可能比多个领域的适应功能严重缺陷（即标准分数＜ 25）的个体需要较少的来自照顾者的支持。通过明确最需要支持的领域，临床医生可以开始计划干预措施，以改善个体的适应功能或弥补对治疗应答较差的缺陷。表 5.2 概述了儿童青少年在不同严重程度下的适应功能。

表 5.2　描述智力障碍的严重程度

严重程度	概念领域	社交领域	实践领域
轻度	学龄前，可能不会表现出明显的概念理解差异。学龄期则会在习得学术技能（如阅读、书写、数学、辨别时间、使用金钱）方面表现出困难。其抽象思维与规划能力可能受损，思维往往趋于具体化	交流、对话和语言技能比同龄人更不成熟。可能难以准确理解他人的社交暗示 与同龄人相比，调节情绪和行为可能有困难	在个人生活自理方面或可达到同龄水平，但至青少年期，可能仍需辅助才能完成购物、烹饪及理财等较复杂的日常生活任务
中度	学龄前，语言和学前技能发展缓慢。学龄期，学业技能习得缓慢。青少年期，学业技能发展程度通常处在小学水平	与同龄人相比，在社交和沟通能力上表现出显著的差异 口语是简单而具体的 社会判断和决策能力受限，由于社交能力缺陷，同伴友谊的建立常受影响	在吃饭、穿衣、如厕及个人卫生等自理技能的练习上所需的时间与练习量远超同龄人。通过充分练习，青少年期可掌握基本家务技能。
重度	难以理解书面语言或数字概念。需照顾者提供终身的持续支持	口头表达严重受限，词汇与语法结构极为简单，可能仅能使用单词或短语。其可理解简单言语及肢体动作，社交主要局限于家庭成员及其他熟悉人群	日常生活中所有活动都需要持续支持，如吃饭、穿衣、洗澡、排便。照料者必须全程监护。部分青少年可能出现自伤等挑战性行为
极重度	概念性技能通常基于对物理世界的认知，而非对抽象符号（如字母、数字）的理解。通过练习，或可掌握某些视觉 - 空间技能（如配对与分类）。共存的躯体问题可能极大限制功能	对符号性沟通的理解能力有限，仅能领会部分简单指令及肢体动作。其沟通主要通过非言语、非符号性方式实现，社交关系通常局限于家庭成员及熟悉照料者。共存的躯体问题可能极大限制功能	在身体护理、健康维护及安全防护等各方面均需完全依赖他人，虽可能参与部分自理活动。部分青少年或出现自伤等挑战性行为，共存的躯体问题可能极大限制功能

注：基于美国精神医学学会（American Psychiatric Association, 2013）。

轻度智力障碍（适应功能得分 55 ～ 70）

婴幼儿时期，患轻度 ID 的个体通常与其他个体没有什么不同。他们在预期的年龄达到大多数重要发展目标，掌握基本语言能力，与家庭成员和同伴互动。他们的智力缺陷通常到了学龄初期才被发现。教师们可能会注意到，这些孩子需要更多的时间和实践来掌握学业技能，例如识别字母和数字、阅读和数学。随着年级的升高，学业变得更难，这些儿童的落后会显现出来，并可能会留级。有些儿童对传统教育感到沮丧并在课堂上出现行为问题。到了中学，这些青少年掌握了基本的阅读和数学能力，但很少有更多的学业进步。离开学校之后，他们通常会重新融入社会，从事半熟练的工作，独立生活在社区中。他们通常只需要别人偶尔的支持来克服自己的局限。例如，他们可能需要在完成工作申请、提交纳税申报表或管理财务方面获得帮助（Matson, 2020）。

中度智力障碍（适应功能得分 40 ～ 55）

患中度 ID 的个体在婴幼儿时期经常表现出智力和适应能力受限的迹象。他们的运动技能通常会以典型的方式发展，但父母们经常注意到他们在学习说话和与他人互动方面的延迟。与同龄人相比，有中度 ID 的儿童似乎对周围的环境不太感兴趣。他们通常在幼儿期或学龄前表现出语言发展缓慢时就被认为有 ID。他们最初使用手势和单个词语来交流，学龄初期通常会说一些简短的短语，并具有与正常发育的幼儿相似的自我照顾技能。然而，他们在掌握基本的阅读、书写和数学方面存在问题。到了青少年期，这些青少年能够有效地与他人交流，具备基本的自理能力，并具备简单的阅读和书写能力。他们可能在阅读新闻、数学运算或使用金钱方面继续有困难。作为成人，如果接受培训和督导，这些人中有一些可能会从事非技术性工作。他们通常与家庭成员住在一起，或与能够提供支持的成人住在一起（Matson, 2020）。

重度智力障碍（适应功能得分 35 ～ 40）

患有严重 ID 的个体通常在婴儿期就被识别出来。他们几乎在早期发展的各种关键点表现出延迟，比如坐和走。他们也通常显示出一个或多个生物学上的异常，这些异常提示存在遗传或医学疾病的迹象。他们需要父母和照顾者的充分监护。学龄初期，他们可能能够自己行动，并具备一些基本的自我照顾技能，例如吃饭、穿衣和如厕。他们可能使用单词和手势进行交流。成年后，尽管他们理解他人的能力往往得到了较好的发展，但是他们的语言能力仍然有限，说话难以被他人理解。他们通常不会读或写，不过在密切的照管下，他们可以完成简单的日常生活任务。他们通常与家人住在一起或需要家庭护理（Matson, 2020）。

极重度智力障碍（适应功能得分 < 25）

患极重度 ID 的个体在婴儿期即可被识别。他们几乎总是呈现出多种生物学异常和神经障碍方面的健康问题。学龄期，他们的技能与正常发展的1岁的孩子相似。他们可能有能力坐、模仿发音、理解简单的指令、辨认熟悉的人。大约一半患极重度ID的儿童青少年一生都需要他人的帮助。另一半则表现出适应技能的缓慢发展。他们可能会学会走路，发展出一些交流技巧，并能够进行一些自我监护，成年后，他们通常需要家人和照顾者的持续支持和照管，并可能伴有慢性健康问题和感觉障碍（Matson, 2020）。

请记住，ID的诊断是由个体的认知和适应功能决定的。两个患有ID的个体的外在表现和行为可能截然不同。"ID"这个标签只告诉我们一个人的整体认知和适应功能情况，诊断没有说明原因、过程或结果（Witwer et al., 2014）。

对支持的需求

美国智力与发育障碍协会（**American Association on Intellectual and Developmental Disabilities, AAIDD**）是最早专门为智力和适应功能受损的个体服务的专业组织。AAIDD由专业人士和非专业人士组成，他们代表ID患者进行研究、帮助和宣传。自1910年以来，他们为识别ID提供了指导，并提供了帮助患有这种障碍的儿童青少年和成人的最佳方法（Harris & Greenspan, 2016）。

AAIDD和DSM-5对智力障碍的定义非常相似。然而，AAIDD的定义描述了ID患者**支持需求**（**need for support**），而不是适应功能受损的程度（Schalock & Luckasson, 2015）。支持需求是指帮助个体在社会中有效执行功能的一系列广泛的援助。支持可以指来自医疗保健人员、心理健康专业人员、教师、教育专家、专业护理人员或公共服务机构提供的正式援助。支持也可以指来自父母、朋友或社区成员的非正式帮助。AAIDD根据需要援助的多少和时间长短，指定了四种可能的支持级别：间歇的（即偶尔的、在危机时期提供的支持）、有限的（即短期支持）、广泛的（即长期支持）和全面的（即持续支持）。

AAIDD建议专业人士描述个体在不同功能领域支持需求，而不是根据轻度、中度、重度或极重度对儿童青少年进行分类。例如，患ID的儿童青少年可能被描述为需要"广泛的"教育支持，例如所有学业活动都需要一名全职的课堂助手；但在社会功能领域只需要"间歇的"的支持，例如通过短期社交技能培训帮助其学习在校交朋友。

AAIDD发布了一个半结构化访谈，帮助临床医生确定所需支持的类型和程度（Buntinx, 2016）。该访谈评估了家庭生活、社区生活、终身学习、就业、健康和安全、社会活动以及保护和宣传等领域的支持需求。根据所需支持的频率（如无、至少每月1次）、数量（如无、少于30分钟）和类型（如监控、口头手势）对每项活动进行评级。

AAIDD基于支持需求的分类方法具有两大优势（Schalock & Luckasson, 2015）。首先，这种方法能传递更多关于儿童青少年的信息，而不是仅仅用ID来分类。其次，关注个体的能力，而非局限。AAIDD 方法的主要缺点是它很复杂。在多个功能维度上描述儿童青少年既烦琐又可能影响专业人员间的沟通。该方法还可能增加研究难度，因为支持需求与功能领域的组合过于多样，难以确定可供研究的同质群体。

小　结

- DSM–5 使临床医生能够根据个体在适应功能方面的缺陷来确定其智力障碍的严重程度，分为轻度、中度、重度或极重度。
- AAIDD 根据有智力障碍的个体在各个功能领域的支持需求来描述他们。支持级别包括间歇的、有限的、广泛的或全面的。

什么是全面发育迟缓?

描　述

ID 的诊断需要个体在智力和适应功能方面存在显著缺陷。通常，智力功能是通过 IQ 测验来评估的。虽然在学龄儿童中评估 IQ 相对简单，但在幼儿和学龄前儿童中，尤其是那些被怀疑有发育障碍的儿童，评估 IQ 可能很困难。

临床医生可以通过几种方式测量幼儿智力（Wyly, 2019）。《贝利婴幼儿发展量表（第四版）》（*Bayley Scales of Infant and Toddler Development*, Fourth Edition, BSID-4）适用于出生 16 天到 42 个月的幼儿。然而，BSID-4 通常被认为是衡量幼儿认知、运动和社交发展的指标，而不是智力本身。《斯坦福–比奈智力量表（第五版）》（*Stanford-Binet Intelligence Scales*, Fifth Edition）是一种真正的 IQ 测验，可以用于测量 2 岁大孩子的 IQ。同样，《韦克斯勒学龄前和学龄初期儿童智力量表（第四版）》（*Wechsler Preschool and Primary Scale of Intelligence*, Fourth Edition, WPPSI-IV）也可适用于 2.5 岁的儿童。然而，在 4 岁或 5 岁之前评估的 IQ 结果往往不能很好地预测儿童后期或青少年期的智力（Brito et al., 2020）。那么，发育迟缓的婴幼儿应该如何被分类呢?

全面发育迟缓（global developmental delay, GDD）是一种仅在 5 岁以下儿童中进行诊断的神经发育障碍。当婴儿或儿童在多个领域未能达到预期的发育标志时，就可以被诊断为 GDD。儿科医师或心理学家虽怀疑智力障碍，但因患儿年龄过小无法实施传统智商测验，故暂时诊断为 GDD，待其达到适宜测试年龄后再行智力评估。（American Psychiatric Association, 2013）。

在以下两个或两个以上发育领域出现显著延迟的婴幼儿才能被诊断为 GDD:（1）精细 / 粗大运动技能;（2）言语 / 语言;（3）社交 / 个人技能;（4）日常生活（表 5.3）。在两个或多个领域中，显著延迟的定义是低于平均值两个或两个以上标准差。一般来说，患有 GDD 的个体在大部分或所有功能领域都表现出延迟（Moeschler, 2020）。

表 5.3 婴幼儿的发展标志

年龄	运动	语言	社交	日常生活
2 个月	以俯卧姿势抬头	不同的哭喊声	微笑，眼神追随照顾者	—
3 个月	抬头挺胸，抓住物体	咕咕声	大笑	—
4 个月	滚动、伸展	—	用社交微笑回应他人	—
6 个月	有支撑时可以坐起来	叽叽喳喳，发出声音	—	往嘴里放东西
8 个月	不用支撑坐起来	发出自己名字的声音	陌生人焦虑	—
10 个月	指尖抓握，爬行	挥手再见	捉迷藏	用双手握住瓶子
12 个月	可以走路但容易摔倒	说出第一个词	分离焦虑	用杯子喝水
15 个月	走路稳，乱涂乱画	指出物体，使用单个词	—	使用勺子，他人给穿衣服时会配合
18 个月	在协助下上下楼梯，投球	被提问时可以指出身体部位，使用两个单词的短语	和其他人一起玩	用积木建造小塔
24 个月	上下楼梯，踢足球	使用代词和三词短语	经常说“不”	尝试自己吃饭

注：专业人士参考发展里程碑表，以确定婴儿是否在运动、语言、社交和日常生活技能方面出现延迟。基于 Centers for Disease Control and Prevention（2020a）。

患有 GDD 的个体通常在出生后的第 1 年就被确诊。有些婴儿在出生时就表现出存在发育障碍的身体异常。还有一些婴儿照顾者发现自家孩子没有像其他同龄孩子那样发育的时候，才发现了他们的发育迟缓。父母可能会想：“为什么我儿子 9 个月大的时候不能自己坐起来，15 个月大的时候还不会走路？为什么我女儿在 18 个月大的时候还没有学会叫‘妈妈’和要她的杯子呢？”请看一名患有 GDD 的儿童萨姆的个案。

案例研究
全面发育迟缓

沉默的萨姆

萨姆是一个 34 个月大的男孩，因为他有显著的语言迟缓，他的儿科医生将他转诊到我们的诊所。“我最关心的是他的讲话能力。”萨姆的母亲说，“不怎么说话，只会说几个词。附近和他同龄的孩子大多能说完整的句子，而他却不会。”

贝尔医生了解到，萨姆早产约 6 周，体型一直比同龄孩子小。他的运动技能往往落后于同龄人。其他孩子学走路的时候，萨姆才刚开始会爬；当他的同龄人开始用勺子和叉子吃饭时，萨姆还在用手吃饭。

贝尔医生用 BSID-4 给萨姆做了测试，观察萨姆完成一系列任务以评估他的功能，并询问萨姆的母亲他在家中的发展和行为情况。

萨姆在测验中的表现显示出他在语言、运动和社会情感技能方面的延迟。总的来说，萨姆的功能比同龄人低 2 个标准差以上。萨姆最显著的发育迟缓表现在语言领域：他存在接受性语言问题，例如无法根据贝尔医生所说的正确指出身体部位，也不能正确演示如何使用杯子、鞋子或剪刀；同时他也表现出表达性语言迟缓，通常只能说两个词的短语，很难给常见物体（例如苹果、床、汽车）的图片命名，说话时也不使用代词。测验结果还显示，在精细运动技能（例如把硬币放进投币口）、粗大运动技能（例如爬楼梯、踢足球）和社会情感功能（例如假装游戏、对同伴的兴趣）方面也有类似的发育迟缓。

“我真的很高兴你带萨姆来见我，”贝尔医生对萨姆的母亲说，“他的语言和运动技能水平比我们对他这个年龄的男孩的预期要低。让我们一起找一些方法来帮助他发展这些技能吧。”

GDD 名称中的“迟缓”一词意味着最终发育会赶上同龄人。不幸的是，对患 GDD 个体的纵向研究表明情况不总是这样。许多最初被诊断为 GDD 的婴幼儿最终在开始上幼儿园时符合确诊 ID 的标准。此外，回溯性研究表明，大多数大龄 ID 患儿在早期发育中表现出迟缓，应该被诊断为 GDD。因此，一些研究人员认为，GDD 是给太小而不能被诊断为 ID 的儿童的一个“占位符”（Moeschler, 2020）。

然而，并非所有患 GDD 个体都同时存在智力缺陷。在最近的一项研究中，研究人员检验了患有 GDD 的学龄前儿童的 WPPSI 分数。他们的得分分布范围很广，近 20% 的儿童得分在平均范围内（Riou, Ghosh, Francoeur, & Shevell, 2009）。

此外，一些患有 GDD 的幼儿在日后的生活中不会发展出 ID。例如，脑瘫是一种终生的发育障碍，可导致精细运动技能、粗大运动技能、吃饭、言语和认知能力的显著迟缓（Novak et al., 2018）。脑瘫儿童通常表现出肌肉张力异常（如姿势性驼背）、肌肉痉挛、不自主运动（如头部抽动、异常面部表情）、步态不稳、平衡感差以及明显的关节或骨骼异常。这种疾病的严重程度从轻度动作笨拙到完全丧失协调性运动能力不等。尽管许多脑瘫个体有智力障碍，但大约三分之一的个体表现出与大多数同龄人相似的认知能力（Stadskleiv, Jahnsen,Andersen, & von Tetzchner, 2019）。

同样，面临社会剥夺或严重经济困难的婴幼儿在运动、语言和认知发展方面也会出现早期迟缓。例如，一些从贫穷国家领养的婴儿在孤儿院长大，照顾者人数与孩子人数的比例非常低。这些婴幼儿中的许多曾面临营养不足、认知刺激匮乏（如缺乏书籍、玩具等）以及与他人互动的机会缺失。他们通过游戏和探索发展运动技能的机会也往往受限。他们中有相当一部分会在多个发展领域表现出显著迟缓。但如果在 9 月龄前提供细致负责的照料，是可以弥补这些缺陷的。（Apter, Devouche, & Gratier, 2020）。

病 因

大约 2% 的婴幼儿患有 GDD。在某些情况下，GDD 的病因可以通过体检来确定。例如，患唐氏综合征的儿童可以通过某些身体特征来识别，比如大圆脸和宽鼻梁。然而，在大多数情况下，儿科医生必须通过验血筛查遗传疾病（Srour & Shevell, 2014）。

美国儿科学会推荐**染色体微阵列**（**chromosomal microarray, CMA**）为婴儿 GDD 的标准检测方法（Stevenson, Schwartz, & Rogers, 2012）。这项检测技术能够确定基因组主要区域的拷贝数变异（即异常的重复或缺失）。CMA 通过生成染色体结构的“虚拟核型”（virtual karyotype）来识别遗传异常（Flore & Milunsky, 2012）。CMA 已经取代了传统的基因检测方法，例如分辨率较低且有可能无法检测出更细微异常的 G 带核型分析（G-banded karyotyping）（图 5.1）。导致 GDD 的最常见的遗传疾病是唐氏综合征、脆性 X 染色体综合征、雷特综合征（另一种 X 连锁疾病）和基因组部分的细微易位或缺失。大约 4% 的 GDD 患儿可通过该检测明确导致发育迟缓的遗传病因（Stevenson, Schwartz, & Rogers, 2012）。

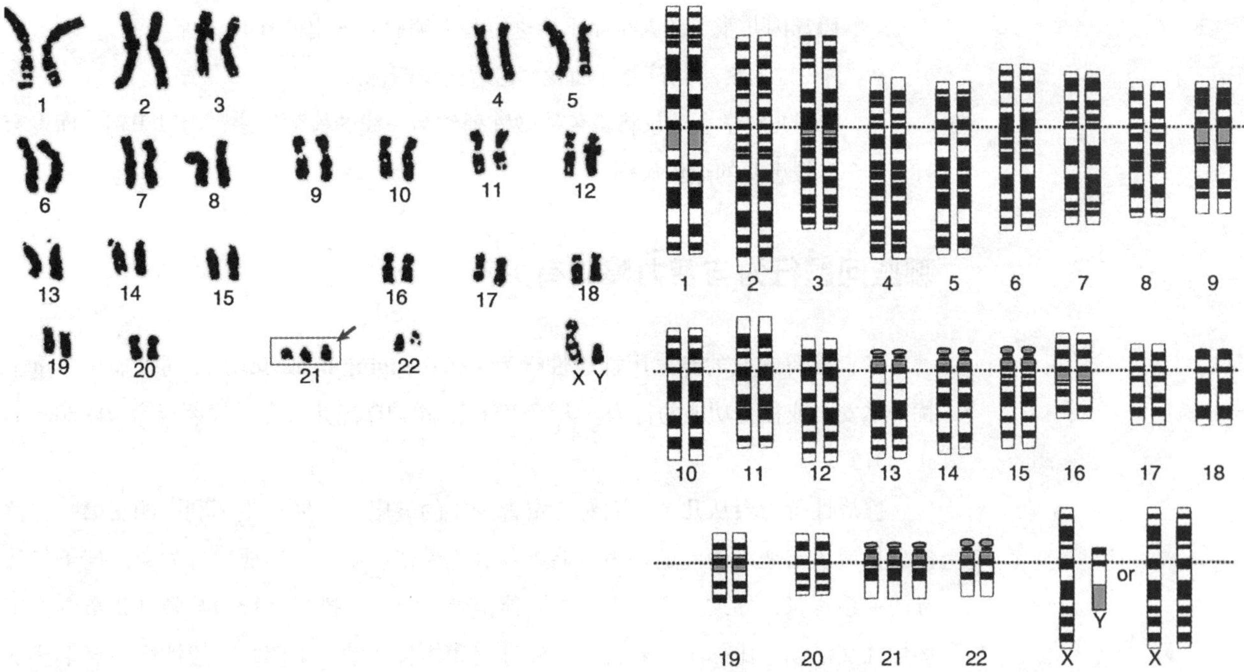

图 5.1 两种基因检测方法

注：高分辨率的“虚拟核型”可以检测到遗传物质的微小重复或缺失。旧方法（左）生成的图像质量较差。两项测试都显示一个孩子有 3 条（而不是 2 条）21 号染色体，这是唐氏综合征的特征。

图片来自美国国家卫生研究院、美国国家人类基因组研究所和美国能源部人类基因组计划。

内科医生也可能会通过血液或尿液检测，以筛查可能导致发育迟缓的代谢障碍。其中一些代谢障碍是苯丙酮尿症（phenylketonuria, PKU）、甲状腺功能减退和铅中毒。这些疾病相对罕见，只有大约 1% 的 GDD 患儿有明显的代谢问题（Gilissen et al., 2014）。

如果基因和代谢检测结果为阴性，医生可能会尝试使用神经影像学手段来确定儿童发育迟缓的原因。磁共振成像（magnetic resonance imaging, MRI）能够在 30% ～ 40% 的 GDD 患儿中定位结构异常。这些异常包括中枢神经系统畸形、脑萎缩、髓鞘形成问题或细胞损伤及病变。

当然，医生也必须排除感官缺陷导致发育迟缓的可能性。13% ～ 25% 的 GDD 患儿也有视力问题，而 18% 的 GDD 患儿有明显的听力问题。未经治疗的视觉和听觉缺陷会极大地干扰儿童言语、语言和社交技能。

小　结

- 全面发育迟缓是一种 DSM-5 中的障碍，其特征是儿童在 5 岁之前有几个发育领域出现显著的发育迟缓。全面发育迟缓是临床医生怀疑儿童有智力障碍却因儿童年龄太小而不能进行智力测验时做出的临时诊断。
- 约 2% 的婴幼儿符合全面发育迟缓的诊断标准。
- 美国儿科学会建议将染色体微阵列作为一线的检测方法，用以识别全面发育迟缓患儿的遗传疾病。

哪些问题行为与智力障碍有关?

发育障碍领域的专家用**挑战性行为**（**challenging behavior**）一词来描述严重干扰个体安全或社会功能的行为。大约四分之一的 ID 患儿会有挑战性行为（Didden et al., 2012）。

挑战性行为会从几个方面对儿童青少年的健康和发展产生不利影响。第一，类似自伤或攻击他人的问题行为可能导致身体受伤。第二，挑战性行为会使孩子与父母的关系紧张，导致儿童青少年被同伴拒绝。第三，挑战性行为会限制儿童青少年参加社交活动，比如生日聚会、在外过夜和体育活动。第四，挑战性行为会干扰认知发展和学业成绩。第五，处理挑战性行为可能是耗时的且昂贵的。

鉴于其严重性，挑战性行为是治疗的主要目标。虽然 ID 患儿可以表现出多种类型的挑战性行为，但我们将重点介绍三种最常见的行为：刻板、自伤行为（self-injurious behaviors, SIBs）和身体攻击（Sturmey, 2014b）。

刻　板

有些患 ID 的儿童与青少年出现**刻板行为**（**stereotypy**），也就是说，他们的行为是一致的、僵化的、重复的，并且没有直接的、实际的意义（Vollmer,Bosch, Ringdahl, & Rapp, 2014）。刻板行为通常涉及手、手臂或上身的重复动作。例如，一些个体拍手、移动手指、旋转、摆弄物体，或来回摇摆。还有一些常见的刻板行为包括做鬼脸、拍脸和头、咬自己和舔舐的动作。当刻板行为显著限制他们的学习或社会功能时，根据 DSM-5，临床医生可以认定其存在**刻板运动障碍**（**stereotypic movement disorder**）（Machalicek et al., 2016）。

刻板行为在 ID 患儿中相当普遍。在一项大型研究中，18% 的高功能发育障碍患儿和 31% 的低功能发育障碍患儿存在刻板行为。此外，71% 同时患有 ID 和孤独症谱系障碍的儿童青少年存在刻板行为。

儿童与青少年会因为很多种原因出现刻板行为（Didden et al., 2012）。某些遗传疾病的特点就是刻板动作。更常见的情况是，孩子们会维持刻板行为，是因为这些行为是自我强化的。例如，原地旋转或前后摇摆都是令人愉快的，尤其是在有些可能很无聊的情况下（例如坐在桌子边、排队时）。有些儿童青少年则通过刻板行为来调节焦虑或沮丧。例如，一个青少年可能吮吸他的手指或拍打他的手臂来安抚自己或表达激动和兴奋。

自伤行为

自伤行为（**self-injurious behaviors, SIBs**）是指个体通过重复性的手部、四肢或头部动作对自身造成躯体伤害的行为。SIBs 可以用 3 种方式分类。第一，SIBs 可以用*严重程度*（*severity*）描述，从轻度（例如摩擦头部、掰手指、拍打大腿）到重度（例如挖眼、抓挠自己、撞头）。第二，可以用*频率*（*frequency*）来描述，从低频但有较高可能造成伤害的行为（例如每天撞击头部一次）到高频的随时间推移可能造成伤害的行为（例如持续搓手）。第三，可以根据其*目的*（*purpose*）来描述。有些行为似乎被其他人的反应所强化。例如，一个学生可能会通过抠自己的皮肤来引起教师的注意。还有一些行为本身就可以正强化个体。例如，一个儿童可能会把物体插入嘴巴或耳朵，因为这能带来愉快的感觉（Sigafoos, O'Reilly, Lancioni, Lang, & Didden, 2014）。

10% ～ 12% 的 ID 患儿存在自伤行为（Didden et al., 2012）。与刻板行为一样，自伤行为的患病率与儿童青少年的认知和适应功能呈负相关。自伤最常见于功能严重受限的、机构照护环境中的以及自闭症谱系障碍的儿童与青少年。事实上，患有 ID 和孤独症的儿童青少年出现自伤行为的可能性可能是单独患有 ID 的儿童青少年的 5 倍。撞击头部、咬伤自己和抓伤自己是三种最常见的自伤行为（Richards &Symons, 2019）。

自伤行为在一天里通常会有几段或者几次“发作”。患儿在每一次发作中通常表现出相同的行为。部分自伤行为仅持续几秒钟。这些自伤行为通常是由环境压力引起的，比如日常生活中的改变或者照顾者的训斥。还有一些自伤的发作持续数分钟或数小时，且或多或少是连续的。期间，患儿可能不吃不睡。尽管这些事件可能是由环境事件触发的，但其持续存在往往与生物因素密切相关（Machalicek et al., 2016）。

ID 患儿出现自伤行为至少有 3 种可能的解释。一种解释是，儿童青少年出现自伤行为是因为这些行为有特定的目的或功能。例如，一些儿童青少年自伤是因为他们缺乏交流技巧（Sigafoos et al., 2014）。撞击头部可能是“我不喜欢这样！”或者“我很无聊！”的表达。

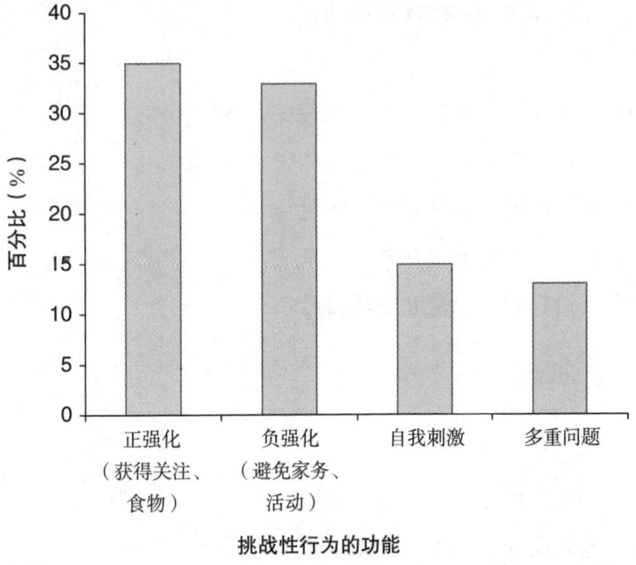

图 5.2 为什么有智力障碍的儿童青少年会有自伤行为？

注：研究人员发现，患智力障碍的儿童青少年出现问题行为有 96% 具有某种明确的功能性目的，基于汉利等人（Hanley et al., 2003）。

为了验证这一假设，汉利、岩田和麦考德（Hanley, Iwata, & McCord, 2003）综述了 536 例 ID 患儿的自伤或问题行为案例。在 95.9% 的案例中，自伤行为具有明确的功能性目的。这些目的包括（1）获得关注、食物或特定物品;（2）逃避不喜欢的家务、活动或社交活动;（3）提供刺激或愉悦感;（4）前 3 种目的的某种组合（图 5.2）。

第二种解释是，自伤行为是由神经递质多巴胺超敏引起的。有 3 个证据支持这一假设。

第一，破坏新生大鼠大脑中的多巴胺受体会使它们对多巴胺产生超敏反应。如果给这些大鼠注射能激活大脑多巴胺的药物，它们就会表现出严重的自伤行为。第二，注射高剂量多巴胺的健康大鼠表现出自伤行为。第三，一些抗精神病药物结合多巴胺受体并降低其活性能减少自伤行为。

第三种解释是，自伤行为由内源性阿片或内啡肽高水平维持。这些自然产生的化学物质与大脑中的某些受体结合，产生镇痛和引发愉悦感。有自伤行为的儿童与青少年和成人可能可以更好地忍受疼痛，因为自伤行为有镇痛功能。一些有自伤行为的个体实际上可能从自伤中获得愉悦感（Scheithauer, Muething, Gerencser, & Call, 2019）。

身体攻击

像所有的儿童一样，ID 患儿也会有攻击性的行为。**身体攻击（physical aggression）**是指对他人造成躯体伤害或财产损失的行为。攻击行为包括扔东西、打碎玩具、毁坏家具，打、踢和咬别人。根据定义，攻击行为是故意的，而不是偶然的。然而，我们有时很难确定 ID 患儿进行有害的或破坏性行为的意图（Didden et al., 2012）。

20% ～ 25% 的患 ID 的儿童与青少年会反复出现躯体攻击的问题。攻击行为在男孩、患孤独症的儿童和交流能力差的青少年中最为常见（Healy, Lydon, & Murray, 2014）。此外，儿童青少年的 IQ 得分与他们出现攻击行为的频率往往成反比关系。许多 ID 患儿实施攻击是因为他们缺乏交流技巧，无法以更亲社会的方式分享他们的想法和感受（Kanne & Mazurek, 2011）。事实上，帮助儿童青少年提高交流技能的干预措施往往能有效地减少他们的攻击行为（Sturmey, 2014a）。

美森及其同事（Matson and colleagues, 2011）综述了已发表的关于 ID 患者出现攻击行为的原因的文献。大多数个体出现攻击行为是为了避免或逃避任务、作业或家务。例如，一个儿童可能会推开、扔掉一个物体，或者因为教师要求他穿外套而打教师。通常情况下，教师会收回要求，允许他逃避任务，那么他的攻击就会被负强化。有些儿童青少年出于工具性原因，即为了获得他想要的物品或特权进行攻击。例如，一个儿童可能会为了获得玩具而推搡他的同学。有些少数情况，儿童青少年可能因自我强化而出现攻击行为，特别是破坏财产。一些儿童青少年认为毁坏物品、玩具和家具很好玩（Machalicek et al., 2016）。

共病障碍

直到最近，许多精神卫生专业人士还认为 ID 患儿不会患有其他精神障碍。一些专家认为，智力低下使这些人对焦虑、抑郁和其他形式的心理困扰产生了免疫力。还有一些专业人士根本没有将 ID 从这些心理健康问题中区分出来。不过渐渐地，临床医生意识到 ID 患儿可能会患上各种各样的精神障碍（Pandolfi & Magyar, 2016）。

专家们用*双重诊断*（*dual diagnosis*）这个术语来指 ID 患者中存在的精神障碍。新的证据表明，大约 40% 患 ID 的儿童与青少年有双重诊断。最常见的共病是品行问题（25%）、ADHD（9%）和焦虑障碍（9%）（Witwer et al., 2014）。

不幸的是，临床医生经常忽视 ID 患儿的共病情况，这种现象被称为**诊断遮蔽效应**（**diagnostic overshadowing**）。为什么临床医生会忽视 ID 患儿的焦虑、抑郁甚至精神病性症状？一些精神卫生专业人员在评估和治疗 ID 患儿方面没有太多经验，还有一些人错误地将出现精神病性症状归因于患者认知能力低下或适应功能受限。与 ID 患儿一起工作的临床医生必须注意他们也可能需要心理健康干预。

小　结

- 四分之一的智力障碍患儿有挑战性行为，例如刻板行为、自伤或身体攻击。
- 挑战性行为会伤害自己或他人、造成紧张的人际关系、限制学业或社交机会、给家庭带来经济负担。
- 约 40% 有智力障碍的儿童青少年会共病心理健康问题。而共病情况通常会被忽视。

智力障碍有多普遍？

如果我们假设智力在人群中是正态分布的，那预计大约有 2.2% 的人 IQ 得分低于 70。因此，根据正态曲线，ID 在大众中的患病率为 2% ～ 3%（Tirosch & Jaffe, 2011）。

然而，荟萃分析表明在人群中约有 1.4% 的个体患有 ID。有几个可能的原因可以解释这个较低的估计值。第一，ID 不是由个体的 IQ 分数决定的，做出诊断还需要个体存在适应功能受损。许多 IQ 在 55 ～ 70 分之间的个体在适应功能方面没有表现出明显的缺陷。因此，他们没有被诊断为 ID（Calles & Nazeer, 2018a）。

第二，个体的 IQ 会随着时间推移而波动。尽管有重度和极重度缺陷的个体的 IQ 得分相当稳定，但在 IQ 连续体中 IQ 得分稍高的个体（即 IQ 为 55 ～ 70 分）的 IQ 分数不太稳定。其中的有些人可能在儿童期 IQ 低于 70 分，但在青少年期 IQ 高于 75 分，因此不再符合诊断条件。

第三，患重度和极重度 ID 的个体的预期寿命低于无发育障碍个体的预期寿命。由于寿命缩短，根据正常曲线，ID 患者的数量可能低于预期。

ID 的患病率因年龄而异。学龄儿童与青少年（2.5%）比幼儿（2%）或成人（1.25%）更容易被诊断出 ID。为什么被认为患有 ID 的学龄儿童要比其他年龄的儿童多？答案似乎是，儿童在学校时他们身上与 ID 相关的认知障碍更显而易见。儿童离开学校后，这些缺损就不那么显而易见了，有缺损的个体也不太可能被识别出来（Zablotsky, Black, & Blumberg, 2020）。

ID 在男性中更常见，ID 患者的男女比例约为 1.3 : 1。专家们对为什么男性比女性更有可能患有 ID 持不同意见。一些人认为男性的中枢神经系统更容易受到损伤。另一些人认为，男性比女性更容易出现 ID 是因为某些形式的 ID 是由 X 染色体异常引起的。因为男性只有一条 X 染色体，所以他们可能对因 X 染色体受损而导致的障碍更加敏感（McKenzie, Milton, Smith, & Ouellette-Kuntz, 2017）。

小　结

- 荟萃分析显示，1.4% 的个体符合智力障碍的诊断标准。
- 比起学龄前儿童或成人，智力障碍在学龄儿童中更为常见，在男孩中比在女孩中更为常见。

5.2　病因

器质性智力障碍和文化-家族性智力障碍有什么区别？

齐格勒分类系统

爱德华·齐格勒（Edward Zigler, 1969）提出了第一种基于病因对 ID 患儿进行分类的方法。齐格勒将患 ID 的个体分为两组（见表 5.4）。第一组为病因明确的个体，由于当时已知的 ID 病因多涉及遗传疾病或生物学异常（如唐氏综合征），他将第一组个体归类为器质性 ID。整体而言，器质性 ID 的个体具有以下特征：智商低于 55 分、存在提示神经系统问题的躯体特征，以及多种医学并发症。并且这组患儿的父母及兄弟姐妹智力功能正常，且来自各社会经济阶层的家庭。（Iarocci & Petrill, 2012）。

表 5.4　器质性与文化-家族性智力障碍

	器质性	文化-家族性
定义	儿童青少年的智力障碍有明确的遗传或生物学原因	儿童青少年的智力障碍没有明显原因 有血缘关系的亲戚可能有人低 IQ
诊断	通常在刚出生时或婴儿期就被诊断出来 经常存在共病	通常在学龄期被诊断出来 很少存在共病
智力或适应功能	IQ 通常低于 55 兄弟姐妹智力正常 适应功能受损更严重 经常需要依赖他人生活	IQ 通常高于 55 有低 IQ 的兄弟姐妹 适应功能受损程度较轻 在支持下可以独立生活
与之相关的特点	同族裔和社会经济地位群体间具有相似性 出现健康问题和生理残疾 死亡率更高 不太可能结婚，通常不能生育 常有表情异常	多见于低社会经济地位的家庭 通常少有健康问题和生理残疾 死亡率正常 可能结婚，并且有可能有低 IQ 的孩子 外表正常

第二组患儿的认知和适应问题没有明确的原因。他们的 IQ 通常在 55 ～ 70 分，外表正常，没有其他健康或医学问题。他们更有可能有父母、兄弟姐妹和其他智力低下的亲属。此外，他们往往来自低收入家庭。齐格勒将第二组称为“家族性 ID”组，因为这组的患儿亲属的智力和适应功能水平通常较低。如今，许多专家将这一类个体称为文化-家族性 ID（cultural-familial ID），因为他们认为这组的患儿是由于环境剥夺（例如认知刺激水平低、学校条件差）和导致认知能力较低的遗传素质的综合作用（Iarocci & Petrill, 2012）。

器质性和文化-家族性这两个词可能会产生误导。个体患有器质性 ID 不一定有导致其损伤的遗传原因。例如，一些病例的器质性 ID 是由环境因素引起的，例如其母亲在孕期饮酒。同样地，患有文化-家族性 ID 的个体所表现出的缺陷不一定是由环境因素造成的。部分文化–家族性 ID 可能是某些我们尚未识别出来的遗传异常引起的。随着遗传学和医学研究的进展，可能会发现更多的 ID 病因。器质性 / 文化–家族性 ID 的区别仅仅在于我们是否能够确定出现障碍的原因（Karmiloff-Smith, Doherty,Cornish, & Scerif, 2016）。

相似序列与相似结构假设

一般来说，发育中的个体会以一致的顺序经历一系列认知阶段（Carey, Zaitchik, & Bascandziev, 2015）。婴幼儿学会在头脑中表征他人并进行假装游戏，学龄前儿童表现出对语言的掌握，学龄儿童发展出守恒知识和解决具体问题的能力，青少年表现出更高级的抽象思维。齐格勒（1969）提出，ID 患儿的认知发展顺序与正常发育个体的认知发展顺序相似。他的**相似序列假说**（**similar sequence hypothesis**）认为，ID 患儿的认知发展阶段与正常发育的个体相同，只是发育速度更慢。

齐格勒（1969）也提出 ID 患儿的认知结构与同一心理年龄的正常发育的个体的认知结构相似。他的**相似结构假说**（**similar structure hypothesis**）表明，两个心理年龄相同的个体（一个患有 ID，另一个没有 ID）会表现出相似的能力。例如，一个智力功能与 5 岁儿童相似的 16 岁患 ID 青少年应该表现出与正常发育的 5 岁儿童相同的认知能力模式。

涉及器质性 ID 患儿的后续研究的结果不一致。器质性 ID 患儿的认知发展与无器质性 ID 患儿的认知发展一样，都遵循一个预期的顺序。然而，器质性 ID 患儿的认知能力往往不同于同一心理年龄的典型发展儿童青少年的认知能力。具体来说，器质性 ID 患儿在认知能力上往往表现出明显的优势和劣势，他们的认知能力并不总是很低。此外，这些认知优势和劣势取决于 ID 的病因。例如，患唐氏综合征的儿童青少年通常表现出一种认知能力模式，而患脆性 X 综合征的儿童青少年则表现出不同的认知模式。

行为表型

不同类型的器质性 ID 的个体在认知能力上表现出具有特征的模式，这一发现是很重要的。如果科学家能够识别出与每一个已知的 ID 病因相关的认知和行为特征，这些信息就可以用来规划这些儿童青少年的教育和改善他们的适应功能（Carlier & Roubertoux, 2015）。

因此，研究人员已经不再将所有因已知病因患上 ID 的儿童青少年归入“器质性 ID”这一大类。相反，研究人员在不同的群体中研究 ID，以便更好地了解与每种疾病相关的优势和劣势。例如，一些研究人员研究患唐氏综合征患儿的能力，而另一些研究人员则关注患脆性 X 综合征患儿的优势和劣势（Hodapp, Dankner, & Dykens, 2017）

换言之，研究人员致力于为每种已知病因的 ID 患儿确定其行为表型（behavioral phenotype）。根据伊丽莎白・戴肯斯（Elizabeth Dykens, 1995）的观点，行为表型是指“相对于无特定综合征的个体，患有特定综合征的个体出现某些行为或发育后遗症的较高可能性”。行为表型包括特定病因的 ID 患儿的外表、整体智力和适应功能、认知优势和劣势、共病的精神障碍、医学并发症和发展结果。行为表型是概率性的。虽然不是每个患儿都能表现出与疾病相关的所有特征，但总体的描述可能有助于组织和指导研究，并帮助专业人士制定循证干预措施（Carlier & Roubertoux, 2015）。

研究人员已经确定了超过 1000 种引起 ID 的独特病因，它们可以大致分为 5 类：（1）染色体异常；（2）X 染色体连锁疾病；（3）代谢障碍；（4）暴露于胚胎致畸剂或疾病；（5）分娩期间或分娩后的并发症。总之，这些情况解释了大约 70% 的 ID 病例的病因（Davis, Hoover, & Mion, 2019）。下一节中，我们将探讨其中一些病因以及患儿的行为表型。

小　结

- 齐格勒用“器质性”这个词来描述那些病因明确的智力障碍的儿童青少年。通常情况下，这些儿童青少年有遗传疾病，IQ 和适应功能评分非常低、有医学并发症、没有智力障碍的家族史。
- 齐格勒用“文化-家族性”这个词来描述智力障碍原因不明的儿童青少年。通常，他们的 IQ 和适应功能得分在 50 ～ 70 分、身体健康、有患智力障碍的亲属。
- 大多数研究支持相似序列假说。尽管发展速度较慢，但是有智力障碍的儿童青少年与其他儿童青少年一样经历了相同的发展阶段。相似结构假说的支持度较低。有智力障碍的儿童青少年有时表现出特殊的优势和劣势。

染色体异常如何导致智力障碍？

唐氏综合征

唐氏综合征（Down syndrome）是一种遗传性疾病，其特征是中度至重度 ID、语言和学习功能问题以及面部和身体的特征性外貌。1866 年，约翰·兰登·唐（John Langdon Down）首次描述了这种疾病。大约每 1000 个活产婴儿中就有 1 个患有这种疾病。母亲年龄（特别是 35 岁后）与生育唐氏综合征患儿的风险呈正相关。

大约 95% 的唐氏综合征是由多出来的 21 号染色体引起的。这种类型的疾病又被称为 21 三体综合征（trisomy 21 syndrome），因为患儿有三条 21 号染色体而不是通常的两条。21 三体综合征不是遗传的，而是由于染色体不分离（*nondisjunction*）产生的，即在减数分裂过程中染色体不能分离。在大多数病例中，母亲贡献 2 条染色体而非 1 条，但有时也会出现父亲的染色体不分离的情况。

唐氏综合征也可因遗传物质异常传递而发生：当孩子从父母双方各继承一条 21

号染色体，并从父母一方继承一条异常融合染色体（通常由 21 号和 15 号染色体组成）时。这种异常称为*染色体易位*（*translocation*），会导致额外的遗传物质传给孩子。患唐氏综合征的儿童青少年中大约 3% 出现染色体异位。染色体异位引起的唐氏综合征是遗传性的。通常情况下，父母是这些融合染色体的未受影响的携带者，他们会在不知情的情况下将其遗传给子女。

最后，一些细胞在有丝分裂过程中没有分离也会导致唐氏综合征。这会导致患儿有一些正常的细胞和一些基因信息量异常的细胞。这种带正常基因信息的细胞和带不正常基因信息的细胞的混合被称为*染色体嵌合体*（*chromosomal mosaicism*）。就像马赛克是由不同颜色的方块组成一样，有染色体嵌合体的个体有不同基因组成的细胞。大约 2% 的唐氏综合征患儿有染色体嵌合体。

唐氏综合征患儿的面部特征是扁平脸、宽鼻梁和耳朵位置低。其他身体特征包括身材矮小和肌张力低下。唐氏综合征患儿的大脑体积较小，沟回比没有唐氏综合征的儿童青少年少。较少的沟回意味着大脑皮质的表面积减少，这可能是他们认知功能差的部分原因（Key & Thornton-Wells, 2012）。

唐氏综合征患儿几乎总是被诊断为患有 ID。在这些患儿中，很少有人的 IQ 得分超过 60 分。在他们人生最初的几个月里，认知能力的发展是正常的。然而，在患儿 1 岁生日之后，他们的智力发展会减慢，并进一步落后于正常发育的同龄人。因此，唐氏综合征患儿的发育迟缓随着年龄的增长变得更加明显。以一个患有唐氏综合征的女孩罗莎为例，她的家庭改变了我们今天对智力障碍患者的看法。

案例研究
智力障碍（唐氏综合征）

那个摆脱“R 开头的单词”的女孩

有这样一句老话：“棍子和石头可能会打断我的骨头，但言语永远不会伤害我。”尼娜·马尔切利诺（Nina Marcellino）对此有不同看法。“言语是会伤人的。你不能用恶劣的方式称呼某人，并以不同的方式对待他们。”

尼娜一家在很大程度上改变了我们描述智力障碍患者的方式。尼娜的故事始于她与学校工作人员讨论罗莎——她患有唐氏综合征的 9 岁女儿——的教育计划。据尼娜回忆，罗莎被校方贴上“*弱智*（*mentally retarded*）”的标签。“这很糟糕。他们召开了会议，修改了她的代码（学生特殊需要的标记），这让我措手不及。”罗莎 14 岁的哥哥尼克补充道：“在我们家，我们不允许说那个带‘R’的词（弱智）。这就像在说脏话一样，我们不允许使用伤人的词语。”

这家人花了两年时间敦促立法者从所有联邦法律、法令和条例中删除“弱智”一词，因为它有负面的含义。罗莎的父母会见了政府官员，她的两个姐姐组织了一次请愿，尼克在马里兰州大会上发表了讲话。

奥巴马总统签署了《罗莎法案》(Rosa's Law)，在所有的联邦文件和法规中，用*智力障碍*（*intellectual disability*）取代了*弱智*一词。罗莎描述了签字仪式："我们一起去了白宫。他是总统，我觉得他很帅。我们到他家看着我的法规被签署。我得到了一个大大的拥抱。"

在仪式上，奥巴马总统引用了罗莎的哥哥尼克的话："你如何称呼他人就代表你如何对待他们。如果我们改变使用的词语，也许这将是对待残障人士的新态度的开始。"(Cyphers, 2015)

患有唐氏综合征的儿童青少年在语言方面表现出明显的缺陷。他们经常在语法、词汇、句子结构和发音方面有问题。事实上，95% 的唐氏综合征患儿父母报告他们的孩子在言语理解上有困难。这些孩子也在听觉学习和短时记忆方面有问题。因此，他们经常在传统教育中遇到困难，因为传统课堂中教师们通常依靠口语来授课（Chapman& Bird, 2012）。

相比之下，唐氏综合征患儿在视觉空间推理方面表现出相对优势。例如，比起重复用口语传达的一系列手部动作，他们能更轻易地重复看到的动作。教师可以在课堂上利用这些患儿的视觉空间能力。例如，巴克利（Buckley, 1999）教唐氏综合征患儿如何阅读，方法是让他们将印刷的单词与图片进行视觉匹配，用闪卡玩单词匹配游戏，并将印刷在卡片上的单词加工成句子。这些技术在很大程度上有赖于患儿的视觉学习倾向，可以使他们的阅读技能得以提高。此外，他们在阅读方面的进步也会扩展到其他领域，如言语和语言。

患有唐氏综合征的幼儿通常被描述为快乐的、爱社交的和友好的。自愿为唐氏综合征患儿做家教是值得的，因为这些患儿在社交上往往外向而深情。唐氏综合征患儿比其他患 ID 的个体更不容易患上精神障碍。然而，在青少年期，由于社会孤立或对自身缺损的认识增加，他们可能会出现情绪和行为问题（Davis et al., 2019）。

与唐氏综合征相关的医学并发症包括先天性心脏病、甲状腺异常、呼吸系统问题和白血病。45 岁以后，许多患有唐氏综合征的成人会出现阿尔茨海默病的早期症状。对他们大脑的尸检研究显示，神经原纤维缠结（neurofibrillary tangles）和斑块（plaques）的发病率很高，类似于阿尔茨海默病患者。唐氏综合征患者的预期寿命为 60 ～ 65 岁。

普拉德-威利综合征

普拉德-威利综合征（Prader-Willi syndrome, PWS）是一种非遗传性的疾病，其特征为轻度 ID、暴食和肥胖、对成人的对立违抗行为以及强迫行为。每 20 000 人中有 1 人患 PWS（Driscoll, Miller, Schwartz, & Cassidy, 2018）。

PWS 通常是由 15 号染色体的部分遗传信息缺失所引起。在 70% 的病例中，父亲的遗传信息被删除，所以孩子只从母亲那里遗传了一组基因。在其余的大多数病例中，来自母亲的两组基因表达异常。这两种情况均导致来自父亲的 15 号染色体关键片段缺失，造成父系遗传信息缺失。

大多数 PWS 患儿表现出轻度 ID 或认知功能低下，他们的平均 IQ 在 65 ～ 70 分。PWS 儿童表现出较强的视觉空间技能。有些患儿能比测试他们的心理学家更快地解决难题。另一方面，这些儿童在短时记忆方面表现出劣势。此外，他们的适应行为水平远低于具有同等 IQ 个体应有的水平。（Khan, Gerasimidis, Edwards, & Shaikh, 2019）。

许多 PWS 患儿最显著的特点是对食物有强烈兴趣（Khan, Gerasimidis, Edwards, & Shaikh, 2019）。患有这种疾病的婴儿表现出吮吸、喂养和体重增加的问题。在 2 ～ 6 岁时，患有 PWS 的幼儿会吃大量的食物。一些证据表明，这些幼儿的下丘脑室旁核神经功能异常。下丘脑室旁核是大脑中控制饥饿和饱腹感的区域。由于这些患儿从不觉得饱，所以他们吃得过多，常常专注于食物。一些患儿偷食物、囤积食物，或从垃圾中获取食物，以试图满足自己。如果饮食不受监控，他们就会变得肥胖。与肥胖相关的医学并发症是患 PWS 成人死亡的主要原因。以一个由 PWS 引起 ID 的男孩唐特雷尔为例，他就表现出这种对食物的痴迷。

案例研究
智力障碍（普拉德-威利综合征）

迷恋食物

唐特雷尔是一个 6 岁的男孩，他的儿科医生因为他在语言和自我照顾技能方面的严重迟缓将他转介到我们诊所。唐特雷尔最近进入公立学校，由外祖母照顾。他的母亲是一名移民工人，已经回了墨西哥，但希望唐特雷尔留在美国上学。

唐特雷尔在许多发育重要阶段上都缓慢。尽管大多数孩子在 6 个月大的时候就学会坐起来，在 1 岁时学会走路，但唐特雷尔却迟迟不能完成这些任务。最重要的是，唐特雷尔有明显的语言迟缓。他英语和西班牙语词汇量有限，难以背诵字母表或辨认字母，数数也有困难。他在完成同龄孩子可以完成的自我照顾任务方面也有问题，例如穿衣、洗澡和梳洗。学校工作人员将这些发育迟缓归因于医疗保健和营养不良的历史，以及在幼儿时期和学龄前时期缺乏学习。

唐特雷尔在行为方面也出现了显著的问题。第一，他过于活跃，注意力不集中。第二，唐特雷尔表现出严重的挑衅和攻击问题。当他没有按自己的方式做事时，他会大发脾气。第三，唐特雷尔的祖母说他“对食物很着迷”。唐特雷尔显然胃口大得很难被满足，甚至被发现在床下囤积食物、偷亲戚的食物。事实上，唐特雷尔体重接近 38.5 千克！

做评估工作的心理学家瓦伦西亚博士认识到，唐特雷尔的许多行为都与一种名为普拉德-威利综合征（PWS）的遗传疾病一致。尽管大多数患儿的这种疾病都是在婴幼儿时期被发现的，但唐特雷尔的症状很可能因为没有得到常规的医疗保健而被忽视了。瓦伦西亚博士建议唐特雷尔进行基因测试以确认其诊断。

贪食症的起病也与行为改变有关。许多（70%～95%）PWS患儿会变得爱争论、爱挑衅、脾气暴躁。大约42%的PWS患儿在破坏性行为爆发期间毁坏财物，34%的患儿对他人进行身体攻击。大多数PWS患儿（71%～98%）表现出强迫性思维或仪式化的强迫行为。他们最常见的困扰与食物有关。他们可能会按照一定的顺序或根据颜色、口感、类型或卡路里含量进食。PWS患儿也经常表现出强迫行为。他们可能会囤积纸和笔；按颜色、大小或形状排列玩具和家居用品，重复信息或问题，或者过分关注对称性（King, 2016）。

在成年早期，一些PWS患者表现出精神病性症状，包括思维歪曲和幻觉。在一项研究中，12.1%的PWS患儿父母报告他们的孩子出现幻听和幻视（Stein, Keating, Zar, & Hollander, 1994）。PWS患者的预期寿命通常因肥胖而缩短。

安格尔曼综合征

安格尔曼综合征[1]（**Angelman syndrome**）是一种遗传疾病，其特征是ID、言语缺损、愉快表情和异常运动行为。医生哈里·安格尔曼（Harry Angelman）在3个儿童（后来他们被诊断为该综合征）同时住进医院时发现了这种病症。这3个患儿的认知功能都很差，口语匮乏，存在步态平衡障碍。其运动特征呈突发性、抽动样且不规则的异常模式。他们走路的时候往往会举起双臂，有时会踮起脚尖、蹒跚前行，伴有突然的启停式前冲步态。最引人注目的是，这3个孩子都经常笑。后来，在参观维罗纳的卡斯特尔韦奇奥博物馆时，安格尔曼看到了一幅名为《木偶男孩》（*Boy With a Puppet*）的画，这幅画让他想起了那3个生病的孩子快乐的样子。安格尔曼随后写了一篇科学论文，描述了那3个“木偶儿童”，这慢慢引起了全世界临床医生的注意（Angelman, 1965）。今天，专业人士称这种疾病为安格尔曼综合征。每15 000～20 000人中就有1人患有这种疾病。

PWS和安格尔曼综合征都是由第15号染色体的部分异常所引起。健康孩子遗传两条15号染色体，两条分别来自父亲和母亲。当孩子仅从母亲那里继承了15号染色体上的遗传信息时，就会患上PWS。相反，当孩子只从父亲那里继承了15号染色体上的遗传信息时，就会患上安格尔曼综合征。在70%的安格尔曼综合征病例中，母亲的遗传信息被删除。在另外3%～5%的病例中，两条15号染色体都来源于父亲。在剩下的安格尔曼综合征病例中，患儿的15号染色体上出现了其他基因突变。

1 又称快乐木偶综合征、天使综合征。

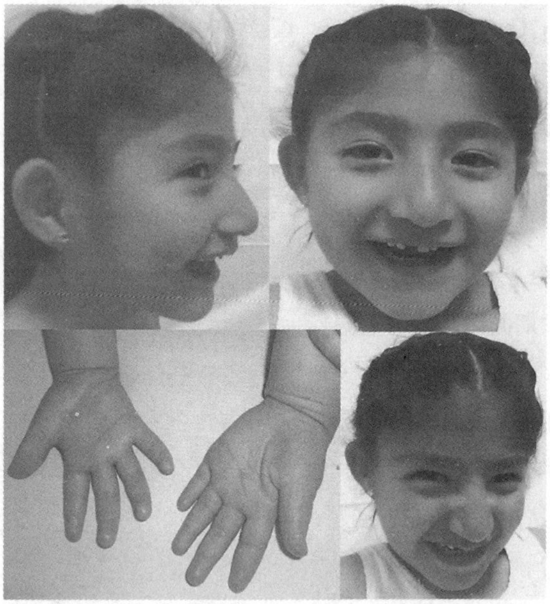

插图 5.1　特蕾莎是一个患有安格尔曼综合征的 5 岁女孩。这种疾病患儿的特征包括眼角之间的距离过大、嘴巴过宽和快乐的行为。

安格尔曼综合征最显著的特征是患儿持续展现出社交微笑和愉快的表情（插图 5.1）。许多患有安格尔曼综合征的婴儿在 1 ～ 3 个月大的时候开始出现这种持续的微笑。在之后的发展中，这种微笑伴随着大笑和咯咯笑。安格尔曼综合征患儿的面部特征通常包括一张宽大的微笑的嘴，薄薄的上唇和尖下巴（Buiting, Williams, & Horsthemke,2017）。

尽管有社交微笑的表现，但安格尔曼综合征通常直到幼儿期才被发现。当孩子不怎么说话并且在走路和平衡上出现问题的时候，父母和医生就常会怀疑孩子患有这种障碍。到了儿童期，安格尔曼综合征患儿的认知功能水平通常处在重度或极重度 ID 的范围内。大多数患有安格尔曼综合征的儿童不会说话，有些儿童可以有意义地使用几个词。他们通常能理解别人，并能服从简单的命令。

几乎所有安格尔曼综合征患儿都表现出多动和注意力不集中的症状。父母通常描述他们“总是在动”。患儿可能会拍打手臂、摆弄双手、很容易激动起来。多动症状经常干扰他们的睡眠。安格尔曼综合征患儿通常很难长时间将注意力集中在一个人或一项任务上。多动和注意力不集中的问题贯穿整个儿童期，但随着年龄的增长有所缓解。

一些安格尔曼综合征患儿存在*色素减退*（*hypopigmentation*）的问题，也就是说，他们可能显得面色苍白，或眼球是浅色的。当编码皮肤颜色的基因与 15 号染色体上的其他信息一起被删除时，色素减退就会出现。

超过 90% 的安格尔曼综合征患儿有癫痫发作。有时，因为这些患儿活动急促，他们的癫痫发作很难被注意到。在大多数情况下，医生会开抗惊厥药来减轻癫痫发作。患有安格尔曼综合征的成人的预期寿命比没有这种疾病的人短 10 ～ 15 年。

插图 5.2　玛丽是个患有威廉姆斯综合征的学龄前儿童。许多患有威廉姆斯综合征的儿童青少年都像玛丽一样，有一张大嘴巴、胖乎乎的脸颊、小翘鼻子和尖下巴。他们也有发展良好的言语表达技能。

威廉姆斯综合征

威廉姆斯综合征（**Williams syndrome, WS**）是一种遗传疾病，其特点是整体智力功能低下、多动、冲动、注意力不集中、在口语和社交方面有不同寻常的优势（Elsabbagh & Karmiloff-Smith, 2012）。WS 患儿可以通过面部特征来识别。他们通常有宽阔的额头，宽嘴，牙齿间距大，虹膜上有星形图案，还有精灵般的鼻子、眼睛和下巴（插图 5.2）。他们的面部特征让他们表现出一种愉快和淘气的混合的样子。WS 是由 7 号染色体的一个部分缺失引起的，大约每 20 000 人中就有 1 人患有这种疾病。

尽管 WS 患儿的总体 IQ 得分较低，但他们在语言的某些方面表现出奇特的优势（Mervis, 2012）。他们的词汇能力异常发达，能用高级词汇和复杂的语法讲比较复杂的故事。他们甚至可以在讲故事时使用音效来强调重点。一些 WS 患儿在听觉记忆和音乐方面表现出相对的优势。教师有时会改变他们的教学方法来利用这些优势。例如，WS 患儿可能对口头教学的反应最好，而不是阅读；他们可能更喜欢与伙伴或小组合作，而不是独立工作（Royston, Waite, & Howlin, 2019）。

WS 患儿在视觉空间任务上表现较差。他们很难记住图片或数字。这种视觉空间能力的相对缺陷很可能是基因缺失导致的。具体来说，患儿 7 号染色体上被删除的部分含有一个编码 LIM 激酶的基因。这种酶是大脑发育和执行功能所必需的，特别是在负责视觉空间处理的区域。这种酶的缺乏很可能是这些患儿视觉空间障碍的基础（Elsabbagh & Karmiloff-Smith, 2012）。

患有 WS 的儿童青少年被描述为友好和善于交际的。他们特别擅长记住面孔，并根据一个人的情绪推断出他的精神状态和情绪。有时，他们过于信任陌生人，这使他们处于被他人剥削的风险之中（Sampaio et al., 2018）。

WS 患儿常常行为多、易激动。他们注意力不集中、多动和冲动，因此他们中的许多被诊断为 ADHD。此外，WS 患儿还会出现*听觉超敏*（*hyperacusis*）的情况，即对噪声异常敏感。卡车引擎、火警警报和学校铃声都会给他们带来巨大的痛苦。

大多数 WS 患儿有焦虑的问题。与正常发育的幼儿一样，患有 WS 的幼儿害怕鬼魂、风暴和接种疫苗。然而，与正常发育的儿童不同，患 WS 的大龄儿童会继续害怕这些刺激，并且担忧随着年龄的增长明显增加。患有 WS 的大龄儿童与青少年对他人的批评极为敏感。大约三分之一的人患上了社交恐惧症，高达 85% 的患儿在社交或展示情境中表现出反复出现的焦虑问题。荟萃分析显示，患 WS 青少年存在焦虑障碍的可能性大约是患其他发育障碍青少年的 4 倍（Royston, Howlin, Waite, & Oliver, 2018）。

WS 患儿有患心血管疾病的风险。WS 患儿的 7 号染色体被删除的部分也包含一个编码弹性蛋白的基因。该蛋白是心血管结缔组织保持弹性和柔韧性的关键物质。弹性蛋白不足会导致高血压和其他心脏问题。

迪格奥尔格综合征

迪格奥尔格综合征（DiGeorge syndrome）是一种导致免疫系统问题的遗传疾病。免疫系统的正常功能依赖于胸腺。患有迪格奥尔格综合征的儿童青少年缺乏部分或全部腺体，因此出现免疫缺陷。患儿的症状取决于腺体缺失的程度。症状严重的患儿容易出现认知功能低下和严重的健康问题。

迪格奥尔格综合征患儿的生理特征包括唇腭裂、小耳朵和宽鼻子（插图 5.3）。这些患儿经常会有健康问题，包括先天性心脏病、中耳炎或失聪、免疫问题，以及癫痫发作。唇裂和 / 或腭裂以及听力丧失常常造成语言迟缓和学业问题。他们的平均

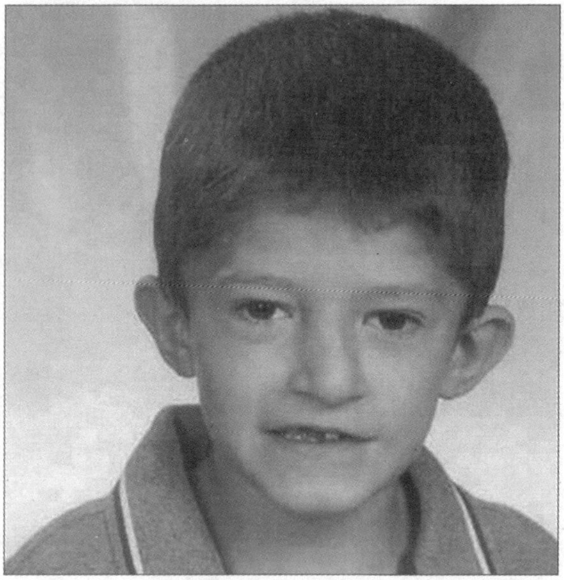

插图 5.3　这个男孩患有迪格奥尔格综合征，这是一种与认知功能低下、唇腭裂、心脏问题和日后精神分裂症风险相关的遗传性疾病。

IQ 约为 70，言语技能明显高于非言语技能。

迪格奥尔格综合征通常由基因突变引起，这种基因突变导致 22 号染色体中 30 ～ 40 个基因缺失。因此，该疾病也被称为 22q11.2 缺失综合征（22q11.2 deletion syndrome）。这种缺失可能发生在精子或卵细胞中，也可能发生在受精过程中。在极少数情况下，没有表现出症状的父母会不知不觉地将这种突变遗传给孩子。2000 ～ 4000 人中约有 1 人患有这种疾病（Toth, deLacy,& King, 2015）。

患有迪格奥尔格综合征的儿童青少年有患精神障碍的风险。患有这种疾病的幼儿在理解社会情境时经常遇到问题，表现出解决社会性问题的能力受损。大龄患儿经常有注意力问题，可能被诊断为 ADHD。这些患儿中大约有一半会出现精神分裂症或精神病性症状，这使得迪格奥尔格综合征成为为数不多的已知精神分裂症病因之一（Vorstman et al., 2015）。

小　结

- 唐氏综合征是由额外的一条 21 号染色体引起的。其临床特征为：中度智力障碍、言语认知与语言能力较弱，但具有相对优势的视觉空间推理能力及较强的社交性。
- 普拉德–威利综合征是由 15 号染色体缺失父系基因引起的。其临床特征为：轻度智力障碍、短时记忆能力弱、视觉空间推理能力强、食物强迫行为和肥胖。
- 安格尔曼综合征是由 15 号染色体缺失母系基因引起的，其临床特征为：中重度智力障碍、口语缺乏、抽动样运动、多动和持续性微笑表情。
- 威廉姆斯综合征是由 7 号染色体缺失引起的。其临床特征为：轻度智力障碍、视觉空间能力差、口语和言语记忆能力强、多动、焦虑和过度友好。
- 迪格奥尔格综合征是由 22 号染色体缺失引起的，其临床特征为：轻度智力障碍、身体健康问题、唇腭裂及存在精神分裂症患病风险。

X 连锁疾病如何导致智力障碍？

X 连锁疾病（X-linked disorder）是发生在 X 染色体上的一类特殊的遗传异常。因为女孩有 2 条 X 染色体，而男孩只有 1 条，所以这些疾病的症状在男孩和女孩中是不同的。

脆性 X 综合征（FMR-1 障碍）

脆性 X 综合征（fragile X syndrome）是一种遗传疾病，与躯体异常、中重度智力障碍和社会 / 行为问题有关。每 4000 个男孩中有 1 人患有这种疾病，每 8000 个女孩中有 1 人患有这种疾病（Toth et al., 2015）。

脆性 X 综合征是由 X 染色体上的基因突变引起的，该基因被称为脆性 X 精神发育迟滞 1 型（fragile X mental retardation 1, FMR-1）基因（Cornish, Cole, Longhi, Karmiloff-Smith, & Scerif, 2013）。在健康的个体中，这个基因包含一个重复次数很少的胞嘧啶 – 鸟嘌呤 – 鸟嘌呤（cytosine-guanine-guanine, CGG）的三核苷酸序列。这个基因产生一种有助于正常的大脑成熟和认知发展的蛋白质。患有脆性 X 综合征的儿童青少年 CGG 重复次数异常多。当重复次数为 50-200 次时，通常不表现临床症状。他们通常不知道自己携带了这种基因突变，但他们可能会将这种突变遗传给后代。当重复超过 200 次时，异常重复序列会干扰 FMR-1 基因功能，导致蛋白质合成减少。一般来说，产生的蛋白质越少，认知障碍就越严重。这种疾病被称为脆性 X 综合征，是因为患病个体的 X 染色体看起来像是断裂的（Stevenson et al., 2012）。

患有脆性 X 综合征的男孩和女孩表现不同，男孩表现出更严重的智力缺损、更严重的行为问题和更多的躯体异常。男性患儿表现出相对更大的缺损，是因为他们唯一的 X 染色体受到影响。与之相对，女性患儿会继承一条受影响的 X 染色体和另一条通常不受影响的 X 染色体。未受影响的 X 染色体可以产生正常数量的蛋白质，这有助于提高认知功能（Cornish et al., 2013）。

有脆性 X 综合征的男孩往往头部狭长、耳郭较大、关节过度屈曲（Sadock & Sadock, 2015）。他们也往往比其他男孩矮。伴发的医学问题包括心脏杂音和视力问题（插图 5.4）。

插图 5.4　布莱克是一个患有脆性 X 综合征的学龄前儿童。他的父母形容他为“一个可爱又有活力的小家伙”。

患有脆性 X 综合征的男孩往往有中度至重度 ID（Abbeduto, McDuffie, Brady, & Kover, 2012）。此外，他们在处理信息和问题解决的方式上表现出奇特的优势和劣势。他们在需要同时加工（*simultaneous processing*），即同时感知、组织和解释信息的任务上表现相对较好。例如在完成拼图或走迷宫等需要整体信息处理能力的活动中，他们有优势。另外，患有脆性 X 综合征的男孩在序列加工（*sequential processing*）方面表现出相对的缺陷，或者在按照一定顺序排列和处理信息的能力方面表现出相对的缺陷。阅读句子或按照玩具组装说明进行操作需要序列加工能力。这些男孩在高效规划和组织活动方面也表现出不足（Karmiloff-Smithet al., 2016）。

患有脆性 X 综合征的男孩往往表现出有特征的行为模式。最值得注意的是，许多人表现出孤独症样的行为，例如不愿意与人眼神交流或被他人触摸。然而，只有大约 25% 的患脆性 X 综合征男孩符合孤独症的诊断标准。他们在其余的社交场合则会显得非常害羞。许多患有脆性 X 综合征的男孩也表现出多动和注意力不集中，90% 被诊断为 ADHD（Dykens & Hodapp, 2001; Sullivan, Hooper, &Hatton, 2007）。

与患有脆性 X 综合征的男孩相比，患有脆性 X 综合征的女孩往往 IQ 更高，躯体异常不那么明显，行为问题也不那么严重。和患病男孩一样的是，这些女孩也会有注意力问题。她们也可能过度羞怯，目光回避，社交焦虑。

雷特综合征（MECP-2 障碍）

雷特综合征（Rett syndrome）是导致女孩患严重 ID 的最常见原因。它几乎总是由 X 染色体 MECP-2 基因突变引起的，很少遗传。这种疾病几乎总是在女孩身上出现。不幸的是，患有这种疾病的男孩往往在孕期死亡。每 8500 ～ 10 000 人中就有 1 人患有这种疾病（Toth et al., 2015）。

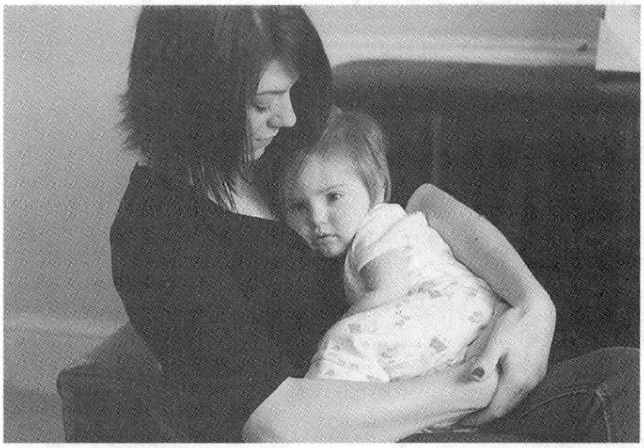

插图 5.5　伊丽莎白抱着患有雷特综合征的女儿格蕾丝。这种发育障碍的特点是智力障碍和特征性运动问题。这种疾病几乎只见于女孩。

雷特综合征患儿在生命的前 6 ～ 18 个月发育正常。随后，通常出现语言、运动和社交能力的迅速退化。大多数患儿会表现出社交退缩，发展出典型的绞手刻板动作。许多患儿也出现健康问题，例如生长迟缓、呼吸障碍、运动功能丧失及脊柱侧弯等健康问题。在幼儿期，许多患儿会出现情绪调节问题、哭泣和发脾气（插图 5.5）。大约 90% 患儿出现癫痫发作。患有雷特综合征的个体可以在照顾者的支持下活到成年（Lyst & Bird, 2015）。

小　结

- 脆性 X 综合征是由 X 染色体突变引起的遗传疾病。其临床特征为是轻度至中度智力障碍、特殊面容、言语认知和语言缺陷、社会功能缺陷。男孩比女孩受到的影响更严重。
- 雷特综合征通常由 X 染色体突变引起。其临床特征为患儿在婴儿期早期正常发育，却在随后出现语言和社会功能的迅速恶化、严重的智力障碍和绞手动作。这种病只见于女孩。

代谢障碍如何导致智力障碍?

苯丙酮尿症（phenylketonuria, PKU）是最为人所知的代谢障碍，如不治疗可导致 ID。在大多数情况下，当身体无法将苯丙氨酸（一种存在于某些食物中的人体必需的氨基酸）转化为酪氨酸时，PKU 就会发生。在 PKU 患儿身体里，肝脏不产生分解苯丙氨酸的酶。当患儿吃富含苯丙氨酸的食物（例如奶制品、肉类、奶酪和某些面包）时，这种物质就会积聚起来并产生毒性。苯丙氨酸中毒最终会导致脑损伤和 ID。

PKU 是由隐性基因引起的（图 5.3）。患上 PKU 的孩子是从母亲和父亲那里继承了相关基因。仅从双亲的其中一方遗传该基因的孩子是该疾病的携带者，但没有症状。如果一个携带者与另一个携带者生下后代，每个后代都有 25% 的概率患上 PKU。大约每 11 500 人中就有 1 人患有这种疾病。

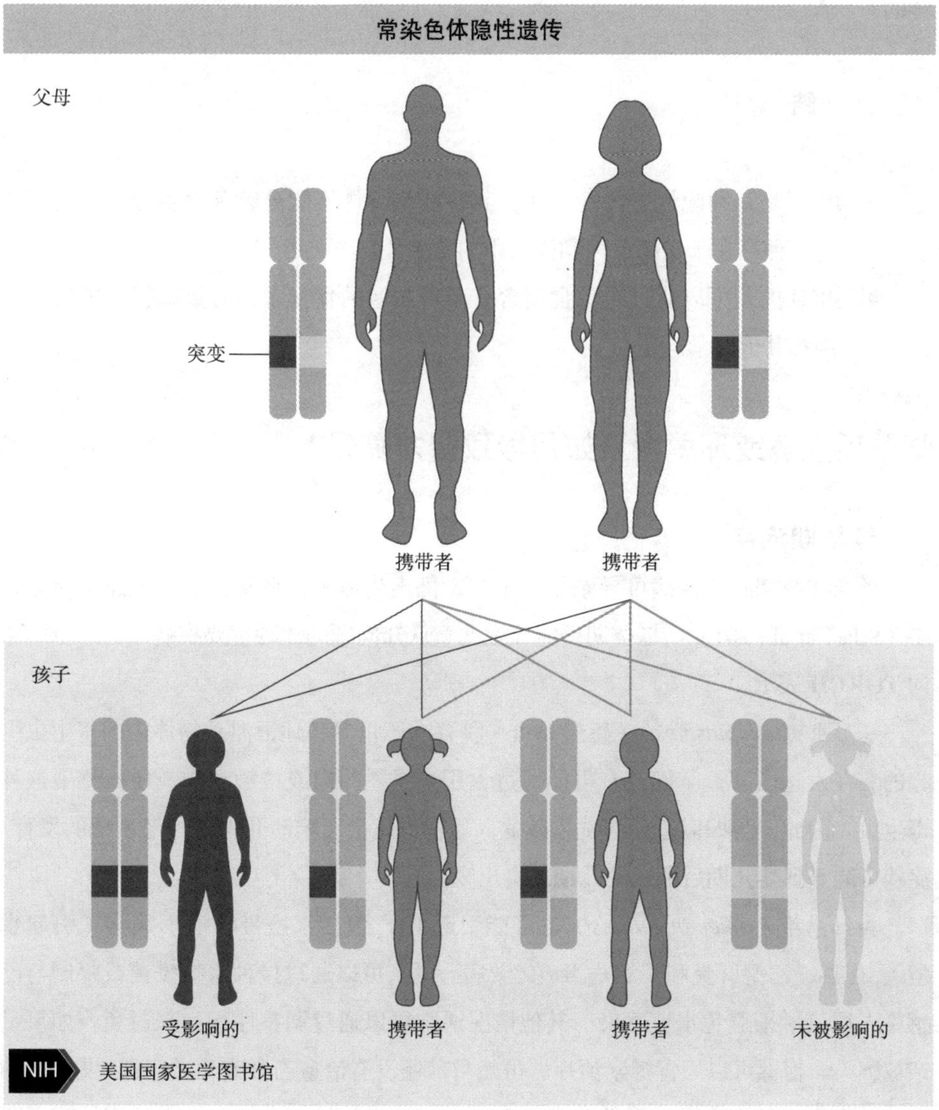

图 5.3　PKU 是一种隐性代谢障碍

注：患儿必须继承父母双方的隐性基因才能患上这种疾病。如果孩子只遗传一方基因，他们会携带这种疾病，但不会有症状。

新生儿通常在出生后不久通过验血进行 PKU 的常规筛查。如果发现这种疾病，患儿的饮食应由苯丙氨酸含量低的食物构成，以此减少中毒的机会。因此，坚持低苯丙氨酸饮食可以让患儿有正常的认知发展。大多数医生建议这种饮食应该无限期地继续下去。由于苯丙氨酸是一种必需的氨基酸，所以患儿的饮食必须由儿科医生监测。这些患儿有红细胞少（贫血）和血糖水平低（低血糖）的风险。

不坚持特殊饮食的 PKU 患儿会在出生后几个月出现症状。在儿童期，他们通常会出现重度 ID 且缺乏言语能力。未经治疗的 PKU 患儿通常表现出多动、动作失调及情绪暴发，会出现不可预测的动作和发脾气。此外，他们可能会出现胃肠道问题和癫痫发作。即使从儿童后期开始吃不含苯丙氨酸的食物，这些损伤也是不可逆转的。

小　结

- PKU 是一种隐性遗传性疾病，其特征是身体不能分解苯丙氨酸。苯丙氨酸是一种存在于牛奶、肉和面包中的氨基酸。
- PKU 患儿可以通过避免食用含有苯丙氨酸的食物来预防重度智力障碍、癫痫和其他医学问题。

母孕期疾病或环境毒素如何导致智力障碍？

母孕期疾病

母亲在孕期感染疾病可导致婴儿早产、低出生体重，在某些情况下还可能导致 ID（Silasi et al., 2015）。母孕期可能导致儿童认知问题的 5 种主要疾病用首字母缩略词 **TORCH** 表示。

弓形虫（*toxoplasmosis*）感染是由一种存在于世界各地恒温动物体内的寄生虫引起的。在发达国家，孕妇最有可能通过食用未煮熟的肉或接触动物粪便而感染这种寄生虫。因此，孕妇应避免清洗猫砂盆。弓形虫病会影响胎儿中枢神经系统的发育。症状可能直到婴儿期后期或幼儿期才会出现。

其他感染（*other infections*）也可能引起 ID，包括水痘带状疱疹病毒（引起水痘）、梅毒、乙型肝炎和艾滋病毒 / 艾滋病。母亲可以通过接种水痘疫苗或限制与已感染人群接触来避免水痘感染。其他情况通常可以通过调整性行为来避免。如果母亲被感染，梅毒可以用青霉素治疗。虽然目前还没有治愈乙肝或艾滋病毒 / 艾滋病的方法，但有几种方法可以降低病毒传染给胎儿的可能性：在妊娠期间使用抗病毒药物、剖宫产分娩、奶瓶喂养而非哺乳。在不采取和采取这些预防策略的情况下，母婴传播艾滋病毒的可能性分别为 25% 和不到 1%。

风疹病毒（*rubella*）会引起风疹。尽管母亲的症状相对较轻（例如皮疹），但是

胎儿感染风疹病毒后通常会有中度至重度认知功能障碍。在妊娠的头 3 个月感染风疹病毒是最严重的。随着风疹疫苗的广泛应用，胎儿感染该病毒的情况在发达国家较为少见。然而，如果母亲拒绝接种疫苗或生活在缺乏疫苗接种的国家，她们的胎儿依然面临感染风险。

巨细胞病毒（*cytomegalovirus, CMV*）是一种常见的病毒，大多数患者在青少年期或成年早期感染。该病毒引起单核细胞增多症，这是一种以高烧、发冷、咽痛及乏力为特征的疾病。若孕妇在妊娠期间首次感染 CMV，病毒可经胎盘传播给胎儿，导致胎儿神经系统严重损伤、听力丧失、智力障碍甚至死亡。因此，孕妇应避免接触单核细胞增多症患者。

单纯疱疹病毒 2 型（*herpes simplex virus type* 2, *HSV*-2）是一种典型的通过性接触感染的病毒。14-49 岁女性感染率约 12%。胎儿通常通过两种方式感染病毒：（1）母亲在妊娠的最后 3 个月首次感染病毒；（2）分娩时婴儿接触母亲产道的活动性疱疹病灶。感染该病毒的婴儿可能会有严重的中枢神经系统损伤、失明、癫痫和 ID。虽然 HSV-2 没有治愈方法，但母亲可以通过使用抗病毒药物和剖宫产来防止将病毒传播给胎儿（McQuillan, Kruszon-Moran, Flagg, & Paulose-Ram, 2019）。

铅暴露

铅是一种神经毒素，可导致个体的发育障碍。如果母亲在孕期接触铅，胎儿就有铅中毒的危险。例如，孕妇可能无意中通过受污染的饮用水或在工厂中工作时摄入铅。如果母亲在孕期摄入大量的铅，铅就可能通过胎盘影响胎儿发育。母亲的铅暴露史也会使胎儿处于风险之中。例如，如果母亲在儿童期接触铅，这些铅就可能会储存在她的骨骼中。如果她在孕期没有摄入足够的钙，她的身体就可能用储存的铅来代替胎儿需要的钙。在任何一种情况下，在母孕期间暴露于铅的新生儿都面临着早产、低出生体重和出现认知问题的风险（Shah-Kulkarni et al., 2016）

低龄儿童有三种途径接触到铅。第一，可能通过饮用含铅量高的受污染自来水接触铅（图 5.4）。第二，在使用铅的工业场所附近玩耍。第三，也是最常见的情况，可能通过含铅涂料摄入铅。尽管 1978 年美国禁止使用含铅涂料，但仍有约 2400 万套老房子和公寓使用含铅涂料。这种油漆会碎裂或剥落。婴儿可能会吃到地板上的油漆碎片，儿童可能会不慎吸入含铅的油漆粉尘（Eid & Zawia, 2016）。

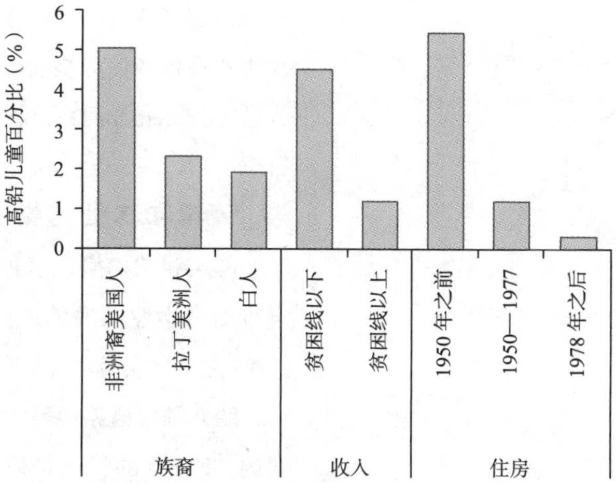

图 5.4　铅暴露因族裔和社会经济地位而异

注：铅暴露使儿童处于发育问题的风险。非洲裔美国儿童、生活在贫困中的儿童和居住在老房子里的儿童最常受到影响。数据来自美国疾病预防控制中心（Centers for Disease Control and Prevention, 2016c）。

铅暴露通常通过血液测试来检测。血铅含量大于每分升 5 微克（> 5μg/dL）即为“高”（Centers for

Disease Control and Prevention, 2016a）。然而，任何水平的铅暴露都是不安全的。甚至更低的血铅含量也可能造成神经发育问题。

铅对发育的影响因儿童年龄、暴露量和时间的不同而变化。一般来说，铅对0～5岁的婴幼儿最为危险，因为婴幼儿在这一时期神经系统发育迅速。铅与认知问题（尤其是智力低下和学习障碍风险增加）的产生密切相关。最近的纵向研究表明血铅浓度每上升1μg/dL，智商（IQ）会降低1至2分。这些认知缺陷通常持续到成年（Mazumdar et al., 2011）。

暴露于铅的婴幼儿也有出现行为问题的风险。最常见的情况是，暴露于铅中的儿童会出现集中注意力的问题、多动和破坏性行为，包括攻击行为。早期铅暴露也会增加青少年出现行为问题的风险。

不幸的是，大多数儿童青少年在铅暴露量接近40～50μg/dL之前并不会表现出明显的铅中毒体征。幼儿铅中毒的症状包括认知延迟和学习问题、易激惹、迟钝、食欲缺乏和胃肠道问题。血铅水平高的儿童青少年可以接受螯合治疗。螯合治疗是指将一种螯合剂注射到血液中，让它与铅结合并帮助个体将铅从体内排出。螯合疗法只在铅中毒的极端情况下使用，因为这种疗法会导致肾脏损害、心脏问题和其他代谢困难。

家庭应该如何预防铅暴露？第一，住在老房子里的家庭可以检查墙壁、窗户和门廊是否有油漆碎屑。老化的墙面可以进行专业处理和重新油漆以保护孩子。第二，父母应该定期清洁地板和家里其他地方的表面，也包括孩子的手和玩具。父母应该限制孩子接触可能含有铅的涂料的玩具。第三，进家前应脱鞋，防止把受到铅污染的土带回家。孩子们也应该避免赤脚在户外玩耍。最后，那些使用公共供水系统的自来水的家庭可以向供水商查询有关铅含量的信息。水供应商必须向客户提供描述水质的消费者信心报告。有私人供水系统（例如水井）的家庭可以使用工具检查铅含量（Centers for Disease Control and Prevention, 2016c）。

酒精和其他药物

母亲和孕妇摄入多种药物都可能导致新生儿低出生体重、头围减小以及面临出现行为和学业问题的风险。有趣的是，毒品（例如海洛因和可卡因）与智力障碍（ID）之间的关联并不像酒精这类被社会所接受的药物那样稳定。

胎儿酒精谱系障碍（fetal alcohol spectrum disorder, FASD）是由母孕期饮酒引起的。FASD的特点是智力低下、学习障碍、多动、生长发育缓慢以及特征性的颅面异常。FASD被称为谱系障碍，其症状的严重程度取决于母亲在孕期的饮酒情况（Popova et al., 2016）。

FASD的患病率约为每1000名活产婴儿中1～3例。然而，患有酒精使用障碍的妇女的子女患病率约为1/3。专家们对必须摄入多少酒精才能导致FASD意见不一。一些数据表明，孕期每天只要摄入60～90毫升酒精就会导致孩子患FASD。此外，孕期酗酒大大增加了孩子患 FASD 的概率。虽然孕期偶尔饮酒可能不会导致严重的症状，但可能会导致孩子出现轻微的认知、行为和身体异常，例如轻度学业问题、注意广度缩小或身材矮小。因此，美国儿科学会指出，孕期任何水平的酒精摄入都是不安全的，妇女在孕期应戒酒（Williams, Smith, & Committee on Substance Abuse, 2015）。

患 FASD 儿童青少年的智力功能差异很大。尽管有些儿童青少年的 IQ 得分在较低的平均水平范围内，但是大多数患有 FASD 的孩子表现出轻度到中度的 ID。这些患儿通常有学业上的问题。与 FASD 相关的最常见的行为问题是多动、冲动和注意力不集中。患有 FASD 的幼儿常被诊断为 ADHD。患有 FASD 的大龄儿童与青少年常报告坐立不安，以及在阅读和做家庭作业时难以集中注意力。

患有 FASD 的儿童在进入儿童后期时有出现行为和情绪问题的风险。他们可能会因为患有认知障碍而遇到同伴问题和遭到嘲笑。此外，他们可能会因为学业缺陷、行为问题或与障碍相关的污名化而变得抑郁（Popova et al., 2016）。以一个有中度 FASD 的男孩安德鲁为例。

案例研究
胎儿酒精谱系障碍

艰难的爱

安德鲁是一个 14 岁的男孩，因为在学校里捣乱行为明显增多被送到了我们的诊所。安德鲁是个大男孩，他身高约 178 厘米，体重超过 72 公斤。他表现出许多患有 FASD 的儿童青少年的身体特征，包括宽眼距、翘鼻子、耳郭低下和宽脸。安德鲁的母亲有长期的酗酒和其他吸毒史，她整个孕期都在喝酒，在孩子出生时也喝得酩酊大醉。

安德鲁的学业问题由来已久。他的 IQ 得分为 67 分，阅读和数学成绩与二年级或三年级的孩子相当。安德鲁接受包括补习辅导的特殊教育服务，然而，他对接受这些特殊服务感到羞愧。

从去年上初中开始，安德鲁的行为变得越来越具有破坏性。他经常在课堂上“胡闹”，对教师和其他同学恶作剧，在操场上打架。安德鲁承认因为外貌、学业问题和家族史而被同学取笑。“我知道我很慢，”他说，“我不需要其他孩子告诉我。”

安德鲁在我们诊所会见了一位心理学家，每周进行一次治疗。安德鲁起初傻里傻气的，在治疗过程中会捣乱，但他逐渐开始信任他的治疗师，并分享他的感受。

在一次治疗中，安德鲁说：“你知道，如果不是因为我妈妈，我不会有现在所有的问题。”他的治疗师回答说：“我想你是对的。你去看望你妈妈时，她让你很难过。”安德鲁犹豫地回答说：“不，我不是这个意思。我是说，如果不是因为我在她肚子里的时候她还喝酒，我不会这么傻。她要是爱我胜过爱喝酒就好了。”

孕妇接触烟草的烟雾也会使孩子面临发育问题的风险。吸烟与更低的出生体重和大脑发育不良有关。这些负面影响是由胎儿缺氧，即胎儿血流供氧减少引起的。孕妇吸烟也会使胎儿面临视神经损伤和出现视力问题的风险。在子宫内就接触烟草的儿童比其他儿童更有可能表现出行为和情绪调节方面的问题以及学习和记忆方面的细微缺陷（Pereira, Da Mata, Figueiredo, de Andrade, & Pereira, 2017）。

其他非法物质对婴儿发育的影响是复杂的。大多数研究表明，母亲在孕期使用可卡因与孩子认知发展（包括注意力、记忆和整体智力）的轻度延迟有关。母亲使用甲基苯丙胺与孩子的运动发育迟缓有关。母亲使用阿片类药物使孩子有语言习得迟缓的风险。在大多数研究中，这些问题的严重程度都很低，随着时间推移，个体的发展往往会赶上同龄人（Davis et al., 2019）。

关于母亲使用处方药对婴儿发育影响的研究相对较少。可能导致发育问题的两种常用药物是抗癫痫药和抗抑郁药。这两种药物都会增加婴儿先天畸形、出现神经认知问题和低出生体重的风险。在某些情况下，使用这些药物的好处大于风险。例如，对发育中的胎儿来说，遭遇母亲的癫痫发作通常比接触药物本身更危险。因此，孕妇必须向医生咨询，以便在用药方面做出明智的决定（Eke, Saccone, & Berghella, 2017; Veroniki et al., 2018）。

小　结

- 首字母缩写词 TORCH 代表了 5 种最常见的可导致儿童青少年智力障碍的母孕期疾病，即弓形虫感染、其他感染、风疹病毒感染、巨细胞病毒感染和单纯疱疹病毒 2 型感染。
- 妊娠期或幼儿期的铅暴露可导致个体的行为和学业问题。高血铅含量会导致中毒、神经损伤和智力障碍。
- 胎儿酒精谱系障碍与低于平均水平的智力、学习问题、注意力不集中、多动和冲动以及特征性外貌有关。

疾病或损伤如何导致智力障碍?

妊娠和分娩并发症

妊娠或分娩期间发生的并发症可导致 ID。妊娠期高血压或未控制的糖尿病有时与婴幼儿 ID 有关。分娩并发症也会导致缺氧，即胎儿大脑缺氧。例如，当胎儿出现脐带绕颈，氧气的摄入受到阻碍时就会出现缺氧。

早产和 / 或低出生体重是认知问题的最强的预测因子之一。怀孕 36 周之前出生的个体在婴幼儿期有出现智力和适应功能缺损的风险。一项基于社区的大型研究表明，早产与儿童随后的 IQ 负相关（图 5.5）。随着胎龄的降低，发育迟缓的风险呈指数增长。大约 4% 的足月婴儿存在运动、语言、社交或日常生活的迟缓，而在妊娠 24 ～ 25 周出生的婴儿中，这一比例为三分之一。其他生物和社会因素，例如母亲的年龄和教育程度，并不影响早产和发育风险之间的关系（Kerstjens, DeWinter, Bocca-Tjeertes, Bos, & Reijnveld, 2013）。

早产是认知和适应功能低下的一个危险因素，因为在妊娠晚期，胎儿的中枢神经系统发育迅速。在怀孕 24 ～ 40 周，胎儿皮质的体积增加了 4 倍。神经元、轴突和突触的数量急剧增加，髓鞘形成增加，并出现更复杂的大脑活动。虽然在分娩后，发展可以继续（也的确会继续），但胎儿的最佳发育过程发生在子宫内。

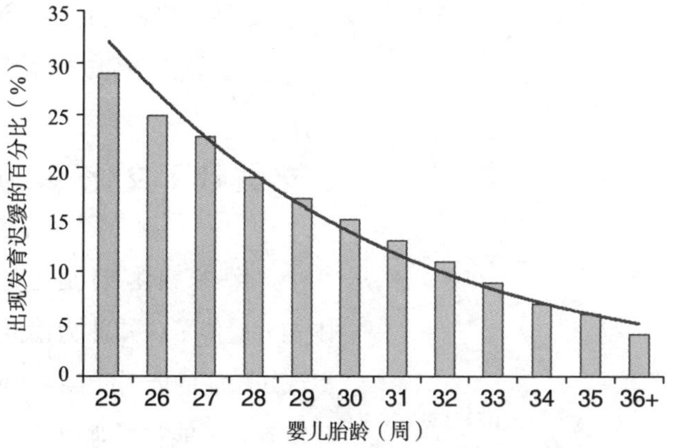

图 5.5 早产使婴儿处于更高的发育迟缓的风险之中

注：与足月儿相比，早产儿在运动、语言、社交和日常生活技能方面出现延迟的风险要大得多。风险随着孕龄的降低呈指数增长。来自克斯特詹斯及其同事（Kerstjens and colleagues, 2013）。

与智力障碍相关的疾病或损伤

与 ID 发展最相关的两种儿童期疾病是脑炎（*encephalitis*）和脑膜炎（*meningitis*）。脑炎指脑组织肿胀，而脑膜炎则是脑膜（包裹大脑和脊髓的薄膜）发生炎症。这两种疾病都可能是由细菌或病毒感染引起的，但是病毒感染更严重，因其对治疗有耐药性。

所有严重的头部损伤都有可能导致 ID。车祸是典型的损伤原因。然而，大多数儿童头部损伤发生在家里。从桌子、打开的窗户和楼梯上摔下来会导致许多因头部损伤导致的认知损害。同样，在游泳池或浴缸中几乎溺水的儿童可能会出现脑损伤和相应的认知问题（Davis et al., 2019）。

遭受某种身体虐待的儿童也有患 ID 和其他认知问题的风险。虐待性头部外伤（即婴儿摇晃综合征）是指照顾者用力摇晃婴幼儿导致其脑损伤。婴幼儿颈部肌肉薄弱，任何程度的来回摇晃都可能对婴幼儿的大脑造成创伤。通常情况下，照顾者在因宝宝的哭闹而感到沮丧时会出现这种行为。婴儿摇晃综合征的症状包括易激惹、嗜睡、食欲缺乏、呕吐、抽搐，甚至死亡。在这种摇晃中存活下来的婴儿经常会出现认知缺陷，例如 ID、学习障碍、注意力和记忆问题（Shaahinfar, Whitelaw, & Mansour, 2015）。

小 结

- 大约三分之一的早产儿会出现运动、语言、社交或日常生活技能的延迟。
- 脑炎、脑膜炎和其他在婴幼儿期引起高烧的疾病可导致认知问题或智力障碍。

- 婴儿期和儿童期的头部损伤，特别是虐待性头部创伤（即婴儿摇晃综合征），是智力障碍的风险因素。

什么导致了文化-家族性智力障碍？

文化-家族性 ID 是儿童青少年的基因与环境经验长期相互作用的结果。部分个体先天遗传了认知能力偏低的基因倾向。当这些儿童青少年还经历了环境剥夺，发挥认知潜能的能力受到影响时，他们就会面临智力和适应功能低于平均水平的风险。环境剥夺可能包括难以获得医疗保健资源、营养不足、在幼儿期缺乏认知刺激（父母对孩子说话、与孩子玩耍和给孩子读书）、低质量的早期教育、在儿童早期普遍缺乏文化体验（例如，听音乐、外出旅行）。随着时间推移，基因和环境之间的相互作用可以导致 ID。

比起中产阶级家庭的孩子，文化-家族性 ID 在低收入家庭的孩子中更普遍。社会经济地位与儿童青少年智力的相关系数约为 0.33。此外，当儿童青少年经历贫困或社会经济劣势时，社会经济地位与儿童青少年 IQ 的关系更为密切（Turkheimer & Horn, 2015）。

遗传和环境因素两者共同解释了社会经济地位和儿童青少年智力之间的关联。在遗传学方面，低收入父母的 IQ 往往低于中产阶级父母。高 IQ 的个体接受了更多教育，承担了更具挑战性和更高收入的工作。高收入家庭的孩子继承了父母的基因型，使他们倾向于具有更高水平的智力和适应功能。此外，低收入家庭的儿童青少年所处的环境可能限制他们的智力潜力。例如，低收入家庭的儿童青少年更容易受到妊娠和分娩并发症影响，获得高质量医疗和营养的机会有限，更多地接触香烟或铅等环境毒素，从家庭环境中获得的认知刺激较少，学校也不太理想。这些环境缺陷或风险因素会限制这些孩子的认知和适应能力（von Stumm & Plomin, 2015）。

脑成像研究证实了贫困对儿童青少年认知发展的影响（Luby, 2015）。在迄今为止规模最大的一项研究中，研究人员利用 MRI 测量了学龄儿童的脑容量。生活在贫困中的儿童的脑容量比不生活在贫困中的儿童减小了 8% ～ 10%。负责问题解决和记忆的区域减小最多，特别是额叶和海马。此外，这种脑容量降低会导致 IQ 下降 6 分和学业技能降低 4 ～ 7 分（Hair, Hanson, Wolfe, & Pollak, 2015; von Stumm & Plomin, 2015）.

许多研究表明，家庭环境的质量与儿童青少年智力发展有关系。萨特勒（Sattler, 2014）在综述了这些数据后，确定了父母可以采取的两种途径以丰富孩子的家庭环境，帮助他们发挥智力潜能。第一，为孩子提供充分的语言刺激、语言示范和反馈，提供许多语言学习机会的家庭可以促使孩子的智力更好地发展。父母应该利用一切机会通过交谈、玩耍和阅读与孩子互动。第二，父母应鼓励孩子取得学业成就，培养孩子的好奇心和独立性，这些与提高智力功能息息相关。父母应该鼓励创造性的游戏、艺术和手工艺、音乐和自制的游戏和活动以促进他们的发展，特别是对幼儿。

小 结

- 文化-家族性智力障碍与低认知能力的遗传倾向和环境经验相关，这些因素限制了智力和适应行为的发展。
- 照顾者可以通过提供语言刺激并鼓励孩子取得学业成就、培养孩子的好奇心和独立性来促进其的智力和适应功能发展。

5.3 识别、预防和治疗

专业人士如何筛查发育障碍？

新生儿出生后不久后通常会接受一系列的血液检测，以检测导致 ID 的遗传性和代谢性障碍。例如，所有婴儿都会接受 PKU 筛查。如果发现了 PKU，基因咨询师和营养学家将与父母会面，商讨孩子的喂养方案。

如果父母有可能生下患有 ID 或其他发育迟缓的孩子，医生可能会建议在孕期进行基因筛查。那些可能携带特殊遗传疾病、有其他发育迟缓孩子的父母，或者年龄超过 35 岁的母亲通常需要接受筛查（Gardner, Sutherland, & Shaffer, 2020）。

在怀孕 15 ～ 18 周时，母亲可以接受**血清筛查**（**serum screening**）。这个过程通常被称为三联检测或三联筛查，涉及检测母亲血液中的 3 种血清标记物：甲胎蛋白（alpha-fetoprotein）、游离雌三醇（unconjugated estriol）和人绒毛膜促性腺激素（human chorionic gonadotropin）。这些血清标记物是由胎儿的肝脏和胎盘产生的。如果孩子患有唐氏综合征，甲胎蛋白和游离雌三醇水平可能异常低，而人绒毛膜促性腺激素水平可能异常高。标记物指标的显著升高可能是一种遗传疾病的标志，但是这种测试有很高的假阳性率。因此，如果结果呈阳性，医生通常会建议母亲进行更多测试（Cuckle, Pergament, & Benn, 2015）。

羊膜腔穿刺术（**amniocentesis**）是一种侵入性更强的筛查技术，通常在妊娠 15 ～ 20 周进行。该手术用一根针插入母亲的腹部取出少量羊水。羊水中含有胎儿细胞，医生可以对其进行培养并检查胎儿是否有遗传异常。羊膜腔穿刺术具有侵入性，有 0.5% 的概率使胎儿死亡。羊膜腔穿刺术也可以在妊娠 15 周前，即妊娠中期开始时进行，但胎儿死亡的风险会增加到 1% ～ 2%。

绒毛活检术（**chorionic villus sampling, CVS**）是另一种基因筛查技术，它在更早的时候进行。用这种技术进行筛查的时间通常在妊娠 8 ～ 12 周。在 CVS 中，医生取少量的绒毛膜进行检测。绒毛膜是连接胎盘和子宫壁的小枝状组织，这种组织

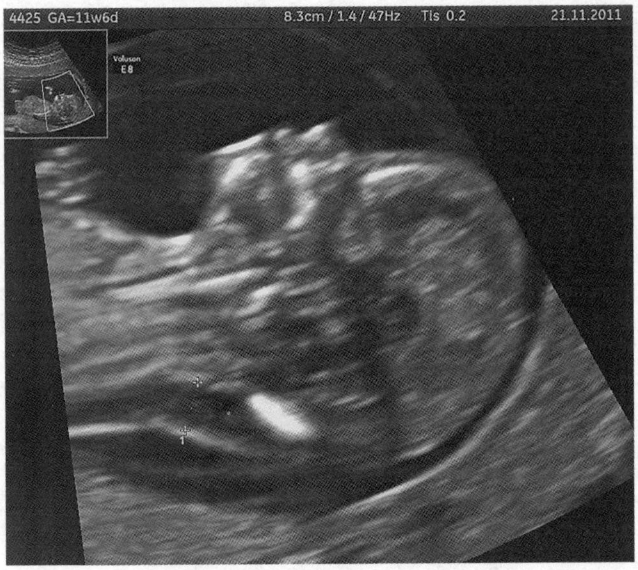

插图 5.6 超声图像显示胎儿在怀孕 11 周时鼻骨缺失。绒毛取样证实胎儿患有唐氏综合征。

通常与发育中的胎儿具有相同的遗传和生化组成，可以被分析以检测基因或生化异常。CVS 通常只在胎儿发生发育障碍的风险大大增加的情况下进行。与 CVS 相关的流产风险为 0.5% ～ 1.5%。

最后，医生可以通过超声检查检测胎儿的结构异常。结构异常的出现可能表明胎儿存在发育障碍（Rissanen, Niemimaa, Suonpää, Ryynänen, & Heinonen, 2007）。超声检查被认为是对母亲和胎儿都相对安全的检测手段。在妊娠 11 ～ 14 周，患唐氏综合征的胎儿通常比正常发育的胎儿面部轮廓更平坦、鼻骨更短（或缺失）。如果超声检查显示出胎儿存在这些身体异常，可能表明胎儿患有遗传疾病（插图 5.6）。

小 结

- 血清筛查是一种母体血液检测，可在妊娠 15 ～ 18 周时进行，以检测胎儿是否存在某些发育障碍。
- 羊膜腔穿刺术和绒毛活检术是更具侵入性的筛查程序，在胎儿患有发育障碍的可能性增加时使用。
- 医生可以利用超声波检测胎儿的结构异常，结构异常可能表明胎儿患有唐氏综合征或其他发育障碍。

早教项目能防止智力障碍吗？

关于婴幼儿的项目

美国政府实施了一些项目以防止高风险婴儿出现 ID 和其他发育障碍。婴儿健康与发展计划（Infant Health and Development Program, IHDP）是规模最大的预防计划之一。IHDP 的参与者是 985 名早产、低出生体重的婴儿。先前的研究表明，这些婴儿出现发育迟缓的风险较高。研究人员将婴儿随机分为早期干预组和对照组。干预组的父母定期接受项目工作人员的家访。在家访中，工作人员教父母一些可以和他们的孩子一起玩的游戏和活动，以此促进孩子的认知、语言和社会发展。工作人员还帮助父母解决与照顾早产、低出生体重婴儿有关的问题。当孩子满 1 岁时，父母会被邀请参加高质量的学前教育项目。该项目是免费的，并提供往返幼儿园的交通工具。幼儿园全年开放，每周 5 天，直到孩子们 3 岁。被分配到对照组的家庭没有接受家访或被提供学前教育项目（Chaparro, Sojourner, & Huey, 2020）。

为了评估干预成功与否，在这个学前教育项目结束后（孩子 3 岁时），孩子们分别在 5 岁和 8 岁时进行认知发展情况评估。参与该项目的干预组孩子在 3 岁时的 IQ 略高于对照组的儿童。然而，到 5 岁时，这些 IQ 差异消失了。

IHDP 的研究结果表明，早期干预计划可以提高高风险儿童的 IQ 分数，但随着时间推移，IQ 并没有保持提高。对于如何解释这些发现，专家们意见不一。IHDP 的批评者认为，早期干预计划并不能阻止婴幼儿患上 ID，因此该项目应该停止。用于早期干预计划的资金和时间可以用于为高风险家庭提供更好的医疗和营养。

该项目的拥护者认为，这些数据说明了高风险个体在学前期之后继续接受教育的重要性。如果这个项目一直延续到小学，干预组的儿童可能会继续表现出比对照组更高的 IQ 分数。此外，仅仅向高风险家庭提供干预服务并不意味着他们会利用这些服务。事实上，干预组有 20% 的婴幼儿在 2 年内参加了不到 10 天的学前教育，有 55 名婴幼儿根本没有参加过（Hill et al., 2003）。由于 IQ 的提高与参与类似的丰富活动直接相关，因此鼓励家庭参与治疗似乎是任何有效预防计划的关键目标。

开端计划和学前预防

其他研究也调查了早期强化学前教育是否能提高婴幼儿的认知能力（Yoshikawa et al., 2013）。早期的研究主要集中在由于社会经济劣势而导致处于智力低下和学业问题风险之中的幼儿。例如，“佩里幼儿园计划”（Perry Preschool Project）针对的是低收入家庭幼儿。在这个计划中，大多数幼儿都参加了一个高质量、由训练有素的教师授课、为期 2 年的学前教育项目。教师们还进行家访，鼓励父母在孩子的学前教育中发挥更大的作用。同样，初级项目向处境不利的幼儿提供高质量的全年保育和学前教育。干预重点强调语言能力、读写素养与问题解决技能。

最著名的预防计划也许是“开端计划”（Head Start），这是一种为低收入家庭的学龄前儿童及其家庭提供全面的早期教育、健康、营养和父母参与服务的干预措施。“开端计划”最初是为有风险的学龄前儿童设计的一个暑期项目，让他们在上幼儿园之前有一个“先发优势”。如今，“开端计划”为美国包括美洲原住民社区的学龄前儿童、移民工人的子女和无家可归的青少年在内的 100 万名儿童青少年提供学前教育服务。

最近，社区开始推行普惠性学前教育计划——即面向所有儿童、不分社会经济风险等级的学前项目。例如，“塔尔萨（俄克拉何马州）和波士顿学前教育计划”提供免费的、自愿的学前教育，为期 1 ～ 2 年。平均而言，这些项目为社区中大约 75% 的儿童青少年提供密集型、高质量的教育。

学龄前预防项目能提高儿童的 IQ 吗？总的来说，结果好坏参半。多项评估数据显示以下重要发现（Yoshikawa et al.,2013）。

这些早期计划可以显著提高儿童青少年的认知能力。最近的荟萃分析表明，参加这些学前教育项目的个体的 IQ 比对照组的个体高 4 ～ 5 分。此外，前者（尤其是女孩）的阅读和数学成绩要高于后者。平均而言，参与学前教育的个体在进入幼儿园时，其学业水平已领先未参与同伴约 1/3 个学年。学龄前教育对少数族裔的、社会经济地位低的儿童和存在有发育障碍风险的益处最大（Magnuson et al., 2016）。

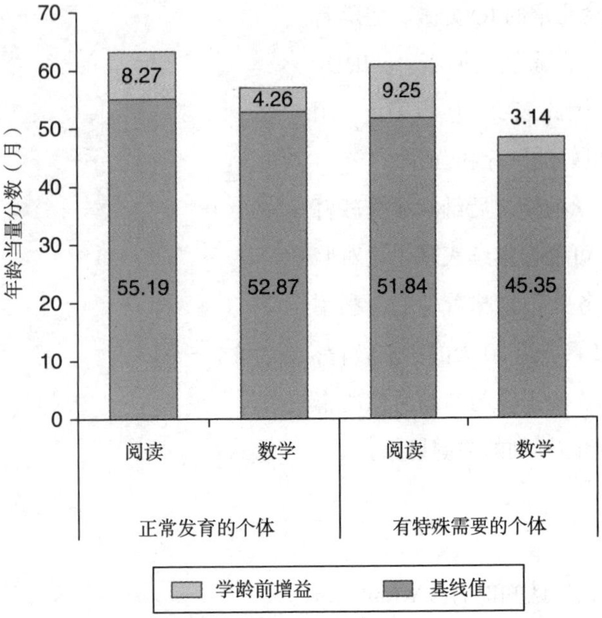

图 5.6　学前教育能提高儿童青少年的学习技能吗？

注：塔尔萨学前教育计划提高了正常发育和有特殊需要的儿童与青少年的阅读成绩。平均而言，参加该项目的个体的阅读能力较未参加该项目的同龄人发展提前 8 ～ 9 个月。该项目对数学技能的影响较小（Phillips &Meloy, 2016）。

最高质量的学前教育项目儿童青少年认知能力的提升效果最为显著。例如，从阅读成绩来看，比起没有参加高质量的塔尔萨和波士顿学前教育课程的个体，参加了这些课程的个体的认知能力水平大约领先约一个学年（图 5.6）。这些优质项目的共同特征包括：师生间富有启发性的互动；以语言、读写和数学为核心的课程体系；以及情感支持型的学习环境。此外，教师还持续接受培训和督导（Phillips & Meloy, 2016）。

学前教育对儿童青少年其他方面功能的影响不一致。总的来说，这些项目与行为问题大幅改善无关。然而，专门针对儿童青少年社会情感功能设计的干预项目与行为抑制和注意力的适度改善相关。值得注意的是，以促进儿童青少年健康为核心的“开端计划”显著提高了儿童青少年疫苗接种率——而疫苗接种又能预防阻碍认知发展或导致儿童青少年失学的严重疾病。

学前教育的效益会随时间推移而逐渐消退。虽然参加学前教育项目的个体表现出早期的进步，但这些进步大部分在小学阶段就丧失了。尽管专家们对造成这一现象的原因的解释并不一致，但许多人认为这是由于小学（特别是在贫困学区的小学）教育质量的低下造成的（Hill, Gormley, & Adelstein, 2015; Yoshikawa et al., 2013）。

然而，一些儿童青少年从学前预防计划中获得了长期的好处。最近的纵向研究表明，与不参加学前教育的男孩相比，参加学前教育的高风险男孩在学校复读的可能性较小，不太可能被转介去接受特殊教育，毕业的可能性也较高（Magnuson et al., 2016）。总之，这些数据表明，学前教育项目可以让幼儿在进入幼儿园之前有一个良好的开端。然而，这些项目的影响通常不大，效果可能会随着时间推移而减弱，并且这些项目有赖于足够的资源才能提供高质量的服务（Jenkins, Farkas, Duncan, Burchinal, & Vandell, 2016）。

小　结

- 婴幼儿预防计划可以改善高风险个体的行为和认知功能，但大多数成果并没有随着时间推移而保持。

- 与对照组相比，学龄前预防项目可以将参与项目儿童的 IQ 提高 4 ～ 5 分。该计划对女孩、少数族裔儿童青少年、来自低社会经济地位家庭的儿童青少年和有发育障碍风险的儿童青少年最有效。
- 学龄前预防项目的大部分获益会随着时间推移而消失。然而，与对照组相比，参加这些项目的一些儿童青少年在学校复读、被转介接受特殊教育或辍学的可能性较小。

学龄儿童可获得哪些教育服务?

主流化和学业融合

1975 年，美国国会通过了**残疾儿童教育法**（**Education for All Handicapped Children Act**）。该法规定，所有 3 ～ 18 岁的残疾儿童都要接受“免费且适宜的公共教育”。从 1977 年实施到 20 世纪 80 年代中期，主流化的做法在美国的公立学校系统中变得更加普遍。**主流化**（**mainstreaming**）是指最大限度地让 ID 患儿与正常发育的同龄人一起上课。一开始，被纳入主流的 ID 患儿被允许与发育正常的儿童青少年一起参与体育、艺术和音乐。在其他学科则需在专门为发育迟缓儿童设立的特殊教育班级中学习。

随后的研究表明，与主要在常规班级学习的 ID 患儿相比，被分配到特殊教育班级的 ID 患儿不仅学业成绩更低，适应功能也更差（Sturmey, 2014a）。因此，许多父母认为，患有 ID 和其他障碍的儿童青少年有权参加常规课堂科教。这一运动被称为“正规教育倡议”（the regular education initiative），这这一运动被称为“常规教育计划”（regular education initiative），这逐渐推动融合教育实践的发展。融合教育（Inclusion）是指在课堂助手的支持下，让 ID 患儿与正常发育的同龄人共同学习全部课程。

1997 年，美国国会通过了**残疾人教育法案**（**Individuals With Disabilities Education Act, IDEA**）。IDEA 通过要求残疾儿童在尽可能不受限制的环境中接受教育，将融合教育的做法编入法典：

> 在最大适当范围内，残疾儿童应与非残疾儿童共同接受教育。唯有当残疾的性质或严重程度导致儿童即使在使用辅助设施和服务的情况下，仍无法在常规班级中获得令人满意的教育效果时，方可采取特殊班级、隔离式教学或其他将残疾儿童与常规教育环境分离的安置方式（p. 61）。

除了为残疾儿童提供服务，IDEA 还要求当地教育系统识别出社区中的所有残疾的婴幼儿和儿童，无论他们是否上学。一旦确定了儿童患有 ID，社区就要派出一个由教育专业人员组成的小组（例如常规教育教师、特殊教育教师、学校心理学家）对儿童的优势和劣势进行综合评估，并为儿童的教育设计一份书面计划。0～3岁的婴幼儿会被提供个体化家庭服务计划（*Individualized Family Services Plan, IFSP*）。学龄前儿童和学龄儿童在与其父母协商后接受个体化教育计划（*Individualized Education Program, IEP*）。通常情况下，IEP会在儿童上学时为他们提供额外的支持，儿童可以得到特殊的教育服务或课堂辅助。IEP还可以为残疾儿童提供便利，帮助他们实现认知、社会、情感或行为方面的潜能。IDEA于2004年修订为《残疾人教育改善法》（Individuals With Disabilities Education Improvement Act, IDEIA）（Lovett & Lewandowski, 2016）。

实证研究表明，融合教育提高了发育障碍患儿的功能，尤其提高了轻、中度损害的个体的功能。当（1）有智力障碍的学生能够在学习过程中变得积极，（2）这些学生经常与没有障碍的同学互动和合作时，融合教育似乎能发挥最大的作用。融合教育也可能对正常发育的同龄人有好处。具体来说，融合教育可以使学生对发育迟缓的个体产生更高程度的宽容和理解，并提高学生欢迎发育迟缓儿童加入同伴群体的意愿。

课堂通用设计

近年来，通用设计已成为融合智力和肢体儿童的主要方法。**通用设计**（**universal design**）通过设计适合所有儿童（包括残疾儿童和非残疾儿童）的教学材料和活动，确保每个学习者都能达成学习目标。（Schalock et al., 2010）。

通用设计的最清晰易懂的例子是为肢体残疾的人提供设施。现在很多人行道都有连接人行道和街道的斜坡或坡道，让坐轮椅的人更容易过马路。同样地，公共汽车通常具有低矮的车厢底板，而不是陡峭的台阶，以便让有骨科问题的人更容易上车。这些特别设计的人行道和公共汽车供所有人使用，即使没有身体残疾的人也经常发现它们更便于使用（Goldsmith, 2012）。

同样，教师也可以设计通用的作业和活动。这些作业和活动提供了传统授课、阅读和写作的替代方案。通用设计的材料会影响（1）教师呈现教学内容的方式；（2）教学材料的组织形式；（3）学生展示他们学习成果的方式（Coyne, Pisha, Dalton, Zeph, & Smith, 2012）。

首先，教师可能会使用各种各样的教学策略去匹配多样的学生技能和能力。例如，一位教四年级科学课的教师可能会发现，所有的学生（无论有无残疾）都可以通过在纸上勾画自己身体的轮廓，然后绘制和标记主要器官来学习人体解剖学。同样，教四年级的英语教师可能会示范使用图片、符号和箭头（即图形组织器，graphic organizer）来撰写读书报告的步骤，从而帮助所有学生理解故事中元素的时间关系。

其次，教师可能会修改用来展示材料的教学技术。教学技术（*instructional*

technology）是指教师用来教授思想和概念的材料。例如，科学教师可能会用一个关于人体解剖学的儿童友好网站来补充她的课程。该网站允许学生们调节文本的大小、听取语音朗读，以及查看图表、图片和视频资源。同理，英语教师也可以采用数字媒体技术，使学生能够同步听读电子书籍。

最后，教师可以采用不因学生残疾而影响其成绩的评估方式。实现这一目标的方法之一是在评估学习成果时借助辅助技术。辅助技术（*assistive technology*）是指学生为适应自身残疾所使用的教育工具。例如，轻度书写障碍学生可使用文本转语音软件；重度书写困难学生则可运用符号与图片造句软件。在认知加工或流利性方面有缺陷的学生可能会被给予额外的时间来完成测试。事实上，如果速度不是完成某项任务的一项重要技能，那么所有的学生都可得到额外的时间。

总的来说，采用通用设计原则的教学策略是有效的。在智力和适应功能方面有轻度到中度损伤的学生似乎从这种改良版的教学方法和教材中受益最多（Coyne et al., 2012）。

小　结

- 融合教育是指残疾学生在课堂助手的支持下与非残疾学生一起学习所有可能的科目。
- 根据 IDEIA 要求，学校必须识别残疾婴幼儿及儿童，并制定个性化服务计划（IFSP，针对婴幼儿）或个性化教育计划（IEP，针对学龄儿童）以促进其教育发展。
- 通用设计是一种教育实践，包括开发教学材料和活动，目标是使所有学生（无论其能力和技能如何）都能实现学习目标。

治疗师如何减少挑战性行为？

大约 25% 的 ID 患儿出现如刻板、自伤或攻击性的挑战性行为。这些行为是 ID 患儿接受治疗的主要原因（Matson, 2020）。

应用行为分析

应用行为分析（applied behavior analysis, ABA）是一种用来识别儿童青少年的问题行为的科学方法，确定其功能或目的，并系统地改变问题行为。ABA 的原理基于 B. F. 斯金纳（B. F. Skinner, 1974）的研究，他认为行为研究应该建立在可观察的、可量化的数据上。斯金纳断言，心理学家不需要依靠潜在的（不可观察的）构念来解释和预测行为。相反，行为可以从外显行为和环境偶发事件的角度来理解。应用行为分析师不认为行为是个体内在驱动的产物，而把行为主要理解为环境性的前因和后果造成的结果（Vollmer et al., 2014）。

行为分析师的第一项工作是为个体的问题行为下操作性定义，也就是说，以一种可观察和可测量的方式来描述行为。例如，如果一个儿童在课堂上反复表现出“攻击”，行为分析专业人士可能会用一个或两个固定的动作来定义他的行为，比如“扔东西”或“推同学”。“攻击”是一个模糊的术语，不容易观察或测量，而“扔”和“推”很容易观察和测量（Bailey & Burch, 2018）。

接下来，行为分析师会仔细观察并记录患儿的挑战性行为。有几种行为观察方法可用。第一种技术是事件记录（*event recording*）：临床医生观察儿童并记录问题行为在指定时间段（例如 15 分钟）内发生的次数。事件记录适用于频繁发生且有明确开始和结束的行为。例如，学校心理学家可能会记录儿童在课堂上随意插话的次数。

第二种技术是间隔记录（*interval recording*）。在间隔记录中，临床医生将观察期划分成一个个短时段（即间隔），每个时间段通常长度小于 30 秒。然后，临床医生观察儿童，并去注意问题行为是否发生在每个时间段。间隔记录对于没有明确开始或结束的频繁发生的行为很有用。例如，心理学家可能会使用间隔记录来确定一个儿童在课堂上刻板晃动或摇摆的时间百分比。

第三种技术是持续记录（*duration recording*），它最适合需要很长时间才能解决的行为。临床医生使用这项技术记录连续发生的行为的持续时间，例如脾气爆发的时间或儿童上课时离开座位的时间（Hurwitz & Minshawi, 2012）。

对行为的观察有助于确定引发行为的环境性条件或维持行为的环境性后果（Lancioni, Singh, O'Reilly, Sigafos, & Didden, 2012）。挑战性行为仅仅是由特定的人或情境引起的吗？随之而来的后果是积极的还是消极的？这种行为倾向于在一天中的特定时间发生吗？

最后，行为分析师对患儿的行为进行**功能分析**（**functional analysis**），以确定并改变其起因（Matson et al., 2011）。行为功能分析包括详细阐述患儿的挑战性行为，识别行为发生前的环境性事件（即前因），以及识别行为发生后可能维持这种行为的环境性事件（即后果）。为了改变患儿的行为，治疗师可以改变引发不良行为的前因，或者改变行为的后果，使其不再强化行为。

布里安·岩田及其同事（Brian Iwata and colleagues, 1994）开发了一种功能分析方法来确定挑战性行为的原因。这种方法包括在 4 种情境下观察患儿，并注意每种情境对患儿行为的影响：

关注性情境（*attention condition*）：每当患儿在这种情境下出现挑战性行为，治疗师都会通过训斥他或表达关心来提供关注。例如，如果患儿扔东西，治疗师可能会对其说“不要那样做”。

要求性情境（*demand condition*）：在这种情境下，治疗师会让患儿完成中等难度的任务（例如整理物品、打扫房间）。

独处性情境（*alone condition*）：患儿在无人的房间里等待或者玩。

游戏性情境（*play condition*）：治疗师和患儿一起玩。

在这 4 种情境下，患儿的挑战性行为的频率和强度可以表明行为的目的。与其他情境相比，关注情境下相对较高水平的挑战性行为可能表明，患儿的问题行为是通过社会性正强化，即获得他人的关注来维持的。

与其他情境相比，要求情境下相对较高水平的挑战性行为表明，这种行为是通过负强化，即允许患儿避免或逃避不愉快的任务来维持的。照顾者很可能是通过撤回要求来负强化挑战性行为。

与其他情境相比，独处情境下相对较高水平的挑战性行为表明行为可能会自动强化（*automatically reinforce*）。患儿在独处时可能出现挑战性行为，因为这些行为会强化自身。

一旦确定了患儿挑战性行为的目的，治疗师就可以改变引发该行为的前因，或者改变该行为之后的后果。通常，治疗师依靠强化来完成第二个目标（O'Brien, Haynes, & Kaholokula, 2015）。

正强化

在一种被称为**差异强化**（**differential reinforcement**）的技术中，治疗师只对适当的行为提供正强化，而忽略问题行为。

在不相容行为的差异强化（*differential reinforcement of incompatible behavior, DRI*）技术中，治疗师会正强化与问题行为不相容的行为。例如，如果一个儿童在拍手或抠皮肤，治疗师可能会强化他把手放在口袋里，或者抓着一个特殊的玩具或毯子的行为。因为儿童不能同时拍打双手并把手放在口袋里，所以拍打手的次数会减少。

在零行为的差异强化（*differential reinforcement of zero behavior, DRO*）技术中，治疗师会强化患儿在特定时间段内不出现问题行为的行为。例如，患儿每 30 秒钟不拍手或抠皮肤，治疗师可能会给他一小块糖果。

正惩罚

强化增加行为发生频率，惩罚减少行为发生频率。正惩罚是通过呈现某种刺激物以降低特定行为发生频率的行为干预技术。由于正惩罚技术具有厌恶特性，因此只在某些情况下使用，例如当患儿的行为是危险或危及生命的，而其他治疗方法在减少问题行为方面无效时。惩罚必须与正强化结合使用，其使用应由独立专家仔细审查和监督。同时，只有在父母同意的情况下，惩罚才能用来纠正孩子的行为问题。

萨尔维及其同事（Salvy and colleagues, 2004）报告了采用**后效刺激惩罚**（**punishment by contingent stimulation**）降低一名重度认知迟缓幼儿自伤行为的案

例。患儿乔安娜每日约发生 100 次头部撞击婴儿床等硬物的行为，导致前额瘀伤。在非厌恶干预无效后，治疗师与其母亲决定使用正惩罚技术。惩罚刺激为通过腿部佩戴装置施加的短暂电击，治疗师可通过手持遥控器触发。该刺激虽引发不适感（类似橡皮筋弹击），但不会造成器质性损伤。

治疗分 2 个阶段。在第 1 阶段（医院实施），乔安娜和她的母亲在医院的观察室里玩耍。观察者统计了前 10 分钟内她撞头的频率。这为评价惩罚的有效性提供了行为基线。然后，电击装置被连接到乔安娜的腿上，但未实施电击。观察又进行了 10 分钟以评估乔安娜的行为是否仅仅因仅佩戴装置就改变。接下来，治疗师开始在乔安娜撞头时施加短暂电击。和之前一样，又观察了 10 分钟。最后，拆除电击装置，继续进行 10 分钟观察。结果显示，乔安娜撞击头部频率从基线观察时的 30 次减少到惩罚后的 4 次。

在治疗的第 2 阶段（家庭实施），治疗团队指导乔安娜母亲在家实施行为干预方案。基线期通过 2 日家庭观察获取数据后，第 3 日起为乔安娜佩戴电击装置。当乔安娜开始撞头时，她的母亲先行口头制止："别撞了，乔安娜。"然后从包里取出电击遥控器，并立即发出短暂的电击。接下来的一个月，乔安娜的父母记录了她撞头的频率，而后移除电击装置。结果显示，乔安娜在家中的撞头频率从基线时的每天 117 次下降到条件化电击后的每天 0 次。乔安娜的母亲发现，仅口头提示"不要撞了，乔安娜"加上噘起嘴巴朝她走去足以阻止乔安娜撞头。在 1 年后的追踪中，她的母亲报告乔安娜不再有自伤行为，也没有必要使用电击装置了。

另一种形式的正惩罚称为**过度矫正（overcorrection）**。在过度矫正中，该方法要求个体通过恢复（或改善）其破坏行为前的环境状态来纠正问题行为。当患儿在如厕、尿床或毁坏财物方面有长期的问题时，治疗师往往就会使用过度矫正的方法。在尿床的案例中，治疗师可能会要求患儿自己拆下被褥、把被褥和湿衣服拿去清洗、帮忙洗衣服和整理床铺。对大多数患儿来说这个过程是令人厌恶的，因为它很乏味，需要从睡眠或令人愉快的活动中抽出时间来做。

过度矫正常与正性练习（positive practice）联合使用。正性练习要求患儿在问题行为发生后立即重复练习适应性替代行为。如尿床案例中，患儿需连续如厕 5 次练习正确如厕方式。该技术虽可能让患儿反感，但这能教会患儿可用的、适应性的行为。

负惩罚

撤回某种刺激以减少问题行为的方法叫作负惩罚。通常，被撤回的刺激对个体来说是令人愉快的。因此，个体在刺激被撤回时会感到不舒服。负惩罚通常没有正惩罚那么令人厌恶，因此它更常被用来减少挑战性行为。

最温和的负惩罚形式是**计划性忽视（planned ignoring）**。是指当问题行为出现后，治疗师立即撤回关注和强化。汉利及其同事（2003）发现，一些发育迟缓的孩子会为了获得照顾者的关注而发脾气。照顾者会在不自觉中通过目光接触、语言互动和肢体接触等行为强化了这种不良行为模式。为了消退此行为，照顾者可以撤回这种强化，也就是说，他们可以对孩子对关注的渴望不予回应。当照顾者开始消退此行为时，孩子的行为发生率可能会暂时增加。这种现象被称为消退性爆发（*extinction burst*）。孩子们通常会升级他们问题行为，试图获得先前提强化。随着时间推移，只要拒绝强化，行为的频率和强度就将降低。有计划的忽视是一种缓慢但有效的减少行为问题的方法。

负惩罚的第二种形式是**暂停正强化**（**time-out from positive reinforcement**）。在使用这个方法时，治疗师通过将患儿放在一个新地点或位置来限制他在一段时间内获得强化。暂停正强化可以采取多种形式实施，但重点是必须完全无强化。在暂停正强化期间，儿童不应该被允许玩耍、逃避任务或者引起他人的关注。暂停通常是通过把儿童从强化情景中移开几分钟来完成的。

负惩罚的最后一种形式是**反应代价**（**response cost**）。在使用这个方法时，治疗师在问题行为出现后立即撤回强化物。每次出现问题行为都会"消耗"一些有形的强化物，比如糖果、点数、代币或儿童想要的其他物品或特权。反应代价与暂停类似。在暂停中，强化在特定的时间内被撤回；在反应代价中，强化按特定数量被撤回。反应代价通常与代币法结合使用。儿童的每一个被期待的行为可能会因为代币或者点数被强化，问题行为也可能会因为失去一定数量的代币或点数而逐渐减少。

ID 患者的行为治疗有相当多的经验支持。卡昂及其同事（Kahng and colleagues, 2002）综述了 35 年来关于行为疗法治疗 SIBs 有效性的研究。结果显示，接受治疗的患者的自伤行为总体上减少了 83.7%。最有效的治疗是惩罚（例如过度矫正、暂停），实际疗效为 83.2%；其次是有计划的忽视，实际疗效为 82.6%；正强化的实际疗效 73.2%。联合行为干预通常比单独使用任何一种干预效果略高。

药物治疗

药物通常用于治疗 ID 儿童青少年的挑战性行为。调查药物效果的大多数研究都是基于成人而不是儿童青少年设计的。此外，有挑战性行为的 ID 儿童青少年行为往往需用多种药物进行治疗。尽管药物治疗有助于控制刻板行为和攻击行为，但医生们还是被要求尽可能开最低剂量的药物，谨慎进行药物治疗。一般规则是"低起始量，缓慢加量"（Calles & Nazeer, 2018a）。

最常用的两种减少儿童青少年挑战性行为的药物是阿立哌唑（aripiprazole）和利培酮（risperidone）。这些药物是非典型抗精神病药，最初用来治疗精神分裂症等疾病。不过，一些双盲、安慰剂对照研究表明，这些药物在减少患发育障碍个体的攻击性和易激惹方面也很有效。在最初的一项研究中，利培酮治疗破坏性行为研究小组（Aman et al., 2002）对表现出智力低下和严重问题行为的 118 名 5 ～ 12 岁儿童进行了研究。这些儿童被随机分为实验组和对照组，实验组接受低剂量利培酮治疗，对照组接受安慰剂治疗。六周后，对照组仅 33% 的儿童有显著的行为改善，实验组则有 77% 的儿童表现出显著的行为改善。还有一些研究也得出了类似的结果（Roth & Worthington, 2015）。

非典型抗精神病药物也可能有效地减少自伤行为。以前的研究表明，一些有自伤行为的儿童青少年对多巴胺也有超敏反应，在自伤时可能会从自己的行为中体验到某种程度的快乐或强化。通过阻断多巴胺受体，非典型抗精神病药物似乎减少了自伤的强化属性，从而减少了自伤行为。

抗抑郁药通常用于治疗 ID 青少年的焦虑和情绪障碍。不幸的是，大多数支持抗抑郁药疗效的研究是针对无 ID 个体进行的。因为行为干预能有效地减轻患 ID 的较大儿童与青少年的焦虑和抑郁症状，所以行为治疗应该先于药物治疗（Sturmey & Didden, 2014; Sturmey, Lindsay, Vause, & Neil, 2014）。

小　结

- 应用行为分析是一种确定儿童青少年的挑战性行为及其功能的科学方法。大多数问题行为通过社会性正强化、负强化或自动强化来维持。
- 正强化大多数是挑战性行为的一线治疗方法。负惩罚技术包括计划性忽视、暂停和反应代价。只有在其他干预措施不成功、儿童青少年的行为有很大问题以及父母同意时，才使用正惩罚。
- 非典型抗精神病药物如阿立哌唑和利培酮可有效降低发育障碍患儿的攻击性、易激惹和自伤行为。

临床医生如何帮助照顾者?

临床医生也应提供协助以支持 ID 患儿的照顾者。在孩子最初被诊断为发育障碍后，父母出现情绪问题的风险可能增加。他们经常报告失落感或失望感，对孩子的未来感到忧虑，或对自己是否有能力抚养有特殊需要的孩子产生怀疑。然而，随着时间推移，父母的焦虑通常会减少（Glidden, 2012）。然而，与照顾发育障碍患儿有关的挑战仍然存在。在一项针对 GDD 患儿父母的大型研究中，近 42% 的被试表示养育压力显著增加（Tervo, 2012）。

养育压力会对家庭系统造成损害（Al-Yagon & Margalit, 2012）。发育障碍患儿的父母在其婚姻和家庭生活质量方面经常受到干扰。然而这种影响是复杂的。有特殊需要的孩子出生后，报告社会经济压力大、工作和人际关系困扰多、配偶支持率低的父母通常报告婚姻和家庭生活明显恶化。相比之下，那些感觉得到配偶支持的父母，以及那些使用积极的、以问题为中心的应对方法来应对与家庭有关的压力的父母，他们的婚姻满意度或生活质量往往没有变化。事实上，一些家庭报告，患有发育障碍的孩子出生后，他们的凝聚力和满足感更强了（Glidden, 2012）。

一些发育障碍与父母压力的增加并非高相关。例如，唐氏综合征患儿的父母通常只报告中度的压力，这可能是因为患有唐氏综合征的儿童通常只是存在轻微的认知障碍，并且通常被描述为温柔和爱交际的。与照顾唐氏综合征患儿相关的污名化可能会少一些。大多数人对这种疾病有一定的了解，很容易识别出唐氏患儿。许多社区也设有相关的家庭互助小组（Witwer et al., 2014）。

有一些发育障碍与较高水平的养育压力有关。当无法确定孩子发育迟缓的原因时，父母可能会体验到相当大的压力。父母可能会因为孩子的缺陷而自责，或者对孩子的预后感到不确定。当孩子发育迟缓的原因不明，或者病症不常见时，父母也可能会感到被误解或疏远。不管病因如何，孩子的一些行为（行为控制困难、社会性缺陷和攻击性）似乎会增加父母的压力（Tervo, 2012）。

治疗师可以通过在父母遇到困难和不确定的时候提供支持来提供帮助。除了在有关孩子发展的方面提供信息支持和给出症状管理的建议，治疗师还可以通过倾听和共情父母的担忧来提供情感支持。治疗师还可以鼓励使用积极的、以问题为中心的策略来应对父母的压力（Al-Yagon & Margalit, 2012）。能够应对自己压力的父母也许能够更好地照顾他们的孩子，并实施许多有助于促进孩子智力和适应能力发展的干预措施。

小　结

- 照顾一个有发育障碍的孩子是压力重重的。当孩子有挑战性行为或者共病精神健康问题时，父母会报告更大的压力。
- 临床医生可以通过给他们的孩子们提供循证服务并鼓励父母使用以问题为中心的策略管理压力，从而给他们提供支持。

关键术语

适应功能（adaptive functioning）：个体应对日常生活需求的能力，以及达到在特定社会文化对某个年龄群体所期望的独立的能力。

美国智力与发育障碍协会（American Association on Intellectual and Developmental Disabilities, AAIDD）：最早致力于研究和帮助 ID 患者的专业组织。

羊膜腔穿刺术（amniocentesis）：一种通过采集孕妇羊水的妊娠 15 ～ 20 周时筛查发育障碍的方法。

安格尔曼综合征（Angelman syndrome）：一种因 15 号染色体上缺失母系遗传物质引起的遗传病，其临床特征为中度至重度 ID、急促的动作、缺乏口语、多动和持续的社交微笑。

应用行为分析（applied behavior analysis, ABA）：一种识别儿童青少年问题行为的科学方法，可以确定问题行为产生的原因，并通过改变环境偶发事件来改变问题行为。

行为表型（behavioral phenotype）：与 ID 特定原因相关的特征（如外貌、认知优势 / 劣势、共病障碍）。

挑战性行为（challenging behavior）：一些 ID 患儿表现出的伤害躯体的或限制他们获得教育或社交机会的行为。

绒毛活检术（chorionic villus sampling, CVS）：一种通过采集连接胎盘和子宫壁的组织在妊娠 8 ～ 12 周时筛查发育障碍的技术。

染色体微阵列（chromosomal microarray, CMA）：一种在基因组的主要区域识别复制数变异（即异常的重复或缺失）的基因测试，用于确定 GDD 的病因。

文化-家族性 ID（cultural-familial ID）：由齐格勒提出的术语，用于描述符合以下特征的儿童青少年：智力与适应功能评分介于 50-70、无明确器质性病因、无显著健康问题。

诊断掩盖（diagnostic overshadowing）：一个用来描述一些临床医生忽视 ID 患者的精神障碍的术语。

差异强化（differential reinforcement）：正强化的一种形式，治疗师只强化期望行为，而忽略问题行为。

迪格奥尔格综合征（DiGeorge syndrome）：一种由 22 号染色体缺失引起的遗传疾病，可导致免疫功能障碍，其临床特征为轻度至中度 ID、唇腭裂和精神分裂症风险。

唐氏综合征（Down syndrome）：即 21 三体综合征，其临床特征为中度 ID、特征性外表、言语技能和语言能力的低下、视觉空间推理能力和社交能力强。

残疾儿童教育法（Education for All Handicapped Children Act）：规定对所有 3 ～ 18 岁的残疾儿童实行“免费且适宜的公共教育”的美国联邦法律。

胎儿酒精谱系障碍（fetal alcohol spectrum disorder, FASD）：一种母亲在孕期饮酒引起的疾病，其临床特征为智力低下或轻度 ID、学习障碍、多动和特征性颅面异常。

脆性 X 综合征（fragile X syndrome）：一种遗传的 X 连锁疾病，对男孩的不利影响大于女孩，其临床特征为轻度到中度的 ID、特征性外表、擅长同时加工、不擅长序列加工和社交焦虑。

功能分析（functional analysis）：一种通过识别导致问题行为的前因或随着时间推移强化问题行为的后果来确定问题行为目的的评估方法。

全面发育迟缓（global developmental delay, GDD）：DSM-5 中的一种障碍，仅面向 5 岁以下个体做诊断，其临床特征是在多个发展领域（如运动、语言、社交或日常生活技能）出现明显迟缓。

融合教育（Inclusion）：患 ID 的儿童青少年在课堂助手的帮助下和健康的同学们一起接受所有科目教育的教育方法。

残疾人教育法（Individuals With Disabilities Education Act , IDEA）：将残疾权利扩展到婴幼儿的美国联邦法律，授权幼儿 IFSP 和学龄残疾儿童 IEP。

智力障碍（intellectual disability, ID）：DSM-5 中的一种障碍，其临床特征为婴幼儿期便出现智力功能和适应行为的显著限制。

主流化（mainstreaming）：尽可能让 ID 患儿接受常规教育。

支持需求（need for support）：帮助患 ID 的个体在社会中有效地发挥作用，是 AAIDD 定义的一个重要组成部分。

器质性 ID（organic ID）：由齐格勒提出的术语，用于描述符合以下特征的儿童青少年：智力低下与适应困难病因明确、存在医学并发症、存在家族 ID 史。

过度矫正（overcorrection）：正惩罚的一种形式，通过要求儿童青少年将周围环境恢复到与他破坏之前相同（或更好）的状态以纠正的问题行为。

苯丙酮尿症（phenylketonuria, PKU）：一种以不能分解苯丙氨酸为特征的隐性疾病。坚持特殊的饮食可以防止患儿因为该疾病产生严重的 ID、癫痫和其他医学问题。

身体攻击（physical aggression）：可能导致财产损毁或对他人造成伤害 / 损伤的具体行为。

计划性忽视（planned ignoring）：负惩罚的一种形式，指治疗师或照顾者在问题行为发生后立即撤回对患儿的关注。

正性练习（positive practice）：是正惩罚的一种形式。在问题行为之后立即反复练习适应性行为。正向练习通常与过度矫正联合使用。

普拉德-威利综合征（Prader-Willi syndrome, PWS）：因 15 号染色体上缺失父系遗传物质引起的遗传病，其临床特征为轻度 ID、短时记忆能力弱、视觉空间推理能力强、贪食和强迫行为。

后效刺激惩罚（punishment by contingent stimulation）：正惩罚的一种形式，指在问题行为之后立即使用轻微的厌恶刺激。仅在其他干预措施失败并经父母同意时作为最后手段使用。

反应代价（response cost）：负强化的一种形式，指在问题行为之后立即撤回实体强化物。

雷特综合征（Rett syndrome）：一种遗传病，通常由 X 染色体的一部分突变引起，这种病只见于女孩，其临床特征为婴儿早期正常发育、随后社会功能和语言迅速退化以及重度 ID 和刻板行为。

自伤行为（self-injurious behaviors ）：可能或确实会对本人造成身体伤害的手部、四肢或头部的重复性动作。

血清筛查（serum screening）：一种在妊娠 15~18 周时通过血液检查来筛查胎儿发育障碍的方法。

相似序列假说（similar sequence hypothesis）：假设 ID 患儿与正常发育个体经历相同的认知阶段，只是前者发育速度较慢的假说。该假说已被研究广泛支持。

相似结构假说（similar structure hypothesis）：假设两个智力相同的个体（一个患 ID，另一个不患 ID）会表现出相似能力的假说。关于此假说的已有研究结果不一致。

刻板运动障碍（stereotypic movement disorder）：DSM-5 中一种的障碍，其临床特征为在 4 周或更长时间内出现没有明显目的、重复和不受控制的运动。

刻板行为（stereotypy）：以一致、僵化和重复的方式进行的无实际意义的行为。

暂停正强化（time-out from positive reinforcement）：负强化的一种形式。通过将患儿安置在特定的环境中，在一定的时间内限制其接触正强化物（如关注、玩具）。

TORCH：一个首字母缩略词，代表了母亲身上可导致后代患上 ID 的主要疾病，包括弓形虫感染、其他感染、风疹病毒感染、巨细胞病毒感染、单纯疱疹病毒 2 型感染。

通用设计（universal design）：一种教育实践，包括开发教学材料和活动，使具有不同能力和技能的儿童青少年能够实现学习目标。

威廉姆斯综合征（Williams syndrome, WS）：由 7 号染色体缺失引起的遗传疾病，与轻度 ID、言语能力较好、听觉记忆能力强、视觉空间推理能力弱、多动、焦虑和过度友好有关。

批判性思维练习

1. 当提及发育障碍时，公众普遍以唐氏综合征患儿为典型认知形象。唐氏综合征患儿在多大程度上反映了不同类型 ID 患儿的特征？

2. PKU 治疗如何说明基因和环境对儿童青少年发育的相互作用？

3. 为什么较低社会经济水平背景的儿童青少年有更高的患特定类型 ID 的风险？为什么低社会经济水平的 ID 患儿较中产阶级 ID 患儿预后差？

4. 为什么临床医生不使用计划性忽视来减少发育障碍患儿的自伤行为？

5. 对于一个正常发育的儿童青少年来说，融合教育有什么好处？有什么缺点？

第六章

孤独症（自闭症）谱系障碍

AUTISM SPECTRUM DISORDER

学习目标

阅读本章后，你应该能够做到以下几点：

6.1 描述孤独症（自闭症）谱系障碍（ASD）的主要特征，并解释这种障碍的症状和体征是如何持续存在的。

说明 ASD 的患病率如何因儿童青少年的性别、族裔和 SES 变化。

6.2 确定与 ASD 相关的遗传差异、表观遗传差异和大脑差异。列出并描述被诊断为 ASD 的婴幼儿通常会表现出的早期社会认知缺陷。

6.3 描述能改善患 ASD 患儿社会和行为功能的几种循证治疗方法。举例提高患 ASD 患儿的沟通方法的循证技术。

6.1　描述和流行病学

亚里士多德称人类为"社会性动物"，他认识到了社交互动和人际关系在我们生活质量中的重要性。孤独症（自闭症）谱系障碍（autism spectrum disorder, ASD）是最严重、最具研究价值的精神障碍之一，其特殊性恰恰在于它影响着人类有效社交与沟通的能力。

ASD 的特点是：（1）社交能力明显受损；（2）行为、兴趣或活动呈现出受限的、重复的模式。虽然大多数 ASD 患儿在婴幼儿期就开始出现 ASD 的症状和体征，但是有些个体直到上学时才被诊断为 ASD。他们与他人交往、交流思想和感情以及发展人际关系方面的问题极大地损害了他们的社会功能。此外，他们重复行为的倾向、对固定程式的执着、对特异性话题的过度专注，以及对视觉 / 听觉 / 嗅觉刺激的异常反应模式，常被他人视为怪异或难以理解（Goldstein & Ozonoff, 2019）。

ASD 反映了一个严重程度不等的各种症状和体征构成的"谱系"。有些患儿对人际交往完全不感兴趣，缺乏口语或非口语交流技巧，并且保持刻板、僵化的行为或仪式。他们可能智力低下，或共病智力障碍。ASD 谱系另一端的患儿在与他人的互动中表现的笨拙或僵化，仪式化或重复的行为导致他们被同伴排斥，在社交场合中需要他人的帮助才能参与基本社交活动。他们的 IQ 分数可能在正常范围内，甚至可能有特殊的才能、技能或能力。某人患有 ASD 仅仅意味着他在社交和行为方面有明显的问题。ASD 的标签并没有告诉我们太多关于患儿的独特优势和面临的挑战的信息。当我们在本章讨论 ASD 患儿与青少年时，我们需要注意他们的异质性。世上没有“典型的 ASD 患儿”。以生活在一个被 ASD 影响的家庭中的双胞胎凯莉和托马斯为例。

案例研究

孤独症（自闭症）谱系障碍

一对父母的故事

我发现自己怀孕的时候，马特和我欣喜若狂。我做了检查，确认我们有双胞胎。怀孕 37 周时，我做了剖宫产，生下凯莉，她重约 2.5 公斤；然后是托马斯，他重约 2.8 公斤。起初照顾两个孩子很难，但后来我们学会了应对，甚至在睡眠不足的情况也能应付！到了孩子们 14 个月大时，凯莉可以走路说话了，然而托马斯的成长慢了很多。我们的医生说他只是个发育慢些的孩子，不用担心。18 个月大时，托马斯终于开始走路了，但他从来没有和他姐姐玩过，也不说话。我向同样开始担忧他情况的护士求助。她联系了当地儿童发展中心后，一位专业人员上门为我们进行了评估。

彭妮来我们家为托马斯做评估。我记得他那时坐在地板上，把砖头排成一排，发出奇怪的声音，对其他人毫无兴趣。彭妮坐着一边记录一边观察，随后对我们说：“我想托马斯可能有 ASD。”我其实想到了她会这么说。之前我在网上查阅过相关资料，有个网站介绍了 ASD 的症状。老实说，我们被告知这个消息时并没有那么震惊。后来经过评估，托马斯被诊断为重度 ASD。

双胞胎现在 8 岁了，托马斯还没有说话，还穿着尿布。凯莉是他的姐姐，而且会永远是他的姐姐。她和他坐在一起，努力教他单词。我曾经因托马斯被别人盯着看感到非常不安。但现在我不关心这些了。我讨厌“正常”这个词。托马斯对我们来说就是正常的。

什么是孤独症（自闭症）谱系障碍？

历　史

70 多年前，利奥·坎纳（Leo Kanner）首次提出了 ASD。坎纳（1943）用“早期婴儿孤独症”（*early infantile autism*）这个词来描述 11 名在与人际交往和适应新环境方面表现出困难的儿童。坎纳发现有两个特点在这些儿童身上特别明显。第一，这些儿童表现出“自闭性孤独”或极端自我孤立的倾向，对社交明显缺乏兴趣。第二，他们表现出一种“对相同的执着”或强烈的愿望，以避免他们的日常生活改变（Volkmar & Pelphrey, 2015）。

坎纳还注意到患儿在语言方面表现出明显的迟缓或缺陷。所有患儿学习说话都很慢，而且大多数患儿在语言使用上有着不寻常的特点。例如，他们中的许多人会重复单词或短语，有一些颠倒或误用代词，还有一些说话笨拙、僵化（Kroncke, Willard, & Huckabee, 2017）。

大约在同一时间，维也纳医生汉斯·阿斯伯格（Hans Asperger）描述了一些行为特征与坎纳的患者类似的儿童。阿斯伯格用“自闭性精神病”（*autistic psychopathy*）这个词来描述他们的症状。像坎纳的病人一样，阿斯伯格的病人也表现出与人际交往的困难。阿斯伯格注意到，这些儿童在社交互动中存在显著困难：难以主动接近他人并展开对话，说话时回避眼神接触，且情感表达异常。这些儿童还会对某些特定话题表现出异常专注，并积累大量相关知识。然而，与坎纳描述的儿童不同的是，阿斯伯格的患者有良好的词汇能力和基本的语言技能。事实上，这些儿童中有许多非常健谈，会就他们最喜欢的话题进行长时间的讨论（Chown& Hughes, 2017）。

坎纳和阿斯伯格观察到的缺陷在今天仍然被认为是 ASD 的基本特征（表 6.1）。具体来说，ASD 的定义是:（1）交互性社交交流和社交互动的持续损害;（2）受限的、重复的行为、兴趣或活动模式。这些症状从儿童早期出现，并限制或损害了日常功能（American Psychiatric Association, 2013）。尽管有些 ASD 患儿在语言交流方面表现出明显的缺陷，如坎纳的患者，但还有些 ASD 患儿在表达性和感受性语言方面只有轻微的问题，如阿斯伯格的患者。因此，尽管大多数 ASD 患儿在语言交流方面存在问题，但是被诊断为 ASD 不需要患儿的语言能力受到损害（Volkmar & Pelphrey, 2015）。

表 6.1　孤独症（自闭症）谱系障碍的诊断标准

A. 在多种场合下，社交交流和社交互动存在持续缺陷，表现为：

1. 社交情感互动方面的缺陷，从异常的社交接触和不能正常地来回对话到分享兴趣、情绪或情感的减少，到不能启动或对社交互动做出回应。
2. 在社交互动中使用非语言交流行为的缺陷，例如，语言和非语言交流的整合困难到异常的眼神接触和身体语言，或在理解和使用手势方面的缺陷到面部表情和非语言交流的完全缺乏。
3. 发展、维持和理解人际关系方面的缺陷，从难以调整行为以适应各种社交情境到难以分享富有想象力的游戏或交友困难，到对同伴缺乏兴趣。

B. 受限的、重复的行为、兴趣或活动模式，至少表现为以下两种情况：

续 表

1. 刻板的或重复的躯体运动，使用物体或言语（例如，简单的躯体刻板运动，摆放玩具或翻转物体，模仿言语，特殊短语）。
2. 坚持相同性，缺乏弹性地坚持固定的或仪式化的语言或非语言的行为模式（例如，对微小的改变极端痛苦，难以转变，僵化的思维模式，仪式化的问候，需要走相同的路线或每天吃同样的食物）。
3. 高度受限的固定的兴趣，其强度和专注度方面是异常的（例如，对不寻常物体的强烈依恋或先占观念，过度的局限或持续的兴趣）。
4. 对感觉输入的过度反应或反应不足，或在对环境的感受方面不寻常的兴趣（例如，对疼痛/温度的感觉麻木，对特定声音或质地的不良反应，对物体的过度地嗅或触摸，对光线或运动的凝视）。

C. 症状必须存在于发育早期（但是，直到社交需求超过有限的能力时，缺陷才可能会完全表现出来，或可能被后天学会的策略所掩盖）。

D. 这些症状导致社会、职业或目前其他重要功能方面的有临床意义的损害。

E. 这些症状不能用智力障碍（智力发育障碍）或全面发育迟缓来更好地解释。智力障碍和孤独症（自闭症）谱系障碍常同时出现，做出孤独症（自闭症）谱系障碍和智力障碍的合并诊断时，其社交交流应低于预期的总体发育水平。

标注：
有或没有伴随的智力损害
有或没有伴随的语言损害
与已知的躯体或遗传性疾病或环境因素有关
与其他神经发育、精神或行为障碍有关

注：来自拜奥及其同事（Baio and colleagues, 2019）

社交交流缺陷

也许ASD最显著的特征是患儿在**社交交流（social communication）**和社交互动方面的持续缺陷。具体来说，ASD患儿表现出三个方面的缺陷：

1. 社交情感互动：通过分享兴趣、情感或情绪而进行的正常的来回对话和社交互动；
2. 非语言交流：有效地使用目光接触、手势和面部表情；
3. 人际关系：表现出对他人的兴趣以建立和维持友谊。

根据患儿在社交互动中所需要的支持程度，每一种缺陷的严重程度从中度到重度不等（Bernier & Dawson, 2016）。

许多ASD患儿经常被描述为“活在自己的世界里”。他们可能会避免与他人目光接触，似乎对他人的行为或对他人对自己行为反应不感兴趣。他们可能不会对叫自己的名字、拍手、挥手或者其他用来吸引他们注意力的行为做出反应。患有 ASD 的幼儿在被抱起之前可能不会采取预备的姿势。事实上，他们往往不愿意让别人碰他们。他们可能对别人的拥抱和其他表示爱意的举动没有反应，也可能表现出很少的情绪。他们很少发起社交互动，通常不玩诸如“躲猫猫”或“小蜘蛛”的模仿游戏（Joseph, Soorya, & Thurm, 2015）。

随着 ASD 患儿长大，他们中的许多人对与家庭成员的社交互动表现出更高的容忍度。例如，他们可以让父母把他们放在腿上，或者让照顾者抚摸和拥抱他们。有些个体似乎喜欢被人挠痒痒，或者被人深情地抱着。然而，ASD 患儿很少主动进行社交或参与新奇的活动。他们似乎对和其他孩子一起玩不感兴趣，很难建立友谊。他们可能与他人互动，但他们的交流和社会关系似乎是刻意为之的和单向的（Klinger,Dawson, Barnes, & Crisler, 2014）。

患有 ASD 的大龄儿童与青少年通常继续表现出明显的社会功能障碍。他们往往没有什么朋友也不想交朋友，可能会被同龄人排斥。一些患有 ASD 的大龄儿童能够参与结构化的、有脚本的活动，并在其中主导活动流程。例如，高功能的 ASD 的患儿可能喜欢在“大富翁”游戏中扮演“银行家”的角色。他们一般都不参加没有脚本的活动，比如和朋友出去玩。部分 ASD 患儿的兴趣比较局限，或沉迷特定的爱好，如收集卡片或石头。然而，他们很少加入俱乐部或与同伴自发地玩要（Volkmar,Reichow, Westphal, & Mandell, 2015）。

一些大龄、高功能的 ASD 患儿喜欢和家人在一起，并希望被同龄人接受。遗憾的是，他们的社交缺陷影响了他们人际交往和建立友谊的能力。这些高功能的 ASD 患儿在社交活动中通常显得笨拙或对他人不敏感。例如，他们可能想在课间休息时和同学一起踢足球，但不知道怎么加入。他们可能会直接闯入活动或坚持围绕自己的兴趣指导游戏，而不会表达恰当的加入请求（例如，问同伴“嘿，我能加入你的队伍吗？”）。久而久之，这些患儿表现出的尴尬和不恰当的社交行为会引起同伴的排斥。有时，这些儿童青少年会产生焦虑和抑郁，因为他们想要朋友，但却被排斥（Pezzimenti, Han, Vasa, & Gotham, 2020）。

受限的、重复的行为、兴趣或活动

ASD 患儿也表现出**受限的、重复的行为模式、兴趣或活动**，这些行为、兴趣或活动会干扰他们人际交往能力（Powers et al., 2015）。具体来说，他们至少表现出以下两种情况：

1. 刻板或重复的行为，包括言语（例如重复单词或短语）、动作（例如手势）或使用物体（例如排列玩具）；
2. 过分坚持固定程式或抗拒改变，例如需要在特定时间或以特定方式穿衣、吃饭或洗澡；

3. 受限的、固定的兴趣，其强度或专注度是异常的，例如对爱好的着迷程度远超同龄、同性别的个体；
4. 对感觉输入敏感度过高或过低，例如对特定声音、质地或气味过度敏感，或痛阈异常高（Bernier & Dawson, 2016）。

低功能 ASD 患儿最常见的刻板行为包括摇摆、拍手、旋转以及用手和手指做出不寻常的重复行为（Volkmar et al., 2015）。大约一半的 ASD 患儿表现出至少一种这样的重复行为。刻板行为最常见于低龄与低功能的 ASD 患儿。

约 85% 同时患有智力障碍和 ASD 的儿童会出现**模仿言语**（**echolalia**），也就是说，他们会重复他人话语或从电视 / 广播中听到的内容。这类言语往往被脱离原始语境使用或在不恰当时机出现，因此这些话对他人来说毫无意义。

复杂的仪式行为更常见于大龄 ASD 患儿和智力功能较高的个体。有些患儿每天花数小时整理玩具、衣服或收藏品。有些患儿也有饮食的仪式。例如，ASD 患儿坚持根据食物的颜色和质地、按一定的顺序进食。还有一些 ASD 患儿表现出强迫行为，例如在房间里走来走去或反复开关电灯。

许多 ASD 患儿的一个共同特点是对固定程式的强烈渴望。这些患儿中的许多坚持同样的日常日程安排，当日程被改变或打破时，他们会变得极度痛苦。例如，一个患有 ASD 的男孩会因为停电时看不到他最喜欢的电视节目而出现对立性行为（Strang, 2016）。

许多高功能 ASD 患儿会对一些特殊的话题产生兴趣。一些患儿痴迷于棒球运动员的平均击球率、美国总统的出生日期和死亡日期，或某些气象模式的历史表现。他们对这些高度专业化的兴趣有时在内容上是适当的，但在强度上总是不寻常的（Klinger et al., 2014）。例如，一个 5 岁的儿童迷上火车，或者一个 10 岁的儿童对棒球数据感兴趣，这并不少见。但当这些特殊的兴趣过度占据患儿的时间，以至于干扰了其他活动或社会关系时，这些兴趣就成了问题。例如，这个 5 岁的儿童可能每天花几个小时玩火车和谈论火车，耗尽父母的耐心。如果不让他乘火车，他可能会发脾气。同样，这个 10 岁的儿童可能会因为痴迷于棒球赛数据而被同学排斥和被教师斥责。

纵向研究表明，受限的重复行为或兴趣通常出现在社交交流的缺陷之后（Klinger et al., 2014）。一些专家认为，儿童发展出这些重复的行为正是因为他们的社会功能受损。例如，患 ASD 和重度智力障碍的儿童可能会通过刻板的摇摆或拍手来减轻无聊或焦虑。高功能 ASD 的患儿可能会坚持日常仪式，以获得对他们原本紧张的日常生活的控制感。还有一些患儿发展出局限的兴趣以应对同伴的拒绝（Strang, 2016）。

许多 ASD 患儿对感觉刺激表现出异常的敏感性（Grapel, Cicchetti, & Volkmar, 2015）。有些个体对光、声音、温度或疼痛的感觉迟钝。例如，有一些轶事报告提到

插图 6.1 肖恩是个患有 ASD 的男孩。他着迷于水冲刷街道的声音。

ASD 患儿听不到火警，感觉不到从椅子或自行车上摔下来的疼痛感。还有一些患儿对刺激超敏。例如，一些 ASD 患儿因无法忍受某些衣服的质地而在被要求穿那些衣服的时候大发脾气。还有一些 ASD 患儿会表现出特定感觉刺激固着，比如持续注意闪烁的灯光或流动的水（插图 6.1）。

症状标注

DSM-5 允许临床医生使用不同的标注来描述 ASD 患儿的功能。鉴于 ASD 患儿的异质性，这些标注为其他专业人士更好地说明了 ASD 患儿的优势、挑战和支持需要（American Psychiatric Association, 2013）。

第一，临床医生会标注 ASD 的症状是否与已知的医学疾病或遗传疾病有关。例如，雷特综合征可导致 ASD、重度智力障碍和运动控制的严重损伤。如果使用 DSM-5 系统，患儿可能被诊断为“与雷特综合征相关的 ASD”。

第二，临床医生会标注患儿是否有语言功能损伤，并描述损伤的性质。有语言迟缓或缺陷的个体也可能被诊断为交流障碍。这种疾病将在下一章中描述。

第三，临床医生会标注任何共同发生的神经发育、情绪或行为障碍。例如，一些大龄 ASD 患儿出现抑郁问题；他们可能想要交朋友，但社交交流障碍妨碍了他们发展同伴关系的能力。通过具体指出同时存在的抑郁，临床医生可以与其他专业人士交流患儿社会情感功能这一重要方面的相关问题，否则这方面可能会被忽视（Pezzimenti et al., 2020）。

第四，临床医生会描述 ASD 患儿在（1）社交互动和（2）受限的重复行为或兴趣这两个核心领域的每个领域中症状的严重程度。临床医生可能会根据患儿在每个领域需要的支持水平，用等级表来描述严重程度（表 6.2）。

表 6.2 孤独症（自闭症）谱系障碍的严重程度

严重程度	社交交流	受限的重复行为
水平 3 需要非常多的支持	在语言和非语言社交交流技能方面的严重缺陷导致功能上的严重损害，极少启动社交互动，对来自他人的社交示意的反应极少	行为缺乏灵活性，应对改变极其困难，或其他局限的 / 重复行为显著影响了各方面的功能。转换注意焦点很痛苦 / 困难
水平 2 需要较多支持	在语言和非语言社交交流技能方面的显著缺陷，即使有支持仍有明显社交功能缺损，启动社交互动有限，对他人社交示意反应较少或异常	行为缺乏灵活性，应对改变困难，或其他局限的 / 重复行为对普通观察者来说看起来足够明显，且影响了不同情况下的功能。转换注意焦点痛苦 / 困难

续 表

严重程度	社交交流	受限的重复行为
水平 1 需要支持	在没有适当支持的情况下，社交交流的缺陷会导致明显的障碍。难以启动社交互动，对他人的社交示意做出非典型或不恰当反应。可能表现社交兴趣减退	缺乏灵活性的行为显著地影响了一个或多个情境下的功能。难以转换不同的活动。组织和计划的困难妨碍了其独立性

注：临床医生可以使用类似的量表描述症状的严重程度。这一量表描述了患儿在家里和学校更有效地行动所需的支持。

小　结

- ASD 最初分别是由坎纳和阿斯伯格分别提出的。ASD 出现于儿童早期，其特点是缺乏社交互动，存在受限的或重复性的行为、兴趣或活动。
- 社交交流的缺陷包括：（1）缺乏社交互动；（2）非语言交流问题；（3）对人际关系缺乏兴趣或存在建立和维持友谊方面的问题。
- 受限的重复行为包括：（1）刻板的言语或动作；（2）对变化的抗拒；（3）固定的兴趣；（4）对感官刺激的不寻常反应。
- 在诊断 ASD 时，临床医生可以标注儿童缺陷的严重程度、语言障碍的存在以及共病的医学或精神健康问题。

哪些障碍经常与 ASD 同时出现？

尽管智力低下或语言问题不是 ASD 诊断标准的一部分，但许多 ASD 患儿会出现这些症状。正如我们将看到的，一些 ASD 患儿有严重的认知障碍而且不会说话。相比之下，还有一些 ASD 患儿智力一般或高于平均水平，并有足够的语言技能。正如 ASD 是一个谱系，患儿的智力和语言功能也处在一个连续的范围，水平从严重受限和需要广泛支持到高于平均水平不等。

智力障碍

智力障碍不是 ASD 诊断标准的一部分。然而，相当一部分患儿认知功能低下。20 年前，多达 70% 的 ASD 患儿的 IQ 得分符合智力障碍的诊断标准（Fombonne, 2005）。然而，如今，只有大约三分之一的 ASD 患儿 IQ 得分在智力障碍的范围内（Peters-Scheffer, Didden, & Lang, 2016）。

在一项大型研究中，研究人员调查了美国几个研究中心的 8 岁 ASD 患儿的认知功能（Baio et al., 2019）。总的来说，31% 的 ASD 患儿 IQ 得分低于 70，符合智力障碍的 IQ 水平。大约 25% 的患儿的 IQ 得分处于临界范围（即 IQ 为 70 ～ 85 分）。大约 44% 的患儿 IQ 得分在 85 分以上，处于正常范围内。ASD 患儿的 IQ 分布没有性别或族裔差异。专家们还不清楚为什么现在ASD患儿达到智力障碍标准的比例要比过去低。这可能是因为，随着ASD的定义扩大到包括高功能ASD患儿，ASD患儿中具有智力障碍的比例可能会降低。

患儿的智力与ASD症状的严重程度、适应功能的水平和对治疗的应答密切相关。以有不同认知和语言能力的ASD患儿亚历克斯和本吉为例。

案例研究

ASD伴智力障碍

亚历克斯

亚历克斯早产4周，母亲分娩时经历了严重的并发症。分娩持续近一天，并使用了产钳。亚历克斯出生后虚弱无力、血氧水平低，住了几天院。

小时候，亚历克斯在坐和走方面落后于同龄人。亚历克斯出生后24个月仍没有任何说话的迹象，而且似乎对物体比对人更感兴趣。他的母亲因此对他特别担心。亚历克斯不愿意吃饭，睡眠也不好。他的儿科医生把这种迟缓归因于出生时的并发症。

临近2岁生日时，亚历克斯开始对某些物品和活动表现出极大的兴趣。他有一盒农场动物玩具，却从来没有用它们玩象征性游戏（例如，发出“哞哞”声和呼噜声）。相反，反复将玩具扔到地上，观察玩具坠落轨迹与声响，或长时间排列/旋转玩具，期间持续前后摇晃身体。

3岁时，亚历克斯基本上无法用语言交流。他大部分时间都在独自活动或与父母在一起。他对和哥哥一起玩不感兴趣，也不喜欢和同龄人一起玩。亚历克斯不会自己吃饭、穿衣服，也不具备其他自我照顾技能。当被迫进行这些活动时，他会大声发脾气。最终，亚历克斯在4岁时被诊断为ASD和智力障碍，并被送到一所有助于满足其特殊需要的幼儿园，以提高他的交流和自理能力。

案例研究

ASD不伴智力障碍

本 吉

本吉是一个足月婴儿，母亲怀孕或分娩期间没有出现任何并发症。本吉在学习坐和走方面表现出轻微迟缓，但没有引起父母的担忧。与同龄婴儿相比，他的饮食和睡眠情况是正常的。

本吉12～24个月大时在语言上没有取得太大的进步，这让他的父母怀疑他生病了。3岁生日时，本吉基本上不会说话。只有当他想从父母那里得到一些东西的时候，他才会用哭声、咕哝声和手势交流。

大约在同一时间，本吉的父母注意到了他古怪的社交行为。虽然大多数学龄前儿童都很爱父母，但本吉从不喜欢拥抱。他似乎满足于每天一个人玩几个小时。他通常玩积木或玩具车，或者在笔记本上画画。本吉还挑食。在一个夏天，他几乎只吃鱼形饼干和鸡块。他还有一些怪癖。比如对吸尘器有强烈恐惧，习惯用脚趾头走路，当被迫穿上“令他发痒”的衣服时会生气，所有这类衣物都会让他大发脾气。

在上学前班前不久，本吉的语言能力有了显著提高。虽然他能用简单的句子说话，但他却很少主动和别人交谈。不过，他会工具性地使用语言以获得他想要的或避免他不喜欢的活动。他也倾向于重复别人说的或从电视和电影中听到的单词和短语。

在学前班，本吉在发展适龄的社交技能方面表现出问题。有问题的社交技能包括眼神交流、在轮流的过程中等待、与他人分享。他 5 岁生日后不久被正式诊断为患有 ASD。智力测验显示他的 IQ 在平均水平。尽管本吉的父母起初对他的诊断感到沮丧，但他们事后坦言:“这有助于解释许多事情”。

交流障碍

交流障碍是 ASD 患儿最常见的共病（Ameis & Szatmari, 2017）。一项大规模人群研究表明，大约三分之二的 ASD 患儿也有语言或言语障碍（Levy et al., 2010）。这些交流问题的严重程度差别很大。大约 25% 的 ASD 患儿不会说话，即他们没有功能性口头语言。另一方面，另外 25% 的 ASD 患儿能够使用复杂的词汇进行长时间对话。这些语言问题的严重程度通常与患儿的言语智力有关；言语智力较高的患儿往往表现出出色的语言技能，但是他们在社交互动中几乎总是表现出一些语言使用上的缺陷（Kim, Paul, Tager-Flusberg, & Lord, 2015）。

虽然大多数 ASD 患儿都会发展出语言能力，但他们对语言的使用往往是古怪的、僵化的或奇特的。第一，许多 ASD 患儿讲话时出现**代词颠倒**（**pronoun reversal**）。例如，一个 ASD 患儿可能会用“你饿了”来表达“我饿了”的意思。还有一些 ASD 患儿用第三人称来指自己，当他们说“他想要一些水”的时候，其实是在表达“我想要一些水”。

第二，许多 ASD 患儿说话的时候有异常的**韵律**（**prosody**），即他们的语调或说话方式是非典型或尴尬的。例如，有些 ASD 患儿说话听起来很生硬，有些用异常的节奏或语调，如唱歌般的声调说话，还有一些说话时声音很大或在错误音节上重读。

第三，几乎所有具备言语能力的 ASD 患儿都有语用方面的问题。**语用**（**pragmatics**）是指在特定的社交情境中运用语言的能力，尤其体现在对话的自然轮替以及能提供适当背景信息进行连贯叙事方面。虽然 ASD 患儿可能会说语法正确的句子，但其内容与当时的社交情境并不匹配。例如，很多 ASD 患儿不会为他们的表述提供语境。一个患有 ASD 的男孩可能想要发起对话，他说“昨天我们看得很开心”，但不会向他的朋友解释他说的是本周早些时候他和家人一起看了一部电影。另一个语用能力不足的例子是在对话中转换话题。例如，同学可能会问一个患有 ASD 的女孩：“你今天怎么样？”这个女孩可能会以完全无关内容的方式回答说：“我午餐吃了一个热狗。”还有一些 ASD 患儿在交谈中不恰当地转换话题，使对话的另一方感到困惑和沮丧。

第四，很多 ASD 患儿在言语沟通方面的问题是单向性的。这些儿童与人进行交流主要是想表达他们的需求或获取信息，很少与他人交谈来分享自己的想法、经历或感受。一般来说，ASD 患儿在对话中并没有表现出大多数对话所特有的自然互惠性。似乎在*对别人说话*，而不是*与别人交谈*。一些高功能 ASD 患儿会不停地说话。他们的表达通常被描述为“学究式的漫谈”，使听者筋疲力尽。通常，这些儿童似乎根本不在乎是否有人在听他们说话。

在过去，那些有 ASD 症状，但言语水平中等的儿童，会被诊断为患有阿斯伯格综合征（Asperger’s disorder）。这种疾病是以汉斯·阿斯伯格的名字命名的。该障碍患者表现出自闭的症状，并有足够的语言功能，对特定兴趣或爱好过分痴迷。最近的研究表明，ASD 与阿斯伯格综合征的核心差异（即言语能力问题）可通过智力因素得到解释。患有 ASD 并有语言问题的儿童往往有智力障碍，而患有阿斯伯格综合征且语言能力较好的儿童往往智力一般或高于平均水平。因此，DSM-5 目前只有 ASD 的诊断标准。然而，许多以前被诊断为阿斯伯格综合征的人仍然认为自己患有这种疾病（Frazier et al., 2013）。

一些儿童在社交活动中存在语言使用方面的问题，但他们没有受限的重复行为。因此，他们没有被诊断为 ASD，而是被诊断患有社交（语用）交流障碍，该病的特征为在日常情境中持续存在言语和非言语交流的问题。我们将在下一章学习更多社交（语用）交流障碍。

行为和情绪障碍

ASD 患儿比正常发育的同龄人更有可能经历其他精神健康问题（Strang, 2016）。社区中大约 70%ASD 患儿至少共病 1 种行为或情绪障碍，近 50% 有 2 种或 2 种以上的共病。最常见的共病是 ADHD（40% ～ 50%）、焦虑障碍（30% ～ 40%）和强迫障碍（15% ～ 20%）（obsessive-compulsive disorder, OCD）。

区分 ASD 的症状和其他障碍的症状是比较难的。例如，患有 ASD 或社交焦虑障碍的儿童在社交场合中往往都很痛苦。然而，ASD 患儿通常不会表现出对社交环境的预期焦虑，而社交焦虑障碍患儿通常会如此。与之相似，ASD 和 OCD 的临床特征都是重复的想法和行为。然而，ASD 患儿重复的想法和行为往往涉及触摸、移动或命令，而 OCD 患儿的重复行为往往涉及清洁、检查或计数。许多 ASD 患儿表现出的认知和语言障碍也限制了他们向临床医生准确描述症状的能力。许多专业人士使用《ASD 相关精神问题评估表》（*Schedule for the Assessment of Psychiatric Problems Associated with Autism*, SAPPA）来帮助区分 ASD 和其他障碍。尽管如此，鉴别 ASD 和其他障碍依然需要相当的知识和技能（Mercado, Kratz, Frank, Wolensky, & Kerns, 2018）。

医学问题

ASD 患儿比没有被诊断为 ASD 的个体更容易出现医学问题（Walton & Coury, 2016）。大约 70% 的 ASD 患儿会出现胃肠道问题（例如反酸、便秘、恶心 / 呕吐）。相比之下，42% 患其他发育障碍的个体和 28% 的正常发育个体会出现胃肠道问题。ASD 患儿（44% ～ 86%）比没有被诊断为 ASD 的个体（20% ～ 30%）更容易出现睡眠困难。

与 ASD 相关的一个常见且严重的医学问题是癫痫。同时患 ASD 和智力障碍的儿童癫痫发作的可能性（21.5%）远高于只患 ASD 的儿童（8%）。大多数证据表明，大脑结构性发育异常是个体出现智力缺损、ASD 症状和癫痫发作的原因。然而，在某些情况下，发育期大脑癫痫发作可能导致 ASD 的发展（Bernard & Benke, 2015）。

小　结

- 大约三分之一的 ASD 患儿可能符合智力障碍的标准。
- 大约 25% 的 ASD 患儿不会说话，50% 的 ASD 患儿在言语或语言方面有问题。如果儿童在社交方面表现出问题，但没有受限的、重复的兴趣或行为，那么他们将被诊断为社交（语用）交流障碍，而不是 ASD。
- 大约 70% 的 ASD 患儿至少共病一种行为或情绪障碍，70% 有共病的医学问题。

ASD 的患病率是多少？

总体患病率

美国疾病控制和预防中心建立了**孤独症和发育障碍监测（Autism and Developmental Disabilities Monitoring, ADDM）网络**，以收集美国各地 ASD 和发育障碍患病率的数据。该网络汇总了儿童保健诊所和医院的记录，提出了针对发育障碍儿童的专门方案（例如早期干预幼儿园）和公立学校的特殊教育方案。虽然 ADDM 网络不能识别出所有 ASD 患儿，但其收集的数据对估计 ASD 患病率提供了最佳支持。

ADDM 网络的最新数据表明，每 1000 名儿童与青少年中有 16.8 人（约 1/59）患有 ASD（Baio et al., 2019）。这意味着 ASD 的患病率在过去 2 年中增长了大约 15%（图 6.1）。

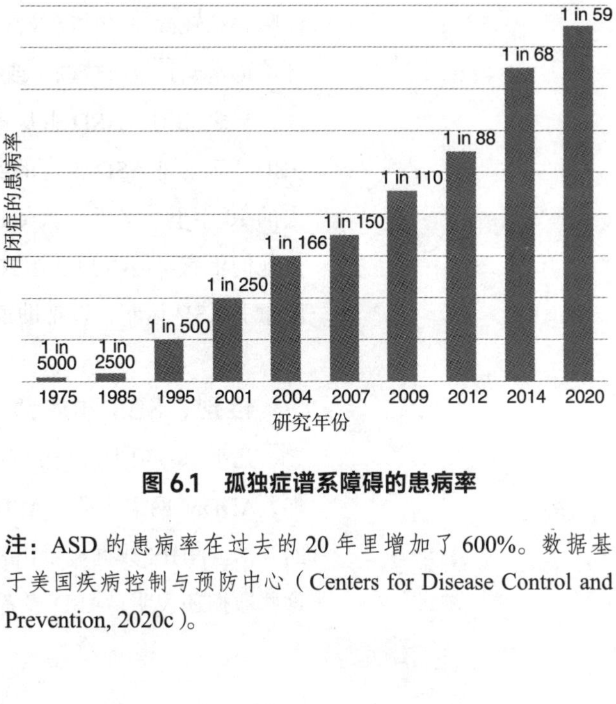

图 6.1　孤独症谱系障碍的患病率

注： ASD 的患病率在过去的 20 年里增加了 600%。数据基于美国疾病控制与预防中心（Centers for Disease Control and Prevention, 2020c）。

美国各州估计出来的比例各异，这值得关注，新泽西州（研究人员更容易获得教育记录）高达1/34，阿肯色州（记录更有限）的比例较低，为1/77。这种广泛的差异性表明，1/59的总体患病率可能低估了ASD患儿的实际人数。

虽然ADDM网络收集了关于ASD患病率的最全面的数据，但其数据仅来自11个地理区域。这些数据可能无法代表整个美国的儿童青少年，研究人员可能会遗漏一些ASD患儿。

国家健康访谈调查（National Health Interview Survey, NHIS）随机抽取了来自美国各地的12 000名父母，询问他们的孩子是否被诊断为ASD或其他发育障碍。结果显示，每1000名儿童与青少年中有20.8人（约48人中有1人）被诊断为ASD（Zablotsky, Black, Maenner, Schieve, & Blumberg, 2015）。这一患病率略高于ADDM网络得出的估计。另一方面，NHIS的数据完全基于父母报告，而不是官方的医疗或教育记录。有些父母的报告可能不准确。

其他国家的流行病学数据也显示ASD的患病率很高，ASD患儿约占总人口中儿童与青少年数量的1%～2%。东南亚、澳大利亚、西欧和中东患病率的估计值与美国相似（Centers for Disease Control and Prevention, 2016d）。

无论采用何种调查方法，所有数据都表明ASD的患病率正在上升。1975年收集的第一份流行病学数据表明，ASD是一种罕见的疾病，大约每5000名儿童与青少年中有1人患有ASD（Rutter, 1978）。到1997年，即国家健康访谈调查实施的第一年，患病率已上升到每500名儿童与青少年中就有1人患病。2000年，即ADDM网络开展的第一年，患病率为每250名儿童与青少年中就有1名人患病。到2012年，患病率已跃升至1/88。几年前，患病率估计为1/68。

ASD患病率的增加有几种解释。一些专家推测，美国正在经历一场ASD的"大流行"，这种疾病的患者有可能真的变多了。一些研究人员将ASD、食物过敏、代谢障碍和轻微神经功能异常在近期的增加归因于未知的环境因素（例如食品添加剂、环境毒素或其他致畸剂）或生活方式的改变（例如年龄很大时才怀孕）。

与之相对，ASD患病率的增加也可能是由于更多的儿童与青少年被诊断为ASD，而不是ASD本身的实际增多（McPartland, Reichow, & Volkmar, 2012）。在过去的10年里，父母、教师和儿科医生对ASD症状和体征的认识越来越充分，这使得他们更有可能将孩子送去接受诊断和治疗。精神卫生专业人员现在可能比过去更愿意下ASD诊断，以帮助家庭获得行为治疗、特殊教育或职业服务。

性别、SES和族裔

几乎每一项大规模的流行病学研究都表明，ASD在男孩中比女孩中更常见。例如，ADDM网络表明，ASD在男孩中的发病率（1/37）大约是女孩发病率（1/151）的4倍。NHIS数据显示出相似的性别比，即患ASD的男孩和女孩的比例为4∶1。这些数据还表明，ASD患者的性别差距正在缩小。临床医生很可能比前几年更能识别女孩的 ASD 症状。

总的来说，患有 ASD 的男孩和女孩在认知和行为上只有很小的差异。对年龄较大的 ASD 患儿的研究表明，女性患儿的平均 IQ 比男性患儿低，而且更有可能出现重度或极重度的智力功能缺损。对年龄较小的 ASD 患儿的研究发现，女性患儿比男性患儿在社交方面表现出更大的问题，而男性患儿比女性患儿表现出更严重的受限的重复行为和刻板行为。患有 ASD 的小女孩比小男孩更容易出现睡眠和情绪问题，但这种差异的程度很小。总而言之，患 ASD 的男孩和女孩的相似性多于差异性。

专家们还不清楚为什么男孩比女孩更容易患 ASD。第一种解释是，女孩一般来说在社交和语言功能方面比男孩有优势。因此，女孩需要表现出更大程度的缺损才会被诊断为患有 ASD。一些研究表明，平均而言女孩在发展的不同时期都表现出更优越的社交和交流功能，这为第一种解释提供了支持。例如，在整个生命周期中，女孩比男孩更善于解读他人的面部表情、情绪和非言语行为。同样，女孩比男孩更倾向于用语言来表达和分享情感。这些社交方面的优势可能使 ASD 在女孩中不那么明显（Kirby, 2015）。

第二种解释是，雄激素导致了患 ASD 的男孩比女孩多得多。相当多的证据表明，孕期高水平的雄激素会影响发育中的大脑。特别是，产前激素已被证明会影响边缘系统和额叶皮质。这一点很重要，因为边缘系统和额叶皮质参与感知、处理和回应社交信息。此外，ASD 患儿的这些脑区活跃度低。子宫内暴露于过量雄性激素可能影响胎儿大脑发育，进而增加出现自闭症相关行为特征的概率。

关于 ASD 患病率性别差异的第三种解释基于遗传学。X 染色体上的某些突变被认为与 ASD 的发生有关。例如，脆性 X 综合征是一种以 X 染色体突变为特征的遗传性疾病。大约三分之一的脆性 X 综合征患儿符合 ASD 的诊断标准。由于男孩只有一条 X 染色体，他们通常表现出比女孩更严重的症状。女孩通常有一条健康的 X 染色体，这可以弥补她们受影响 X 染色体上的突变。因此，患有脆性 X 综合征的女孩被诊断为 ASD 的可能性比男孩要小（Sansosti & Doolan, 2018）。

ASD 的患病率也随着 SES 的变化而变化。总体而言，与未完成高中学业或生活贫困的母亲相比，完成大学教育或家庭收入较高的母亲生育被诊断为 ASD 子女的可能性要高出 1.4~2 倍（Boyle et al., 2011）。这些发现有点反直觉，因为父母教育程度较低和家庭收入较低通常与子女疾病的可能性增加有关。

高 SES 家庭中 ASD 患病率的增加可能可以部分归因于高 SES 的家庭为其子女获得医疗、教育和行为服务的能力更强（Durkin et al., 2010）。在一项流行病学研究中，研究人员发现，年收入在 90 000 美元以上（17.2‰）的家庭中 ASD 的患病率高于年收入在 30 000 美元以下（7.1‰）的家庭（Thomas et al., 2012）。研究人员还发现，与低收入家庭相比，高收入家庭接受了更多的诊断评估（例如到儿科就诊、心理评估、学校评估）。高收入家庭的孩子比低收入家庭的孩子更早被诊断为 ASD。这些数据表明，在高 SES 家庭中，ASD 的体征和症状可能比在低 SES 家庭中更早引起父母、儿科医生和精神健康专业人员的注意。此外，与低 SES 家庭相比，高 SES 的家庭可能更倾向于支持他们孩子的需要，从而使其获得 ASD 诊断和治疗。有趣的是，在欧洲进行的研究通常显示，ASD 患病率与家庭收入或母亲受教育程度之间没有关联，这可能是因为在欧洲获得医疗保健和教育较少取决于 SES（Kirby, 2015）。

在美国，ASD 的患病率因族裔而异。大多数数据显示，非拉丁裔白人儿童与青少年的患病率最高。例如，ADDM 网络的最新数据表明，非拉丁裔白人儿童与青少年被诊断为 ASD 的可能性是非裔美国儿童与青少年的 1.2 倍，是拉丁裔儿童与青少年的 1.5 倍。非拉丁裔白人儿童与青少年被诊断为 ASD 的可能性增加可能部分归因于 SES。在一些研究中，当 SES 被考虑在内时，非拉丁裔白人、非洲裔美国人和拉丁裔的患病率没有差异（Baio et al., 2019）。

小　结

- ADDM 网络估计了美国学龄儿童中 ASD 的患病率。目前，59 人中有 1 人符合 ASD 的诊断标准，患病率为 1.68%。根据父母对 ASD 的自我报告估算出的患病率较高。
- 男孩患 ASD 的可能性是女孩的 4 倍。患有 ASD 的女孩往往比男孩表现出更大的损害。
- 在高 SES 或非拉丁裔白人家庭诊断出 ASD 的情况是最常见的。低 SES 或拉丁裔家庭的孩子被诊断为 ASD 则不常见。

6.2　病因

最早对 ASD 病因的解释把绝大部分的责任归咎于家庭。坎纳（1943）认为他的患者的父母在情感上是疏远的。他说这些父母对孩子的行为不感兴趣、社交冷漠，而且过于聪明。哲学家兼作家布鲁诺·贝特尔海姆（Bruno Bettelheim, 1967）拓展了这些观察结果，认为父母的冷漠和拒绝会导致他们的孩子患上 ASD。在他的书《空堡垒》（*The Empty Fortress*）中，贝特尔海姆指责了冷漠、情感疏远的“冰箱妈妈”，认为正是她们冷漠的教养方式导致孩子退缩回自己的内在世界。贝特尔海姆等学者提出，通过帮助父母变得更温暖和更能接受孩子，孩子的 ASD 可以得到治疗（Feinstein, 2010）。

在 20 世纪 60 年代和 70 年代，研究人员开始挑战贝特尔海姆等人关于 ASD 病因的理论。伯纳德·伦姆兰（Bernard Rimland, 1964）首先提出 ASD 可能有神经生物学方面的病因。实验数据还表明，ASD 并不是由父母的冷漠或拒绝所致。事实上，ASD 患儿的父母非常关心孩子的发展并照顾他们。遗憾的是，许多父母认为他们对孩子患有 ASD 负有责任。而随着将 ASD 病因归结于遗传和神经发育的新理论出现，这种愧疚感才逐渐得以缓解。

今天，我们仍然不知道究竟是什么原因导致了 ASD。然而，大多数证据都指向遗传、神经生物学和早期环境因素的结合。

ASD 是可遗传的吗？

遗传学

很多的遗传因素都可能导致 ASD。一方面，有明显的证据表明 ASD 有遗传性。例如，如果父母有一个孩子患有 ASD，那么他们生的第二个孩子患有 ASD 的风险约为 20%（而在一般人群中这一概率为 1% ～ 2%）。如果父母有两个患有 ASD 的孩子，他们生的第三个孩子的患病风险会增加到三分之一（Huguet, Benabou, & Bourgeron, 2016）。

双生子研究证实了 ASD 的遗传性。平均来说，同卵双生子（MZ）的同病率为 85% ～ 90%；而异卵双生子（DZ）的同病率为 15% ～ 20%。MZ 同病率高于 DZ 同病率表明基因在 ASD 中起着重要作用（Klinger et al., 2014）。

另一方面，最近的研究表明，在 ASD 的发展过程中，环境因素至少和遗传学一样重要。例如，一项大型双生子研究表明，ASD 患儿症状的变异大约有 50% 可归因于环境因素，例如身体健康、营养和早期家庭环境（Chaste & Devlin, 2016）。

如今，研究人员相信没有一个单一的基因会导致 ASD，而是多基因共同作用导致个体易出现一系列 ASD 谱系行为特征。遗传学家试图确定哪些基因可能在 ASD 中起作用。在迄今为止最大的一项研究——**ASD 基因组计划**（**Autism Genome Project**）中，19 个国家的研究人员研究了大约 1200 个家庭，这些家庭中有 2 个或 2 个以上的家庭成员患有 ASD。通过对比家庭成员的 DNA，研究人员已经能够识别出与 ASD 相关的潜在的基因异常（图 6.2）。平均而言，15% 的 ASD 患儿在特定染色体上的遗传物质有少量的缺失或重复（即拷贝数变异）。另外 10% 的病例是由一个基因的某一部分的基因异常或突变引起的。通常，这部分基因密码负责大脑早期的发育成熟。例如，一些 ASD 患者的 2 号染色体上缺少一种叫作 neurexin 1 的特殊基因，这种基因能产生对大脑早期成熟和神经连接很重要的蛋白质。最后，大约 5% 病例的病因可归结于代谢障碍，例如未经治疗的苯丙酮尿症。还有大约 70% 的 ASD 病例无法解释。显然，这方面还有很多工作要做（Locke, Harker, Karp, & Kratz, 2018）！

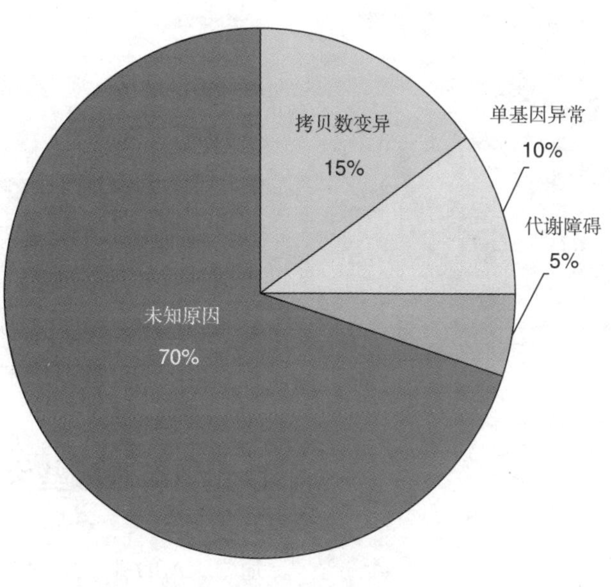

图 6.2　ASD 基因组计划

注：ASD 基因组计划探索了 ASD 的病因。这些病例中 70% 无法确定遗传或代谢原因（Grove et al., 2020）。

MSSNG 是一项要检验 10 000 名 ASD 患者基因组的项目，遗传学家正通过该项目继续研究 ASD 患者的基因。MSSNG 的独特性有两点。第一，这项研究涉及了迄今为止最多的 ASD 患者的 DNA 图谱。第二，这些数据将被全世界的研究人员共享，这样科学家们就可以一起寻找这种疾病的基因基础（MSSNG, 2016）。

表观遗传学

研究人员很早就知道产妇高龄生育与 ASD 有关。然而，最近的研究证实，高龄父亲比年轻父亲更有可能生下患有 ASD 的孩子。与 30 岁以下的男性相比，50 岁及以上的男性生出患 ASD 的孩子的概率高出一倍以上。更令人惊讶的是，祖父母年龄（家庭双方）也会增加孩子患 ASD 的风险。例如，如果孩子的祖父或外祖父在孩子父母出生时年龄较大，那么他们的孙辈患 ASD 的风险可能会升高（Milekic et al., 2015）。

两个因素可能解释了父亲年龄和 ASD 之间的联系。第一，与年轻男性相比，高龄男性精子细胞中的 DNA 更有可能出现基因突变。这些突变可能是自发的，也可能是在生活过程中暴露于环境毒素的累积结果。研究人员认为这些突变可能导致他们的后代患 ASD。第二，在人的一生中，环境压力会导致表观遗传的变化，这种变化会代代相传。例如，慢性压力、疾病或创伤经历可能导致基因表达方式改变。这些表观遗传变化由该男性的儿子和孙子继承，他们患 ASD 的风险可能增加（Peter, Reichenberg, & Akbarian, 2015）。

小　结

- ASD 是具有遗传性的；ASD 患儿症状和体征的变异大约有 50% 可以归因于遗传因素。
- ASD 基因组计划已经确定了导致 ASD 的几种原因：遗传物质的缺失或重复（15%）、特异性基因突变（10%）和代谢障碍（5%）。然而，70%ASD 病例的病因尚不清楚。
- 表观遗传学研究表明，高龄父母比年轻父母有更大的风险生出患有 ASD 的孩子。环境毒素或性细胞中的基因突变可能导致风险增加。

ASD 患者存在哪些大脑异常？

通常，ASD 患儿在某些脑区的结构和功能上存在异常。首先，许多 ASD 患儿在婴幼儿期呈现出大脑快速生长和突触密集的模式，在儿童后期和青少年期出现会出现退行性改变和神经连接丢失。其次，有三个脑区与 ASD 有关：杏仁核（amygdala）、梭状回（fusiform gyrus）和部分前额叶皮质（prefrontal cortex）。这三个区域在感知、加工和回应社会信息的方式中起着重要作用。还有一条神经通路连接这些脑区。总的来说，这一通路被称为**社会脑**（**social brain**），因为它对我们在社交场合中的功能至关重要（Elsabbagh & Johnson, 2016）。

突触密度与神经连接

纵向研究表明，后来被诊断患有 ASD 的婴儿头部发育模式异常。出生时，他们的头围与正常发育的新生儿相似。然而，从 4 个月大时开始，后来被诊断为患有 ASD 幼儿往往表现出头围迅速增加。到 12 个月大时，这些幼儿的平均头围通常比同龄人大一个标准差。接着，他们的头部生长速率减缓，这样，患 ASD 和不患 ASD 个体的头围在儿童后期最终变得逐渐相似（McKeague et al., 2015）。

这种不寻常的头部生长模式与大脑密度和体积的异常相对应。有几项研究表明，从儿童早期开始，ASD 患儿大脑的密度和体积就开始增加。例如，在一项研究中，研究人员扫描了 6 ～ 15 岁 ASD 患儿的大脑（Mak-Fan, Taylor, Roberts, & Lerch, 2012）。与非 ASD 患儿相比，ASD 患儿在儿童早期表现出脑体积、表面积和皮质厚度增加，但在儿童后期和青少年期早期大脑结构正常。

总之，这些发现支持了 ASD 的**发育失调假说**（**growth dysregulation hypothesis**）。根据这一假说，后来被诊断为 ASD 的婴幼儿表现出皮层异常成熟，其特征是头围、脑容量和突触密度都很大。正常发育的婴儿通常会经历一段大脑快速发育时期，随后会出现突触修剪，而被诊断为 ASD 的婴儿则只会出现快速发育。ASD 患儿的大脑可能会形成过多的神经连接，从而降低大脑活动的效率。然而，到了青少年期早期或成年早期，这些个体中的许多人表现出神经连接的异常减少，甚至退化（Sacco, Stefano, & Persico, 2015）。

最近的神经影像学研究发现，ASD 患儿不仅存在特定脑区内部的异常，更表现出脑区间神经连接的显著异常。回想一下，科学家们可以利用弥散张量成像（DTI）来研究大脑各区域之间的连接状况。DTI 与磁共振成像（MRI）类似，但它可以测量水分子在脑组织中的扩散（Emsell, Van Hecke, & Tournier, 2016）。DTI 提供脑组织的强度或完整性的高分辨率图像。DTI 能生成高分辨率图像，精确显示脑组织的连接强度和结构完整性，尤其擅长呈现大脑白质，即形成神经元间连接的髓鞘化轴突的图像。通过测量白质的结构完整性，科学家可以估计大脑各区域之间连接的强度（Baribeau & Anagnostou, 2015）。

研究人员通过 DTI 获得了两个重要发现（Solso et al., 2016）。首先，ASD 患儿大脑中负责社交、语言和运动的区域之间通常呈现出连接减弱。其次，研究人员用 DTI 研究了 ASD 患儿的弟弟妹妹的大脑。他们发现，患儿的弟弟妹妹通常在开始出现 ASD 症状前 6 个月就出现大脑连接的异常（Koyama et al., 2016）。这些纵向数据表明，婴儿期大脑连接异常可能是幼儿期和学龄前期 ASD 产生的一个重要预测因素（插图 6.2）。

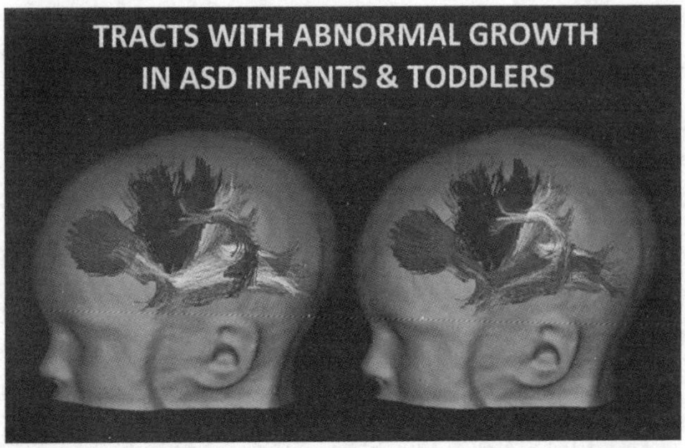

插图 6.2 DTI 显示后来被诊断为 ASD 的婴幼儿大脑连接（白质）异常。

边缘系统

在患有和不患有 ASD 的个体中，另一个存在差异的脑区是杏仁核。回想一下，杏仁核位于大脑深处一个被称为边缘系统的区域，这个区域对我们的社交和情感功能非常重要。当我们观察别人的社交行为，试图了解他们行为或情绪表现的动机时，它就会变得非常活跃。杏仁核结构或功能的异常可能是 ASD 患儿表现出的某些缺陷的基础。例如，研究人员比较了患有和不患有 ASD 的个体在推断他人精神状态时的大脑活动。与正常发育的个体相比，ASD 患者的杏仁核活动显著减少（Baron-Cohen, Lombardo, Tager-Flusberg, & Cohen, 2013）。

第二个证据来自对 ASD 患者大脑的结构研究。与健康对照组相比，ASD 患者的杏仁核体积或神经密度通常更小（Hennessey, Andari, & Rainnie, 2019）。

第三个表明杏仁核是 ASD 的部分病因的证据来自对杏仁核受损的个体和动物的研究。杏仁核受损的个体经常表现出社交理解上的缺陷，这种缺陷类似于高功能 ASD 个体所表现出的缺陷。例如，他们在识别和回应他人的面部表情、觉察社交失礼以及根据他人外显行为理解他人的意图方面存在问题。此外，人为损坏猴子的杏仁核会导致类似 ASD 的行为，例如社会孤立、目光接触减少和刻板行为（Sharma, Jamwal, & Bansal, 2018）。

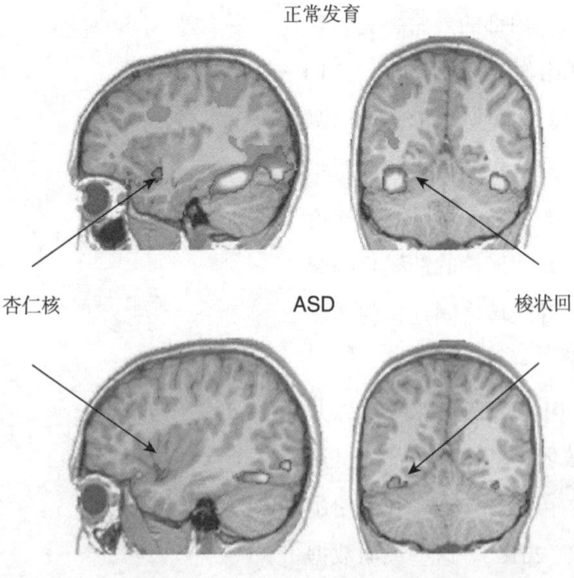

插图 6.3 在识别人脸时，ASD 患儿大脑中负责社会认知的区域（例如杏仁核和梭状回）活动较少。

右侧梭状回

另一个可能对 ASD 的发展很重要的脑区是**右侧梭状回**（**right fusiform gyrus**）。这个脑区位于颞叶下面，靠近枕叶。很长一段时间以来，这个脑区被认为在识别人脸方面起着特殊的作用。当健康成人被要求观看人脸图像时，尤其是表现情绪的人脸，他们的右侧梭状回会出现高度激活。相反，ASD 患儿与青少年被要求加工面部表情时，他们右侧梭状回的活动并没有增加（插图 6.3）。

ASD 患者使用不同的脑区，即颞下回来识别面部信息。有趣的是，颞下回通常用来识别物体，而不是人的信息。这些发现表明患有 ASD 的个体识别表情信息所用的脑区是大多数人用来识别物体的区域。这种异常可能有助于解释 ASD 患者难以理解他人的情绪和社交行为的原因（Sato & Uono, 2020）。

梭状回的作用远不止加工人脸。这对于理解社交行为也很重要。在一个巧妙的实验中，卡斯泰利、哈佩、弗里思和弗里思（Castelli, Happe, Frith, and Frith, 2000）向健康个体展示了一些简单的几何图形卡通画，这些卡通画表现了人类的社交行为。例如，一幅漫画上有一座房子，一个圆圈正进入房子，和一个三角玩捉迷藏；另一幅漫画是两个图形在“战斗”或“追逐”。未患ASD的个体几乎总是描述说这些图形有人类的意图，这种意图激发了它们的行为。例如，他们报告说这些图形是在“玩”“追”或“打”。相比之下，ASD患者通常不认为这些图形有社交行为。相反，他们报告说这些图形只是相互“碰撞”。

更重要的是，患有和不患有ASD的个体在观察图形时，梭状回的激活程度不同。正如所料，与ASD患者相比，不患ASD的个体右侧梭状回的激活更强。这些发现表明，右侧梭状回不仅在识别人类面孔方面很重要，而且对理解一般性社交互动也很重要。ASD患者大脑这个区域的激活不足可能会损害他们对社会情境的理解，并导致他们的社交缺陷（Wolf et al., 2019）。

为什么ASD患儿的右侧梭状回激活度低？新的数据表明，激活不足的部分原因是对面孔和社交交往缺乏注意力、动机或兴趣（Pierce & Redcay, 2009）。例如，当ASD患儿看到熟悉的人脸时，比如看到他们的母亲，他们大脑这个区域的活动水平就接近正常。此外，如果研究人员通过在孩子们被要求识别的脸上放置一个点来增加他们的注意力，那么右侧梭状回的激活就会显著增加。这些数据表明，ASD患儿的右侧梭状回可以发挥作用，但其表现取决于其他因素，特别是患儿对社交刺激的参与动机。

前额叶皮质

最后一个可能在ASD中起作用的脑区是前额叶皮质（Klinger et al., 2014）。大量证据表明，这个脑区负责更高层次的认知活动，例如调节注意力、从环境中提取信息、组织信息和利用信息解决问题。前额叶皮质的作用就像大脑的首席执行官，它指导、组织和计划心理活动和行为。因此，心理学家认为前额叶皮质负责执行功能。

ASD患儿常表现出执行功能缺陷。尽管ASD患儿的短时记忆、机械记忆是正常的（有时也有例外），但他们往往很难注意到所处环境的重要方面。例如，在看电影时，他们可能更关注背景中的物体，而不是主角的活动。他们对显著的社交信息缺乏关注可能会影响他们正确感知和应对社交情境的能力。即使是高功能ASD患儿，在组织和计划方面也存在缺陷。具体来说，他们往往难以灵活加工信息，难以当场解决问题。一些专家认为，他们刻板的认知风格可能解释了强烈的求同和重复的刻板行为的愿望。事实上，一些前额叶皮质受损的也存在对相同性的坚持，并倾向于出现像ASD患者那样的刻板行为（Leung, Vogan, Powell, Anagnostou, & Taylor, 2017）。

小　结

- 发育失调假说表明，ASD 患儿大脑皮层发育异常、神经连接，尤其是负责社交和语言的脑区有问题。
- 一些 ASD 患儿表现出杏仁核较小和较不活跃，杏仁核是参与情绪加工的边缘系统的一部分。
- ASD 患儿通常表现出右侧梭状回活动不足，梭状回是负责处理人脸和解释社会行为的脑区。
- 许多 ASD 患儿表现出前额叶皮质（负责执行功能的区域）活动不足。他们往往在关注重要的社会信息和适应变化方面存在问题。

ASD 患者存在哪些社会认知发展迟缓?

社会脑通路的异常可导致个体在早期出现社会认知发展问题，即理解社交互动方式的缺陷（Baron-Cohen et al., 2013）。具体来说，ASD 患儿对社会信息的感知、理解和反应方式与同龄人不同。社会认知问题会出现在婴儿期并可能导致社会功能严重缺损的发生。

缺乏共同注意

婴儿了解他人和周围世界的主要方式之一是共同注意（Mundy, 2016）。**共同注意（joint attention）**是指婴儿与照顾者一起对单个物体或事件予以关注的能力。在正常发育的婴儿中，共同注意在 6 ～ 18 个月大的时候逐渐出现。

要理解共同注意，我们可以想象一下一个 8 个月大的女孩坐在高椅子上，她妈妈指着桌上的一个碗说:“你想吃麦片吗?”女孩跟着妈妈的手指，朝麦片的方向望去，尖叫起来。婴儿表现出*响应性共同注意*（*responding joint attention*），能跟随母亲的目光或手势。再想象一下，一个 10 个月大的女孩坐在地板上摆弄着一些玩具。一个偶然的机会，女孩挥手打了一个玩具青蛙，青蛙因此蹦起来了。女孩被噪声吓了一跳，目光瞬间从玩具转移到了母亲身上。母亲看着女孩，微笑着，安慰地说:“那是一只青蛙!”孩子对妈妈笑了笑，把注意力又回到玩具上。在这种情况下，孩子表现出一种更为复杂的技能，即*发起性共同注意*（*initiating joint attention*）。具体来说，婴儿通过引发对青蛙的共同注意，主动发起与母亲的社交互动。

通过共同注意，婴儿可以了解周围的世界。至少，例子中 8 个月大和 10 个月大的女孩分别了解了“麦片”和“青蛙”。虽然这看起来微不足道，但如果没有共同注意，孩子就会错失无数的学习机会。如果没有共同注意，当女孩的父母试图教她有关麦片、青蛙和环境中其他事物的知识时，她就不会把注意力集中在同样的物体或事件上。结果，给孩子的信息流会大大减少。缺乏共同注意可能会导致语言习得、常识和智力出现问题（Pickard & Ingersoll, 2015）。

被诊断为 ASD 的个体在出生后的前两年常常表现出明显的共同注意问题（尤其是开始出现共同注意时）。心理学家从三个方面记录了这些早期缺陷。首先，研究人员要求 ASD 患儿的父母回忆他们的孩子在婴儿时期的社交功能。大多数父母都记得，他们的孩子在 12 ～ 18 个月大的时候有明显的注意力和目光接触问题。

其次，心理学家回顾了后来被诊断为 ASD 的婴儿的家庭录像。即使在 1 岁生日派对上，与正常发育的同龄人相比，这些孩子在共同注意和社交互动方面也表现出了缺陷（van Hecke, Oswald, & Mundy, 2016）。

最后，最近的几项研究表明，婴儿期的共同注意缺陷与语言习得和社交功能的问题有关。在一项研究中，研究人员检验了患有和不患有 ASD 的学龄前儿童的共同注意能力（Falck-Yttr, Fernell, Hedvall, von Vofsten, & Gillberg, 2012）。具体来说，他们给学龄前儿童看了一段无声电影，画面中有 3 个玩具的分别放在桌子的左边、中间或右边。接下来，电影中的女士分别（1）注视其中一个玩具，（2）对一个玩具做手势，（3）注视其中一个玩具并对它做手势（插图 6.4）。研究人员追踪了被试的眼动，以确定他们是否能够看到电影中的女士所指的玩具。正如我们所料，患有 ASD 的学龄前儿童比不患有 ASD 的学龄前儿童更不容易跟随这位女士的目光或手势并看该看的玩具。然而，更重要的是，他们所犯错误的数量与他们的社交交流技能和言语智力呈负相关。他们犯的错误越多，他们的社交交流技能水平就越低。这些发现支持了一个观点，即共同注意是社交功能的重要组成部分（van Hecke, Oswald, & Mundy, 2016）。

插图 6.4　患有 ASD 的学龄前儿童在共同注意方面存在问题。他们在跟随画面中女士的注视（左）、手势（右）或注视和手势（中）时会犯更多的错误。他们犯错误的数量与他们在社交交流中的缺陷有关。

社交定向问题

社会性发展还取决于个体的**社交定向**（**social orientation**）的能力，即他们关注社交环境重要方面并与之互动的能力。发育中的婴儿表现出良好的社交定向能力。例如，如果我们给一个 12 个月大的儿童一辆新玩具汽车，他可能会微笑，随便玩一玩，然后把汽车给他妈妈看。虽然这个孩子不会说话，但他还是微笑着给妈妈看玩具汽车，以此来表达他的喜悦。他的母亲也许会回应儿子的快乐，她会看着他，微笑着，热情地说：“多棒的车啊！”

早期的亲子交流教会儿童社交。即使在 12 个月大的时候，婴儿也学会了人与人之间的社交交流，人们轮流互相发出信号并做出反应，社交交流通常以一个共同的主题为中心，有效的交流包括眼神交流和情感表达（Nele, Ellen, Petra, & Herbert, 2015）。

最终被诊断为 ASD 的个体存在社交定向的问题。尽管他们可能对一辆新玩具车非常满意，但他们不太可能与其他人分享这种快乐。同样，当家人喊他们的名字、拍手，或者试图引起他们的注意时，这些孩子通常也没有反应，可能显得疏远或冷漠（Klinger et al., 2014）。

缺乏反应能力会导致患儿错过重要的社交信息，尤其是人脸信息。研究人员让 2 岁 ASD 患儿观看照顾者的视频，并统计患儿注视照顾者的眼睛、嘴巴、身体或周围物体的时间百分比（Jones, Carr, & Klin, 2008）。患有 ASD 的幼儿花在看照顾者嘴巴上的时间最多。相比之下，正常发育的幼儿和患有发育障碍但不患有 ASD 的幼儿花在看照顾者眼睛上的时间最多（图 6.3）。眼睛提供了丰富的关于他人情感品质和意图的信息，而嘴巴则传达了不太重要的关于社交互动的信息。由于注意别人的嘴而不是眼睛，ASD 患儿可能会错过对理解社交情境很重要的面部线索。事实上，2 岁 ASD 患儿注视照顾者眼睛的时间减少与社交损害的程度有关。

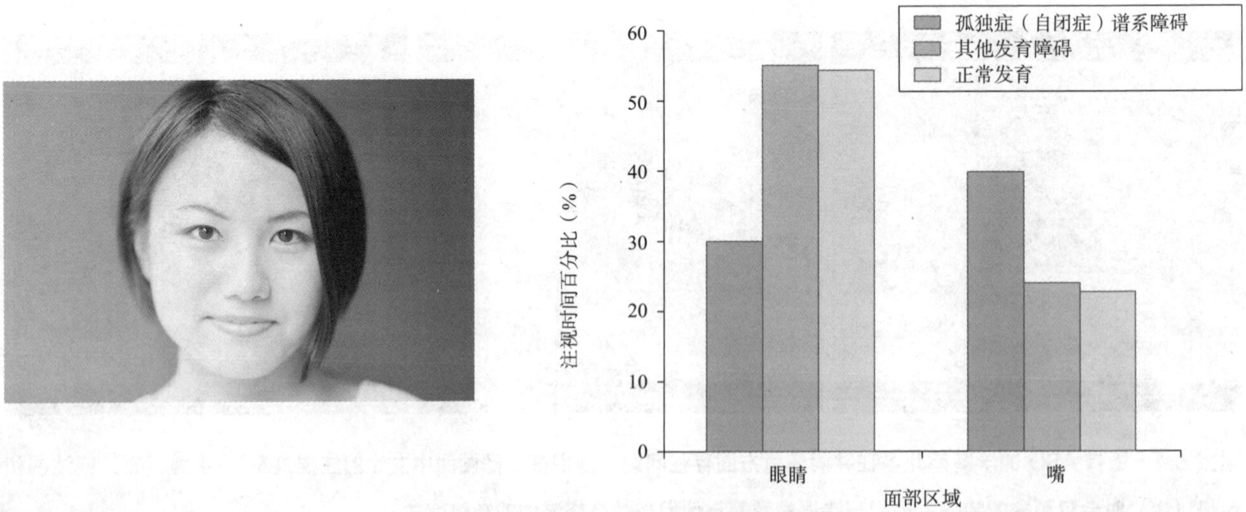

图 6.3　ASD 幼儿在社交定向方面存在缺陷

注：当被要求观看照顾者的视频时（左），与正常发育的幼儿或患有其他发育障碍的幼儿相比，2 岁 ASD 患儿看照顾者眼睛的时间更少，看照顾者嘴巴的时间更多。此外，花更少的时间注视照顾者的眼睛与更高程度的社会损害有关，基于琼斯等人（Jones et al., 2008）。

象征性游戏迟缓

在 18～24 个月大的时候，儿童发展出象征性游戏的能力。**象征性游戏（symbolic play）**是指用一个物体代表（即象征）另一个物体的能力。儿童用两种方式表现象征性游戏。第一，他们可以假装一个物体（例如一个矩形块）代表另一个物体（例如一部电话）。因此，一个 2 岁的儿童可以把木块贴在自己的耳朵上以假装和父亲打电话。第二，儿童可以假装用一个无生命的物体代表一个有生命的东西。例如，儿童可能会决定给他的泰迪熊一杯水，让它躺下来小睡一会儿。象征性游戏通常被称为假装游戏（pretend play），因为儿童能够假装让一个物体代表另一个物体。

ASD 患儿在象征性游戏中表现出迟缓。当 ASD 患儿开始进行象征性游戏时，游戏通常是简单和机械化的，例如，正常发育的个体经常玩复杂的假装游戏，涉及具有创造性和灵活的脚本。我儿子经常为他的玩具恐龙举办晚宴，菜品包括开胃菜、主菜和甜点。相比之下，ASD 患儿的假装游戏往往更加重复，没有灵活、细致的主题（Chaudry & Dissanayake, 2015）。

为什么 ASD 患儿在假装游戏中的缺损是很重要的？第一，24 个月大时缺乏假装游戏可能是 ASD 的早期征兆。尽管父母和医生经常忽视其他表现，如共同注意或社交定向的迟缓，但在假装游戏中的缺损可能是一个有用的指标，表明儿童的发展可能有问题。由于 ASD 的治疗在早期开始时最有效，因此在幼儿时期识别和治疗 ASD 可有更好的预后。

第二，假装游戏是语言习得的先导。让·皮亚杰（Jean Piaget）认为，当个体发展出形成复杂的心理表征能力时，他们就开始进行假装游戏。在假装游戏中，一个物体（例如一个方块）可以在心理上代表另一个物体（例如一部电话）。类似的过程也发生在口头语言中。儿童学会了某些话语（例如“杯子”的发音）代表一个特定的物体（例如杯子）。文字是代表对象和事件的符号，因此，符号游戏发展的迟缓可能与许多 ASD 患者言语表达的迟缓有关（Lam, 2015）。

心理理论和共情的缺陷

想象一下，你站在校园一栋楼的走廊里，注意到一个女学生突然迅速走出教室，关上身后的门，把头靠在墙上，哭了起来。刚才发生了什么？根据你的观察，你可能会推断这个学生在一次重要的考试中得了低分，或者她的教授在全班同学面前批评了她。不管是哪种情况，你都可能会为她感到难过，或者试着安慰她。

共情（empathy）是从另一个人的角度来理解她的想法、意图和感受的能力。正如以上场景所示，我们以共情方式做出反应的能力取决于两种社交技能。第一，我们需要了解，女孩的心理状态（例如认知、情绪）刺激了她的行为。通过了解她的精神状态，我们可以推断她要么在考试中得了低分，要么曾在全班同学面前丢了人。第二，我们需要对她的哭泣有适当的情绪反应。我们可能会为这件事感到困扰，并希望在某种程度上帮助她。我们的共情能力使我们能够准确地解读社交情境，并以敏感和适当的方式回应他人（Koehne, Hatri, Cacioppo, & Dziobek, 2016）。

在学龄前，大多数个体都会发展**心理理论**（**theory of mind**），即认为他人的心理状态（例如想法、信仰、意图和欲望）会激发他们的行为，而且他人的心理状态可能与自己的不同。心理理论使个体能够准确地解释社交情境，并以共情的方式行动。

心理学家使用**错误信念任务**（**false belief task**）测量心理理论（图 6.4）。在一项研究中，心理学家向学龄前儿童介绍了一个名叫萨莉的娃娃，并表示萨莉把一个玩具藏在了篮子里然后离开了房间。当萨莉不在的时候，另一个叫安妮的娃娃把玩具移到了另一个地方（一个盒子）。然后研究人员会提问：当萨莉回来时，她会去哪里

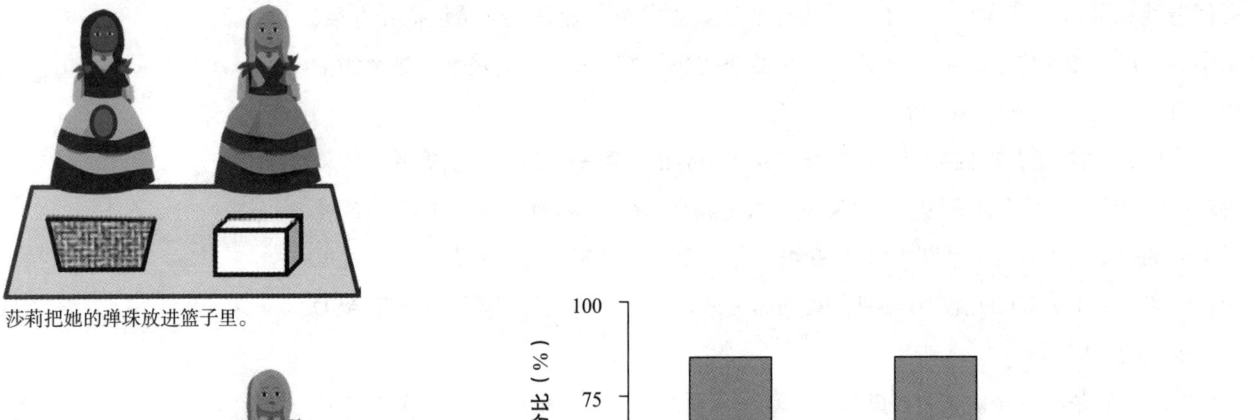

图 6.4　ASD 患儿的心理理论发展迟缓

注： ASD 患儿通常会无法完成错误信念任务，而正常发育的儿童和患有唐氏综合征的儿童通常能完成这个任务。基于巴伦-科恩及其同事（Baron-Cohen and colleagues, 1985）。

寻找自己的玩具？尚未发展出心理理论的儿童会回答，萨莉会在盒子里找，因为他玩具已被移至盒中。这些孩子未能理解萨莉的行为会基于与自己的信念不同的信念。们知道而具备心理理论能力的大龄儿童则给出了正确答案：他们认为萨莉会在篮子里寻找玩具，因为莎莉相信玩具仍在原处。（Baron-Cohen, Leslie, & Frith, 1985）。

在正常发育的个体中，心理理论出现在 3 ～ 5 岁。然而，ASD 患儿表现出明显的心理理论缺陷。在一项研究中，85% 正常发育的学龄前儿童成功地通过了错误信念任务，而患有 ASD 的学龄前儿童只有 20% 的通过率。

为什么心理理论上的缺陷对理解 ASD 很重要？答案是，对于大多数复杂的社交互动来说，完善的心理理论是必要的。而 ASD 患儿则呈现出"心理盲"的现象——也就是说，他们往往无法理解他人的心理状态会驱动并指导其行为（Baron-Cohen et al., 1985）。如果 ASD 患儿目睹一名学生突然离开教室哭泣，他很可能难以理解该学生的行为。具体来说，ASD 患儿很难理解某些前因事件和心理状态（例如考试不及格、感到尴尬）激发了该学生的行为。因为无法推断该学生的心理状态，所以 ASD 患儿往往无法做出符合社交情境的反应。

ASD 的发展历程

综上所述，现有的证据表明，ASD 是一种神经发育障碍，大多数个体在被诊断为 ASD 之前这个障碍就已经出现了。ASD 的主要病因是遗传，但在大约 70% 的病例中，我们无法找到这种疾病的明确遗传原因。基因和早期环境风险因素会导致大脑中负责社交和情感发展的区域出现异常。风险因素可能导致社会脑的异常，进而影响个体感知、加工、解释和应对社交环境的能力。遗传和早期环境风险因素也会干扰影响社会认知、语言和外显行为的脑区之间的联系。

许多专家认为，这些神经异常会引发一系列的社交和情感缺陷，这些缺陷相互影响，导致个体在儿童早期出现 ASD 的症状和体征（图 6.5）。这些早期的缺陷包括共同注意的缺陷、社交定向的迟缓，以及对人脸缺乏兴趣。这些幼儿不与他人互动，错过了大量的社交和语言信息，而这些信息的缺乏反过来又会导致高阶社会认知技能的缺陷。在幼儿期，这些个体经常表现出象征性游戏、心理理论和语言方面的问题（Joseph et al., 2015）。

在学龄前，社交定向和语言的缺陷常常促使父母为孩子寻求帮助。因此，大多数儿童直到 3 岁时才被诊断为 ASD。然而，导致这一诊断的一连串事件可能更早就发生了。

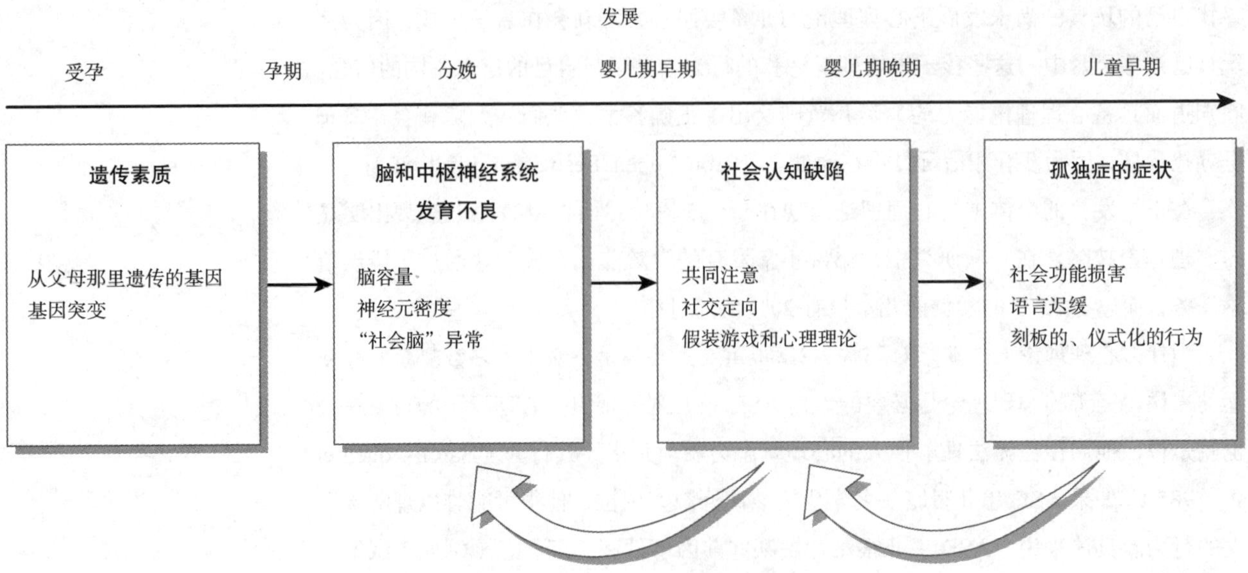

图 6.5　孤独症（自闭症）谱系障碍的发展模式

注：与 ASD 有关的基因素质会导致大脑发育的异常。大脑异常会导致个体在婴儿期的社会认知发展出现问题。社会认知异常也会影响发育中的大脑结构。在儿童早期，缺陷可能严重到可以诊断为 ASD。

小　结

- 后来被诊断为 ASD 的婴儿在出生后的 6 ～ 24 个月内常常有共同注意和社交定向的迟缓。这些迟缓导致他们错过了一些社会和语言信息。
- 后来被诊断为 ASD 的幼儿经常表现出象征性（假装）游戏的迟缓。象征性游戏是语言发展的先导。
- 许多后来被诊断为 ASD 的学龄前儿童在心理理论方面，即理解他人心理状态的能力方面出现迟缓。这些迟缓可能导致他们难以解释社交行为和表现出共情。

6.3　识别、预防和治疗

如何识别和诊断 ASD？

早期干预对 ASD 患儿至关重要。在 18 ～ 36 个月之间开始行为治疗的 ASD 患儿，比 3 岁以后开始接受治疗的 ASD 患儿有更好的长期转归。然而，在实践中，识别 ASD 的早期症状是一个挑战。婴儿在社交和行为发展方面表现出很大的差异性。此外，ASD 的早期症状可能很微妙，很容易被忽视（Hyman, Levy, & Myers, 2020）。

大多数 ASD 患儿在 6 个月之前没有表现出明显的症状。然而，在 6 ～ 12 个月之间，最终被诊断为 ASD 的个体往往在社交技能、交流和行为方面表现出迟缓（图

6.6）。例如，与其他婴儿相比，之后被诊断为 ASD 的 9 个月大的婴儿很少跟随他人的目光、对社交游戏（例如躲猫猫）不感兴趣或不怎么用手指向有趣的物体。许多父母在孩子在 12 ～ 18 个月大，语言发展出现迟缓、假装游戏缺乏创造性时才开始担忧。在该阶段，后来被诊断为 ASD 的个体可能开始表现出重复的行为且对物体的普遍偏好超过了与人的互动。临床医生可以把这些标志看作提示需要更全面评估的信号（Lerner, Mazefsky, White, & McPartland, 2019）。

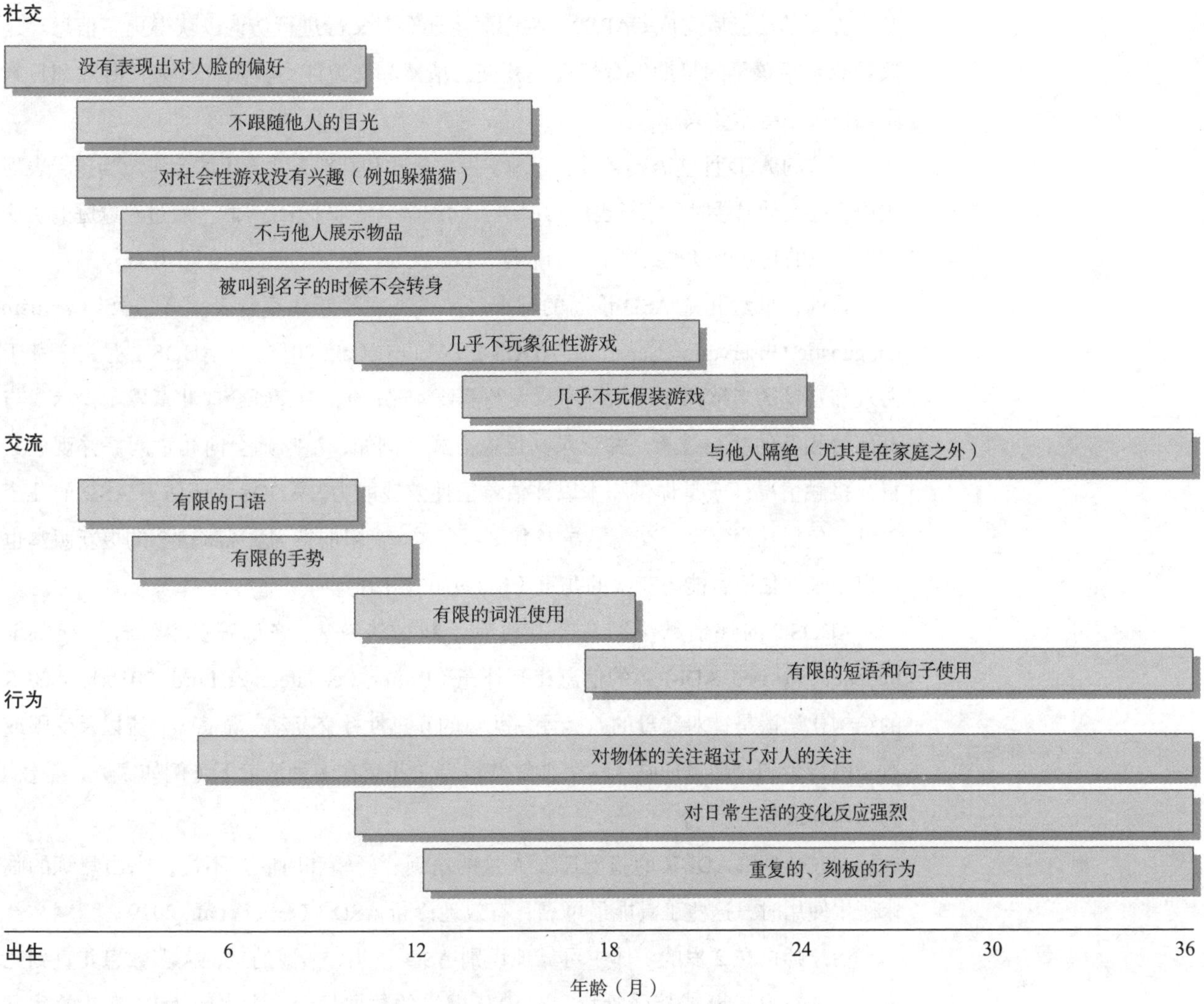

图 6.6 孤独症（自闭症）谱系障碍的早期症状

注：临床医生可以用这些特定时期的临床特征来确定个体是否存在患 ASD 或发育迟缓的风险。基于谢尔德里克及其同事（Sheldrick and colleagues, 2020）。年龄范围为近似值。

美国儿科学会建议医生定期对 18 ～ 24 个月大的所有婴幼儿进行 ASD 筛查（Hyman, Levy, & Myers, 2020）。筛查最好在常规的儿童健康检查中完成。许多儿科医生使用“幼儿自闭症修订版筛查量表（含随访）”（Modified Checklist for Autism in Toddlers, Revised with Follow-up, M-CHAT-R/F）（Robins et al., 2014）筛查 ASD 的早

期迹象。这是一份有 20 个条目的问卷。问卷是常模参照测验，这样医生就可以将父母的回答与普通孩子的父母的回答作比较。在调查问卷中得分较高的幼儿可被转介到心理学家那里进行更全面的评估。

另一种常用的筛查工具是“儿童孤独症评定量表，第二版”（Childhood Autism Rating Scale, Second Edition, CARS2; Schopler, van Bourgondien, Wellman, & Love, 2010）。CARS2 是一个有 15 个条目的量表，用于识别 ASD 患儿，并将其与其他发育障碍患儿区分开来。临床医生观察儿童在社交、情绪表达和调节、模仿和游戏等几个方面的功能后完成 CARS2。临床医生还会对父母进行访谈以获得更多信息。这些信息包括孩子的早期发育情况，社交、情感和交流能力，重复行为，游戏和日常生活以及不寻常的兴趣。

正式的 ASD 评估需要父母、心理学家、教师和其他专业人士的合作。当孩子表现出语言或运动迟缓时，家长也经常向语言病理学家或职业治疗师[1]。通过对家庭的访谈和对儿童的观察可以收集多来源的数据（Lord, Corsello, & Grzadzinski, 2015a）。

目前，低龄儿童 ASD 诊断的标准是“孤独症诊断观察量表，第二版”（Autism Diagnostic Observation Schedule, ADOS-2）（Lord et al., 2015b）。ADOS-2 是一个基于游戏和互动的半结构化评估程序，大约需要 45 分钟。治疗师会向儿童发出提示或与其年龄相符的社交线索，并记录其反应方式。例如，治疗师会向儿童问好并观察其目光接触情况，或是提供积木以评估象征性游戏能力。ADOS-2 评估了 ASD 的几个领域，包括社交互动、交流、游戏和刻板印象 / 受限的行为。ADOS-2 的更新版本也可以用来评估语言能力有限的儿童（Bal et al., 2020）。

ADOS-2 的评估结果需与《孤独症诊断访谈量表–修订版》（Autism Diagnostic Interview, Revised, ADI-R）的信息相互补充（Rutter, Lecouteur, & Lord, 2015）。ADI-R 的结构化访谈是针对父母的。能评估儿童的互惠性社交互动、语言 / 交流以及受限或重复的行为和兴趣。使临床医生能够获得有关儿童在多种情境下（例如家庭、学校）的功能和成长史信息。

ADOS-2 和 ADI-R 的施测需要大量的培训、经验和时间。不过，当由熟练的临床医生使用时，这些工具能最可靠、有效地诊断 ASD（Lerner et al., 2019）。

治疗师可在 2 岁的个体中可靠地识别 ASD 患儿。遗憾的是，大多数患儿直到儿童后期才得到诊断或接受治疗。ADDM 网络的数据显示，大多数 ASD 患儿的父母在孩子 3 岁之前就担心他们发育迟缓（图 6.7）。然而，只有 42% 的儿童在 3 岁前接受了正式的 ASD 评估，只有三分之一的儿童在 3 岁前得到了正式的 ASD 诊断。事实上，患儿首次被诊断时月龄的众数为 52 个月。考虑到早期治疗是最有效的，这种晚期诊断是很令人遗憾的（Baio et al., 2019）。

1　职业治疗师可帮助身体上、精神上，发育上有功能障碍或残疾，以致不同程度地丧失生活自理和职业能力的患者进行治疗和训练，使其恢复、改善和增强生活、学习和劳动能力。——译者注

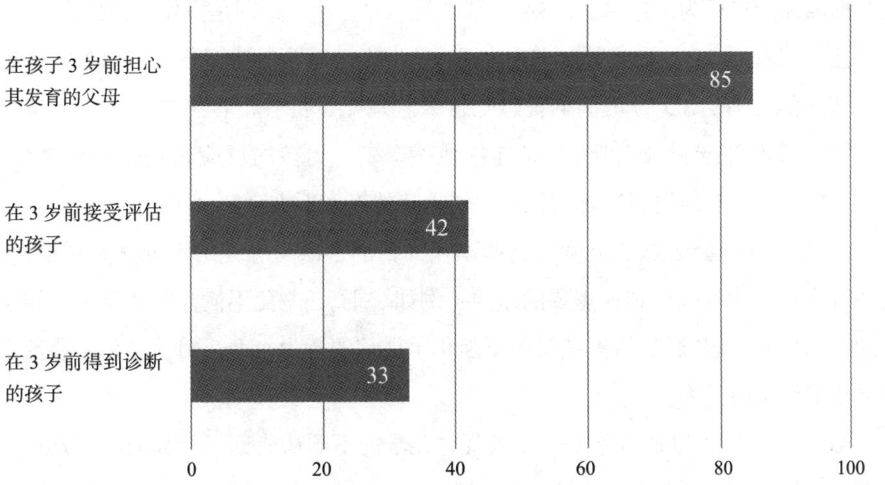

图 6.7　不同年龄 ASD 诊断百分比（%）

注：尽管 85% 的父母担心他们的孩子在 3 岁前的发育，但大多数孩子 3 岁之后才接受了正式的评估或得到了正式的诊断。基于拜欧及其同事（Baio and colleagues, 2019）。

小　结

- 虽然 ASD 的早期症状可以在 6 ～ 12 个月大的时候被观察到，但大多数父母直到孩子 12 ～ 18 个月大的时候才开始担心，因为那时他们的孩子在语言和象征性游戏方面表现出延迟。
- 美国儿科学会建议在儿童 18 ～ 24 个月大时对儿童进行 ASD 的全面筛查。
- 正式的 ASD 诊断是由一个跨学科的专业团队完成的。临床医生使用 ADOS-2 中的方法观察幼儿，用 ADI-R 对照顾者进行访谈以进行诊断。

如何使用应用行为分析治疗 ASD？

常用的治疗 ASD 患儿的社交交流和行为问题的循证方法有两种。第一种方法是应用行为分析（*applied behavior analysis, ABA*），这种方法建立在学习理论的基础上，主要依靠操作性条件作用来改善患儿的认知、语言和行为。第二种方法是发展性社交语用模型（*developmental social-pragmatic model*）。这是一种在自然环境中使用的干预方法。治疗师、家长或教师会在日常活动中着力提升儿童的共同注意和模仿技能。接下来的两节将介绍这两种治疗方法的示例（Smith & Iadarola, 2016）。

应用行为分析

ABA 是一种用以改善 ASD 患儿的社交交流和行为功能的循证疗法。ABA 治疗师对患儿的行为进行功能分析，尝试确定行为的目的，并且尝试识别和改变导致行为的前因和维持行为的后果。ABA 的基础是学习理论，特别是操作性条件作用。

让我们看看 ABA 治疗师如何对 ASD 患儿的行为进行功能分析。想象一下，一位母亲问她患有 ASD 的儿子早餐想吃什么。她儿子指着柜台上的饼干。母亲回答说："不，我们吃点燕麦片吧。"她递给他一个碗。男孩的反应是把碗扔到地板上，并一直拍手。于是他妈妈决定给他一块饼干让他安静下来。

ABA 治疗师会尝试通过确定这些动作的目的来减少患儿的不顺从和拍手行为。这些行为可以让男孩得到他想要的东西（例如饼干），避免不愉快的活动（例如吃燕麦片）。男孩的母亲通过给男孩饼干正强化了男孩的行为，而让男孩避免吃燕麦片则负强化了男孩的行为。

ABA 治疗师可以通过帮助母亲改变对儿子的不顺从或刻板行为的反应方式来进行干预。她可能会系统性地忽略孩子发脾气的行为，直到他平静下来，而不是奖励他一块饼干。这说起来容易做起来难，因为当妈妈不给饼干的时候，儿子很可能会变得焦躁不安。然而，随着时间推移，只要父母坚持不向孩子的要求妥协，计划性忽视就能逐步消退问题行为。

另一种策略是识别和改变导致孩子反抗和拍手的前因。在这种情况下，男孩要一块饼干，是因为他的妈妈问他早餐想吃什么。如果她让儿子在两种健康食品中选择一种，她可能会阻止他的不当行为（例如，问男孩"你早餐想要燕麦片还是玉米片？"），给儿子一个选择可以让他在社交互动中拥有自主权，并练习适合发展的社交交流方式。下面提供了更多的例子，说明治疗师如何帮助父母对孩子的行为进行功能分析。

从科学到实践
问题行为的功能分析

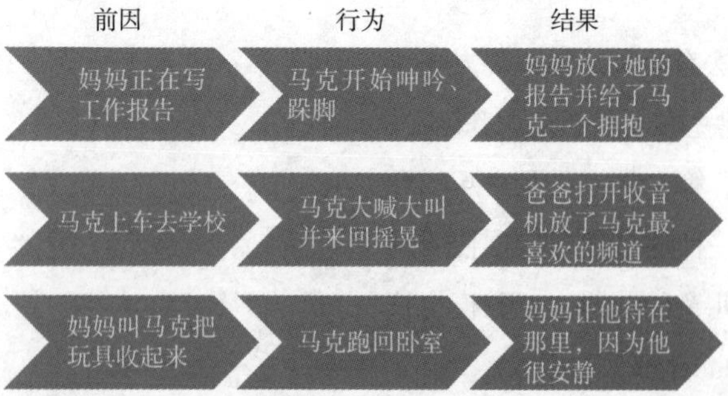

ABA 治疗师试图通过确定问题行为的前因和后果来确定问题行为的目的。三个常见的目的是：

1. 获得关注
2. 获得某物或者特权
3. 回避或逃离不愉快的情境

看看每个场景。孩子行为的目的是什么？父母如何改变行为的前因或后果来改善孩子的功能？

早期密集行为干预

早期密集行为干预（early intensive behavioral intervention, EIBI）是一种成熟的循证 ASD 疗法（Smith & Iadarola, 2016）。EIBI 是一种行为疗法，通过应用行为分析的原理，特别是操作性条件作用和观察学习，一对一地教授患儿技能。尽管有许多不同的 EIBI 程序，但它们都有几个共同的特点（Smith & Bryson, 2015）。

第一，EIBI 着眼于患儿的*外显行为*（*overt behavior*）。行为治疗师认为 ASD 是由行为的缺陷和过度构成的。缺陷包括交流和社交互动方面的问题。过度包括刻板行为和情绪爆发。治疗的目的是改善有缺陷的行为，减少过度的行为。行为治疗师并不主要关注那些不易观察到的结构，比如亲子依恋关系或者患儿整合或加工信息的方式。相反，他们关注外显行为（Miltenberger, Miller, & Zerger, 2015）。

第二，行为治疗师运用*学习理论*（*learning theory*）指导干预。他们使用示范、提示和正强化来教授患儿新的技能并塑造适当的行为。

第三，行为治疗师会去*建构环境*（*structure the child's environment*），最大限度地提高学习效率。正常发育的儿童通过观察和模仿他人、对话和探索性游戏不断地从周围环境中学习。然而，ASD 患儿在这三个方面都有缺陷，这使得他们很难像其他儿童一样学习。换句话说，ASD 患儿的能力与其所处的环境不匹配。为了弥补这种不匹配，学习经验需要被结构化，那么学习成功的可能性会提高。

治疗师使用**回合试验训练（discrete trial training）**来简化学习过程，增加技能获得的可能性。技能的学习是系统化的，治疗师选择一些合适的行为，并将各行为单元系统编排，让患儿练习，以逐渐改善患儿的功能。患儿可能学会的第一个行为是在治疗师的提示下坐下。在最初的培训课程中经常教授的另一种行为是与治疗师保持目光接触。这些行为对于习得更复杂的技能是必不可少的。

回合试验训练通常在无干扰的环境中进行。首先，治疗师要引起患儿的注意，这通常是通过口头提示（例如叫患儿的名字）或身体提示（例如轻轻摆正患儿的头）实现。然后，治疗师发出一个清晰简洁的口头命令，比如“坐下”。治疗师会组织好环境，让患儿相对容易按照指令行动，比如把椅子放在患儿身后。此外，治疗师可能会用物理方式提示（例如轻推）孩子向后并坐下。患儿顺从之后，他会立即得到正强化。强化物的选择取决于患儿。常用的方式包括抚摸、拥抱、口头表扬、微笑或食物、饮料。整个过程重复多次，提示逐渐消失。当患儿在 85% ～ 90% 的时间里成功地做出这种行为时，学习就结束了。治疗师随后会让父母在家中继续帮孩子练习这种行为（Wilczynski, McIntosh, Tullis, Cullen, & Querim, 2016）。

加利福尼亚大学洛杉矶分校儿童孤独症谱系障碍项目（UCLA Young Autism Project）是最著名的 EIBI 项目，由 O. 伊瓦尔·洛瓦斯开创（O. Ivar Lovaas）。该计划接受患有 ASD 但没有其他重大医学问题的 4 岁以下患儿。在这个项目中，患儿要参加密集行为训练。训练大约每周 40 小时，持续 3 年。项目中的每位患儿都接受单独的训练；该项目为每位患儿指派了四五名治疗师。训练通常在患儿的家中进行。

洛瓦斯的 EIBI 项目包括六个阶段。随着患儿在各个阶段的进步，他们在社交互动、语言和行为调节方面获得了更强的能力。培训的第一个目标（第一阶段）是在治疗师和患儿之间建立教学关系。此阶段几乎完全采用回合试验训练，专门用于教授儿童后续学习所需的基础技能，例如坐下和保持目光交流。一旦患儿能够接受治疗师的治疗，培训的重点就转为增加患儿的接受性词汇和提高其模仿技能（第二阶段）。患儿被教导如何服从简单的指令（例如“拿起杯子”）和区分两个指令（例如在面对杯子和蜡笔时“拿起杯子”）。患儿也被指导着去模仿治疗师的动作，如挥手或鼓掌。模仿是获得新技能或以新颖方式组合行为的最简单方法之一。在第三阶段，治疗师要增加患儿的表达性词汇。患儿会在模仿发音（例如“aaahhh”），单词、短语，简单的句子以及正确命名物体等方面被强化（Lovaas & Smith, 2003; Smith, Groen,& Wynn, 2000）。

对于那些表现出语言萌发迹象的患儿，训练的重点是提高交流技能和在社交互动中使用语言（第四阶段）。在这个阶段，患儿可能会开始去常规托儿所[1]接受教育，此举旨在提高患儿的社交能力。在第五阶段，训练的重点是同伴互动。治疗师通常在家里和学校里开展治疗，教授患儿一些技能，比如发起游戏、在课堂上寻求帮助，以及轮流。最后（第六阶段），患儿可能已经准备好进入常规幼儿园，他们的训练也将停止。这些能进入常规幼儿园的患儿往往有最好的发展结果。还有一些患儿为了习得必要的语言或社交技能，会继续上托儿所。重复上托儿所并继续表现出明显迟缓的患儿通常在其整个发展过程中需要持续的支持服务（Lovaas, 1987; Lovaas & Smith, 2003）。

许多研究检验了 EIBI 的有效性（Odom, Boyd, Hall, & Hume, 2015）。洛瓦斯（1987）评估了 59 名被转介到加利福尼亚大学洛杉矶分校儿童孤独症谱系障碍项目的患 ASD 患儿。ASD 患儿被分配到三个治疗组：（1）每周接受 40 小时训练的实验组；（2）每周接受少于 10 小时训练的对照组；（3）被转介给社区的其他专业人员进行治疗的另一个对照组。对照组中的大多数接受特殊教育。结果显示，实验组患儿在 7 岁时的 IQ 得分高于对照组患儿。此外，实验组中有 47% 的患儿被认为获得了“最佳结果”，因为他们的 IQ 得分在 85 分以上，并接受常规教育。相比之下，对照组中只有 3% 的患儿获得了“最佳结果”。追踪调查显示，患儿在学龄前的进步在 12 岁时保持不变（表 6.3）。

1 指接收2～3岁儿童的学前教育机构。——编辑注

表 6.3 早期密集行为干预的疗效

组别	平均 IQ 分数			最佳结果（%）	
	治疗前	7 岁	12 岁	7 岁	12 岁
EIBI（40 小时 / 周）	63	83	85	47	42
最小治疗（10 小时 / 周）	57	52	55	0	0
特殊教育	60	59	—	5	—

注：“最佳结果”被定义为 IQ 得分大于 85 且不需要协助就能接受常规教育。基于洛瓦斯和史密斯（Lovaas and Smith, 2003），洛瓦斯（Lovaas, 1987）和麦尔钦及其同事（McEachin and colleagues, 1993）。

几项随机对照研究将参加 EIBI 的患儿与接受社区常规治疗的患儿进行了比较。这些研究发现，与对照组相比，接受 EIBI 的患儿在运动技能、认知发展和社会功能方面有很大的改善，在适应行为方面也有中、高程度的改善（Smith & Iadarola, 2016）。这些研究结果表明，早期密集行为干预（EIBI）在改善 ASD 患儿的功能方面可能是有效的。

关键反应训练

虽然回合试验训练是有效的，但也有一定的局限性。其中一个局限性是，这样的训练可能不会增加自发的社交或语言行为。例如，一个 ASD 患儿可能会被教导说出“你好，你怎么样？”，但当把他介绍给陌生人时，他可能不会自发地问问题或与其他人接触，除非有照顾者提示。许多 ASD 患儿即使接受了许多回合试验训练，也不会有自发的社交或语言互动（Bottema-Beutel, Yoder, Woynaroski, & Sandbank, 2015）。

回合试验训练的第二个局限是使用这种方法获得的技能不会泛化到新情境和新人际互动中。例如，ASD 患儿在治疗师的提示和监护下可能会画画或涂色，但他可能很难单独发起和维持这种行为。许多通过回合试验训练学习行为的患儿可能会过度依赖他人来指导和调节他们的活动，存在自主行为能力的缺陷。

关键反应训练（pivotal response treatment）旨在提高 ASD 患儿的动机和自我调节能力（Bradshaw, Steiner, Gengoux, & Koegel, 2015）。该疗法通过教授父母一些行为干预技术，增强患儿发起社交互动和开展自主游戏的动机，进而引导父母在家庭和社区环境中运用这些技术。理想情况下，父母主导的干预模式不仅可以改善孩子的功能，而且能帮助孩子的技能泛化到治疗情境以外。

关键反应训练在几个方面不同于回合试验训练（Mohammadzaheri, Koegel, Rezaei, & Bakhshi, 2015）。第一，关键反应训练是在自然环境中进行的，特别是在社区。环境的多样性促进了技能的泛化。第二，选择社交焦点的是患儿，而非治疗师。比如，如果患儿在玩某个玩具，治疗师就顺应儿童的引导，围绕该玩具的特点展开互动。这种方法最大限度地提高了患儿的学习兴趣。第三，治疗师使用那些能与学习经验或患儿行为联系起来的自然强化物。例如，治疗师会使用与学习体验或患儿行为自然关联的强化物。比如，允许患儿玩玩具车是对说出“车”这个词的自然强化，而用食物饮料奖励说出“车”这个词则与行为无直接关联。使用自然强化物能增强患儿对行为 - 结果关系的理解，更贴近现实生活情境。最后，治疗师会强化患儿在社交或语言互动方面的尝试，而非仅对成功完成的行为进行奖励。通过强化尝试行为，患儿未来更可能主动发起新的行为。

关键反应训练也可以用来增加患儿用语言与他人交流的动机。例如，父母教孩子一些简单的问题，比如“是什么？”“在哪里？”“是谁的？”。然后，父母示范、提示，并强化患儿在自然环境中使用这些问题。随着孩子们逐渐掌握这些问题的用法，提示可能会逐渐消失。强化来自患儿与环境的互动，而不是来自父母。的确，简单的提问和言语表达可以替代功能等效的问题行为。例如，ASD 患儿可能会因他的父母没有给予他太多的关注而在吃饭时发脾气。为了纠正这些发脾气的行为，父母可以教孩子使用与这种行为功能一样的问题（例如“我做得好吗？”）或陈述（例如“跟我说话”），以更恰当的方式吸引父母的注意（Koegel, Koegel, Vernon, & Brookman-Frazee, 2018）。

父母也可以用类似的方法提高孩子的自主能力。首先，他们选择一个目标行为。例如，父母可能希望孩子能够独自玩 20 分钟，这样父母就可以做家务。然后，父母为目标行为确定一种自然的强化物。如果孩子喜欢玩玩具车，玩具车就可以成为独自玩耍的强化物。接着，父母向孩子展示恰当和不恰当的独自玩耍。例如，恰当的玩耍可能是坐在客厅里，在地板上玩汽车。不恰当的玩耍可能是离开房间，在钢琴上玩汽车，或者表现出刻板的或破坏性行为。最后，父母需教导孩子对目标行为进行自我监控。一开始，父母可以每隔几分钟问孩子：“你能安静地玩吗？”恰当的玩耍可以通过额外的玩具车来强化。最终，提示的次数和强化的时间减少，患儿能够监控和强化自己的行为。

支持关键反应训练的数据来自随机对照试验和单被试研究。总的来说，大约 80% 的研究表明患儿的社交、游戏和语言技能有了很大的提高（Bozkus-Genc & Yucesoy-Ozkan, 2016）。此外，这些获益在治疗后仍然维持了下来（Gengoux et al., 2015）。还有一些研究表明，关键反应疗法可以有效地应用于社区（Smith, Flanagan, Garon, & Bryson, 2015），而且，如果实施得当，关键反应疗法可以像传统的 EIBI 一样有效。

TEACCH

孤独症和相关交流障碍患儿的治疗和教育（Treatment and Education of Autistic and Related Communication-Handicapped Children, TEACCH）方法由贝特尔海姆的学生埃里克 · 肖普勒（Eric Schopler）开发。肖普勒不同意贝特尔海姆关于母亲的

冷漠和拒绝从而导致 ASD 的说法。肖普勒和他的同事为 ASD 患儿开发了一个可以在学校使用的综合性项目。他们的做法强调对患儿及其家庭的理解和共情（Mesibov, Howley, & Naftel,2015）。

TEACCH 在很大程度上依赖于操作性条件作用和观察学习的原理，需在专门的课堂环境中实施。治疗的重点是帮助 ASD 患儿舒适有效地适应课堂，这可以通过两种方式实现。第一，通过教授新的社交、交流和日常生活技能来扩展患儿的行为能力。第二，结构化课堂环境，以增加患儿成功地独立完成活动的可能性（Mesibov, 2019）。

TEACCH 实践者使用一种叫作**结构化教学**（**structured teaching**）的教学方法。顾名思义，该方法通过多元化的结构支持体系，帮助患儿理解和适应课堂环境。这项技术利用了**脚手架**（**scaffolding**）发展原理。就像实体的脚手架支撑一座正在建造的建筑一样，行为的脚手架引导和支持正在成长的患儿，让他通过与环境的互动学习新技能（Vygotsky, 1978）。

在课堂环境中，“脚手架”支持体系具体表现为：教室空间经过高度组织化设计，具有可预测性。治疗师可以将活动点清楚地划分、用颜色编码，并贴上标签，这样患儿就可以理解在每个位置要执行的行为。活动点也被结构化以使干扰最小化。在每个活动点，治疗师使用颜色、图片、图形和其他提示标注，以便患儿能够成功地完成活动。例如，在浴室区域，肥皂、水龙头和毛巾可能被指定为相同的颜色，以提醒患儿在洗漱时使用这三种物品。在壁橱里，患儿的外套的轮廓可能被画在挂衣架下方，以提示患儿进入教室时把外套挂起来。患儿的书桌或活动点可能会贴上他们的照片或名字（McLay, Hansen, & Carnett, 2020）。

日常活动的“脚手架”支持同样体现在视觉日程表（visual schedule）的使用中。由于许多 ASD 患儿语言能力有限，治疗师很大程度上依赖图片来组织和指导其行为。视觉时间表可能包括一系列用来概述患儿当天活动的图片（插图 6.5）。患儿可以参考一整天的视觉时间表以帮助他们在最少的协助下从一项活动过渡到下一项活动。患儿还可以通过在完成任务时检查任务表来监控日常活动的进展（Mesibov, 2019）。

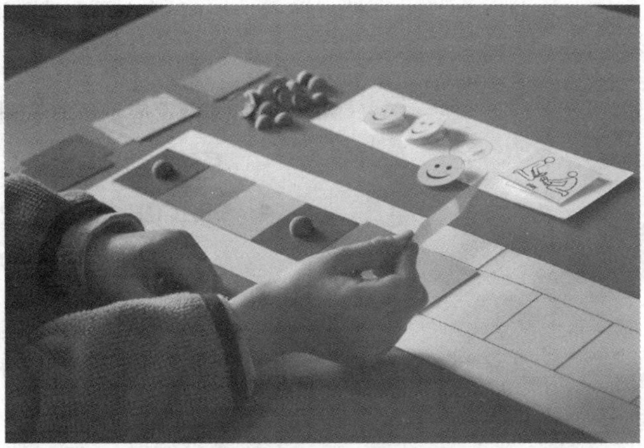

插图 6.5　在 TEACCH 教室中，每位患儿都拥有独立的活动点和可视化日程表，上面清晰列出每日活动安排。以这位患儿的日程表为例，上面显示他在完成三项图形配对任务后就可以去玩耍。

“脚手架”支持也应用于单项活动的技能教学。以教导儿童刷牙为例：治疗师避免使用言语指令，相反，他通过将活动分解成简单的小步骤，并使用视觉提示标记这些步骤来教授这项技能。刷牙所需的步骤可能会以图片的形式出现在水槽附近的卡片上。然后，治疗师清晰而缓慢地演示每一步。接下来，治疗师提供**手把手的辅助**（**hand-over-hand assistance**），帮助患儿完成每一步（也就是说，治疗师用自己的手引导儿童的手）。治疗师逐渐用手势（例如指向水龙头）或简单的口头提示（例如“关掉”）来代替他提供的身体辅助。这个练习每天重复，直到儿童能独立完成。

支架也用于改善交流。首先，治疗师教儿童将单个物体与特定活动联系起来。例如，一个勺子可能代表“吃午饭”，一卷厕纸代表“上洗手间”，一把小塑料铲代表“出去休息”。儿童学习用这些实物来表达进行相应活动的愿望。想上洗手间的儿童可能会把那卷厕纸带给教师。后来，物理对象逐渐被这些活动的更抽象的表征所取代。例如，儿童可能通过向教师展示洗手间的图片来表达上洗手间的愿望。

治疗师在课堂上使用的技巧也要教给父母，让这些技术可以推广到家里。每个家庭分配两名治疗师，其中一名主要对儿童进行治疗，而另一个则主要充当“父母顾问”。该顾问帮助父母了解 ASD 和学习与支架的基本原则。然后，治疗师教父母那些在课堂上使用的技巧，并指导他们与儿童一起练习这些技巧。顾问也可以进行家访，帮助父母以一种有组织的、可预测的方式构建他们的家（Mesibov et al., 2015）。

几个随机对照试验和准试验研究支持 TEACCH 的有效性。平均而言，参加 TEACCH 的儿童在社交方面有很大的改善，问题行为也有所减少。TEACCH 对儿童的认知能力、口语和运动功能的影响显著，但是这种显著的程度较轻（Virues-Ortega, Julio, & Pastor-Barriuso, 2013）。

小　结

- EIBI 通过回合试验训练提高 ASD 患儿的社交和语言技能。在训练有素的治疗师的指导下，EIBI 可以提高儿童 IQ、社会功能和语言能力。
- 关键反应训练是一种行为干预，照顾者使用天然的强化物增加儿童参与社交互动的动机。
- TEACCH 是一种行为课堂干预，依靠支架和高度结构化的教学环境帮助 ASD 患儿发展社交互动和基本学业技能。

我们如何使用发展性社交–语用模型来治疗 ASD？

发展性社交–语用模型

第二种治疗 ASD 患儿的循证疗法基于**发展性社交–语用**（**developmental social-pragmatic, DSP**）**模型**。DSP 模型的重点是发展 ASD 患儿和他们的照顾者之间的积极的社交互动，提高 ASD 患儿在日常活动中主动、模仿和与他人共享社交互动的程度（Binns & Cardy, 2020）。

为了达到这个目标，治疗师教授基本的社交交流技能。这些技能的发展通常在

ASD 患儿的身上有所延迟。这些技能包括共同注意、社交模仿和假装游戏治疗师试着加强婴儿、幼儿和低龄儿童的社交技能，以帮助他们赶上同龄人。理想情况下，ASD 患儿能够掌握这些社交交流的基础，并在与他人的互动中发展出更强的能力（Rogers & Vismara, 2015）。

基本的社交交流技能是由临床医生、父母或受过专门培训的教师在自然环境中教授的，并根据 ASD 患儿的发展需要进行调整（Berger & Ingersoll, 2015）。ABA 治疗师使用回合试验训练和高度结构化的活动和环境来教授技能，而使用 DSP 方法的治疗师则在照顾者与患儿的自然互动过程中教授模仿、示范和假装游戏。使用 DSP 方法的治疗师通过模仿患儿的行为、示范语言的恰当使用、鼓励患儿在越来越长的时间内保持对共同活动的注意并强化这些互动（Davlantis, Dawson, & Rogers, 2018）。

相互模仿与共同注意训练

布鲁克·英格索尔（Brooke Ingersoll, 2010b）开发了**交互模仿训练（reciprocal imitation training, RIT**），这是一种基于 DSP 的自然情境下的干预模型。RIT 旨在提高 ASD 幼儿和学龄前儿童的模仿能力。治疗师在诊所的游戏室使用 RIT。当患儿玩玩具时，治疗师用一个一模一样的玩具模仿其动作。例如，如果患儿和一只玩具狗玩耍，治疗师可能会模仿患儿的动作，让另一只玩具狗"走过"桌面。在游戏中，治疗师会通过示范与游戏相关的动作，教导患儿模仿手势。例如，如果患儿玩洋娃娃，治疗师可能会把手放在嘴唇上，做一个"嘘"的手势，就好像洋娃娃在睡觉。治疗师还鼓励患儿模仿治疗师自己的动作和手势，并对患儿在治疗过程中使用模仿的行为给出表扬。

大量证据支持 RIT 在提高 ASD 幼儿社交技能方面的有效性。例如，英格索尔（2010a）将患有 ASD 的幼儿随机分配，一部分接受 30 次 RIT，另一部分在社区接受常规治疗。治疗 10 周后，与对照组相比，接受 RIT 治疗的幼儿在对物品和手势的被引发模仿及自发模仿方面的改善程度更高（图 6.8）。还有一项随机对照试验（Ingersoll, 2012）显示，接受 RIT 治疗的儿童在治疗后的社会情感功能比对照组更好。研究者希望，通过 RIT 训练能让 ASD 患儿逐步提高自发模仿能力，并持续改善其社交沟通技能。

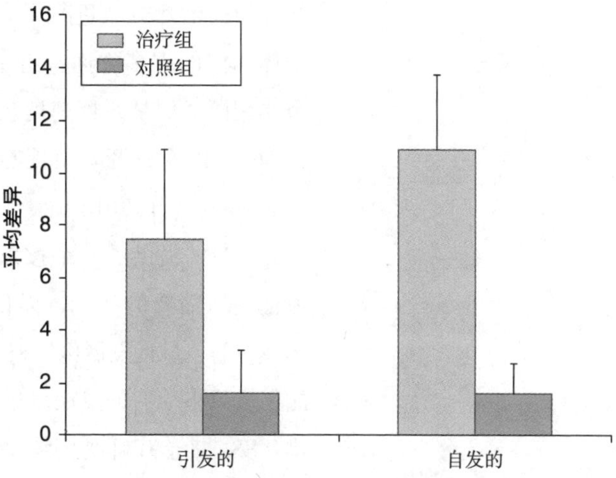

图 6.8 治疗患孤独症幼儿的相互模仿训练

注： 在 ASD 幼儿和学龄前儿童中，RIT 增加引发的和自发的模仿。随着时间推移，模仿他人的能力将帮助患儿发展更好的社交能力。数据来自英格索尔（Ingersoll, 2010a）。经允许后使用。

第二个在自然情境下针对幼儿的干预是**共同注意象征性游戏参与和调节（joint attention symbolic play engagement and regulation, JASPER**）。顾名思义，JASPER 旨在提高 3 岁至 4 岁 ASD 患儿的共同注意和象征性游戏能力（Kasari, Gulsrud, Paparella, Hellemann, &

Berry, 2015）。在最初的治疗方案中，治疗师在诊所的游戏室里教患儿共同注意和象征性游戏。一开始，治疗师使用应用行为分析的原则来提示、示范和强化被期望的行为。然后，治疗师跟随患儿的游戏活动，模仿其动作，寻找机会来示范、提示和强化共同注意和象征性游戏。

在一项评估研究中，研究人员将患有 ASD 的学龄前儿童随机分配到共同注意治疗组、象征性游戏治疗组或对照组（Kasari, Freeman, & Paparella, 2006）。治疗 6 周后，与对照组相比，治疗组的目标技能有显著提高。此外，治疗组的患儿在与父母互动时也表现出目标行为增加，这表明他们能够将这些行为泛化到新的人际互动中。卡萨里、古斯路德、弗里曼、帕帕雷拉和赫勒曼（Kasari, Gulsrud, Freeman, Paparella, and Hellemann, 2012）也研究了这些儿童的长期转归。治疗五年后，治疗组的儿童表现出比对照组儿童更好的语言技能。这些发现支持 JASPER 的短期（即提高社交技能）和长期（即提高语言）的效果。

自首次验证研究以来，JASPER 已发展出由父母（Kasari, Gulsrud, Wong, Kwon, & Locke, 2010）和教师（Lawton & Kasari, 2012）实施的操作版本。事实上，教师版的 JASPER 已成为一种一线的、以学校为基础的 ASD 患儿治疗方法（Smith & Iadarola, 2016）。JASPER 还被证明了在提高无语言的学龄前 ASD 患儿的社交技能方面的有效性（Goods, Ishijima, Chang, & Kasari, 2013）。

早期介入丹佛模式

萨莉·罗杰斯（Sally Rogers）及其同事开发了**早期介入丹佛模式**（**Early Start Denver Model, ESDM**），将发展性社交-语用疗法的自然主义风格与应用行为分析的行为导向治疗方法进行了有机整合。ESDM 治疗师认为 ASD 是一种发育障碍，对个体功能的许多方面都有不利影响。他们假设 ASD 患儿的发展顺序与无 ASD 的个体相同，但是发展速度较慢。大多数儿童在 18 ～ 24 个月大时开始玩假装游戏，在 36 ～ 48 个月开始出现心理理论，而 ASD 患儿通常要到后来才发展出这些技能（Davlantis et al., 2018）。

ESDM 提供了一个按发展顺序排列的治疗程序。在治疗中，患儿被教导并练习他们所需要的技能，以帮助他们赶上同龄人。治疗师使用维果斯基（Vygotsky, 1978）的“最近发展区”概念来选择治疗技能。“最近发展区”的理念假设个体在技能稍微超出他们的发展水平时学习得最好，也就是说，这些技能既不太容易也不太难。ESDM 治疗师会仔细评估患儿的认知、语言、社交和游戏技能，并教授超出他们目前发展水平的新技能，通过这种方式帮助患儿赶上同龄人。

ESDM 特别关注四种技能：（1）模仿；（2）社交定向；（3）共同注意；（4）积极的情感交流。回想一下，这些技能在 ASD 患儿中发展延迟。ESDM 治疗师希望，通过帮助患儿在幼儿期和学龄前发展这些技能，防止许多患有这种疾病的个体出现长期的社交、认知和行为问题（Rogers, 2017）。

ESDM 主张在儿童和成人自然的社交互动中教授技能。ESDM 认为，当成人对儿童的行为是敏感的、反应敏锐的，儿童的学习效果最好。因此，ESDM 的治疗师在游戏和其他社交活动中以患儿为主导。通过游戏情境示范新技能，当儿童在游戏中自发展现目标技能时及时给予强化，并在每个游戏环节中创造大量练习机会，直到患儿掌握该技能为止。

围绕鼓励共同注意和分享积极情绪的社交活动，ESDM 治疗师将每次的治疗结构化。这些活动旨在让患儿参与进来，激励他们与他人互动、分享积极情绪。活动包括填色或绘画、跳舞、创作音乐、看图画书、玩积木或玩乐高、吹泡泡或玩水。治疗师还让患儿做一些日常的事情，比如早上穿衣服、购物、做饭或准备睡觉。在这些活动中，治疗师鼓励他们练习适龄的目光交流、共同注意、轮流、社交交流，并根据患儿的兴趣对活动进行详细解释。

相当多的证据支持 ESDM 是一种提高 ASD 患儿认知和社会技能的方法。例如，一项随机对照研究以 2 岁 ASD 患儿为对象，比较了接受 24 个月 ESDM 干预与常规社区治疗的差异。两组患儿每周均接受约 20 小时的个体治疗（仅 ESDM 组采用该特定疗法）。2 年后，接受 ESDM 治疗的患儿在认知能力、语言表达能力和接收性语言以及日常生活技能方面都有显著提高，而对照组则没有。这些获益在治疗结束后 2 年保持不变。

有趣的是，患儿的行为和生理功能的独立评分也证明了 ESDM 的疗效。例如，根据独立心理学家的评估，许多接受 ESDM 治疗的患儿不再符合 ASD 的全部诊断标准。同样，教师观察到，接受 ESDM 的学生有更自发的社交互动和更少的社交回避。也许最令人惊讶的是，接受 ESDM 治疗的患儿在识别人脸时表现出与无 ASD 个体相似的神经活动。而接受常规治疗的患儿依然与大多数 ASD 患儿类似，像识别物体一样识别人脸。这些发现表明 ESDM 可以改善患儿的客观行为和神经功能。

ESDM 也被广泛有效地应用于各种情境。最常见的情况是，ESDM 由一个治疗师团队在临床情境下进行。不过，父母也可以接受在家中进行 ESDM 训练。此外，在特殊学前班里，ESDM 以组为单位实施。小组 ESDM 可改善患儿认知能力、语言和适应能力（Davlantis et al., 2018）。

小 结

- 发展性社交-语用疗法治疗 ASD 的重点是，在自然环境中，提高患儿共同注意、模仿和象征性（假装）游戏的能力。
- RIT 和 JASPER 是早期的干预措施，治疗师模仿并强化患儿在游戏中自发使用社交技巧。
- ESDM 通过使用根据发展顺序排列的治疗手段培养患儿的模仿、社交定向、共同注意和积极的情感交流技能。

如何提高 ASD 患儿的交流技能？

扩大性和替代性沟通

大约 25% 的 ASD 患儿在与他人交谈时有相当大的困难，这些患儿中有许多存在功能性失语。为了帮助这些患儿与他人交流，专业人士开发了**扩大性和替代性沟通（augmentative and alternative communication, AAC）系统**（Sturmey, 2014a）。

AAC 系统弥补了一些 ASD 患儿的语言缺陷，提高了他们的交流能力。AAC 系统既能作为语言能力提升过程中的过渡性辅助工具，也能作为语言功能严重缺损的永久性补充性支持手段。但需强调的是，无论何种情况，AAC 系统的定位始终是口语沟通的补充而非替代（Lynch, 2016）。所有的 AAC 系统都有四个组成部分：（1）符号；（2）辅助工具；（3）策略；（4）技术（American Speech-Language-Hearing Association, 2016）。

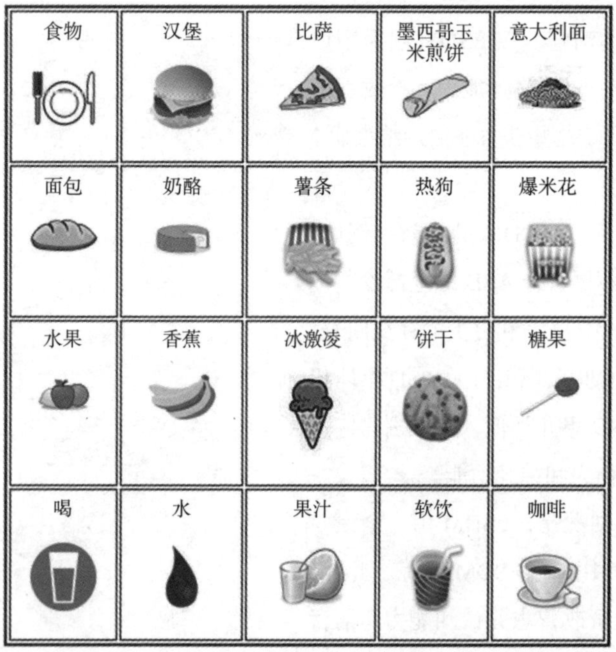

插图 6.6　儿童可以用这样一个简单的 AAC 系统来告诉父母他们午餐想吃什么。

符号（*symbol*）是用以进行交流的物体或动作的表示物（插图 6.6）。例如，一个人挥手的符号可以用来表示“你好”。符号可以是简单的（例如一个木棍的图形）或复杂的（例如一张照片）。

辅助工具（*aid*）是用来发送或接收信息的装置。有些辅助工具中使用的高科技比较少，例如包含单个图形的卡片。这些卡片用于传达重要的对象和动作。还有些辅助工具非常复杂，比如平板电脑。操作时，平板电脑会显示所需对象或动作的图片。

策略（*strategy*）是指符号和辅助工具的组织方式。例如，一些 AAC 系统依赖于颜色编码策略，其中表示相似对象或动作的符号用相同的颜色分组在一起（例如，表示“饥饿”“口渴”“洗手间”的线条图的颜色相似）。另外，高科技 AAC 系统通过预测策略来提升沟通效率。例如，电子设备可能会试着根据儿童键入的前几个字母来预测他们想要的单词或短语，就像搜索引擎一样。

技术（*technique*）是指用来交流的方法。包括指点符号、按键选择、电子扫描符号后口头确认选项等具体操作方式。

治疗师和家庭成员从各种可用的符号、辅助工具、策略和技术中进行选择，为患儿建立 AAC 系统。选择主要取决于患儿的需要和家庭的喜好。因为选择众多，我们将介绍两个最流行的系统（Lofland, 2016）。

图片交换沟通系统

图片交换沟通系统（**Picture Exchange Communication System, PECS**）是一种使用最广泛的改善语言障碍个体的交流功能的方法。PECS 是一种低技术性的 AAC 系统，它由一系列打印在卡片上的线条图或简单图片组成。这些符号表示了患儿可以呈现给照顾者以传达其需求的常见对象或动作。例如，一个洗手间的线条图可以用来表达“洗手间”的意思。随着时间推移，患儿可以学会组合卡片来提问和传达更复杂的想法（Frost & Bondy, 2002）。

使用 PECS 的临床医生利用正强化将图片符号与环境中的物体或活动联系起来。为了完成这项任务，治疗师会教患儿用一幅图片（一个物体或活动的符号）来交换想要的物品或动作（Lynch, 2016）。

训练包括 6 个阶段，可以持续几天到几周。在第一阶段，患儿学习用周围环境中常用物体的图片来交换主要强化物，比如最喜欢的食物或饮料。患儿坐在桌子旁，面对一幅 5cm × 5cm 大的画。这幅画展示周围环境中的常见对象，例如杯子。训练由 2 位治疗师共同参与。一位治疗师是患儿的交流伙伴，他让患儿给他“杯子”。第二位治疗师坐在患儿身后，用身体引导患儿拿起卡片递给第一个治疗师，然后第一位治疗师立即强化患儿的行为。这个过程重复几次，第二位治疗师逐渐减少帮助。训练会持续进行，直到患儿 80% 的时间都能独立地与提供强化者交换图片。

在患儿学会了基本的交流之后，他会发展出更复杂、更具表现力的语言技能。在第二阶段，患儿被教导通过引起成人的注意并递给他们一张图片卡来开始社交互动。在第三阶段，学习辨别图片。例如，如果给患儿看一棵树、一辆汽车和一栋房子的照片，患儿需能在听到指令后正确递出房屋图片。在第四阶段和第五阶段，学习用图片造句和回答问题。在最后阶段，患儿要扩展先前掌握的技能，用图片符号来表达更复杂的需求和愿望（Nelson, 2016）。

许多研究调查了 PECS 和其他低技术性的 AAC 系统对语言受限患儿的有效性。总的来说，这些系统对患儿的功能性交流技能产生了很大的影响。此外，通过让儿童青少年表达他们的想法和感受而不是直接行动，这些方法往往有助于减少挑战性行为（Heath, Ganz, Parker, Burke, & Ninci, 2015）。

语音生成装置

平板电脑、智能手机和其他移动触摸屏设备为 ASD 患儿及其家庭提供了新的交流选择（Durand, 2015）。许多语言能力有限的个体依赖应用程序，这些应用程序可允许患儿在设备上点击图片来传达他们的需求或分享他们的感受。一旦点击，该设备发出的语音很容易被其他人理解。常用的语音生成应用程序包括 Pic a Word、PixTalk 和 Proloquo2Go。用户可以自定义应用程序，包括经常使用的对象和地点（如铅笔，浴室）、喜爱的食物，以及家庭成员和朋友的图片。患儿还可以学习组合图片来表达更复杂的想法。例如，一个孩子想和他的弟弟约瑟夫一起玩他的火车，他可

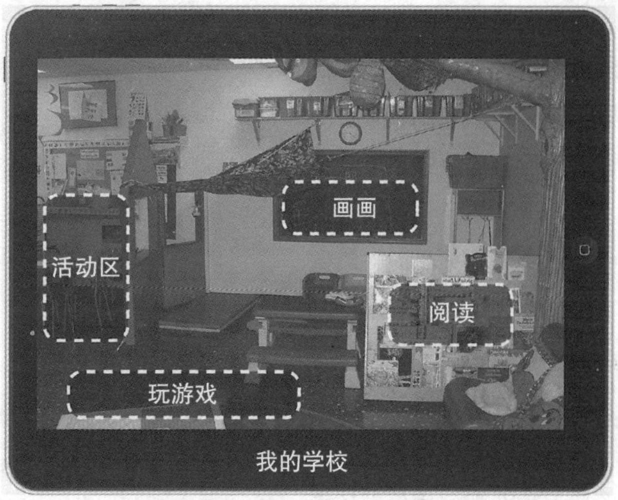

插图 6.7　视觉场景显示可以让儿童通过触摸平板电脑上的“热点”与他人交流。成人可以在学校、家或操场等公共场所拍照取景。

以选择“我想要”“约瑟夫”和“火车”的图片。

还有些患儿使用**视觉场景显示**（**visual scene display, VSD**）来增强他们的交流能力。大多数 AAC 系统按照语义组织符号（例如根据单词含义组织符号），而 VSD 是在图片所示的场景之中系统地组织符号。父母或教师使用平板电脑拍摄儿童生活中常见的场景，如卧室、厨房或学校，然后，将照片的各个区域标记为“热点”，儿童可以通过点击相应区域进行选择（插图 6.7）。点击教师的图片可能会生成“我需要帮助”的语音，而点击图片中桌子上铅笔的图像可能会生成“我想要我的铅笔”的语音。通常，平板电脑还会显示与每个指令对应的子文本。例如，当滚动铅笔的图像时，“铅笔”这个词会显示为一个弹出窗口（Lofland, 2016）。

VSD 已被证明能提高 ASD 或其他发育障碍患儿的接受性和表达性词汇以及功能性交流技能。VSD 对于那些难以使用更复杂的图片或符号的幼儿来说尤其有用。VSD 也有助于帮助患儿避免因有限的口语而产生挫败感和出现破坏性行为（Boesch, Wendt, Subramanian, & Hsu, 2013; Stephenson & Limbrick, 2015）。

小　结

- AAC 系统可以协助 ASD 患儿提高交流技能。
- PECS 是一种低技术性的 AAC 系统，在这个系统中，患儿使用代表动作、感受、想法或物体的符号或图像的卡片进行交流。
- 许多 ASD 患儿和口语发展延迟的个体使用语音生成设备或视觉场景显示系统进行人际沟通。

药物对 ASD 患儿有效吗？

基于 ABA 和 / 或 DSP 模型的心理社会干预被认为是 ASD 的一线治疗方法。这些干预措施针对的是 ASD 的核心症状，即社交问题以及受限的或重复的行为或兴趣。在许多情况下，医生用药物来减少其他可能影响心理治疗的行为问题。大约 50% 的 ASD 患儿至少服用过一种精神药物，35% 服用过两种，20% 服用过三种或更多（Nazeer & Calles, 2018）。药物治疗的目标是消除治疗的障碍，以便父母、教师和治疗师能够更有效地实施行为干预（Palumbo, Keary, & McDougle, 2019）。

ASD 患儿和智力障碍患儿经常表现出挑战性行为，如易激惹、自伤和 / 或攻击

（Machalicek et al., 2016）。理想情况下，挑战性行为可以通过功能分析来识别，并通过操作性条件作用来减少。在某些情况下，药物可以用来补充行为治疗，减少这些行为的频率或严重程度（Volkmar et al., 2014）。

美国食品药品监督管理局已经批准了将阿立哌唑和利培酮两种药物用于治疗那些有挑战性行为的 ASD 患儿。这些药物是非典型抗精神病药物，可以阻断大脑中的多巴胺受体。一些随机对照试验表明，50% ～ 70% 的 ASD 患儿在服用这些药物后挑战性行为减少，而服用安慰剂的患儿相应行为减少比例为 12% ～ 35%。这些药物最常见的副作用是体重增加和白天嗜睡。抗精神病药物也可以引起一种称为代谢综合征（metabolic syndrome）的少见情况，其特征是血压、血脂水平和糖代谢的变化。因此，患儿必须在医生的监控之下服用这些药物（Palumbo et al., 2019）。

大约有 20% 的 ASD 患儿接受治疗 ADHD 的药物治疗。一些随机对照研究表明兴奋剂药物盐酸哌甲酯可减少 ASD 患儿在家和学校的多动和注意力不集中情况。最近的研究也显示非兴奋剂药物托莫西汀是有效的。药物副作用包括失眠和食欲抑制（特别是兴奋剂药物）和胃肠道问题（Nazeer & Calles, 2018）。

多达 80% 的 ASD 患儿都有睡眠问题。睡眠问题可能是由儿童对刺激的超敏、共病 ADHD 或药物的作用引起的。因为没有药物被批准用于治疗 ASD 患儿的睡眠问题，所以行为干预还是一线治疗方法（见第十六章）。不过，一些医生会开褪黑素来缓解患者的失眠现象。褪黑素是一种自然产生的激素，可以调节身体的睡眠觉醒周期。合成的褪黑素可以作为膳食补充剂。褪黑素已经被证明可以帮助 ASD 患儿更快地入睡，更长时间地睡眠（Greydanus, Kaplan, & Patel, 2015）。

小　结

- ASD 患儿通常需要药物治疗，以应对挑战性行为和共病的精神健康问题。
- 美国食品药品监督管理局已经批准了将阿立哌唑和利培酮两种药物用于治疗 ASD 患儿。这些药物可以减少 50% ～ 70% 的挑战性行为。
- 用于治疗 ADHD 的药物能有效地减少 ASD 患儿的多动-冲动和注意力不集中。

哪些干预措施的科学支持有限?

许多照顾者使用无科学证据支持的治疗来帮助 ASD 患儿。有很多治疗方法缺乏实证支持，还有些专家称孤独症是“21 世纪的时尚磁铁”（Metz, Mulick, & Butter, 2016）。那些无实证支持的疗法旨在提高 ASD 患儿社交技能（例如“拥抱疗法”和“宠物疗法”）、交流技巧（例如“辅助交流”）、情感和行为功能（例如“艺术 / 音乐疗法”）和感觉运动功能（例如“娥兰镜片”）。例如，听觉统合训练的基础是认为

ASD 患者的听力极其敏感，他们的症状是由听觉不适引起的。在这种疗法中，ASD 患儿通过用耳机聆听专门的音乐和其他声音录音来接受听觉训练。尽管听觉统合训练很受欢迎，但很少有研究证明它能减少孤独症的症状和体征（Sinha, Silove, Hayen, & Williams, 2011）。

其他看似有医学基础，但缺乏实证支持的治疗方法可能对 ASD 患儿有害（Lilienfeld, 2018）。这些治疗包括在高压室中呼吸浓氧（即高压氧疗法）、注射猪源性激素（即分泌素疗法）、用化学方法从血液中除汞（即螯合疗法）和特殊饮食（即不含麸质或酪蛋白的食物）。这些所谓的治疗使 ASD 患儿面临癫痫发作、感染、肝肾损害和营养缺乏的风险。然而，有 50% ～ 75% 的 ASD 患儿家庭尝试过这样的缺少证据支持的疗法（Locke et al., 2018）。

至少有 3 个原因导致患儿父母选择实证支持有限的治疗方法（Metz et al., 2016）。首先，许多父母不了解与 ASD 治疗有关的科学数据。大多数父母没有机会接触到声誉良好的期刊和专业新闻。即使他们能够接触到这些信息，已发表的实证研究也往往难以阅读和评估。因此，大多数父母可能会依赖非专业人士或善意朋友的建议，而这些建议可能并无科学依据。

其次，大多数父母向社区的治疗师寻求帮助，但孩子的情况没有好转。不幸的是，许多从业者并不使用诸如 EIBI 或 ESDM 的循证治疗方法。这些从业者可能无法提供密集的、高度结构化的服务，因此不能为 ASD 患儿带来最好的结果。那些尝试过这些不太理想的干预措施并且发现效果有限的父母可能会转向其他支持较少的疗法，寄希望于这些疗法能够帮助他们的孩子。

最后，这些伪科学“疗法”具有诱人的吸引力（Lilienfeld, 2018）。例如，一种越来越流行的干预措施是“马辅助疗法”，即让 ASD 患儿或其他障碍患儿与马互动。一些从业者声称他们的治疗可以治愈从感觉缺陷和身体健康问题到孤独症和创伤后应激障碍的任何疾病。关于这种疗法有效性的科学文献存在局限，因为那些研究的样本量小、缺乏合适的对照组，而且往往倾向于依靠父母对患儿功能的看法评估治疗效果（Jenkins & DiGennaro, 2014; Peters & Wood, 2018）。然而，该疗法支持者提出了广泛的、无支持的主张，例如“比起传统的临床方法，马辅助疗法往往有助于来访者改变并且更有效、更快地进步”（EAGALA, 2016）。

养育一个患有孤独症的孩子是挑战性的。临床医生必须关注照顾者在促进患儿成长的过程中所经历的压力。然而，正如下文所述，抚养患有孤独症的孩子也可以丰富照顾者和家庭的生活。

从科学到实践

ASD 是如何影响你的生活的？

研究人员对 500 名 ASD 患儿的父母进行了访谈，询问他们的孩子的状况如何影响他们的生活和家庭。以下是父母们最常见的回答：

积极的	消极的
1. 丰富我们的生活	1. 增加了养育压力
2. 教会我们耐心、忍耐、同情	2. 使我们的婚姻 / 关系紧张
3. 帮我们欣赏生活并且放慢脚步	3. 孩子的兄弟姐妹感到被忽视或尴尬
4. 家庭成员更依赖彼此	4. 限制了家庭活动
5. 孩子的兄弟姐妹更有责任感	5. 家庭经济压力大

许多回答是积极的：

我儿子丰富了我的生活，真是难以置信。我在关于如何充实生活，关于上帝和人性，关于爱的方面学到了很多。尽管生活不易，但我不会用任何东西来交换这段经历。

养育 ASD 患儿也会令父母感到压力。很多回答都包含了消极内容，比如：

我的生活很封闭。没有多少人能和我儿子相处融洽。因为人群和噪声，很多地方我都不能带他去，所以我们花很多时间在家或和他的祖父母在一起。这确实限制了我们家的很多事情。

大多数人的回答是苦乐参半的。虽然照顾 ASD 患儿是一种挑战，但大多数父母也把孩子看作是生活中的福气。

他让我们“看到光明”并重新确定生活的优先级。我们过去认为重要的事情现在不再重要了。我们的目标不再是工作。我们更享受生活。我们最优先考虑的是快乐，享受乐趣，尽一切努力确保他有一天会成为一个快乐和自给自足的大人。

注：来自 Myers, Mackintosh, and Goin-Kochel, 2009。

为了帮助父母和从业者确定 ASD 的循证干预措施，临床儿童与青少年心理学协会建立了一个网站（effectivechildtherapy.org），该网站以最全面的实证支持来详细介绍治疗方案。此外，美国孤独症谱系障碍国家专业发展中心（National Professional Development Center on Autism Spectrum Disorders, 2020）确定了 ASD 循证治疗的六个组成部分，这些最有可能给患儿和家庭带来益处：

1. 有效的治疗包括*早期识别和干预*。3 岁前开始治疗会有最好的转归。社区中的婴幼儿和学龄前儿童应定期进行 ASD 筛查，以确定障碍的存在并尽早干预。
2. 治疗必须是*密集*治疗。治疗结果最好的儿童是全年都参加全日制教育性治疗的。一些研究表明治疗具有剂量效应，即接受全日制治疗的儿童比接受不太密集治疗的儿童表现出更大的改善。委员会建议每周教学时间为至少 25 小时，且需全年持续进行。
3. 治疗必须包括*重复的、有计划的和结构化的学习机会*。学习机会的例子包括回合试验训练、关键反应训练或结构化教学。无论采用哪种方法，训练都应适合儿童的需要。
4. 干预方案应保持较低的师生【较低的师生配比 是楷体】配比。最理想的教学模式是采用 1 ： 1 的个别化指导。针对低龄幼儿的干预项目，每位治疗师对应的患儿不应超过两名。为保持治疗的一致性，原则上每位患儿应由固定的治疗师持续负责。
5. 在孩子的治疗中*父母必须积极主动*。在治疗中，父母的参与与孩子的转归密切相关。父母在项目中的参与促进了儿童技能从学校到家庭的泛化，并为儿童提供了更多的机会在不同环境中实践技能。
6. 项目必须在治疗方面*监控进展*，并调整干预策略，以满足患儿的需要和发展技能。没有两个 ASD 患儿是一样的。因此，并非所有的 ASD 患儿都会对任意一种干预措施有反应。干预策略需要针对某一特定的儿童，并在治疗过程中加以修改，以便产生最大的效益。

小　结

- 许多流行的治疗 ASD 的方法（例如感觉统合训练或动物辅助治疗）的科学支持有限。
- 一些未经证实的药物治疗，如特殊饮食或螯合疗法，可能对患儿有害。
- 临床儿童与青少年心理学协会的一个网站（effectivechildtherapy.org）介绍了 ASD 患儿及其家庭的循证治疗方案。

关键术语

扩大性和替代性沟通（augmentative and alternative communication, AAC）系统：一种在 ASD 患儿习得口语时用于补充交流技能的或用于补充无语言患儿的口语能力的技术。

孤独症和发育障碍监测（Autism and Developmental Disabilities Monitoring, ADDM）网络：由美国疾病控制与预防中心资助的一组项目，利用医疗和教育记录估计美国 ASD 患儿的数量。

ASD 基因组计划（Autism Genome Project）：一个由 19 个不同国家的研究人员组成的公共 / 私人合作组织，正在调查 ASD 的遗传原因。

孤独症（自闭症）谱系障碍（autism spectrum disorder, ASD）：DSM-5 中的一种障碍，其特征是持续存在社交互动中的缺陷，以及存在受限的、重复的行为、兴趣和活动模式，并导致社会功能的严重损害。

发展性社交-语用（developmental social-pragmatic, DSP）模型：一种治疗 ASD 患儿的循证疗法，鼓励在日常环境中进行模仿、假装游戏和自发的社交互动。

回合试验训练（discrete trial training）：一种教授患儿技能的行为技术。在这种训练中，每一项技能都被分解成不同的部分，每一部分都被系统地引入、模仿、实践和强化，多个部分组合起来可以产生更复杂的行为。

早期密集行为干预（early intensive behavioral intervention, EIBI）：一种针对 ASD 的行为治疗方法，使用密集的直接指导来教授和强化社交和语言技能。

早期介入丹佛模式（Early Start Denver Model, ESDM）：一种治疗 ASD 患儿的发展性社交-语用方法。该方法在教授儿童模仿、社交定向、共同注意和积极的情感交流方面的技能，治疗根据发展顺序编排。

模仿言语（echolalia）：对他人说的单词或者声音的重复。

共情（empathy）：理解他人的想法、意图和感受的能力。

错误信念任务（false belief task）：一种用于测量心理理论的实验室任务。

发育失调假说（growth dysregulation hypothesis）：ASD 患儿在儿童早期表现出大脑皮层异常成熟、头围大、突触密度高，但神经连通性（特别是在负责社交和语言的脑区）较差的假设。

手把手的帮助（hand-over-hand assistance）：一种帮助 ASD 患儿习得新技能的“脚手架”技术，使用这种技术的治疗师手把手引导儿童。

共同注意（joint attention）：孩子与照料者分享对外界某一物体或事件注意力的能力。ASD 患儿的共同注意能力常有延迟。

共同注意象征性游戏参与和调节（joint attention symbolic play engagement and regulation, JASPER）：一项针对处于 ASD 风险中的个体进行的干预。治疗师在自然发生的互动中强化共同注意和象征性游戏。

MSSNG：涉及 10 000 名 ASD 患者基因图谱的项目，其目的是确定这种障碍的遗传风险因素。

图片交换沟通系统（Picture Exchange Communication System, PECS）：一种低技术性的 AAC，儿童通过指向或交换带有代表动作、感觉、想法或物体的符号或图片的卡片进行交流。

关键反应训练（pivotal response treatment）：一种通常由父母在自然环境中进行的行为干预，旨在提高 ASD 患儿的动机和自我调节能力。

语用（pragmatics）：在特定的社会环境中使用语言，特别是在谈话中自然的一来一回，以及用适当的背景信息讲连贯的故事的能力。

代词颠倒（pronoun reversal）：ASD 患儿在表达“我很高兴”时，往往会说“你很高兴”。

韵律（prosody）：个体讲话中的重音或语调模式。

交互模仿训练（reciprocal imitation training, RIT）：一种针对具有患 ASD 风险的幼儿进行的干预，通过模仿和自然强化来教授模仿技巧。

受限的、重复的行为、兴趣或行为的模式（restricted, repetitive patterns of behavior, interests, or activities）：所有 ASD 患儿都表现出的问题，特征为：（1）刻板的或重复的行为，（2）过分坚持常规或抗拒改变，（3）受限的、固定的兴趣，（4）对感官输入的不寻常反应。

右侧梭状回（right fusiform gyrus）：负责处理人脸和解释社会行为的脑区。ASD 患儿的这个部分经常激活不足。

脚手架（scaffolding）：维果斯基所使用的一个术语，用来描述为帮助儿童和青少年在与环境互动时学习新技能而提供的指导和支持。

社交交流（social communication）：所有 ASD 患儿都在此方面具有缺陷，出现的问题包括：（1）社会情感互惠；（2）非语言交流；（3）人际关系。

社会脑（social brain）：一些研究者用来解释参与社会认知和交流的神经通路的术语。社会大脑包括杏仁核、右侧梭状回和部分前额叶皮质。

社交定向（social orientation）：关注人际交往的重要层面并与之互动的能力（例如眼睛、面孔、情感表达、人际互动）。ASD 患儿的社交定向能力常有延迟。

结构化教学（structured teaching）：TEACCH 的一个组成部分，利用建构和支持帮助儿童理解和掌握课堂环境。

象征性游戏（symbolic play）：用一个物体代表另一个物体的能力。象征性游戏对语言习得很重要。ASD 患儿在这方面常有延迟。

心理理论（theory of mind）：将人类行为归因于内在心理状态（如想法、信念、意图等）的认知能力；ASD 患儿在这方面常有缺陷。

孤独症和相关交流障碍儿童的治疗和教育（Treatment and Education of Autistic and Related Communication-Handicapped Children, TEACCH）：一项以课堂为基础的

干预，依靠高度结构化的教学环境和支架来改善 ASD 患儿的社交交流和减少挑战性行为。

加利福尼亚大学洛杉矶分校儿童孤独症谱系障碍项目（UCLA Young Autism Project）：洛瓦斯及其同事进行的一项 EIBI 研究，该研究对不会说话的 ASD 患儿进行回合试验训练。该项目中的被试表现出 IQ 和语言能力的提高。

视觉场景显示（visual scene display, VSD）：一种高科技的 AAC 系统；儿童通过在描述日常场景的平板电脑上点击图片（例如卧室、厨房、学校的图片）来交流和发展语言技能。

视觉日程表（visual schedule）：一种包含图片和符号的图表，用来组织和指导儿童在家里或学校的日常行为。

批判性思维练习

1. 当专业人士称孤独症存在于“谱系”中时，这意味着什么？

2. 大多数父母都记得他们患 ASD 的孩子在婴幼儿期表现出了社交和行为方面的问题。然而，在大多数情况下，ASD 直到 3 岁以后才被诊断出来。为什么？

3. 解释回合试验训练的概念。治疗师如何使用回合试验训练来教 ASD 患儿和智力障碍识别一分钱、一角钱和一元钱？

4. 假设你是三年级的教师，你已经了解到一个患有 ASD 和智力障碍男生将在两周后转学来到你的班级。你会怎样跟你班上的其他同学说明情况，让他们为与新同学的互动做好准备？

5. 你的邻居有个患 ASD 的儿子。她正在考虑坐飞机带儿子去某地，参加一个为期一周的感觉统合治疗项目。该项目有望改善她儿子的社交功能。你怎么看邻居的计划？

第七章

交流和学习障碍

COMMUNICATION AND LEARNING DISORDERS

学习目标

阅读本章后，你应该能够做到以下几点：

7.1 描述儿童与青少年交流障碍的主要特征。

确认交流障碍的主要原因以及对应的循证治疗。

7.2 区分特定学习障碍和特定学习能力欠缺。

说明学习障碍和学习能力欠缺是如何在学龄儿童中识别出来的。

举例说明针对学龄儿童的阅读、写作或数学缺陷的循证治疗方法。

7.1 交流障碍

交流和学习缺陷是最常见、最容易被忽视的神经发育障碍（Norbury & Paul, 2018; Snowling & Hulme, 2018）。虽然大多数人都熟悉唐氏综合征和孤独症谱系障碍，但相对而言，很少有人听说过语言障碍，也很少有人知道学习障碍的病因。在个体的早期障碍中，这些障碍没有得到应有的注意，但大约 15% 的儿童与青少年患有一种或多种此类障碍。此外，纵向研究表明，这些障碍可能导致儿童青少年的学业成就、行为和社会功能方面出现短期和长期问题（Cortiella & Horowitz, 2014）。

什么是语言障碍？

描　述

语言（language）是指信念、知识和技能的交流，在这种交流中，信念、知识和技能被体验、表达和分享。它涉及根据由个体文化所决定的一套规则系统对听觉或视觉符号的复杂操纵和组织。语言可以是口语、手势或书面语。在美国，有

600 万～ 800 万人有某种形式的语言损害。这种语言损害妨碍了他们与他人交流的能力（Angell, 2009）。

当儿童在语言习得和使用过程中由于理解或生成方面的障碍而表现出明显的问题时，他就被诊断为**语言障碍**（**language disorder**）。患有语言障碍的儿童在使用语法或句子结构方面有困难，或者在分享思想和情感方面有更普遍的问题。根据定义，语言障碍不能被智力障碍（intellectual disability, ID）或诸如听力丧失的身体残疾所解释（表 7.1）（American Psychiatric Association, 2013）。

表 7.1 语言障碍诊断标准

A. 由于语言的综合理解或生成方面的缺陷，导致长期在各种形式的语言习得和使用中存在持续困难（即说、写、手语或其他），包括下列情况： 1. 词汇量减少（词汇的知识和运用）。 2. 句式结构局限（根据语法和词态学规则，把字和词连在一起形成句子的能力）。 3. 表述缺陷（使用词汇和句子来解释或描述一个主题或一系列事件或对话的能力）。
B. 语言能力显著地、可量化地低于年龄预期，导致在有效交流、社交参与、学业成绩或职业表现方面出现功能受限，这些情况可单独出现或任意组合出现。
C. 症状发生于发育早期。
D. 这些困难并非由于听觉或其他感觉的损伤、运动功能失调、其他躯体疾病或神经系统疾病所致，也不能用智力障碍或全面发育迟缓来更好地解释。

DSM-5 没有明确规定语言障碍应该如何被评估和鉴定（American Psychiatric Association, 2013）。然而，在实践中，语言障碍通常在幼儿和学龄前儿童被诊断，他们在标准化语言测试中的语言分数低于平均值 1.25 个标准差以上（例如小于 80 分），非言语智商分数在平均范围内（例如大于 85 分），其他方面看起来很健康。因此，患有语言障碍的个体在语言技能方面表现出有特定的损害。他们不像智力障碍或全面发育迟缓患儿一样表现出认知功能低下或许多适应技能的延迟。

语言障碍患儿在接受性语言、表达性语言或这两个方面出现问题。**接受性语言**（**receptive language**）是倾听和理解交流的能力。评估接受性语言能力的一个测验是皮博迪图片词汇测验第五版（Peabody Picture Vocabulary Test, Fifth Edition）。在这个测验中，心理学家向儿童展示 4 张图片，并让儿童指出表达特定单词或含义的图片。这项测验评估接受性词汇，因为儿童是通过指认图片来表示理解的，而不是通过说或写。相反，**表达性语言**（**expressive language**）指的是与他人分享信念、知识和技能的能力。评估表达性语言能力的一个测验是表达性单词图片词汇测验（第四版）（Expressive One-Word Picture Vocabulary Test, Fourth Edition）。在这个测验中，心理学家向儿童展示一张图片，并让儿童说出它的名称（Shipley & McAfee, 2015）。

语言障碍的特点是语言或技能获得的全面延迟。这一诊断起到了“示警”的作用，提示专业人士要监测儿童的语言发育，必要时要及早干预，防止更严重的语言缺陷出现。通常，专业人士会标明儿童表现出的语言问题类型：（1）语言迟缓或（2）特定语言障碍。

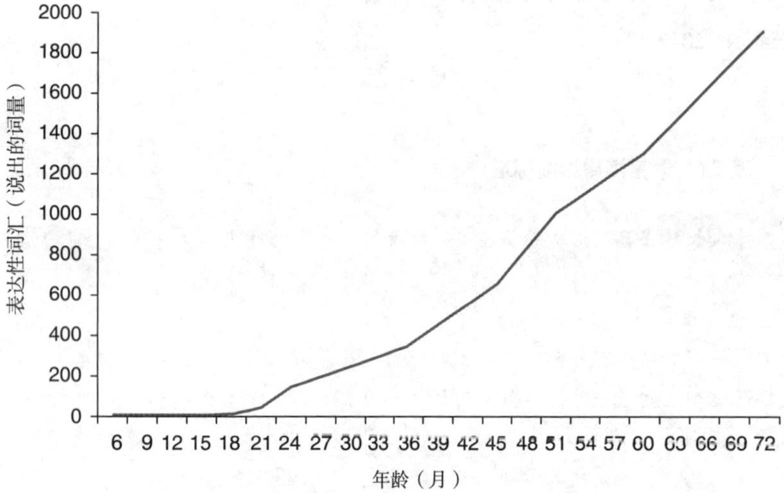

图 7.1　幼儿的表达性词汇应随时间迅速增加

注：大多数儿童在 18 ～ 36 个月大的时候词汇量迅速增加。而语言迟缓的儿童则不然。数据基于美国国家儿童健康与人类发展研究所（National Institute of Child Health and Human Development, 2020）。

语言迟缓

语言迟缓（late language emergence）是一种语言问题，其特征是接受性或表达性语言出现明显延迟。如果一个儿童在 18 ～ 36 个月大时在理解语言或说话方面表现出明显的延迟（图 7.1），他通常会被诊断为语言迟缓。例如，一个 24 个月大的儿童不能遵循简单的指示（例如“捡起东西”）或者一个 36 个月大的儿童不能将单词组合成简单的句子（例如“给我洋娃娃”），他们就可能存在语言迟缓。

语言迟缓是一种很重要的指标，因为它可能代表了更严重的语言问题或是 ASD 的早期表现。因此，需要关注那些被诊断为存在语言迟缓的个体，并在适当情况下接受早期干预，以提高语言技能（MacWhinney & William, 2015）。以患有以语言迟缓为特点的语言障碍的科迪为例。

案例研究
语言障碍（语言迟缓）

科迪的语言习得问题

科迪是一个身体健康的 26 个月大的男孩。由于语言障碍，他的儿科医生把他送到了我们的诊所。科迪的母亲报告说，他只能说清楚几个词，例如妈妈、爸爸和杯子。他通常通过手势和哭来交流。体检显示科迪很健康，他的头围和体重都在正常范围内。他的视力和听力都没有问题，运动和社交技能也符合他这个年龄的正常水平。

我们诊所的一位心理学家测试了科迪的认知功能和语言技能。虽然他的流体 IQ 得分在平均范围内（101 分），但是他的言语 IQ 得分表现出明显延迟（75 分）。科迪的语言接受能力大约比同龄人低 1 个标准差。例如，他能够按照简单的一个词语的命令来操作，但在让他指出一个常见物体的图片时，他很难做到。科迪的语言表达能力也有所延迟。他的词汇量只有大约 20 个词语，这些词语中大部分都是有功能的（例如，上、多、妈妈）。他不会把两个词语组合成简单的句子。

“我不确定科迪是真的有语言问题，还是说他只是个晚熟的孩子，”科迪的母亲说，“我本想再给他几个月的时间来赶上其他孩子，但他的医生建议我马上给他做检查。”

语言习得的长期延迟可能是更普遍的神经发育问题的标志。布施曼、约斯和鲁普（Buschmann, Jooss, and Rupp, 2008）一个 24 月龄幼儿大样本进行了评估，发现约 22% 的幼儿至少存在一项其他发展领域延迟。例如，12% 的患儿表现出低于平均水平的非语言认知功能，例如科迪；6% 的患儿表现出明显的非言语智力缺陷；4% 的患儿符合 ASD 的诊断标准。尽管大多数语言迟缓个体最终的语言能力会发展得跟同龄人相似，但其中相当一部分个体有潜在的需要治疗的严重发育迟缓（Pierce, 2015）。

特定语言障碍

虽然大多数有语言迟缓的儿童可以赶上同龄人，但 25% ～ 40% 的儿童在语言方面出现了更严重的问题（Kaderavek, 2015）。**特定语言障碍**（**specific language impairment, SLI**）是一种语言障碍，其特征是明显的、不能用智力障碍或其他医学或精神疾病来解释的语言缺陷（MacWhinney & William, 2015）。

SLI 通常在学龄前或上幼儿园期间被诊断。在这一时期，SLI 患儿的语言技能落后于同龄人。总的来说，他们的语言简短、简单，充满了幼儿特有的错误。像没有语言问题的低龄儿童，患 SLI 的大龄儿童以大致相同的顺序犯同样的语言错误。例如，一个七八岁的 SLI 患儿说话就像一个正常发育的三四岁的学龄前儿童（Cupples, 2011）。以贝尔纳黛特为例，她患有以 SLI 为特征的语言障碍。

案例研究

语言障碍（特定语言障碍）

贝尔纳黛特的表达问题

贝尔纳黛特是一个 5 岁的女孩，由于缺乏表达性语言，她的父母把她送到了我们的诊所。她有语言迟缓史，直到 24 个月大才开始说话，前一年才开始使用两三个单词组成的短句。儿科医生最初怀疑贝尔纳黛特有智力障碍。然而，她的非语言智力和适应能力处于同龄女孩的平均水平范围内。事实上，贝尔纳黛特是一个友好、外向的女孩，她主要的问题是难以表达自己。

我们诊所的语言病理学家给贝尔纳黛特看了一系列照片，让她讲一个故事。对话如下：

治　疗　师：这是第一张图片，能告诉我这张图片中发生了什么事情吗？
贝尔纳黛特：（指着照片中的女孩）她是谁？
治　疗　师：她叫莎莉。
贝尔纳黛特：莎莉。她去购物了。莎莉拿着（长时间停顿）……包和（停顿）……
治　疗　师：她拿着什么？
贝尔纳黛特：我不知道。
治　疗　师：好的。让我们试试下一张照片。这张照片里发生了什么事情呢？
贝尔纳黛特：她走进了房子。莎莉。她和妈妈一起吃东西。
治　疗　师：他们吃了什么？
贝尔纳黛特：她吃苹果。她吃……（停顿）我不知道。
治　疗　师：看起来他们吃了一个苹果和一些葡萄。
贝尔纳黛特：（微笑）是的。

贝尔纳黛特的母亲说她的记忆力可能有问题："她经常记不起物体的名称。"治疗师回答说："这是有可能的。我需要更彻底地进行评估才能确定她的情况。但我认为她的主要困难是表达性语言。幸运的是，我们可以做一些事情来帮助贝尔纳黛特更好地表达自己。"

SLI 患儿通常在语言的四个方面有问题：（1）语音；（2）词法；（3）语法；（4）语义（Brookshire & McNeil, 2014）。

音系（phonology）涉及一种语言的声音和组合这些声音的规则。英语有 42 个基本发音（音素）。个体习得语言的过程中，通常会在语音加工和发音上出现某些错误。例如，3 岁的儿童把 elephant 说成 ephant，把 spaghetti 说成 sghetti 是很常见的。然而，SLI 患儿在上学早期常常会继续犯这些特征性的语音错误。

SLI 儿童通常缺乏**音素意识（phonemic awareness）**，即听、识别和操控这些声音的能力。例如，将单词 cat 分成 /k/、/a/ 和 /t/ 三个音素需要音素意识。在调换、替换或错读字音时，SLI 患儿表现出音素意识问题。例如，他们可能用 ting 代替 thing，用 tu 代替 zoo，用 dob 代替 job。正如我们将看到的，缺乏音素意识是交流和学习障碍的基础。

词法（morphology）研究词汇的内部结构，即词汇如何由音位构建而成（Pindzola, Plexico, & Haynes, 2015）。语素是语言中具有意义的最小单位。有些语素是“自由”的，也就是说，它们本身就有意义，可以充当一个完整的词（例如 tie、walk、dog）。有些语素是“粘着”的，也就是说，它们只有在与其他语素结合时才具有意义，例如前缀或后缀（untie 中的 un）、词尾（walked 中的 ed）或复数（dogs 中的 s）。

正常发育的儿童在掌握词法时遵循相对一致的模式。例如，使用 ing 结尾（swim*ing*）和某些介词（*in* the box）通常先被掌握。后来，开始掌握复数结尾的 s（例如，hat*s*）、所有格结尾的 s（例如，Mommy'*s* hat）和不可缩写的系动词（She *is* my mom, I *am* her son）。最后掌握的一些语素包括过去式结尾的 ed（walk*ed*），第一人称单数 s 结尾（bird chirp*s*），以及不可缩写的助动词 be 后跟动词（She *is* playing）。

SLI 患儿在语素习得方面表现出显著缺陷，尤其是在发育后期学习的词法（表 7.2）。例如，许多 SLI 患儿会省略过去式。他们可能会说“I walk to school.”而不是“I walked to school.”。另一个常见的错误是省略第三人称单数结尾的“s”，例如，他们会说“My friend walk with me.”而不是“My friend walks with me.”。第三个常见的错误涉及 *be* 动词的变形困难，例如，患儿会说“Mommy bes nice.”而不是“Mommy is nice.”。尽管从发展的角度来看，这些错误在 2 ～ 3 岁的儿童中是正常的，但 SLI 患儿在上托儿所和幼儿园的时期仍然会犯这些错误（Pindzola et al., 2015）。

表 7.2　特殊型语言障碍个体常表现的词法和语法错误

错误	例子（括号中为正确形式）
一般过去式（ed）使用错误	He push him. （He pushed him.）
所有格与动词现在时态（ing）使用错误	Cat eat him food. （The cat is eating his food.）
复数（s）使用错误	Me got two toy. （I have two toys.）
所有格（s/'s）使用错误	That mommy hat. （That is Mommy's hat.）
简单代词使用错误	He running. （She is running.）
代词的格使用错误	Her do it. （She can do it.）
省略系动词 be	The bear big. （The bear is big.）
系动词 be 使用错误	Me happy today. （I am happy today.）
省略冠词（例如 a、the）	Give me drink. （Give me a drink.）

续 表

错误	例子（括号中为正确形式）
省略介词 in 和 on	Daddy, put table my paper. （Daddy, put my paper on the table.）
省略助动词（例如 is、do、can）	Janie do it. （Janie can do it.）
过度使用模糊指示词（例如 this、that、these、those）	This mine! （This toy is mine.）
第三人称单数动词使用错误	Mommy teach me. （Mommy teaches me.）
使用以“wh”开头的疑问代词的问题	What we can make? （What can we make?）
从句中使用以“wh”开头的疑问代词的问题	What do you think what Janie broke? （What do you think that Janie broke?）

语法（grammar）是决定语素如何使用以及句子中单词顺序（句法）的规则。SLI 患儿经常犯严重的语法错误。例如，他们可能会说“Me go there.”而不是“I went there.”，还可能说“Why he like me?”而不是“Why does he like me?”。他们也可能不理解语序上的差异。例如，他们可能很难用玩偶来演示“The dog is chased by the boy.”（狗被男孩追）这句话，因为他们不确定谁在追谁（Kaderavek, 2015）。

语义（semantics）是指语言的意义。语义可以指单个词（词汇语义）或句子（句子语义）的意义。词义很重要，因为这能让儿童用语言表达他们的内心世界、理解他人并准确地表达想法。SLI 患儿在词汇习得和词汇知识方面往往表现出延迟。大多数 2 岁儿童的词汇量约为 200，而后来被诊断为 SLI 的 2 岁儿童通常只知道 20 个词语（Owens, 2013）。

SLI 患儿的语义技能与比他们年龄小得多的个体相似。例如，患有 SLI 的幼儿园儿童常表现出与 2~3 岁幼儿相似的过度扩展（*overextension*）和扩展不足（*underextension*）。过度扩展指的是不恰当地泛化（例如，称所有成年男子为“爸爸”），而扩展不足是指无法泛化（例如，仅使用“猫”一词指代家庭里的宠物，而不是其他猫）。SLI 患儿也可能在代词方面有困难（例如，混淆 he 和 she，或 him 和 her）。他们几乎总是有词汇不足的问题并在精确表达自己方面遇到困难。像贝尔纳黛特一样，他们可能会出现词汇提取困难、词语误用、创造无意义新词（即新语症），或者总是用“事情”“这个”“东西”等模糊、简单的词（Cupples, 2011）。

病 因

基因与大脑结构

语言障碍在很大程度上受遗传因素影响。语言障碍的遗传率估计值为 0.50 ~ 0.75。在普通人群中，语言障碍的患病率约为 7%，而至少有一个家庭成员患有语言障碍的儿童的患病率约为 40%。此外，语言障碍患儿的兄弟姐妹即使不符合该障碍的诊断标准，他们往往也在音素意识和语法方面存在一些不易察觉的问题。总之，这些数据表明，有一组基因会使个体更容易出现语言上的问题（Kornilov et al., 2016）。

一些研究发现语言障碍患儿的大脑存在异常（Hedge & Maul, 2006）。这些研究主要集中在外侧沟周围的区域。**外侧沟（lateral sulcus）**，也称为大脑外侧裂（sylvian fissure），是大脑左半球的一个大型脑回（沟）（插图 7.1）。这个区域有几个负责语言的脑区，包括布罗卡区、韦尼克区和初级听觉皮层。大多数右利手的儿童都表现出这个区域扩大，也就是说，左半球这个专门用来学习语言的区域，比右半球相应的区域大。然而，许多患有语言障碍的儿童并没有表现出这种典型的不对称性。他们的两个大脑半球的大小可能相等，这表明未形成正常的语言功能偏侧化。

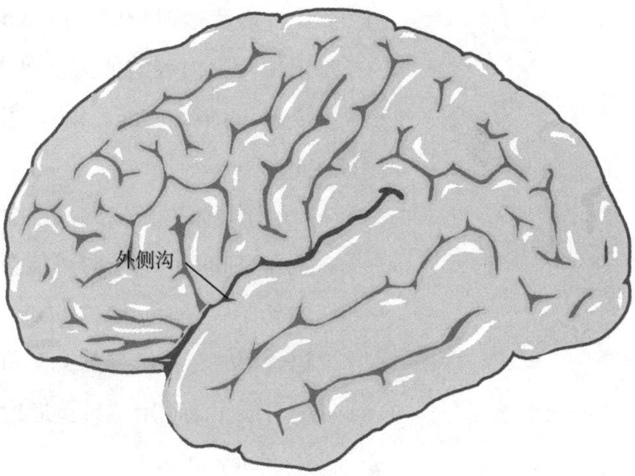

插图 7.1 外侧沟［或称大脑外侧裂（sylvian fissure）］是大脑左半球的一个大型脑回。这个脑区周围的异常可能在语言障碍的发展中起到一定作用。

不过，外侧沟异常和语言障碍之间并没有直接的关系。许多语言障碍患儿并没有表现出缺乏这种不对称性，许多没有语言障碍的儿童也表现出这种异常。因此，这种结构差异不能解释所有的语言障碍。

听知觉问题

听知觉（auditory perception）是识别和区分语音的能力。其评估通常要求个体辨别不同音高的两个音调，或发音相近的两个音素（如 /th/ 与 /d/ 音）。该能力对语言发展至关重要，因为个体必须能够察觉音素间的细微差异才能形成音素意识。一般来说，正常发育的儿童在出生后的头几年逐渐习得辨别听觉信息细微差异的能力。然而，语言障碍患儿却不能正常习得这种能力。听知觉的迟缓可能导致言语和语言的问题。例如，不能区分 /l/ 和 /r/ 发音的儿童可能很难发出这些声音（例如，说单词 ring 时听起来像 ling）。此外，不区分单词 sing 和 sings 的儿童在说话时可能不会说出复数结尾的 s（Weismer, 2008）。

快速时序加工缺陷

快速时序加工（rapid temporal processing）是指快速准确地加工感官信息的能力，快通过让儿童区分快速呈现的刺激来评估。例如，儿童可能被要求区分两个计算机生成的声音（例如，/ba/ 和 /pa/）或两个快速连续出现的多音节单词。当刺激缓慢呈现时，所有的儿童表现都很好。然而，当刺激快速呈现时，语言障碍患儿的表现比没有语言障碍的同龄人差得多。

当听觉信息被短暂或连续地呈现时，例如当父母对孩子说话时，快速时序加工是很重要的。只有在能够快速编码这些听觉信息的前提下，儿童才能产生音素意识、学会物体的名称和理解句子。然而，在快速时序加工方面有缺陷的儿童接受和加工的听觉信息较少。他们会忽略输入的语言。因此，快速时序加工方面的问题可能导致儿童在音素意识方面出现延迟、词汇发展不足和理解句子困难（Richards & Goswami, 2015）。

短时记忆延迟

语音短时记忆（phonological short-term memory）是一种在一段较短时间里记住听觉内容的能力。可以通过记忆长串的无意义音节来评估，比如 perplistornk 或 blointerstapping。语音短时记忆很重要，学习和准确再现单词的能力取决于这种能力。

语音短时记忆的问题会导致词法和语法错误。例如，记忆听觉信息有困难的儿童在完成一个句子时可能会省略过去时态或复数结尾［例如，患儿可能会说出这样的句子："Yesterday, I walk(ed) to school; Today, John ride(s) his bike."］。同样，具有语音短时记忆困难的儿童可能词汇发展不足或者在理解句子方面有问题。例如，他们可能无法确定"男孩追狗"和"狗被男孩追"是否具有相同的含义（Gathercole & Baddeley, 2014）。

贫乏的亲子交流

有大量研究关注语言障碍患儿与父母的言语互动。总的来说，研究表明，与亲子交流正常的个体相比，语言障碍患儿与父母的互动质量差（Hedge & Maul, 2006）。平均而言，语言障碍患儿的父母可能会有如下表现：

- 更少与孩子互动。
- 更少向孩子提问。
- 使用较短的简单句。
- 对孩子说的话缺乏变化。
- 对孩子的话语反应较少。

目前尚不清楚这些养育行为是语言障碍的原因还是后果。贫乏的亲子交流可能会导致儿童的语言迟缓。另外，最近的数据表明，语言障碍患儿的父母可能因与孩子沟通困难而主动简化了自身的语言复杂度（Blackwell, Harding, Babayiğit, & Roulstone, 2015）。

循证治疗

根据患儿的需求，语言障碍的治疗是个性化的。有些儿童（例如语言迟缓的儿童）在增加表达性词汇、将单词组合成句子方面需要帮助。有些儿童（例如 SLI 患儿）需要纠正语言中的词法和语法错误，如使用过去式或省略冠词和介词的问题。因此，治疗应利用儿童的语言优势来克服他们的劣势（Roth & Worthington, 2015）。

增加语言产生的回合试验训练

词汇。许多患有语言障碍的幼儿的词汇表达能力远远落后于同龄人。治疗的主要目标是提高这些个体的表达性词汇、多词表达和整体语言能力。

对语言表达能力有限的儿童可以采用回合试验训练。正如我们介绍过的，回合试验训练是一种有计划的、受控制的且系统的方式教授特定行为的个体训练。通过一系列的反复训练，技能被一次一个地教授。每轮训练分为 3 个部分:（1）刺激的呈现;（2）个体反应;（3）对期待行为的出现予以强化。

第一，治疗师呈现目标词。例如，治疗师想教儿童说“饼干”。治疗师可能会给儿童一块饼干，然后问:“这是什么？”如果儿童没有回答治疗师的问题，治疗师会提示儿童，说:“这是一个饼干。说‘饼干'。”这样做的目的是让儿童产生治疗师想要的语言反应，这样治疗师就可以强化这种反应。

第二，治疗师观察儿童是否反应正确。在上面那个例子中，治疗师观察的就是在有提示或者没有提示的情况下，儿童是否能说出“饼干”。如果儿童回答不正确，治疗师会纠正儿童，说:“不，这是一块饼干。说‘饼干’。”然后，治疗师等待正确的回答。

第三，治疗师提供正强化，这取决于儿童是否能说出正确的话语。例如，治疗师可能会通过微笑着说“很好，这是一块饼干”，并让儿童咬一口饼干来强化儿童对“饼干”的回答。

每个训练都要重复多次，直到儿童在最小刺激量下正确地做出被期待的行为。然后，治疗师引入一种新的行为。新的行为通常建立在先前获得的技能的基础上。

要求和评论。回合试验训练也可以用来帮助儿童把单词组合成短语和简单的句子。儿童需学会使用的一种重要短语是**祈使语**（**mand**），或称要求性语言。祈使语很重要，其功能在于使个体能够获得物体、信息或特权。祈使语也很容易教授，因为它指定了自身的强化物。例如，给一个说“给我饮料”的 2 岁小孩喝一口他最喜欢的果汁可以强化他的要求。

最初，治疗师使用回合试验训练来教儿童提出简单的要求。例如，治疗师可能会拿出一杯果汁，并通过说“你想喝一杯饮料，说‘给我饮料’”来提示儿童提出要求。治疗师可能会持续给儿童提示，直到儿童提出要求。然后，治疗师会强化儿童提出要求的行为。治疗师会反复训练直到儿童在几乎没有提示的情况下提出要求。最终，所有的提示都会消失，直到儿童自己提出要求。

治疗师也可以教儿童使用**操作性应答语**（**tact**），即评论和描述。操作性应答语使儿童能够结合名词和动词来描述他们的体验和周围的环境。操作性应答语的例子包括：

- 对物体的描述（狗是黑白相间的）。
- 对物体各部分的描述（狗有两只耳朵，还有一个鼻子）。
- 对物体功能的描述（它的鼻子是用来闻气味的）。
- 对动作的描述（狗跑得快）。
- 对动作顺序的描述（它跑出去，然后叼到球）。
- 对感受的表达（它喜欢玩）。

为了教儿童使用操作性应答语，治疗师可能会给儿童看一张狗的照片，然后说："这是我的狗的照片。我要你告诉我关于它一些事情。你可以跟我说说它长什么样、说说它的身体部位，或者其他情况吗？比如，说'它是黑白相间的'。"然后治疗师可能会对儿童的回应进行表扬，说："非常好。这条狗是黑白相间的。那么告诉我更多关于这条狗的样子的信息。说'它有大耳朵'。"在随后的训练中，随着儿童逐渐可以主动描述，治疗师会逐渐减少提示。

提问。治疗师也教那些表达能力有限的儿童进行提问。提问非常重要，因为提问能让儿童收集周围环境的信息，扩展语义知识。治疗师会构建一个鼓励儿童提问的情境，然后模拟一些问题，并强化儿童提问的尝试。

例如，治疗师可能会给儿童一个放大镜，说："看看我有什么？你不知道这是什么，那么问我'这是什么？'。"当儿童正确提问，治疗师会强化他提问的行为，说："太好了！你问了个好问题！它是一个放大镜，你看看它，让我们试着用它。"

治疗师可能会引入其他物体，逐渐减少语言提示，直到儿童可以独立提问。治疗师可能会使用其他方法来教授用"谁""什么时候""什么地方"和"为什么"来提问（表 7.3）。在每一种情况下，治疗师最初都会给出很多提示。之后，随着儿童开始独立地提问而减少提示。

表 7.3　用回合试验训练儿童提问

问题	例子
是谁	如果你不认识某人，你可以问一个关于"是谁"问题。（举起一张男孩的照片）看这张照片。你不认识这个男孩。你可以问："那个男孩是谁？"
什么	如果你想了解某事，你可以问一个关于"什么"的问题。（展示一张两个儿童下棋的图片）看这张图片，你不知道这两个儿童正在干什么。你可以问："他们在做什么？"
什么时候	当你想知道什么时候会发生某事时，你可以问一个关于"什么时候"的问题。假设你妈妈告诉你，奶奶要来看你，而你不知道奶奶什么时候来。你可以问："奶奶什么时候来？"

续 表

问题	例子
什么地方	当你找不到某人或某事时，你可以问一个关于“什么地方”的问题。假设你想穿上鞋子出去，但是你找不到鞋了。你可以问：“我的鞋在什么地方呢？”
为什么	当你不明白某件事时，你可以问一个关于“为什么”的问题。假设你妈妈送你一辆玩具车当生日礼物，但是这辆车是坏的。你可以问：“为什么这辆车坏了？”
怎么样	如果你不知道做某事的方法，你可以问一个关于“怎么样”的问题。这是一个你从未玩过的新游戏。你可以问：“我们怎么样玩这个游戏？”

注：基于赫奇和莫尔（Hedge and Maul, 2006）。

复杂句。大龄语言障碍患儿通常很难造出复杂句。例如，他们通常很难说复合句［例如，“Orville climbed aboard the airplane *and* Wilbur started the engine.”（奥维尔爬上飞机，并且威尔伯启动了引擎。）］、独立从句［例如，“*After the engine had started*, Wilbur gave his brother the signal to begin.”（引擎启动后，威尔伯给了他弟弟启动的信号。）］和嵌入句［例如，“The airplane, *which was made of wood and fabric*, went into the air.”（这个由木头和织物制成的飞机在天上飞。）］。

治疗师可以通过回合试验训练来鼓励儿童使用更长更精细的句子。具体来说，治疗师系统地模拟、提示和强化儿童使用结构复杂的句子。例如，治疗师可能给出以下提示：

- 这张照片里有两个人。我们可以用一句话来描述这两个人。说：“一个人高，而另一个人矮。”
- 这张照片里有一个快乐的女孩。她刚刚赢得了一场比赛。让我们用一句话来解释这个女孩为什么快乐。说：“这个女孩很高兴，因为她赢了一场比赛。”
- 这张照片里有两只狗。戴红项圈的狗脏兮兮。让我们用一句话来说明哪只狗是脏兮兮的。说：“那条戴红项圈的狗脏兮兮的。”

治疗师逐渐减少这些提示，直到儿童能独立使用复杂句。

用交流重述训练纠正语言错误

语言障碍患儿通常在词法和语法方面有特定的缺陷。例如，儿童可能难以使用 to be 形式、省略复数标志 s 或省略过去式的 ed 结尾。治疗师需要通过模拟、强化和练习适当的语言技能针对性地治疗这些缺陷。实现这些目标的常用技巧是交流重述训练（Cleave, Becker, Curran, van Horne, & Fey, 2015）。

在**交流重述训练**（**conversational recast training**）中，治疗师需结构化患儿所处的环境，使其有可能引发治疗师希望出现的言语行为。然后，治疗师让儿童去练习所需的语言技巧，每次都纠正错误，并通过眼神交流、微笑、关注和口头表扬来强化适当的语言使用行为。从科学到实践部分提供了一个交流重述训练的例子。

充分的练习是交流重述训练成功的关键。在交流重述训练中，错误必须立即纠正，正确使用被期待出现的语言技能的行为需要受到强化，以维持这种行为的存在。

从科学到实践

提高语言技能的交流重述训练

一位治疗师希望患儿练习使用第三人称单数结尾的 s。这位治疗师可能会邀请他用动物玩具来玩“动物园”游戏。

治疗师	The animals are hungry and tired. Let's help the zookeeper feed them and put them to bed. Here is the zookeeper.（Moves a human toy figure to a toy giraffe.） He feeds the giraffe every day. What does he do ?	动物们又饿又累。让我们帮动物园管理员喂它们，并安排它们休息吧。这是动物园管理员。（把一个人形玩具移到一只玩具长颈鹿旁） 他每天喂长颈鹿。（谓语正确使用第三人称单数形式） 他是干什么的？
儿童	He feed giraffe.	他喂长颈鹿。（谓语后面缺失了 s）
治疗师	He feeds the giraffe doesn't he? Let's ask the giraffe what he eats. What do you want to eat, giraffe? Ask the giraffe what he wants to eat.	他喂长颈鹿，是吗？（重复正确的谓语形式）让我们问问长颈鹿吃什么。 你想吃什么，长颈鹿？问长颈鹿想吃什么。（让儿童提出问题）
儿童	What you eat?	你吃什么？（缺失助动词 do）
治疗师	What do you eat, giraffe? Oh, he says he eats hay. He eats hay. Does he eat bananas? No, he eats hay. The monkey eats bananas, doesn't he? Who do you think eats and eats the banana?	你吃什么，长颈鹿？（强调正确的句子） 噢，它说它吃干草。它吃干草。它吃香蕉吗？不，它吃干草。猴子吃香蕉，是吗？你认为谁吃香蕉？（强调谓语第三人称单数后有 s）
儿童	Monkey eats bananas.	猴子吃香蕉。（谓语形式正确）
治疗师	Great! The monkey eats and eats the yellow bananas. What does the giraffe eat?	太棒了！猴子吃香蕉，而且吃黄色的香蕉。（强调正确的谓语） 长颈鹿吃什么？（提出问题）
儿童	Giraffe eats hay.	长颈鹿吃干草。（谓语使用正确）

续　表

治疗师	Very good. The monkey eats bananas and the giraffe eats hay. Now let's put the giraffe to bed. Where does the giraffe sleep? Does the giraffe sleep in the pond?	非常好。猴子吃香蕉，长颈鹿吃干草。（重复正确的谓语） 现在让我们把长颈鹿放到床上。长颈鹿睡在哪里？长颈鹿睡在池塘里吗？（提出问题）
儿童	No，the giraffe sleep under the tree.	不，长颈鹿睡在树下。（谓语后缺失 s）
治疗师	Oh, I see. The giraffe sleeps under the tree. He sleeps and sleeps all night. Here is the zookeeper asking the giraffe, "Where do you sleep?" Where does the giraffe sleep?	长颈鹿睡在树下，它睡觉，睡一整晚。（强调正确的谓语） 动物管理员问长颈鹿："你在哪里睡觉？"长颈鹿在哪里睡觉？（提出问题）
儿童	He sleeps under the tree.	它睡在树下。（谓语使用正确）
治疗师	Exactly！He sleeps under the tree.	就是这样！它睡在树下。（强调正确的谓语）

用以泛化技能的情境训练

虽然回合试验训练在教授语言技能方面非常有效，但治疗师必须依靠其他策略让这些技能泛化到患儿的家庭和学校情境中。**情境训练（milieu training）**是一种基于行为原理的干预方法，通过在近似个体真实生活环境的情境中进行治疗。情境指事件通常发生的物理环境。幼儿的情境可能包括家、幼儿园、托儿所和家庭出游（例如购物、去操场）。在情境训练中，儿童在真实的生活环境中练习语言技能（Wright & Kaiser, 2016）。

情境训练主要有赖于教学时机。治疗师通过观察儿童日常活动（如涂色、吃饭、玩玩具），寻找可融入语言训练的自然契机。当这种情况出现时，治疗师会提示儿童练习语言技能，示范这种技能（如果必要），并强化儿童使用这种技能的尝试。

要求-示范技术（*mand-model technique*）是一种常用的情境训练。治疗师观察儿童接近想要的物体（例如玩具车），并立即提示（提出要求）儿童提出要求。（例如，治疗师说："告诉我你想要什么。"）如果有必要，治疗师会示范正确的陈述。（例如，用以下方式进行示范："说，'我想要那辆车。'"）并强化儿童的要求。（例如，治疗师说："好的。我很高兴你告诉了我你想要什么。给你，拿着。"）

第二种策略是使用延迟技术（*delay technique*）。这项技术类似于要求-示范方法，不过治疗师带着期待的表情等待儿童说出自己想要的东西。使用延迟技巧的目的是让儿童在治疗师不询问"你想要什么"或提供类似口头提示的情况下自己能够提出要求。延迟策略旨在增加独立的语言输出。

第三种策略是随机教学（*incidental teaching*）。在这种技术中，治疗师只是等待儿童开始一个话题，然后提示儿童详细阐述这个话题。在详细阐述之后，治疗师会强化儿童的语言输出。例如，儿童可能会问："Where daddy?"［爸爸哪里？（有语法错误）］治疗师会利用儿童的问题回答："You want to know where daddy is. Say, 'Where is daddy?'"［你想知道爸爸在哪里。说："爸爸在哪里？"（强调语法正确的句子。）］当儿童正确提出问题时，治疗师会对儿童进行强化，说："很好！你问了个好问题。我们去找他。"（Kaderavek, 2015）

小　结

- 语言障碍的特点是语言习得或使用的持续困难，包括（1）词汇有限，（2）句子结构有限，（3）交流困难。语言障碍的两大类型为语言迟缓和特定型语言障碍。
- 语言障碍是遗传性的，与听觉加工、快速时序加工和短时记忆的缺陷有关。目前尚不清楚贫乏的亲子交流是不是儿童语言问题的原因或后果。
- 循证治疗包括增加词汇量的回合试验训练、纠正语言错误的交流重述训练，以及将技能泛化到家庭和学校的随机教学。

什么是语音障碍?

描　述

当个体学会调节自己的声音以产生特定的、可辨别的、在特定语言中有意义的声音时，**语音**（**speech**）就产生了。语音是复杂的，它的产生取决于神经系统的成熟、认知发展以及头、颈、口、胸、膈肌的协调。在人生的头5年里，大多数个体会经历从发出难以理解的声音，到发出只有父母才能听懂的独特的话语，再到可以进行清晰流畅的词汇表达的转变。然而，3%～5%的一年级学生有语音问题，这影响了他们的交流能力（Stemple & Fry, 2010）。

当儿童不能发出符合年龄预期的语音时，他们就可以被诊断为患有**语音障碍**（**speech sound disorder, SSD**）（表7.4）。SSD患儿通常会省略、替换、扭曲、添加或以其他方式错误地发声，使他人难以理解（American Psychiatric Association, 2013）。

表 7.4　语音障碍（SSD）诊断标准

A. 持续的语音生成困难影响了语音的可理解度，或妨碍了信息的口语式交流。
B. 该障碍导致了有效交流方面的局限，干扰了社交参与、学业成绩或职业表现，可单独出现或任意组合出现。
C. 症状发生于发育早期。
D. 这些困难并非由于先天的或获得性疾病所致，如脑瘫、腭裂、耳聋或听力丧失、创伤性脑损伤、其他躯体疾病、神经疾病。

SSD 患儿常出现的五种发声问题：

1. 省略错误发生在患儿省略音素时，通常出现在单词的开头或结尾。例如，患儿可能会用 at 代表 cat，或 ba 代表 ball。
2. 替换错误发生在患儿用另一个音素替换一个音素时。例如，患儿可能会说 wed 而不是 red，或者说 thoup 而不是 soup。
3. 当一个音素不能正确被发出时，声音失真现象就会发生，通常会导致声音“浑浊”。SSD 患儿最常扭曲 /r/、/l/、/z/、/sh/ 和 /ch/ 音。例如，患儿可能用 thuffering thuccotash 代表 Sylvester the Cat。
4. 添加错误发生在患儿把一个额外的音素（通常是短 /u/ 音）加入单词中时。例如，患儿可能会说 farog 而不是 frog，或者说 salow 而不是 slow。
5. 口齿不清是一种特殊的、相对常见的语音错误，通常会导致 /s/、/sh/ 和 /ch/ 发音不清。前位性口齿不清（central lisp）发生在舌头需要伸到门齿之外时（例如，发出 thun 而不是 sun）。当空气在舌头和臼齿之间通过时，会出现侧位性口齿不清（lateral lisp）的现象，从而产生“嘶”/s/ 的声音。

除了发音问题，一些患儿在语音生成方面表现出更普遍的问题。此外，他们的语音错误遵循一种模式，这反映了深层的音系加工缺陷。例如，这些患儿可能会一直在单词中添加音素（例如，用 eggi 表示 egg）、颠倒发音（例如，用 peek 表示 keep）、将一个发音替换为另一个发音（例如，用 hoop 表示 soup）、混合或滑动发音（例如，用 yewo 表示 yellow），或删除发音（例如，用 pu 表示 pool）。与大多数 SSD 患儿不同，他们的缺陷是由语音加工问题而不是发音困难引起的。不用说，这些语音加工问题使他们很难被人理解。以埃米和保罗为例，他们都患有 SSD，但在语音上有不同的问题。

案例研究
语音障碍

同样的障碍，不同的问题

埃米和保罗都因为语言障碍被转到我们的诊所。两人都被诊断患有 SSD，但他们表现出不同的深层问题。

埃米是一个害羞的孩子，她在幼儿园因为“宝宝语”而被取笑。她的发音有问题，最难正确地发出的音是 /l/、/r/ 和 /s/。

治疗师	What did you eat for dinner last night? 你昨晚晚餐吃了什么呀？
埃米	Yast night? I fink we ate fish and wice. I don't wike fish. But I weally wiked dethert. 昨晚？我们吃了鱼和米饭，我不喜欢鱼，但是我很喜欢甜点。（有发音错误）
治疗师	What was for dessert? 甜点有什么？
埃米	Cake with ithe kweem. 冰激凌蛋糕。（有发音错误）

保罗是一个外向的学龄前儿童，他的语言问题暗示了更深层的音系学的困难。保罗倾向于去掉某些单词的最后一个音素，用 /th/ 和 /z/ 等音素代替，这使他讲的话很难被理解。

治疗师	What did you do on Saturday? 你周六干什么了呀？
保罗	We wen to da do. We saw lot of amals. 我们去了动物园，我们看见了许多动物。（有发音错误）
治疗师	Oh, the zoo? Which animals did you like? 噢，动物园？你喜欢什么动物？
保罗	The monees, the bi caas. (Pause) And I ga da fee da gos. 猴子、山羊，（停顿）而且我还喂了山羊。（有发音错误）
治疗师	You got to feed the goats? That sounds like fun. 你说你还喂了山羊？这听起来很有趣。

埃米的预后比保罗好得多。在某些情况下，发音问题会随着时间推移自行消失。当患儿坚持治疗到 4 岁或 5 岁大时，他们通常会有所好转。而保罗的问题很可能无法自行解决，而且治疗对他的效果可能更不明显。

许多幼儿会犯语音生成错误。例如，许多幼儿用 wabbit 代表 rabbit、用 dis 代表 this，或者用 pasgehti 代表 spaghetti。只有这些错误在发展上超出预期，也就是说，当个体犯的错误比同龄人犯的错误更多（或更严重）时，才会被诊断为 SSD。

治疗师在下 SSD 这个诊断时必须考虑儿童青少年的族裔和文化背景。说地区方言的儿童不能诊断为 SSD。例如，一些非裔美国儿童使用音位的方式与非拉丁裔白人儿童不同（减少 /l/ 音素，例如用 too 代替 tool；还可能出现反转情况，例如用 aks 表示 ask）。同样，如果双语儿童的语音生成反映了他们的第一语言，他们也不宜被诊断为 SSD。例如，说西班牙语的儿童可能用西班牙语的音素代替英语的音素（例如，用 Yulie 代表 Julie），或者按照西班牙语音素学的规则插入元音（例如，用 eskate 代表 skate）。这些文化差异造成了语言迁移现象，而非障碍（Hedge, 2008）。

幼儿被送去看言语病理学家的最常见的原因就是 SSD。大约 10% 的学龄前儿童有交流障碍，其中多达 80% 的个体患有 SSD。到一年级时，大约 3.8% 的儿童符合 SSD 的诊断标准。这些儿童大多数只表现出发音问题，有一些还表现出更深层次的语音加工困难（Eadie et al., 2015）。

病　因

从婴儿期到 7 岁半，儿童的音素习得遵循一定的顺序。然而，正常发育的儿童在语音生成上表现出很大的差异性。同一学前班的儿童在音素生成上可能相差 3 年之久。通常，儿童在 3 岁时掌握元音发音，在 5 岁时掌握简单辅音发音（/p/、/m/、/n/、/k/），在 7 岁半时掌握辅音群和混合音。由于儿童中的广泛差异，儿童在语言技能落后于同学超过 1 个标准差之前通常不会被诊断为 SSD（Pena-Brooks & Hedge, 2007）。

有人认为，发音问题反映了从**不成熟的语音（immature speech）**到更成熟的语音的转换失败，大多数关于 SSD 的解释都是基于这样一种观点。这些理论认为讲话是一项复杂的任务，个体需要几年才能掌握。幼儿会模仿父母发出的语音，而最初他们可能会用简单但不正确的音素来模仿。例如，如果一个女孩一开始通过把舌头伸过门齿来学习发出 /s/ 音，这种发音模式可能因为其交流有效性而被强化——她的父母和其他家人能听懂。这种不成熟的语音通常会随着儿童认知与运动能力的发展而自然消退。然而，在某些情况下，简化的或不成熟的音素生成会一直持续到超过在发展上预期会出现这种问题的年龄。虽然口齿不清在 3 岁的时候是可以接受的，但是在 7 岁的时候，当大多数儿童说话都很清楚的时候，口齿不清就成了问题（Waring & Knight, 2013）。

更普遍的 SSD 案例往往反映了更深层次的语音加工问题。一些专家认为那些患儿很难感知和区分音素，而不仅仅是在发音上有问题。**SSD 的音系理论（phonological theory of SSD）**认为，在出生后的前几年，个体在接触语言时会对音素产生深层的心理表征。能发出语音的个体通常对这些声音形成了准确的心理表征。然而，细微的神经损伤可能会干扰一些儿童准确感知、区分和在心理上表现音素的能力，从而导致语音生成障碍（Dodd, 2013）。

SSD是可遗传的。35%～40%的SSD患儿有家族史。这种家族关联很可能是由共有的基因引起的。然而，由于父母和其他家庭成员通常为孩子示范语音生成，这种联系也可以部分地解释为共同的环境经验导致的。事实上，发音不好的父母通常会有具有类似发音缺陷的孩子。SSD也与语言障碍高度共病。多达40%～80%的SSD患儿也有语言障碍。语音加工的早期缺陷可能是语音和语言问题的基础（Dodd, 2014）。

循证治疗

SSD的治疗是教患儿如何正确地发出语音。治疗的目标取决于患儿的具体缺陷。例如，一个儿童可能需要改善单词开头/r/音的发音，另一个儿童可能需要关注单词结尾的/s/音，第三个儿童可能需要纠正侧方口齿不清。在所有情况下，治疗师都使用示范和强化相结合的方法来教儿童如何以适合发展的方式生成音素。因为SSD患儿从未获得正确生成这些单词发音的能力，并且可能习惯性地使用不太复杂（和不正确）的发音，治疗需要治疗师和儿童付出相当大的努力。

语音治疗通常依赖直接指导。治疗师把正确的语音分解成不同的部分，然后对每个部分进行示范，让儿童练习正确的用法。随着时间推移，基本技能逐渐积累，儿童最后能够以更复杂、更灵活的方式正确地发出语音（Dwight, 2006）。从科学到实践部分描述了如何使用直接指导来帮助患有SSD的女孩安吉。

从科学到实践
语音障碍的言语治疗

六岁的安吉不能正确地发出/l/的音。首先，她的治疗师必须示范并强化产生/l/音素的正确舌位：

治疗师	（坐在儿童旁边，对着镜子）看我的舌头。看着我像这样把舌头伸到门牙后面。（示范）现在你试试看。我们在镜子前练习抬起舌头5次。每次我们做对了，就在一个笑脸圈圈里涂上颜色。

治疗师帮助安吉找到正确的舌位，在安吉舌位正确时给予称赞。在另一个疗程中，治疗师教安吉在舌位正确时发出/l/音：

治疗师	今天，我要像以前一样张开嘴，把舌头放在门牙后面。但这次，我要发出/l/音。听，/l/（重复），现在你跟着我试试。
儿童	wwwlah。

续 表

治疗师	看看我在用舌头发出 /l/ 音时是如何微笑的。像我一样把舌头放在门牙后面，微笑，让 /l/ 音听起来像这样（微笑），/l/。
儿童	/l/。
治疗师	很棒的 /l/ 音。让我们再练习一遍。每次我们做对了，我们都会给这幅画涂上一点颜色。

随后的课程重点是发出以 /l/ 音开始（即 la、le、li、lo、lu）或结束（即 al、el、il、ol、ul）的音节。然后，治疗师和儿童练习说出名称以 /l/ 开头（例如 lion）、结尾（例如 apple）或包含 /l/（例如 ballon）的对象的名称。其他课程侧重包含目标音素的混合音（例如 clown）。然后，治疗师将单词组合成短语、句子和故事，示范并让儿童重复（插图 7.2）。最后，儿童和治疗师在半结构化游戏中练习发出正确的音素。治疗师寻找机会示范和强化清晰的音，并立即纠正儿童的错误（Raz, 1995）。

大量证据证明语音治疗在帮助幼儿克服 SSD 方面具有有效性。大多数儿童（尤其是在家和父母一起进行训练的儿童）在 20 次训练后，语音错误减少了 80%。存在深层次的语音加工问题或共病语言障碍的儿童在治疗中改善得更慢（Brumbaugh & Smit, 2013）。

插图 7.2 在语音治疗中练习 /l/ 音。

小 结

- SSD 的核心特征是持续性言语清晰度与发音困难，导致患儿沟通能力受限，包括语音的省略、替换、扭曲和口齿不清。
- 大多数 SSD 患儿在儿童中期仍然使用不成熟的语音。一些 SSD 患儿有更深层次的语音问题，导致他们产生不准确的心理表征并不正确地加工语音。
- 直接指导可以用来系统地引入、示范和强化正确的语音生成。大多数患儿经过治疗错误减少了 80%。

什么是儿童期发生的言语流畅障碍？

描　述

言语流畅性（**speech fluency**）是指言语的流畅性和自动性。它有几个组成部分，包括速度（说话的速度）、持续时间（单个语音的时间长度）、节奏（声音的连贯性和流畅性）和顺序（语音的顺序）。流畅性对言语很重要，因为流畅性增加了听者理解说话者话语并做出恰当反应的可能性（Ratner & Tetnowski, 2014）。

儿童期发生的言语流畅障碍（**childhood-onset fluency disorder**）反映了言语流畅性的缺损（表 7.5）。这种障碍通常叫作口吃。口吃反映了言语生成的深层问题，而不是语言问题。口吃的儿童知道他们想说什么，但他们说出来有困难。因此，他们的言语不流畅，难以理解。

表 7.5　儿童期发生的言语流畅障碍（口吃）的诊断标准

A. 言语的正常流利程度和停顿模式的紊乱，对于个体的年龄和语言能力而言是不适当的，且长期持续存在，其特点是频繁和显著地出现下列 1 项（或更多）症状：
  1. 语音和音节的重复。
  2. 元音和辅音的语音延长。
  3. 词语的断裂（例如，在一个词语内停顿）。
  4. 有声或无声的阻断（言语中有内容的或无内容的停顿）。
  5. 迂回的说法（以其他字词替代困难字词）。
  6. 字词生成伴有过度的躯体紧张。
  7. 重复单音节的字（例如，“我——我——我——我看见他”）。

B. 这种障碍造成说话焦虑或有效交流、社会参与、学业成绩或职业表现的局限，可单独出现或任意组合出现。

C. 症状发生于发育早期。

D. 这种障碍并非由于言语-运动或感觉缺陷、与神经系统损伤有关的言语障碍（例如，中风、肿瘤、外伤）或其他躯体疾病所致，且不能用其他精神障碍来更好地解释。

常见的不流畅包括语音重复［例如，“l-l-ll... listen to me”（听，听，听我说）］、字词的断裂［例如，“com—puter”（计，算机）］和无声的阻断（例如讲话中长的停顿）。常见的问题还包括语音延长［例如，“mmmmy dog”（我——的狗狗）］和说话时明显的紧张。以一个口吃的儿童戴维斯为例。

案例研究
儿童期发生的言语流畅障碍

戴维斯的口吃

4 岁的戴维斯因为口吃的问题被儿科医生转诊到我们诊所。他父亲解释说：“问题是大约 2 个月前开始出现的。戴维斯一直是个健谈的孩子。他 10 个月大的时候就开始说话了，到 2 岁生日时就可以说句子了。不过，最近我注意到，他在说出这些话时遇到了更多困难。”

他母亲补充说：“一开始，戴维斯只是重复某些单词的第一个音节。再过了些时日，这种情况发生得更频繁。最近，他在言语启动时遇到了困难。”治疗师转向戴维斯：

治疗师	戴维斯，你喜欢我办公室里的玩具吗?
戴维斯	（放下玩偶）是——是——是的。（停顿了一下，好像他想说话。）但——但——但是我更喜——喜——喜欢《托马斯和他的朋友们》。
治疗师	你最喜欢里面哪辆小火车?
戴维斯	（停顿）我喜——喜——喜——喜欢……
父亲	（打断）戴维斯。试着重新开始，这次说得清楚一点。
戴维斯	（沮丧地）我喜——喜——喜——喜欢……
母亲	你最喜欢珀西，是吗?
戴维斯	是——是——是的。

戴维斯的父亲解释道：“这种情况很典型。他就是说不出话来。我们会让他重新开始，练习正确地说话。我们不想让他反复口吃。”治疗师回答道：“如果你愿意，我可以给你展示一些可能更有效的其他策略。”

许多正常发育的儿童（尤其是学龄前儿童）在言语流畅性方面表现出问题。然而，口吃患儿表现出言语流畅性问题的频率比正常发展的同龄人要高。儿童期发生的言语流畅障碍的诊断标准要求其症状必须在发育层面上呈现非典型性——即患儿言语不流畅的发生频率需显著超出其年龄与性别对应的正常预期水平。（Yairi & Seery, 2016）。

大约 5% 的个体在儿童期出现口吃的问题。男孩比女孩更容易口吃。此外，口吃的性别比例随着年龄的增长而升高。例如，在学龄前儿童中，口吃患儿中男孩与女孩之比大约是 2 ∶ 1。到了青少年期，该比例提高到 5 ∶ 1。这种性别差异可能是因为女孩的口吃比男孩更容易自然恢复（Yairi & Seery,2016）。

口吃通常在儿童 24 ～ 48 个月大时开始表现出来，很少在 6 岁以后才表现出来。口吃往往是突然出现的。在一项大型研究中，40% 的口吃患儿的症状在 2 ～ 3 天内出现。另外 33% 的患儿发病速度中等，症状在 1 周或 2 周内出现。只有 28% 的患儿的症状是逐渐显现的（Yairi & Seery, 2016）。

大多数患口吃的儿童最终会康复。在几项纵向研究中，65% ～ 80% 患口吃的学龄前儿童和年幼的学龄儿童的症状在 4 ～ 5 年内完全消失或显著减轻。恢复最常见于女孩、幼儿以及有家庭成员在儿童期患口吃并得到恢复的个体。不幸的是，大约 20% 的口吃患儿经历了长期的流畅性问题，这些问题一直持续到青春期或成年。

通常，患有口吃的大龄儿童与青少年可以通过一些行为来切实减轻他们症状的严重性。例如，几乎所有的患儿都报告说，当他们唱歌、与宠物说话、自言自语、无人在场时大声朗读、按手臂摆动节奏说话，或参与集体同步朗读时口吃的频率会大大降低。对一些儿童来说，其他可以减少口吃的技巧包括用唱歌的方式说话、用单调的声音说话、低声说话、角色扮演、重复别人的句子或者单纯说得更慢一些。关于为什么这些策略有助于减少口吃，为什么有些策略对某些儿童有效而对某些儿童无效，目前还不清楚（Yairi & Seery, 2016）。

病　因

我们还不能全面解释口吃的病因。基于神经生物学、学习理论、情绪加工和认知的模型可能解释了一些口吃的案例，但不是全部。与大多数精神障碍一样，口吃也受到生物、心理和社会文化因素的影响。

遗传学和神经生物学

口吃是可遗传的。平均来说，28% 的口吃患儿的父母小时候有口吃史，43% 的口吃患儿至少有一个直系亲属有口吃史，71% 的口吃患儿的至少有一个核心家庭成员以外的亲属有口吃史。双生子研究支持基因会导致部分口吃的观点。平均来说，如果同卵双胞胎中的一个患有口吃，另一个也患有口吃的可能性大约为 67%（Yairi & Seery, 2016）。

一些研究表明，患口吃和不患口吃的个体的大脑可能存在功能差异。大多数人在说话时左半球负责语言的脑区更活跃，特别是布罗卡区和韦尼克区。然而，口吃的人往往表现出右（而不是左）半球的过度激活。这种大脑功能的异常可能解释了某些人的口吃（插图 7.3）。此外，研究人员已经证明，口吃的语言治疗可以随着时间推移改变这种非典型的大脑功能（de Nil, Kroll, Lafaille, & Houle, 2003）。

遗憾的是，关于口吃原因的神经生物学数据有一些局限性。第一，大多数研究表明，患口吃和不患口吃的个体的大脑功能只有很小的差异，而且也有许多研究表明没有任何差异。第二，许多研究的结果不一致，且研究结果往

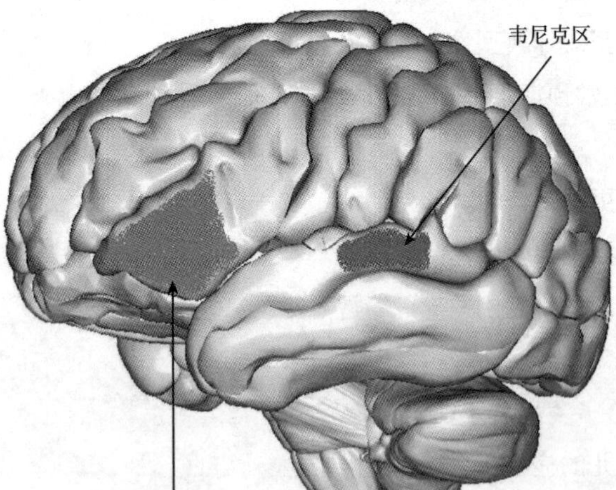

插图 7.3　大脑中负责语言的区域。

往缺乏可重复性。第三，涉及口吃患儿的神经影像学研究很少，涉及学龄前儿童的研究几乎没有，而这两个年龄组的个体是最有可能表现出口吃障碍的。因为几乎所有的影像学研究的对象都是成人，所以目前我们还不清楚大脑异常是口吃的原因还是后果（Yairi & Seery, 2016）。

学习与情感

口吃的双因素理论（two-factor theory of stuttering）认为经典条件作用和操作性条件作用在口吃的发生和维持中都起作用（Brutten & Shoemaker, 1967）。具体来说，当正常情况下的言语不流畅与父母的否定（例如，经典条件作用）相结合时，儿童就会开始口吃。患儿可能会把这些消极的养育行为与言语不流畅联系起来，从而在说话时产生紧张和忧虑。之后，口吃可能会被其他人的反应（例如，操作性条件作用）强化。例如，父母可能会因口吃关心孩子（正强化），而老师可能因为学生口吃而允许他不做作业（负强化）。

口吃双因素理论的支持来自患儿的自我报告。口吃的大龄儿童与青少年报告在说话情境中会紧张和担心。此外，父母、教师和同龄人在患儿表现出不流畅时会打断、责骂、嘲笑或惩罚他们，从而加剧其担忧。另一方面，几乎没有证据表明父母会导致儿童口吃。事实上，大多数父母对孩子的言语问题都很有同情心（Jackson, Yaruss, Quesal, Terranova, & Whalen, 2015）。

焦虑也会影响口吃（Messenger, Packman, Onslow, Menzies, & O'Brian, 2015）。口吃的幼儿可能有容易焦虑的气质，比如情绪调节和自我安抚方面的问题。口吃的青少年和成人报告的焦虑水平比不口吃的个体更高。几乎所有大龄儿童与青少年都报告说，他们在说话时会产生强烈的焦虑、忧虑和心理紧张感。最常见的负面情绪是恐惧、感觉被困住、尴尬、羞愧、羞辱、怨恨和沮丧（Yairi & Seery, 2016）。

口吃的预期困难理论（anticipatory-struggle theory of stuttering）表明，说话不流畅的大龄儿童与青少年认为说话是困难的和会引起焦虑的（Garcia-Barrera & Davidow, 2015）。诸如公开演讲、打电话、说出自己的姓名的情境会引起最高程度的焦虑。口吃患儿在这种情况下自我效能感很低，他们可能会怀疑自己说话不出错、不犹豫、不重复的能力。此外，他们经常报告与这些情况相关的负面想法，例如“我说不清楚”“我会出丑”或“其他人会认为我蠢”。这些消极的自动想法，以及它们引发的焦虑，可能会增加个体口吃的严重程度。

然而，焦虑不太可能完全解释所有（甚至大多数）口吃的例子。回想一下，口吃通常出现在个体 24 ～ 48 月大时。患口吃的幼儿基本上不知道自己的症状。大多数口吃患儿在 4 岁或 5 岁之前不会对演讲感到焦虑。

心理语言学

口吃病因最终解释来自**心理语言学（psycholinguistic）**领域，这一学科研究语言的心理和神经认知基础。与口吃相关的心理语言学理论虽然有许多，但它们都是建立在同样的前提之上的，即言语流畅性取决于三个过程:（1）概念化;（2）言语编码；（3）发音。首先，儿童必须思考他们想说什么。接下来，他们必须为信息构想适当的心理表征。言语编码包括为信息编码适当的声音（语音表征）和词序（语法表征）。最后，他们必须通过控制嘴、唇、舌和声带来表达这些表征。通常，这三个过程发生得很快，个体不会意识到。大多数儿童在说话时会自动执行这些步骤。

如果一个或多个基本的心理语言过程出现问题，口吃就会发生。最常见的情况是，问题出现在形式合成过程中。虽然口吃患儿知道他们想说什么，但他们可能在计划说出它所需要的声音序列（即语音编码）方面遇到困难。因此，他们可能只能说出第一个音素或单音节单词。或者，口吃患儿可能知道自己想说什么，但无法找到正确的单词或短语来传达信息（即语法编码）。因此，他们可能会表现出不寻常的停顿和重复，因为他们很难为这些言语生成适当的心理表征。

根据**内隐修复假说（covert-repair hypothesis）**，口吃患儿比不口吃的同龄人更频繁地在语音和语法方面表现出障碍（Buhr, Jones, Conture, & Kelly, 2015）。口吃患儿对这些障碍也非常敏感，并密切关注自己的言语。当他们遇到一个问题时，他们会试着在说话时纠正。不幸的是，这种对语音编码与语法编码障碍的内隐修复尝试，反而会导致言语不流畅。他们表现出语言和单词重复、不寻常的停顿和其他言语提取问题。就像车流在修路时停下来又启动一样，当儿童试图修复言语编码过程的中断时，其言语输出也会出现类似的启停现象。（Yairi & Seery, 2016）。

循证治疗

对幼儿的治疗

大多数患口吃的学龄前儿童不需要治疗。多达 75% 的儿童的言语不流畅会自然恢复。临床医生通常建议在口吃发生后等待几个月，看这个问题是否能自行解决。尽管有些父母担心这会延误治疗，但纵向数据表明，一旦开始治疗，短暂的治疗延迟并不影响障碍的严重程度或疗效（Jones, Onslow, Harrison, & Packman, 2000; Kingston, Huber, Onslow, Jones, & Packman, 2003）。如果口吃持续超过 6 ～ 12 个月、患儿表现出其他言语或语言问题、儿童有患口吃的家人或者口吃导致患儿痛苦或尴尬，那么治疗通常是必要的（Ratner & Tetnowski, 2014）。

大多数治疗至少涉及以下三个部分中的一个：（1）改变言语运动模式；（2）通过操作性条件作用增加言语流畅性和减少口吃；（3）支持性的父母（Ratner & Guitar, 2006）。

首先，治疗师必须改变患儿的某些言语运动行为，即那些导致语音产出时出现停顿、重复或其他言语不流畅的行为。治疗师会系统地训练儿童在说话时使用柔和或“轻松”的声音、以较慢的速度说话、放松嘴巴和喉咙的肌肉以及控制呼吸。

起初，治疗师教患儿低声说话。然后，让他们说单音节单词，并拉长这些单词的元音，以增加不停顿或不重复地说出这些单词的可能性。之后，治疗师可能会要求患儿以非常慢的语速（每分钟 60 个单词）练习双音节复合词（例如 schoolbus 或

hotdog），拉长元音并用柔和的声音说话。再后来，练习增加话语的长度（即练习短语和句子），并逐渐提高说话的音量和速度。自始至终，治疗师会一直示范缓慢的言语、受控制的呼吸和柔和的声音。

大多数治疗师在很大程度上也依赖操作性条件作用来改善患儿的言语运动行为。在早期的实验中，马丁、库尔和哈罗德森（Martin, Kuhl, and Haroldson, 1972）让口吃患儿和木偶说话。只要儿童说得流利，木偶就和他们互动；当儿童口吃时，木偶停止与儿童的互动 10 秒钟。研究结束时，无论是在实验室还是在家里，儿童的口吃都明显减少。

父母参与治疗很重要。父母经常对孩子口吃的原因和预后有很多疑问。治疗师可以回答父母的问题，并提供支持和保证。为了增强患儿的言语流畅性，治疗师可以教父母如何在家里柔和、缓慢地说话（Yairi & Seery, 2016）。

对大龄儿童的治疗

对患口吃的大龄儿童与青少年的治疗包括三个部分：（1）识别；（2）修正；（3）泛化。识别包括帮助患儿识别口吃发生时的情况。尽管大龄儿童能意识到自己口吃，但他们可能不知道自己口吃的频率、与口吃相关的躯体行为（如面部紧张、眨眼）以及最有可能引起口吃的讲话情境。起初，治疗师可能会使用镜子或录像来帮助患儿识别与口吃有关的情境或行为。之后，治疗师和患儿努力找出引起口吃的情境，比如接电话或在课堂上被点名（Ratner & Tetnowski, 2014）。

接下来，患儿开始修正他们的言语。这一阶段的治疗目标与对学龄前儿童的治疗目标类似。儿童必须学会将“僵硬的言语”转变为轻松、缓慢的“平缓的言语”。治疗师在和儿童的对话过程中使用一种叫作阻塞修正（in-block modification）的技术来教授言语修正。儿童或治疗师在注意到言语不流畅情况（即“阻塞”）时要即时指出并纠正。

治疗的第三个组成部分是泛化。患儿要家里和学校练习他们的语言技能。最初，治疗中可能会模拟引发口吃的家庭和学校环境，在这种环境中进行角色扮演。然后，父母和教师鼓励儿童在家里和学校使用“平缓的言语”，并强化他们的尝试。口吃患儿可与教师共同建立针对性沟通策略，以降低口吃在课堂上发生的频率。例如，儿童张开手掌举起手代表“我知道答案，希望别人叫我”，握拳并举起手则代表“我知道答案，但现在请不要叫我”。

治疗师还将干预口吃对大龄儿童与青少年造成的社交和情绪问题。同伴的戏弄和说话时的焦虑这两个后果尤为突出。关于戏弄，治疗师可以和教师一起找出并纠正儿童最常被戏弄的情况。因为学校的工作人员不能监控所有的情况，治疗师通常教患儿应对他人戏弄的策略。例如，用幽默的方式应对，例如说“我猜你注意到我口吃了”或者“不要靠得太近，否则你可能也会口吃的”。还有些儿童需要学习解决问题的技能，比如学习如何处理尴尬局面或避免与欺凌者打架。

尽管与学龄前儿童相比，大龄儿童与青少年的口吃更难治疗，但治疗是有效的。

总的来说，涉及识别、修正和泛化的言语干预措施可以减少85%～90%的口吃症状。这些数据为大龄患儿和他们的家庭带来了希望（Yairi & Seery, 2016）。

小　结

- 儿童期发生的言语流畅障碍（口吃）是指在正常的说话速度、效率和停顿模式方面持续存在问题，通常表现为音节重复、词语中断、说话时紧张。
- 口吃是可遗传的。如果患儿把说话和焦虑联系起来，那么口吃有时是经典条件作用的产物。心理语言学理论认为，口吃也是由试图解决语言问题的内隐行为造成的。
- 减少口吃的言语疗法强调说话时采用柔和或“平缓”的声音，语速较慢、放松喉咙、控制呼吸。大一点的儿童可以学习应对说话时焦虑的一些方法。

什么是社交（语用）交流障碍？

描述和病因

有些儿童在语言和言语方面没有明显的问题。他们的语音加工、词法、语法、语义和流畅程度都很好。然而，他们在与他人交流的能力上仍然表现出明显的缺陷。**社交（语用）交流障碍［social（pragmatic）communication disorder］**的特点是语用（即在特定的社交语境中使用语言）上的缺陷（表7.6）。社交（语用）交流障碍患儿能够识别语言的语音和结构，能说完整的句子，词汇能力也可能发展良好。然而，他们缺乏在社交环境中与他人有效交流的能力（Norbury, 2014）。

社交（语用）交流障碍患儿在4个广泛的社交领域表现出缺陷。第一，他们在以社交为目的进行交流方面表现出缺陷。例如，他们可能在问候他人、加入正在进行的对话或共享信息时遇到问题。第二，他们在切换交流方式以适应情境需要的方面存在问题。例如，他们在操场上和同学说话的方式可能与在教室里和教师说话的方式一样。第三，这些儿童在进行对话时存在问题。他们不能很好地轮流交谈，当表达未被理解时，无法意识到这一点以及重新措辞。第四，大龄儿童与青少年患儿往往很难理解那些没有明确说明而需要根据上下文信息进行判断的交流。他们常常无法理解双关语、笑话、习语和交流中的双重含义（American Psychiatric Association, 2013）。

表 7.6　社交（语用）交流障碍的诊断标准

A. 在社交使用口语和非口语交流方面的持续困难，表现为下列各项所有症状：
  1. 以社交为目的的交流缺陷，例如，在社交情景下以合适的方式进行问候和分享信息。
  2. 变换交流方式以匹配语境或听众需要的能力的损伤，例如，在教室里和在操场上讲话不同，与孩子和与成人交谈不同，并避免使用过于正式的语言。
  3. 遵循对话和讲故事的规则有困难，例如，轮流交谈，被误解时改述，知道如何用语言和非语言的信号去调节互动。
  4. 理解什么是没有明确表述出来的（例如，做出推论）和非字面或模棱两可的意思（例如，成语、幽默、隐喻、根据语境解释有多重含义的）有困难。

B. 这种缺陷导致了有效交流、社会参与、社交关系、学业成绩或职业表现方面的功能局限，可单独出现或任意组合出现。

C. 症状发生于发育早期（但是，直到社交交流的需求超过其有限能力时，缺陷可能才会完全表现出来）。

D. 这些症状并非由于其他躯体疾病或神经疾病，或构词、语法方面的低能力所致，且不能用孤独症（自闭症）谱系障碍、智力障碍（智力发育障碍）、全面发育迟缓或其他精神障碍来更好地解释。

有社交（语用）交流障碍的儿童经常在同伴关系中遇到问题。例如，这些儿童可能不知道如何开始与同伴对话，或者不能在对话中遵循微妙的轮流交谈规则。他们也可能很难在不偏离主题的情况下保持对话的流畅性。这些儿童在谈话中可能不会理解他人的非言语暗示，例如不想谈论某个话题、对某个话题很感兴趣和某个话题具有很强重要性的暗示。因此，患有社交（语用）交流障碍的儿童可能无法从社交互动中得出正确的推论，或者可能表现出不恰当的社交行为（Swineford, Thurm, Baird, Wetherby, & Swedo, 2015）。以一个患有社交（语用）交流障碍的男孩威廉为例。

案例研究
社交（语用）交流障碍

威廉的单向交谈

以下是一个患有社交（语用）交流障碍的男孩威廉与同学迈克的谈话记录：

威　廉：嘿，迈克，你上次测验考得怎么样？

迈　克：我做得不太好。我真的学习很努力，但我只得了个 C-。

威　廉：哦，好吧，我得了 A。我觉得很简单。

迈　克：啊，是吗，真了不起。我想我爸妈会对我很失望。

威　廉：我甚至没有为此努力学习。

迈　克：是的，我很高兴你做得很好。我最担心的是他们可能不让我去看星期二的篮球赛，因为他们想让我学习。

威　廉：是的，我爱篮球。你昨天在电视上看比赛了吗？

迈　克：啊，没看。对不起，我得走了。

社交（语用）交流障碍患儿在叙述和对话修复方面存在缺陷。**叙事能力**（**narrative skill**）用于分享个人经历。比如描述最喜爱的电影或夏令营经历等。完整的叙事包含开头、经过和结尾三部分，需要运用恰当的词汇来表达想法和事件，并按逻辑顺序组织内容。遗憾的是，社交（语用）交流障碍患儿在叙事方面有问题。例如，他们可能会遗漏重要的信息，由于词汇量有限而使用含糊不清或不精确的语言，并且不按时间顺序呈现信息，从而使他们讲的故事难以理解。

社交（语用）交流障碍患儿也常常缺乏**对话修复能力**（**conversational repair skill**）。当他人不能理解患儿的话时，患儿无法识别这种情况并采取行动。对话修复技能可能包括重复或换个说法、提供额外的信息或示例，或提供背景信息或上下文。社交（语用）交流障碍患儿通常很难掌握这些技能，或者全然不知他人无法理解他们的表达。

对话修复中的这些缺陷至少可以通过三个原因来理解。第一，大多数人，即使是没有社交（语用）交流障碍的人，在听不懂某些话的时候，也不愿意打断说话者，要求更多的信息。通常，人们只是为了避免冒犯或尴尬而继续谈话。第二，社交（语用）交流障碍患儿通常不理解俚语和非字面表达（即修辞性语言）。第三，社交（语用）交流障碍患儿通常在社交功能方面有更多的缺陷，这使得高阶社交技能（例如对话修复）对他们来说具有挑战性的。

像高功能 ASD 患儿一样，社交（语用）交流障碍患儿也存在社交互动和理解社交互动的问题。他们似乎是在*对别人说话*，而不是*与别人交谈*，表现出对别人的感受缺乏意识。然而，社交（语用）交流障碍患儿并不像 ASD 患儿那样表现出重复行为和局限的兴趣。如果一个儿童符合孤独症谱系障碍的诊断标准，他就不会被诊断为社交（语用）交流障碍。

循证治疗

发起和维持对话

许多患有社交（语用）交流障碍的儿童避免交谈，因为他们对自己的交流技能缺乏信心。还有些儿童不愿意更广泛地参与社交互动。遗憾的是，这种回避剥夺了他们练习社交技能和提高在社交场合中使用语言的机会。随着时间推移，这些患儿的交流能力会下降（Ingersoll & Dvortcsak, 2010）。

治疗师的第一项工作是教患儿发起对话。开始对话的一个重要组成部分是与对话伙伴保持目光接触。治疗师会先讲解目光接触的重要性，示范正确的注视方式，在患儿尝试时给予提示，并对他们保持目光接触的行为进行强化。

第二，治疗师鼓励患儿发起对话。为了达到这个目标，治疗师可能会有策略地把需要儿童提问的图片和物体放在自己的办公室里，以此来引导其发起对话（例如，这个玩具是什么？它是如何玩的？你愿意和我一起玩吗？）。或者，治疗师可能会让患儿完成一个句子（例如，昨天，我____；我最喜欢的东西之一是____），来促进其发起对话或讲故事。治疗师用眼神和赞美来强化患儿所有发起对话的尝试，例如，说："哦，我很高兴你告诉我这些。谢谢分享。"

第三，治疗师鼓励患儿保持对话。有些儿童只作简短的回答而有些则过早地结束谈话。治疗师教儿童在提示下保持对话，使用诸如"告诉我更多""接下来发生了什么？"和"你最喜欢的是什么？"的提示。有些儿童会离题或突然切换话题。为了鼓励儿童保持同一话题，治疗师可能会温柔地说打断儿童的话，引导儿童回到原本的话题上，比如，说："打断一下，我想要聊聊你的马戏团之旅，跟我多说说吧。"

语用能力的最后一个关键要素是话轮转换。儿童需要掌握交流中自然的互动规则：他们必须专注于对话者，避免打断对方说话，并且对社交暗示做出反应。治疗师可以通过口头、象征和物理提示来教授患儿话轮转换的技巧。口头提示可以是具体地告诉儿童什么时候听或说（例如，"现在轮到你了"）。符号提示可能包括用手势（例如，指向、移动）来表示谁在说话、谁在听。治疗师甚至可能会在她和儿童之间传递一个物理提示，比如麦克风，以示意该轮到谁说话。治疗师强化适宜的话轮转换，并逐渐减少提示（Ingersoll & Dvortcsak, 2010）。

对话修复与叙事

教授对话修复技能的一个方面是系统地指导患儿如何向说话者寻求澄清。治疗师可以通过故意给儿童一些模棱两可的指令来教他们寻求澄清。例如，治疗师可能会有策略地把三辆玩具车放在一张桌子上，然后说："请把车给我。"当儿童把"错误"的车给治疗师时，治疗师可能会回答："你不知道我想要哪一辆。问我：'你想要哪辆车？'"然后，治疗师会教儿童用适当的方法打断说话者，比如说"打扰一下"或者"不好意思"。

对话修复技能训练的另一个方面是帮助儿童认识到听者不理解他们的意思，并由此重新组织话语。例如，治疗师会先展示一些人物困惑表情的图片，帮助儿童识别这种情绪。然后亲自示范如何礼貌追问信息，比如假装听不懂儿童的话，并演示正确回应，例如，说"我不明白""你能换个说法吗？""我不知道那个词是什么意思"。最后，治疗师通过说"哦，现在我明白了，谢谢！"来强化对话修复技能。

叙事技能是社交交流中最重要的方面之一。在初期训练阶段，治疗师可采用"讲述 - 复述"来系统培养这项能力。这个程序包括了介绍、示范、提示和强化。具体来说，治疗师可能会借助图片讲述一个儿童熟悉的故事，比如《三只小猪》。然后，治疗师让儿童复述故事。有效的叙事会得到强化，而错误即时被纠正（例如，

“等等！狼在毁掉房子之前对小猪说什么了吗？”）。

之后，治疗师鼓励儿童利用自传体信息练习叙事技能。例如，治疗师可能首先建立一个简单的自传体叙事模板：“每天晚上，在睡觉之前，我都会做些睡前的准备。首先，我穿上睡衣……”然后，他可能会鼓励儿童描述自己的就寝习惯，并在必要时给予提醒、纠正错误，并强化适宜的叙述技巧。

最后一个教授叙事技能的方法是使用**脚本**（**script**）。脚本是对人们日常参与的社交互动的描述。在餐馆点菜、在杂货店购物或者拜访亲戚都是脚本的例子。脚本可以一字不差地写下来、用图片表示，也可以即兴创作。在个体治疗中，治疗师和儿童轮流扮演脚本中的主要角色（例如，儿童扮演服务员、治疗师扮演顾客）。治疗师要求儿童通过解释接下来应该发生的事件的序列来生成脚本（例如，我们坐下，然后阅读菜单，然后点菜）。然后，治疗师和儿童进行角色扮演并练习其他语用语言技能（例如目光接触、话轮转换、对话修复）。最后，治疗师和儿童转换角色以加强社交交流的互动性。

社交技能训练和录像示范

社交技能训练也能使社交（语用）交流障碍患儿受益，这是一种行为干预。在这种干预中，经常使用的社交技能被系统地介绍、示范、练习和强化（Wilczynski et al., 2016）。**技能流**（**skillstreaming**）（McGinnis, 2011a, 2011b）是一种流行的治疗手段，临床医生可教授一些技能，例如如何发起对话、如何提问以及如何参加团体活动。每一项技能都被分解成几个步骤，并在团体中进行示范和练习。

另外，人际关系技能的教育与增进方案（Program for the Education and Enrichment of Relational Skills, PEERS）是一项为期 16 周的针对有社交障碍的中学生和高中生的团体干预项目。参与该项目的青少年要学习的技能包括如何与他人分享信息、如何恰当地运用幽默、如何给朋友打电话，以及如何在聚会上做一个好主人（Laugeson, Gantman, Kapp, Orenski, & Ellingsen, 2015; Laugeson & Park, 2014）。

最近的数据表明，社交技能训练在改善儿童的社交交往方面是有效的（Durand, 2015; Smith & Bryson, 2015）。例如，托莫尔及其同事（Thomeer and colleagues, 2012）随机将儿童分为两组，一组是社交技能训练夏令营组，另一组是对照组。经过 5 周的训练，与对照组相比，参加夏令营的儿童在交流、社交互动和理解非书面语言（即习语）方面表现出了改善（图 7.2）。

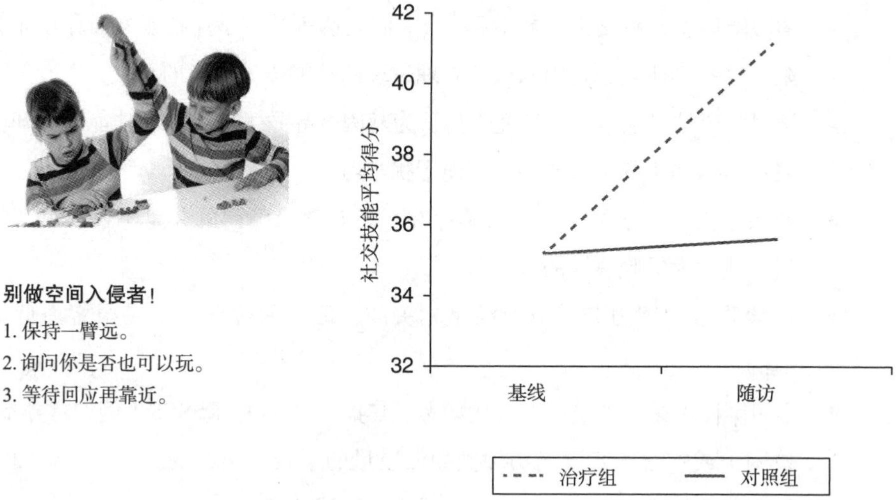

图 7.2 社交技能训练

注：在社交技能训练中，儿童会学习和练习有效社交的步骤。在一项研究中，与对照组相比，随机分配到技能流夏令营的儿童在社交交流方面表现出改善。基于史密斯和布莱森（Smith and Bryson, 2015）。

展示社交技能的一个特别有效的方法是通过录像示范（Cardon, 2016）。在这种方法中，社交技能由治疗师、家庭成员或其他儿童清晰地示范并记录下来，患有社交（语用）交流障碍的儿童可以在治疗之外使用平板电脑或智能手机来复习这些技能。新的数据表明，录像示范有助于儿童将社交技能泛化到家庭和学校的环境中（Acar, Tekin-Iftar, & Yikmis, 2017; O'Handley, Radley, & Whipple, 2015; Vandermeer, Beamish, Milford, & Lang, 2015）。

小 结

- 社交（语用）交流障碍的特点是在社交情境中（即语用）有使用口语和非口语交流的持续困难。
- 患有社交（语用）交流障碍的儿童表现出社交交流方面的缺陷，但他们没有 ASD 患儿那种受限的、重复性的行为模式。
- 治疗方法包括帮助儿童发起对话并保持目光接触和对话、发展对话修复技能、提高讲故事的能力。社交技能训练也能有效地提高语用交流能力。

7.2 学习障碍以及特定学习障碍

学习障碍是会对个体的学习功能、职业成就和自我概念产生不利影响的严重问题（Pierce, 2015）。尽管对学习障碍的确切定义存在分歧，但大多数专家对以下特征看法一致：

- 学习障碍患儿在阅读、数学和 / 或书面表达等基本学业技能方面存在显著缺陷。这些学业问题是因深层的心理过程的功能障碍产生的。
- 学习障碍是可遗传的。研究人员认为基因会导致大脑结构、功能、感知、记忆和信息加工的微妙异常，进而干扰学习。
- 如果不治疗，学习障碍会持续存在。患有学习障碍的儿童不仅仅是“学习慢”或“大器晚成”的。
- 虽然儿童的智力和学业成绩是相关的，但学习障碍并不是由智力低下引起的。
- 学习障碍不是由情绪问题（例如考试焦虑、抑郁）、低 SES（例如营养不良、贫困）或贫乏的教育经历（例如低质量的学校）引起的。虽然这些因素会加剧儿童的学习问题，但不会造成学习障碍。

目前心理学界在什么是确认患有严重学习问题的儿童的标准上还没有共识。事实上，学习障碍的定义因学科而异。在诊所、医院和其他医疗机构工作的专业人员（例如临床心理学家、医生）倾向于采用 DSM-5 中概述的学习障碍的医学定义。这些专业人员对患有特定学习障碍的儿童进行诊断。与之相对，在教育环境中工作的专业人员（例如学校心理学家、特殊教育教师）往往使用美国联邦和州法律中概述的学习障碍的法律定义。这些专业人士通常将患儿归类为“特定学习能力欠缺”（specific learning disability）（Lewandowski & Lovett, 2014）。

什么是特定学习障碍?

学习障碍

特定学习障碍（specific learning disorder）是 DSM-5 中的一种障碍，其特征是当前在阅读、书写和 / 或数学方面相对于常模存在缺陷（表 7.7）。患有特定学习障碍的儿童在阅读、写作和 / 或数学方面的成绩远低于同龄人。“远低于”通常被认为至少比同龄儿童成绩的平均值低 1.5 个标准差。因为大多数成就测验的平均值为 100、标准差为 15，测验得分低于 78 分可能意味着低成就。这些学业技能缺陷必须是相对于常模的，即与普通人群中的其他儿童相比，它们必须是低水平的。在学业技能方面的相对缺陷，例如数学成绩比阅读成绩低，并不代表儿童患有特定学习障碍（American Psychiatric Association, 2013）。

表 7.7 特定学习障碍的诊断标准

A. 学习和使用学业技能的困难，如存在至少 1 项下列所示的症状，且持续至少 6 个月，尽管针对这些困难存在干预措施。

1. 不准确或缓慢而费力地读字（例如，读单字时不正确地大声或缓慢、犹豫、频繁地猜测，难以读出字）。
2. 难以理解所阅读内容的意思（例如，可以准确地读出内容但不能理解其顺序、关系、推论或更深层次的意义）。
3. 拼写方面的困难（例如，可能添加、省略或替代元音或辅音）。
4. 书面表达方面的困难（例如，在句子中犯下多种语法或标点符号的错误；段落组织差；书面表达的思想不清晰）。
5. 难以掌握数字感、数字事实或计算（例如，数字理解能力差，不能区分数字的大小和关系；用手指加个位数字而不是像同伴那样回忆数字事实；在算术计算中迷失，也可能转换步骤）。
6. 数学推理方面的困难（例如，应用数学概念、事实或步骤去解决数量的问题有严重困难）。

B. 受影响的学业技能显著地、可量化地低于个体实际年龄所预期的水平，显著地干扰了学业或职业表现或日常生活的活动，且被个体的标准化成就测评和综合临床评估确认。

C. 学习方面的困难开始于学龄期，但直到那些对受到影响的学业技能的要求超过个体的有限能力时，才会完全表现出来（例如，在定时测试中，读或写冗长、复杂的报告，并且有严格的截止日期或特别沉重的学业负担）。

D. 学习困难不能用智力障碍、未校正的视觉或听觉的敏感性，其他精神或神经病性障碍、心理社会的逆境、对学业指导的语言不精通，或不充分的教育指导来更好地解释。

注：符合上述 4 项诊断标准是基于临床合成的个体的历史（发育、躯体、家庭、教育），学校的报告和心理教育的评估。

编码备注：标注所有受损的学业领域和次级技能。当超过 1 个领域受损时，每一个都应根据下列标注单独编码。

标注如果是：

伴阅读受损：

阅读的准确性

阅读速度或流畅性

阅读理解力

伴书面表达受损：

拼写准确性

语法和标点准确性

书面表达清晰度或条理性

伴数学受损：

数字感

算术事实的记忆力

计算能力的准确性或流畅性

数学推理能力的准确性

患有特殊学习障碍的儿童必须符合 3 个其他标准。第一，他们必须有学业问题史。在大多数情况下，儿童的学业问题出现在小学或中学早期，并显著影响儿童在学校的表现。然而，在某些情况下，问题始于幼儿时期，但大一些的儿童能够以某种方式弥补这些问题。例如，一个有阅读问题的儿童有很好的短时记忆能力，他可以通过记忆频繁出现的单词来弥补这些问题。如果到儿童期或青春期，学业需求（例如，要阅读更复杂的词汇）超过他的补偿策略，他的阅读延迟问题可能才会表现出来。

第二，患有特定学习障碍的人所表现出的缺陷一定会影响他们的学业成就、职业功能或日常生活活动。儿童在成绩测验中得分低是不足以支持特定学习障碍的诊断的，他们的学业缺陷一定要足以影响他们在现实世界中的功能。例如，患有特定学习障碍的儿童可能难以达到其所在年级的教育基准，青少年可能无法满足参加体育活动的资格要求，或者年轻的成人可能在阅读指导手册、平衡收支或撰写简历方面遇到问题（Weis, Speridakos, & Ludwig, 2014）。

第三，患学习障碍的儿童表现出的学习缺陷必须是“特定的”一个或多个学习领域，而不能反映为整体认知能力低下。儿童的整体智力功能应该在正常范围内。此外，特定学习障碍不能是由其他精神或神经障碍或感觉障碍导致的，例如视力或听力问题。专业人士必须排除导致学业成绩低下的其他深层原因，例如学习焦虑、可能影响学习的躯体疾病以及在看黑板或听教师讲课方面的问题。最后，特定学习障碍不能归因于社会人口学因素，例如英语水平低或学校教学不足（American Psychiatric Association, 2013）。以一个在阅读领域有特定学习障碍的男孩丹尼尔为例。

案例研究
特定学习障碍

等待失败

丹尼尔是一个 9 岁的男孩，因为学习成绩差而被送到我们诊所。他在幼儿园时就开始遇到了学习困难。他很难辨认和书写字母和数字、回答有关故事的问题，也很难遵循指令。体检结果表明他很健康。丹尼尔多上了一年幼儿园，但他的学业问题仍然存在。

在一年级，丹尼尔接受了测试，以确定他是否有学习障碍。丹尼尔的 IQ 得分是 103，这表明他智力正常。他在阅读（80 分）和写作（81 分）测试中的标准化分数明显低于大多数同龄人。然而，丹尼尔的阅读、写作和数学考试成绩并不低，不足以让他接受学校特定的特殊教育服务。

接受评估时，丹尼尔正在一间普通的三年级教室上课。他经常混淆外形相似的字母，并且很难区分外形相似的单词，比如 that、this、those 和 these。丹尼尔读不出陌生的单词，通常需要猜测它们的发音。丹尼尔阅读也很慢。

丹尼尔讨厌上学。在全班同学的面前大声朗读时，他会特别尴尬。如果他读错一个单词时教师纠正了他的错误，他就会很生气。丹尼尔常常听课走神，主动在教室里做劳动或者讨好教师，以此来逃避作业。在家里，当妈妈叫丹尼尔写作业时，他就会发牢骚。

“我不笨也不懒，”丹尼尔解释道，“我只是在阅读方面有点困难。”门诊的心理学家建议对丹尼尔进行学习障碍评估。他母亲回答说：“好吧。但是不是在他上一年级的时候就已经测试过了，发现他没有阅读困难吗？再说，哌甲酯不能治疗这些问题吗？”

在诊断特定学习障碍时，临床医生会标注损害的领域，包括阅读、书面表达或数学领域。然后，临床医生说明儿童在每个确定的领域的学业问题的性质。例如，丹尼尔可能被诊断为特定学习障碍伴阅读受损。他似乎在准确流利地读单词方面有中度的问题。一些临床医生用**阅读困难**（**dyslexia**）这个词来描述在单词阅读和流畅性方面的缺陷。相比之下，另一个儿童可能能够准确快速地读单词，但可能理解能力差。最后，临床医生会给严重程度评分。严重程度从“轻度”（即困难可以通过提供额外学业帮助和支持服务来补偿）到“重度”（即在多个学业领域中存在困难，严重影响技能习得）。

学习能力欠缺

在学校工作的专业人士倾向于使用**特定学习能力欠缺**（**specific learning disability**）这一术语，而非特定学习障碍来描述学习技能存在缺损的儿童（Peacock& Ervin, 2012）。学习能力欠缺（*learning disability*）一词是由萨缪尔·柯克（Samuel Kirk, 1962）提出的，用来描述那些在阅读、写作、数学或口语发展方面表现出明显延迟的儿童。柯克认为，这些延迟干扰了儿童的学习能力，它们很可能是由大脑结构异常引起的。柯克将学习能力欠缺与通常损害学习能力的其他心理问题（例如智力低下和感觉损害）进行了区分（Courtad & Bakken, 2011）。

如今，学习能力欠缺的法律定义由**《残疾人教育改善法案》**（**IDEIA**）规定。这个定义大量借用了柯克最初的概念：

> “特定学习能力欠缺”指的是一种在涉及理解或使用语言、口语或书面语的一个或多个基本心理过程中存在的障碍，可能表现为听、想、说、读、写、拼写或数学计算能力的不完善。该术语包括诸如知觉障碍、脑损伤、轻微脑功能障碍、阅读困难和发育性失语的障碍。它不包括主要由视觉、听觉或运动障碍、智力障碍、情绪障碍，或环境、文化或经济贫困造成的学习问题。

IDEIA在几个方面值得注意。第一，它适用于所有残疾儿童。尽管接受特殊教育的大多数学龄儿童有特定学习障碍，但IDEIA也适用于患有智力障碍、ASD、骨科残疾和感觉受限的儿童（表7.8）。第二，IDEIA赋予所有残疾儿童接受“免费和当的公共教育”（free appropriate public education, FAPE）的权利。残疾儿童有权接受教育，从而进行学习和发挥学业潜力。第三，残疾儿童必须在“限制最少的环境”中接受教育——也就是说，只要有可能，他们就应该在普通教育教室里与非残障学生一起接受教育。第四，学龄残疾儿童有权享受个体化教育方案（Individualized Education Programs, IEPs），这个方案具体规定了向残疾的儿童提供哪些服务来帮助他们实现这一目标。第五，IDEIA 使父母有权在计划和实施子女教育方面发挥积极作用（Walter, 2015）。

表 7.8 美国学校中残疾儿童比例

残障类型	占所有儿童的百分比（%）
所有残障	13.7
学习障碍	4.6
言语 / 语言损害	2.7
其他健康损害	2.0
孤独症	1.4
智力障碍	0.9
发育迟滞	0.9
情绪障碍	0.7
多重残疾	0.3
听力损害	0.1
视力损害	0.1
骨科损害	0.1
颅脑外伤	0.1

注：学习障碍和言语 / 语言损害（即 DSM-5 中的交流障碍）是最常见的障碍类型。其他健康损害包括慢性或急性健康问题，如心脏病、哮喘、镰状细胞贫血、血友病、癫痫或白血病。基于美国国家教育统计中心（National Center for Education Statistics, 2020）。

小 结

- 特定学习障碍是 DSM-5 中的一种障碍，其特征是难以学习或运用阅读、数学或写作技能。与其他同龄人相比，特定学习障碍患儿的这些学习技能缺陷显著，并导致学业或其他活动受损。
- 特定学习能力欠缺是一个法律术语，反映了涉及使用口头或书面语言的基本心理过程的问题。这些问题会导致阅读、数学、拼写、写作或口语的问题。
- 患学习能力欠缺或学习障碍儿童表现出的学业问题并非由于感觉损害、贫乏的教育经历、低社会经济水平或儿童的文化或语言背景所致。

如何识别学习能力欠缺？

干预反应

大多数学校工作人员通过**干预反应**（**response to intervention, RTI**）来识别学习障碍。RTI之所以得名，是因为当科学的、以研究为基础的教育干预措施不能让学生的学习能力提升，他们就会被认定为存在学习能力欠缺。如果一名儿童接受高质量、循证的阅读、数学和写作教学，但未能表现出学业进步，我们就可以使用RTI方法，将其归类为学习能力欠缺（Reschly & Coolong-Chaffin, 2016）。

使用RTI的学校系统通常使用三级系统来识别学习能力欠缺的个体（Jimerson, Burns, & VanDerHeyden, 2016）（图7.3）。第一级以普遍的或“初级预防性”筛查为特点。这种筛查对一个班的所有学生进行评估，以评估他们对基本学业技能的掌握情况。通常情况下，筛查是简短的，并定期在整个学年对所有科目进行筛查。此外，筛查通常依赖基于课程的评估。**基于课程的评估**（**curriculum-based assessment**）是指根据教师或学区制定的学业基准来衡量学生的学习进展。该评估根据儿童是否达到了教师或学校设定的学习目标做评价，而不是将其得分与常模组进行比较（例如在标准化测验中）。

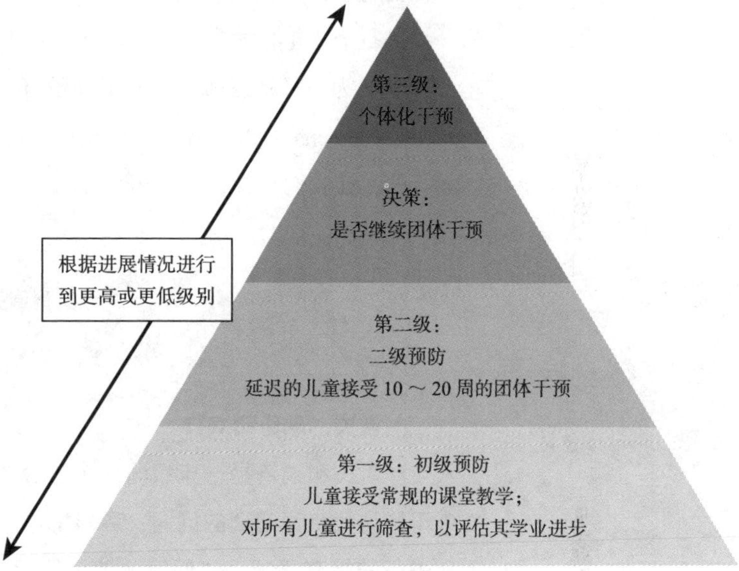

图7.3　干预反应（RTI）

注：RTI通常由三个教学个体化程度和强度逐级增加的层次构成。对教学没有反应的儿童会进入更高级别，并可能会被归类为存在学习能力欠缺。基于雷斯切利和伯格斯特龙（Reschly and Bergstrom, 2009）。

例如，许多学区使用早期读写基本能力动态指标表（Dynamic Indicators of Basic Early Literacy Skills, DIBELS）来识别有单词阅读延迟问题的儿童（Smolkowski & Cummings, 2016）。DIBELS由一系列非常简短的测验组成，这些测验要求小学低年级学生阅读单词或短文。这些测试只需花几分钟，并在整个学年中重复进行。这些测试将儿童在DIBELS上的表现与班上其他学生的表现进行比较，并根据学区的学习目标进行评估，以监控学生的阅读掌握情况。

在所有的儿童中，大约85%的儿童在数学方面表现出满足要求的进步。剩下的15%的儿童在数学方面的表现落后于同龄人或达不到地区标准，他们被认为对干预“无反应”，并进入第二级。这一级被称为二级预防，因为这一层次的干预措施针对那些表现出学业延迟但尚未被确定为存在学习能力欠缺的个体。第二级的儿童通常在表现出延迟的学业领域接受额外的小组教学。例如，表现出阅读困难的儿童可能会在教室里接受定期的阅读指导，每周接受几次额外的小组指导。雷斯切利和伯格斯特龙（2009）建议，第二级干预要持续 10 ～ 20 周。在实践中，团体干预的频率和持续时间差别很大，从在几个月中每周一次到整个学年进行不等（McKenzie, 2009）。在小组指导之后，学校重新评估儿童对继续第二级辅导的需求程度。达到学习基准的儿童可能会回到第一级，表现出一些进步的学生可能会留在第二级，对团体干预没有反应的儿童可能会进入第三级（Reschly & Bergstrom, 2009）。

大约有 5% 的学龄儿童即使在接受小组额外教学的情况下仍然表现出学业能力缺损。这些儿童可能会进入第三级的 RTI（Jimerson et al., 2016）。向第三级的儿童提供的辅导因学校而异。在大多数情况下，第三级的干预包括针对儿童的学业能力缺损进行个体化教学或一对一辅导。一些专家将第三级视为"特殊教育"，而另一些专家则认为，只有在第三级的干预没有取得进展的情况下，儿童才应被置于特殊教育中（Clemens, Keller-Margulis, Scholten, & Yoon, 2016）。为了了解三级系统是如何进行的，让我们来看看雷夫和瑞奇的案例。

案例研究
对干预的反应

雷夫、瑞奇和 RTI

雷夫和瑞奇是一年级同一个班级的两个 7 岁男孩。这两个男孩在幼儿园都有字母辨认和单词阅读的问题，今年的学业表现也继续落后于同龄人。他们的教师定期进行的筛查显示，他们每分钟只能读 8 ～ 10 个单词，而他们的同学平均每分钟读 20 ～ 25 个单词。因为两个男孩在常规的课堂教学中没有取得足够的进步，他们进入了学校 RTI 项目的第二级。第二级辅导包括定期进行阅读课和额外的团体教学，旨在提高男孩们的发音能力。男孩们所在的小组在 20 周内每天大约进行 20 分钟教学。

图（a）显示了雷夫的进展。实线显示了学校对一年级学生的学业要求基准；也就是说，它表示一个一年级的儿童在学年的每一时间点上应该能读多少单词。雷夫的阅读教师设定了一个目标（点虚线），在干预的过程中，雷夫每周应该能够每分钟多读 3 个单词。正如虚线所示，雷夫能够实现他的目标，赶上同龄人。因为他对第二级的干预有反应，所以雷夫在学年余下的时间里只接受了班级的常规阅读指导。

图（b）显示了瑞奇的进展。尽管瑞奇和雷夫有相同的目标，但是瑞奇对团体干预没有反应（短横虚线）。瑞奇的父母、教师和阅读专家决定，瑞奇应该接受第三级的辅导，在本学年剩余的时间里接受个体化阅读指导。他们的目标是帮助里奇在升入二年级之前赶上同学。

雷夫（a）对 RTI 第二级的小组阅读干预有反应，而瑞奇（b）无反应

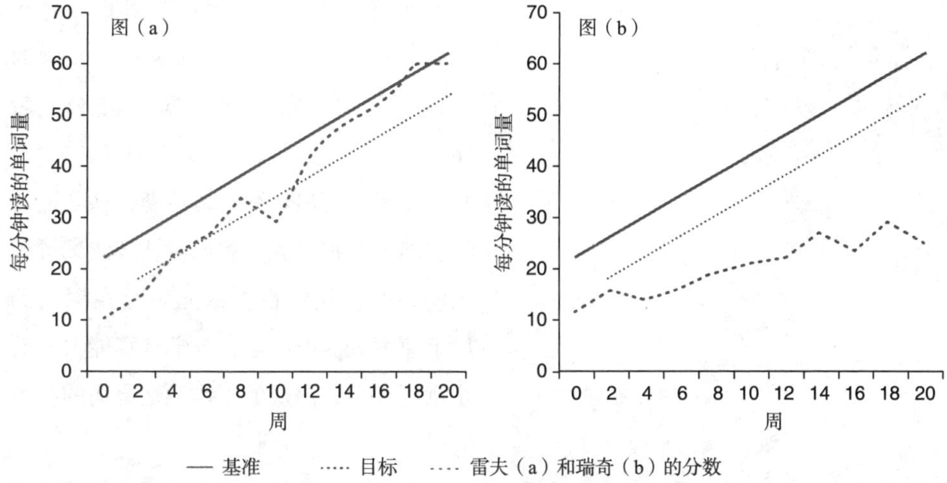

注：基于雷斯切利和伯格斯特龙（2009）。

RTI 的主要益处在于它允许学校工作者更早地识别和帮助患有学习能力欠缺的儿童（Yssledyke, Burns, Scholin, & Parker, 2010）。根据课堂观察，工作人员可以发现儿童潜在的学习问题，并立即实施一级和二级预防策略。尽早发现和补救也可能减少接受特殊教育的儿童人数。由于 RTI 采用分级的方法进行识别和治疗，只有对低水平干预措施没有反应的儿童才会被转介到强度更高（和昂贵）的特殊教育服务中（Walter, 2015）。

综合评估

综合评估（comprehensive assessment）是另一种鉴别学习能力欠缺的方法（Flanagan, Fiorello, & Ortiz, 2010; Flanagan, Ortiz, & Alfonso, 2013）。它将课堂上对学业表现的观察与包括学业成绩、智力和认知加工测量在内的常模参照测验相结合。综合评估的倡导者指出，儿童可能会因为许多原因对循证的学业教学没有反应，其中只有一个原因是学习能力欠缺（Hale et al., 2010）。其他原因可能包括智力低下、注意力问题、焦虑或情绪障碍、低动机、家庭压力、语言或文化差异、健康或营养问题，或者其他由社会文化劣势导致的困难（Tannock, 2013）。尽管所有学习能力欠缺患儿都有学业延迟的问题，但所有出现学业延迟问题的儿童不一定都学习能力欠缺。综合评估可以让临床医生区分由深层的认知加工问题引起的学习能力欠缺和由前面提到的其他原因引起的低学业成就（Mascolo, Alfonso, & Flanagan, 2014）。

综合模型的第一部分利用了 RTI 的优势。与同班同学相比，学业能力表现出延迟的儿童（一级）将接受额外的小组教学（二级）。如果儿童继续落后于他们的同学，他们可能患有学习能力欠缺。等级的确定基于以下四个标准（图 7.4）：

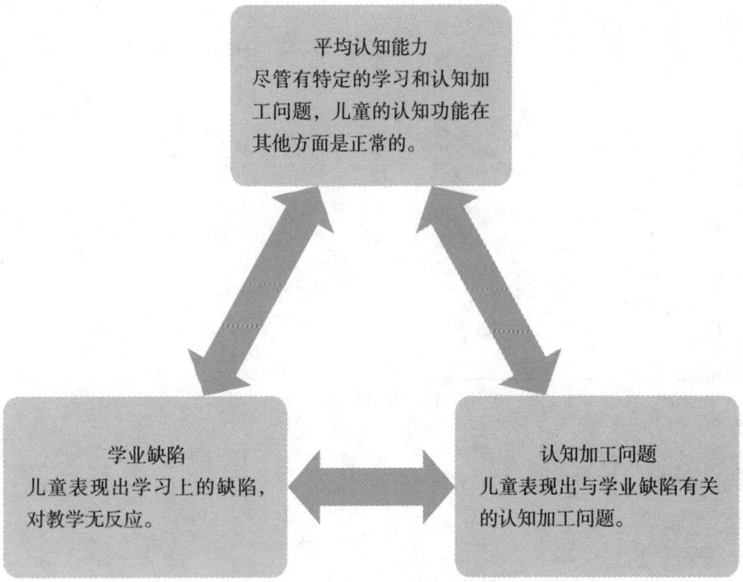

图 7.4　学习能力欠缺的综合评估

注：患有学习能力欠缺的儿童表现出（1）学业技能缺陷，（2）与学业缺陷相关的深层认知加工问题，（3）其他方面的智力在平均水平。对于儿童的学业问题的其他解释（例如文化或经济贫困）必须排除。

1. 该儿童在学业技能方面表现出相对于常模的能力缺损。根据 DSM-5，儿童的阅读、数学或写作成绩低于 85 分（后 16%）。

2. 该儿童表现出认知加工问题，这与他的学习能力缺损有关。例如，认知测试可能表明，阅读流畅性差的儿童存在深层的加工速度方面的问题，数学计算能力差的儿童可能存在深层的工作记忆方面的能力缺损。

3. 该儿童无一般性的智力低下。虽然表现出特定的认知加工问题，但他的智力功能是完整的。例如，有阅读障碍的儿童可能存在深层的加工速度的问题，但是他的语言 IQ 应该在正常范围内，其他大部分认知加工得分应该在平均范围内。在其他方面正常的认知模式使临床医生能够区分学习能力欠缺儿童和因智力低下而学习困难的儿童。

4. 排除能够解释该儿童的学业能力缺损的其他因素。例如，临床医生必须确定儿童的成就能力缺损不是由于语言差异或文化适应问题、低 SES、考试焦虑或感觉能力缺损造成的。

根据综合模型，符合学习能力欠缺标准的儿童可以接受强度高的个体化教学，以克服学业能力缺损。更重要的是，综合评估的结果为学校工作者提供了信息，这些信息可以帮助他们根据儿童的认知优势和劣势制定干预措施（Flanagan & Harrison, 2012）。

小　结

- RTI 通常用于鉴别学习能力欠缺的学龄个体。RTI 是一个三级系统，在这个系统中，儿童接受逐步加强的、帮助他们获得学业技能的指导。对这些干预措施无反应可能表明儿童患有学习能力欠缺。
- RTI 依赖基于课程的评估和基于一些标准和基准对儿童学业进步的衡量。
- 在综合评估中，当儿童表现出（1）学业技能方面的相较于常模的能力缺损，（2）可能解释这些能力缺损的深层认知加工问题，（3）其他方面的智力在平均水平时，他们才被诊断为学习能力欠缺。此外，造成他们学业成就问题的其他因素必须排除。

学习能力欠缺有多普遍？

患病率

美国大约5%的儿童被归类为患有学习能力欠缺，并在学校接受特殊教育服务（Cortiella & Horowitz, 2014）。这一百分比可能低估了患学习能力欠缺儿童的实际人数，因为并非所有儿童都接受正式的障碍分类和服务。另一种估计患病率的方法是向父母询问他们的孩子是否被学校工作者或私人医生诊断为学习能力欠缺。国家健康访谈调查（NHIS）是一项非常大规模的流行病学研究。该调查的结果显示，7.5%的父母报告他们的孩子有学习能力欠缺（Centers for Disease Control and Prevention, 2016b）。

阅读障碍是最常见的学习能力欠缺，高达80%的被诊断为学习能力欠缺的儿童有阅读问题，书写障碍的患病率（8%～15%）和数学障碍患病率（5%～8%）要低得多。许多有学习能力欠缺的儿童在两个或更多的领域有困难。例如，大约一半学数学比较困难的儿童在阅读上也有困难。此外，同时有数学和阅读问题的儿童在上述各方面都比只有数学或阅读问题的儿童表现出更大的困难（Cortiella & Horowitz, 2014）。

性别、族裔和文化

针对学习能力欠缺患病率的性别差异的研究结果是不一致的。大多数数据表明，男孩比女孩更有可能被归类为患有学习能力欠缺并接受特殊教育指导。例如，来自NHIS的数据（Centers for Disease Control and Prevention, 2016b）表明，大约9%的男孩和5.9%的女孩患有学习能力欠缺。男孩可能更容易被归类为患有学习能力欠缺，因为他们往往也表现出比女孩更具破坏性的行为。他们的破坏性行为可能会增加他们被要求去做学习能力欠缺测验的可能性，从而使其开始接受特殊教育。

在美国，少数族裔儿童比非拉丁裔白人儿童更容易被归类为患有学习能力欠缺。例如，希弗瑞尔、穆勒和卡拉翰（Shifrer, Muller, and Callahan, 2011）发现非洲裔美国人、拉丁美洲人和美洲印第安人儿童被诊断为学习能力欠缺的可能性大约是非拉丁裔白人儿童的1.5倍。研究人员认为，这些差异很大程度上要归因于SES的差异。低家庭收入一般预示着儿童有可能被分类为具有学习能力欠缺；此外，当研究人员控制SES时，不同族裔间学习能力欠缺患病率的差异消失了。研究人员假设低家庭收入、低父母教育、进入优质学校困难、营养和医疗服务等因素使儿童面临患学习能力欠缺的风险（图7.5）。

母语非英语的儿童被诊断为学习能力欠缺的可能性并不比以英语为母语的儿童高（Shifrer et al., 2011）。然而，那些在开学时英语水平没有提高的儿童，或者被安

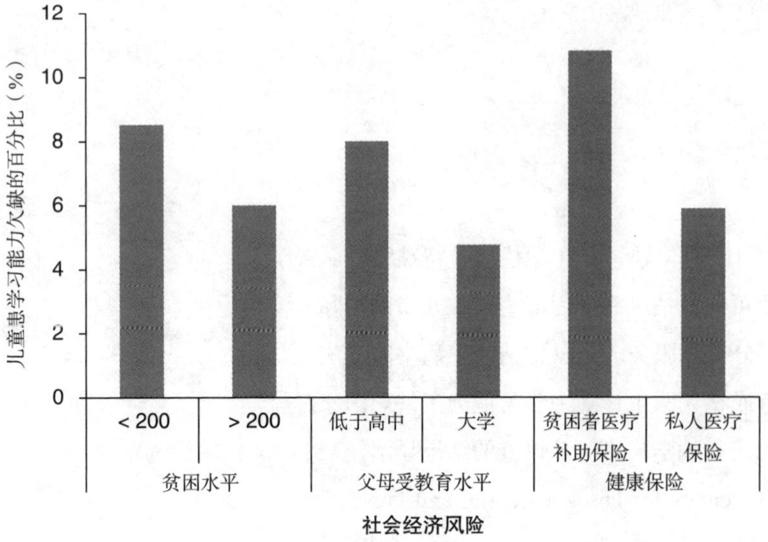

图 7.5　低 SES 是学习能力欠缺的独特风险因素

注： 生活贫困、缺乏高中文凭或缺乏私人医疗保险的父母更有可能有患学习能力欠缺的孩子。基于波伊尔及其同事（Boyle and colleagues, 2011）。

排在英语作为第二语言的班级的儿童，被归类为学习能力欠缺的可能性增加了。这种风险的增加不能用族裔因素或 SES 因素来解释。研究人员认为，学校工作人员可能会将这些儿童在使用英语方面的困难误解为学习能力欠缺的证据。这些发现说明了在评估儿童的学习技能时，对他们的母语和文化背景保持敏感的重要性（Lewandowski & Lovett, 2014）。

小　结

- 5% ～ 7.5% 的学龄儿童被确定患有学习能力欠缺，其中有 80% 患有阅读障碍。
- 男孩比女孩更容易被确定患有学习能力欠缺。
- 少数族裔儿童比非拉丁裔白人儿童更容易被确定患有学习能力欠缺。这种差异部分归因于 SES。

阅读障碍的病因是什么？

基本阅读问题

阅读是一项复杂的任务，每个人并不是天生就会。随着儿童学习阅读，他们获得了越来越复杂的技能。首先，儿童学习通过名称和发音来识别单个字母。例如，学龄前儿童学习从印刷字母列表中识别字母 s，给字母 s 命名，并告诉父母 s 发出 /s/ 的声音。其他阅读技能的发展也都离不开字母识别。

在字母识别之后，儿童必须发展音素意识。首先，儿童必须学会分离音素（例如，car 中的第一个音是 /c/）、划分音素（例如，shop 中有三个音：/sh/、/o/、/p/）、混合音素（例如，/s/、/t/、/r/、/ee/、/t/ 可以合成单词 street）和操纵音素（例如，用 /f/ 代替 car 中的 /c/ 就得到了单词 far）。之后，儿童能够利用这些音素技巧从语音的角度上读出生词（例如，字母用 c、a 和 t 拼出 /c/、/a/、/t/ 三个音素或 cat 这个单词）。大多数儿童需要接受系统的教育来发展音素意识。学龄前和幼儿园有相当一部分时间是用于学习音素意识和发展语音技能（Samms-Vaughn, 2006）

有足够音素意识的以英语为母语的儿童能够进行**音素中介**（**phonemic mediation**），即读出新的单词。思考一下“Cat has a snack.”（猫有零食。）这个句子

（插图 7.4）。阅读初学者可能知道句子中的前三个词，但不熟悉 snack（零食）这个词。他可能会运用语音技巧，把每个字母翻译成相应的音素来发音：/s/-/n/-/a/-/k/。然后，他检查由此产生的音素组合是否与他现有的口语词汇相一致。例如，他可能会想："这个词听起来像 snack。我知道什么是 snack。snack 这个单词在句子中有意义，所以这个词一定是 snack。"

插图 7.4　有足够的语音技能的儿童可以读出 snack 这个单词以阅读这个句子。缺乏语音技能的阅读障碍儿童可能会根据图片外观猜测这个单词的意思。

大多数阅读障碍患儿在音素意识上有明显缺陷（Johnson, Humphrey, Mellard, Woods, & Swanson, 2010）。因此，他们很难说出新词语，而是可能会根据单词的外观、句子中的其他单词或上下文线索（如图片）来推断单词。在"Cat has a snack."这句话中，一个患有阅读障碍的儿童可能会根据 snack 这个单词的长度或开头字母猜测它的意思。然后，他可能会根据图片检验他的推断是否正确。在某些情况下，这些策略会导致阅读错误。例如，一个儿童可能将这个句子错误地读成"Cat has a sack."（猫有一个袋子。），因为他看到一张猫拿着一袋糖果的照片。

大脑异常可能是儿童基本阅读问题的根源。有三个脑区对阅读很重要。第一个脑区是左侧枕颞皮层，位于靠近我们视觉加工区域的大脑后部。这个脑区帮助我们识别熟悉的印刷体单词（即常见的"高频"词）。这个脑区很有可能与我们快速准确阅读的能力有特别的关联。对这个脑区的破坏会导致无法识别熟悉的单词。这个脑区受损的个体甚至只能说出简单、频繁出现的单词，阅读慢且吃力（Kovelman et al., 2012）。

第二个脑区是左颞顶皮层的一部分，被称为韦尼克区，负责读出单词。该脑区受损的个体可以快速自动地阅读常见单词，但很难加工陌生单词。

最后一个脑区是左下额叶的一部分，被称为布罗卡区。这个脑区主要负责理解单词含义及其与句中其他词语的关联。该区受损的个体虽然能够认读常见词语并拼读新词，但阅读理解能力较差（插图 7.5）。

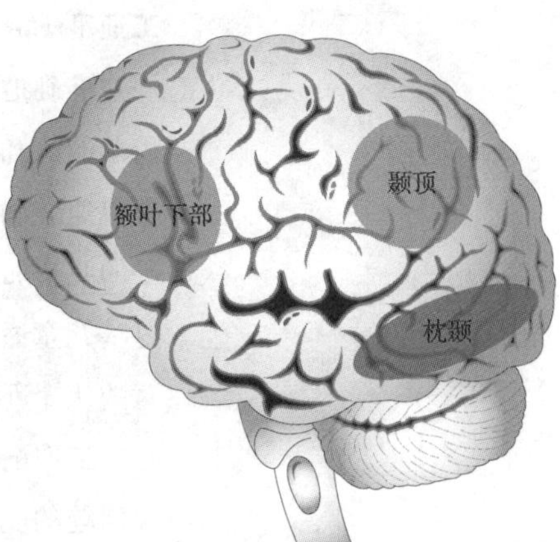

插图 7.5　与文字加工相关的脑区异常是许多儿童出现基础阅读问题的原因。

存在阅读问题的儿童常表现出左下额叶和左颞顶皮质（即布罗卡区和韦尼克区）功能异常。患有阅读障碍的儿童不依赖于左半球的这些区域，而是经常使用右半球负责加工视觉信息的区域。大龄阅读障碍患儿比年龄较小的阅读障碍患儿更依赖右半球的脑区。这些发现表明，患有阅读障碍的大龄儿童可以通过根据单词外形或依靠上下文线索记忆单词，以此弥补他们糟糕的语音解码能力。虽然这些策略对早期的阅读来说是有效的，但这些方法不足以应付阅读复杂的材料，也不足以让儿童在阅读时有较高的理解力（Kovelman et al., 2012）。

令人惊讶的是，接受语音教学的阅读障碍患儿的左额叶和颞顶区的活动显著增加。在一些研究中，接受 2 ～ 8 个月语音教学的患儿大脑左半球活动显著增加。阅读障碍患儿在接受语音教学后，其大脑活动和阅读技能与正常发育的儿童相似。语音教学可以使阅读障碍儿童的大脑活动正常化，帮助他们像他们的同学一样加工单词（Aylward, Bender, Graves, & Roberts, 2009; Shaywitz et al., 2004）。

阅读流畅性与理解问题

阅读流畅性（**reading fluency**）是指快速准确阅读和准确表达的能力。阅读流畅的个体能快速识别单词、注意句子中的重要单词而非次要的单词，并强调关键词以便使句子有意义。

儿童通过广泛的练习变得能够流畅阅读。最初，为了熟悉英语的不规则性，儿童必须把几乎所有的单词都说出来。随着时间推移，儿童开始识别频繁出现的单词。因此，他们的速度和准确性有所提高。随着儿童阅读经验的积累，他们会遇到更多的新词。这些词汇逐渐成为熟悉的“高频词”。练习可以让儿童自动阅读，也就是说，练习可以让儿童“把低频词变成高频词”（Rayner et al., 2001, p. 40）。

阅读理解（**reading comprehension**）是指阅读文本以理解文本含义、记住文本中的信息、利用信息解决问题或与他人分享信息的能力。阅读理解是从所阅读的内容中建构意义的主动过程。因此，阅读理解依赖读者与文本的互动。对文章的理解将取决于个体的基本阅读技巧、阅读流畅性和知识储备。

有阅读流畅性和理解问题的儿童往往过去存在音素意识缺乏的问题。这些儿童中的许多人从来没有发展出能读出新单词的基本阅读技能。因此，他们接触到的新词和阅读实践是有限的。难以读出新单词通常会导致两个方面的问题：阅读速度（即流畅性）以及准确回答有关所读段落的问题（即理解）。

阅读流畅性和理解问题也与特定的认知加工缺陷有关（Johnson et al., 2010）。**加工速度**（**processing speed**）指的是认知效率，也就是在不用付出很多努力的情况下快速准确地完成简单心理任务的能力。加工速度高于平均水平的儿童能够自动完成简单的认知任务，因此能够将认知资源用于高水平的思考和推理。因为这些儿童能够快速准确地阅读，他们可以花更多的精力思考课文的意义。加工速度低于平均水平的儿童加工认知任务速度慢而吃力，可用于更高级的心理活动的资源较少。通常，这些儿童通常阅读速度慢且需耗费大量认知资源来读出单词，从而导致用于理解文意的认知资源减少。

工作记忆（**working memory**）是指在短时记忆中同时存储和加工多条信息以解决问题的能力。言语工作记忆是针对言语信息（例如单词、句子）的一种特殊的工作记忆。言语工作记忆水平高于平均水平的儿童能够将语言信息存储在短时记忆中足够长的时间，从而使用这些信息解决当下的问题。在阅读时，这些儿童可以在记住句子或段落的前半部分的细节的同时阅读文章的后半部分。他们的言语工作记忆可以让他们有更好的阅读理解能力。言语工作记忆水平低于平均水平的儿童在短时记忆中难以存储和加工信息。在阅读时，这些儿童可能会忘记前文提到的重要信息，因此理解能力较差（Swanson & Stomel, 2012）。

最后，**快速自动命名（rapid automatized naming, RAN）**是指能够尽可能快地回忆起一系列熟悉事物的名称的能力（Denckla & Rudel, 1976）。RAN 是通过统计儿童在限定时间内说出某一类别事物名称的数量来衡量的（例如，“在一分钟内说出尽可能多的食物”）。这种能力也可以通过呈现一组随机排列的图片、颜色、字母或数字，让儿童在限定时间内说出每一个对象的名称的方式来衡量。

专家们尚不确定为什么 RAN 对阅读很重要。RAN 可能同时依赖言语工作记忆（例如单词的再现）和加工速度（例如加工的自动程度）两个本身对语言很重要的因素。不管是什么原因，大量的研究表明，儿童的阅读能力的强弱可预测其阅读成绩的高低。此外，RAN 的缺陷与阅读障碍有关（Norton & Wolf, 2012）。

阅读障碍患儿可根据其阅读问题的性质和深层的认知加工缺陷分为 3 组（O'Brien, Wolf, & Lovett, 2012）。伍尔夫和鲍尔斯（Wolf and Bowers, 1999）开发了**双重缺陷模型（double-deficit model）**来解释这些差异。有些儿童在读单词方面有问题。正如我们看到的，这些儿童在语音加工上经常有缺陷。在小学早期，他们可能依赖高频词和上下文线索来阅读。然而，到了中学，因为阅读中新单词出现频率更高，这些儿童在单词阅读和阅读理解方面遇到问题［例如 chlorophyll（叶绿素）、diffusion（扩散）和 photosynthesis（光合作用）］。他们在音素中介方面的缺陷也显现出来。

第二组儿童表现出良好的单词阅读能力和音素意识，但阅读流畅性较差。这些儿童通常在加工速度、言语工作记忆和 / 或 RAN 方面有深层的缺陷。他们能准确地读单词，但阅读又慢又吃力。由于阅读速度慢和工作记忆障碍，这些儿童的阅读理解能力也可能较差。当他们读到文章的结尾时，他们通常会难以记住文章开头的信息。

第三，一小部分儿童在基本阅读技能和阅读流畅性方面都有缺陷。这些双重缺陷儿童表现出更严重的全面阅读问题（Frijters et al., 2011）。

小　结

- 有基本阅读问题的儿童往往表现出较差的音素意识，这导致他们解码陌生单词困难。这些缺陷与大脑左半球语言区活动不足有关。
- 具有阅读流畅性和理解能力问题的儿童通常在加工速度、工作记忆或阅读能力方面存在潜在缺陷。
- 双重缺陷模型表明儿童可能出现问题的方面有（1）基础单词阅读，（2）阅读流畅性和理解性，（3）二者皆有。有双重缺陷的儿童最难以治疗。

哪些治疗方法对阅读障碍患儿有效？

基础阅读

实证研究证实了系统的音素意识和语音教学对解决单词阅读问题的重要性（表7.9），明确地教儿童识别和操作音素对他们的音素意识技能有很强和直接的影响，明确的音素意识训练也与阅读和拼写的显著提高有关。同样，接受系统的语音教学的儿童在阅读方面比没有接受语音教学的儿童获益更多。最有效的拼读教学方案是指导儿童将字母（字形）转换为语音（音素）并组合成可识别单词，这种训练能带来最大的阅读能力提升。如果系统的语音教学是针对个人或团体的并在三年级前开始，这种教学是最有效的。以语音为基础的阅读教学也与儿童阅读理解能力的提高有关（Adams & Carnine, 2003; Carlson & Francis, 2002; National Reading Panel, 2000）。

表 7.9　采用直接指导教授阅读

第一步：	教师明确陈述课程目标。 “今天，我们将学习如何阅读包含字母组合 st 的单词并发出 /st/ 的声音。到本课结束时，你将能够阅读含有 /st/ 的单词。”
第二步：	教师把材料分成几个小步骤，让学生有机会一步一步练习。 “这些是字母 st。这些字母是什么？”（儿童回答“s、t”。） “它们发 /st/ 声。它们发的是什么音？”（儿童回答“/st/”。）
第三步：	教师提供清晰详细的指导。 “让我们练习一些以 /st/ 开头的单词。这些单词都以 /st/ 音开头。准备好了吗？”（教师举例。）
第四步：	教师在最初的练习中提供指导。 “从这个词开始。”（当儿童读单词时，教师指着单词的每一部分。）
第五步：	教师提供系统的反馈，并立即纠正儿童的错误。 “现在读这个词。”（儿童正确地读 stop 这个词。） “很好，现在是这个。”（儿童读错了 stem 这个词。） “不，这个词是 stem。跟我再读一遍。”
第六步：	教师在课堂作业、家庭作业或下一课中进行额外的练习。 “在上一课中，我们学习了以 /st/ 开头的单词。今天，我们将复习和练习更多有 /st/ 的单词。”

阅读流畅性

阅读流畅性取决于实践，因此，旨在提高阅读流畅性的干预措施为儿童提供了充分的文本接触和关于准确性的频繁反馈。一种循证方法是**指导性口语阅读**（**guided oral reading**）。在指导性口语阅读中，儿童通过反复大声朗读同一文本直至熟练，教师或同伴在此过程中提供倾听、单词拼读辅助及错误纠正。部分训练还会借助录音带、视频或电脑程序进行同步跟读。

指导性口语阅读的一种形式是**数字辅助阅读**（**digitally assisted reading**），儿童朗读平板电脑或电脑上的文本，模仿系统示范的发音、速度和语调。例如，分级阅读丛书 Literacy by Design 提供了“回声阅读”（echo reading）功能，数字朗读者先以标准化的准确度、速度和语调演示文本，儿童随后跟读模仿（插图 7.6）（Coyne et al., 2012）。

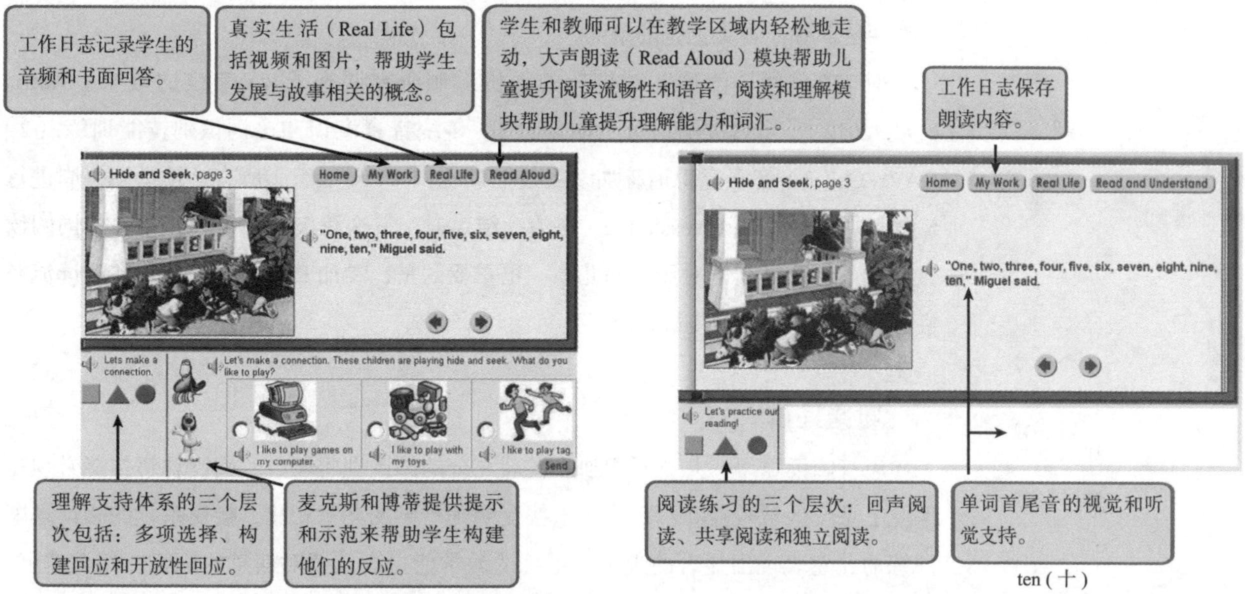

插图 7.6　Literacy by Design 是数字辅助阅读教学的范例。儿童和数字朗读者同步朗读或独立默读，通并通过三种方式展示理解程度：完成多项选择题测试、键入答案或口头作答。

与未接受干预的儿童相比，接受这些干预措施的儿童显示出更高的阅读准确性、理解力和更快的阅读速度。此外，这些干预措施对正常发育的儿童和患有阅读障碍的儿童都是有效的（National Reading Panel, 2000）。

那些尽管进行了大量的练习还是很难流利阅读的儿童怎么办？针对这些儿童的干预措施，目标是解决他们在诸如工作记忆和快速命名（RAN）等认知加工的深层缺陷。伍尔夫、米勒和唐纳利（Wolf, Miller, and Donnelly, 2000）开发了一个程序来提高具有相应缺陷的儿童的阅读流畅性。这种干预方法被称为**检索、自动化、词汇、语义精加工和正字法**（**retrieval, automaticity, vocabulary, elaboration, and orthography, RAVE-O**），其作用是提高儿童对词汇的自动解码、识别和理解的能力（Wolf, Gottwald, & Orkin, 2009b）。

为了帮助儿童更快、更省力地阅读单词，教师们关注一些建构他们阅读词汇基础的“核心单词”（Wolf et al., 2009a）。这些词根据相似的韵脚划分组。例如，hat、mat 和 cat 的韵脚都是 /at/。儿童每周学习识别相关的核心词以及常见的押韵模式，开始根据单词的开头和结尾快速识别单词（例如，快速识别以 at 结尾的单词）。

教师通过提升儿童的词汇量来提高儿童的单词识别能力。增加儿语义知识的一种方法是使用图卡帮助儿童快速、轻松地学习和回忆高频单词。图卡包含高频词汇的图画表征，旨在帮助存在记忆问题的儿童回忆单词。每张卡片可能展示单词的多种含义，以帮助儿童理解语言的灵活性。例如，“jam”这个词可以同时展示为“吐

司的配料”（a topping for toast）和“陷入困境的孩子”（a child in trouble）

干预的最后一个部分是改善儿童的单词回忆策略。有 RAN 缺陷的儿童很难回忆单词。提高单词再现能力的一种技术是侦探游戏。儿童可以化身“文字侦探”，找回那些可能就在“舌尖上”的单词。

对 279 例阅读障碍儿童进行的随机对照研究调查了 RAVE-O 的效果（Morris et al., 2012）。儿童被随机分为四组：（1）传统音素意识和单词识别技能训练；（2）RAVE-O；（3）音素意识训练加学习技能训练；（4）对照组。所有干预措施每周进行 5 天，共 70 次训练（sessions）。在治疗结束时，三个积极治疗组的儿童在单词阅读方面的改善明显高于对照组的儿童。更重要的是，参加 RAVE-O 的儿童在阅读流畅性和理解力方面的进步最大。

阅读理解

患有阅读障碍的儿童不能独立发展充分的阅读理解能力。阅读理解技能必须在课堂上系统地被教授和示范。与未接受明确指导的儿童相比，接受系统的阅读理解训练的儿童表现出显著的进步。系统的教学能提高儿童对信息的记忆、阅读速度、对材料的理解以及运用信息回答问题或解决问题的能力（National Reading Panel, 2000; Therrien, Wickstrom, & Jones, 2006）。

许多阅读障碍患儿在故事语法方面有缺陷（Mason & Hagaman, 2012）。**故事语法**（**story grammar**）指的是对故事的组成要素和结构的认知，例如故事的人物、背景、结论或结局、基调或情感等。有阅读障碍的儿童往往意识不到故事语法的这些方面，并且能回忆起的故事语法比正常发展的儿童更少。此外，无论是听故事还是读故事，他们都表现出故事语法上的缺陷。

某些干预可教授儿童识别和保留有关故事语法的信息（Mason & Hagaman, 2012）。例如，*故事地图*（*story mapping*）是一种适合低龄儿童的技术。当儿童大声朗读故事时，教师会在故事语法出现时对其各个方面进行强调。然后，她用一幅图画代表每一个方面，以帮助儿童回忆（例如，稻草、棍子和砖块来代表《三只小猪》中的事件）。通过练习，儿童学会了独立识别故事语法的各个方面，并完成自己的故事地图。另一种适合大龄儿童的技巧是*自我提问*（*self-questioning*）。熟练的阅读者在阅读叙事文本时会自然地对故事语法要素（如人物、情节等）提出疑问，而阅读困难者则需要通过系统训练掌握这项技能。在自我提问中，教师首先会在儿童在阅读的时候给予提示，提出关于目的、人物、情节和解决方法的问题。通过练习，儿童开始独立地问（和回答）这些问题。

患有阅读障碍的儿童很难读懂非虚构类的文学作品。这类传递事实信息的文本通常采用相对陌生的结构（如列表、对比说明），使用复杂词汇，并预设儿童可能缺乏的背景知识（Mason & Hagaman, 2012）。为了理解非虚构写作，儿童需要学会使用文本增强功能来分解和重组文本。**文本增强**（**text enhancement**）是帮助儿童识别、组织、理解和回忆重要信息的视觉辅助工具或程序（插图 7.7）。有效的文本增强功能包括图形组织（例如，用图表、数字或时间线将抽象的东西具象化）、认知地图（例如，箭头、流程图或展示想法之间关系的线条）、助记法（例如，用首字母缩写词 HOMES 来记忆五大湖）和计算机辅助教学（例如，超链接或视频等嵌入式数字媒体）。使用文本增强功能的学习能力欠缺患儿在阅读理解方面表现出中等程度的提高（Berkeley, Scruggs, & Mastropieri, 2010; Kellems & Edwards, 2016）。

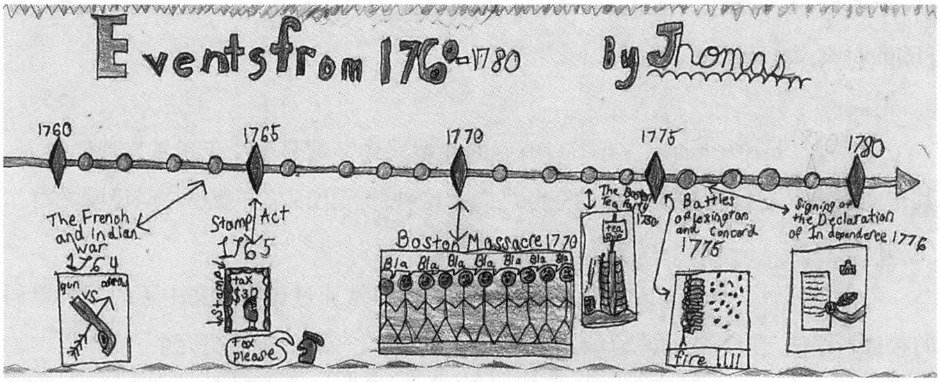

插图 7.7　时间轴是文本增强功能的范例，可以帮助儿童进行阅读理解。这个五年级学生制作的时间表呈现了美国独立战争的系列关键事件。

小　结

- 由于词汇阅读能力薄弱导致的阅读流畅性和理解性问题可以通过基于语音的教学干预而改善。
- 指导性口语阅读、数字辅助阅读和 RAVE-O 项目能有效提高儿童阅读的准确性和速度。
- 提高虚构内容阅读理解能力的干预措施通常将重点放在故事语法的教学上。针对非虚构内容的干预通常涉及文本增强功能，例如图表、流程图或助记法。

书写障碍的病因是什么?

和阅读一样，书写也是一项需要多年才能掌握的复杂任务。写作过程包括三个步骤：计划、转换和修改（Hayes & Flower, 1980）。计划涉及确定写作目的，生成一个主要的主题和支持性想法，并组织这些想法以使其有意义。转换包括把想法转换成文本。这取决于儿童的音素意识、词汇和拼写，以及写作的技巧（例如他们的握笔方式、打字技巧）。修改包括重读、识别错误、做出改变。

患有书写障碍的儿童在这三项任务上花费的时间都比正常发育的同学少。第一，有书写障碍的儿童很少花时间计划和组织。因此，他们的写作是一种意识流写作，思想混乱、论点难以理解。第二，患有书写障碍的儿童经常出现拼写错误，书写能力差。尽管这些问题看起来微不足道，但阻碍了书写过程。第三，书写障碍患儿很少检查自己的作品，即便进行修改也往往停留在表面（例如，纠正拼写或标点错误），而不是关注文章的连贯性和内容质量。

患有书写障碍和不患有书写障碍的儿童在书写质量上有很大差异。具体来说，体现在六个方面（Graham, Harris, & Chambers, 2016; MacArthur, 2016; MacArthur, Philippakos, & Graham, 2016）。

书写量（*productivity*）。有书写障碍的儿童写作字数显著少于正常发展同龄人，其作文篇幅平均仅为普通儿童的三分之二。这种低产出现象在叙事文与说明文写作中均持续存在。

词汇多样性（*lexical diversity*）。词汇多样性通常通过计算作文中不同词根单词的数量来评估。患有书写障碍的儿童使用的语言变化较少，而且更冗杂。

语法（*grammar*）。语法错误是书写障碍患儿最明显、最常见的问题。他们经常省略句子的重要部分，在保持主谓一致性上有困难，或者错误地使用代词和缩略语（例如，their 和 they're）。

句子的复杂性（*sentence complexity*）。与同龄人相比，患有书写障碍儿童使用的描述性句子较少。句子的复杂性通常是通过确定儿童写作中主句和从句的平均长度来评估的。思考一下“I followed the rabbit all day until it ran into its hole.”（我整天跟着兔子，直到它跑进洞里。）与“I followed the rabbit all day. It ran into its hole.”（我整天跟着兔子。它跑进洞里了。）的不同之处。我们看到，虽然两个句子的意思相同，但第一个句子是更复杂的。

拼写准确性（*spelling accuracy*）。患有书写障碍的儿童经常犯拼写错误。有深层语音加工问题和阅读障碍的儿童经常会出现语音性拼写错误，也就是说，单词的发音和拼写方式之间几乎没有关系。例如，一个有足够音素加工能力的儿童可能会把 telephone 拼成 telafone。而一个没有足够音素加工能力的儿童可能会拼出 talnofe，它与这个词的发音不符。这类语音性拼写错误会严重降低作文的可读性。

故事内容（*story content*）。患有书写障碍的儿童在写出的故事内容的总体评分上也低于他们正常发展的同学。具体来说，他们很难（1）以清晰聚焦的方式叙述经历或呈现信息，（2）以清晰且使其主要观点得到支持的方式组织写作，（3）为了书写的目的和读者的感受使用适当的风格和正式程度，（4）遵循标点符号和大写等书写惯例。

小 结

- 有书写障碍的儿童比同龄人花在计划、转换和修改写作上的时间要少。
- 有书写障碍的儿童写出来的文本更少，通常仅使用更简单和多样化程度更低的单词和句子，并且经常在语法和句子结构上犯错。

哪些治疗方法对书写障碍患儿有效?

患有书写障碍的儿童需要系统的指导、充分的练习和频繁的反馈（MacArthur, Philippakos, Graham, & Harris, 2012; Mather & Wendling, 2011）。**自我调节策略发展（self-regulated strategy development, SRSD）**是教授书写技能最有效的方法之一。自我调节策略发展法（SRSD）基于这样的核心理念：书写困难者往往缺乏有效的策略来规划、实施和评估自己的写作。教师介绍、示范和强化写作策略，就儿童写作的质量给予具体的反馈，并提供大量的练习机会，提高他们的写作水平（Harris & Graham, 2016）。

SRSD 模式由多个阶段组成，儿童在这些阶段中学习实施、练习和评估（Harris et al., 2012; Reid, Harris, Graham, & Rock, 2012）：

1. *发展和激活背景知识*：教师解释或示范完成写作作业所需的所有技能或信息。例如，如果作业涉及自传体写作，教师可能会解释*自传体*一词，并提供一个自传体叙事的简短例子。
2. *讨论策略*：教师提出用以完成写作任务的具体策略。
3. *示范策略*：教师介绍策略中的每一步，强调其重要性。教师“大声思考”，解释每一步背后的思考过程。示范是非常重要的，因为示范使通常隐蔽的过程外显化，可供学生使用。
4. *记忆策略*：学生通过多样化重复练习熟记策略的每个步骤。练习越多，对策略的使用就越熟练。
5. *支持策略*：教师使用“脚手架”方法来确保学生成功运用策略。最初，教师提供大量的帮助。当学生越来越熟悉这个策略时，教师会逐渐降低支持水平，直到学生能够独立实施。
6. *独立使用*：教师持续监测学生对策略的使用，并在必要时帮助他们修改策略，以适应不同的写作任务。

SRSD 模型中使用的具体策略因写作任务而异（Common Core State Standards; National Governors Association Center for Best Practices, Council of Chief State School Officers, 2020）。例如，在教授叙事写作（即故事创作）时，教师可能会引入 POWER

策略：计划（planning）、组织（organizing）、写作（writing）、编辑（editing）、修改（revising）。第一，学生需要为故事创作做计划。这个故事的目的是什么？写这篇文章需要什么背景资料或知识？第二，写作前组织好思路。学生在动笔前需完成结构化工作表，系统梳理故事要素：主要人物、背景、核心冲突及其解决方案。第三，教师用出声思维法示范写作过程。教师会教授如何将想法转化为完整句子，以及为什么事件的顺序对故事的连贯性很重要。第四，学生编辑文章，通读全文，给自己喜欢的部分加上星星，标注需要改进的部分，并收集同学的反馈。第五，教师示范如何修改故事，使之变得更好。学生最终根据师生反馈，自主决定修改方案（Harris, Graham, & Adkins, 2015）。

在说明文写作中，当儿童需要论证某个论点时，DEFENDS 策略尤为实用。教师利用 SRSD 法介绍、示范和支持 DEFENDS 策略的每个步骤。第一，确定具体的观点（例如，“壁虎是四年级男孩最好的宠物”）。第二，通过自主思考或查阅资料，系统收集支持论点的理由（例如，“喂养它们很有趣”）。第三，列出观点的理由（例如，“它们吃活蟋蟀和粉虱、它们在攻击猎物前摇尾巴、它们吃东西的时候”）。第四，开始写作。在文章首句阐述主要观点。第五，说明持有该观点的理由和其支持性观点。第六，在结尾重申并深化观点。第七，全面检查并修改文章错误。

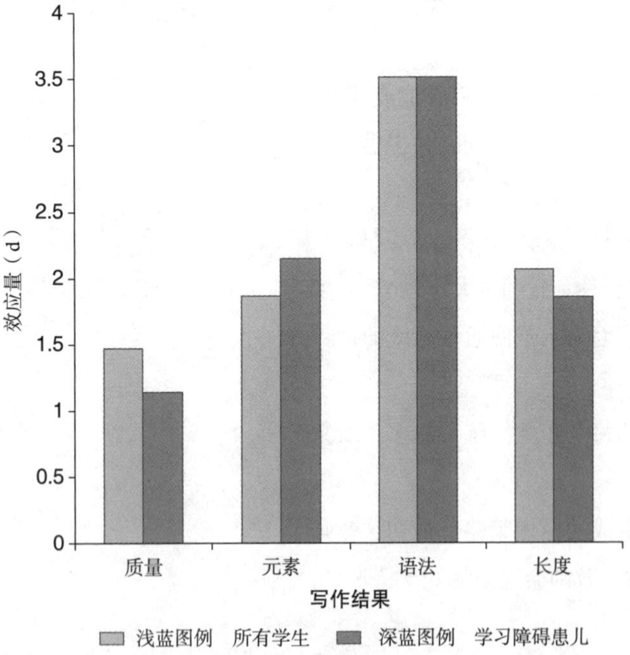

图 7.6　SRSD 对儿童写作的影响

注：与接受传统写作教学的儿童相比，参加 SRSD 的儿童在四个方面的写作能力都有所提高。SRSD 可提高书写障碍学生和正常学生的写作能力。基于格雷汉姆和哈里斯（Graham and Harris, 2003）。

无论是否存在书写障碍，儿童都可以在接受 SRSD 训练后在语法、篇幅和写作质量方面得以提高（图 7.6）。此外，SRSD 的效果不仅具有长期持续性，并会泛化到其他写作作业中。例如，最初学写议论文的学生在写读书报告和短篇小说方面也有进步。SRSD 的好处在于教师系统地介绍和示范计划和修改策略，鼓励学生积极参与写作过程（Graham, McKeown, Kiuhara, & Harris, 2012）。

小　结

- SRSD 包括介绍、示范和强化特定的写作策略。
- 儿童被明确地教导如何计划、实施写作和评估书面表达的质量，可在练习写作的过程中时常得到反馈。

数学障碍的病因是什么？

数感的延迟

一些专家认为，儿童对数学信息的理解与加工具有先天生物学基础。研究表明，婴儿可能天生具备**数感**（**number sense**），也就是说，他们可能意识到，一组刺激物可以通过其数量来理解（Geary, 2010）。比如，卡伦·温（Karen Wynn, 1992）证明了5个月大的婴儿能够正确区分不同的算术表达式（1+1=2，正确的；1+1=1，不正确的）。同样，斯达克和库珀（Starkey and Cooper, 1980）的研究表明，4～7个月大的婴儿可以区分不同数量的点阵。其他研究表明，婴儿不仅能区分不同数量的声音刺激（Lipton & Spelke, 2003），大一点的婴儿还能将物品按数量从多到少排序（Xu & Spelke, 2000）。多数儿童入学时已具备对小数量的辨别能力，如6岁儿童能轻松判断一个篮子里装的25颗糖比另一个篮子里的20颗的更多。到了儿童期后期，这种数感已接近成人水平（Geary, 2013）。

数感是所有其他数学能力发展的基础（Geary, 2010）。幼儿可以据此进行感数（subitize），即无需逐一点数，就可快速准确地估算一小组物品的数量。例如，幼儿可以很快区分一个盘子里有三块饼干、另一个盘子里有五块饼干。数感也可以让个体在心理上表征数量。例如，幼儿可以学会阿拉伯数字和物品的数量之间的对应关系（例如，3= ■■■）。大约在同一时间，幼儿也开始建立数字线性排序认知，知道数字是按顺序排列的，即第一、第二、第三，依次类推。随着时间推移，也开始逐步理解数字间具有均等量差。这种数量的心理表征能力可以让儿童在小学早期进行基本的数学计算，例如加法和减法。

患有数学障碍的儿童在数感的发展上往往表现出延迟。**数集测试**（**Number Sets Test**）（图7.7）是一个简单的数感测试，包含一系列数字（例如1、3）或物体组（例如■或◆◆◆），儿童需要快速将页面下方的数字或物体组组合匹配至顶部的目标数值。儿童可以使用感数、点数或两种策略结合的方式尽可能快速且准确地分组。普通儿童在一年级到四年级期间关于该测试的表现持续进步。然而，患有数学障碍的儿童比他们的同学完成测试更慢、犯的错误也多。平均来说，他们比同龄人的水平落后3年（Geary, Bailey, & Hoard, 2009）。此外，该测试在一年级初（多数儿童尚未掌握加减法时）的得分，能显著预测三年级时数学障碍的发生的可能性。事实上，一年级学生在数集测试中的分数比他们的智力、记忆力和数学基础知识更能预测他们的数学技能。

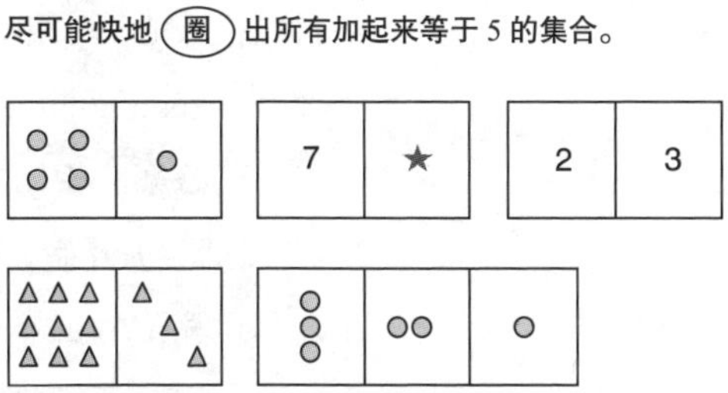

图7.7　数集测试

注：这个测试可以用来预测幼儿的数学障碍。有数学障碍的学生在计算能力上往往落后于他们的同学3年。基于吉尔里及其同事（Geary and colleagues, 2011）。

计数和计算错误

计数能力是在 2 岁到 5 岁之间发展起来的。幼儿遵循特定的计数原则，这些原则呈固定发展序列（Gelman & Gallistel, 1978）。

一一对应：每个对象分配一个数字。

固定顺序：数字按特定顺序计数。

基数：最后一个数字反映了所计算项目的数量。

抽象化：任何类型的对象都可以分组并计数。

顺序无关：对象顺序不影响计数结果。

后来被诊断为数学障碍的学龄前儿童会犯两种类型的计数错误，而这两种错误在他们的同学身上并不常见（Geary, Hoard, & Bailey, 2011; Geary, Hoard, Nugent, & Bailey, 2012）。为了研究这些错误，研究人员让儿童帮助玩偶计数。在某些计数过程中，玩偶会故意犯错。研究者会记录儿童是否发现错误并纠正玩偶。首先，当计数方向从右至左（而非通常的左至右）时，数学障碍儿童经常会感到困惑，他们似乎无法理解顺序无关原则。其次，当玩偶对排列中的第一个物品重复计数时（例如玩偶指向第一个物品数"一、二"，然后指向第二个物品数"三"），数学障碍儿童往往无法发现错误。这表明这些儿童在保持一一对应关系方面存在困难。

从小学开始，随着儿童完成从计数到算术的转变，他们的数学技能变得更加复杂。加法在很大程度上取决于儿童的计数能力。例如，幼儿使用相对不成熟的策略把数字加在一起。起初，他们可能通过数手指来解决加法问题，随后逐渐过渡到口头或心算。年幼儿童使用的加法策略也较为低效——如他们会采用"数全部"策略（counting-all）：当计算 7+4 时，他们会先从 1 数到 7，再接着数 4 个数直到得出正确答案。相比之下，大龄儿童则采用"接着数"策略（counting-on）：从较大的数字（即 7）开始，再接着数 4 个数得出结果。类似的快捷方法也被用于减法和其他数学运算（Augustyniak, Murphy, & Phillips, 2006）。

有了经验之后，儿童学会在长时记忆中存储数学知识。例如，儿童开始使用**直接检索（direct retrieval）**来回忆"7+6=13"这个结果，而无须再通过计算得出正确的答案。或者，他们可以使用一个叫作**分解（decomposition）**的方法来解决相同的问题，即把问题分解成更容易记忆的小部分。例如，儿童可能会直接回忆起"6+6=12"，然后在这个部分的基础上加 1 来得到正确的答案。直接检索和分解可以使数学计算更快速、更自动化。儿童可以把注意力集中在算术问题的概念化上，而非计数过程。直接检索和分解还能释放短时记忆，允许儿童进行更复杂的心算（Geary, 2011）。

患有数学障碍的儿童在数学计算方面也表现出缺陷。他们的计算速度比同班同学慢，犯的错误也更多（图 7.8）。一些研究表明，记忆缺陷是他们数学计算困难的根源（Geary et al., 2011）。具体来说，这些儿童难以记住数学知识（Geary et al., 2012）。大多数四年级学生可以毫不费力地回忆起“4+5=9”，而患有数学障碍的儿童通常需要数数来回忆正确的答案。因此，他们花费更多的认知资源来进行基本计算，导致用于理解问题本质的认知资源相应减少（Andersson, 2010）。患有数学障碍的儿童在记忆数学运算步骤方面也存在困难。例如，当面对如“41 – 29 = ？”这样的问题时，他们可能会忘记如何‘借位’，从而给出错误答案（Temple & Sherwood, 2002）。

由于数学障碍患儿很难从长时记忆中提取数学知识和计算步骤，他们往往依赖不成熟的策略来解决数学问题。例如，许多一年级学生依靠手指算加法。然而，患有数学障碍的儿童在三年级和四年级时仍然经常继续依赖这种不成熟的策略。此外，患儿计数时，他们通常“数全部”，而不是依靠更高级的“接着数”策略。这些不成熟的策略导致计算速度慢、易出错（Swanson, 2015; Swanson, Lussier, & Orosco, 2015）。

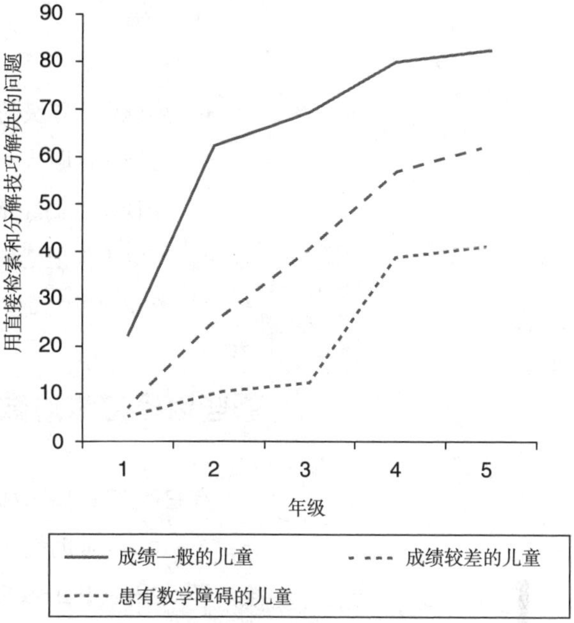

图 7.8　数学障碍患儿落后于他们的同学

注：在这项纵向研究中，患有数学障碍的儿童使用直接检索或分解技巧的频率低于成绩一般的儿童和成绩较差的儿童。取而代之，患有数学障碍的儿童青少年严重依赖于不成熟（即计数）策略。基于吉尔里及其同事（Geary and colleagues, 2012）。

数学推理缺陷

到了儿童后期，儿童开始发展更复杂的解决数学问题的能力。这些技能包括解决应用题的能力、解释图表和图形的能力，以及用复杂的数字集（即借位、长除法、分数）进行数学运算的能力。

儿童解决高阶数学问题的能力取决于他们的工作记忆能力（Toll, van der Ven, Kroesbergen, & van Luit, 2011）。许多有数学障碍的儿童有言语或语音工作记忆的问题。有些儿童有阅读障碍，这影响他们理解数学应用题。还有些儿童在听觉工作记忆、集中注意力方面有困难，他们无法在短时记忆中保持数学信息足够长的时间以便加工它们并得出正确的答案。例如，他们可能会忘记应用题开头的关键信息，被无关信息干扰分心，或者在将应用题转化为数学计算时写错数字（Toll et al., 2011）。

有些患有数学障碍的儿童在视觉−空间工作记忆方面有问题。视觉−空间工作记忆困难会导致儿童难以理解图表。许多复杂的数学计算，例如三位数加法或长除法运算，也依赖视觉空间技巧。视觉−空间工作记忆的缺陷会导致儿童错排数字，导致他们在计算中使用错误的数字（Geary, Hoard, Nugent, & Rouder, 2015）。

小 结

- 持续到一年级的数感缺陷可预测数学障碍。
- 后期被诊断为数学障碍的儿童经常在计数和数学计算技能方面表现出典型的错误。他们经常依赖不成熟的策略进行数学计算。
- 言语工作记忆较弱的儿童会遗漏应用题中的关键信息，而视觉 - 空间工作记忆不足的儿童则在理解图表和数字时犯错。

哪些治疗方法对数学障碍患儿有效?

有三种方法可有效提高患数学障碍儿童的数学能力：（1）直接指导；（2）自我指导；（3）中介 / 辅助教学（Steedly, Dragoo, Arafeh, & Luke, 2008）（表 7.10）。数学**直接指导**（**direct instruction**）和其他技能的直接指导一样，涉及数学计算和问题解决策略的系统讲解。教师按照精心设计的脚本介绍和示范演示，随后将该技能分解为具体步骤供学生练习。在教学过程中，教师会针对学生的操作表现提供即时帮助与反馈，及时纠正错误。随着学生逐步掌握技能，教师会逐渐减少辅助支持。该方法提供大量重复练习机会，并引导学生将技能迁移至新问题情境。直接指导往往是提升低龄儿童基础运算能力最有效的方法。

表 7.10　数学技能教学的 3 种方法

问题：安妮有 9 个苹果。她给了朋友 4 个苹果。安妮还剩多少个苹果?

直接指导

基于 *DISTAR Arithmetic*（*Engelmann & Carnine, 1975*）。

步骤 A

“跟我读这个问题。”（教师读这道题。）

“这是什么问题？”（回答：“减法。”）

步骤 B

“很好。这是减法。是否给出了大的数字？”（回答：“是的。”）

步骤 C

“让我们再看一遍这个问题。”（教师再读一遍这道题。）

“9 是大数字还是小数字？”（回答：“大数字。”）

“4 是什么数字？”（回答：“小数字。”）

步骤 D

“很好。现在让我们用 9 减去 4。看着我。9 减 4 等于 5。”

“现在你说，‘9 减 4 等于 5’。”（儿童重复。）

“很好。答案是什么？”（回答：“5。”）

步骤 E

“很好。现在让我们读下一道题。”

自我指导

基于弗莱施纳和曼海姆（*Fleischner and Manheimer, 1997*）。

教师介绍并演示以下解决故事问题的步骤。教师鼓励儿童使用这些步骤（先读出来，之后可心算），并持续监督学习过程。

续　表

“你刚刚问了什么？”	“安妮还剩多少个苹果？”
“你有什么数字？”	“9 和 4。”
“你需要知道什么数字？”	“还剩多少。”
“你必须做什么？”	“减法，9 减 4。”
“答案是什么？”	“5。”
“检查你的答案。”	“4 加 5 等于 9，所以答案是正确的！”

中介 / 辅助教学法

基于古德曼（*Goldman, 1989*）。

教师提供一系列结构化的提示来帮助儿童完成问题。提示逐渐变得更加具体和与内容相关，直到儿童能够得到正确的答案。

提示策略	示例
简单的负反馈：教师让儿童检查答案。	“你的回答不太对。再试一次。”
工作记忆更新：教师提醒儿童问题的重要部分。	“记住，她有 9 个，并且送出去 4 个。”
将数字作为记忆辅助工具：教师让儿童把问题的重要部分写下来。	“让我们把‘9–4’写下来。”
列举：教师用一系列的口头指令和数字来指导儿童。	“9 个苹果（指向 9）减去 4 个苹果（指向 4）等于多少？”
完整演示：教师为儿童完成题目，并解释解题原理。	“看，9 减去 4 等于 5。”

自我指导（**self-instruction**）是提高儿童数学技能的第二种方法。在自我指导中，教师系统地提出一系列的口头提示，儿童可以利用这些提示来解决数学问题。当儿童做题时，教师示范这些提示的使用方法。然后，儿童被鼓励在解决自己的问题时使用这些提示，而教师则进行监督。最初，教师为儿童提供细致的提示使用指导，然后逐步减少辅助强度，直至儿童能独立运用提示解决问题。自我指导法对解决高阶数学问题往往是最有效的。

使用**中介 / 辅助教学**（**mediated or assisted instruction**）的教师从儿童对数学问题的理解入手。然后，他们提供渐进式的帮助和指导，帮助儿童正确解决问题。中介 / 辅助教学不涉及使用脚本（作为直接指令）或一系列固定的提示（例如教师在使用自我指导时的做法）。相反，在使用这种方法时，教师会根据实际情况逐步提供更详细的提示，直到儿童能够成功地解决问题。这样，这种方法鼓励儿童发展自己的个性化的解题策略，而非机械套用既定规则。

荟萃分析表明上述三种策略对普通儿童及患有数学障碍的儿童均具显著效果

（Gersten et al., 2009）。与对照组相比，接受直接指导或自我指导的数学障碍儿童在数学计算和推理技能方面改善程度大，中介 / 辅助教学与数学推理的中等水平的改善有关，在大龄儿童及青少年群体中尤为适用。

小　结

- 数学障碍的三种有效治疗方法是直接指导、自我指导和中介 / 辅助教学。这些方法也提高了正常发展儿童的数学技能。
- 直接指导和自我指导对年龄较小的儿童最有效，而中介或辅助教学法则推荐用于大龄儿童。

关键术语

口吃的预期困难理论（anticipatory-struggle theory of stuttering）：一种用来解释口吃的理论，其观点为儿童认为说话会引起焦虑，并且这些认知会干扰言语的产生。

听知觉（auditory perception）：准确识别和区分声音的能力。

儿童期发生的言语流畅障碍（childhood-onset fluency disorder）：DSM-5 中的一种障碍，以言语的正常语速、效率和时间模式方面持续存在问题为特征；该障碍可能引起焦虑和 / 或干扰交流。

综合评估（comprehensive assessment）：一种学习障碍评估方法，根据下列标准对儿童进行分类：（1）学业技能方面的与常模相比的缺陷；（2）可能解释这些缺陷的深层的认知加工问题；（3）其他方面的智力为平均水平。

交流重述训练（conversational recast training）：对 SLI 的治疗方法。治疗师构建一定的环境来激发言语行为，然后提示儿童练习行为，纠正错误并强化适当的行为。

对话修复技能（conversational repair skill）：帮助听者重新理解话语中传达的信息的技巧，比如要求提供额外的背景信息或上下文。

内隐修复假说（covert-repair hypothesis）：一种对于口吃的解释。口吃的儿童表现出语言表述的频繁中断，该假说认为口吃患儿如果在说话时试图纠正这些表述，就会出现口吃。

基于课程的评估（curriculum-based assessment）：一种在学校里用以衡量学生是否达到学业目标或基准能力的方法。

分解（decomposition）：一种用来解决数学计算问题的技术，即把问题分解成更小的步骤，使其更容易回忆和操作。

数字辅助阅读（digitally assisted reading）：运用科技提高流畅性的技巧；儿童在平板电脑或电脑上阅读文本的同时一个声音示范流畅的朗读。

直接指导（direct instruction）：系统地介绍、示范、练习和强化适当的技能。

直接检索（direct retrieval）：在数学计算中即时回忆数学知识。

双重缺陷模型（double-deficit model）：一种关于阅读障碍的模型，认为阅读障碍可能表现为以下一种或多种类型：(1) 基础单词识读困难，(2) 阅读流畅性与理解障碍，或 (3) 两者兼有。

阅读困难（dyslexia）：一些临床医生使用的一个术语，指在基本单词阅读和阅读流畅性方面的缺陷。

表达性语言（expressive language）：与他人分享信念、知识和技能的能力。

语法（grammar）：在句子中使用词素和词序（句法）的规则。

指导性口语阅读（guided oral reading）：一种提高流畅性的技巧，儿童大声朗读，教师就错误提供帮助和反馈。

不成熟的语音（immature speech）：在发展角度不成熟的语音生成。在儿童年幼时可能可以接受，但日后会妨碍交流。

《残疾人教育改善法案》（Individuals With Disabilities Education Improvement Act, IDEIA）：一项美国联邦法律，该法律赋予残疾儿童接受免费、适当的公共教育的权利。

语言（language）：是通过特定文化规则系统对听觉或视觉符号进行组织与运用的交际形式，使个体通过口语、符号或书面语对信仰、知识和技能进行体验、表达或分享。

语言障碍（language disorder）：一种 DSM-5 中的障碍，其特征是语言习得或使用的持续困难，特征包括（1）词汇量减少，（2）受限的句子结构，（3）言语损害。

语言迟缓（late language emergence）：语言障碍的一种亚型，其特征是接受性或表达性语言明显延迟，通常在个体 18 ～ 36 个月大时被诊断。

外侧沟（lateral sulcus）：也称为大脑外侧裂，是大脑左半球的一个大脑回，靠近重要的语言区。

中介 / 辅助教学（mediated or assisted instruction）：一种提升数学推理能力的教学方法。教师通过帮助学生理解数学问题并适时提供指导，促进学生自主解题。

祈使语（mand）：语言治疗师用来要求或请求的术语。

情境训练（milieu training）：SLI 的一种治疗方法，是鼓励儿童在现实生活中使用语言的行为技巧。

词法（morphology）：单词的结构，通常指音素的组合方式。

叙事技能（narrative skill）：用于讲述故事或讲述个人经历的交流技巧；有社交（语用）交流障碍的儿童常缺乏这一技巧。

数感（number sense）：对于刺激物可以从数量上理解的早期意识。

数集测试（Number Sets Test）：一种数感测试，儿童需要将数字或对象与目标数字相匹配，该测试可以预测较小儿童日后的数学障碍。

音素意识（phonemic awareness）：听、识别和操纵语音的能力。

音素中介（phonemic mediation）：运用音素意识和语音技能来发音的能力。

语音短时记忆（phonological short-term memory）：在短时间里记住听觉信息的能力。

SSD 的语音理论（phonological theory of SSD）：一种认为 SSD 的产生源于个体在生命最初几年对音素形成了错误的心理表征的理论。

音系（phonology）：语言的声音及其组合规律。

加工速度（processing speed）：快速准确地完成相对简单的认知任务而不需要花费大量精力的能力。

心理语言学（psycholinguistic）：对语言的心理和神经认知基础的研究。

快速自动命名（rapid automatized naming, RAN）：能够尽快回忆起一系列熟悉物品名称的能力。

快速时序加工（rapid temporal processing）：快速准确地加工感官信息的能力。

检索、自动化、词汇、语义精加工和正字法（retrieval, automaticity, vocabulary, elaboration, and orthography, RAVE-O）：提高阅读流畅性的计划，涉及检索、自动性、词汇、阐释和拼写法的教学。

阅读理解（reading comprehension）：理解文本的意义、从文本中记住信息、用信息解决问题或与他人分享的能力。

阅读流畅性（reading fluency）：快速、准确、有正确表达或强调的能力。

接受性语言（receptive language）：倾听和理解交流的能力。

干预反应（response to intervention, RTI）：一种对儿童学习能力欠缺的识别方法，其判定标准为，儿童在长期接受科学实证的教育干预后仍持续未见改善。

脚本（script）：对人们日常参与的社交互动的详细描述，可以用来练习社交技巧。

自我指导（数学方面）[self-instruction（in mathematics）]：教师系统地提出一系列的口头步骤或“提示”，儿童可以用这些步骤自己解决数学问题。

自我调节策略发展（self-regulated strategy development, SRSD）：提高书面表达能力的技巧，内容包括为特定的作业类型进行介绍、示范和强化写作策略。

语义（semantics）：单个词或句子的含义。

技能流（skillstreaming）：一个社会技能培训计划，内容包括系统地介绍、示范、实践和强化社交技能，在社交交流教学中很有用。

社交（语用）交流障碍[social（pragmatic）communication disorder]：一种 DSM-5 中的障碍，其特征是在社交情景中使用言语和非言语交流的持续困难，该障碍会干扰交流和 / 或社交功能。

特定语言障碍（specific language impairment, SLI）：一种语言障碍的亚型，特征是在词法、句法和 / 或语法上有明显的缺陷。

特定学习能力欠缺（specific learning disability）：一种法律术语，教育领域常用，用来描述口语或书面语中所涉及的基本心理过程中的问题，与阅读、数学、拼写、写作或口语能力缺损有关。

特定学习障碍（specific learning disorder）：一种 DSM-5 中的障碍，其特征为阅读、数学或书写技能的学习与运用困难；该障碍于儿童期或青少年期显现，并导致显著的功能损害或适应困扰。

语音（speech）：通过调节发声方式产生特定语言中有意义的、可辨识的声音。

言语流畅性（speech fluency）：语言的易用性和自动性，包括速率、持续时间、节奏和顺序。

语音障碍（speech sound disorder, SSD）：一种 DSM-5 中的障碍，其特征是持续性的发音困难，特征包括声音省略、替换、扭曲和口齿不清。

故事语法（story grammar）：有关故事的组成和结构的知识（例如人物、背景、情节），阅读理解能力差的儿童在这方面常有缺陷。

操作性应答语（tact）：语音治疗师用来指一个评论或描述的术语。

文本增强（text enhancement）：帮助学生识别、组织、理解和回忆信息的视觉教具，对理解非虚构文本很重要。

口吃的双因素理论（two-factor theory of stuttering）：该理论假设口吃是由经典条件作用引起的，并通过操作性条件作用维持。

工作记忆（working memory）：在短期记忆中同时存储和加工多条信息以解决问题的能力。

批判性思维练习

1. 汤姆和凯利是一个患有语言迟缓的 2 岁女孩的父母。他们的女儿在 24 个月大的时候还不怎么会说话，而且主要通过手势交流。汤姆和凯利想知道他们的女儿最终是否会赶上同龄孩子，或者她的语言迟缓是不是更严重问题的迹象。你会如何回应他们的担忧？你还需要什么信息？

2. 儿童的语言问题有时与缺乏亲子互动有关。为什么我们不能断定亲子互动的质量导致了这些语言问题？

3. 一些成人试图通过鼓励口吃的儿童在对话中“放松”来帮助他们。为什么这种策略通常无效？对于口吃的儿童，什么样的干预更有效？

4. 为什么符合孤独症（自闭症）谱系障碍诊断标准的儿童不能被诊断为社交障碍？如何区分这两种障碍？

5. 来自低 SES 家庭的儿童被归为学习障碍的风险非常高。学校心理学家和其他专业人士如何避免误诊来自低 SES 家庭的儿童？

PART III

第三部分

破坏性障碍和物质使用问题

DISRUPTIVE DISORDERS AND SUBSTANCE USE PROBLEMS

第八章

注意缺陷 / 多动障碍

ATTENTION-DEFICIT/ HYPERACTIVITY DISORDER

学习目标

阅读本章后，你应该能够做到以下几点：

8.1 描述注意缺陷 / 多动障碍（attention-deficit/ hyperactivity disorder, ADHD）的主要特征，以及该障碍的症状和体征在儿童早期到成年期的变化。

识别与 ADHD 相关的问题，以及这些问题如何因患儿的年龄和性别差异而变化。

8.2 讨论 ADHD 的主要病因，并区分导致 ADHD 的三种神经通路。

总结巴克利的 ADHD 神经发育模型。

8.3 评估治疗儿童、青少年和年轻成人 ADHD 的药物治疗和心理社会治疗的相对优势和劣势。

8.1 描述和流行病学

我们可能认为**注意缺陷 / 多动障碍**（**attention-deficit/hyperactivity disorder, ADHD**）是一种真正的“现代”障碍，是 21 世纪生活的副产品。在智能手机、社交媒体和多任务处理的时代，8% 的儿童和青少年有明显的多动、冲动或注意缺陷的问题，大约 7% 的美国青年正在服用药物来控制这些症状，这可能并不奇怪。我们生活在一个快节奏的世界里，使我们分心的事物无处不在（Pliszka, 2015）。

然而，ADHD 并不是一种新的障碍。我们可以读一读 150 多年前一位德国儿科医生写的诗 *Johnny Head-In-Air* 和 *Fidgety Phillip*（图 8.1）。这两首诗分别描述了注意缺陷和多动–冲动这两个我们现在称为 ADHD 的障碍的核心症状维度。

图 8.1 注意缺陷和多动-冲动不是新问题

Johnny Head-In-Air	**仰着头的约翰尼**
As he trudged along to school, It was always Johnny's rule To be looking at the sky And the clouds that floated by; But what just before him lay, And the things in his way, Johnny never thought about; So that everyone cried out, "Look at little Johnny there, Little Johnny Head-In-Air!"	艰难崎岖上学路， 约翰尼这样迈步： 仰头望向天空来， 飘过几朵白云彩。 不料面前有阻挡， 绊脚东西路上躺。 约翰尼却不理会， 引得众人张大嘴： “瞧瞧那个约翰尼， 仰着头的约翰尼！” （参考译文）
Fidgety Philip	**烦躁不安的菲利普**
Let me see if Philip can Be a little gentleman; Let me see if he is able To sit still for once at table. Phil wriggled, giggled, And, I declare, Swung backward and forward In his chair, Just like any rocking horse, Father now is getting cross!"	让我看看菲利普， 能否变得不粗鲁。 让我看他能不能， 坐在桌边不乱动。 菲尔晃着咯咯笑， 我要宣布道—— 椅子也在前后摇， 他坐在上面， 就像骑着小木马。 “爸爸就要发火啦！” （参考译文）

在 19 世纪，注意缺陷和冲动控制的问题被归因于不良的教养。然而，到了 1902 年，英国医生乔治·斯蒂尔（George Still）对 20 名缺乏“意志抑制”的儿童进行了第一次科学描述，他认为这些注意缺陷和冲动控制的问题是由轻微的脑部异常引起的。因此，这种疾病最初被称为“轻微脑损伤”（minimal brain damage），后来又被称为“轻微脑功能失调”（minimal brain dysfunction）。

几十年之后，几乎是偶然地，美国精神病学家查尔斯·布拉德利（Charles Bradley, 1937）发现兴奋剂治疗可以减少男孩的多动症状并改善注意力（Strohl, 2011）。尽管布拉德利的观察在几十年间没有被医学界注意到，但兴奋剂仍然是治疗 ADHD 的一线药物。

现在被称为 ADHD 的疾病第一次出现在 DSM-Ⅱ（1968）中时被称为“儿童多动反应”（hyperkinetic reaction of childhood）。在 DSM-Ⅲ（1980）中，它被重新命名为“注意缺陷障碍”（*attention-deficit disorder, ADD*），这个术语至今仍被一些人使用。随后的研究表明，注意缺陷和多动-冲动问题都是该疾病的重要特征。因此，在

DSM-Ⅲ-R（1987）的修订版中，该障碍被称为“注意缺陷 / 多动障碍”（attention-deficit/ hyperactivity disorder）。正如我们将看到的，DSM-5（American Psychiatric Association, 2013）继续完善了 ADHD 的概念，并影响心理卫生专业人士对这种障碍的认识（Nigg & Barkley, 2014）。

什么是注意缺陷 / 多动障碍？

描　述

ADHD 是一种以注意缺陷和 / 或多动-冲动为特征的神经发育障碍（American Psychiatric Association, 2013）。DSM-5 列出了该障碍在这两个领域的行为症状（表 8.1）。有严重*注意力问题*的儿童在关注细节、持续注意、倾听他人和完成分配的任务、组织任务、保持注意力集中、记忆信息和重要物品的位置等方面表现出持续性和从发展角度意想不到的困难。有严重*多动*（*hyperactivity*）问题的儿童坐立不安，来回扭动身体，难以在被期待一直坐着和保持不动时达到要求，他们在安静玩耍方面表现出问题，健谈，并且“忙个不停”。他们的多动行为经常耗尽别人的耐心，或者因坐立不安惹恼别人。有明显*冲动*（*impulsivity*）问题的儿童会不经过深思熟虑就行动，他们可能会在课堂上插话，不能排队等候，并打断或侵扰他人的谈话或活动。他们经常在为实现长期目标而延迟满足方面存在问题。年龄大一些的儿童和青少年也可能在不先考虑行为的长期后果时就做出决定或开始行动（Taylor & Sonuga-Barke, 2010）。

表 8.1　注意缺陷 / 多动障碍的诊断标准

A. 一个持续的注意缺陷和 / 或多动-冲动的模式，干扰了功能或发育，以下列 1 或 2 为特征。

1. **注意障碍**：6 项（或更多）的下列症状持续至少 6 个月，且达到了与发育水平不相符的程度，并直接负性地影响了社会和学业 / 职业活动[1]。

a. 经常不能密切关注细节或在作业、工作或其他活动中犯粗心大意的错误（例如，忽视或遗漏细节，工作不精确）。

b. 在任务或游戏活动中经常难以维持注意力（例如，在听课、对话或长时间的阅读中难以维持注意力）。

c. 当别人对其直接讲话时，经常看起来没有在听（例如，即使在没有任何明显干扰的情况下，显得心不在焉）。

d. 经常不遵循指示以致无法完成作业、家务或工作中的职责（例如，可以开始任务但很快就失去注意力，容易分神）。

e. 经常难以组织任务和活动（例如，难以管理有条理的任务；难以把材料和物品放得整整齐齐；凌乱、工作没头绪；不良的时间管理；不能遵守截止日期）。

f. 经常回避、厌恶或不情愿从事那些需要精神上持续努力的任务（例如，学校作业或家庭作业；对于年龄较大的青少年和成人，则为准备报告、完成表格或阅读冗长的文章）。

1　大龄青少年和成人（17岁及以上），只需要5项症状。

续 表

g. 经常丢失任务或活动所需的物品（例如，学校的资料、铅笔、书、工具、钱包、钥匙、文件、眼睛、手机）。
h. 经常容易被外界的刺激分神（对于年龄较大的青少年和成人，可能包括不相关的想法）。
i. 经常在日常活动中忘记事情（例如，做家务、外出办事；对于年龄较大的青少年和成人，则为回电话、付账单、约会）。

2. **多动和冲动**：6项（或更多）的下列症状持续至少6个月，且达到了与发育水平不相符的程度，并直接负性地影响了社会和学业/职业活动[1]。
a. 经常手脚动个不停或在座位上扭动。
b. 当被期待坐在座位上时却经常离座（例如，离开教室、办公室或其他工作的场所，或是在其他情况下需要保持原地的位置）。
c. 经常在不适当的场所跑来跑去或爬上爬下（注：对于青少年或成人，可以仅限于感到坐立不安）。
d. 经常无法安静地玩耍或从事休闲活动。
e. 经常"忙个不停"，好像"被发动机驱动着"（例如，在餐厅、会议中无法长时间保持不动或觉得不舒服；可能被他人感受为坐立不安或难以跟上）。
f. 经常讲话过多。
g. 经常在提问还没有讲完之前就把答案脱口而出（例如，接别人的话；不能等待交谈的顺序）。
h. 经常难以等待轮到他或她（例如，当等待排队时）。
i. 经常打断或侵扰他人（例如，插入别人的对话、游戏或活动；没有询问或未经允许就开始使用他人的东西；对于青少年和成人，可能是侵扰或接管他人正在做的事情）。

B. 若干注意障碍或多动-冲动的症状在12岁之前就已经存在。
C. 若干注意障碍或多动-冲动的症状存在于2个或更多的场所（例如，在家里、学校或工作中；与朋友或亲属互动中；在其他活动中）。
D. 有明确的证据显示这些症状干扰或降低了社交、学业或职业功能的质量。
E. 这些症状不能仅仅出现在精神分裂症或其他精神病性障碍，也不能用其他精神障碍来更好地解释（例如，心境障碍、焦虑障碍、分离障碍、人格障碍、物质中毒或戒断）。

标注是不是：
组合表现：如果在过去的6个月内，同时符合诊断标准A1（注意障碍）和诊断标准A2（多动-冲动）。
主要表现为注意缺陷：如果在过去的6个月内，符合诊断标准A1（注意障碍）但不符合诊断标准A2（多动-冲动）。
主要表现为多动-冲动：如果在过去的6个月内，符合诊断标准A2（多动-冲动）但不符合诊断标准A1（注意障碍）。

如果儿童表现出明显的注意缺陷或明显的多动-冲动症状，就需要考虑是否诊断为ADHD。根据定义，诊断ADHD时，儿童必须表现出注意缺陷或多动-冲动的9项症状中的至少6项。

事实上，如果儿童表现出明显的多动-冲动或明显的注意缺陷，就需要考虑是否诊断为ADHD，这意味着两个被诊断为ADHD的儿童可能表现出的症状明显不同。一个主要表现为多动-冲动症状的四年级学生可能会在教室里走来走去，与同龄人过度交谈，打断教师，扰乱学习。相反，他的一个主要表现为注意缺陷症状的同学可能

1 大龄青少年和成人(17岁及以上)，只需要5项症状。

会安静地坐在课桌前，看着教室的窗户，思考发生在走廊上的事情，并做白日梦。因而，ADHD 的诊断标签反映了具有异质性的混合体（Nigg & Barkley, 2014）。

在阅读了 ADHD 的诊断标准之后，你可能会想："我有没有可能患有 ADHD？"难道不是所有的学生都会有时很难听课、有时间管理问题、忘记约会或任务、不喜欢冗长复杂的任务吗？事实上，几乎所有 ADHD 症状也经常出现在正常发展的个体身上。然而，患有 ADHD 的个体与不患有 ADHD 的同龄人在三个方面有区别。

第一，ADHD 患儿的注意缺陷和/或多动-冲动表现出一种持续的模式，这种模式至少持续 6 个月。ADHD 的症状和体征相对持久，而不是偶尔出现的分心或短暂的不安感的问题。

第二，ADHD 患儿在多种情境下都会表现出症状。通常情况下，ADHD 患儿在家里、学校和其他环境（例如工作、与朋友相处）中都存在注意缺陷和/或多动-冲动的问题。在某些活动（例如运动）中，症状可能和在其他活动（例如上课）时比，不那么明显或具有损害性，但它们是存在的。根据定义，如果个体只在一种环境中表现出症状，他就不能被诊断为 ADHD。

第三，ADHD 患儿表现出与他们的发展水平不一致的注意缺陷和/或多动-冲动症状。所有儿童或青少年都会时不时地表现出注意缺陷和多动-冲动的问题。年幼的儿童通常比年长的儿童有更多的问题，个体存在的症状必须远远超过了相同年龄和性别的人表现出的注意缺陷和/或多动-冲动症状，才能够被诊断为 ADHD。

心理学家可以通过使用常模参照测验将一个被怀疑患有 ADHD 的个体与其他年龄、性别相同的个体进行比较。例如，心理学家可能会让孩子的父母和教师使用诸如 Conners 3 的 ADHD 评定量表，分别评估孩子在家和学校的行为。评定量表要求信息提供者评估孩子表现出的 DSM-5 所描述 ADHD 症状的严重程度。如果父母和教师的评分显示孩子症状的严重程度超过常模中 95% 或 97% 的同年龄和同性别儿童，这个孩子就有可能诊断为 ADHD（Taylor & Sonuga-Barke, 2010）。

要诊断为 ADHD，儿童的症状也必须干扰到他们的日常功能。儿童必须在学业或社交活动中表现出明确的损害。例如，注意缺陷的症状可能会干扰他们在课堂上集中注意力和在学校表现良好的能力。多动-冲动症状还可能会导致同伴拒绝。青少年可能会因为粗心的错误、匆忙的活动或忘记重要的任务而陷入麻烦。

最后，DSM-5 将 ADHD 概念化为儿童期出现的一种障碍。个体必须在 12 岁之前至少有一些注意缺陷或多动-冲动的症状，才能被诊断为 ADHD（American Psychiatric Association, 2013）。

DSM-5 指导临床医生标注 ADHD 的严重程度。患有"轻度"ADHD 的个体表现出的症状数量仅略超诊断所需标准，以及轻微的功能损害。相比之下，患有"重度"ADHD 的个体则表现出远超诊断标准的症状数量，并有明显的功能损害。症状和功能损害的严重程度介于轻度和重度之间时，临床医生可以评定为"中度"（American Psychiatric Association, 2013）。

表　现

临床医生诊断 ADHD 时，他们会在三个方面标注儿童目前的症状表现：（1）主要表现为多动–冲动，（2）主要表现为注意缺陷，（3）组合表现（Coghill & Seth, 2011; Tannock, 2013）。

主要表现为多动–冲动的 ADHD 患儿有明显的多动和冲动症状，但只有阈下水平的注意缺陷问题。这些孩子通常被描述为“被发动机驱动着”或“忙个不停”（van Ewijk & Oosterlaan, 2015）。主要表现为多动–冲动症状的患儿往往年龄较小，且多为男孩。他们的症状往往出现在 3 ～ 4 岁之间，并干扰他们与照顾者、家庭成员和同伴的互动。大多数主要表现为多动–冲动的患儿最终也会出现注意力问题。在 6 ～ 12 岁之间，大部分儿童会从主要表现为多动–冲动向组合表现过渡。事实上，在大龄儿童和青少年中，主要表现为多动–冲动的 ADHD 非常罕见，一些专家认为它应该被视为组合表现的发展前兆（Nigg & Barkley, 2014）。

组合表现型 ADHD 儿童会出现显著的注意缺陷和显著的多动–冲动症状。当大多数人想到 ADHD 时，他们可能会想象一个组合表现型 ADHD 孩子。父母和教师将这些孩子描述为粗心、健忘、草率、易分心、匆忙、不负责任或坐立不安（Barkley, 2013c）。组合表现型 ADHD 儿童存在行为抑制方面的潜在问题，即在控制或调节即时冲动以实现长期目标的能力方面存在问题。缺乏行为抑制能力导致他们难以持续集中注意力，并且在学校和家里表现出多动和冲动的行为。大多数在诊所和医院被诊断为 ADHD 的儿童表现出组合症状。以一个组合表现型 ADHD 的男孩科里为例。

案例研究
组合表现 ADHD

兴奋的小兔子

科里是一个 8 岁的男孩，是由他母亲转来我们诊所的。科里在家里表现出明显的多动和冲动问题。“大多数二年级男孩都很活跃，但科里总是忙个不停，”他的母亲说，“看着他把我累坏了。”据他的母亲说，科里吃饭时很难坐着不动，经常摆弄屋子里的东西，不停地说话、多动。“他很冲动，”她补充道，“我知道，一让他下车，他就会跑到停车场。他经常骑着自行车做危险的特技动作。他就是不懂事。”

科里也很难在任何需要集中注意力或努力的活动上保持注意力。“他一次集中精力做作业的时间超不过几分钟，”他妈妈说，“我想在他完成作业时给他奖励，但他却草草了事。”科里也非常健忘。他经常忽视家务，忘记完成学校作业，还会丢东西。他妈妈说：“这是他今年的第三个书包了。如果我不提醒他，他连内衣裤都会忘记穿。”

科里在学校表现出类似的多动、冲动和注意缺陷问题。科里会很快完成作业，但也会犯粗心大意的错误。他的作业常常难以读懂。因为经常忘记交作业、丢失作业，或者没有读题就匆匆写完试卷，他的成绩略低于平均水平。“当我提醒他遵守课堂纪律时，他总是道歉，”他的教师说，“他想做好孩子，但就是做不到。”

我们诊所的一位心理学家在她的办公室里对科里进行了访谈。“你很难在家里和学校里做你该做的事，是吗？”她问道。“是啊，”科里承认，“我总是惹麻烦，因为我太兴奋了。我妈妈叫我‘兴奋的小兔子’。”

主要表现为注意缺陷的 ADHD 患儿表现出明显的注意缺陷，但只有阈下水平的多动和冲动的症状。这些孩子们通常被描述为“容易分心、健忘、没有条理”，他们在学校可能不专心听讲，在家里也难以集中注意力于父母的指令。因为分心和注意缺陷，他们可能会陷入麻烦。

虽然主要表现为注意缺陷的 ADHD 是临床上第二常见的 ADHD 亚型，但在社区中，它却是最常见的。因为行为多动，以多动-冲动为主要表现的儿童比以注意缺陷为主要表现的儿童更有可能被转介治疗。相比之下，尽管以注意缺陷为主要表现的儿童在一般人群中更为常见，但他们往往被父母和教师忽视。以表现良好但有严重的注意缺陷症状的女孩布兰迪为例。

主要表现为注意缺陷的 ADHD 患儿常见于大龄儿童和青少年，在女孩中尤为突出。主要表现为注意缺陷的被诊断为 ADHD 的青少年通常在儿童早期没有明显的多动-冲动症状。他们的注意缺陷症状通常出现在 8 ～ 12 岁之间，当症状干扰到日常活动，特别是学校的日常学习时，才被他人注意到。

案例研究
主要表现为注意缺陷的 ADHD

品行端正的布兰迪

布兰迪是一个 10 岁的女孩，学习成绩不好。她的儿科医生认为她可能患有学习障碍，建议她到我们诊所做心理测验。

布兰迪的学业问题出现在两年前，那时她上三年级。她开始在作业上犯粗心的错误，经常让教师反复讲作业要求。在课堂上，布兰迪很难专心听他人讲话、常常做白日梦。“布兰迪似乎总是沉浸在自己的小世界里，”她的教师说，“她似乎更喜欢涂鸦或盯着窗外看，而不是听我讲课。我打电话给她妈妈，让她保证布兰迪能有充足的睡眠，但她向我保证这不是问题的根源。”

布兰迪的母亲说布兰迪在家也有类似的问题：“她从来不听我说话。这并不是说她无礼，只是我得再三提醒，她才会去做一件事。”布兰迪的母亲也提到了女儿的健忘：“她总是问：‘我的鞋子呢？我的作业在哪里？’”除了做作业的时候，布兰迪基本很听话。妈妈解释说：“如果我叫她上楼去做作业，当我去看她的时候，就会看到她正在听音乐或画画。她说她会写作业的，但从来没按她说的做。”

我们诊所的一位心理学家为布兰迪进行了智商和学业成绩测试。布兰迪的分数显示出平均水平的智力和学业技能。心理学家给布兰迪的母亲分享了他的发现："我不认为你女儿有学习障碍。我需要更多的信息，但我想她可能患有 ADHD。"布兰迪的妈妈回答道："ADHD？不可能啊。她是一个很文静、很乖的女孩。"

整个发展过程中的症状表现

ADHD 的诊断标准是为年龄较小儿童制定的。因此，标准中有许多内容似乎不适用于青少年和成人。我们很难想象一个患有 ADHD 的大学生会在课堂上"随意插话""在游戏活动中难以维持注意力"，或者在教室里"跑来跑去或爬上爬下"。基于这些原因，DSM–5 描述了大龄儿童、青少年和成人可能表现出这些症状的几种形式。例如，儿童表现出的多动–冲动症状可能是在课堂上离开座位或随意插话，而大学生的症状更可能表现为在上课时有坐立不安的主观感受，或者在书店排队时难以等待轮到自己。儿童表现出的注意缺陷症状可能是不听父母的话或者在学校里很容易分心，而大学生可能会表现为在上课时做白日梦、忘记预约或者迟交作业（Tannock, 2013）。临床医生也可以参考一些表格，例如表 8.2。这些表格展示了注意缺陷、多动–冲动症状在整个发展过程中可能的表现形式。

表 8.2　儿童、青少年和成人的 ADHD 核心症状

	学龄前	学龄期	青春期	大学期
注意缺陷	玩耍时间短（＜3 分钟）	持续活动时间短（＜10 分钟）；健忘，没有条理，容易分心	与同龄人相比，在任务中坚持时间较短（＜20～30 分钟）；不注重细节；忘记做作业	忘记约会或任务；不提前对长期项目做计划
多动	多动；无法安定下来；行动像"旋风"	坐立不安、过度活动；在课堂上离开座位	玩弄物品；在座位上扭动；腿和四肢动个不停	主观不安感
冲动	不听大人的警告；没有危险感	在课堂上随意插话；打断别人；出很多意外事故	说话或行动先于思考；不提前计划；冒险	做出迅速而不明智的决定；驾驶时鲁莽没有耐心

注：对于儿童、青少年和成人，ADHD 的主要症状是一样的。然而，这些症状在不同发展阶段的表现有所不同。基于泰勒和索努卡–巴克（Taylor and Sonuga-Barke, 2010）。

对于大龄青少年和成人，DSM–5 中 ADHD 诊断标准略有修改。DSM–5 要求，大龄青少年和成人（大于 16 岁的）只要表现出 5 项（而不是 6 项）注意缺陷或多动–冲动症状就可以被诊断为该障碍。减少做出诊断所需要的症状数量是因为，平均来说患有 ADHD 的成人的症状通常较 ADHD 患儿少。事实上，持续存在注意缺陷和多动–冲动等的成人中，多达 50% 的个体表现出的症状少于对儿童做出 ADHD 诊断所需的 6 项症状。而在需要注意力或行为控制的任务上，仅表现出 5 项症状的成人与表现出 6 项或 6 项以上症状的成人有相同程度的功能损害（Solanto, Wasserstein,

Marks, & Mitchell, 2013）。

小 结

- ADHD 是 DSM-5 中的一种神经发育障碍，其特征是明显的注意缺陷和 / 或多动-冲动。该障碍的症状出现于 12 岁前，症状存在于两个或两个以上的场合中，并损害学业或社会功能。
- ADHD 可以与正常功能状态区分开来，因为 ADHD 是长期存在的，其症状具有跨情境一致性。此外，其行为表现具有发育非典型性特征。
- 个体可以被诊断为主要表现为注意缺陷的 ADHD、主要表现为多动 / 冲动的 ADHD 或组合表现型 ADHD。具体表现因年龄和性别而有所不同。

什么问题与 ADHD 有关？

品行和物质使用问题

ADHD 患儿常共病其他精神障碍。在来自社区的样本中，44% 的 ADHD 患儿至少有一种其他的精神障碍。在转诊到精神卫生诊所的患儿中，大约 85% 的患儿患有其他障碍（Willcutt et al., 2012）。

品行问题

许多 ADHD 患儿在生命中的某个阶段会出现严重的品行问题。54% ～ 67% 的 ADHD 患儿表现出对立违抗障碍（oppositional defiant disorder, ODD）。这种障碍的特征是持续的固执和对成人表现出不服从。ODD 患儿拒绝服从、顶嘴、发脾气、对照顾者怀有敌意或好争辩。

20% ～ 50% 患有 ADHD 的儿童和 44% ～ 50% 患有 ADHD 的青少年表现出品行障碍（conduct disorder, CD），这是一种以持续无视社会规则为特征的行为问题。患有 CD 的儿童青少年表现出各种各样的扰乱和破坏行为，包括打架、盗窃、破坏公物和逃学。

患有 ADHD 的青少年有 12% ～ 15% 在成年后会发展为反社会型人格障碍（antisocial personality disorder, ASPD）。ASPD 是一种严重的人格障碍，其定义为对他人权利和尊严的持续的漠视。通常患有 ASPD 的成人过去曾出现攻击性行为和违法行为。总的来说，儿童期存在的 ADHD 使儿童患上 ODD、CD 和 / 或 ASPD 的可能性增加了 10 倍（Nigg & Barkley, 2014）。

纵向研究表明 ADHD 与这些品行问题的出现有因果关系。一些专家认为，ADHD 就像一个“马达”，可以驱使儿童发展出对立、挑衅、具有侵略性或破坏性的行为（Kimonis et al., 2015）。还有些研究表明，患有 ADHD 的儿童在情绪控制方面存在深层的问题（例如，过度愤怒和易激惹）；情绪失调反过来会导致儿童与照顾者和其他成人的争吵、出现同伴问题、出现攻击和反社会行为（Barkley, 2010; Biederman et al., 2012）。

虽然 ADHD 和品行问题经常同时发生，但它们被认为是独立的障碍。事实上，DSM-5 特别警示临床医生 ADHD 的症状并不仅仅是对立、违抗或反社会行为的表现（American Psychiatric Association, 2013）。大多数 ADHD 患儿表现出多动、冲动和 / 或注意缺陷，但并不与父母顶嘴、与同学打架或逃学。还有些儿童和青少年对家庭和同伴表现出严重的违抗和攻击行为，但没有表现出多动或注意缺陷的问题（Nigg & Barkley, 2014）。

物质使用问题

ADHD 患儿在青春期和成年期出现物质使用问题的风险也增高（Bukstein, 2011）。平均而言，ADHD 患儿在日后的生活中滥用尼古丁、酒精或其他药物的可能性是不患 ADHD 的同龄人的 6 倍。大约 22% 的 ADHD 患儿在青春期发展出药物使用问题，多达 24% 的患儿成年后具有药物使用问题。青少年和年轻的成年 ADHD 患者最常使用的物质是尼古丁，但滥用酒精、大麻、止痛药和吸入剂的情况也很常见（Charach, Yeung, Climans, & Lillie, 2011; Lee, Humphreys, Flory, Liu, & Glass, 2011）。

为什么患有 ADHD 的青少年出现药物使用问题的风险会增加？答案取决于青少年使用的物质类型。大多数研究表明，ADHD 与酒精和其他药物使用问题之间的关联是由共病品行问题（例如，ODD、CD）介导的。ADHD 患儿经常出现令人不喜欢的行为，使他们有被同龄人拒绝的风险。他们可能会与其他被拒绝的、离经叛道的同龄人来往，而那些同龄人让他们接触酒精和其他毒品。ADHD 患儿可能会屈从于来自这些同伴的压力，以获得接纳和避免进一步的拒绝（Bukstein, 2011）。

相比之下，ADHD 是吸烟和吸电子烟的一个特定的、独特的预测因素。即使在控制了共病品行问题后，患有 ADHD 的青少年使用尼古丁的可能性仍大约是正常发展的同龄人的 2 倍。患有 ADHD 的青少年开始使用尼古丁的年龄更早，更难以戒除烟瘾，戒烟后复吸率更高。在一项基于人群的大型研究中，青少年报告的 ADHD 症状数量与他们吸烟或吸电子烟的风险之间存在线性关系：症状越多，风险越大。患有 ADHD 的青少年和年轻的成人经常报告说尼古丁可以提高他们的注意力和行为抑制能力。很可能许多儿童青少年使用尼古丁来调节他们的注意力和行为（Bukstein, 2011）。

一项早期研究表明，兴奋剂（ADHD 的主要治疗方法）可能使 ADHD 患儿在日后的生活中容易出现药物使用问题（Lambert & Hartsough, 1998）。从那以后进行的纵向研究没有重复这一发现。事实上，一些研究发现，兴奋剂可以起到保护作用，减少患儿未来出现药物使用问题的风险（Molina et al.,2013）。

学业问题

ADHD 患儿经常在学业领域表现出困难，尤其在阅读和数学方面（Langberg et al., 2016a）。最近的一项研究表明，ADHD 患儿的学习成绩和在学校的表现明显低于和差于不患 ADHD 的儿童（Arnold, Hodgkins, Kahle, Madhoo, & Kewley, 2016）。患有 ADHD 的青少年通常需要特殊辅导（56%）、因为学习障碍被转介接受特殊教育（45%）、复读（30%）或不能完成高中学业（10%）（Bernard et al., 2012）。表现出注意缺陷的儿童最容易出现这些不良结果。此外，即使考虑到儿童的智力和社会经济背景，这些负面结果仍然存在（DuPaul, Gormley, & Laracy, 2013）。

纵向数据表明，注意力和记忆的深层问题导致了患 ADHD 青少年的学业缺陷（Tamm et al., 2016）。ADHD 患儿通常有认知加工问题，这影响他们在传统学业环境中的学习能力。例如，这些学生可能会错过教师提供的知识和练习新学到的学业技能的机会。错过学习机会可能会导致他们的知识储备普遍较低（Buckley et al., 2006）。同样，ADHD 患儿的工作记忆也有缺陷，这会影响他们完成多步骤学习任务的能力（Renz et al., 2003）。他们在工作记忆中保存信息的时间可能不够长，无法有效地利用这些信息解决学业问题。他们也可能难以组织信息并将其传递给他人。这些缺陷影响了他们学习新技能的能力以及在家庭作业和考试中表现良好的能力。

亲子互动与同伴交往困境

亲子互动

ADHD 患儿与父母的互动经常有问题。心理学家研究幼儿亲子互动的一种方法是在孩子和家长一起玩游戏或执行任务时进行观察。在这些互动中，ADHD 患儿话过多、消极并有违抗行为，顺从性和合作性较差，更需要父母的关心和帮助。反过来，ADHD 患儿的父母比不患有 ADHD 的孩子的父母更具敌意、更不敏感、反应更迟钝。研究人员认为，这些亲子行为是相互的：父母因为对孩子的反复出现的行为问题感到沮丧而采取更具敌意和侵入性的育儿策略；由于父母的惩罚性管教，孩子们会出现更具破坏性的行为。这样的儿童早期的消极亲子互动可预测个体在青春期出现对立行为和品行问题（Babinski, Waxmonsky, & Pelham, 2014; Webster-Stratton, Reid, & Beauchaine, 2013; Zisser & Eyberg, 2012）。

患有 ADHD 和品行问题的孩子的父母尤其可能面临有问题的亲子互动。这些父母报告说，他们的养育压力很大，对控制孩子行为的能力缺乏信心，与孩子和家庭的积极互动也较少。事实上，患有 ADHD 和品行问题的孩子的父母比单独患有 ADHD 的孩子或没有行为问题的孩子的照顾者更有可能有高水平的冲突、分居或离婚问题（Nigg & Barkley, 2014）。

患有 ADHD 和品行问题的孩子会促使一些父母饮酒。在一系列的研究中，研究人员让成人在三项简短的活动中与一个小男孩互动（Kashdan, Adams, Kleiman, Pelham, & Lang, 2013）。第一项活动需双方分别控制设备上的一个旋钮，共同操作磁力绘画板完成绘图。第二项任务要求成人完成账目核对的同时，儿童需解答数学题。第三项活动是自由玩耍，成人需引导儿童协助整理物品。成人参与者不知道的是，实验中的男孩实际上是一名主试专门安排的，他被告知要么表现得顺从，要么表现得极度活跃、挑衅。在这些环节之后，研究人员要求成人完成调查问卷，并向他们提供酒精饮料。研究人员发现，有一组父母用酒精来应对儿童的问题行为。这些成人普遍具有高水平的特质焦虑和抑郁，且缺乏应对负面情绪的有效策略。这些发现表明，一些父母（特别是那些有酗酒问题遗传素质的父母）可能会用喝酒来应对孩子的不良行为。

同伴拒绝与同伴忽视

学龄儿童被同伴接受并与同龄儿童建立友谊是很重要的（Sullivan, 1953）。这些同伴关系被认为有助于提高儿童的自尊，成为成人人际关系的示范，并促进儿童的身份认同和亲密能力在以后生活中的发展。事实上，在小学早期被同龄人喜欢和接受的程度是在青春期社交和情绪健康的最佳预测因素之一（Rubin & Asendorpf, 2014）。

不幸的是，ADHD 患儿往往不被同伴喜欢。多动和冲动行为常常干扰他们在同伴交往中表现得体的能力。儿童的 ADHD 症状往往导致同伴很快拒绝他们。在一项研究中，与 ADHD 患儿不熟悉的儿童在仅仅两次短暂的游戏后就把对方评为不太理想的游戏伙伴。在另一项研究中，参加夏令营的儿童在 3 天后开始排斥患有 ADHD 的儿童。被部分同伴拒绝的儿童，在其他同伴眼中往往也是声誉不佳的。多达 70% 的 ADHD 患儿在学校可能一个朋友都没有（Mrug et al., 2012）。

霍扎及其同事（Hoza and colleagues, 2005）使用**社交等级评价**（**sociometric rating**）来确定患有和不患有 ADHD 的学龄儿童的同伴地位。一个班的所有学生都被要求私下说出他们最喜欢和最不喜欢与之一起玩的学生。然后，研究人员统计学生们的提名，以确定每个学生的同伴地位。根据同伴的提名，学生们被分为五组。受欢迎的学生获得最多的正面提名，被拒绝的学生获得最多的负面提名，有争议的学生获得了大量正面和负面提名，被忽视的学生几乎没有获得提名，处于平均地位的学生得到了平均数量的正面提名和负面提名。

霍扎及其同事（2005）发现有多动-冲动症状的 ADHD 儿童不仅不受欢迎，而且也被同学们主动拒绝（图 8.2）。事实上，52% 的 ADHD 患儿被排斥。虽然 ADHD 患儿会寻求友谊，但受欢迎的儿童最有可能拒绝他们和

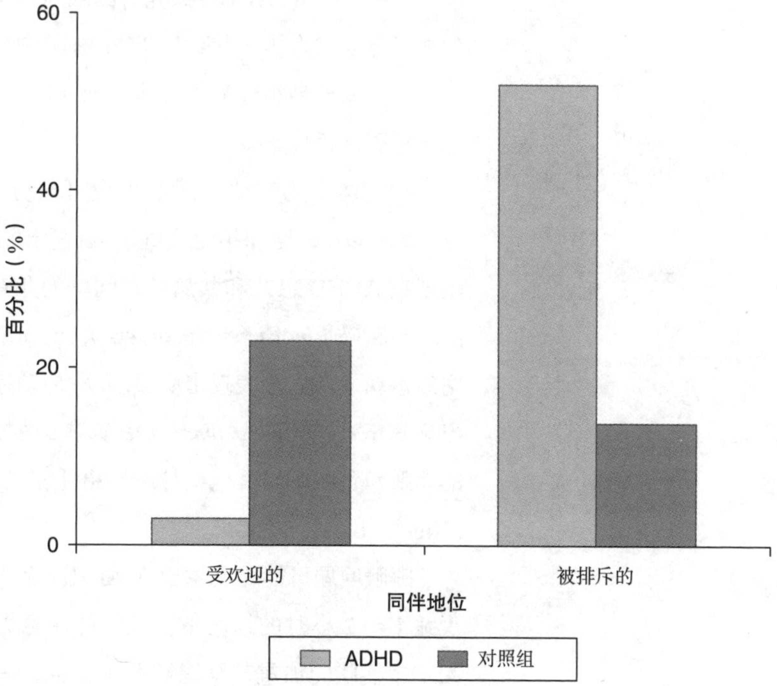

图 8.2 ADHD 患儿的同伴地位

注： ADHD 患儿比不患 ADHD 的儿童更不受欢迎，更容易被同学排斥。同龄人的排斥会导致 ADHD 患儿与不正常的同龄人产生联系，并在儿童后期导致更严重的行为问题。基于霍扎等人（2005）。

回避同他们的友谊。ADHD 患儿被拒绝的倾向不仅仅是由于诸如对立或违抗行为的共病问题，他们也仅仅因为 ADHD 的症状而被拒绝，即使是 6 岁的儿童也会因为 ADHD 症状而被拒绝。

随后的研究表明，同伴拒绝会加剧 ADHD 的症状，并导致品行问题的发展。在一项纵向研究中，研究人员发现，儿童 4 岁时的多动-冲动症状可预测 6 岁时的同伴拒绝，而 6 岁时的同伴拒绝则与 ADHD 症状严重程度的增加以及 2 年后的持续的同伴拒绝有关。一旦形成了这种行为模式，他们的发展路径就很难改变（Stenseng, Belsky, Skalicka, & Wichstrøm, 2016）。

主要表现为注意缺陷的 ADHD 患儿面临的风险是同伴的忽视，而不是彻底拒绝。因为这些患儿在社交场合被动、孤僻，他们可能会被同龄人忽视，而无法成为潜在的玩伴或朋友（Marshall, Evans, Eiraldi, Becker, &Power, 2014）。

兴奋剂可改善 ADHD 患儿的社交互动。具体来说，药物治疗有助于减少同龄人不喜欢的多动、冲动和破坏性行为。然而，药物似乎并不能提高患儿的社交能力或改善与同伴的积极互动。此外，一旦患儿在学校或社区中声誉不佳，他们往往就很难被接纳（Gardner & Gerdes, 2015）。

睡眠问题

大约 50% 的 ADHD 患儿有睡眠问题（Owens et al., 2014）。这些问题大多是轻微的或只是偶尔发生。然而，近 20%ADHD 患儿经历过中度至重度睡眠障碍，相比之下，患有其他精神障碍的儿童只有 13% 曾有睡眠障碍，普通人群中只有不到 6% 的儿童经历过睡眠障碍。

ADHD 患儿的睡眠问题大致可以分为三类。第一，一些患儿会出现睡眠失调（*dyssomnias*），比如拒绝入睡、入睡困难，或者早晨难以醒来。这些睡眠问题最常出现在 ADHD 患儿和共病品行问题的儿童身上。第二，一些患儿会出现与睡眠相关的运动障碍（*movement disorders*），比如说梦话、磨牙、过度的辗转反侧。这些不自主的运动最常见于表现出明显多动-冲动症状的 ADHD 患儿身上。第三，一些患儿会出现睡眠异态（*parasomnias*），如夜间醒来、反复做噩梦或夜惊。ADHD 患儿出现的睡眠问题频率与其他精神障碍患儿相当，睡眠问题可能不是 ADHD 患儿所特有的（Nigg & Barkley, 2014）。

睡眠问题可能是儿童出现 ADHD 症状的部分原因。在研究人员故意让儿童每晚少睡 1～2 小时的情况下，儿童的注意力问题和多动-冲动问题往往会增加。这种 ADHD 症状的加重甚至能被不知情儿童睡眠受限情况的教师所察觉。此外，纵向研究表明，2～4 岁儿童的睡眠问题预示着 5 岁时 ADHD 症状的出现。然而，早期睡眠问题得到缓解的个体在儿童后期出现的 ADHD 症状少于睡眠问题持续存在的个体（Gruber et al., 2012）。

还有证据表明，ADHD 可能会干扰儿童的睡眠。一些研究报告显示 ADHD 患儿更容易睡眠不安和质量低。他们的睡眠特点是躯干和四肢的运动更多。有多动-冲动症状的孩子经常出现晚上睡觉方面的问题，因此，他们可能会睡眠延迟或完全拒绝上床睡觉。

第三种可能是 ADHD 和睡眠问题都是由相同的深层机制引起的。与 ADHD 患儿一样，缺乏睡眠的儿童经常表现出注意力和行为调节方面的问题。前额叶皮质是大脑中主要负责这些功能的区域，它与 ADHD 和几种睡眠障碍都有关系。此外，神经递质多巴胺也涉及 ADHD 和一些睡眠障碍。多巴胺活性低下被认为是 ADHD 的一个原因，而多巴胺水平低也与觉醒和清醒问题有关。

综上所述，这些发现表明了睡眠与 ADHD 的双向关系。睡眠问题很可能加剧了 ADHD 的症状，而这些症状又会威胁儿童的睡眠质量（Schneider, Lam, & Mahone, 2016）。

认知速度缓慢

大多数主要表现为注意缺陷的 ADHD 患儿表现出至少 6 项注意缺陷症状和中度（但仍低于阈限）的多动-冲动症状。然而，一部分以注意缺陷为主要表现的儿童很少或根本没有多动-冲动的症状（Langberg, Becker, & Dvorsky, 2014）。这些儿童有时被描述为是**认知速度迟缓（sluggish cognitive tempo, SCT）**的（表 8.3）。他们经常做白日梦、昏昏欲睡，而且行为混乱。就个人而言，他们被描述为无精打采、活动减少或被动的。在学校里，他们常常显得呆滞、神志不清，仿佛他们的思想不断地从一个主题游离到另一个主题。他们可能不知道周围发生的事情，当别人叫他们时，他们很长时间才做出反应。这些学生通常在学校不惹麻烦，但他们可能在交朋友和参加课堂活动方面有问题（Becker, Leopold, & Burns, 2016）。

表 8.3 认知速度缓慢

大约 40% 的 ADHD 患儿表现出认知速度缓慢。常见特征包括：

- 经常做白日梦
- 难以保持清醒和警觉
- 迷茫，容易困惑
- 经常发呆
- 心不在焉 / 神游状态
- 无精打采
- 做事效率低下
- 行动迟缓
- 无法准确理解问题
- 昏昏欲睡的样子
- 冷漠或孤僻
- 迷失在想法中
- 完成任务缓慢
- 缺乏主动性；不能持续努力

实证研究表明，认知速度缓慢与主要表现为注意缺陷的 ADHD 之间存在密切关系。大约 60% 认知速度缓慢的患儿符合 ADHD 的诊断标准，近 40% 的 ADHD 患儿也表现出认知速度缓慢（Barkley, 2013b）。

一些专家认为，认知速度缓慢是一种与 ADHD 性质不同的障碍。它的核心特征是注意缺陷、记忆力差、无精打采、普遍被动、学习成绩下降，这似乎有别于主要表现为注意缺陷的 ADHD（Tamm et al., 2016）。事实上，认知速度缓慢的儿童往往表现出不同于其他 ADHD 患儿的认知加工问题，如加工速度慢和工作记忆缺陷。认知速度缓慢的儿童也更有可能表现出内化障碍问题（例如焦虑、抑郁、社交退缩），而其他 ADHD 患儿则更有可能出现外化障碍（例如品行问题、物质使用障碍）。最后，用于治疗 ADHD 的药物对于认知速度缓慢患儿的治疗效果往往不佳（Garner, Mrug, Hodgens, & Patterson, 2012）。

研究人员甚至在如何最好地描述具有这些特征的儿童上存在分歧。罗素·巴克利（Russell Barkley, 2016）认为，考虑到“认知速度迟缓”的负面内涵，术语“注意缺陷障碍”（*concentration deficit disorder*）更合适。研究人员正在继续研究认知速度缓慢的儿童，以确定在未来版本的 DSM 中是否需要添加另一种障碍（Saxbe & Barkley, 2014）。

小　结

- 许多 ADHD 患儿会共病品行问题或物质使用问题。ADHD 是吸烟和吸电子烟的一个特定风险因素。ADHD 患儿可能会使用尼古丁来调节注意力。
- 约 45% 的患 ADHD 儿童与青少年也被诊断为学习障碍。患 ADHD 的青少年中，约 50% 有睡眠问题，20% 有睡眠-觉醒障碍。
- 患有 ADHD 的孩子有面临敌对的亲子互动和同伴拒绝的风险。这两个因素都可预测儿童后期和青春期的品行问题的出现。
- 认知速度迟缓的特点是做白日梦、心不在焉、表现得昏昏欲睡、无精打采、社交被动、注意力集中有问题。目前尚不清楚认知速度迟缓是否与主要表现为注意缺陷的 ADHD 有差异。

ADHD 有多普遍？

患病率

研究人员可以通过查阅病历来估计 ADHD 的患病率。这些数据表明，全世界 5% ～ 8% 的儿童与青少年，以及 3% ～ 5% 的成人患有 ADHD。南美洲和非洲的患病率最高，中东地区最低。北美洲和欧洲的儿童与青少年的患病率大致相同，为 5% ～ 8%（Centers for Disease Control and Prevention, 2016a）。

然而，根据照顾者的报告，美国 ADHD 的患病率明显更高（图 8.3）。大约

11.5% 的照顾者说他们的孩子曾被诊断患有 ADHD，9% 的照顾者说他们的孩子目前被诊断患有 ADHD，6% ～ 7% 的照顾者说他们的孩子现在正在接受 ADHD 治疗（Centers for Disease Control and Prevention, 2016a）。

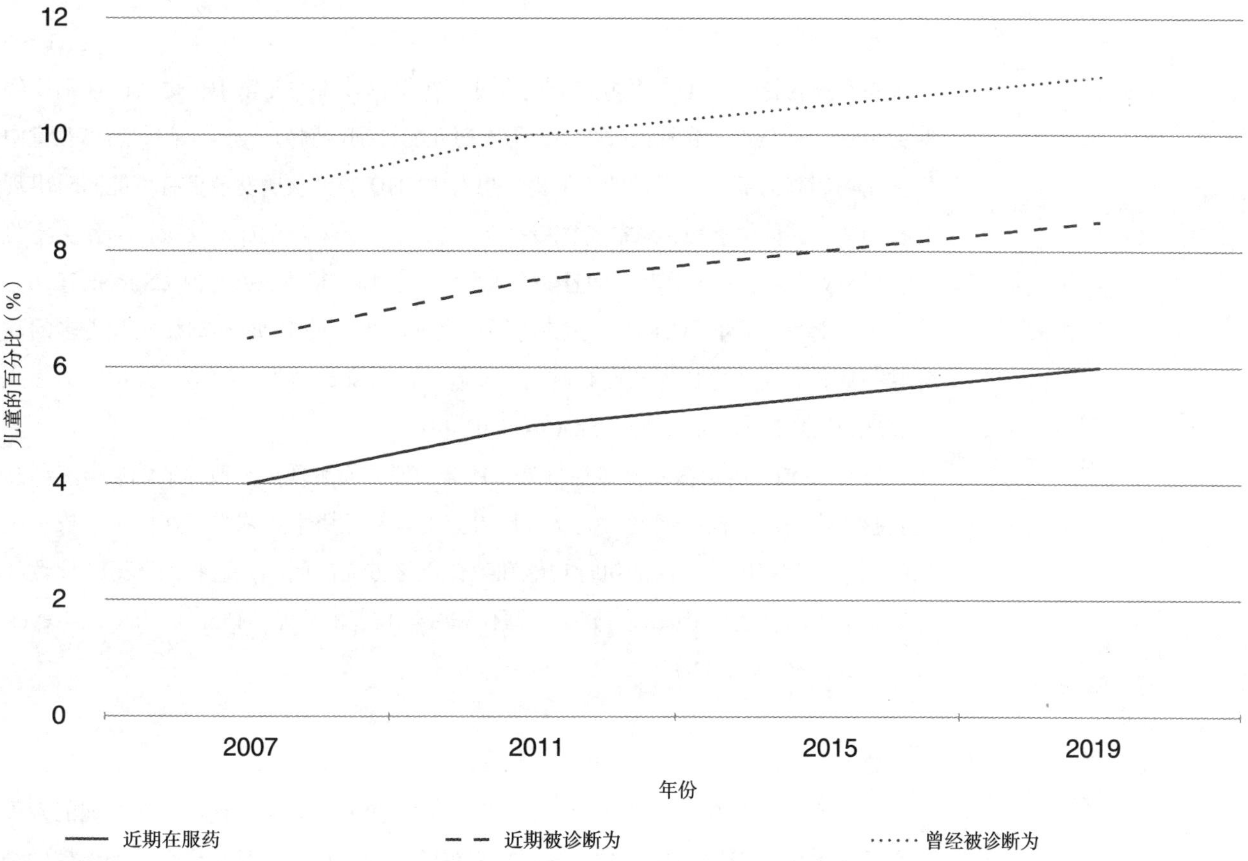

图 8.3　ADHD 的患病率

注： ADHD 的患病率在过去的十年中有中等程度的增长。5% ～ 8% 的儿童和青少年目前被诊断患有 ADHD。基于美国疾病预防控制中心（Centers for Disease Control and Prevention, 2020b）。

ADHD 的患病率在美国有所增长（Nigg & Barkley, 2014）。在 20 世纪 80 年代后期，大约有 1% 的儿童与青少年被诊断为患有 ADHD（Olfson, Gameroff, Marcus, & Jensen, 2003），而如今的比例是 5% ～ 8%。在 SES 较低的以及非洲裔美国儿童与青少年中，ADHD 患病率增加幅度最高（Akinbami, Liu, Pastor, & Reuben, 2011）。

至少有 4 个方面可以解释 ADHD 患病率的增加。第一，IDEIA 是一项针对残疾儿童教育的美国联邦法律，它从 1990 年开始承认 ADHD 是一种潜在的残疾。因此，许多父母为他们的孩子寻求诊断，以便获得教育安排和服务。第二，在此期间，基于学校的诊所的数量有所增加，低收入家庭的孩子因而有更多机会获得心理健康服务。第三，ADHD 评估在 20 世纪 90 年代取得了进步，医生能够更好地识别该障碍。第四，公众对这种障碍的意识普遍增强，耻辱感或许也有所减少。注意缺陷 / 多动障碍儿童和成人协会（Children and Adults With Attention-Deficit/Hyperactivity Disorder, CHADD）和注意缺陷障碍协会（Attention Deficit Disorder Association, ADDA）等组织为 ADHD 患者和他们的家庭争取了权利。

性　别

与女孩相比，ADHD 在男孩中更常见。在门诊转诊的儿童中，男女的性别比例约为 10 ： 1。然而，在社区样本中，男女患儿的性别比例为 3 ： 1。门诊转诊儿童中男性比例偏高的部分原因是转诊偏倚。患有 ADHD 的男孩比女孩更有可能同时出现品行问题，因此更有可能被转介治疗。另一方面，患有 ADHD 的女孩比男孩更不可能表现出对立和违抗的症状，而且经常被父母、教师和其他成人忽视（Simon, 2016）。

平均而言，患有 ADHD 的女孩比男孩表现出更少的多动-冲动症状和更多的注意缺陷症状。女孩也比男孩更有可能在较晚的年龄被诊断为 ADHD，并被归类为主要表现为注意缺陷的 ADHD（Chacko et al., 2015）。

患有 ADHD 的男孩和女孩在行为和社会功能方面表现出类似的缺陷。虽然男孩比女孩更容易出现品行问题，但女孩比男孩更容易经历学业困难。这些与学校有关的问题往往被归因于深层的执行功能和工作记忆方面的问题，这些问题既会导致注意缺陷的症状，也会导致获得阅读、写作和数学技能的困难（Elkins, Malone, Keyes, Iacono, & McGue, 2011）。

病　程

某些前瞻性、纵向研究通过追踪一些 ADHD 患儿从儿童早期到成年早期的发展研究了 ADHD 的病程（图 8.4）。这些研究表明，ADHD 是一种在生命早期出现的神经发育障碍，可以持续到成年，并有可能影响学业、行为和社会情感功能（Nigg & Barkley, 2014）。

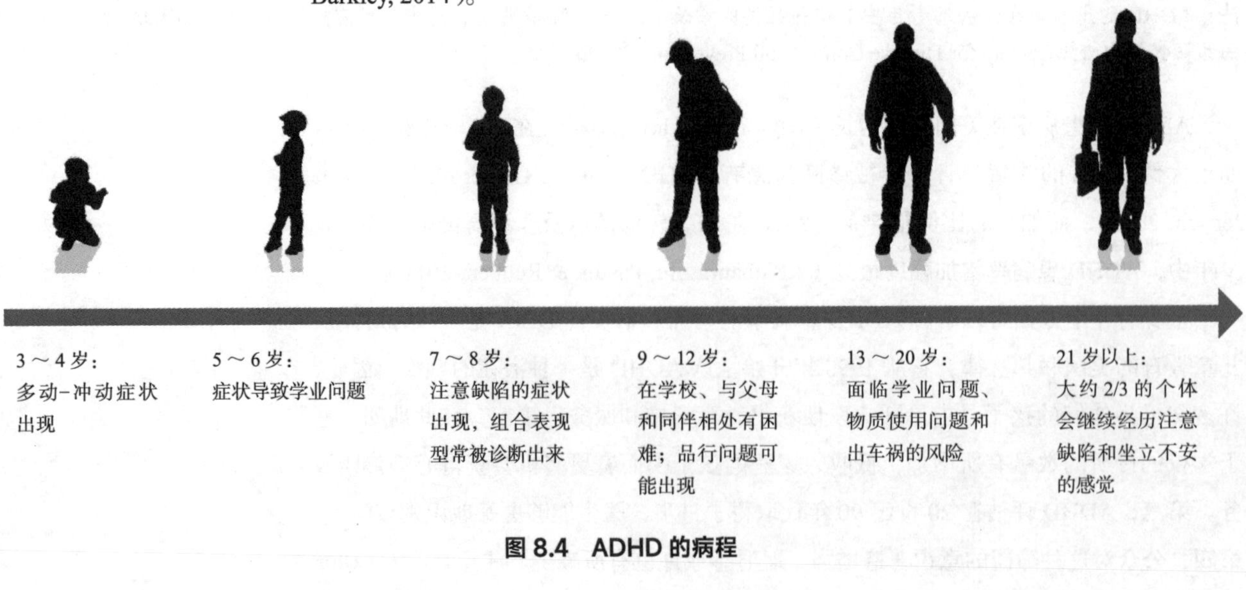

图 8.4　ADHD 的病程

多动-冲动症状通常出现在 3 ～ 4 岁之间。虽然这些症状会引起照顾者的痛苦，但通常情况下，儿童直到开始接受正式的学校教育才会被转介到儿科医生或精神卫生保健者那里。在 5 ～ 8 岁之间，注意缺陷的问题通常会增多，导致儿童被诊断为组合表现型 ADHD（Willcutt et al., 2012）。

在 8 ～ 12 岁之间，一些患儿开始仅仅存在以注意缺陷为主的症状。这些患儿中绝大多数是女孩，而且在儿童早期通常没有多动-冲动的历史。这些患儿中大部分由于学业问题引起临床医生的注意，通常被诊断为主要表现为注意缺陷的 ADHD。

患有 ADHD 的学龄男孩和女孩面临着出现各种学业、行为和社交问题的风险。这些问题包括青少年时期的学业成绩低下和在学校的行为问题、同伴拒绝、对父母的逆反行为、品行问题和物质使用问题。

50% ～ 80% 的 ADHD 患儿到青春期仍然符合 ADHD 的诊断标准。明显的过度活动症状倾向于被主观的坐立不安感所取代。然而，这些患儿仍然存在明显的冲动问题，正如他们糟糕的决策和计划性所证明的那样。例如，患有 ADHD 的青少年发生意外伤害、超速驾驶和交通事故的比例明显高于正常发展的同龄人。患儿继续存在注意力集中问题，事实上，他们注意缺陷的症状很可能是他们在高中时期最被关注的问题。

尽管大多数患有 ADHD 的儿童青少年在成年后不再符合 ADHD 的诊断标准，但绝大多数人确实依然存在持续的阈下水平的症状。例如，比德曼及其同事（Biederman, Petty, Clarke, Lomedico, & Faraone, 2011; Biederman, Petty, Evans, Small, & Faraone, 2010）研究了一个患有 ADHD 的男孩的大样本，这些男孩的年龄跨度很大，从儿童到成人。尽管只有 35% 的个体在成年后仍然符合 ADHD 诊断标准，但 53% 的个体表现出阈下水平的 ADHD 症状，80% 的个体报告了由于注意缺陷或冲动而导致学业或工作损害。显然，ADHD 不仅仅是一种儿童与青少年特有的障碍。

小　结

- 医疗记录显示，5% ～ 8% 的学龄儿童患有 ADHD。然而，父母报告显示，7% ～ 9% 的孩子患有 ADHD。ADHD 患病率在过去 30 年中显著升高。
- ADHD 在男孩中比在女孩中更常见。男孩表现出更严重的多动-冲动症状和品行问题，而女孩表现出更严重的注意缺陷症状和学业问题。
- 多动-冲动症状往往在学龄前几年出现，注意缺陷症状通常在随后的小学阶段出现。大多数 ADHD 患儿（50% ～ 80%）在青春期仍符合 ADHD 诊断标准。

8.2 病因

ADHD 是遗传的吗?

行为遗传学

ADHD 是一种神经发育障碍，具有很强的遗传基础。尽管导致 ADHD 的确切基因尚未被确定，但遗传因素可以解释 70% ～ 90% 的 ADHD 症状差异。同卵双生子的同病率为 50% ～ 80%，而异卵双生子的同病率只有 33%。多动–冲动症状的同病率高于注意缺陷症状（Thapar, Cooper, Eyre, & Langley, 2013）。

患有 ADHD 的儿童比未患 ADHD 的儿童（3%）更有可能有一个患有这种障碍的亲生父母（18%）。患有 ADHD 的成人有 57% 的概率至少有一个孩子患有 ADHD。此外，ADHD 患儿的兄弟姐妹患上 ADHD 的可能性是对照组的 3 ～ 5 倍。领养研究表明，儿童在 ADHD 症状上与亲生父母的相似性要比领养父母大得多（Asherson & Gurling, 2011）.

分子遗传学

与多巴胺和血清素神经递质系统相关的基因在 ADHD 的发生中起着主要作用，原因有四个方面。第一，多巴胺与 5—羟色胺受体在调控注意力和行为抑制的脑区（尤其是纹状体和前额叶皮质）中分布高度密集。第二，这些区域有损伤的个体（以及多巴胺和血清素系统可能受到损伤的个体）通常表现出 ADHD 症状。第三，用于治疗 ADHD 的药物会刺激多巴胺系统并增强注意力。第四，缺乏大脑多巴胺受体编码基因的老鼠表现出多动和冲动控制问题（Pliszka, 2015）。

不幸的是，全基因组扫描还不能确定导致 ADHD 的特定基因。相反，ADHD 似乎是由多个染色体上的小缺失或复制异常（即拷贝数变异）引起的。到目前为止，大多数被认为涉及 ADHD 病因的基因都是调节多巴胺的。例如，位于 5 号染色体上的**多巴胺转运体基因（dopamine transporter gene, DAT1）**编码一些蛋白质，这些蛋白质将多巴胺从突触间隙泵入突触前神经元。一些 ADHD 患儿表现出这种基因的突变，比如基因序列重复异常。这样的突变可能会导致多巴胺再摄取过程的中断。安非他明等药物可以抑制多巴胺的再摄取，使多巴胺在突触间隙停留更长时间，并被突触后神经元发现，导致更好的突触活动和行为控制（Asherson & Gurling, 2011）。

多巴胺 D4 和 D5 受体基因（dopamine D4 and D5 receptor genes）也可能与 ADHD 有关。这些基因为突触后神经元中充当多巴胺受体的蛋白质进行编码。一些 ADHD 患儿在这些基因上出现了突变。例如，当 D4 基因的部分被错误地重复 7 次时，就会发生“D4 长变异突变”。某些兴奋剂，如哌甲酯会与额叶脑区的 D4 受体结合，从而刺激这些区域，增强注意力和行为控制（Asherson & Gurling, 2011）。

基因与早期环境

尽管遗传因素在 ADHD 症状差异的成因中占了很大比例，但环境因素也起着重要作用。**非共享环境因素（nonshared environmental factors）**，即个别儿童特有的经历似乎在预测 ADHD 的发展方面特别重要。三个风险因素尤为突出，这些风险因素都与发育的不同时期受限的氧气摄入量有关（Millichap, 2010; Sedky, Bennett, & Carvalho, 2014）。

产前暴露于香烟烟雾中的胎儿比未暴露于香烟烟雾中的胎儿更有可能在日后的生活中出现 ADHD、智力低下和其他神经心理问题。在妊娠期间，吸烟可能会限制胎儿摄入的氧气量，从而造成神经损伤。即使在控制了母亲的年龄、智力、社会经济地位和其他药物使用情况等因素后，ADHD 的风险仍然存在。

围产期风险包括早产、低出生体重和包括缺氧在内的分娩并发症（即暂时缺氧）。长期剥夺胎儿或新生儿氧气的躯体疾病是最危险的。大脑中负责行为抑制和执行功能的区域（即额叶-纹状体区域）似乎很容易因为缺氧而造成损害。

出生后，在睡眠中有呼吸问题的儿童患 ADHD 的风险较高。此外，儿童睡眠呼吸问题的严重程度与他们的 ADHD 症状之间存在中度关系。这些呼吸问题的治疗与 ADHD 症状的减轻有关。

当然，遗传素质和环境风险相互作用才会导致 ADHD 的体征和症状。即使是拥有 100% 相同基因的同卵双生子，其 ADHD 症状的一致性也不到 80%（Nigg, 2016b）。

小　结

- ADHD 是具有遗传性。同卵双生子的同病率接近 80%，而异卵双生子的同病率只有 33%。
- 调节神经递质多巴胺的基因可能在 ADHD 的发作中发挥作用。
- 受限的氧气摄入会使胎儿、婴儿和幼儿面临在之后的发育中患 ADHD 的风险。

哪些脑异常与 ADHD 有关？

中脑边缘神经回路（奖赏敏感性提高）

几十年前，杰弗里·格雷（Jeffrey Gray, 1982, 1987, 1994）曾假设有两种系统支配着我们的行为。第一个系统是**行为抑制系统（behavioral inhibition system, BIS）**，负责在受到惩罚或缺乏强化时减缓或停止行为。想象一个在操场上很活跃的孩子。在课间休息时，喧闹的行为是正常的；然而，当课间休息结束时，这个孩子必须减少行为频率和强度，以满足课堂的要求。BIS 负责抑制他的行为，使其符合环境期望。

ADHD 患儿表现为 BIS 活动不足。这些孩子无法调整自己的行为来满足新情况的要求，比如从课间休息到课堂的过渡。即使在同学们不再回应（即缺乏强化）或教师变得生气（即惩罚）时，他们也可能难以抑制自己的喧闹玩耍。虽然患有 ADHD 的孩子知道在课堂上应该如何表现，但活动低下的 BIS 影响了他们遵守课堂规则的能力（Costa Dias et al.,2013）。

ADHD 患儿的第二个系统——**行为激活系统**（**behavioral activation system, BAS**）也存在问题。BAS 负责处理刺激并调整行为以获得强化。想象一下，一个男孩在学校的篮球队里打球。为了成功，男孩必须遵守比赛规则，把球传给其他球员，并做好防守。为了赢得比赛，男孩必须推迟即刻的满足，以便与团队合作。如果这个男孩能够做到这些，他很可能会享受到打球的乐趣、被他的队友喜欢、被他的教练表扬。

ADHD 患儿经常表现出 BAS 过度活跃（Costa Dias et al., 2015），他们的行为受到一种强烈的立即强化的需求所支配。事实上，一些理论家认为，这些儿童青少年比其他儿童青少年对即时奖励更敏感（Shaw, Stringaris, Nigg, & Leibenluft, 2014）。因此，患有 ADHD 的男孩在篮球场上可能会冲动行事以获得即时满足，而不是与队友合作。例如，他可能会忽视裁判、拒绝给其他球员传球、回避比赛中相对乏味的部分（例如防守）。

结构和功能神经影像学研究已经在很大程度上证实了格雷关于 BIS 和 BAS 失调的理论（Nigg, 2016a）。我们对强化和惩罚的反应是由一种叫作**中脑边缘神经回路**（**mesolimbic neural circuit**）的大脑通路介导的（图 8.5）。该通路由三个区域组成:（1）位于大脑中部的腹侧被盖区（ventral tegmental area, VTA）和伏隔核（nucleus accumbens);（2）位于边缘系统的杏仁核和海马;（3）前额叶皮质。

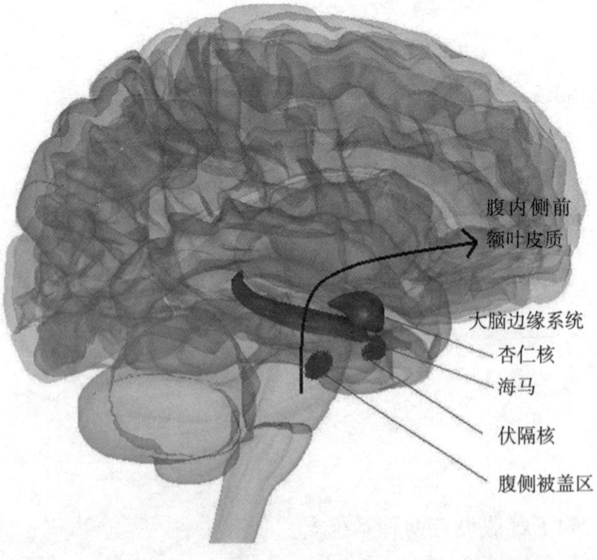

图 8.5　中脑边缘回路

注：中脑边缘回路将大脑中部的奖励中心与边缘系统的情感和记忆区域连接起来。它与奖励敏感性和即时的快乐寻求有关。

中脑边缘通路富含多巴胺受体，并且涉及大脑负责学习、记忆和情绪的区域。长期以来，它被认为是大脑的“快感通道”，对于理解大多数成瘾行为非常重要。

然而，中脑边缘通路也会激励我们从事那些我们期待从中获得回报的任务。支持这一说法的证据有两个来源。第一，这一通路受到损害的动物缺乏去争取他们先前发现的食物奖励的动力。第二，患有 ADHD 的青少年和成人经常表现出这种大脑通路的活动不足。这些人对即时强化做出反应，但他们难以延迟满足以实现长期目标（Snyder, 2016）。

综上所述，这些数据表明患有 ADHD 的人可能不像正常发育的同龄人那样对强化反应敏感（Luman, van

Meel, Oosterlaan, & Geurts, 2012）。具体来说，他们可能对即时的、令人愉快的强化反应高度敏感，由于中脑边缘通路活动不足而对显著性低的强化反应相对不敏感。中脑边缘通路的失调或许可以解释为什么许多 ADHD 患儿可以玩数小时的电子游戏（即具有即时显著强化的任务），但却不能在数学作业上保持注意力几分钟（即具有延迟的、显著性低的强化的任务）。这种强化敏感性的差异对治疗的启示是：为了改善 ADHD 患儿的行为，父母和教师必须立即和频繁地强化适当的行为。

额叶–纹状体神经回路（抑制受损）

ADHD 的第二个通路是**额叶–纹状体神经回路**（**frontal-striatal neural circuit**）（图 8.6）。**纹状体**（**striatum**）是基底神经节的一部分，位于大脑中心附近，由尾状核、壳核和苍白球组成。这三个区域富集多巴胺，共同调节着人们对环境反馈的反应。纹状体中的多巴胺活跃能促使我们去寻找快乐、兴奋、新奇和潜在的回报。例如，当我们准备观看一部激动人心的电影、与朋友共度时光或享用最喜爱的甜点时，纹状体就会活跃起来。但值得注意的是，当我们参加无聊的讲座，注意到教室窗外的飞鸟、走廊里的谈话声，或是手机或计算器表面反射的有趣光线，纹状体同样会被激活。

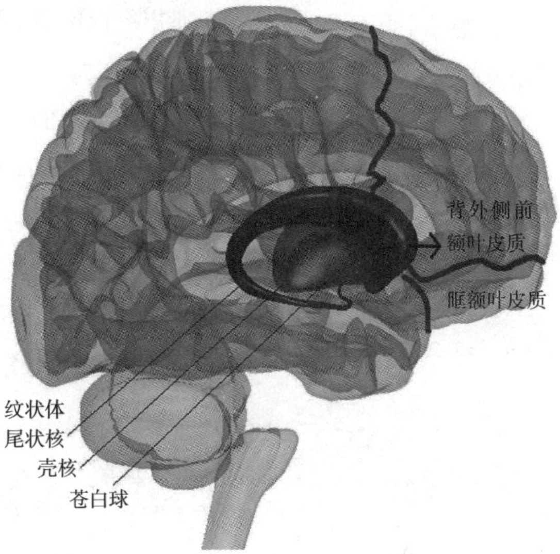

图 8.6 额叶–纹状体回路

注： 额叶–纹状体回路连接着纹状体和前额叶皮质，它调节注意力和执行功能。

这个通路的第二部分是**右前额叶皮质**（**right prefrontal cortex**），它就在前额后面。它由两个对 ADHD 很重要的亚区域组成：*眶额叶皮质和背外侧皮质*。眶额叶皮质主要负责抑制和冲动控制。它是大脑中告诉我们“停下来”，抵制我们立即采取行动的冲动的区域。背外侧皮质负责调节注意力、组织行为，并计划未来的行动。它是大脑中告诉我们“保持专注”，让我们参与活动以实现长期目标的区域。神经递质去甲肾上腺素在这些区域起着重要作用。

眶额叶皮质和背外侧皮质共同负责执行功能。就像一个公司的执行官要制定计划、按优先顺序给任务排序、组织和实施公司的活动一样，大脑的执行区域让我们可以忽略干扰，专注于需要实现长期目标的步骤，并以有组织的方式制定这些步骤。这些区域告诉我们要避免对外界事物（窗外的鸟、对话、反光）直接的冲动性的反应，而要关注最重要的任务（教室内的教师）！

ADHD 患儿表现出前额叶–纹状体神经回路的三种异常，可能导致了他们的 ADHD 症状。第一，他们在这条通路上的区域发育出现了*成熟延迟*（*maturational delay*）。研究人员对患有 ADHD 和未患 ADHD 的个体进行了研究，在从儿童期到青春期的数年里通过扫描两组个体的大脑发现了 ADHD 患儿存在发育迟缓。正常发育的儿童纹状体的大小和厚度在这个阶段显著增加，在 8 岁左右达到顶峰，随后是正常的突触修剪过程。之后，表现出持续到成年早期的前额叶皮层的生长和修剪。相比之下，ADHD 患儿在这些区域的发育比正常发育的同龄人落后大约 3 年。即使在青春期，ADHD 患儿的这些区域也更小更薄。可能是延迟的大脑成熟导致了青少年在冲动控制和执行功能方面出现一些问题（van Ewijk & Oosterlaan, 2015）。

第二，ADHD 患儿表现出前额叶-纹状体神经回路中主要神经递质的失调（*dysregulation of the major neurotransmitter*）。与正常发育的个体相比，ADHD 患儿纹状体的多巴胺活动增加，而右侧前额叶皮质的去甲肾上腺素和多巴胺活动减少。研究人员认为，这些异常现象部分解释了为什么 ADHD 患儿对环境刺激异常敏感，难以忽视这些刺激并坚持完成任务。影响这些神经递质的药物对 ADHD 最有效（Simon, 2016）。

第三，最近的数据表明，ADHD 患儿纹状体和右前额叶皮质之间呈现出减弱的神经连接（*reduced neural connectivity*）。具体来说，弥散张量成像（DTI）显示 ADHD 与沿这条通路的轴突完整性降低有关。研究者认为，连接性降低会干扰抑制即时冲动和做更具适应性的行为的能力（van Ewijk et al., 2014）。

默认模式网络（白日梦和心智游移）

最后一个引起研究人员注意的神经回路是**默认模式网络**（**default mode network, DMN**）。该网络由 3 个主要脑区组成：内侧前额叶皮质、内侧顶叶皮质和内侧颞叶皮质（图 8.7）。“默认模式网络”之所以得名，是因为它是一种在“默认”状态下变得活跃的大脑通路——也就是说，这种大脑通路在我们处于放松、休息的状态，不去想任何特别的事情时变得活跃。虽然看起来我们的大脑在休息时是不活跃的，但默认模式网络在这段时间内是高度活跃的。大多数专家认为，做白日梦、走神、反思当天早些时候发生的活动或我们的自传式记忆等经历都以这个网络为基础（Weyandt, Swentosky, & Gudmundsdottir, 2013）。

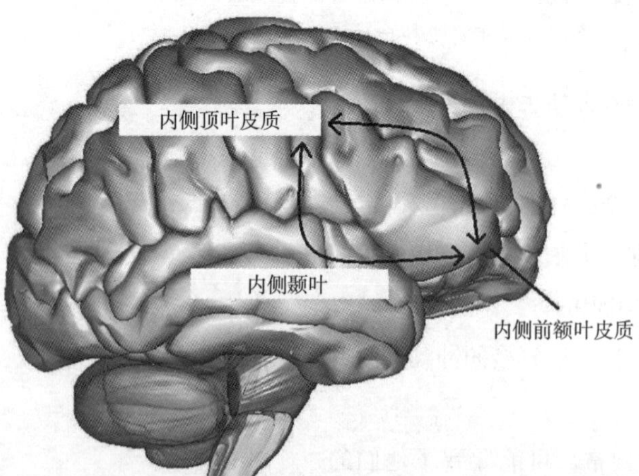

图 8.7 默认模式网络

注：默认模式网络连接内侧前额叶皮质、内侧颞叶皮质和内侧顶叶皮质。它在做白日梦和心智游移的时候很活跃。

默认模式网络的神经连接在儿童早期得到加强。到儿童中期，大多数儿童在需要做一项重要任务时会抑制默认模式网络。例如，想象一个儿童正在做关于昨晚足球比赛的白日梦。如果教师让她将注意力集中在数学课上，她可以关闭默认模式网络而开始听课。然而，ADHD 患儿很难抑制默认模式网络。这种“关闭”默认模式网络的能力低下可能是他们注意缺陷、做白日梦和分心的原因（Querne et al., 2017）。用于治疗 ADHD 的药物增强了儿童抑制默认模式网络的能力，使他们能够集中注意力（Liddle et al., 2011）。

小　结

- 中脑边缘神经回路由（1）腹侧被盖区和伏隔核；（2）杏仁核和海马；（3）前额叶皮质组成。这些区域的失调可能会导致对即时奖励的高度敏感。
- 前额叶–纹状体神经回路由（1）纹状体和（2）前额叶皮质组成。该区域的失调可能导致抑制和执行功能的问题。
- 默认模式网络包括（1）内侧前额叶皮质、（2）内侧顶叶皮质和（3）内侧颞叶皮质。该区域失调可能导致注意缺陷和做白日梦。

执行功能缺陷是如何导致 ADHD 的?

巴克利神经发育模型

到目前为止，我们已经看到了遗传、生物和早期环境因素与 ADHD 的发展有关。现在，我们将研究这些风险因素导致疾病的机制。罗素·巴克利（Russell Barkley）提出了对 ADHD 的发展最具影响力的解释之一。根据**巴克利的神经发育模型**（**Barkley's neurodevelopmental model**）（Barkley, 2014; Nigg & Barkley, 2014），主要由遗传和早期生物风险引起的神经发育问题会导致日后的行为问题。

巴克利认为，ADHD 的主要问题不是注意缺陷；相反，ADHD 的根本缺陷是缺乏行为抑制。**行为抑制**（**behavioral inhibition**）是指抑制即时反应的能力，特别是通常能带来即时满足感的反应。具体表现为三种形式：克制行动冲动、在行动过程中中止反应，以及为完成特定行为而忽略干扰性刺激。行为抑制让儿童有时间考虑其他更有适应性的反应方式。

例如，当学生在课堂上克制自己插话的冲动时，就展现了行为抑制能力。虽然插话可能带来即时强化（如获得老师关注、逗同学大笑），但这并非最优反应方式。通过抑制这种行为，学生可以考虑其他更具长期效益的替代反应方式（如举手回答）——更适应的行为最终可能获得更有价值的强化（如老师对正确答案的表扬）。

巴克利认为，ADHD 患儿在行为抑制能力方面存在基础性缺陷（图 8.8）。这些缺陷是由遗传和早期环境经验（例如产前应激、分娩并发症）的结合造成的。在发育正常的儿童中，行为抑制让儿童有时间发展更复杂的认知过程，使他们能够规范行为和解决复杂的问题。

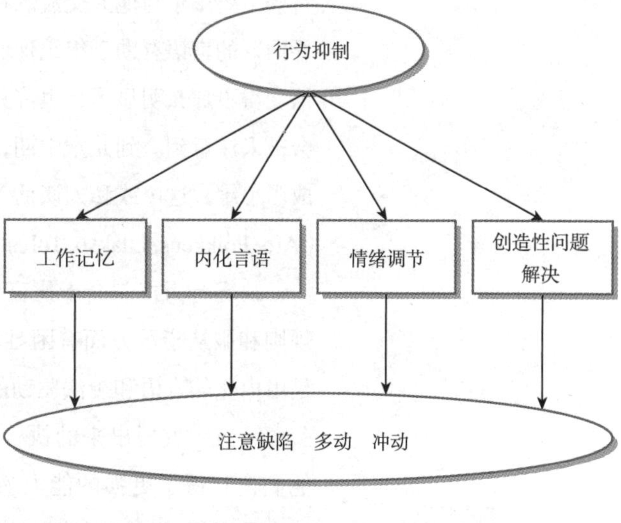

图 8.8　巴克利的 ADHD 神经发育模型

注：行为抑制的早期问题会对这四种执行功能的发展产生不利影响。执行功能缺陷是 ADHD 症状的基础。

执行功能的发展

巴克利认为，行为抑制的能力可以让**四种基本执行功能**（**four basic executive functions**）得到发展（Antshel, Hier, & Barkley, 2014）。这些执行功能中的每一种都是从外显的、可观察的行为开始的。渐渐地，每一种功能都内化为心理表征或思维活动。

这些执行功能有三个主要目的。第一，执行功能能让儿童青少年*决定自己的行为*，而不是被环境刺激所控制。例如，执行功能让学生忽略走廊里的噪声，而将注意力集中在教师身上。第二，执行功能可以让儿童青少年*受到延迟的强化因素的影响*而非追求即时满足。例如，执行功能可以让儿童青少年抵制电子游戏的诱惑（即一种即时强化物），而通过完成家庭作业来获得好成绩（即一种延迟强化物）。第三，执行功能能让儿童青少年*设定长期目标*。例如，执行功能可以让儿童青少年计划和组织他们的行为（例如，设定连续的短期任务）来完成长期目标（例如，完成课堂报告）。

第一个出现的执行功能是工作记忆。工作记忆的作用包括在短期记忆中存储信息，分析这些信息以检测有用的模式、原则或规则，并应用这些信息来解决未来的问题。换句话说，工作记忆让我们记住过去的经历，并利用这些经历来计划未来。ADHD 患儿通常在工作记忆方面有困难。他们健忘、难以接受他人意见、不从过去的经验中吸取教训、在行动前不考虑行为的后果，行为很大程度上具有“当下性”。他们主要受当前环境刺激的影响，而不是受过去事件或未来结果的影响（Fried et al., 2016）。

第二个出现的执行功能是**内化言语**（**internalized speech**）。儿童的内部语言引导和指导外显行为，使他们对自己的行为有更多的控制（Vygotsky, 1978）。在幼儿期，言语主要用于与他人交流。在学龄前，儿童开始在执行任务时自言自语。这种“自我导向”的言语有助于组织他们的行动和规范他们的行为。到了学龄早期，自我导向言语变得不那么明显了，也许只有当儿童学习新的行为或试图解决特别困难的问题时才会被人注意到。到儿童中期，自我导向言语完全内化。从本质上说，自我导向言语变成了思维，这（或私人谈话）允许孩子们以合乎逻辑和有组织的方式指导自己的行为（Aro, Poikkeus, Laakso, Tolvanen, & Ahonen, 2015）。

缺乏行为抑制会干扰言语的内化。ADHD 患儿在组织和指导自己的行为、遵守规则和服从指示方面有困难。他们的行为在很大程度上是由周围环境决定的，而不是由内化的言语和想法驱动的。

第三个发展出来的执行功能是情绪调节。随着儿童变得更善于抑制即时行为，他们也获得了更强的能力来控制那些通常伴随这些行为而来的情绪。因此，他们较少受到即时、短暂情绪的影响，而更多地受到长期回报预期的影响。例如，为了将来获得与学习相关的奖励（例如好成绩、父母的表扬），儿童变得更擅长忍受为了考试而学习的短期无聊感。简而言之，儿童的动机不再是外在的，而是内在的

（Calkins & Perry, 2016）。

然而，ADHD 患儿继续表现出情绪控制方面的问题。他们难以调节自己的情绪，在需要持续努力的任务上保持动机的能力下降，而且似乎严重依赖环境的即时强化来指导他们的行为。因此，ADHD 患儿可以花几个小时从事能够提供即时强化的任务，但他们很快就会对依赖内在动机的活动失去兴趣（例如，阅读、绘画、收集）。

第四个发展出来的也是最复杂的执行功能是**创造性问题解决**（**creative problem-solving**）的能力。起初，孩子们通过亲自摆弄环境中的物体来了解周围的世界。在玩耍过程中，孩子们通过拆解物品、进行简单的实验，并用新的和具有创造性的方式组合物体（例如，孩子玩乐高积木）来了解其特性。在后来的发展中，物体可以被精神操纵、分析和以新颖的方式结合，从而解决问题。低龄儿童经过反复试验可以在卧室里用枕头和毯子建造一个“堡垒”，而大龄儿童在开始实际“施工”之前就可以先在心里计划好“堡垒”的结构。

到了儿童后期，儿童还可以做到组合单词，以新颖的方式展示图像、信息和思想，这帮助他们在行动之前组织信息、计划策略和解决越来越复杂的问题。例如，组织万圣节派对的中学生需要提前列出客人名单、准备茶点、娱乐项目和每个人对派对应负的责任。然而，ADHD 患儿在组织、计划和解决问题方面有困难。

总之，巴克利的神经发育模型假设 ADHD 的根本问题是行为抑制的缺陷。行为抑制的问题主要是由遗传和早期环境风险决定的。行为抑制的困难妨碍了婴儿期和儿童早期执行功能的发展。儿童在工作记忆、内化语言（思维）、情绪调节和创造性问题解决方面有损害，随着时间推移，这些执行功能的损害会干扰随后的大脑发育并导致 ADHD 的出现（Barkley, 2014; Nigg & Barkley, 2014）。

小　结

- 巴克利的神经发育模型表明，ADHD 是由深层的行为抑制缺陷引起的，这种缺陷损害了执行功能的发展。
- 四种基本的执行功能是：（1）工作记忆；（2）内化言语；（3）情绪调节；（4）创造性问题解决。
- 执行功能发展的问题导致了 ADHD 的症状。

8.3　循证治疗

什么药物对 ADHD 有效？

精神兴奋剂

精神兴奋剂（**psychostimulant**）是治疗 ADHD 最常用的处方药。这些药物影响神经递质多巴胺和去甲肾上腺素，可促进注意力集中和行为抑制（Pliszka, 2015）。精神兴奋剂有两大类：（1）安非他明（amphetamine）和（2）哌甲酯（methylphenidate）。在美国，大约7%的学龄儿童和2%的学龄前儿童服用其中的某一种药物，服药儿童总计超过300万（图8.9; Visser, Danielson, & Bitsko, 2014）。

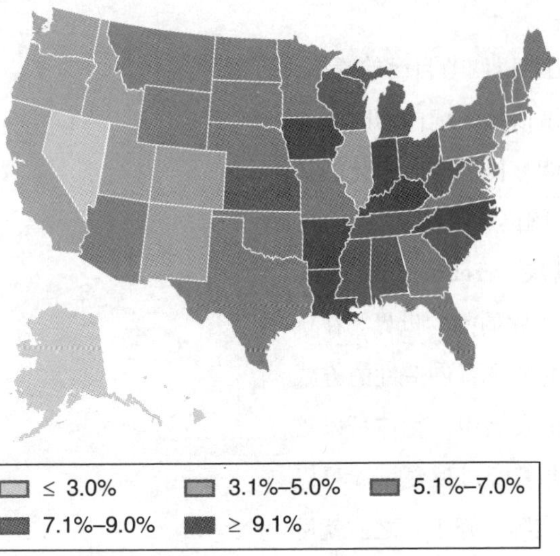

图 8.9 美国目前服用 ADHD 药物的儿童青少年百分比

注：患病率从内华达州的2%到路易斯安那州的10.4%不等。来自美国疾病预防控制中心（Centers for Disease Control and Prevention, 2016a）。

安非他明和哌甲酯的化学结构和作用机制略有不同（Heal, Smith, & Findling, 2011）。这两种药物都通过增加突触间隙中多巴胺和去甲肾上腺素的水平作用于中枢神经系统。**安非他明**的作用主要是增加突触前存储囊泡释放多巴胺，促进更多的多巴胺释放到突触间隙。**哌甲酯**减缓了多巴胺转运系统将多巴胺从突触间隙清除掉的速度，从而使多巴胺在突触间隙中停留更长时间。这两种药物的总体效果是让在ADHD患儿的大脑中通常活跃度较低的区域多巴胺活性净增加，特别是前额叶–纹状体回路。多巴胺的增加激活了负责执行控制、行为抑制和工作记忆的脑区（Greenhill, 2005）。服用这些药物的患儿在参加活动、忽视干扰、抑制行为、参与组织、计划和解决问题方面的能力有所提高。

治疗ADHD的各种药物针对不同的脑区（Heal et al., 2011; Spencer, Biederman, & Wilens, 2015）。例如，阿德拉（Adderall）和利他林（Ritalin）是与前额叶皮质的多巴胺受体相结合的传统兴奋剂，而右旋哌甲酯（Focalin）与纹状体中的多巴胺受体结合。药物的使用方式也有所不同。例如，阿德拉在摄入后不久就开始与多巴胺受体结合，通常在30～40分钟内表现出最佳效果，药效持续4～5小时。相比之下，阿德拉缓释剂（extended release, XR）由50 ∶ 50的速释药物和缓释药物组成，其作用可持续6～8小时。拒绝服药的患儿可以使用哌甲酯透皮贴剂，这种贴剂每天使用一次，效果可以持续6～10小时。

未患ADHD的儿童服用兴奋剂会发生什么？神经影像学研究表明，不管一个人的诊断状态如何，用来调节注意力和实现行为抑制的大脑回路都是相同的。具体来说，前额叶–纹状体神经回路似乎主要负责注意力和抑制，而其他脑区则扮演着重要的支持角色。兴奋剂似乎通过增加多巴胺和去甲肾上腺素来激活前额叶–纹状体脑区（图8.10）。因此，对于患有或未患ADHD的儿童，低剂量的兴奋剂均可以降低冲动性，提高专注度（Pliszka, 2015）。

因为兴奋剂对患有和未患ADHD的个体都有效果，因此，它很有可能被误用。在美国，精神兴奋剂是受管制物质法案限制的Ⅱ类药物（名单上的其他药物包括可卡因、吗啡和戊巴比妥）。它们可能以两种方式被滥用。第一，未患ADHD的学生可能通过吃其他患儿的药物，把这些药物用作“学习促进剂”。这些药物可以提高学习时的注意力和专注度。大约 15%ADHD 患儿向朋友赠送药物，7% 承认出售药物，4% 报告他们的药物在过去 12 个月里被偷。第二，速释的药物可以被碾碎后吸入，产生短暂持续的欣快效果。大约 2.7% 的八年级学生和 5% 的十二年级学生承认以这种方式滥用兴奋剂（Bukstein, 2011）。

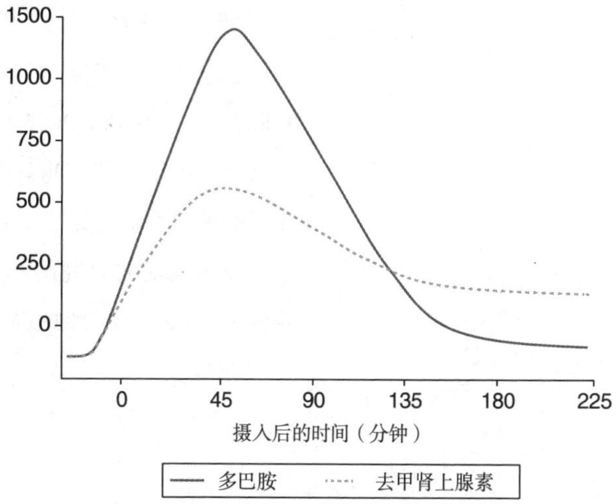

图 8.10　兴奋剂和多巴胺

注：在摄入约 45 分钟后，速释的右旋安非他明（Dexedrine）使纹状体的多巴胺增加 1500%，前额叶皮质的去甲肾上腺素增加 500%。基于希尔等人（Heal et al., 2011）。

非兴奋剂药物

并不是所有用于治疗 ADHD 的药物都是兴奋剂。托莫西汀（Strattera）是一种**选择性去甲肾上腺素再摄取抑制剂**（**selective norepinephrine reuptake inhibitor, SNRI**）。像兴奋剂一样，托莫西汀似乎会影响去甲肾上腺素系统；与兴奋剂不同的是，它似乎对多巴胺的活动没有什么影响。该药物的效果往往发生在第一次给药后 2 ～ 3 周。几项随机临床试验表明，托莫西汀在减少 ADHD 症状方面的效果优于安慰剂，可与哌甲酯媲美。例如，斯潘塞等人（Spencer et al., 2002）发现，相较于哌甲酯（73%）和安慰剂（31%），69% 服用托莫西汀的患儿产生治疗反应。因为托莫西汀不是兴奋剂，因此被滥用的风险较低（Spencer, Biederman, & Wilens, 2015）。

托莫西汀通常用于那些对兴奋剂无治疗反应的 20% ～ 30% 的儿童。它也可以给有其他行为或疾病并且使用兴奋剂可能导致情况恶化的患儿使用。例如，一些患有抽动或心脏病的儿童服用兴奋剂可能会导致情况恶化。最后，托莫西汀可能适合有行为问题史或物质使用问题史的儿童与青少年使用，因为这些儿童青少年可能会滥用兴奋剂药物（Millichap, 2010）。

最后一种治疗 ADHD 的药物是胍法辛（Intuniv）。该药物是 **α2 受体激动剂**（**α2 receptor agonist**），一类通常用于治疗成人高血压的药物。我们不知道这种药物是如何减少 ADHD 症状的；然而，它似乎会影响负责冲动控制和情绪调节的脑区。随机对照研究表明，它对儿童青少年，特别是 6 ～ 12 岁的儿童有效（Newcorn et al., 2016）。

胍法辛既可以作为治疗 ADHD 的一线药物使用，也可以（更常见地）与兴奋剂联合使用，以帮助那些对单独使用的兴奋剂没有反应的儿童。因为胍法辛不是一种兴奋剂，它不像兴奋剂那样具有同样的风险。胍法辛副作用通常是镇静和白天嗜睡。在使用胍法辛的过程中应避免突然停药，因为它可能导致危险的血压发跳性升高（Bernknopf, 2011）。

理论疗效和局限性

超过 250 项安慰剂对照研究已经证明了药物在降低学龄儿童 ADHD 症状方面的实际疗效（Pliszka, 2015）。研究这些药物疗效的一种方法是荟萃分析。回想一下，荟萃分析可以让我们将许多研究的结果结合起来，以产生一个效应量（ES），衡量治疗组的被试在研究结束时比对照组的被试改善了多少。有学者（Faraone, 2009）进行了一项随机对照研究的荟萃分析，研究了安非他明、哌甲酯、托莫西汀和胍法辛这四种 ADHD 治疗药物相对于安慰剂的作用。

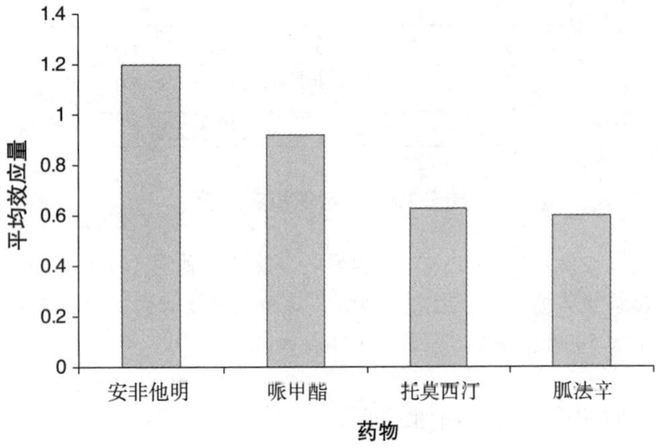

图 8.11　ADHD 药物

注：在随机对照研究中，治疗 ADHD 的药物明显优于安慰剂。平均而言，安非他明和哌甲酯产生的效果最明显。基于法劳内（Faraone, 2009）。

结果显示，所有药物对 ADHD 症状的改善均优于安慰剂，其中效果最明显的是兴奋剂（图 8.11）。在研究中，60% ～ 70% 的 ADHD 患儿兴奋剂治疗有效，而在服用安慰剂的儿童中，只有 15% ～ 20% 的儿童的症状有所改善。如果儿童对第一种药物没有反应，服用第二种药物的有效率则将增加到 85%（Pliszka, 2015）。

药物治疗能改善 ADHD 症状，减少其他破坏性行为问题，如对立行为、违抗和一些品行问题。兴奋剂也与改善儿童的学业、认知和社会功能有关（Spencer et al., 2015）。有几项研究表明药物治疗使 ADHD 患儿的学习成绩和工作效率都有所提高，工作记忆和执行功能也有所改善。例如，巴纳德及其同事研究了 2844 名 ADHD 患儿服用兴奋剂对学习成绩的影响（Barnard, Stevens, To, Lan, & Mulsow, 2010）。他们的分析表明，在为期 4 年的研究中，药物治疗与更高的成就测验分数相关。

最近的研究也表明兴奋剂对学龄前儿童有效（Spencer et al., 2015）。在**学龄前个体 ADHD 治疗研究（Preschool ADHD Treatment Study, PATS）**中，3.5 ～ 5 岁的 ADHD 患儿被随机分配接受不同剂量的速释哌甲酯或安慰剂治疗 8 周。结果显示，除了服用最低剂量的药物组外，用药条件下的患儿的 ADHD 症状均有显著改善。相反，服用安慰剂的儿童没有改善。有 21% 的学龄前儿童在服用药物后症状完全缓解。30% 的父母报告说，他们的孩子服药后出现副作用（如睡眠或行为问题）。综上所述，这些发现表明药物治疗对患有 ADHD 的学龄前儿童是有帮助的。

兴奋剂最常见的副作用是失眠、食欲下降、胃痛、头痛和头晕。这些副作用通常很轻微，只要减少剂量就会消失。早期研究表明，服用兴奋剂的儿童可能会身体发育放缓。然而，最近的研究表明，ADHD 患儿即使不服用兴奋剂也会表现出较慢的生长速度，因此兴奋剂对儿童生长的确切影响仍存在争议。

曾经有人担心兴奋剂可能与儿童的心血管问题有关。加拿大卫生部在接到突然死亡、心脏病发作和中风的报告后，曾暂时禁止加拿大 ADHD 患儿使用某些缓释安非他明药物。在美国，几位监管顾问和医学专家曾建议美国食品和药物管理局对经常给儿童与青少年开兴奋剂的现象发出警告（Schelleman et al., 2011）。美国心脏协会建议服用兴奋剂的儿童与青少年定期做心电图（electrocardiograms, ECGs）检查，以监测药物的安全性。然而，一项大型流行病学研究表明，这些担忧是没有道理的。研究人员分析了 1 200 438 名儿童与青少年的健康记录，其中包括 373 667 名服用兴奋剂的患者。他们发现，出现心血管问题的风险总体上非常低（即样本中的 81 人），兴奋剂使用与心血管问题之间没有关联（Olfson, Huang, et al., 2012）。

非兴奋剂托莫西汀的副作用较少（Spencer et al., 2015）。服用托莫西汀后的失眠和食欲抑制情况比服用哌甲酯少。然而，因为托莫西汀会影响神经递质去甲肾上腺素，就像许多抗抑郁药物一样，它的包装上有一个黑框警告，表明服用这种药物的儿童与青少年出现自杀意念的风险可能增高。在一项大型研究中，服用托莫西汀的患儿中有 0.4% 的人有自杀想法，而服用安慰剂的患儿中这一数据为 0%。尽管出现自杀意念的风险很低，临床医生和父母在决定是否使用这种药物时必须权衡这种风险和托莫西汀的潜在获益。

ADHD 的药物治疗有几个局限性。第一，并不是所有患儿都对药物有反应。即使在严格控制的研究中，也有多达 15% ～ 30% 的 ADHD 患儿没有表现出改善。显然，药物治疗对于 ADHD 来说不是万能的（Chacko et al., 2015）。

第二，停药几乎总是导致 ADHD 症状的复发。因此，大多数医生将兴奋剂视为 ADHD 的长期治疗方法。纵向研究表明，兴奋剂在至少 2 年内是安全有效的，但在这段时间之后，它们的影响在很大程度上是未知的（Simon, 2016）。

第三，患有抽动障碍或抽动秽语障碍的患儿应谨慎使用兴奋剂。总的来说，很少有证据表明兴奋剂会引起抽动。然而，高剂量的兴奋剂可能加剧某些已经患有抽动障碍的儿童的症状。针对这类患儿，治疗师可考虑选用托莫西汀替代兴奋剂治疗，因为该药物与抽动或其他运动控制问题无显著关联（Pringsheim & Steeves, 2012）。

第四，许多家庭不愿意用药物来控制孩子的 ADHD 症状。对这些家庭来说，心理社会干预提供了另一种治疗途径。

小　结

- 兴奋剂、安非他明和哌甲酯在减少儿童和青少年 ADHD 症状方面最有效。这些药物会增加多巴胺和（在较小程度上）去甲肾上腺素，从而提升专注和抑制能力。
- ADHD 的替代药物包括血清素和去甲肾上腺素再摄取抑制剂（SNRI）、托莫西汀和 α2 受体激动剂胍法辛。
- 大约 70% 的 ADHD 患儿因药物治疗表现出明显的症状减轻。与学龄儿童和青少年相比，药物治疗对学龄前儿童的效果稍差。

什么心理社会疗法对 ADHD 有效?

临床行为治疗

临床行为治疗（**clinical behavior therapy**）是最常用的 ADHD 非药物疗法。这种治疗之所以被称为临床行为治疗，是因为精神卫生专家通常在诊所和医院进行治疗，而不是在家里或学校。该治疗的重点是外显行为。临床行为治疗有三个主要组成部分:（1）父母咨询;（2）学校咨询;（3）家校联合奖励系统（Young & Amarasinghe, 2010）。

父母咨询（**parent consultation**），有时称为父母培训，内容包括帮助 ADHD 患儿的照顾者学习更有效的方法来管理孩子的行为。一般来说，治疗师每周与父母会面，疗程 2 ～ 3 个月。治疗师每周介绍一种新的育儿原则或策略，这些原则或策略的目标是提高父母与孩子互动的质量，或帮助父母管理孩子的多动行为。早期课程的重点是教父母如何关注孩子的积极行为，并强化孩子遵守规则的能力。这些课程帮助父母认识和强化他们孩子的行为中令人满意的方面，而这些方面往往被 ADHD 的症状掩盖（Mendenhall, Arnold, & Fristad, 2015）。

后期的课程重点是为孩子设定明确的期望，并对孩子的不当行为实施规则一致的管理。临床医生通常会教导年幼儿童的父母利用暂停来解决破坏性行为问题。大龄儿童的父母可以学习如何使用代币或点数来强化适当的行为、惩罚不适当的行为。这些课程的目的是帮助父母用适当的方式解决孩子的不当行为，而不是大喊大叫、威胁、诉诸敌对和强制。

除了对父母进行指导，临床医生还与教师和其他学校人员进行协商，并实施家校奖励制度。临床医生通常帮助教师识别学生最容易开小差的情境，然后帮助教师改变情境以减少干扰行为，并促进专注行为。临床医生还鼓励教师使用关于孩子在学校的适当行为的**每日报告卡**（**daily report card**），使家长可以对孩子的适当行为进行监控和奖励。最后，临床医生可以帮助教师开发一个全班范围的代币系统或积分系统，以鼓励专注和遵规守纪的行为。全班所有同学都可以用代币换取一些特殊奖励。

临床行为治疗对改善 ADHD 患儿及其家庭的功能是有效的（Lundahl, Risser, & Lovejoy, 2006）。一项针对 68 项研究的荟萃分析显示，父母培训与孩子行为（ES=0.42）、父母行为（ES=0.47）和父母对孩子的感知（ES=0.53）的中等程度的改善有关。在治疗 1 年后，治疗产生的改善仍然显著。表现出最严重行为问题的孩子往往从父母培训中获益最多。当对单个家庭进行父母培训而不是对多对父母进行培训时，父母培训最为有效。父母培训对经济困难的家庭效果最差。社会经济方面的困难有可能影响了这些父母参与治疗、学习培训中教授的策略，并在家里实践这些策略的能力。研究人员认为，经济困难的家庭可能会受益于个性化的父母培训课程，因为治疗师在此期间可能会根据每个家庭的需求量身定制干预措施。

ADHD 的临床行为治疗也有一些局限。第一，行为治疗的效果与父母的参与程度密切相关。例如，在一项针对正在上幼儿园的 ADHD 患儿的研究中，临床行为治疗让儿童在幼儿园的行为有所改善，但在家里却无改善（Barkley et al., 2000）。治疗未能改善在家中的行为，可能是因为大多数父母没有始终如一地参加父母培训计划。当父母持续参加培训课程时，治疗才与孩子在家庭和学校中的改善有关（Anastopoulos, Shelton, &Barkley, 2005）。

第二，只有父母持续积极地实施在培训中学习到的策略和方法，父母训练通常才有效。虽然大多数儿童在他们的父母完成训练计划后立即表现出症状的减轻，但治疗的效果往往在 6 ～ 12 个月后减退（Hinshaw, Klein, & Abikoff, 2002）。

第三，父母训练并不总是能够使孩子的行为**正常化**（**normalization**）。正常化是指治疗后患儿的行为表现与无显著行为问题的个体无异。即使经过行为治疗，患儿往往依然表现出 ADHD 的症状，仍能够被诊断为 ADHD。事实上，其父母参与治疗的患儿中只有大约 25% 不再符合 ADHD 的诊断标准（Hinshaw et al., 2002）。

第四，相对于更小的患儿，行为治疗对青少年的效果差一些（Barkley, 2014）。当父母对孩子的环境有高度的控制时，治疗效果最好。然而，父母对青少年的环境控制比对学龄儿童的环境控制少得多，因此，一些临床医生用父母–青少年的问题解决和交流训练（parent-adolescent problem-solving and communication training）来补充传统的父母咨询。临床医生可以教父母和青少年如何解决问题和建设性地处理纠纷，而不是大喊大叫、挖苦、批评或情感封闭。不幸的是，用交流训练来补充传统的父母培训似乎并不比单纯的传统父母培训更有效。接受交流训练补充的父母培训的家庭中，只有 23% 的青少年在行为上表现出确切的改善。同时，17% 的夫妻家庭纠纷实际上恶化了，这也许是因为他们被鼓励公开讨论冲突，而不是回避冲突。

夏季治疗计划

ADHD 的第二种心理社会治疗是直接权变管理（direct contingency management）。直接权变管理应用于学校和其他有组织的环境，在这些环境中治疗师对患儿的周围环境有很强的控制力。在直接权变管理中，治疗师改变儿童的环境，最大限度地提高被期待的行为出现的频率。他们很大程度上依靠系统的奖惩来塑造行为。通常，环境偶发事件被用来提升专注、减少课堂上的破坏性行为、提高儿童与同伴的互动质量（Fabiano, Schatz, & Pelham, 2014）。

针对 ADHD 患儿的直接权变管理项目中最著名的例子之一是由威廉·佩勒姆（William Pelham）开发的**夏季治疗计划**（**Summer Treatment Program, STP**）。在夏季的几个月里，STP 为 ADHD 患儿提供综合治疗，而在这段时间里，大多数儿童不接受针对其 ADHD 症状的学校治疗。STP 是一个为期 8 周的项目，针对 5 ～ 15 岁存在 ADHD 和其他破坏性行为问题的儿童（Pelham, Fabiano, Gnagy, Greiner, & Hoza, 2005）。

在夏季治疗计划中，年龄相仿的儿童被分成一个个小组，由工作人员带队（这些工作人员通常是受过行为治疗师培训的大学生）。小组在整个夏天里都在一起，以培养友谊和提高成员的社会功能。每个小组每天在经过改造的教室环境里待 3 个小时，由特殊教育教师指导。儿童每日参加 1 小时的学业教学、1 小时的计算机辅助教学、1 小时的美术课，在一天中剩下的时间里参加一些有组织的娱乐活动，比如足球、垒球和游泳。这些活动旨在提高儿童的社交和运动技能。

STP 不同于传统的夏令营。在 STP 中，工作人员使用直接权变管理来改变儿童的行为，他们使用的策略类似于临床行为治疗中教给父母的策略。低儿童-工作人员的数量比例使工作人员能够全天密切监测儿童的行为，并根据儿童的适当行动提供即时强化。STP 是密集、全面的干预。

第一，工作人员向儿童发出简短、明确、具体的指示。明确的指示可以减少儿童因为注意缺陷、模棱两可或分心而不服从指示的可能性。第二，工作人员根据理想的行为提供即时和慷慨的强化。社会强化包括目光接触、微笑、触摸（例如击掌）或识别物（例如贴纸）。第三，工作人员对低龄儿童使用代币，对大龄儿童使用积分系统，以培养适当的行为。工作人员会对孩子在教室里的适当行为（例如听讲、安静学习）和在活动中的适当行为（例如听教练讲课、遵守泳池安全规则）发放代币品或给予积分。代币或积分点数可以用来换取一些特殊奖励。反应代价用于减少不适当的行为。工作人员会根据不受欢迎的行为（例如在课堂上过度交谈、在足球场上戏弄同伴）拿走一定数目的代币或扣分。对于更严重的违规行为，工作人员会使用暂停正强化的方法。例如，故意伤害他人或破坏财产的儿童将被取消正强化（例如没有游泳或玩电脑时间）。

STP 工作人员使用的行为干预会辅以社会技能培训、父母培训以及药物评估和管理。第一，所有的儿童每天都要参加 10 分钟的正式社交技能训练。一开始，工作人员讲述、演示一种社交技能（如在课堂上发言前举手），并将其分解为几个步骤，通过这种方式对其进行介绍。然后，工作人员鼓励儿童在角色扮演中练习这项技能。工作人员提醒儿童全天候使用新技能，并对使用新技能的行为给予慷慨的奖励。第二，儿童的照顾者参加每周的父母培训课程，该课程旨在教父母如何在家里使用行为原则。工作人员每天都会给父母们一张成绩单，鼓励他们奖励在营地表现良好的儿童。最后，STP 中的儿童会被评估以确定药物治疗其 ADHD 症状的适当性。如果药物是必要的，那么工作人员将会在项目持续期间监测药物的治疗效果。

直接权变管理大大减少了 ADHD 症状和其他破坏性行为（Fabiano et al., 2014）。克罗尼斯及其同事（Chronis and colleagues, 2004）进行了其中一项最早的关于 STP 对 ADHD 患儿实际效果的对照研究。在他们的研究中，被试儿童参加了为期 8 周的 STP。这些儿童都患有 ADHD，其中 85% 还有品行问题。研究人员使用被试内设计来评估 STP 的实际效果。在营地的前 5 周，工作人员使用直接权变管理来改变儿童的行为。在第 6 周的 2 天内，工作人员没有使用直接权变管理。在 STP 的最后两周，直接权变管理程序重新启动。独立观察员在全部的三个阶段对儿童的行为进行了评估。评估结果显示，与使用直接权变管理相比，取消治疗后儿童的破坏性行为显著增加（图 8.12）。

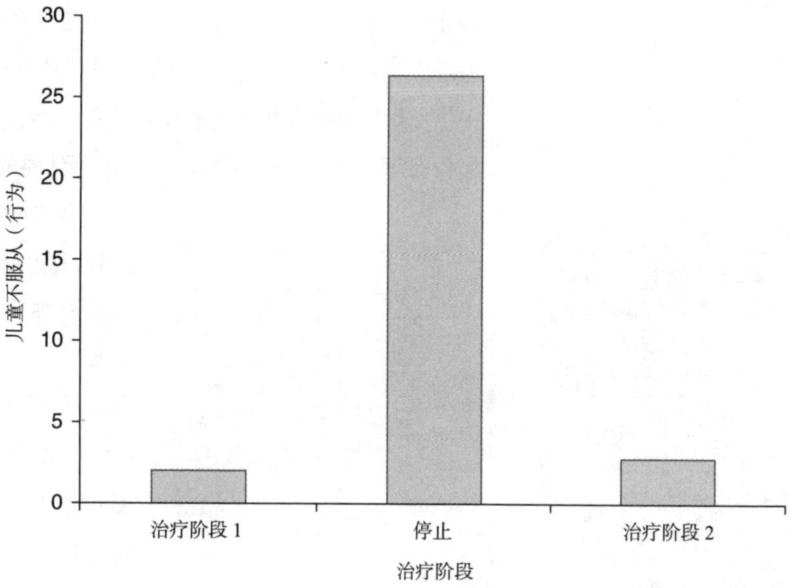

图 8.12　ADHD 患儿的夏季治疗计划

注：克罗尼斯及其同事（2004）在第 1 和第 2 阶段的治疗中使用了直接权变管理，但在治疗阶段之间停止了直接权变管理。停止期间儿童的不依从性增加，这说明治疗是有效的。

随后的研究表明，使用直接权变管理的项目提升了患儿的专注度，增加了具有适应性的社会行为，减少了破坏性行为和攻击行为，并提高了儿童的自尊。父母可以学习实施这些项目中使用的行为管理策略，以改善孩子在家里，特别是在完成家庭作业时的行为。父母的参与与减少亲子冲突以及治疗的高满意度相关（Graziano, Slavec, Hart, Garcia, & Pelham, 2014; Sibley et al., 2013）。

佩勒姆及其同事于 20 世纪 80 年代在佛罗里达州立大学（Florida State University）和匹兹堡大学医学中心（University of Pittsburgh Medical Center）开发了第一个 STP（Pelham & Hoza, 1996）。如今，美国各地的大学和儿童医院已有数十个类似的夏季治疗计划。

行为课堂管理

行为课堂管理（**behavioral classroom management**）是针对 ADHD 患儿的一种以学校为基础的社会心理治疗。行为课堂管理有赖于临床行为治疗和夏季治疗相同的干预措施。行为课堂管理的特殊之处在于它是由学校心理学家、教师和其他教育专家在课堂环境中实施的。尽管项目各不相同，但干预很大程度上有赖于监测儿童的适当行为、对适当行为进行频繁的正强化、构建课堂环境以诱发适当行为，并制定每日成绩单以便父母在家里强化适当行为。

一些随机对照研究支持行为课堂管理的实际效果。平均而言，40% ～ 60% 参与这个项目的学龄儿童在学校的 ADHD 症状因为该项目而有显著改善。然而，除少数例外情况外，这些干预措施只针对学龄儿童进行了研究；对于青少年使用这种方法实际效果，人们知之甚少（Evans, Owens, & Bunford, 2014; Nissley-Tsiopinis, Krehbiel, & Power, 2016）。

传统的行为课堂管理的一个值得注意的变化是**挑战视野计划**（**Challenging Horizons Program**）（Evans et al., 2016）。这个项目结合了基于学校的行为干预和课后项目，旨在提高儿童的学业参与度和表现。先前的研究表明，那些患有 ADHD 的大龄儿童与青少年往往对学习持消极态度，很少学习和参加课外活动。挑战视野课外小组旨在提高患有 ADHD 的中学生组织性和社交技能。这个项目中有几节课为照顾者提供父母培训，并提供与教师讨论的机会。评估研究表明，与普通教育环境相比，该项目对于 ADHD 患儿症状改善有中等到强的效果（Langberg et al., 2016b）。

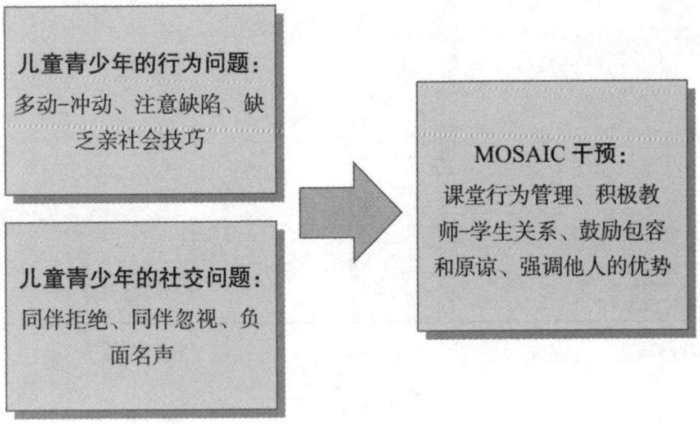

图 8.13　MOSAIC 小组干预

注：MOSAIC 改善了 ADHD 患儿的课堂行为表现和社会功能。基于米卡米和诺曼德（Mikami and Normand, 2015）。

第二种课堂行为管理的创新方法是 **MOSAIC**（**Making Socially Accepting Inclusive Classrooms**），这是一种旨在改善 ADHD 患儿社交功能的简短小组干预方法。回想一下，ADHD 患儿因他们高频率、令人不喜欢的行为而有被同伴拒绝的风险，或因开小差、不专注的表现而被同伴忽视。随着时间推移，ADHD 患儿或许有着负面名声，这将他们置于品行问题或社会孤立和孤独的发展道路上。MOSAIC 试着通过（1）改善他们在课堂上对同伴的行为和（2）帮助他们的同学变得更容易接受和原谅他们的多动–冲动或开小差行为来改变他们的发展之路（图 8.13）。评估研究表明，MOSAIC 在改善儿童的破坏性行为方面与传统的课堂行为管理一样有效。此外，与传统项目相比，参与 MOSAIC 项目的患儿较少受到同龄人的拒绝，并拥有更多互惠性的友谊（Mikami et al., 2013; Mikami, Jia, & Na, 2014）。

小　结

- 临床行为治疗依赖父母监管和正强化，其主要内容包括父母咨询、学校咨询和家校联合奖励系统。
- STP 是直接权变管理的一种形式，这种方法重点强化 ADHD 患儿在课堂中、社交活动中和体育活动中的适当行为。
- 使用行为课堂管理的临床医生在学校实施正强化以培养适当行为。行为课堂管理可以与同伴干预相结合以改善 ADHD 患儿的社交功能。

哪一种更有效：药物治疗还是心理治疗？

多模式治疗

兴奋剂和行为治疗都能有效地减轻 ADHD 患儿的症状。那么，哪种疗法效果更好呢？我们应该采用联合治疗以获得最好的效果吗？

幸运的是，一些研究已经比较过药物和心理治疗的效果。在最早的一项大规模研究中，研究人员将 103 名 ADHD 患儿随机分配到 3 个治疗组。第一组仅接受哌甲酯治疗，第二组接受哌甲酯加临床行为治疗，第三组接受哌甲酯加注意力安慰剂治疗。接受注意力安慰剂的患儿与工作人员一起参与项目，接受家庭作业方面的帮助，参加咨询师关于日常问题的非指导性治疗。这部分孩子的父母也参加了一个支持小组，但没有接受父母训练。父母、教师、精神科医生和独立观察员每 6 个月对儿童的行为进行一次评估，共 2 年时间。研究人员感兴趣的是，同时接受药物和行为治疗的儿童是否会比其他两组的儿童表现更好（Abikoff et al., 2004a, 2004b; Hechtman et al., 2004a, 2004b）。

该研究产生了三个重要的发现。第一个发现是，从研究开始到研究结束，三组患儿的功能都有所改善。例如，三个治疗组的儿童在治疗过程中都表现出更少的破坏性行为问题、更好的学习能力、更好的社交技能和更好的亲子互动。儿童行为的大部分改善发生在治疗的前 6 个月。第二个重要的发现是，三组儿童在 1 年和 2 年的随访中表现出大致相同的表现。第三个发现最令人惊讶：接受哌甲酯加行为治疗的儿童并不比单独接受哌甲酯或哌甲酯加注意力安慰剂的儿童表现更好。

研究药物和行为治疗对 ADHD 相关影响的规模最大的研究是 **ADHD 儿童多模式治疗研究（Multimodal Treatment Study of Children With ADHD, MTA）**。在这项研究中，研究人员将 579 名 ADHD 患儿随机分为四个治疗组：

1. *单独用药*（*medication alone*）。该组的患儿接受 14 个月的药物治疗，通常是哌甲酯，由研究人员精心管理。
2. *单独的行为治疗*（*behavior therapy alone*）。该组的患儿在学年的部分时间参加 8 个月的临床行为治疗，并在学年的部分时间以及暑期参与了 STP。他们不接受药物治疗。
3. *联合治疗*（*combined treatment*）。该组的患儿同时接受药物治疗和行为治疗，这两种治疗均由研究人员管理。
4. *社区护理*（*community care*）。该组的患儿被介绍给他们社区的心理卫生专业人员（例如医生、心理学家）。他们可以免费接受这些专业人士推荐的任何治疗，但没有接受实施该研究的研究人员的治疗。大多数接受社区关怀的患儿（67%）接受处方药治疗。这组的患儿作为“常规治疗”对照组。

14 个月后，研究人员比较了这些患儿的情况（MTA Cooperative Group, 1999; Swanson et al., 2001）。结果表明，4 种治疗方法均能有效降低他们的 ADHD 症状。接受联合治疗或单独用药的患儿表现出最好的转归。事实上，接受联合治疗或单独药物治疗的儿童青少年改善的可能性大约是单独接受行为治疗或社区关怀的儿童青少年的两倍。最后，联合药物治疗和行为治疗的作用优于单独药物治疗，但二者的差距很小（图 8.14）。

综合来看，这些研究似乎表明药物治疗应该是 ADHD 的一线治疗方法。对于

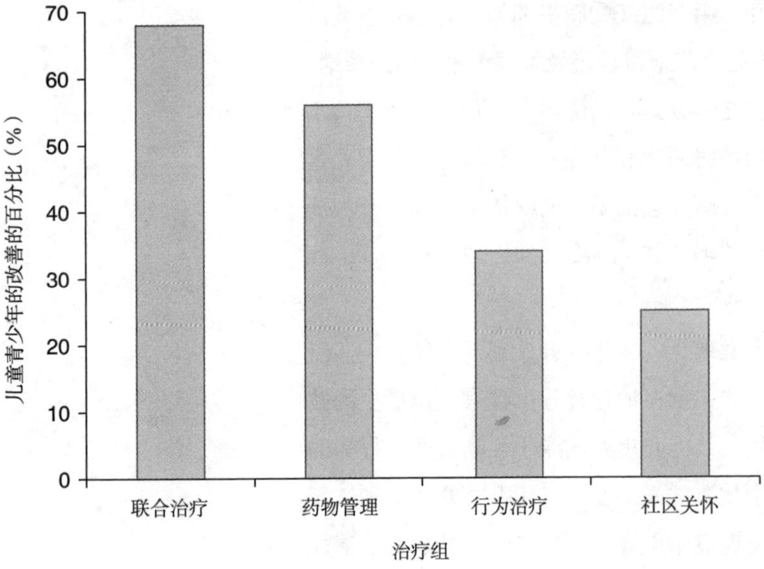

图 8.14　MTA 研究结果

注： ADHD 的联合治疗或单独用药治疗优于单独行为治疗，基于斯旺森等人（Swanson et al., 2001）。

ADHD 的症状，单独药物治疗的效果优于单独的行为治疗。此外，比起单纯药物治疗，在药物治疗的基础上增加行为治疗，儿童的功能有统计学意义上的改善，但改善的幅度小（Molina et al., 2009; Murray et al., 2008）。

然而，有些研究表明了在 ADHD 的治疗方案中包含行为治疗的重要性。回想一下在 MTA 中，研究人员比较了患儿 14 个月后的结果。在后续评估时，单独用药组的儿童仍在服用药物，而行为治疗组的儿童在评估的几个月前就停止了治疗。当研究人员比较两组儿童在积极接受治疗时的功能时，他们发现接受药物治疗的儿童与接受行为治疗的儿童的功能有相似的改善。只要儿童积极参与治疗，行为治疗可能和药物治疗一样有效（Pelham et al., 2000）。

支持行为疗法治疗 ADHD 疗效的其他证据来自荟萃分析的结果。法比亚诺及其同事（Fabiano and colleagues, 2010）回顾了涉及超过 2000 名被试的 175 项研究，对 ADHD 心理社会干预的有效性进行了调查。总的来说，这些干预措施的效果是很显著的。接受心理社会治疗的儿童比未接受心理社会治疗的对照组中的 80% 的儿童症状有更大程度上的减轻。同样，接受心理社会干预的儿童从前测到后测平均有 2.64 个标准差的改善。

研究还表明，并非所有 ADHD 患儿都对药物有治疗性反应。社会心理干预为无治疗反应的患儿提供了另一种治疗方式。佩勒姆及其同事（2016）将 ADHD 患儿随机分为单独使用哌甲酯和单独使用行为治疗的两组。研究人员为对初次治疗没有充分反应的儿童也提供了其他治疗。研究人员发现，先接受行为治疗后接受药物治疗的儿童比先接受药物治疗后接受行为治疗的儿童表现出更好的结果。行为疗法增加了父母对孩子治疗的参与，从而强化了治疗对孩子的转归的影响。

最后，调查数据显示，父母更喜欢对孩子进行行为治疗而不是药物治疗。可以理解的是，父母在给孩子用药时非常谨慎，尤其是那些我们对其长期影响所知有限的药物。父母对行为治疗的满意度也高于药物治疗（Barkley, 2014; Evans et al., 2014）。

最佳实践

一些专业组织，如美国儿科学会和儿童与青少年临床心理学协会，已经发布了儿童、青少年和成人 ADHD 循证治疗的最佳实践指南（American Academy of Pediatrics Subcommittee on ADHD, 2011; Evans et al., 2014; Nathan & Gorman, 2016）。总的来说，这些指南建议使用以行为为基础的干预加上药物治疗的方法对 ADHD 患者进行治疗。然而，行为治疗与药物治疗的相对重点是随着年龄的变化而变化的。

1. 学龄前儿童应首选行为治疗作为一线干预方案。对行为治疗无治疗反应的学龄前儿童可以在其照顾者知情同意的情况下接受药物治疗。
2. 学龄儿童与青少年应首选行为治疗与药物治疗的联合治疗作为一线干预方案。行为疗法可以在诊所（与父母）、学校（与教师）或其他环境中进行。只有在照顾者和孩子都同意的情况下才能使用药物。
3. ADHD 成年患者应考虑药物治疗，并（如果可能）参加行为治疗项目，以帮助他们在日常生活中控制症状。例如，成人可以学习提高执行功能的策略，例如计划和优先工作、记住重要任务、设定和实现长期目标。

遗憾的是，大多数儿童与青少年所接受的治疗并没有达到以上这些最佳实践所确立的标准（图 8.15）。来自美国疾病预防和控制中心的研究人员检查了为患有 ADHD 和其他健康问题的儿童青少年提供的治疗。尽管行为疗法被认为是治疗学龄前 ADHD 患儿的一线疗法，但只有大约一半患儿接受了行为治疗。此外，只有 35% 的学龄儿童和 28% 的 ADHD 青少年接受了最受推荐的行为和药物联合治疗（Visser, 2016; Visser et al., 2014, 2015）。

MTA 研究的数据也表明大多数儿童与青少年接受的社区治疗不是最佳的。MTA 研究中有一组儿童与青少年被分配至社区护理组，即当家庭向社区医师或精神健康相关专业人士寻求治疗时，儿童与青少年通常会获得的治疗类型。尽管这些儿童与青少年的症状有所减轻，但其改善的可能性低于任何其他治疗条件下的儿童与青少年（Pliszka, 2015）。这些数据强调了循证治疗的必要性。尽管 ADHD 患儿急需治疗，但是，他们应该得到高质量的以科学为基础的干预，以使他们获得改善的可能性最大化。

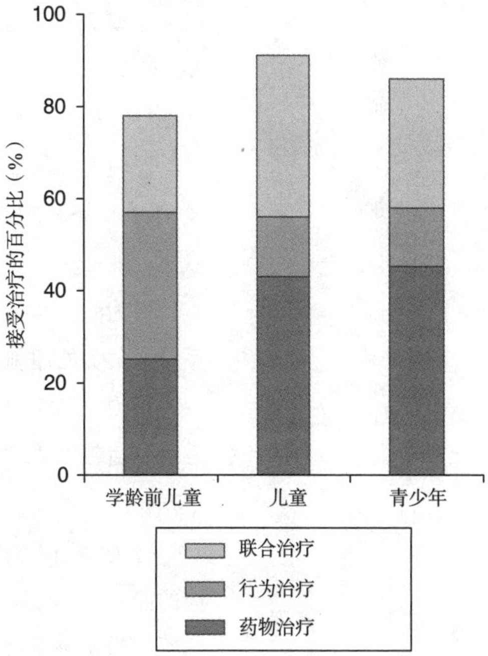

图 8.15　接受推荐疗法治疗的 ADHD 患儿的百分比

注：大多数患有 ADHD 的孩子会接受治疗，然而只有大约三分之一的患儿接受了受到推荐的药物和行为治疗的联合治疗。

小　结

- MTA 表明，药物和行为治疗的联合疗法对 ADHD 患儿的益处最大。然而，单独用药优于单独的行为治疗。

- 大多数专业人士推荐行为治疗作为学龄前 ADHD 患儿的一线治疗方法，推荐对患有 ADHD 的儿童和青少年采取行为治疗和药物治疗联合的治疗方法。
- 只有三分之一的患儿接受了被推荐的治疗方法。

关键术语

α2 受体激动剂（α2 receptor agonist）：一类有时用于治疗 ADHD 药物，最初用于治疗成人高血压，如胍法辛。

安非他明（amphetamine）：用于治疗 ADHD 的一类兴奋剂，可以增加突触前储存囊泡释放多巴胺，使更多多巴胺进入突触间隙。

注意缺陷 / 多动障碍（attention-deficit/hyperactivity disorder, ADHD）：DSM-5 中的一种神经发育障碍，其特征是在 12 岁之前出现明显的注意缺陷和 / 或多动–冲动症状。这些症状在两种或两种以上的场合中出现，并干扰学业或社会功能。

组合表现型 ADHD（ADHD, combined presentation）：ADHD 的一种表现，以明显的注意缺陷和明显的多动–冲动症状为特征。

主要表现为多动–冲动的 ADHD（ADHD, predominantly hyperactive-impulsive presentation）：ADHD 的一种表现，以显著的多动–冲动性症状为主要特征，伴有阈下水平的注意缺陷问题，常见于患有 ADHD 的年幼儿童。

主要表现为注意缺陷的 ADHD（ADHD, predominantly inattentive presentation）：ADHD 的一种表现，以显著的注意缺陷症状为主要特征，伴有阈下水平的多动–冲动问题，常见于患有 ADHD 的大龄儿童与青少年。

巴克利的神经发育模型（Barkley's neurodevelopmental model）：一种 ADHD 的模型，认为 ADHD 是由行为抑制的潜在缺陷引起的，这种缺陷损害了执行功能的发展。

行为激活系统（behavioral activation system, BAS）：格雷认为这是一种神经心理系统，负责处理刺激和调整行为以实现强化。

行为课堂管理（behavioral classroom management）：一项基于循证的 ADHD 治疗方法，由教师或教育专家对 ADHD 患儿在学校的适当行为进行正强化；可以与同伴干预相结合来改善社会功能。

行为抑制（behavioral inhibition）：抑制即刻的反应，尤其是提供立即满足的反应的能力。

行为抑制系统（behavioral inhibition system, BIS）：格雷认为这是一种神经心理系统，在受到惩罚或缺乏强化时，负责减缓或停止行为。

挑战视野计划（Challenging Horizons Program）：一种针对 ADHD 的课堂行为疗法，结合了以学校为基础的行为治疗和课后计划，旨在提高中学生的学业投入。

临床行为治疗（clinical behavior therapy）：一种对 ADHD 患儿的循证疗法，依

靠监测和正强化适当的表现改善患儿的行为，治疗方式包括父母咨询、学校咨询和家校奖励系统。

创造性问题解决（creative problem-solving）：以一种新颖的方式分析、操作和组合想法或事物的能力，是一种重要的执行功能，可以在长期强化期待中指导自身行为。

每日报告卡（daily report card）：对于孩子在学校的适当行为的每日记录，父母可以以此监测和奖励孩子。

默认模式网络（default mode network, DMN）：与 ADHD 有关的神经通路，由内侧前额叶皮质、内侧顶叶皮质和内侧颞叶皮质组成，在做白日梦和心智游移时很活跃。

多巴胺 D4 和 D5 受体基因（dopamine D4 and D5 receptor genes）：调节某些多巴胺受体的基因；这些基因的异常可能在 ADHD 中发挥作用。

多巴胺转运体基因（dopamine transporter gene, DAT1）：一种调节大脑多巴胺再摄取的基因，该基因的异常可能在 ADHD 中发挥作用。

四种基本的执行功能（four basic executive functions）：在巴克利的 ADHD 神经发育模型中，工作记忆、内化语言、情绪调节和创造性问题解决为四种基本的执行功能。

前额叶–纹状体神经回路（frontal-striatal neural circuit）：一个与 ADHD 相关的大脑通路，由纹状体和右侧前额叶皮质组成。

内化言语（internalized speech）：根据维果斯基的说法，儿童在练习外显动作时倾向于在心里复诵成人的声音，这是一种对调节自身行为很重要的执行功能。

中脑边缘神经回路（mesolimbic neural circuit）：一个与 ADHD 相关的大脑通路；包括（1）VTA 和伏隔核;（2）杏仁核和海马;（3）前额叶皮质。

哌甲酯（methylphenidate）：一类用于治疗 ADHD 的兴奋剂，可以减缓多巴胺转运系统从突触间隙中移除多巴胺，让多巴胺在突触间隙中停留更长时间，这类药物包括专注达（Concerta）和利他林（Ritalin）。

MOSAIC（Making Socially Accepting Inclusive Classrooms）：一个简短的课堂行为管理项目，旨在改善 ADHD 患儿的社会功能。

ADHD 儿童多模式治疗研究（Multimodal Treatment Study of Children With ADHD, MTA）：一项比较药物治疗和行为治疗对 ADHD 患儿疗效的大型研究。

非共享环境因素（nonshared environmental factors）：一个孩子经历但其兄弟姐妹未经历的环境因素（例如，母孕期问题、小学时同龄人的拒绝）。

正常化（normalization）：一个用来描述接受治疗的患儿的功能以及其功能与无残疾或障碍的儿童的功能相似的术语。

父母咨询（parent consultation）：有时称为父母培训，内容包括帮助照顾者学习更有效的方法来应对 ADHD 患儿的体征和症状。

学龄前 ADHD 治疗研究（Preschool ADHD Treatment Study, PATS）：一项随机对

照研究，该研究显示兴奋剂对减少 3 ～ 5 岁 ADHD 患儿的症状是有效的。

精神兴奋剂（psychostimulant）：治疗 ADHD 最常用的处方药，这类药物影响多巴胺和去甲肾上腺素，可以提升专注力和行为抑制能力。

右前额叶皮质（right prefrontal cortex）：负责抑制和冲动控制（眶额区）和注意力、组织和计划（背外侧区）的大脑前部区域。

选择性去甲肾上腺素再摄取抑制剂（selective norepinephrine reuptake inhibitor, SNRI）：用于治疗 ADHD 的非兴奋剂药物，可以调节神经递质的再摄取，调节注意力、行为和情绪，这类药物包括托莫西汀。

认知速度迟缓（sluggish cognitive tempo）：一种以爱做白日梦、心智游移、困倦、无精打采、社交被动、注意缺陷为特征的行为模式，常与主要表现为注意缺陷的 ADHD 共同发生。

社交等级评价（sociometric rating）：一种用来评估在学龄儿童中儿童的同伴地位的方法，由孩子们评出他们最喜欢和最不喜欢与之一起玩的同学。

纹状体（striatum）：基底节的一部分，由尾状核、壳核和苍白球组成，负责根据环境反馈调节行为。

夏季治疗计划（Summer Treatment Program, STP）：一种对 ADHD 患儿的循证心理疗法，内容包括在课堂、社交技能活动和体育运动中对适当行为进行即时的正强化。

批判性思维练习

1. 几乎所有的儿童与青少年都会偶尔出现注意缺陷问题和多动-冲动的问题。心理学家如何区分发育中预期的注意缺陷或多动-冲动与 ADHD？

2. 为什么 ADHD 患儿有出现亲子互动问题的风险？为什么 ADHD 患儿有面临同伴拒绝的风险？如果你是一名临床医师，你如何预防这些 ADHD 患儿出现这些社交问题?

3. 巴克利认为 ADHD 并不是一种注意缺陷的障碍；相反，它是一种由缺乏行为抑制引起的障碍。行为抑制如何在巴克利的 ADHD 模型中发挥关键作用?

4. 在什么情况下，医生会决定给 ADHD 患儿开非兴奋剂，比如托莫西汀?

5. 菲利普是一个 8 岁的男孩，最近被诊断为组合表现型 ADHD。他妈妈不愿意用药物来控制他的症状。相反，她希望菲利普参与“谈话疗法”，找个咨询师帮他“学会如何表现良好”。关于（a）治疗 ADHD 药物的优点和局限性以及（b）社会心理治疗的优点和缺点，你会对菲利普的母亲说些什么?

第九章

儿童与青少年的品行问题

CONDUCT PROBLEMS IN CHILDREN AND ADOLESCENTS

学习目标

阅读本章后，你应该能够做到以下几点：

9.1 描述对立违抗性障碍、品行障碍和间歇性暴怒障碍的主要特征。

解释临床医生和研究人员如何区分儿童与青少年表现出的不同类型的品行问题。

9.2 讨论影响儿童与青少年发展出品行问题的主要的生理、心理和社会文化因素。

9.3 认识几种针对儿童与青少年对立、违抗以及攻击行为的循证治疗方法。

如果让你在脑海中想象一个有“品行问题”的儿童青少年，你会想到什么样的形象？你可能会想到在杂货店收银台看到的那个5岁的小男孩，他因为妈妈不给自己买糖果而冲妈妈大喊大叫。你可能会想起一个故意欺负其他孩子、放学后打架的初中同学。你还可能想起一个15岁之前被逮捕过两次的青少年帮派成员。这些心理形象反映出儿童与青少年品行问题的一些方面。

DSM-5确认了在儿童或青少年时期出现的三种典型的品行问题：对立违抗性障碍、品行障碍和间歇性暴怒障碍。这些障碍使患儿与照顾者和其他权威人物发生冲突，与父母和教师的关系紧张，并可能导致违反社会准则和侵犯他人权利和尊严的行为（American Psychiatric Association, 2013）。同样重要的是，这些障碍会对患儿的行为和社会情感发展产生不利影响，并使他们在今后的生活中面临人际关系和职业问题的风险。

品行问题是儿童与青少年最常见的障碍之一。在转介接受心理卫生治疗的个体中约有50%被诊断为品行问题。这个百分比仅次于注意缺陷/多动障碍（Kimonis et al., 2015）。

在过去的30年里，研究人员发现了导致品行问题发展的几个因素，并找到了治疗这些障碍的有效方法，了解品行问题产生的原因和循证治疗方法对儿童青少年、家庭和社区都很重要。

9.1　描述和流行病学

DSM-5 中有哪些品行问题?

对立违抗性障碍

对立违抗性障碍（oppositional defiant disorder, ODD）反映了一种对他人不服从、违抗和/或出现恶意行为的模式。这种障碍的症状和体征可分为三类：（1）愤怒或易激惹的心境；（2）争辩或对抗的行为；（3）对他人的报复（表9.1）。这种障碍会给患儿或（更有可能）其父母、照顾者、教师或其他成人带来痛苦。在大多数情况下，ODD会干扰患儿与他人的关系，对亲子互动、学业和社会活动的质量产生负性影响（American Psychiatric Association, 2013）。

表9.1　对立违抗性障碍的诊断标准

A. 一种愤怒/易激惹的心境，争辩/对抗的行为，或报复的模式，持续至少6个月，以下列任意类别中至少4项症状为证据，并表现在与至少1个非同胞个体的互动中。

愤怒/易激惹的心境

1. 经常发脾气。
2. 经常是敏感的或易被惹恼的。
3. 经常是愤怒和怨恨的。

争辩的/对抗的行为

4. 经常与权威人士辩论，或儿童和青少年与成人争辩。
5. 经常主动地对抗或拒绝遵守权威人士或规则的要求。
6. 经常故意惹恼他人。
7. 自己有错误或不当行为却经常指责他人。

报复

8. 在过去6个月内至少有2次是怀恨的或报复性的。

B. 该行为障碍与个体或他人在他或她目前的社会背景下（例如，家人、同伴、同事）的痛苦有关，或对社交、学业、职业或其他重要功能方面产生了负性影响。

C. 此行为不仅仅出现在精神病性、物质使用、抑郁或双相障碍的病程中，并且也不符合破坏性心境失调障碍的诊断标准。

所有儿童与青少年都会时不时地表现出对立或违抗的行为。毕竟几乎每个人都听说过孩子进入“可怕的2岁”或“恐怖的3岁”。通常来说，在幼儿期和学龄前早期，个体的对立和违抗行为表现出一种从发展的角度来看常规化地增加。2 岁的孩子可能会坚持在早上自己选择衣服，即使他们更喜欢在隆冬穿短裤和 T 恤衫。3 岁的孩子被叫去睡觉时可能会发脾气。4 岁的孩子可能会固执地拒绝吃蔬菜，并在餐桌旁坐上 1 小时，看他们的父母是否会默许他们的请求。在一项研究中，97% 的幼儿最开始会忽视或拒绝听从成人对他们在玩耍后将房间收拾干净的要求（Klimes-Dougan & Kopp, 1999）。

我们如何区分正常的行为与临床上显著的对立和违抗行为呢？虽然这个问题没有简单的答案，但一般来说，临床上显著的品行问题可以根据以下两个方面来确认：（1）破坏性品行问题的数量和频率；（2）整体发育背景。

首先，与正常发育的同龄人相比，ODD 患儿表现出更多的问题行为，而且他们出现这些行为的频率更高。尽管许多孩子偶尔会违抗父母的要求，或在没有达到自己的目的时抱怨，但是患有 ODD 的孩子会反复发脾气、违抗父母、与成人争吵，或以刻薄和怀恨的方式行事（Bufferd, Dyson, Hernandez, & Wakschlag, 2016）。实证研究持续表明，与同龄人相比，ODD 患儿表现出更频繁和更严重的品行问题。例如，基南和瓦克施莱格（Keenan and Wakschlag, 2004）比较了转介到精神科治疗的患儿和非转介个体的破坏性行为的频率，在转介接受精神科治疗的患儿中对立行为很常见，其中大约 70% 会反复拒绝成人的要求或发脾气。相比之下，这种对立行为在非转介中相对少见，只有约 4% ～ 8% 的非转介个体表现出复发性的反抗行为。虽然固执的行为在学龄前儿童中很常见，但 ODD 的症状却并非如此（Frick & Shirtcliff, 2016）。

其次，ODD 患儿会做出在发展过程中意想不到的破坏性行为，他们的对立和违抗行为的持续时间远超该年龄段的正常发展标准。例如，当一个 2 岁的孩子因为父亲让他整理自己的玩具而发脾气时，我们或许会认为这孩子的行为从发育的角度来看是典型的。而当一个 5 岁的孩子表现出这样的行为，我们可能认为他的行为方式是对立和非典型的（Curtis et al ., 2016）。以一个患有 ODD 的男孩戴维森为例。

案例研究
对立违抗性障碍

戴维森的逃离

“如果你现在不坐下来好好表现，我们回家后你爸爸就会知道的！”听到这些话，德里斯科尔医生知道 6 岁的戴维森和他的母亲莱珀太太来赴约了。德里斯科尔邀请他们到她的办公室，问她能帮上什么忙。

“戴维森的问题很棘手，我不知道该怎么办。我说什么他都不听，他似乎喜欢给我添麻烦。”当莱珀太太解释戴维森在家里的反抗时，戴维森打断了她，说：“嘿，妈妈，太无聊了，我能吃点口香糖吗？”莱珀太太厉声回答道：“现在不行。”德里斯科尔补充说：“我桌上有一些涂色书，我给你找一本来。”

戴维森对涂色只保持了几分钟的兴趣，然后又开始对母亲不停地唠叨，打断她的谈话。他妈妈解释说：“他一直都是这样的，我一打电话他就来烦我。我早上不能洗澡，我洗澡时他会在浴室门外尖叫，如果我不锁门他会进来找我。我不能和他去购物，因为他总是不停地从货架上拿东西或让我难堪。”

这时，戴维森变得不耐烦了，他走到德里斯科尔医生办公室的门口。在确认了大人们正在看他以后，戴维森慢慢地转动门把手，轻轻地把门打开。他妈妈回应说：“如果你离开这个房间，我们回家后你就会受到惩罚。”戴维森笑得更开心了，把门又打开了一点，并把一只脚放在门外。他的妈妈站起来开始数：“1……2……戴维森。”戴维森的反应是冲进走廊，“砰”的一声关上了办公室的门。

莱珀太太带着愤怒的表情看向门口，德里斯科尔医生插嘴说：“莱珀太太，请先坐吧。”莱珀太太恼怒地回答道：“我得把他找回来。”德里斯科尔医生说：“为什么？走廊的这边没什么东西，没有门禁卡他不能进入诊所的其他地方。他很安全，不会惹麻烦的。戴维森不想涂色没关系，现在他可以在走廊里坐一会儿了。”莱珀太太的脸上第一次闪过一丝微笑。

治疗师如何判断孩子的行为是否与其年龄不相符呢？DSM-5 为确定个体的症状是否经常出现、是否应下诊断提供了指导。大多数 ODD 症状必须在学龄前儿童身上每天出现或在学龄儿童与青少年身上每周都出现。在过去的 6 个月内，“恶意或报复”的症状必须发生至少两次（American Psychiatric Association, 2013）。

治疗师还可以对父母和教师使用常模参照的行为评定量表，以评估其行为问题在同龄、同性别个体中的严重程度。如果等级评定超过 93 或 95 百分位数，则说明个体可能出现了明显的高频或严重的对立或违抗症状。在所有情况下，症状必然导致社会或学业功能受损（American Psychiatric Association, 2013）。

以下三类 ODD 症状和体征可以相互区分。第一类是情绪控制的问题（例如愤怒或易激惹的心境），第二类是外显行为控制的困难（例如争论和违抗行为），第三类是情绪和行为都存在控制困难（例如报复）。这些分类很重要，因为可预测不同的发展结果。例如，愤怒或易激惹的情绪预示着日后的抑郁问题。与之相对，争论型和违抗型则与 ADHD 的共病有关。报复心理的存在则预示着青春期会出现更严重的品行问题（Burke, 2012; Burke, Hipwell, & Loeber, 2010）。

即使个体只在一类情境下出现症状，也可以被诊断为 ODD。例如，一些 ODD 患儿对父母表现出违抗，但对教师、教练和其他成人却表现出顺从和尊重。一些 ODD 患儿只对父母中的一方表现出症状，对另一方则没有。ODD 患儿在特定情境中或针对特定人群会表现出症状，这说明环境因素对这一障碍的发展和维持有很大的影响。ODD 与 ADHD 不同，后者的症状必须是跨情境的（Lindheim, Bennett,

Hipwell, & Pardini, 2015）。ODD 症状几乎总是针对父母（96%）或教师（85%），直接针对同龄人（67%）的情况则少见。大多数 ODD 患儿（62%）在家庭、学校中和与同伴相处时表现出症状（Youngstrom, van Meter, & Algorta, 2010）。

治疗师被鼓励在进行诊断时明确 ODD 患儿症状的严重程度。轻度的症状只出现在一种场合（例如在家里、学校或与同伴一起时），中度的症状出现在两种场合，严重的症状出现在三种或更多场合。

品行障碍

品行障碍（conduct disorder, CD）是一种严重的障碍，其特征是儿童青少年表现出一种重复地和持续地侵犯他人基本权利或违反较多适龄的社会规则的行为模式（表 9.2）。CD 的症状可分为四类：（1）对人和动物的攻击；（2）毁坏财物；（3）欺骗或盗窃；（4）严重违反规则。对人和动物的攻击包括打架、身体虐待、袭击和抢劫。毁坏财物包括故意破坏、纵火或故意采取不计后果的行为损坏他人财物。欺诈行为包括强行闯入、偷窃或撒谎以获得奖励或逃避责任。其他严重的违规行为包括通宵在外、离家出走或旷课。

表 9.2 品行障碍的诊断标准

A. 一种侵犯他人的基本权利或违反与年龄匹配的主要社会规范的反复的持续的行为模式，在过去的 12 个月内，表现为下列任意类别的 15 项标准中的至少 3 项，且在过去的 6 个月内存在下列标准中的至少 1 项：

攻击人和动物

1. 经常欺负、威胁或恐吓他人。
2. 经常挑起打架。
3. 曾对他人使用可能引起严重躯体伤害的武器（例如，棍棒、砖块、破瓶子、刀、枪）。
4. 曾残忍地伤害他人。
5. 曾残忍地伤害动物。
6. 曾当着受害者的面夺取（例如，抢劫、抢包、敲诈、持械抢劫）。
7. 曾强迫他人与自己发生性行为。

破坏财产

8. 曾故意纵火企图造成严重的损失。
9. 曾蓄意破坏他人财产（不包括纵火）。

欺诈或盗窃

10. 曾破门闯入他人的房屋、建筑或汽车。
11. 经常说谎以获得物品或好处或规避责任（即“哄骗”他人）。
12. 曾盗窃之前的物品，但没有当着受害者的面（例如，入店行窃，但没有破门而入；伪造）。

续 表

严重违反规则

13. 尽管父母禁止，仍经常夜不归宿，在 13 岁之前开始。
14. 生活在父母或父母的代理人家里时，曾至少 2 次离开家在外过夜，或曾 1 次长时间不回家。
15. 在 13 岁之前开始经常逃学。

B. 此行为障碍在社交、学业或职业功能方面引起有临床意义的损害。

C. 如果个体的年龄为 18 岁或以上，则需不符合反社会型人格障碍的诊断标准。

标注是不是：

儿童期起病型：在 10 岁以前，个体至少表现出品行障碍的 1 种特征性症状。

青少年期起病型：在 10 岁以前，个体没有表现出品行障碍的特征性症状。

未特定起病型：符合品行障碍的诊断标准，但是没有足够的可获得的信息来确定首次症状起病于 10 岁之前还是之后。

标注目前的严重程度：

轻度：对诊断所需的品行问题超出较少，品行问题对他人造成较轻的伤害（例如，说谎、逃学、未经许可天黑后在外逗留，其他违规）。

中度：品行问题的数量和对他人的影响处在特定的“轻度”和“重度”之间（例如，没有面对受害者的偷窃、破坏）。

重度：存在许多超出诊断所需的品行问题，或品行问题对他人造成相当大的伤害（例如，强迫的性行为、躯体虐待、使用武器、强取豪夺、破门而入）。

请注意，CD 的 15 个体征和症状反映了一系列反社会行为。儿童与青少年在过去的 1 年中必须表现出至少 3 种体征或症状才能被诊断为 CD。由于诊断标准中包含多种行为，两个 CD 患儿可能会表现出非常不同的行为特征。以下面这些 15 岁的男孩为例，他们每个人都可能被诊断为 CD：

A. 安东尼曾离家出走、经常逃学、未经父母允许彻夜不归。

B. 布雷特与同龄人发生肢体冲突、持刀抢劫他人、强迫女孩与他发生性行为。

C. 查尔斯故意破坏学校财物、纵火、虐待动物。

D. 迪恩闯进别人家里、入店行窃、偷信用卡。

尽管这些男孩都可能被诊断为 CD，但他们表现出了不同的体征和症状。CD 的诊断标签反映了一个庞大的、异质性的儿童与青少年群体。以一个患有 CD 的小男孩布兰登为例，他有慢性品行问题的风险。

案例研究
品行障碍

让妈妈痛苦的布莱登

布兰登是一个10岁的男孩。他的教师因为他在学校的挑衅和攻击行为把他送到了我们诊所。他的教师米勒太太说，每次她对布兰登加以限制时，布兰登就会变得愤怒和怨恨。例如，当她让布兰登捡起自己的东西时，他会乱扔东西、打她。布兰登也会为了得到玩具而欺负和恐吓班上的其他孩子。米勒太太还说："布兰登会捉弄比他小的孩子，直到他得到想要的东西才会停止折磨他们。如果受到欺负的孩子反抗，布兰登就推他们或掐他们。他甚至因为一个同学不给他一支他想要的有香味的铅笔而掐住那个同学的喉咙。"

布兰登还采取了其他的攻击行为以吸引别人的注意。例如，他在课堂上剪掉一个女生的马尾辫，并多次破坏其他同学的物品。有两次，他被抓到从储物柜和办公桌偷东西。同学们常常因为布兰登富有攻击性的行为而避免和他一起玩。米勒太太说："我不知道该拿他怎么办。当我们训斥他时，他似乎并不介意，我们也不能让他一直坐在暂停椅（time-out chair）上。"

布兰登的母亲也报告了他在家中的类似的攻击和反抗的问题。"他根本不听我的话，他似乎喜欢让我的生活变得悲惨。"她补充说，"做一个单身母亲，还要做一份糟糕的工作已经够辛苦的了。我回家以后还要处理他的事情。我爱他，但我不知道该怎么办。有时我感到很害怕，很怕看着他走上和他父亲一样的路。我想有其父必有其子吧。"

ODD和CD之间的关系是复杂的。过去专家们认为ODD只是CD的早期表现，也就是说，这两种障碍反映了在不同发育阶段存在的相同的深层问题。然而，最近的研究支持的观点是ODD和CD是两种性质不同的障碍，它们有时会同时发生。支持这一观点的证据来自三个方面。

第一，许多ODD患儿从来没有表现出CD患儿会表现出的更强的攻击性和反社会行为。荟萃分析反复表明，大多数早期表现出对立和违抗行为的个体之后不会表现出CD患儿所呈现的攻击、毁坏财物或严重违反规则的特点（Frick, 2012）。

第二，符合CD诊断标准的儿童与青少年可能没有明显的ODD症状。在一项研究中，研究人员评估了一个由社区中的男孩组成的非常大的样本的品行问题。总的来说，这些男孩中13%患有ODD，6%患有CD。然而，大约三分之一符合CD标准的男孩没有表现出明显的ODD症状。个体可以患有CD而不表现出对立和违抗的行为（Pardini & Fite, 2010）。

第三，ODD和CD患儿的转归不同。CD可预测未来的反社会行为和物质使用问题，而 ODD 可预测未来的行为和情绪问题。具体来说，ODD 的行为症状（例如，争吵、违抗或烦扰他人）预测的是未来的品行问题，而 ODD 的情绪症状（例如，敏感、恼怒、愤怒或怨恨）预测的是未来的情绪问题。

总之，实证数据表明 ODD 和 CD 是不同的障碍。因此，如果个体分别符合每种障碍的诊断标准，DSM-5 允许儿童与青少年同时被诊断为 ODD 和 CD（McCloskey & Drabick, 2019）。

间歇性暴怒障碍

间歇性暴怒障碍（intermittent explosive disorder, IED）的特点是反复暴发愤怒情绪，导致言语和/或躯体性攻击（表 9.3）。如果儿童与青少年表现出频繁但相对轻微的攻击行为（如辱骂、咒骂、推搡他人），或表现出较不频繁但较为有害的攻击行为（如咬人、打人、扔东西），便符合 IED 的诊断标准。不同于 ODD 和 CD，IED 是唯一需要儿童与青少年表现出攻击行为才能达到诊断标准的品行问题。并非所有 ODD 患儿或 CD 患儿都表现出言语或身体上的攻击行为。

表 9.3　间歇性暴怒障碍的诊断标准

A. 代表无法控制攻击性冲动的反复的行为暴发，表现为下列两项之一：
   1. 言语攻击（例如，发脾气、长篇的批评性发言、口头争吵或打架）或对财产、动物或他人的躯体性攻击，平均每周出现 2 次，持续 3 个月。躯体性攻击没有导致财产的损坏或破坏，也没有导致动物或他人的躯体受伤。
   2. 在 12 个月内有 3 次行为暴发，涉及财产的损坏或损毁，和/或导致动物或他人躯体受伤的攻击。

B. 反复暴发过程中所表达出的攻击性程度明显与被挑衅或任何诱发的心理社会应激源不成比例。

C. 反复的攻击性暴发是非预谋的（即它们是冲动的和/或基于愤怒的），而不是为了实现某些切实的目标（例如，金钱、权力、恐吓）。

D. 反复的攻击性暴发引起了个体显著的痛苦，或导致职业或人际关系的损害，或是与财务或法律的结果有关。

E. 实际年龄至少为 6 岁（或相当的发育水平）。

F. 反复的攻击性暴发不能用其他精神障碍来更好地解释，也不能归因于其他躯体疾病或某种物质（例如，滥用的毒品、药物）的生理效应。

注：基于 Substance Abuse and Mental Health Services Administration（2016）。

IED 患儿表现出的富有攻击性的行为源于愤怒的情绪，这些行为与导致他们发脾气的刺激源不相称。在大多数情况下，患儿对一个小麻烦反应过度时会大喊大叫、打人或损坏财物。例如，一个患有 IED 的男孩可能会对着告诉他该关掉游戏机的妈妈尖叫。或者，一个患有 IED 的女孩可能会因为把别人的善意行为误解为敌意或威胁而生气。她可能会推搡一个同学，因为她认为对方在午餐时故意坐了餐桌旁的最后一个座位。

IED 患儿通常会将他们的攻击指向家人、朋友或同学。在某些情况下，如果他们认为自己受到了委屈或威胁，他们也会攻击陌生人。大多数 IED 患儿报告说他们在做出攻击行为时感到失控，许多人在之后感到尴尬或后悔（McCloskey & Drabick, 2019）。

值得注意的是，IED 患儿表现出的攻击性反映了他们对愤怒或挫折的过度反应。IED 患儿通常不会做出欺凌或抢劫他人的攻击行为。他们的攻击性暴发是冲动的而不是有预谋的。以一个患有 IED 的青少年卢卡斯为例，他在做出攻击行为后会很懊悔。

案例研究
间歇性暴怒障碍

路 怒

“我很抱歉，”卢卡斯抽泣着说，“我不知道自己是怎么了。”卢卡斯越过跪在他面前的医护人员的肩膀，凝视着他缺失了保险杠的汽车。卢卡斯工作了一整个夏天才买来的本田思域汽车现在一团糟。“我们很高兴你没事，”一名警官回复说，“你能告诉我们发生了什么吗？”

17 岁的卢卡斯暑假在社区游泳池当救生员，这一天他迟到了。当他把车倒出车道时，他没有看两边有没有其他车。另一个司机按响了喇叭警告卢卡斯停下来。“突然间，我感到胸口有一种奇怪的感觉，”卢卡斯说，“我感到非常紧张、浑身发热。我想‘我要给这个家伙一个教训’。”卢卡斯把车开出车道，在居民区里加速到接近时速 90 公里，超过了其他车。“我想吓吓他，所以我猛踩刹车，让他也不得不停下来。他没能及时停下来，从后面撞上了我。我怎么能这么蠢呢？”

卢卡斯的母亲说卢卡斯一直爱发脾气。“他小时候脾气很暴躁，”她回忆说，“他平时是个可爱的孩子，但有时会为一点小事发火。有一次，他在一场棒球比赛中被三振出局后，把球棒扔向裁判。还有一次，他正在玩耍时，我打断了他，请他带狗出去散步。他生气了，狠狠地拖着狗走出去。我以为他要让它窒息了。事后他曾向我道歉，但在事情发生的时候我感到十分害怕。”

卢卡斯在学校里也因为脾气暴躁而惹上了麻烦。七年级时，他因为被同学骂而打了同学，并因此被停课了。八年级的时候，因为推搡一个同学并向其扔了一把椅子，卢卡斯被推荐到学校心理医生那里接受愤怒管理治疗。卢卡斯声称这个学生因为他在一次考试中得了低分而取笑他。最近，卢卡斯在因为没有完成家庭作业而被教师训斥后拉响了学校的火警警报，他的母亲因此被罚款 1600 美元。

“卢卡斯很冲动，就像他父亲一样。”他母亲补充道，“他爸爸会生气，对我们大喊大叫。有时他也会狠狠地打卢卡斯的屁股。这就是我离开他的原因。卢卡斯内心深处是个好孩子。他从不做任何故意伤害别人的事。有时候，他的脾气就是占了上风。”

小　结

- ODD 的特点是：（1）愤怒或易激惹的情绪；（2）争辩或对抗的行为和 / 或（3）对他人的报复。与同龄人相比，ODD 患儿表现出更多的和更严重的破坏性行为。
- CD 的特点是一种侵犯他人权利和违反社会规则的行为模式。行为表现包括：（1）攻击；（2）破坏财物；（3）欺诈或盗窃和 / 或（4）严重违反规则。
- IED 的特点是反复暴发愤怒情绪，导致语言和 / 或躯体性攻击。这种攻击性通常是对挫折或挑衅的反应，患儿经常在行动之后表示懊悔。

怎样才能最好地阐释儿童与青少年的品行问题？

因为儿童青少年会通过很多种方式表现出品行问题，所以研究导致这些问题的原因以及找出有效的治疗方法非常困难。因此，为了找出每种问题的原因和治疗方法，研究人员有兴趣以更具体的方式阐释患儿的品行问题。

大多数研究根据以下因素对儿童青少年进行分类：

1. 品行问题的性质：外显的或内隐的。
2. 攻击类型：主动的或被动的。
3. 起病年龄：儿童期或青春期。
4. 亲社会情感能力。

在这一节中，我们将探讨阐释儿童与青少年品行问题的每一种方式，看看它们如何告诉我们这些问题的原因和预后。

外显与内隐问题

有品行问题的儿童与青少年表现出的症状可大致分为两大类：（1）**外显症状**（**overt symptom**）；（2）**内隐症状**（**covert symptom**）。例如，CD 患者的外显症状是指明显的、对抗性的反社会行为，特别是躯体性攻击行为。外显症状的例子包括袭击、抢劫和欺凌。与之相对，CD 患者的内隐症状是指不涉及躯体性攻击的隐秘的反社会行为。内隐症状的例子包括盗窃、撒谎和逃学（Hess & Scheithauer, 2015）。

保罗・弗里克及其同事（Paul Frick and colleagues, 1993）使用因素分析法发现了经常一起出现的品行问题。研究人员研究了 24 000 多名儿童与青少年的数据，发现他们的品行问题可以分为四个因素，这四个因素基于两个独立的维度：（1）外显与内隐；（2）破坏性与非破坏性（图 9.1）。当用这两个维度描述儿童与青少年的品行问题时，可见其四个因素：

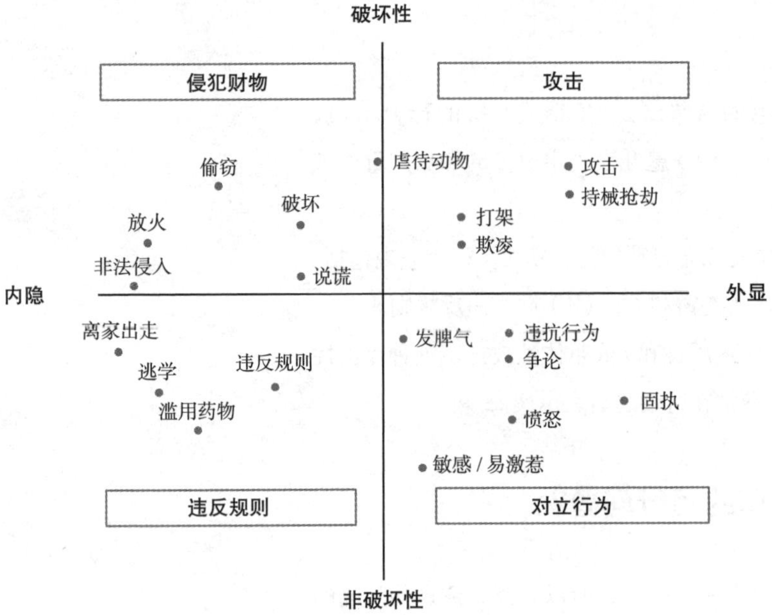

图 9.1 品行问题的四个因素

注：儿童品行问题可以根据其严重程度和破坏程度分为四类。基于弗里克及其同事（Frick and colleagues, 1993）和弗里克（Frick, 2012）。

1. 侵犯财物。这些行为是内隐的、具有破坏性的。它们包括 DSM-5 中 CD 的破坏财物症状（例如故意破坏公物、纵火）和欺诈或盗窃症状（例如强行闯入、入店行窃）。
2. 攻击。这些行为是外显的、具有破坏性的。包括 CD 的攻击人和动物的症状（例如欺凌、虐待、打架）和 IED 患者所表现出的躯体性攻击症状。
3. 违反规则。这些行为是内隐的，通常是非破坏性的。它们通常包括 DSM-5 中 CD 的严重违规症状（例如逃跑、逃学）和共病的物质使用问题。
4. 对立和违抗行为。这些行为是外显的，通常是非破坏性的。它们包括了 DSM-5 中的大多数 ODD 症状。

总之，这些数据表明儿童与青少年的品行问题能以可靠和有意义的方式，根据其外显程度和破坏程度加以区分（Frick, 2012）。

回应性攻击与主动性攻击

外显品行问题可以进一步分为两种类型：（1）回应性攻击；（2）主动性攻击。当儿童与青少年因对威胁、挫折事件或他人挑衅做出反应，而实施躯体暴力或破坏财物时，他们就是表现出了**回应性攻击**（**reactive aggression**）。例如，一个儿童可能会因为同学偷了他的铅笔而推对方。回应性攻击通常是由于儿童冲动地和自动地行动，没有考虑诸如向教师求助或找另一支铅笔等其他亲社会的反应方式（Dickson et al., 2015; Frey, Higheagle Strong, & Onyewuenyi, 2016）。

某些儿童与青少年尤其容易面临出现回应性攻击行为的风险。第一，ADHD 患儿可能因为难以抑制自己的冲动出现回应性攻击行为。第二，有情绪调节问题的孩子缺乏可以减轻沮丧和愤怒情绪感受的应对技巧，可能出现回应性攻击行为。第三，在解决社会问题方面存在缺陷的儿童与青少年可能会使用回应性攻击来解决人际困境。他们可能会大喊、踢或打其他孩子来解决问题，而不是使用认知策略来与同伴协商解决争端。第四，有身体虐待和/或欺凌史的儿童与青少年可能会表现出回应性攻击。在一段时间内，攻击可能是适应性的，在帮助他们逃避虐待方面起了作用；然而，当攻击行为持续到新的环境中并干扰他们的家庭或学校关系时，它就会成为问题（Kimonis et al., 2015）。

当个体为了达到一个期望的目标而故意实施一种攻击行为时，他们就会表现出**主动性攻击**（**proactive aggression**）。例如，一个儿童可能会因为想要得到铅笔而去推搡同学并偷他的铅笔（Dickson et al., 2015; Frey et al., 2016）。

大多数专家认为，儿童与青少年的主动性攻击是习得的。这种学习通过模仿和强化来实现。当父母为了让孩子服从命令而对他们大喊大叫、威胁他们或打他们的屁股时，父母就示范了主动性攻击行为。通过观察父母，孩子了解到主动性攻击是实现短期目标的合法、有效的方式。孩子发现可以通过打架或欺凌获得物品、金钱和社会地位，他们对主动性攻击的使用因为积极的强化得到加强。事实上，出现主动性攻击行为的孩子往往对强化异常敏感。这些孩子高估了他们通过采取富有攻击性的行为所能得到的奖励，却低估了他们因这些行为受到惩罚的可能性。

虽然在儿童期偶尔暴发攻击行为很常见，但反复出现回应性攻击或主动性攻击行为的情况并不多见。约 7% 的儿童有反复出现的回应性攻击行为，3% 有反复出现的主动性攻击行为，10% 表现出回应性攻击和主动性攻击的混合行为（Kimonis et al., 2015）。

确定攻击性类型是很重要的，因为这可以帮助临床医生确定 DSM-5 中的哪一种诊断最好地描述了症状。IED 患儿表现出回应性攻击，在生气时会攻击人、动物或物体。与之相对，CD 患儿表现出回应性和主动性攻击的混合。CD 患儿的行为有时出于愤怒，而在其他时候，他们可能会使用有预谋的攻击来得到他们想要的东西（McCloskey & Drabick, 2019）。

区别回应性攻击和主动性攻击也很重要，因为这可以预测病程。虽然回应性攻击是严重的，值得治疗，但它通常在青春期后期缓解。相比之下，有主动性攻击行为的儿童青少年成年后出现反社会和犯罪行为的风险更高（Zaraa, Cunningham, Pappadopulos, & Jensen, 2018）。

儿童期起病与青春期起病

区分品行问题的第三种方法基于起病年龄。在诊断 CD 时，DSM-5 鼓励临床医生标注个体的症状是首先出现在儿童期（即在 10 岁之前至少有一种症状）还是青春期（即在 10 岁之前没有症状）（American Psychiatric Association, 2013）。

对儿童期起病与青春期起病的区分基于一项对新西兰青少年进行的长达 40 年的前瞻性纵向研究，该研究被称为**达尼丁多学科健康与发展研究**（**Dunedin Multidisciplinary Health and Development Study**）（Moffitt, 2003; Moffitt, Caspi, Rutter, & Silva, 2001; Poulton, Moffitt, & Silva, 2015）。研究人员对 1000 名个体进行了从出生到成年的研究。新西兰这个岛国是进行这种前瞻性纵向研究的绝佳地点，因为即使在几十年后，最初被招募参加研究的被试中仍有近 96% 生活在岛上，可以参加后续研究。研究人员研究了包括品行问题在内的一系列精神障碍的发病情况。"达尼丁研究"的结果显示了个体品行问题的两种发展路径：（1）儿童期起病路径；（2）

青春期起病路径。

具有**儿童期起病的品行问题**（**childhood-onset conduct problem**）的个体在学龄前或小学早期表现出品行问题。这些个体在婴儿期就表现出困难型气质，在幼儿期表现出情绪调节的问题，在学前阶段表现出运动发育迟缓，在学校表现出较低的智力和阅读技能，以及在后来表现出神经心理缺陷，尤其是在决策、判断和记忆方面。更重要的是，有儿童期起病的品行问题的患儿在整个儿童期和青春期都表现出攻击性和破坏性行为的增加。成年后，他们面临着出现反社会行为、心理健康和物质使用问题、工作和经济困难、家庭暴力和监禁的风险（Hyatt-Burkhart, Kolbert, & Crothers, 2018）。

具有儿童期起病的品行问题的个体也具有在成年后发展为**反社会人格障碍**（**antisocial personality disorder, ASPD**）的风险（Dishion & Patterson, 2016）。ASPD 是一种严重的精神障碍，其特征是无视和侵犯他人的权利。患 ASPD 的成人通常表现为冲动、易激惹和有攻击行为，从事鲁莽或非法行为，不履行自己的责任或社会义务，并且对虐待他人几乎不感到自责（American Psychiatric Association, 2013）。大约 40% 患有儿童期起病 CD 的男孩在成年早期发展为 ASPD。一个男孩患上 ASPD 的可能性取决于两个因素。第一，这个男孩在青春期表现出的内隐（而非外显）症状的绝对数量可预测他未来出现反社会行为的可能性。欺骗、毁坏财物和盗窃行为是反社会人格障碍的最佳预测因素。第二，来自低收入家庭的患有儿童期起病 CD 的青少年在成年后患 ASPD 的风险更高。在一项研究中，来自低收入家庭的青少年 CD 患者（65%）比非低收入家庭的青少年 CD 患者（20%）更可能在之后发展为 ASPD（Shiner & Tackett, 2014）。

相比之下，患有**青春期起病的品行问题**（**adolescent-onset conduct problem**）的个体在青春期之后才会第一次出现品行问题。在婴幼儿期，他们通常不是困难型气质、没有情绪调节问题或神经系统异常的病史。然而，他们确实有对自主的强烈需求，以及对权威人物和“传统”价值观的不满。这些个体倾向于采取内隐的、非破坏性的行为（例如，偷窃、逃学、逃跑），而非外显的攻击行为。他们的品行问题往往会持续到青春期中期，然后在成年早期逐渐消失。

亲社会情感缺乏

区分有品行问题的个体的最后一种方法基于亲社会情感的存在或缺失（Golmaryami & Frick, 2015）。最近的研究表明，品行问题患儿中存在一个亚组，这些个体在与他人交往的过程中缺乏积极情绪。他们缺乏共情、没有内疚感、对他人漠不关心。他们可能会欺负同学或从父母那里偷东西，不顾及他人的感受。他们可能会因为被抓住和被惩罚而感到后悔，但不会为自己的不当行为感到懊悔。这些个体在人际交往中普遍缺乏积极情绪，或情感表达是肤浅的、表面的。例如，他们可能在情绪上显得冷漠，不太可能以使自己变得易受伤害的方式信任照顾者或同伴或向他们倾诉（Kahn, Frick, Youngstrom, Findling, & Youngstrom, 2012）。以一个患 CD 的男孩凯德为例，他缺乏亲社会情感，对他人冷酷无情。

案例研究
亲社会情感缺乏

无情的凯德

凯德是一个 14 岁的男孩，是少年法庭的社工转介来我们诊所的。凯德之前曾表现出较多破坏性行为。他的母亲回忆道："他还在幼儿期时就很难管教。总是调皮捣蛋，不听我的话，还乱发脾气。他 5 岁的时候把我们家猫的胡子都剪掉了，还放火烧了我们家客厅的地毯。"

到凯德上二年级的时候，他已经因为在学校有躯体性攻击的行为而被停课两次了。有一次，他把一个钉子尖头向外扎在鞋子里，并在操场上踢同学。还有一次，他把一个同学推下了楼梯。凯德因为恶作剧而惹上了麻烦。他会在体育课上对其他同学露出屁股、用一瓶尿喷同学、多次拉响火警警报。

当凯德上六年级时，他几乎没有同龄的朋友了。他更喜欢和附近初中的高年级男生待在一起，因为他们让他接触到了更严重的反社会行为。凯德开始使用酒精和大麻，并且逃学。因为破坏校车给学校造成了几千美元的损失，他在七年级时第一次被捕。

在转诊期间，凯德正在一个为有品行问题的青少年开设的八年级课堂里上课。今年早些时候，他因为在学校对两名女孩发出性暗示和发表族裔歧视的言论而惹上了麻烦。最近，他在一次打架中用美工刀伤害了一位同学。一个教师说："凯德故意挑衅别人——骂人、诅咒、说侮辱性的话。他似乎以伤害别人为乐，他不在乎受到惩罚。"

对凯德进行访谈的心理学家最担心的是凯德对火和炸药的迷恋。凯德自豪地说："大约两年前，我开始在家里制造炸弹。我用打火机、气溶胶、汽油、烟火、电池、发泡容器……一切我能弄到的东西。我和我的朋友们把它们堆起来，放在田野里。"

凯德的母亲说："我知道凯德制造了很多麻烦，但他真的不是个坏孩子。我想如果他的父亲在他的生活中扮演更重要的角色，他就会好起来的。"

这种对他人权利的持续漠视加上冷酷的、无情的特质使这些个体走上了长期反社会行为的道路（Kimonis et al., 2015）。这些特征非常能预测持续的品行问题，因此 DSM-5 可以让临床医生在 CD 患儿中标注这些特征的存在。具体来说，患有 CD 且有**亲社会情感缺乏（limited prosocial emotion）**的个体会表现出以下 2 种或 2 种以上的特征：

1. *缺乏懊悔或内疚*。当这些儿童青少年做错事时，不会为自己的行为感到“抱歉”。他们可能会后悔被抓，但他们不会对自己的行为感到懊悔。
2. *麻木不仁或缺乏共情*。这些儿童青少年不关心他人的感受。当看到别人的不幸或痛苦遭遇时，他们不会感到不舒服。
3. *缺乏对表现的担忧*。这些儿童青少年不担心他们在学校、工作或运动中的表现。他们甚至不介意挂科或在兼职工作中被解雇。
4. *肤浅的或有缺陷的情感*。这些儿童青少年只表现出表面的情感，不向别人吐露心声，也不会用感情脆弱的方式表达自己的感受。他们可能只是为了操纵或“欺骗”他人而表达情绪，并且经常表现出与自己的行为不一致的情绪（例如在伤害他人时微笑或大笑）。

根据定义，亲社会情感缺乏的特征必须存在至少 12 个月，并且必须是跨情境的。因此，临床医生有必要从其他多个人那里收集数据来评估这些特征。对于临床医生来说，用其他信息来源的数据补充儿童青少年的自我报告尤其重要，因为亲社会情感受限的儿童青少年经常否认或尽可能少地暴露他们问题的数量和严重性（Ansel, Barry, Gillen, & Herrington, 2015）。

亲社会情感受限的儿童青少年有许多成人精神病态患者的特征（Vincent, Kimonis, & Clark, 2017）。然而，为了获得他人的信任或好感，他们可能表面上很有魅力，很会操纵他人。这些成人往往有强烈的动机去做令人兴奋和愉快的活动，而很少考虑他们行为的潜在有害后果。患有精神病态的成人通常有强迫、操纵和严重侵犯他人权利和尊严的历史（Cooke, Forth, & Hare, 2012）。

精神病态不是 DSM-5 中的障碍，而是一些临床医生和研究人员用来描述有严重品行问题、有伤害他人风险的一部分成人的术语。精神病态与 ASPD 相似，这两种疾病的特征都是有反社会、侵犯他人权利、有冲动和不负责任的行为，以及（通常）有违法行为。然而，精神病态患者表现出肤浅的情感、表面的魅力、操纵他人和缺乏共情的特征，这与 ASPD 患者有所不同（Forth, Kosson, & Hare, 2014）。

儿童与青少年通常不被归类为精神病态，因为这一标签可能带来污名化的影响。此外，儿童与青少年的共情能力、情绪调节能力和亲社会行为能力仍处在发展过程中。大多数临床医生避免使用精神病态的标签，这个标签意味着社会情感功能相对稳定的损害和反社会行为的倾向（Frick, Wall, Barry, & Bodin, 2015）。

亲社会情感受限的儿童与青少年有出现长期品行问题的风险，这可能超出单纯的 CD 所预期的风险（Frick & Moffitt, 2010）。例如，卡恩及其同事（Kahn and colleagues, 2012）评估了来自社区和精神卫生门诊的 1700 名儿童青少年的品行问题。他们将其分为三组：（1）患有 CD 并且亲社会情感受限的；（2）仅患有 CD 的；（3）无品行问题的。结果显示，32% 的社区中的儿童青少年和 50% 的来自门诊的儿童青少年符合 CD 的诊断标准，并表现出亲社会情感缺乏。这些儿童青少年表现出最高的攻击性以及对人和动物的攻击和虐待，严重程度甚至高于单纯患有 CD 的儿童青少年。

另一项以社区为基础的大型研究在两年的时间跨度内研究了男孩们的品行问题（Pardini & Fite, 2010）。大约 6% 的男孩符合 CD 的诊断标准，这些男孩几乎都在儿童期出现症状。患有 CD 且亲社会情感受限的男孩比单纯患有 CD 的男孩更有可能参与严重的犯罪活动。亲社会情感缺乏预测了严重的暴力犯罪，而不是诸如入店行窃和逃学这种不太严重的行为。

也许最令人担忧的是，纵向研究表明，儿童与青少年时期亲社会情感缺乏预测了长期的反社会和犯罪行为。麦克马洪、维特基维茨和科特勒（McMahon, Witkiewitz, and Kotler, 2010）追踪了一个高风险儿童的大样本，研究这些个体从中学到成年早期的发展。他们发现七年级时亲社会情感受限的青少年在成年后参与反社会和犯罪行为的可能性会增加，即使在控制了诸如 ADHD、ODD 和 CD 的破坏性品行问题之后也是如此。

最后，研究表明亲社会情感的缺乏与治疗反应较差有关（Frick & Moffitt, 2010）。虽然 CD 很难充分治疗，但同时表现出 CD 和亲社会情感受限的儿童青少年尤其难治。治疗似乎不太有效的原因有两个。第一，亲社会情感受限的个体可能不太愿意与治疗师建立基于信任的关系，也可能不愿透露让他们情绪脆弱的想法或感受；第二，亲社会情感受限的个体的敏感性相较于正常个体更低。因此，他们不太可能调整自己的行为来应对环境中的负面后果（Hawes, Pricem, & Daddes, 2014）。

小　结

- 儿童与青少年的品行问题根据其外显性和破坏性可分为四类:（1）侵犯财物;（2）攻击;（3）违反规则;（4）对立和违抗行为。
- 攻击可以是回应性的（对威胁、挫折或挑衅的反应）或主动性的（为了实现某种目的）。
- 儿童与青少年的品行问题主要有两种发展途径。这两种途径基于问题出现在儿童期还是青春期。
- 亲社会情感受限的个体在青春期和成年期有出现更严重的攻击和反社会行为的风险。

品行问题在男孩和女孩中有多常见?

社区中目前约有 3.3% 的儿童与青少年符合 ODD 的诊断标准。在青春期之前，男孩患 ODD 的概率大约是女孩的 2 倍。然而青春期过后，患 ODD 的性别比例大致相等。男孩的 ODD 终生患病率为 11%，而女孩的 ODD 终生患病率为 9%（Kimonis et al., 2015）。

目前社区中大约 5% 的儿童与青少年符合 CD 的诊断标准。在所有年龄段中，男孩的 CD 患病率都是女孩的 2 ～ 3 倍。男孩的 CD 终生患病率为 5% ～ 10%，而女孩的终生患病率为 2% ～ 4%（Kimonis et al., 2015）。

专业人士过去认为 IED 很少见。然而，最近的研究表明这种情况比之前认为的更为普遍。目前约有 2.5% 的儿童与青少年符合这一诊断标准，男孩和女孩的患病率大致相同。IED 的终生患病率约为 5%（McCloskey & Drabick, 2019）。

品行问题是儿童与青少年被转介接受精神卫生治疗的最常见原因之一。50% ～ 70% 的临床转诊儿童与青少年符合 ODD、CD 或 IED 的诊断标准。

大量数据表明，男孩和女孩表现攻击性的方式不同。男孩比女孩更容易表现出躯体上的攻击，而女孩比男孩更容易表现出关系中的攻击。**关系攻击（relational aggression）**是指通过破坏或操纵人际关系而伤害他人情感、自我概念或社会地位的行为（Crick & Grotpeter, 1995）。

关系攻击可能以多种方式发生（Crick, 1995, 1997）。女孩可能会散布谣言、把另一个女孩从朋友圈子中排挤出去、在没有征得另一个女孩同意的情况下传播她的秘密、盗取另一个女孩的网络身份或者取笑另一个女孩的体重、穿着或身体。这些策略可以是回应性的（例如因另一个女孩做的事而生气）或主动性的（例如因为想通过伤害同伴来获得声望或社会地位）。

女孩可能比男孩表现出更多的关系攻击，这至少有 3 个原因。首先，父母教给女孩和男孩的社会适应方式不同。从很小的时候开始，人们就不鼓励女孩通过躯体性攻击来表达愤怒。她们可能会学会使用关系攻击来表达愤怒、沮丧和不满。虽然女孩的躯体性攻击通常会受到惩罚，但关系攻击往往被忽视，甚至女孩的父母可能就是她们采取关系攻击行为的榜样（Nelson & Hart, 2019）。

其次，在伤害其他女孩方面，关系攻击可能比躯体性攻击更有效。女孩的情绪和身份与她们的社会关系紧密相连，对这些关系的破坏可能比躯体上的攻击更伤人。事实上，女孩认为关系攻击和躯体欺凌一样令人极度痛苦和有害（Sandstrom, 2019）。

最后，女孩的语言技能相对较高，这使关系攻击在更早的年龄就可能出现。关系攻击通常要到儿童后期才会出现，那时儿童的语言技能已经发展到足以参与这些复杂的社会攻击行为。由于女孩的语言技能往往比男孩发展得更好，女孩可能在更小的年龄就能表现出关系攻击行为（Murray-Close, Nelson, Ostrov, Casas, & Crick, 2016）。

小结

- 约 3% 的儿童与青少年符合 ODD 的诊断标准，5% 符合 CD 的诊断标准，

2.5% 符合 IED 的诊断标准。

- 男孩比女孩更可能被诊断出品行问题。性别差异随年龄而变化。
- 女孩比男孩更容易表现出关系攻击行为，也就是通过谣言、谎言或操纵关系来伤害他人的情感、自我概念或社会地位。

哪些障碍与品行问题有关？

大多数有品行问题的儿童与青少年表现出其他的行为、认知或情感上的困难。事实上，比起单纯出现品行问题，既有品行问题，又有其他行为或情绪障碍的个体更常见（Thomas, 2015）。

注意缺陷 / 多动障碍

大约 41% 有品行问题的儿童与青少年也患有 ADHD。平均而言，有破坏性行为障碍的男孩中有 36% 患有 ADHD，女孩中有 57% 患有 ADHD。CD 或 IED 的患儿共病 ADHD（75%）的情况比 ODD 患儿共病 ADHD（27%）的情况更常见（Waller, Hyde, Grabell, Alves, & Olson, 2015）。

虽然学界对 ADHD 和品行问题同时发生的观点几乎没有异议，但对于它们之间联系的性质却有相当大的争论。一些专家认为，共同的基因解释了品行问题和 ADHD 之间的联系。基因影响行为的机制尚不清楚。一种可能性是，基因直接使儿童易于患 ADHD 和表现出品行问题（Cohn & Adesman, 2015; Pliszka, 2015）。另一种解释是，ADHD 患儿多动、冲动的症状像“马达”一样，驱使其表现出攻击和其他反社会行为。儿童早期高频的和冲动的行为会引起照顾者的负性反应，导致照顾者与儿童之间的互动出现问题。反过来，这些问题往往会导致对立和违抗行为的发展（Lahey, McBurnett, & Loeber, 2000）。还有一种可能是 ADHD 患儿在情绪调节方面存在深层的问题。反过来，控制情绪暴发的困难会导致品行问题的发展（Barkley, 2014）。

物质使用问题

有品行问题的儿童与青少年通常比没有品行问题的个体更早开始使用尼古丁、酒精和其他物质。例如，在美国，大约 42% 有品行问题的个体在 14 岁时曾尝试过酒精，23% 尝试过大麻。相比之下，在没有品行问题的 14 岁青少年中，分别只有 27% 和 7% 的人尝试过酒精和大麻（Elliott, Huizinga, & Menard, 2012）。

品行问题也增加了儿童与青少年患物质使用障碍的风险。在一项大型流行病学研究中，研究人员检验了从儿童到青少年的物质使用障碍出现的情况（Yoshimasu et al., 2016）。他们发现，ADHD 患儿发展出物质使用问题的可能性是未被诊断的个体的 3.5 倍。然而，有品行问题的个体（无论是否患有 ADHD）发生物质使用障碍的

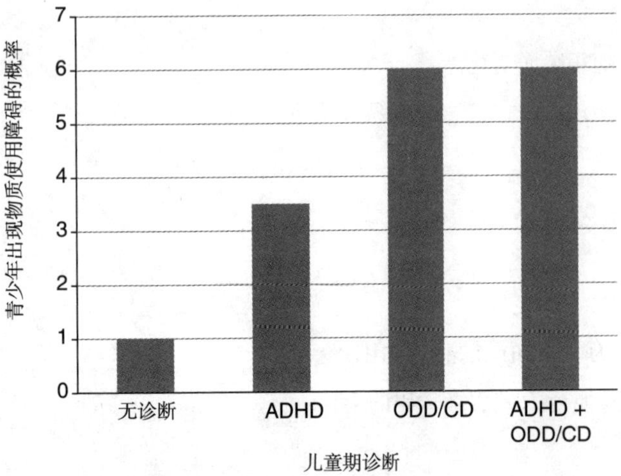

图 9.2 儿童期品行问题可预测青春期的物质使用问题

注：罗切斯特流行病学项目表明，患有 ODD 和 / 或 CD 的儿童在青春期存在物质使用障碍的可能性是没有品行问题的儿童的 6 倍。基于吉增及其同事（Yoshimasu and colleagues, 2016）。

可能性几乎是未被诊断个体的 6 倍（图 9.2）。还有一项研究表明，品行问题解释了儿童期 ADHD 和青春期物质使用障碍之间的关系。儿童期 ADHD 可能会使个体面临出现品行问题的风险。反过来，品行问题可能会增加个体在青春期发展出物质使用障碍的可能性。

是什么导致有品行问题的青少年使用酒精和其他物质？一种解释是，可能有一组共同的基因使个体易于产生品行问题和物质使用障碍。双生子和寄养研究表明，儿童青少年的基因与行为和物质使用问题的出现有重要的联系。一些研究人员认为，个体会遗传对奖励的敏感性。这种敏感性可能使他们倾向于出现品行问题（例如以此获得兴奋感）和物质使用问题（例如以此获得快乐）。

还有些证据表明，有品行问题的个体通过有品行问题的较年长的同伴第一次接触酒精和其他药物。这些年长的、具有偏差行为同伴为青少年提供了获取物质的途径，为他们的使用树立了榜样，并将被同伴群体接受作为奖励提供给青少年。因此，物质使用问题通常是有偏差行为的同伴引发的更广泛的行为症状的一部分（Kimonis et al., 2015; Wilens & Zulauf, 2015）。

学业困难

有品行问题的儿童青少年在学校通常会遇到困难。与没有品行问题的个体相比，他们更有可能成绩不好、留级和接受特殊教育。具有破坏性的儿童青少年通常在学业成就的关键领域出问题，尤其是阅读和数学。当同时患有 ADHD 和表现出品行问题时，他们的学业成绩不好的可能性就更高了（Frick, 2012）。

到了儿童中期，个体的学习困难往往会导致他们对学校和教师的消极态度。有品行问题的学生往往不重视学习、在学业上投入的精力和时间较少、对自己的学业能力缺乏信心。这些消极的态度会使他们与学校、教师和亲社会的同伴保持距离。

学校有时也在品行问题的发展中起作用。学校不重视学业、对学生的学业成绩和课堂行为期望不高、为学生提供较差的学习环境，都可能导致学生的破坏性行为。不幸的是，这些特点在贫困社区的学校中很常见。

最近的前瞻性纵向研究表明，早期的品行问题和学业困难会使儿童与青少年走上消极的发展道路。布伦南及其同事（Brennan, Shaw, dishien, & Wilson, 2012）调查了从学前期到青春期的大量儿童与青少年样本。他们发现，一年级时出现的学业和品行问题预测了低成就、特殊教育、转介到精神健康服务系统以及辍学。像这样的纵向研究表明，早期干预计划对预防长期问题至关重要。

焦虑和抑郁

在以社区为基础的样本中，大约三分之一有品行问题的儿童青少年也共病焦虑或抑郁。在临床转诊的儿童青少年中，有品行问题的个体的焦虑或抑郁的患病率为75%。女孩共病焦虑或情绪障碍的可能性大约是男孩的 2 倍（Kimonis et al., 2015）。

反映愤怒和易激惹的 ODD 症状强烈可预测焦虑和抑郁的出现。那些经常生气、易激惹、容易被别人惹恼或经常发脾气的儿童青少年尤其容易出现情绪问题。因此，成人必须监测有品行问题的儿童与青少年的情绪功能，同时处理他们的破坏性行为（Burke & Loeber, 2018）。

随着研究不断推进，关于儿童与青少年品行问题共病情绪问题的看法已经随之改变。多年前，一些专家认为，抑郁和深层的低自我价值感导致了儿童青少年的品行问题。一些人认为，儿童青少年的情绪问题被他们的破坏性和攻击性行为掩盖了。最近的实证研究并没有支持这一观点（Toolan, 1962）。相反，纵向研究表明，儿童青少年的品行问题通常先于（并往往导致）情绪困难。研究者提出了**双重失败模型**（**dual failure model**）来解释早期品行问题和后期抑郁之间的关系。根据这个模型，品行问题会导致儿童与青少年在两个重要方面经历失败：（1）同伴关系；（2）学业。同伴拒绝和学业问题反过来会导致抑郁和低自我价值感（Patterson, De Baryshe, & Ramsey, 2018）。

小　结

- ADHD 使儿童青少年面临更高的出现品行问题的风险。行为抑制或情绪调节的潜在缺陷可以解释这些障碍的高共病率。
- 有品行问题青少年初次接触酒精及其他药物的年龄显著早于无品行问题的同龄群体，且其发展为物质使用障碍的风险是后者的 6 倍。
- 与品行问题共病的其他问题包括学业困难、焦虑和抑郁。情绪问题通常出现在儿童与青少年经历了学业和品行问题之后。

9.2　病因

遗传和神经因素如何影响品行问题?

遗传风险

品行问题在家族中普遍存在。有品行问题的儿童青少年的某些一级亲属通常曾有品行问题或反社会行为。在所有研究中，遗传因素可以解释 30% ～ 40% 的广义

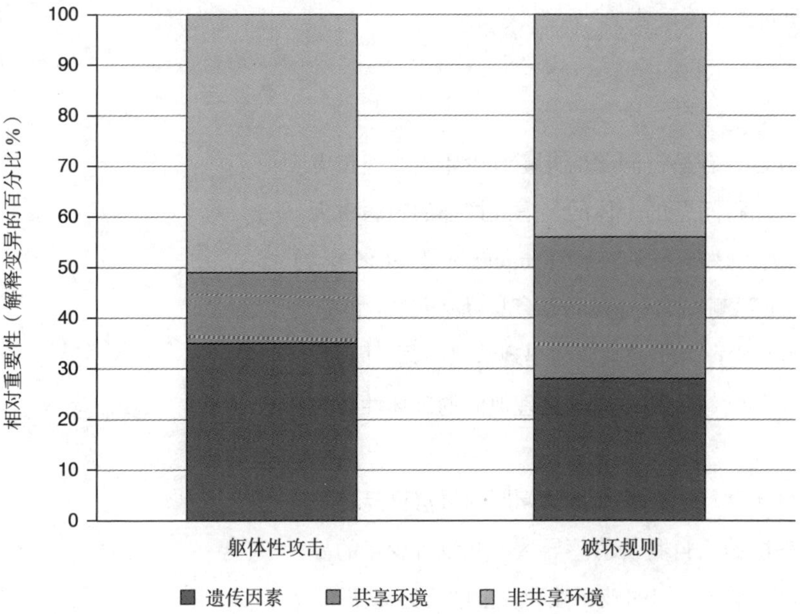

图 9.3　基因和环境对品行问题的重要性

注：遗传和非共享的环境因素解释了儿童与青少年品行问题的大部分变异，特别是他们的躯体性攻击水平。共享的环境经验解释了相对较小的变异。基于塔克特及其同事（Tackett and colleagues, 2005）和肯德勒及其同事（Kendler and colleagues, 2014）。

上的儿童与青少年品行问题的差异（Veroude et al., 2017）。

行为遗传学家认为，非共享的环境因素解释了儿童与青少年品行问题的大多数剩余的变异（Tackett, Krueger, Iacono, & McGue, 2005）。这些因素包括个体的性别、独特的气质和认知功能、与父母的互动、同辈群体、课外活动和兴趣爱好。这些非共享因素在大多数解释儿童与青少年品行问题发展的模型中发挥着重要作用（图 9.3）。

相比之下，共享的环境经验通常很少引起品行问题的变异。回想一下，共享的环境因素反映的是生活在一个家庭中的所有儿童与青少年共有的环境经验。尽管诸如医疗保健、营养和住房等因素在品行问题的出现中发挥作用，但其不如其他非共享的环境经验重要。

导致儿童青少年患上 ODD 和 CD 的基因仍然是未知的。儿童青少年很可能遗传了导致困难型气质的遗传风险、出现生理上觉醒不足和高风险行为的倾向，或者对奖励和惩罚的非典型的敏感性。这些特征会提高在儿童期或青春期后期出现品行问题的风险（Kendler, Aggenm, & Patrick, 2014）。

困难型气质与情绪调节问题

困难型气质的婴儿在儿童期有可能出现品行问题。回忆一下，气质是指个体对环境刺激的特有的生理、情绪和行为反应。气质主要是由遗传因素决定的，在婴儿期就可以被观察到。困难型气质的孩子在环境压力下会产生消极的情绪。他们很快就会哭闹，很容易沮丧，很难适应变化（Frick, 2012; Waller et al., 2015）。

婴儿期的困难型气质会以三种方式导致品行问题产生（Hyatt-Burkhart et al., 2018）。首先，早期的困难型气质会妨碍有效情绪调节技能的发展。大多数婴幼儿通过依靠父母的安慰、支持和肯定来学习控制负面情绪。然而，困难型气质孩子的父母可能在敏感且适当地回应孩子的需求方面存在问题。因此，他们的孩子在进入学龄前期时情绪控制能力可能会更差。情绪调节问题尤其与回应性攻击有关。孩子的气质和父母的照顾方式之间的匹配是影响孩子情绪调节技能的一个关键因素。如果父母能够控制压力并以敏感和敏锐的方式对孩子的需求做出反应，那么困难型气质的孩子就可以发展出足够的情绪调节技能（Snyder, 2016）。

其次，婴儿期的困难型气质和学龄前的情绪调节问题会影响亲子互动的质量。哭泣、叫喊和攻击行为会干扰孩子内化和遵守规则的能力。这些情绪表现也会导致父母采取敌对和愤怒的惩罚策略。这些惩罚策略可能会成为攻击性行为的榜样，或无意中强化孩子的破坏性行为（Kochanska & Kim, 2013）。

最后，强烈的负性情绪会导致同伴拒绝。有情绪控制困难的儿童与青少年可能会被同学拒绝。因此，这进而促使他们与其他行为有偏差的儿童与青少年结伴，从而接触到反社会行为（Chen, Drabick, & Burgers, 2015; Frick & Shirtcliff, 2016）。

生理唤醒不足与对惩罚不敏感

一些有品行问题的儿童青少年表现出低情绪唤起的早期神经信号。这些儿童青少年的整体自主神经活动低下（例如，静息心率低、大脑活跃度低、皮肤传导率低）。较低的自主神经唤起可能会使儿童青少年无法体验快乐、兴奋和欢欣。正常发育的儿童与青少年可从中等程度的刺激中获得愉悦感（例如，运动、看电影），而自主神经活动低的儿童青少年需要参与高频的、新奇甚至是危险的活动（例如，偷窃、故意破坏、鲁莽驾驶）才能体验同样的愉悦感。许多人形容这些儿童青少年“异常大胆”“寻求刺激”或是像“冒险家”。这些高危行为会使儿童青少年倾向于做出危险的和反社会的行为（Frick, 2012）。

一些有反社会行为的儿童青少年在被成人训斥时也不太可能感到恐惧和内疚。因此，他们似乎对惩罚不像其他同龄人那么敏感。这种惩罚敏感性的缺乏是由皮质边缘通路调控的，这是一条从边缘系统（尤其是杏仁核）到大脑皮质额叶的大脑通路。这一通路富集血清素，能让我们从行为的负性后果中学习。一些有反社会倾向的个体的这条通路表现出活动不足和 / 或血清素活性低，使他们对惩罚的反应更少（McCloskey & Drabick, 2018）。

对惩罚缺乏反应会影响孩子内化父母的规则和禁令的能力、良知的发展以及进行高级道德推理的能力。因此，这些孩子经常表现出有预谋的攻击行为，并漠视他人的权利。对惩罚和他人痛苦缺乏敏感性可预测未来的反社会行为、违法和暴力犯罪。事实上，较低的共情和对惩罚不敏感比单独存在的品行问题更能预测未来的反社会行为（Frick, Ray, Thornton, & Kahn, 2014）。

小　结

- 基因可以解释 30% ～ 40% 儿童与青少年品行问题的差异。非共享的环境因素解释了大多数剩余的差异。
- 困难型气质和情绪调节问题可能会导致父母压力、同伴拒绝和品行问题的出现。

- 一些孩子表现出生理上的唤醒不足，对惩罚缺乏敏感性。与同龄人相比，他们更倾向于参与高风险的、愉悦的活动，并且不太可能考虑自己行为的负性后果。

父母的行为如何影响孩子的品行问题？

专制型的亲子互动

虽然遗传和神经因素可以使儿童与青少年更容易出现品行问题，但这些问题的发展在很大程度上取决于早期的学习经验。在这些经验中最主要的是亲子互动的质量（Snyder & dishiw, 2016）。

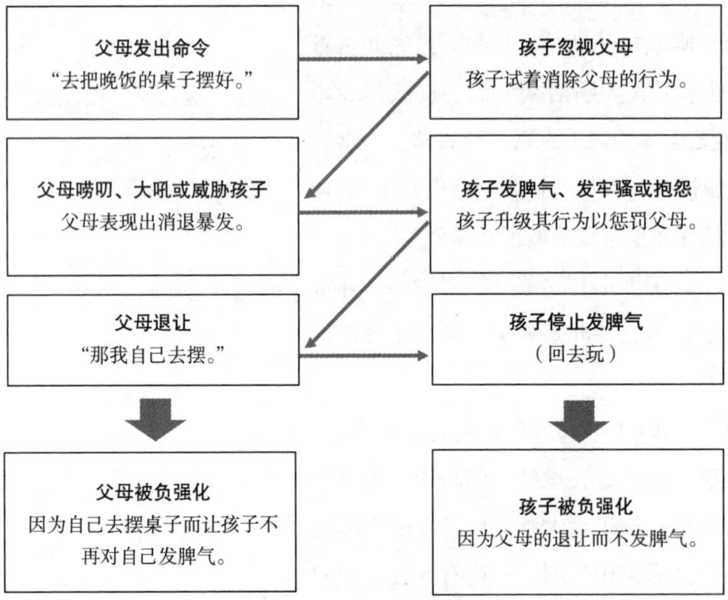

图 9.4 专制型亲子互动

注：当父母和孩子负强化对方的非适应性行为时，对立和挑衅行为就会出现（Patterson，2016）。

杰拉尔德·帕特森及其同事（Patterson, Reid, & Dishion, 1992）发现了一种特别有问题的亲子互动模式，即**专制型家庭过程**（**coercive family process**）（图 9.4）。专制型家庭过程描述了一种亲子互动的模式，在这种模式中，照顾者在不知不觉中强化了孩子的对立和违抗行为。这种循环的基础是学习理论，特别是操作性条件作用原理（Patterson, 2016）。

专制型的亲子互动通常始于父母向孩子发出命令。例如，一个女孩在客厅玩，她的母亲可能会让她摆好桌子吃饭。女孩一开始忽略母亲的要求。从行为学的角度，女孩试图通过不顺从来消退（*extinguish*）母亲的行为。

母亲可能会更强烈地重复提出要求。她可能会唠叨、大喊，或者用惩罚来威胁女孩。从行为学的角度，母亲的这种表现被称为消退暴发（*extinction burst*）——也就是说，当一种行为没有得到强化时，这种行为发生的频率或强度会显著增加。作为对母亲唠叨的回应，女孩可能会发出更有力的拒绝，她可能会抱怨、大喊或发脾气以避免布置餐桌。

最后，母亲认为和女儿争论太麻烦了，决定自己摆餐具。母亲收回了要求，停止了唠叨。从行为学的角度，母亲负强化了女儿的抱怨。母亲对女儿的哭闹做出反应，撤回使女儿厌恶的刺激（例如唠叨），使女儿将来更有可能哭闹或发脾气。

同时，女孩负强化了母亲的默许，停止了哀号或抱怨，以回应母亲"让步"以及让她自己玩的决定。因此，她的母亲将来更有可能做出让步。

专制型家庭过程也可以从孩子开始。例如，在杂货店的付款通道，一个女孩可能向她的父亲要一些糖果，而父亲拒绝女孩的要求，说吃糖会让她不好好吃晚餐。在这种情况下，女孩可能会表现出一种消退暴发，在她父亲拒绝购买糖果时，急剧增加哀号、哭闹或发脾气的行为。尴尬和沮丧的父亲可能会默许并给女儿买糖果。女儿发脾气的行为得到了正强化。与之相对，父亲因为屈服于女儿发脾气的行为而被负强化，他了解到，在拥挤的商店里可以通过给女儿想要的东西来避免尴尬和沮丧。这个二元关系中的双方都强化了孩子的对立和违抗行为（Snyder, 2016）。

敌对养育行为

在大多数专制型交流中，父母强化了孩子对他们要求的无视或违抗。然而，在某些情况下，父母会生气，并坚持要求孩子服从。**敌对养育（hostile parenting）**行为与儿童与青少年攻击性行为的发展密切相关。敌对的养育行为包括严厉的管教策略，比如大吼、争吵、打屁股或批评。敌对的养育方式还包括利用内疚和羞耻来纠正孩子的不当行为，或者利用父母的权力让孩子服从要求或命令（Lovejoy, Weis, O'Hare, & Rubin, 1999）。

存在破坏性行为的孩子的父母经常交替使用过度纵容和过度敌对的养育行为。通常情况下，这些父母在管教方面很松懈，这也许是因为他们想要避免与纠正孩子的不当行为相关的压力。然而，当这些父母因孩子的不当行为而感到沮丧或受到威胁时，他们可能会以敌对或富有攻击性的方式回应，例如叫喊、威胁、抓或殴打。父母过度依赖纵容和与敌对并存的教养方式，是预测低龄儿童品行问题的最强风险因素之一（Stover et al., 2016; Weis & Toolis, 2010）。

许多父母依靠大吼、打屁股和类似的策略来惩罚不听话的孩子。虽然惩罚可能在短期内有效，但它至少有 5 个长期的缺点：

1. 正惩罚可能给孩子示范敌对和攻击行为。孩子们会了解到，吼叫和打屁股是处理人际冲突的恰当而有效的方法。
2. 正惩罚不会教孩子新的亲社会行为。惩罚教给孩子不要做什么（例如哭泣、抱怨），而不是应该做什么（例如服从大人、提出适当的要求）。
3. 正惩罚必须始终如一地使用才能有效，然而父母们通常只是断断续续地使用这种手段，尤其是在生气时。
4. 如果经常受到惩罚，孩子们就会通过负强化来避免或逃避这些惩罚。他们可能会回避与父母互动。
5. 当父母生气或沮丧时，正惩罚可能导致言语和身体上的虐待。

由于这些局限，儿童与青少年品行问题的治疗主要依赖于正强化、有计划地忽视和诸如暂停的负惩罚手段。

低父母监控

到了儿童后期和青春期早期，孩子对自己的行为有了更多的自主权。他们有更多的自由来计划他们的一天，能够去做更多没有父母监督的活动。然而，孩子们所享有的更多的自主权也为他们提供了更多的机会出现破坏性和反社会的行为。

低父母监控与儿童后期和青春期品行问题的发展密切相关（图 9.5）。**父母监控（parental monitoring）**有三个组成部分。第一，父母必须知道孩子的行踪、活动和同伴。第二，父母必须为孩子的活动设定适当的发展限制。第三，当孩子不遵守家庭规则时，父母必须始终如一地管教他们（Snyder, Reid, & Patterson, 2003）。活动不受父母监控的孩子表现出品行问题的可能性会增加。相比之下，父母对课外活动设定严格限制的孩子犯罪率有所下降（Kimonis et al., 2015）。

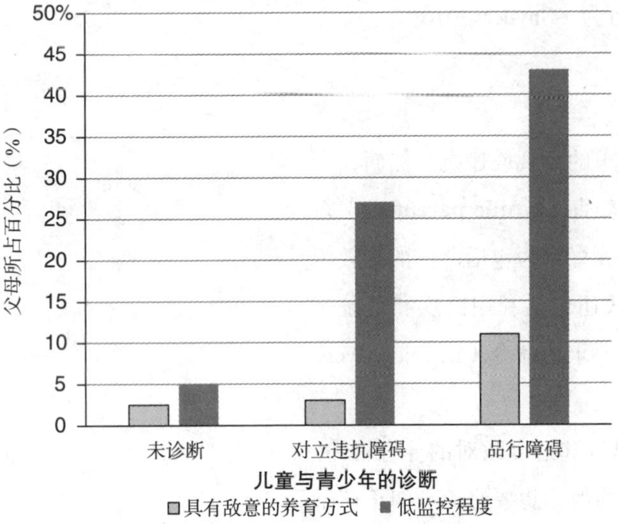

图 9.5　养育行为与品行问题

注：与没有品行问题的孩子的父母相比，有品行问题的孩子的父母更倾向于使用敌对的养育行为以及更少的父母监控（Rowe, Maughan, Pickles, Costello, & Angold, 2002）。

低父母监控可预测青少年品行问题的出现。当父母不监控孩子的活动时，他们可能会出现偷窃、逃学和破坏公物的行为。临床医生通常通过鼓励父母对孩子的行为设定明确的期待、监督孩子的活动，并管理孩子违反规则的后果来治疗儿童与青少年的品行问题。尽管这些都是明智的建议，但这些策略说起来容易做起来难。儿童与青少年往往容易向父母隐瞒他们的潜在的不良行为（Frick, 2012; Lopez-Tamayo, LaVome Robinson, Lambert, Jason, & Ialongo, 2016）。

父母的认知与精神健康

父母对孩子不良行为的看法会影响他们的教养行为和孩子的发展结果。假设一位母亲注意到她学龄前的孩子经常在傍晚发脾气。她可以用两种方法来解释孩子的不良行为。她可以把孩子的不良行为归因于外部的和不稳定的因素，说："她只是在一天的那个时候很累，她需要多睡一会儿。"或者，她可能会把孩子的脾气归因于内在的和稳定的因素，说："她真是个坏女孩，她似乎很喜欢让我难过。"

有品行问题的孩子的父母更有可能将不良行为归因于内部和稳定的因素。对于内部和稳定的因素的归因增加了父母以敌对或胁迫方式对不当行为做出反应的可能性。如果父母认为孩子行为不端是因为她是"坏女孩"或"故意淘气"，那么父母很容易生气和怨恨。然而，如果父母将孩子的不良行为归因于短暂的情境因素（例如疲劳、饥饿、无聊），父母更有可能以耐心和问题聚焦的方式做出回应（Colalillo, Williamson, & Johnston, 2014; Webster-Stratton, 2016）。

照顾者对自己育儿技巧的看法也会影响他们的管教策略。有破坏性孩子的父母经常感到对他们的孩子无能为力，经常报告对孩子的照顾能力缺乏信心。对孩子的行为感到无能为力的父母可能会放弃管教孩子的努力，从而消极地强化孩子的不当行为（Cunningham & Boyle, 2002; Johnston,2005）。

父母的精神病理也是儿童品行问题的一个强有力的预测因素。母亲的抑郁、父亲的反社会行为，以及父母的药物滥用尤其与他们后代的对立、违抗和攻击行为有关。此外，婚姻或伴侣冲突也预测了孩子的品行问题。照顾者的心理健康问题可能通过降低亲子互动的质量导致儿童出现破坏性行为。例如，患有抑郁症的母亲对孩子的支持往往少于没有抑郁症的母亲，她们的情绪困扰和精力不足影响了对孩子的照顾。同样，采取敌对或不一致的惩戒策略的父亲在无意中会塑造和强化家庭中的攻击性行为（McGilloway et al., 2014; Webster-Stratton, 2016）。

我们必须记住，父母的行为和孩子的不良行为之间的关系是交互的。随着时间推移，父母和孩子会相互影响。例如，一个难以控制自己情绪的孩子可能比其他同龄男孩更经常哭泣和发脾气。他的令人烦恼的情绪可能会导致其母亲采取敌对或强制的策略来管理他的行为。这些不够理想的育儿策略可能反过来会导致更严重的对立和违抗行为以及未来的品行问题（Lochman, Boxmeyer, Powell, & dishiw, 2016）。

父母在生活中可能有其他的应激源，这也会影响他们的养育方式。疾病、经济压力和人际关系问题都可能干扰他们采取敏感且负责任的养育行为。虽然不当的养育行为可能在孩子品行问题的出现中起作用，但我们不应该因为这些问题责怪父母。相反，父母每天面对着无数的社会心理压力，他们需要得到支持以不断努力改善亲子互动的质量（Fisher & Sexton, 2018）。

小　结

- 专制型家庭过程发生于父母负强化孩子的不服从行为，而孩子也负强化父母屈服于自己的要求或发脾气的行为时，这可预测对立和违抗行为的出现。
- 敌对的养育行为包括严厉的管教策略、过度依赖体罚来获得孩子的服从以及利用内疚或羞耻来纠正孩子的不当行为，这与孩子的愤怒和攻击性有关。
- 低父母监控可预测大龄儿童和青少年出现品行问题和反社会行为。
- 有品行问题的孩子的父母通常将孩子的不良行为归因于内在的和稳定的因素，认为自己应对孩子品行问题的能力较差。

儿童与青少年的认知能力如何影响品行问题？

社会信息加工模型

有品行问题的儿童与青少年往往在**社会信息加工（social information processing）**方面表现出典型的偏差，即在感知、解释和解决社会困境和人际纠纷的方式方面存在问题。尼基·克里克和肯·道奇（Nicki Crick and Ken Dodge, 1994, 1996）提出了一个社会信息加工模型来解释儿童与青少年如何解决人际困境。根据这个模型，儿童与青少年对社会情境的思考和感受会影响他们的行为（Dodge et al., 2013）。

我们可以通过一个例子来理解社会信息加工模型。想象一个 11 岁的男孩在排队吃午饭。男孩突然背后被撞了一下，他发现牛奶洒在了他的背上并顺着背往下流。接着他发现一个比他大的男孩站在他身后。这个大男孩看起来很难为情，而餐厅里的其他孩子开始窃笑。这个小男孩感到尴尬和困惑。

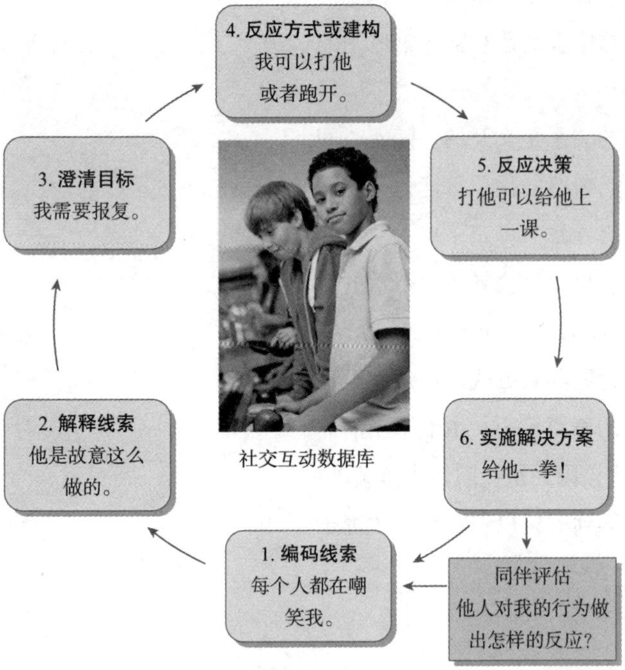

图 9.6　社会信息加工模型

注：有品行问题的儿童与青少年经常出现信息处理的偏差。治疗师可以教他们避免这些偏差并更有效地解决问题（Dodge et al., 2013）。

根据该模型，这个小男孩必须执行 6 个解决问题的步骤来解决这个社会情形（图 9.6）。第一步，他必须编码线索（*encode cues*）——也就是说，为了理解情境，他必须获取社会情境中的信息。这些线索可以包括关于情境本身的外部信息或者关于自己的想法和感觉的内部信息。例如，这个小男孩可能会注意后面那个大男孩的面部表情、牛奶在自己背上滴落的舒适感或者是自己尴尬的感受。

在模型所示的第二步中，小男孩必须解释线索（*interpret cues*）使它们有意义。故事中的小男孩可能会推断，他的同学不小心把牛奶洒到他的背上，因此同学想道歉。或者，小男孩可能会对大男孩的行为做出敌意的归因，认为大男孩是为了羞辱他故意把牛奶洒出来。

第三步，小男孩必须为这个社会情境澄清目标（*clarify goals*），也就是说，他必须决定他想在这个环境中完成什么。一个目标可能是避免进一步的尴尬，并去把衣服收拾干净。另一个目标可能是报复年长的同学。确定的目标会影响小男孩的行动。

第四步是反应方式或建构（*response access or construction*），小男孩在此时产生可能的行动计划。他可以对问题提出新的解决方案，也可以借鉴过去在类似情况下的经验。理想情况下，孩子会产生多种可能的解决方案。例如，他可能会考虑走开、和其他同伴一起笑谈自己的不幸或者打那个比他大的男孩作为报复。

第五步是反应决策（*response decision*）。也就是说，小男孩要评估可选项，选择最好的行动方案。这个步骤包括衡量每个潜在解决方案的利与弊，并决定如何采取行动。例如，打那个大男孩可能会让他在短期内感觉更好，但可能会导致受伤或停课。

第六步，小男孩实施解决方案（*enacts the solution*）中他认为最好的那个。当小男孩开始加工其他人对他的解决方案的反应时，这个循环又开始了。餐厅里其他孩子对他的行为的反应可能会影响他的下一步行动。

信息加工的步骤发生得很快，儿童青少年通常意识不到这个过程。儿童青少年的社交互动史（或“社交数据库”）形成了模型的中心。每一次社交互动都为数据库提供了新的信息。此外，儿童青少年可以从数据库中汲取经验来解决新的社交问题。

具有攻击性的儿童青少年表现出的偏差

具有攻击性的儿童青少年进行社会信息加工时往往会有一些偏差。根据儿童青少年的攻击性是回应性的还是主动性的，他们表现出的偏差也不同。

表现出回应性攻击的儿童青少年在前两个步骤，即（1）编码线索和（2）解释线索方面存在问题。具体地说，他们对情境的认知比较少。例如，他们可能会注意到情境中的一两个显著特征（例如牛奶、其他孩子在笑），而忽略其他潜在的重要线索（例如后面的大男孩说“对不起”）。这些儿童青少年也很难理解自己对这种情况的情绪反应。例如，他们可能会把尴尬的感觉误认为愤怒的感觉。因此，表现出回应性攻击的儿童青少年通常对他人的行为表现出敌意归因偏差，很可能将他人的善意行为解读为敌意或威胁（Dodge, 2003; Dodge & Pettit, 2003; Dodge et al., 2013）。

表现出主动性攻击的儿童青少年往往在之后的三个步骤，即（3）澄清目标、（4）反应方式和（5）反应决策方面存在困难。具有主动性攻击行为的儿童青少年倾向于选择工具性目标而不是关系性目标。他们的目标往往是得到他们想要的东西，而不是交朋友或维持一段关系。因此，他们的行为往往出于自身利益，而不是出于尊重他人的感受。

在评估潜在的行动方案时，表现出主动性攻击的儿童青少年也会强调攻击的积极方面（例如，“这会让我得到我想要的”），并最小化攻击的消极方面（例如，“我可能会惹上麻烦”）。事实上，这些儿童青少年似乎过于关注潜在的奖励（例如，偷一块糖果或一辆汽车），而不是可能的惩罚（例如，被禁足或被捕）。因此，他们经常选择能让自己得到想要的东西的解决方案，很少考虑他们的行为后果（Barry et al., 2000; Dodgeet al., 2013; Frick, Cornell, Barry, Bodin, & Dane, 2003）。

尽管社会信息加工偏差是自动产生的，但并不是不可改变的。我们将看到，治疗师可以帮助这些儿童与青少年避免这些偏差，减少他们攻击的频率。

小　结

- 社会信息加工模型由 6 个步骤组成：（1）编码线索；（2）解释线索；（3）澄清目标；（4）反应方式或建构；（5）反应决策；（6）实施解决方案。
- 出现回应性攻击行为的儿童青少年表现出敌意归因偏差，会将他人的善意行为视为敌意或威胁（即步骤 1 和步骤 2）。
- 主动性攻击的儿童青少年较少使用亲社会的方式来应对问题，强调攻击的积极方面，并最小化攻击的风险或消极后果（即步骤 3～5）。

同伴和社区如何影响品行问题?

同伴拒绝与偏差训练

在儿童期和青春期，朋友逐渐对儿童青少年的自我概念和情绪健康起到了更重要的作用。大龄儿童与青少年通过与朋友的互动形成身份认同；朋友影响他们的思想、情感和行为。亲社会的同伴可以通过提供一个独立于家庭的社会支持系统来保护儿童与青少年免受压力。然而，具有破坏性的同伴会导致儿童青少年出现品行问题（Frick, 2012; Simon & Olson, 2014）。

在学校表现出学业问题和破坏性行为的男孩通常会被亲社会的同伴拒绝。学习成绩差的孩子很少被选入小组项目，还可能会被同学取笑。早在幼儿园的时候，孩子们就会避开那些过度活跃或极具破坏性的同学，也会避开那些有撒谎和偷窃等隐蔽反社会行为的同学（Vitaro, Boivin, & Poulin, 2019）。

但是，并不是所有类型的外显攻击都与同伴拒绝有关。那些表现出情绪控制、愤怒或回应性攻击问题的儿童青少年通常会被同学拒绝。相反，有工具性、主动性攻击问题的儿童青少年并不总是被拒绝。在某些情况下，他们很受欢迎（Hess & Scheithauer, 2015）。

一旦被拒绝，被孤立的男孩往往会主动寻求与其他被排斥同伴的联结，这种倾向被称为**选择性依附**（**selective affiliation**）。这些不良同伴会让男孩出现更严重的反社会行为，例如躯体性攻击、破坏公物、逃学、盗窃和物质使用问题（Dishi & Snyder, 2016）。

偏差训练（**deviancy training**）是一个用来描述男孩模仿和强化彼此反社会行为的过程。在偏差训练中，同伴们正强化男孩对反社会活动的讨论，而忽略对亲社会行为的讨论（Snyder, Schrepferman, Bullard, McEachern, & Patterson, 2012）。研究人员比较了破坏性和非破坏性同伴团体的对话。非破坏性团体中的男孩倾向于在讲笑话和有趣的故事时互相鼓励。相比之下，破坏性团体中的男孩在讨论诸如在学校惹了麻烦、入店行窃或欺负他人的反社会行为时互相强化。此外，有破坏性行为的男孩很少进行与电影和体育等亲社会活动相关的讨论（Dishion, Kim, & Tein, 2015）。

随着时间推移，男孩们为了进一步巩固自己在不良同伴团体中的地位，会做出越来越严重的反社会行为。儿童后期，同伴之间的不良对话可预测在青春期早期的犯罪、攻击和物质使用问题。不良同伴会放大男孩正在出现的品行问题，导致他们出现更严重、更有问题的行为。偏差训练的过程很早就开始了。事实上，对于年仅6岁的儿童，我们就可以根据他与同伴的不良讨论预测他未来的行为（Snyder et al., 2005; Snyder, 2016）。

破坏性的品行问题也会导致女孩被同伴拒绝。在女孩中，躯体性攻击与同伴拒绝有很强的关系，而关系攻击则不然。看过《贱女孩》（Mean Girls）的人都知道，有些女孩利用关系攻击来提升自己在同伴中的社会地位。临床医生发现减少女孩的关系攻击行为通常很难，因为许多女孩用这样的方式来巩固她们的社会地位（Waasdorp, Monopoli, Centeno, & Leff, 2018）。

进入青春期的时间也可以预测女孩品行问题的出现。荟萃分析表明，较早的月经初潮与非共享环境因素相互作用，使女孩面临出现品行问题的风险（Ullsperger & Nikolas, 2018）。这是怎么发生的呢？较早进入青春期的女孩看起来比同龄的女孩更成熟。因此，她们可能会与大龄青少年（尤其是男孩）交往。他们会使这些女孩接触到反社会和性早熟的行为。如果早熟女孩在青春期前表现出破坏性品行问题，或者父母没有监督她们的同伴互动或课外活动，她们就会面临更高的风险（Harden & Mendle, 2013）。

但是，早熟的女孩只有在上男女混合学校时才有可能出现品行问题（图 9.7）。对于在女校上学的女孩以及与男孩接触较少的女孩，无论进入青春期时间如何，她们表现出的品行问题概率都差不多（Moffitt, 2018）。

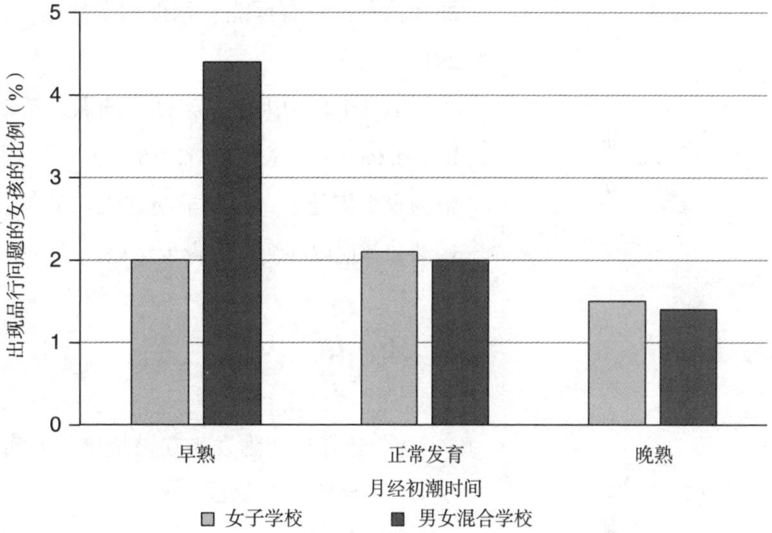

图 9.7　较早的初潮使一些女孩面临出现品行问题的风险

注：早熟的女孩可能会与大龄男孩交往，这些男孩有可能会让她们接触到风险行为。然而，在女子学校就读的早熟女孩并没有表现出品行问题的风险增加（Moffitt, 2018）。

社区风险

儿童青少年所在的社区也会影响他们产生品行问题的可能性（Tolan, 2016）。来自贫困、高犯罪率社区的儿童青少年比来自其他社区的儿童青少年更容易患 ODD 和 CD（Jocson & McLoyd, 2015; Rudolph, Stuart, Glass, & Merikangas, 2014）。

社区可以在几个方面影响儿童青少年的发展。第一，社区可能缺乏足以满足儿童青少年需求的教育资源。例如，贫困社区的日托和公立学校质量往往更低。儿童青少年（特别是发育障碍患儿或学习障碍患儿）可能得不到最佳的教育服务。因此，他们可能会经历学业困难，贬低学习价值，并在校内外表现出问题行为（J. V. Ray, Thornton, Frick, Steinberg, & Cauffman, 2016）。

第二，社区可能对儿童青少年的活动监控不足，尤其是对放学后的活动监控不足。例如，生活在低收入社区的儿童青少年参加亲社会活动的机会往往有限。高质量的休闲中心、课外活动和有组织的体育活动在中层和上层社区中要多得多。在缺乏亲社会活动的情况下，来自下层社区的儿童青少年可能会表现出无监管的反社会行为（Chang, Foshee, Reyes, Ennett, & Halpern, 2015）。

第三，贫困、高犯罪率的社区往往社会控制网络薄弱。也就是说，这些社区通常缺乏鼓励亲社会行为、限制反社会活动的组织和社区成员。例如，在中上层社区，儿童青少年的破坏行为由警察、社区监督组织和相关社区成员所控制。夜晚在附近游荡或破坏公物的青少年很快就会引起警局的注意。相比之下，生活在贫困社区的成员常常对青少年的反社会行为有更多的容忍。毕竟，在犯罪率高的社区里，青少年晚上在街上闲逛或出现破坏行为不如参与其他更严重犯罪活动的成人值得关注（Chang, Wang, & Tsai, 2016）。

当然，大多数在贫困社区长大的儿童青少年不会出现品行问题。某些因素可以保护儿童青少年，使其免受周围环境的危害。第一个保护因素是家庭凝聚力和父母的监护。如果父母对孩子的行为设定了高期望，支持其亲社会活动，并监控其去向，那么孩子就更有可能有积极的发展结果，而不受社区风险的影响（Jennings & Fox, 2015）。

第二个保护因素是亲社会的课外活动。例如，萨梅克及其同事（Samek, Elkins, Keyes, Iacono, & McGue, 2015）在一个大样本中对品行问题进行了研究，这个大样本中的青少年处于青春期早期到成年早期。无论性别和社区风险如何，参加高中体育运动和其他课外活动的青少年比其他青少年更不容易出现品行问题。

小　结

- 选择性依附发生在被拒绝的儿童青少年与其他被拒绝的儿童青少年产生联系时。
- 偏差训练是一个用来描述随着时间推移儿童青少年如何模仿和强化彼此的反社会行为的过程。
- 当社区缺乏可以促进儿童青少年亲社会行为的资源（例如，俱乐部、体育）以及对儿童与青少年活动的监控不足时，他们可能会面临出现品行问题的风险。

品行问题的三种发展路径是什么？

想象一下，你有一个困难型气质的孩子，他经常做出对立和违抗的行为。你可能会思考，他是正在经历一个特殊阶段、自己会好起来，还是他可能需要帮助才能防止他在日后的生活中出现更严重的品行问题。换句话说，你可能会对预测他的行为随时间推移的变化过程感兴趣。

几年前，一位名叫李·罗宾斯（Lee Robins）的流行病学家证明了预测儿童青少年品行问题的发展过程是多么困难。她提出了两个被称为**罗宾斯悖论**（**Robins paradox**）的事实：

1. 成人反社会行为几乎必然以儿童与青少年期的反社会行为为前提；

2. 多数反社会的儿童与青少年成年后并不会发展为反社会人格（Robins, 1978）。

罗宾斯悖论指出，如果我们回溯发展过程，观察反社会成人的成长史，我们会看到一个非常清晰的画面：几乎所有反社会成人在儿童与青少年时期都有对立、违抗和攻击的行为。然而，如果我们顺着发展的方向来预测具有破坏性行为的儿童青少年的发展情况，结果就不那么确定了。儿童青少年的发展是由多重因素决定的，几乎不会沿着一条确定的人生路径发展。

我们必须考虑各种生物、心理和社会文化因素是如何以概率性的而非确定性的方式影响发展的（Russell & Odgers, 2017），而不是将儿童青少年品行问题视为儿童与青少年身上持续存在的稳定特征。因为风险和保护因素众多，预测他们的发展结果具有挑战性。然而，在过去的30年里，发展精神病理学家已经确定了三种路径来帮助我们组织这些因素，并理解从儿童早期到青春期后期的品行问题的发展过程（图9.8）。

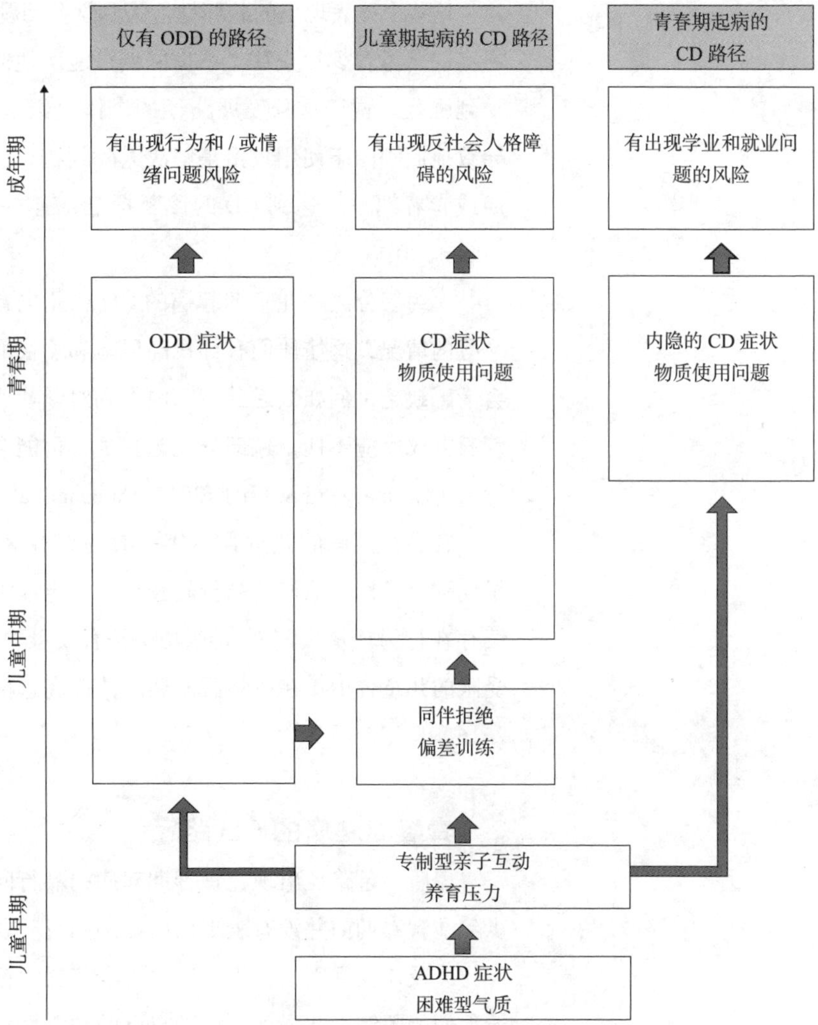

图 9.8　品行问题的三种发展路径

仅有 ODD 的路径

第一种路径描述的是儿童期或青春期早期出现ODD但在之后的发展中没有出现CD的儿童青少年。像大多数有品行问题的儿童青少年一样，这些个体很可能有破坏性行为的遗传风险，在婴幼儿期往往表现出困难型气质。他们中许多人表现出早期的多动、冲动症状，大约50%被诊断为ADHD。他们的困难型气质和ADHD症状会导致养育压力。反过来，这些养育压力也会使照顾者在积极关注孩子的功能和提供一致的照管方面的能力有所降低。早期的对立和违抗行为可能通过专制型的亲子互动而受到负强化。

在这一发展路径上的个体通常在学龄前或小学阶段达到ODD的诊断标准。ODD症状会持续到青春期；然而，在这条路径上的个体不会出现诸如躯体性攻击、偷窃或逃学的明显的 CD 症状。虽然其中许多个体的 ODD 症状通常在儿童后期和青春期减轻，但是在成年后会继续出现行为和情绪问题（Frick, 2012; Kimonis et al., 2015）。

儿童期起病的 CD 路径

遵循第二种发展路径的个体，其早期特征与只患有 ODD 儿童青少年相似。他们有出现品行问题的遗传风险，表现出困难型气质，在儿童早期存在多动、冲动行为，且表现出对成人的对立、违抗和不服从行为的倾向。这些儿童青少年中大约 75% 将符合 ODD 的诊断标准（Woolard & Fountain, 2017）。

这些个体表现出的破坏性行为和学业问题可能导致同伴拒绝以及他们与年长的、不良的儿童青少年交往。不良同伴可能使他们接触到愈来愈严重的反社会行为，并受到强化。遵循这种发展路径的个体也经常表现出社会问题解决方面的缺陷，这导致他们倾向于使用攻击来解决人际纠纷。这些儿童青少年中的大多数在儿童期晚期或青春期早期达到 CD 的诊断标准，有 50% 还会出现物质使用问题（Russell & Odgers, 2017）。

大约三分之一儿童期起病的 CD 患儿也有亲社会情感。在儿童早期，他们有低唤醒的情况，这使他们有寻找高风险和愉快的活动的倾向。他们也可能表现出亲社会情感缺乏，例如缺乏共情、内疚和对学业成绩的担忧。因此，他们通常对典型的管教方式反应不佳。这部分儿童青少年可能会出现更明显、更具攻击性和破坏性的行为（Golmaryami & Frick, 2015; Vincent et al., 2017）。

有品行问题的儿童青少年中大约 10% 遵循儿童期起病的 CD 的路径。从儿童早期到青春期，他们的品行问题相当稳定地维持。其中大约四分之三在成年后会继续存在行为或情绪问题，约 40% 符合反社会型人格障碍的诊断标准。亲社会情感受限的儿童青少年在成年后发展出精神病态特征的风险特别大（Dishiw & Patterson, 2016）。

青春期起病的 CD 路径

最后一条路径出现在青春期起病的品行问题的青少年身上。根据定义，这些青少年在青春期前并没有表现出明显的品行问题，随后通常会出现破坏公物、欺诈和盗窃以及违反规则的行为。这些青少年通常很叛逆，憎恨父母和其他权威人物强加给他们的限制，并强烈地维护自己的独立性。他们的反社会行为可能反映了他们维护自己自主权和反抗权威的非适应性的尝试（Woolard & Fountain, 2017）。

通常情况下，这些青少年会被亲社会的同伴拒绝，随后会与那些使他们接触反社会行为的不良同伴发展关系。这些青少年经常缺乏父母的监护，这使他们有可能偷窃、破坏公物、逃学和出现物质滥用问题。

过去研究人员认为青春期出现的品行问题只是对正常的“青少年叛逆”的夸大。事实上，研究人员过去称这种路径为“青春期 CD”，因为大多数青少年在成年早期就停止了反社会行为。可惜最近的研究对这方面的认识不太乐观。虽然大多数青春期起病的 CD 患儿在成年期不符合任何品行问题的诊断标准，但许多人在 20 多岁时仍有问题行为。他们还经常遇到其他困难，例如健康和物质使用问题。他们接受高等教育、职业训练和就业的机会往往因为之前的反社会行为而被限制。总体而言，这些数据表明，青春期的 CD 使这些青少年走上了一条限制其潜力的发展路径（Kimonis et al., 2015）。

小 结

- 仅有 ODD 的路径的特征通常是困难型气质、ADHD 症状的出现和专制型的亲子互动。这些儿童青少年在青春期有出现行为和情绪问题的风险。
- 儿童期起病的 CD 路径的特征通常是儿童期的 ADHD 和 ODD、同伴拒绝和偏差训练，以及青少年时期的反社会行为。一些患儿还表现出亲社会情感，他们在成年后出现反社会行为的风险尤其高。
- 青春期起病的 CD 路径的特征通常是在青少年早期出现内隐的反社会行为，随后品行问题逐渐减少。这些青少年在成年后有时会出现学业、职业和物质使用问题。

9.3 循证治疗

一些社会心理治疗方法已被证明可以减少儿童与青少年的品行问题（Bakker, Greven, Buitelaar, & Glennon, 2018）。一般来说，最佳治疗取决于患儿的年龄、破坏性行为的性质以及家庭的社会文化背景。对于主要表现出对立和违抗行为的学龄前儿童和低龄学龄儿童，大多数专家推荐行为疗法，以帮助父母学会更有效地教养他们的孩子并提高亲子互动的质量。对于表现出对立违抗和 / 或攻击性行为的大龄儿童与青少年，建议治疗师同时运用认知行为策略，教导他们以非攻击方式解决社交问题。对于有更严重反社会或犯罪活动的青少年，治疗必须针对青少年在家庭、学校和社区等多个系统中的功能。在本节中，我们将描述这些治疗方法以及支持每种方法的证据（McCart & Sheidow, 2016）。

哪些循证治疗适用于低龄儿童?

父母教养训练

父母教养训练（parent management training, PMT）是使用最广泛和支持证据最多的针对儿童品行问题的治疗方法。PMT 是一种行为干预，认为儿童的破坏性行为通常是在专制型亲子互动的背景下发展起来的（Patterson,2016）。临床医生评估亲子互动的质量并指出父母可能会无意中强化或模仿对立的、违抗的或具有攻击性的行为。在治疗过程中，临床医生会教父母以更具适应性的方式与孩子互动，避免专制的亲子互动（Forgatch & Gewirtz, 2018）。

目前已有几种有效的 PMT 计划。杰拉尔德·帕特森及其同事开发的父母管理训练–俄勒冈州模式（Parent Management Training-Oregon Model, PMTO）和罗素·巴克利开发的违抗儿童计划（Defiant Children Program），这两种治疗方法都得到了强有力的实证支持（Burke & Loeber, 2018）。所有 PMT 计划都有某些共同的要素。在大多数情况下，父母在不带孩子的情况下参加每周的 PMT 治疗。父母每周学习新的教养技能，并在家里练习。例如，违抗儿童计划有 10 个步骤（Barkley, 2013a）。每一步都包括一个原则或技能，父母在治疗中学习，并在一周内在家中应用（表 9.4）。这些步骤大致可分为四个治疗阶段。

表 9.4　父母教养训练

步骤	主题
1	**为什么孩子会出现问题行为?** 父母学习孩子的问题行为出现的原因以及他们可以怎样在家减少孩子的行为问题。
2	**关注!** 许多具有破坏性的孩子的父母关注孩子的问题行为。在这一步骤中，治疗师会教父母关注孩子行为的积极方面。
3	**增加孩子的配合度** 父母学习使用注意和表扬强化孩子适当的行为。
4	**使用代币奖励** 父母被教导在家实行代币奖励以强化孩子的顺从。
5	**在家里使用暂停法** 父母学习将代币系统当作一种利用反应代价的惩罚机制。当孩子出现不适当的行为，代币将被撤回。父母还学习如何在家里使用暂停的方法。一开始，暂停在孩子出现 1 到 2 项问题行为时使用。
6	**拓展暂停法的使用** 父母逐渐将暂停法的使用范围扩展到其他问题行为。
7	**拓展至公共场合** 父母学习在商店、餐厅以及其他家庭之外的场合使用暂停。父母学习为孩子在公共场合的问题行为制订计划。
8	**使用日常学校行为报告卡** 教师填写孩子在学校行为的日常报告卡。父母基于教师的卡片上报告的内容，利用家中的代币奖励系统强化孩子在校内的适当行为。
9	**处理未来的行为问题** 治疗师与父母讨论如何处理孩子未来的行为问题以及有挑战性的情境。
10	**强化以及追踪会面** 父母在训练结束 1 个月后参加追踪会面以检查家庭的进步。父母可以利用这次会面处理新出现的问题或讨论逐渐取消代币系统的方法。在有需要的情况下，追踪会面每三个月可能进行一次。

注：基于巴克利（2013a）。

在第一阶段（第 1 步），父母要去了解孩子出现破坏性行为的原因。治疗师试着通过证明孩子的不良行为受到父母、孩子自身和环境因素的相互影响来减少父母的内疚感或羞耻感。治疗师还会试着给父母灌输希望，比如强调父母可以通过设定明确的期望、强化适当的行为，以及避免敌对性和专制性的亲子交流，而以更亲社会的方式来教育孩子。

在第二阶段（第 2 ～ 4 步），治疗师向父母传授基本的学习原则，强调正强化的作用。寻求治疗的父母通常主要关注孩子的不良行为。因此，治疗师会教父母如何关注和表扬适当的行为。最初，父母会学习关注孩子的适当行为。然后，父母会学习使用正强化来增加孩子顺从的频率。父母了解到，为了使强化有效，强化必须取决于适当的行为，也就是说，强化必须在适当的行为出现后立即出现，并且必须以一致的方式提供给孩子。

父母也被教导使用**普雷马克原理**（**Premack's principle**）。这是一条经验法则，可以用来激励孩子的适应性行动。普雷马克原理指出，如果孩子知道她最终能去做一件想做的事情，那么她更有可能进行一项低发生率（不想做）的活动。父母可以用孩子高度期望的活动对孩子不太想进行的活动进行正强化。例如，如果孩子想看电视，她的母亲可能会要求她先打扫房间。普雷马克原理有时被称为“祖母原则”，因为它似乎是基于老生常谈的常识。然而，这些常识有时被许多照顾者忽视（Russo, 2015; Thomas, 2015）。

之后，父母会学习通过计划性忽视来消除孩子的许多不当行为。父母系统性地忽略那些非适应性的但不危险的非期待行为（例如发脾气、打断父母打电话）。最后，父母要学会在家里为孩子建立代币系统或积分制度。孩子们依靠适当的行为（例如遵守规则、完成家务或完成家庭作业）获得代币或分数，用这些代币或积分换取奖励和特殊奖励。

在第三阶段（第 5 ～ 7 步），父母会学习如何通过规则和环境构建来减少孩子的破坏性行为。首先，父母要学会如何使用暂停法来减少孩子严重违反规则的行为。一开始，父母只针对一个问题行为在家中使用暂停法。接下来，在家中，将暂停法应用于其他问题行为。最后，将其拓展到在公共场合使用（例如餐馆、杂货店）。父母还通过构建环境来帮助孩子产生适当的行为，从而使其学会避免品行问题。例如，在去购物之前，父母可能会决定给孩子带些零食和一些小玩具，这样孩子就不会在途中大喊大叫或发脾气。

在第四阶段（第 8 ～ 10 步）涉及将孩子的适当行为泛化到学校环境，并在未来保持行为获益。教师们需要完成关于孩子们在学校行为的每日报告卡，父母可以用它了解孩子在学校的行为，并在家奖励孩子。许多治疗师鼓励父母在治疗结束后的某个时间参加追踪，以了解家庭的长期结果。

PMT 得到了大量的实证支持（Mendenhall et al., 2015）。荟萃分析显示，与对照组相比，家庭接受 PMT 的儿童改善较大（ES=0.80）。父母参与 PMT 的孩子在家中表现出更多的亲社会行为，在学校很少出现纪律问题，将来也不太可能表现出严重的破坏性行为。治疗后，他们的功能与没有品行问题的同龄人相似。大多数纵向研究表明，治疗效果至少持续 1 ～ 3 年；然而，有一些研究表明，在治疗结束后的 10 ～ 14 年内，治疗效果还可保持（Capaldi & Eddy, 2015; Curtis et al., 2016）。

PMT 也有一些局限性。第一，PMT 对处于高压中的父母效果较差。单亲父母、低收入父母、经历婚姻冲突的父母以及有物质使用或精神健康问题的父母往往会退出 PMT，或治疗进展缓慢。心理社会应激源会干扰父母参加治疗、练习技能的能力和面对环境挑战时的坚持性。第二，PMT 在青少年身上得到的实证支持较少。青少年通常比年龄较小的儿童表现出更严重的品行问题，这可能使他们更加抵触治疗。此外，父母往往对青少年所处环境的控制较少，因此，改变环境偶发事件以改变青少年行为的能力也较低。第三，社区中的大多数临床医生没有接受过 PMT 的正式训练。想要参加 PMT 的父母可能找不到有经验的治疗师（Capaldi & Eddy,2015; Pfiffner & Kaiser, 2015）。

亲子互动疗法

亲子互动疗法（Parent-Child Interaction Therapy, PCIT）是 PMT 的一种变体，专为有破坏性行为的学龄前儿童或学龄儿童的家庭而设计。PCIT 基于戴安娜·鲍姆林德（Diana Baumrind, 2013）的养育发展理论。回想一下，鲍姆林德认为养育行为可以用要求性和回应性这两个独立的维度来描述。权威型养育的特点是要求性和回应性都很高：父母对孩子的行为有很高的期望，并提供支持帮助他们达到这些期望。当父母表现出低要求（即放纵型养育）、低反应（即专制型养育）或两者都表现出低水平（即不参与型养育）时，孩子往往会出现品行问题。在 PCIT 中，治疗师使用示范和正强化来教导父母通过权威型养育行为提高亲子互动的质量、减少孩子的品行问题（Zisser-Nathenson, Herschell, & Eyberg, 2019）。

PCIT 的一个特点是父母和孩子一起参加治疗。临床医生观察父母与孩子之间的互动，并教父母在治疗过程中教养孩子行为的技巧。通常，父母都会佩戴一个让他们能够与在隔壁房间观看互动的治疗师进行交流的电子设备。通过这种方式，治疗师可以在孩子意识不到的情况下实时指导父母（Hembree-Kigin & McNeil, 2013）。

PCIT 分为两个阶段。在第一阶段，即*孩子主导的互动*（*child-directed interaction*）中，治疗的目标是提高父母对孩子的敏感性和回应性，并改善他们之间关系的质量。孩子们选择一项游戏活动，父母接受孩子的主导。这一阶段治疗的一个组成部分是帮助父母发展一套名称缩写为 PRIDE 的技能。在与孩子玩耍时，父母会以热情的方式练习表扬、反映、模仿和描述孩子的适当行为（表 9.5）。此外，父母也被劝阻不要过度控制游戏环境，不要质疑或提出要求，不要批评孩子的行为。通过这种方式，父母会强化孩子适当的行为，并传达接纳和温暖（Lieneman, Brabson, Highlander, Wallace, & McNeil, 2018）。

表 9.5 亲子互动疗法：PRIDE 技能

技能	基本原理	举例
表扬（PRAISE） 适当的行为	增加孩子的适当行为并建立自尊	父母："把洋娃娃收起来了，干得好！"
反映（REFLECT） 适当的交流	让孩子知道你在听，并提高他们的语言能力	孩子："我画了一棵树。" 父母："这棵树真漂亮！"
模仿（IMITATE） 适当的玩耍	让孩子引导和教会他们轮流做事情	孩子："我要把小宝宝放在床上。" 父母："我要把它的妹妹也放在床上。"
描述（DESCRIBE） 适当的行为	向孩子展示你的兴趣并构建词汇	父母："那是一个又大又红的方块。"
热情（ENTHUSIASM） 表现出来！	表明你喜欢和孩子在一起	父母："你真的是一个勤快的孩子。"

注：基于利内曼等人（Lieneman et al., 2018）。

在 PCIT 的第二个阶段，即父母主导的互动（*parent-directed interaction*）中，治疗的目标是帮助父母对孩子的行为抱有更现实的期望，减少敌对性和胁迫性的亲子交流，并促进始终如一地使用规则。这一阶段治疗的一个重要组成部分是学习如何向孩子发出有效的指令。指令必须在孩子集中注意力的时候给出，必须明确而具体。父母还必须在发出指令后立即采取后续行动，包括表扬（针对孩子的顺从）或暂停（针对孩子的不顺从）。

在整个 PCIT 过程中，治疗师充当父母的教师和教练。最初，治疗师在治疗过程中向父母教授所有技能。然后，治疗师在治疗过程中对父母进行指导，直到父母与孩子一起充分使用技能。治疗师还可以在治疗过程中解决特定的行为问题，并帮助父母定制治疗方案，以满足孩子的特定需求。在整个疗程中，治疗师使用表扬和鼓励来正强化父母的行为，就像父母使用表扬和鼓励来正强化孩子适当的行为一样。

PCIT 能有效减少孩子的问题行为，提高亲子互动的质量。荟萃分析表明，与对照组相比，参与 PCIT 的孩子表现出较少的破坏性行为（ES=-0.87）和更多的服从（ES=0.89）。此外，参与 PCIT 的父母报告说，他们对自己教养孩子行为的能力有了更高的信心，总体上减轻了养育压力（Thomas, Abell, Webb, Avdagic, & Zimmer-Gembeck, 2018）。

研究还着眼于使 PCIT 适应不同族裔和文化的家庭的需要。例如，专门为墨西哥裔美国家庭设计的 PCIT 由西班牙语治疗师提供。这些治疗师被称为"教师"以减少与精神健康治疗相关的羞耻感。该计划用更多的时间建立融洽关系，这对参与者来说是非常重要的（McCabe, Yeh, Lau, & Argote, 2012）。还有些 PCIT 变体针对的是患有孤独症谱系障碍（McNeil, Quetsch, & Anderson, 2019）、发育障碍（McNeil, Quetsch, & Anderson, 2019）或有被虐待史的孩子（Cotter, Wilsie, & Bestan-Knight, 2019）。

录像示范和惊奇岁月计划

传统 PMT 的最后一个变体是录像示范。卡罗琳·韦伯斯特–斯特拉顿（Carolyn Webster-Stratton）基于这种方法开发了一个针对出现品行问题的儿童的综合性项目。**惊奇岁月计划**（**Incredible Years Program**）包括为父母、教师和儿童单独提供的治疗模块。该计划专为最有可能退出传统PMT的低收入、高压力的家庭设计（Webster-Stratton & Reid, 2019）。

惊奇岁月基础父母培训计划是传统 PMT 的改进版。该计划由 14 次父母培训课程组成，每次约 2 小时。父母在培训中学会关注孩子的行为、强化适当的行为，并用非专制性的方法惩罚不适当的行为。治疗师会呈现父母与孩子互动的录像片段。这些片段的作用是说明孩子品行问题背后问题的亲子互动，并传授其他有效的养育策略。父母与其他父母一起观看录像，然后相互间及与治疗师一起讨论教养原则和养育技巧。在这个过程中，治疗师的角色是合作者和支持者，而不是教师。治疗师鼓励父母自行决定如何实施每项养育原则，调整计划以满足家庭需求。

惊奇岁月高级父母培训计划是作为基础计划的补充向父母提供的。韦伯斯特–斯特拉顿意识到，在家庭中面对高水平的压力和冲突的父母很难实施基础计划，也很难避免与子女进行敌对性和专制性交流。高级课程包括 14 次额外的治疗课程，教父母自我控制和愤怒管理策略、沟通技巧、人际问题解决技巧以及加强社会支持网络的技巧。这些技能旨在改善父母的情绪状态、缓解家庭紧张，并为父母提供有效实施基础计划所需的支持。

惊奇岁月学业技能训练（学校）和教师培训（教师）计划是为了补充基础和高级计划而开发的。这些计划旨在改善患儿的学业功能。学校计划由 4 ～ 6 节由父母参与的团体治疗课程组成，目标是提高父母对子女教育的参与度，促进父母与教师的合作，以及加强父母对子女与同伴的活动的监护。教师计划是教师的工作坊，主题包括制定课堂管理策略、加强患儿的社交技能和避免同伴拒绝、改善与父母的沟通、监控儿童的活动以及减少其在学校的躯体性攻击和欺凌行为。

惊奇岁月儿童计划是为有品行问题的 4 ～ 8 岁儿童开发的。这项为期 22 周的计划针对小规模的儿童团体，利用一系列录像片段、玩偶和角色扮演活动来改善儿童在学校的行为。活动中使用的主要的玩偶是恐龙迪娜，因此该治疗通常被称为“恐龙课堂治疗”。该治疗旨在传授情绪调节、共情、问题解决和沟通技巧。在观看录像后，儿童讨论感受，分享和评估关于如何解决社会和人际问题的想法，并练习新技能。治疗师通过游戏、歌曲、艺术活动和角色扮演教授概念。该计划的总体目标是教儿童如何在课堂上表现、如何建立和维持友谊，以及如何与同伴适当地玩耍。

惊奇岁月的基础计划在改善父母对养育子女的态度、父母与孩子互动的质量以及患儿的行为方面非常有效。参加该计划的父母对孩子表现出的敌意性和胁迫性行为较少，随着时间推移，他们的孩子表现出的品行问题也较少。与只参加基础计划的父母相比，参加高级计划的父母与配偶或伴侣的互动更加和谐，在家庭中的沟通和问题解决能力更强，对治疗的满意度也更高。这些关系质量、沟通和问题解决方面的改善与更敏感和更积极的亲子互动相关（Gridley, Hutchings, & Baker-Henningham, 2015; Lees & Fergusson, 2015; Leijten, Raaijmakers, Orobiode Castro, van den Ban, & Matthys, 2015; Simon, 2016; Webster-Stratton, 2016）。

整体计划的有效性也已在出现品行问题的患儿和来自低社会经济地位家庭、有可能出现品行问题的儿童中进行了评估。总体来说，与家庭不接受治疗的患儿相比，家庭接受以父母为基础、以学校为基础或以患儿为基础的干预的个体在行为方面表现出更大程度的改善。荟萃分析显示总体效应量为 0.40。家庭接受更多治疗的儿童比家庭只参与一种治疗的儿童表现更好。在所有研究中，基础课程往往是最有效的。然而，高级计划对患有抑郁症的母亲、有药物滥用史的父亲以及有高度心理社会压力的家庭尤其有用（Webster-Stratton & Reid, 2019）。

小　结

- 父母管理训练是一种行为干预手段，旨在帮助照顾者识别和强化患儿的适当行为，并通过非专制性规则减少行为问题。
- PCIT 是父母管理训练的一种变体，在这种训练中，照顾者在受到治疗师指导的同时与孩子互动。
- 惊奇岁月计划可以用于照顾者、教师或儿童团体。参与者观看并讨论旨在示范改善儿童行为技能的视频。

哪些循证治疗适用于大龄儿童与青少年？

问题解决技能训练

问题解决技能训练（problem-solving skills training, PSST）基于的理念是有破坏性行为问题的儿童青少年在感知、解释和应对人际问题的方式上表现出特征性的偏差。社会信息加工偏差会干扰他们以亲社会方式做出反应的能力，并增加他们出现敌对和攻击行为的可能性（Kazdin, 2019）。

回想一下，社会信息加工由 6 个步骤组成：（1）编码社会情境中的线索；（2）解释线索；（3）澄清目标；（4）为行动产生可能的行动计划；（5）评估；（6）实施解决问题的最佳方案。PSST 尝试纠正具有攻击性的儿童与青少年的存在偏差的信息加工方式，教他们如何以更具适应性的方式通过这些社会问题解决步骤取得进步。

治疗师最初会教儿童青少年一个简化的社会问题解决策略。这个策略的每一步都会促使儿童青少年关注人际问题的某些方面，并帮助他们以亲社会的方式解决问题。

首先，问自己：“我该怎么办？”这要求他们识别问题并确定在这种情况下应该如何行动。第二步，接着思考：“我有哪些选择？”这一步提醒他们尽可能多地制定行动方案。第三步，提醒自己：“我最好集中注意力并专注。”这一步鼓励他们评估可能的行动方案。第四步，最终决断：“我需要做出选择。”这一步要求他们选择最优策略。第五步，评估结果，得出“我做得好”或者是“我犯了一个错误”的总结。这些步骤共同放慢了问题解决过程的速度，并帮助儿童青少年在行动之前考虑更多信息。你可以在从科学到实践部分中看到如何实施这些步骤。

从科学到实践
问题解决技能训练

你在学校食堂排队。有人从后面撞你，导致你把牛奶溅到了自己的衬衫上。有个高年级的学生在取笑你，其他学生也开始笑你。请使用问题解决的步骤找到最佳的反应方式。

步骤 1：我应该做些什么？

我想解决这个问题而非感到尴尬或打架。

步骤 2：看看所有的选择。

我可以走开然后去洗衣服。

我可以假装我没有注意到欺凌并且继续吃午饭。

我可以嘲笑自己的笨拙，然后讲个笑话。

步骤 3：考虑每一种可能。

如果我走开或者忽视欺凌，我将会避免打架但还是会感到尴尬。

如果我自嘲并针对当时的情境讲个笑话，我可能可以缓和当时的情况。

步骤 4：做决定

我会笑着自嘲：“真不敢相信我把牛奶洒了一身，好一个‘彻底’的失败啊！”[1]

步骤 5：评估结果

我做了一个很好的选择。每个人都在笑，而且我也不觉得尴尬。

治疗师通常在每次治疗开始时都会描述儿童青少年在日常生活中可能遇到的人际问题，例如课间争吵、公交车上的问题或学校走廊上的纠纷。然后治疗师会向患儿展示如何使用这些步骤来解决问题。接下来，治疗师和患儿模拟情境，进行角色扮演。在前几次治疗中，患儿需要在解决问题的过程中大声说出自己的思考过程，熟悉过程后可变为默念操作。在每次治疗过程中，治疗师都会指导患儿并给予表扬

1 英文udder（奶牛乳房）与utter（彻底）谐音——译者注

和鼓励。如果可能，治疗师也会教导父母掌握这些问题解决步骤，并鼓励他们在家庭场景中通过提示和奖励来强化孩子的应用实践。

PSST 能有效减少学龄儿童与青少年的攻击性和破坏性行为。在一些研究中，接受 PSST 的个体比接受专注力训练对照组的个体表现出更大程度的症状减轻。与对照组相比，住院和门诊患儿的功能均有所改善，1 年后治疗效果依然保持。此外，同时接受 PSST 和 PMT 的家庭比单独接受这两种治疗的家庭有更好的结果（Kazdin, 2019; Michelson, Sugai, Wood, & Kazdin, 2013）。

攻击性替代训练

攻击性替代训练（Aggression Replacement Training, ART）是为有破坏性、攻击性和反社会行为史的青少年设计的多模式治疗（Glick & Gibbs, 2011）。ART 是建立在这样一个前提之上的：参与反社会行为的青少年缺乏作为亲社会行为基础的行为、情感和认知技能。这些青少年在解决社会问题、情绪调节和道德推理方面表现出延迟，这会干扰他们表现出顺从、建设性行为的能力。此外，这些青少年生活中的其他人，特别是家人和同伴，有时会示范和强化破坏性和攻击性行为（Brännström, Kaunitz, Andershed, South, & Smedslund, 2016）。

在 ART 中，青少年参与旨在传授行为、情感和认知技能的结构化的团体活动（Goldstein & Martens, 2000）。具体来说，ART 包括三个部分：（1）技能流；（2）愤怒控制训练；（3）道德推理训练。

作为 ART 的行为部分，技能流的目标是增强亲社会技能，帮助青少年避免争吵和攻击行为（McGinnis, 2011a, 2011b）。这些技能通过示范、角色扮演、强化和反馈的组合在团体中被教授。技能被分为 6 类：（1）初级社交技能（例如倾听）；（2）高级社交技能（例如道歉）；（3）与感受相关的技能（例如理解他人的感受）；（4）攻击的替代方法（例如避免打架）；（5）应对压力的技能（例如应对群体压力）；（6）与计划相关的技能（例如设定长期目标）。

首先，治疗师向小组介绍一项技能。接下来，治疗师将技能分成几个组成部分，并对每个部分进行示范。然后，治疗师会提示每个团体成员确定如何在日常生活中运用这项技能。最后，团体成员轮流进行角色扮演，模拟可能使用技能的情境。每个团体成员练习该技能，并从其他团体成员处获得反馈。角色扮演和反馈过程反复进行，直到所有团体成员都有机会练习该技能。之后，治疗师要求每个团体成员在小组外练习该技能（Weis & Pucke, 2013）。

愤怒控制训练包括 ART 的情绪调节部分（Feindler & Engel, 2011; Novaco, 1975）。愤怒控制训练的一个主要目标是帮助青少年了解外部触发因素和内部线索如何激发成员愤怒和攻击性。首先，团体成员确定可能引发愤怒的情境。然后，治疗师鼓励团体成员认识到哪些生理变化可以作为他们正在生气的标志。标记物可能包括感觉（例如感觉“热”）、生理唤醒的指标（例如出汗、肌肉紧张）或动作（例如叫喊）。

最后，治疗师介绍并使团体成员练习减少愤怒的技巧，如深呼吸。团体成员会被教导使用自我陈述，如“放松”或“保持冷静”来调节他们的唤醒程度，还被鼓励识别和使用技能流技术来解决社会问题，避免愤怒或攻击性的表现。

ART 的最后一个要素是道德推理训练（Arbuthnot & Gordon, 1986; Gibbs, 2010）。治疗师为团体讲一个关于青少年面临道德困境（例如欺骗、偷窃、打架）的故事。团体成员讨论治疗师提出的问题，强调在行动之前需要考虑其他人的权利和感受。在讨论过程中，治疗师鼓励团体成员采取更成熟、更少以自我为中心的道德决策。

总体而言，与未接受 ART 的青少年相比，接受 ART 的具有攻击性行为的青少年在学习和应用社交技能的能力方面有所提高。此外，在大多数研究中，接受 ART 的儿童青少年也表现出更好的愤怒控制能力，更好的道德推理能力，从事犯罪活动的可能性也有所降低（McCart & Sheidow, 2016）。

小 结

- PSST 是一种认知干预，儿童青少年在其中学习以更系统、更少偏差的方式感知、解释和回应人际关系问题。
- ART 是一种多模式的认知行为疗法，专为具有对立、攻击和 / 或反社会行为的青少年设计。包括技能流训练、愤怒控制训练和道德推理训练。

我们如何帮助少年司法系统或寄养的儿童青少年？

多系统疗法

多系统疗法（Multisystemic Therapy, MST）是一种以家庭和社区为基础的密集治疗的形式，对有严重品行问题的青少年特别有效。MST 已成功应用于表现出长期青少年犯罪、暴力犯罪、物质使用问题和性犯罪的青少年。MST 是青少年司法系统中最成功的青少年干预措施之一（Henggeler & Schaeffer, 2019）。

MST 基于布朗芬布伦纳（Bronfenbrenner, 1979）的生态系统模型这一理论假设，儿童青少年的发展最好在相互作用的多个系统的背景下理解。这些系统包括儿童青少年与家人、教师和朋友的近端关系，以及远端社会文化因素，例如家庭收入、族裔、语言或文化适应。随着时间推移，每个层面都会与其他层面互动，影响儿童青少年的发展。

例如，儿童青少年可能在很小的时候就表现出注意力很难集中或学习问题。他的父母可能无法解决这些问题，因为他们需要工作很多小时来满足家庭的经济需要。此外，由于经费削减，学校可能无法向儿童青少年提供高质量的教育服务。结果，儿童青少年可能会经历更严重的学业问题，变得不喜欢学校，并开始与那些引导他去做反社会行为的不良同伴交往。如果儿童青少年生活在一个贫困的社区，他可能无法获得诸如体育、社团或兼职工作的课后资源来缓冲这些风险因素。因此，这些儿童青少年的破坏性行为的频率和严重性可能会随着时间推移而增加（Henggeler & Schaeffer, 2016）。

MST 治疗师的目标是三个对青少年福祉至关重要的系统：（1）家庭；（2）学校；（3）同伴。第一，治疗师可以帮助父母发展更有效的技能，以便在家里与孩子互动。例如，治疗师可以通过父母教养训练计划教父母如何在放学后监护孩子，或者帮助父母学会避免与青少年发生冲突。治疗师还会尝试消除干扰父母提供支持和持续照顾的能力的障碍。例如，治疗师可能会处理父母的婚姻不和，帮助父母克服酗酒问题，或者增加单身父亲或单身母亲的社会支持网络。治疗师将自己视为父母的资源和盟友。治疗师希望通过提高父母的技能和幸福感使他们能更有效地管理孩子的行为。

第二个治疗领域针对青少年的学校。大多数 MST 治疗师希望增加父母对孩子教育的参与。治疗师可以充当父母和教师之间的联络人，或者帮助父母满足孩子的教育需求。治疗师可能会教父母如何监控孩子的出勤率和课堂行为。同样，治疗师会尝试消除青少年获得学业成就的障碍。例如，治疗师可能会帮助解决父母和教师之间的冲突或处理实际问题，比如帮助父母抽出时间参加家校会议。

第三种干预方式涉及青少年的同伴。与不良同伴的交往是青少年品行问题的最强预测因素之一。因此，治疗师会尝试限制青少年与不良同伴互动的机会，增加与亲社会青少年互动的机会。至少，治疗师会鼓励父母和青少年生活中的其他人（例如家人、教师、警察）密切监控青少年的行踪，尤其是在放学后。同时，治疗师可能会帮助青少年发展新的同伴网络。例如，治疗师可能会鼓励青少年参加运动队、加入学校俱乐部或当社区志愿者。治疗师还可以帮助青少年提高社交技能，以增加其被亲社会同伴接受的可能性。

MST 是一种密集、灵活、聚焦家庭的干预措施。治疗师通常以 3 ～ 5 人为一组，每周 7 天，每天 24 小时全天候服务。治疗师通常在儿童与青少年的家中或社区而不是在办公室与家庭成员会面，以此提高家庭的出勤率和参与度。MST 通常持续 3 ～ 5 个月（Henggeler & Schaeffer, 2016）。

有大量证据支持 MST 对有品行问题的青少年具有疗效。在许多随机对照试验中，接受 MST 的家庭的孩子比未参与 MST 的家庭的孩子再次被捕的可能性低 25% ～ 70%，被逐出家的可能性低 47% ～ 64%。治疗似乎可以改善家庭功能和养育技巧，从而减少青少年与不良同伴的联系及其破坏性行为。

密苏里州犯罪项目（Missouri Delinquency Project）为我们提供了 MST 对青少年发展结果长期影响的最佳信息（Henggeler & Schaeffer, 2020）。在这项研究中，有严重反社会行为史的青少年被随机分配到社区接受 MST 或个体治疗。在研究开始时，这些青少年大多曾因严重犯罪活动被捕约 4 次，近一半有暴力犯罪（例如性侵、殴

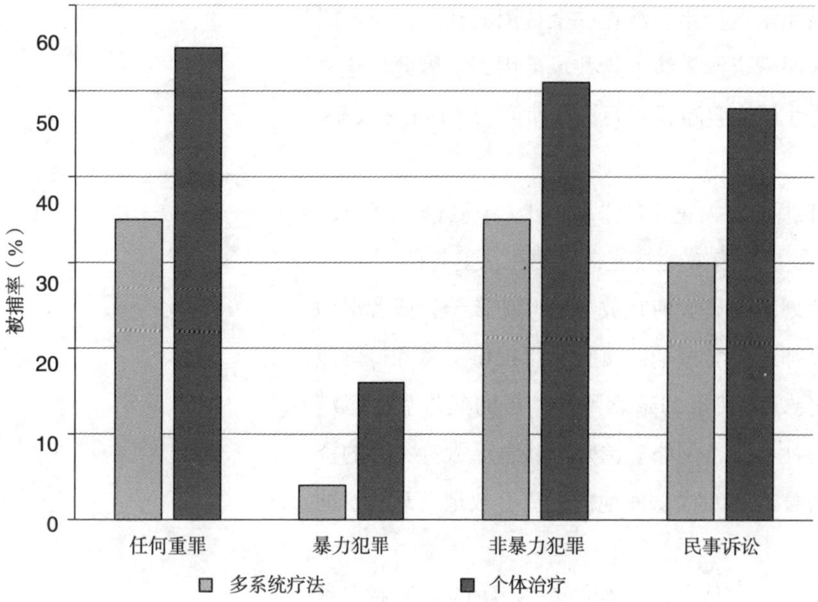

图 9.9 密苏里州犯罪项目结果

注：接受 MST 的青少年比接受个体治疗的青少年犯重罪或作为成人卷入民事诉讼的可能性更小。基于亨格勒和舍费尔（Henggeler and Schaeffer, 2020）。

打和意图杀人的殴打）的历史。治疗 22 年后，与在社区接受其他形式治疗的青少年相比，接受 MST 的青少年不太可能再犯重罪、参与暴力犯罪或卷入民事诉讼（图 9.9）。

青少年罪犯的兄弟姐妹也受益于 MST 的家庭治疗部分。数据显示，在父母接受 MST 治疗约 25 年后，其子女兄弟姐妹的被捕率为 43%，接受个体治疗的青少年的兄弟姐妹的被捕率则高达 72%。这些发现表明 MST 有助于整个家庭系统，而不仅仅是对接受治疗的青少年有益（Wagner, Borduin, Sawyer, & Dopp, 2014）。

不幸的是，MST 项目仅能用于约 1% 的有严重品行问题的青少年。这是因为大多数治疗师没有接受 MST 的正式训练，而且这种治疗形式需要大量时间。希望支持 MST 的继续研究可以为当地社区开发更多的该项目（Capaldi & Eddy, 2015; Wu et al., 2016）。

俄勒冈州寄养治疗

俄勒冈州寄养治疗（**Treatment Foster Care Oregon**）是由俄勒冈州青少年社会学习中心开发的。该中心致力于服务司法、儿童与青少年福利和精神卫生保健系统。参与这个项目的大多数青少年因为破坏性行为问题、犯罪活动或严重攻击行为而被逐出家。俄勒冈州的寄养治疗计划不会将这些青少年放在集体家庭或青少年拘留中心，而是安置在设置了专门训练的寄养环境中。这些青少年可以在那里学会调节自己的行为和情绪（Dishion, Forgatch, Chamberlain, & Pelham, 2017）。

该计划以社会学习理论为基础。根据这一理论，有困难型气质或多动-破坏性行为的孩子会让照顾者感到愤怒、沮丧或无助。反过来，他们的照顾者可能会以敌对或胁迫的方式对孩子的不当行为做出反应，要么屈服于孩子的不服从行为，要么惩罚他们。照顾者可能会负强化孩子的不顺从行为，并示范具有攻击性的问题解决策略，例如大喊大叫、殴打或威胁他人。随着时间推移，孩子们在家里和社区中会出现更多具有攻击性的行为和反社会行为。

社会学习理论还假定，非攻击的、亲社会行为可以通过正强化和非专制性规则来教导。在自然发生的环境中，如家庭和学校而不是在集体之家或拘留中心，新行为将会被最有效地教导和泛化。因此，在俄勒冈州寄养治疗中，青少年被安置在治疗性寄养家庭。在那里，经过专门训练的治疗师通过操作性条件作用指导青少年做出更具适应性的行为。

俄勒冈州寄养治疗有两个主要目标。第一，青少年必须学习和实践新的行为和情绪调节技能，以便他们能够在社区中成功生活。第二，青少年必须准备在接受治疗后与亲生父母重新生活在一起。为了实现这些目标，每名青少年被安置在不同的寄养家庭 6 ～ 9 个月。经过训练的养父母使用日常行为管理系统，在该系统中，适当的行为通过代币得到强化，而不适当的行为则通过反应代价得到惩罚（即撤回代币和特殊奖励）。青少年还会被指派一名帮助他们成功适应寄养的个体治疗师，以及一名在自然环境中教授适当社交技能的“技能教练”。另一名治疗师会被指派给孩子的亲生父母，为他们提供父母管理训练，并使他们为重新和孩子生活在一起做好准备。

一些随机对照研究表明，俄勒冈州寄养治疗可以有效地减少男性青少年犯罪行为的数量和严重程度。与对照组相比，参与该计划的男孩因犯罪被逮捕的可能性更小，远离原生家庭的时间更少，暴力犯罪的概率更低。与对照组相比，接受治疗的男孩的尼古丁、大麻和其他药物的使用率也较低。两个因素解释了该计划的作用。第一，在寄养安置期间，男孩能够避免与不良同伴接触；第二，照顾者使用更有效的策略来管理男孩的破坏性行为。

该计划已被证明能改善反社会女孩的结局，这也使其值得受到注意。两项随机对照研究调查了该治疗对有破坏性行为和犯罪史的女孩的影响。与家人重新生活在一起两年后，与对照组相比，参与该计划的女孩被捕的可能性更小，入学率也更高。与对照组相比，参加该项目的女孩也不太可能出现酒精和其他物质使用问题，不太可能患抑郁症，也不太可能怀孕。该计划帮助女孩避开不良同伴，并增加她们在学校和其他亲社会活动中的参与度，这部分解释了女孩的改善（Buchanan, Chamberlain, & Smith, 2019）。

小　结

- 多系统治疗是一种针对严重品行问题青少年的基于家庭和社区的密集治疗形式。包括家庭治疗、学业和学校支持，以及加强父母监督。由临床医生团队密集实施治疗。
- 俄勒冈州寄养治疗中心旨在提高儿童青少年的行为和情绪调节技能，并为与家人团聚做好准备。经过专门训练的寄养照料者使用操作性条件作用来强化儿童青少年在寄养家庭和学校的适当行为。

药物治疗对有品行问题的儿童青少年有帮助吗？

目前还没有已被批准用于治疗儿童青少年品行问题的药物。因为大多数研究指出家庭、社会和文化因素是反社会行为的直接原因，所以心理社会治疗是首选的治疗方式（Fisher & Sexton, 2018）。

如哌甲酯这样的兴奋剂可以减少 ADHD 患儿的攻击性和对立-违抗行为。虽然这些药物主要用于治疗 ADHD 症状，但也可以减轻一些个体，尤其是认知功能低于平均水平的男孩的破坏性行为。兴奋剂类药物可以通过改善儿童与青少年与父母的互动质量、同伴关系质量和在学校参与度来减少破坏性行为。只要持续服药，这些益处就会保持不变（Zaraa et al., 2018）。

利培酮是另一种有助于减少某些儿童青少年破坏性行为的药物。利培酮是一种非典型抗精神病药物，通常用于治疗精神分裂症或双相情感障碍。然而，利培酮也可以减少那些单独服用兴奋剂没有疗效的 ADHD 患儿的攻击性行为。

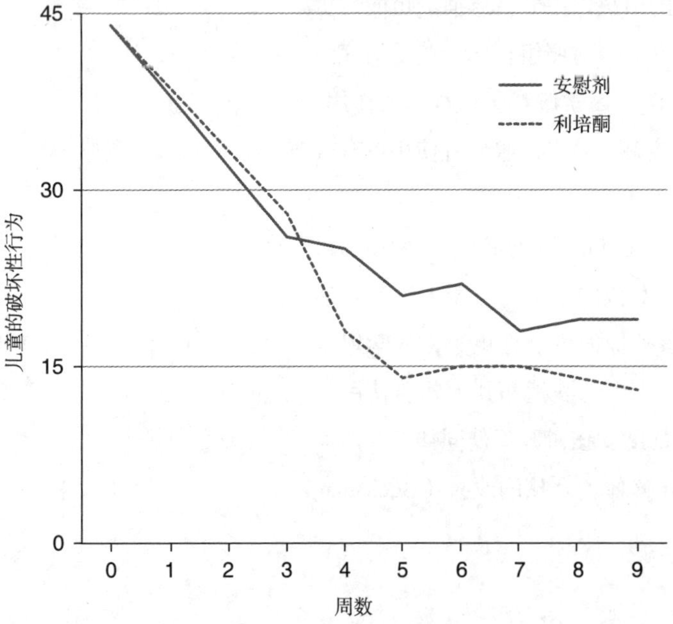

图 9.10 TOSCA 研究结果

注：比起安慰剂，在 ADHD 的传统治疗中添加利培酮比添加安慰剂能更好更快地减少儿童的破坏性行为问题。基于巴尔特里安及其同事（Barterian and colleagues, 2018）。

严重儿童攻击性治疗研究［Treatment of Severe Child Aggression (TOSCA) study］评估了 168 名患有 ADHD 并伴攻击性行为的学龄儿童。最初，所有儿童都接受了兴奋剂治疗，同时他们的照顾者则参加了父母教养训练。如果儿童在接受这两种治疗后仍表现出攻击性，那么他们会被随机分配接受利培酮或安慰剂治疗，同时接受兴奋剂治疗和父母教养训练。儿童的情况由临床医生、父母和教师进行评估，他们不知道儿童青少年服用的是利培酮还是安慰剂（Barterian et al., 2018）。

TOSCA 研究的结果表明，与单纯的兴奋剂治疗联合父母教养训练相比，在兴奋剂治疗和父母教养训练中添加利培酮可以更快、更大程度地减少破坏性行为问题（图 9.10）。患有 ADHD 且亲社会情感有限的儿童服用利培酮的获益最大。加入利培酮的主要局限是该药物会导致一些个体出现体重增加、消化道问题和其他副作用（Joseph et al., 2020）。

小 结

- 目前还没有药物被批准用于治疗儿童与青少年品行问题。因此，心理社会干预被认为是品行问题的最佳治疗方法。

- TOSCA 的研究表明利培酮可能帮助患有 ADHD 和品行问题的儿童。该药的副作用包括体重增加和消化道问题。

什么有效，什么无效，为什么？

在过去 30 年中，研究人员在确定品行问题的原因和制定干预措施以减少这些问题方面取得了长足的进步。然而，一些临床医生仍然在做无效的治疗，这些治疗有时甚至是有害的（Viljoen, Brodersen, Shaffer, & McMahon, 2017）。

监禁和其他形式的严厉惩罚在降低儿童青少年长期反社会行为的风险方面并没有效果。将青少年转移到成人法庭或康复机构尤其无效，而且往往会增加青少年再次犯罪或成人后继续进行犯罪行为的可能性。

试图恐吓青少年以避免反社会行为的威慑计划并不能减少犯罪。例如，一个名为“少年监狱之旅”的计划鼓励高危青少年参观成人监狱，听囚犯讲述囚犯之间的暴力和性侵犯故事。几项荟萃分析得出结论，参与这些威慑计划的儿童青少年实际上比没有接受干预的儿童青少年更有可能再次犯罪。

荒野挑战计划也是无效的。这些项目试图通过在森林或其他荒野环境中教授高危青少年生存技能来减少反社会行为。青少年还参与具有身体挑战性的活动和团建活动。参加荒野计划的青少年在破坏性行为方面几乎没有改善。此外，在这些项目中，青少年反社会行为的任何减少都会在他们回到家庭和社区后迅速消失。

最后，一些团体干预实际上会增加高危青年的反社会行为。例如，参加支持团体或其他非结构化团体治疗计划的反社会青年可能会在团体互动过程中进行偏差训练。当团体成员分享关于攻击、逃学和物质使用的故事时，他们是将反社会活动正常化并对此加以鼓励（Fisher & Sexton, 2018）。

幸运的是，有许多针对有品行问题的儿童青少年的循证疗法是可用的。这些方法有 5 个共同特点（Henggeler & Schaeffer, 2016）。第一，家庭是改变的主要原因。几乎所有有效的治疗都在某种程度上涉及父母。帮助父母制定并实施明确的子女行为规则、提高亲子互动的质量、减少敌意性和专制性的养育行为似乎是成功的关键。

第二，临床医生在计划治疗时考虑家庭更广泛的社会文化背景。有效的治疗有助于青少年避开不良同伴、多去上学，并参与社区的亲社会活动。治疗也有助于家庭缓解由社区劣势、贫困、犯罪、文化适应或其他社会文化风险带来的压力。

第三，治疗在家庭或社区进行。治疗师帮助家庭识别并克服治疗障碍，例如孩子缺乏照顾、交通或请假问题。治疗师们会使服务对于家庭在更大程度上容易获得。

第四，干预措施是行为化、个性化和综合性的。治疗师在很大程度上依赖正强化来改善儿童青少年的行为，他们根据家庭的切身关注调整建议，并致力于改善家庭、学校和社区的功能。

第五，评估治疗的有效性。循证治疗只有在仔细地实施和满足家庭需要时才有效。治疗师必须定期评估儿童青少年在治疗期间和治疗后的健康水平，以确保治疗有效。

关键术语

青春期起病的品行问题（adolescent-onset conduct problem）：一种个体在 10 岁后首次出现品行问题的发展路径，与成年期的行为问题和就业困难风险相关。

攻击性替代训练（Aggression Replacement Training, ART）：一项为具有破坏性、攻击性和反社会行为史的青少年设计的多模式认知行为治疗；包括：（1）技能流训练；（2）愤怒控制训练；（3）道德推理训练。

反社会人格障碍（antisocial personality disorder, ASPD）：DSM-5 中的一种障碍，其特征是普遍存在的忽视和侵犯他人权利的行为模式，其症状和体征包括冲动、易激惹和具有攻击性的行为、鲁莽或非法行为、缺乏责任感和不能履行社会义务。

儿童期起病的品行问题（childhood-onset conduct problem）：一种个体在 10 岁之前出现品行问题的发展路径，与青春期持续的品行问题和成年期的反社会行为风险相关。

专制型家庭过程（coercive family process）：一种亲子互动的模式，在这种互动中，父母负强化了孩子的不顺从，而孩子也负强化了父母对于他们的要求或脾气的屈服。

品行障碍（conduct disorder, CD）：DSM-5 中的一种障碍，其特征是重复和持续侵犯他人的基本权利或违反适龄的主要社会规范或规则的行为模式，其症状和体征包括：（1）攻击；（2）破坏财产；（3）欺骗或盗窃；（4）严重违反规则。

内隐症状（covert symptom）：通常不涉及躯体性攻击或对抗他人的反社会行为，例如破门而入、入室盗窃、撒谎、逃学和离家出走。

偏差训练（deviancy training）：同伴强化反社会行为和忽视或不强化亲社会行为的倾向。

双重失败模型（dual failure model）：假设品行问题导致儿童与青少年在同伴关系和学业这两个重要的功能领域经历失败，这些领域的失败会导致抑郁。

达尼丁多学科健康与发展研究（Dunedin Multidisciplinary Health and Development Study）：一项持续 40 年的前瞻性纵向研究，调查青儿童与青少年的长期心理健康。

敌对的养育（hostile parenting）：严厉的纪律手段，例如大吼、争吵、打屁股、殴打、批评或利用内疚感和羞耻感。

惊奇岁月计划（Incredible Years Program）：一系列为父母、教师和儿童设计的行为模块；依靠治疗师的指导、课内活动和用录像示范所期待的技能或行为。

间歇性暴怒障碍（intermittent explosive disorder, IED）：DSM-5 中的一种障碍，其特征为反复的愤怒暴发，导致言语和 / 或躯体性攻击。

亲社会情感缺乏（limited prosocial emotion）：DSM-5 中的一个标注，用于描述患有品行障碍的患者。这些患者还表现出以下两种情况：（1）缺乏悔恨或内疚；（2）冷漠或缺乏共情；（3）对自身表现缺乏担心；（4）肤浅的情感或缺乏情感。

多系统疗法（Multisystemic Therapy, MST）：一种基于家庭和社区的密集的治疗形式，对品行问题更严重的青少年有效。治疗手段包括（1）家庭治疗；（2）学业/学校支持；（3）增强父母监护。

对立违抗性障碍（oppositional defiant disorder, ODD）：DSM–5 中的一种障碍，其特征为（1）愤怒或易激惹的情绪；（2）争吵或违抗行为；和/或（3）对他人的报复。这些症状持续至少 6 个月，造成损害或痛苦。

外显症状（overt symptom）：可观察到的对抗性的反社会行为，例如人身攻击、抢劫、欺凌。

亲子互动疗法（parent-child interaction therapy, PCIT）：PMT 的一种变体，治疗师在父母与孩子互动时进行实时指导。

父母管理训练（parent management training, PMT）：一种行为干预方法，旨在帮助父母关注和强化儿童青少年的适应性行为，并使用非专制性纪律减少不顺从或违抗行为。

父母监控（parental monitoring）：照顾者（1）了解孩子所处的位置、活动和同伴的情况；（2）对孩子的活动设定适当的限制；（3）当孩子违反这些限制时，要用一致的方式管教孩子。

普雷马克原理（Premack's principle）：一种行为启发式理论，认为如果儿童或青少年知道他做一件自己不喜欢的事的结果是可以去做一件自己喜欢的事，那么他将更有动力去做一件不喜欢的事。

主动性攻击（proactive aggression）：为达到预期目标而故意实施的身体暴力或财产破坏行为。

问题解决技能训练（problem-solving skills training, PSST）：一种认知干预，在这种干预中，有问题的儿童青少年将会学习如何以更有效（更少偏差）的方式感知、解释和应对人际问题。

精神病态（psychopathy）：一些精神卫生专家使用的一个术语，用来描述一种以反社会行为、冲动、肤浅的情感、自恋和无视他人痛苦为特征的综合征，也与麻木不仁、缺乏情感反应和肤浅的魅力有关。

回应性攻击（reactive aggression）：针对威胁、令人沮丧的事件或挑衅而实施的人身暴力或财产破坏行为。

关系攻击（relational aggression）：一种攻击形式，在女孩中表现得尤为突出，儿童青少年通过破坏或操纵关系来伤害他人的情绪、自我概念或社会地位。

罗宾斯悖论（Robins paradox）：（1）大多数有反社会行为的成人在儿童与青少年时期有反社会行为史，但是（2）大多数反社会的儿童与青少年长大后不会成为反社会的成人。

选择性依附（selective affiliation）：被同伴拒绝的儿童青少年倾向于寻找其他被拒绝的儿童青少年，以加入他们的社交网络。

社会信息加工（social information processing）：一种感知、解释和解决社会困境或冲突的方法，包括六个步骤；具有攻击性的儿童青少年在进行这些步骤时往往表现出偏差或不足。

俄勒冈州寄养治疗（Treatment Foster Care Oregon）：针对涉及少年司法、儿童与青少年福利或精神健康服务体系的个体的行为治疗。在治疗过程中，儿童青少年生活在治疗寄养家庭中，并强化他们的适应性行为。

严重儿童攻击性治疗研究［Treatment of Severe Child Aggression (TOSCA) study］：一项随机对照研究，其结果表明在传统 ADHD 治疗中加入利培酮可以减少对传统治疗无应答的儿童的攻击性。

批判性思维练习

1. 为什么青春期男孩比青春期女孩更容易被诊断为 CD？ CD 的诊断标准是否存在性别偏见？应该改变吗？

2. 大卫是一个 10 岁的男孩。休息期间，大卫头部被足球击中，他脸上和衬衫上沾上了泥土和草渍。他注意到球是由戈利亚特踢的。戈利亚特是一个年龄较大的男孩，当时他正在附近和朋友踢足球。根据社会信息加工理论，大卫将通过哪些步骤来解决这个社会问题？如果大卫在解决问题时表现出敌对的归因偏差，他会如何解释和应对这种情况？

3. 莫妮卡和她 5 岁的儿子奥古斯丁参加了 20 次 PCIT 治疗。治疗后，奥古斯丁在家里的品行问题明显减少，但在学校却没有，这是为什么？

4. 想象一下，你从你的城市获得了一笔赠款，需要将其用于振兴和重建一个贫困的社区。为了降低居住在那里的儿童青少年中品行问题的患病率，你会做哪三项改变？

5. 剑桥-萨默维尔青少年研究是一项随机对照研究，旨在调查有品行问题的男孩接受综合治疗方案的效果。作为这项研究的一部分，男孩们每年夏天都被允许参加夏令营。令研究人员惊讶的是，多次参加夏令营的男孩成年后出现品行问题的可能性是从未参加夏令营的男孩的 10 倍。为什么这样善意的干预（比如允许男孩参加夏令营）会导致这些意想不到的负面结果？

第十章

青少年物质使用问题

SUBSTANCE USE PROBLEMS IN ADOLESCENTS

学习目标

阅读本章后，你应该能够做到以下几点：

10.1　描述青少年物质使用和物质所致障碍的主要特征，并解释青少年和成人物质使用问题的不同之处。

确定青少年物质使用和物质使用障碍的发生率和患病率，以及发生率和患病率如何随年龄、性别和族裔而变化。

10.2　描述酒精、大麻和尼古丁对青少年的生理和心理影响。

概述从儿童期到青春期物质使用问题出现的三种发展途径。

10.3　解释临床医生如何筛查青少年的物质使用问题，并利用动机增强来提高青少年减少潜在有害行为的意愿。

区分治疗青少年物质使用障碍的主要方法，包括 12 步骤治疗法、认知行为疗法、家庭治疗和复发预防。

10.1　物质使用和物质使用障碍

当西马·赫尔曼（Simah Herman）第一次决定尝试电子烟时，她还是一个 15 岁的高中生和狂热的舞者。“我不认为自己是个烟民，”她回忆道，“吸电子烟似乎不一样，就好像我没有做什么错事。”西马喜欢尼古丁带来的兴奋感，她喜欢和朋友们一起吸电子烟。她也喜欢电子烟的味道。“如果它们没有味道，我绝不会吸电子烟。普通香烟令人恶心。但我抽的是芒果味的，味道好极了。”

随着时间推移，西马开始越来越频繁地吸电子烟。她把烟藏在背包里、钱包里，还有房间里的枕头底下。她在当地的烟草商店或从朋友那里买烟弹。开始吸电子烟两年后，她每 15 分钟就吸一次。“最后，电子烟对我来说就像氧气，没有它我活不下去。我每时每刻都需要它。”西马还开始吸大麻。

西马对尼古丁和大麻的使用开始影响她的生活。她呼吸困难，体重减轻，出现恶心和呕吐的症状。她对瞒着家人吸电子烟感到内疚。她最终不再跳舞，开始缺课。一天，她因为肺衰竭被紧急送往医院。西马当时处于物质所致的昏迷状态。她被戴上呼吸机，直到情况稳定下来。

西马在两天后醒了过来，她发起了一场社交媒体运动，以警示其他青少年吸烟的危害。最近的统计数据显示，在美国，27.5% 的高中生在过去一个月吸食过含尼古丁的电子烟，14% 的高中生吸食过大麻。几乎五分之一的学生和西马一样每天都吸电子烟。已有数十名青少年死于电子烟引起的肺部并发症（Cullen et al., 2020）。

青少年吸电子烟、饮酒和使用其他药物的情况是一个从完全不使用到日常使用和依赖的连续过程。许多青少年尝试尼古丁、酒精和大麻；有些个体则发展出有问题的物质使用模式，这种模式会导致痛苦或损害（Bukstein, 2015）。

当物质使用问题确实发生时，这些问题会给青少年的健康和幸福带来即时和延迟的风险。在短期内，酒精和其他药物使用不当会导致车祸、冒险、伤害和意外伤害。长时间的物质使用会导致与父母和同龄人的关系问题，不参加体育运动、俱乐部和其他课外活动，以及学习成绩糟糕。长期风险包括慢性病、教育和就业问题、焦虑和情绪障碍（Heath, Lynskey, & Waldron, 2010）。

青春期是物质使用问题出现的重要发展时期。在 18 岁之前发展出中度到重度物质使用的青少年终身饮酒和消耗其他药物的量更大、物质使用模式更危险，社会情感和就业情况较差。相比之下，在青春期和成年早期避免物质使用问题的个体在日后的生活中不太可能出现这些问题（Bukstein, 2015）。

在这一章中，我们将重点介绍 DSM-5 中对物质使用和物质所致障碍的定义。然后我们将探讨青少年最常使用的三种物质：酒精、大麻和尼古丁。最后，我们将研究这些物质对青少年大脑和行为的影响，并了解如何预防和治疗青少年的物质使用障碍。

什么是物质使用障碍？

物质类型

当青少年和成人表现出有问题的酒精或其他药物的使用模式，且这干扰他们的日常功能或造成严重的心理困扰时，他们就会被诊断为**物质使用障碍**（**substance use disorder**）。每种物质都与一组特定的行为、认知、情绪、生理体征和症状有关。物质使用障碍患儿表现出这些症状和体征，但仍然坚持使用导致症状的药物（American Psychiatric Association, 2013）。以患有酒精使用障碍的艾丽卡为例。

案例研究
酒精使用障碍

艾丽卡的酒精问题

艾丽卡是一个 16 岁的女孩，因醉酒驾车被逮捕后，她被少年法庭转到我们的诊所。两个月前，艾丽卡在朋友家参加了一个聚会。她喝了大约六杯酒精饮料，然后开车回家。一名警官注意到艾丽卡开车摇晃不定，就把她拦在路边，确定了她的血液酒精水平为 0.10。艾丽卡被捕了。她的父亲让她在监狱里过夜以“给她一个教训”。

艾丽卡不得不面对她的物质滥用心理咨询师兰迪，她讨厌这样。她解释道：“我不知道我为什么在这里。我不是瘾君子，我不吸毒，我也没有做过其他和我同龄的孩子都没有做过的事。”尽管如此，法官命令艾丽卡参与物质滥用评估、12 次心理咨询和社区服务。

艾丽卡 14 岁时就开始在聚会中和在周末与朋友一起喝酒。她说自己讨厌啤酒，但喜欢有甜味的酒精饮料。“我喝酒是为了放松，和朋友们一起玩得开心。他们叫我‘库克船长’，因为我喜欢的香槟就叫这个名字。喝酒有助于我放松心情，我玩得很开心。”艾丽卡还承认在聚会和其他社交场合上吸食大麻，但否认吸食其他毒品。

“饮酒是否妨碍了你的日常生活？”兰迪问。艾丽卡回答道：“并没有，虽然今年我也宿醉过几次。”兰迪问：“那你的学业呢？”艾丽卡回答说：“我想我现在的成绩比刚上高中的时候还低。但我想那是因为，我现在和另外一群孩子混在一起，我觉得不是喝酒的问题。”

“你和你父母的关系如何？”兰迪问。艾丽卡回答道：“还行，我妈妈是医生，爸爸是投资顾问，所以他们很忙。只要我把好成绩带回家、不惹麻烦，他们就不会来烦我。他们现在来了是因为我被捕了。”

初始会面后，艾丽卡说：“我知道我必须来这里，我真的对自己所做的一切感到抱歉，但我显然没有酗酒的问题。此外，我相信有比我更糟糕的人，他们真的需要你的帮助。”兰迪回答道：“我们安排下周的咨询吧，下次再多谈一些。”

DSM-5 使用术语“物质”来指代酒精、毒品，以及可能被滥用并导致痛苦或损伤的药物。人们可能因为以下几种类别的物质患上物质使用障碍。

酒精是一种能增强 γ- 氨基丁酸（gamma-aminobutyric acid，GABA）的抑制剂，GABA 是大脑里主要的抑制性神经递质。酒精还能阻断主要的兴奋性神经递质谷氨酸。酒精对神经系统产生双相效应，在低剂量下导致欣快感和好社交，在高剂量下导致口齿不清、协调问题和认知损伤。

大麻是一种天然药物，含有 -9- 四氢大麻酚（delta-9-tetrahydrocannabinol, THC）。摄入后，它会影响许多神经递质和脑区，产生的作用包括欣快感、焦虑减轻、不寻常的感知和想法、反应时长增加、食欲增加和目标导向活动的低动力。

致幻剂包括麦角酸二乙胺（lysergic acid diethylamide, LSD）、赛洛西宾（psilocybin）和3,4-亚甲基二氧甲基苯丙胺（3,4-methylenedioxymethamphetamine, MDMA）。这些物质通常与血清素受体结合并刺激蓝斑核。蓝斑核是大脑中调节许多其他脑区的区域。这些物质通常会导致不寻常的感知和想法、时间感扭曲、定向力障碍、减轻焦虑。也会引起兴奋、情绪问题、偏执、判断力和决策能力受损。

吸入剂包括汽油、胶水、油漆稀释剂、喷漆和家用清洁剂等物质。这些物质中的成分一旦被摄入，就会对中枢神经系统产生广泛的影响。其效果包括欣快感、焦虑减轻和被动。然而，它们也会导致定向力障碍、口齿不清、反应时长增加、判断力差，甚至死亡。

阿片类物质包括天然阿片类物质（例如吗啡）、半合成阿片类物质（例如海洛因），以及合成阿片类药物（例如可待因、羟考酮和芬太尼）。合成阿片类药物通常用于止痛。除了缓解疼痛，它们还可能产生欣快感、减少焦虑，导致定向力障碍。人们会很快对阿片类物质产生依赖。停用阿片类物质会导致严重的烦躁、恶心、呕吐、失眠、肌肉疼痛和发烧。

镇静剂、催眠药和抗焦虑药包括用于治疗焦虑和失眠的药物（例如苯二氮卓类药物、巴比妥类药物），可增强GABA。GABA抑制中枢神经系统，引起困倦和放松。人们会快速对这些药物产生依赖。戒断反应包括出汗、心跳加速、手抖、失眠、兴奋和焦虑。

兴奋剂包括增强中枢神经系统多巴胺活性的药物和毒品。其中包括用于治疗ADHD的药物（例如安非他明和哌甲酯）以及毒品（例如可卡因等）。兴奋剂对大脑有立竿见影的作用，产生极度的欣快感、精力和社交能力增强，然而，也会导致焦虑、激动、愤怒、心律不齐、呼吸变浅和认知问题。

烟草中含有化学物质尼古丁。尼古丁具有兴奋和减轻焦虑的作用。短期使用烟草可以带来愉悦感、提高注意力、减少焦虑以及减少烦躁和不安，长期使用会损害健康。

当个体因使用某种物质引发痛苦和/或功能损害时，该个体即可被诊断为该物质的物质使用障碍（Chassin, Colder, Hussong, & Sher, 2016）。例如，一个滥用酒精的青少年可能被诊断为酒精使用障碍，而另一个滥用大麻的青少年可能被诊断为大麻使用障碍。个体可以被诊断为患有多种物质使用障碍。针对酒精、大麻和其他物质的物质使用障碍的诊断标准相同。因此，在本章中，我们将重点介绍青少年对酒精、大麻和尼古丁的使用，以此作为理解并治疗更广泛物质使用障碍的模型。

物质使用障碍

根据DSM-5，物质使用障碍是酒精或其他物质使用的非适应性模式，导致临床上显著的损害或痛苦（表10.1）。患有物质使用障碍的个体（包括儿童与青少年）

在 12 个月内至少表现出 11 种可能的体征或症状中的 2 种。体征或症状可分为四类：（1）控制损害；（2）社会功能损害；（3）使用风险；（4）药理学标准（American Psychiatric Association, 2013）。让我们来看青少年是如何表现出这种障碍的特征的。

表 10.1 物质使用障碍诊断标准

一种有问题的物质使用模式导致显著的具有临床意义的损害或痛苦，在 12 个月内表现为下列至少 2 项：
控制损害
1. 物质的摄入常常比意图的量更大或时间更长。
2. 有持续的欲望或失败的努力试图减少或控制物质的使用。
3. 大量的时间花在那些获得物质、使用物质或从其作用中恢复的必要活动上。
4. 对使用物质有渴求或强烈的欲望或迫切的要求。
社会功能损害
5. 反复的物质使用导致不能履行在工作、学校或家庭中的主要角色的义务。
6. 尽管物质使用引起或加重持久的或反复的社会和人际交往问题，但仍然继续使用物质。
7. 由于物质使用而放弃或减少重要的社交、职业或娱乐活动。
使用风险
8. 在对躯体有害的情况下，反复使用物质。
9. 尽管认识到使用物质可能会引起或加重持续的或反复的生理或心理问题，但仍然继续使用物质。
药理学标准
10. 耐受，通过下列 2 项之一来定义。
a. 需要显著增加物质的量以达到过瘾或预期的效果。
b. 继续使用同量的物质会显著降低效果。
11. 戒断，表现为下列 2 项之一：
a. 特征性物质戒断综合征。
b. 物质用于缓解或避免戒断症状。

控制损害

大量使用。青少年最初可能会在聚会上或与朋友一起尝试饮酒或吸食大麻。随着时间推移，他们可能会更频繁地使用这些物质，或消耗比原来预期更多的物质。

戒断问题。青少年会体验到很难停止或减少使用他们使用的物质，尽管他们想要这么做。他们可能会发现自己在不想饮酒的日子里饮酒（例如，在重要的考试前），或者在聚会上无法拒绝饮酒。

在获取该物质或从其效果中恢复方面花大量时间。青少年可能会花费大量的时间或精力试图获得酒精或从其影响中恢复。花在酒精相关活动上的时间开始干扰他们的日常学习、同伴关系和课外活动。

渴求。青少年可能会体验到强烈的欲望或冲动去饮酒或使用其他物质。某些人（例如饮酒的朋友）、地点（例如有酒的聚会）或情况（例如压力大的一天）都会引发这些渴求。

社会功能损害

*经常不能履行主要职责义务。*青少年可能因为使用物质而错过学校、工作或家庭活动。他们可能会忘记完成作业或忽视学习考试，导致成绩不好。他们可能因为酗酒、使用或持有其他药物而被停学。

*尽管经常出现人际关系问题但仍继续使用物质。*滥用酒精和其他物质的青少年可能会与父母争论他们在学校的物质使用或物质使用问题。青少年的同伴关系可能会恶化。他们可能在醉酒时与他人争吵或打架。

*放弃重要活动。*青少年可能会觉得他们没有时间参加运动、俱乐部或从事他们以前喜欢的爱好。他们也可能体验到去参与这些活动的能量或动力下降。他们可能会与不饮酒或不吸毒的朋友不再来往。

使用风险

*在对躯体有害的情况下反复使用。*青少年可能酒后驾车，或在酒精或其他物质的影响下反复将自身置于危险的社交场合中。

*尽管有身体或心理问题但仍继续使用。*在某些情况下，青少年认识到饮酒和使用其他物质对他们的健康、情绪、人际关系和学习功能有负面影响。然而，尽管存在这些问题，他们仍可能继续这么做。

药理学标准

耐受（tolerance）。当个体（1）需要更多的物质来达到预期状态，或者（2）重复使用相同数量的物质时产生的效果减弱，即产生物质耐受。青少年可能会发现，他们在聚会上需要喝更多的啤酒以达到“兴奋”的状态或者使用更多的大麻才能体验到焦虑减轻。

戒断反应（withdrawal）。当个体（1）停止或减少物质使用时会体验负面的生理症状，或（2）使用不同的物质来避免这些负面症状时，即产生戒断反应。使用尼古丁几个月或几年的青少年如果停止使用尼古丁，就会出现戒断症状。戒断症状可能包括焦虑、焦躁、易怒和注意力不集中。

物质使用障碍的药理学标准取决于物质的种类。例如，镇静剂与酒精一样，经常会引发焦虑、烦躁、失眠的戒断症状。相反，兴奋剂（例如甲基苯丙胺）经常引发嗜睡和疲劳的戒断症状。

人们对各种物质的敏感性以及产生耐受性和戒断症状的可能性也存在差异。有些人使用酒精和其他药物多年而没有产生耐受，而有些人几乎立即产生耐受（American Psychiatric Association, 2013）。

如果个体符合物质使用障碍的诊断标准，临床医生会标注问题的严重程度。严重程度由满足的标准的数量决定，2～3个为轻度，4～5个为中度，6个或更多为重度。临床医生也可以标注患者的症状是否**缓解（remission）**，也就是说，症状曾经存在，但现在已经不存在了。处于“早期缓解”状态的个体在3～11个月内没有任何症状（渴求除外）。处于“持续缓解”状态的个体在 12 个月或更长时间内没有任何症状（渴求除外）。

青少年只有在反复使用酒精或其他药物，导致严重痛苦或损伤时才被诊断为物质使用障碍。因此，物质使用障碍可以通过其复发（*recurrence*）和对青少年功能的影响来与物质使用行为区分开来。单次“酒后驾车”虽然很严重，但还不足以因此诊断一个青少年患有酒精使用障碍。要做出物质使用障碍的诊断，行为必须是反复发生的，并且必须与至少一种其他症状同时出现。同样，青少年与朋友一起反复吸食大麻虽然令人担忧，但可能还不足以做出其患有大麻使用障碍的诊断。行为必须给青少年的健康或社会情感功能造成损害，这个青少年才能被诊断为物质使用障碍（Heath et al., 2010）。

物质所致障碍

物质使用障碍的特点是，尽管有引起痛苦或损害的迹象和症状，但仍持续使用酒精和其他物质。根据定义，只有个体反复使用物质后才会出现物质使用障碍。

相反，**物质所致障碍**（**substance-induced disorder**）是指由于摄入或戒断酒精 / 物质而引起的特定综合征。DSM-5 确认了三种物质所致障碍：（1）物质中毒；（2）物质戒断；（3）物质所致的精神障碍（表 10.2）。

表 10.2　酒精、大麻和尼古丁的中毒和戒断症状

物质	中毒	戒断
酒精	心理变化：心境不稳定，判断力受损，性行为或攻击行为 口齿不清 协调性差 步态不稳 眼球震颤[1] 注意力 / 记忆力差 木僵或昏迷	自主神经活动亢进 震颤 失眠症 恶心或呕吐 幻觉 精神运动性激越 焦虑 全身性癫痫
大麻	心理变化：欣快感、时间感变慢、协调能力和 / 或判断力受损、社交退缩 眼结膜充血[2] 食欲增加 口干 心率加快	易激惹、愤怒、攻击 神经过敏或焦虑 失眠 食欲下降 焦虑不安或烦躁 心境抑郁 腹痛 发烧、出汗、头痛

1　眼睛看物体时非自主的、急促的眼球运动。

2　由血管发炎引起的眼睛发红。

续　表

物质	中毒	戒断
尼古丁（烟草）	无 DSM-5 的诊断	易激惹、挫折感、愤怒 焦虑 注意力难以集中 食欲增加 坐立不安 心境抑郁 失眠

中毒（*intoxication*）被定义为由于摄入某种物质而引起的“感知、觉醒、注意、思维、判断、精神运动行为和/或人际行为的紊乱”（American Psychiatric Association, 2013, p. 485）。通常情况下，中毒不会给人造成痛苦或损害。例如，一个人在聚会上喝了几杯酒后，会感到放松并且变得乐于社交。但是，如果酒精引起痛苦或损害，这个人则可被诊断为酒精中毒。物质中毒的具体症状因物质而异。

戒断被定义为“由于长期大量使用物质后，停止或减少物质使用所致的特定物质的问题行为改变”（American Psychiatric Association, 2013, p. 486）。戒断症状可包括外显行为（例如来回踱步）、情绪（例如焦虑）、认知（例如不愉快的梦）和生理功能（例如心率加快、恶心）的变化。根据定义，戒断症状总是有问题的，并且会导致痛苦或学业、职业或社会功能的损害。戒断的具体症状取决于所用的物质。

当个体由于使用或停止使用某种物质而出现精神健康问题时，就会发生物质所致的精神障碍（*substance-induced mental disorder*）。例如，长期使用酒精和催眠药物有时会引发抑郁障碍，停药后会导致焦虑障碍和失眠。诸如兴奋剂安非他命和可卡因在使用后有时会引发精神病性障碍，停用后会引发抑郁。一些青少年在基因上有发展出精神病性障碍的风险，他们在使用兴奋剂药物后可能发展出精神分裂症（MacKenzie et al., 2017）。

小　结

- DSM-5 使用术语“物质”来指代酒精、其他物质和处方药，这些物质可能被滥用并导致痛苦或损害。酒精、尼古丁和大麻是青少年最常使用的物质。
- 物质使用障碍的特点是酒精或其他物质的使用导致了痛苦或损害以及（1）控制受损，（2）社会功能问题，（3）使用风险和/或（4）耐受或戒断反应。在 DSM-5 中，个体根据其使用的物质类型得到诊断（例如酒精使用障碍、大麻使用障碍）。
- 物质所致障碍描述的是由于使用或停止使用酒精或其他物质所导致的综合征，包括物质中毒、物质戒断和物质所致的精神障碍。

青少年与成人的物质使用障碍有何不同?

症状表现的差异

DSM-5 中物质使用障碍的概念是针对成人的。最近的研究表明，青少年的物质使用问题在一些重要的方面不同于成人。因此，一些专家指出了 DSM-5 标准在用于儿童青少年时的一些局限性（Bukstein, 2015; Weis & Ross, 2015）。

第一种批评是，DSM-5 标准没有太考虑发展。青少年酗酒问题最常见的两个症状是成绩下降和旷课。然而，这两种症状都不包括在 DSM-5 物质使用障碍诊断标准中。因此，一些研究人员为青少年制定了从发展的角度来看更适宜的诊断标准。这些标准包括违反宵禁、对父母撒谎、成绩下降以及因使用物质而旷课（Wagner & Austin, 2006; Winters, Martin, & Chung, 2011）。

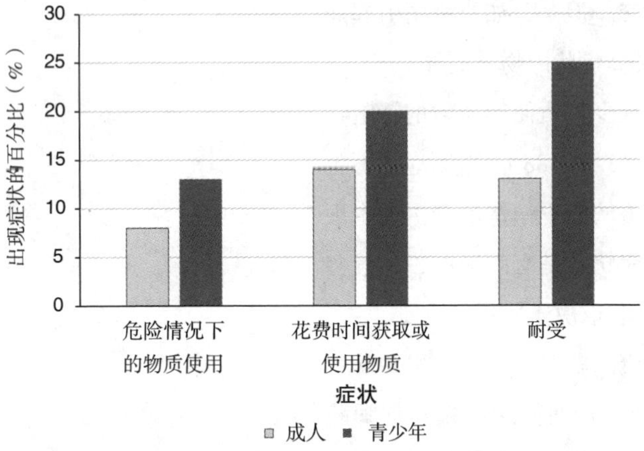

图 10.1　青少年 vs. 成人所报告的物质使用障碍的症状

注：青少年比成人更有可能报告耐受、花费时间获取物质以及危险情况下的物质使用方面的问题。基于哈福德及其同事（Harford and colleagues, 2009）。

第二种批评是，与成人相比，一些标准在青少年中被过度识别了（图 10.1）。有两项研究（Harford, Grant, Yi, & Chen, 2005; Harford, Yi, Faden, & Chen, 2009）比较了青少年（12 ～ 17 岁）与成人（大于 25 岁）出现 DSM-5 中所列症状的频率。与成人相比，患有物质使用障碍的青少年更容易报告三种症状：（1）耐受；（2）花费时间获取物质；（3）危险情况下的物质使用。

在成人中，酒精耐受往往发生在饮酒数年后。成人要达到同样的醉酒程度所需要的酒精量会随着时间推移而逐渐增加。然而，因为青少年通常是刚开始饮酒，所以耐受可能会发展得更快。例如，一个 14 岁的青少年在聚会上饮酒，他可能只喝了两杯啤酒就醉了。如果他持续喝酒几周或几个月，他可能需要喝三四杯啤酒才能达到同样的愉悦情绪状态。因此，青春期的耐受可能比成年期的耐受更容易出现。这可能导致青少年对这一症状的过度识别。

花大量时间在与物质有关的活动上的成人往往有慢性的与酒精和其他药物有关的问题。例如，一个对处方止痛药产生依赖的成人可能会花费相当长的时间说服医生给他开药、偷卖东西筹钱买药或者从非法渠道购买药物。相比之下，报告有这种症状的青少年与酒精和其他药物有关的问题往往不那么严重。一般来说，青少年满足这个标准是因为他们花了相当多的时间尝试获得酒精。例如，他们可能会伪造身份证、试图找到愿意为他们买酒的老朋友或者从父母那里偷酒。但是，相比报告有这种症状的成人，这些青少年不太可能有严重的物质使用问题。

儿童青少年也比成人更有可能报告在可能有危险的情况下使用物质。青少年更可能在危险的情况下使用药物，因为一般来说，他们参与冲动、高频的行为的概率更高。青少年可能比成人更有可能在醉酒时开车或从事其他高风险行为，这是因为他们在考虑其行为的长期后果方面能力不足（Leukefeld et al., 2015）。

青少年经常表现出与成人不同的酒精及其他物质使用模式（Ray & Dhawan, 2011; Wagner & Austin, 2006）。例如，青少年的物质使用，特别是酒精使用，比成人的酒精使用更具偶发性。大多数青少年倾向于狂饮（尤其是在聚会上），但通常不会每天喝酒。青少年多物质联用现象更为普遍。青少年同时滥用酒精和大麻比单独滥用某一种物质的情况更为常见。相比之下，大多数表现出物质使用问题的成人只选择一种物质。

青少年比成人更有可能摆脱物质使用问题。由于许多的生理和社会心理变化发生在青春期，许多青少年在进入成年早期后物质使用逐渐减少。例如，许多大龄青少年，特别是在他们十几岁和二十岁出头的时候经常饮酒。然而，大多数年轻人在承担了更多成人的责任（例如，获得全职工作、有了孩子）后，会大幅减少饮酒。无论患者多大年龄，所有严重的物质使用问题都值得治疗，但青少年通常表现出不同于成人的物质使用过程。

共病问题的差异

有物质使用障碍的青少年也比成人更有可能表现出共病的行为问题。社区中大约 50% 的有物质使用障碍的青少年至少还患有另一种心理障碍。在接受治疗的青少年身上，共病率为 60% ～ 90%。青少年更有可能表现出破坏性和反社会行为，而成人更有可能因药物使用而出现心境障碍和焦虑障碍（Bukstein, 2015）。

ADHD 是患物质使用障碍青少年中最常见的心理障碍（Dennis et al., 2002, 2004）。15% ～ 30% 的患 ADHD 青少年最终会发展出物质使用障碍。与之相对，50% ～ 75% 的患物质使用障碍青少年患有 ADHD。同时患有 ADHD 和物质使用问题的青少年表现出更严重的症状和更大的整体功能损害。他们的物质使用问题往往比未患 ADHD 的个体持续时间更长，对治疗的阻抗更强。经过物质使用问题的治疗后，患有 ADHD 的青少年复发的可能性是未患 ADHD 青少年的 2 倍（Latimer, Ernst, Hennessey, Stinchfield, & Winters, 2004）。

至少有三个假说可以解释物质使用障碍与 ADHD 的高共病性（Wilson & Levin, 2005）。第一，ADHD 和物质使用问题可能有共同的遗传或生物学原因。例如，患有这两种障碍的青少年表现出执行功能和行为抑制方面的问题。第二，ADHD 和物质使用问题都与其他破坏性行为障碍相关。例如，ADHD 患儿在发育后期出现 ODD 和 CD 的可能性增加。而 ODD 和 CD 则与青少年的物质使用问题有关。ADHD、ODD、CD 和物质使用问题可能是整个发展过程中出现的一系列外化行为的一部分。第三，ADHD 的症状会直接增加物质使用问题出现的可能性。例如，患有 ADHD 的青少年经常表现出糟糕的决策能力、社交问题解决能力和同伴关系。这些问题会导致同伴拒绝、社交孤立和抑郁。被拒绝的 ADHD 患儿可能会使用物质来获得同伴的认可或应对孤独感。

25% ～ 50% 有物质使用问题的青少年有抑郁的问题。纵向数据表明，大多数青少年使用酒精和其他药物主要不是为了应对抑郁。相反，心境障碍往往是在青少年出现物质使用问题之后发展出来。共病抑郁障碍和物质使用问题有时也可以用共同的遗传和社会心理风险因素来解释（Goodwin, Fergusson, & Horwood, 2004）。

有物质使用问题的青少年比未患物质使用障碍的青少年有更多可能出现自杀想法、自杀企图和完成自杀（Kaminer & Bukstein, 2005）。与物质使用相关的情绪问题部分解释了物质使用与自杀意念之间的关系。然而，至少有一项研究表明，即使控制了共病抑郁这一因素之后，这些青少年出现自杀企图的可能性仍然很高（Wu et al., 2005）。酒精和其他药物可能通过使青少年产生烦躁情绪、降低对自我伤害的抑制以及增加冲动和冒险的决策增加青少年自杀的可能性。

在有物质使用问题的青少年中，10% ～ 40% 的个体共病焦虑障碍（Kaminer & Bukstein, 2005）。物质使用与焦虑障碍之间关系复杂。有些焦虑障碍通常先于青少年物质使用问题而出现。例如，一些青少年使用酒精和其他药物来应对社交焦虑或不想要的创伤记忆。有些焦虑障碍则通常在药物使用问题出现后发展出来。例如，长期饮酒会导致逐渐增加的担忧和广泛焦虑。

三项基于社区的大型研究表明，青少年吸食大麻与日后的精神病性症状之间存在关联。与不吸食大麻的青少年相比，经常吸食大麻的青少年更有可能报告精神病性症状（例如幻觉、妄想）或在青春期后期或成年早期患上精神分裂症。吸食大麻和精神病性症状之间的联系不能用青少年的心理困扰程度来解释。因此，最终表现出精神病性症状的青少年不太可能使用大麻治疗精神障碍的早期症状。相反，数据表明，反复使用大麻可能会增加精神病性症状出现的可能性，特别是在那些具有精神分裂症遗传易感性的青少年中（Kelley et al., 2017）。

小　结

- 有物质使用问题的青少年往往有学习困难并且旷课。然而，这些问题不是 DSM-5 物质使用障碍诊断标准的一部分。
- 青少年比成人更有可能对酒精和其他物质产生耐受，花大量时间获取物质，并在危险情况下使用物质。
- 60% ～ 90% 因物质使用问题而接受治疗的青少年有一种共病的心理健康问题。

在青少年中物质使用问题有多常见？

物质使用患病率

关于青少年物质使用的最佳数据来自**监测未来**（**Monitoring the Future, MTF**）研究（Miech et al., 2020）。每年研究人员都会询问中学生和高中生对酒精和其他物质的态度、对使用这些物质的风险感知以及使用频率。每年大约有 50 000 名八年级、十年级和十二年级的学生完成匿名调查。他们的数据使我们能够确定青少年典型的物质使用情况，并了解过去 40 年中青少年物质使用情况的发展趋势（图 10.2）。

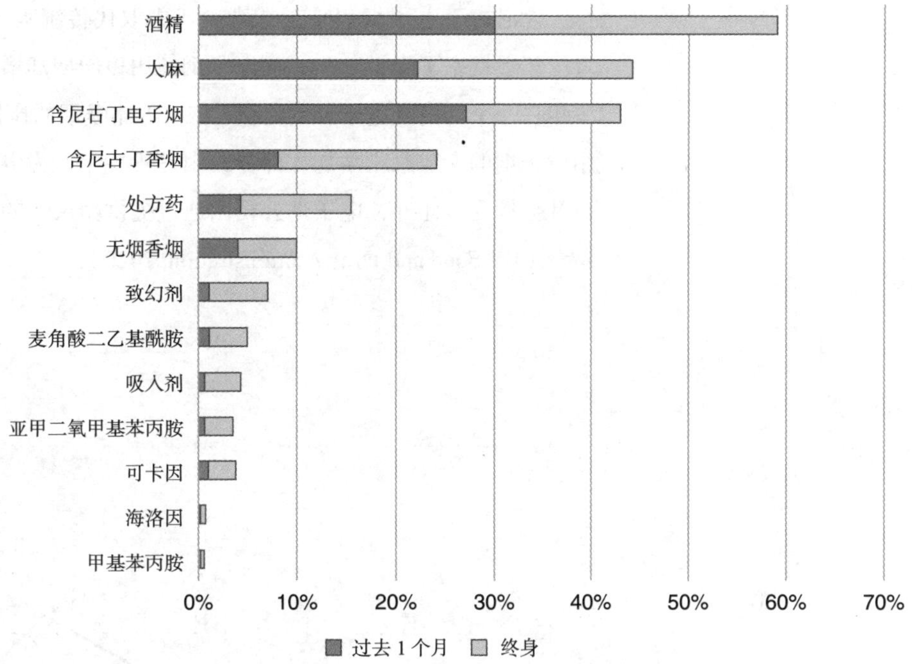

图 10.2　青少年物质使用频率

注： 酒精、大麻和尼古丁是高中生最常用的物质。处方止痛药和其他药物使用较少。基于米奇及其同事（Miech and colleagues, 2020）。

青少年饮酒很普遍。到高中的最后一年，59% 的青少年曾在生命中的某个时刻饮过酒，大约 53% 在过去一年内曾饮酒，近三分之一的人在过去一个月内曾饮酒。少部分低龄青少年也有饮酒的报告。大约 24% 的八年级学生报告说他们在生命中的某个时刻尝试过饮酒，而 8% 的八年级学生报告说在前一个月曾饮酒。在过去的 20 年里，青少年的酒精使用情况有所减少，特别是在大龄青少年中（Miech et al., 2020）。

美国青少年使用大麻的情况也相当普遍，特别是在大龄青少年中。大约 44% 的高中生至少吸食过一次大麻，36% 的人在过去一年中吸食过大麻，22% 的人在过去一个月吸食过大麻。低龄青少年使用大麻的可能性要小得多。只有 16% 的八年级学生尝试过这种物质，7% 的八年级学生报告在前一个月使用过大麻。近年来，青少年吸食大麻的情况没有明显变化（Miech et al., 2020）。

大约 24% 的高中生说他们至少尝试吸过一次香烟，6% 说在过去的一个月里吸烟，3% 说每天都吸烟。这些数据反映出，青少年吸烟率自 20 世纪 90 年代初达到顶峰以来急剧下降。青少年吸烟率的大幅下降与青少年对吸烟危害的意识提高、香烟价格上涨以及对烟草产品征收的高额联邦税有关。

虽然青少年的香烟使用量正在迅速下降，但含尼古丁电子烟的使用率却在急剧上升。最近的数据显示，43% 的高中生至少尝试过一次电子烟，37% 的个体表示在过去一年里吸过电子烟，28% 的个体承认在过去一个月里吸过电子烟。电子烟在低龄青少年中也很流行。大约 22% 的八年级学生尝试过电子烟，近 11% 的八年级学生表示在过去一个月里吸过电子烟（Miech et al., 2020）。

含尼古丁电子烟似乎正在青少年中取代传统吸烟（图 10.3）。自 2011 年以来，青少年吸烟率下降了 62%，而电子烟使用率同期却增长了 1700%。事实上，大龄青少年在一个月内吸电子烟的比例（28%）比吸烟的比例（6%）要高得多。青少年使用电子烟的人数急剧增加，部分原因是青少年认为电子烟比吸烟危害更小，更容易被社会接受。此外，电子烟公司因通过提供糖果味的产品向青少年进行营销而受到指责（US Food and Drug Administration, 2020）。

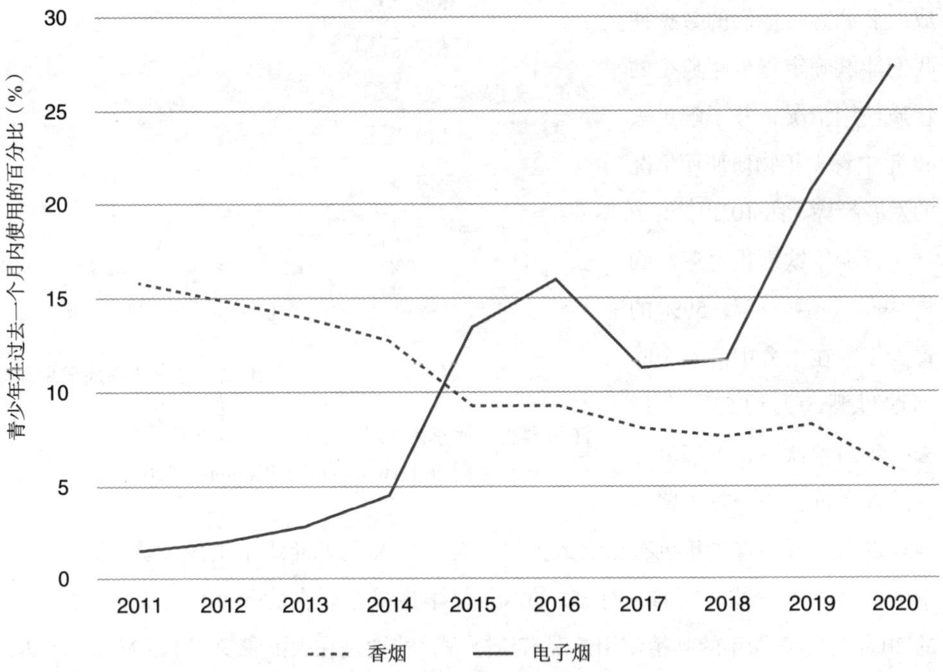

图 10.3　在青少年中，电子烟取代了香烟

注：在过去十年中，电子烟已经取代香烟成为青少年使用尼古丁的主要方式。基于美国食品和药物管理局（US Food and Drug Administration, 2020）。

虽然许多青少年尝试酒精、大麻和尼古丁，但大多数青少年不会尝试其他物质。与其他非法药物相比，青少年更有可能滥用处方药。在过去的一年里，大约有 5.5% 的高中生滥用药物以治疗 ADHD，3.9% 滥用镇静剂，3.4% 滥用处方止痛药，3.4% 滥用咳嗽药。过去两年，青少年使用处方止痛药的情况显著减轻，这反映出成人使用处方止痛药的情况有所减轻。由于青少年通常从同龄人或家人那里获得处方药，这些药物的使用在很大程度上取决于它们在普通人群中的可获得性（National Institute on Drug Abuse, 2020）。

总的来说，MTF 的数据表明，青春期的饮酒行为从发展的角度看是正常的。此外，大龄青少年使用电子烟和大麻的情况相当普遍，几乎一半的十二年级学生承认至少尝试过一次这些物质。其他物质的使用则相对少见。青少年的物质使用在很大程度上是机会性的。青少年倾向于使用那些他们最容易从家人和朋友那里获得的药物。

物质使用问题的患病率

评估青少年物质使用问题患病率的研究得出的结果不一致。这些结果因所研究的青少年样本、问题的形式和研究者对问题性使用的定义的不同而变化。

确定物质使用问题患病率的一种方法是估计符合物质使用障碍诊断标准的青少年占青少年总数的百分比。一般人群中 2% ～ 9% 的青少年符合 DSM-5 的物质使用障碍标准。这些青少年大多有轻度至中度的症状和家庭及学业功能问题。在普通人群中，有 1% ～ 5% 的青少年有重度的物质使用问题。这些青少年的症状更为严重，症状数量也更多，学业和社会功能也明显受损（Bukstein, 2015; Weis & Ross, 2015）。

第二种确定物质使用问题情况的方法是用潜在有害的方式使用酒精和其他药物的青少年占青少年总数百分比（图 10.4）。例如，大多数专家认为狂饮会导致潜在的危害，因为它与高水平的醉酒、健康问题和高风险行为有关。近 14% 的高中生报告在过去两周内曾狂饮。同样，每日的物质使用也有潜在的危害。大约 12% 的高中生每天使用电子烟，6% 使用大麻，3% 吸烟，1% 饮酒。青少年的物质使用和他们对风险的感知之间存在着一种中等程度的、相反的关系。经常酗酒或使用药物的青少年最不可能认为这些行为是危险的（Miech et al., 2020）。

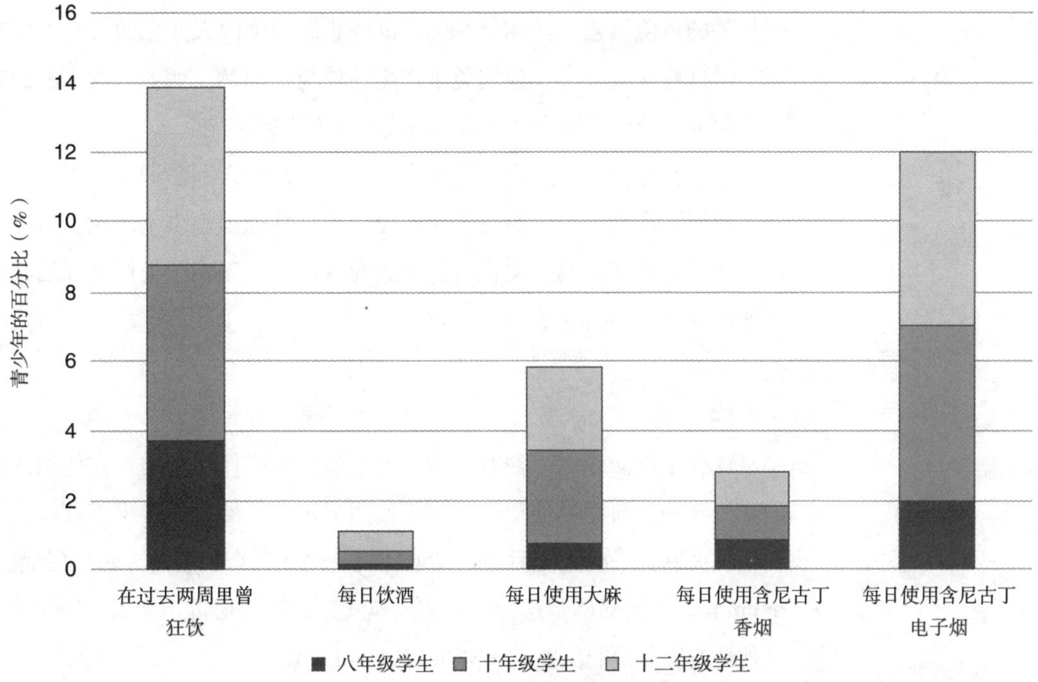

图 10.4　青少年问题物质使用

注：超过十分之一的高中生报告在过去的两周里，他们曾酗酒或每天抽大麻。基于米奇及其同事（Miech and colleagues, 2020）。

性别、族裔和物质使用

男孩和女孩的物质使用模式略有不同。男孩通常比女孩更早开始使用香烟、电子烟产品、酒精和大麻。在任何年龄段，尝试过任何这些物质的男孩的比例都略高于女孩。男孩也比女孩更容易狂饮、因物质使用而参与危险的活动以及因为酒精或其他物质使用在学校惹上麻烦（Miech et al., 2020）。

青春期男孩和女孩的物质使用问题的表现是不同的。有物质使用问题的男孩表现出高频率的冲动、攻击和反社会行为。男孩也比女孩更有可能遇到与物质使用有关的法律问题。对于男孩来说，物质使用障碍通常反映了更普遍的行为问题和反社会行为问题。

有物质使用问题的女孩通常比男孩报告有更严重的情绪障碍。这些女孩通常共病抑郁、焦虑和身体不适。有物质使用问题的女孩也比男孩更有可能有遭受家庭冲突和性虐待的历史（Weis & Ross, 2015）。

物质使用因族裔而异。美国原住民青少年的物质使用障碍发生率最高，其次是白人和拉丁裔青少年。美国原住民和非拉丁裔白人青少年在很小的时候就开始使用酒精和其他物质，他们可能比生活在美国的大多数其他族裔的青少年表现出更严重的心理健康问题（Wu & Blazer, 2015; Wu et al., 2013）。

非洲裔和亚裔美国青少年的物质使用问题患病率最低。非洲裔美国青少年药物使用问题的低患病率也值得注意，因为非洲裔美国青少年通常暴露于与物质使用障碍相关的风险因素，例如低 SES。也许非洲裔美国人文化的某些方面在某种程度上保护了这些年轻人，使他们免于产生物质使用问题。例如，大家庭的亲属关系或教会活动可能会缓冲社会经济困难造成的潜在有害影响。

拉丁裔青少年的患病率通常介于非拉丁裔白人和非洲裔美国青少年的患病率之间。然而，在美国出生的拉丁裔青少年比在其他国家出生的拉丁裔青少年出现物质使用问题的概率更高。文化适应和族裔认同似乎影响了他们使用酒精和其他物质的可能性（Miech et al., 2020）。

病　程

青少年倾向于以一种有序的、可预测的方式使用物质。在使用酒精和其他物质的青少年中，典型的使用模式始于使用尼古丁。然后，青少年可能会开始使用酒精和尝试大麻。一些人随后尝试其他药物，例如兴奋剂或处方药。**门槛假说（gateway hypothesis）**指的就是这种物质使用模式，即使用尼古丁和酒精通常先于使用大麻和其他药物等其他非法物质（Miller & Hurd, 2017）。

支持门槛假说的证据是不一致的。一方面，纵向数据表明，几乎所有滥用大麻、处方药或非法药物的青少年过去都曾使用过尼古丁或酒精。很少有青少年在没有与同龄人一起接触尼古丁和酒精的情况下开始使用其他物质。另一方面，大多数使用尼古丁、酒精和大麻的青少年不使用其他物质。因此，我们可以得出结论，所谓的硬毒品的滥用几乎总是以尼古丁、酒精和大麻的使用为基础的；然而，使用尼古丁、酒精或大麻并不意味着一定会升级到使用其他非法物质（Romer & Szobot, 2019）。

青少年物质使用问题最重要的预测因素之一是青少年初次尝试酒精或其他物质的年龄。一般来说，青少年开始使用物质的时间越早，他们出现物质使用问题的可能性就越大。13 岁以前开始吸烟、吸电子烟或饮酒的孩子尤其危险（Romer & Szobot, 2019）。

为什么大多数青少年只使用尼古丁、酒精或大麻，而有些却开始使用其他物质？几个纵向研究揭示了这个问题的答案（Chung & Martin, 2012）。第一，有冲动和破坏性行为史的青少年使用酒精和其他药物的情况更有可能恶化，并发展为物质使用障碍。他们的物质使用可能是与破坏性和反社会性活动有关的更大问题的一部分。第二，如果父母在家中过度使用物质，青少年发展出物质使用问题的风险就会增加。酗酒或过量使用其他药物的父母可能会为青少年提供接触这些物质的途径，并成为孩子物质使用的模仿对象。第三，也是最重要的一点，朋友使用酒精和其他物质高度预测青少年使用情况恶化的可能性。同伴向青少年介绍这些物质，为青少年使用物质的行为提供示范，并强化青少年的物质使用。

患物质使用障碍的青少年有面临一系列有害后果的风险。酒精和其他物质直接危害青少年的健康。例如，过度饮酒会导致短期疾病、认知功能障碍，极少数情况下还会导致昏迷甚至死亡。物质使用也会将青少年置于危险情境。例如，酗酒的青少年可能会醉酒驾车、进行危险的性行为或参与有攻击性的或反社会活动。

物质使用也会带来心理社会风险。有物质使用问题的青少年表现出与父母的冲突增加和沟通减少，更有可能出现与学校有关的问题和学业困难以及较差的同伴关系。与家庭、学业和同龄人相关的问题是青少年出现物质使用问题的部分原因。然而，使用酒精和其他药物的青少年可能会使这些社会性困难和他们的物质使用问题恶化。

大多数在青春期使用酒精和其他物质的青少年（尤其是在青少年后期才开始使用物质的青少年）在成年后不会继续出现物质使用问题。然而，一些青少年（特别是那些在 13 岁之前开始使用物质的）则表现出长期的物质使用问题。这些青少年也可能表现出社会适应能力较低，出现抑郁和犯罪行为的可能性增加，在日后的生活中更有可能面临就业困难（Meier et al., 2017）。

小　结

- 大多数高中生饮酒（59%）、很多高中生尝试过尼古丁（43%）或大麻（44%）。在青少年中含尼古丁电子烟已经取代了香烟。
- 2% ～ 9% 的青少年符合 DSM-5 中物质使用障碍的诊断标准。大约 12% 的高中生每天吸电子烟，6% 吸食大麻，1% 饮酒。
- 男孩比女孩更早开始使用物质。患有物质使用障碍的男孩通常表现出品行问题、冲动和攻击。患有物质使用障碍的女孩经常报告焦虑、抑郁和身体健康问题。

- 物质使用问题的患病率在美国原住民和非拉丁裔白人青年中最高，在非洲裔和亚裔美国青年中最低。
- 尽管许多青少年使用酒精、尼古丁或大麻，但其中很少会使用其他物质。

10.2 物质使用问题的成因

什么是大脑的奖赏通路?

回想你感到快乐或经历一种强烈的愉悦感的情境。也许当时教练因为你的运动表现表扬了你，也许你咬了一口祖母做的巧克力饼干，也许你喜欢的人给了你一个吻。与这些经历相关的快乐使其成了奖赏。我们希望这些情境再次出现。这些积极感受和我们想重新体验这些情境的神经回路基础就是奖赏通路。

1954 年，两位神经科学家，詹姆斯 · 奥尔兹（James Olds）和彼得 · 米尔纳（Peter Milner）发现了大脑中的奖赏通路。他们观察到，当大鼠的腹侧被盖区（ventral tegmental area，VTA）受到电刺激后，会不断重复刺激前所做的动作。例如，如果大鼠在笼子的某个特定位置受到大脑刺激，它们会回到同一位置寻求更多刺激。奥尔兹和米尔纳允许大鼠通过按下笼子里的杠杆来刺激他们自己的大脑。每次按压都会给大鼠的 VTA 施加短暂的电流。大鼠会按压杠杆直到筋疲力尽，甚至为了自我刺激而放弃食物和水。一只大鼠在 12 小时内按了 7500 次杠杆来接受刺激。大鼠还会通过迷宫、穿过电网、忍受痛苦的电击，以获得刺激大脑的机会。在每一个实验中，电刺激 VTA 强化了大鼠的行为。

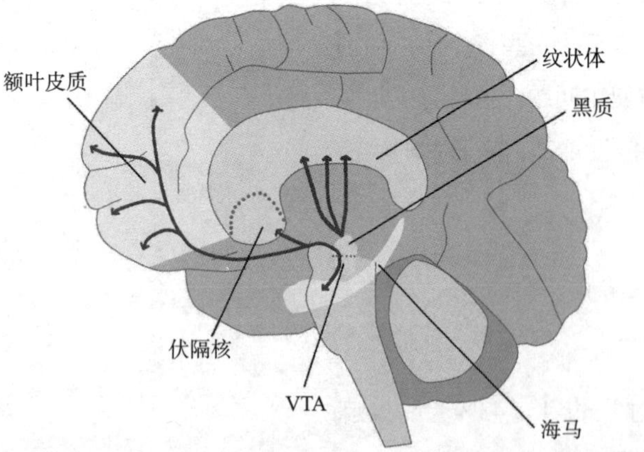

插图 10.1　中脑边缘通路从 VTA 延伸到伏隔核和边缘系统。中脑皮质通路从 VTA 延伸到额叶皮质。

后来的研究表明 VTA 是大脑奖赏通路的开端，这是一个连接不同脑区的神经回路。这个通路中的神经元富含多巴胺。多巴胺是一种兴奋性神经递质，负责调节我们的运动和潜在的奖赏寻求行为（Roberts, 2019）。

奖赏通路的一部分称为**中脑边缘通路**（**mesolimbic pathway**），因为它始于中脑（即 “meso”），并延伸至边缘系统（插图 10.1）。当受到刺激时，VTA 将多巴胺释放到包括伏隔核、纹状体和海马的其他脑区。伏隔核中的多巴胺增多与主观愉悦感或快感有关。对纹状体的刺激似乎是趋近-寻求行为的基础，例如，我们倾向于采取行动，使我们更接近那些能给我们带来愉悦的情境。对海马体的刺激有助于我们记住这些情境，以便我们能够再次寻找这些愉悦感（Garrett & Hough, 2017）。

奖赏通路的另一部分被称为**中脑皮质通路**（**mesocortical pathway**），因为它始于中脑，延伸至额叶皮质。当受到刺激时，VTA 将多巴胺输送到额叶皮质。额叶皮质调节我们的高级执行功能。刺激这个大脑区域可以让我们计划行动并确定其优先顺序，这样我们就能在未来获得奖励。

中脑边缘通路和中脑皮质通路被认为是我们经历的大多数强化行为的基础。在我们自然而然地进行了强化行为（例如打高尔夫球、品尝一块美味的巧克力饼干、亲吻了一个“就是我喜欢的类型”的人）之后激增的多巴胺帮助我们学会这些行为，以便将来可以重复。

奖赏通路也是酒精和其他物质使用的基础，并提供了物质使用障碍的生物学基础。许多成瘾物质，例如兴奋剂，直接增加了奖赏通路中的多巴胺。大多数其他成瘾性物质，例如尼古丁、酒精和大麻，通过作用于其他神经递质，间接地提高了这一通路中的多巴胺水平。中脑边缘通路中多巴胺的激增与大多数人在使用这些物质时所体验到的主观愉悦感尤其有关。沿着这条通路的脑区的激活也可以部分解释人们在未来寻求更多物质，将那些物质与特定的人、地点或情境联系起来，并且在没有物质的时候产生强烈渴求。中脑皮质通路中增加的多巴胺也可能有助于解释人们为什么倾向于优先使用物质，而非承担其他责任，如处理与学业、工作和人际关系相关的问题。

长期使用成瘾物质还会影响大脑的奖赏通路的功能，导致耐受和戒断反应。反复使用某种物质会导致多巴胺在这条通路中长期处于高水平。该通路中的神经元通过减少多巴胺受体的数量或敏感性来抵消所存在的高多巴胺水平。神经科学家使用**“应变稳态”**（**allostasis**）这个术语来描述反复使用物质后大脑的生理变化。尽管有人可能会继续使用这种物质，并经历同样的多巴胺激增，但释放出来的多巴胺不太可能被奖赏通路中的神经元检测到。结果，患者产生了耐受性，必须使用更多的这种物质才能产生同样的效果（Schatzberg & DeBattista, 2020）。

如果个体无法获得某种物质，他可能会出现戒断症状。如果没有这种物质，奖赏通路中的多巴胺水平会急剧下降。此外，这一通路中多巴胺受体的数量和敏感性也是减少的，这些就使得可用的少量多巴胺不太可能被检测到。因此，个体通常会经历强烈的烦躁不安，出现与物质本身的作用相反的身体体征和症状。例如，戒掉兴奋剂的人经常会感到疲劳、注意力不集中、活动减慢和抑郁。与之相对，停止使用镇静剂（例如酒精）的个体通常表现出焦虑、烦乱和自主神经唤起（Preston, O’Neal, & Talaga, 2018）。

小 结

- 中脑边缘通路是大脑奖赏系统的一部分；从中脑的 VTA 延伸到边缘系统的伏隔核、纹状体和海马，激励我们接触能带来快乐的刺激。

- 中脑皮质通路也是大脑奖赏系统的一部分；从中脑 VTA 延伸到额叶皮质，让我们计划行动并确定其优先顺序以获取奖励。
- 奖赏系统富含多巴胺。酒精和其他物质造成多巴胺在这一通路中增加，在强化使用这些物质的行为方面起到了很大作用。

酒精如何影响大脑和行为？

心理影响

酒精是青少年使用最广泛的物质。酒精作为一种可能被滥用的物质经常被忽视，因为它在美国很普遍。酒精饮料在美国几乎所有地区都是合法的，而且还做了大量的广告。许多青少年和家长认为饮酒是青少年文化的一部分。毕竟，大多数青少年在高中时期至少偶尔会喝酒。由于这些原因，青少年和成人倾向于忽视与饮酒有关的风险（Miech et al., 2020）。

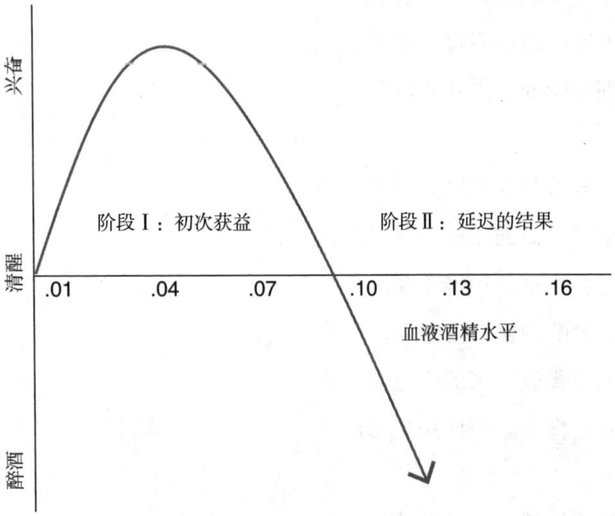

图 10.5 酒精的双相效应

注：初次饮酒会产生很强的愉悦效果；长期饮酒往往会带来更消极的结果，有时甚至会导致危险的结果。基于 L. A. 雷、布亚尔斯基和罗奇（L. A. Ray, Bujarski, and Roche, 2016）。

酒精是一种镇静剂，一种减缓中枢神经系统活动的物质。酒精的作用取决于饮酒量。专家通常将酒精描述为具有**双相效应**（**biphasic effect**）（图 10.5）。轻度到中度饮酒会产生一系列非常理想的效果：提高兴奋度、社交能力、欣快感和减少焦虑。而过度饮酒会产生一系列不同的、主要是负面效果：镇静、认知和运动损害、心脏和呼吸问题以及其他健康风险（Schrieks et al., 2014）。

因为轻度到中度饮酒通常会产生愉悦的效果，许多青少年会继续饮酒以维持或增强这些主观愉悦感。有些人用“追求高潮”来形容这种通过持续饮酒来获得更强快感的尝试。然而，在某一点上，个体达到了收益递减的状态。长期饮酒往往会导致负面的，有时甚至是危险的后果。

过度使用酒精会导致狂饮。狂饮会导致疲劳、头晕、恶心和昏厥。狂饮也会严重影响判断和解决问题的能力。狂饮与平衡和协调障碍、口齿不清、躁动和易怒以及心率和呼吸问题有关。在极少数情况下，过量饮酒会导致昏迷和死亡（Madson, Moorer, Zeigler-Hill, Bonnell, & Villarosa, 2013; Marshall, 2014）。

生理影响

酒精会被胃肠道迅速吸收，并迅速扩散到血液中。酒精主要由肝脏代谢。乙醇脱氢酶和乙醛脱氢酶是负责其代谢的主要酶。酒精影响情绪、认知和行为的确切机制尚不清楚。然而，酒精似乎会影响包括多巴胺、谷氨酸和 GABA 在内的一些神经递质的功能（Jacobus & Tapert, 2013）。

像使用其他物质一样，酒精的摄入会提高大脑奖赏通路，尤其是中脑边缘通路的多巴胺水平。多巴胺的增加反过来又与主观的愉悦感和幸福感有关。在喝了一两杯酒之后，许多人会有一种满足感、愉悦感而且好社交。随着时间推移，这些愉悦的感觉也会正强化人们继续喝酒的行为。

同时，酒精抑制大脑主要兴奋性神经递质谷氨酸的释放。酒精与 N- 甲基 -d- 天冬氨酸（N-methyl-d-aspartate, NMDA）谷氨酸受体结合，阻断谷氨酸的兴奋作用。因此，神经元不太可能被激活。结果，许多人在喝了一两杯酒后都会感到放松和压力减轻。事实上，有些人会在聚会或有压力的活动前喝酒，以减少社交焦虑。随着时间推移，酒精减少焦虑的特性会负强化持续饮酒的行为。

最后，中等程度的饮酒会影响 GABA。GABA 与整个中枢神经系统的受体结合，使细胞迅速吸收带负电的氯离子。这种带负电荷离子的增加则降低了神经细胞的激活程度。酒精与 GABA 受体结合，使氯化物迅速流入细胞，从而抑制神经元活动。这种神经活动的减少在很大程度上是酒精导致认知迟钝、反应时增加、恶心和昏厥等许多镇静作用的原因（Schatzberg & DeBattista, 2020）。

饮酒的青少年会产生两种类型的耐受性。青少年在一次饮酒中会经历*急性耐受*（*acute tolerance*）。例如，大多数人在仅仅喝了几杯酒之后就会感受到酒精对其最大程度的影响，而在每次连续饮酒之后，酒精的影响就会逐渐减弱。有些人产生*药效动力学耐受*（*pharmacodynamic tolerance*）。持续饮酒一段时间后，对酒精产生反应的神经受体数量或敏感性会逐渐降低。因此，这些人需要更多的酒精才能达到同样的效果。药效耐受在成人中比青少年中更为常见，因为导致耐受的生理变化通常是在饮酒数年后才产生的（Bowers, Weston, Mast, Nelson, & Jackson, 2020）。

突然停止饮酒会使长期饮酒者产生戒断症状。没有酒精，身体对多巴胺和谷氨酸的敏感性就会降低。因此，由于这些神经递质的相对活性不足，停止饮酒的慢性饮酒者可能会经历负面影响（例如精神不振、疲劳和抑郁）。与之类似，GABA 活性降低会导致焦虑、兴奋、易激惹、不安和运动过度。一些成人会体验到震颤性谵妄。这是一种以震颤、癫痫发作、意识混乱及幻视和幻触为典型症状的综合征。

酒精也会间接影响大脑的其他区域。例如，酒精影响小脑的神经递质活动，导致平衡和协调出现问题。这些困难，再加上反应时长增加，使得在酒精影响下驾驶汽车非常危险。酒精还会影响海马中神经递质活动，导致学习和记忆问题（Carlson & Birkett, 2020）。

小　结

- 酒精对大多数人都有双相效应。最初饮酒主要产生愉悦的效果，例如欣快和焦虑减轻，而持续饮酒主要会产生负面效果，如镇静。

- 中脑边缘通路激活维持了酒精使用。多巴胺是与这一通路有关的主要神经递质。
- 酒精也可以充当 GABA 激动剂，减缓中枢神经系统的活动。长时间饮酒会导致自主神经兴奋性降低。

大麻如何影响大脑和行为？

心理影响

大麻（marijuana）是从一种叫作大麻草（*Cannabis sativa*）的植物中提取出来的。这种植物含有大约 70 种不同的物质，这些物质被称为大麻素（cannabinoid），它们会影响神经系统。最强的大麻素是 **δ-9- 四氢大麻酚**（**THC**）。个体摄入的 THC 量取决于植物的品系和性别、摄入的部位以及提取方法。大麻通常是通过香烟、电子烟或食物被摄入的。

当有人吸食大麻时，大约一半的 THC 进入肺部并迅速被吸收。在吸入后的数秒内，THC 进入大脑并影响行为、认知和情绪。少量大麻通常会使人感到兴奋，其特征是人感到眩晕、头晕或刺痛感。中等剂量的大麻则诱发愉悦、亢奋和去抑制状态，表现为发笑增多和社交欲增强。继续使用大麻可以减轻焦虑、产生放松感和满足。有些人报告说，他们吸食大麻后处于梦境样状态，有漂浮的感觉，视觉或听觉感知增强，或者感到时间流逝变慢。高剂量的大麻会导致相反的后果：焦虑增加、激动、知觉扭曲、视觉幻觉或偏执。

大多数人吸食大麻后会产生一系列的生理反应，包括流向皮肤的血液增加、感觉发热或脸红以及心率加快。实验研究也表明大麻能增加食欲。事实上，医生有时会用大麻来刺激患有癌症等疾病的病人的食欲。

吸食大麻还会导致认知和运动功能减慢。实验室研究表明，大麻会干扰记忆、学习和解决问题的能力。尽管大多数人在使用大麻后可以完成日常任务，但他们可能难以完成更难的认知活动，例如完成家庭作业。大麻还会增加反应时。因此，在这种物质的影响下开车可能是危险的。

关于大麻使用的法律是复杂的，而且变化很快。在美国，根据联邦法律，使用、销售和持有 THC 含量超过 0.3% 的大麻是非法的。然而，地方法律各不相同。一些司法管辖区允许将大麻用于医疗目的，一些司法管辖区已将大麻合法化，还有一些司法管辖区允许将大麻用于娱乐用途。然而，在所有地区，21 岁以下的人都被禁止使用大麻。娱乐性大麻的合法化和零售量的增加与青少年中大麻使用的增加有关（Paschall & Grube, 2020）。

生理影响

遍布大脑、免疫系统和胃肠道的**大麻素受体**（**cannabinoid receptor**）能探测到THC。大麻素受体在基底节、小脑、海马和大脑皮层的数量最多。THC的具体影响取决于受体的位置。例如，与基底节中的受体结合的THC影响运动和协调；与大脑皮层中的受体结合的THC影响思维、判断和解决问题的能力；与胃肠道中的受体结合的THC会影响食欲。

很长一段时间以来，科学家始终困惑为何人体会天然存在能与植物活性成分结合的受体系统。直至发现人体自身能分泌一种作用于该类受体的内源性大麻素。*内源性大麻素*（*endocannabinoid*）是一种天然存在的物质，其作用类似于神经递质，会与大麻素受体结合，并影响神经元活动。

THC能模拟自然产生的内源性大麻素。它与大麻素受体结合，影响包括多巴胺、GABA、谷氨酸、去甲肾上腺素和血清素在内的多种神经递质的释放。多个脑区和神经递质会受到THC的影响，这可能解释了这种物质对人类行为的不同影响。例如，THC减缓了GABA的释放，使神经元可以更快地放电，引起自主神经唤起。THC还能增强中脑边缘奖赏通路和中脑皮质奖赏通路中多巴胺的释放，导致欣快感和认知改变。

专家们对长期吸食大麻的生理影响意见不一。实验室研究表明，动物在反复使用THC后会产生耐受。长期使用大麻会降低大麻素受体的数量和敏感性。因此，产生与最初使用时相同的生理效应需要更多的THC。同样，神经影像研究表明，经常吸食大麻的成人大脑皮层中的大麻素受体会减少。在停止吸食大麻4周后，受体的数量会增加。另外，许多经常吸食大麻的人报告说，他们体验到的大麻的积极影响与他们第一次使用时一样。因此，似乎有些人对大麻并没有像对酒精和尼古丁等其他药物一样的耐受性。

突然停止使用大麻的重度吸食者有出现戒断症状的危险。戒断症状包括易激惹、焦虑、烦躁、情绪低落、失眠和食欲下降——这与大麻本身的作用相反。长期使用者戒大麻时也往往报告对大麻的渴求，特别是当他们遇到与使用大麻有关的人或情境时（Karila et al., 2014; Volkow et al., 2016）。

一些长期吸食大麻的人表现出动机和目标导向行为的下降，这种现象被称为动机缺失综合征（amotivational syndrome）。动机缺失综合征的特点是冷漠、缺乏长期规划和糟糕的学业表现。专家不确定这种动机缺失是由药物的生理效应还是与药物使用相关的环境因素造成的。例如，经常使用大麻的人可能会采取低成就动机的生活方式（Volkow et al., 2016）。

长期使用大麻最严重的影响可能是健康受损。吸食大麻与吸烟会导致相同的健康风险：呼吸系统问题、循环系统问题和癌症。通过电子烟吸食大麻可能会使出现这些问题的风险降低，但电子烟对健康的长期影响尚不清楚。大麻还可以抑制免疫系统，损害感觉和运动功能，增加患病或受伤的可能性（Volkow, Baler, Compton, &

Weiss, 2014）。

在青春期早期使用大麻或在青春期大量使用大麻会使一些青少年在成年早期有患精神分裂症的风险。有患精神分裂症遗传风险的青少年如果吸食大麻，患精神分裂症的可能性是不吸食大麻者的两倍。因此，建议有亲属患精神分裂症的青少年避免使用这种物质（Kelley et al., 2017）。

小 结

- 大麻对青少年的影响包括欣快感和抑制解除、焦虑减轻和放松、动作迟缓和问题解决变慢。高剂量的大麻则会引起焦虑和不安。
- THC 能与广泛分布于全脑的大麻素受体结合，其中在基底节、小脑、海马和大脑皮质中的受体分布尤为密集。
- 长期使用大麻会损害青少年的呼吸健康，且与动机下降有关。

含尼古丁香烟和含尼古丁电子烟是如何影响大脑和行为的？

心理影响

尼古丁是一种在烟草中存在的天然液体生物碱。电子烟液体（用于电子烟）和尼古丁替代疗法（例如贴片）中使用的尼古丁通常是从烟草科植物中提取的，但这种植物与用于香烟的烟草不同。尼古丁也可以合成。一根典型的香烟含有大约 16 毫克的尼古丁，但只有一小部分到达大脑。电子烟的尼古丁含量从 3 毫克（非常低）到 36 毫克（非常高）不等。

尼古丁是一种反应时间短的兴奋剂。在通过吸入、咀嚼或皮肤吸收后，使用者通常会体验到一种轻微的欣快感和自主神经唤起状态。直接使用尼古丁通常会导致葡萄糖释放到血液中，心率、呼吸和血压升高。尼古丁引起的自主神经唤起会抑制食欲并加速新陈代谢。使用尼古丁的大龄青少年和成人的体重比相同年龄和性别的非尼古丁使用者轻约 4.5 千克。

许多使用尼古丁的人也报告说，他们更清醒、更专注。实验研究表明，比起被要求不能吸烟时，在被允许吸烟的情况下，尼古丁使用者在复杂注意力、记忆力、解决问题能力和运动能力测试中的得分要更高。学生们还认识到尼古丁能够提高专注和学习能力。许多人在从事重要活动，例如写论文或准备考试之前使用尼古丁。

有些人在使用尼古丁后会感到平静、放松或焦虑减轻。目前尚不清楚这些镇静作用是由药物本身引起的，还是从不使用药物的不愉快影响中解脱出来引起的。无论这种效果为何产生，尼古丁经常被用来在放学后、工作休息时或娱乐活动中放松。

电子烟和其他电子尼古丁输送系统（例如，vapes[1]）通过加热雾化液体尼古丁，而不会产生燃烧的有害影响。尽管电子烟不会让用户接触到香烟中存在的致癌化学物质，但它仍然对健康构成重大风险。电子烟产品通常包括含有甘油、丙二醇、苯甲酸，各种油、提取物、添加剂和调味料的雾化溶液，这些溶液对身体有未知的影响（Glantz & Bareham, 2018）。此外，任何形式的尼古丁都已被证明会影响大脑发育、记忆力和学习能力（Yuan, Cross, Loughlin, & Leslie, 2015）。

与电子烟相关的最直接的健康风险是**电子烟或电子烟产品使用相关的肺损伤（e-cigarette or vaping product use-associated lung injury, EVALI）**。使用电子烟后，EVALI 患者会出现严重的呼吸问题，包括咳嗽、胸痛和呼吸急促。四分之三的患者还会出现类似流感或肺炎的症状，例如腹痛、恶心、呕吐和腹泻。在严重情况下，EVALI 可导致心脏和呼吸衰竭死亡（Siegel, Jatlaoui, & Koumans, 2019）。EVALI 与维生素 E 醋酸酯有关，维生素 E 醋酸酯是几种含有 THC 的电子烟产品中的增稠剂。维生素 E 存在于许多食物和化妆品中，食用或少量涂抹在皮肤上是安全的。然而，吸入维生素 E 会导致严重的呼吸问题（Centers for Disease Control and Prevention, 2020d）。

美国食品和药物管理局（Food and Drug Administration, FDA）直到 1994 年才将尼古丁列为潜在的成瘾性药物。此外，直到 2009 年，FDA 才获准对与尼古丁相关的法规进行控制。如今，FDA 实施了青少年烟草预防计划，该计划旨在防止青少年获得尼古丁产品，限制向青少年销售这些产品，并教育青少年使用烟草和电子烟的危险。

生理影响

吸入大约 10 秒后，尼古丁被吸收到血液中并穿过血脑屏障，可模仿自然产生的兴奋性神经递质乙酰胆碱的化学结构。尼古丁在整个大脑中与烟碱型乙酰胆碱受体（nicotinic acetylcholine receptor, nAChR）结合，使带正电荷的钠和钾离子涌入突触区域。这些阳离子增加了神经元的放电频率，产生了整体性兴奋效应。

神经元激活刺激中脑边缘通路中的多巴胺受体，大多数人会因此产生轻微的愉悦感。同时，多巴胺也被释放到中脑皮质通路，使得注意力更加集中。尼古丁同时刺激脑干和肾上腺，造成自主神经唤起和警觉。这些最初的影响大多是令人愉悦的，随着时间推移，会正强化尼古丁的使用。

尼古丁对 nAChR 的化学作用导致了尼古丁耐受和戒断。检测到尼古丁后，这些受体部位敏感度会立即降低，不能对额外的刺激做出反应。反复使用尼古丁会延长这种低敏感期，使神经元在尼古丁存在的情况下也不太可能激活。因此，人们从尼古丁中获得的积极影响更少，或者他们必须使用更多的尼古丁来达到相同水平的兴奋。

---

1 一种电子烟产品。——译者注

尼古丁由肝脏迅速代谢。4 ～ 6 小时不抽烟（或一晚的睡眠）后，nAChR 恢复其敏感性。对自然产生的乙酰胆碱高度敏感会导致神经元迅速放电，造成烦躁、易激惹或激动。体验到尼古丁戒断反应的个体也往往渴求香烟和电子烟。这些戒断症状可以通过再次使用尼古丁和降低受体敏感性来消除。

高剂量的尼古丁具有毒性。对青少年或年轻的成人来说，只要 60 毫克尼古丁就可能致命。尼古丁中毒最有可能发生于过量吸电子烟或意外摄入电子烟液体的情况下。尼古丁中毒的最初症状包括恶心、呕吐、出汗、头晕甚至错乱。如果不进行治疗，呼吸困难、意识丧失、惊厥和死亡可能随之而来。

小　结

- 尼古丁是一种快速作用的兴奋剂，可以被吸食、咀嚼或通过皮肤吸收。它能使大多数人产生轻微的欣快感、更集中的注意力和自主神经唤起。
- EVALI 的特征是严重的呼吸系统问题、流感样症状、消化系统问题和死亡风险。它与摄入某些含有维生素 E 醋酸酯的电子烟产品有关。
- 尼古丁摄入后会与整个大脑的烟碱乙酰胆碱受体结合，触发中脑边缘奖赏通路中多巴胺的释放。尼古丁代谢迅速，通常在 4 ～ 6 小时内被代谢。

哪些发展途径导致物质使用问题?

物质使用障碍的发展是复杂的。解释物质使用问题出现的模型必须考虑广泛的生物学、心理学和社会文化因素。肯尼斯·谢尔（Kenneth Sher）及其同事提出了一个生物心理社会模型来解释酒精使用问题的发展（Chassin, Sher, Hussong, & Curran, 2013; Chassin et al., 2016; Sher, 1991; Sher, Grekin, & Williams, 2005）。虽然该模型是为了解释酒精使用问题的出现而建立的，但它适用于所有物质使用障碍。

谢尔的模型表明，酒精使用障碍沿着三条发展路径出现。第一，当个体遗传了影响酒精的基因或生物敏感性，并从酒精的使用中获得了大量的快乐（正强化路径）时，酒精使用问题就会发生。第二，当个体依靠酒精来应对抑郁或焦虑时，酒精使用问题就会出现。在这种情况下，酒精的使用通过减轻痛苦（负强化路径）而得到负强化。第三，酒精使用问题可以作为更广泛的反社会行为模式的一部分出现。这三条途径并不相互排斥；许多人因为多种原因滥用酒精和其他药物。然而，区分这些途径有助于组织我们对青少年物质使用障碍病因的理解（Chassin et al., 2013）。

正强化路径

发展出物质使用问题的生物素质是所有三种发展途径的开始（图 10.6）。大量研究表明，父母有问题的物质使用与其后代物质使用障碍的发展之间存在关联。大约三分之二存在物质使用问题的青少年至少有一位亲生父母患有物质使用障碍。物质使用障碍在他们的亲生父亲中尤其常见（Kendler et al., 2012）。

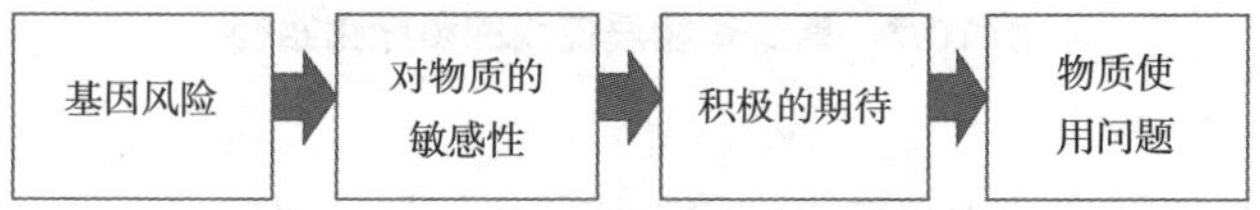

图 10.6 青少年药物使用的正强化路径

如果父母有物质使用障碍病史，那么子女出现物质使用问题的可能性会增加 2 ～ 9 倍。双生子和家族研究表明，父母和子女物质使用之间的这种关联至少是部分遗传的。60% 的酒精使用和 33% 的其他物质使用归因于遗传因素。遗传因素预测使用酒精和其他物质的可能性、首次开始使用物质的年龄以及物质使用障碍的总体概率（Chassin et al., 2013）。

正强化路径（positive reinforcement pathway）假设遗传风险使后代对该物质的药理作用异常敏感。例如，具有这种遗传风险的个体可能会对酒精的影响有更强烈的反应，可能会从饮酒中体验到更多的快乐，或者可能因为过度饮酒产生的消极副作用更少（Finegersh & Homanics, 2014）。

同时，当青少年尝试酒精和其他药物时，他们了解了这些物质对他们情绪的影响。最终，他们开始期望物质使用是令人愉悦的。随着使用量的增加，这些物质就具有了强化的作用（Samek, Keyes, Iacono, &McGue, 2013）。

对物质作用的生物敏感性以及对物质将产生积极作用的期待可能导致物质使用问题。例如，有物质使用障碍风险的青少年通常对物质使用有异常的积极期望，也就是说，他们期望物质能产生许多积极作用和很少的消极作用。事实上，对酒精积极作用的扭曲信念会增加饮酒的频率或数量。相比之下，对酒精和其他药物有负面体验的青少年或对物质使用感到焦虑的青少年不太可能出现物质使用问题（Margret & Ries, 2016; Sauer-Zavala, Burris, & Carlson, 2014）。

负强化路径

负强化路径（negative reinforcement pathway）假设青少年在压力和消极情绪状态下会产生物质使用问题（图 10.7）。压力可能来自幼儿时期的经历，例如在家庭中受到虐待或忽视。压力也可能是由后来的环境因素造成的，例如目睹家庭暴力或冲突、家庭和人际关系中断或在学校遇到困难。这些应激源反过来会导致焦虑、抑郁和低自我价值感。无法应对这些消极情绪的青少年可能会使用酒精和其他药物来缓解心理困扰。因此，减少焦虑或抑郁会对物质使用产生负强化作用。随着时间推移，物质使用的频率和数量会增加，并导致物质使用障碍。

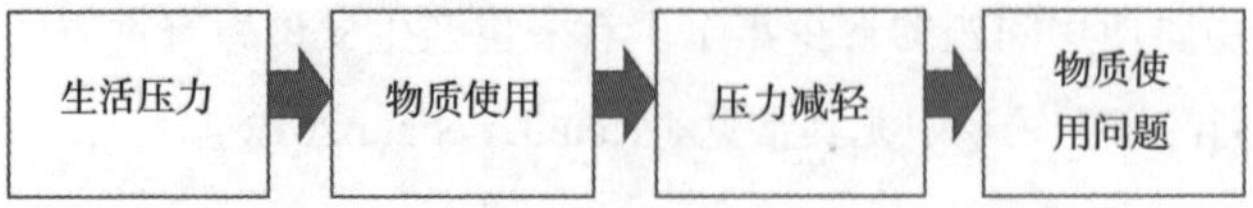

图 10.7　青少年物质使用的负强化路径

虽然负强化路径有助于解释成人的物质使用问题，但应用于青少年的实证支持较少。大多数横断研究表明，青少年的负面情绪与饮酒之间只有中等程度的关系。此外，大多数纵向研究表明，青少年的焦虑和抑郁症状通常不会先于他们的物质使用问题而出现。相反，一些数据表明了相反的效果：青少年物质使用往往会导致社会和学业问题，这些则引发病理性心境恶劣。

另外，负强化路径可能适用于有被虐待史的青少年。受到身体虐待的男孩和受到性虐待的女孩更容易出现与受害有关的情绪问题。他们可能依赖酒精和其他物质来应对这些情绪问题，并随着时间推移发展出物质使用障碍（Goldstein, Faulkner, & Wekerle, 2013; Herrenkohl, Hong, Klika, Herrenkohl, & Russo, 2013）。

此外，特定的情绪和焦虑障碍可能使青少年面临物质使用问题的风险。例如，在社交场合经历极度焦虑的青少年可能会用酒精来应对预期焦虑。这些青少年在参加聚会前可能会喝酒，以放松身心（即 pregaming[1]）。他们反复饮酒会导致更长期的问题（Black et al., 2015）。

最后，负强化路径可能适用于富裕家庭的青少年。那些生活在郊区的富裕家庭的青少年可能会使用酒精和其他物质来应对压力。此外，富裕的青春期男孩用酒精来获得在同龄人中的社会地位。青少年过着超负荷的生活，承受着在学业、运动和社交方面的巨大压力，同时，由于职业和社会需求，这些青少年的父母往往较少参与他们的生活。这种高压力和低家长监护的结合使富裕的孩子面临物质使用问题的风险（Luthar, Small, & Ciciolla, 2019）。

品行问题路径

根据**品行问题路径**（**conduct problems pathway**），青少年物质使用的原因与其他破坏性行为问题的原因相似。这些原因包括（1）早期神经行为去抑制的问题；（2）破坏性的行为和学业问题；（3）同伴拒绝和与不良同伴的交往（图 10.8）。

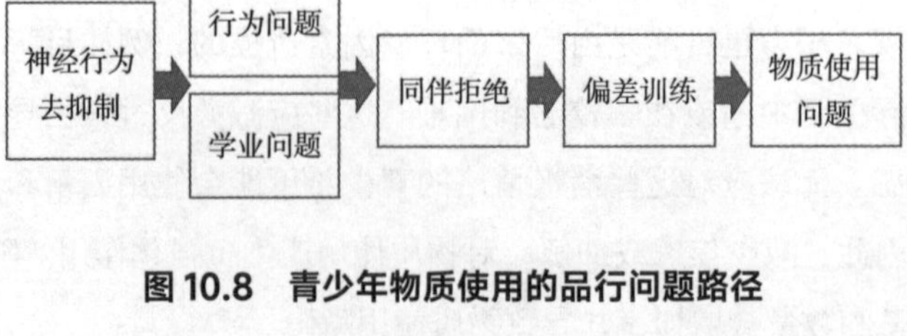

图 10.8　青少年物质使用的品行问题路径

1　指年轻人外出参加社交活动前在自己家或他人家饮酒的行为。——译者注表现出神经行为去抑制的青少年日后的生活中出现物质使用问题的风险增加（Tarter et al., 2003）。神经行为去抑制其特点是：（1）行为控制不足；（2）情绪化反应；（3）执行功能缺陷。

第一，患有神经行为去抑制症的儿童青少年有高频、高风险和冲动的行为。这些儿童青少年对刺激有强烈的需求，通常被描述为是“感官刺激寻求者”或“爱冒险的人”；双生子和家庭研究表明，冒险和寻求感官刺激行为具有很强的遗传性。患有物质使用障碍的成人通常表现出行为控制不足，他们可能在基因上使后代容易有类似的行为（Chassin, 2015）。

第二，神经行为去抑制的儿童青少年表现出高度的情绪化反应。小时候，他们的脾气就使其很难相处。照顾者描述他们是易激惹的和挑剔的。在儿童期后期，这些个体经常对压力反应过度，表现出易激惹的、愤怒的和具有攻击的倾向。

第三，神经行为去抑制的儿童青少年表现出执行功能的缺陷。执行功能使儿童青少年能够抑制即时冲动，计划和优先考虑行为，并实现长期目标。执行功能有缺陷的儿童青少年表现出注意力不集中、多动和冲动的问题。

神经行为去抑制会对儿童青少年的同伴互动产生负面影响。同龄人经常感到这些个体的行为令人反感。同龄人可能会避免在课堂上和课间休息时与他们互动。神经行为去抑制也会影响这些儿童青少年的学习成绩。表现出行为控制不足问题的儿童青少年可能难以听从教师的要求和遵守课堂规则。他们也可能在完成任务和完成考试时遇到困难。执行功能的缺陷也会影响儿童青少年及时完成任务、计划和组织学业以及完成长期项目的能力。神经行为去抑制的儿童青少年通常对学校持负面看法、成绩很差、学习困难（Chassin et al., 2013; Chassin, 2015）。

学业问题和同伴拒绝会导致儿童青少年与同学和主流同伴群体保持距离。这些“捣乱的”儿童青少年与其他被拒绝的儿童青少年交朋友，非与亲社会同龄人交朋友（Frick, 2012）。当不良同伴带领这些青少年接触吸烟、吸电子烟或饮酒时，早期物质使用往往会出现。同伴示范物质使用、鼓励他们尝试，并随着时间推移强化持续使用的行为。被同伴拒绝的青少年最初可能会使用物质，以获得这些不良同伴的接受。随着时间推移，反复使用物质会导致社交和学业问题的恶化，并导致物质使用障碍的发展（Mrug et al., 2012; van Ryzin, Fosco, & Dishion, 2012）。

对于男孩和女孩，被拒绝的同龄人和物质使用之间的关系可能不同。一些女孩与被拒绝的同龄人交往的原因与男孩相同，都是因为行为和学业问题而受到亲社会同龄人的拒绝。然而，青春期早期成熟增加了女孩与偏差同伴交往的可能性。大龄男孩尤其可能会让早熟女孩接触酒精和其他物质，鼓励她们的反社会行为，并迫使她们进行性活动。尽管这些早熟女孩外表比较成熟，但她们可能在抵御社会压力方面并不成熟。事实上，早熟女孩比一般女孩更多地使用酒精和其他物质。此外，她们比通常一般的同龄人更有可能出现物质使用问题（Hedges & Korchmaros, 2016; Hendrick, Cance, & Maslowsky, 2016）。

小 结

- 根据正强化路径，物质使用障碍的出现是由于（1）遗传风险；（2）对某种物质影响的敏感性高；（3）对物质使用的积极期待。
- 根据负强化路径，因为使用酒精和其他物质之后心理痛苦减轻，个体的物质使用得到负强化。
- 根据品行问题路径，物质使用障碍的产生是因为（1）神经行为去抑制；（2）破坏性行为和学业问题；（3）与同样被拒绝的同伴的交往。

10.3 循证治疗

临床医生如何帮助有物质使用问题风险的青少年？

全体筛查

在过去，有物质使用问题的青少年因他们的物质使用在家、学校或社区造成了麻烦而被父母、教师或执法人员识别出来。在许多情况下，青少年直到因物质使用导致了诸如酒后驾驶的危险行为才被转介进行治疗。

如今，大多数专业人士采用三阶段模式来识别、预防和治疗物质使用障碍，这称为**筛查、短期干预和转介治疗**（**Screening, Brief Intervention, and Referral to Treatment, SBIRT**）。SBIRT 是一种循证实践，用于识别、减少和预防酒精和其他物质的问题使用。SBIRT 模型由美国医学研究所开发，被认为是基于社区的物质使用问题筛查和干预的最佳方法（Substance Abuse and Mental Health Services Administration, 2020）。

SBIRT 模型的第一阶段是全体筛查（*universal screening*）。初级保健医疗中心、学校诊所或少年司法机构的所有青少年都要接受筛查，以评估他们发生物质使用问题的风险。超过 85% 的美国青少年每年都去看医生。他们去看医生的原因通常是年度体检、普通疾病或体育锻炼后损伤。美国儿科学会建议在此期间对青少年进行常规筛查，以识别存在物质使用问题风险的青少年（Levy & Williams,2017）。

CRAFFT 筛查方法是评估青少年物质使用问题风险的一种方法（Shenoi et al.,2020）。临床医生先询问青少年在过去一年中是否饮酒、吸食大麻或使用其他药物。如果青少年回答“是”，临床医生会使用 CRAFFT 法继续提问：

C：你是否曾乘坐过由酗酒或吸毒的人（包括你自己）驾驶的汽车（CAR）？

R：你是否曾使用酒精或其他物质来放松（RELAX）自己，让自己感觉更好，或者让自己“合群”？

A：你是否曾在独处（ALONE）时饮酒或使用其他物质？

F：你是否曾遗忘（FORGET）你在饮酒或使用其他物质时所做的事情？

F：你的家人或朋友（FRIENDS）是否曾告诉过你应该少喝酒或使用其他物质？

T：你是否曾在饮酒或使用其他物质时遇到过麻烦（TROUBLE）？

对于六个 CRAFFT 问题中的任何一个回答为“是”的青少年都应该被更仔细地评估以确定是否患有物质使用障碍（Winters, Botzet, & Lee, 2019）。

有些临床医生使用 **ASSIST（Alcohol, Smoking, and Substance Involvement Screening Test）**，即酒精、吸烟和物质使用筛查测验来识别青少年的物质使用问题（National Institute on Drug Abuse, 2019）。ASSIST 的一个优点是，它可以筛查青少年与多种物质的关系。这些物质包括尼古丁、大麻以及止痛药、安眠药和 ADHD 药物等处方药。临床医生询问青少年在过去两周内使用每种物质的频率。ASSIST 第二个优势在于，它同时适用于青少年和他们的父母。从父母和青少年处收集数据都很重要，因为青少年有时会否认或尽量最小化描述物质使用的频率和严重性。此外，父母有时不了解孩子物质使用的广泛性。事实上，父母报告的和青少年报告的酒精使用情况的总体一致性约为 22%。因此，父母和青少年两方的数据对于获得青少年物质使用的最完整情况都是必要的（Källmén, Berman, JayaramLindström, Hammarberg, & Elgán, 2020）。

变化阶段

如果青少年不使用酒精或其他物质，临床医生就会鼓励其继续保持。如果青少年报告有物质使用史，临床医生继续进行 SBIRT 模型的第二步：**短期干预**（*brief intervention*）（Becker, Ozechowski, & Hogue, 2019）。短期干预通常包括一个疗程。其目的是鼓励青少年减少物质使用或以伤害性较小的方式使用物质。

短期干预措施基于**阶段变化模型**（**stages of change model**）（图 10.9）。根据这个模型，青少年改变饮酒和其他物质使用的动机在很低到很高之间浮动。治疗师的工作是提高青少年改变行为的意愿（Connors, DiClemente, Velasquez, & Donovan, 2012）。

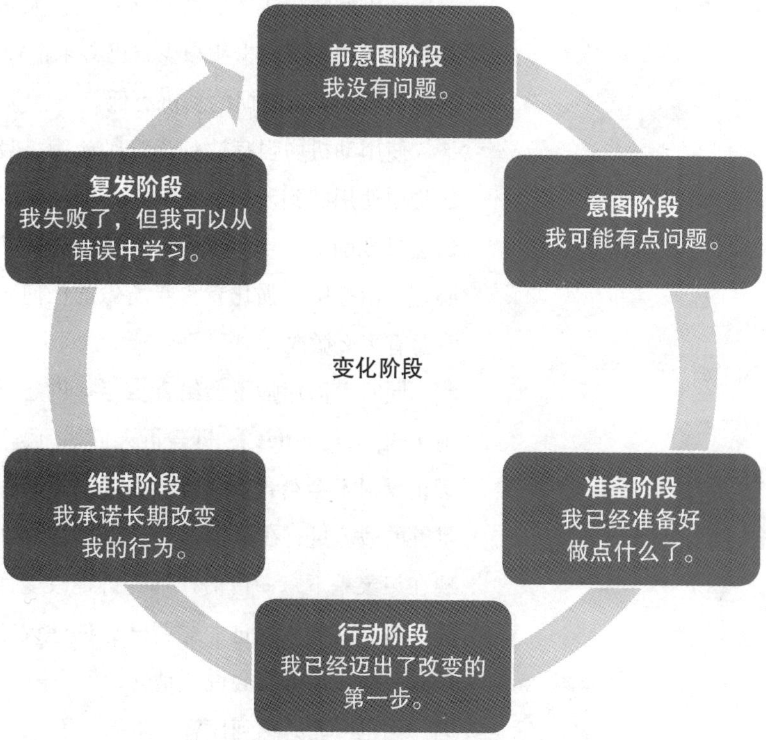

图 10.9　阶段变化模型

注：治疗师帮助青少年从较低的改变准备状态（前意图）转变为较高的改变准备状态（行动和维持）。如果复发，青少年可以从中吸取经验。基于克雷布斯、诺克罗斯、尼克尔森和普罗查斯卡（Krebs, Norcross, Nicholson, and Prochaska, 2020）。

小　结

- SBIRT 是一个用于识别、预防和处理物质使用问题的三级系统。包括（1）全体筛查;（2）短期心理社会干预;（3）转介治疗。
- 临床医生可以使用首字母缩略词为 CRAFFT 的特定问题或 ASSIST 问卷来筛查青少年的物质使用问题。
- 短期干预基于阶段变化模型。临床医生鼓励青少年减少物质使用的频率或风险。

什么是动机增强疗法?

动机增强理论

针对青少年物质使用问题最广泛使用的短期干预措施之一是动机增强疗法（Arkowitz, Miller, & Rollnick, 2015）。**动机增强疗法**（**motivational enhancement therapy**）的主要目标是通过克服对当前物质使用的矛盾心理，提高青少年改变的意愿。动机增强疗法的实践者认识到，大多数青少年都是由父母、教师或其他成人推荐去治疗的，而青少年很少自己寻求治疗。因此，青少年参与治疗的动机通常较低，改变饮酒或吸烟习惯的动机更低。

使用动机增强疗法的治疗师认为，吸烟、饮酒或使用其他药物的青少年对他们的物质使用感到矛盾。显然，对他们来说物质使用有好处，但也有成本。治疗师尝试通过鼓励青少年谈论为什么减少物质使用可能对他们有益的原因来处理这种矛盾心理。治疗师会强化青少年所做的任何表明他可能愿意减少物质使用的陈述，无论意愿有多么微弱。

同时，治疗师不会给青少年提供建议或告诉他们该做什么。他们要避免**翻正反射**（**righting reflex**），即告诉人们如何解决问题的自然倾向。要理解为什么治疗师的翻正反射不会给青少年提供帮助，想想你想要改变的行为或坏习惯吧。也许你没有足够的锻炼量、在网上购物时花了太多的钱，或者在完成学校布置的大作业时拖延。现在想象一下，一位治疗师告诉你改变你的行为有多么重要，建议你采取几种改变的策略，并向你保证，你听从她的建议就会成功。你会有什么反应？如果你和大多数人一样，你可能会说“是的，但是……”，并列出治疗师的计划不适合你的许多原因。你也可能会感到愤怒、防御、不舒服或沮丧。

运用动机增强疗法的治疗师不会给出建议，而是倾听你可能想要打破旧习惯、改变行为的原因。例如，他们可能会问：

- 你想怎样改变你的行为？
- 你这么做的三个最好的理由是什么？

- 做这个改变对你有多重要，为什么？
- 为了成功，你会怎么做？

像这样的问题通常会让人们感到被接受、被理解并有能力参与治疗（Miller & Rollnick, 2012）。

动机增强疗法的过程

动机增强疗法包括四个重叠的过程：建立关系、聚焦、激活和计划（图 10.10）。每个过程都建立在其他过程的基础上。第一个过程是*建立关系*（*engagement*）。治疗师以共情和非评判的方式倾听青少年的想法，从而与青少年建立融洽的关系。治疗师用以人为中心的治疗技术，例如提出开放式问题、鼓励青少年交流、肯定青少年的优势、反馈青少年的情绪体验、总结青少年的观点，从而让他们感到被理解。

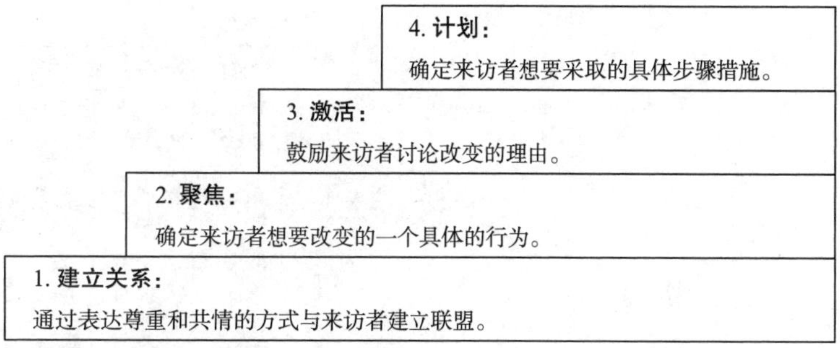

图 10.10　动机增强疗法的四个过程

注：基于米勒和罗尔尼克（Miller and Rollnick, 2012）。

最后，治疗师必须将讨论重点*聚焦*（*focus*）于青少年的物质使用上。然而，讨论必须以青少年的利益为本。例如，家长和教师可能希望治疗重点放在青少年酗酒和成绩差的问题上。与之相对，青少年可能更关心酒精对其运动表现或人际关系的影响。治疗师懂得，如果青少年能够朝着对其个人有意义的目标努力，他将更愿意参与治疗。

激活（*evocation*）是动机增强疗法的核心。在治疗的这个阶段，治疗师尝试激发青少年自己改变物质使用情况的动机。治疗师不告诉青少年该做什么，而是帮助青少年自己做决定。提供关于青少年饮酒或使用其他物质的**个性化反馈**（**individualized feedback**）是一种被广泛使用的技术（DiBello, Miller, Neighbors, Reid, & Carey, 2019）。许多临床医生使用计算机程序，让青少年将自己的物质使用情况与其他同龄、同性别青少年进行比较。在许多情况下，青少年高估了同龄人对酒精和其他物质的使用，或低估了自己物质使用问题的严重性。他们经常对个性化反馈感到惊讶，因为这些反馈显示大多数青少年不像他们那样大量酗酒或使用其他物质。个性化反馈通常与各种物质对青少年健康和行为影响的教育相结合。以下从科学到实践板块展示了临床医生如何利用个性化反馈鼓励艾丽卡改变饮酒习惯。

从科学到实践

动机增强疗法：个性化反馈

艾丽卡符合轻度酒精使用障碍的诊断标准。艾丽卡的朋友经常鼓动她在聚会上喝酒，而她的父母没有监督她的行为，这使她面临出现更严重的和长期的物质使用问题的风险。她的治疗师使用动机增强疗法帮助艾丽卡提高改变饮酒行为的意愿。艾丽卡很惊讶她比其他同龄女孩喝得多。

治疗师	在这个部分，我们将你的饮酒情况和与你同龄的其他女孩子的饮酒情况进行了比较。当你外出时，你喝酒的量比10个女生中的8个都多。
艾丽卡	不可能，那不可能是正确的数据。我的朋友比我喝得多。
治疗师	我明白这令人困惑。与你的朋友相比，你一点也不觉得自己喝得太多。这很难搞清楚。
艾丽卡	是啊，我的一些朋友喝半打啤酒都没问题，他们好着呢。
治疗师	没错！这些数据来自一项针对青少年的大型调查。有些青少年比你喝得多，有些人喝得少，有些人根本不喝酒。这一比较结果将你和他们所有人进行比较，看你所处的位置。
艾丽卡	但是我的朋友们呢？他们大多数都比我喝得多。
治疗师	人们倾向于和与自己一样的人出去玩、做同样的事情。喜欢喝酒的人通常有一些朋友也喜欢喝酒。所以，你可能觉得大多数青少年喝的和你一样或更多，因为这是你的经验。事实上，你这个年龄的女孩普遍喝得比你更少。
艾丽卡	哇，真难以置信。（看上去很惊讶，然后安静了下来。）
治疗师	这的确不符合你对自己的看法。
艾丽卡	是的。我不知道该怎么想。说实话，我从没想过我喝得那么多。

艾丽卡和她的治疗师一致认为，艾丽卡完全避免在聚会上喝酒可能是不现实的。然而，她的治疗师帮助她权衡了饮酒的好处（例如，玩得开心）与成绩差和被拘留的潜在成本。

艾丽卡按要求完成了治疗和社区服务。治疗结束几个月后，艾丽卡打电话给治疗师，对治疗师表示感谢。据说，艾丽卡的一个朋友在一次酒驾中中受伤了。"我想我本来也很有可能会这样。"艾丽卡说。

另一种动机增强策略是使用**决策权衡**（**decisional balance**）。治疗师在使用这种策略时鼓励青少年考虑物质使用的成本和收益（Rios, Herval, Ferreira, & Freire, 2019）。治疗师要承认使用酒精或其他物质肯定有好处，否则青少年一开始就不会使用它们。例如，在参加聚会前喝一两杯可以帮助青少年放松，让其玩得开心。然而，这些好处可能被潜在的风险所掩盖。青少年可能会因饮酒过量而生病、事后可能会感到内疚、父母可能会生气并失去对他的信任。能够意识到这些代价的青少年在将来更有可能减少饮酒行为。

计划（*planning*）是动机增强疗法的最后阶段。治疗师要求青少年确定可能适合他的"下一步"。例如，治疗师可能会问："在聚会时改变饮酒量会给你带来什么影响？"在青少年承诺采取特定行动后（例如，在聚会期间交替饮用酒精和非酒精饮料），治疗师要求青少年确定接下来这一变化的好处以及可能阻碍他执行的障碍。理想情况下，青少年在结束这节治疗后会有更强的动机去改变自己的行为，并采取具体的步骤（Tevyaw et al., 2019）。

使用动机强化疗法的治疗师通常不把戒断作为治疗的主要目标。相反，这些从业者通常采用**减少危害（harm reduction）**的方法进行治疗（Boyd, Howard, & Zucker, 2013; Marlatt, Larimer, & Witkiewitz, 2012）。根据减少危害的观点，治疗的主要目标是帮助青少年识别和避免具有极大潜在危害性的物质使用行为。例如，治疗师可能会支持青少年在聚会上喝少于四瓶啤酒的决定，即使这个决定可能会让青少年的父母很不高兴。任何能够减少风险或潜在伤害的酒精减量行为都被视作是成功的。

一些人质疑对青少年使用减少危害方法是否符合伦理（Bukstein, 2015）。治疗师支持青少年做出违法行为的决定是否合适？虽然这些伦理问题很难回答，但我们应该考虑三点。首先，运用减少危害的理念的治疗师在治疗前必须征得父母同意。虽然青少年享有自主和自决的基本权利，但父母对其子女的福祉和发展负有最终责任。在没有父母同意的情况下，治疗师在伦理上不能进行减少危害的治疗。其次，大多数采用减少危害视角的治疗师可能认为，完全戒断仍是治疗的理想目标。但当戒断可能性较低时，任何减少饮酒量的行为都可以被视为有益的。最后，治疗师在判断减少危害治疗方法的优点时，除了个人信念，还需要参考实证数据。如果减少危害有效而治疗师却不采用，他们能为自己的做法辩护吗？（Maziak, 2014; McKeganey, 2012）

参加短期动机增强疗法的青少年在尼古丁、酒精和大麻的使用上比等待对照组的青少年或在社区接受常规治疗的青少年表现出更大程度的减少（Lundahl, Kunz, Brownell, Tollefson, & Burke,2010）。个性化反馈、决策权衡和减少危害策略的使用与减少物质使用问题密切相关（Tanner-Smith & Lipsey, 2015）。

小 结

- 动机强化疗法是一种短期干预措施，旨在帮助青少年克服减少物质使用的矛盾心理。临床医生不给青少年提供建议或要求他们戒酒，而是倾听他们为什么想减少药物使用行为。

- 动机增强包括四个过程：（1）建立关系；（2）聚焦；（3）激活；（4）计划。
- 动机增强策略包括提供关于青少年物质使用的个性化反馈、使用决策权衡来权衡改变的利弊、鼓励减少危害而不是戒断。

有物质使用问题的青少年如何住院治疗？

转介治疗

大多数使用尼古丁、酒精和/或大麻的青少年只需要短期干预以帮助他们降低伤害的可能性。然而，有中重度物质使用问题风险的青少年应接受长期治疗（Becker et al., 2019）。大多数青少年对参与治疗有阻抗。治疗师通常强调青少年的优势和未来目标以鼓励他们接受治疗。例如，一个治疗师可能会说：

> 你在因为酗酒被停赛之前一直是篮球队的明星球员。你能做到这一点是因为你在比赛中投入了大量的时间和精力。在我看来，只要你专心做一件事，你就能做成任何事。我想知道你是否愿意表现出同样的决心来改变你的饮酒习惯？

治疗师也鼓励父母积极参与治疗。大多数治疗师使用类似的、基于优势的方法来强调父母参与治疗的重要性：

> 听起来你想要给你女儿最好的，你一直在努力保证她的安全。我很清楚，她真的爱你，她重视你的意见。根据我的经验，如果有父母陪同，青少年更愿意接受治疗。你愿意和我一起帮助你女儿吗？

药物治疗

一些患有物质使用障碍的青少年参加了28天的住院治疗计划。尽管住院治疗项目各不相同，但大多数都有三个目标：（1）处理青少年的紧急医疗需求并为其身体排毒；（2）帮助青少年认识到该物质对其健康和功能的有害影响；（3）提高青少年与他人关系的质量。

为了实现这些目标，几乎所有住院治疗项目都要求青少年在治疗期间戒掉酒精和其他物质。工作人员对青少年进行有关物质使用的生理、心理和社会影响的教育。住院治疗项目通常为青少年提供个体和团体治疗。工作人员还提供旨在改善亲子沟通和问题解决能力的家庭治疗课程。在治疗结束之前，工作人员帮助青少年和家庭成员进行回归学校和家庭的准备。

有几种药物被批准用于治疗患有尼古丁、酒精和其他物质使用障碍的成人。然而，没有药物被批准用于治疗有物质使用问题的青少年。因此，关于这些药物对青少年影响的信息有限。必须谨慎使用这些药物（Greydanus, 2018）。

纳曲酮（ReVia）是一种被批准用于治疗成人酒精使用障碍的药物。纳曲酮通过阻断大脑中自然产生的阿片受体来发挥作用。因此，它能够减缓大脑奖励通路中多巴胺的释放，降低酒精和其他物质的积极作用。有限的研究表明，纳曲酮也能降低大龄青少年的饮酒冲动。因此，服用纳曲酮的青少年更有可能抑制饮酒的冲动，更有可能完成治疗（Greydanus, 2018）。

一些研究还表明，药物治疗可以帮助青少年减少吸烟的冲动。一些尼古丁替代疗法被批准用于成人。这些药物以口香糖、吸入剂、锭剂、鼻喷雾剂或贴片的形式给患者摄入低剂量尼古丁。至少两个随机对照组研究表明，这些药物还可以减少青少年吸烟行为（Miranda & Treloar, 2019）。

两种非尼古丁药物也被批准用于帮助成人戒烟。酒石酸伐尼克兰片（Varenicline）与烟碱乙酰胆碱受体结合，阻断尼古丁的愉悦效应，并产生轻微的快感以缓解戒断症状。抗抑郁药物安非他酮（bupropion）可以通过影响大脑中的乙酰胆碱和去甲肾上腺素来减少吸烟，但其确切作用机制尚不清楚。有限的数据表明，这两种药物都能减少青少年吸烟的冲动，但它们本身可能不适用于长期戒烟（Miranda & Treloar, 2019）。

药物也被用于治疗共病精神健康问题的青少年。随机对照研究表明，药物治疗有助于缓解物质使用问题青少年共病的 ADHD、焦虑和心境障碍（Humphreys, Eng, & Lee, 2013）。

临床医生还必须记住，许多精神药物有可能被滥用。例如，一些患有 ADHD 的青少年会出售用于治疗其障碍的兴奋剂药物，这种做法被称为转用（diversion）。或者，一些精神兴奋剂可以被压碎后服用以产生快感和活力。由于苯二氮卓类药物具有抗焦虑的特性，因此很有可能被滥用。因此，医生、治疗师和家长必须监控那些服用这些药物的有物质使用障碍的青少年（Cortese et al., 2013）。

12 步骤治疗

大多数住院治疗方案都将 12 步骤治疗的理念纳入治疗。最著名的是匿名戒酒会（Alcoholics Anonymous, AA）和匿名戒毒会（Narcotics Anonymous, NA）的 **12 步骤计划**（**12-step program**）。这些计划的支持者将使用酒精和其他物质视为一种疾病。从这个角度来看，物质使用障碍是由于遗传而发展的医学疾病，由于生物和神经化学因素而得以维持，并对人的社会和情感功能产生不利影响。12 步骤计划的支持者认为，个人必须承认他们患有这种疾病，认识到他们无法独自克服它，并承诺戒断（Mendola & Gibson, 2016）。

参与者通过一系列帮助他们保持清醒的 12 步骤治疗获得改善。他们必须认识到自己无法克服物质使用问题，必须向“更强大的力量”投降。传统 AA 计划的参与者被教导依靠精神和他人的支持来应对饮酒或使用其他物质的冲动。参与者参加小组会，以获得与物质使用障碍做斗争所需的其他人的支持。每位参与者还选择一位提供指导和个人支持的赞助者（Kelly, Yeterian, Cristello, Kaminer, Kahler, & Timko, 2016）。

12 步骤计划是美国治疗物质使用障碍最常用的方法。通常，12 步骤计划在住院治疗期间启动。患者完成住院治疗后，鼓励其继续参与社区的 12 步骤计划。个人可以根据需要经常参加 12 步骤计划讨论会；在一些社区，每周举行 7 天的讨论。通常情况下，患者进行个体治疗的同时参加 12 步骤计划。

几项前瞻性纵向研究表明，12 步骤计划对青少年是安全和有益的。平均而言，青少年每参加一次 AA 或 NA 活动都会多 2 天清醒时间。每周参加两到三次讨论则与持续 8 年的完全戒断相关（Kelly, Cristello, & Bergman, 2019）。

说服从住院治疗中出院的青少年参加戒酒或戒毒会有时很难。不参与这类协会或不参加个体门诊治疗的青少年复发率较高，他们在 3 个月内的复发率为 60%，1 年内的复发率为 75%（Margret & Ries, 2016）。治疗师可以提醒青少年："住院治疗时间很短，在你意识到之前就结束了。你会做些什么来帮助你保持健康？"治疗师还可以使用动机增强疗法的原则来提高青少年参加协会的意愿，尤其是在他们回到家庭和学校之后（Kelly et al., 2019）。

小　结

- 有几种药物（例如纳曲酮、安非他酮）被批准用于帮助成人减少物质使用行为。然而，没有药物被批准用于有物质使用问题的青少年。
- 许多住院治疗项目使用 12 步骤计划疗法，例如匿名戒酒会或匿名戒毒会。这些治疗将物质使用视为一种疾病，要求参与者在治疗期间戒除物质使用行为，并鼓励经常参加支持性小组。
- 出院治疗后继续参与 12 步骤计划的青少年比停止参与 12 步骤计划的青少年更可能避免复发。

哪些非门诊治疗对有物质使用问题的青少年有效？

针对物质使用的认知行为疗法

近年来，针对物质使用障碍的认知-行为疗法（Cognitive–behavioral therapy, CBT）得到了广泛的应用。CBT 的实践者将有问题的物质使用视为一种通过四种方式获得和维持的习得性行为（Nathan & Gorman, 2016）。

第一，通过经典条件作用，人们学会将物质使用与特定的情境或情绪状态联系起来。例如，一个青少年可能和一群朋友一起使用大麻。他发现和这些朋友一起抽大麻可以让他放松并且很开心。通过经典条件作用，他将这群朋友与大麻的使用联系起来。将来，这些朋友可能会成为他再次使用大麻的起因或刺激线索。

第二，物质使用是通过*操作性条件作用*来维持的。酒精和其他药物可以起到正强化作用，使人们在社交过程中产生主观的满足感和幸福感，或者增强愉悦感。这些物质也可以起到负强化作用，因为使用这些物质可以减少紧张或减轻疼痛。

第三，*社会学习*通常在青少年物质使用中发挥作用。家人有时是物质使用的榜样。青少年可能会将物质使用视为应对压力或促进社交互动的可接受手段。与之类似，同龄的青少年经常模仿和强化物质和酒精的使用，他们认为物质和酒精的使用不仅是可以接受的，而且也是为了获得认可而被期望的。

第四，青少年的*认知*调节了引发物质使用的事件与他们饮酒和其他物质使用之间的关系。严格地说，事件本身不会导致人们使用物质，而人们对事件的解释和想法导致物质使用或戒断。青少年往往对促使他们使用药物的情况持有扭曲的信念。这些扭曲的信念可能导致酗酒或使用其他物质（Barlow, 2014; Graham & Reynolds, 2013）。

为了理解认知是如何调节事件和行为之间的关系的，我们可以参考一个被邀请参加派对的害羞的十年级学生萨姆的例子。当萨姆的朋友接她去参加聚会时，他们给她一些啤酒来帮她放松。萨姆喝还是不喝主要取决于她对当前情境的理解。如果萨姆认为"喝两杯酒可以帮我放松，有一个好心情"，她很可能会接受啤酒。或者，如果萨姆想"我不喝酒也没关系，布里也没喝"，她就可能会拒绝饮酒的邀请。

CBT 中使用的技巧针对物质使用问题产生和持续的四种方式中的每一种：（1）经典条件作用；（2）操作条件作用；（3）社会学习；以及（4）认知。

第一，治疗师要求青少年监控自己的物质使用情况，并注意出现物质使用行为之前的环境因素或情绪状态。例如，一个青少年可能会发现他在聚会前感到紧张时喝酒。有了这些信息，治疗师和青少年尝试找到避免引发焦虑的方法。青少年可能会决定请一个朋友和他一起去参加聚会，这样他就不会经历那么多的焦虑。

第二，治疗师鼓励青少年考虑物质使用的后果。具体来说，治疗师和青少年可能会使用决策权衡的方法。例如，青少年在参加聚会前可以列出某些好处，例如可以帮他放松、让他玩得开心。然而，这些好处可能被潜在的风险所掩盖，例如喝太多并且生病、事后感到内疚、使父母生气。

第三，治疗师教来访者一些特定的技巧，以减少酒精的强化作用。治疗师教授的技能在很大程度上取决于青少年物质使用的原因。在聚会前饮酒以减轻焦虑的青少年可能会受益于放松或社交技能训练。如果青少年在聚会前感到更加放松或自信，他们可能不会有那么多饮酒的渴望。为了获得同伴接纳而饮酒的青少年可以学习拒绝饮酒的技巧。在治疗过程中，治疗师和青少年可能会一起商量出拒绝同伴邀请的方法并加以练习。

第四，治疗师检验并挑战有关酒精和其他药物使用的不良观念。许多青少年高估了酒精的好处，而忽视了它潜在的有害影响。一个青少年可能会这样想："和朋友一起喝酒很有趣，我们总是玩得很开心。"治疗师可能会鼓励青少年通过考虑喝酒的负面后果来更客观地看待他喝酒这件事。从科学到实践部分展示了治疗师如何挑战适应不良的想法。

从科学到实践

挑战关于喝酒的不良信念

治疗师	我们聊了很久了，我注意到当你出去玩的时候，你给自己施加了很大压力，让自己喝酒。
亚当	嗯，有点。这更像是其他人给我施加了很大的压力。大部分时间里，我和他们在一起时都很好。当我参加聚会或类似的活动时，我会觉得有点难受。
治疗师	那么，你去参加这样的聚会时是什么感受？
亚当	我通常会见到我的朋友和学校里的其他同学。他们看起来好像在喝酒，玩得很开心。他们好像也想让我喝酒似的。我也想玩得高兴——为了开心。我也不想让他们失望，扫了他们的兴。
治疗师	你是说如果你不喝酒，就会毁了他们的欢乐时光？
亚当	是的，我猜是这样的。我只是觉得他们会想："他怎么了？他不想找点乐子吗？他觉得自己比我们其他人都强吗？"这让我很紧张。
治疗师	你怎么知道他们是这么想的？证据是什么？
亚当	我不知道。我能看出来。我对这种情况很紧张，我能看出他们是这样想的。
治疗师	在我看来，你是在用你的情感来推理，而不是用你的头脑。这有时会让我们陷入很多麻烦，使我们感到紧张。让我们看看我们是否能更客观地看待这种情况。聚会上其他人都喝酒了吗？
亚当	是的，大多数都喝了。
治疗师	但不是每个人都喝了？
亚当	是的，有一些人没喝。
治疗师	那其他朋友取笑他们了吗？
亚当	不。没人有意见。
治疗师	你是否觉得这些孩子（不喝酒的孩子）很莫名其妙或比你强？
亚当	不。我想我什么都没想。每个人都想玩得开心。
治疗师	所以聚会时没有人真正关心谁喝酒谁不喝酒。他们关心自己玩得开不开心。
亚当	是啊，我想是这样的，现在我明白了。

数十项关于青少年物质使用问题的随机对照研究表明 CBT 是有效的。参与 CBT 的青少年比单独接受个体支持性治疗、团体治疗或物质使用问题教育的青少年在物质使用方面表现出更大程度的减少（Tanner-Smith, Wilson, & Lipsey, 2013）。

针对物质使用的功能性家庭治疗

对青少年药物使用问题研究最广泛的治疗方法是家庭治疗（Bitter, 2013; Sexton & Lebow, 2015）。家庭治疗师将家庭视为一个系统，也就是一个相互关联的群体。它无法通过独立个体去理解。从系统的角度来看，青少年物质使用问题必须根据青少年的家庭和周围的社会环境来理解。因此，家庭治疗师感兴趣的是青少年与父母、家庭环境和学校之间的关系是如何影响其物质使用的。由于这三个生态因素是相互关联的，任何一个因素的变化都会影响其他所有因素。例如，增加父母对青少年学业的参与度可以改善青少年对学业的投入和态度。或者，帮助青少年控制愤怒可以加强她与父母的关系，降低她从被社会拒绝的同龄人那里寻求支持的可能性。

虽然家庭治疗师使用的策略各不相同，但他们通常有两个共同的目标。一个目标是帮助父母监控和管理青少年的物质使用。治疗的这一部分通常包括教授关于青少年正常发展、青少年物质使用的原因和后果以及父母在青少年酗酒和其他物质使用中的作用的知识。治疗师通常会着重强调：对青少年行为设定符合其发展阶段的合理限制、采用公平且一致的管教方式，以及系统性地监控其日常活动。

家庭治疗的第二个目标是提高家庭功能的质量。通常，治疗师会与青少年和家长一起会面，观察家庭互动的质量。大多数治疗师主要对家庭成员之间的沟通模式感兴趣。例如，一些家庭避免直接对峙，很少谈论让他们生气、担心或不安的话题。有些家庭则呈现出经常性的情绪爆发和互相批评，这使家庭成员感到孤立或被拒绝。治疗师经常指出这些沟通模式，并教导家庭成员使用不同的、更有效的策略（Hogue & Dauber, 2013; Hogueet al., 2015）。

功能性家庭治疗（functional family therapy）是一种广泛应用于青少年药物使用问题及其家庭的治疗方法。功能性家庭治疗师认为青少年物质使用问题是在非适应性的家庭关系的背景下产生的。青少年的物质使用行为对他们来说是有目的和功能的。治疗师与家庭合作以确定这一目的，并以更具适应性和亲社会的行为取代饮酒和其他物质使用行为，改善家庭内的关系质量（Waldron, Brody, & Hops, 2018）。

功能性家庭治疗师与青少年及其父母一起会面。治疗师从**加入（joining）**家庭开始，也就是说，治疗师通过倾听家庭成员当前的担忧、让他们感到舒适及注入治疗将会有所帮助的希望，开始与家庭成员建立治疗关系。治疗师还会进行**循环提问（circular questioning）**，也就是说，他会让每个家庭成员从他们自己的角度描述情况，让每个成员感到被倾听和被认可。治疗师强调家庭关系对青少年健康的重要性，还尝试通过强调家庭的力量，从积极的角度来重新定义当前的问题。例如，治疗师可能会重新定义一个青少年和他父母之间的争论，说：“我很清楚，你的父母这么唠叨你是因为他们关心你，想保护你，让你远离麻烦。”

功能性家庭治疗的主要目标是确定导致青少年酗酒或使用其他物质的关系问题或缺陷。一些青少年使用物质来避免或逃避家庭冲突。在这种情况下，治疗师可能会与家庭成员合作，以提高沟通和解决问题的能力。有些青少年使用酒精或其他物质来应对焦虑、抑郁或孤独。作为回应，治疗师可能会教青少年更具适应性的应对技能，并使其与父母一起在家里练习这些技能。还有些青少年只有与某些同龄人在一起时或在特定情况下使用物质。在这种情况下，治疗师则帮助青少年发展与新同伴的关系，或参与不同的课后活动。同时，治疗师可能会鼓励父母更仔细地监护青少年的活动，并且在青少年戒除物质使用行为后给予特殊奖励（Waldron et al., 2018）。

荟萃分析表明，随着时间推移，完成功能性家庭治疗的青少年的物质使用量显著减少。此外，功能性家庭治疗可有效减少抑郁的青少年的物质使用（Waldron et al., 2018）。功能性家庭治疗似乎比心理教育和团体治疗更有效，在青少年物质使用问题上与 CBT 一样有效。因此，它被认为是青少年物质使用障碍的主要治疗方法（Tanner-Smith et al., 2013）。

针对物质使用问题的多维家庭治疗

多维家庭治疗（multidimensional family therapy, MDFT）的目标是家庭功能的四个维度:（1）青少年的物质使用;（2）青少年父母的养育行为;（3）家庭关系质量;（4）影响青少年物质使用的社区因素，如同伴关系、学业或课后活动（Liddle, 2016）。

MDFT 包括与青少年的个体治疗、针对父母的个体治疗以及为期数月的联合家庭课程。在这种治疗方法中，一名主要的治疗师针对家庭中的青少年开展工作，另一名治疗师可能会与父母会面，还有一名案例管理者为家庭提供切实支持（Rowe & Liddle, 2018）。

针对青少年的个体治疗侧重于提高其社交技能和与亲社会的同龄人的交往，帮助青少年识别和管理负面情绪，减少与不良同龄群体的接触。治疗师还可能帮助青少年应对其他可能导致其物质使用的精神健康问题，例如焦虑和抑郁。

针对家长的个体治疗包括提供有关青少年物质使用障碍原因的教育，概述父母行为可能导致这些障碍的途径，并帮助家长监护青少年行为。治疗师还强调父母参与青少年活动的重要性，以及父母照顾自己精神健康的必要性。

家庭治疗致力于提高沟通和解决问题的能力。治疗通常包括帮助家庭更有效地解决日常问题和加强彼此的情感联系。

在整个治疗过程中，治疗团队帮助家庭管理家庭系统外的应激源。例如，案例管理者可能会帮助父母找工作或找到可靠的交通工具来参加治疗。治疗师可能会帮助青少年参与法庭要求的社区服务或在被停课后重返学校（Rowe & Liddle, 2019）。

MDFT 得到了许多随机对照研究的支持。例如，利德尔（Liddle, 2004）将 80 名有大麻使用问题的儿童与青少年随机分配到 MDFT 或团体治疗组中，在治疗 6 周后和治疗结束时对结果进行评估。结果显示，两组个体的大麻使用都有所减少。然而，MDFT 在改善行为、社会情感和学习功能方面更快产生效果，并且比团体治疗更有效。其他研究的结果表明，与对照组相比，MDFT 在减少酒精、大麻和其他物质的使用方面是有效的。此外，MDFT 已被证明比个体支持性疗法、团体支持性疗法和物质使用教育更有效（Henderson, Dakof, Greenbaum, & Liddle, 2010; Liddle, 2016）。

哪种疗法最好？

人们对青少年物质使用问题疗法的相对有效性知之甚少，直到最近这种情况才有所好转。动机增强疗法、CBT 和家庭系统疗法这些有前景的治疗方法已经被独立研究。物质滥用治疗中心进行了第一次大规模的对比研究，以确定哪种疗法能以具有最佳时间效益和成本效益的方式减少青少年物质使用。这项比较研究，即**青少年大麻治疗研究**（**Cannabis Youth Treatment Study**），为研究人员和临床医生提供了有关青少年物质使用问题治疗的重要信息（图 10.11）。

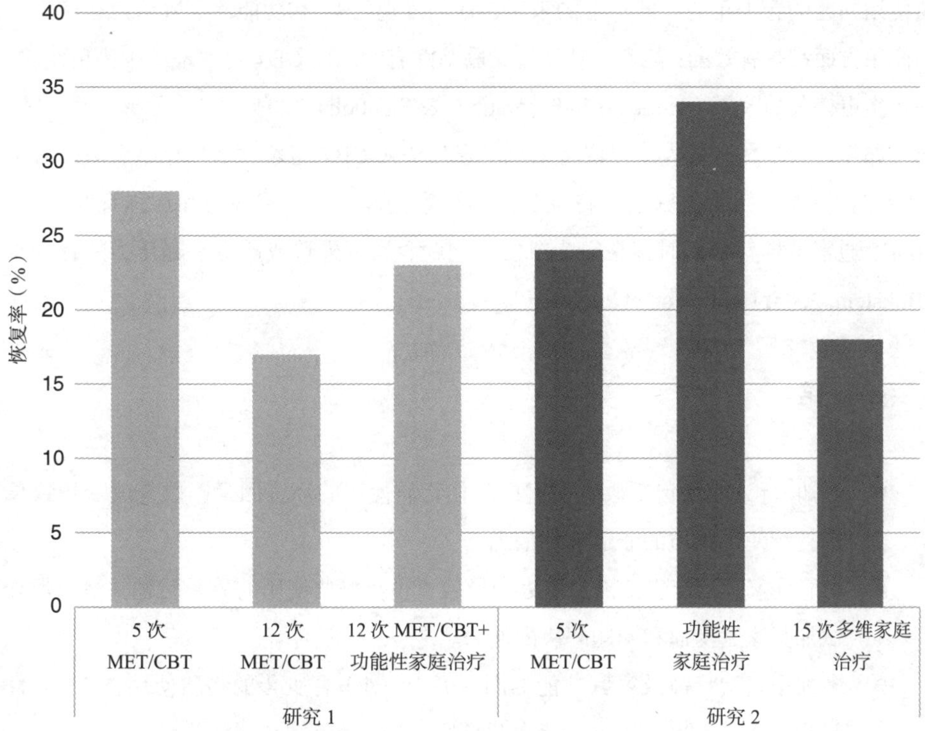

图 10.11 青少年大麻治疗研究

注：结果表明，5 次动机增强疗法（MET）和认知行为疗法（CBT）或功能性家庭疗法对有物质使用问题的青少年最有效。

研究人员进行了两项涉及 600 名有大麻使用问题的青少年及其父母的研究。这些青少年中的大多数报告每天或每周使用大麻，接近 20% 的青少年还报告每天或每周饮酒（Dennis et al., 2004）。

在第一项研究中，青少年被随机分配三种治疗条件之一。第一组接受 5 次动机增强疗法（motivational enhancement therapy）和 CBT（MET/CBT 5）。第二组接受 12 次的相同治疗（MET/CBT 12）。第三组接受 12 次 MET 和 CBT，还有另外 6 次功能性家庭治疗（MET/CBT 12+ 家庭）。研究人员在治疗 12 个月后评估了青少年的转归。第一项研究的结果表明，这三种治疗方式在减少青少年药物使用方面同样有效。5 次 MET/CBT 是最具时间效益和成本效益的治疗方法。

在第二项研究中，青少年被随机分配三种治疗条件之一。第一组接受 5 次 MET/CBT 治疗。第二组接受功能性家庭治疗。第三组接受 15 次 MDFT 治疗。第二项研究的结果也得出了类似的结论。在所有三种治疗条件中，青少年在物质使用方面表现出相似的减少。然而，在这项研究中，5 次功能性家庭治疗是最具时间效益和成本效益的治疗方法。

有些研究表明，临床医生应将 MET/CBT 与功能性家庭治疗相结合。利德尔及其同事（Liddle, 2016; Liddle & Rowe, 2006）比较了 CBT 与功能性家庭疗法对有酒精使用问题的青少年的疗效。总的来说，他们发现 CBT 和功能性家庭治疗在减少药物使用方面都是有效的；然而，功能性家庭治疗有时能比 CBT 更快地减少酒精使用，并产生更持久的效果（Hogue, Liddle, Dauber, & Samuolis, 2004）。

如今，大多数专业人士建议将动机增强疗法或 CBT 与家庭治疗相结合。加入家庭治疗很重要，因为家庭治疗特别强调减少家庭冲突、改善沟通和加强育儿技能。MDFT 通常被推荐给同时存在行为或法律问题、教育失败或严重家庭压力的青少年（Bukstein, 2005; Henderson et al., 2010）。

小　结

- 认知-行为疗法包括改变引起或强化物质使用的环境因素，以及改变导致长期持续使用物质的非适应性信念。
- 功能性家庭治疗包括确定家庭中导致青少年物质使用的关系问题。治疗师尝试加强家庭沟通和问题解决的能力。
- 多维家庭治疗涉及家庭功能的四个方面：（1）青少年的物质使用；（2）养育行为；（3）父母-青少年关系的质量；（4）学校氛围和同伴关系。
- 青少年大麻治疗研究表明，对于存在物质使用问题的青少年应使用动机增强疗法与 CBT 或家庭治疗相结合的治疗手段。

什么是复发预防?

青少年大麻治疗研究的结果突出了青少年药物使用障碍治疗中的一个突出问题:大多数对治疗有应答的青少年最终会复发。在大麻研究中,66% ~ 83% 接受治疗的青少年对治疗无应答或在 12 个月内复发。在对有酗酒问题的青少年的其他研究中,大约 50% 的青少年在治疗后 3 个月内复发,66% 在 6 个月后复发,75% ~ 80% 在 1 年后复发(Wagner & Austin, 2006)。

复发预防(relapse prevention)是治疗的一个组成部分,在这个过程中,治疗师和来访者一起系统地为预防复发做计划(Hendershot, Witkiewitz, George, & Marlatt, 2011; Witkiewitz & Marlatt, 2011)。在青少年表现出物质使用减少后,治疗师开始讨论复发的可能性。治疗师可能会提到,当青少年遇到高风险情况时,物质使用行为很可能会复发。高风险情况通常涉及会引发物质使用的刺激线索。刺激线索可能包括某些人(例如希望青少年饮酒的朋友)、情境(例如聚会或独处)和消极情绪状态(例如感到沮丧或无聊)。

许多人在减少物质使用一段时间后如果又开始使用物质,就会经历**破堤效应(abstinence violation effect)**。他们可能会在打破一段时间的戒断后感到羞愧或内疚。他们也可能将自己的复发归咎于自己道德沦丧、缺乏意志力或无法控制自己的生活。因此,他们会继续饮酒或使用其他物质,认为戒掉它们是不可能的(Collins & Witkiewitz, 2013)。

将复发预防纳入治疗的治疗师不仅帮助患者制定应对可能的复发的计划,而且还教会青少年从复发经验中学习。首先,治疗师鼓励来访者识别可能导致复发的刺激线索,并找出避免这些线索的方法。其次,治疗师和来访者可能会制定一个具体的策略来应对复发。例如,如果青少年饮酒,他需要同意在再次饮酒之前立即联系治疗师或支持小组成员。治疗师或朋友可能会鼓励他避免引发复发的情况,并采取措施保持清醒。治疗师可能会帮助来访者将复发归因于外部原因(例如充满压力的一天、来自朋友的压力),而不是个人弱点。

同样,治疗师也会挑战青少年的灾难性思维或其他扭曲的认知。这些思维可能会增加其酗酒的可能性。治疗师鼓励青少年将这种失误视为一种可能的学习经历,而不是失败的迹象。如果青少年认为这一失误表明他“跌落到谷底”,那么他可能会喝得更厉害。或者,治疗师和来访者可以一起分析复发的前因和后果,并制定避免未来再次复发的方法。从科学到实践部分给出了一个治疗师如何帮助青少年从复发中学习的例子。

从科学到实践
复发预防

迈克	在我意识到之前，我已经在聚会时喝了五六杯啤酒，我做了很多愚蠢的事情。一开始，我感觉很好。但后来我就想："我真是个失败者。"几个月来我一直没喝酒，现在我把这些都抛到脑后了。
治疗师	你觉得你所有的努力都白费了吗？
迈克	没错。就像，不管我做什么，我都会像我爸爸一样变成一个酒鬼。我在想，这有什么用？
治疗师	听起来你对自己有点太苛刻了。就因为你那天晚上在聚会时喝了几杯，就真的意味着你是个酒鬼了吗？毕竟，那天晚上不是有很多朋友鼓动你喝酒吗？
迈克	嗯，是的。我真的很想和大家一起玩得开心。
治疗师	你也没有像上次那样惹上什么大麻烦吧？上次你开出了车道。
迈克	没有，我平安到家了。
治疗师	接下来或许我们可以更仔细地考虑一下之前的情境并从中吸取教训。也许我们可以看看是什么引发了你喝酒的决定，并找出未来如何避免这些触发因素的方法。

研究人员才刚刚开始研究影响高中生复发可能性的因素。我们当前对青少年复发的了解可以总结为以下几点。第一，青少年复发的原因似乎与成人不同。与成人相比，青少年的物质使用行为更有可能因为接触到使用物质的同龄人、来自朋友的压力或鼓动，以及因想要改善情绪或享受物质带来的愉悦效果而复发。相比之下，成人的物质使用行为在抑郁、孤独或焦虑时经常复发（Curry et al., 2012; Ramo, Anderson, Tate, & Brown, 2005）。

第二，青少年戒除能力的自我效能感与复发的可能性成反比。相信自己能够抵抗物质的愉悦效应并避免社会压力的青少年更有可能保持戒断（Burleson & Kaminer, 2005）。

第三，不认为自己的物质使用行为有问题的青少年比致力于长期行为改变的青少年更容易复发（Callaghan et al., 2005; Ramo et al., 2005）。由于情境（例如同龄人）和认知（例如信念、改变意愿）因素都会影响复发的可能性，因此两者都是复发预防的目标。

小　结

- 复发预防是一种治疗策略，在这种策略中，临床医生和青少年一起预测复发并制定应对复发的计划。

- 复发预防旨在防止破堤效应，即负面情绪导致复发并继续使用物质。青少年被鼓励从复发经验中学习，并找到避免今后复发的方法。

关键术语

12 步骤计划（12-step program）：一种治疗方法，它将药物使用问题概念化为一种疾病，并强调实现戒除需要谦逊和社会支持。这种治疗方法涉及与其他有物质使用问题的人一同定期参加讨论会。

破堤效应（abstinence violation effect）：在打破一段时间的戒断后感到羞愧或内疚，通常会导致持续使用物质来缓解这些负面情绪。

应变稳态（allostasis）：由于反复使用药物而引起的大脑的生理变化（例如，受体数量减少或敏感度的降低）。

ASSIST：一种针对青少年和家长的，用于筛查青少年中广泛的物质使用问题的措施。

双相效应（biphasic effect）：关于酒精对个体的影响的描述。少至中等量的酒精使用会在很大程度上产生期望的效果，而长期使用则会在很大程度上产生负面影响。

大麻素受体（cannabinoid receptor）：调节食欲、痛觉、情绪和记忆的神经递质受体。

青少年大麻治疗研究（Cannabis Youth Treatment Study）：一项大型研究，调查了心理社会疗法对青少年大麻和酒精使用问题的相对有效性。

循环提问（circular questioning）：一种家庭治疗技术。在使用这种技术时，治疗师要求每个家庭成员都描述一个特定的问题或情境。

品行问题路径（conduct problems pathway）：用于解释物质使用障碍出现的发展途径；包括（1）神经行为去抑制；（2）破坏性行为和学业问题；（3）同伴拒绝和介绍和强化物质使用的不良同伴。

CRAFFT：用于筛查青少年物质使用障碍的措施的首字母缩略词，包括驾车（car）、放松（relax）、独处（alone）、遗忘（forget）、朋友（friends）、麻烦（trouble）。

决策权衡（decisional balance）：一种用于动机增强疗法和 CBT 的技术。使用这种技术时，治疗师和青少年一同确定（1）持续使用和（2）减少药物使用的成本和收益。

δ-9- 四氢大麻酚（delta-9-tetrahydrocannabinol, THC）：大麻中效果最强的大麻素。

电子烟或电子烟产品使用相关的肺损伤（e-cigarette or vaping product use-associated lung injury, EVALI）：与吸电子烟相关的严重健康风险。症状包括咳嗽、胸痛、呼吸急促、流感样症状、消化问题以及呼吸或心血管衰竭的风险。

功能性家庭治疗（functional family therapy）：一种治疗青少年物质使用问题的系统方法。使用这种疗法的治疗师尝试改变家庭关系的性质和互动的质量。

门槛假说（gateway hypothesis）：假设吸食大麻的青少年使用其他物质的风险增加。该假说在研究文献中得到的支持是不一致的。

减少危害（harm reduction）：认为治疗的主要目标是帮助来访者识别和避免高潜在危害的物质使用；目标不一定是完全戒断。

个性化反馈（individualized feedback）：一种用于动机增强疗法和 CBT 的技术。治疗师提供一定数据，显示青少年的物质使用情况与其他同龄、同性别青少年相比的严重程度。

加入（joining）：一种家庭治疗技术。治疗师通过倾听和共情家人的担忧，与他们建立融洽的关系。

中脑皮质通路（mesocortical pathway）：大脑奖赏通路的一部分，其范围从中脑腹侧被盖区延伸到额叶皮质，是我们计划和优先考虑能带来回报的行动的能力的基础。

中脑边缘通路（mesolimbic pathway）：大脑奖赏通路的一部分，其范围从中脑腹侧被盖区延伸到边缘系统的伏隔核、杏仁核和海马，是主观愉悦感、趋近行为和学习的基础。

监测未来（Monitoring the Future, MTF）：密歇根大学社会研究所对大约 5 万名青少年进行的年度研究，用于评估物质使用、物质使用问题、物质的可获得性和对物质使用的态度。

动机增强疗法（motivational enhancement therapy）：一种短期的治疗方法，在使用这种疗法时，治疗师使用积极倾听和支持性提问来增加来访者改变其物质使用的意愿。

多维家庭治疗（multidimensional family therapy, MDFT）：一种基于家庭的治疗方法，处理与以下四个方面相关的问题：（1）青少年的物质使用；（2）青少年父母的养育行为；（3）亲子互动；（4）同龄人 / 学业。

负强化路径（negative reinforcement pathway）：一种用于解释物质使用障碍出现原因的发展路径，它假设物质使用通过减轻压力或负面影响被负强化。

正强化路径（positive reinforcement pathway）：一种用于解释物质使用障碍出现原因的发展路径，包括（1）遗传风险；（2）对物质影响的敏感性；（3）对物质使用的积极期望。

复发预防（relapse prevention）：针对物质使用问题的 CBT 的一个组成部分。在这一过程中，治疗师和来访者一起讨论可能的复发，并制定应对计划。

缓解（remission）：是用于描述物质使用的体征和症状过去存在但现在不再存在的标注。

翻正反射（righting reflex）：提供建议或告诉人们如何解决问题的自然倾向。这一倾向通常没有帮助，还可能导致怨恨或沮丧。

筛查、短期干预和转介治疗（Screening, Brief Intervention, and Referral to Treatment,

SBIRT)：是指当前识别有物质使用问题风险的青少年和预防物质使用障碍的最佳方法。

阶段变化模型（stages of change model）：一个关于来访者对改变的准备的跨理论模型，包括（1）前意图阶段；（2）意图阶段；（3）准备阶段；（4）行动阶段；（5）维持阶段。

物质所致障碍（substance-induced disorder）：DSM-5 中的一组障碍，是指由摄入或停止摄入物质引起的特定综合征，包括（1）物质中毒；（2）物质戒断；（3）物质诱发的精神障碍。

物质使用障碍（substance use disorder）：一种导致痛苦或损害的有问题的物质使用模式，其特点是（1）控制能力受损；（2）社交问题；（3）冒险和 / 或（4）耐受或戒断反应。在 DSM-5 中，个体根据使用的物质类型（即酒精使用障碍、大麻使用障碍）得到诊断。

耐受（tolerance）：当个体（1）需要更多的物质以达到中毒状态或（2）重复使用相同数量的物质产生的效果减弱时发生。

戒断反应（withdrawal）：当个体（1）在停止或减少物质使用时出现负面生理症状或（2）服用不同的物质以避免这些负面症状出现时发生。

批判性思维练习

1. 杰克是一名 17 岁的高中生。杰克在聚会上和朋友们喝威士忌和其他酒精饮料。在社交聚会上，他也曾多次与朋友吸食大麻。杰克的物质使用行为从未导致学业、家庭、社会或法律问题。杰克的行为从发展的角度来看在多大程度上是正常的？杰克符合物质使用障碍的诊断标准吗？如果你是杰克的父母，你会担心吗？

2. 萨蒂娃是一名高中生，吸食尼古丁和大麻已有两年了。最近，萨蒂娃一直受到严重咳嗽和呼吸急促的困扰。这些呼吸系统问题影响了她在越野队的表现。萨蒂娃的朋友建议她少吸电子烟并去看医生。为什么给出这样的建议可能毫无帮助？治疗师如何利用动机增强来鼓励萨蒂娃改变自己的行为？

3. 贝利是一名长期酗酒的高中生。在她因酒后驾车被吊销驾照后，一名法官要求她参加 12 次强制性物质滥用治疗。贝利不喜欢治疗，因为治疗采用 12 步骤治疗方法，包括每周参加一次的支持小组。解释一下 12 步骤治疗的概念。这对有酗酒问题的青少年有效吗？还有什么循证疗法可以帮助贝利减少饮酒？

4. 贝利的治疗师知道，当父母参与治疗时，青少年物质使用问题的治疗通常是最有效的。描述可能有助于贝利减少饮酒的两种基于家庭的治疗方法。

5. 一些临床医生采用减少危害的方法进行治疗。我们所说的“减少危害”是什么意思？为什么在青少年身上使用“减少危害”的方法会引起争议？

PART IV

第四部分

情感与思维障碍

EMOTION AND THOUGHT DISORDERS

第十一章

焦虑障碍和强迫障碍

ANXIETY DISORDERS AND OBSESSIVE-COMPULSIVE DISORDER

学习目标

阅读本章后，你应该能够做到以下几点：

11.1 描述 DSM-5 中焦虑障碍的主要特征，并解释焦虑障碍在儿童期和青春期的个体中不同的表现形式。

确认并举例说明儿童与青少年焦虑障碍的一些主要原因。

11.2 描述强迫障碍（obsessive-compulsive disorder, OCD）在儿童青少年中的主要特征、主要病因和相关的条件。

11.3 说明如何使用行为和认知干预治疗儿童与青少年焦虑和强迫障碍。

评估药物治疗、心理治疗和联合治疗儿童与青少年焦虑障碍和 OCD 的优势和局限。

11.1 儿童期和青春期的焦虑障碍

正常焦虑和焦虑障碍之间有什么区别?

适应性焦虑与适应不良的焦虑

我们都知道焦虑是什么感觉。想想你在上次重要考试或工作面试前的感受。你可能体验到了一些生理症状，例如紧张不安、心跳加快或者手心出汗。行为上或许表现为摆弄衣服、在房间里踱来踱去或者表现得焦躁不安。伴随生理和行为症状，你也可能产生某些想法，包括“我真的需要在考试中取得好成绩”“我必须得到这份工作”或“如果我失败了怎么办？”之类的自我陈述。**焦虑**（**anxiety**）是一种复杂的心理痛苦状态，反映了对威胁性刺激的情绪、行为、生理和认知反应（Barlow, Conklin, & Bentley, 2015）。

心理学家通常会对（1）恐惧和（2）忧虑这两种类型的焦虑做区分（Weems, Graham, Scott, Banks, & Russell, 2013）。**恐惧（fear）**主要是对眼下直接的威胁的行为和生理反应，即对即将发生的危险做出的反应。人们对恐怖刺激的反应是对抗（例如战斗）或逃跑（例如逃避）。当我们发现自己对重要的考试准备不足时，我们可能会感到恐惧。当我们盯着测验题时，我们可能会脉搏加快、呼吸变浅，还可能感觉头晕目眩。主观上，我们可能会感到恐慌或恐惧，并强烈希望逃离这种情境。

相比之下，**忧虑（worry）**主要是对威胁的认知反应，在这种反应中，人们考虑并准备应对未来的危险或不幸。我们可能会担心下周的考试、即将到来的工作面试或者明天的重要比赛。忧虑的主观体验是一种慢性心理痛苦状态，可能导致不安、忧虑和紧张。忧虑通常伴随着对未来的想法和自我陈述，例如“考试会是什么样的？”“面试时我应该穿什么？”或者“如果我犯了错误，输掉了比赛怎么办？”（Donovan, Holmes, & Farrell, 2016）。

在大多数情况下，焦虑是有益的。它能帮助我们应对直接威胁，或激励我们为未来的危险做好准备。例如，适度的焦虑可以帮助我们在雷雨天开车时保持警觉和谨慎。同样，在重要的考试之前，适度的忧虑可以激励我们去复习（Rudland, Golding, & Wilkinson, 2020）。

适应不良的焦虑（maladaptive anxiety）可至少从（1）强度，（2）慢性程度，（3）损伤程度这三个方面与适应性焦虑区分开来。首先，适应不良的焦虑往往是强烈的，与引发焦虑反应的威胁本身不相称。例如，许多学生对在全班同学面前演讲都感到忧虑。在大多数情况下，中等水平的焦虑是适当的、具有适应性的，因为这可以激励我们为演讲做准备。然而，当恐惧引起强烈的痛苦或心理不适时，它就会变得适应不良。例如，一个学生可能在做报告的过程中变得大脑“空白”，或者可能在做报告前不久因为预期焦虑而感到身体不适（Ramirez, Feeney-Kettler, Flores-Torres, Kratochwill, & Morris, 2006）。

其次，适应不良的焦虑往往是慢性的。担心即将到来的考试是适当的、具有适应性的，因为这能激励我们准备考试，并且焦虑会在考试结束后消退。然而，慢性的忧虑是适应不良的。慢性焦虑者总是预期灾难即将来临，往往会经历长期的焦虑以及身体和情绪上的不适。

适应不良的焦虑会干扰个体完成日常任务的能力。例如，大多数人在面试前都会体验到中等水平的焦虑。当人们为了避免引起焦虑的面试而决定保持目前的低薪工作时，预期焦虑就会变得适应不良。类似的，许多人在乘坐飞机前都会体验到中等水平的忧虑。如果一个人因为害怕坐飞机而不能参加他最好的朋友的婚礼，这种忧虑就成了问题。

发展背景之下的焦虑

儿童与青少年的焦虑也存在于一个连续体上，从发展上可预期的和适应性的到发展上不符合常规的和适应不良的（表 11.1）。在任何特定的时间点，儿童与青少年的恐惧和忧虑都反映了他们目前认知、社会性和情感发展的阶段（Pine & Klein, 2010）。例如，婴儿期的一项关键发展任务是建立对主要照顾者——即在危险或窘迫时提供安全保障的人——的基本信任感。客体永久性（4 ～ 10 个月）、陌生人焦虑（6 ～ 12 个月）和分离焦虑（12 ～ 18 个月）的自然出现促进了对这项社会-情感任务的完成。婴儿在与母亲分离时会表现出痛苦，并对陌生人产生警惕，这在发展上是正常的和可预期的。然而，一些儿童与青少年表现出异常强烈、长期的或具有损害性的分离焦虑。他们的恐惧可能与面临的实际威胁不成比例（例如尖叫或紧紧抱住照顾者以防因为去日托班而分离）。此外，他们的焦虑可能会超出典型的发展阶段（例如超过幼儿期）。最后，他们的焦虑可能会干扰以后完成其他发展任务的能力。例如，一个害怕分离的儿童可能会拒绝在朋友家里玩耍或过夜。这些发育上意想不到的焦虑症状可能表明这个儿童存在焦虑障碍（Wehry, Beesdo-Baum, Hennelly, Connolly, & Strawn, 2015）。

表 11.1　儿童期与青少年期恐惧和忧虑的连续体

年龄	从发展上可预期的恐惧 / 忧虑	可能表明障碍的症状	对应的 DSM-5 焦虑障碍
幼儿期（2 ～ 3 岁）	担心与照顾者分离 面对陌生人时焦虑、害羞	2 岁以后对分离极度恐惧，睡不好，分离时发脾气；无法在家以外与他人交谈	分离焦虑障碍 选择性缄默症
学龄前期（4 ～ 5 岁）	担心上学前班或日托班后与父母分离 害怕打雷、黑暗和噩梦 害怕特定的动物	黏着父母、哭喊、发脾气、僵住、晚上爬到父母的床上、避免害怕的刺激、拒绝睡觉、尿床	分离焦虑障碍 / 选择性缄默症 特定恐惧症（自然环境型） 特定恐惧症（动物型）
小学时期（6 ～ 8 岁）	害怕特定的对象（动物、怪物、鬼） 害怕细菌和疾病 害怕自然灾害和受伤 对上学感到焦虑	避免害怕的刺激、拒绝上学、考试期间极度焦虑 / 恐慌、学业问题	特定恐惧症（动物型、情境型）
中学时期（9 ～ 12 岁）	对上学和考试感到焦虑，对完成作业感到忧虑 对交友感到忧虑，对取悦他人感到担心	拒绝上学、学业问题、拖延、失眠、紧张或不安、社交退缩、胆怯、在社交场合极度害羞、持续忧虑	社交焦虑障碍 广泛性焦虑障碍
高中时期（13 ～ 18 岁）	对同伴和教师的接受和拒绝感到担心 对成绩、体育活动和人际关系感到忧虑	学业问题、持续忧虑、睡眠 / 食欲障碍、抑郁情绪或易怒、药物滥用、反复发作的惊恐障碍、社交退缩	社交焦虑障碍 广泛性焦虑障碍 惊恐障碍，广场恐惧症

青春期早期的一项重要任务是培养社交能力——也就是说，在学校、课外活动或体育活动中建立亲密的友谊和有意义的社会角色。青少年共情能力和元认知能力（即思考自己的想法）的增强有助于他们的社交互动。然而，这些能力也会引起自我怀疑和不安全感。例如，青少年表现出增强的自我意识和自我中心倾向从发展的角度来看是正常的（Elkind & Bowen, 1979）。然而，一些儿童与青少年的恐惧和怀疑会

变得异常强烈，超出了典型的发展阶段，并干扰他们的整体功能。他们对学校或与教师和同伴互动的焦虑会导致睡眠问题、易激惹或回避社交场合。那时，他们可能会被归类为患有焦虑障碍。

因此，儿童与青少年的恐惧、焦虑和忧虑是一个连续体。在这个连续体的一端是符合发展性预期的和适应性的焦虑，可以帮助儿童与青少年完成发展任务，有效地与世界互动。焦虑有助于儿童与青少年复习考试、准备演讲、在危险时刻寻求安全。这个连续体的另一端是强烈的焦虑、恐惧或忧虑，超出了典型的发展阶段，干扰了儿童与青少年在人生道路上迎接预期挑战的能力。许多儿童与青少年处于这两端之间。确定正常焦虑与焦虑障碍的界限，既需要科学知识，也离不开临床技能（Ollendick, King, & Yule, 2013）。

小　结

- 焦虑是一种复杂的心理痛苦状态，反映了对威胁性刺激的情绪、行为、生理和认知反应。恐惧主要是对眼下直接的威胁的行为和生理反应，而忧虑主要是对未来不幸的预期的认知反应。
- 适应不良的焦虑可以通过其（1）强度，（2）慢性程度和（3）损伤程度与适应性焦虑区分开来。
- 儿童与青少年焦虑的症状和体征反映了他们的认知和社会情感发展水平。

儿童期焦虑障碍有多常见?

儿童期起病的焦虑

DSM-5 确定了 7 种可在儿童、青少年和成人中诊断的焦虑障碍（American Psychiatric Association, 2013）。它们是（1）分离焦虑障碍（separation anxiety disorder, SAD）;（2）选择性缄默症（selective mutism）;（3）特定恐惧症（specific phobia）;（4）社交焦虑障碍（social anxiety disorder）;（5）惊恐发作（panic attack）;（6）广场恐惧症（agoraphobia）;（7）广泛性焦虑障碍（generalized anxiety disorder, GAD）。这些障碍往往出现在儿童发展的不同时期（图 11.1）。

儿童早期或中期通常会出现四种障碍：

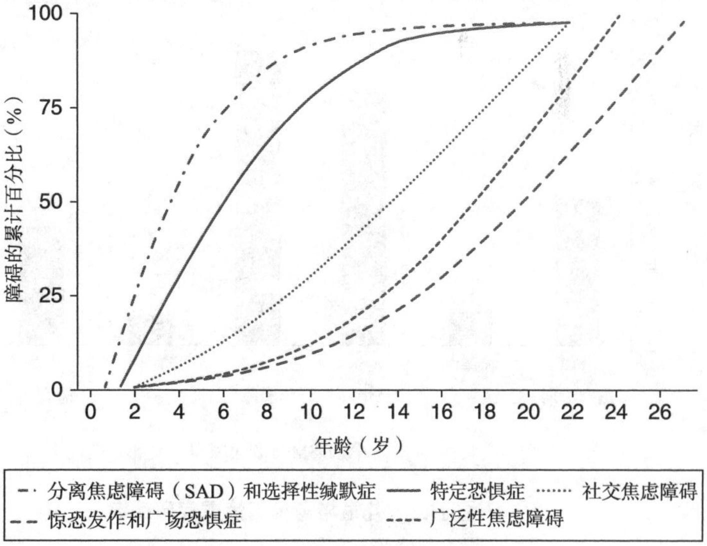

图 11.1　发展过程中的焦虑障碍

注：分离焦虑障碍、选择性缄默症、特定恐惧症和社交焦虑障碍通常出现在儿童期。广泛性焦虑障碍、惊恐发作和广场恐惧症往往出现在青春期或成年早期。基于希加-麦克米伦、弗朗西斯和乔尔皮塔（Higa-McMillan, Francis, and Chorpita, 2014）；缪里斯和奥伦迪克（Muris and Ollendick, 2015）；西蒙（Simon, 2016）以及金巴格、阿南德、李、肯德尔和努内兹（Zinbarg, Anand, Lee, Kendall, and Nunez, 2015）。

（1）分离焦虑障碍；（2）选择性缄默症；（3）特定恐惧症；（4）社交焦虑障碍。这些障碍的特点是对特定对象或情境的反复、不必要的恐惧。患有 SAD 的儿童可能害怕离开父母去上学，而患有选择性缄默症的儿童可能不会在学校与教师或同学说话。患有特定恐惧症的儿童可能害怕蛇或蜘蛛，患有社交焦虑障碍的儿童可能害怕参加聚会或其他社交集会。这些障碍通常被认为是“恐惧”障碍，因为它们的特点是持续的、不必要的恐惧，这些恐惧极大地干扰了儿童的社会情感功能和生活质量。

惊恐障碍和广场恐惧症，在青春期前的儿童中很少见。这些障碍往往出现在青春期或成年期。特点是感到强烈的恐惧、惧怕或惊恐。惊恐障碍和广场恐惧症经常（但不总是）同时发生。患有惊恐障碍的青少年和成人反复经历强烈的惊恐发作，其特征是严重的、不愉悦的非连贯性自主神经唤醒（例如呼吸急促、心率过快、消极的想法、感受和行为）。患有广场恐惧症的青少年和成人害怕那些难以逃离或者令人尴尬的情境（例如电影院、购物中心）。有时，青少年害怕在这些情境下惊恐发作，因此就会回避这些情境。

最后一种焦虑障碍是 GAD，它不同于其他焦虑障碍，因为其特征是持续的忧虑，而不是恐惧或恐慌。患有 GAD 的个体不害怕特定的情境、对象或事件；相反，他们长期担心未来的不幸。GAD 通常直到儿童后期或青春期才会发展出来，因为只有年龄较大的儿童才有思考（和担心）未来事件的认知能力。

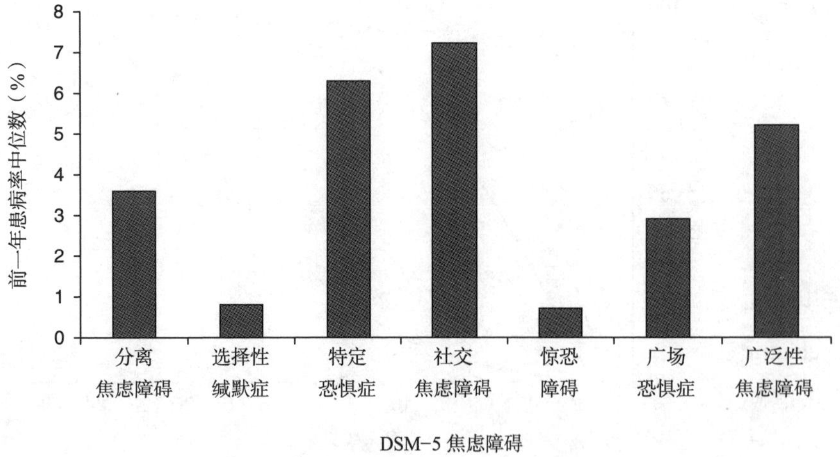

图 11.2 儿童与青少年焦虑症患病率

注： 大约 20% 的儿童青少年在成年前会有焦虑障碍；任何时间点上，5% 的儿童青少年至少有一种焦虑障碍。基于康诺利、苏亚雷斯、维克托、扎戈洛夫和伯恩斯坦（Connolly, Suarez, Victor, Zagoloff, and Bernstein, 2015）；希加-麦克米伦等人（Higa-McMillan et al., 2014）；西蒙（Simon, 2016）以及金巴格等人（Zinbarg et al., 2015）。

患病率和病程

焦虑障碍是儿童青少年最常被诊断出来的精神问题（Essau & Petermann, 2013）。大约 20% 的儿童与青少年在成年前会患上焦虑障碍（图 11.2）。在任何时间点，大约 5% 的儿童与青少年患有焦虑障碍。青少年焦虑障碍的患病率高于幼儿。女孩的患病率也高于男孩。焦虑障碍的男女比例随着年龄的增长而增加，到青春期达到 1∶2 或 1∶3。

焦虑障碍往往贯穿整个儿童期和青春期（Beesdo, Knappe, & Pine, 2009）。精神病理学早期发展阶段（The Early Developmental Stages of Psychopathology, EDSP）研究追踪了一大群长期患有焦虑障碍的儿童与青少年。平均而言，在基线检查时被诊断患有特定焦虑障碍的儿童与青少年中，25% ～ 30% 在 10 年后符合相同焦虑障碍的诊断标准。诊断中的这种稳定性是同型连续性的一个例子。在基线检查时符合焦虑障碍标准的儿童与青少年中，大约70%在10年后符合另一种焦虑或心境障碍的标准。随着时间推移，这种具有类似（但不完全相同）焦虑或心境障碍的倾向是一个异型连续性的例子。虽然个体焦虑障碍的稳定性是中等水平的，但总体上焦虑问题的稳定性是很高的（Wigman et al., 2013）。

一些纵向研究也证明了儿童期焦虑障碍与青春期和成年早期的抑郁发展之间存在关联（Cummings et al., 2014）。儿童期焦虑障碍可预测一系列负面的发展结果，包括抑郁症、物质使用障碍和自杀行为。平均而言，抑郁症往往在焦虑发作5年后出现。某些儿童期焦虑障碍，特别是那些以慢性焦虑或极度恐慌为特征的儿童期焦虑障碍尤其能预测之后的抑郁症（Moffitt, Caspi, & Harrington, 2007）。这些发现使许多研究人员得出结论，即早期的焦虑问题会对儿童青少年的发展产生不利影响（Pine & Klein, 2010）。

小 结

- SAD、选择性缄默症、特定恐惧症和社交焦虑障碍通常出现在儿童期，而GAD、惊恐障碍和广场恐惧症通常会出现在青春期后期或成年期。
- 当前约有5%的儿童与青少年符合焦虑障碍的临床诊断标准；而在成年之前，约20%的个体会至少经历一次符合诊断标准的焦虑障碍。
- 儿童期与青少年期的焦虑表现出异型连续性，患有焦虑障碍的个体在日后的生活中往往会有类似（但不完全相同）的焦虑或情绪问题。

什么是分离焦虑障碍？

描 述

患有**分离焦虑障碍**（**separation anxiety disorder, SAD**）的儿童青少年对离开照顾者和其他与他们有情感依恋的个体表现出过度焦虑（表11.2）。这些儿童青少年担心，在分离期间，不幸或伤害会降临到自己或照顾他们的人身上。例如，患有SAD的儿童可能认为，当他们的父母不在时，怪物可能会绑架自己。大一点的儿童可能会担心父母在购物时生病或在工作中受伤。患有SAD的儿童青少年通常会坚持让照顾者待在自己附近，他们可能会在分离时变得愤怒、痛苦或身体不适。为了避免分离，许多SAD患儿会拒绝上学、参加夏令营或与朋友一起参加活动（American Psychiatric Association, 2013）

表 11.2　分离焦虑障碍诊断标准

A. 个体与其依恋对象离别时，会产生与其发育阶段不相称的、过度的害怕或焦虑，至少符合以下表现中的 3 种：

1. 当预期或经历与家庭或主要依恋对象离别时，产生反复的、过度的痛苦。
2. 持续性和过度地担心会失去主要依恋对象，或担心他们可能受到诸如疾病、受伤、灾难或死亡的伤害。
3. 持续地、过度地担心会经历导致与主要依恋对象离别的不幸事件（例如，走失、被绑架、事故、生病）。
4. 因害怕离别，持续表现不愿或拒绝外出、离开家、去上学、去工作或去其他地方。
5. 持续和过度地害怕或不愿独处或不愿在家或在其他场所与主要依恋对象不在一起。
6. 持续地不愿或拒绝在家以外的地方睡觉或不愿在家或其主要依恋对象不在身边时睡觉。
7. 反复做内容与离别有关的噩梦。
8. 当与主要依恋对象离别或预期离别时，反复地抱怨躯体性症状（例如，头疼、胃疼、恶心、呕吐）。

B. 这种害怕、焦虑或回避是持续性的，儿童与青少年至少持续 4 周，成人则至少持续 6 个月。

C. 这种障碍引起有临床意义的痛苦，或导致社交、学业、职业或其他重要功能方面的损害。

D. 这种障碍不能用其他精神障碍来更好地解释，例如，像孤独症（自闭症）谱系障碍中的因不愿过度改变而导致拒绝离家，像精神病性障碍中的因妄想或幻觉而忧虑分别，像广场恐惧症中的因没有一个信任的同伴陪伴而拒绝出门，像广泛性焦虑障碍中的担心疾病或伤害会降临到其他重要的人身上，或像疾病焦虑障碍中的担心会患病。

对于婴儿和更小的孩子来说，一定程度上的分离焦虑是适应性的，是符合发展预期的（Bernstein & Victor, 2010）。对分离的恐惧往往出现在婴儿 6 个月大的时候，在 13 ～ 18 个月大的时候达到高峰。大一点的婴儿和幼儿会表现出分离焦虑，因为他们发展出一种信任，即相信当他们需要照顾者时，照顾者就会出现。分离焦虑使婴儿与照顾者保持近距离接触，有助于保护婴儿免受伤害。分离焦虑通常在 3 ～ 5 岁减轻。然而，学龄前儿童和学龄儿童在害怕、不安或不确定时仍然需要照顾者的安慰。孩子害怕或不安时寻找照顾者的倾向表明他们希望照顾者提供安慰和照顾。

在学龄儿童中，对分离的反复忧虑也很常见。大约 70% 的学龄儿童承认在与父母分离时偶尔会感到焦虑，15% 报告会定期做噩梦，梦到自己被绑架或所爱的人受到伤害。然而，只有大约 15% 的学龄儿童报告一直害怕分离，3% ～ 4% 符合 SAD 的诊断标准。SAD 与符合发展预期的分离恐惧的区别在于恐惧的强度、持久性以及恐惧对儿童整体功能的干扰程度（Connolly et al., 2015）。

SAD 的表现因年龄而异（Higa-McMillan et al., 2014）。患有 SAD 的低龄儿童担心身体伤害会以通常不太可能发生的方式降临到自己或父母身上。例如，患有 SAD 的 7 岁男孩可能会担心自己在上学的路上被绑架，或者父母在工作时被劫匪绑架。患有 SAD 的儿童可能会拒绝上学，如果被迫上学还会发脾气。当父母在家时，年幼的孩子可能会从一个房间“追随”到另一个房间，或表现出其他黏人行为。父母通常认为这些孩子过于需要精神支持。他们可能会因为孩子对安全感的强烈渴望而感到沮丧。患有 SAD 的儿童经常会做噩梦，梦到自己或家人受到伤害。他们可能难以入睡、坚持让父母待在他们的房间里，或者要求睡在父母的床上。如果被拒绝，一些患有 SAD 的孩子就会睡在父母卧室门外以靠近他们。

患有 SAD 的年龄较大的孩子经常担心更现实的事情会伤害到自己或父母。例如，一个患有 SAD 的 12 岁女孩可能会担心她的父母感染一种可怕的疾病或发生车祸。患有 SAD 的青少年通常对分离有广泛的恐惧。如果他们与父母或所爱的人分开，他们可能只会有一种模糊的感觉，认为“会有不好的事情发生”。

患有 SAD 的大龄儿童与青少年通常比低龄儿童更能忍受分离；然而，年龄较大的孩子在与父母或照顾者分离时仍然会经历相当强的焦虑和悲伤。如果被迫与父母分开，有些孩子会身体不适。有些孩子则表现出严重的社交退缩、注意力不集中和抑郁的症状。许多大龄儿童与青少年会牺牲与同龄人在一起的时间来跟他们的家人待在一起。通常，这些对分离的恐惧会干扰儿童青少年的学业和社会功能（Ollendick et al., 2013）。以一个患有 SAD 的青少年瓦莱丽为例。

案例研究
分离焦虑障碍

担心妈妈

瓦莱丽是一个 14 岁的女孩，她因为坚持拒绝上学而被转介到我们的诊所。据她父亲说，瓦莱丽会假装生病、撒谎、发脾气，为待在家里做“几乎任何事情”。她的父亲解释说：“上周，她答应我她会去上学。我看着她上了公交车，但她没到学校。25 分钟后她回到家，说她胃疼。”

瓦莱丽的母亲补充：“这越来越成为一个问题。她只想待在家里。我问她：‘你不想去埃米莉家或和朋友们一起出门买东西吗？’但她总是更喜欢和我们在一起。”

我们诊所的心理学家桑德斯医生问了瓦莱丽为什么不愿意上学。“学校里发生了什么不好的事情吗？你在那里遇到麻烦了吗？”瓦莱丽回答说：“没有。我和其他孩子相处得很好，成绩也很好。我只是更喜欢待在家里，跟我妈妈待在一起。”桑德斯了解到，瓦莱丽从去年秋天开始拒绝上学，当时她的母亲刚刚从 COVID-19 引发的呼吸系统疾病中康复。瓦莱丽在母亲从医院回来后照顾她，而她的父亲在工作。从那时起，瓦莱丽对母亲表现出了特别强烈的依恋。

几次治疗后，桑德斯医生问：“你是否担心你母亲会发生什么不好的事情，例如再次生病？”瓦莱丽回答说：“当然不是！医生说她没事。”沉默了很长一段时间后，瓦莱丽补充道：“我只是想确认她不会再生病。”

SAD 的起病年龄通常为 7 ～ 9 岁。一些青少年，例如瓦莱丽，在经历了压力事件后首次出现症状。威胁父母的可获得性和孩子安全的事件最有可能引发 SAD，例如家庭成员生病、父母离婚以及家庭或学校的变化。然而，许多家庭无法确定与起病相关的特定压力源（Bernstein & Victor, 2010）。

专家们对 SAD 病程的看法不一。随着时间推移，大多数儿童青少年对分离的恐惧明显减少（Zinbarg et al., 2015）。例如，纵向研究表明，在最初诊断为SAD的儿童与青少年中，只有20%～25%的个体在18个月后继续满足完整的诊断标准。然而，大多数儿童继续存在阈下水平的症状，这会导致他们（或他们的家庭）感到痛苦。在某些情况下，SAD会持续到青春期和成年期。一项大型流行病学研究的数据显示，儿童期患有SAD的成人中，有36%的人仍然担心与所爱的人分离（Bögels, Knappe, & Clark, 2013）。

病　因

与其他焦虑障碍相比，遗传因素在SAD的发展中所起的作用相对较小。遗传因素可能通过增加儿童青少年在新环境中的自主神经唤醒和整体焦虑水平使儿童青少年容易患SAD。因此，这些儿童青少年常常要求父母给予自己相当多的再保证和安慰，以帮助自己调节生理唤起和感到安全（Barlow et al., 2015）。

亲子互动的质量，特别是早期依恋关系的质量，可能在包括SAD的焦虑问题的发展中起着重要作用（Goldberg, 2014）。回忆一下，照顾者–儿童**依恋**（**attachment**）的目的是为儿童提供一个“安全基地”，也就是一种安全感和保护，儿童以此为基础探索世界。依恋行为，例如在害怕时靠近父母，从进化的角度看是适应性的。这种行为保证儿童的安全，并使其与照顾者待在一起（Bowlby, 1988）。

一些前瞻性的纵向研究表明，婴儿期的不安全型依恋预示了儿童期和青春期的焦虑问题（Madigan, Atkinson, Laurin, & Benoit, 2013; Mikulincer & Shaver, 2012）。沃伦、休斯顿、埃格兰和斯鲁夫（Warren, Huston, Egeland, and Sroufe, 1997）研究了婴儿期依恋关系的质量与青春期焦虑障碍（包括SAD）的患病率之间的关系。在12个月大时首次表现出与母亲的不安全型依恋关系的婴儿在青少年时期更容易患上焦虑障碍。此外，一种特定的不安全型依恋模式可预测之后的焦虑。这种模式被称为不安全–矛盾依恋，与父母养育行为的不一致有关。接受父母不一致的照顾的儿童可能在受到压力时会感到焦虑，因为他们不知道父母何时（或是否）会来帮助他们。他们似乎缺乏一个可以从中获得安慰和保护的安全基地（Esbjorn, Bender, Reinholdt-Dunne, Munck, & Ollendick, 2012）。

另外，敏感和反应敏锐的照顾的父母，可能会预防婴幼儿在儿童后期出现SAD和其他焦虑问题。沃伦和西蒙斯（Warren and Simmens, 2005）研究了有困难气质或高度害羞婴儿的家庭的亲子互动质量。研究人员发现，与父母提供的照顾和支持不一致的婴儿相比，父母提供敏感和反应敏锐的照顾的婴儿在幼儿期出现焦虑问题的可能性更小。

父母自身的焦虑和不安全感水平与孩子SAD的发展有关。患有SAD的孩子的父母经常表现出过度卷入、控制和保护他们孩子的行为。这些父母不是鼓励孩子独立玩耍和探索，而是给孩子示范了焦虑和恐惧，鼓励孩子过度谨慎。与自己的父母有过不安全型依恋关系的母亲，往往以高度控制、过度保护的方式养育孩子

（Kohlhoff, Barnett,& Eapen, 2015）。

小 结

- SAD 的特征是对于与照顾者分离的与发展阶段不相称的非适当的和过度的害怕。SAD 患儿症状至少持续 4 周，并造成痛苦或损害。
- SAD 通常起病于儿童早期，但是青少年和成人也可能患有 SAD。它影响到 3% ～ 4% 的儿童青少年。
- 不安全型依恋和感知到的环境威胁可能在一些本身有 SAD 的遗传和生物学风险的儿童与青少年中引发 SAD。

什么是选择性缄默症？

描 述

选择性缄默症（**selective mutism**）是一种焦虑障碍，表现为个体在需要讲话的社交场合始终不能讲话（表 11.3）。这种障碍通常在学龄前或学龄儿童中出现。该障碍患儿在家里会与亲密的家庭成员说话，但拒绝在学校讲话或与陌生人说话，其中许多患儿在这些社交场合显得拘束、不活跃或“呆滞”。许多儿童在入学后的第一个月不愿参与课堂活动。儿童的这种行为模式必须至少持续 1 个月，并持续到入学的第一个月之后，才能被诊断为选择性缄默症。根据定义，儿童的语言缺乏会影响他们的受教育或社会功能。例如，因为教师无法了解有选择性缄默症的儿童在某些科目上（如阅读）的进步，而且他们也不愿寻求帮助，并可能成绩落后。同样，这些儿童也可能因为不愿意与同龄人交谈而无法发展社交技能（American Psychiatric Association, 2013）。以一个患有选择性缄默症的学龄前儿童拉塞尔为例。

表 11.3 选择性缄默症的诊断标准

A. 在被期待讲话的特定的社交情境（例如，在学校）中持续地不能讲话，但在其他情况下能够讲话。
B. 这种障碍妨碍了学业或职业成就或社交沟通。
C. 这种障碍的持续时间至少 1 个月（不能限于开学第一个月）。
D. 这种不能讲话不能归因于缺少社交情境下所需的口语知识或对所需口语有不适感所致。
E. 这种障碍不能用一种交流障碍（例如，口吃）来更好地解释，且不能仅仅发生在孤独症（自闭症）谱系障碍、精神分裂症或其他精神病性障碍的病程中。

案例研究
选择性缄默症

沉默寡言的拉塞尔

拉塞尔是一个 3 岁的男孩，他的教师怀疑他有语言问题并可能发育迟缓。虽然拉塞尔已经上了 4 个星期幼儿园，但他还没有对教师或同学说过一句话。

"拉塞尔是个害羞但友善的孩子，"他的教师说，"他会微笑，能够很好地进行眼神交流，但就是不说话。"拉塞尔主要通过手势和点头来交流，而非讲话。

拉塞尔的母亲报告说，拉塞尔如期达到了每个发展阶段的目标。"然后，"她补充道，"大约一年前，也就是他父亲和我分居的时候，拉塞尔就开始不讲话。我们单独在一起时，他会跟我讲话。他也会对他的兄弟说悄悄话。但拉塞尔不愿和教师、家人之外的人讲话，甚至不愿和他的父亲讲话。"

他的教师评价道："拉塞尔是个很可爱的孩子，但我很担心他。如果他从不在课堂上讲话，我就不能帮助他发展良好的语言和言语能力。我还担心他不会发展出幼儿园所需的社交技能。我希望我们能做点什么。"

注：基于康恩和科因（Conn and Coyne, 2014）。

只有当个体不能讲话不是由于缺乏对特定情况下使用语言的知识或缺乏舒适感时，才被诊断为选择性缄默症。例如，母语不是英语的移民儿童可能因为语言能力或自我意识有限而不愿在学校说话。同样，选择性缄默症也不能完全归因于其他精神障碍，例如交流障碍或孤独症（自闭症）谱系障碍。例如，有些儿童可能因为口吃或发音不好而在学校避免说话。虽然许多患有选择性缄默症的儿童有交流障碍，但他们不能说话绝不仅仅是因为患有交流障碍（American Psychiatric Association, 2013）。

选择性缄默症是一种少见的障碍，只影响一般人群中不到 1% 的幼儿。一些研究表明，女孩出现这种障碍的可能性是男孩的两倍。这种障碍的平均起病年龄在幼儿期或学龄前（2.7 ～ 4.2 岁），但通常在儿童首次上学并拒绝与同学和教师交谈之后才被诊断出来。在开始上学之前，选择缄默症患儿可能不会与家人以外的陌生人、服务者、保姆或亲戚（例如阿姨、叔叔或祖父母）说话（Gensthaler et al., 2016a）。

纵向研究表明，选择性缄默症是一种长期的障碍。如果不治疗，这种障碍的平均持续时间约为 8 年。有选择性缄默症的个体在儿童期和青春期有患其他精神障碍的风险。不接受治疗的个体中多达 94% 将发展出社交焦虑障碍，这是一种以焦虑和回避社交场合为特征的障碍。选择性缄默症患儿会因为无法在学校说话而面临着学业问题和同伴排斥的风险（Genstahler et al., 2016a）。

病　因

新的数据表明，选择性缄默症是遗传、气质和早期社会学习相互作用的结果（Muris & Ollendick, 2015）。家族研究表明这种情况是可遗传的。虽然选择性缄默症并不常见，但选择性缄默症患儿的父亲、母亲和兄弟姐妹分别有 9%、18% 和 18% 患有这种障碍。此外，大约 50% 的选择性缄默症患儿的父母有在社交场合极度害羞的历史。遗传学家已经确定了 CNTNAP2 的等位基因会使儿童易患社交焦虑障碍，并大大增加他们患选择性缄默症、社交焦虑障碍和类似问题的概率（Genstahler et al., 2016b）。

这些遗传风险很可能使儿童倾向于具有以高度行为抑制为特征的气质（Muris, Hendricks, & Bot, 2016）。**行为抑制（behavioral inhibition）**是指当遇到不熟悉的人或情况时，抑制玩耍和发声、导致退缩和寻求照顾者的倾向。杰罗姆·凯根（Jerome Kagan）证明，高行为抑制儿童在受到新刺激时会体验到唤醒和痛苦。例如，高行为抑制的婴儿在看到手机时会摆动手臂和腿并哭泣，而低行为抑制的婴儿则一动不动地坐着，饶有兴趣地看着手机。凯根表明，高行为抑制的婴儿（约占所有婴儿的 15%）倾向于通过回避新刺激或退缩来应对这种高唤醒。在儿童后期和青春期，这些儿童在社交场合有极度害羞的风险（图 11.3；Fox et al., 2015）。后续研究表明，患有选择性缄默症的儿童会更普遍地表现出很高的行为抑制和社交焦虑（Muris et al., 2016）。

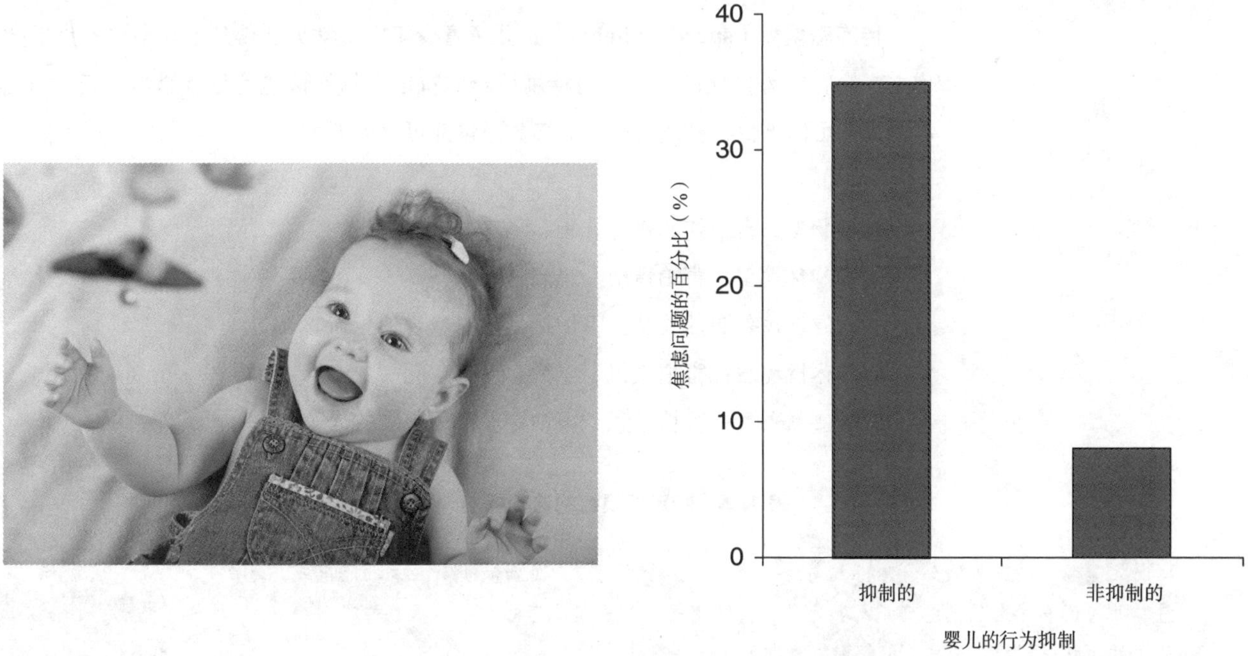

图 11.3　婴儿期的行为抑制预测儿童期的焦虑问题

莫瑞尔的焦虑双因素理论（Mowrer's two-factor theory of anxiety）可以用来解释儿童选择性缄默症的起因和维持原因（Mowrer, 1960）。根据这个理论，选择性缄默症是由经典条件作用引起的，因为儿童在某些情况下将讲话与提高的唤醒度和心理痛苦联系在了一起。然而，由于操作性条件作用，特别是负强化，选择性缄默症会随着时间推移而得以维持。这些孩子了解到，他们可以通过保持沉默来降低自己的唤醒度，避免痛苦。随着时间推移，他们在某些情况下的习惯性沉默会抑制他们的说话能力和社交技能，使他们越来越不可能打破这个负强化的循环并开口说话（Muris & Ollendick, 2015; Scott & Beidel, 2011）。

小　结

- 选择性缄默症的特点是在某些需要说话的社交场合（例如在学校）总是无法说话。该症状至少持续 1 个月，且限制了儿童的功能。
- 选择性缄默症往往出现在幼儿期，影响不到 1% 的学龄前儿童和学龄儿童。
- 气质为高行为抑制的幼儿可能普遍存在患上焦虑障碍，特别是选择性缄默症的风险。

什么是特定恐惧症？

描　述

特定恐惧症（**specific phobia**）是儿童青少年中最常见、得到治疗最少的焦虑障碍之一。特定恐惧症的特征是对清晰可辨的特定事物或情境的显著恐惧（表 11.4）。尽管人们可以害怕各种刺激，但大多数恐惧症可分为五大类：

1. 动物型：害怕蛇、蜘蛛、狗、鸟
2. 自然环境型：害怕雷雨、恐高、恐水
3. 血液、注射和外伤型：害怕接受注射，害怕见血
4. 具体情境型：害怕飞机、电梯、封闭空间
5. 其他刺激型：害怕窒息、害怕穿着某种服装的人

表 11.4　特定恐惧症的诊断标准

A. 对特定事物或情况（例如，飞行、高处、动物、接受注射、看见血液）有显著的恐惧或焦虑。 **注**：儿童的害怕或焦虑也可能表现为哭闹、发脾气、惊呆或依恋他人。
B. 恐惧的事物或情境几乎总是能够触发立即的害怕或焦虑。
C. 对恐惧的事物或情况主动地回避，或是带着强烈的害怕或焦虑去忍受。
D. 这种害怕或焦虑与特定事物或情境所引起的实际危险以及所处的社会文化环境不相称。
E. 这种害怕、焦虑或回避通常持续至少 6 个月。
F. 这种害怕、焦虑或回避引起有临床意义的痛苦，或导致社交、职业或其他重要功能方面的损害。

续 表

G. 这种障碍不能用其他精神障碍的症状来更好地解释，包括：（例如，在广场恐惧症中的）惊恐样症状或其他功能丧失症状；（例如，在强迫症中的）与强迫思维相关的事物或情境；（例如，在创伤后应激障碍中的）与创伤事件相关的提示物；（例如，在分离焦虑障碍中的）离家或离开依恋对象；（例如，在社交恐惧症中的）社交情境等所致的害怕、焦虑和回避。

有特定恐惧症的个体在遇到令其恐惧的情境或事物时会立即感到焦虑。有时，他们可能表现得极度恐慌，出现心跳加速、呼吸急促而浅、手心出汗、头晕和其他躯体症状。年幼的孩子可能会哭、发脾气、僵住或依附父母。通常，患有特定恐惧症的个体会回避令人恐惧的刺激。例如，害怕狗的孩子可能会特别规划上学路线，以避免遇到邻居的狗。尽管一些患有特定恐惧症的个体认识到他们的恐惧是过度和不合理的，但许多患儿没有这种程度的觉察（American Psychiatric Association, 2013）。

患有特定恐惧症的个体所表现出的恐惧必须与特定事物或情境所构成的实际危险不相称。通常，父母或临床医生很容易判断恐惧是否与危险的威胁不相称。如果一个儿童在朋友的生日派对上因看到小丑而惊慌失措，他显然表现出了与实际危险不相称的焦虑。然而，在某些情况下，确定儿童青少年反应的恰当性就不那么容易了。例如，如果一个儿童生活在飓风或龙卷风肆虐的地区，那么他对风暴的恐惧可能是恰当的（American Psychiatric Association, 2013）。

只有在以下情况下儿童青少年才被诊断为特定恐惧症：（1）他们的预期焦虑或恐惧严重干扰了他们的日常生活功能；（2）他们的症状导致了严重的痛苦。一个害怕见血和回避看血腥电影的青少年可能不会被诊断为特定恐惧症，因为他的恐惧不会严重影响她的日常活动。然而，如果他想成为一名医生，但因为怕血而选择了另一条职业道路，那么诊断他患有特定恐惧症可能是合适的。以患有对狗的特定恐惧症的玛丽为例。

案例研究
特定恐惧症

玛丽和人类最好的朋友

玛丽·瓦伦塔是一个 6 岁的女孩，她因为极度害怕狗而被转到我们的诊所。每当玛丽看到一只狗，不管它的大小，玛丽的身体都会紧张，她会立即试图逃跑或紧紧抓住她的父母。如果她被迫待在狗附近，她会哭、发脾气，甚至过度换气！玛丽对狗的恐惧始于两年前，当时她看到一只可卡犬咬了她的哥哥。

瓦伦塔太太说道：“这似乎很愚蠢，但是玛丽对狗的恐惧确实对我们家产生了负面影响。玛丽不能和养狗的朋友一起玩，她会大发脾气的。她祖母有一只很大的黑色拉布拉多，我们去她家的时候必须格外小心。在祖母家的时候，玛丽一直小心翼翼，不能放松。”玛丽家最近搬家了，邻居家养了一条大丹犬，玛丽的恐惧因此变得更加严重。瓦伦塔夫人报告说：“现在，玛丽甚至都不想出去玩。我们需要做点什么。”

2%～9%的儿童青少年患有特定恐惧症（LeBeau et al., 2010）。动物型恐惧症是最常见的类型；3%～9%的儿童青少年对至少一种特定的动物表现出强烈的恐惧。自然环境型恐惧症也很常见。如果我们把诸如风暴、水、高处等自然刺激归为一类，3%～7%的儿童青少年害怕自然刺激。3%～4.5%的儿童青少年害怕血液、注射和外伤。情境型恐惧症不那么常见，这一类恐惧症的患者害怕的情境包括飞行（2.7%）和封闭空间（3.2%）；害怕黑暗在年幼的儿童中尤其普遍（3%～4%）。

儿童与青少年表现出的恐惧通常反映他们的认知发展水平（Warren & Sroufe, 2004）。儿童往往害怕具体的对象，例如动物和怪兽。事实上，动物恐惧症出现的平均年龄往往为8～9岁。大一点的孩子往往害怕那些可能对自己或他人造成伤害的情境。血液-注射-外伤型恐惧症的平均起病年龄为9～10岁，而自然灾害型恐惧症的起病通常在青春期早期（13～14岁）。青少年的恐惧也反映了他们对社交和成就的兴趣。青少年中常见的恐惧症包括害怕独处和害怕考试（LeBeau et al., 2010）。

女孩比男孩更容易患上大多数类型的恐惧症。对特定动物（91%的女孩）、情境（87%的女孩）和自然灾害（70%的女孩）的恐惧在女孩中更为常见。相比之下，男孩和女孩对注射伤害的恐惧症同样普遍（LeBeau et al., 2010）。

当患有特定恐惧症的儿童青少年面对恐怖刺激时，他们会有认知、生理和行为的变化。在认知方面，患儿会做出消极的自我陈述，最大限度地增加处境的危险性（例如，“那条狗要咬我”），并最大限度地削弱应对能力（例如，“我无法阻止它”）。在生理反应方面，患儿表现出自主神经功能的变化，例如心率加快、呼吸急促、出汗、头晕或胃部不适。最后，在行为方面，患儿可能试图逃离这种情况。如果无法逃离，他们可能变得很黏人、恐慌或易激惹（Kane, Braunstein, Ollendick, & Muris, 2015; Waters, Bradley, & Mogg, 2014）。

恐惧症通常持续1年或2年，如果不治疗，会造成相当大的痛苦和损害。大多数患儿的恐惧症不会持续到成年，然而可能发展成其他的焦虑、心境和身体健康问题。因此，儿童期恐惧症如果引起显著的损害或痛苦，就值得临床注意（Higa-McMillan et al., 2014）。

病　因

基因在大多数恐惧症的发展中所起的作用相对较小（Zinbarg et al., 2015）。对特定刺激（例如狗、小丑）的恐惧通常不会在家族中世代相传。相反，人们可能会遗传一种普遍的焦虑倾向，这种倾向后来有可能发展成一种特定的恐惧。然而，遗传因素在血液-注射-外伤型恐惧症的发展中起着更大的作用。有血液-注射-外伤型恐惧症的个体在面对血液、针头或开放性伤口时会头晕或晕厥。他们出现这种反应可能是由于**血管迷走神经反应**（**vasovagal response**）异常敏感，这是一种血压快速升高和突然降低的生理反应。父母和孩子对血液和针头的恐惧之间存在着密切的关系，表明共同的遗传因素是导致血液-注射-外伤型恐惧症的部分原因（Oar, Farrell, & Ollendick, 2015）。

许多恐惧症是通过*经典条件作用*习得的。回想一下，华生和雷纳（Watson and Rayner, 1920）证明了这种恐惧可以通过将两个刺激物及时配对而习得。在著名的“小艾伯特”实验中，华生和雷纳在一个 11 个月大的男孩身上通过配对一只白色大鼠和巨大的噪声来调节恐惧反应。起初，小艾伯特并不害怕大鼠［中性刺激（NS）］，但会对巨大的噪声［非条件刺激（UCS）］产生强烈的恐惧反应［非条件反应（UCR）］。在重复让大鼠和噪声出现后，小艾伯特对大鼠［条件刺激（CS）］产生了恐惧反应［条件反应（CR）］。经典条件作用可能解释了一些常见的儿童期恐惧出现的原因。例如，一个在晚上被狗咬伤或被神秘噪声吓坏的儿童可能会分别患上对狗或黑暗的恐惧症。

另一种习得恐惧的方法是通过*观察学习*（*observational learning*）。儿童青少年可能通过观察他人对某些事物或情境的恐惧或回避来习得恐惧。例如，那些害怕去看牙医、害怕打流感疫苗的父母可能会将这种焦虑传递给他们的孩子。玛丽看到哥哥被狗咬后，似乎就开始害怕狗了。

习得恐惧的第三种方式是通过*信息传递*（*informational transmission*）。儿童青少年可以通过与他人交谈或偷听他人的谈话来习得对事物或情境的恐惧。例如，听闻朋友被狗咬伤或读到一个孩子在黑暗中迷路的故事都可能导致恐惧症的发展。

莫瑞尔的焦虑双因素理论也可以解释为什么儿童的恐惧会持续一段时间。根据这一理论，恐惧症是通过经典条件作用和其他形式的社会学习发展起来的，但是通过负强化来维持的（Mowrer, 1960）。被狗咬伤的儿童会患上狗恐惧症。每当她遇到狗，就会感到极度恐惧。她发现避开狗能减轻焦虑，通过这种负强化，她学会了通过避开狗来控制这种焦虑。

尽管回避能让患有恐惧症的儿童青少年在短期内感觉更好，但这会干扰他们的长期功能。例如，患有狗恐惧症的孩子可能无法拜访养狗的朋友或家人，或者她可能为了躲避狗从学校走一条较长的路回家。此外，对恐怖刺激的回避影响了儿童青少年应对焦虑的策略的发展。如果这个儿童从不正视自己对狗的恐惧，她可能永远也学不会如何应对引发焦虑的情境。

小　结

- 特定恐惧症的特征是对特定对象或情况的明显恐惧或焦虑。要被诊断为特定恐惧症，症状需要持续至少 6 个月，必须引起痛苦或损害。

- 2% ~ 9% 的儿童与青少年符合特定恐惧症的诊断标准；对动物和自然环境刺激的恐惧是最常见的。儿童与青少年恐惧症通常反映他们的认知发展水平。
- 恐惧症可以通过经典条件作用、观察学习或信息传递来习得。通常通过负强化来维持。

什么是社交焦虑障碍？

描　述

社交焦虑障碍（**social anxiety disorder**）的特征是对可能被他人审视或感到尴尬的社交或表演情景有明显而持久的恐惧（表 11.5）。与特定恐惧症患者一样，患有社交焦虑障碍的个体在遇到令人恐惧的情境时，会立即表现出焦虑或恐慌症状。对于他们来说，令人恐惧的情境包括他们可能会被他人评判、批评或被负面评价的社交环境，包括公开演讲、参加聚会或社交集会，或者在别人面前表演。患有社交焦虑障碍的个体担心他们会在别人面前感到尴尬，别人会认为他们“疯了”或“愚蠢”或者注意到他们的焦虑症状（例如手发抖、手心出汗）。患有社交焦虑障碍的个体通常会避免社交或表演场合。如果被迫参加社交聚会，他们会极度痛苦地忍受。以一名自小就患有社交焦虑障碍的大学生艾琳为例。

表 11.5　社交焦虑障碍的诊断标准

A. 个体由于面对可能被他人审视的一种或多种社交情境时而产生显著的害怕或焦虑。例如，社交互动（对话、会见陌生人），被观看（吃、喝的时候），以及在他人面前表演（演讲时）。
B. 个体害怕自己的言行或呈现的焦虑症状会导致负性的评价（即被羞辱或尴尬；导致被拒绝或冒犯他人）。
C. 社交情况几乎总是能够促发害怕或焦虑。
注：儿童的害怕或焦虑也可能表现为哭闹、发脾气、惊呆、依恋他人、畏缩或不敢在社交情况中讲话。
D. 主动回避社交情况，或是带着强烈的害怕或焦虑去忍受。
E. 这种害怕或焦虑与社交情况和社会文化环境所造成的实际威胁不相称。
F. 这种害怕、焦虑或回避通常持续至少 6 个月。
G. 这种害怕、焦虑或回避引起有临床意义的痛苦，或导致社交、职业或其他重要功能方面的损害。
H. 这种害怕、焦虑或回避不能归因于某种物质（例如，滥用的毒品、药物）的生理效应，或其他躯体疾病。
I. 这种害怕、焦虑或回避不能用其他精神障碍的症状来更好地解释，例如，惊恐障碍、躯体变形障碍或孤独症（自闭症）谱系障碍。
J. 如果其他躯体疾病（例如，帕金森病、肥胖症、烧伤或外伤造成的畸形）存在，则这种害怕、焦虑或回避则是明确与其不相关或过度。

标注如果是：
仅仅限于表演状态：如果这种害怕仅出现在公共场所的演讲或表演。

案例研究

社交焦虑障碍

艾琳的社交焦虑

从 10 岁或 11 岁起，我就一直在应对社交焦虑障碍。整个中学时期我都过得很不好，每天都哭，感觉自己好像没有朋友，我想知道为什么我就不能正常一点！在没有其他朋友的情况下结识新朋友，让自己感觉“正常”是非常困难的。我讨厌聚会、舞会、面试、课堂报告和互相了解的游戏。我害怕任何类型的社交场合。

即使我和班上几乎每个人都是朋友，我也从来不想在作文课上分享我的作品。我发现我很难有创造力……我不断地改变着我的想法，因为我总是觉得它们要么太怪异，要么太愚蠢。我一直担心自己的外表。我也对打电话给我的朋友或让他们和我一起做事情感到忧虑。我想我可能打扰到他们了。

我把很多事情都藏在心里，从来没有告诉过任何人我的感受。当他们问我怎么了，我确信他们知道我的想法后会认为我很可笑。

一些社交焦虑障碍患者只在需要表演的情境中体验到恐惧；他们并不害怕其他社交场合。例如，一个患有社交焦虑障碍的青少年可能会害怕钢琴独奏会、体育比赛或者是课堂演讲。然而，同一个青少年在不用表演的情境中可能就比较自在，例如在其中充当观众的聚会或体育比赛。在这些例子中，DSM-5 指导临床医生给个体下这样的诊断：“社交焦虑障碍，仅仅限于表演状态”，以传达该个体恐惧的本质（American Psychiatric Association, 2013）。

社交焦虑障碍通常出现在儿童后期或青春期早期。事实上，社交焦虑障碍通常在 10 岁之前不会被诊断出来（Mesa, Beidel, & Bunnell, 2014）。患有社交焦虑障碍的儿童青少年最害怕的两种情境是正式的报告和无结构的社交互动。许多患有社交焦虑障碍的儿童青少年报告在课堂上大声朗读、做课堂报告、在舞台上为他人表演或参加体育比赛感到强烈不适。患有社交焦虑障碍的儿童青少年在与陌生人交谈、提问或参加聚会时往往会感到焦虑。

对于社交焦虑障碍患者来说，任何可能被他人负面评价的情境都可能是痛苦的根源。许多患有社交焦虑障碍的儿童青少年在考试时感到痛苦，因为他们害怕教师的批评。有些儿童青少年在公共场合进食时会感到焦虑，因为他们认为其他人可能会批评他们的饮食或礼仪（图 11.4）。

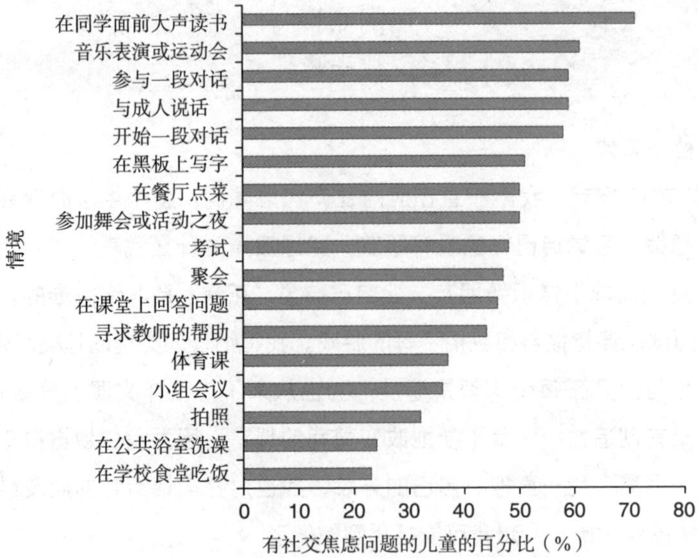

图 11.4　社交焦虑障碍儿童害怕的情境

患有社交焦虑障碍的儿童青少年在社交和情绪功能方面有相当大的障碍。通常，患有社交焦虑障碍的儿童青少年会避免引发焦虑的情境。社交回避会因焦虑的减少而得到负强化。例如，患有社交焦虑障碍的学生不去学校的食堂，就不会因为与同学互动而感到焦虑。然而，社交回避也减少了他们与同龄人的接触。随着时间推移，同伴回避会限制患儿的社交功能。大约 60% 患有社交焦虑障碍的儿童青少年存在学业问题，53% 缺乏朋友，27% 表示难以参加体育、俱乐部和其他休闲活动。患有社交焦虑障碍的儿童青少年尤其容易抑郁、社交孤立和孤独。他们更有可能出现物质使用问题（Connolly et al., 2015; Essau & Petermann, 2014）。

病　因

遗传因素是儿童青少年患社交焦虑障碍风险的基础。双生子研究表明，儿童青少年社交焦虑障碍症状的 50% 变异取决于遗传。在社交场合中体验到焦虑的倾向，尤其是社交焦虑障碍的诊断，在家族中会代代相传（Higa-McMillan et al., 2014）。

高行为抑制水平的婴幼儿有发展出社交焦虑障碍的风险。他们可能通过回避社交场合来学习如何应对更高的生理唤起。随着时间推移，习惯性的回避会通过负强化来维持。当社交回避开始影响到儿童与青少年的学业、课后活动或同伴关系时，它就变成了社交焦虑障碍（Gensthaler et al., 2016a）。

亲子互动也会导致社交焦虑障碍的发展。患有社交焦虑障碍儿童的父母更容易出现社交焦虑问题。尽管这一现象暗示焦虑可能存在遗传传递，但也表明焦虑的父母可能会在亲子互动中教会孩子焦虑反应（Gulley, Oppenheimer, & Hankin, 2014）。

第一，社交焦虑障碍患儿的父母通常被描述为比不焦虑儿童的父母更具有控制性。例如，有焦虑问题的父母经常干涉孩子的行为，不让孩子自己做决定。这种高度控制的行为可能会扼杀孩子自主性的发展。过度控制的父母可能会告诉孩子他们没有能力应对生活中的困难。因此，过度控制型父母的孩子在完成任务或解决问题时可能需要经常得到安慰（Majdandžić, Möller, de Vente, Bögels, & van den Boom, 2014）。

第二，社交焦虑障碍患儿的父母通常被描述为*过度保护的*，也就是说，因为害怕探索行为和玩耍行为伤害孩子，他们会过度限制孩子的这些行为。例如，母亲禁止 14 岁的女儿参加可能有大龄男孩、缺乏成人监督和饮酒的聚会是合理的。然而，对于一位母亲来说，禁止她 14 岁的女儿参加都是同龄人、有负责的成人监督和不含酒精饮料的类似聚会可能是不合理的。虽然这个世界可能有危险，但过度保护的父母可能会给他们的孩子传递过度的风险和忧虑。孩子们可能学会高估周围环境的威胁程度，变得过于拘谨（Budinger, Drazdowski, & Ginsburg, 2013）。

第三，社交焦虑障碍患儿的父母通常对他们的孩子表现出许多*敌意和批评*的行为。这些父母不仅控制性很强，而且当孩子没有达到他们的高期望时，他们也容易批评和拒绝他们的孩子。这种批判性的行为可能会让孩子们觉得世界是一个充满敌意和危险的地方，而且他们选择冒险并失败后不应该期待照顾者的同情（Scanlon & Epkins, 2015）。

第四，社交焦虑障碍患儿的父母可能会无意中*教会他们的孩子在社交场合变得焦虑*。具体来说，这些父母可能会示范焦虑并强化孩子的焦虑反应。达德斯及其同事（Dadds, Barrett, Rapee, & Ryan, 1996）对焦虑的孩子与父母就假想的、模棱两可的社交情境的应对进行了观察。有些情境描述的是身体疾病，例如胃部不适。有些情境涉及模棱两可的社交场合，例如一群同辈在大笑或开玩笑。有焦虑问题的孩子对这些模棱两可的情境有负面的理解。例如，他们经常把胃不舒服理解为严重疾病的迹象，或者把在笑的同伴理解为戏弄或欺负他人的迹象。这些焦虑孩子的父母也从这些模棱两可的情况中解读出大量的危险和敌意。也许更重要的是，父母往往支持孩子对这些情况做出过度反应的决定（Pereira, Barros, Mendonça, & Muris, 2014）。

第五，父母*回避富有情感色彩的讨论*可能会导致孩子的社交焦虑。儿童与青少年的情绪健康很大程度上取决于他们讨论和反思自己感受的能力。孩子学会认识、理解和讨论自己感受的一种方法是与父母互动。父母为孩子们树立情绪表达的榜样，教他们如何给情绪命名，并以社会可接受的方式与他人交流情感。然而，焦虑的孩子的父母往往回避讨论孩子的感受。家庭中情感表达的缺乏会使孩子失去标记情绪、谈论和处理情绪的机会，因此，这会导致他们的社交焦虑。

请记住，亲子互动是双向的（Ginsburg & Schlossberg, 2002）。虽然父母会导致孩子的焦虑，但孩子的行为也会导致他们的父母过度控制、保护或挑剔。例如，高行为抑制的幼儿往往需要父母给予相当大的安慰和保护。孩子的行为抑制也可能导致严厉、挑剔和苛刻的养育。父母和孩子的行为很可能在整个发展过程中相互影响，共同导致孩子出现焦虑（Rapee, 2012; Yap, Pilkington, Ryan, Kelly, & Jorm, 2014）。

小 结

- 社交焦虑障碍的特征是对一个或多个社交情境的恐惧或焦虑，在这些社交情境中，个体可能会受到他人的审视。这种焦虑或恐惧至少持续 6 个月，给患者造成痛苦或损害。
- 社交焦虑障碍通常出现在儿童后期或者青春期早期。
- 大约 50% 的社交焦虑障碍症状的变异可归因于遗传。在有遗传风险的个体中，过度保护和高度控制的养育行为与这种障碍的出现有关。

什么是惊恐障碍？

描 述

惊恐障碍（**panic disorder**）是一种严重的情况，其特征是反复出现的、无法预期的，并造成严重痛苦或损害的惊恐发作（表 11.6）。**惊恐发作**（**panic attack**）是一种急性的、强烈的心理痛苦和自主神经唤醒。惊恐发作期间，个体体验到的症状和体征可分为三大类：（1）认知症状（例如失控或发疯的想法）；（2）情绪症状（例如不真实感或脱离感）；（3）躯体症状（例如心悸、胸痛、头晕）。经历过惊恐发作的个体会感到自己好像心脏病发作了，认为自己快要死了，或者有强烈的逃离这种情境的愿望。惊恐发作可能非常可怕，因为它发作起来非常严重，而且个体似乎无法控制其发作（American Psychiatric Association, 2013）。

表 11.6 惊恐障碍的诊断标准

A. 反复出现不可预期的惊恐发作。一次惊恐发作是突然发生的强烈的害怕或强烈的不适感，并在几分钟内达到高峰，发作期间出现下列 4 项及以上症状。

1. 心悸、心慌或心率加速。
2. 出汗。
3. 震颤或发抖。
4. 气短或窒息感。
5. 哽噎感。
6. 胸痛或胸部不适。
7. 恶心或腹部不适。
8. 感到头昏、脚步不稳、头重脚轻或昏厥。
9. 发冷或发热感。
10. 感觉异常（麻木或针刺感）。
11. 现实解体（感觉不真实）或人格解体（感觉脱离了自己）。

续 表

12. 害怕失去控制或"发疯"。
13. 濒死感。
B. 至少在 1 次发作之后，出现以下症状中的 1～2 种，且持续 1 个月（或更长）时间：
1. 持续地忧虑或担心再次的惊恐发作或及其结果（例如，失去控制、心脏病发作、"发疯"）。
2. 在与惊恐发作相关的行为方面出现显著的不良变化（例如，设计某些行为以回避惊恐发作，如回避锻炼或回避不熟悉的情况）。
C. 这种障碍不能归因于某种物质（例如，滥用的毒品、药物）的生理效应，或其他躯体疾病（例如，甲状腺功能亢进、心肺疾病）。
D. 这种障碍不能用其他精神障碍来更好解释（例如，像社交焦虑障碍中，惊恐发作不仅出现于对害怕的社交情境的反应；像特定恐惧症中，惊恐发作不仅出现于对有限的恐惧或情境的反应；像强迫症中，惊恐发作不仅出现于对强迫思维的反应；像创伤后应激障碍中，惊恐发作不仅出现于对创伤性事件的提示物的反应；或像分离焦虑障碍中，惊恐发作不仅仅出现于对与依恋对象分离的反应）。

成人的惊恐发作可能在大约 10 分钟内达到高峰。然而，许多研究表明，儿童青少年发作得更快。一些研究表明，在儿童与青少年惊恐发作后的 3 或 4 分钟内会达到最大心率（Essau & Petermann, 2014）。

通常，经历过惊恐发作的青少年和年轻的成人会报告 4 种或更多的症状。最常报告的症状是心悸或"心跳加速"（78% ～ 97%）和头晕（73% ～ 96%）。最不常见的症状是麻木或针刺感（26% ～ 29%）和窒息感（24%）。出现的症状越多，个体寻求治疗的可能性就越大。在一项研究中，在 DSM-5 要求的 4 种症状之外，青少年每多出现一种症状，其被送往急诊室的风险就会增加 20%（Craske et al., 2010）。

惊恐发作的持续时间是可变的。持续时间中位数约为 12.6 分钟。然而，根据儿童青少年的年龄和性别，平均持续时间从 23.6 分钟到 45 分钟不等（Craske et al., 2010）。

通常，惊恐发作是"意想不到的"，也就是"突然出现"的。例如，一个青少年可能正在做物理实验作业，突然，他开始感到心跳加速、呼吸变浅、手掌开始出汗。他可能会感到头晕或热，并有一种想要跑出教室的冲动。他可能会离开课堂，去洗手间，往脸上泼水降温。经历过意想不到的惊恐发作的青少年经常报告说，他们觉得自己好像心脏病发作了或者被恐惧征服了。以一个反复出现惊恐发作并可能患有惊恐障碍的青少年保罗为例。

案例研究

惊恐障碍

16 岁时的心脏病发作

保罗是一个 16 岁的男孩，在一周内因两次“心脏问题”被送往医院急诊。保罗的母亲告诉医生，保罗在家吃完晚饭后出现了心脏病发作的症状。具体来说，保罗的心跳加速、呼吸变得很浅、感到头晕、皮肤摸起来变得湿冷。

“它不知从何而来，”保罗解释道：“我觉得我的心要在胸口爆炸了。然后，我有一种强烈的逃跑冲动，但我没能逃跑。我僵住了，吓得浑身发抖。”

医院的内科医生确定了保罗身体是健康的，没有心脏问题的迹象。该医院的儿科心理学家德雷瑟博士认为保罗经历了惊恐发作。

德雷瑟博士问：“你的家人有焦虑问题吗？”保罗的父亲承认他服用治疗焦虑和抑郁的药物。保罗担心地问道：“你的意思是我会经历更多的这种发作吗？”德雷瑟博士回答道：“这是一种可能性。重要的是，如果它们再次出现，你要学会应对。你想学习一些对你有帮助的技巧吗？”

要想了解不可预期惊恐发作的感觉，可以试着想象一下，你开车时突然在后视镜里看到警车闪烁的灯光会是什么感受。在一瞬间，你可能经历了许多惊恐的生理症状：心跳加速、呼吸急促和头晕。也许你也有一些转瞬即逝的想法，例如“我做错了什么？”或者“现在我有麻烦了”。现在，想象一下如果这些感觉是突然出现的会怎么样。也就是说，这些感觉在你开车时突然出现，而你没有看到警灯。你可能会问自己：“我怎么了？我是疯了还是快死了？”最后，想象一下，这些感觉在接下来的 5 分钟内越来越强烈并在之后的半个小时里持续存在。

要被诊断为惊恐障碍，个体必须反复出现不可预期的惊恐发作，然后（1）持续担心再次发生惊恐发作；（2）担心发作的影响；（3）由于发作而导致日常生活发生显著变化。例如，许多有过一次惊恐发作的人害怕再次发作。他们可能认为这些发作是精神疾病或严重身体疾病的征兆。他们也可能回避在过去经历过惊恐发作的情境，以防止自己再次惊恐发作。有些人经历过不可预期的惊恐发作，但并不担心，也不因此而改变他们的日常行为。如果惊恐发作没有给个体造成严重的痛苦或损害，那么他们就不符合惊恐障碍的标准（American Psychiatric Association, 2013）。

惊恐发作在青少年中比较常见。多达 18% 的青少年至少有过一次完全的惊恐发作。此外，60% 的青少年可能有阈下水平的惊恐症状。惊恐发作在男孩和女孩中同样常见，但女孩的惊恐发作可能更严重（Asselmann et al., 2014）。

虽然惊恐发作相对频繁，但惊恐障碍在青少年中并不常见，在儿童中非常罕见。惊恐障碍的起病年龄通常在 15 ～ 19 岁。然而，也有个别病例发生在青春期之前。

儿童青少年中的许多惊恐障碍的案例未被识别出来。父母和医生通常将惊恐症状解释为医学问题。因此，青少年在惊恐障碍得到正确的识别和治疗前平均要等待 12.7 年（Zinbarg et al., 2015）。

研究者还不清楚为什么在青少年期前的儿童中很少出现惊恐障碍。显然，幼儿会经历惊恐发作。例如，在拥挤的商店里与父母分离的孩子可能会经历极度的恐慌。然而，很少有儿童患上惊恐障碍。一些数据表明，由于幼儿缺乏**元认知**（**metacognition**）能力，即思考自己的想法和感受的能力，他们不会出现惊恐障碍。事实上，与大龄青少年和成人相比，至少有过一次惊恐发作的低龄青少年不太担心再次发作，也不太考虑这些发作的影响。年幼儿童的认知不成熟可能保护他们不去思考（和担心）反复出现的惊恐（Beran, 2012）。

青春期或成年期的惊恐障碍也与儿童期起病的 SAD 有关。家庭研究表明，患有惊恐障碍的成人养育出患有 SAD 的孩子的风险较高。此外，患有 SAD 的儿童在青春期晚期或成年早期患惊恐障碍的可能性是正常儿童的 3.5 倍。事实上，患有 SAD 的儿童和患有惊恐障碍的成人都表现出轻微的呼吸异常，这可能使他们容易出现惊恐症状（即快速的、浅的呼吸）。一些专家认为，这两种障碍是相同基础条件下的不同发展表现（Kossowskyet al., 2013）。

病　因

惊恐障碍的病因是复杂的；没有一种理论能够充分解释它所有的特征。然而，在针对青少年的研究中，惊恐障碍的认知行为模型获得了最充分的实证支持。该模型认为，生物、认知和行为因素相互作用，导致反复发作的惊恐障碍（Barlow et al.,2015）。

易患惊恐障碍的个体可能遗传一种对**焦虑敏感**（**anxiety sensitivity**）的生物倾向，也就是说，他们倾向于将焦虑症状视为极度烦躁和厌恶。例如，大多数人在重要考试前都会经历中等水平的焦虑。低焦虑敏感的人可能会承认自己的焦虑、应对其症状（例如深呼吸），并继续进行考试。相比之下，一个高焦虑敏感的人可能会在考试前体验到极度焦虑，并以恐惧作为回应。这种异常的敏感性会导致惊恐（Taylor, 2014）。

根据**惊恐的期望理论**（**expectancy theory of panic**），高焦虑敏感性的个体对焦虑唤起的生理症状异常敏感。具体来说，高焦虑敏感的个体特别注意心率的增加和呼吸变浅这些焦虑早期症状的特征。此外，这些个体表现出特有的思维方式，这加剧了他们的焦虑症状（Capron, Norr, & Schmidt, 2013）。

第一，这些人倾向于将消极事件个人化（*personalize*），也就是说，当消极事件发生时，他们会责备自己。例如，一个高焦虑敏感的青少年在考试中体验到焦虑时可能会自责："我没好好学习，没有做好准备是我自己的错。"个人化加剧了青少年的焦虑并干扰应对。

第二，高焦虑敏感的青少年经常陷入灾难化思维（*catastrophic thinking*）。当陷入困境时，他们会预测最坏的结果。例如，当一个高焦虑敏感的青少年在考试前体验到轻度焦虑时，他可能预期自己的焦虑升级并变得无法控制。他可能会想："哦不，我又得了这种病了。我即将把我学过的东西都忘了！我该怎么办？"灾难化思维通常是自我实现的，它会导致心理痛苦的升级。

焦虑敏感性以及将负面事件个人化和灾难化的倾向都会引发惊恐发作。不幸的是，一次惊恐发作会导致青少年过度关注未来发作的早期预警信号。因此，这些青少年对最轻微的焦虑唤起迹象都变得敏感。即使是轻微的唤起也会让他们想："哦不！我会再次出现那样的惊恐发作吗？"（Bentley et al., 2013）。

小　结

- 惊恐障碍的特征是反复发作、出乎意料的惊恐发作，以及在至少持续 1 个月的时间里对将来发作或因发作而导致的行为改变感到忧虑。
- 大约 18% 的青少年受到惊恐发作的影响；然而，惊恐障碍相对罕见，仅影响 1% 的儿童青少年。
- 患有惊恐障碍的儿童青少年通常表现出异常高的焦虑敏感性。诸如个人化和灾难化思维的认知歪曲会加剧惊恐发作并导致惊恐障碍。

什么是广场恐惧症？

描　述

广场恐惧症（agoraphobia）的特征是反复出现对某些场合或情境的焦虑，在这些场合或情境中，个体担心在这些地方或情境中难以迅速逃离或获得帮助，只能强忍这种令人窘迫处境（表 11.7）。这种障碍的英文名称来源于 *agora* 一词，它指古希腊城邦的中心集会场所。一些有广场恐惧症的人的确害怕公共聚集场所，例如购物中心、电影院或体育场。然而，也可能会害怕在其他地方或情境下很难离开或获得别人的帮助，例如飞机、地铁、人群或只是一个人离开家（American Psychiatric Association, 2013）。

表 11.7　广场恐惧症诊断标准

A. 对下列五种情境中的两种及以上感到显著的恐惧或焦虑：

1. 乘坐公共交通工具（例如，汽车、公共汽车、火车、轮船或飞机）。
2. 处于开放的空间（例如，停车场、集市或桥梁）。
3. 处于密闭的空间（例如，商店、剧院或电影院）。
4. 排队或处于拥挤人群之中。

续 表

5. 独自离家。
B. 个体恐惧或回避这些情境是因为想到一旦出现惊恐样症状时或其他失去功能或窘迫的症状（例如，老年人害怕摔倒，害怕大小便失禁）时害怕难以逃离或得不到帮助。
C. 广场恐惧情况几乎总是促发害怕或焦虑。
D. 个体总是主动回避广场恐惧情况，需要人陪伴或带着强烈的害怕或焦虑去忍受。
E. 这种害怕或焦虑与广场恐惧情况和社会文化环境所造成的实际危险不相称。
F. 这种害怕、焦虑或回避通常持续至少 6 个月。
G. 这种害怕、焦虑或回避引起有临床意义的痛苦，或导致社交、职业或其他重要功能方面的损害。
H. 即使有其他躯体疾病（例如，炎症性肠病、帕金森病）存在，这种害怕、焦虑或回避也是明显过度的。
I. 这种害怕、焦虑或回避不能用其他精神障碍的症状来更好地解释。例如，症状不能仅限于害怕分离（如在社交焦虑障碍中）、特定事物或情景的恐惧（如在特定恐怖症中）、害怕社交情境（如在社交焦虑障碍中），或对创伤事件提示物的害怕、焦虑和恐惧（如在创伤后应激障碍中）。

注：无论是否存在惊恐障碍都可以诊断为广场恐惧症。如果个体的表现符合惊恐障碍和广场恐惧症的诊断标准，则可同时给予两个诊断。

在所有案例中，广场恐惧症患者恐惧这些情境是因为他们相信在出现恐慌发作、类似惊恐的症状或尴尬事件时，逃离当下情境可能会很困难。例如，一名女性可能会避免乘坐飞机，因为她知道，一旦惊恐发作，她无法轻易离开飞机。这位女士没有特定恐惧症（例如，害怕飞行）；相反，她害怕一些场合或情境，在这些场合或情境下逃跑可能是不可能的或极其困难的。同样，患有肠易激综合征（irritable bowel syndrome, IBS）的一位男士可能会因为担心大便失禁而避免在大型体育场观看体育比赛。这个人可能喜欢看他最喜欢的足球队比赛，但他因为担心自己可能在拥挤的体育场出现尴尬情况而回避赛场。该男子没有社交焦虑障碍（即害怕社交或行为场合）；然而，他害怕难以逃离的场合或情境。

患有广场恐惧症的人尽量避免令其害怕的情况。例如，害怕离开家去上学的青少年可能会发脾气、假装生病，或者逃学后待在家里。害怕大而拥挤的公共场所的青少年可能会拒绝朋友去购物或听音乐会的邀请。广场恐惧症的回避会限制青少年的学业和社会功能。具体可能表现为：难以正常到校上课、无法参与课后集体活动、难以与朋友一起玩。

有时，患有广场恐惧症的青少年被迫进入令其恐惧的情境。例如，一个害怕离开家的青少年最终需要去上学，一个害怕某些公共交通工具的青少年最终会在家庭度假时坐飞机。在许多情况下，青少年有能力带着强烈的情绪不适忍受这些情境。在某些情况下，他们依赖另一个能给他们安慰和安全感的人（例如父母、哥哥姐姐、亲密的朋友）的陪伴。

广场恐惧症在青少年中很少见。虽然成人的广场恐惧症的总患病率为 1.7%，但青少年的患病率不到 0.5%。广场恐惧症的典型起病年龄在 18 ～ 29 岁。通常，当人们开始害怕越来越多的场合和情境时，这种障碍就会逐渐出现。如果不进行治疗，这种障碍会持续整个成年期（Connolly et al., 2015）。

病　因

广场恐惧症是由遗传风险和环境因素的相互影响导致的（Wittchen, Gloster, Beesdo-Baum, Fava, & Craske, 2010）。广场恐惧症的遗传性尤其高；高达 61% 的个体出现广场恐惧症的回避的风险可归因于遗传因素。此外，患有广场恐惧症的个体，就像许多其他焦虑障碍的患儿一样，往往来自缺乏温暖、要求高和过度保护的家庭。这些父母对他们的孩子期望很高，但往往没有提供足够的支持来帮助孩子实现这些期望。此外，他们可能会告诉孩子，这个世界是一个充满威胁的地方。遗传风险和专制的养育行为的结合增加了青少年患这种障碍的可能性。

50% ～ 75% 的青少年和年轻的成人在有惊恐障碍史后会出现广场恐惧症。在这些例子中，当个体通过经典条件作用将特定的场合或情境与惊恐发作联系起来时，广场恐惧症就会发生。例如，一个在购物时经历惊恐发作的青少年可能会回避商场。同样地，一个在学校经历过惊恐发作的女孩可能会拒绝上学。广场恐惧症的回避是通过负强化来维持的。通过回避商场或学校，这些青少年的焦虑情绪暂时减轻了。因此，他们将来更有可能回避这些地方。以多次惊恐发作后患上了广场恐惧症的男孩莱德为例。

案例研究
广场恐惧症（伴惊恐障碍）

应急计划

莱德是一个 15 岁的男孩，他被转介到离家不远的大城市的一家焦虑障碍诊所。几个月前，莱德在他所在的公寓大楼的电梯里经历了一次惊恐发作。“我的喉咙开始发紧，无法呼吸。太可怕了。”他回忆道。他的母亲补充道：“我们俩都很不安。我立刻带他去了医院，但所有的检查结果都是阴性的。”

一周后，莱德独自在卧室里第二次经历了意外的惊恐发作。他说：“我出现了同样的症状，但这次我还感到头晕和恶心。”从那以后，莱德又经历了 12 次惊恐发作。他说：“我一直担心这样的情况出现更多次。”

最近，莱德开始因为这样的发作而限制自己的活动。他拒绝乘坐电梯，而是爬楼梯回家。他也拒绝乘坐地铁或公共汽车或与朋友一起去看电影。“他的手机最近坏了，”他的母亲报告说，“他攒钱买了一个新的，以备打 911。没有手机他就不敢外出。”

注：改编自加拿大焦虑障碍协会（Anxiety Disorders Association of Canada, 2016）。

专家们过去认为，广场恐惧症只有在经历了惊恐发作之后才会出现。然而今天，我们知道 25% ~ 50% 的广场恐惧症患者没有惊恐障碍史，或者他们的惊恐症状是在广场恐惧症的回避后出现的（Wittchen et al., 2010）。这些个体是如何发展出广场恐惧症的？

在没有惊恐障碍的情况下，广场恐惧症至少可以通过三种方式发展出来（Hoffart, Hedley, Svanøe, Langkaas, & Sexton, 2016）。第一，有些人体验过类似惊恐的症状，但不是真正的惊恐发作。类似惊恐的症状包括引起痛苦或尴尬的头痛、偏头痛和胃肠道问题。通过经典条件作用，个体学会把这些症状与特定情境联系起来。通过负强化，他们学会了回避这些情境。例如，一个在学校出现偏头痛的学生可能会因为害怕再一次偏头痛而患上广场恐惧症，进而回避上学。他不会被诊断为惊恐障碍，因为有偏头痛反复发作的症状。

第二，有些个体对某些场合或情境产生广场恐惧症是因为他们在那里有令人厌恶的经历。例如，在学校被欺负的学生或在游泳池被同龄人戏弄的青少年可能会患上针对这些场合的广场恐惧症。

第三，一些患有广场恐惧症的人表现出长期的高度焦虑和普遍的依赖性。这些人似乎非常担心未来的不幸，并怀疑自己应对心理社会压力的能力。他们经常报告自我效能感低下，需要别人经常安慰。如果没有家人或亲密朋友陪伴，这些人可能产生针对某些场合或情境的广场恐惧症的回避。例如，一个青少年可能会坚持让他的姐姐和他一起去杂货店或购物中心，因为他怀疑自己单独去这些地方的能力。

小 结

- 广场恐惧症是对逃离困难或难以获得帮助，或会令人尴尬的场合或情境感到非常焦虑。症状至少持续 6 个月，造成痛苦或损害。
- 广场恐惧症通常发生在成年早期。青少年患病率不到 0.5%。它是高度遗传的。
- 50% ~ 75% 的青少年在反复惊恐发作后发展出广场恐惧症。然而，一些患有广场恐惧症的青少年没有惊恐史，或者他们的惊恐症状是广场恐惧症的回避之后出现的。

什么是广泛性焦虑障碍？

描 述

广泛性焦虑障碍（generalized anxiety disorder, GAD）在两个方面不同于其他焦虑障碍。首先，GAD 的特点是忧虑，而不是恐惧或恐慌。患有 GAD 的人不害怕特定的事物、情境或身体感觉；相反，他们担心未来可能发生不好的事情（Andrews et al., 2010）。其次，相比于其他焦虑障碍，GAD与抑郁症的关系更为密切。患有GAD的儿童在日后特别容易患上抑郁症。患有GAD的青少年经常同时出现抑郁和烦躁不安的情绪（Goldberg, Krueger, Andrews, & Hobbs, 2009）。

GAD的标志是**焦虑性预期**（**apprehensive expectation**），即对未来的过度担心（表11.8）。患有GAD的成人担心日常生活的方方面面，例如完成工作任务、管理财务、会议和做家务。患有GAD的儿童青少年担心日常生活中的活动和事件，特别是考试、学校作业、体育和课外活动。他们还可能担心与朋友的关系、家人的健康和幸福，以及同龄人遭遇的日常烦恼。根据定义，患有GAD的孩子必须担心2个或2个以上的活动或事件。然而，平均而言，大多数患有GAD的青少年报告了许多担心（Niles, Lebeau, Liao, Glenn, & Craske, 2012）。

表11.8 广泛性焦虑障碍的诊断标准

A. 在至少6个月的多数日子里，对于诸多事件或活动（例如，工作或学校表现），表现出过分的焦虑和担心（焦虑性期待）。

B. 个体难以控制这种担心。

C. 这种焦虑和担心与下列6种症状中至少3种有关（在过去6个月中，至少一些症状在多数日子里存在）：

注：儿童只需1项。

1. 坐立不安或感到激动或紧张。
2. 容易疲倦。
3. 注意力难以集中或头脑一片空白。
4. 易激惹。
5. 肌肉紧张。
6. 睡眠障碍（难以入睡或保持睡眠状态，或休息不充分的、质量不满意的睡眠）。

D. 这种焦虑、担心或躯体症状引起有临床意义的痛苦，或导致社交、职业或其他重要功能方面的损害。

E. 这种障碍不能归因于某种物质（例如，滥用的毒品、药物）的生理效应，或其他躯体疾病（例如，甲状腺功能亢进）。

F. 这种障碍不能用其他精神障碍来更好地解释。（例如，像分离焦虑障碍中那样担心与依恋对象分离、像社交焦虑障碍中那样担心负性评价，或像惊恐障碍中那样焦虑或担心惊恐发作）。

忧虑是一种认知活动，其特征是对未来负面事件及其后果的反复思考，并且越来越详细。学生可能会担心即将到来的考试、思考准备不充分的可能性，以及获得低分数或受到教师和家长批评的后果。儿童在4岁或5岁左右开始表现出忧虑的能力。然而，思考和琢磨遥远未来负性事件的能力似乎要到8岁之后才会出现。GAD患儿的起病年龄通常为8～10岁，在这种担心的认知能力发展出来之后。随着年龄的增长，个体忧虑的能力增加，GAD的频率和严重程度也随之增加（Connolly et al., 2015）。

患有GAD的儿童青少年与未患有GAD的儿童与青少年忧虑的主题相同，例如学业、体育活动、人际关系和实现未来目标（Layne, Bernat, Victor, & Bernstein,

2009)。他们的差异在于忧虑的程度、强度和持续时间（图 11.5）。第一，患有 GAD 的个体比没有 GAD 的个体报告自己有更多的担心。第二，患有 GAD 的个体比没有 GAD 的个体担心或痛苦的程度更高。此外，他们经常报告与忧虑相关的更大损害：白天坐立不安、睡眠问题、疲劳、肌肉紧张、易激惹和难以集中注意力。第三，相比于其他大多数人，GAD 患者一天中忧虑的时间更多（Niles et al., 2012）。

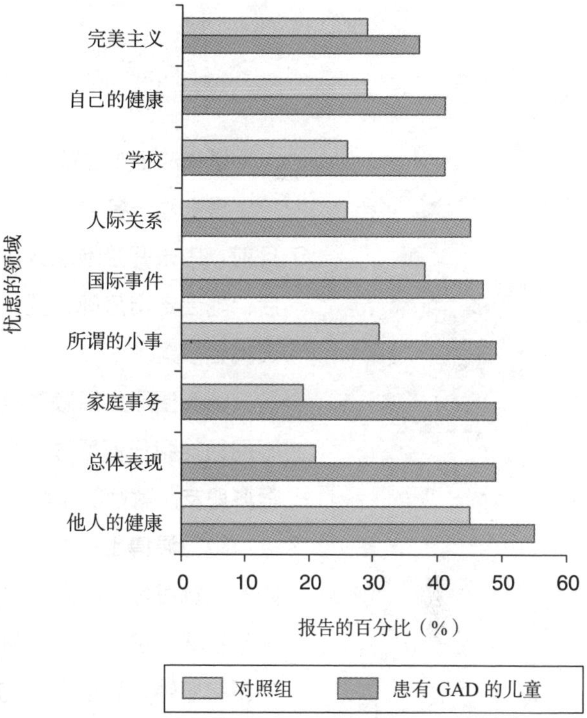

图 11.5　患有和未患 GAD 的儿童青少年忧虑类似的话题

注：然而，比起未患有 GAD 的同龄人，患有 GAD 的儿童青少年报告了更多的忧虑和相关症状（例如，烦躁不安、注意力不集中、睡眠困难）。基于莱恩及其同事（Based on Layne and colleagues, 2009）。

患有广泛性焦虑障碍的儿童青少年表现出的忧虑影响了他们的日常生活。第一，忧虑会引起苦恼，消耗时间和精力。第二，忧虑妨碍了儿童青少年将注意力集中于重要活动的能力，例如听父母的话或完成家庭作业。第三，忧虑会导致情绪问题、沮丧和易激惹。第四，忧虑会导致躯体问题，例如头痛、失眠或疲劳。最后，忧虑会妨碍更有适应性的应对策略的发展。经常忧虑的儿童青少年可能不会学习其他应对焦虑的方法，例如放松或玩耍、与父母或同龄人分享自己的感受，或参加体育运动或从事兴趣爱好。DSM-5 要求广泛性焦虑障碍患儿至少经历 1 种症状作为忧虑的结果。而成人广泛性焦虑障碍必须表现出至少 3 种症状（American Psychiatric Association, 2013）。

患有 GAD 的儿童青少年常被父母和教师描述作为“小大人”（Kendall, Krain, & Treadwell, 1999）。这些儿童青少年往往是追求完美、守时的并渴望取悦他人。他们面对他人，尤其是成人和权威者时，通常会刻意表现。他们也倾向于高度遵守规则和社会规范。出于这些原因，专家认为患有 GAD 的儿童与青少年会给他人一种“成熟的幻觉”，使他们看起来比实际情况更具有情绪上的主导力。

在这种成熟的幻觉之下，其实是 GAD 患儿的自我怀疑、自我批评和不确定的感觉。他们可能会在完成家庭作业、准备钢琴独奏会或参加体育比赛时力求完美。然而，他们经常需要教师、导师和教练的保证，以确保他们成功并防止未来可能发生的不良后果。患有 GAD 的儿童青少年也可能拒绝交家庭作业、做游戏或比赛，除非他们知道自己的表现将是完美的。他们通常将不完美的迹象（例如，家庭作业出错、笔记放错、排名第二）解释为失败和毫无价值。以一位患有 GAD 的女孩塔米为例。

案例研究
广泛性焦虑障碍

塔米的不眠之夜

塔米是一名 11 岁的女孩，由于失眠被父母转诊到医院。她的母亲解释说："几个月前，塔米开始抱怨入睡困难。我们让她上床睡觉，但她却醒着躺了几个小时。然后，她会走出房间，要一杯水喝。有时，她直到晚上十一点半或午夜才睡着，第二天就会很累。"

鲍德温医生回顾了塔米的成长史和病史、饮食和习惯。然而，他无法为她的睡眠问题找到任何解释。塔米的父亲说："塔米很乖，很聪明，在学校表现很好。她有很多朋友。就她的年龄而言，她非常成熟，几乎总是听妈妈和我的话。"

鲍德温博士评估了塔米："你晚上睡觉的时候感觉怎么样？"塔米回答说："一开始我感觉很好，因为我太累了。然后，我有点紧张，感到紧张。"鲍德温医生问："当你躺在床上的时候，你在想什么呢？"塔米回答说："我开始考虑我第二天上学要做的所有事情。我担心我的家庭作业、考试、排球之类的事情。然后，我变得越来越紧张和兴奋。我就是停不下来。我开始咬嘴唇或咬指甲，直到它们流血。当我受够了这样，我就起床。"

鲍德温医生接着说："你能做些什么让自己放松下来并入睡吗？"塔米回答道："如果爸爸妈妈给我一个拥抱或者和我说话，我通常可以停止担心，想想其他事情，冷静下来。不过，有时候，担心又会再次出现，我知道夜晚会很漫长。"

与其他焦虑障碍相比，GAD 与抑郁症的关系更为密切（Goldberg et al., 2009）。有三条证据表明它与抑郁症密切相关。第一，GAD 和重度抑郁症在大龄儿童与青少年中表现出高度的共病性。大约 50% 患有 GAD 的儿童青少年也患有抑郁症。

第二，纵向研究表明，患有 GAD 的儿童与青少年日后患抑郁症的概率非常高。例如，莫菲特及其同事（Moffitt and colleagues, 2007）对一个患有 GAD 和抑郁症的青少年和年轻成人的大样本进行了研究。大多数（68%）被试的焦虑问题先于或与抑郁症状同时出现。只有约三分之一的被试在患抑郁症后出现焦虑问题。平均而言，青少年在焦虑出现 5 年后出现抑郁症状。

第三，因素分析表明，GAD 和抑郁症状在普通人群中往往自然地同时发生（Michl et al., 2013）。因素分析是一种统计方法，用于确定解释可观察特征或症状之间关系的基本结构或"因素"。在这个例子中，因素分析是通过识别倾向于同时发生的症状群进行的。多项因素分析研究表明，儿童与青少年的内化症状可以由两个因素解释（图 11.6）。"恐惧"因素解释了大多数以焦虑、恐惧和恐慌为特征的焦虑障碍之间的关系，例如特定恐惧症、社交焦虑障碍、广场恐惧症和惊恐障碍。然而，第二个“焦虑–痛苦”因素解释了广泛性焦虑障碍、抑郁症和心境恶劣障碍（另一种抑郁障碍）之间的关系。患有广泛性焦虑障碍的儿童与青少年更有可能表现出抑郁的问题，而不是恐惧或恐慌的症状。

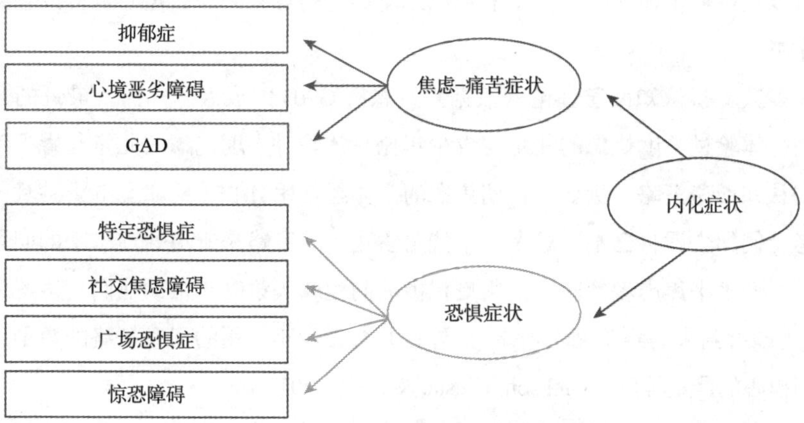

图 11.6　广泛性焦虑障碍与抑郁症有关

注：儿童与青少年的内化症状可根据其通常的共同发生方式分为两组：恐惧症状和焦虑–痛苦症状。GAD 比其他焦虑障碍更像抑郁症。基于戈德伯格及其同事（Goldberg and colleagues, 2009）。

病　因

普遍适用于各类焦虑障碍的风险因素，多数同样适用于 GAD。例如，困难型气质、行为抑制或亲子互动不良的儿童与青少年，除可能患其他焦虑障碍外，也存在患 GAD 的风险（Higa-McMillan et al., 2014; Simon, 2016）。

GAD 不同于其他焦虑障碍，因为其特点是忧虑，而不是恐惧或恐慌。从行为的角度来看，担心似乎没有什么意义。大多数人认为忧虑令人厌恶，它似乎没有益处。然而，认知行为治疗师则认为，担忧对患有 GAD 的儿童与青少年有特殊的作用。根据**认知回避理论（cognitive avoidance theory）**，忧虑有助于人们避免情绪上和身体上令人痛苦的心理意象（Borkovec & Inz, 1990; Roemer & Borkovec, 1993）。忧虑使人们能够用对未来不幸的更抽象、更分析性的想法来取代那些充满情绪的迫在眉睫的危险意象。因此，忧虑是一种回避，有负强化的作用。

为了理解忧虑是如何进行负强化的，我们可以看看一个有完美主义的 12 岁 GAD 患者埃尔莎的例子。埃尔莎的教师让她和三个同学一起做一个科学项目。作为一个小组，学生们必须完成项目、制作海报，并在学校科学展上展示他们的发现。大多数学生在面对这个任务时都会有一些担忧，然而，埃尔莎的担忧非常多。她想象着他们组的实验失败、在海报制作上犯了无数错误、报告过程令他们很丢脸。此外，她预期教师和父母会惩罚和反对他们。为了处理这些心理意象，埃尔莎用更抽象、更口语化的方式思考这些情境。她开始担心。她心想："如果我的同学没有完成他们的部分怎么办？""我最好再检查一下海报上的拼写"或者"也许我没有为报告做好充分的准备——我应该再排演一次"。这些担心占用了埃尔莎的时间和精力，但它们也有一个重要的作用：让埃尔莎避免想象项目失败的可怕后果。在某种程度上，担心可以让像埃尔莎这样的孩子避免或逃避痛苦的意象，那么担心就可以起到负强化的作用。

大多数支持认知回避理论的数据来自患有 GAD 的成人。然而，最近的几项研究表明，体验过重度忧虑的儿童与青少年比只体验过中度忧虑的儿童与青少年采取更多的认知回避策略。例如，长期焦虑的个体经常用分心（例如玩电子游戏）或抑制思考（例如告诉自己不要思考某个特定主题）等策略来避免处理未来的问题。相比之下，低水平焦虑者倾向于使用更积极的问题解决策略，帮助他们直接解决问题（例如为即将到来的测验而学习）。此外，儿童青少年使用的回避策略的数量可以预测他们担心的严重程度（Dickson, Ciesla, & Reilly, 2012）。

事实上，患有 GAD 的儿童青少年担心的是避免思考问题，而不是解决问题。大多数儿童青少年利用担心来预测未来的问题，并提前提出可能的解决方案。例如，一个学生担心即将到来的考试，他可能会说："考试会很难，所以我必须马上开始学习，每天晚上学习一点以取得好成绩。"在这种情况下，担心充当了积极的、解决问题的因素。相比之下，患有 GAD 的儿童青少年在担心时很少表现出解决问题的能力（图 11.7）。相反，他们只是在反复思考消极事件。例如，一个患有 GAD 的学生担心将来的考试，他可能会想："考试真的很难。如果我失败了怎么办？我妈妈会怎么说？"因为患有 GAD 的儿童青少年不太可能为他们的担心找到解决方案，他们的担心会无法控制地持续下去（Ruscio et al., 2015）。

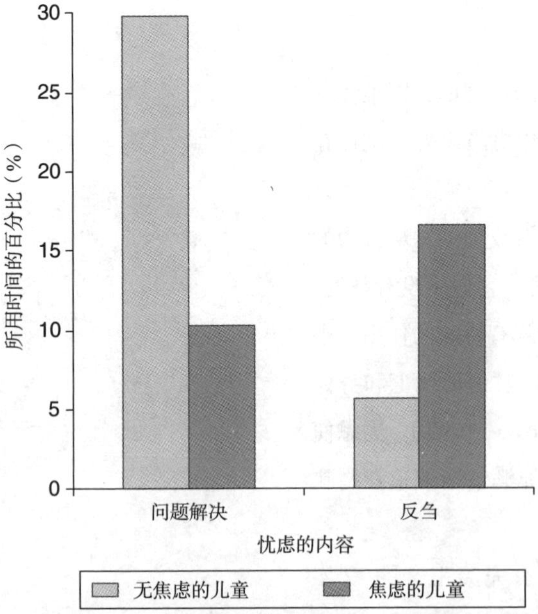

图 11.7　你如何担心

注：没有焦虑障碍的儿童倾向于在担心的时候对未来的问题提出解决方案。相比之下，患有 GAD 的儿童与青少年倾向于反刍未来潜在的麻烦。基于萨博和洛维邦（Based on Szabó and Lovibond, 2004）。

最后，许多患有 GAD 的儿童青少年的认知歪曲加剧了他们的忧虑。威姆斯和瓦茨（Weems and Watts, 2005）确定了 GAD 患儿的三种认知歪曲：灾难化（*catastrophizing*）、过度概括（*overgeneralizing*）和个人化（*personalizing*）。儿童青少年预期有点糟糕的事件会带来灾难性后果时，灾难化认知就会出现。例如，一个患有 GAD 的女孩即将参加一场舞蹈比赛，她可能会预期出现灾难：忘带舞鞋、在舞台上绊倒、令她的家人蒙羞。当儿童青少年认为一次挫折是将来厄运的指示时，过度概括的认知就会出现。例如，一个在第一次独奏会上犯了错误的儿童青少年可能会预期在随后的所有表演中都犯错。最后，当儿童青少年把经历的不幸归咎于自己时，个人化的认知就会出现。例如，一个在独舞表演中绊倒的儿童可能会把自己的错误归咎于自己太笨，而不是地板滑。这些认知歪曲扭曲了现实情况，使其看起来更具威胁性。因此，这些歪曲会导致持续的担心、反刍和负面情绪。

小 结

- GAD 的特征是难以控制的持续担心，并伴有坐立不安、注意力不集中、疲劳、易怒、紧张和 / 或睡眠问题，症状至少持续 6 个月，造成痛苦或损害。
- GAD 在两个方面不同于其他焦虑障碍：（1）以担心为特征；（2）与抑郁症密切相关。
- 认知回避理论认为，儿童青少年利用担心来避免痛苦的心理意象。患有 GAD 的儿童青少年也会出现认知歪曲，这加剧了他们的担心。

11.2 强迫障碍及相关障碍

什么是强迫障碍？

描 述

强迫障碍（**obsessive-compulsive disorder, OCD**）的特征是反复出现的、不必要的、非常耗时的强迫思维或强迫行为。这会造成明显的痛苦，或严重损害日常功能（表 11.9）。**强迫思维**（**obsession**）是指“反复的、持续性的、侵入性的和不必要的想法、冲动或表象”（American Psychiatric Association, 2013, p. 235）。强迫思维包括关于污染的想法（例如，触摸“脏的”门把手等物体）、反复出现的怀疑（例如，是否有人把门开着）、对规则或对称的需求（例如，以某种方式排列毛巾）、具有攻击性的或可怕的冲动（例如，在教堂里诅咒他人的想法）和性意象。

表 11.9 强迫障碍诊断标准

A. 具有强迫思维或强迫行为，或两者皆有。
强迫思维被定义为如下：
1. 在该障碍的某些时间段内，感受到反复的、持续性的、侵入性的和不必要的想法、冲动或意向，大多数个体会引起显著的焦虑或痛苦。
2. 个体试图忽略或压抑此类想法、冲动或意向，或用其他想法或行为来抵消它们（例如，通过某种强迫行为）。
强迫行为被定义为如下：
a. 重复行为（例如，洗手、排序、核对）或精神活动（例如，祈祷、计数、反复默诵字词）。个体感到重复行为或精神活动是作为应对强迫思维或必须严格执行的规则而被迫执行的。

b. 重复行为或精神活动的目的是防止或减少焦虑或痛苦，或防止某些可怕的事件或情况；然而，这些重复行为或精神活动与所设计的中和或预防的事件或情况缺乏现实的连接，或者明显是过度的。

注：幼儿可能不能明确地表达这些重复行为或精神活动的目的。

B. 强迫思维或强迫行为是耗时的（例如，每天消耗1小时以上）或者这些症状引起具有临床意义的痛苦，或导致社交、职业或其他重要功能方面的损害。

C. 强迫症状不能归因于某种物质（例如，滥用的毒品、药物）的生理效应或其他躯体疾病。

D. 该障碍不能用其他精神障碍的症状来更好地解释（例如，孤独症谱系障碍中的重复性行为模式；品行障碍中的冲动；物质使用障碍中对物质的先占观念；广泛性焦虑障碍中的过度担心；拔毛癖中的拔头发；抓痕障碍中的皮肤搔抓；抑郁症中的内疚反刍）。

标注如果是：

伴良好或一般的自知力：个体意识到强迫障碍的信念肯定或可能不是真的，或者它们可以是或可以不是真的。

伴差的自知力：个体意识到强迫障碍的信念可能是真的。

缺乏自知力/妄想信念：个体完全确信强迫障碍的信念是真的。

标注如果是：

与抽动症相关：个体目前有或过去有抽动障碍史。

大多数OCD患者试图忽视或压抑强迫思维。然而，忽视强迫思维通常会导致焦虑、紧张或痛苦的增加。为了减少这些负面情绪，大多数人都会有强迫行为。**强迫行为（compulsion）**是指“个体感到重复行为或精神活动是作为应对强迫思维或必须严格执行的规则而被迫执行的”（American Psychiatric Association, 2013, p. 235）。常见的强迫行为包括清洗、清洁、计数、检查、重复、整理和排序。强迫行为通常被以一种僵化的方式执行，通常是根据某种怪异的规则执行。例如，一个反复出现关于性意象的强迫思维的青少年可能感到自己不得不去祈祷以减轻焦虑或内疚。如果她在祈祷中出错，她可能会要求自己重复祈祷，直到完美地背诵祈祷词为止（图11.8）。

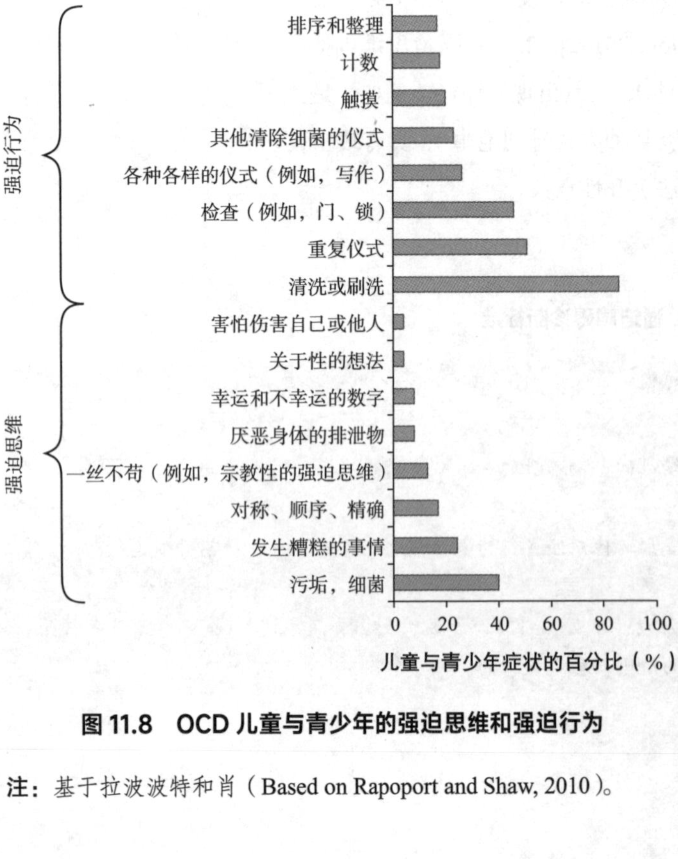

图11.8 OCD儿童与青少年的强迫思维和强迫行为

注：基于拉波波特和肖（Based on Rapoport and Shaw, 2010）。

许多患有OCD的成人和青少年认识到，他们不想要的想法、冲动或形象是他们自己思想的产物；然而，年幼的OCD患儿可能相信他们的强迫思维会成真。DSM-5要求临床医生详细标注患者对其强迫思维和强迫行为症状的自知力。这很重要，因为自知力好的人比自知力差或缺乏自知力的人更愿意参与治疗（Geller, 2010; Piacentini, Chang, Snorrason, & Woods, 2014）。

1%～2%的儿童与青少年患有OCD。流行病学研究表明，当前90%的OCD患儿没有接受治疗。在儿童期，OCD 在男孩中比在女孩中更常见，性别比为 2 ∶ 1。到了青春期晚期，许多女孩开始表现出这种障碍，性别比例变得大致相等（Geller, 2010）。

儿童青少年的强迫思维和强迫行为与成人有所不同。第一，随着时间推移，儿童青少年改变强迫思维和 / 或强迫行为是很正常的。第二，儿童青少年的强迫思维和强迫行为往往比成人的更模糊、更魔幻。第三，许多儿童青少年很难描述他们的强迫思维。例如，他们可能会说害怕“坏事”，而不是害怕污染或不对称。第四，有些儿童青少年能够清楚地表达自己的想法，但却不愿意这么做，因为他们害怕大声说出自己的想法会让他们担心的情况变成现实。

严格来说，如果一个人表现出强迫思维或强迫行为，就可以被诊断为 OCD。事实上，大多数儿童青少年都有这两种症状。有时，儿童青少年似乎只是表现出强迫思维，因为他们的强迫思维涉及精神仪式。例如，针对所爱之人受到伤害的强迫思维可能伴随着仪式化计数或祈祷一起出现。这些精神行为很容易被父母和临床医生忽视，他们误认为孩子没有强迫行为。事实上，治疗心理上的强迫行为比治疗行为上的强迫行为更困难，因为精神上的强迫行为很难发现和监控。以一个有 OCD 的男孩托尼为例。

案例研究

强迫障碍

把事情做“对”

托尼·杰弗里斯是一个 12 岁的男孩，他母亲注意到他在家里反复进行“奇怪的仪式”，于是把他送到了我们的诊所。杰弗里斯夫人第一次意识到托尼的行为问题是因为她注意到他的一个习惯，即在进出房间前多次开灯和关灯。当她问起这个习惯时，托尼似乎很尴尬，并以“没什么”搪塞。杰弗里斯夫人随后注意到了儿子的其他仪式。托尼避免走到人行道上的裂缝上、多次开门和关门、多次进出房间，最后离开。当杰弗里斯夫人与托尼对质时，托尼承认自己做了这些强迫行为。

后来，托尼的治疗师试图收集关于可能的困扰的信息。她问：“在你做这些动作之前，有没有什么想法突然出现在你的脑海里？”托尼犹豫地回答：“是的，但它们很难描述。我感到紧张。我觉得有什么不好的事情要发生在我或我妈妈身上。例如我在学校可能会得 F 或者我妈妈会失业。然后，我只是觉得我需要以某种方式做一些事情，例如开灯和关灯三次、开门和关门三次，或者进出房间三次。”治疗师问：“总是三次？”托尼解释说：“是的，必须是三次，正好三次，这样我才不会感觉不好。”

儿童与青少年时期的OCD是一种长期存在的严重障碍。平均而言，41%患有OCD的儿童在5年后仍然符合OCD的诊断标准，另有20%的青少年继续表现出阈下的OCD症状。症状出现较早、症状持续时间较长以及症状需要住院治疗的儿童与青少年最有可能表现出持续性问题。然而，40%患有OCD的儿童在青春期晚期或成年早期症状明显减轻，许多症状会完全缓解。然而，患有OCD的儿童与青少年成年后在人际关系、就业和情绪问题上的风险比正常发展的同龄人要高得多（Geller & March, 2012）。

病　因

OCD更多地被认为是一种由遗传风险和大脑结构和功能异常共同引起的神经发育障碍（Rapoport & Shaw, 2010）。OCD是可遗传的。有OCD一级亲属的个体患OCD的风险增加。10%～25%的OCD患儿的父母中至少有一人患有OCD。双生子研究表明，遗传因素（45%～58%）和非共享环境因素（42%～55%）解释了等量的OCD症状差异。共享环境，如父母教养方式或社会经济地位能够解释的OCD症状差异很少（Geller, 2010）。

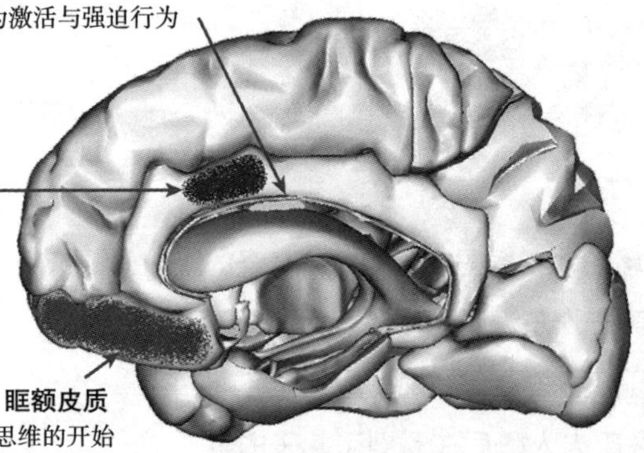

图11.9　导致OCD的皮质-基底节回路过度活跃

注：来源于布伦南及其同事（Brennan and colleagues, 2015）。

皮质-基底节回路（cortico-basal-ganglionic circuit）似乎对解释OCD特别重要（图11.9）。这个回路形成一个反馈回路，涉及三个大脑区域：（1）眶额皮质（orbitofrontal cortex）；（2）扣带回（cingulate gyrus）；（3）基底节的尾状核（caudate）部分。

眶额皮质负责检测环境中的异常或不规则，并启动行为反应以纠正这些不规则。例如，当一个人注意到手上的污垢时，他的眶额皮质可能会被激活。来自眶额皮质的信号被发送到扣带回。扣带回是边缘系统的一部分，它的激活与认知反刍（例如，“这污垢真的困扰着我”）和焦虑、忧虑或紧张的感觉有关。最后，神经信号被发送到尾状核，尾状核是位于大脑深处的基底节的一部分。尾状核准备一种行为反应，以减少这些消极的想法和感觉（例如，洗手）。然后，它向眶额皮质提供反馈，告诉它异常或不规则已经纠正。

对大多数人来说，尾状核会抑制来自眶额皮层和扣带皮层的信息，调节个体痛苦程度。然而，OCD患者通常表现出扣带回过度活跃，尾状核缺乏抑制。因此，他们注意到周围的异常或不规则时会经历异常高水平的痛苦（Fullana et al.,2014）。

值得注意的是，皮质-基底节回路富含血清素。因此，血清素被认为在儿童OCD的发展和治疗中起着重要作用。正如我们将看到的，像氟西汀这样调节血清素的药物可以减轻许多OCD患儿的症状。此外，人为增加血清素活性的药物通常会加重症状。因此，研究人员认为OCD症状的部分原因是血清素水平过高（Romanelli, Wu, Gamba, Mojtabai, & Segal, 2014）。

虽然遗传和生物因素可能是OCD的基础，但这种障碍可能是通过学习来维持的。当人们将特定的环境刺激与痛苦的想法或信念联系起来时，就会产生困扰。例如，门把手可能会与污染的想法联系在一起。后来，个体认识到洗涤可以缓解这些忧虑；因此，他将来有可能更多地洗手。因此，减少痛苦会对强迫行为有负强化的作用（Piacentini et al., 2014）。

此外，青少年的思维方式会加剧他们的OCD症状。两种认知歪曲似乎尤为重要。第一种，患有OCD的青少年会对负面事件体验到*夸大的责任*（*inflated responsibility*）（Mathieu, Farrell, Waters, & Lightbody, 2015）。例如，如果一位青少年的母亲被解雇，或者他父亲的车在回家路上坏了，他可能会为发生在父母身上的厄运责备自己。他可能会想："我妈妈丢了工作，因为我对她来说负担太重了。她不能同时处理好我和她的工作。"或者："我爸的车出了问题，肯定是我上周借来开的时候搞坏了。这一定是我的错。"这些对厄运的评价导致了内疚感和自我怀疑。

第二种，患有OCD的青少年经常表现出*思维-行动融合*（*thought-action fusion*），即错误地认为仅仅思考一个事件就会增加其发生的可能性（Bailey, Wu, Valentiner, & McGrath, 2014）。例如，一个患有OCD的青春期女孩可能会认为，仅仅是单纯思考她祖父的死亡就可能会增加他生病的可能性。因为她相信自己的思想可以影响外部世界，所以她试图控制消极思想以防止未来的厄运。即使青少年只是短暂地想了一会，思维-行动融合也会使他们感到巨大的痛苦。大多数人认为这种想法"不合理"或"不可能"，而患有OCD的青少年可能会认真对待这些想法，因为他们相信自己有能力在心理上影响现实世界中发生的事情（Piacentini et al., 2014）。

有些患儿的OCD是由乙型溶血性链球菌感染引起的（Swedo et al., 2015）。这种类型最常见的感染是链球菌性咽喉炎。根据**链球菌感染相关的儿童自身免疫性神经精神障碍（Pediatric Autoimmune Neuropsychiatric Disorder Associated with Streptococcus, PANDAS）理论**，有这些感染的一部分儿童青少年会出现快速发作的OCD症状和抽动（即不自主运动或发声）。这些儿童青少年可能有其他症状，如易激惹、遗尿、焦虑和精细运动技能（例如书写）下降。这些症状是由干扰大脑功能的自身免疫反应引起的。抗生素治疗在预防这些症状的发生方面无效。在大多数情况下，这些儿童青少年后来被诊断为OCD，必须接受OCD的治疗（Ferretti, Stevens, & Fischetti, 2016）。

小　结

- OCD的特点是强迫思维和/或强迫行为，这些想法和行为耗时且会造成严重的痛苦或损害。

- 强迫思维是反复出现的、持续不断的想法、冲动或意象，是干扰性的和个体不想要的，而强迫行为是重复的行为或精神活动，个体感到被迫对强迫思维做出反应或根据特定规则行事。
- OCD 往往出现在儿童晚期或青春期早期。OCD 影响了许多儿童青少年。1% ～ 2% 的儿童与青少年患有 OCD。
- 皮质–基底节回路是 OCD 的基础。它由（1）眶额皮质，（2）扣带回和（3）尾状核组成。
- OCD 患儿常常有认知上的歪曲，例如个人化的责任感和思维–行动融合，这些都加剧了他们的症状。

哪些障碍与 OCD 相关？

OCD 与 DSM–5 中儿童青少年常见的其他几种障碍相似：（1）抽动障碍和 Tourette 氏障碍；（2）拔毛癖；（3）抓痕障碍。像 OCD 患儿一样，患有这些障碍的儿童青少年经常报告焦虑、恐惧、沮丧或紧张等负面情绪。这些障碍的症状都包括强迫思维的先占观念、不必要的冲动和 / 或导致巨大痛苦或损害日常功能的重复行为（Stein, Craske, Friedman, & Phillips, 2011; Stein et al., 2010a, 2010b）。

抽动障碍

抽动（**tic**）是突然的、快速的、非节律性的、刻板的、非自愿的行为。抽动可以是运动的（例如面部表情、颈部抽搐或肢体运动）或发声的（例如“咕噜”声、“唧唧”声或清嗓子）。抽动可以是简单的，也可以是复杂的。简单的抽动持续时间短（即只持续几毫秒），由一种运动行为（例如，眨眼、耸肩）或发声（例如，“咔嗒”声、“咕噜”声）组成。复杂的抽动持续几秒钟，通常包括几个简单抽动的组合（例如，同时转头和耸肩）。有些抽动患者会做出关于性的或淫秽的手势（例如，淫秽的行为）、发出不合适的骂声（例如，淫秽的声音）、模仿他人的动作（例如，模仿症）或重复声音或单词（例如，模仿言语）。然而，在所有情况下，抽动都是无目的、非自愿的（Chen et al., 2013）。

抽动与 OCD 有相似之处。这两种疾病都涉及一系列事件，在这些事件中，刺激之后便出现一种习惯性反应。就 OCD 而言，刺激是一种强迫思维，反应是一种强迫行为。就抽动而言，刺激是一种突然的、不想要的冲动，反应为运动或发声。此外，抽动和 OCD 都可以在短时间内被抑制，但它们被抑制的时间越长，造成的不适会越来越多（Leckman & Bloch, 2010）。

OCD 和抽动也有不同之处。OCD 患者几乎总是对某些强迫观念或心理意象做出强迫反应。相比之下，并非所有抽动患者都报告有会刺激他们的运动或发声行为的强迫思维（Towbin, 2015）。只有大约一半的抽动障碍患者报告在抽动之前有特定的强迫思维。这些困扰通常包括关于对称或秩序的想法。然而，50% ～ 80% 的抽动障碍患者在抽动之前只报告有冲动预兆。这些冲动通常被描述为有某种“身体特质”，就像身体特定部位的瘙痒或肌肉紧张（Towbin, 2015）。

抽动的严重程度从轻微到严重不等。许多患儿将其描述为不必要的冲动，类似于你想挠鼻子或打喷嚏时的感觉。通常，你可以在短时间内忽略或抑制这种冲动。然而，抑制这种冲动通常会导致其强度和不适感增加。因此，抽动通常被认为“很大程度上是非自愿的”——患儿只能在短时间内控制抽动（Towbin, 2015）。

抽动障碍有几种不同的类型。DSM-5 以从最低到最严重的分层方式对其进行排列。第一，暂时性抽动障碍的特征是持续不到 1 年的一种或多种运动或发声抽动（或两者）。第二，持续性（慢性）运动或发声障碍是指持续 1 年以上的多种运动或发声抽动（但不同时出现）。第三，**Tourette 氏障碍**（**Tourette's disorder**，也称抽动秽语综合征）的定义是持续 1 年以上的多发性运动和发声抽动。许多人认为该障碍是由“秽语症”（coprolalia）定义的，即不自觉地说脏话。事实上，只有不到 10% 的该障碍患者会不自觉地说脏话（Leckman & Bloch, 2010）。

Tourette 氏障碍的终生患病率为 0.4% ～ 1.8%。慢性抽动障碍更常见，2% ～ 4% 的儿童与青少年患有这种障碍。在日常生活中，5% ～ 18% 的儿童青少年通常在压力很大的时候有过短暂的抽动，抽动在男孩中的发生率是女孩的 2 ～ 10 倍（Towbin, 2015）。

抽动障碍和 OCD 经常出现在儿童或青少年时期。抽动发作年龄的中位数为 5.5 岁；与之相对，OCD 通常在儿童后期（在男孩中）或青春期（在女孩中）才出现。随着时间推移，这两种障碍都有所消长，并且通常会因心理社会压力而加剧。例如，在期末考试或重要的体育比赛之前，患有这些障碍的儿童青少年往往会经历更频繁、更强烈的不必要的冲动。通常，症状在青少年早期至中期达到高峰，在成年早期症状减轻（Bloch, Craiglow, & Landeros-Weisenberger, 2009）。

抽动障碍与 OCD 高度共病。25% ～ 50% 患有慢性抽动或 Tourette 氏障碍的青少年会在青春期或成年早期的某个时候发展出 OCD。相反，大约 30% 患有 OCD 的青少年也表现出抽动或 Tourette 氏障碍。由于抽动在普通人群中很少见，因此抽动与 OCD 的高共病率提示它们具有共同的潜在病因。

事实上，抽动障碍和 OCD 都是遗传性疾病。同卵双生子抽动障碍的同病率为 77% ～ 94%，而异卵双生子抽动障碍的同病率仅为 23%。此外，这两种障碍都有家族遗传。抽动障碍患儿有 15% ～ 53% 的可能性有一个具有抽动病史的血亲。抽动障碍患儿的家庭成员患有 OCD 的可能性也是未罹患抽动障碍儿童的家庭成员的 10 ～ 20 倍（Towbin, 2015）。

拔毛癖（拔毛障碍）

患有**拔毛癖**（**trichotillomania**）的儿童青少年反复拔毛发，导致毛发缺失。例如，一个女孩可能会扯掉头顶的头发，或者咬悬在脸颊边的头发。或者，一个青春期的男孩可能会仪式性地从他的鬓角或下巴拔下胡须。虽然毛发缺失可能不会被其他人注意到，但拔毛发的做法却会给个体带来痛苦或干扰其功能。在拔毛发的情境中，“痛苦”包括负面情绪，例如感觉失控、尴尬或羞愧。例如，一个儿童可能会因为觉得无法停止拔毛发变得非常不安。或者，一个青少年可能因为早上花太多的时间拔毛发而总是上学迟到。许多有这种症状的人拔毛发是为了缓解焦虑（例如，在准备考试时）或减少无聊（例如，在读这本书时）。拔毛癖只有在个体反复拔毛发并导致痛苦或损伤时才会被诊断出来（American Psychiatric Association, 2013）。

临床观察和实证研究已经确定了两种拔毛癖亚型。“有意识型”拔毛包括有意识、故意地拔毛发，通常是对不愉快的想法或感受的反应。存在有意识型拔毛症状的青少年往往报告在拔毛前感到痛苦，而拔后立即缓解。有意识型拔毛与 OCD 的许多特征类似。与之相比，“无意识型”拔毛是无意识习惯性地拔毛。无意识型拔毛通常发生在青少年从事其他任务时（例如，完成家庭作业、浏览社交媒体），通常不是由痛苦或负面影响引起的（Stein et al., 2010b）。

像 OCD 一样，拔毛癖也包括可能导致痛苦的重复行为。此外，许多患有拔毛癖的青少年会做与拔毛相关的仪式行为。例如，一些个体只会从身体的某些部位拔毛，还有一些个体则会在咬掉毛发之前先仪式性地“把毛发放在嘴里”。

拔毛癖与 OCD 在几个方面不同。第一，拔毛癖患者通常不会报告强迫思维或心理意象。相比之下，几乎所有 OCD 患者都报告有强迫思维。第二，拔毛癖患者有时会报告拔毛带来愉悦或满足感。与之相比，OCD 患者通常会在强迫行为后报告焦虑缓解（但不是愉悦）。第三，拔毛癖患者通常知道他们的行为是不寻常的，而一些 OCD 患者（尤其是儿童）可能不会（Stein et al., 2010b）。

拔毛癖和 OCD 的起病和病程相似。这两种障碍通常出现在青春期早期。拔毛癖的平均起病年龄为 11.8 岁，但是在幼儿和学龄前儿童中也有。它们的起病通常是隐匿的（即缓慢且越来越严重），并且症状往往随着心理社会压力增加而恶化。虽然 ODC 的症状往往在青春期达到高峰，但拔毛癖的症状则稍晚，往往在成年早期到高峰。拔毛癖和 OCD 的症状也是并存的。虽然拔毛癖发生在一般人群中的比例不到 1%，但 9% 的 OCD 患者有这种问题。

拔毛癖和 OCD 也有相似的根本原因。这两种障碍往往都有家族性。在一项研究中，5% 的拔毛癖患者有患有 OCD 的家人；与之相比，小于 1% 的健康对照组的家人患有 OCD。这两种障碍也与纹状体功能障碍有关。然而，有趣的是，通常对 OCD 有效的药物（例如血清素再摄取抑制剂）对拔毛癖的实际疗效较差，这表明这两种障碍之间可能存在差异（Phillips et al., 2010）。

抓痕障碍

抓痕障碍（**excoriation disorder**）是 DSM-5 中的一种新障碍。其特点是反复搔抓皮肤，导致皮肤损伤。患有抓痕障碍的个体曾多次尝试减少或停止反复搔抓皮肤，但一直做不到。他们习惯性地搔抓，或无法停止搔抓的行为，导致他们在学校、工作或社会功能上的痛苦或损伤（American Psychiatric Association, 2013）。

搔抓皮肤通常被认为是小问题或坏习惯。在大多数情况下，人们搔抓皮肤是为了去除斑点、小印子或其他小瑕疵。然而，患有抓痕障碍的儿童青少年会不断地搔抓自己的皮肤，并发现很难停下来。2% ～ 5.4% 的青少年和年轻成人患有抓痕障碍。通常情况下，患有这种障碍的人会搔抓脸、头部或脖子。虽然有些人使用镊子、剪刀、指甲锉或其他物品，但患者通常是用指甲来搔抓。反复搔抓会造成损伤、擦伤和疤痕。典型的情况是，由于组织损伤，抓痕障碍患儿首先被转诊至儿科医生或皮肤科医生处。有时，由于搔抓造成感染，患者需要药物治疗；在极少数情况下，患儿需要接受整容手术来修复损伤（Grant et al., 2012）。

抓痕障碍与 OCD 相似，因为它通常是由消极情绪或痛苦引起的。许多（但不是所有）患有抓痕障碍的个体在经历心理社会压力后会立即体验到搔抓的冲动，并报告在搔抓后负面感受立即减轻。与 OCD 患者一样，患有抓痕障碍的个体每天可以花数小时从事强迫行为。他们的搔抓会极大地影响学业、工作和人际。此外，患有 OCD 和抓痕障碍的青少年常常为自己的症状感到尴尬。大多数个体会竭力避免被发现，并且非常不愿意寻求治疗。

抓痕障碍通常与 OCD、拔毛癖、抑郁症和焦虑障碍同时发生（Stein et al., 2010b）。抓痕障碍和这些其他障碍之间的共病可能是由于共同的遗传风险和神经通路（Snorrason, Belleau, & Woods, 2012）。在有冲动控制问题［如强迫性赌博、购买和偷窃（即盗窃癖）以及强迫性行为］的儿童与青少年中也会出现抓痕障碍（Odlaug et al., 2013）。

小　结

- 抽动是不自觉的、快速的、非节律性的、刻板的行为。抽动可以是运动型的，也可以是发声型的。Tourette 氏障碍的定义是持续 1 年以上存在多种运动和发声抽动。
- 拔毛障碍的特点是反复拔毛发，导致毛发缺失，从而引起痛苦或损害。
- 抓痕障碍的特点是反复搔抓皮肤导致皮肤损伤，并导致痛苦或损害。

11.3 循证治疗

如何使用行为疗法来治疗恐惧症和选择性缄默症？

几乎所有有效的儿童青少年焦虑障碍的心理社会治疗都涉及**暴露疗法**（**exposure**

therapy）（Graczyk & Connolly,2015）。回想一下，大多数焦虑障碍是通过负强化维持的；患儿学会避免恐怖刺激（例如，狗、说话、社交环境），以调节消极情绪。暴露疗法让患儿间断性地面对令人恐惧的刺激。随着时间推移，在多次暴露后患儿的焦虑逐渐消退。暴露疗法可以以多种方式进行。暴露可逐渐进行（即逐级暴露）或迅速发生（即冲击疗法）。患儿可以面对真实的物体、人或情境（即现场暴露），也可以想象令人恐惧的刺激（即想象暴露）。暴露可在数周内多次进行（即间隔暴露），或在数小时或数天内多次进行（例如，密集暴露）。

儿童与青少年恐惧症的行为疗法已经存在将近 100 年了。约翰·华生（John Watson）的学生玛丽·科弗·琼斯（Mary Cover Jones, 1924）曾使用行为技术来减轻一个名叫彼得的学龄前儿童的恐惧，他害怕兔子。琼斯使用了三种技术来减轻彼得的恐惧，她所使用的技术仍然是如今循证治疗中的部分技术。第一，她逐渐地让彼得接触兔子，时间越来越长。最初，兔子留在房间的另一边，关在笼子里。在随后的训练中，助手们把兔子靠近彼得，把它从笼子里放出来，并鼓励彼得摸它。第二，只要彼得容忍兔子的存在，他就会得到糖果；也就是说，彼得接触兔子而没有逃跑的行为得到了正强化。第三，让与彼得同龄、不怕兔子的孩子在兔子在场的时候跟彼得一起玩。彼得看到这些孩子毫无畏惧地抚摸兔子。经过几周的时间，彼得对兔子的恐惧减轻了。

权变管理

与用来治疗彼得恐惧症的技术相似的行为技术至今仍在使用。琼斯（1924）的主要技术现在被称为**权变管理**（**contingency management**）。权变管理基于操作性条件作用原则，其内容包括让患儿暴露在令人恐惧的刺激下，并根据暴露情况给予其正强化。同时，患儿不被允许回避或退出令人恐惧的刺激。琼斯逐渐把兔子暴露在彼得面前，并用糖果强化他的适应性行为，并且不让彼得回避。

如今，一个使用权变管理技术的治疗师会先和家人见面建立一个行为合约（*behavioral contract*）。合约明确规定了患儿被期望完成的行为以及当患儿满足这些期望时将提供的强化措施。通常情况下，患儿和他的父母以划分等级的方式对患儿的行为进行排序。首先引入引起轻度焦虑的行为，最后再引入引起高度焦虑的行为。

患儿被要求在越来越长的时间内与令人恐惧的刺激进行越来越密切的接触。当患儿成功完成所需的行为时，他会得到正强化（例如，给予表扬、获得玩具和游戏）。与此同时，他不允许逃跑、发脾气或以其他方式逃避令人恐惧的刺激。患儿被鼓励去面对令其恐惧的刺激，直到恐惧消退。

系统脱敏

治疗恐惧症的第二种行为技术是**系统脱敏**（**systematic desensitization**），这是一种基于经典条件作用原理的技术。在系统脱敏治疗中，患儿学会将令其恐惧的刺激和与恐惧不相容的反应联系起来。通常，这种不相容的反应是放松的状态。

一开始，父母和孩子一起建立一个恐惧刺激的层级结构，就像在权变管理中一样，其目标是通过让患儿长时间暴露在刺激下，逐步提升恐惧等级。然而，在接触开始之前，患儿被教导在面对刺激时使用不相容的反应，比如使用深呼吸放松法、肌肉放松法。

接着，恐惧层级逐渐提高。当体验到恐惧感时，患儿会运用放松技巧来产生不相容（放松）反应。通过经典条件作用，患儿开始将以前害怕的刺激与放松的状态联系起来。

示 范

最后一种技术也是琼斯（1924）所使用的，包括观察学习或示范。在做**示范**（**modeling**）的时候，患儿观察一个成人或另一个孩子如何面对令其恐惧的刺激。例如，一个有狗恐惧症的患儿可能会看他的治疗师在治疗过程中接近、爱抚并与狗玩耍。他还可能看到另一个同龄的孩子也有同样的行为。患儿看到面对令其恐惧的刺激不会遭到惩罚（例如，示范者没有被狗咬）并通常会引发正强化（例如，示范者喜欢和狗玩）。琼斯曾利用示范消除彼得的恐惧。彼得观察其他学龄前儿童走近兔子并和兔子玩耍。

示范可以在现实生活中（即现实示范）或通过观看录像带（即录像示范）进行。一些治疗师使用称为参与式示范的第三种策略。在参与式示范中，治疗师首先将行为示范给患儿看，然后协助患儿亲自完成行为。

行为干预的理论疗效

研究支持行为疗法对特定恐惧症患儿有疗效（Connolly et al., 2015; Graczyk & Connolly, 2015）。行为技术已成功用于减少从普遍的恐惧（例如动物、黑暗、身高）到非典型的恐惧（例如月经、排便）的各类恐惧。

行为疗法在治疗儿童青少年的选择性缄默症方面也很有效（Oerbeck, Stein, Wentzel-Larsen, Langsrud, & Kristensen, 2014）。例如，综合行为疗法是一种循证疗法，在这种疗法中临床医生使用逐级暴露和系统脱敏来减少儿童青少年在诊所和学校说话的恐惧（Bergman, Gonzalez, Piacentini, & Keller, 2013）。最初，治疗师与父母和孩子一起创造一个“说话层级”，也就是一个引起从低到高焦虑水平的说话行为的情境层次。然后，临床医生帮助父母和教师确定他们可以在孩子进步过程中使用的潜在强化物。早期的治疗可能只要求孩子在诊所里做出口型或低声说话，而后期的治疗可能需要他们在学校里大声和教师或同学说话。有时候，治疗师会利用示范和自然奖励来鼓励患儿说话。例如，害怕说话的儿童青少年可能会被邀请与其他孩子一起玩“鸭子、鸭子、鹅”或“红灯、绿灯”的游戏。当难以开口说话的患儿观察到同龄人玩这些游戏（需要说话）时，他们可能会模仿同伴的行为（Conn & Coyne,

2014; Klein, Armstrong,Skira, & Gordon, 2016）。

小　结

- 暴露疗法是一种用于治疗焦虑和相关障碍的行为干预。是指在不连续的一段时间内反复面对恐怖刺激，直到焦虑或痛苦减轻。
- 有效的行为技术包括权变管理、系统脱敏和示范。
- 基于暴露的行为干预在减少儿童青少年的焦虑方面是有效的。

认知行为疗法如何用于治疗分离焦虑障碍、社交焦虑障碍和广泛性焦虑障碍?

认知行为疗法（cognitive-behavioral therapy, CBT）是治疗许多儿童青少年焦虑障碍的一种有效方法，尤其是 SAD、社交焦虑障碍和 GAD。CBT 的基本前提是，一个人的思维、感受和行为之间存在着密切的关系。思维的变化会影响人们的感受和行为方式。同样，外在行为的变化也会影响思维模式和情绪。在 CBT 中，焦虑障碍患儿被教导认识他们的感受，并使用认知和行为应对策略来减少焦虑，直到焦虑变得容易应对（Graczyk & Connolly, 2015）。

菲利普·肯德尔（Philip Kendall）及其同事（Kendall, 2012）研究了为期 16 周的 CBT 对焦虑患儿的疗效。该计划分为两个阶段:（1）心理教育;（2）实践。在第一阶段，患儿学习思维、情感和行为之间的关系，并学习应对焦虑和忧虑的新方法。治疗是围绕一个个性化的 FEAR 计划进行的。计划中的步骤使用缩写词 FEAR 来表示：感觉（feeling）、期望（expectation）、态度（attitude）和结果（result）（表 11.10）。当患儿遇到引发焦虑的情境时，可以使用 FEAR 计划应对自己的焦虑。

表 11.10　用于课堂展示的 FEAR 计划示例

步骤	例子
F：感到害怕?	“好吧，我的胃不舒服、手心里出了很多汗。”
E：预期有不好的事情发生?	“我会搞糟的。” “其他孩子会取笑我。” “我看上去很蠢而且他们嘲笑我。”
A：有帮助的态度和行为。	“我可以事先练习，确保我知道要说什么。” “我上次展示并没有搞糟而且教师说我干得不错。” “就算我搞砸了，这也不是大事，因为每个人都有做不好的时候。”
R：结果和回报是什么?	“我一开始感到紧张，但是最后我觉得还不错。” “没有人取笑我。” “我觉得我做得不错而且我真的很努力了。” “我得到的奖励是周末和爸爸妈妈一起去看电影。”

首先，儿童青少年要学会识别与焦虑相关的感受和身体感觉。儿童青少年要学会问自己：“我感到害怕吗？”儿童青少年被教导在感到害怕的时候用肌肉放松缓解痛苦。

接下来，儿童青少年要学习识别和修正导致焦虑的消极想法或歪曲的认知。他们问自己：“我是否预期会有不好的事情发生？”治疗师通过练习手册、游戏和角色扮演练习来展示思维的变化如何导致情感和行为的变化。例如，小猫应对手册（Coping Cat Workbook）（Kendall, Crawley, Benjamin, & Mauro, 2012）包括一系列练习，旨在教儿童青少年辨别和调整消极的想法（图 11.10）。

有些想法可以帮助人们应对这种情况，而另一些想法可能会让人们感到更紧张或害怕。看看这个卡通场景。圈出最害怕的猫。为什么你认为它会感到更害怕？

图 11.10 小猫应对手册

注：通过完成小猫应对手册，患儿帮助自己将思维与感受联系起来。来自肯德尔（1992）。经允许使用。

治疗师帮助儿童青少年减少消极自我陈述的频率（Keehn, Lincoln, Brown, & Chavira, 2013）。焦虑障碍患儿有更多的消极自我陈述，但积极自我陈述的数量与不焦虑的儿童青少年相同。治疗师的目标不是增加儿童青少年积极认知，即帮助他们通过“有色眼镜”看世界。相反，治疗师的重点是帮助儿童青少年更真实地看世界，而不是消极地或灾难性地看世界。肯德尔（1992）认为，治疗的目标是教育他们了解“非消极思维的力量”，减少消极思维可预测治疗的成功。

在随后的治疗中，儿童青少年学习解决问题的认知技能，以应对引发焦虑的情况。他们试着培养有助于解决问题的态度。问题解决训练旨在帮助儿童青少年真实地看待社交情境或问题，尽可能多地解决这些问题，考虑每个解决方案的益处和成本，并选择最佳的行动（Beidel & Reinecke, 2016）。

最后，在治疗的结果和奖励部分，治疗师鼓励儿童青少年判断他们解决问题方式的有效性，并在他们自己处理恐惧时给予奖励。由于焦虑的儿童与青少年往往对自己抱有不切实际的期望或夸大负面事件，因此，他们必须从现实的角度看待结果，并为自己尝试应对引发焦虑的情况而感到自豪（Creswell, Waite, & Cooper, 2014; Kendall, 2012）。

在儿童青少年学会在诊所使用 FEAR 计划后，便可以开始将练习带入社区生活。在社区中应用 FEAR 计划包括使用逐级暴露技术。暴露的类型在很大程度上取决于儿童青少年的障碍。患有社交焦虑障碍儿童可能被要求接近一群玩游戏的孩子；患有 SAD 的青少年可能被鼓励在购物期间与父母分开 15 分钟。最初，儿童青少年报告说暴露后会有强烈的焦虑。然而，随着儿童青少年习惯引起焦虑的情境，焦虑水平就会下降。他们知道暴露在那些情境中并不会导致灾难。

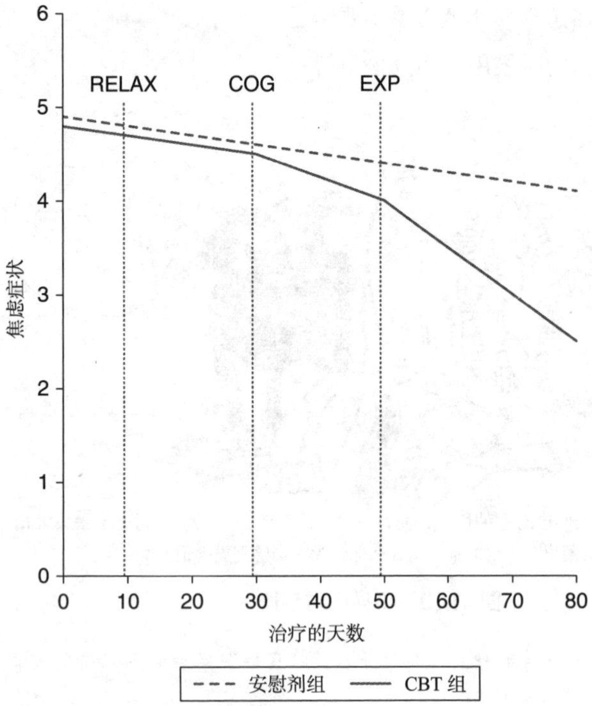

图 11.11　接受 CBT 治疗期间儿童青少年症状的减轻

注：研究人员在儿童青少年接受 CBT 治疗期间监测了儿童青少年的焦虑。儿童青少年在放松训练（relaxation, RELAX）中表现出轻微的焦虑减轻，但是当改变消极认知（changing negative cognitions, COG）和暴露于恐怖刺激（exposing, EXP）后，焦虑有了更大的减轻。基于佩里斯及其同事（Peris and colleagues, 2015）。

一些随机对照研究表明 CBT 是有效的（Kendall, 2012）。这些研究涉及 7～13 岁被诊断为社交焦虑障碍、SAD 和 GAD 的儿童青少年。与对照组相比，CBT 与自我报告、父母报告和行为观察的儿童青少年焦虑症状改善有关。此外，焦虑的减轻往往具有临床意义，大多数接受 CBT 治疗的患儿在治疗后不再满足焦虑障碍的诊断标准。治疗的改善可以维持 1～7 年。

最近的研究表明，CBT 的两个最重要的组成部分是：（1）让儿童青少年暴露在恐怖刺激下；（2）挑战他们对这些事件的消极想法。例如，佩里斯及其同事（Peris and colleagues, 2015）评估了接受 CBT 治疗的儿童青少年的焦虑症状。当儿童青少年暴露于恐怖刺激和学习如何挑战歪曲的思维方式时，焦虑会显著降低。相比之下，当他们单独学习放松技巧时，症状减轻得相对较少。这些发现表明，治疗的认知和行为部分对 CBT 的有效性至关重要（图 11.11）。

CBT 治疗方案已被调整，以便儿童青少年可以通过计算机参与治疗（Spence, March, Vigerland, & Serlachius, 2016）。有一款计算机版本的小猫应对手册是专门为患有社交焦虑障碍、SAD 和 GAD 的儿童青少年开发的。其他针对儿童的项目还包括“多多应对营”（*Camp Cope-A-Lot*）和“儿童勇敢计划”（*BRAVE for Children*），为青少年开发了名为“青少年勇敢计划”（*BRAVE for Adolescents*）和“酷少年计划”（*Cool Teens*）的项目。这些项目可用作传统的面对面 CBT 的补充，或被生活在乡村社区的家庭用作传统 CBT 的替代品（Donovan, Spence, & March, 2013; Graczyk & Connolly, 2015）。

小　结

- CBT 是以减少心理痛苦为目的的整合的认知和行为疗法。此疗法的前提是思想或外在行为的变化会影响情绪。
- CBT 包括：（1）学习思维、行为和感受之间的联系；（2）识别并挑战加剧焦虑的歪曲认知；（3）改变环境突发事件以促进适应性应对。
- 儿童青少年可以制定一个 FEAR 计划来应对引起焦虑的刺激或情境。

认知行为疗法如何用于惊恐障碍治疗？

针对患惊恐障碍青少年的 CBT 包括四个部分：（1）放松训练；（2）内感暴露；（3）认知重构；（4）现场逐级暴露（Connolly et al., 2015; Simon, 2016）。在**放松训练**（**relaxation training**）中，青少年会学会如何在体验到惊恐时减少生理唤醒。放松训练旨在对抗青少年的焦虑敏感性和对压力过度反应的倾向。大多数治疗师教授呼吸练习、肌肉放松或冷静的自我陈述来帮助青少年放松。

内感暴露（**interoceptive exposure**）是治疗惊恐障碍的特有技术。在内感暴露中，青少年会学习产生恐慌的一些生理症状，然后使用放松技巧来应对这些症状。类似惊恐的症状可以通过在椅子上旋转、对纸袋过度换气或原地跑步 1 ～ 2 分钟产生。模仿惊恐症状至少有三个好处。第一，青少年可以认识到惊恐症状是可以有意制造的，因此并不总是超出他们的控制范围。第二，青少年可以认识到他们不会因惊恐的出现而死亡或昏迷。虽然痛苦，但惊恐症状会随着时间推移而减轻。第三，青少年会体验到放松技巧可以有效地应对恐慌症状。

认知重构（**cognitive restructuring**）也被用于治疗惊恐障碍。认知重构技术通常包括挑战导致惊恐发作的歪曲认知。认知重构的主要目标是灾难化思维。一些治疗师和他们的青少年来访者玩“侦探游戏”，以帮助他们批判性地评估在惊恐发作期间发生灾难性事件的可能性。例如，治疗师可能会通过询问支持和反对这些信念的证据来挑战来访者被歪曲的信念。从科学到实践部分展示了治疗师如何使用认知重构来帮助患有惊恐障碍的女孩。

从科学到实践

挑战导致惊恐的灾难化思维

玛　丽：当我开始有这种感觉的时候，你知道，随着我的心跳加速和过度换气，我感觉我好像心脏病发作了，就像我要死了一样！

治疗师：当你这么想的时候，你真的会死的可能性有多大？

玛　丽：相当大。至少，我感觉是这样。

治疗师：你是对的。你甚至可以告诉自己，当你感觉到发作即将来临时，你会没事的，你不会死，不会晕倒或昏倒。

玛　丽：好，但我感觉我会。

治疗师：是的。但感觉它会发生和实际上晕倒是两码事。此外，可能发生的最糟糕的事情是什么？

玛　丽：嗯，我会全身出汗、过度换气、脸色苍白、浑身湿漉漉的。我得冲出教室去上厕所才能感觉好些。教师和班上的其他同学会认为我疯了。

治疗师：所以，我们都同意你可能不会死掉或昏倒，对吗？

玛　丽：是的，但我可能会出丑。

治疗师：如果你看到你班上的另一个同学突然满头大汗，浑身湿漉漉的，然后冲出教室去上厕所，你会怎么想？

玛　丽：我会觉得她生病了。

治疗师：你会认为她疯了吗？

玛　丽：不，我会觉得她得流感了。

治疗师：你会在课后取笑她还是和你的朋友谈论她？

玛　丽：当然不会，我可能会问她有没有感觉好些。

治疗师：如果你的教师和同学看到你做同样的事情，你不觉得他们会有同样的反应吗？

玛　丽：是的，我想他们会的。

针对惊恐障碍的 CBT 的最后一个部分是逐级暴露（graded exposure）。逐级暴露主要用于改善广场恐惧症的回避行为。治疗师和青少年为情境或事件创造层级，范围从中度痛苦到高度不安。青少年被鼓励面对每一种令人恐惧的情境，直到体验到惊恐减轻。

大量证据支持 CBT 和内感暴露对惊恐障碍患者有疗效（Barlow et al., 2015）。遗憾的是，几乎所有随机对照研究的研究对象都是成人，而不是儿童或青少年。因此，虽然 CBT 被认为是对患有惊恐障碍的青少年的一线治疗方法，但鉴于可用的儿童与青少年数据有限，必须谨慎使用。

小　结

- 放松训练是一种认知行为干预，旨在减少生理唤醒和避免恐慌。通常包括肌肉放松，控制呼吸，愉快的想象或自我陈述。
- 内感暴露是一种独特的治疗惊恐障碍的行为干预方法。首先让患者故意制造惊恐障碍的生理症状，然后用放松的方法来处理这些症状。
- 认知重构可以用来挑战导致恐慌的认知扭曲。来访者要学会更现实地，少一些灾难性地看待引发恐慌的情况。

如何用认知行为疗法治疗强迫及相关障碍？

强迫障碍的治疗

CBT 目前是治疗儿童与青少年 OCD 的最佳选择（Geller & March, 2012; Olatunji, Davis, Powers, & Smits, 2013）。通常情况下，一套 CBT 包括三个部分：（1）信息收集；

（2）暴露和反应预防；（3）泛化。

首先，临床医生对父母和孩子进行访谈，以获取有关家庭的心理社会史、孩子症状、障碍起病和病程的信息。对于临床医生来说，确定孩子的强迫思维和强迫行为是很重要的。例如，对儿童青少年的仪式行为（例如洗手、检查）的治疗方法不同于对儿童青少年心理仪式（例如计数、祈祷）的治疗方法。

下一步是**暴露和反应预防（exposure and response prevention, EX/RP）**。利用访谈中收集的信息，患儿和临床医生一起为会引发痛苦的刺激建立层级。在治疗的几周里，患儿会暴露在每一种刺激下，层级逐渐提高。同时，在面对刺激时，患儿不能去做他觉得必须做的仪式化行为（Essau & Ozer, 2015）。

为了说明 EX/RP，想象一个存在被污染的强迫思维的 10 岁男孩。当他触摸了某些他认为“脏”的东西后，他觉得有必要去洗手。他的强迫思维是被“脏”东西污染，他的强迫行为是例行清洗。这个男孩和他的治疗师建立了一个层级体系，范围从引起轻微焦虑或痛苦的行为（例如，坐在治疗师的椅子上）到引起强烈焦虑或痛苦的行为（例如，触摸公共厕所）。在每个疗程中，男孩和他的治疗师要面对不同的刺激，并逐渐向更高层级进步。治疗师可能会教男孩放松技巧，例如控制呼吸，以帮助他应对暴露期间的负面情绪。治疗师也可能利用示范、正强化，以及他们治疗关系来帮助男孩成功地面对刺激。与此同时，治疗师会阻止男孩的清洗行为。EX/RP 通过消退原理工作。最初，暴露会导致痛苦迅速飙升。然而，随着时间推移，孩子的痛苦会减轻，变得更容易控制。

除了 EX/RP，患 OCD 的大龄儿童与青少年可能受益于认知疗法。认知技术通常不会直接减少强迫行为，相反，他们帮助一些儿童青少年参与 EX/RP 练习。许多治疗师利用认知重构来帮助患儿更真实地，而不是以一种过于消极的态度看待那些令人恐惧的情况。例如，一个患儿一开始可能会想，“那把椅子太恶心了。它到处都是细菌，如果我碰了它，我会生病的。”治疗师可能会质疑他的想法，问：“很多其他人坐过那把椅子，他们都生病了吗？”一些治疗师帮助患儿用更现实的陈述取代自我挫败、消极的自我陈述。例如，在面对令人痛苦的刺激后，一个患儿最初可能会说：“我就是受不了，我要去清洗。”治疗师可能会鼓励他说出“这很难，但我能做到。我只需要坚持下去”。（Franklin, March, & Garcia, 2007）。

CBT 的最后一个组成部分包括泛化训练和复发预防。父母在治疗的这一部分中起着重要的作用。治疗师教父母如何指导孩子完成 EX/RP 任务，并要求父母和孩子继续面对治疗环境以外的刺激。在最后的疗程中，治疗师、孩子和父母讨论万一症状复发怎么办。大多数治疗师建议将复发视为学习经历，而不是失败的迹象。如果复发，家人可以尝试使用 EX/RP 技术，或者打电话给治疗师以获得更多的支持。

CBT 对儿童与青少年的疗效得到了几项随机对照研究的支持。总的来说，在首次接受 CBT 治疗后，儿童与青少年的强迫障碍症状减轻 50% ～ 67%。此外，CBT 与药物结合似乎能帮助大多数对仅使用 CBT 的治疗无应答的儿童与青少年。症状减轻往往在治疗后持续存在。大多数研究表明，EX/RP 是治疗最重要的组成部分。通常是强迫障碍治疗方案一部分的放松训练和认知干预可能有效，但它们似乎不是治疗成功的关键（Skarphedinsson et al., 2015）。

抽动、拔毛障碍和抓痕障碍的治疗

有两种行为干预措施可有效降低儿童与青少年抽动和相关障碍的发生频率和严重程度（Christophersen & Vanscoyoc, 2013）。第一种方法是**自我监控**（**self-monitoring**）。在父母的帮助下，孩子们被要求在一天中监测和记录抽动的次数。家庭可以使用小笔记本、手持计数器或智能手机应用程序进行记录。有时，孩子们不知道他们抽动的频率，那么在这种情况下，自我监控就提高了他们对抽动的意识，并降低抽动的频率。然而，在极少数情况下，自我监控会让孩子感到不舒服，并在事实上加剧问题。即使自我监控不会改变儿童青少年的行为，它也可以提供有关儿童青少年抽动频率、时间和地点的基线数据（Azrin & Peterson, 1988）。

第二种行为策略是**习惯逆转训练**（**habit reversal training**）（Peterson & Azrin, 1992）。习惯逆转训练包括教导患儿做出不可能产生抽动的动作。例如，一个颈部或手臂抽动的男孩可能会被要求绷紧他的肌肉，使他的身体不可能抽动。或者，一个有声音抽动的女孩可能会被教导以某种与抽动不相容的方式呼吸。习惯逆转训练可以非常有效地减少抽动的频率。此外，习惯逆转技术通常不会被其他人注意到。然而，这一切的前提是患儿需要有学习和练习的动力。

小　结

- EX/RP 是治疗 OCD 的一线行为疗法。该疗法让个体自我暴露在引发强迫思维的刺激下并阻止强迫行为发生。
- 抽动、拔毛癖和抓痕障碍可以通过自我监控和习惯逆转训练等行为技术进行治疗。

药物对治疗儿童与青少年的焦虑障碍有效吗？

基于暴露的心理社会干预是大多数儿童青少年焦虑障碍的一线治疗方法。然而，许多暴露疗法对患儿没有效果，或者症状减轻的速度不够快，无法满足家庭的需要。对这些患儿来说，药物治疗有时是有帮助的（Connolly et al., 2015）。

治疗儿童与青少年焦虑障碍的药物

一些研究已经证明选择性血清素再摄取抑制剂（selective serotonin reuptake inhibitors, SSRIs）治疗儿童与青少年焦虑障碍的有效性。氟西汀、舍曲林、氟伏沙明和帕罗西汀在治疗儿童与青少年焦虑障碍方面优于安慰剂。例如，研究人员将 128 名患有 SAD、社交恐惧障碍或 GAD 的儿童与青少年随机分配，分别接受氟伏沙明或安慰剂治疗（Research Unit on Pediatric Psychopharmacology Anxiety Study Group, 2001）。8 周后，服用该药物的患儿相比对照组症状减轻程度更高。在另一项研究中，研究人员将 74 名 SAD 患儿随机分配，分别接受氟西汀或安慰剂治疗。与安慰剂组相比，服用药物的患儿（61%）的改善率大约是安慰剂组（35%）的两倍。在所有研究中，45% ～ 65% 的患儿服用这些药物后症状至少都有中度的改善（Bernstein & Victor, 2010）。

将 CBT 和药物治疗相结合可能会改善儿童与青少年的转归。儿童 / 青少年焦虑多模型研究（Child/Adolescent Anxiety Multimodal Study, CAMS）比较了 488 名患有 SAD、社交恐惧障碍或 GAD 的儿童青少年接受不同治疗的效果（Walkup et al., 2008）。患儿被随机分配到四组中的一组：（1）单独使用舍曲林；（2）单独使用 CBT；（3）舍曲林 +CBT；（4）安慰剂。三种治疗方法都比安慰剂更有效（图 11.12）。然而，同时接受药物治疗和 CBT 治疗的患儿比单独接受药物治疗或 CBT 治疗的患儿更有可能得到改善（Compton et al., 2010）。

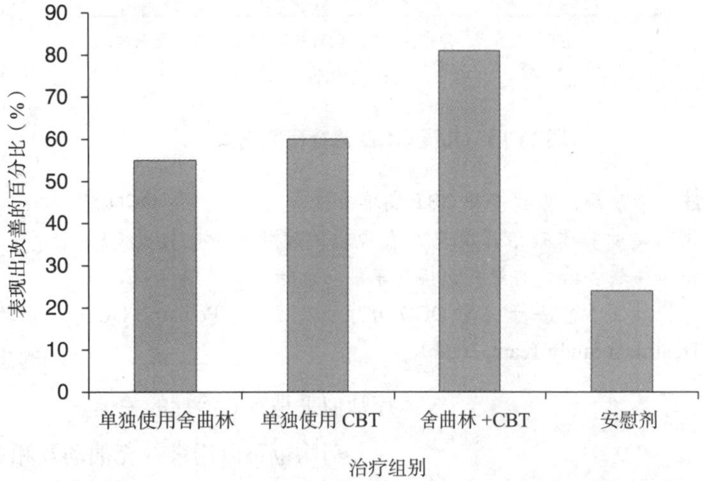

图 11.12 儿童 / 青少年焦虑多模型研究（CAMS）的结果

注： CAMS 显示，同时接受舍曲林和 CBT 治疗的焦虑障碍的患儿比单独接受两种治疗的患儿更有可能改善。基于康普顿及其同事（Compton and colleagues, 2010）。

SSRIs 可以有效地帮助选择性缄默症患儿。总的来说，84% 的选择性缄默症患儿在服用 SSRIs 后表现出改善。然而，大多数支持 SSRIs 有效性的研究并未包括对照组，因此我们必须谨慎地解释其结果（Manassis, Oerbeck, & Overgaard, 2016）。

强迫及相关障碍的药物治疗

儿童 OCD 治疗研究（Pediatric OCD Treatment Study, POTS; 2004）检验了药物和 CBT 治疗儿童 OCD 的相对疗效。研究人员对 112 名患有 OCD 的儿童（7 ～ 12 岁）进行了研究。患儿被分为四组：（1）单独使用舍曲林；（2）单独使用 CBT；（3）舍曲林 +CBT；（4）安慰剂。治疗 12 周后，接受 CBT 和药物联合治疗的患儿比单独接受 CBT 或单独药物治疗的患儿症状减轻程度更明显。单独接受其中一种治疗的患儿的症状减轻程度大致相同。此外，单独接受一种治疗的患儿比接受安慰剂治疗的患儿出现更大程度的症状减轻（图 11.13）。研究人员还检验了各组治疗后不再出现明显 OCD 症状的患儿的百分比。结果显示，联合治疗组 53.6%、单独 CBT 组 38.3%、单独药物组 21.4%、安慰剂组 3.6% 的患儿不再符合 OCD 的诊断标准。这些结果表明，

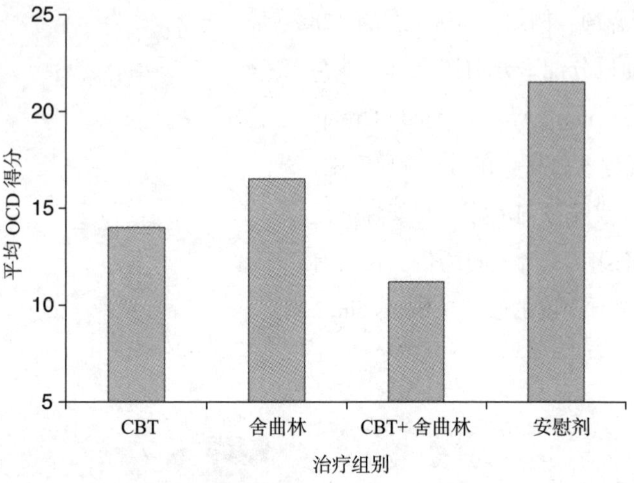

图 11.13 儿童 OCD 治疗研究结果

注：治疗后，单独接受 CBT 或单独接受药物治疗的 OCD 患儿比接受安慰剂治疗的患儿表现出的症状更少。接受 CBT 和药物联合治疗的患儿比接受单纯心理治疗或药物治疗的患儿症状更少。基于儿童 OCD 治疗研究团队（Pediatric OCD Treatment Study Team, 2004）。

CBT 和药物治疗在降低儿童 OCD 症状方面都是有效的（Essau & Ozer, 2015）。

POTS 研究表明，CBT 与药物治疗联合使用比单独使用药物更有效。但是，CBT 可能需要许多次治疗。此外，接受过儿童青少年 CBT 培训的临床医生不够多。研究人员想知道，在减轻 OCD 症状方面，为患儿和家长提供有关 CBT 的知识以及如何实施 EX/RP 的指导是否与让患儿实际接受 CBT 治疗一样有效。为了回答这个问题，儿童 OCD 治疗研究Ⅱ团队（Franklin et al., 2011）对 124 名 OCD 儿童与青少年进行了研究，他们被随机分入三组：（1）单独使用舍曲林；（2）舍曲林 +CBT；（3）使用舍曲林并接受关于 OCD 的知识和 EX/RP 的指导。结果表明，药物 + 实际 CBT 治疗组的患儿（68.6%）比单独接受药物治疗（30%）或接受药物治疗加指导（34%）的患儿的症状更可能改善。训练有素的认知行为治疗师似乎是有效治疗的关键。

药物也可以用来补充抽动及相关障碍的行为治疗。药物治疗的目的是减少而不是消除抽动。医生们试图找到一种药物，将儿童青少年抽动的程度降低到允许他们在家、学校和同龄人中发挥功能的水平，但不会引起太多副作用。抗精神病药物通常是被推荐使用的，它可以阻止大脑中的多巴胺的活动。总的来说，较老的药物如氟哌啶醇和匹莫齐特，以及较新的药物如利培酮和齐拉西酮可以减少 22% ～ 56% 的抽动，而安慰剂则减少 16%。这些药物可能引起镇静、体重增加、代谢问题等副作用。多达 40% 的患儿因为这些副作用而停止服用药物（Towbin, 2015）。

用于治疗抽动的第二类药物是 α_2 肾上腺素能受体激动剂（alpha-2 adrenergic agonist）。这类药物会影响中缝正中核这个脑区的血清素和去甲肾上腺素，而中缝正中核又会降低多巴胺的活性。其作用通常是减少抽动，而不产生与抗精神病药物相关的副作用。关于 α_2 肾上腺素能受体激动剂疗效的研究结果不一致。一些研究表明，当使用可乐定或胍法辛等药物时，抽动会减少 20% ～ 31%，而其他研究表明，这些药物没有改善抽动。α_2 肾上腺素能受体激动剂的主要副作用是镇静和降血压（Towbin，2015）。

小　结

- 儿童与青少年精神药理学研究表明，SSRIs（如氟西汀）可以降低儿童与青少年的焦虑。

- CAMS 表明，CBT 与 SSRIs 的联合治疗比单独使用两者中的一种能更好地减轻焦虑。
- POTS Ⅰ和Ⅱ表明，EX/RP 与 SSRIs 的联合治疗比单独使用两者中的一种能更好地减轻 OCD 症状。此外，由训练有素的治疗师进行治疗是最有效的。
- 某些非典型抗精神病药物（如利培酮）可能对减少抽动及相关障碍有效。

关键术语

广场恐惧症（agoraphobia）：DSM-5 中的一种障碍，其特征对特定场所或情境产生显著焦虑，患者身处其中感到难以轻易逃脱或获得帮助，且常伴随强烈窘迫感。

焦虑（anxiety）：一种会导致内心痛苦的情绪状态，反映出对威胁性刺激的情绪、行为、生理和认知的反应。

焦虑敏感（anxiety sensitivity）：指将焦虑症状视为令人心烦和令人厌恶的倾向，或许可以解释个体患惊恐障碍的可能性。

焦虑性预期（apprehensive expectation）：GAD 的本质特征，表现为对未来的过度担心。

依恋（attachment）：在孩子生命的最初几年，孩子与照顾者之间的情感纽带。依恋能提升安全感，让孩子更好地探索周围的环境。

行为抑制（behavioral inhibition）：指儿童遇到不熟悉的人或情境时，抑制玩耍和发声，退缩并寻求父母庇护的倾向。

认知回避理论（cognitive avoidance theory）：假设担忧（和 GAD）是通过负强化维持的；个体用对未来不幸的更抽象、更具分析性的想法来取代迫在眉睫的危险的意象。

认知行为疗法（cognitive-behavioral therapy, CBT）：认知和行为干预的整合，可以产生行为改变；其前提是认为思维或外在行为的变化会影响情绪。

认知重构（cognitive restructuring）：一种通过寻找客观证据来验证导致负面情绪的偏见和歪曲认知，从而对其进行挑战的认知干预。

强迫行为（compulsion）：重复的行为或精神活动，个体感到被迫对强迫思维做出反应或根据特定规则行事。

权变管理（contingency management）：一种行为干预，在这种干预中，个体因面对恐怖刺激而得到正强化，并且不被允许回避或逃避刺激。

皮质-基底节回路（cortico-basal-ganglionic circuit）：一个与 OCD 有关的神经通路，由（1）眶额皮质，（2）扣带回，（3）尾状核组成。

抓痕障碍（excoriation disorder）：DSM-5 中的一种障碍，其特征是反复搔抓皮肤导致皮肤损伤，会造成痛苦或损害。

惊恐的预期理论（expectancy theory of panic）：一种对惊恐障碍的解释，这个理论假设某些个体容易对惊恐发作感到焦虑是因为他们有更高的焦虑敏感性。

暴露和反应预防（exposure and response prevention, EX/RP）：一种用于治疗 OCD 的行为干预方法。包括让个体暴露在一系列会引发强迫思维的刺激下，并阻止个体做出相应的强迫行为。

暴露疗法（exposure therapy）：一种用于治疗焦虑及相关障碍的行为疗法。具体是指让个体间断地反复面对令其恐惧的刺激，直到焦虑或消极情绪消失。

恐惧（fear）：一种对直接威胁的行为和生理反应，在这种反应中，个体通过对抗或逃跑来应对迫在眉睫的危险。

广泛性焦虑障碍（generalized anxiety disorder, GAD）：DSM-5 中的一种障碍，其特征是持续而难以控制的担心，并伴有不安、注意力不集中、疲劳、易激惹、紧张和 / 或睡眠问题。

习惯逆转训练（habit reversal training）：一种用于减少不被期望的动作的行为治疗技术。通过引导个体执行特定对抗行为，使其在实施时无法同时做出不被期望的动作。

内感暴露（interoceptive exposure）：一种治疗惊恐障碍的独特的行为干预方法。具体是指让个体刻意产生惊恐发作的生理症状，然后使用放松技巧来应对这些症状。

适应不良的焦虑（maladaptive anxiety）：一种焦虑的状态，其特征为（1）焦虑的强度与感知到的威胁不相称；（2）慢性化，即威胁消除后焦虑依然存在；（3）损害。

元认知（metacognition）：思考自己的想法和感受的能力。

示范（modeling）：一种行为干预，儿童通过模仿另一个人而习得新行为（即观察学习）。

莫瑞尔的焦虑双因素理论（Mowrer's two-factor theory of anxiety）：一种针对焦虑的理论，认为焦虑障碍是通过经典条件作用产生的，并通过负强化得以维持。

强迫思维（obsession）：反复出现的、持久的、侵入性的和不想要的想法、冲动或表象。

强迫障碍（obsessive-compulsive disorder, OCD）：DSM-5 中的一种障碍，其特征为耗费时间并造成严重的痛苦或损害的强迫思维和 / 或强迫行为。

惊恐发作（panic attack）：一种突然爆发的极度恐惧或不适感，约 10 分钟内达到高峰，其特征是高度的负面情绪和生理唤醒；可以单独发生，也可以在有焦虑障碍的前提下发生。

惊恐障碍（panic disorder）：DSM-5 中的一种障碍，其特征是反复的、意料之外的惊恐发作，个体对将来发作或因发作而导致的行为改变感到担忧，症状持续 1 个月。

链球菌感染相关的儿童自身免疫性神经精神障碍（Pediatric Autoimmune Neuropsychiatric Disorder Associated with Streptococcus, PANDAS）理论：一种对儿童 OCD病因的解释。该理论假设链球菌感染导致自身免疫反应，导致强迫障碍样症状、抽动和易激惹。

放松训练（relaxation training）：一种认知行为干预，旨在减少生理唤醒和避免惊恐。通常包括肌肉放松、控制呼吸和令人愉快的自我陈述或意象。

选择性缄默症（selective mutism）：DSM–5 中的一种障碍，其特征是在被期望说话的社交情境中（例如，在学校）始终无法说话，症状持续至少 1 个月并损害功能。

自我监控（self-monitoring）：一种治疗不被期望出现的动作的行为干预，具体是指个人观察并记录一天中动作的频率。

分离焦虑障碍（separation anxiety disorder, SAD）：DSM–5 中的一种障碍，其特征是与发展不适应的，且过度的对于与依恋对象分离的害怕，症状持续至少 4 周，造成痛苦或功能损害。

社交焦虑障碍（social anxiety disorder）：DSM–5 中的一种障碍，其特征是个体处于一个或多体可能会受到他人审视的社交情境中时，感到明显的恐惧或焦虑，症状持续至少 6 个月并造成痛苦或损害。

特定恐惧症（specific phobia）：DSM–5 中的一种障碍，其特征为对特定事物或情境的恐惧或焦虑，症状持续至少 6 个月并造成痛苦或损害。

系统脱敏（systematic desensitization）：一种基于经典条件作用的行为技术，指的是个体将令其恐惧的刺激与不相容的反应（例如放松）联系起来。

抽动（tic）：突然、快速、非节律性、刻板的非自愿行为，可以是运动性的或发声性的。

Tourette 氏障碍（Tourette's disorder）：DSM–5 中的一种障碍，特征为多种运动和发声抽动，症状持续至少 1 年。

拔毛癖（trichotillomania）：DSM–5 中的一种障碍，其特征是反复拔除毛发，导致毛发缺失，造成痛苦或损害。

血管迷走神经反应（vasovagal response）：一种血压迅速升高和突然降低的生理反应，在血液–注射–外伤型恐惧症患者身上有所表现。

忧虑（worry）：一种对威胁的认知反应，在这种反应中，人们考虑并准备应对未来的危险或厄运。

批判性思维练习

1. 许多儿童害怕蛇，但是被蛇咬伤的儿童相对较少。如果一个儿童从未被蛇袭击过，他是怎么患上蛇恐惧症的？

2. 马洛里是一名 16 岁的女孩，她在学校时经历了两次惊恐发作。从那时起，她一直不愿上学。如何用学习理论来解释马洛里拒绝上学的表现？

3. 大多数人认为担心这种情绪状态是很不愉快的。那么担心是如何进行负强化的？

4. 布莱恩是一个 14 岁的男孩，最近被诊断患有 OCD。他的儿科医生建议布莱恩服用 SSRIs，并与心理学家一起进行暴露疗法治疗。布莱恩和他的母亲同意服用药物，但怀疑是否有必要参与暴露疗法治疗。如果你是布莱恩的儿科医生，鉴于 POTS Ⅰ和Ⅱ研究的结果，你会如何回应他们的想法？

5. 克里斯蒂安是一名患有 GAD 的 14 岁男孩。在一场重要的篮球比赛中，克里斯蒂安错误地将球传给了对手，并且他的球队输掉了比赛。比赛结束后，克里斯蒂安想："我怎么会如此愚蠢？教练再也不会让我上场了！我一个人毁了这场比赛。"解释一下克里斯蒂安对这场比赛的想法是如何导致他出现消极情绪的。认知治疗师如何挑战克里斯蒂安的想法？

第十二章

创伤相关障碍以及儿童青少年虐待

TRAUMA-RELATED DISORDERS AND CHILD MALTREATMENT

学习目标

阅读本章后，你应该能够做到以下几点：

12.1 描述社交和情感剥夺对发育中的婴幼儿的影响。

12.2 从风险和心理韧性的角度评估儿童被虐待后的潜在后果，并描述帮助遭受虐待或忽视的儿童的最佳方式。

12.3 概述创伤后应激障碍的基本特征，并解释其症状和体征如何随儿童与青少年特点和创伤暴露而变化。

描述针对患有创伤后应激障碍的儿童与青少年的循证疗法。

2018 年 2 月 14 日，在佛罗里达州帕克兰市马乔里·斯通曼·道格拉斯高中，一名持枪者开枪打死 14 名学生和 3 名成年教职员工。这是美国高中发生的最致命的枪击事件。不幸的是，我们还看到了无数其他儿童青少年遭受创伤和生命威胁事件的例子：哥伦拜恩、桑迪胡克和圣菲的学校枪击案，阿富汗、叙利亚和南苏丹内战，许多非洲和中美洲的家庭正在逃离这样的暴力。可是，这样有新闻价值的事件掩盖了儿童青少年遭受的其他更为常见的伤害，这些伤害同样严重：儿童青少年卷入意外事故、因死亡或移民而与父母分离，以及（最常见的）儿童青少年被虐待和忽视（Lambert, Meza, Martin, Fearey, & McLaughlin, 2018）。

虽然这些话题不易研究，但它们非常重要。多达 30% 的儿童青少年在童年的某个时候会经历严重的创伤事件，其中大约三分之一的儿童青少年会出现创伤后应激障碍的症状。此外，美国有 1% ～ 2% 的儿童青少年被确认为虐待的受害者，更不用说许多儿童青少年受害但从未引起有关政府部门注意。我们迫切需要专门的研究人员来探索识别和干预这些儿童与青少年的最优方案，需要有爱心的从业者帮助儿童青少年和家庭应对这些痛苦的经历（Hamblen & Barnett, 2020）。

在本章中，我们将探讨一些儿童青少年在经历三种创伤事件后所遇到的心理问题。首先，我们将讨论社交和情感剥夺对婴幼儿的影响。然后我们将了解虐待对学龄儿童与青少年的影响。最后，我们将学习创伤后应激障碍，这是一种对潜在生命威胁事件的不良反应。

12.1　婴儿期社会-情绪剥夺

对年幼的孩子来说，没有什么比与父母分离更痛苦的了（Nelson, Fox, & Zeanah, 2016）。父母和其他照顾者是安慰、支持和保证的来源。孩子依靠父母获得保护、养育和指导。此外，人类在生物学上倾向于与照顾者建立依恋关系，并在感到压力时依赖照顾者提供支持。当照顾者不在时，婴幼儿缺乏帮助有效应对周围环境的主要支持来源（Sroufe & Waters, 1977）。

全世界大约有 1500 万婴幼儿失去了双亲。这些儿童中大约三分之一没有主要照顾者，例如，他们是由祖父母或养父母来照顾的（United Nations Children's Fund, 2020）。这些婴幼儿大多在孤儿院、"婴儿中心"或其他公共机构长大。其中许多孤儿院位于极权主义或曾为极权主义的国家、饱受战争或疾病困扰的国家，或饱受经济动荡和暴力困扰的国家。一些机构能向婴幼儿提供充分的身体健康方面的照顾和认知刺激，而有些孤儿院的条件则可被描述为糟糕的，令身处其中的婴幼儿受到虐待（插图 12.1）。

尽管存在异质性，但这些机构大多有几个共同特征。他们的照顾者-婴幼儿人数比例很高，从 1 ∶ 8 到 1 ∶ 31 不等。照顾者更替率也很高，婴幼儿在出生后的头 18 个月里接触了 50 ～ 100 名照顾者。在这些中心长大的许多婴幼儿都要长时间与外界隔离。在一个机构，婴幼儿每天玩耍 3.5 小时，17.5 小时在婴儿床上。在几乎所有这些地方，照顾者主要关注婴幼儿的身体健康，而不是他们的社交和情感健康（Nelson, Fox, & Zeanah, 2014; van IJzendoorn et al., 2011）。

DSM-5 认定了两种由于婴幼儿在生命早期缺乏从父母或其他主要照顾者那里获得的与发展相适应的照顾时可能出现的障碍：（1）回应性依恋障碍；（2）去抑制性社会参与障碍。通常，在孤儿院、集体之家或多个寄养机构中长大的婴幼儿会患上这些障碍。更为罕见的是，受到严重虐待和忽视的婴幼儿也会患上这些障碍。

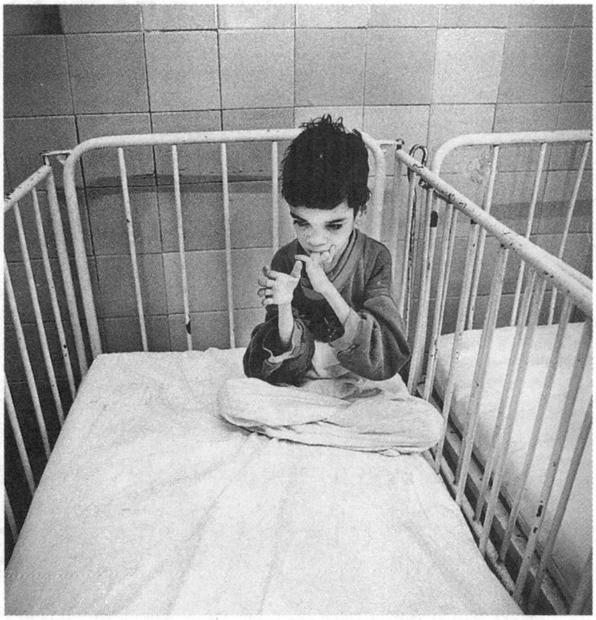

插图 12.1　一些在孤儿院长大的幼儿，比如这个罗马尼亚男孩，由于严重的剥夺而产生了认知和社会情感问题。

什么是回应性依恋障碍?

描 述

回应性依恋障碍（reactive attachment disorder, RAD）是一种少见的障碍，几乎只见于经历极度剥夺的婴幼儿。患有RAD的婴幼儿表现出紊乱的或与发展不适应的依恋行为。大多数婴幼儿在害怕、不安或不确定环境时表现出依恋行为。诸如哭泣、黏人和示意被抱起的依恋行为使婴幼儿更接近其照顾者，并获取安全感（Ainsworth et al., 1978; Bowlby, 1969）。患有RAD的婴幼儿在痛苦时不会从照顾者那里寻求安慰，他们在得到安慰时也不会做出有效的反应。相反，这些婴幼儿表现得很压抑，并且在情感上远离他们的照顾者。照顾者有时将这些婴幼儿描述为“情感缺失”，他们缺乏大多数亲子互动所特有的社会互惠。此外，患有RAD的婴幼儿通常不会对他们的照顾者表现出积极情感。例如，他们很少微笑、拥抱或亲吻。相反，他们表现出悲伤、焦虑或激惹（American Psychiatric Association, 2013）。

根据定义，RAD是由于缺乏充足的照顾引起的（表12.1）。在美国，RAD最常见于在低质量孤儿院度过生命最初12～24个月的国际被寄养者，这些孤儿院的特点是缺乏密切的照顾者-婴幼儿互动。RAD有时也见于经历过极端忽视的婴幼儿，以及在出生第一年期间居住在多个寄养家庭的幼儿（Glowinski, 2011）。

RAD诊断不应在9个月以下的婴儿中做出，因为依恋关系在这段时间之后才会发展。同样，RAD也不应该在5岁后首次诊断，因为依恋关系通常是在学龄之前形成的（American Psychiatric Association, 2013）。

表12.1 婴儿期剥夺引起的DSM-5障碍

	回应性依恋障碍	去抑制性社会参与障碍
基本特征	对照顾者的抑制和情感退缩行为： • 在痛苦时很少寻求安慰 • 最对他人的安慰反应很小	与不熟悉的成人不加区分地接触和互动，这与缺乏社交抑制有关
相关特征	• 对他人很少有社交和情感性的反应 • 有限的积极情感 • 原因不明的悲伤、恐惧或易激惹	• 与不熟悉的成人互动时缺乏恐惧感 • 自来熟的言语或身体行为（缺乏界限） • 在陌生的环境中，不知会照顾者 • 愿意和陌生人一起离开
病因	在婴儿和儿童早期极度缺乏足够的照顾： • 社交和情感忽视或剥夺 • 重复改变主要照顾者 • 在儿童-照料者人数比例较高的机构中长大	
患病率	在收容所儿童中少见；几乎未见于被领养儿童	有时见于被收容的儿童、寄养在多个寄养家庭的儿童和受虐待的儿童
依恋质量	缺乏明确的依恋关系	依恋照顾者，依恋带来安全感
预后	如果婴幼儿在生命早期被敏感的父母领养，那么预后良好	不加区分的友好行为往往持续到儿童期和青春期

历　史

心理学家对二战期间成为孤儿或与父母失散的婴幼儿的发展感兴趣。这项开创性的工作由西格蒙德·弗洛伊德（Sigmund Freud）的女儿安娜·弗洛伊德（Anna Freud）主持，她在英国开办了汉普斯特德战争托儿所（Hampstead War Nursery）。一些儿童被送到托儿所以躲避伦敦上空的轰炸袭击［就像《狮子，女巫和魔衣橱》（*The Lion, the Witch, and the Wardrobe*）中的孩子］；还有些儿童则与在战争中服役的父母分居（Burlingham & Freud, 1962）。后来，安娜·弗洛伊德和她的同事们为从集中营幸存的儿童建立了第二个收容所，她于 1956 年发表了描述关于母亲被剥夺对这些儿童的情绪健康影响的最早的论文。

差不多在同一时间，勒内·斯皮茨（René Spitz）和凯瑟琳·沃尔夫（Katherine Wolf）（1946）对美国的孤儿进行了一项观察研究。这些孤儿从出生起就在一所收容所里长大。虽然他们的身体需要得到了满足，但他们基本上被限制在婴儿床上，很少与工作人员接触。研究人员将这些孤儿与另一组在其母亲被关押的监狱托儿所里长大的婴儿进行了比较。对照组的婴儿一整天都受到母亲和监狱工作人员的照顾和关爱。

在孤儿院长大的婴儿和在监狱托儿所长大的婴儿在生命前 4 个月的发育相似。然而，到了 1 岁时，孤儿院的婴儿就不再那么好奇、不再那么顽皮，更容易受感染。他们似乎越来越悲伤、孤僻、对工作人员反应迟钝。他们在走路、说话和达到其他发展目标方面也表现出严重的延迟。即使感到害怕或不安，他们中的大多数并不寻求与照顾者的亲密关系。许多婴儿的体重没有正常增加，有些婴儿表现得刻板，例如出现重复的手部或身体动作。斯皮茨和沃尔夫认为，这些婴儿经历了"情感依附性抑郁"，也就是由于失去父母以及没有其他照顾者与之建立联系而导致的悲伤和退缩。在下面的案例研究中，你可以阅读他们对一个存在情感依附性抑郁的儿童的描述。

案例研究
回应性依恋障碍

情感依附性抑郁

勒内·斯皮茨和凯瑟琳·沃尔夫（1946）观察了孤儿院中很少从工作人员处获得关注的孤儿的发育情况。研究人员将这些孩子描述为患上了情感依附性（"依赖他人"）抑郁，认为这是由于他们缺乏敏感的和反应敏锐的照顾。如今，这些孤儿中的许多被描述为患有回应性依恋障碍。以下是对其中一名孤儿的描述：

这是一个中等智力、非常漂亮的婴儿，有一双大大的蓝眼睛。在第 11 个月末时，这个从来都不是很活跃的婴儿开始对与实验者玩耍失去了更多的兴趣。在接下来的两周内，这种行为更加明显。不仅变得被动，而且拒绝碰任何提供给她的玩具。她茫然地坐着，一小时又一小时地坐着，静静地凝视着天空。她甚至没有像其他孩子那样，在一个正在接近的观察者面前表现出恐惧。如果用一个玩具来接近她，她就会缩到床上最远的角落里，睁大眼睛坐在那里，心不在焉，没有任何交流，漂亮的脸蛋上只有一种一动不动、僵硬的表情。

"二战"结束后不久，世界卫生组织请约翰·鲍尔比（John Bowlby, 1951）对关于战后欧洲贫困儿童发展结果的研究进行综述。鲍尔比会见了那些从事与在孤儿院、集体之家和其他机构长大的孩子相关工作的研究人员和治疗师。鲍尔比还注意到，如果婴幼儿在生命的第一年里没有主要照顾者，就会表现出一种"抑郁"。他形容这些孩子是"没有活力、沉默寡言、不快乐、反应迟钝"的。鲍尔比（1954）还补充道：

> 他们带有一种恐惧和悲伤的情感基调。这些孩子从周围的一切中退缩到自己的世界，经常呆呆地坐着或躺着。缺乏睡眠、食欲低下是普遍现象。他们还会体重减轻并且总体发育水平急剧下降。

鲍尔比得出结论，婴儿与主要照顾者之间"温暖、亲密和持续的关系"对婴儿的身体、认知和社会情感发展至关重要。

小　结

- RAD 以对照顾者有抑制和情感退缩的行为为特征。该障碍是由婴儿期或幼儿期的社会–情感剥夺引起的。
- 约翰·鲍尔比和其他研究二战期间的孤儿以及其他与父母分离的儿童的研究人员率先描述了 RAD 的特征。

什么导致回应性依恋障碍?

依恋的缺乏

鲍尔比对被剥夺的婴儿的观察使依恋理论得以发展。鲍尔比（1969, 1973）认为，婴儿在生命的最初几年里，在生物学上倾向于与一个或两个主要照顾者形成依恋关系。依恋具有进化适应性；在危险或不确定的情况下，它会使婴儿靠近照顾者。

依恋理论家认为，婴儿形成了他们自己和照顾者的内部工作模式（即图式或心理表征）(Bowlby, 1988; Main, Kaplan, & Cassidy, 1985)。这些模式基于每个婴儿与其照顾者之间的互动历史。一些婴儿建立了**安全型**（*security*）依恋模式；当他们感到害怕、沮丧或不确定时，他们希望照顾者以敏感和适当的方式提供照顾、安慰和支持（Ainsworth et al., 1978）。有些婴儿建立了不安全型（*insecurity*）依恋模式；他们预期照顾者在照料他们的过程中会是拒绝的、侵入性的和/或前后不一致的。他们可能相信，在有困难的时候他们不能依赖他人的帮助。最后，还有一些婴儿发展出混乱型（*disorganized*）依恋模式。当这些婴儿处于困境时，他们对照料者没有一套一致的期望。有时，他们的照顾者可能会有所帮助，但有时他们的照顾者可能反应迟钝，甚至令人恐惧。

鲍尔比将依恋概念化为几点（Bretherton, 1992）。第一，依恋是一个**经验–预期过程**（**experience-expectant process**）。由于人类在生物学上倾向于形成依恋，并且依恋在进化上具有适应性，所有在生命早期有主要照顾者的婴儿都会与这个照顾者发展出一种依恋关系。即使是受到主要照顾者虐待的婴儿也会与这些照顾者形成依恋关系。6 ~ 12 个月这个时间段似乎是依恋形成中一个特别敏感的时期，也就是说，在这段时间内，人类的神经系统特别容易对来自一个或多个依恋对象的关怀做出反应。6 个月大前，婴儿对主要照顾者没有什么偏爱，而 6 个月大之后，婴儿开始表现出陌生人焦虑并且依恋行为增加。

第二，鲍尔比的理论认为，依恋关系的质量各不相同。一些关系是安全的，另一些是不安全的，还有一些是混乱的。尽管形成依恋是经验–预期的过程，并且是全人类共有的，但所形成的依恋的质量是一个**经验–依赖过程**（**experience-dependent process**）；每个照顾者–婴儿二元体独有一份依恋关系，并且这段关系的质量以互动的质量随时间推移的变化为基础（Nelson, Bos, Gunnar, & Sonuga-Barke, 2011; Nelson et al., 2014）。

RAD 在哪些方面符合鲍尔比的关于依恋的概念？当婴儿处于依恋形成的敏感期（即 6 个月大后）被剥夺主要照顾者的照顾时，RAD 就会发生。这种剥夺导致缺乏明确的依恋关系和相应的依恋行为（例如，眼神交流、微笑、拥抱、将照顾者作为得到安慰的途径）。因此，患有 RAD 的婴儿显得没有活力、孤僻和悲伤。RAD 不应与不安全型或混乱型依恋混淆。不安全型或混乱型依恋的个体与主要照料者建立了依恋关系，而患有 RAD 的婴儿对任何照料者都缺乏或只在最低程度上建立依恋关系（Nelson et al., 2011, 2014）。

布加勒斯特早期干预项目

布加勒斯特早期干预项目（**Bucharest Early Intervention Project, BEIP**）是一项随机对照研究，旨在调查早期剥夺对婴幼儿发育的影响以及随着时间推移减轻这些影响的方法。在 20 多年间，罗马尼亚领导人尼古拉·齐奥塞斯库（Nicolae Ceausescu）一直试图通过命令夫妇生育多个孩子来增加本国劳动力。他通过对生育少于五个孩子的夫妇征收重税来执行生育政策。当其政权最终垮台时，因为父母无力照顾，17 万婴幼儿住在孤儿院。这些孤儿院的条件很糟糕。许多婴幼儿营养不良，工作人员与婴幼儿人数的比例极高，婴幼儿长期无人看管，与工作人员之间几乎没有社会互动。更糟糕的是，该国没有有效的寄养制度。罗马尼亚新政府寻求国际社会的帮助来照顾这些婴幼儿（Fox, Almas, Degnan, Nelson, & Zeanah, 2011; Gleason et al., 2011; Nelson et al., 2014）。

作为回应，研究人员开始了 BEIP。首先，他们在美国和英国找到了同意照顾罗马尼亚孤儿院婴儿的养父母。由于没有足够的养父母照顾所有的婴儿，研究人员随机将婴儿分配到寄养家庭或接受与之前相同的照料（即留在孤儿院）。然后，研究人员检验了儿童 54 个月大时的发育情况，以确定他们的转归情况。因为 BEIP 是一项前瞻性的随机对照研究，所以这个研究使我们能够检验一段时间内在收容机构的儿童的转归，并观察寄养是否能改善这些婴幼儿的转归（McLaughlin et al., 2011, 2012; Zeanah, Fox, & Nelson, 2012）。

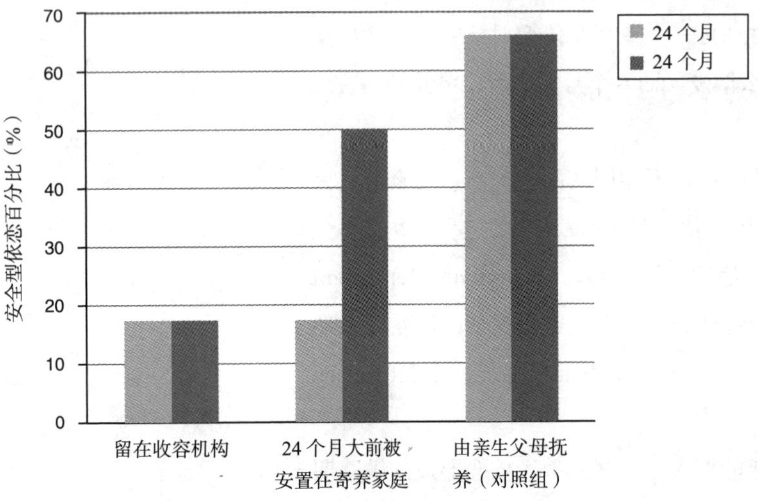

图 12.1 布加勒斯特早期干预项目结果

注：24 个月大之前被寄养在寄养家庭的婴幼儿比留在收容机构的婴幼儿更容易发展出安全的依恋关系。基于纳尔逊及其同事（Nelson and colleagues, 2014）。

BEIP 的结果提供了强有力的证据，证明 RAD 的症状和体征与婴幼儿期缺乏依恋有关（图 12.1）。BEIP 团队比较了三组婴幼儿：（1）在罗马尼亚孤儿院长大的婴幼儿；（2）最初在罗马尼亚孤儿院长大但在 24 个月前被安置在寄养家庭的婴幼儿；（3）与血亲生活在一起的罗马尼亚婴幼儿。在 24 个月大时，所有非收容机构幼儿（即被寄养和与亲生父母生活在一起的幼儿）都对其主要照顾者表现出明显的依恋。相比之下，只有 3.2% 的收容机构婴幼儿表现出明显的依恋模式。事实上，9.5% 的收容机构婴幼儿对照顾者没有依恋行为，也不区分熟悉和不熟悉的成人。另外 25.3% 的收容机构婴儿在与照料者互动时，比起对陌生人，他们表现出对照料者的轻微偏好，但与照顾者互动时没有积极情绪。研究人员还发现，RAD 的严重程度与婴儿接受的照顾的质量成反比：照顾越敏感、反应越敏锐，婴幼儿表现出的 RAD 症状越少（Gleason et al., 2011; Nelson et al., 2014）。

积极的一面是，BEIP 团队发现，随着时间推移，寄养有助于减少 RAD 症状。留在孤儿院的婴幼儿在童年早期表现出相对稳定的 RAD 症状，而被寄养的婴幼儿的 RAD 症状则随着时间推移逐渐减轻。总之，BEIP 和在乌克兰一家机构进行的一项类似研究的结果（Bakermans-Kranenburg, Dobrova-Krol, & van IJzendoorn, 2012）都表明大多数被收容的婴幼儿即使在极度被剥夺的条件下也会发展出依恋关系。然而，一小部分婴幼儿似乎完全缺乏依恋关系、情感平淡、行为被动。这些婴幼儿可能符合 RAD 的诊断标准。好消息是，如果幼儿在 24 个月大之前被从他们的收容机构中带走，他们便可以与养父母形成依恋关系。此外，照顾的质量在很大程度上预测了儿童能否更少受到先前被剥夺的影响（Bos et al., 2011）。

小　结

- 依恋的发展是经验-预期的；人类在生物学上倾向于在婴儿期形成依恋。依恋的质量有赖于经验，这取决于照顾者的敏感性和回应性。
- RAD 是由于在生命早期缺乏对单个照顾者的依恋导致的。不应将其与不安全型或混乱型依恋相混淆，在这两种依恋模式中，婴幼儿确实形成了依恋关系，但它们不是最佳的依恋关系。
- 布加勒斯特早期干预项目表明，24 个月大前被寄养的婴幼儿没有患上 RAD；然而，仍留在孤儿院的婴幼儿中有三分之一出现 RAD 症状和体征。

什么是去抑制性社会参与障碍？

描　述

患有**去抑制性社会参与障碍**（**disinhibited social engagement disorder, DSED**）的婴幼儿表现出与陌生人在文化和发展上不适当的、过于亲密的行为模式。从 6 或 7 个月大开始，大多数婴儿开始对陌生人表现出警惕。相比之下，DSED 患儿则没有这种警惕。相反，DSED 患儿很容易与不熟悉的成人接触和互动。与同龄人不同，DSED 患儿不会与他们的照顾者“回头确认”（“check back”），以确保自己的安全，并确保他们的照顾者知道他们在哪里。也许最令人担忧的是，DSED 患儿经常会与陌生人交谈、坐在他们的腿上或握着他们的手，在没有照顾者知情或允许的情况下四处走动（American Psychiatric Association, 2013）。

DSED 只有在婴幼儿有被严重忽视或剥夺病史时才被诊断。许多 DSED 患儿在收容机构中就经历了剥夺。然而，DSED 的表现也可以在出生后的第一年经常经历照顾中断的幼儿身上见到。例如，在一些被安置到多个寄养家庭的儿童以及由于父母虐待或忽视而受到不一致照顾的幼儿身上可以观察到 DSED 症状。以一个学龄前 DSED 患儿弗雷迪为例。

案例研究

去抑制性社会参与障碍

友好的弗雷迪

弗雷迪·布莱克是一个 3 岁的男孩，他的养父母把他送到我们诊所。布莱克夫妇6个月前从危地马拉收养了弗雷迪。除了弗雷迪在婴幼儿时期曾接连住在几个儿童中心和寄养家庭之外，他们对他的成长史没有太多了解。弗雷迪抵达时身体状况不佳，他体重不足，身材矮小，西班牙语词汇量有限。

布莱克一家欢迎弗雷迪的到来，并不辞辛劳地帮助他赶上同龄的其他学龄前儿童。会说西班牙语的布莱克先生致力于培养弗雷迪的语言技能，而布莱克夫人则为他提供营养丰富的膳食、具有教育性的郊游活动和大量的关爱。

事实上，正是在其中一次郊游中，布莱克夫人注意到了弗雷迪身上后来被她描述为“过于友好”的行为。当她检查手机上是否有工作信息时，弗雷迪走近公园里一个陌生的男人，坐在他的腿上，拥抱着他。这名男子尴尬地把弗雷迪还给了他母亲，并表示了深深的歉意。从那时起，弗雷迪就表现出了一种奇怪的倾向：和陌生人一起闲逛，离开院子，和其他人一起做一些非常亲密的动作——坐在他们的膝盖上，握着他们的手，亲吻他们。

“我得像只老鹰一样看着弗雷迪，”布莱克先生说，“我永远不知道他什么时候离开或者和谁一起离开。我们朋友的孩子都不是这样。”布莱克夫人补充道：“每个人都喜欢他，因为他总是面带微笑，性格开朗。他从不害怕接近别人，即使是他不认识的人也和他们一起玩。这很可爱，让他很讨人喜欢，但我希望他不那么友好。”

历　史

在为世界卫生组织所做的研究中，鲍尔比（1954）描述了一小群表现出“无差别和肤浅友好”的婴幼儿（第29页）。这些婴幼儿寻求与几乎所有成人的社交和情感联结，包括陌生人。虽然在孤儿院的成人看来这些孩子吸引人，而且常常成为照顾者的最爱，但他们之间的关系往往是肤浅和片面的。鲍尔比（1951，1954）指出，在这些表现出不加区分的友好行为的婴幼儿中，许多人在出生后的头几年里经历了照顾关系的频繁中断。他还观察到，这些婴幼儿在离开收容机构后，与养父母的关系出现了问题。

芭芭拉·蒂泽德（Barbara Tizard）及其同事对这些过分友好和信任他人的幼儿进行了第一次系统研究（Tizard & Hodges, 1978; Tizard & Rees, 1974, 1976）。他们研究了65名在伦敦托儿所度过人生第一年的婴幼儿。他们得到了充足的营养、身体护理、玩具和书籍。然而，照顾者被明确告知避免与这些婴幼儿建立关系。此外，托儿所的照料者流动率较高，婴儿很少有机会与之形成依恋关系。

蒂泽德发现在该机构被抚养到4岁半的26名婴幼儿中，有18名出现了社交–情绪问题。8名“情绪孤僻、反应迟钝”的婴幼儿似乎没有与任何照顾者建立依恋关系，也没有表现出痛苦或寻求亲密关系和社交互动。如今，这些婴幼儿可能被诊断为RAD。

蒂泽德将另外10名婴幼儿描述为“不作任何区分、寻求关注、社交肤浅”的。

这些婴幼儿对大多数照顾者“格外深情”，会请求进入房间的任何人给予关注和身体上的亲近，对陌生人毫不提防。这种“过度友好和寻求关注”的行为在整个发展过程中持续存在，即使在16岁的时候，他们仍然表现出与他人肤浅的关系（Hodges & Tizard, 1989）。蒂泽德对这些婴幼儿的描述构成了DSM-5中DSED概念的基础（Zeanah & Gleason, 2010）。

小　结

- DSED的特点是婴幼儿倾向于以一种发展上不被期待的方式接近陌生的成人并与之互动。它与婴幼儿期照顾不足或照顾不一致有关。
- 蒂泽德将DSED患儿描述为“不加区分的过度友好”，因为他们对陌生人毫无戒备。她认为这种行为源于患儿在孤儿院或寄养家庭中遭受的养育剥夺或不一致的照顾经历。

是什么导致了去抑制性社交参与障碍?

缺乏社交抑制

进行BEIP的研究人员还探讨了罗马尼亚孤儿院中那些表现出不加区分的友好行为的婴儿的症状。这些个体中近31.8%都显示出DSED特征。奇怪的是，DSED的体征和症状并不总是与婴儿在该机构或寄养家庭中接受的照顾质量相关。此外，婴儿依恋关系是否为安全型与DSED的关系不大，安全型依恋的婴儿有时也会出现DSED。在儿童期后期，DSED患儿在注意力和**社交抑制**（**social inhibition**）方面表现出困难，社交抑制是指在社会情境中控制冲动。

婴儿期晚期和儿童期早期可能是社交抑制发展的敏感时期。父母在帮助婴幼儿调节社会行为方面起着核心作用（Hofer, 2006）。例如，父母引导幼儿注意社会情境和线索，塑造和强化适当的社交互动，并教会孩子控制冲动，特别是在潜在危险情境中。想想父母曾警告过你多少次“过马路前要先看看两边的路”或“不要和陌生人说话”。缺少父母或照顾者的幼儿可能会错过许多这样的社会学习经历。因此，他们可能表现出社交抑制的延迟或缺陷。不加区别的友好行为，如与陌生人接触或闲逛，可能反映出这些潜在的缺陷（Bakermans-Kranenburg et al., 2011）。

实证研究

为了验证DSED由潜在的社交抑制缺陷引起的假说，研究人员测量了从中国、东欧和韩国孤儿院领养的儿童和在寄养家庭的儿童的行为和社会-情绪功能（Bruce, Tarullo, & Gunnar, 2009）。正如所料，被领养儿童比未被领养的儿童表现出更多的社交抑制问题。此外，在收容机构或多个寄养家庭度过更长时间的儿童在7岁时表现出更多不加区别的友好行为。不加区别的友好行为与依恋不相关，只与社交抑制的缺陷有关。

社交抑制假说的补充支持来自第二个研究，该研究比较了 93 名被虐待的被寄养儿童和 60 名与父母生活的儿童（Pears, Bruce, Fisher, & Kim, 2010）。正如所料，被寄养儿童表现出比对照组更多不加区别的友好行为的症状。此外，在寄养安置方面有更多变化的儿童表现出更多不加区别的友好行为。最重要的发现是，儿童的社交抑制中介了他们被寄养安置次数与他们不加区别的友好行为之间的关系：大量不同的寄养安置预测了社交抑制问题，社交抑制的问题反过来又预测了 DSED 的症状。

总而言之，这些数据表明 DSED 并不反映依恋的中断。相反，不加区别的友好行为可能反映出潜在的社交抑制问题。新的证据表明，那些被收容的并表现出不加区别的友好行为的儿童在行为控制的调节上有缺陷，类似于（但不同于）ADHD 患儿。他们倾向于不加区分地地寻求与他人的身体接触，并冲动地与陌生人闲逛，这可能反映了社交抑制而非依恋的问题。因此，大多数 DSED 患儿在被敏感和具有回应性的照顾者收养后，社交行为并未表现出显著改善（Potter, Chevy, Amaya-Jackson, O'Donnell, & Murphy, 2009; Schechter, 2012）。

小　结

- DSED 不是一种依恋障碍，它与潜在的社交抑制问题相关。
- 婴幼儿期的剥夺或不一致的照顾似乎会破坏某些个体抑制控制的发展。使其有患上 DSED 的风险。

什么治疗对 RAD 和 DSED 有效?

回应性依恋障碍的治疗

玛丽 · 多齐尔（Mary Dozier）开发了一项干预措施，以促进有依恋问题风险的婴儿与其养父母之间的安全型依恋。**依恋与生物行为追赶**（**Attachment and Biobehavioral Catch-Up, ABC**）干预包括 10 个持续 1 小时的针对父母–孩子双方的治疗（Dozier, Bernard, & Roben, 2018）。

ABC 干预的第一个目标是培养养育能力（*nurturance*）。父母被教导要满足婴儿的需求，即使这些需求没有得到明确的传达。回想一下，许多患有 RAD 的婴幼儿是被动的，对接受治疗没有兴趣。寄养父母被教导提供温暖、敏感的照顾的重要性，即使孩子没有要求建立联结，或者孩子主动拒绝他们的努力也是如此。治疗师要求父母记录下他们的孩子逃避或抵制养育的事例。治疗师与父母一起回顾这些记录，并帮助父母找到方法，即使他们的孩子表现得被动或易怒，也要坚持为孩子提供敏感和有反应的护理（Dozier & Roben, 2015）。

ABC 干预的第二个目标是提高同步性（*synchrony*），即亲子互动中自然的互惠与妥协。治疗师鼓励父母给予婴儿更大的自主权，并在玩耍时对他们的需求和信号保持敏感并做出反应。RAD 患儿几乎没有控制周围环境的经验。相反，他们可能认为世界是不可预测的，照顾者是冷漠的或侵入性的。寄养父母被教导要以尊重孩子的自主性和自我导向的方式与孩子互动。父母被要求选择一些活动，让孩子在主导互动方面有更大的自由。这些活动包括吃饭、看图画书和玩积木。治疗师为父母提供实时指导，鼓励他们让孩子在游戏中发挥主导作用。活动会被录像，以便治疗师和父母可以回顾父母在敏感性和反应敏锐的照顾方面的尝试，并评估他们的进展。

ABC 干预的最终目标是令父母减少侵扰或令孩子受到惊吓的行为（*reduce intrusive or frightening behavior*）。由于收养婴幼儿没有指导手册，父母往往依靠自己的被照顾经验来决定如何做。自己经历过虐待或忽视养育的照顾者可能难以满足孩子的需要。例如，父母可能会对他们的孩子感到愤怒、沮丧或难以容忍。他们可能会大喊大叫、抢夺或以其他方式干扰孩子的活动，而不是以敏感且反应敏锐方式对待孩子。

治疗师教导母亲们认识到，当"过去的声音"干扰到她们现在的照顾行为时，她们被照顾的经历可能会对当前的亲子互动产生负面影响。例如，一位经历过父母躯体虐待的母亲可能会认为"孩子应该被看到而不是听到"或者"孩子不打不成器"。治疗师会帮助母亲认识到这样的信念是如何导致她发脾气并以侵入性和令人害怕的方式对待孩子的。治疗师教导母亲克服这些"声音"，以更耐心、更敏感的方式对待孩子。从科学到实践部分提供了一个治疗师如何使用这项技术的例子。

从科学到实践
过去的声音

使用 ABC 的治疗师关注母亲自身的被照顾经历如何干扰她为婴儿提供的照顾。意识到这些"来自过去的声音"是治疗的重要一步。

治疗师：当你的宝宝哭的时候，你想到了什么？

母　亲：我感觉糟透了。你知道的，完全无助。我想尽一切办法让她安定下来，但我做不到。

治疗师：这很好地描述了你的感受。现在，告诉我你的想法。当她哭个不停的时候，有没有一个想法或一幅画面突然出现在你的脑海里？

母　亲：这很有趣，我想起了小时候我的妈妈是什么样的。她从来没有真正待在我身边过。她总是工作，从来没有时间陪我和我妹妹。我曾经想："当我成为一个母亲时，我不想像她那样。我想对我的孩子们热情、有爱心并关心他们。"

治疗师：现在你是母亲了。

母　亲：对，不管我做什么，她似乎都不回应我。她不喜欢被拥抱或抚慰。她似乎根本不需要我。对她来说我甚至可能不在那里。

治疗师：就像你的妈妈。

母　亲：差不多吧。

有些治疗师会用“鲨鱼音乐”的比喻。在电影《大白鲨》（*Jaws*）中，每一次鲨鱼袭击之前都有不祥的音乐。当你听到音乐时，你立刻感到焦虑。对负面照顾经历的记忆就像这些音乐：它们通过产生焦虑、愤怒或其他负面情绪损害父母满足孩子需求和注意到孩子发出的信号的能力。治疗师帮助父母识别导致鲨鱼音乐的情况，并更有效地应对这些情况（Dozier & Roben, 2015）。

几项随机对照研究已经证明了 ABC 干预对亲子二元关系的益处。例如，伯纳德及其同事（Bernard and colleagues, 2012）随机将 120 名幼儿的养父母分为 ABC 干预组或对照组。由于家庭暴力、父母滥用药物、忽视或剥夺，这些幼儿都面临依恋问题的风险。治疗后，接受 ABC 治疗的父母和孩子（52%）比对照组（33%）之间有更多更安全的依恋。此外，与对照组（57%）相比，接受 ABC 干预的幼儿较少（32%）表现出混乱型依恋。

ABC 干预对婴幼儿的发展也有长期的好处。接受干预的幼儿在生理应激反应方面表现出改善，且在治疗结束 3 年后仍能保持。在学龄前，这些婴幼儿比未接受干预的儿童表现出更有效的应对技能和更好的执行功能。接受 ABC 干预的幼儿在从事困难或令人沮丧的任务时，也能更好地调节消极情绪。总之，这些发现支持 ABC 作为处于依恋困难风险中的幼儿的一线治疗方法（Osofsky, Stepka, & King, 2018）。

去抑制性社会参与障碍的治疗

几乎所有的研究都表明，6 个月大前被安置在收养家庭的收容机构婴儿不会出现明显的 DSED 症状。因此，预防 DSED 最好在婴儿 6 个月大前通过收养家庭安置来完成。6 个月后仍留在收容机构或经历多次寄养安置的婴儿会面临更高的出现不加区分的友好行为的风险（Gunnar, 2010）。

6～24 个月期间不同照顾者的数量和照顾环境的中断与婴幼儿去抑制性社会参与的严重程度相关。因此，研究人员试图为机构里的婴儿提供更稳定和一致的照顾，希望减少 DSED（Rutter et al., 2011a; Rutter, Sonuga-Barke, & Castle, 2011b; Zeanah, Berlin, & Boris, 2011）。

例如，研究人员对罗马尼亚孤儿院的两组婴幼儿进行了比较：（1）被分配到常规照顾组的婴幼儿；（2）被分配到旨在减少每个婴幼儿接触的照顾者数量的项目的婴幼儿。两组婴幼儿的婴幼儿–照顾者比例相同（1∶12）。然而，常规照顾组的婴幼儿会接触到各种不同的照顾者，而参与治疗项目的婴幼儿每天都见到相同的照顾者。

随着时间推移，与接受常规照顾的婴幼儿相比，参与治疗项目的婴幼儿表现出更少的 RAD 和社会去抑制的症状（Smyke, Dumitrescu, & Zeanah, 2002; Smyke, Zeanah, Fox, Nelson, & Guthrie, 2010）。

第二项研究针对生活在俄罗斯孤儿院的幼儿。研究人员比较了三组幼儿。第一组幼儿的照顾者经过专门培训，为该组幼儿提供敏感和有反应的照顾；此外，这组中照顾者–幼儿比例降低。第二组的照顾者接受过培训，但照顾者–幼儿比例不变。第三组的幼儿在孤儿院接受常规照顾。正如预期的那样，第一组的幼儿表现出最好的结果，他们表现出更积极的情绪、更多地进行探索和游戏、更多地尝试接近照顾者，并且不加区分的友好行为更少（McCall & St. Petersburg-USA Orphanage Research Team, 2008）。

第三项研究证明了早期寄养对出现 DSED 症状的收容机构婴幼儿的好处（图 12.2）。研究人员发现，24 个月大前被寄养的婴儿的 DSED 症状和体征明显减少。相比之下，留在收容机构中的婴儿在 12 岁时表现出相对稳定的 DSED 体征和症状（Guyon-Harris, Humphreys, Fox, Nelson, & Zeanah, 2018）。

那么，对于已经表现出缺乏社交抑制的儿童与青少年，我们还可以做些什么？三项大型纵向研究的结果表明，幼儿和学龄前幼儿的社会去抑制行为往往持续存在，即使被收养后也是如此（Guyon-Harris et al., 2018）。虽然社会去抑制行为倾向于随着时间慢慢减少，但会继续干扰儿童与青少年在幼儿后期和青春期早期与父母和同龄人的互动（Guyon-Harris et al., 2019）。早期剥夺可能会影响儿童与青少年行为控制能力的发展。这些根本性的神经缺陷一旦出现就难以改变，可能表现为多动、冲动和冒险行为（Ghera et al., 2009）。显然，我们必须进行更多的研究，为这些儿童与青少年找到有效的治疗方法。

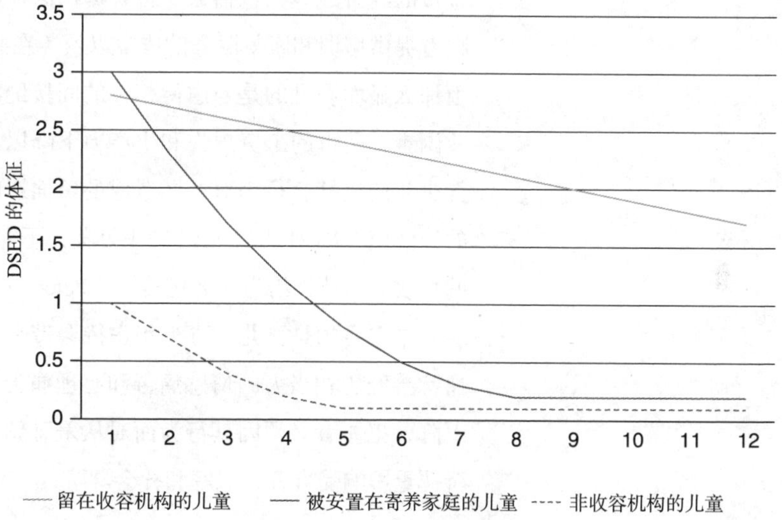

图 12.2　DSED 的寄养治疗

注：在 24 个月之前被安置在稳定的寄养家庭的收容机构婴儿的 DSED 症状和体征迅速缓解，他们的行为最终与非收容机构儿童类似。而留在收容机构的儿童随着时间推移往往表现出 DSED 体征。基于盖恩·哈里斯及其同事（Guyon-Harris and colleagues, 2019）。

小　结

- ABC 被用于提高照顾者和幼儿之间的依恋质量。照顾者学习如何理解孩子的需求和信号，并以敏感、非侵入性的方式提供照顾。

- 治疗师还帮助照顾者识别他们自己被照顾的历史中可能干扰他们给孩子的照顾的方面。
- 如果婴幼儿在 6 个月大前得到持续的照顾，DSED 是可以预防的；如果婴幼儿在 24 个月大前得到持续的照顾，DSED 是可以减轻的。

12.2 儿童青少年虐待

虽然早期剥夺在美国相对少见，但不幸的是，其他形式的儿童青少年虐待现象非常普遍。每年约有 350 万名儿童与青少年因被怀疑受到虐待而被转介到儿童与青少年保护机构。经审查和调查，这些报告的案件中有 674 000 起得到证实。这些统计数字表明，在美国每年几乎有 1% 的儿童与青少年受到虐待或忽视。这一估计不包括大量从未被报告但受到虐待的儿童青少年（US Department of Health and Human Services, 2019）。

儿童青少年虐待给受害者、家庭和社会带来了巨大的经济成本。最明显的是它直接的经济成本，包括为受害者提供医疗、精神健康和安置服务的成本，向违规照顾者提供培训和康复服务的成本以及（在某些情况下）起诉和监禁成人罪犯的费用。不那么显而易见的是与虐待相关的间接经济成本，包括受害者的学习成绩下降和就业困难、父母的工资损失和生产力下降以及许多未接受精神健康服务的受虐待儿童青少年的反社会行为对社区造成的负面影响。在受害者的一生中，因遭受虐待造成的经济损失从 21 万美元到 83.1 万美元不等。此外，每年美国因儿童青少年虐待承担的财政成本估计约为 428 亿美元（Peterson, Florence, & Klevens, 2019）。

更重要的是，儿童青少年虐待会带来无法量化的情感代价。儿童青少年受害者通常会经历相当大的情感痛苦和心理痛苦，家庭成员经常报告冲突增加和生活质量下降，犯罪者必须因其行为面对从羞耻到社会排斥再到监禁的后果。儿童青少年虐待严重影响受害者、家庭和社会。

什么是儿童青少年虐待?

由于对儿童青少年虐待的定义缺乏共识，公共政策和相关研究受到限制。儿童青少年虐待的第一个定义是在 1974 年的《儿童青少年虐待预防和治疗法》（Child Abuse Prevention and Treatment Act; PL 93-247）中提出的。该法对虐待的定义如下：“负责儿童青少年福祉者，在危害或威胁其健康及福祉的情形下，对 18 岁以下儿童青少年实施的生理或心理伤害、性虐待、剥削、疏忽照料或虐待行为。”

这一定义虽然有些模糊，但值得注意，因为它确定了儿童青少年虐待的四种类型：（1）躯体虐待；（2）性虐待；（3）心理虐待（即“精神伤害”）；（4）忽视（Gerrity, Borbon, & Strain, 2019）。

DSM–5 承认这四种虐待类型。然而，在 DSM–5 中，儿童青少年虐待不被视为一种精神障碍。相反，遭受过虐待的儿童青少年根据表现出的症状受到诊断。例如，遭受过虐待的儿童青少年可能被诊断为焦虑障碍、抑郁症和 / 或失眠，这取决于他目前的问题。

躯体虐待

DSM–5 将**儿童青与少年躯体虐待**（**child physical abuse**）定义为非意外的儿童与青少年躯体损伤，从轻微擦伤到严重骨折或死亡。躯体虐待包括父母、照顾者或其他对儿童青与少年负有责任的个体进行的拳打、踢、咬、摇晃、扔、刺伤、窒息、击打或灼伤。无论照顾者是否有意伤害儿童与青少年，这种伤害都被视为虐待。体罚，例如打屁股或用戒尺打，只要合理且不会对儿童与青少年造成躯体伤害，则不视为虐待（American Psychiatric Association, 2013）。以一个遭受躯体虐待的孩子凯拉为例。

案例研究
儿童与青少年躯体虐待

凯拉的故事

我祖母在我 12 岁的时候去世了，我跟哥哥和祖父在一起。我的哥哥有智力障碍。我在一年的时间里几乎每天都挨打。我祖父曾经对我大吼……告诉我，我一文不值、丑陋、令人失望，对我说诸如此类的话。我愿意为了我哥哥做的一切承担责任，这样他就不用遭遇我被迫去面对的一切身体和精神上的痛苦。

一天晚上，我独自一人在房间里，因为刚刚受到的虐待大声哭泣。我拿起一把剃须刀片，开始割我的胳膊和手腕。出于某种原因，这让我感觉好多了。我曾吞下止痛药试图自杀。有一次我住院了，一个当地精神卫生中心的人来找我谈话。我不能如实回答所有问题，因为我的祖父就站在我旁边。我怕他又会伤害我。

注：经作者许可使用。

DSM–5 对躯体虐待的定义使用了伤害标准（*harm standard*）来确定虐待行为。也就是说，虐待行为必须对儿童青少年造成躯体伤害。与之相比，躯体虐待的一些法律定义使用了危害标准（*endangerment standard*），在该标准中，潜在的伤害足以被归为躯体虐待。例如，根据危害标准，将幼儿悬挂在阳台上以惩罚他将被视为躯体虐待，即使该幼儿的躯体没有损伤（Renzetti & Adair, 2019）。

性虐待

DSM–5 将**儿童与青少年性虐待**（**child sexual abuse**）定义为任何涉及儿童与青

少年的性行为，其目的是为父母、照顾者或其他对儿童青少年负有责任的个体提供性满足感。性虐待包括抚摸儿童与青少年生殖器、插入、乱伦、强奸、鸡奸和猥亵暴露等活动。性虐待还包括非接触性剥削，例如强迫或给儿童与青少年施压，让其为他人性满足而发生性行为（American Psychiatric Association, 2013）。以一个经历过性虐待的青少年安吉拉为例。

案例研究
儿童与青少年性虐待

不幸的家庭

安吉拉是一个 13 岁的女孩，她因为受到性虐待被转诊到我们的诊所。在被送往寄养家庭前，安吉拉和她的母亲阿洛西奥夫人、继父瓦伦塔先生以及三个同母异父的妹妹生活在一起。

安吉拉在一个混乱的家庭里长大。安吉拉的亲生父亲有攻击性和反社会行为史。他因家庭暴力进了监狱。安吉拉的母亲有酗酒史，曾因贩卖毒品两次被捕。阿洛西奥夫人在怀安吉拉时使用酒精、可卡因和其他毒品。安吉拉是早产儿，且表现出认知发育迟缓。

阿洛西奥夫人在安吉拉 6 岁时嫁给了杰森・瓦伦塔。瓦伦塔先生似乎给安吉拉和她的妹妹们提供了一个稳定的家和家庭生活。然而，在安吉拉被转诊前几个星期，阿洛西奥夫人发现瓦伦塔先生正在和安吉拉发生性关系。震惊而愤怒的阿洛西奥夫人冲瓦伦塔先生和安吉拉大喊大叫，命令他们离开房子。

安吉拉在至少 5 年的时间里反复遭到性虐待。瓦伦塔先生最终承认，他追求被他描述为“在情感和经济上脆弱”的阿洛西奥夫人是为了接近她的女儿们。瓦伦塔先生让安吉拉不要把遭到性虐待的事情告诉任何人，因为这会让他进监狱，让这个家分崩离析，也会让阿洛西奥夫人再次陷入贫穷和滥用毒品的状态。

在寄养家庭中，安吉拉表现出焦虑和抑郁的问题。她睡眠困难，害怕黑暗，经常做噩梦。安吉拉也有在教堂里受虐的可怕回忆。在布道期间，安吉拉表现出极度的惊慌，从会众中跑出来，连声喊道：“我太坏了！”

安吉拉更喜欢和寄养家庭中 6 岁和 7 岁的孩子一起玩，而不是和同龄的女孩在一起。她在学校几乎没有朋友。安吉拉因为在课间休息时亲吻了几个男孩而受到训斥，而她这么做是因为“他们让她这样做”。在寄养家庭和学校里，安吉拉往往显得无助或使用“婴儿语”来获得特别的帮助。最重要的是，安吉拉似乎需要成人不断的认可和安慰。安吉拉的养母形容她是“需要支持”和“会被最轻微的谴责或批评压垮”的。

尽管DSM–5的定义似乎很直接，但在某些情况下，行为是否构成儿童青少年性虐待是很模糊的（Mathews & Collin-Vezina, 2019）。想想我们是如何定义“儿童青少年”的。在大多数司法管辖区，儿童青少年被法律定义为18岁以下的个体。然而，一些专家认为，一个人理解其性行为后果的能力和表示同意的能力比实际年龄更重要。还有一些专家强调儿童青少年与实际作恶者之间的年龄差异。一个16岁的儿童青少年和一个18岁的成人之间的性行为是虐待吗？

对于构成虐待的性行为类型，专家们也持不同意见。有些人只认为插入行为是性虐待，有些则认为所有涉及身体接触的性活动都应该被定义为性虐待（例如抚摸、亲吻）。还有一些专家将不涉及身体接触的性行为纳入他们对虐待的定义中，只要这些行为是针对儿童与青少年的并且是为了满足成人的性需求的。从这个角度来看，窥阴癖、露阴癖和利用儿童与青少年拍摄色情图片或视频都构成性虐待。

最后，专家们对虐待的确切定义意见不一。一些人称，性行为若被视为虐待行为必须有武力或胁迫。一些人则考虑性行为的施害者和受害者之间的权力差异。还有一些人认为，所有涉及儿童或青少年的性活动都是虐待行为，甚至是那些看似自愿的行为也是虐待。

根据露西·伯利纳（Lucy Berliner, 2000）的观点，儿童与青少年性虐待是指未经同意或无法获得同意的与儿童与青少年的任何性活动。伯利纳的定义包括所有的性行为，无论这种互动是身体上的还是非身体的。身体接触（例如，触摸、插入）和非身体性互动（例如，窥阴癖、露阴癖、接触色情制品）均可被视为性虐待（Fitzgerald & Berliner, 2014）。

伯利纳对性虐待的定义还包括成人和儿童与青少年之间的所有性互动。成人与儿童与青少年的性接触总是虐待性的，因为儿童与青少年没有同意性活动的能力。人们必须（1）理解与性行为相关的含义；（2）在没有外界压力的情况下自由决定进行性活动，才能同意进行性行为。大多数儿童与青少年无法理解与成人发生性行为的全部含义。此外，由于年龄和发展情况，儿童与青少年在与成人的交往中始终处于权力中的劣势。因此，如果成人不影响他们的决定，他们永远不能同意性行为。

心理虐待

DSM–5将**儿童青少年心理虐待（child psychological abuse）**定义为，儿童与青少年的父母或照料者通过有意的言语或象征性的行为，导致或可能潜在地导致儿童与青少年显著的心理伤害。例如训斥、责备、贬低或羞辱儿童与青少年；威胁儿童与青少年；伤害/遗弃儿童与青少年关心的人或事；或者通过物理或非物理的手段过度训练儿童与青少年（American Psychiatric Association, 2013）。以一个经受了多年心理虐待的女孩托尼亚为例。

案例研究
儿童与青少年心理虐待

言语也会伤人

一个星期六晚上，我和朋友去了一家餐馆。我妈妈发现了。她来到餐馆，当着我朋友的面对我大喊大叫。她把我拉回家，把我拖甩到地板上，开始踢我，打我耳光。

她把我叫到她的卧室，训斥了我两个小时，说一切都是我的错，是我逼她打我的，因为我不听她的话。然后我不得不写一封因为我逼她打我道歉信给她。每次我们被她打之后都是这样。她总是让我们告诉她，我们很抱歉强迫她打我们，我们不得不感谢她这么做，因为这是为了我们自己好。

每天晚上我们入睡时都觉得我们迟早会被叫醒，然后为了我们曾经做过的事情被训话。这将持续 2 到 3 小时。因为单纯想结束这一切，所以我们不得不承认她是对的。她强迫我们跟着她重复：

“我是个懒惰笨拙的女孩。”

“我真傻。”

“我对父母不够尊重。”

注：经作者许可使用。

心理虐待让儿童与青少年觉得自己是毫无价值的、有缺陷的、不被爱的、不受欢迎的、有危害的，只有当他们满足他人的需要时才是有价值的（Myers, 2010）。这剥夺了儿童青少年的尊重和尊严，而这些是所有人的固有权利。心理虐待包括五大类行为：

贬损（*spurning*）：拒绝或贬低儿童与青少年的言语和非言语行为。这些行为包括嘲笑一个儿童与青少年表现出的情绪、当众羞辱一个儿童与青少年，或者以牺牲另一个儿童与青少年为代价对一个儿童与青少年表现出极端的偏袒。

恐吓（*terrorizing*）：威胁要伤害或抛弃儿童与青少年或所爱的人。例如，如果儿童与青少年不服从，就威胁要伤害或抛弃他，让儿童与青少年目睹家庭暴力，或者威胁要杀死儿童与青少年的宠物。

孤立（*isolating*）：不给儿童与青少年与家庭以外的同龄人或成人互动的机会。例如，照顾者可能拒绝让儿童与青少年与朋友玩耍或让其父母进行合法探视。

剥削（*exploiting*）：鼓励儿童与青少年采取不适宜的或反社会的行为。例如允许儿童与青少年目睹非法行为或利用儿童与青少年贩卖或运输毒品。

否认情绪反应（*denying emotional responsiveness*）：忽视儿童与青少年对关注和情感互动的渴望。例如，照顾者可能表现得冷漠或情感疏远，很少表现出爱意，或者在儿童与青少年痛苦时拒绝给予安慰。

使儿童与青少年目睹家庭暴力这种特别成问题的心理虐待形式值得特别提及。在美国，家庭暴力发生在大约四分之一的长期关系中。没有人知道每年有多少儿童与青少年目睹家庭暴力行为。然而，家庭暴力对儿童与青少年的影响是惊人的。在家中目睹暴力的儿童与青少年表现出广泛的内化和外化问题，特别是抑郁、焦虑、品行问题和创伤后应激障碍。此外，许多对伴侣进行躯体虐待的成人也会虐待儿童与青少年（Lieberman & Chu, 2016）。

忽 视

DSM-5 将**儿童与青少年忽视（child neglect）**定义为父母或其他照料者剥夺与儿童与青少年年龄相符的基本需求的行动，因此导致或可能潜在地导致儿童与青少年受到躯体或心理的伤害。儿童与青少年忽视包括遗弃、缺乏恰当的监护、未能满足必要的情感或心理需要，以及未能提供必要的教育、医疗保健、食物、住所和/或衣物（American Psychiatric Association, 2013）。

*躯体忽视（physical neglect）*发生于照顾者未能保护儿童与青少年免受危险或满足他们的生理需求时。不提供食物、住所和衣物通常都被认为是忽视。躯体忽视可能是最常见的忽视形式，也是最容易识别的。然而，区分忽视子女的父母和由于经济困难而无法满足子女需要的父母有时很难。以一个被躯体忽视的男孩迈克尔为例。

案例研究

忽视儿童

迷失的男孩

迈克尔是一个 6 岁的男孩，他被儿童保护服务机构转诊到我们医院。迈克尔和他的同父异母的兄弟姐妹因被忽视而被从祖母的照管下带走。孩子们被发现住在一个肮脏的公寓里，几乎没有食物和日常的照管。他们不能稳定地接受医疗相关服务（例如，免疫接种、儿童健康检查），营养不良，并且都蓬头垢面。所有的孩子都身体不适，迈克尔 2 岁的妹妹患有严重的尿布疹，需要医疗护理。

迈克尔的社交和自我照顾能力低于平均水平。到了寄养中心后，他无法照顾自己洗脸、刷牙和洗澡。迈克尔囤积食物，表现出不良的餐桌礼仪。他也有一些蛀牙。

迈克尔在寄养家庭里表现出很差的社交能力。他拒绝分享玩具、拒绝轮流、拒绝收拾衣服，也拒绝遵守家里的其他规则。他通常用暴力来解决人际纠纷。具有讽刺意味的是，迈克尔因殴打同学而被主日学校开除。迈克尔的养母说，他恐吓并欺负了家里的其他孩子。

“迈克尔是个缺乏支持的孩子，”他的养母解释道，“他需要不断地安慰。他总是调皮捣蛋，然后问我们‘我是个好孩子吗？’。”

医疗忽视（*medical neglect*）发生于儿童与青少年的基本医疗保健需要得不到满足时。基本医疗保健是指如果没有就将严重危害儿童与青少年健康的医疗程序或治疗。医疗忽视可能包括未能为儿童与青少年提供必要的免疫接种，当儿童与青少年出现严重疾病时不接受体检，或拒绝遵循医生关于治疗或管理严重疾病的建议。

教育忽视（*educational neglect*）发生于父母不让孩子入学或为他们提供教育时。教育忽视也可能是父母允许孩子反复逃学（Stoltenborgh, Bakermans-Kranenburg, & van IJzendoorn, 2013）。

小　结

- 躯体虐待是对儿童与青少年的非意外伤害。对于躯体虐待的行为，DSM-5 使用伤害标准，而一些法律定义使用危害标准。
- 性虐待是指与儿童与青少年的任何性接触。包括身体接触（例如，触摸、插入）和非身体接触（例如，露阴癖、窥阴癖）。
- 心理虐待包括拒绝、恐吓、孤立、剥削和否认儿童与青少年的情感反应。
- 忽视有三种类型：躯体的、医疗的、教育的。

儿童与青少年虐待有多普遍？

总体流行率

我们所掌握的关于儿童与青少年虐待普遍程度的最佳数据来自儿童与青少年暴力问题全国性调查（National Study of Children's Exposure to Violence），这是一项基于父母和照顾者群体的调查。这项研究的参与者反映了美国家庭的人口构成。此外，这些数据还反映了儿童与青少年遭受不同类型虐待的情况，即使这些事件从未向警察或儿童与青少年保护机构报告过（Office of Juvenile Justice and Delinquency Prevention, 2019）。

总的来说，美国 15% 的儿童与青少年在过去一年中至少经历过一种形式的虐待，25% 的儿童与青少年在成年前的某个时候经历过虐待。这些数据表明，美国每年约有 1110 万的儿童与青少年遭受虐待，1850 万儿童与青少年在成年前会遭受虐待。男孩和女孩的 1 年和终身虐待流行率相似。

躯体虐待、心理虐待和忽视

最常见的虐待形式是忽视。大约 15% 的儿童与青少年在成年前的某个时候经历过忽视。最常见的忽视形式是父母因物质滥用而丧失行为能力、父母长期缺位以及不安全或不卫生的家庭卫生环境。生活在单亲和 / 或低 SES 家庭中的儿童与青少年被忽视的风险最高。非拉美裔白人父母比非洲裔美国人或拉美裔父母更容易忽视他们的孩子，这主要是因为非拉美裔白人父母中物质使用障碍的风险高（Vanderminden et al., 2019）。

大约 14% 的儿童与青少年遭受心理虐待。青少年比幼儿更有可能遭受心理虐待。此外，女孩比男孩更容易遭受心理虐待（Finkelhor, Turner, Shattuck, & Hamby, 2015）。

大约 8% 的儿童与青少年遭受照顾者的躯体虐待。在遭受躯体虐待的儿童与青少年中，每 10 名儿童与青少年中就有 4 名遭受过擦伤、割伤、骨折或需要医疗护理的伤害。生活在单亲家庭中的儿童与青少年遭受躯体虐待的风险最大。此外，男孩比女孩更有可能遭受躯体虐待（Simon et al., 2018）。

近 4% 的儿童与青少年在成年前的某个时候经历过监护权干涉或亲属诱拐。这些行为通常发生在父母或照顾者禁止孩子与其他家庭成员见面或绑架孩子以避免失去监护权的情况下。虽然监护权干涉和绑架不与虐待的标准完全相符，但它使儿童与青少年面临身心伤害的危险（Greenberg, 2019）。

性虐待和性侵犯

大约 1% 的儿童与青少年经历过照顾者或其他成人（例如，教练、教师）的性虐待。然而，更多的儿童与青少年还经历了其他形式可能造成严重痛苦和伤害的性侵害。例如，研究人员调查了儿童与青少年提供的有关其性虐待史的自我报告数据。这些数据值得注意，因为数据是完全基于儿童与青少年的自我报告的，包括所有形式的性虐待（例如，爱抚、触摸、插入），并考虑了同龄人的性虐待。

研究人员有三个重要的发现。第一，大约四分之一的女孩和二十分之一的男孩报告了某种形式的性虐待。第二，15 ~ 17 岁女孩受到性虐待的概率急剧上升，这表明青春期后期是女孩特别脆弱的时期。第三，在大多数情况下，性侵害青少年的是其他青少年而不是成人。研究人员将同辈间的性伤害描述为“性侵害”，而不是“青少年虐待”，因为这些情况下的施害者是其他青少年（例如，男朋友或同学）。虽然这种施害行为可能不符合儿童与青少年性虐待的定义，但它们是威胁儿童与青少年的福祉和发展的事件（Finkelhor, Shattuck, Turner, & Hamby, 2014a）。

小　结

- 大约 15% 的儿童与青少年在过去一年中至少经历过一种形式的虐待，25% 的儿童与青少年在成年前经历过虐待，而这些经历大多从未被报告过。
- 忽视是儿童与青少年虐待最常见的形式。
- 青少年报告性虐待的比例很高。大约 25% 的青春期女孩和 5% 的青春期男孩至少经历过一次通常是由另一名青少年实施的性虐待。

儿童与青少年虐待的后果是什么?

健康问题

儿童与青少年躯体虐待和忽视会对儿童与青少年的身体健康造成损害。严重被忽视的婴儿会表现出非器质性生长发育迟缓。不能健康成长的特点是体重和头围无法按照年龄预期增长，这可能导致长期健康和行为问题或死亡（Brege, Louis, & Giardino, 2020）。

遭受躯体虐待的儿童与青少年经常遭受的损伤包括瘀伤、骨折、烧伤以及出现疤痕。这些损伤有时伴随着头部创伤或应激激素异常升高引起的神经损伤出现。大约三分之一受到躯体虐待的儿童受到的严重伤害需要。需要医疗或心理治疗以防止长期损伤。这些儿童大多在 3 岁以下（Finkelhor, Vanderminden, Turner, Hamby,& Shattuck, 2014b）。

虐待最严重、最具潜在致命性的形式之一是虐待性头部创伤，也称为摇晃婴儿综合征。摇晃婴儿综合征表现为照顾者前后用力摇晃婴儿，导致头骨内大脑快速加速和减速。这种摇晃会对脑组织造成严重损害。该综合征的特征是最初的困倦或嗜睡、对外界刺激无反应、呼吸困难、呕吐、癫痫发作、昏迷和死亡。通常情况下，症状在造成损害后数小时或数天后才变得明显（Narang, Fingarson, & Lukefahr, 2020）。

大多数摇晃婴儿综合征发生在婴儿 3 个月大前后。这个年龄段也是婴儿哭闹最多、睡眠困难最明显的发育阶段。有些家长摇晃婴儿以使其安静或诱导睡眠。例如，一位家长报告说："当我无法让儿子平静下来时，我会把他抱在怀里，紧紧地抱着他，然后前后晃动他。在我像那样摇晃他之后，他累了，就睡着了。"另一位家长承认："我发了一通脾气，她会哭。有时候，当她那样的时候，我就会摇晃她。我这样狠狠地拍打了她两个多月。"在美国，每年每 10 万名婴儿中就有 27 ～ 33 名孩子患有摇晃婴儿综合征（Becker-Blease & Kerig, 2017）。

行为问题

遭受躯体虐待或忽视的儿童与青少年有发展出破坏性行为问题的风险。有受虐待史的儿童与青少年经常被诊断为对立违抗障碍（ODD）。在家里，他们常常对照顾者怀恨在心，争吵不休。在学校里，他们经常捣乱和挑衅。大多数研究表明，这种消极的、破坏性的行为倾向于在整个儿童期和青春期早期持续存在。遭受躯体虐待或忽视的儿童与青少年也表现出更高的出现攻击行为的风险，尤其是对其他儿童与青少年的攻击行为。身体受到虐待和忽视的儿童与青少年往往同时出现主动性（即获得他们想要的东西）和反应性（即应对挫折）的攻击（N' zi & Eyberg, 2013; Wekerle, Wolfe,Dunston, & Alldred, 2014）。

有躯体虐待和忽视史的大龄儿童与青少年有患品行障碍（CD）的风险。受虐待的儿童与青少年更有可能去做严重的反社会行为，特别是偷窃、欺骗、身体暴力和长期逃学。与无虐待史的青少年相比，遭受躯体虐待的青少年被逮捕的可能性高5倍，被判犯有暴力犯罪的可能性高11倍。遭受虐待的男孩成年后患反社会人格障碍的可能性增加。遭受躯体虐待或忽视的女孩长大后就业困难和卖淫的风险增加（Becker-Blease & Kerig, 2017）。

为什么受虐待儿童与青少年表现出破坏性行为的可能性增加？一种解释基于学习理论。身体受到虐待的儿童与青少年可能会模仿照顾者的敌对和攻击行为。事实上，遭受虐待的儿童与青少年经常目睹其他攻击性行为，例如家庭暴力、父母反社会行为和暴力犯罪。通过观察，儿童与青少年可能会了解到破坏性和攻击性行为是解决人际问题的有效方法（Topitzes, Mersky, & Reynolds, 2012）。

关于早期虐待和后期破坏性行为之间关系的另一种解释基于社会信息处理理论。根据这一理论，儿童与青少年通过一系列问题解决的步骤来解决社会问题。而受躯体虐待的儿童与青少年难以执行这些步骤，这使他们更有可能使用敌对和侵略性的手段来解决人际关系问题（Dodge et al., 2013）。

第一，遭受躯体虐待的儿童与青少年在解决社交问题时表现出敌对的归因偏差。也就是说，他们预期其他人是以敌对和侵略性的方式对待他们的。因此，他们常常将他人的友善行为误解为是敌意和侵略性的。第二，受虐待儿童与青少年通常难以找到解决社交问题的办法；此外，他们能够想到的解决方案通常具有敌意或侵略性。第三，受虐待的儿童与青少年冲动地选择行动方案，即他们在行动之前不考虑行为的后果。这些解决社交问题方面的缺陷增加了儿童与青少年在模棱两可的社交环境中采取攻击性行动的可能性（Runions, Shapka, Dooley, & Modecki, 2013; Young & Widom, 2014）。

那么被忽视的儿童与青少年呢？他们是如何发展出破坏性和反社会行为的？遭受忽视的儿童与青少年往往有同伴问题、社交功能低。事实上，许多被忽视的儿童与青少年几乎没有朋友，并且被同学们主动拒绝。因为被忽视的儿童与青少年经常被亲社会的同伴排斥，他们可能会向其他同样被排斥的同伴寻求友谊。这些被排斥的同伴可能会引导他们做出破坏性和反社会行为，例如攻击他人、犯罪和物质使用。此外，忽视子女的父母通常不会充分监护子女的活动。因此，被忽视的儿童与青少年可以在几乎没有成人监护的情况下自由地进行反社会活动。与偏差同龄人群体的联系和父母监护水平低是品行问题的主要预测因素（Merlo & Benekos, 2016）。

依恋问题与情绪问题

大约三分之二遭受过虐待的儿童与青少年会与其照顾者发展出不安全型依恋关系，而大约三分之一未遭受过虐待的儿童与青少年也会如此。虐待儿童与青少年会导致他们采用基于不信任和自我怀疑的自我和他人的内部工作模式。这些工作模式虽然很少被说明，但可能包括以下信念："世界是危险的。我不能相信别人。我必须依靠我自己。不管怎样，我不值得从别人那里得到帮助。”这些模式随后影响了儿童与青少年未来的所有关系和他对自己的看法。其结果可能是破坏性行为、社交孤立以及一系列情绪和焦虑问题（Cicchetti & Doyle, 2016; Erickson & Egeland, 2002; Wekerle et al., 2014）。

一些遭受虐待的儿童与青少年对其照顾者表现出混乱型依恋模式（Main et al., 1985）。在陌生情境测验中，有混乱型依恋的儿童与青少年表现出不稳定或不可预测的行为方式。例如，有些被试在与母亲分离时会感到痛苦，但当母亲再次进入房间时，他们试图逃离母亲。还有些被试在分离时会哭，但当他们的母亲回来时，他们会从没有生命的物体而不是母亲那里寻求安慰。还有一些被试似乎害怕他们的母亲。混乱型依恋在经历过躯体虐待或忽视的儿童与青少年中最为常见。虐待可能会导致儿童与青少年预期他们的父母会以不可预知或有威胁性的方式行事（Cicchetti, 2016b; Lyons-Ruth, 2015）。

儿童早期的不安全型依恋和混乱型依恋可能导致儿童后期和青春期的情绪问题。30% ~ 40% 的遭受过虐待的儿童与青少年在成年前患上抑郁症，而在未遭受过虐待的儿童与青少年中这一比例约为 15%。抑郁症在女孩和遭受过多种虐待的儿童与青少年中尤其常见（Follette & Vechiu, 2018）。虐待的时间似乎特别重要。邓恩及其同事（Dunn and colleagues, 2013）发现，在学龄前经历过躯体虐待或忽视的个体比在其他阶段（例如童年后期、青春期）经历过虐待的个体更容易出现情绪问题。他们认为，当依恋关系和内部工作模式发展起来时，儿童与青少年可能对发生在儿童早期的虐待的影响异常敏感（Cicchetti & Rogosch, 2014; Dunn et al., 2013）。

事实上，虐待会导致儿童与青少年对自己、他人和未来产生负面看法。与未遭受过虐待的儿童与青少年相比，遭受过虐待的儿童与青少年更有可能认为自己天生不配、不好或有缺陷。儿童与青少年对虐待行为的归因可以预测其内化症状的严重程度。与不为虐待承担责任的儿童与青少年相比，自责的儿童与青少年表现出更严重的情绪问题（King & Osofsky, 2019）。

学业问题

遭受过虐待和忽视的儿童与青少年也有学业困难的风险。与没有遭受过虐待的儿童与青少年相比，受虐待和被忽视的儿童与青少年更可能需要补课服务、被转介去接受特殊教育或复读一个年级。遭受过严重虐待和忽视的青少年高中辍学的可能性是未遭受过虐待青少年的两倍多。即使研究人员控制了可能解释这些问题的其他因素，例如低 SES 或社区暴力，这些较差的学业结果仍然存在（Tanaka, Georgiades, Boyle, & MacMillan, 2016）。

儿童与青少年虐待至少会在三个方面导致学业困难。第一，躯体虐待和忽视会直接导致神经损伤，从而干扰学习。例如，因躯体虐待而遭受头部创伤或因被忽视而营养不良的儿童与青少年可能会经历与神经问题相关的学习困难。事实上，在婴儿期遭受暴力的个体的智商得分比未遭受过暴力的个体低 7 分（Kolko & Berkout, 2018）。

第二，幼儿期的忽视会限制的学习机会，从而间接影响个体的认知发展。研究人员调查了高、中、低 SES 的家庭在其子女出生后第一年的亲子互动情况。到 3 岁时，生活在高 SES 家庭的子女比生活在低 SES 家庭的子女多接触 3000 万个单词。此外，低 SES 家庭的子女在学前准备技能方面落后于高 SES 家庭的子女 6 个月（Fernald, Marchman, & Weisleder, 2013; Hart & Risley, 2003）。

第三，心理问题可能中介儿童与青少年虐待与较差学业结果之间的关系。儿童与青少年虐待会导致破坏性行为问题、焦虑和抑郁。这些心理困难反过来又会影响学业成绩（Osofsky et al., 2018）。

性发育

遭受过性虐待的儿童与青少年有时比没有遭受过性虐待的同龄人表现出更多的**性化行为（sexualized behavior）**。性化行为是对于儿童与青少年年龄非典型的或对于社会环境的非适应性行为。儿童与青少年进行这些行为是为了获得性满足以调节他们的情绪或获得他人的注意。性化行为的例子包括过度的或公开的手淫、与玩偶进行性意味的游戏、强迫与玩伴发生性行为以及具有性诱惑的语言和行为（Grossi, Lee, Schuler, Ryan, & Prentky, 2016）。

区分儿童期的典型性行为和非典型性行为有时很难，因为对儿童典型性行为的研究很少。某些性化行为在某些年龄段是典型的。例如，许多幼儿进行自我刺激，学龄前儿童可能试图观察成人裸体或更衣过程，学龄儿童向父母询问与性有关的问题。然而，有些性行为在儿童期的发展中是非适应性的，例如与玩偶进行性意味的游戏、强迫性行为或将物体插入身体性器官。

然而，与年龄不相符的性行为并不是儿童性虐待的可靠指标。尽管许多遭受性虐待的儿童表现出性化的行为，但其中大多数没有这种行为。即使是最有问题的性化行为（例如，强迫玩伴进行性行为）区分性遭受过虐待的儿童和未遭受过虐待的儿童的准确率也只有 75%。相反，新的数据表明，具有早熟性知识这一因素可以用来更好地区分遭受过性虐待和未遭受过性虐待的儿童。遭受过性虐待的儿童往往比未遭受过性虐待的同龄人更了解性（Wolfe & Gentile, 2013）。

儿童性虐待也会加速性成熟，尤其是女孩。遭受过性虐待的女孩比未遭受过性虐待的同龄人月经初潮早约 1 年。儿童性虐待导致月经初潮提前的机制尚不清楚。有可能被虐待的压力而不是虐待行为本身在某种程度上加速了女孩的性发育。这种压力很可能会影响女孩的内分泌活动，导致激素提前释放，从而启动性成熟（Becker-Blease & Kerig, 2017）。

遭受过性虐待的儿童在成年后有遭受性侵害的危险。一项荟萃分析调查了儿童期性虐待与成年期性侵害之间的关系，结果显示平均效应量为 0.59。总的来说，遭受过性虐待的女孩成年后遭受性侵害的可能性是未遭受过性虐待女孩的 2～3 倍。

遭受过性虐待的男孩在日后的生活中遭受性侵害的可能性是未遭受过性虐待的男孩的 6 倍。我们不知道为什么遭受过性虐待的儿童在成年后有遭受性侵害的风险。儿童期遭受虐待可能会改变个体依恋的安全性、人际关系信念和性发展，从而使他们处于风险之中（Follette & Vechiu, 2018）。

的确，儿童性虐待也会导致**创伤性性化**（**traumatic sexualization**），也就是说，发展出与性相关的焦虑或难以建立亲密和信任的关系（Finkelhor & Browne, 1985）。成年的性虐待幸存者经常报告说，他们对自己作为伴侣的价值持负面看法、过于需要安慰、对他人普遍不信任。这些焦虑和不安全感会影响他们关系的质量。许多幸存者报告说，因为被背叛和无能为力的感觉所困扰，他们会避免亲密关系。因此，他们可能会进行短暂的、危险的、缺乏亲密关系的性活动，或者完全避免性关系（Frias, Brassard, & Shaver, 2014; Herman, 1992）。

创伤性性化也会导致后期性功能障碍的发展。例如，遭受过性虐待的女孩成年后出现性唤醒问题的比率高于未遭受过性虐待的同龄人。还有些在儿童期有受性虐待史的女性表现出过度性行为。具体地说，她们比那些没有遭受过虐待的同龄人更容易性滥交、进行不安全的性行为，例如进行一次性接触、参与卖淫或感染性病。有受性虐待史的男性也比没有受性虐待史的同龄人更容易出现性适应问题。潜在问题包括性功能障碍（例如，早泄、勃起功能障碍、性欲低下）、对伴侣的性胁迫和攻击行为、性滥交、危险性行为和感染性病（Follette & Vechiu, 2018）。

小　结

- 三分之一的遭受过躯体虐待的儿童与青少年需要治疗。虐待性头部创伤（即摇晃婴儿综合征）对婴儿尤其有害。
- 遭受过虐待的儿童与青少年处在行为和情绪问题的风险之中。躯体虐待可能教会儿童与青少年利用攻击来解决人际问题。心理虐待或忽视会导致焦虑和抑郁。
- 遭受过虐待的儿童与青少年有形成混乱型依恋的风险。他们的人际关系的内部工作模型可能建立在不信任的基础上，并导致与他人的情感疏远。
- 性虐待会导致创伤性的性化，也就是说，个体的焦虑和恐惧的发展与其性行为有关。

我们如何帮助遭受过虐待的儿童与青少年？

亲子认知行为疗法

亲子认知行为疗法（**parent-child cognitive-behavioral therapy, PC-CBT**）是一项循证治疗计划，适用于遭受过躯体虐待的照顾者及其子女。由于大多数遭受过躯体虐待或忽视的儿童与青少年不会永远离开父母的家，因此促进团聚和预防今后的虐待对于治疗非常重要。PC-CBT 旨在减少父母对体罚的使用，提高亲子沟通的质量，减少儿童与青少年的行为和情绪问题（Runyon & Deblinger, 2019）。

PC-CBT 由 16 ～ 20 次治疗构成，分为四个阶段。大多数治疗分为两部分，治疗师分别与父母和孩子会面。父母和孩子在每次治疗中学习类似的技能，这样他们就可以在家里练习这些技能。最后的几次治疗是联合治疗，允许父母和孩子分享信息和发展交流技巧。

参与（*Engagement*）是 PC-CBT 的第一阶段。这一阶段治疗的主要目标是增加父母参与治疗的动机。治疗师运用动机增强和共情的原则来增加父母改变的意愿。治疗师还要培养父母的希望，让他们知道治疗计划可以帮助他们避免今后的虐待，并提高家中亲子互动的质量。

治疗师还尝试与孩子建立融洽的关系，最初用破冰活动来鼓励孩子谈论自己、家庭以及促使他父母接受治疗的事情。治疗师会提供一些信息，有关儿童与青少年虐待的普遍性、遭受过躯体虐待的儿童与青少年的常见想法和感受，以及关于人们使用大叫、殴打或暴力解决问题时会出现的问题等。

技能培养（*Skill Building*）是 PC-CBT 的第二阶段。治疗师分别与父母和孩子会面，讨论想法、感受和行为之间的关系。大多数治疗师使用前因-信念-结果（antecedent-belief-consequence, ABC）模型。在该模型中，影响人们之后的行为和情绪的是对事件的信念而不是事件本身。虐待孩子的父母往往对孩子抱有不切实际的信念，对他们寄予极高的期望。当孩子没有达到这些期望时，父母会认为孩子不尊重他们，并对他们发脾气。

对父母的认知干预通常涉及挑战导致照顾者虐待孩子的歪曲的信念。例如，父母可能会认为“我的孩子总是不尊重别人”，而治疗师可能会质疑这种歪曲的信念，要求父母提供支持和反对这种说法的证据。事实上，每天孩子可能在很多情况下都服从父母，但这些情况往往被不服从行为所掩盖。

另一种认知技巧被用来提高父母解决问题的能力。具体来说，父母被教导避免因孩子的不良行为责备自己或孩子。相反，父母被鼓励为孩子的行为寻找其他原因。例如，如果孩子在购物过程中捣乱，父母可能原先会先责备自己（例如，“我是个糟糕的父母”）或责备孩子（例如，“真是个淘气的孩子”）。治疗师则可能会鼓励父母将孩子的不良行为归因于情境因素（例如，“他今天没午睡”或“他很无聊，需要做点什么”）。不责怪父母或孩子的其他归因可以减少内疚感、无助感或愤怒感，从而降低虐待发生的可能性。

还有一项干预措施涉及提高父母的情绪应对技能。由于父母虐待孩子之前通常会产生痛苦、怨恨和愤怒，因此他们必须学会减少消极情绪的方法。治疗师使用的技术在很大程度上取决于父母的需要和偏好。一些父母喜欢放松技巧，一些父母喜欢正念练习，还有一些父母喜欢记日记或锻炼。大多数治疗师还尝试增加父母的社会支持网络，以此减轻父母的压力。

治疗师还教孩子如何识别和挑战不适应的思维方式。例如，许多孩子认为自己很坏，应该受到虐待。治疗师挑战这些信念并增强孩子的自尊。治疗师还教授放松和愤怒管理技能，以减少孩子情绪爆发的频率和严重程度。

安全计划（*Safety Planning*）是 PC-CBT 的第三阶段。这一阶段治疗的目标是帮助父母和孩子制定**安全计划**（**safety plan**），以便在父母感到愤怒并可能对孩子采取敌对或虐待行为时使用。该计划包括：（1）学习如何识别可能发生虐待的迹象（例如，“妈妈非常生气并开始威胁我”或“爸爸又开始喝酒了”）；（2）立即采取行动保护孩子的安全（例如，使用放松或愤怒管理策略、离开家）；（3）向信任的成人寻求帮助（例如，祖母、邻居）。

大多数安全计划都包括一个中性的代号，如“Cool-Out”（冷静下来）或“Jell-O”（果冻），当父母或孩子感到有人在发脾气，可能表现出愤怒时，他们可以大声说出代号。当有人说代号时，所有家庭成员都必须暂时撤回到家中的不同地点并实施安全计划。

插图 12.2　撰写虐待叙事并与照顾者分享是治疗的一个重要组成部分。一些治疗师让孩子们像这样把故事写成连环画。

来源：基于鲁尼恩和德布林格（Runyon and Deblinger, 2014）。

虐待澄清（*Abuse Clarification*）是 PC-CBT 的最后阶段。在这个阶段，孩子构建**虐待叙事**（**abuse narrative**）以描述受虐待的经历（插图 12.2）。虐待叙事可以让孩子处理被虐待经历，并与父母分享他的经历。有些孩子不愿意直接写他们的经历（Runyon & Deblinger, 2014）。在这些情况下，治疗师可以尝试其他方法：

我们先画些画吧。然后我们再加文字。

让我们写一首关于所发生的事的诗。有什么合适的词可以写进去？

你是脱口秀的客串明星，我要采访你。告诉我关于……

让我们写一首关于所发生事情的歌。我们需要什么乐器？

让我们为发生的事情做一个时间轴，这样我们就可以把事情搞清楚。

让我们用我的电脑画一幅关于所发生的事情的漫画。

同时，父母给孩子写一封描述虐待行为的澄清信。父母承担虐待的责任，并提醒孩子他被虐待不是他的过错。在联合治疗中，父母和孩子分享彼此的作品，并以共情的方式相互回应。治疗师通过以下陈述促进父母和孩子之间的开放式沟通和情感表达：

你觉得你爸爸刚才说的话怎么样？

听起来你的孩子已经注意到了你作为父母要做的改变。你觉得怎么样？

你妈妈说她爱你。你觉得怎么样？你想对你妈妈说什么？

许多研究支持 PC-CBT 在帮助经历过躯体虐待事件的家庭方面的效果。PC-CBT 能显著减少孩子的焦虑、愤怒情绪和行为问题。PC-CBT 还与亲子互动质量的改善、使用体罚来管理孩子行为的减少以及更一致的养育方式有关。参与 PC-CBT 的父母在治疗过程中也较少感到愤怒和抑郁，对孩子采取敌对或虐待行为的可能性也较低，而没参与该项目的父母则有实施虐待的风险。该项目已被用于不同社会文化背景的家庭，取得了类似的效果（Runyon & Deblinger, 2019）。

修订版亲子互动疗法

回想一下，亲子互动疗法（parent-child interaction therapy, PCIT）是一种父母训练计划，适用于学龄前儿童的照顾者和幼儿。PCIT 包括两个部分:（1）儿童导向的互动，在其中父母在游戏中跟随孩子的主导，并实践敏感和反应敏锐的照顾;（2）父母导向的互动，在其中父母使用正强化来提高孩子的配合性。父母和孩子一起练习技巧，治疗师指导父母并提供实用的技巧和鼓励（Osofsky et al., 2018）。

PCIT 已被修改以帮助年纪太小而无法参与 PC-CBT 的受虐待幼儿。

第一，治疗师在治疗开始时花更多的时间与父母建立融洽关系。曾遭受过躯体虐待或忽视的父母往往对自己的行为感到尴尬。一些父母也对别人要求他们参加治疗感到不满。治疗师使用共情和动机增强技术来理解父母的想法、感受和行动。PCIT 的这一组成部分对治疗的成功尤其重要。父母参与 PCIT 的动机可以预测他们再次实施虐待行为的可能性（Chaffin et al., 2009; Chaffin, Funderburk, Bard, Valle, & Gurwitch, 2011）。

第二，治疗师根据孩子的被虐待史重构孩子的不良行为。大多数反对和挑衅行为都是由于父母养育行为的不一致和强迫产生的，而一些孩子则因为被虐待经历而表现出愤怒、易激惹和攻击。在某些情况下，孩子模仿照顾者诸如大叫、殴打或威胁他人的敌对和攻击行为。有些情况下，孩子的被虐待史干扰了他们情绪调节技能的发展。治疗师鼓励父母将孩子不当行为的这些方面视为由虐待引起的问题，必须以敏感和耐心对其加以纠正。

第三，治疗师帮助父母对孩子可能重复或重演虐待行为的游戏做出回应。例如，一个目睹母亲因家庭暴力而死亡的孩子可能会和被变成“孤儿”的动物玩具玩假装游戏。治疗师可能会鼓励孩子的养澄清确认动物玩具的悲伤，并使用另一只成年动物玩具来证明会有新的照顾者来照看孩子（Gurwitch, Messer, & Funderburk, 2018）。

第四，PCIT 更加关注实施躯体虐待或忽视的父母的思维和情绪调节技能。这些父母中的许多人对孩子的行为抱有不切实际的高期望，认为自己在教养孩子的不当行为方面效率低下，当孩子行为不顺从时，他们很难调节自己的情绪。治疗师对父母进行关于幼儿的哪些行为与发展相适应的教育，并教父母可以用来调节情绪的放松方法和愤怒管理策略（Osofsky et al., 2018）。

几项随机对照研究表明，PCIT 对实施躯体虐待或忽视的父母有效。例如，查芬及其同事（Chaffin and colleagues, 2004）将父母随机分配到三种治疗条件中的一种：（1）PCIT；（2）PCIT+ 对父母的个体治疗；（3）传统的基于团体的养育培训项目。结果显示，单独使用 PCIT（第 1 组）或联合个体治疗（第 2 组）的治疗方法在降低父母再次虐待子女的可能性方面优于传统的养育培训项目（第 3 组）。这些结果表明，PCIT 中使用的亲自实践的“教练法”可能对高危父母特别有用。最近，拉尼尔、科尔、本茨、斯温格和德雷克（Lanier, Kohl, Benz, Swinger, and Drake, 2014）研究了参与 PCIT 的家庭的长期情况。在治疗后的 1 ～ 3 年内，12.5% 的参与 PCIT 的父母再次虐待孩子，而在社区中接受常规治疗的父母中这一比例为 50%。总之，这些发现支持将 PCIT 作为幼儿虐待的一线治疗方法。

性虐待幸存者的认知重构

PC-CBT 也可用于帮助遭受性虐待的儿童与青少年。几项随机对照研究表明，与社区中以人为中心的治疗或支持性治疗和常规治疗相比，PC-CBT 在减少遭受过性虐待的儿童与青少年的焦虑和抑郁方面是有效的（Cummings & O’Donohue, 2019）。

针对性虐待受害者的 PC-CBT 在三个重要方面不同于针对躯体虐待和忽视的 PC-CBT。第一，受到性虐待的儿童与青少年与他们没有实施虐待的父母或照顾者一起接受治疗，他们不与实施性虐待的成人接受联合治疗。

第二，治疗师花大量时间与没有实施虐待的照顾者合作，以消除对儿童与青少年性虐待的误解，并挑战这些照顾者可能对自己或其子女存在的非适应性信念。例如，没有实施虐待的照顾者经常对他们孩子受到的虐待持有不准确或无益的信念，比如，“我孩子的生活被毁了，她永远也不会从中恢复过来”“我们的家庭被毁了”“我们再也不会是一个幸福、正常的家庭了”“我应该知道这会发生，并保护我的孩子的安全”。治疗师会去挑战这些无用的信念。

第三，治疗师利用**认知重构**（**cognitive restructuring**）来帮助孩子识别和纠正对自己、他人和世界的非适应性想法。例如，受到性虐待的儿童与青少年经常对自己持负面评价。他们可能认为自己一文不值，是“被损坏的东西”或者不受他人喜爱（Cohen, Mannarino, & Deblinger, 2013）。遭受过性虐待的儿童与青少年也可能认为其他人不值得信任、以自我为中心且具有强迫性。因此，他们可能怀疑他人的动机，避免向他人寻求帮助或支持。

第四，遭受过性虐待的儿童与青少年可能对世界和未来持消极看法。他们往往将世界视为一个危险的地方。还有些孩子对未来持悲观态度，无法考虑长期计划（Deblinger, Mannarino, Cohen, Runyon, & Heflin, 2015）。

儿童与青少年看待自己、他人和世界的方式会影响他们的体验、感受和行为。相信“没有人可以信任”的儿童很可能难以与照顾者和朋友们建立依恋。一个认为“我也一文不值，甚至我自己的父亲都虐待我”的青少年可能会有低自尊和低自我效能感的问题（Kruczek & Vitanza, 2015）。

认知重构的一个重点是减少儿童与青少年因自己受害而对自己的指责。一种策略是帮助儿童与青少年了解对他们所做（或没有做）的行为感到后悔和承担虐待的责任之间的区别。例如，一个青少年可能在聚会上喝太多酒，接受了让她不认识的大男孩开车送她回家，并遭受他的性侵害。尽管这名青少年做出了喝太多酒并接受陌生人开车送她回家的错误决定，但她对这个男孩的行为并不负有责任。从科学到实践部分提供了一个例子，说明了治疗师如何温和地挑战消极想法以减少自责。

从科学到实践

挑战对虐待的不适应信念

米歇尔是一个 14 岁的女孩，她曾被继父性虐待。治疗师温和地挑战可能导致米歇尔内疚感的非适应性想法。

治疗师：当你现在想起的曾经受到的虐待时，你有什么感受?

米歇尔：我只是对这一切感到内疚。

治疗师：好的，还记得我们说过有时候我们的想法会影响我们的感受吗？你能告诉我当你感到内疚时你在想什么吗?

米歇尔：我只是觉得我一定做了些什么，才让我爸爸决定对我这么做。

治疗师：你认为你可能做了什么?

米歇尔：我不知道。他过去总是因为我穿的衣服而对我大喊大叫，所以我想也许我穿错了衣服。

治疗师：你觉得你的衣服怎么了?

米歇尔：我真的不知道。我穿得和其他孩子一样，但他说我想让自己看起来过于成熟和性感。他甚至有时说是我让他这么做的，因为我穿着很短的短裤和超短裙到处走。

治疗师：好吧，让我们仔细考虑一下。你说你穿得和其他孩子一样?

米歇尔：是的，差不多。

治疗师：那么，你认为这样的穿着会导致他们所有人都受到性虐待吗?

米歇尔：嗯，不是所有的，不是。事实上，我不认为这曾发生在我的任何朋友身上。

治疗师：所以，如果穿成那样并没有让他们遭受性虐待，那么你因此遭受性虐待是不合理的，不是吗?

米歇尔：是的，我觉得这不合理。

注：来自赫夫林和德布林格（Heflin and Deblinger, 2003）。经允许使用。

另一种减少责备的策略是使用“责任饼”的比喻。一个被继父虐待的男孩可能知道他的父亲要为他的行为负责，但仍然把一些责任归咎于自己。治疗师可能会问男孩：“如果你有一个饼，并且根据虐待的责任进行分配，那么你会给继父、继母和你自己多大的一块？”然后治疗师可以挑战男孩对虐待的任何非适应性信念，并减少他自责的那部分。

减少责备的最后一个技巧是角色扮演。治疗师扮演孩子的角色，孩子扮演他最好的朋友的角色。孩子的任务是挑战“朋友”报告的导致责备或内疚的不适应想法。角色扮演可以让孩子们以更具同理心和非评判的方式看待他们的被虐待经历（Cohen, Mannarino, & Deblinger, 2019）。

小　结

- 在 PC-CBT 中，治疗师帮助儿童与青少年识别并改变对受虐待经历的非适应性想法。儿童与青少年还需将经历写出来，形成叙事，并制定安全计划来防止今后受到虐待。
- PCIT 已针对躯体虐待或忽视的父母进行了修改。这个治疗方案致力于帮助父母培养情绪调节技能，以便他们能够为孩子提供更敏感的照顾。
- 认知重构可以用来减轻遭受过性虐待的儿童与青少年的自责和内疚。

12.3　创伤后应激障碍

什么是创伤后应激障碍？

创伤后应激障碍（posttraumatic stress disorder, PTSD）是一种 DSM-5 中的精神障碍，它以一系列行为、认知、情感以及暴露在危及生命的事件之后出现的生理症状为特征（表 12.2）。大约三分之一的儿童与青少年在成年前至少经历过一次创伤事件。这些事件包括儿童与青少年躯体或性虐待、家庭或社区暴力、人身攻击或校园暴力、自然灾害、车祸和家庭事故、恐怖袭击、与战争有关的暴力和剥夺以及与移民有关的严重困难。虽然并非所有经历过此类创伤事件的儿童与青少年都会患上 PTSD，但许多儿童与青少年会出现 PTSD 症状，需要治疗来帮助他们恢复社交和情绪（Osofsky, Osofsky, Speier, & Hansel, 2019）。

表 12.2 创伤后应激障碍诊断标准

A. 以下述 1 种（或多种）方式**接触**实际的或被威胁的死亡、严重的伤害或性暴力：
  1. 直接经历创伤事件。
  2. 目睹发生在他人身上的创伤事件，*尤其是发生在主要照顾者身上。*
  3. 获悉亲密的家庭成员或亲密的朋友身上的创伤事件，*尤其是发生在父母或主要照顾者身上。*

B. 在创伤事件发生后，存在以下 1 个（或多个）与创伤事件有关的**侵入性症状**：
  1. 创伤事件反复的、非自愿的和侵入性的痛苦记忆。在儿童中，创伤的许多方面可能通过反复玩与创伤事件有关的游戏表现出来。*在学龄前儿童中，记忆可能不会显得痛苦，而可能表现为游戏。*
  2. 反复做内容和 / 或情感与创伤事件相关的痛苦的梦。儿童可能做害怕但不认识内容的梦。*在学龄前儿童中，可能无法确定梦的内容是否与创伤有关。*
  3. 分离性反应（例如闪回），个体的感觉或举动好像创伤事件重复出现（这种反应可能连续出现，最极端的表现是对目前环境完全丧失意识）。儿童可能在游戏中重演特定的创伤。
  4. 接触于象征或类似创伤事件某方面的内在或外在线索时，产生强烈或持久的心理痛苦。
  5. 对象征或类似创伤事件某方面的内在或外在线索，产生显著的生理反应。*学龄前儿童可能表现为对创伤事件的提示产生显著的生理反应。*

C. 创伤事件后开始持续**回避**与创伤事件相关的刺激，具有以下 1 项或 2 项情况*：
  1. 回避或尽量回避关于创伤事件或与其高度密切相关的痛苦记忆、思想或感觉。*学龄前儿童可能表现为对唤起创伤记忆的活动或场所的回避。*
  2. 回避或尽量回避能够唤起关于创伤事件或与其高度相关的痛苦记忆、思想或感觉的外部提示（人、地点、对话、活动、物体、情景）。*学龄前儿童可能表现为避开那些引起创伤记忆的人、对话或情景。*

D. 与创伤事件有关的**认知和心境方面的负性改变**，在创伤事件发生后开始或加重，具有以下 2 项（或更多）情况：
  1. 无法记住创伤事件的某个重要方面（通常是由于分离性遗忘症，而不是诸如脑损伤、酒精、毒品等其他因素所致）。*这个症状不适用于学龄前儿童。*
  2. 对自己、他人或世界持续夸大的负性信念和预期（例如，“我很坏”“没有人可以信任”“世界是绝对危险的”）。*这个症状不适用于学龄前儿童。*
  3. 由于对创伤事件的原因或结果持续性的认知歪曲，导致个体责备自己或他人。*这个症状不适用于学龄前儿童。*
  4. 持续性的负性情绪状态（例如，害怕、恐惧、愤怒、内疚、羞耻）。*学龄前儿童可能表现为出现这些负面情绪的频率增加。*
  5. 显著地减少对重要活动的兴趣或参与。*学龄前儿童可能表现为对游戏的兴趣减少。*
  6. 与他人脱离或疏远的感觉。*学龄前儿童可能表现出社交退缩。*
  7. 持续地不能体验到正性情绪（例如，不能体验快乐、满足或爱的感觉）。*学龄前儿童可能表现为积极情绪表达的减少。*

E. 与创伤事件有关的**警觉或回应性有显著的改变**，在创伤事件发生后开始或加重，具有以下 2 项（或更多）情况：
  1. 激惹的行为和愤怒的爆发（在很少或没有挑衅的情况下），典型表现为对人或物体的言语或身体攻击。*学龄前儿童可能表现为极端的脾气暴躁。*
  2. 不计后果或自我毁灭行为。*这个症状不适用于学龄前儿童。*
  3. 过度警觉。
  4. 过分的惊跳反应。

续 表

5. 注意力有问题。
6. 睡眠障碍（例如，难以入睡或难以保持睡眠，或者休息不充分的睡眠）。
F. 这种障碍的持续时间**超过一个月**。
G. 这种障碍引起临床上明显的**痛苦和损害**。*学龄前儿童可能在与父母、兄弟姐妹、同龄人或其他照顾者的关系或学校行为方面出现问题。*
H. 这种障碍不能归因于某种物质（例如，药物或酒精）的生理效应或其他躯体疾病。
注：学龄前儿童（＜6 岁）诊断标准的差异以斜体显示。
* 学龄前儿童必须仅表现出 C 或 D 中的一种症状才能符合诊断标准。

暴露于创伤

根据定义，PTSD 是由于接触一个或多个创伤事件引起的。DSM-5 将**创伤事件**（**traumatic event**）定义为涉及实际的或被威胁的死亡、严重身体伤害或性侵犯的心理社会压力源。创伤事件可以是故意的（例如，躯体虐待）、意外的（例如，车祸）或自然性的（例如，火灾）。儿童与青少年被诊断为 PTSD 不需要在事件发生期间或事件发生后立即表现出焦虑或痛苦，但他们必须在创伤后的某个时间点体验到特征性症状。

创伤事件必须直接发生在儿童与青少年身上，或者发生在与儿童与青少年亲密的家人或朋友身上。听到熟人或陌生人身上发生创伤事件（例如，在报纸上看到）不符合此标准。同样，在电视或电影中观看真实或虚构的创伤也不足以支持 PTSD 的诊断（American Psychiatric Association, 2013）。

侵入性症状

暴露于创伤事件后，患有 PTSD 的儿童与青少年表现出四类特征性症状。第一类包括与创伤相关的侵入性症状。患有 PTSD 的儿童与青少年会持续地重新体验这一事件，通常以反复做梦、短暂的表象或不必要的想法的形式出现。例如，一个遭遇车祸的青少年可能会做噩梦，或者在上学时脑海中反复出现车祸的画面。通常，与创伤事件相关的刺激会触发侵入性症状。例如，当这个青少年听到事故期间汽车收音机播放的歌曲时，他可能回忆起车祸，即使他并不想回忆起来。在某些情况下，患有 PTSD 的人会经历分离性反应或“闪回”——也就是说，他们暂时感觉创伤事件就发生在当下。

学龄儿童有时在游戏中出现侵入性症状。反复进行重现了创伤的各个方面的游戏可能是一种不必要的、侵入性的想法的迹象。例如，一个 7 岁的女孩目睹了一场暴风雨摧毁了她家的房屋，她可能一直想着这场灾难。她的父母可能会在游戏中观察到她重演这一事件（例如，摧毁一个玩具房子）或者无意中听到她的玩偶们互相“谈论”暴风雨。

回避症状

第二组症状描述了儿童与青少年对创伤事件各方面的回避。一些患有 PTSD 的儿童与青少年不愿意与他人讨论创伤经历或分享他们对创伤的感受。有些儿童与青少年回避与创伤事件相关的人、地点或情境，因为它们会引发痛苦的记忆或强烈的负面情绪。

回避症状通过负强化得以维持。通过回避与创伤事件相关的想法、感受和外部刺激，儿童与青少年可以回避或逃避痛苦。虽然回避可以暂时缓解压力，但也可能导致长期问题。

回避的主要问题是，它限制了儿童与青少年面对创伤事件并学会有效应对方法的机会。事实上，PTSD 的治疗包括系统地让儿童与青少年在安全的环境中接触与创伤相关的想法、情感和 / 或外部刺激，直到儿童与青少年的焦虑、抑郁或愤怒消退。尽管让儿童与青少年接触与创伤相关的刺激可以在短期内引发强烈的情绪，但从长远来看，这让儿童与青少年知道他们有能力面对和克服负面体验。

回避的另一个问题是它限制了从发展的角度来说适当的活动。例如，一个在夜间受到性虐待的儿童可能会产生对黑暗的恐惧。他可能无法参加他以前喜欢的活动，例如在朋友家过夜。同样，目睹父亲死于车祸的青少年可能不愿意考驾照。回避与创伤相关的刺激也会限制参与愉快活动的机会（例如，过夜派对、与朋友一起开车去看电影），并会干扰社交功能（Cohen et al., 2018）。

认知和情绪的变化

第三组症状描述了儿童与青少年的感受或想法的负性改变。PTSD 患儿会经历各种各样的负面情绪，包括焦虑、抑郁、内疚和愤怒。如果创伤是突然的或不可预测的，焦虑就会产生。儿童与青少年可能会产生焦虑或担忧，以保护他们免受未来创伤事件的惊吓。当儿童与青少年因创伤而遭受重大损失（例如，父母死亡、房屋被毁）或受到信任的人或权威人士的伤害（例如，被照顾者、教练或教师虐待）时，就会出现抑郁。内疚或愤怒的产生取决于儿童与青少年是将创伤归咎于自己还是他人（Cohen et al., 2018）。

一些 PTSD 患儿也会经历情感上的“麻木”，其特征是无法体验快乐和其他积极情绪，对过去令人愉快的活动缺乏兴趣，以及感觉冷漠或疏远。情绪麻木可以被看作是一种通过抑制所有情绪和回避社交来避免和创伤相关的负面情绪的方法。

唤醒和回应性的变化

最后一组 PTSD 症状描述了警觉或反应水平的改变。这些症状包括身体应激反应过度和情绪调节困难。许多 PTSD 患儿表现出过度警觉，也就是说，生理唤醒和警觉性增强。在这种状态下，儿童与青少年可能会仔细查看周围的危险。高度的警觉性通常伴随着对创伤相关刺激的过度反应。例如，一个目睹枪击的儿童与青少年在听到类似枪击的声音时可能会跳起来、肌肉紧张或摔倒在地板上（Jovanovic et al., 2010）。

许多 PTSD 患儿很容易被他人激怒。有些儿童与青少年表现出易激惹、爱发脾气或者会愤怒地批评他人。大龄儿童与青少年可能会从事危险或自我毁灭行为，例如鲁莽驾驶、过度饮酒或非致命性自伤（例如，割伤、灼伤）。这些行为往往反映出调节情绪的非适应性尝试。PTSD 患儿所经历的唤醒和回应性增强会导致注意力和睡眠问题（Nader & Fletcher, 2014）。

痛苦、损害和持续时间

PTSD 患儿在社交、学业和其他活动（例如体育、俱乐部或业余爱好）中会经历严重的痛苦或损害。在过去，PTSD 被认为是一种焦虑障碍。临床医生认为 PTSD 患者对创伤事件的反应总是恐惧、无助或恐怖（Brewin, Lanius, Novac, Schnyder, & Galea, 2009）。最近的研究表明，人们对威胁生命的事件表现出广泛的情绪反应。尽管大多数儿童与青少年的反应是焦虑（39.6%）、悲伤（39.6%）或恐惧（32.1%），但一些 PTSD 患儿最初表现出的是兴奋（22.6%）、快乐（3.8%）或没有任何情绪（11.3%）（Scheeringa, Zeanah, & Cohen, 2011）。因此，在 DSM-5 中，PTSD 被认为是一种创伤相关障碍（American Psychiatric Association, 2013）。

儿童与青少年必须经历至少 1 个月的症状才能被诊断为 PTSD。创伤事件后不需要立即出现症状。在某些情况下，儿童与青少年直到受到创伤后数周或数月才开始出现症状。然而，儿童与青少年必须经历至少 1 个月的症状才能符合 PTSD 的诊断标准。如果症状出现不到 1 个月，那么临床医生可以将其诊断为**急性应激障碍**（**acute stress disorder**），这是一种 DSM-5 中的障碍，类似于 PTSD，但持续时间要求较短。症状出现 1 个月后，临床医生可以将诊断改为 PTSD（American Psychiatric Association, 2013）。

既然你已经学习了创伤后应激障碍的诊断标准，让我们来看看儿童与青少年是如何表现出这种障碍的症状和体征的。以一个正在应对创伤事件的记忆的青少年普雷斯顿为例。

案例研究
大孩子的 PTSD

幸存者的负罪感

普雷斯顿是一个 17 岁的男孩，他因为严重的抑郁症和自伤而被父母送来我们诊所。他母亲报告说："事故发生后，他就变得'不一样'了。那天晚上，另外三位母亲失去了他们的儿子，但我（指她的内心）也失去了我的儿子。"

普雷斯顿是一名高个子、长相很不错的高中生。他擅长越野，有很多朋友。普雷斯顿在 3 个月前发生车祸之前没有任何情绪或行为问题的病史。

普雷斯顿和三个朋友参加完聚会，开车从一条乡村公路回家。虽然普雷斯顿没有喝酒，但他的朋友们喝了好几瓶啤酒，而且都在打闹。正在开车的普雷斯顿分心了。他的车驶离路边，驶入一条沟渠，翻车了。撞上电线杆后，车终于停了下来。普雷斯顿摔断了胳膊和锁骨。他的两个朋友当场死亡，第三个朋友第二天在医院里去世。

"我真的不想再做什么了。有时候，我想我应该像其他人一样在那天晚上死去。"普雷斯顿向福斯特医生解释道，"我知道我应该为这次事故负责。应该死的是我，不是他们。"

福斯特医生问："你经常想到那次事故吗？"

普雷斯顿回答说："实际上，我尽量不去想。我试着用学习或工作让自己分心，但这没用。我晚上睡不着并且会做可怕的梦，因此我吃安眠药。白天，我对着我父母和妹妹大吼大叫。我在学校不能集中注意力。我一直想着他们的家人。我毕不了业了。"

"你被送来我这里的部分原因是你割伤了你的胳膊。"福斯特医生补充道。

在长时间的停顿和沉重的叹息之后，普雷斯顿回答道："这真的是我能感受到什么的唯一方式。"

分离症状

虽然不是 PTSD 诊断所必需的，但一些暴露于创伤事件中的人也会出现分离症状。分离症状包括持续或反复有与自身或周围环境分离的感觉（American Psychiatric Association, 2013）。分离症状通常反映出一个人试图通过在认知或情感上与事件保持距离来应对极端创伤事件。两种类型的分离症状与 PTSD 特别相关：人格解体（depersonalization）和现实解体（derealization）。

人格解体描述的是持续或反复体验到脱离自己的身体或心理过程的感觉。经历过人格解体的人经常觉得他们是在看电影或梦中的自己，或者与自己的想法和行为脱节。例如，有人可能会说"我感觉自己好像飘走了""我感觉自己脱离了身体，没有联结，我离自己很远"或者"我能看到和听到我周围的一切，但却无法回应"。

现实解体是指对周围环境不真实的持续或反复的想法或感受。经历过现实解体的人们以一种不寻常或扭曲的方式看待周围的世界。一些人报告说"我周围的环境看起来很不真实，很遥远""我觉得我在用一个奇怪的镜头或眼镜看一切"或者"物体看起来很小，单调，或者是虚假的"。

识别儿童与青少年的分离症状可能很困难（Bailey & Brand, 2017）。低龄儿童中分离症状的例子包括：

恍惚（Trance-like）状态，持续几秒或几分钟，在这种状态中儿童与青少年是反应迟钝的。

不寻常的记忆衰退，例如忘记家庭成员或朋友的名字。

时间感差，例如认为下午是上午，或者对家里或学校的常规日程感到困惑。

退行行为，例如 8 岁的儿童开始吮吸拇指或像婴儿一样说话。

听到“声音”“鬼魂”或“想象中的朋友”责备、批评或命令儿童与青少年做坏事。

用不同的声音或角色与自己争论或批评自己。

识别分离症状很重要，因为这些症状可预测更严重的损害和更差的预后。例如，与只患有 PTSD 的儿童与青少年相比，患有 PTSD 且出现了分离症状的儿童与青少年更容易共病焦虑和心境问题，并且更容易发生危险和自我伤害行为。患有 PTSD 和分离症状的儿童与青少年与家人和同伴的关系也会受到更大的损害，与只患有 PTSD 的儿童与青少年相比，他们对治疗的应答更少。根据 DSM-5，当患有 PTSD 的个体也表现出分离症状时，治疗师应在 PTSD 诊断中添加“伴分离症状”的标注（Choi et al., 2019; Hébert, Langevin, & Daigneault, 2017; Rock, Geier, Noll, & De Bellis, 2019）。

小 结

- PTSD 发生在暴露于死亡、重伤或性暴力后。
- PTSD 的特征是：（1）侵入性症状；（2）回避与创伤事件相关的刺激；（3）想法或情绪的消极改变；（4）导致痛苦或损害的唤醒和回应性的改变并至少持续 1 个月。
- 一些 PTSD 患儿表现出分离症状。人格解体是指感受到与自己的身心分离。现实解体是指扭曲的知觉或时间感。

幼儿的 PTSD 症状是怎样的？

暴露于创伤事件的学龄前儿童 PTSD 的表现方式可能与大龄儿童、青少年和成人不同。幼儿往往难以表达自己的想法和感情。因此，治疗师很难对学龄前儿童使用与其他个体相同的 PTSD 诊断标准（Wheeler & Jones, 2015）。

当幼儿在创伤事件后经历睡眠问题并做可怕的梦时，我们可能很难或不能确定这些梦的内容是否与创伤有关。与之相似，大多数学龄前儿童无法描述出回避症状或其思想和情感方面的负性变化——这些对大龄儿童、青少年和成人 PTSD 来说是至关重要的。相反，他们的父母更有可能注意到一些行为，这些行为暗示着侵入性的想法或梦、对创伤相关的人或地点的回避以及他们的行为或情绪的负面变化（Puff & Renk, 2015）。以一名患有 PTSD 的学龄前儿童阿马尔为例。

案例研究

学龄前儿童的创伤后应激障碍

逃离叙利亚

阿马尔是一名 5 岁男孩，因睡眠障碍和焦虑障碍被转介到我们诊所。他和父母逃离内战的叙利亚，首先抵达土耳其的一个难民营，然后移居美国。与许多难民一样，阿马尔及其家人也暴露在战争的暴行之下。阿马尔的父亲是一名医生，在逃离该地区之前，他在阿勒颇治疗受伤的平民。阿马尔目睹了亲戚和朋友的死亡以及他所在的地区遭到破坏。"我们最担心的是他的睡眠，"他的母亲说，"他坚持要睡在我们的床上。如果我们拒绝，他就会尖叫和发脾气。"他的父亲补充道："他通常每周做几次噩梦。他说他无法描述它们，但他提到这些梦涉及火灾和爆炸。"

进一步地询问还显示出了其他儿童期 PTSD 的早期迹象。在学校，阿马尔显得很难过、孤僻。他的教师说："他似乎感受不到快乐，没有玩耍的欲望，与其他和他同龄的孩子不同。我尝试过用艺术、音乐、体育和课堂上的特殊奖励来让他敞开心扉，但他似乎与我们其他人隔绝了。"

阿马尔也表现出夸张的惊跳反应。大的噪声很容易让他跳起来、哭或惊慌。"独立日的烟火对他来说太可怕了。他甚至不想在电视上看放烟花，"他的母亲解释道，"他经常问我们：'一切都好吗？'我们告诉他：'是的，你现在在美国。一切都会好起来的。'但他不相信我们。"

由于幼儿的 PTSD 表现与成人不同，DSM-5 包含了另外一些针对学龄前儿童 PTSD 的标准（表 12.2 中斜体字内容）。这些标准在四个方面不同于 DSM-5 中关于大龄儿童、青少年和成人 PTSD 的诊断标准（Goldbeck & Jensen, 2017）。

首先，DSM-5 特别提到，如果学龄前儿童目睹或得知父母或照顾者遇到的创伤事件，他们可能会发展出 PTSD。这一说明强调了，幼儿在很大程度上依赖他人得以被保护和生存。对父母或照顾者的任何严重威胁都反映了对幼儿自身福祉的严重威胁（Becker-Blease & Kerig, 2017）

其次，学龄前儿童通常表现出不同于大龄儿童、青少年和成人的侵入性症状。幼儿可能会玩重复的游戏，重现创伤事件的各个方面，而不是报告出现不想要的记忆或闪回。此外，幼儿在玩耍时可能不会表现出痛苦，而是以一种事实上的方式再现创伤。例如，一名家在龙卷风中被毁的幼儿可能会带着他的毛绒玩具重演"跑向地下室"的情境。患有 PTSD 的幼儿也可能在经历创伤后出现噩梦，但他们可能无法将梦的内容与创伤事件本身联系起来。

然后，学龄前儿童只需要表现出一种回避症状或一种表明认知或情绪改变的症状就可以被诊断为 PTSD。与之相比，大龄儿童、青少年和成人必须表现出一种回避症状和两种改变症状才能符合诊断标准。学龄前儿童较低的症状阈值反映了大多数儿童在描述他们的想法和感受时的困难（Karatzias et al., 2018）。

请注意，学龄前儿童的诊断标准强调他人可以观察到的行为。大龄儿童与青少年可能会回避有关创伤的想法或感觉，而学龄前儿童则倾向于回避与创伤有关的人、地点或情境。例如，一个在龙卷风中幸存下来的小男孩可能无法描述他对这一事件的想法，但他可能害怕噪声、强风或暴风雨。与之类似，男孩可能难以描述龙卷风过后他的情绪变化，但成人可能会注意到，他在幼儿园不怎么玩耍、似乎疏远了同龄人或拒绝与父母分离（Cicchetti & Toth, 2016）。

最后，学龄前儿童的症状必须引起痛苦，干扰他们在学校的行为或损害他们与父母、兄弟姐妹或照顾者的关系。与之相比，大龄儿童、青少年和成人的 PTSD 症状必须对其本身（不一定对他人）造成痛苦或损害。对诊断标准的修改强调了学龄前儿童与父母、教师和其他照顾者之间关系的重要性（Goldbeck & Jensen, 2017）。

小　结

- 由于年龄和发展能力的限制，患有 PTSD 的幼儿的表现与大龄儿童和成人不同。
- 学龄前儿童的 PTSD 症状可能是一些外显的行为，他们可能不怎么表现出 PTSD 的症状或体征，他们的行为可能会对家庭成员造成痛苦或损害（而不是自己经历痛苦或损害）。

儿童与青少年 PTSD 有多普遍？

儿童与青少年遭受创伤的概率

关于儿童与青少年的创伤事件的最佳数据来自大烟雾山研究（Great Smoky Mountains Study），这是一项评估个体从幼儿期到成年期情况的前瞻性纵向研究。这项研究值得一提，因为研究人员每隔几年评估一次儿童与青少年在成长过程中遭受创伤的情况。到成年时，31% 的个体经历过至少一次创伤事件，23% 经历过至少两次事件，15% 经历过三次或更多事件。总体流行率不随性别、族裔或族裔而变化（Copeland et al., 2019）。

最常见于儿童与青少年的创伤是直接的身体暴力。四分之一的儿童与青少年经历了照顾者的躯体虐待或忽视、同伴的严重身体攻击或涉及伤害或威胁的社区暴力。近四分之一的儿童与青少年目睹过另一个人遭受的创伤事件（例如家庭暴力、邻里冲突或枪击）或者兄弟姐妹或朋友受到严重伤害。五分之一的儿童与青少年知道亲密家人或朋友遭遇的暴力或危及生命的事件。

研究人员发现，对应对创伤准备越少的家庭越容易遭遇创伤。具体而言，来自低 SES 家庭、单亲家庭和经历过高度心理社会压力的家庭的儿童与青少年最有可能经历多重创伤（Copeland et al., 2019）。

PTSD 患病率

大约三分之一经历过创伤事件的儿童与青少年会出现 PTSD 症状。最常见的症状包括持续回避与创伤相关的人和地点，当想起创伤时会痛苦或焦虑，更加易激惹或脾气暴躁，以及出现睡眠问题（McLaughlin, Brent, & Hermann, 2019）。

大约 16% 遭受创伤的儿童与青少年符合 PTSD 的全部诊断标准（Gunaratnam & Alisic, 2018）。患上 PTSD 的可能性最高的是暴露于多重创伤事件、经历持续创伤（例如，经常性虐待或战争）、亲身经历这些事件（而不是目睹或从他人那里了解）的儿童与青少年，以及经历故意伤害和人际创伤（例如，袭击、虐待）而不是疾病、事故或自然灾害的儿童与青少年。例如，大约 60% 来自战乱国家的难民儿童符合 PTSD 的诊断标准。同样，多达 40% 反复遭受虐待或目睹家庭暴力的青少年患上了 PTSD。与之相比，只有不到 8% 的青少年因家庭伤害、车祸、火灾或自然灾害患上这种障碍（Smith, Dalgleish, & Meiser-Stedman, 2019）。

女孩患上 PTSD 的可能性是男孩的 2 ～ 3 倍，这可能是因为女孩更容易遭受故意的人际创伤（例如，性暴力）。然而，一些研究人员发现，即使在控制了创伤类型后，女孩也比男孩更容易患上 PTSD。有些研究人员认为，青春期女性的激素分泌或女孩通常采用的应对策略可能会增加她们患这种障碍的风险（Garza & Jovanovic, 2018; McLaughlin et al., 2019）。

小　结

- 纵向数据表明，31% 的儿童与青少年在成年前至少经历过一次创伤事件，23% 经历过两次，15% 经历过三次或更多。
- 约有 16% 遭遇创伤事件的儿童与青少年符合 PTSD 的诊断标准。
- 女孩患上 PTSD 的可能性是男孩的 2 ～ 3 倍。

儿童与青少年 PTSD 的病程和共病情况如何？

病　程

几项纵向研究对儿童与青少年 PTSD 的病程进行了探讨。创伤事件发生一个月后，16% 的儿童与青少年符合 PTSD 的诊断标准。患病率在创伤后 3 个月时自发下降至15%，6个月时下降至12%，1年后下降至11%。1年后，患病率相对稳定。大约8%的儿童与青少年在经历创伤后3～4年仍符合PTSD的诊断标准（Hiller et al., 2016）。

总之，这些数据表明，大约一半患有PTSD的儿童与青少年在没有治疗的情况下康复，这通常发生在创伤后的头几个月。那些在创伤前社会–情感功能良好、创伤后父母给予高度支持、愿意与他人谈论创伤经历的儿童与青少年最有可能自行康复（McLaughlin et al., 2019）。

共　病

研究人员还研究患有PTSD的儿童与青少年的心理健康问题的共病情况（Copeland et al., 2019）。这些数据表明，儿童与青少年经历的创伤事件的数量与其在成年前患上另一种精神健康问题的可能性之间存在着明确的关系。例如，经历过一次创伤事件的儿童与青少年共病精神健康问题的患病率是15%，而对于经历过三次或更多创伤的儿童与青少年这一比率增加到46%。最常见的共病是品行问题（21%）、抑郁（19%）、焦虑（17%）和物质使用障碍（12%）（Cohen et al., 2018）。

成年后的转归：ACE研究

不良童年经历（Adverse Childhood Experiences, ACE）研究是第一个主要研究儿童与青少年暴露于创伤的长期结果的研究。这项研究涉及了大量成人样本。每名成人都完成了一份关于儿童期或青春期不良经历的问卷。这些经历包括不同类型的虐待（例如，躯体虐待、性虐待）和家庭问题（例如，父母死亡或遗弃、对母亲的暴力）。研究人员还收集了每名成人的生理和精神健康数据（Felitti et al., 2019）。

超过一半的成年被试回忆起至少一件不良童年经历。此外，童年不良经历的数量与成人当前健康状况之间存在直接关系（图12.3）。童年不良事件的数量与成年后的整体身体健康、肥胖和吸烟的可能性以及危险性行为有关。童年不良事件的数量也与成年后酗酒和其他吸毒问题、抑郁和自杀尝试的可能性有关（Goldstine-Cole & Groves, 2019）。

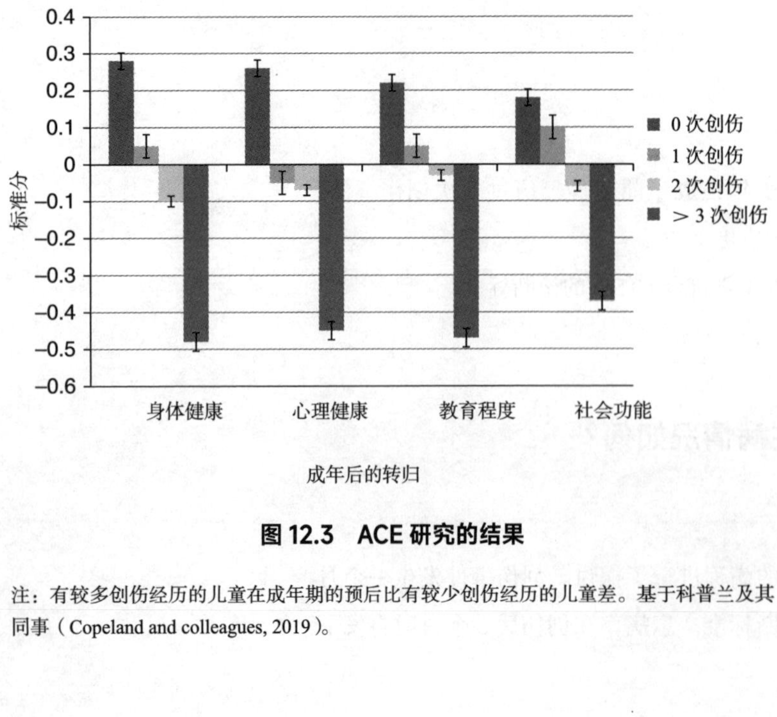

图12.3　ACE研究的结果

注：有较多创伤经历的儿童在成年期的预后比有较少创伤经历的儿童差。基于科普兰及其同事（Copeland and colleagues, 2019）。

ACE研究表明童年不良事件的数量与日后身体和精神健康问题的可能性之间存在关联。然而，这项研究有两方面的局限。第一，研究结果取决于成人对不良童年经历的回忆，而不是父母或孩子在不良经历发生时的报告。一些成人可能会对遥远过去发生的事件保持错误的记忆，或者他们当前的困难可能会影响他们对童年经历的回忆。第二，研究人员没有研究其他潜在创伤事件的影响，例如自然灾害、同龄人的身体攻击或目睹邻里冲突（Finkelhor, Shattuck, Turner, & Hamby, 2016; Sacks & Murphey, 2019）。

为了解决这些局限性，研究人员使用来自大烟雾山研究的前瞻性纵向数据来检验童年创伤经历对成年后健康结果的影响。这项研究的被试从幼儿期到中年期每 3 年接受一次评估（Copeland et al., 2019）。

结果与最初的 ACE 研究一致：儿童期创伤事件的数量预测了被试成年后出现身心健康问题的可能性。例如，童年经历过 4 次或 4 次以上创伤事件的被试成年后患焦虑、抑郁或物质使用障碍的可能性是未经历过创伤的被试的两倍。童年的创伤暴露也预示着健康问题、经济和学业困难、社交困难以及成年期的犯罪活动。儿童期反复经历或目睹家庭暴力或邻里冲突比经历单一的意外创伤更能有力预测成年后的负面转归。

总之，ACE 研究和类似的研究证明了童年暴露于创伤事件的长期风险。这些研究还强调了为遭受创伤事件的儿童与青少年提供循证心理健康服务以防止今后出现身心健康问题的重要性。

小　结

- 大约 16% 的儿童与青少年在创伤事件发生后 1 个月患上 PTSD。患病率逐渐下降，大约 1 年后保持稳定。
- 患有 PTSD 的儿童与青少年经常会出现品行问题、抑郁、焦虑或物质使用障碍。
- ACE 研究表明，个体在童年经历的不良事件的数量与他们成年后出现身体和精神健康问题的可能性相关。

预测 PTSD 的因素有哪些？

许多儿童与青少年暴露于创伤事件中，但相对较少的儿童与青少年患上 PTSD。为了理解为什么一些暴露在创伤中的儿童与青少年会出现 PTSD 症状而另一些则不会，研究人员开发了一个与风险和心理韧性相关的方法来理解这种障碍。回想一下，风险因素会增加儿童与青少年患上特定障碍的可能性，而心理韧性则起到缓冲作用，使儿童与青少年免受这些潜在有害影响。PTSD 的出现在很大程度上取决于风险和心理韧性的相互作用（Ford & Greene, 2018）。

儿童与青少年创伤前的功能

儿童与青少年在创伤事件发生前的社会–情感功能可以预测其创伤后症状的严重程度（Trickey, Siddaway, Meiser-Stedman, Serpell, & Field, 2012）。安德鲁飓风的幸存者首先证明了儿童与青少年创伤前功能的重要性，安德鲁飓风是袭击佛罗里达州最致命的飓风之一。飓风前几个月，心理学家安妮特·拉格雷卡及其同事（Annette La Greca and colleagues, 1998）评估了迈阿密戴德县一个大样本中的儿童与青少年的心理功能。飓风袭击该地区后，研究人员重新评估了每个儿童与青少年，以测量他们在飓风中的暴露程度和 PTSD 症状。

正如所料，经历这场飓风这个事件预测了儿童与青少年 3 个月后 PTSD 的症状。例如，与没有经历过这些事件的儿童与青少年相比，那些报告自己的家被损坏或毁坏、家人或宠物受伤或被碎片击中的儿童与青少年更容易出现症状。研究人员还发现，飓风前有更高焦虑、注意力问题和学习困难的儿童与青少年在风暴后表现出更多的 PTSD 症状。事实上，飓风发生的 7 个月后，只有创伤前功能才能预测儿童与青少年 PTSD 症状的严重程度。

有些研究人员也发现，儿童与青少年在创伤事件发生前的功能可以预测创伤后的 PTSD 症状。例如，在“9・11”恐怖袭击前有高度焦虑或抑郁的儿童与青少年在袭击发生后几个月比没有情绪问题的儿童与青少年表现出更多的 PTSD 症状。当研究人员对儿童与青少年的创伤前功能进行控制时，他们暴露于袭击和 PTSD 症状之间的关系消失了（Aber, Gershoff, Ware, & Kotler, 2004; Lengua, Long, Smith, & Meltzoff, 2005）。与之类似，儿童与青少年在新奥尔良卡特里娜飓风发生前的情绪功能预测了他们在飓风后患 PTSD、焦虑和抑郁的可能性（Weems et al., 2007）。

总的来说，这些发现表明，患有焦虑或情绪问题的儿童与青少年在经历创伤事件后易患 PTSD。创伤事件可能超过了这些高危儿童与青少年的应对能力，加剧了他们的痛苦和损伤（McLaughlin et al., 2019）。

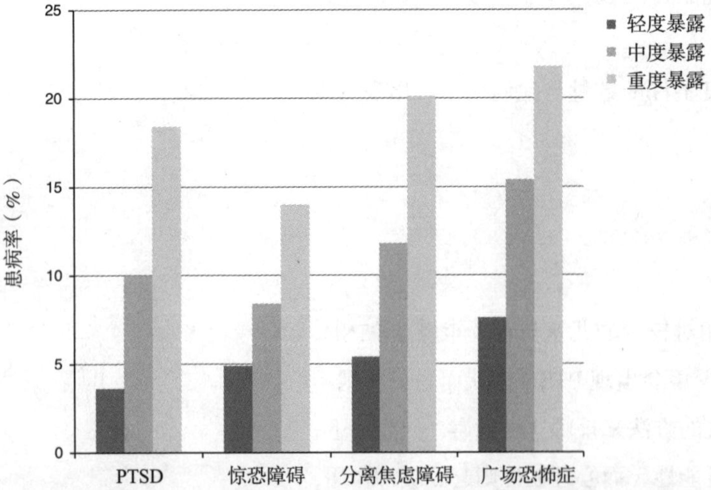

图 12.4　与创伤事件的距离可预测创伤后应激障碍

注： 9 月 11 日世贸中心受到袭击后，儿童与青少年患 PTSD 和焦虑障碍的可能性取决于他们暴露于袭击的程度。基于霍文及其同事（Hoven and colleagues, 2005）。

儿童与青少年与创伤事件的物理距离和心理距离

患 PTSD 的可能性也取决于儿童与青少年是否接近创伤事件。纽约市教育部在“9・11”恐怖袭击后开展的一项研究证明了距离的重要性。研究人员通过确定有多少儿童与青少年（或一名与其亲密的家人）直接受到影响的方式来评估每个儿童与青少年暴露在袭击中的程度。直接影响包括目睹袭击，在袭击中受伤，身处烟尘、烟雾或废墟中 / 附近或由应急人员疏散。重度暴露的儿童与青少年受到两种或多种方式的直接影响，中度暴露的儿童与青少年以一种方式受到直接影响，轻度暴露的儿童与青少年居住在纽约市但仅间接经历了袭击（例如，在电视上看到袭击的画面）。

6 个月后，研究人员评估了儿童与青少年的 PTSD 症状和社会-情感功能（图 12.4）。总体而言，11% 的儿童与青少年符合 PTSD 的标准，而居住在纽约市以外的儿童与青少年中这一比例仅为 3%。重度暴露组的儿童与青少年（18%）比中度（10%）或轻度（4%）暴露组的儿童与青少年更有可能患 PTSD。

研究人员还有另外两个有趣的发现。第一，儿童与青少年暴露于这些袭击的程度也预测了焦虑和抑郁障碍的出现。最值得注意的是，重度暴露的儿童与青少年比轻度暴露的儿童与青少年发生分离焦虑、惊恐障碍或广场恐怖症的可能性要高 2 ～ 3 倍。第二，有家人卷入袭击比自己经历袭击更能预测 PTSD 和其他精神健康问题。这一发现表明家人的福祉对儿童与青少年的幸福非常重要。

其他研究也观察到与创伤的物理距离和心理距离与 PTSD 症状严重程度之间的类似关系。例如，文德林（Wendling, 2009）对一次高中枪击事件的幸存者进行了 PTSD 症状的调查。枪击事件中有 2 名学生死亡，13 人受伤。共有 247 名学生目睹有人被枪杀或接受治疗（即直接接触），590 名学生听到或看到有人从远处开枪（即间接接触），323 名学生在学校但不知道事件发生的经过（即没有接触）。总体而言，4.9% 的学生符合 PTSD 的诊断标准。直接接触创伤的学生患病率最高（9.7%），间接接触创伤（3.7%）或未接触创伤（3.4%）的学生患病率较低。这些发现表明，儿童与青少年离创伤事件越近，患 PTSD 的可能性越大。然而，即使是远距离接触创伤的儿童与青少年也会出现 PTSD 症状。

创伤的严重程度

创伤的严重程度也预测了儿童与青少年 PTSD。一般来说，儿童与青少年认为事件越有生命威胁或越危险，他们的 PTSD 的症状就越严重。例如，研究人员发现，儿童与青少年在 9.2 级地震发生后患创伤后应激障碍的可能性要高于破坏力很小的 3.0 级地震。在其他创伤事件，例如车祸、火灾和校园枪击事件中，也可以看到威胁和患上 PTSD 的可能性之间的类似关系（Trickey et al., 2012）。

重复的人际暴力行为也比单一的创伤更容易导致 PTSD。多次被同伴攻击、被照顾者躯体虐待或性虐待，或者遭受家庭暴力的儿童与青少年面临的风险特别大。在经历过多次人际创伤的儿童与青少年中，PTSD 的患病率从 30% 到 40% 不等。

暴露于帮派暴力或战争的儿童与青少年患 PTSD 的风险更高。在美国的某些城市地区，多达 75% 的儿童与青少年至少目睹过一次严重的暴力行为，例如人身攻击或性侵害、枪击或谋杀。全世界有 2.3 亿儿童与青少年生活在受帮派暴力、内战或其他形式武装冲突影响的地区。近年来，儿童与青少年甚至被迫在这些冲突中充当士兵。生活在战区的儿童与青少年中 PTSD 的患病率超过 50%。

最后，最近的研究表明，流离失所或以难民身份生活的儿童与青少年患 PTSD 的比率很高。在过去 10 年中，5000 多万名儿童与青少年逃离了叙利亚、伊拉克、也门和南苏丹等饱受战争蹂躏的国家。来自洪都拉斯、危地马拉、尼加拉瓜和萨尔瓦多的家庭因其本国的暴力和贫困而移民到墨西哥和美国。这些儿童与青少年中的许多人经历了多重创伤事件，包括反复遭受人际暴力行为、贫困和不安全的生活条件、拘留或驱逐以及与照顾者分离。平均而言，约三分之一的儿童与青少年难民符合 PTSD 的诊断标准（MacLean et al., 2019; Rojas-Flores, Clements, Hwang Koo, & London, 2018; Soykoek, Mall, Nehring, Henningsen, & Aberl, 2018）。

儿童与青少年认知评价

认知评价理论（cognitive appraisal theory）认为人们思考和评估压力情境的方式（即他们的评估）会影响他们随后的感受。与认知上远离灾难性事件的儿童与青少年相比，经历与个人相关的创伤事件或认为自己对事件负有某种责任的儿童与青少年表现出更多的痛苦（Brenner, 2016）。

例如，认为卷入“9·11”恐怖袭击的，或认为自己或家人将来可能成为类似袭击受害者的儿童与青少年比其他儿童与青少年更容易出现 PTSD 症状。以这些在袭击发生地附近生活或上学的儿童与青少年的陈述为例（Hock, Hart, Kang, & Lutz, 2004）：

- “太可怕了。如果他们能对世贸中心这样做，他们就能对我们的房子这样做。我很不安，因为死了很多人。”
- “我担心如果他们失去太多士兵，爸爸可能会被征召入伍。我妈妈是护士，所以我也担心她。”
- “事情发生后的一周，我爸爸必须乘飞机去别处。这让我很害怕。”

这样的想法会让儿童与青少年体验消极情绪，例如焦虑和担忧（会发生另一次袭击）、怨恨或愤怒（对实施攻击的人）以及责备和内疚（他们无法阻止袭击）。反过来，像这样的负面情绪与儿童与青少年 PTSD 症状的严重程度密切相关（Trickey et al., 2012）。

与之相比，那些认为他们的家人在随后的袭击中不太可能受到伤害的儿童与青少年表现出相对较少的焦虑和情绪问题。这种评价可以从目睹袭击的儿童与青少年的陈述中看出（Hock et al., 2004）：

- “世界上有十亿人。这样的事情发生在我身上的概率是十亿分之一。”
- “不，我不认为我父母会出什么事。我爸爸不在特别高的大楼里工作，他工作的地方只有 20 层，而且我妈妈在一个一层建筑里工作。”

- “这让我很生气，我希望美国能复仇。这并没有真正让我担心。我以前从来没有坐过飞机。”

像这样的评价更客观，使儿童与青少年患病理性心境恶劣、PTSD 和其他问题的风险更低（Trickey et al., 2012）。

荟萃分析表明，儿童与青少年对创伤事件的评价与 PTSD 症状的严重程度之间存在着密切的关系（ES=1.62）。儿童与青少年越相信创伤事件与自己有关或者自己对创伤负有某种责任，患上 PTSD 的可能性就越大（Mitchell, Brennan, Curran, Hanna, & Dyer, 2017）。

儿童与青少年的应对策略

儿童与青少年在创伤事件后的应对策略也与他们患 PTSD 的可能性密切相关。应对是指在压力事件后保护自己免受心理伤害的想法和行为。应对中介了压力与人的行为或情绪反应之间的关系。大多数应对理论认为，个体采取的应对策略——而非压力源本身的特性——在很大程度上决定其对心理社会压力源的反应。因此，相同的压力源可能对不同的人产生不同的影响（Armstrong, Basquin, & Tadeschi, 2019）。

心理学家区分了两种应对方式:（1）以问题为中心;（2）逃避。**问题聚焦应对**（**problem-focused coping**）通常被认为更具适应性。它包括改变或消除导致心理社会压力源的条件，或以减少或消除问题的方式改变对体验的感知。在许多情况下，创伤事件一旦发生就无法改变；然而，儿童与青少年可以改变对压力源的认知，让自己感觉更能掌控局面。例如，一个目睹朋友死于严重车祸的青少年无法改变事故本身。然而，他可以通过与所爱的人谈论事故并意识到自己不该受到责备来减少内疚感或失落感。

与之相比，**逃避或回避应对**（**escape or avoidance coping**）是指从压力情境及其行为、认知和情绪后果中脱离出来。创伤事件发生后，大多数人都希望避开与事件相关的人、地点、想法和感受。他们可能变得越来越孤立或试图用其他活动分散自己的注意力。一些人使用药物、酒精和其他毒品来应对负面情绪，而另一些人则“封闭”情绪以避免任何感受。

逃避–回避应对暂时减少了心理痛苦，因此会起到负强化的作用。在短期内，逃避–回避应对也可以是适应性的，它可以让人们在受到重大压力后立即履行学业、工作或家庭义务。然而，从长远来看，逃避–回避应对会使人们容易产生社会情感问题，特别是焦虑障碍和 PTSD。因为个体难以面对和压力源相关的人、情况、想法和感受，所以负面情绪往往会持续并导致长期损害。例如，社交情感退缩应对“9 · 11”袭击的儿童与青少年的转归最差，他们更可能出现抑郁症、无望感、自杀意念和 PTSD。相比之下，与父母和朋友积极讨论对创伤的想法和感受的儿童与青少年不太可能出现这些问题（Khamis, 2015; Marsac, Kassam-Adams, Delahanty, Widaman, & Barakat, 2014）。

小　结

- 儿童与青少年在创伤事件发生前的心理社会功能、与事件的物理距离与心理距离以及事件的严重程度可预测其患上 PTSD 的可能性。
- 儿童与青少年对创伤事件的认知和应对策略与他们患上 PTSD 的可能性有关。

能够解释 PTSD 的理论有哪些?

学习理论

根据学习理论，PTSD 是通过经典条件作用习得的。创伤事件（即无条件刺激）威胁到儿童与青少年或与其亲密的家人的安全。该事件中的攻击或伤害引起疼痛、不愉快的生理唤醒（例如，恶心或恐慌）或强烈的病理性心境恶劣（例如，恐惧、无助或惊骇，即无条件反应）。患有 PTSD 的儿童与青少年将创伤事件与中性刺激相关联，例如视觉、声音、气味、一天中的时间、地点或事件发生时在场的人。通过经典条件作用，这些先前中性的刺激会引发与创伤事件本身类似的负面情绪。例如，一个男孩被一个留胡子的男人躯体虐待，当他看到其他留胡子的男人时可能就会感到焦虑。同样，一个在校园枪击案中幸存的女孩看到校车可能会变得恐惧万分。在行为方面，这些先前中性的刺激（例如，胡须、巴士）已经变成了条件刺激，引发类似的条件反应，例如疼痛、恐慌或恐惧（Capaldi, Zandberg, & Foa, 2018）。

PTSD 是通过操作性条件作用，特别是负强化来维持的。当儿童与青少年回避与创伤相关的刺激时，他们会体验到疼痛、警觉或烦躁的减轻。因此，他们在未来更有可能回避这些刺激。虽然回避条件性刺激会在短期内减少负面情绪，但也会导致长期问题。儿童与青少年永远无法通过长时间不面对条件性刺激来消除恐惧。因此，他们继续体验这些负面情绪，并且限制他们的日常活动。例如，一个害怕留胡子的男人的男孩可能无法和一个留着胡子的教练打棒球。同样，害怕上学的女孩可能在学业上落后于同龄人。

学习理论解释了 PTSD 的许多侵入性的和回避症状。通过经典条件作用，当儿童与青少年暴露在类似创伤事件的线索下时，他们就会经历强烈的痛苦或生理唤醒。此外，儿童与青少年通常回避外部提示事件，以控制他们的痛苦或唤醒。然而，学习理论并不能充分解释患有 PTSD 的儿童与青少年在认知和情绪方面经历的消极变化。为了解释这些症状，我们需要看第二个理论，这个理论更好地解释了 PTSD 患儿处理想法和感情的方式（Ford & Greene,2018）。

情绪加工理论

情绪加工理论（emotional processing theory）为 PTSD 的许多认知和情绪症状提供了解释（Foa, Huppert, & Cahill, 2006）。根据这一理论，情绪在我们的记忆中被组织成认知结构或认知网络。每一种情绪结构都由刺激的心理表征、生理或情绪反应以及与刺激和反应相关的意义组成。

例如，一个家被龙卷风摧毁的儿童或青少年可能会在记忆中形成对这件事的恐惧结构。这个结构包括刺激（例如，龙卷风），他的生理或情感反应（例如，心跳加速、呼吸急促、想逃跑），以及他对刺激和反应所赋予的含义（例如，“世界是一个危险的地方，没有一个地方是安全的”）。这个男孩的恐惧结构是非适应性的，因为他的信念导致了焦虑和无助的感受（Osofsky et al., 2019）。

大多数经历过创伤事件的儿童与青少年不会患上 PTSD，因为他们能够面对与创伤事件相关的刺激，并将新的含义与之联系起来。儿童与青少年通过长时间接触刺激直到恐惧消退而学会新的认知联结。例如，经历了龙卷风的男孩可能会和他的父母一起观看雷雨，而他的父母则向他保证他是安全的。男孩将认识到风暴通常并不危险，他有能力面对和克服它们（Narayan & Masten, 2019）。

与之相对，当儿童与青少年没有学会将创伤相关刺激与新的含义联系起来时，他们可能会患上 PTSD。他们会继续回避或逃避与创伤相关的刺激。例如，经历过龙卷风的男孩可能会在听到雷电声时躲在房间里。因此，龙卷风会继续让男孩产生负面情绪（例如，恐惧、担忧）、生理反应（例如，神经过敏、恐慌）和不想要的想法（例如，噩梦、闪回）。

情绪加工理论解释了 PTSD 的许多认知和情绪症状。例如，大龄儿童与青少年可能会经历关于创伤事件的侵入性记忆、梦或闪回，因为他们无法对这些事件形成新的认知，并将其与生活中的其他经历结合起来。因此，这些儿童与青少年的注意力、记忆和睡眠依然受困于创伤的影响。

儿童与青少年也可能经历认知和情感的消极显著改变，因为他们给那些令他们恐惧的刺激和自己赋予了消极的意义。例如，许多儿童与青少年将创伤归咎于自己或他人，并因此体验到强烈的内疚或愤怒。其他儿童与青少年改变了他们对自己、他人和世界的看法，以便理解创伤。他们认为自己软弱脆弱，世界本身就是危险的，不能相信他人会保护自己（Gallagher, Hembree, Gillihan, & Foa, 2018）。

PTSD 的主要治疗方法是暴露疗法。儿童与青少年必须面对物理刺激或创伤经历的记忆，直到他们的痛苦消退。同时，他们必须给予创伤相关的刺激赋予新的含义。例如，害怕暴风雨的男孩可能会学会“雨不会伤害我，下雨对花园有好处”和“无论如何我都能应对”（Capaldi et al., 2018）。

生理学理论

生理学理论可以用来解释患 PTSD 的儿童与青少年在警觉和回应性方面经历的

消极变化。这些症状是由身体的应激反应异常引起的。两个神经内分泌系统调节这种应激反应。这些系统之所以被称为“神经内分泌”，是因为它们由神经系统（即神经元和神经递质）和内分泌系统（即腺体和激素）组成。

交感肾上腺髓质轴（sympathetic-adrenal-medullary, SAM）调节身体的即时战斗或逃跑反应。这种反应是交感神经系统的一部分，交感神经系统负责自动唤醒。当我们遇到威胁性刺激时（例如，看到汽车后视镜中的警灯），杏仁核就会活跃起来。它刺激下丘脑，下丘脑通过脊髓将信息传递给位于肾脏上方的肾上腺。肾上腺髓质（*adrenal medulla*）是肾上腺最里面的区域，向我们的血液中释放肾上腺素（epinephrine，有时被称为 adrenaline）和去甲肾上腺素（norepinephrine，有时被称为 noradrenaline）两种化学物质。这些化学物质在我们的血液中快速流动，导致我们的心跳加快、血压升高、呼吸变得急促而浅。它们也会激活我们的肌肉，让我们采取战斗或逃跑的行动。SAM 轴的激活只需几秒钟，并且大部分在我们意识不到的情况下发生（Everly & Lating, 2019）。

SAM 轴是一个自我调节系统，也就是说，它可以在威胁过去后自行关闭。两个相连的大脑区域负责调节。杏仁核会激活“战或逃”反应，还会处理威胁性刺激，使之能够被记忆。例如，如果警察发现我们超速行驶，我们出现恐惧反应是合理的，我们的心跳会漏一拍，很可能会记住测速仪的位置，这样就不会再次被抓住。另一个大脑区域前额叶皮质负责评估威胁，如果有必要，还会抑制“战或逃”反应。例如，前额叶皮质可能会让我们意识到光照实际上来自一辆正在帮助受困司机的拖车。在这种情况下，我们的恐惧反应是不合理的，可以关闭（Bami, Fernando, & Donnelly, 2019）。

创伤事件可通过两种方式破坏 SAM 反馈回路。第一，单一的创伤事件可以使杏仁核敏感，从而对与该事件相关的无关刺激做出反应。例如，遭遇过严重车祸的儿童与青少年可能会将事故现场的警灯与创伤联系起来。类似的刺激（例如，警灯、事故地点、事故发生时收音机上的歌曲）可能会被编码到记忆中，并引发恐惧反应。事实上，与未受过创伤的儿童与青少年相比，一些患有 PTSD 的儿童与青少年的杏仁核的体积和活动都有所增加（Osofsky et al., 2018）。

第二，暴露在持续的创伤中会导致大脑皮质失去抑制“战或逃”反应的能力。例如，一个反复目睹邻里暴力的儿童与青少年在遇到与这些事件相关的刺激时可能再也无法关闭身体的恐惧反应。杏仁核“劫持”大脑的理性区域，引起恐惧和唤醒，即使在不需要这样的反应时也是如此（Goleman, 1995）。事实上，患有 PTSD 的儿童与青少年的大脑皮质体积比未受过创伤的儿童与青少年小 6%。此外，早年经历过创伤、经历过更多创伤事件和有更严重 PTSD 症状的儿童与青少年皮质体积减小的程度往往最高（Killion & Weyandt, 2020）。

下丘脑-垂体-肾上腺轴（hypothalamic-pituitary-adrenal , HPA）调节机体对压力的延迟反应（插图 12.3）。该轴由身体的三部分组成：下丘脑（位于大脑中部）、垂体（位于大脑下方）和肾上腺（位于肾脏上方）。这三个部分通过一系列激素进行交流，这些激素通过血液循环缓慢传递。激素最终刺激肾上腺皮质或肾上腺的外层，这会导致皮质醇的释放（皮质醇是主要应激激素）。皮质醇是一种糖皮质激素，它能使我们将储存的脂肪转化为能量，从而对压力做出反应。它还抑制消化和人体免疫反应，这两个过程在面临直接威胁时不那么重要。HPA 轴的完全激活需要几分钟的时间，并导致主观焦虑、不适或忐忑不安（Daskalakis, McGill, Lehrner, & Yehuda, 2017）。

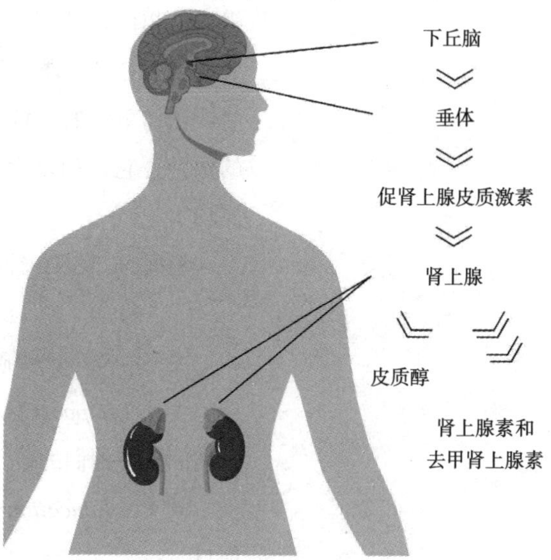

插图 12.3　下丘-垂体-肾上腺轴（hypothalamic-pituitary-adrenal, HPA）调节身体的应激反应。PTSD 患儿常表现出这个轴的失调。

HPA 轴也是一个自我调节系统。下丘脑激活 HPA 轴，海马负责抑制。海马是一个富含皮质醇受体的大脑区域。当海马检测到高水平的皮质醇时，它会抑制下丘脑的激活，从而停止这个过程（Koss & Gunnar, 2018）。

经历慢性压力或反复创伤的儿童与青少年表现出 HPA 轴的失调。暴露于创伤事件的幼儿通常表现出皮质醇水平高和海马体积增大。相反，青少年和成人在反复遭受创伤或慢性应激时往往表现出 HPA 反应减弱，其特点是整体皮质醇水平较低，海马体积较小。随着时间推移，皮质醇的过度分泌可能会损害海马。海马损伤很重要，因为这个脑区负责将短期记忆转换为长期记忆。海马的损伤可能是一些 PTSD 患者产生不想要的记忆、闪回和噩梦的原因（Lehrner, Daskalakis, & Yehuda, 2017; Osofsky et al., 2018）。

小　结

- 根据学习理论，PTSD 通过经典条件作用发展出来，并通过操作性条件作用，特别是负强化得以维持。
- 根据情绪加工理论，当儿童与青少年回避与创伤事件相关的刺激时，PTSD 就可能发生。因此，儿童与青少年无法对事件形成新的、良性的含义。
- 两种神经内分泌通路可能是 PTSD 生理症状的基础。SAM 轴调节即时“战或逃”反应，HPA 轴调节身体对压力的延迟反应。

哪些循证治疗对儿童与青少年 PTSD 有效？

创伤知情照护

国家儿童创伤应激网络（National Child Traumatic Stress Network, NCTSN）是一个由医护人员，精神卫生专业人士、儿童与青少年和家庭倡导团体以及研究人员组成的组织，他们致力于为遭受创伤的儿童与青少年提供循证服务（Gerrity et al., 2019）。NCTSN 强调**创伤知情照护**（**trauma-informed care**），这是治疗面临生命威胁或创伤事件的儿童与青少年和家庭的普遍方法。创伤知情照护不是一种特殊类型的治疗，它是向幸存者提供敏感和反应敏锐的治疗的常用方法（Brown & Frances, 2018）。

根据 NCTSN，针对儿童与青少年的创伤护理的六大原则（Gerrity et al., 2019）为：

安全（*Safety*）：确保儿童与青少年的安全并且有成人满足他们的即时需求。

支持（*Support*）：帮助父母和照顾者应对他们自己关于创伤事件的情绪，并在康复期间支持他们的孩子。

教育（*Education*）：提供有关儿童与青少年对创伤的反应和循证应对策略的信息。

情绪调节（*Emotion-Regulation*）：向孩子和照顾者教授放松、想象和其他技巧，以帮助他们应对痛苦的情绪。

创伤处理（*Trauma-Processing*）：对于患有 PTSD 或相关问题的儿童与青少年，鼓励他们在准备好时向他人讨论自己的经历。

希望（*Hope*）：聚焦于家庭如何因创伤而成长或变得更强大。

创伤知情照护原则是按优先顺序组织起来的。在创伤事件发生后，立即向儿童与青少年和家庭提供安全和支持至关重要。几乎所有儿童与青少年都将受益于这一预防策略。一些儿童与青少年和家庭将需要更密集的服务，如家庭或个人治疗，以帮助缓解 PTSD 症状。根据家庭的需要和偏好，提供有关 PTSD 的信息、教授放松和应对技能以及鼓励儿童与青少年处理创伤经历可以晚些进行（de Young & Kenardy, 2018）。

插图 12.4　玛丽亚飓风过后，一名救援人员向波多黎各的一名女孩分发物资并进行心理急救。大约 50% 的儿童青少年的家园在风暴中遭到破坏或毁坏；这些儿童青少年中有 7% 患有 PTSD（Orengo-Aguayo, Stewart, de Arellano, Suárez-Kindy, & Young, 2019）。

心理急救

心理急救（**psychological first aid, PFA**）是一种循证干预措施，旨在预防遭受灾难性事件的儿童与青少年出现 PTSD 和其他心理问题（Watson, Brymer, & Bonanno, 2011）。PFA 通常由急救人员或精神卫生专业人员在创伤现场实施。PFA 为受害者提供安全感和保障，满足他们当前的身体、社交和情感需求（Fox et al., 2012）。

PFA 提供者关注受害者的直接的、切实的需求（插图 12.4）。他们努力让儿童与青少年感到安全，让儿童与青少年放心，他们的父母和亲人也不会受到伤害，他们很快就会团聚。救援人员不会强迫儿童与青少年谈论创伤。事实上，鼓励人们在创伤后立即讨论事件无助于缓解他们的焦虑，有时会增加他们的整体痛苦（Rose, Bisson, Churchill, &Wessely, 2010）。相反，PFA 提供者愿意以任何可能的方式支持这个孩子。救援人员向儿童与青少年介绍自己，并尝试提供安慰和保证：

你好。我是丽莎，我是来帮助你和你的家人和家庭的。你现在需要什么吗？那边有水和果汁，那些盒子里有毯子。你妈妈在这里。为了你和你的家人的安全，很多人都在努力工作。你对我们如何保护你的安全有什么疑问吗？（Brymer et al., 2006, p. 24）。

接下来，提供 PFA 的专业人士尝试确定儿童与青少年可能具有的安全以外的其他需求，并开始跟儿童与青少年及家庭制定计划以满足这些需求：

听起来你真的还担心其他的事情，比如发生了什么、爸爸妈妈什么时候来、接下来会发生什么。这些都是重要的事情。让我们考虑一下现在最重要的是什么，然后制定一个计划吧（Brymer et al., 2006, p. 66）。

然后，PFA 提供者将强调，如果儿童与青少年确实需要情感支持，成人们都愿意帮助他：

你很好地让我们知道了你需要什么，做得很好！让别人知道他们可以如何帮助你是很重要的。你得到的帮助越多，你就能使事情变得更好。在这种时候，即使是成人也需要帮助（Brymer et al., 2006, p. 72）。

有时，PFA 可能还包括教儿童与青少年简单的放松策略（例如，专注于呼吸）以帮助他们调节情绪。放松对儿童与青少年睡眠也有用：

让我们练习一种有助于让身体平静的呼吸方式。把一只手放在肚子上，像这样（演示）。好的，我们要用鼻子吸气。当我们吸气时，身体会被充满大量的空气，我们的肚子会像这样鼓起来（演示）。然后，我们会用嘴呼气。当我们呼气时，我们的肚子会像这样瘪下去又鼓起来（演示）。我们可以假装自己是一个气球，充满了空气，然后让空气出来，平稳而缓慢。当我数到三时，我们慢慢地吸气。我再数到三的时候，我们慢慢地呼气。让我们一起试试吧。（Brymer et al., 2006, p. 83）

最后，PFA 专业人士将尝试通过明确表达“鉴于情况的严重性，你们的情绪反应是预期中的”使儿童与青少年和家庭的压力反应正常化。专业人士通常会向家属提供精神健康专业人员的姓名和联系方式，以备他们需要治疗时进行联系。

延长暴露疗法

延长暴露疗法（**prolonged exposure therapy**）是一种针对患有 PTSD 的大龄儿童与青少年的循证治疗。它基于情绪加工理论。根据这一理论，当儿童与青少年习惯性地回避或逃避与创伤相关的刺激时，他们就会出现 PTSD 症状。尽管回避或逃避这些刺激可以暂时缓解压力，但这会干扰儿童与青少年明白这些刺激不像最初出现的那样有害而且他们有能力应对这些刺激。因此，这些儿童与青少年会继续经历负面情绪、生理反应和不必要的想法（Foa et al., 2006）。

延长暴露疗法包括向儿童与青少年提供与创伤相关的刺激，直到他们的负面情绪和生理反应减轻。同时，治疗师还帮助儿童与青少年对这些刺激赋予新的含义，如“它没有我想象的那么危险”或“我足够强大，能够处理这些记忆”（Capaldi et al., 2018）。

一开始，治疗师提供有关 PTSD、创伤后常见反应以及治疗的简要基本原理的知识。大多数治疗师还教授放松技巧，帮助患儿处理暴露期间的创伤记忆。一种技巧是“4-7-8 呼吸”：吸气 4 秒，保持 7 秒，呼气 8 秒直到平静。

如果可能，患儿和治疗师一起完成现场暴露（*in vivo exposure*）。他们一起创建一个层级结构，按照从小到大的顺序列出能引起痛苦或其他强烈情绪的刺激因素。每个刺激都被分配一个数值，表示它所引发的痛苦程度。例如，被卷入学校枪击案的男孩可能会列出以下项目：

10 整天待在学校（包括午餐时间）

8 在学校待半天

6 和妈妈去学校食堂（这里发生了枪击）

4 和妈妈一起进学校几分钟

2 和妈妈开车经过我的学校

这个男孩从最容易的项目开始，逐渐提高等级。重要的是，他在这些活动中得到治疗师、父母、教师或同学的支持，这样他才能忍受每一个活动直到痛苦水平下降。患儿应该抑制躲避或逃避的冲动，直到他的痛苦减轻，这样他就可以知道这些刺激是无害的，他可以有效地应对。

治疗还包括想象暴露（*imaginal exposure*）。治疗师让患儿闭上眼睛，想象创伤事件正在发生。在治疗师的帮助下，患儿描述事件，主要关注情绪结构的元素：人、地点和感受。治疗师还要求患儿描述创伤期间“最糟糕的时刻”。治疗师要求患儿在多次治疗过程中多次使用这种方法。每一次，患儿都被要求提供更多的细节。

在想象暴露期间，治疗师定期要求患儿评估他的痛苦程度。如果痛苦变得过强，治疗师便鼓励患儿采用放松策略进行调节并返回任务。最终，痛苦会消退，治疗师可以帮助患儿对创伤形成新的意义。例如，患儿可能会意识到他对这件事没有责任，他不再处于危险中，或者他成长了，因为这段经历他与家人和朋友变得更亲密（Narayan & Masten, 2019）。

广泛的研究支持了延长暴露疗法对大龄患儿的疗效。一些随机对照试验表明，与等待对照组相比，这种治疗能减少 PTSD 症状、焦虑、抑郁和内疚。延长暴露疗法也优于以人为中心的治疗、支持性治疗和心理动力治疗。大约 80%PTSD 患儿在 12 ～ 15 个疗程内康复，治疗效果可维持至 10 年后（Capaldi et al., 2018）。

聚焦创伤的认知行为治疗

聚焦创伤的认知行为疗法（trauma-focused cognitive-behavioral therapy, TF-CBT）是一种针对暴露于创伤的儿童与青少年的循证治疗。它将认知行为干预与依恋理论、以人为中心的治疗和家庭治疗相结合。尽管它是为 PTSD 患儿设计的，但这个疗法也可以用于创伤事件后出现焦虑、抑郁和破坏性行为问题的患儿（Cohen, Mannarino, & Deblinger, 2019）。

TF-CBT 的基本组成部分由首字母缩略词表示（表 12.3），接受 TF-CBT 的个体学习并实践了新的行为方式和思考创伤的方式（Cohen, Deblinger, & Mannarino, 2019）。

表 12.3　以创伤为中心的 CBT 原理

实践
心理教育和养育技巧
放松与正念
情绪调节
认知应对
创伤叙事的发展与加工
现场逐级暴露
亲子联合治疗
增强安全

注：基于科恩等人（Cohen et al., 2019）。

治疗的第一部分侧重于心理教育和养育技巧（*psychoeducation and parenting skills*）。治疗师向家庭提供有关遭受创伤事件的儿童与青少年数量、对创伤的常见反应以及康复过程的信息。该部分的目标是帮助家庭减少对这一事件的孤立感或羞耻感。治疗师还强调父母可以通过为患儿提供敏感和反应敏锐的照顾、制定有效的应对策略以及管理他们自己对创伤的想法和感受来促进患儿的康复（Hanson & Jobe-Shields, 2018）。

接下来，治疗师教授*放松和正念技巧*（*relaxation and mindfulness skills*），以帮助患儿和家庭管理负面情绪和压力下的生理反应。放松技巧包括缓慢均匀的呼吸、渐进的肌肉放松和积极的想象。一些治疗师教授正念策略，鼓励患儿觉察消极情绪，并以非评判的方式接纳它们（Santiago, Raviv, & Jaycox, 2019）。

治疗的第三个组成部分是*情绪调节*（*affect regulation*）。治疗师帮助患儿给自己的情绪命名，并制定应对消极情绪的策略。例如，经历过飓风的患儿可能会体验到悲伤、愤怒和焦虑的混合情绪。治疗师可能会帮助患儿区分这些感觉，并找到应对它们的方法。患儿可以通过和朋友在一起来减轻难过、骑自行车来减轻愤怒、通过深呼吸练习来减轻焦虑。

治疗的*认知应对*（*cognitive coping*）部分包括识别和挑战与创伤事件相关的非适应性想法。这些想法会增加焦虑、抑郁和其他负面情绪，降低患儿讨论创伤事件的意愿。例如，在一次创伤后，一些患儿相信“世界是一个危险的地方，没有地方是安全的”，那么治疗师可以挑战这种信念，用更有用、更现实的陈述代替它，比如“我和父母在一起很安全”。有些患儿认为“我永远都不会感觉好起来”，治疗师可以帮助他们用“我可以和妈妈谈谈，这会有帮助的”来代替这种悲观想法。

治疗过程中的主要活动是*创伤叙事和加工*（*trauma narration and processing*）。在几次治疗中，治疗师鼓励患儿越来越详细地描述创伤事件。通常，患儿把自己的经历写成一个小故事。然而，有些患儿更喜欢向治疗师口述他们的故事、用诗歌描述事件或者用手绘图来描述事件。不管采用哪种方法，治疗师都鼓励患儿专注于他在创伤期间的想法、感受和感觉，并“像现在正在发生一样”地描述事件。

创伤叙事（**trauma narrative**）的主要目的是让患儿面对创伤记忆，减少逃避。最初，这些记忆会引发强烈的情绪。治疗师鼓励患儿使用放松和正念来调节自己的情绪，并回到叙事中。每次复述，这些感觉的强度都会降低。创伤叙事还为治疗师提供了一个机会，纠正患儿对事件可能存在的非适应性想法。最后，复述这一事件可以让患儿将创伤经历融入余生的叙事中。患儿最终可以将创伤视为身份认同和自我概念的一部分，而不是其人格中决定性的（消极）特征。在故事的结尾，患儿可能会描述从经历中学到了什么，或者作为一个人是如何成长的。专注于成长（而非恐惧和失落）可以给患儿灌输希望（Armstrong et al., 2019）。从科学到实践这一部分展示了一个创伤叙事的例子。

从科学到实践
创伤叙事

我妈妈

第一章：	这是我的故事。我叫伊莎贝拉。我 12 岁了。我在林肯学校上学。我的爱好是表演和绘画。我的家人有我的爸爸、姐姐和狗。我最喜欢巧克力。
第二章：	我的妈妈。我的妈妈很聪明。她读了很多书。她带我去图书馆。她真的很喜欢书。我小的时候，她一直在给我读书。
第三章：	我的妈妈去世了。我的妈妈在一个非常温暖的日子去世了。她下班回家时被枪杀了。她被一个陌生人射杀了。她去世时，我在我最好的朋友家。爸爸来告诉我这个消息。我忍不住哭了。爸爸紧紧地拥抱着我。他也在哭。我很生气没能和妈妈说再见。警察不知道是谁杀了我妈妈。
第四章：	这个故事的其余部分。我妈妈去世的那天晚上，我的姑姑和叔叔来了。他们也很伤心，但他们让我感觉好多了。他们告诉我妈妈有多爱我，他们知道我有多爱她。在殡仪馆，我所有的家人和朋友都来了。这看起来有点像一个聚会，但后来我想，“我再也见不到我妈妈了”，然后我又感到难过。为什么人们会做一些可怕的事情，比如杀人？为什么人们在你需要他们的时候死去？我妈妈再也不能和我一起去图书馆了。该离开殡仪馆的时候是最糟糕的时刻。我再也见不到我妈妈了。我真的很生气。回到家之后，我和爸爸聊了聊。谢天谢地，我还有他。
我学到的是：	与关心你感受的人交谈。 我经历了一件非常艰难的事情。 我很高兴我来这里进行了咨询。 谈论我妈妈的时候我还好。

有时，患儿可以进行现场暴露以帮助其克服回避创伤的行为。从最简单的刺激开始，逐级上升。

在治疗的尾声，患儿和父母参加联合治疗（*conjoint sessions*），在这期间，患儿分享创伤故事。大多数家庭发现这种治疗既痛苦又有治愈作用。治疗师可能会用清洗伤口或进行物理治疗的比喻来描述这项治疗——起初他们感觉不好，但这有助于康复。联合治疗会让患儿更容易与父母谈论自己的想法和感受，让父母有机会表现出愿意倾听和支持孩子的意愿。治疗师还可以帮助父母纠正孩子有关创伤的不准确或无益的想法，例如“我应该在那里保护他”或“这是我的错”。

增强安全（*enhancing safety*）是治疗的最后的部分。父母和照顾者向孩子保证他们是安全的，将来可以保护他们（Runyon, Risch, & Deblinger, 2019）。

30 年间的研究支持将 TF-CBT 用作针对 PTSD 患儿的主要治疗方法。TF-CBT 已被用于治疗从“9 · 11”恐怖袭击和新奥尔良卡特里娜飓风幸存者中康复的美国儿童与青少年。TF-CBT 还被用于帮助在刚果民主共和国和赞比亚经历内战和受害的非洲儿童与青少年。大多数研究表明 TF-CBT 在帮助曾遭受虐待和家庭暴力的儿童与青少年方面是有用的，其中许多儿童与青少年经历了多次持续的创伤（Hanson & Jobe-Shields, 2018; Runyonet al., 2019）。

小　结

- 创伤知情照护是治疗面临生命威胁事件的青少年和家庭的一般性方法。该疗法最初的重点是提供安全和支持，后来的重点是提高情绪调节技能、处理创伤和灌输希望。
- 心理急救是一种创伤事件发生后立即实施的循证干预。急救人员为处于危险中的儿童与青少年和家庭提供安全、切实的帮助和保证。
- 延长暴露疗法是 PTSD 的一线治疗方法。治疗师使用现场或想象暴露来帮助儿童与青少年面对与创伤相关的刺激或记忆，直到他们的焦虑和其他负面情绪减轻。
- TF-CBT 凭借暴露技术和认知重构来减少 PTSD 症状。基本组成部分由首字母缩写 PRACTICE 表示。

关键术语

虐待叙事（abuse narrative）：是指儿童与青少年对其虐待经历的描述，包括与虐待或忽视有关的想法、感受和行为，通常与照顾者分享。

急性应激障碍（acute stress disorder）：DSM-5 中的一种障碍，类似于创伤后应激障碍，但持续时间较短。

不良童年经历（Adverse Childhood Experiences, ACE）研究：一项大型回溯性研究，它表明儿童期不良事件的数量与日后身心健康问题的可能性之间存在相关。

依恋与生物行为追赶（Attachment and Biobehavioral Catch-Up）：一种旨在提高父母和幼儿之间依恋质量的治疗方法。

布加勒斯特早期干预项目（Bucharest Early Intervention Project, BEIP）：一项纵向研究，调查机构和收养对孤儿的影响，结果表明 RAD 可能是由于婴儿期缺乏对照顾者的依恋所致。

儿童与青少年忽视（child neglect）：儿童与青少年父母或其他照料者的作为或不作为，剥夺了儿童与青少年适龄的基本需求，从而导致或有可能导致儿童与青少年躯体或心理伤害。

儿童与青少年躯体虐待（child physical abuse）：由父母、照顾者或其他对孩子有责任的人造成的对孩子的非意外的躯体伤害。

儿童与青少年心理虐待（child psychological abuse）：父母或照顾者对孩子造成

或有可能造成严重心理伤害的非偶然言语或象征行为。

儿童与青少年性虐待（child sexual abuse）：任何涉及儿童与青少年的性行为，其目的是为父母、照顾者或其他对儿童与青少年负有责任的人提供性满足，包括性接触和非接触性剥削。

认知评价理论（cognitive appraisal theory）：一种有关焦虑障碍、PTSD 和情绪问题的发展模型，该模型认为人们对情境的感受取决于他们对这些情况的评估。

认知重构（cognitive restructuring）：认知疗法中使用的一种技术，治疗师温和地挑战患儿的那些导致其负面情绪的非适应性信念。

人格解体（depersonalization）：一种分离症状，包括与身心分离的感受。

现实解体（derealization）：一种分离症状，包括扭曲的知觉或时间感。

去抑制性社会参与障碍（disinhibited social engagement disorder, DSED）：DSM-5 中的一种障碍，表现为婴儿或幼儿反复接触不熟悉的成人，并以一种发展预期之外的方式与之互动。

情绪加工理论（emotional processing theory）：该理论假设情绪在记忆中被组织为由刺激、反应和意义组成的认知网络。延长暴露和认知疗法可用于降低恐惧结构的强度和侵入性。

逃避或回避应对（escape or avoidance coping）：脱离压力环境及其行为、认知和情绪后果。

经验-依赖过程（experience-dependent process）：发展的一个方面，很大程度上取决于时间、性质和 / 或环境刺激的质量。

经验-预期过程（experience-expectant process）：发展的一个方面，被认为具有生物学倾向，仅需最低限度的环境刺激即可实现。

下丘脑-垂体-肾上腺轴（hypothalamic-pituitary-adrenal, HPA）：一个连接下丘脑、垂体和肾上腺皮质的神经内分泌系统反馈系统，调节身体的延迟应激反应。

亲子认知行为疗法（parent-child cognitive-behavioral therapy, PC-CBT）：一种针对遭受虐待或忽视的儿童与青少年及其照顾者的循证治疗，治疗聚焦于参与、技能培养、安全计划和虐待澄清。

创伤后应激障碍（posttraumatic stress disorder, PTSD）：DSM-5 中的一种障碍，发生在暴露于死亡、重伤或性暴力后，其特征为：（1）侵入性症状；（2）回避与事件相关的刺激；（3）思维或情绪的负面改变；（4）警觉和回应性的改变。引起痛苦或损害并持续至少 1 个月。

问题聚焦应对（problem-focused coping）：改变或消除导致心理社会压力源的条件，或者以减少或消除问题的方式改变对体验的感知。

延长暴露疗法（prolonged exposure therapy）：一种针对大龄儿童的基于情绪加工理论的 PTSD 循证治疗。接受这种治疗的儿童进行现场暴露或想象暴露，直到他们的痛苦消退。

心理急救（psychological first aid, PFA）：一种针对遭受创伤事件的儿童与青少年进行的循证治疗。强调安全、自我效能和事件发生后立即提供的社会支持。

回应性依恋障碍（reactive attachment disorder, RAD）：DSM-5 中的一种障碍，其特征为婴幼儿对照顾者表现出抑制、情绪退缩的行为，对安抚无反应，易激惹 / 负面情绪发作。该障碍与早期社会–情绪剥夺有关。

安全计划（safety plan）：应对未来虐待事件的策略，包括（1）识别潜在虐待的迹象；（2）立即采取行动以保持安全；（3）向值得信任的成人寻求帮助。

性化行为（sexualized behavior）：从发展的角度看非典型的或非适应性的性行为。

社交抑制（social inhibition）：一种儿童与青少年在社交场合控制冲动的能力。许多患有 DSED 的儿童与青少年在这方面存在缺陷。

交感肾上腺髓质轴（sympathetic-adrenal-medullary, SAM）：一个连接交感神经系统和肾上腺髓质的神经内分泌反馈系统，可以调节身体的“战或逃”反应。

创伤知情照护（trauma-informed care）：一种帮助面临生命威胁事件的儿童与青少年和家庭的一般性方法，强调安全、支持、教育、情感识别、创伤加工和希望。

聚焦创伤的认知行为治疗（trauma-focused cognitive-behavioral therapy, TF-CBT）：一种 PTSD 的循证治疗，在使用这种疗法时，治疗师（1）帮助儿童与青少年逐渐回忆创伤经历；（2）使用放松技能应对负面情绪；（3）识别和挑战认知歪曲。

创伤叙事（trauma narrative）：一种对创伤经历的逐渐详细的描述，可能是一个故事、一首诗或儿童与青少年可以与他人分享的创造性作品。

创伤事件（traumatic event）：一种心理社会压力源，包括死亡威胁、严重身体伤害或性侵犯等。

创伤性性化（traumatic sexualization）：与性征相关的焦虑、恐惧、厌恶或其他负面情绪的发展过程。

批判性思维练习

1. 安吉拉和布拉德计划领养一个出生后不久就被母亲遗弃的来自另一个国家的孩子。这孩子现在 3 岁了，在孤儿院接受的照顾很差。为什么这个孩子会有出现社会–情感问题的风险？

2. 在考虑家庭中是否发生儿童与青少年虐待或忽视时，为什么要考虑家庭的经济和社会文化背景？

3. 比阿特丽斯是一名 16 岁的女孩，她与一名叫作但丁的 23 岁男子发生了性关系。比阿特丽斯和但丁已经约会了大约 6 个月。他们的关系是虐待性的吗？为什么？

4. 亲子认知行为疗法通常应用于经历过虐待的儿童与青少年及其实施虐待的照顾者。让照顾者参与治疗的好处和局限是什么？在什么情况下照顾者可能不被允许与他们的孩子一起参与治疗？

5. 想象一下，你朋友十几岁的儿子卷入了一场严重的车祸，他的一个朋友在车祸中丧生。尽管事故发生在 3 个月前，但朋友的儿子拒绝谈论这起事故，这起事故继续给他带来痛苦并干扰他的日常功能。你的朋友认为最好让他“把它留在过去，继续他的生活”。你会如何回应？

第十三章

抑郁、自杀以及自伤

DEPRESSION, SUICIDE, AND SELF-INJURY

学习目标

阅读本章后，你应该能够做到以下几点：

13.1　识别破坏性心境失调障碍（DMDD）的特征，并将其与影响儿童与青少年情绪和行为的类似障碍区分开来。

描述 DMDD 的一些病因和可用于帮助患有这种障碍的儿童与青少年的循证疗法。

13.2　识别重性抑郁障碍和持续性抑郁障碍的特征，以及患有这些障碍的儿童与青少年与成人的不同表现。

分析儿童青少年抑郁症的生物、心理和社会文化原因。

评估药物、心理疗法和联合治疗对患抑郁症儿童与青少年的有效性和安全性。

13.3　区分自杀和非自杀性自伤，并解释这些行为的患病率如何因儿童与青少年的年龄、性别和社会文化背景而不同。

找出儿童与青少年自我伤害的一些主要原因以及预防和 / 或减少自伤的循证方法。

摄魂怪是地球上最肮脏的生物之一。它们滋生在最黑暗、最肮脏的地方，为腐败和绝望欢呼，把周围的空气中的和平、希望和幸福吸干。即使非魔法界的人们也能感觉到他们的存在，尽管看不见他们。如果你离摄魂怪太近，那么你所有美好的感觉，所有快乐的回忆都会被吸走（Rowling, 1999）。

在《哈利·波特与阿兹卡班的囚徒》（*Harry Potter and the Prisoner of*

Azkaban）中，卢平教授从摄魂怪手中解救了哈利——摄魂怪是一种黑暗、空灵的生物，它以受害者的消极思想和经历为食。那些被摄魂怪“亲吻”的人会继续活着，但没有任何意义感、目的或快乐——“就像一个空壳”。

在巫师世界之外，我们认为这种生物是抑郁障碍——以悲伤、空虚和易激惹为特征的严重情感障碍。像摄魂怪一样，抑郁障碍剥夺了儿童与青少年的积极情绪以及从他们过去喜欢的活动中获得快乐和满足的能力。抑郁障碍也会对他们的学习成绩、人际关系、运动和爱好产生不利影响（American Psychiatric Association, 2013）。

儿童与青少年的抑郁障碍在过去的几十年里才受到研究人员和治疗师的重视。大约30年以前，许多心理卫生专家认为儿童与青少年不会患抑郁症。我们现在知道，心境障碍不仅在儿童与青少年中存在，而且相当普遍。几乎11%的美国青年，也就是大约800万名青少年在成年前会患抑郁障碍（Child Trends, 2020; Neuhut et al., 2019）。

在本章中，我们将探讨三种最常见的抑郁障碍：破坏性心境失调障碍、重性抑郁障碍和持续性抑郁障碍。我们还将了解自杀和自伤，这两种现象通常伴随着与这些障碍相关的负面情绪（Haas, Hendin, Harkavy-Friedman, & Mortali, 2019）。

卢平教授给哈利巧克力，帮助他从与摄魂怪的遭遇中恢复过来。“这很有帮助，”卢平笑着说，“真的很有帮助。”但哈利知道，保护自己不受绝望和无望影响的唯一方法就是改变自己的想法和行为。虽然非魔法界的人们不能使用魔法，但我们可以依靠类似的循证治疗：以现实和灵活的方式思考我们自己、他人和世界；使用积极的和焦点解决策略来应对应激生活事件；尽可能依靠朋友和家人来支持我们。正如我们将看到的，当孩子和家庭面临这些严重的心境问题时，像这样的认知行为和人际策略可以给他们带来希望。

13.1 破坏性心境失调障碍

什么是DMDD？

DMDD说明

破坏性心境失调障碍（disruptive mood dysregulation disorder, DMDD）是一种以持续易激惹和反复发脾气为特征的抑郁障碍。尽管许多幼儿表现出脾气暴躁，但患有DMDD的儿童与青少年的爆发强度或持续时间与情况不相称（表13.1）。这些脾气的爆发可以是言语上的，也可以是行为上的。例如，许多患有DMDD的儿童与青少年表现出突然的、强烈的言语爆发，观察者称之为“暴怒”或“突发”。他们可能会在没有明显原因的情况下长时间尖叫、大叫和哭泣。还有些患有 DMDD 的儿童与青少年对人或财物表现出强烈的肢体攻击。在突发事件中，患儿可能会毁坏玩具或家具，扔东西，打人、扇人或咬人，或者以其他有害的方式行事。通常，患儿的爆发既有言语上的，也有肢体上的。在所有情况下，这些爆发都与发育阶段不一致。要被诊断为 DMDD，儿童与青少年平均每周必须发生脾气爆发 3 次或更多次（American Psychiatric Association, 2013）。

表 13.1　破坏性心境失调障碍（DMDD）的诊断标准

A. 严重的、反复的脾气爆发，表现为言语（例如，言语暴力）和/或行为（例如，以肢体攻击他人或财物），其强度或持续时间与所处情况或所受的挑衅完全不成比例。

B. 这种脾气爆发与其发育阶段不一致。

C. 这种脾气爆发平均每周发生 3 次或 3 次以上。

D. 几乎每天和每天的大部分时间，脾气爆发之间的心境是持续性的易激惹或发怒，且可被他人观察到（例如，父母、教师、同伴）。

E. 诊断标准 A—D 的症状已经持续存在 12 个月或更长时间，在此期间，个体从未连续 3 个月或更长时间没有诊断标准 A—D 的所有症状。

F. 诊断标准 A 和 D 至少在下列三种（即在家、在学校、与同伴在一起）的两种场景中存在，且至少在其中一种场景中是严重的。

G. 首次诊断不能在 6 岁前或 18 岁后。

H. 根据病史或观察，诊断标准 A—E 的症状出现的年龄在 10 岁前。

I. 从未有超过持续 1 天的特别时期，在此期间，除了持续时间以外，符合了躁狂或轻躁狂发作的全部诊断标准。

J. 这些行为不仅仅出现在重性抑郁障碍的发作期，且不能用其他精神障碍来更好地解释。

K. 这些症状不能归因于某种物质的生理效应，或其他躯体疾病或神经疾病。

注：此诊断不能与对立违抗性障碍、间歇性暴怒障碍或双相障碍并存，但可与其他精神障碍并存，包括抑郁障碍、注意缺陷/多动障碍、品行障碍和物质使用障碍。若个体的症状同时符合破坏性心境失调障碍和对立违抗性障碍的诊断标准，则只能诊断为破坏性心境失调障碍。如果个体曾有过躁狂或轻躁狂发作，则不能再诊断为破坏性心境失调障碍。

DMDD 患儿还表现出可观察到的持续易激惹或愤怒的心境。易激惹是许多儿童与青少年期的精神障碍的特征。例如，患有对立违抗性障碍、广泛性焦虑障碍和其他抑郁障碍的患儿也会表现出易激惹。然而，DMDD 患儿表现出的易激惹或愤怒是“持续的”——也就是说，几乎每天和每天中的大部分时间都这样。家长、教师或同学形容这些患儿会习惯性地生气、易怒、不高兴或容易“发火”（Meyers, DeSerisy, & Roy, 2017）。

总之，DMDD 患儿表现出持续的易怒或愤怒心境，并伴有反复的、严重的脾气爆发。DMDD 被认为是一种抑郁障碍，而不是破坏性行为障碍，因为易激惹和愤怒是该障碍最显著的两个特征。此外，DMDD 患儿在日后的生活中发展出抑郁和焦虑的风险增加（Meyers et al., 2017）。以一个患有 DMDD 的女孩里斯为例。

案例研究
破坏性心境失调障碍

心境问题与崩溃

里斯是一个 9 岁的女孩，她的儿科医生将她转介到我们的诊所。她的医生几年来一直试图用诸如利他林的各种药物来治疗里斯的多动和破坏性行为，但收效甚微。里斯的母亲也参加了一项育儿计划，想借此帮助她控制里斯的脾气，但情况似乎在恶化，而不是好转。

里斯有长期的行为问题史。她的母亲说，里斯是一个“闹腾”婴儿，似乎永远不能安定下来。在幼儿期，里斯经常发脾气、“无礼”和不听话。大约在同一时间，里斯开始表现出高频率的破坏性行为，这影响了她在家里和幼儿园集中注意力和遵守规则的能力。在幼儿园时，她被诊断患有 ADHD 和 ODD。她的儿科医生开始给她开兴奋剂，帮助里斯控制她的 ADHD 症状；然而，这些药物对她的破坏性行为几乎没有作用。

到里斯上一年级时，她已经因为大发脾气被两所学校开除了。在一次大发脾气时，她朝教师扔了一把椅子；在另一次大发脾气时，她咬了一个同学，并用铅笔刺伤了一个女孩。在这次访谈时，里斯正在接受针对“情绪紊乱”患儿的特殊教育。里斯继续每周在家和学校多次发脾气。每次大发脾气持续 30 分钟到 2 小时。在“崩溃”的过程中，里斯会尖叫、哭泣、扔东西、毁坏玩具和衣服，最后因疲惫而垮掉。

里斯也有心境问题的病史。据她母亲说，里斯“总是”易激惹、怀有恶意和“敏感而易怒”的。里斯经常在房间里哭泣，这通常发生在她发脾气之后。

她母亲说：“我不知道该怎么对待里斯了。我真为她担心，但不知道该找谁帮忙。每个人都说‘她只是需要更多的管教’，但我认为事情没那么简单。”

在 DSM-5 的 DMDD 诊断标准中，包含四个关于 DMDD 持续时间、严重程度和起病时间的条目。首先，发作和心境问题必须至少持续 12 个月。该标准强调了问题的持续时间，并将 DMDD 与以烦躁、易激惹或兴奋（例如抑郁障碍或双相情感障碍）的间断发作为特征的抑郁障碍或双相障碍区分开来。

其次，脾气爆发和心境问题必须发生在至少两种情境中（例如，在家、在学校、与同伴在一起），并且必须在至少一种情境中是严重的。该标准强调了问题的严重性，并将 DMDD 与仅在一种情境下可能发生的破坏性行为（例如，儿童仅在家中为避免家务而发脾气，儿童仅在学校因学习问题而表现出愤怒）区分开来。

然后，这种障碍必须在 6 ～ 18 岁确诊。此外，症状必须在 10 岁之前出现。这些标准强调 DMDD 是一种儿童期和青少年期的精神障碍，不应在幼儿或学龄前儿童中做出诊断。非常年幼的儿童可能会表现出与发育阶段相符的发脾气行为，这不是

DMDD的症状。此外，首次出现在青春期的心境问题或脾气爆发可能反映了除DMDD之外的其他问题，例如抑郁或难以适应心理社会应激源（Birmaher & Brent, 2016）。

最后，DMDD患儿所表现出的脾气爆发在本质上一定是从发展的角度来看非典型和严重的。发脾气在学龄前儿童中很常见。然而，只有10%的学龄前儿童每天发脾气，不到5%的学龄儿童每周发脾气一次以上。即使在学龄前儿童中，愤怒、好斗或破坏性的发脾气也很少见。严重的、攻击-破坏的症状是异常的并且可能是DMDD的标志（Copeland, Brotman, & Costello, 2015; Wakschlag et al., 2012）。

患病率和病程

大型流行病学研究表明，社区中2%～4%的学龄儿童患有DMDD。然而，在转介接受精神健康治疗的儿童与青少年中，DMDD的患病率要高得多。近三分之一的门诊儿童与青少年符合DMDD的诊断标准。DMDD患儿持续的易激惹的心境和反复发脾气是家庭寻求治疗的最常见原因（Baweja, Mayes, Hameed, & Waxmonsky, 2016; Freeman, Youngstrom, Youngstrom, & Findling, 2016）。

由于DMDD是一种新的障碍，我们对其病程知之甚少。纵向研究表明，比起非DMDD患儿，DMDD患儿发生严重品行问题的可能性是前者的2倍，患ADHD的可能性是前者的3倍，在日后的生活中患抑郁症的可能性是前者的13倍。在低龄儿童中，DMDD患儿比非DMDD患儿更有可能在学校需要特殊教育服务、被转介接受咨询或药物治疗或经历同伴的欺凌或排斥（Dougherty et al., 2016）。

到青春期，大约三分之一的DMDD患儿继续表现出明显的症状，其他患儿易激惹和愤怒的爆发逐渐减少，但继续存在学业和社会-情感功能的受损。总之，这些数据强调了治疗患有这种障碍的儿童与青少年以防止长期损害的必要性（Mayes et al., 2015）。

小　结

- DMDD是一种心境障碍，其特征是严重的、反复发作的脾气爆发和持续的易激惹或愤怒心境。6～18岁的儿童与青少年在两个或两个以上的情境中出现该问题至少1年，方可诊断为患有该障碍。
- 社区中2%～4%的儿童与青少年患有DMDD。在门诊转介的儿童与青少年中，患病率要高得多。

DMDD与其他儿童与青少年的精神障碍有何不同?

DMDD患儿表现出的易激惹和脾气爆发通常见于患有精神障碍的儿童青少年。75%～90%的DMDD患儿至少有一个其他精神健康问题。这种高共病率使得儿童与青少年不太可能单独患上 DMDD。区分 DMDD 和这些其他障碍可能很困难。三种与 DMDD 最相似的障碍是 ADHD、ODD 和双相情感障碍（Kircanski, Leibenluft, & Brotman, 2019）。

注意缺陷 / 多动障碍

注意缺陷 / 多动障碍（ADHD）是一种以注意力不集中和 / 或多动–冲动为特征的神经发育障碍。DMDD 与 ADHD 至少在两方面有区别。第一，DMDD 是一种心境障碍，而 ADHD 是一种行为障碍。DMDD 的一个显著特征是患有这种障碍的儿童青少年表现出持续的愤怒或易激惹的心境。与之相比，ADHD 患儿通常不会表现出愤怒或易激惹的心境。第二，DMDD 的特点是严重的、反复发作的脾气爆发，这不是 ADHD 的特征。尽管许多 ADHD 患儿表现出行为冲动，但他们通常不会对人或财物表现出言语上的愤怒或肢体上的攻击。

在 DSM–5 中，DMDD 患儿也可以被诊断为 ADHD。事实上，这两种障碍经常同时发生。多达 80% 的临床转诊的 DMDD 患儿也患有 ADHD，这使得 ADHD 成为 DMDD 患儿中最常见的共病问题之一（Freeman et al., 2016）。

对立违抗性障碍

对立违抗性障碍（ODD）是一种破坏性行为障碍，其特征是针对他人的反对、挑衅和 / 或恶意行为。与 DMDD 一样，ODD 出现在儿童与青少年时期，通常以易激惹的心境和脾气爆发为特征。事实上，ODD 的几个诊断标准与 DMDD 的诊断标准非常相似：（1）经常发脾气；（2）经常生气或怨恨；（3）经常易激惹或容易被他人惹恼。此外，ODD 和 DMDD 的症状是持续性的，患儿的问题会持续数月或数年。

ODD 和 DMDD 高度共病。多达 90% 的 DMDD 患儿也符合 ODD 的诊断标准。然而，只有一半 ODD 患儿符合 DMDD 的诊断标准。因此，一些研究人员认为，DMDD 应被视为一种严重的 ODD，其中易激惹、愤怒和情绪爆发占主导地位（Freeman et al., 2016; Mayes, Waxmonsky, Calhoun, & Bixler, 2016）。因此，儿童与青少年不能同时被诊断为 ODD 和 DMDD。如果一名儿童青少年同时符合两种障碍的标准，则仅诊断为 DMDD（更严重的一种）（American Psychiatric Association, 2013）。

然而，DMDD 可以从几个方面与 ODD 区分开来（Stringaris & Goodman, 2009）。首先，ODD 患儿表现出的破坏性行为通常是针对其他人的。例如，当被要求做家务时，ODD 患儿可能会对他们的父母尖叫。与之相对，DMDD 患儿直接对人和财物表示愤怒和攻击。例如，DMDD 患儿在发脾气时可能会弄坏自己的玩具并毁坏自己卧室的家具。其次，ODD 患儿通常会将他们的对立行为指向特定的人。例如，一个孩子可能会对他的母亲发脾气，但不会对他的父亲发脾气。与之相比，DMDD 患儿在许多情况下会对各种各样的人表现出愤怒的爆发。最后，ODD 患儿表现出的发脾气往往比 DMDD 患儿表现出的发脾气更轻、持续时间更短。ODD 患儿可能会无视父母的要求或固执地拒绝配合他们要求，而 DMDD 患儿可能会通过大喊大叫、尖叫、打、踢和毁坏物品来表达愤怒。这些爆发可能发生在没有什么刺激的情况下，通常持续的时间比预期的要长得多（Drabick & Gadow, 2012）。

儿童与青少年双相情感障碍

双相情感障碍是一种严重的心境障碍，其特征是间歇性出现躁狂或轻躁狂发作。这些发作通常以情感高涨、精力充沛和活动增加为特征。患有双相情感障碍的儿童青少年在某些时期也表现出易激惹和情绪不稳（American Psychiatric Association, 2013）。

从 20 世纪 90 年代开始，临床医生开始观察到一类表现出多动、易怒和严重的脾气爆发的儿童与青少年群体，其症状严重损害了他们在家庭、学校及同伴关系中的社会功能（Leibenluft, 2020）。因为诸如 ADHD 和 ODD 的诊断无法充分涵盖他们易怒、愤怒和破坏性行为的严重性，所以这些儿童与青少年中的许多被诊断为双相情感障碍。一些专家认为，儿童与青少年的双相情感障碍与成人不同。而患有双相情感障碍的成人通常表现出持续数周或数月的间歇性躁狂发作和间歇性抑郁发作，他们认为患有双相情感障碍的儿童与青少年可能不会表现出间歇性躁狂和抑郁发作。相反，这些专家认为，双相情感障碍患儿可能表现出相对持久的烦躁不安，并伴有频繁、严重的脾气爆发或“愤怒”。此外，他们的心境发作可能只持续数小时或数天。这种“超快速”的心境循环、持续的易怒或愤怒以及反复发作的脾气被认为是儿童与青少年双相情感障碍的特有特征。由于儿童与青少年双相情感障碍定义的扩展，被诊断为双相情感障碍的儿童青少年数量增加了 40 倍（Baweja et al., 2016; Leibenluft, Uher, & Rutter, 2012）。

然而，最近的研究表明，持续易激惹和愤怒爆发的儿童与青少年没有双相情感障碍。相反，具有 DMDD 核心特征的儿童与青少年似乎有更符合抑郁症特征的情绪问题。有来自两个方面的证据支持 DMDD 最好被视为抑郁障碍而不是双相情感障碍。

首先，家族研究表明，儿童与青少年的 DMDD 与其父母的抑郁症之间存在着密切的联系。例如，大约 15% 患有抑郁症的成人养育了持续易激惹和频繁发脾气的孩子。相比之下，只有 3% 的患双相情感障碍成人的孩子有这些特征（Propper et al., 2017）。

其次，纵向研究表明，DMDD 患儿在青春期或成年后患抑郁症或广泛性焦虑障碍的风险增加。相反，DMDD 患儿很少在成年后患上双相情感障碍（Leibenluft, Charney, Towbin, Bhangoo, & Pine, 2003; Stringaris, Cohen, Pine, & Leibenluft, 2009; Stringaris et al., 2010）。

临床医生被敦促将那些持续易怒和愤怒爆发的儿童与青少年诊断为 DMDD，并将双相情感障碍的诊断留给那些表现出典型躁狂症状的儿童与青少年（Leibenluft, 2020）。

小 结

- DMDD 患儿总是表现出心境问题；与之相比，ADHD 患儿通常不会表现出愤怒或易激惹。
- DMDD 患儿通常将他们的愤怒发泄指向人和物；与之相比，ODD 患儿通常对特定的人持反对态度。如果儿童与青少年符合 DMDD 和 ODD 的诊断标准，则仅诊断为 DMDD。
- DMDD 患儿在日后的生活中有焦虑和抑郁的风险而很少发展出双相情感障碍。

DMDD 的病因是什么？

埃伦·莱本鲁夫特（Ellen Leibenluft）及其同事已经开发了一个 DMDD 病因模型（图 13.1）。这个模型解释了为什么 DMDD 患儿会有慢性的易激惹，并在几乎没有刺激的情况下发脾气。研究人员认为，DMDD 患儿在情绪调节方面存在根本的问题，也就是说，他们在应对挫折或失望时无法减弱自己的情绪或情绪表现（Kircanski, Leibenluft, & Brotman, 2019）。

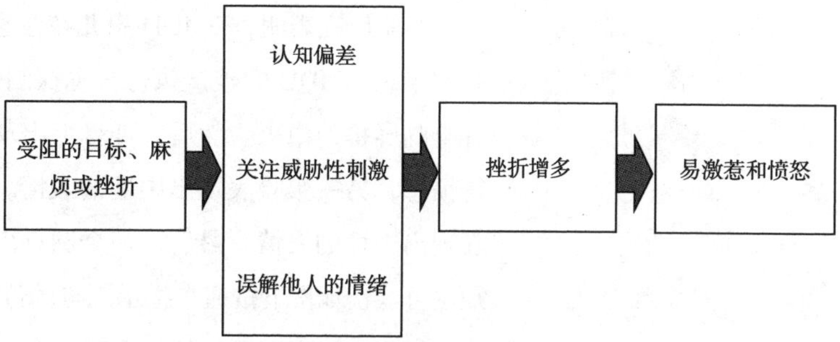

图 13.1 DMDD 的情绪调节模型

注：DMDD 患儿在调节情绪方面有问题。由于潜在的认知偏差，他们经历了更多挫折。基于基尔钱斯基等人（Kircanski et al., 2019）。

挫折增多

该模型的核心是儿童与青少年倾向于用沮丧和愤怒来应对小麻烦。想象一下，一个孩子的父亲告诉他的儿子，是时候关掉他的游戏机，开始写家庭作业了。大多数孩子可能会对父亲的要求感到恼火，但他们会勉强顺从。DMDD 患儿无法调节情绪，因此，他们比同龄人经历了更强烈的唤醒和更多的负面情绪。这些强烈的负面情绪使他们容易发脾气和攻击人。

为了研究 DMDD 患儿的情绪反应，研究人员让患儿在大脑活动被监测的同时玩一个简单的电脑游戏。因为研究人员对这些患儿面对挫折事件时的反应很感兴趣，所以他们操纵游戏，使被试经常输掉游戏，即使被试给出了正确的答案也是如此。研究人员发现，在这个令人沮丧的任务中，DMDD 患儿比其他个体体验到更少的快乐、更多的激动和更强烈的生理唤醒（Rich et al., 2011）。

也许更重要的是，研究人员确定了与这些增多的挫折感相关的大脑区域。DMDD 患儿表现出前扣带回皮质的高回应性，该区域位于大脑中部，部分包围胼胝体。前扣带回皮质与痛苦和挫折感有关。此外，DMDD 患儿的额叶和纹状体脑区活动不足，这些区域负责调节我们的情绪，并在我们沮丧或愤怒时计划有效、适当的反应。总之，类似这些数据表明，DMDD 患儿经历了高水平的挫折感，对轻微挑衅的情绪调节能力较低（Deveney et al., 2013; Hirsch & Hulvershorn, 2020）。

注意偏差

DMDD 患儿还表现出两种认知偏见，这部分解释了为什么他们非常容易感到沮丧。第一种偏差是他们倾向于将注意力集中在威胁性刺激上。例如，当儿子犹豫是否停止玩电子游戏开始做作业时，父亲可能会怒视他。虽然大多数患儿可能不会注意到父亲的情绪表达，但 DMDD 患儿会特别注意其他人的愤怒、易激惹和其他负面情绪的轻微表现。他们有偏差的注意力使他们更容易变得沮丧和愤怒（Vidal-Ribas, Brotman, Valdivieso, Leibenluft, & Stringaris, 2017）。

实验研究表明，DMDD 患儿在注意情绪威胁刺激时存在偏差。研究人员要求患有和未患 DMDD 的被试执行视觉探测任务（图 13.2）。首先，每个被试的眼睛都盯着电脑屏幕的中央。然后，屏幕上出现两张脸，持续半秒。有些情况下，一张脸显得愤怒，另一张脸表现出中性的表情。还有些情况下，一张脸显得快乐，另一张脸表现出中性的表情。最后，一个圆点出现在带情绪的脸或中性的脸的位置。被试必须尽可能快地按下按钮来指示圆点的位置（屏幕的左边或右边）。

当圆点出现在愤怒的脸上时，DMDD 患儿的反应时比对快乐或中性的脸的反应时要少得多。这种快速反应表明，DMDD 患儿特别注意威胁性情绪刺激，如愤怒的面孔。这些结果很重要，因为这表明，DMDD 患儿容易发怒，可能是因为他们对他人的负面情绪表现异常敏感（Hommer et al., 2014; Salum et al., 2017）。

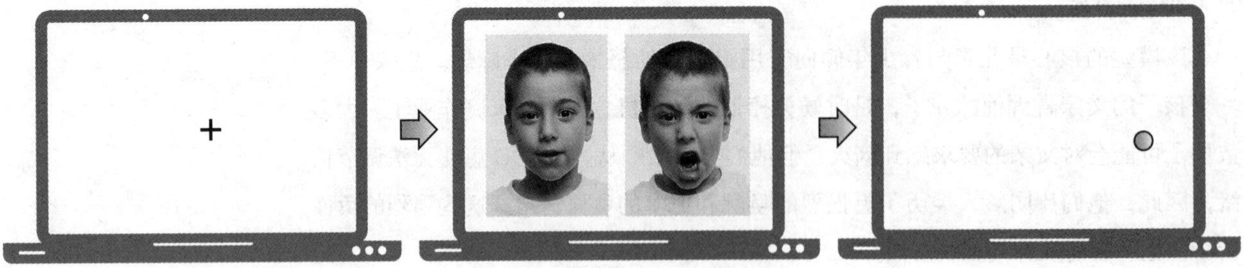

图 13.2　视觉探测任务

注：通过视觉探测任务，研究人员发现 DMDD 患儿比其他人更关注表现出愤怒或威胁的面孔。DMDD 的治疗可以包括训练减少这种注意偏差。

情绪识别偏差

DMDD 患儿在情绪识别方面也表现出偏差。具体地说，他们往往将他人的善意行为或情绪表达误解为敌意或威胁。例如，当儿子拒绝开始做家庭作业时，父亲可能会叹气。虽然他父亲的行为相对温和，但 DMDD 患儿可能会将其误解为愤怒或挑衅的迹象。

研究人员已经证明 DMDD 患儿有误解他人情绪的倾向。他们要求被试通过观看他人的面部照片或倾听他们的声音来识别他人的情感表达。DMDD 患儿比未患 DMDD 的儿童与青少年在识别正确情绪方面犯的错误要多得多。此外，他们往往误认为代表快乐的刺激物是愤怒或恐惧的（Vidal-Ribas et al., 2018）。

另一项研究表明，DMDD 患儿所表现出的情绪识别缺陷在其他有精神健康问题的患儿中没有表现出来。研究人员采集了患有和未患有精神障碍的儿童与青少年在执行情绪识别任务时的 fMRI 数据。DMDD 患儿比 ADHD 患儿、双相情感障碍患儿和健康对照组的儿童与青少年犯了更多的识别错误。此外，这些缺陷与杏仁核活动不足有关，杏仁核是负责感知和应答他人情绪的脑区（Kircanski et al., 2019）。

总之，DMDD 患儿有选择地关注他人的负面情绪表达，尤其是愤怒的表达。他们也很难理解别人的情绪表达，常常把快乐和善意的表达误认为是愤怒的或敌意的。注意力和情绪识别方面的偏差可能导致与父母、教师和同伴的消极互动。一旦 DMDD 患儿变得沮丧，他们就会比同龄的其他个体更难调节情绪。随着时间推移，这些困难会影响他们与父母和教师的关系质量，并导致同伴的排斥（Stringaris, Vidal-Ribas, Brotman, & Leibenluft, 2018）。

小 结

- DMDD 患儿尤其容易感到沮丧。扣带回活动增强和前额叶皮质活动不足可能是导致他们沮丧和猛烈攻击人和物的原因。
- DMDD 患儿经常表现出注意偏差。他们更关注敌对或威胁的面孔，而不是中性的面孔，这使他们对他人的挑衅特别敏感。
- DMDD 患儿也表现出情绪识别偏差。他们将他人友善或快乐的面部表情误解为愤怒，这使他们更有可能以敌对的方式做出反应。

对于 DMDD 患儿有哪些针对性的循证治疗？

药物治疗

因为 DMDD 是一种新的障碍，所以我们对这种障碍的有效治疗的认识是有限的。起初，治疗师们尝试使用锂来治疗 DMDD 患儿。锂是一种用于治疗成人双相情感障碍的心境稳定剂。不幸的是，随机对照研究表明，与安慰剂相比，锂对 DMDD 患儿没有任何益处（Dickstein et al., 2009）。

与之相比，抗精神病药物利培酮（维思通）已被证明能有效降低患有 DMDD 的大龄儿童与青少年的易激惹和愤怒。随机对照研究也表明利培酮在减少儿童与青少年攻击发作方面优于安慰剂。然而，利培酮对攻击性的影响具有高度的变异性，只有一部分服用这种药物的儿童与青少年获益。此外，长期服用利培酮与体重增加、骨密度降低和性成熟延迟有关（Baweja et al., 2016）。

对于 DMDD 共病 ADHD 患儿，兴奋剂药物有助于提高注意力和减少冲动。几项研究表明，兴奋剂对 DMDD 患儿和非 DMDD 患儿同样有效。然而，兴奋剂通常不能有效降低易激惹和攻击（Baweja et al., 2017）。

目前，大多数专家建议使用心理社会干预而不是药物来治疗 DMDD。药物治疗最适合治疗共病的 ADHD 等障碍，或仅用于治疗行为治疗无效的严重攻击症状（Grier, Jeffords, & Dewey,2020）。

综合家庭治疗

为了处理 DMDD 患儿的易激惹和愤怒爆发问题，一些治疗师采用了旨在改善愤怒管理、社交技能和社会问题解决能力的认知行为干预措施。回想一下，DMDD 患儿通常会有选择地关注他人的负面情绪，将良性事件理解为具有敌意的或威胁性的，并根据其即时的负面情绪反应对事件做出反应。认知行为干预通过教 DMDD 患儿调节他们的情绪和以更灵活和适应的方式应对问题来有针对性地解决这些缺陷（Hendrickson, Girma, & Miller, 2020）。

瓦克蒙斯基及其同事（Waxmonsky and colleagues, 2012）为 DMDD 患儿及其父母开发了一项**综合家庭治疗**（**comprehensive family therapy**）计划（表 13.2）。该治疗包括有关 DMDD 的心理教育、传统的父母培训以及帮助孩子调节情绪的认知行为干预。所有治疗都是亲子小组同时进行。当一组孩子在一个房间里学习和练习情绪调节和社交技能时，一组父母在隔壁的房间里学习类似的应对技巧。同时进行的治疗确保父母与孩子学习相同的技能，以便他们能够在家里鼓励和强化这些技能。在父母治疗期间，父母们也会互相支持和鼓励（Mendenhall, Fristad, & Early, 2009）。

表 13.2 DMDD 综合家庭治疗

	父母治疗	DMDD 患儿治疗
1	关于 DMDD 的知识：权变管理介绍	破冰活动：开发情绪修复工具包，让自己感觉更好
2	关注孩子的积极行为	识别自己和他人的情绪
3	识别你的孩子的愤怒	愤怒：我生气的时候是什么样的？
4	帮助孩子应对愤怒：一致性的重要性	应对你的愤怒：呼吸、放松和想象
5	回应孩子的问题：忽视和暂停	保持控制：应对嘲弄与挫折
6	愤怒的触发因素和消极的亲子互动	在你行动之前考虑他人的感受和想法
7	改善亲子交流	做一个好的倾听者和交流者

续　表

	父母治疗	DMDD 患儿治疗
8	问题解决技巧	
9	应对抑郁	
10	回顾总结和毕业典礼	

注：基于瓦克蒙斯基及其同事（Waxmonsky and colleagues, 2012）。

父母治疗强调关注和表扬孩子适当的行为、忽略不恰当的行为、给予有效的指导以及使用暂停或反应代价来减少违抗行为的重要性。之后，父母学习应对孩子脾气爆发的策略。例如，父母学习如何识别孩子的易激惹心境，如何避免愤怒爆发的触发因素，以及如何应对可能加剧孩子脾气的负面情绪。治疗的一些部分强调照顾的一致性。父母们还讨论调节孩子睡眠–觉醒周期和日常活动的价值。

DMDD 患儿治疗与父母治疗对应。在每次治疗中，治疗师都会监控 DMDD 患儿的行为，并使用计分系统提高注意力和参与度。最初的治疗侧重于帮助 DMDD 患儿准确识别自己和他人的情绪。接下来的重点则是关注愤怒：愤怒是什么感觉，愤怒时如何平静自己，以及如何找到解决问题的非攻击性解决方案。DMDD 患儿学会识别可能引发愤怒爆发的情况、想法和感受，并以有效的方式应对触发因素。这些技能通过体育活动、视频、游戏和讨论相结合的方式进行教授。

对综合治疗计划的初步评估表明，家庭发现它有助于减少 DMDD 患儿的破坏性行为、缓解抑郁、提高亲子互动的质量。大多数接受治疗的 DMDD 患儿的易激惹和愤怒爆发明显减少，大约一半的 DMDD 患儿也表现出抑郁症状的改善（Waxmonsky et al., 2012）。

解释偏差训练

回想一下，DMDD 患儿常常将他人的情绪表达误解为敌意的或愤怒的。这种情绪识别偏差会导致愤怒的爆发和其他负面互动。研究人员试图通过帮助 DMDD 患儿以更准确、更少偏差的方式解读他人的情绪，以此减少愤怒和易激惹（Benarous et al., 2017）。

解释偏差训练（interpretation bias training）包括在电脑屏幕上呈现一系列的面孔，这些面孔从明确的“快乐”到明确的“愤怒”（插图 13.1）。当每个人脸呈现时，DMDD 患儿必须正确地将情绪标记为“快乐”或“愤怒”。虽然在连续体的一端标记正

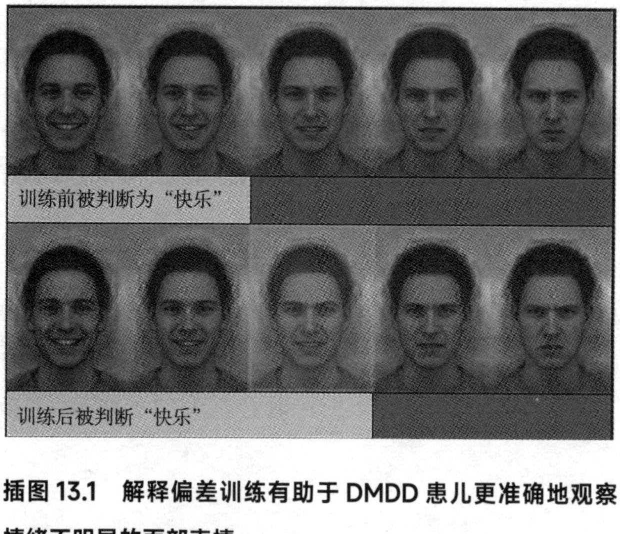

插图 13.1　解释偏差训练有助于 DMDD 患儿更准确地观察情绪不明显的面部表情。

来自哈勒等人（Haller et al., 2018）。

确的情绪很容易，但在连续体的中间标记正确的情绪就比较困难了，因为中间的面孔表现出的情绪更模糊。在训练之前，DMDD 患儿表现出一种敌意的解释偏向，即他们倾向于将最明确表现出快乐的面孔标记为“快乐”，将大多数中性面孔标记为“愤怒”。

通过提供反馈，治疗师训练 DMDD 患儿更准确地感知面部表情。患儿会被告知他们是否正确或不正确地判断了表情。随着时间推移，接受训练的患儿会改变他们对表情的理解，因此会将最快乐的和中性的表情标记为“快乐”，而只有最明确的愤怒表情才会标记为“愤怒”。也许更重要的是，接受解释偏差训练的患儿在家中的易激惹性也有所降低，整体功能也有所改善（Stoddard et al., 2016）。

有趣的是，解释偏差训练与负责情绪识别和调节的脑区的激活增加有关。经过 4 次训练后，DMDD 患儿的杏仁核和左侧眶额叶皮质区域的活动增加，而 DMDD 患儿的这些区域通常活动不足。这些发现表明，解释偏差训练是一种很有前景的新的非药物治疗方法（Haller et al., 2018）。

小 结

- 虽然药物治疗不被视为 DMDD 的一线治疗方法，但对于共病 ADHD 的 DMDD 患儿来说，他们可以从兴奋剂治疗中获益，以控制他们的多动和注意力不集中症状。
- 综合家庭治疗是传统父母培训的改进版。照顾者学习如何管理孩子的愤怒爆发，并制定策略来调节自己对孩子的情绪表达。
- 解释偏差训练教导 DMDD 患儿准确地感知和解释他人的情绪表现，避免不恰当的沮丧或愤怒表现。

13.2 重性抑郁障碍与心境恶劣

什么是重性抑郁障碍?

要被诊断为重性抑郁障碍（**major depressive disorder, MDD**），儿童与青少年必须经历一次*重性抑郁发作*，即间歇性出现的持续时间至少 2 周的心境抑郁（表 13.3）。经历重性抑郁发作的人必须经历 9 种症状中的至少 5 种。这些症状中至少有一种必须是（1）抑郁或易激惹的心境或（2）对大多数活动的兴趣或乐趣减退。

表 13.3　重性抑郁障碍的诊断标准

A. 在同样的2周时期内，出现5个或5个以上的下列症状，表现出与先前功能相比不同的变化，其中至少1项是（1）心境抑郁或（2）丧失兴趣或愉悦感。

1. 几乎每天大部分时间都心境抑郁，既可以是主观的报告（例如，感到悲伤、空虚、无望），也可以是他人的观察（例如，表现流泪）（注：儿童与青少年，可能表现为心境易激惹）。
2. 几乎每天或每天的大部分时间，对于所有或几乎所有活动的兴趣或乐趣都明显减少（既可以是主观体验，也可以是观察所见）。
3. 在未节食的情况下体重明显减轻，或体重增加（例如，一个月内体重变化超过原体重的5%），或几乎每天食欲都减退或增加（注：儿童则可表现为未达到应增体重）。
4. 几乎每天都失眠或睡眠过多。
5. 几乎每天都精神运动性激越或迟滞（由他人观察所见，而不仅仅是主观体验到的坐立不安或迟钝）。
6. 几乎每天都疲劳或精力不足。
7. 几乎每天都感到自己毫无价值，或过分的、不适当地感到内疚（可以达到妄想的程度）（并不仅仅是因为患病而自责或内疚）。
8. 几乎每天都存在思考或注意力集中的能力减退或犹豫不决（既可以是主观的体验，也可以是他人的观察）。
9. 反复出现死亡的想法（而不仅仅是恐惧死亡），反复出现没有特定计划的自杀观念，或有某种自杀企图，或有某种实施自杀的特定计划。

B. 这些症状引起有临床意义的痛苦，或导致社交、职业或其他重要功能方面的损害。

C. 这些症状不能归因于某种物质的生理效应，或其他躯体疾病。

D. 这种抑郁发作的出现不能更好地利用分裂情感性障碍、精神分裂症、精神分裂症样障碍，妄想障碍，或其他特定的或未特定的精神分裂症谱系及其他精神病性障碍来解释。

E. 无狂躁发作或轻狂躁发作。

注：诊断标准 A—C 构成了重性抑郁发作。

让我们看看儿童与青少年可能表现出的抑郁症状。

1. 抑郁或易激惹的心境。MDD 患者经常感到悲伤、忧郁或“沮丧”。大多数人直接报告这些感受。有些人通过面部表情和非言语行为表现出悲伤和情绪痛苦的迹象。还有一些人（特别是儿童与青少年）的病理性心境抑郁通过头痛和胃部不适等躯体症状表达出来。儿童与青少年可能主要表现出易激惹的心境，而不是更传统的抑郁心境。这些儿童与青少年可能会显得生气、敏感而易愤怒、易烦躁或恼怒。父母和其他成人可能会形容他们是脾气暴躁或脾气古怪的。易激惹（84%）和抑郁（78%）心境是抑郁症患儿最常见的症状（Possel & Meyer, 2018）。
2. 对大多数活动的兴趣或乐趣减退。大多数 MDD 患者，无论年龄大小，都对过去喜欢的活动表现出明显的兴趣或乐趣缺失。MDD 患儿可能会退出体育活动或俱乐部，也可能回避参加聚会。这种兴趣的丧失通常被称为快感缺失（anhedonia）——字面意思是缺乏愉悦感。
3. 食欲或体重的显著变化。许多抑郁症患者的食欲明显下降。这些人经常报告说他们“不觉得饿”，吃饭可能需要提醒和鼓励。他们的食欲下降往往导致体重减轻。在儿童青少年中，体重未能按年龄预期增加符合这一标准。有些抑郁症患者食欲增加，体重增加。食欲增加和体重增加是非典型的表现，在成人中比儿童青少年中更常见。

4. *睡眠显著变化*。MDD 患者最常见的睡眠问题是失眠。MDD 患者会在午夜或清晨醒来，无法入睡。失眠是儿童期和青春期早期心境问题的最佳预测因素之一。与之相比，嗜睡在成人中比起在 MDD 患儿中更常见。
5. *精神运动性激越或迟滞*。精神运动性激越是指运动活动明显增加。有精神运动性激越的儿童青少年可能会表现出不安、无法安静地坐着、在房间里踱步或走动，或者摆弄他们的手或衣服等行为。这些行为似乎毫无意义，但是反映了 MDD 患儿日常活动水平的增高。激越必须严重到足以被他人观察到。在某些情况下，MDD 患者表现出精神运动迟滞，即行动迟缓。比起患有抑郁症的儿童与青少年，精神运动迟滞在患有抑郁症的成人中更常见。
6. *精力不足或疲劳*。大多数 MDD 患者都会感到累、疲乏或精力不足。成人和青少年患者可能会报告，即使是简单的日常任务他们似乎也需要付出巨大的努力。患有 MDD 的青少年可能很难做好上学的准备或完成简短的家庭作业。与青少年和成人相比，儿童报告精力不足或疲劳的可能性较小，但当儿童被要求做家务和与家人一起参加活动时，他们可能表现出异常的抗拒或反对。
7. *无价值感或内疚*。许多 MDD 患者被无价值感或内疚感所困扰。通常，这些人沉湎于个人的缺点或失败，而忽视了自己的优势与成功。例如，一个 MDD 患儿可能会因为他的易激惹心境而经常与父母争吵。然后，他可能会因为这些争论而感到非常内疚，认为自己不值得父母爱。同样，患有 MDD 的青少年可能无法完成家庭作业或退出体育运动，因为他认为自己没有天赋或一文不值。
8. *思维和注意力问题*。抑郁症患者经常报告注意力集中有问题。他们可能很容易分心、思考困难，或者犹豫不决。他们也可能表现出判断不清或记忆失误。例如，MDD 患儿可能在专注于家庭作业或练习乐器方面存在问题。注意力不集中会导致成绩突然下降。
9. *反复出现死亡或自杀的念头*。许多 MDD 患儿都有自杀的想法。有些 MDD 患儿企图自杀或自残。识别有自杀风险的 MDD 患儿和预防自杀行为是精神卫生专业人员面临的最具挑战性的任务之一。

总之，重性抑郁障碍是一种严重的心境问题，会影响儿童与青少年的情绪、想法、行动和身体健康。以一个患有重性抑郁障碍的女孩汉娜为例。

案例研究
重性抑郁障碍

无人理解的汉娜

汉娜是一名10岁的女孩，她在自杀未遂后被送往我院急诊室。事发前一天晚上，母亲让汉娜打扫她的房间，汉娜和母亲吵了一架。母亲喊了15分钟后，汉娜把自己锁在浴室里，吞下了一整瓶对乙酰氨基酚。

医院的儿科心理学家洛巴赫医生访谈了汉娜和她的母亲。据她母亲说，过去几个月，汉娜的心境逐渐恶化，变得越来越暴躁易怒。她母亲说："汉娜会无缘无故地发疯。我让她摆好桌子或关掉电视，她就会尖叫、咒骂或发脾气。然后她会跑进自己的房间哭，"她妈妈最担心的是汉娜会伤到自己，"有两次，我不得不阻止她用头撞墙。"她不停地哭，"我想死。我希望我死了。"

汉娜还出现了身体健康和人际关系方面的问题。最近几个月，她的食欲大幅度下降，睡眠也有问题。汉娜过去在学校有很多朋友，但最近几个月她不再和同伴玩了。她退出了女童子军和4-H俱乐部，她以前喜欢这两项活动。"她曾经是一个完美的孩子，成绩好，帮着做家务，尽力让我高兴。现在，她故意要惹我生气。"

汉娜的家庭生活压力很大。她的母亲有抑郁症病史，曾两次企图自杀。尽管她服用了抗抑郁药物，但她仍然承认有过强烈的悲伤和孤独。汉娜的父亲是一名摄影师，长期酗酒。汉娜的母亲说："汉娜觉得她父亲特别好，而且，为什么她不应该这么想呢？他喝醉了之后真的很有趣。汉娜讨厌我，因为是我让她做作业、收拾房间、吃蔬菜。"

洛巴赫博士尝试访谈汉娜。"我感觉糟透了。"汉娜说，她嘴里满是木炭残渣。洛巴赫医生解释道："他们需要把这些东西放进你的胃，让你体内的药物全部排出。"汉娜说："我不想自杀。我只是想让我妈妈知道我是认真的。当我说不的时候，我的意思就是不。她只是不明白我的生活有多糟糕。没有人理解我。"

一旦临床医生确定儿童与青少年是否符合重性抑郁发作的诊断标准，就会评估他们过去是否经历过重性抑郁发作。如果儿童与青少年目前的重性抑郁发作是唯一一次发作，他将被诊断为"MDD，*单次发作*"。然而，如果一名儿童与青少年过去有抑郁症病史，他将被诊断为"MDD，*复发*"。区分单次发作的抑郁症和复发性抑郁症是很重要的，因为后者预后较差，而且往往更难治疗（Birmaher & Brent, 2016）。

最后，临床医生会确定儿童与青少年最近一次症状的严重程度。严重程度可以被描述为*轻度*、*中度*或*重度*。严重程度取决于患者经历抑郁症状的次数、抑郁症状造成的痛苦以及抑郁症状对患者功能的损害程度（American Psychiatric Association, 2013）。

小　结

- MDD 患儿至少会经历 5 种症状，包括抑郁心境或快感缺失，持续至少 2 周。在家里、学校或与朋友在一起时，这些症状会对患儿造成痛苦或功能损害。
- 临床医生可以标注抑郁症的病程（例如，单次发作、复发）和最近一次发作的严重程度（例如，轻度、中度、重度）。

什么是持续性抑郁障碍（心境恶劣）？

在成人中，**持续性抑郁障碍**（**persistent depressive disorder**）被定义为一种至少在 2 年内的多数日子里出现的持续性抑郁心境的障碍（表 13.4）。在儿童与青少年中，其特征是持续至少 1 年的慢性抑郁或易激惹心境。这种障碍通常被称为心境恶劣（*dysthymia*），在希腊语中的意思是“坏心情”。这种障碍的其他特征包括睡眠问题、暴饮暴食或食欲缺乏、精力减退、自卑、注意力不集中和绝望感（American Psychiatric Association, 2013）。

表 13.4　持续性抑郁障碍（心境恶劣）的诊断标准

A. 至少在 2 年内的多数日子里，一天中的多数时间中出现抑郁心境，既可以是主观的体验，也可以是他人的观察。

注：儿童与青少年的心境可以表现为易激惹，且持续至少 1 年。

B. 抑郁状态时，有下列 2 项（或更多）症状存在：

1. 食欲缺乏或过度进食。
2. 失眠或睡眠过多。
3. 缺乏精力或疲劳。
4. 自尊心低。
5. 注意力不集中或犹豫不决。
6. 感到无望。

C. 在 2 年的病程中（儿童或青少年为 1 年），个体从来没有一次不存在诊断标准 A 和 B 的症状超过 2 个月的情况。

D. 重性抑郁障碍的诊断可以连续存在 2 年。

E. 从未有过躁狂或轻躁狂发作，且从不符合环性心境障碍的诊断标准。

F. 这种障碍不能用一种持续性的分裂情感性障碍、精神分裂症、妄想障碍、其他特定的或未特定的精神分裂症谱系及其他精神病性障碍来更好地解释。

G. 这些症状不能归因于某种物质（例如，滥用的毒品、药物）的生理效应，或其他躯体疾病（例如，甲状腺功能低下）。

H. 这些症状引起有临床意义的痛苦，或导致社交、职业或其他重要功能方面的损害。

患有心境恶劣的儿童常被描述为喜怒无常、行动迟缓、情绪低落或脾气暴躁的。患有心境恶劣的青少年通常认为自己无趣、不讨人喜欢、效率低下。例如，患有心境恶劣的青少年可能不相信同学们愿意花时间陪他或选择他参加集体活动，还有些可能会怀疑自己组织运动队或被大学录取的能力。心境恶劣患儿也容易自我批评。

他们可能沉湎于自己的缺点，在别人面前贬低自己，不断怀疑自己和自己的能力。他们通常表现出低自尊，对未来悲观和绝望（Cash, Valley-Gray, Worton, & Newman, 2018）。

顾名思义，持续性抑郁障碍是一种长期的障碍。如果我们认为 MDD 是一次严重的流感，那么我们可能会把大多数病例的心境恶劣比作慢性过敏性疾病。这些症状没有那么严重，但会持续很长时间，并影响患者生活质量的许多方面。心境恶劣的症状持续时间太长，以至于许多心境恶劣的患者甚至没有意识到自己有心境问题。一些患有心境恶劣的青少年将这些症状视为他们个性的一部分。他们相信“我一直都是这样”或者“我就是这样”。以一个有这种感觉的心境恶劣患儿艾比为例。

案例研究

持续性抑郁障碍

坏基因

艾比·安德森是一名 16 岁的女孩，她的母亲将她转介到我们的诊所。据安德森夫人说，艾比长期以来都有心境抑郁和易怒的问题。“现在有一段时间了，”她母亲解释道，“艾比性格孤僻，喜怒无常。有时候，她一回家就把自己关在房间里，我们直到第二天早上才能见到她。有时，她只是闷闷不乐地在房子里徘徊，不想和任何人一起做任何事。当我们问她她怎么了，她就冲我们厉声说：‘没什么！你就不能离我远点吗？’”

艾比在童年时不得不应付许多应激源。安德森夫人有抑郁症的病史。艾比二年级时，她父亲抛弃了她和母亲。艾比有长期的学业问题。尽管她学习很努力，但她的大部分成绩都是 C 和 D。

在访谈的过程中，艾比承认自己一直感觉“不太对劲”。她承认自己对家人“疾言厉色”，并报告说她的情绪化、社会孤立倾向和自卑导致她失去了朋友。艾比补充道：“我的朋友们会邀请我过去，让我振作起来。但我总是放他们鸽子，或者说些愚蠢的话让他们对我生气。之后我感觉很糟糕。我会思考‘为什么我对他们这么刻薄？’，但是，你知道，我宁愿一个人待着。”艾比承认大部分时间都感到沮丧和疲惫。尽管每天晚上睡 9 到 10 小时，但她每天下午都会小睡。她经常感到很累和“精疲力竭”，好像从来没有足够的精力去完成事情。

艾比否认有自杀想法，但她对未来表现出极度悲观。“我所做的一切都不够好，”她解释道，“在家里，我妈妈总是唠叨我。在学校，我努力学习，但从未取得任何好成绩。我的朋友不在乎我。我最终可能会像我妈妈一样无依无靠，或者更糟，变得像我爸爸。”她的治疗师问：“你怎么知道自己会变成这样？”艾比回答：“我只是知道，它就在我的基因里。”

心境恶劣可根据其起病、持续时间和严重程度与 MDD 进行区分。心境恶劣通常是逐渐形成的。相比之下，MDD 的发病通常更快。根据定义，心境恶劣也是一种长期障碍，通常持续数月。虽然 MDD 和心境恶劣有一些相同的症状，但 MDD 的症状更为严重。诸如快感缺失和自杀意念的某些症状是 MDD 的特征，而非心境恶劣的特征（American Psychiatric Association, 2013）。

虽然心境恶劣和 MDD 是不同的障碍，但它们可以同时发生。如果儿童与青少年在 1 年的时间里同时患有心境恶劣和重性抑郁发作，心理学家会标注“伴持续性重性抑郁发作”。如果儿童与青少年患有心境恶劣，并且在前一年的部分时间内出现过重性抑郁发作，心理学家会标注“伴间歇性重性抑郁发作”。最后，心理学家用“单纯心境恶劣综合征”的标注来说明个体患有心境恶劣但在前一年没有经历过重性抑郁发作。大约 70% 单纯心境恶劣的患儿后来出现了重性抑郁发作（Cash et al., 2018）。

小　结

- 心境恶劣患儿至少有一年的慢性抑郁或易激惹的心境。他们常常认为自己与他人格格不入，效率低下，对自我怀疑和自我批评感到困扰，对未来感到悲观。
- 与MDD相比，心境恶劣通常起病更为缓慢，持续时间更长，严重程度更低。

儿童与青少年抑郁障碍的患病率和病程是什么？

总体患病率

大约 10.6% 的儿童与青少年在成年前的某个时候患过重性抑郁障碍。女孩（14.2%）抑郁的可能性大约是男孩（7.2%）的两倍。三分之二的经历过抑郁的儿童与青少年在成年前经历过多次抑郁发作（Neuhut et al., 2019）。

在任何一年中，大约 2.7% 的儿童与青少年经历过一次重性抑郁发作。12 个月的患病率在女孩（3.7%）中也高于男孩（1.8%）。青少年抑郁发作的可能性（3.8%）也远高于青春期前儿童（1.6%）。

在任何一年中，大约 1% 的儿童与青少年患有心境恶劣。心境恶劣的一年患病率在女孩中（1.2%）比男孩（0.7%）中更高，在青少年中（1.1%）比青春期前儿童（0.8%）中更高。大多数患有心境恶劣的儿童与青少年在成年前会发展出重性抑郁（Neuhut et al., 2019）。

更多的儿童与青少年有抑郁症状，但从未被正式诊断。大约 18% 的儿童与青少年报告在成年前至少有一次抑郁发作。大约 9% 的儿童与青少年报告在过去一年中有过抑郁发作。这些数据表明，几乎五分之一的儿童与青少年有过明显的抑郁症状

（Lu, 2019; Mojtabai, Olfson, & Han, 2016）。

纵向研究表明，抑郁障碍和抑郁发作的患病率在过去10年中显著增加。例如，2011年约有13%的青少年报告经历过抑郁发作，而如今，这一比例约为18%（Lu, 2019）。

女孩与抑郁障碍

从儿童期到青春期，抑郁障碍患病率的急剧升高主要是由于患有抑郁障碍的少女数量显著增加。大多数研究发现，青春期前男孩和女孩的抑郁障碍患病率没有差异。然而，青春期后，青春期女孩被诊断为抑郁障碍的可能性大约是青春期男孩的两倍，经历抑郁发作的可能性是男孩的三倍（Avenevoli, Swendsen,He, Burstein, & Merikangas, 2015; Ghandour et al., 2019; Lu, 2019）。

抑郁障碍不仅在青春期女孩中更为常见，而且可能更具危害性。与男孩相比，患有抑郁障碍的女孩表现出更多的、更严重的症状和更高的自我伤害的可能性。青春期女孩的初次抑郁发作持续时间比男孩长，更可能导致长期的焦虑和心境问题（Costello & Angold, 2016）。

基南和希普韦尔（Keenan and Hipwell, 2005）开发了一个理论模型来解释这些性别差异。根据他们的模型，有抑郁风险的女孩有三种性格特征，这三种性格特征使她们容易产生心境问题。

第一，一些女孩表现出*过度的共情*（*excessive empathy*），也就是说，她们对他人的情绪状况异常敏感，可能会对他人的负面情绪承担不必要的责任。因此，女孩可能会试图解决他人的问题，当她们无法减轻他人的痛苦时就会体验到内疚和无助感。

第二，一些女孩表现出*过度的顺从*（*excessive compliance*），也就是说，她们强烈需要满足他人的需求并获得他人的认可。她们常常为了取悦他人而牺牲自己的幸福和自主权。过度顺从可能会产生问题。当女孩在不顺从可能更合适的情况下（例如，女孩屈服于男孩的性要求）顺从他人的要求时，抑郁就会发生。当女孩在人际交往中一再保持被动以满足他人的社会期望时（例如，女孩要温柔），抑郁也会发生。过度顺从会扼杀自主性和个性的发展，导致自尊心和自我价值感低下。

第三，一些女孩表现出*情绪过度控制*（*emotional overcontrol*）。这些女孩处理消极情绪的应对策略数量有限。这些女孩并没有以开放和适应性方式表达和处理消极情绪，而是隐藏自己的情绪并发展出心境问题。

生物和环境因素的结合会导致女孩过度共情、过度顺从和情绪过度控制。事实上，年轻女孩中这三种风险因素可能比男孩表现出更高水平。这三个特征限制了女孩的社交和情感能力，尤其是她们的自信、魄力和情感表达能力。当女孩进入青春期时，她们可能没有准备好应对青春期的生理和心理压力。因此，她们的抑郁发生率可能比男孩更高。

少数族裔和弱势群体儿童与青少年的抑郁障碍

大多数研究表明，抑郁障碍在不同族裔中的患病率没有显著差异（Lu, 2019; Mojtabai et al., 2016）。一些专家认为，尽管如此，少数族裔的儿童与青少年可能会经历高水平的阈下症状，然而这些症状从未被识别和治疗。例如，与白人儿童与青少年相比，非裔美国儿童与青少年的抑郁更容易体现在躯体主诉方面（例如，头痛、恶心），他们也更可能否认悲伤和无助感。文化信仰也可能降低少数族裔儿童与青少年向精神卫生专业人员寻求抑郁障碍帮助的意愿。相反，少数族裔儿童与青少年可能依靠神职人员、其他成人或自己来克服悲伤情绪（Breland-Noble, 2016）。

来自低社会经济地位家庭的儿童与青少年患抑郁障碍的风险增加。在强化行为干预 1 年里，生活在贫困家庭的儿童与青少年抑郁障碍患病率（4.8%）远高于中产阶级儿童与青少年（2.8%）或富裕的儿童与青少年（2.4%）。同样，生活在单亲家庭的儿童与青少年被诊断为抑郁障碍的可能性（5.9%）是生活在双亲家庭的个体（2.3%）的 2 倍多。贫困和抑郁之间的关系可以通过与经济贫困相关的家庭压力来解释。在大多数情况下，贫困会破坏亲子关系的质量、学业成绩以及生活中的其他保护因素。这些干扰因素反过来又使儿童与青少年面临出现心境问题的风险（Ghandour et al., 2019; Neuhut et al., 2019）。

病程与共病

随着时间推移，抑郁障碍状会相对稳定。如果不治疗，儿童与青少年抑郁发作的典型持续时间为 8 ～ 12 个月，青少年抑郁发作的持续时间为 3 ～ 9 个月（Simons, Rohde, Kennard, & Robins, 2005）。

复发相当普遍。大约 60% 抑郁障碍患儿在康复后 2 年内会再次出现抑郁发作，72% 的抑郁障碍患儿在康复后 5 年内会再次出现抑郁发作。抑郁障碍患儿成年后出现心境问题的可能性是没患过抑郁障碍的同龄人的 4 倍（Hammen, Rudolph, & Abaied, 2014）。

点燃假说（kindling hypothesis）对抑郁个体未来有更多抑郁发作的倾向做出了解释。根据这一假设，早期抑郁发作使个体对应激性生活事件和烦躁情绪敏感。多次抑郁发作后，应激源更容易引发抑郁障碍（Post, 2016）。

患有抑郁障碍的儿童与青少年患另一种精神障碍的可能性是没患过抑郁障碍的儿童与青少年的 4 倍。抑郁障碍患儿最常见的共病障碍是 ADHD、物质使用问题、破坏性行为问题和焦虑障碍（Avenevoli et al., 2015）。

儿童与青少年时期的焦虑和抑郁之间的关系尤其复杂。在大多数情况下，焦虑障碍出现在抑郁障碍之前。因此，几乎 75% 的抑郁障碍患儿有焦虑病史。与之相比，只有 15% 的焦虑症患儿有抑郁史。研究人员已经确定了两种主要的发展路径来解释儿童与青少年时期的焦虑和抑郁在整个发展过程中的出现（Cummings et al., 2014）。

首先，焦虑会使儿童与青少年容易抑郁。在这一路径中，儿童与青少年在幼儿期经历分离或社交焦虑。这些焦虑障碍会干扰他们的人际功能和从社交活动中获得快乐的能力。例如，患有社交焦虑障碍的儿童与青少年通常回避参加聚会、团体活动或结交新朋友。因此，这些儿童与青少年在青春期会经历社会孤立、孤独和抑郁。

其次，儿童与青少年可能继承了焦虑和抑郁的共同特质，这种特质随着时间推移逐渐出现。在这一路径中，一些儿童与青少年遗传了导致负面影响的遗传风险。当这些儿童与青少年遇到心理社会压力时，他们特别容易体验到包括痛苦、绝望、易激惹和担忧的一系列负面情绪。这些情绪会导致个体在儿童晚期和青春期出现广泛性焦虑障碍和抑郁障碍。

研究人员使用这些模型来预防儿童与青少年抑郁障碍的发生。西尔克及其同事（Silk and colleagues, 2019）让一些患有焦虑障碍的儿童与青少年接受了认知行为疗法的治疗，以控制他们的症状。两年后，研究人员检验了这些个体是否患有抑郁障碍。研究人员发现，对焦虑治疗有应答的儿童与青少年比对治疗无反应的儿童与青少年患抑郁障碍的可能性显著更小。这些发现表明，治疗师可能可以通过帮助一些儿童与青少年在生命早期管理他们的焦虑来预防抑郁障碍。

小　结

- 大约 10.6% 的儿童与青少年在成年前会经历抑郁。女孩患抑郁障碍的可能性是男孩的 2 倍。青少年比青春期前儿童更容易患抑郁症。
- 抑郁障碍的患病率并不随族裔而变化，但少数族裔儿童与青少年可能比非拉丁美洲裔白人儿童与青少年更有可能经历阈下水平的心境问题。
- 如果不治疗，儿童的抑郁发作会持续 8 ～ 12 个月，青少年持续 3 ～ 9 个月。经历过一次抑郁发作的儿童与青少年更有可能再次经历抑郁发作。

哪些生物学因素导致儿童与青少年抑郁障碍？

基因和神经递质

抑郁障碍是一种遗传性障碍。儿童与青少年抑郁障碍状的 30% ～ 50% 的变异可由遗传因素解释。曾患抑郁障碍的父母的孩子患抑郁障碍的可能性是其他孩子的 2 ～ 3 倍。在生命早期经历抑郁且共病焦虑障碍的人受到抑郁障碍遗传因素的影响是最大的（Fristad & Black, 2018）。

遗传因素可能通过影响儿童与青少年的神经递质功能而导致抑郁障碍。抑郁障碍的**单胺假说**（**monoamine hypothesis**）认为三种化学结构相似的神经递质在抑郁障碍发生中起作用：（1）血清素；（2）去甲肾上腺素；（3）多巴胺。该假说得名于这些被称为单胺的神经递质。它们负责许多重要的功能，包括情绪调节、社交功能和积极情感体验。抑郁障碍被认为与一种或多种神经递质的失调有关（Berrettini & Lohoff, 2019）。

单胺假说的证据主要来自对青少年和成人的研究。这一假设得到了一个事实的支持，即调节单胺血清素和/或去甲肾上腺素的抗抑郁药物可以缓解成人的抑郁。接受某些抗抑郁药物治疗的青少年也表现出血清素功能的变化。这些变化的幅度与青少年心境的改善程度直接相关（Cowen, 2019）。

气 质

基因可能导致情绪问题发展的第二个机制与气质相关。回想一下，气质是指在遇到新异刺激时通常表现出的生理、心境和行为反应。虽然气质在很大程度上是由基因决定的，但其可以通过的早期经历来改变（Stifter & Dollar, 2016）。

气质至少在三个方面导致抑郁障碍的发展（Cummings et al., 2014）。第一，困难型气质会通过增加负面情绪而导致抑郁障碍状。困难型气质的儿童与青少年往往对消极的生活事件反应过度，难以调节情绪。他们可能会比同龄的其他儿童与青少年经历更多的痛苦。

第二，在早期表现出困难型气质的儿童与青少年可能会引起照顾者和同龄人的负面反应。例如，幼儿期的易激惹情绪可能会导致照顾者采取更加愤怒、敌对和强迫的育儿策略。这些不良的育儿行为会导致父母与孩子之间的冲突、品行问题和抑郁障碍。

第三，困难型气质的个体在应对幼儿期压力时可能会表现出更大的问题。反过来，应对能力差会导致情绪问题。例如，当遇到有压力的生活事件时，困难型气质的个体可能会变得不知所措。当面对心理社会应激源时，这些儿童与青少年可能表现出高度的愤怒。或者，有些困难型气质的儿童与青少年可能会通过情感封闭、退缩或产生焦虑和抑郁来回避应激源。

小 结

- 抑郁障碍是遗传性的；父母患过抑郁障碍的孩子患抑郁障碍的可能性是父母没患过抑郁障碍的孩子的 2 ～ 3 倍。
- 最常与抑郁障碍有关的神经递质是单胺的血清素和去甲肾上腺素。大多数抗抑郁药物都会影响这些神经递质。
- 困难型气质会增加儿童与青少年的负面情绪，干扰亲子互动的质量，或限制儿童与青少年应对技能的发展，从而使儿童与青少年面临患抑郁障碍的风险。

应激性生活事件如何导致抑郁障碍？

应激性生活事件

几项研究表明，主要的生活应激源可以预测抑郁障碍的发生。学业失败、家庭冲突和关系破裂会对儿童与青少年的心境产生负面影响。50% ～ 80% 的儿童与青少年在第一次抑郁发作之前至少经历过一种重大的应激事件（Monroe & Cummins, 2019）。

抑郁障碍患儿比没有抑郁障碍的同龄人报告的问题生活事件更多、更频繁。此外，儿童与青少年患抑郁障碍的风险与他们经历的应激性生活事件的数量直接相关。应激性生活事件的性质和时间也很重要。例如，父母离婚在儿童早期的影响可能特别突出，而同伴问题在青春期可能特别不利（Hammen et al., 2014）。

尽管应激性生活事件增加了儿童与青少年患抑郁障碍的风险，但这些事件并不是心境问题的有力预测因素。20% ～ 50% 患有抑郁障碍的儿童与青少年没有遇到明确的触发他们抑郁发作的应激源。此外，许多儿童与青少年经历了可怕的困难，但从未患抑郁障碍。应激性生活事件在引发抑郁发作中的重要性可能会随着时间推移而降低。虽然青少年的第一次抑郁发作通常与消极的生活事件有关，但之后的发作与特定的应激源关系不太密切（Monroe & Cummins, 2019）。

基因–环境相互作用

为什么有些儿童与青少年在面对紧张的生活事件时表现出心理韧性，而另一些儿童与青少年则经历抑郁？一个答案是不良生活事件对儿童与青少年心境的影响取决于他们的基因。大多数研究人员检测了调节单胺的 5- 羟色胺和多巴胺再摄取的基因。他们发现，暴露在心理社会应激源下的儿童与青少年患抑郁障碍的风险增加，但前提是他们遗传了易患这些障碍的基因（Cowen, 2019; D’Souza et al., 2016）。

例如，汉金及其同事（Hankin and colleagues, 2015）检测了血清素转运基因的一部分，该基因调节突触中的血清素活性。子女继承了这个基因的两个副本，分别来自父母二人。这些基因有两种变体或等位基因：长（L）或短（S）。研究人员发现，经历中度到高度社会压力的青少年患抑郁障碍的可能性增加，但前提是他们遗传了该基因的短（S）等位基因。与之相比，遗传了两个长（L）等位基因的青少年可以缓解社会压力对他们心境的影响。

类似地，海菲尔及其同事（Haeffel and colleagues, 2008）研究了多巴胺转运基因的一部分，这部分调节突触中的多巴胺活动（图 13.3）。子女也遗传了这个基因的两个副本，分别来自父母二人。这些基因有两个等位基因：主等位基因和次等位基因。研究人员发现，经历过父母拒绝（例如，敌意、体罚、严厉批评）的青少年患抑郁障碍的风险更高，但前提

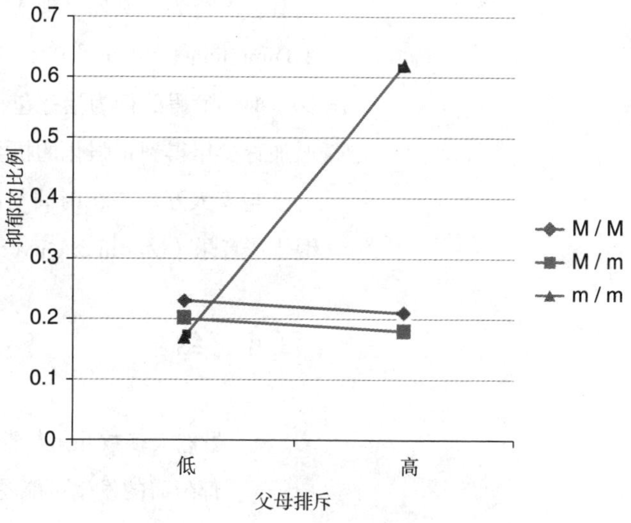

图 13.3　基因–环境相互作用预测抑郁风险

注：父母拒绝会增加青少年患抑郁症的风险，但前提是青少年遗传了多巴胺转运基因的两个次等位基因（m/m）。一个主等位基因（M）会缓冲严厉的父母对孩子的影响。基于德苏扎及其同事（D’Souza and colleagues, 2017）。

是他们继承了这种基因的两个次等位基因。至少一种主等位基因的存在可以保护子女免受严厉父母的不良影响。

压力与应对

人们处理应激性生活事件的方式也会影响他们的情绪功能。彼得·莱温森（Peter Lewinson, 1974）认为，当儿童与青少年反复进行没有回报的行为时，他们就会抑郁。例如，一个青少年可能试图取悦他的父母，但仍然在家里受到批评；不停地学习，但成绩仍然很低；不停练习篮球，但仍然被球队淘汰。他的行为不会带来愉悦感或成就感。因此，他不太可能继续从事这些活动。在行为方面，青少年经历了低频的**反应相依的正强化**（**response-contingent positive reinforcement**），也就是说，他的行为没有得到奖励，因此其频率会随着时间推移而降低。正强化的缺乏会扼杀适应性行为，例如帮助做家务、备考、参加体育和其他娱乐活动。

同时，青少年可能会通过回避或退出可能令人愉快的活动来应对负面体验。例如，青少年可能会花更多时间待在房间里、避免与父母争吵、因为不想感到自己失败而停止备考，通过放弃体育或其他社交活动以减少被他人拒绝或失望的机会（Rohde, 2018）。

在短期内，像这样的回避应对策略有负强化的作用，因为它们减少了不愉快的体验和情绪。然而，随着时间推移，这会使青少年变得与他人更加隔绝，减少了他们进行可能令人愉快的活动的机会。例如，一个青少年如果退缩回到自己的房间，就不太可能与家人或朋友一起开心玩耍。回避应对还可能涉及其他非适应性的和潜在有害的行为，例如对他人大喊大叫、酗酒和服用其他药物以及进行自伤（Hubley & Dimidjian, 2019）。

抑郁障碍的行为治疗包括通过鼓励青少年参与积极的、可能令人愉快的活动来增加青少年得到正强化的机会。尽管他们可能缺乏动力，但抑郁障碍患儿必须强迫自己与家人互动，花时间与同龄人相处，并参与他们过去喜欢的活动，例如艺术、锻炼或音乐（Martin & Oliver, 2020）。

小　结

- 虽然大多数儿童与青少年患上抑郁障碍之前都经历过应激性生活事件，但抑郁障碍的发生可能既取决于该障碍的遗传风险，也取决于环境应激因素。
- 莱温森认为当儿童与青少年经历了低频的反应相依的正强化，他们就会变得抑郁。他们在学业和社会活动中很少得到回报，因此随着时间推移，他们会减少从事这些活动。

儿童与青少年的想法如何导致抑郁障碍?

消极归因

压力性生活事件对心境的影响也取决于对这些事件的归因（*attribution*）或解释。马丁·塞利格曼（Martin Seligman, 1975）假设无助感会导致抑郁障碍的出现。在一项著名的研究中，塞利格曼和迈尔（Seligman and Maier, 1967）尝试通过限制狗的活动并施加轻微的电击来调节狗的恐惧感。研究人员预期，当限制被解除时，这些狗会主动跳开以避免电击。令他们惊讶的是，即使这些狗有机会逃脱或躲避电击，它们依然被动地屈服于电击。塞利格曼认为这些狗学会了忍受电击。由于这些狗对电击没有控制能力，因此当有机会时，它们也不会回避电击。

塞利格曼提出，**习得性无助**（**learned helplessness**）可以解释人类的抑郁障碍。他认为，那些暴露在令人紧张但显然无法控制的生活事件中的人会变得消极和抑郁。他们不会积极应对压力，而是会放弃，屈服于痛苦和绝望的感受（Hiroto & Seligman, 1975）。

塞利格曼对抑郁障碍的最初解释过于简单化。许多人遇到可怕的生活事件，但从未经历过心境问题。因此，艾布拉姆森、塞利格曼和蒂斯代尔（Abramson, Seligman, and Teasdale, 1978）重新阐述了习得性无助理论，以解释消极生活事件如何导致抑郁心境。他们认为，对生活中成功和失败的归因会影响我们的心境。具体来说，抑郁个体将负性事件归因于*内部的*、*稳定的*和*整体性的*因素。例如，如果一个青春期男孩向一个女孩提出约会，而她拒绝了他，他可能会将拒绝归因于内部的、稳定的和整体性的因素。他可能会认为他被拒绝是因为他丑（内部的），他永远是丑陋的（稳定的），无论多么渴望，没有人会愿意和像他这样丑陋的人出去约会（整体性的）。这种**消极的归因方式**（**negative attributional style**）会导致无助感、绝望感和抑郁障碍。

抑郁的人也倾向于将积极的生活事件归因于*外部的*、*不稳定的*和*特定的*原因。例如，如果一个患有抑郁障碍的青少年在考试中得了 A，她可能会把她的成功归因于这样一个事实：教师是一个评分宽松的人（外部的），她很幸运（不稳定的），或者她只是碰巧学习了考试中的知识点（特定的）。这些归因可能导致她的消极心境和自卑。大多数研究表明，大龄儿童、青少年和成人的消极归因方式与抑郁心境之间存在关系（Alloy, Salk, Strange, & Abramson, 2019）。

贝克的抑郁认知理论

亚伦·贝克（Aaron Beck, 1967, 1976）开发了一个抑郁障碍模型，主要关注人们的认知。贝克认为，思维、感受和行为之间有着错综复杂的联系。人们的思维方式影响着他们的感受和行为方式。贝克认为，抑郁个体表现出非适应性的思维模式，这导致了他们的抑郁心境和有问题的行为。

贝克发现了使人易患抑郁障碍的三种非适应性的思维层次。在最直接的层次上，当我们遇到逆境时，我们可以体验到消极的**自动思维**（**automatic thought**）。自动思维是负性事件发生时突然出现在我们脑海中的短暂认知或心理意象。举个例子，一个丢了决胜球的男孩可能会想“我真是个失败者！”，或者想象他的父母在看台上失望地看着他。同样，一个在课堂上做报告时出错的女孩可能会想“我真是个傻瓜！”，或者想象她的同学在背后嘲笑她。这些消极的自动思维是高度即时的和习惯性的，因此大多数人没有意识到他们拥有这种思维。这些自动思维会立即导致悲伤、尴尬和愤怒等负面情绪。

随着时间推移，抑郁障碍患者容易产生相对稳定的认知偏差（cognitive bias）和认知歪曲（cognitive distortion）。当我们只关注事件的消极方面而忽略或最小化积极方面时，就会产生**认知偏差**。例如，查理·布朗可能会在邮箱中查找邻居聚会的邀请。看到邮箱是空的，查理沮丧地关了邮箱，大声说：“从来没有人邀请我参加他们的聚会！”查理的陈述说明了一种认知偏差，他注意到自己从来没有收到过别人的邀请（这是真的），而忽略了自己有很多朋友和一条爱自己的忠诚的狗这一事实。

当我们扭曲事件使其比实际问题更严重时，**认知歪曲**就会发生。例如，当查理·布朗回到家时，他可能会想：“没人关心我。”这句话是一种认知歪曲，原因有二。首先，他的断言使没有收到邀请的这个直接的问题变得更糟。查理现在相信没有人关心他，他一文不值，不讨人喜欢。其次，查理的说法是不真实的。查理其实有很多关心他的朋友。

贝克发现了几种不同的认知偏差和歪曲，这些偏见和歪曲会使人容易患抑郁障碍。其中最常见的如下：

忽略积极因素（*ignoring the positive*）：为了保持消极的世界观而忽视或最小化积极的经历。例如，一个在考试中取得好成绩的男孩可能会坚持说他是“幸运的”，或者说教师给每个人的分数都很高。

仓促下结论（*jumping to conclusion*）：“算命”或“读心术”的一种形式，在这种形式中，你相信将来会发生不好的事情，或者人们对你的看法是消极的，而没有任何证据支持你的信念。例如，如果一个女孩的同学们在公交车上不跟她打招呼，女孩就会认为他们在生她的气。

认定最坏的情况（即灾难化）[*thinking the worst* (*i.e., catastrophizing*)]：预期灾难性的结果并且认为自己无力应对。例如，一个必须做课堂报告的男孩确信他会犯错误，而且教师会批评他，同学会嘲笑他。

全或无（即，二分法）思维 [*all-or-none* (*i.e., dichotomous*) *thinking*]：以僵化的、非黑即白的方式，而不是以灵活的方式看待事物。例如，一个女孩可能会认为，如果她没有被首选的大学录取，那么她就是一个失败者，会让她的家庭失望。

个人化（*personalization*）：把自己当作一些负性事件的起因，而实际自己是不对其负有责任的。例如，一个女孩可能会因为父母离婚而责备自己。

在实践中，区分各种类型的偏差和歪曲有时很难。这些问题的特点都是倾向于夸大负性事件，最小化自己的应对能力，以及不愿意使用客观证据以灵活的方式思考情况（Beck, 2020）。

在最深层次上，贝克认为抑郁障碍患者会发展出一种**消极图式**（**negative schema**），或者说关于自己、世界和未来的心理模式。例如，患有抑郁障碍的青少年可能会形成一种核心信念，即“我一文不值”（自我）、“没有人重视我”（他人）和“我的处境毫无希望，因为事情永远不会改变”（未来）。这一消极图式的三个要素构成并渲染了所有的经历，并影响个体的思维、感受和行为的认知三联征（Dozois & Beck, 2009）。

贝克认为，消极图式源于童年的逆境。当儿童与青少年经历失落、困难、拒绝和失望时，他们可能采用这些消极的核心信念，并将其融入自我意识。这些核心信念反过来会引发消极的自动思维和认知歪曲，从而维持人们对自我、世界和未来的悲观看法（Beck & Haigh, 2015）。

抑郁障碍患儿比未患抑郁障碍的儿童与青少年更容易产生适应不良的思维。此外，儿童与青少年表现出的认知偏差和歪曲的数量与他们抑郁障碍状的严重程度有关。抑郁障碍患儿也表现出对于其心境问题比较特定的偏差和歪曲。例如，抑郁的儿童与青少年经常报告以个人丧失和失败为特征的信念，而焦虑的儿童与青少年更可能报告关于威胁和脆弱性的想法（Wells, 2013）。

小　结

- 根据重新建立的习得性无助理论，当儿童与青少年将负性事件归因于内部的、稳定的和整体性的原因时，他们就会变得抑郁。
- 根据贝克关于抑郁的认知理论，认知偏见和歪曲导致儿童与青少年对自己、世界和未来采用消极的看法。
- 常见的认知歪曲包括灾难化（即认定最坏的情况）、二分法（即全或无）思维和个人化。认知疗法帮助儿童与青少年识别和评估这些非适应性的想法。

儿童与青少年的人际关系如何导致抑郁障碍?

父母与抑郁障碍

父母患有抑郁障碍是子女患抑郁障碍的重要风险因素。大约 60% 的抑郁父母的子女也会患抑郁障碍。与非抑郁父母的孩子相比，抑郁的母亲的孩子患抑郁障碍的风险高 6 倍，抑郁的父亲的孩子患抑郁障碍的风险高 3 倍。纵向研究还表明，父母患有抑郁障碍可以预测子女患抑郁障碍，而不受诸如经济贫困、家庭构成和紧张的生活事件等其他风险因素的影响（Rice et al., 2019）。

父母和孩子之间的关系是复杂的，我们还没有完全厘清。实证数据表明，父母的抑郁可能通过几种方式使孩子处于风险之中。

第一，基因部分解释了父母和孩子抑郁之间的关系（DiFonte & Gladstone, 2017）。

第二，母亲在孕期的焦虑和烦躁会影响孩子的神经和内分泌系统的发育。这些发育性问题反过来会导致儿童与青少年患抑郁障碍。例如，女性在孕期的焦虑和抑郁水平会破坏其子女 HPA 轴的发育。HPA 轴是孩子借以调节其对压力反应的主要机制，HPA 轴的紊乱和皮质醇的异常分泌会限制孩子调节情绪的能力（Apter-Levi et al., 2016; Laurent et al., 2013）。

第三，抑郁的父母往往示范无效的解决问题技能，并以不太理想的方式管教他们的孩子。纵向研究表明，抑郁的父母通常会采取高度敌对和批判性的养育行为，而对孩子的温情和回应水平则较低。这些养育行为反过来又预测了他们孩子的抑郁和易激惹的出现。相比之下，母亲高水平的温暖可以保护孩子免受抑郁，即使孩子们经历了其他困难也是如此，例如社会经济困难或同伴问题（Fristad & Black, 2018）。

最近的几项研究表明，向抑郁的父母提供治疗可以预防其子女患抑郁障碍。例如，在一项大型研究中，抗抑郁药物和 / 或认知行为疗法治疗有效的抑郁父母的孩子比治疗无效的抑郁父母的孩子经历的心境问题更少（Wickramaratne et al., 2011）。因此，大多数治疗师会在治疗中留出时间来帮助父母改善情绪健康，增加他们对孩子的温情和养育一致性（DiFonte & Gladstone, 2017）。

同伴问题

有些研究人员也研究了同伴在儿童与青少年抑郁障碍中的作用。沙利文（Sullivan, 1953）描述了同伴关系对儿童与青少年情绪健康的重要性。实证研究证实，同伴的接纳对儿童与青少年的自我概念和情绪功能很重要。例如，荟萃分析显示，儿童与青少年对来自同伴的社会支持的感知与其抑郁障碍状的数量和严重程度之间呈显著的负相关。父母和教师对孩子的友谊质量和与同伴的关系的评价也与孩子的抑郁障碍状呈负相关（Possel & Meyer, 2018）。

被同伴拒绝或伤害的儿童与青少年特别容易产生心境问题（Ha, Dishion, Overbeek, Burk, & Engels, 2014）。躯体伤害（例如，躯体欺凌）和关系攻击（例如，戏弄、散布谣言）都与男孩和女孩的抑郁障碍有关。在一项研究中，关系攻击比身体攻击更能预测青少年的抑郁障碍。这一发现与“棍棒和石头”[1] 的老话相矛盾。它

---

1 指英语中的一句俗语“sticks and stones may break my bones, but words will never hurt me”（棍棒和石头也许能折断我的骨头，但言语永远不能伤害我）。这句俗语常被用来反击他人的言语攻击。——编注

还表明，旨在减少欺凌的学校干预措施必须针对身体和关系攻击，预防儿童与青少年出现心境问题（Rubin, Bowker, Barstead, & Coplan, 2018）。

有偏差的社会信息处理

在前几章中，我们研究了儿童与青少年社会信息处理中的偏差如何导致品行问题。抑郁患儿也表现出对社会信息处理的偏差（Bell, Luebbe, Swenson, & Allwood, 2009）。回想一下，信息加工模型由几个步骤组成，这些步骤让儿童与青少年解释和应对人际情景。让我们看看研究人员让儿童与青少年考虑的一种情况：

> 你必须戴眼镜，因为你在学校看不见黑板。你父母说你年纪太小了，不能戴隐形眼镜。当你戴着新眼镜走进学校时，你的朋友们都在大笑。

为了解决这种情况，儿童与青少年必须（1）编码有关情况的信息；（2）通过对同学的行为（例如，他们为什么笑？）进行归因来解释情况；（3）澄清他在这种情况下的目标（例如，你希望发生什么事？）；（4）获取问题的可能解决方案；（5）决定最佳反应；（6）采取行动。儿童与青少年以一种快速且基本上自动的方式进行这些过程（图 13.4）。

抑郁障碍患儿在处理这样的社会情况时表现出两种偏差。首先，他们倾向于消极地解释模棱两可的社交情境。例如，一个抑郁的儿童或青少年可能会认为，因为她戴着新眼镜看起来很傻，所以她的同学在嘲笑她。像这样的负面归因会使情况看起来毫无希望，儿童与青少年会感到无助。其次，抑郁障碍患儿倾向于较少地产生和选择积极、亲社会的方式来解决问题。相反，他们倾向于通过回避问题或从情境中退出来对问题做出反应。例如，一个抑郁障碍患儿可能会认为解决问题的最好办法是离开教室、摘下眼镜并再也不戴。

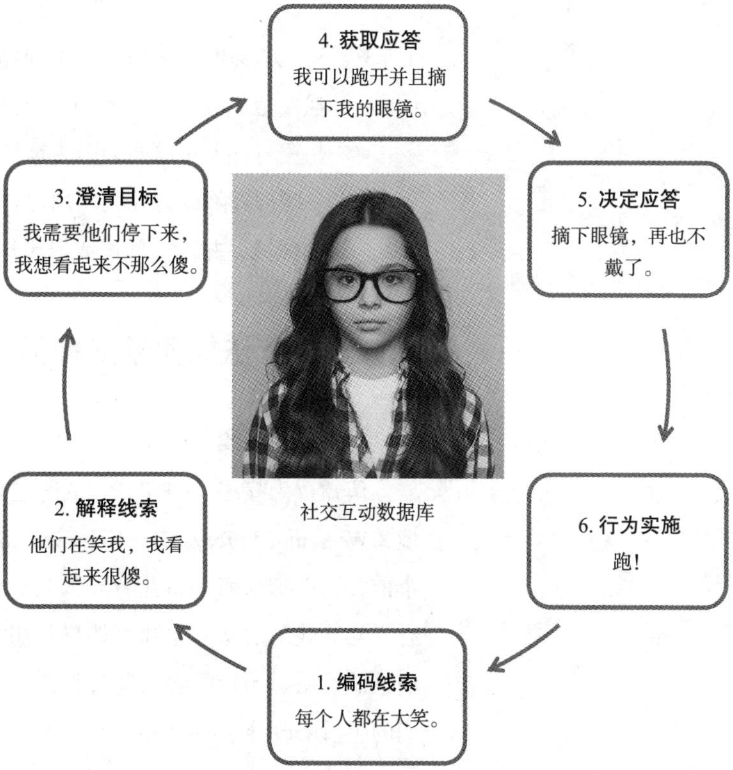

图 13.4　抑郁症的社会信息处理模型

注： 抑郁症患儿在解释和问题解决的方式上常常表现出偏差。基于吕贝、贝尔、奥尔伍德、斯温森及厄尔利（Luebbe, Bell, Allwood, Swenson, and Early, 2010）。

回避和退出这样的情境可能会让儿童与青少年在短期内感觉更好。然而，从长远来看，儿童与青少年可能会因此变得与同伴更加疏离，或是因嘲笑和排斥而拒绝敞开心扉。例如，如果这个女孩羞愧地跑出教室，她可能会引起同学们的注意，而同学们可能会取笑她。同学们的取笑证实了女孩的想法，即她很愚蠢，其他人不喜欢她（Luebbe et al., 2010）。

实证研究表明，儿童与青少年的信息加工偏差与其抑郁障碍状的严重程度之间存在直接关系。也许更重要的是，减少这些偏差可以改善儿童与青少年的社会功能和心境。治疗师可能会帮来访者以更客观、更灵活的方式看待同样的情况。例如，女孩的同学是因为另一个与她无关的原因大笑，而不是在取笑她。治疗师还可能鼓励来访者以更积极、亲社会的方式解决问题。例如，女孩可能会进入教室，看看是否有人评论她的眼镜。如果他们这样做了，她可以把他们的评论理解为一种补充信息，而不是侮辱（Rynn, Brent, Crits-Chistoph, Findling, & Wagner, 2019）。

小　结

- 父母的抑郁会增加孩子患抑郁障碍的风险。抑郁的父母将抑郁的遗传风险传递给他们的孩子，他们也可能提供不太敏感和没什么反应的照顾。
- 儿童与青少年可能会因为被排斥、同伴拒绝或欺凌而变得抑郁。
- 一些抑郁障碍患儿表现出对社会信息加工的偏差。他们倾向于消极地解释社会情境，并通过回避或退出这种情境来应对问题。

认知行为疗法如何帮助抑郁障碍患儿？

认知行为理论

认知行为疗法（CBT）尝试通过采用针对患儿想法和行为的疗法改善他们的心境（Weersing, Jeffreys, Do, Schwartz, & Bolano, 2017）。CBT 的认知部分基于这样一个前提，即抑郁障碍患儿有导致其抑郁情绪的非适应性思维。诸如“我太蠢了，没有人喜欢我”的认知歪曲可能导致患儿回避家庭和朋友，对自己、世界和未来采取消极的看法。治疗师尝试通过教患儿挑战这些想法并以更灵活和现实的方式看待他们的生活来改善他们的情绪（Beck, 1967）。

CBT 的行为成分基于这样一个概念，即当患儿无法从周围环境中获得快乐或满足时，抑郁障碍就会发生。不管他们怎么努力，这些患儿似乎总是失败。就像塞利格曼的狗一样，这些儿童与青少年最终放弃了尝试，将自己与他人隔离开来。他们回避朋友、退出俱乐部和体育运动，觉得上学是一种无望的努力。临床医生试图通过增加儿童与青少年的社交活动和提高他们解决问题的能力来缓解这些无望或绝望的感觉（Lewinsohn, 1974）。

CBT 遵循两大原则：协同检验（collaborative empiricism）和苏格拉底式提问（Socratic questioning）。**协同检验**是指治疗师和来访者一起根据观察数据检验假设。

例如，最近与母亲争吵的青少年可能会认为母亲“恨”她。治疗师可能会鼓励青少年用与母亲的真实生活的经验来检验这一假设。有什么证据表明她母亲“恨”她？有没有相反的证据，证明她母亲爱她、关心她的幸福？

苏格拉底式提问指治疗师通过提问从来访者处引出信息，并对他的信念提出质疑。这种提问方法是由希腊哲学家苏格拉底发明的，他认为人们最好的学习方式是质疑自己的信念。CBT 治疗师不是说教或唠叨，而是用明确的问题让儿童与青少年说出想法，让他们得出自己的结论（Beidel & Reinecke, 2016）。

CBT 通常作为治疗方案的一部分得到实施。例如，ACTION 计划是为 9 ～ 13 岁儿童设计的治疗方案（Stark, Wang, & Banneyer, 2018）。青少年抑郁应对课程（Adolescent Coping With Depression course）是一个通常针对青少年团体的课程（Rohde, 2018）。最近，MATCH 计划使临床医生可以选择患儿的认知和行为成分，从而为个体青少年定制治疗方案（Martin, Murray, Darnell, & Dorsey, 2019）。大多数 CBT 都有几个共同的组成部分。让我们看看这些组成部分以及它们在实践中的操作方式。

心理教育

CBT 治疗师在最初几次治疗过程中与抑郁障碍患儿和家庭建立密切关系，并提供有关抑郁障碍病因和治疗的知识。心理教育的目标是确保家庭理解什么是抑郁障碍以及如何有效治疗抑郁障碍。大多数治疗师都会尝试减轻家庭成员的责备或内疚感。治疗师会强调抑郁障碍是一个严重的精神健康问题，影响儿童与青少年生活的方方面面，包括家庭、学校和朋友之间的互动。抑郁障碍患儿不能简单地“振作起来”。他们必须学会通过改变自己的思维和行为方式来调节自己的情绪。父母和其他家庭成员可以一直支持他们（Craigshead, Beardslee, & Johnson, 2019）。

心理教育的一个重要组成部分是帮助抑郁障碍患儿认识到思维、情感和行为之间的关系。对于大龄儿童与青少年，治疗师可能会画一个三角形，并在三角形的每个端点上分别标注“思维”“情感”和“行为”。然后，治疗师可能会让抑郁障碍患儿描述最近感到快乐的一段时间，并确定她在那段时间里的想法和行为。例如，一个青少年可能会回忆起赢得一场重要的足球比赛，赛后与队友一起庆祝，并思考成为球队一员是多么伟大。治疗师也可能让抑郁障碍患儿描述最近感到悲伤的一段时期，并确定当时的想法和行为。在这种情况下，这名青少年可能记起有一个周五晚上独自一人度过，因为朋友去参加聚会了。她哭了，以为没人关心她。

对于低龄儿童，治疗师可能会教授身体、大脑和行为（body, brain and behavior）三个方面的技巧（3Bs）。每当他们体验到强烈的情绪时，他们就会被告知要注意身体上的感受、大脑中的想法以及外显的行为（Stark et al., 2018）。

通过这些活动，临床医生开始展示思维、情感和行为是如何联系在一起的。虽然直接改善情绪很难，但我们可以通过改变行为和思维方式来间接改善情绪。例如，如果孤独的青少年表现不同（例如，打电话给朋友、去健身房）或想法不同（例如，“他们可能想邀请我，但只是忘记了”），她可能会感觉更好（Curry & Meyer, 2018）。

目标设置和心境监测

目标设置是指帮助儿童与青少年确定现实的治疗目标。许多治疗师鼓励儿童与青少年设定**SMART 目标**（**SMART goals**），也就是说，目标要明确（specifically stated）、可测量（measurable）、有吸引力（appealing）、现实（realistic）、有时间期限（timed）。例如，一个抑郁障碍患儿最初可能会设定“感觉更好”的大目标。治疗师会帮助其将这个目标分解成更小、更具体的步骤，这些步骤可以成为每周治疗的重点。例如，在“感觉更好”的道路上迈出的第一步可能是下周放学后至少进行 2 次体育锻炼。这项活动可以是简单的（例如，遛狗）也可以是充满活力的（例如，跑 3 公里），但目标必须具体、现实，并且有明确的截止日期。

为了衡量抑郁障碍患儿在实现目标方面的进展，治疗师将教儿童与青少年监控自己的心境。一种技术是使用**心境温度计**（**mood thermometer**）这种视觉测量工具，可以用它来评估一周中每一天的情绪（图 13.5）。抑郁障碍患儿被教导去注意可能与强烈情绪有关的情境、行为和想法，并记录自己每天的进步。

心境温度计

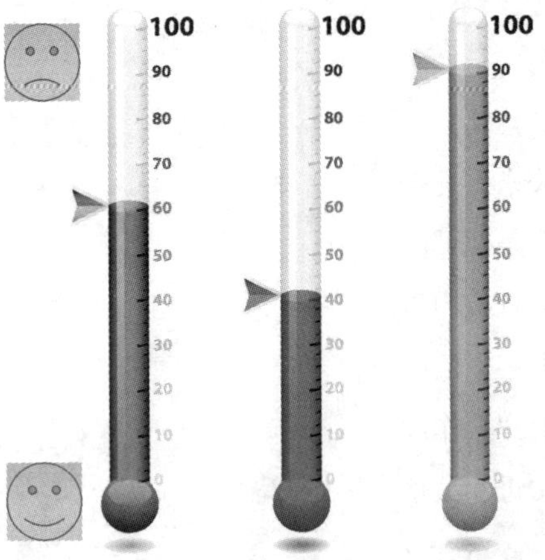

有时候，向别人描述我们的感受很难。当有人说他感到悲伤时，我能理解悲伤是什么感觉，但我不知道这种感觉对他来说有多强烈。人们可以有点悲伤、中度悲伤或非常悲伤。为了让我了解你的感受，我们将测量你的心境温度。

让我们练习：

- 如果你赢得了迪士尼世界之旅，你会有什么感受？
- 如果你在学校考试不及格会怎么样？
- 你现在感受如何？
- 你的情绪曾经达到过 100 度吗？告诉我那次的情况。

图 13.5　心境温度计

注：治疗师使用像这样的心境温度计来评估儿童青少年的情绪以及与每种情绪相关的事件。基于迪茨、魏因贝格及穆夫森（Dietz, Weinberg, and Mufson, 2018）。

一些低龄抑郁障碍患儿需要被帮助识别和标记情绪。例如，他们只能区分“快乐”和“悲伤”。治疗师可能会使用情感抽认卡、字谜游戏或角色扮演来教他们区分这些心境状态。例如，伴随感到“尴尬”的面部表情和身体感觉与那些表征感到“愤怒”或“被忽视”的表情和身体感觉是不同的。

行为激活

抑郁障碍患儿通常会久坐和单独活动，这会剥夺他们的精力、限制他们与他人的互动。虽然在卧室里看电视剧可能是一天劳累之后进行休息的好方法，但习惯性地把自己孤立在房间里会导致长期的心境问题，并导致人际关系变差。行为激活的目标是增加抑郁障碍患儿的身体和社交活动，以增加正强化和获得快乐的机会。

大多数治疗师使用一种叫作**活动计划**（**activity scheduling**）的技术。首先，治疗师要求抑郁障碍患儿列出一系列简单、愉快的活动。理想情况下，活动既包括身体活动，也包括社交活动（例如，玩极限飞盘、与朋友一起购物）。如果他们觉得有趣，那些具有创造性和表达性的爱好（例如，绘画、弹吉他）和自我照顾获得（例如，做美甲）也是不错的选择。接下来，抑郁障碍患儿选择 2 ～ 3 项活动，并承诺在接下来的一周内即使没有动力也要参与这些活动。抑郁障碍患儿必须打破负强化的循环，抵制回避体力活动和社交互动的冲动。治疗师和抑郁障碍患儿将一起识别执行这些活动的潜在障碍，并找到克服这些障碍的方法。

治疗师鼓励抑郁障碍患儿将这些活动视为小型实验。让他们体会参与这些活动时，感觉有没有相应的变化？治疗师还可能鼓励他们在这些愉快的活动中注意自己的想法，例如“我的朋友喜欢和我在一起”或“我弹吉他弹得很好”。你可以在从科学到实践部分看到活动安排的例子。

从科学到实践

减轻抑郁的活动安排

想想你在一个平常的日子里所做的活动。有没有因为对你很重要而让你感觉良好的事情？你能想出一些可以改变你的情绪体验并帮助你感觉更好的活动吗？如果你在思考进行哪些活动时遇到困难，请尝试下列活动：

趣味性活动：做头发、和宠物玩

掌控感培养活动：手工、做东西、音乐、写作

体育活动：跳舞、跑步、团队运动、散步、瑜伽

服务活动：帮助邻居、辅导、志愿服务

社交活动：打电话给朋友、和别人一起购物、外出

写下两到三项对你有意义的活动，以及你下周能做的活动。然后，即使你不喜欢，也去试试。把它想象成一个小型实验。下周我们将看看你是否进行了这些活动，以及它们是否对你的心境产生了影响。

注：基于埃伦里奇-梅及其同事（Ehrenreich-May and colleagues, 2017）。

社会信息加工训练

抑郁障碍患儿在发展解决社会问题的能力方面经常需要帮助。治疗师可以教他们如何处理这些互动从而避免争吵、悲伤或社交退缩。例如，一个抑郁障碍患儿可能会描述这样一种情况：在一场篮球比赛中，她的朋友们坐在一起，当她进入体育馆时，他们忽略了她。这个女孩可能会因为朋友排斥她而感到羞愧或受伤。她可能离开体育馆，在卫生间哭了一场后才回家。她可能会想：“我真是个失败者，我一定

是出了什么问题。”

治疗师用缩写词 RIBEYE 来帮助抑郁障碍患儿记住社交信息加工步骤（Curry & Meyer, 2018）。

放松（Relax）：深呼吸。与其逃跑，不如把这种情况看作是一个需要解决的问题。

识别问题（Identify the Problem）：客观地看待情境，而不是情绪化地看待。“我的朋友们坐在看台上，他们没有注意到我。”

头脑风暴可能的解决方案（Brainstorm possible solutions）：尽可能多地提出解决问题的方法，不管这些方法一开始看起来有多愚蠢。不要只是不假思索地行动或者生气。

评估每个解决方案（Evaluate each solution）。从短期来看，逃跑可能是件好事，但你真正想要的是和你的朋友在一起。这可能有点可怕，但你可以问问是否可以和他们坐在一起。也许他们没看到你。

是的（Yes）：对最好的解决方案说“是的”，然后尝试一下。

鼓励自己（Encourage yourself）：如果你有效地解决了这个问题，那就赞美你自己的勇敢和灵活。如果女孩们仍然对你很刻薄，那么再重复一遍这些步骤。你能行！

学习这些解决问题的步骤需要时间和实践。最初，治疗师在治疗过程中与抑郁障碍患儿角色扮演来演绎社交困境。之后，抑郁障碍患儿在课后与家人和同龄人一起练习使用这些步骤，并每周报告他们的体验（Stark et al., 2018）。

认知重构

抑郁障碍患儿往往会产生偏差或歪曲的思维。他们戴着有色眼镜看世界，有选择地关注事件的消极方面，或歪曲情境使其更成问题。**认知重构（cognitive restructuring）**包括教抑郁障碍患儿识别和挑战这些思维方式，以改善他们的心境。

治疗师可能会将这些不适应的认知称为“思维陷阱”，并使用非技术性语言帮助抑郁障碍患儿识别它们。例如，常见的“思维陷阱”包括仓促下结论、关注消极因素和思考最坏的情况。

斯塔克及其同事（Stark and colleagues, 2018）详述了一些游戏，以帮助低龄抑郁障碍患儿挑战这些消极想法。一个叫作“证据是什么？”的游戏要求他们在下结论时为自己的信念提供支持。例如，如果一个抑郁障碍患儿在阅读课上成绩很低，她可能会认为自己不是很聪明。治疗师可能会质疑她的信念，要求她提供证据支持自己的主张，并要求她提供相反的证据。尽管她在阅读方面可能有困难，但她可能在数学或音乐方面很有天赋。

在另一种游戏“另一种解释”中，治疗师通过询问抑郁障碍患儿看待事件的其他方式来挑战他们的消极倾向。如果一个女孩在学校走廊上走的时候被同学们忽视了，她可能会认为同学们生她的气。治疗师可能会鼓励她考虑同学行为的其他可能性。也许她的朋友上课要迟到了而且匆匆忙忙的，或者也许他们没有看到她。

第三种策略是使用“如果……怎么办”技术。治疗师利用这项技术来消除抑郁障碍患儿对自己的不合理期望以及灾难化思维的倾向。例如，一个成绩很低的男孩可能会想：“现在我再也进不了荣誉榜了，我的父母要杀了我！”治疗师可能会问：“如果你没有进入荣誉榜怎么办？你父母真的会杀了你吗？他们会不认你吗？”大多数抑郁障碍患儿都承认，这些可怕的事件不太可能发生。相反，情况可能不像他们预期的那样无望，他们最终能够应对。你可以在从科学到实践部分看到认知重构的另一个例子。

从科学到实践

用认知重构减轻抑郁

马　克：我昨天和我最好的朋友打架了。我都不记得是怎么回事了。真不敢相信！我们可能再也不会说话了。如果我们不说话了，我就不能和我们共同的朋友出去玩了。

治疗师：我对此感到遗憾。我想知道我们是否可以利用这个情境练习我们在治疗中学习的技能，看看你对这个问题的解释是否现实。记住，我们的工作是收集证据，就像侦探一样。我不是要你改变主意，只是想弄清楚证据是什么。

马　克：我会努力的，但我很确定这次打架会结束我们的关系。

治疗师：好的，很好。第一步是确定你的想法是什么。

马　克：我刚才说了。我在想，在这次打架之后，我会失去我最好的朋友和所有其他朋友。

治疗师：那你要失去的太多了！让我们一件一件地来解决。首先，让我们看看你是否陷入了思维陷阱。

马　克：我想我是在“想最坏的情况”。我不能肯定我们的友谊已经结束了，但感觉确实是这样。

治疗师：这是一个好的开始。现在，寻找证据，看看这次打架是否真的会结束你们的友谊。你以前和你的朋友打过架吗？

马　克：好吧，几周前我们确实因为别的事打过架。但那次并不激烈……

治疗师：好的，那次打架后发生了什么？

马　克：我们有几天没说话。然后他打电话给我。当他终于打电话来时，我松了一口气。

治疗师：好吧，上次类似的事情发生时，他打电话给你，你松了一口气。即使打架没有那么激烈，你也能解决。这是你需要记住的重要信息。这会改变你的感觉吗？

马　克：我感觉有点希望了。

治疗师：太棒了，当有希望时，你就有理由做出尝试并努力找到解决方案。

注：改编自埃伦里奇-梅及其同事（Ehrenreich-May and colleagues, 2017）。

重要的是要记住，认知重构并不强调正面思考或总是看到生活的光明面。有时，抑郁障碍患儿会经历客观上有害或伤害性的不良事件，例如失去家庭成员、父母之间的冲突或学校暴力。治疗师承认这些经历会带来情感上的痛苦，并鼓励他们将这些痛苦视为需要解决的问题。因此，认知重构强调“非消极思维”的力量，需要这些小来访者展现出巨大的勇气和信任。

小　结

- 认知行为治疗师用协同检验和苏格拉底式提问来帮助抑郁障碍患儿识别和挑战导致他们不安的非适应性想法。
- 治疗师帮助抑郁障碍患儿设定 SMART 目标，并在他们自己参与有助于实现这些目标的活动时给予奖励。
- 治疗师还可以教抑郁障碍患儿进行更系统、更少偏差的社会信息加工方式。首字母缩写 RIBEYE 可以帮助抑郁障碍患儿学习和应用这些步骤，而不是回避或逃避问题。

人际治疗如何帮助抑郁障碍患儿？

人际关系理论

人际心理治疗（interpersonal psychotherapy, IPT）的基本前提是，抑郁障碍最好通过与他人的关系来理解。抑郁障碍患儿经常经历人际关系中断或人际关系高度紧张。这些人际问题导致并维持了他们的抑郁心境。人际心理治疗旨在通过帮助抑郁障碍患儿发展更令人满意和有意义的关系、应对失去亲人和/或缓解社会问题和孤独感改善他们的人际功能（Gunlicks-Stoessel & Mufson, 2016）。

抑郁青少年人际心理治疗（interpersonal psychotherapy for depressed adolescents, IPT-A）是一种为期 12 周的治疗方法，可用于 12 岁及以上的青少年。治疗可以用于个体，也可以用于青少年团体（Miller, Hlastala, & Mufson, 2015）。

人际关系治疗师将抑郁障碍概念化为一种可以影响青少年生活各个方面的医学疾病。青少年易激惹的心境、成绩下降和缺乏动力是这种疾病的迹象。父母不应该因为青少年的行为而责备他们，而应该允许他们扮演一个**受限的患病角色（limited**

sick role)。治疗师可能会这样解释患病角色：

当一个人得了感冒或流感时，我们希望他们休息、感觉更好，并逐渐恢复正常活动。类似地，当一个人患有抑郁障碍时，我们认识到她在家、学校或与朋友在一起时可能没有达到最佳状态。如果她犯了错误或者没有精力去做她需要做的事情，那不是她的错，而是因为她情绪低落。我们希望她花点时间感觉好一点，但我们也希望她尽可能多地尝试做事情，这样她就可以回到日常活动中。

一方面，受限的患病角色减少了青少年自己和父母对青少年功能下降可能进行的责备。另一方面，青少年仍然需要努力履行他们的日常职责，例如在家帮忙、上学以及与他人互动(Miller, Hlastala, Mufson, Leibenluft, & Riddle, 2016)。

人际关系量表

IPT 的早期任务是进行**人际关系量表**(**interpersonal inventory**)的施测，即一种对青少年生活中的重要关系的探索。人际关系量表的目的是评估这些关系的数量和质量，这些关系随时间的变化，以及哪些关系对青少年的心境影响最大(Miller, Hlastala, Mufson, Leibenluft, Yenokyan, & Riddle, 2018)。

人际关系治疗师使用“亲密圈”(closeness circle)来直观地描述这些关系和青少年与每个人的依恋关系(图 13.6)。这个封闭的圆圈是由四个同心圆组成的，以青少年的名字为圆心。青少年将其他个体的名字放在内圈或外圈，这取决于他与那个人的亲密程度。在亲密圈完成后，治疗师让青少年确定对其心境影响最大的四五个人(积极或消极)，并描述每种关系的频率和质量。通常，治疗师和青少年可以使用人际关系量表来确定导致青少年抑郁的关系以及可能成为支持来源的关系。

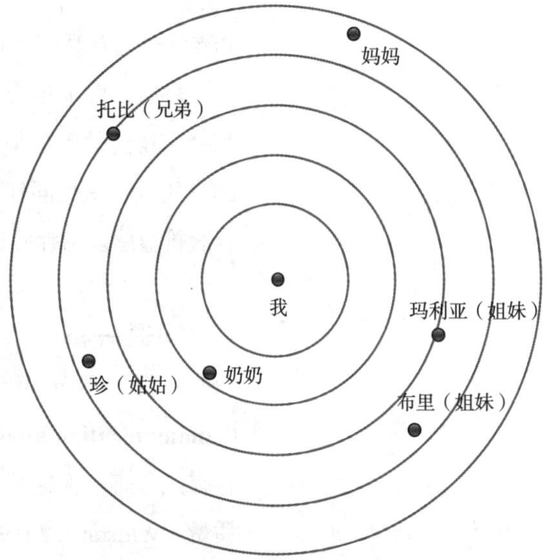

图 13.6　人际关系量表

注：人际关系量表显示了青少年在生活中与他人的亲密程度，以及人际关系如何影响他的心境。基于迪茨、魏因贝格及穆夫森(Dietz, Weinberg, and Mufson, 2018)。

人际问题领域

青少年和治疗师使用人际关系量表选择一个或两个人际问题作为治疗的重点。这些问题集中在以下人际主题之一：(1)悲伤和丧失；(2)人际角色纠纷；(3)角色转换；(4)人际关系缺陷(Miller et al., 2018)。

一些青少年在*失去重要的关系*(*loss of an important relationship*)后变得抑郁。青少年可能会为家庭成员的死亡、与父母的分离或朋友的离别而悲伤。当与爱人的关系中断时，青少年会感受到不安全感和无助感。从依恋理论的角度来看，这些青少年已经失去了获得舒适和自信的安全基础。因此，一些青少年变得焦虑、恐惧或不确定，另一些变得退缩和无精打采，还有一些会出现不当行为。人际关系治疗师会帮助青少年哀悼丧失的关系，并开发其他支持来源。

有些青少年由于人际角色冲突（*interpersonal role disputes*）而变得抑郁。角色冲突通常发生在青少年和父母之间，反映出他们在期望或价值观上的差异。尽管冲突在青少年时期很常见，但如果不加以解决，可能会成为问题。认为父母没有同情心或对自己漠不关心的青少年会觉得自己毫无价值或无助。治疗师教父母和青少年更有效的沟通技巧和解决冲突的方法，平衡父母的权威和青少年的自主性。

青少年在人际角色转换（*interpersonal role transition*）后也会经历抑郁。青少年会经历相当大的生活转变：进入初中和高中、开始约会和建立认真的亲密关系、与家庭成员分离、进入大学或职场。还有一些时候，由于新兄弟姐妹的出生、家庭成员参军或由于流行病而被隔离一段时间，青少年会被迫进行生活过渡。人际治疗师帮助青少年定义、接受和应对他们新的社会角色。应对方法可能包括为悲伤失去旧角色，学习新技能、调整生活方式以适应新的责任或环境。

最后，青少年会因为人际关系缺陷（*interpersonal deficit*）而变得抑郁。缺乏适当社交技能的青少年可能难以交朋友、参与社交活动和发展亲密关系。由于青少年的自我概念受到同伴的很大影响，同伴关系中的功能问题可能导致社会孤立和缺乏自我价值感。治疗师教授社交技能以增加青少年的社会支持网络（Miller, 2018）。

沟通分析

不管人际问题是什么，大多数青少年都能从沟通分析中获益。**沟通分析**（**communication analysis**）包括对与青少年抑郁障碍状相关的对话、互动或争论进行仔细考察。沟通分析的目的是回顾对话，找到更有效的互动方式，以提高关系的质量（Whisman, 2019）。

为了进行沟通分析，治疗师要求青少年识别前一周发生的让他生气、悲伤、绝望或无助的互动。然后，青少年尽可能详细地描述互动，以确定每个参与者说了什么和做了什么，互动如何影响青少年的心境，以及互动是否以青少年想要的方式结束。在大多数情况下，治疗师和青少年可以确定在互动的某一个或两个青少年可能已经采取不同的方式的方面，来缓解这种情况或取得更好的结果。治疗师可能会就青少年如何提高沟通技巧和建立更好的关系提供一些建议（Jacobson, Mufson, & Young, 2018）：

找对时机：找到合适的时间进行对话；当别人生气、烦恼、分心或疲倦时，不要提起话题。

有舍才有得：当你开始谈话时，首先要表达共情，并承认对方的观点。

使用“我”：谈论你自己的感受（例如，“我感到悲伤……”），避免责备他人。

想解决方法：试着折中而不是抱怨；提出一些解决问题的方法。

别放弃：改善人际关系需要时间和努力。

大多数人际治疗师在治疗过程中与青少年进行角色扮演互动。角色扮演可以让青少年在安全的环境中尝试新的沟通技巧。角色扮演还可能让治疗师提供反馈和鼓励。从科学到实践部分展示了一个沟通分析的例子。

从科学到实践

改善人际关系的沟通分析

伊玛尼：我正在和朋友通电话，我妈妈走了进来，开始对我大喊大叫，说我在家里什么都不做。

治疗师：在你妈妈大喊大叫之前发生了什么事吗?

伊玛尼：没有。她刚下班回家，就开始对我大喊大叫。她知道我在打电话，她让我很尴尬。她就是不想让我有任何朋友。

治疗师：好吧，我想让你告诉我你和你妈妈对彼此说的话。

伊玛尼：我记不清了。

治疗师：试着想想。

伊玛尼：我妈妈说："伊玛尼，你在电话里干什么？这房子乱七八糟。你没有打扫厨房，你的书和鞋子都在客厅里。你放下电话去收拾一下。"

治疗师：这让你有什么感受?

伊玛尼：我很生气，因为她打断了我。她总是那样做。

治疗师：你对你妈妈说了什么?

伊玛尼：我告诉她我会挂断电话……但后来我没有。

治疗师：你觉得你妈妈感受如何?

伊玛尼：她觉得我不在乎她想要什么，好像我不在乎她似的。她看了我一眼，于是我放下电话，拿起我的东西，离开了房间。

治疗师：让我们回到过去，看看你是否能说或者做些什么不同的事情让情况变得更好。当你妈妈回家让你挂断电话时，你会说些什么或做些什么来让结果更好、感觉更好?

伊玛尼：我可以说"好的"，并且让语气听起来不那么生气和恼火。那样我就可以马上挂断电话了。

治疗师：这是一个开始，但这会让你有什么感受?

伊玛尼：我不会因为让妈妈不高兴而难过，但我仍然会生气，因为她对我大发雷霆，让我挂断了电话。

治疗师：那么，你还能做些什么呢?

伊玛尼：她平静下来时，我可以告诉她，我知道她工作了很长一天，我很抱歉家里一团糟。然后，我可以解释我多么想和我的朋友聊天。

（注意青少年如何利用时机、表达共情以及如何使用自述。）

治疗师：把我当成你妈妈，对我说这些话。

伊玛尼：妈妈，我知道你度过了漫长的一天，我很抱歉你回家时被厨房里的乱七八糟弄得心烦意乱。我本来想在和朋友聊完天之后收拾。我能给她回个电话，结束我们的谈话吗？然后我就有时间好好整理房间了。

（注意青少年是如何提出解决方案的。）

治疗师：这样你和你妈妈会有什么感受？

伊玛尼：我想会好一点，因为我们了解彼此的感受。

治疗师：你觉得你妈妈会怎么回答？

伊玛尼：她可能会允许我给我的朋友回电话。也许她会因为大喊大叫而道歉。

注：基于穆夫森及其同事（Mufson and colleagues, 2018）。

治疗对抑郁障碍患儿有用吗？

心理治疗的效果

根据儿童与青少年临床心理学协会和美国儿科学会的说法，CBT 和 IPT 是治疗儿童与青少年抑郁障碍仅有的循证疗法。对于低龄儿童，CBT 被认为是首选的治疗方法。对于大龄儿童与青少年，CBT 和 IPT 都被认为是行之有效的治疗方法（Cheung et al., 2018; Weersing, et al., 2017）。

最近的一项荟萃分析支持这些建议。CBT（ES=0.47）和 IPT（ES=0.60）对儿童与青少年抑郁障碍状有总体上中等的作用。接受其中一种治疗的抑郁障碍患儿在治疗后比未接受治疗的儿童与青少年有大约半个标准差的改善（Zhou et al., 2016）。

CBT 和 IPT 也比社区治疗师提供的其他疗法更有效。例如，克拉克及其同事（Clarke and colleagues, 2016）招募了一个患有抑郁障碍的青少年的大样本。一半随机分配的被试接受 CBT，而另一半接受常规治疗（treatment as usual, TAU）。大多数接受 TAU 的青少年接受了治疗师、社会工作者或学校心理咨询师的咨询。接受 CBT 的青少年比接受 TAU 的青少年恢复更快，在追踪中表现出更好的功能（图 13.7）。

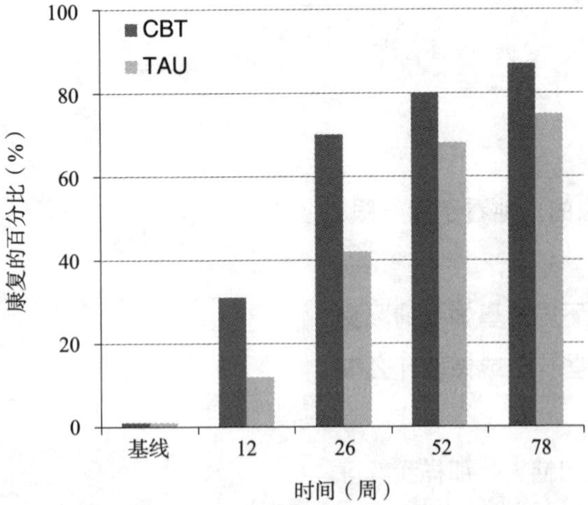

图 13.7 认知行为疗法与抑郁障碍常规治疗

注：接受 CBT 的青少年抑郁障碍患者比在社区接受咨询的青少年康复更快。基于克拉克及其同事。

药物治疗的效果

直到20世纪90年代初，儿童青少年抑郁障碍的药物治疗还很有限。大多数医生开**三环类抗抑郁药**（**tricyclic antidepressants**），例如氯丙咪嗪和丙咪嗪。这些药物被称为“三环类”，因为它们的化学结构包含三个环。几项研究表明，这些药物通过影响突触中的血清素和去甲肾上腺素有效地减轻了成人的抑郁障碍状（Emslie, Croarkin, Chapman, & Mayes, 2016）。

出于两个原因，治疗师现在很少给抑郁障碍患儿开三环类抗抑郁药。第一，一些研究表明，这些药物在缓解青少年抑郁方面的效果并不比安慰剂好。三环类药物对抑郁障碍患儿可能没有那么有效，因为这些药物所针对的血清素和去甲肾上腺素神经递质系统直到青春期晚期或成年早期才完全发育成熟（Cipriani et al., 2017）。第二，三环类抗抑郁药可能对抑郁障碍患儿造成严重的副作用，包括心律失常、癫痫发作和死亡（Dulcan & Ballard, 2016）。

在20世纪90年代初，医生开始用**选择性**血清素**再摄取抑制剂**（**selective serotonin reuptake inhibitors, SSRIs**）治疗抑郁障碍患儿。目前，四种SSRIs被批准用于儿童或青少年：艾司西酞普兰、氟西汀、氟伏沙明和舍曲林。这些药物抑制血清素的再摄取，使神经递质在突触间隙中停留更长时间。因为它们的化学结构与旧的三环类抗抑郁药不同，所以SSRIs更有效，危险副作用更少。SSRIs的常见副作用包括口干、便秘、头痛和恶心（Bowers et al., 2020）。

最近，用于治疗抑郁障碍患儿的新抗抑郁药物抑制了血清素和去甲肾上腺素的再摄取。这些血清素**和去甲肾上腺素再摄取抑制剂**（**serotonin-norepinephrine reuptake inhibitors, SNRIs**）包括文拉法辛和度洛西汀，其副作用与SSRIs相似（Bowers et al., 2020）。

SSRIs和SNRIs治疗儿童青少年抑郁障碍是否有效？最近的一项荟萃分析表明，这个问题的答案是“是”，但也提出一些警告（Locher et al., 2018）。总的来说，与等待对照组相比，服用这些新型抗抑郁药的抑郁障碍患儿的心境有显著改善。然而，药物治疗的获益很大程度上可以由安慰剂效应（即人们对药物有效性的期望）解释。与安慰剂相比，这些药物的总体效果显著，但SSRIs（ES=0.21）和SNRIs（ES=0.16）效果较小。

另一项荟萃分析检验了14种不同抗抑郁药物对抑郁障碍患儿的影响。只有氟西汀（选择性血清素再摄取抑制剂SSRIs，即百忧解）这种药物在减轻抑郁障碍患儿抑郁障碍状方面比安慰剂更有效。因此，氟西汀通常被认为是考虑药物治疗的家庭的一线治疗方法。

抗抑郁药的安全性

20年前，有人担心某些抗抑郁药物可能会增加患抑郁障碍青少年出现自杀想法和行为的风险。2004年，美国国家精神卫生研究所（National Institute of Mental

Health, NIMH）的研究人员回顾了关于抗抑郁药与自杀之间关系的现有研究文献。他们的分析包括 23 项随机对照试验，涉及 4500 多名儿童与青少年。

研究人员发现，服用抗抑郁药的个体没有一个自杀。然而，3% ～ 4% 的服用 SSRIs 的个体的自杀想法曾经所有增加，这一比率大约是服用安慰剂的个体的 2 倍。作为回应，美国食品和药物管理局（US Food and Drug Administration）对抗抑郁药物发出警告，表明这些药物可能会增加儿童青少年的自杀想法。这一警告导致儿童与青少年中抗抑郁药的使用明显减少（Bachmann et al., 2017; Saunders & Bloch, 2018）。

最近的一项荟萃分析证实，与安慰剂相比，服用抗抑郁药的儿童与青少年出现自杀想法的风险增高。在迄今为止规模最大的一项研究中，接受 SSRIs 或 SNRIs 的儿童与青少年中，有 7% 自杀想法增加（Locher et al., 2018）。与其他抗抑郁药相比，SNRI 中的文拉法辛使儿童与青少年处于更高的风险中（Cipriani et al., 2017; Gibbons et al., 2015）。

如今，大多数专家认为抗抑郁药的益处可能超过儿童与青少年自杀想法增加的风险。在有更多儿童与青少年使用处方抗抑郁药的地方，完成自杀的儿童与青少年的数量实际上有所减少（Cheung et al., 2018; Dulcan & Ballard, 2016）。

小　结

- 荟萃分析表明，CBT 和 IPT 在治疗儿童青少年抑郁障碍方面同样有效。这些疗法也比社区中常规治疗更有效。
- SSRIs 和 SNRIs 在缓解儿童青少年抑郁方面是有效的。与安慰剂相比，这些药物能显著改善心境，但程度较低。
- 抗抑郁药与儿童与青少年产生自杀想法的风险增加显著有关，但增加幅度很小。3% ～ 7% 服用抗抑郁药的儿童与青少年体验到自杀意念的增加。

药物治疗和心理治疗应该结合起来治疗抑郁障碍吗？

美国儿童与青少年精神医学学会（American Academy of Child and Adolescent Psychiatry）和美国儿科学会（American Academy of Pediatrics）建议患有中度至重度抑郁障碍患儿同时接受心理治疗（CBT/IPT）和抗抑郁药物治疗。他们的建议基于三项比较药物治疗和心理治疗对抑郁障碍患儿治疗相对优势的大型研究（Calles & Nazeer, 2018b; Cheung et al., 2018）。

TADS

青少年抑郁障碍治疗研究（Treatment for Adolescents with Depression Study, TADS）是一项大型随机对照实验，旨在研究药物和心理治疗对患中、重度抑郁障碍青少年的短期和长期疗效（图 13.8）。在 TADS 中，439 名患有抑郁障碍的青少年被随机分配到（1）单独氟西汀；（2）单独 CBT；（3）氟西汀和 CBT 联合治疗或（4）片剂安慰剂这四组中的一组。所有治疗都为期 12 周。为了评估结果，研究人员评估了青少年的抑郁障碍状、社会情感功能以及自杀想法和行为（Treatment for Adolescents With Depression Study Team, 2004）。

在治疗 12 周后，联合治疗组的青少年显著改善率为 71%，单独药物治疗组为 60.6%，单独 CBT 组为 43.2%，安慰剂组为 34.8%。与单独接受 CBT 或安慰剂的青少年相比，接受联合治疗或单独接受药物治疗的青少年的症状更有可能改善。接受联合治疗的青少年与单独接受药物治疗的青少年之间的差异无统计学意义。然而，接受联合治疗的青少年比单独接受药物治疗的青少年进步更快。

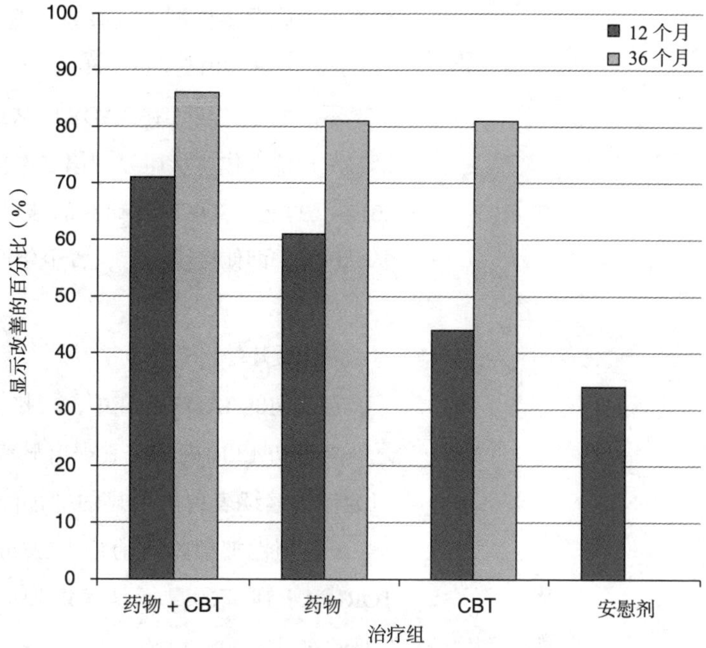

图 13.8　TADS 研究结果

注：经过 12 周的治疗（深色柱），接受药物和 CBT 联合治疗或单独药物治疗的青少年表现出最大程度的改善。36 周后，三个治疗组均表现出相同的改善。基于恩格勒和加尧姆（Engler and Qayyum, 2019）。

三个治疗组的青少年在研究过程中表现出自杀意念和行为的减少。此外，接受联合治疗的青少年（8.4%）比仅接受药物治疗的青少年（14.7%）更不容易产生自杀想法或出现自杀行为。

治疗 36 周后，联合治疗组（86%）、单独药物治疗组（81%）和单独 CBT 治疗组（81%）的青少年出现显著改善的百分比相似。虽然大多数青少年表现出显著的改善，但 40% 的青少年依然存在抑郁障碍状和损害。

总的来说，TADS 的结果表明，与仅接受药物治疗或仅接受 CBT 治疗相比，联合治疗与更快的康复、更少的自杀意念和更低的自我伤害风险相关。因此，SSRIs 和心理治疗相结合的治疗方法被推荐用于患有中度至重度抑郁障碍的青少年。

SOFTAD

青少年抑郁障碍治疗后转归调查（Survey of Outcomes Following Treatment for Adolescent Depression, SOFTAD）是一项自然研究，调查了 196 名参与 TADS 的青少年的长期转归（Yu, Kratochvil, Weller, Mooreville, & Weller, 2010）。治疗大约 3 年后，大多数青少年从最初的抑郁发作中恢复。正如预测的那样，在最初的 TADS 研究中，对治疗有应答的青少年（96%）比没有应答的青少年（79%）更有可能完全康复。在最初的 TADS 研究中，对治疗有应答的青少年也比对治疗无应答的青少年表现出更好的发展轨迹和心理健康转归。例如，与无应答者相比，对治疗有应答者不太可能需要精神卫生服务，不太可能出现物质使用障碍，更有可能入学或就业（Brenner et al., 2015; Curry et al., 2011; Peters et al., 2016）。

不幸的是，47% 在 TADS 中从最初的抑郁发作中康复的青少年在 3 年内经历了第二次抑郁发作。从康复到第二次抑郁发作的平均间隔时间为 20 个月（Curry et al., 2012）。总之，SOFTAD 研究的结果表明，循证治疗对抑郁障碍患儿的长期转归很重要。然而，即使接受治疗，青少年抑郁障碍的复发率也很高。

TORDIA

在最初的 TADS 研究中，仅接受药物治疗或联合治疗的青少年中，大约有三分之一在最初 12 周内没有表现出显著的改善。这些青少年被贴上“难治型”的标签，因为他们继续表现出明显的抑郁障碍状、功能的损害和自我伤害的风险。青少年 SSRIs 耐药性抑郁障碍治疗（Treatment of SSRIs-Resistant Depression in Adolescents, TORDIA）研究的目标是确定如何能最好地帮助这些对治疗有抵抗性的青少年（Brent et al., 2008, 2016）。

TORDIA 研究涉及 334 名患有中度至重度抑郁障碍的青少年。所有青少年均接受 SSRIs 药物治疗，但没有明显改善。研究人员停止了青少年的药物治疗，然后随机分配每个青少年接受以下治疗中的一种：（1）另一种 SSRIs；（2）另一种 SSRIs+CBT；（3）非 SSRIs 抗抑郁药文拉法辛；（4）文拉法辛 +CBT。

12 周后，研究人员发现，比起仅用药物治疗组（41%），用药 +CBT 的联合治疗组效率更高（55%）。改用另一种 SSRIs 和改用文拉法辛疗效相当。研究人员还发现，药物 +CBT 联合治疗对共病有焦虑障碍等精神健康问题的青少年特别有帮助。这些结果表明，对 SSRIs 无应答的抑郁障碍青少年可能会因服用另一种 SSRIs 和参与心理治疗获益（Emslie et al., 2010）。

虽然人们一致认为心理治疗和药物治疗都是有效的，但大多数患有抑郁障碍的青少年并没有接受联合治疗（图 13.9）。在一项大型研究中，只有约 58% 的患抑郁障碍患儿接受了治疗：约 34% 只接受心理治疗，约 25% 只接受药物治疗；约 3% 接受联合疗法。此外，约 75% 的服用药物的青少年被开具的是实证支持有限的药物。这些发现强调了更多地使用循证治疗方法治疗青少年抑郁障碍的必要性（Soria-Saucedo, Walter, Cabral, England, & Kazis, 2016）。

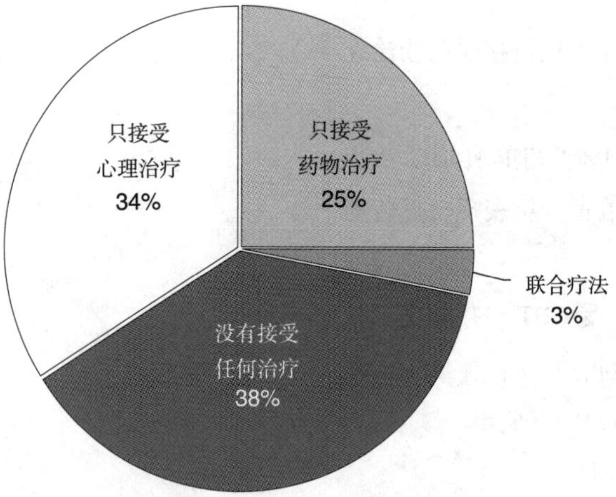

图 13.9　青少年抑郁障碍的治疗

注：虽然药物和心理治疗的联合疗法被推荐用于患中度至重度抑郁障碍的青少年，但只有大约 3% 的青少年接受该种治疗。近 38% 患有抑郁障碍的青少年根本没有接受任何治疗。基于索里亚-索斯多及其同事（Soria-Saucedo and colleagues, 2016）。

小　结

- TADS 表明，与单独使用两种治疗方法相比，药物治疗和 CBT 的联合疗法能使患儿更快地从抑郁中恢复，并降低其自我伤害的风险。
- SOFTAD 表明，对药物和心理治疗有反应的青少年比无反应的青少年有更好的转归。不幸的是，有一半的康复青少年在 3 年内经历了第二次抑郁发作。
- TORDIA 表明，当青少年对药物治疗无应答时，在药物治疗的基础上增加心理治疗可以帮助他们从抑郁中恢复。

13.3　自杀和非自杀性自伤

自杀在儿童与青少年中有多普遍？

定义和总体流行率

自杀性自伤（**suicidal self-injury**）是指故意、自我造成的伤害或意图死亡的潜在伤害。例如上吊和窒息、冲入车流、从高楼或桥上跳下、故意中毒或过量服药（Centers for Disease Control and Prevention, 2020e）。

国家暴力死亡报告系统（National Violent Death Reporting System）估计了每年死于自杀的儿童与青少年人数。获得确切的数字很难，因为许多自杀是由于意外原因导致的，或者受害者的意图不明。美国每年约有万分之七的儿童与青少年完成自杀。这种普遍性使自杀成为美国儿童与青少年死亡的第二大原因，每年导致约 5500 名儿童与青少年死亡（Centers for Disease Control and Prevention, 2019a）。

关于自杀想法和自杀未遂的流行率，最佳数据来自国家共病调查（National Comorbidity Survey）。该调查包括来自全国的代表性青少年样本的信息。总的来说，12.1% 的青少年报告有或曾有自杀意念史，4% 声称他们制定了自杀计划，4.1% 至少尝试自杀过一次。尝试自杀的青少年比例略高于制定自杀计划的青少年比例，因为有些青少年在没有事先计划自己的行为的情况下尝试自杀。

总之，这些数据表明，自杀的想法、计划和行为在美国儿童与青少年中相对普遍。在一个有 25 名学生的高中班级里，平均有 3 名学生有过自杀想法，1 名学生可能有过自杀计划或尝试（Spirito, Esposito-Smythers, & Wolff, 2018）。

性别、年龄和族裔

自杀想法和行为的流行率取决于性别。青春期女孩有自杀想法或制定自杀计划的可能性是男孩的 2 倍，尝试自杀的可能性是男孩的 3 倍。男孩死于自杀的可能性是女孩的 2 倍，因为男孩会选择更致命的方法。例如，男孩（45%）比女孩（21%）更可能使用枪支，而女孩（11%）比男孩（3%）更可能使用毒药或过量服药

（Centers for Disease Control and Prevention, 2019a; Karch, Logan, McDaniel, Floyd, & Vagi, 2013）。

美国儿童与青少年自杀率显著上升主要是因为比起10年前，现在有更多的女孩完成自杀。在过去10年中，男孩自杀率从每10 000名青少年中的7.6人上升到9.7人。与之相比，在同一时期，女孩自杀率从每10 000名青少年中的2.3人上升到4.2人。尽管女孩自杀的可能性仍然低于男孩，但在过去10年中，女孩自杀的致死率增加了近50%（Twenge, Joiner, Rogers, & Martin, 2018）。

自杀想法和行为的发生率也因年龄而异。青春期前儿童的自杀率非常低，每10 000名儿童中约有0.2名儿童自杀。自杀意念在低龄儿童中也很少见。自杀意念在青春期早期变得更为普遍，在15～18岁青少年中显著增加，约12%的青少年有过自杀意念。自杀死亡的个体数量也随着年龄的增长而增加。每10 000名青少年中，每年有3.8名儿童（10～14岁）、6.9名青少年（15～16岁）和10.4名大龄青少年（17～18岁）自杀（Centers for Disease Control and Prevention, 2019a; Sheftall et al., 2016）。

自杀率也因族裔而异。美国原住民儿童与青少年的自杀率最高（23/10 000），其次是非拉丁美洲白人儿童与青少年（8.9/10 000）和亚裔美国人儿童与青少年（4.9/10000）。拉丁美洲裔和非裔美国儿童与青少年的自杀流行率最低（4.1/10 000）。许多研究人员认为，青少年的社会文化背景和身份部分解释了自杀行为的差异。青少年及其家庭和社区的信仰和价值观可以保护他们免于自杀，或者反过来增加他们自伤的可能性（Goldston, Weller, & Doyle, 2014）。

小　结

- 自杀是指故意的、自我施加的、以死亡为意图的伤害。在美国，每年每一万名儿童与青少年中约有7人死于自杀。自杀是儿童与青少年死亡的第二大原因。
- 大约12%的青少年报告有或曾有自杀意念，4%报告有自杀计划或曾自杀未遂。
- 女孩比男孩更有可能报告自杀意念或曾自杀未遂，而男孩比女孩更有可能死于自杀。美国原住民儿童与青少年的自杀率最高；拉丁美洲裔和非裔美国儿童与青少年自杀率最低。

什么可以预测儿童青少年自杀?

自杀或自伤史

对未来行为最好的预测是既往的行为。以前的自杀想法和行为是未来自杀未遂的最佳预测因素。大约88%试图自杀的青少年在尝试自杀之前有过自杀念头。此外，40%死于自杀的青少年过去至少有过一次尝试。这些发现表明，筛查自杀行为和防止自杀未遂的最佳方法之一是询问青少年目前的自杀想法和既往的自杀企图（King,

Foster, & Rogalski, 2013)。

精神健康和药物使用问题

精神病理因素是自杀最常见的风险因素之一。在一项大型研究中，90% 的自杀儿童与青少年至少患有一种精神障碍（King et al., 2013）。最常见的障碍是抑郁障碍。大约 61% 的自杀的男孩和 73% 的自杀的女孩在死亡时患有抑郁障碍（Karch et al., 2013）。抑郁障碍和自杀之间的联系并不奇怪，因为 MDD 的症状之一是反复出现关于死亡或自杀的想法（American Psychiatric Association, 2013）。

大约三分之一的患双相情感障碍儿童与青少年报告曾尝试自杀。前瞻性纵向研究表明，大约 20% 因双相情感障碍住院的青少年在出院后 1 年内尝试自杀。此外，25% 因双相情感障碍住院的儿童与青少年在 10 年内有自杀行为（Karch et al., 2013; King et al., 2013）。

患有物质使用障碍的儿童青少年也有自杀的风险。患有物质使用障碍的青少年男孩和女孩自杀的可能性分别是同龄人的 15 倍和 3 倍。滥用多种药物、酗酒或除了药物使用问题还出现心境障碍的青少年尤其危险（Haas, 2018）。

心理社会应激源与家庭问题

许多青少年在尝试自杀前会经历重大的心理社会压力源（Karch et al., 2013）。引发自杀行为的最常见事件是与父母或朋友的关系问题（51%）、生活压力或危机状况（42%）、恋爱关系问题或可能的怀孕问题（27%）以及学校相关问题（26%）。

父母自杀的青少年自身也有自杀的危险。具体而言，母亲死于自杀的青少年自杀的可能性是母亲死于非自杀原因的青少年的 5 倍，父亲死于自杀的青少年自杀的可能性是父亲死于非自杀原因的青少年的 2 倍。双生子研究表明自杀风险是中度遗传的；此外，与自杀相关的障碍（例如，双相情感障碍、抑郁障碍）表现出中度至高度遗传性。父母可能会把导致自杀风险的基因遗传给孩子。与此同时，有过自杀行为的父母往往在孩子的成长过程中给他们带来相当大的压力。这种压力反过来会导致心境问题和自杀行为（King et al., 2013）。

事实上，患有精神障碍（即使没有自杀想法和行为）的父母会让他们的孩子面临自杀的风险。父母有心境问题和物质使用问题的青少年面临的风险特别高（King et al., 2013）。

体验到程度较低的父母依恋或支持的青少年也有较多的自杀想法和行为。青少年对父母支持的看法比父母提供的实际支持更能预测自杀。一些抑郁的青少年可能把他们父母和家庭的观点歪曲为过于悲观的观点（King et al., 2013）。

虐待是青少年自杀的重要预测因素。纵向研究表明，遭受躯体虐待、性虐待或严重忽视的青少年自杀和自伤的风险较高（Miller, Esposito-Smythers, Weismoore, & Renshaw, 2013）。即使在控制了青少年的抑郁水平或其他心理社会压力因素后，虐待也能预测自杀。虐待越严重，青少年日后产生自杀念头或尝试自伤的可能性就越大（Miller et al., 2013）。

社交媒体使用

一些研究人员认为，过度使用社交媒体会使青少年面临抑郁和自杀的风险。在一项大型研究中，研究人员发现青少年社交媒体的使用、抑郁障碍状的严重程度和自杀意念之间存在显著相关性。与之相比，那些更多地参与面对面社交活动（例如，体育运动、与家人和朋友共度时光或参加宗教仪式）的青少年的心境问题较少。研究人员推测，过度使用社交媒体会导致社会孤立和孤独感，而这反过来又会让儿童与青少年面临抑郁障碍和自伤的风险（Twenge et al., 2018）。

一些实验研究为证明社交媒体的使用会引起焦虑提供了更多的证据。例如，研究人员招募了大量 Facebook 用户样本，并将他们随机分为两组。干预组的被试被要求在一周内不使用 Facebook，其他被试被允许继续使用 Facebook。在周末，与对照组相比，不使用 Facebook 的被试报告了更积极的情绪和更高的生活满意度。在 Facebook 的重度用户和喜欢在社交媒体上与他人攀比的人中这样的改善最明显（Tromholt, 2016）。

另一项研究表明，通过鼓励被试增加面对面社交活动，社交媒体使用的有害影响是可以逆转的（Shakya & Christakis, 2017）。安排愉快的社交活动（例如，参加俱乐部、运动和业余爱好）是治疗抑郁障碍的有效方法（Lewinsohn, 1974）。

欺凌和网络欺凌

欺凌（bullying）是儿童与青少年自杀的一个特殊的风险因素（Chu et al., 2015）。欺凌被定义为故意的、重复的、攻击性的行为，这种行为由权力较高的人向权力较低的人发起。欺凌可以是身体上的（例如，打、踢、捏）、言语上的（例如，骂人、戏弄、恐吓）或关系上的（例如，散布谣言、排斥或排挤他人）。20% ～ 30% 的学龄儿童报告与欺凌相关的问题（Holt, 2015）。

网络欺凌（cyberbullying）是一种特殊形式的欺凌，指儿童与青少年利用数字媒体伤害、威胁、骚扰或使他人难堪。网络欺凌的例子包括在社交媒体上发布伤害性或令人尴尬的图片、进行在线威胁或发送恶意信息。网络欺凌尤其有害，因为攻击可能是残酷的、易分享的、难控制的。10% ～ 30% 的儿童与青少年报告与网络欺凌相关的问题（Bauman & Bellmore, 2016）。

任何涉及欺凌的行为都会使儿童与青少年有自杀的危险。在一项针对中学生的大型研究中，60% 的欺凌受害者和 38% 的网络欺凌受害者报告有自杀念头；48% 的欺凌施暴者和 32% 的网络欺凌施暴者也报告有自杀想法，而未参与欺凌的青少年只有 12% 有自杀想法（Haas, 2018）。

性少数认同

与异性恋同龄人相比，女同性恋、男同性恋或双性恋的青少年的自杀风险更高。平均而言，女同性恋、男同性恋或双性恋青少年报告自杀想法的可能性是异性恋同班同学的 2 ～ 5 倍，尝试自杀的可能性是异性恋同班同学的 2 ～ 4 倍。同性恋或双性恋男孩和男性青年的自杀意念最高和尝试自杀最多（Poteat & Rivers, 2015）。

性别不一致（gender nonconforming）的青少年产生自杀想法和行为的风险更大。多达 83% 的跨性别青少年报告有自杀意念，约三分之一的跨性别青少年曾尝试自杀（Testa & Hendricks, 2015）。

欺凌在性少数青少年中尤其常见。全国学校风气调查（The National School Climate Survey）显示，80% ～ 90% 的男女同性恋或双性恋青少年曾在学校被辱骂或经历其他形式的言语骚扰。此外，这些青少年中 55% 经历过网络欺凌，40% 因其性认同而受到身体骚扰或攻击（Ybarra, Mitchell, Kosciw, & Korchmaros, 2015）。

在控制了欺凌的频率和严重程度后，性少数的青少年发生自杀事件的风险增加。在一项大型研究中，研究人员发现，即使在控制了欺凌的情况下，同性恋青少年产生自杀念头的可能性也是异性恋同班同学的 2 倍。同样，即使在控制了欺凌因素后，女同性恋青少年产生自杀想法的可能性也比异性恋同龄人高出约 3.5 倍。看来，诸如缺乏父母和家庭支持的其他因素也可能导致性少数青少年的自杀行为增加（Mueller, James, Abrutyn, & Levin, 2015）。

小　结

- 自杀行为的最佳预测因素是既往的自杀意念、自杀计划或自杀尝试。
- 许多尝试自杀的青少年有精神健康问题或经历重大的心理社会压力。然而，这些因素本身不能用来预测青少年的自杀行为。
- 欺凌和网络欺凌与自杀意念密切相关，尤其是在性少数和性别不明的青少年中。

什么理论有助于解释儿童与青少年自杀？

自杀的无望感理论

研究人员已经发展出理论来解释自杀的危险因素是如何相互关联的，并借此预测自伤行为（Barzilay & Apter, 2014）。一个有影响力的模型是**自杀的无望感理论**（**hopelessness theory of suicide**）。这一理论认为，一种以无望感为特征的特殊抑郁障碍是自杀的强烈预兆（Abramson, Metalsky, & Alloy, 1989）。

根据这一理论，无望感可能始于个体经历一件消极的生活事件的时候，比如失去所爱的人、搬新家或去新学校或者被同伴拒绝。然而，负性事件本身并不足以引发无望，个体也必须具有引发无望情绪的认知脆弱性，或对这些负性事件的特殊的思维方式（Hewitt, Caelian, Chen, & Flett, 2014）。具体来说，体验到无望的个体倾向于从三个方面思考负性事件：

把负性事件归因于稳定和整体性的原因。例如，一个女孩 SAT 成绩很低，她坚信自己表现不佳是因为智力不够。她可能会感到绝望，因为她认为自己无法提高分数。

认为负性事件的后果极其重要。例如，这个女孩可能会感到无望，因为她认为自己的 SAT 分数低会限制她进入自己喜欢的大学。

认为负性事件是自己毫无价值的标志。例如，女孩可能认为，因为进不了一所好大学，自己一文不值，或者父母会因此不尊重她。

这三种思维方式——（1）将负性事件归因于稳定和整体性的原因；（2）认为负性事件的后果极其重要；（3）因为这些事件而怀疑自我价值——可以预测无望感。无望感反过来又可以预测自杀行为（Abramson et al., 2000）。

无望感理论提出了预防和治疗自杀行为的方法。治疗师可以教儿童与青少年其他不太可能产生无望情绪的思维方式。例如，如果一个学生把她的低 SAT 分数归因于不稳定的或情境性的原因（例如，“我在考试中感觉不好”），重新考虑事件的重要性（例如，“像丹尼森大学这样的几所优秀的大学，不要求我提交 SAT 分数”），或者认为她的自我价值与考试成绩无关（例如，“无论我在哪里上学，妈妈都会支持我”），那么，她可能就会没有那么无望了（Steeg et al., 2016）。

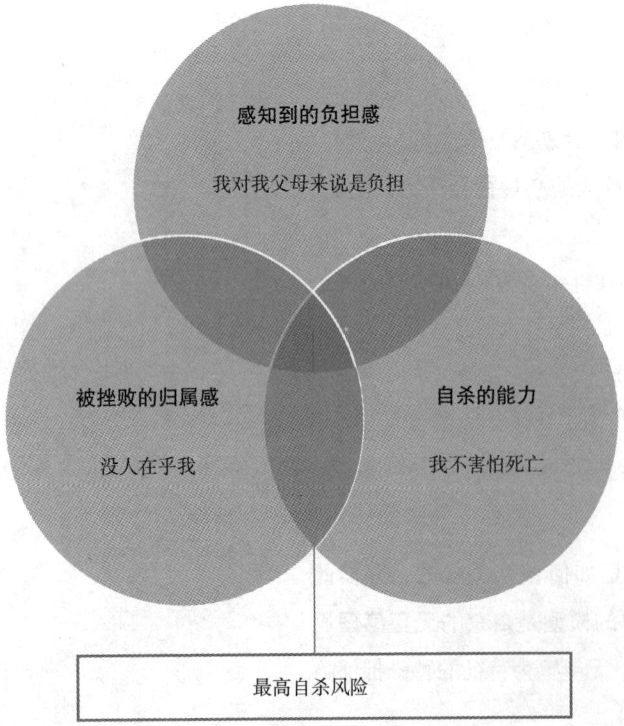

图 13.10 自杀的人际-心理理论

注：基于乔伊纳等人（Joiner et al., 2009）。

自杀的人际心理理论

最近，研究人员构建了**自杀的人际-心理理论**（**interpersonal-psychological theory of suicide**），以解释人际关系问题如何引发自杀想法和行为（Joiner et al., 2009）。根据这一理论，自杀是由三个因素引起的：（1）感知到的负担感；（2）被挫败的归属感；（3）自杀的能力（图 13.10）。

第一，有自杀风险的青少年相信，他们给生活中的父母或同伴等重要他人带来了负担。例如，一个男孩可能会想：“我为什么给我妈妈惹这么多麻烦？”第二，他们觉得自己与周围的人缺乏归属感或联系。例如，一个女孩可能会觉得在学校受到朋友的排斥或被排除在家庭活动之外。总的来说，感知到的负担感和被挫败的归属感会导致自杀想法。第三个因素是自杀的能力，解释了为什么一些青少年会根据这些想法采取行动并尝试自伤。当青少年进行自伤或其他潜在的有害和风险行为时，他们对死亡的恐惧会减少。因此，他们更有可能尝试自杀（Cha & Nock, 2014）。

研究普遍支持自杀的人际心理理论。正如我们所看到的，与家人和朋友疏远、被照顾者虐待或被同学欺负的青少年自杀风险较高。与之相比，感受到自己与家庭和社区有联结的青少年可能会受到保护，而不去自杀和自伤（Barzilay & Apter, 2014）。

实证研究也支持这样的观点，即存在风险行为和先前的自伤会降低青少年对自杀的抑制，并增加他们自伤的能力。例如，经历过虐待、滥用酒精和其他药物或过去曾尝试自杀的青少年更可能将自杀意念转变为自杀企图（Cha, Wilson, Tezanos, DiVasto, & Tolchin, 2020）。

小 结

- 根据自杀的无望感理论，当青少年存在风险（1）将负性事件归因于整体性和稳定的原因，（2）认为负性事件具有重要后果，（3）怀疑自我价值时，他们可能会体验到无望并尝试自杀。
- 根据自杀的人际–心理理论，有三个因素会增加青少年自我伤害的可能性：（1）感知到的负担感；（2）被挫败的归属感；（3）自杀的能力。

什么是非自杀性自伤?

非自杀性自伤（**nonsuicidal self-injury, NSSI**）是指个体反复故意损坏躯体表层，可能导致出血、瘀伤或疼痛。进行NSSI的个体不希望死亡。相反，他们进行自伤只是希望造成轻微或中度的躯体伤害（Rodham & Hawton, 2009）。青少年和年轻的成人中最常见的自伤方法是割伤（70%～90%）、敲打（20%～40%）和灼伤（15%～35%），不过许多青少年使用多种方法自伤。

在社区中，NSSI在儿童与青少年中非常常见。不到3%的青春期前儿童出现NSSI。在青春期早期（11～14岁）的流行率增加到8%，青春期后期（15～18岁）的流行率为18%～23%。只有大约6%的年轻成人出现NSSI，这表明青春期晚期是这种行为最普遍的发展时期。NSSI随时间保持中等程度稳定。大约50%在青春期早期开始自伤的青少年在2.5年后继续自伤（Hankin & Abela, 2011）。

在接受精神健康治疗的儿童与青少年中，NSSI非常常见。多达40%的青少年和21%的住院治疗的青少年有NSSI（Klonsky, Muehlenkamp, Lewis, & Walsh, 2012; Muehlenkamp, Claes, Havertape, & Plener, 2012）。

在青春期早期，女孩有NSSI的可能性大约是男孩的4倍。到了青春期晚期或成年早期，性别分布变得大致相当。有些研究表明，青少年自伤方式存在性别差异。女孩比男孩更容易使用割伤和抓挠。相比之下，男孩比女孩更有可能击打自己（Victor et al., 2018）。

小　结

- NSSI 是指儿童与青少年反复故意破坏躯体表层但不以死亡为目的的行为。NSSI 的常见形式包括割伤、击打和烧伤。
- NSSI 在青春期前儿童（3%）中的流行率低于青少年（8%）或大龄青少年（18%）。
- 在青春期早期，女孩比男孩更有可能进行 NSSI。到青春期晚期，男孩和女孩的 NSSI 患病率大致相当。

哪些理论有助于解释非自杀性自伤?

社会传染

社会学习理论很可能在 NSSI 的发展中发挥作用。报告 NSSI 的青少年经常说，他们第一次尝试自伤是因为模仿朋友（38%）或社交媒体上的他人的自伤（13%; Morris & Wester, 2020）。

自伤的**社会传染模型**（**social contagion model**）假设 NSSI 通过同伴互动传播。当青少年同龄人群体中的一名成员开始进行 NSSI 时，其密友也会进行 NSSI 的可能性增加。研究人员调查了社区中的青少年报告 NSSI 的频率和强度。然后，研究人员监测了这些青少年最好的朋友的 NSSI 行为。研究人员注意到，在接下来的 2 年中，这些青少年最好的朋友的 NSSI 显著增加，这支持了社会传染的概念（Wester, Morris, & Williams, 2018）。

媒体也可能推动了青少年实践 NSSI 行为。电视、电影、音乐和互联网站点信息都演示和强化各种 NSSI 实践行为。例如，研究人员分析了 100 个最流行的描述 NSSI 的 YouTube 视频。这些视频的观看次数超过 200 万次，一般观众都能观看到。大约 90% 的视频展示了明显的伤害（例如，割伤、烧伤），28% 的视频展示了 NSSI 行为。大多数视频传达了无望或忧郁的信息。然而，观众对这些视频的评价通常是正面的。研究人员得出结论，这些视频可能使原本可能避免此类行为的青少年的 NSSI 正常化（Lewis, Heath, St. Denis, Noble, 2012）。

学习理论

学习理论可以用来解释为什么青少年会长期进行 NSSI。根据这一理论，NSSI 是通过操作性条件作用来维持的。根据 **NSSI 的四功能模型**（**four-function model of NSSI**），自伤通过正强化（即刺激的呈现）或负强化（即消除或避免刺激）来维持。

此外，强化可以是自动化的（即个体内部）也可以是社交性的（即人际的）。

大多数NSSI都是通过*自动化负强化*来维持的。许多青少年在自伤后立即报告令人厌恶的想法和感觉减少了。例如，他们可能会感到更平静、体验到更少的紧张或愤怒或者思维更清晰。随着时间推移，这些令人厌恶心境和认知状态的减少或消除会负强化NSSI。

一些NSSI是通过*自动化正强化*来维持的。一些青少年报告感觉昏昏欲睡、无望或麻木。这些青少年可能进行NSSI以获得一些感受，即使刺激是中度的疼痛。一些生理学研究表明，NSSI可能引起内啡肽的释放。内源性阿片类物质起到天然镇痛剂的作用，可以减少与自伤相关的疼痛，但也能产生愉悦感。这可能会正强化自伤。

当自伤行为导致社会需求消除或退缩时，NSSI是通过*社交性负强化*来维持的。例如，一些青少年使用NSSI来逃避适龄的责任，例如上学或与同龄人一起参加其他活动。

更常见的是，NSSI是通过*社交性正强化*来维持的。自伤行为伴随着他人的注意、兴趣或同情。例如，一项纵向研究发现，进行NSSI的青少年在自伤后立即受到父亲的显著关注。研究人员推测，这种注意力的增加可能会无意中加剧自伤（Bentley, Nock, & Barlow, 2015）。

小　结

- 社会传染模型假设同龄人相互强化了NSSI。社会传染也可以通过社交媒体发生。
- NSSI的四功能模型基于学习理论。NSSI通过正强化或负强化维持。强化可以是自动的或社会的。

治疗师如何帮助有自杀和自伤风险的儿童与青少年？

自杀风险评估

精神健康专业人士应该定期筛查青少年的自杀想法和行为（Busby, Hatkevich, McGuire, & King, 2020）。通常，筛查发生在诊断访谈期间。治疗师通常以提问开始，评估青少年当前对死亡的看法，然后询问自杀想法和行为：

死亡想法：我想知道你是不是情绪低落，想到了死亡，或是希望自己已经死了？

自杀想法：听起来你真的很沮丧。有时候，当人们像你一样经历重大失望时，他们会有自杀的想法。我想知道你是否想过自杀？这样想的频率有多高？持续了多久？把它们从你的脑海中抹去有多难？

自杀计划：你有没有想过要怎么做？你有没有采取措施来实现这个计划？

自杀未遂：你有想死的念头吗？是什么阻止了你自杀？你想要活到下个星期、下个月或明年的理由是什么？

尽管临床医生以敏感、尊重的方式询问自杀问题，但他们不会粉饰自己的问题或使用委婉说法。自杀评估要求临床医生的提问明确、直接。研究表明，直接询问青少年有关死亡和自杀的情况不会增加他们自杀的可能性。事实上，询问自杀行为对预防和治疗至关重要（Miller & Mazza, 2018）。

确定自杀风险还取决于其他三个重要因素。首先，治疗师确定该青少年过去是否曾自杀未遂。其次，治疗师要评估是否存在增加自杀可能性的其他风险因素，例如抑郁障碍、物质使用或虐待。最后，治疗师要确定青少年是否有可行的自杀手段。例如，他是否可以获取枪支、止痛药或抗抑郁药（Berona, Horwitz, Czyz, & King, 2020）？

住院与安全计划

自杀未遂或高危的青少年将接受住院治疗（Capuzzi & Golden, 2015）。虽然住院治疗对于保护青少年的生命是必要的，但对于青少年、其家人和治疗师来说，住院治疗通常是有压力的。住院治疗的目的是在自杀未遂后提供必要的医疗，在短期内确保安全，并制定安全计划，使青少年能够回归家庭（Miller & Mazza, 2018）。

安全计划（**safety plan**）是青少年、照顾者和治疗师之间的协议，旨在确保青少年出院后的安全（表 13.11）。安全计划的第一个组成部分是**手段限制**（**means restriction**），也就是说，治疗师帮助照顾者识别并限制青少年使用致命的自杀手段。例如，急诊科手段限制教育计划（Emergency Department Means Restriction Education program）是一项循证干预措施，在该计划中，照顾者被教导把枪支从家里拿走，将药物和酒精存放在安全的地方，并监护青少年的活动（Asarnow, Berk, Hughes, & Anderson, 2015）。

安全计划的第二个组成部分是帮助青少年识别可能触发自杀尝试的想法、感受或情境，以及应对这些触发因素的方法。例如，当一个青少年感觉被学校的功课或家庭问题压得喘不过气来时，他可能会体验到烦躁不安。他可能认为“遛狗”或“跑步”是应对消极情绪的两种有效方法（King et al., 2013）。

安全计划的第三个组成部分是确定青少年在未来发生危机时的支持来源。例如，青少年可能会列出在感到不知所措时可以求助的朋友或家人的姓名和电话号码。同样，治疗师也会提供自己的联系方式和自杀预防热线的电话号码（Czyz, King, & Biermann, 2020）。

表 13.11 预防自杀的安全计划样例

安全计划
1. 是什么触发了我的自杀念头或自伤行为？我该如何识别自己什么时候需要保护自己的健康和安全？ 触发——当我感到孤独时；当似乎没有一个人关心我时 识别——当我把父母和家人拒之门外时
2. 当我经历这些触发因素、自杀想法或冲动时，我将采取的步骤： ● 试着放松：弹吉他；画画 ● 做一些体力活动，例如：打长曲棍球、跑步 ● 分散自己的注意力：开车，遛狗 ● 使用应对策略，例如：如果我给自己时间，我通常可以想出解决问题的方法 ● 联系家庭成员、朋友或支持人员： 奶奶 xxx-xxx-xxxx 姑姑 xxx-xxx-xxxx 阿米莉亚 xxx-xxx-xxxx ● 拨打我的治疗师的电话或急救电话或去急诊科： 紧急电话： xxx-xxx-xxxx 心理学家 / 治疗师： xxx-xxx-xxxx（时间：上午 8 时至下午 5 时） 自杀预防热线： xxx-xxx-xxxx ● 远离任何伤害自己的方法或手段；让家人或支持我的人来限制我接触那些危险途径。
3. 对我来说，有两件事非常重要，值得我为之活着：和我的狗在一起以及周末去看望我的奶奶 来访者：玛格丽特 · 塞勒斯 治疗师：威廉姆斯医生 家长 / 监护人：詹妮弗 · 布朗

注：基于哈卡维-弗里德曼及亨丁（Harkavy-Friedman and Hendin, 2018b）。

药物治疗

虽然抗抑郁药可以帮助缓解心境问题，但是一些服用这些药物的青少年继续存在自杀意念。此外，一些青少年服用抗抑郁药后自杀意念增加。研究人员对青少年进行了**青少年自杀未遂者治疗（Treatment of Adolescent Suicide Attempters, TASA）研究**以确定药物治疗及心理治疗对青少年自杀的效果。

在 TASA 的研究中，124 名自杀未遂的青少年被分配服用抗抑郁药（通常是 SSRIs）、参加旨在减少自杀的修订版 CBT 计划，或者接受药物和 CBT 的联合治疗。在这项为期 6 个月的研究中，24% 的青少年有过自杀意念或自杀未遂，这一比例远低于有自杀未遂史的青少年的典型情况。此外，接受三种治疗方法的青少年的自杀风险没有差异。最后，这三种治疗方法在减轻抑郁方面都是有效的（Maksimowski &

Qayyum, 2018）。

TASA 研究提供了最好的证据，证明有自杀史的青少年可以安全有效地使用抗抑郁药。该研究受到以下事实的局限：所有个体都接受了治疗（即没有对照组），并且没有将被试随机分配入每种治疗条件。未来的研究需要确定 TASA 研究中显示的改善是由于治疗还是由于安慰剂效应（Harkavy-Freidman & Hendin, 2018a）。

辩证行为疗法

辩证行为疗法（dialectical behavior therapy, DBT）目前被认为是针对进行 NSSI 的青少年的首选治疗方法。玛莎·莱恩汉（Marsha Linehan）开发了 DBT 来治疗成人边缘型人格障碍，这种障碍的特点是情绪调节困难、不稳定的身份认同和人际关系混乱。患有边缘性人格障碍的成人经常进行自伤以表达心理痛苦、调节情绪或获得他人的注意。由于 DBT 已被证明能减少成人边缘型人格障碍患者的自伤，临床医生开始将 DBT 的各个方面用于自伤的青少年（Rathus, Miller, & Bonavitacola, 2019）。

莱恩汉认为，自伤的人遗传了*情感脆弱*（*emotional vulnerability*）的倾向。在应对心理社会压力时，这些人比其他人更快、更强烈地体验到消极情绪。莱恩汉将他们经历痛苦的倾向称为“情感晒伤”（emotional sunburn），这使他们对哪怕是最轻微的失望或挫折都异常敏感。此外，这些人从愤怒、易怒或悲伤的情绪中恢复需要更长的时间（Rathus, Berk, & Walker, 2020）。

当个人经历心理社会压力时，情绪脆弱就会成为问题。莱恩汉认为，忽视、不考虑或轻视这些个体遭受情绪痛苦的家人和同伴是特别重要的压力，它是一种*无效环境*（*invalidating environment*）。无效环境尤其可能出现在虐待关系中，在这种关系中，儿童与青少年的身体、社会和情感需求被最小化或忽视。随着时间推移，儿童与青少年将这种无效环境内化，导致他们怀疑或忽视自己的感受，忽视自己的社会情感需求，放弃自我、自主或身份认同。因此，他们在应对心理社会压力时体验到强烈的负面情绪，但却缺乏以适应性的方式进行应对所需的内在资源和人际资源。相反，他们可能会利用自伤来调节负面情绪，促使他人认同而不是忽视他们的痛苦（Carson, 2016）。

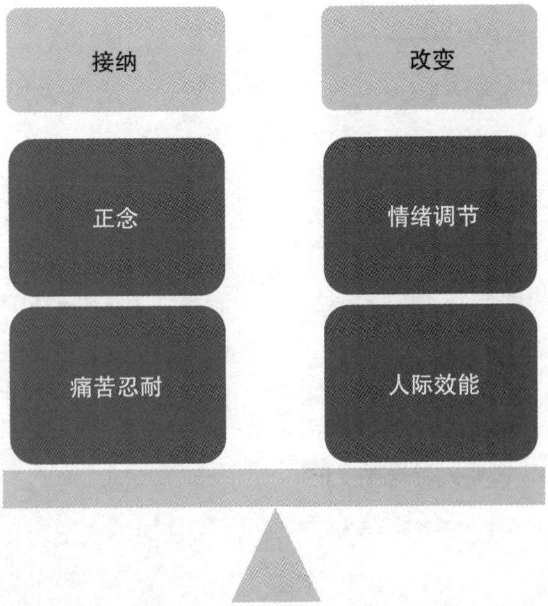

图 13.11　儿童辩证行为疗法

注：辩证法是以下两个方面之间的平衡：（1）以非评判的方式接纳自己和他人；（2）改变个人情绪和人际功能。基于塞尔斯和莱恩汉（Sayrs and Linehan, 2019）。

治疗师使用辩证法作为主要策略来帮助来访者。莱恩汉将这种辩证法描述为一种“舞蹈”，一方面接纳来访者的现状，另一方面鼓励来访者改变自己的行为（图 13.11）。接纳和验证很重要，因为这向来访者表明治疗师（与其他人不同）会接受她性格和行为的好的以及不好的方面。治疗师倾听来访者的感受并表现出兴趣，并尝试在过去的经历和当前的关系中理解来访者的感受。治疗师还尝试从患者的角度理解患者的自伤行为，承认自伤可能具有某些情感或社交功能（Sayrs & Linehan, 2019）。

治疗师还鼓励来访者考虑改变他们目前的行为。通常，治疗师只有在花时间接纳来访者的情绪困扰后才能鼓励行为改变。然而，接纳并不是认可的同义词。在有效治疗关系的背景下（也许是来访者体验到的第一段有效的关系），治疗师和来访者可能会一起找到忍耐负面情绪的方法，以更灵活、更宽容的方式看待自己和他人，并提高来访者的应对技能（Sayrs & Linehan, 2019）。

瑟斯和米勒（Rathus and Miller, 2015）提出了一个为自伤青少年设计的修订版DBT。青少年及其父母参加16周的多家庭小组治疗。家庭与遇到类似问题的其他家庭一起参与治疗，以便相互支持。每次治疗中讨论以下五种技能中的一种：（1）正念；（2）痛苦忍耐；（3）情绪调节；（4）人际效能；（5）中庸之道。

正念（mindfulness）以佛教哲学为基础，但是它的应用并不取决于对该宗教的虔诚。正念指的是在非评判的情况下，在当前的状态中看待人和事的能力。这取决于集中注意力，以一种接纳的方式觉察到自己、他人和周围环境。正念思维与许多自伤的人所表现出的认知歪曲相反。正念不是避免消极情绪、被情绪压倒，或者用全或无的方式思考，而是要求个体在思想和情绪发生时体验并接纳积极和消极的思维和情绪（Heath, Carsley, De Riggi, Mills, & Mettler, 2017）。

与治疗密切相关的一个技能是**痛苦忍耐（distress tolerance）**。许多人尝试回避负面情绪，而接受DBT的青少年则会学会识别和接纳不愉快的情绪。治疗的前提是，如果青少年能够接纳痛苦并从中学习，他们就能在痛苦中找到意义。例如，爱人的去世或失去一段亲密关系可能会让人极度沮丧，但也可能是成长和机会的源泉。在治疗过程中，来访者学习应对强烈负面情绪的策略，例如自我安慰和调解。来访者还会努力找到方法去接纳负面情绪，并从负面情绪中学习（Chow, Ruhl, & Buhrmester, 2015）。

治疗的一个关键组成部分是情绪调节训练。训练从帮助来访者认识和理解区分各种负面情绪开始。例如，来访者可能会被鼓励去识别和描述愤怒的各个方面，比如“怨恨”“嫉妒”或“愤怒”。然后，来访者通过识别引起每一种感受的事件或认知来区分这些感受。例如，“痛苦”可能来源于类似“他不应该对我这样做”的想法，而“愤怒”可能跟随着“我需要给他上一课”这样的认知。来访者还发现对这些情绪做出反应的非适应性方式，例如把伤害自己作为一种自我惩罚（因为痛苦）或通过伤害自己使别人感到内疚（因为愤怒）。最重要的是，来访者采取措施改变通常会引起适应不良的行为反应，并发现新的、更具适应性的应对负面情绪的方法（Petts, Duenas, & Gaynor, 2018）。

治疗的第四个组成部分是人际效能训练。人际效能训练的一个方面是向来访者传授识别问题、产生可能的解决方案、选择和实施最佳解决方案以及评估结果的策略。因为来访者经常以冲动的方式对人际问题做出反应，治疗师强调在解决问题之前需要考虑自己的行为的后果。虽然自伤可能会立即引起家人和同伴的同情，但从长远来看，它可能会损害人际关系的质量。人际效能培训的另一个方面是提高有效沟通的能力。回忆一下，一些青少年通过进行 NSSI 来表达痛苦或获得他人的注意。在团体治疗中，来访者学习如何更直接地在想要什么东西时提出要求、在适当的时候说不，以及在他们的关系中保持自己的完整性和自主性。

治疗的最后一部分是中庸之道。家庭成员学习辩证思维，也就是说，他们学会接纳和欣赏自己和他人的优点和缺点。例如，一位少女的母亲过去曾多次让她失望，这位少女可能同时会体验到因母亲而产生的痛苦和对母亲的同情，而非只是中伤她的母亲是一个可怕的人，或者认为她自己是一个“残次品”。她可以以一种非评判的、共情的方式接纳她的母亲和她自己（Sayrs & Linehan, 2019）。

小　结

- 自杀风险是连续存在的。既往的自杀未遂是未来自杀风险的最佳预测指标。
- 安全计划包括手段限制，识别可能引发自杀尝试的想法、感受和情境，以及确定未来危机时的支持。
- TASA 研究表明，SSRIs 类药物在预防有自杀史的青少年未来的自杀尝试方面是有效的。
- DBT 是青少年 NSSI 的首选治疗方法。治疗包括取得接纳来访者与温和地鼓励来访者改变其自我伤害倾向之间的平衡。治疗强调情绪调节技能和正念。

关键术语

活动计划（activity scheduling）：一种针对抑郁障碍的行为治疗方法，让患儿更多地从事愉快的活动，以增加正强化的机会。

自动思维（automatic thought）：在贝克关于抑郁的认知理论中，在应激源之后立即出现的负面陈述或心理意象。

欺凌（bullying）：权力等级高者向权力等级低者施加的故意的、重复的、攻击性的行为。

认知偏差（cognitive bias）：在贝克的抑郁障碍认知理论中，这是一种关注事件的消极方面、淡化或忽视积极方面的倾向。

认知歪曲（cognitive distortion）：在贝克的抑郁障碍认知理论中，歪曲现实的倾向使事情比实际情况更糟糕。

认知重构（cognitive restructuring）：认知疗法中使用的一种技术。治疗师通过帮助儿童与青少年以客观、灵活的方式看待情况来挑战认知偏差或歪曲。

协同检验（collaborative empiricism）：在认知行为疗法中，治疗师和来访者一起使用客观证据检验来访者的某些信念。

沟通分析（communication analysis）：在人际关系治疗中，仔细检查患儿与另一个人之间的互动，目的是改善互动的质量和患儿的心境。

综合家庭治疗（comprehensive family therapy）：一种针对 DMDD 患儿及其父母的治疗计划。治疗的重点是心理教育、运用操作性条件作用来管理患儿的行为，以及情绪调节技能。

网络欺凌（cyberbullying）：欺凌的一种形式，指个体使用数字媒体伤害、威胁、骚扰或使某人难堪。

辩证行为疗法（dialectical behavior therapy, DBT）：一种针对有心境问题并自伤的青少年的心理社会疗法。在接纳来访者与鼓励来访者改变之间取得平衡。

破坏性心境失调障碍（disruptive mood dysregulation disorder, DMDD）：DSM-5 中的一种抑郁障碍，其特征为（1）严重且反复的脾气爆发和（2）持续的愤怒或易激惹的心境。

痛苦忍耐（distress tolerance）：辩证行为疗法的一个组成部分，青少年识别并接纳不愉快的情绪，而不是对其做出反应。

NSSI 的四功能模型（four-function model of NSSI）：假设儿童与青少年进行 NSSI 是因为正或负强化。此外，NSSI 可以是自动化的，也可以是社交性的。

自杀的无望感理论（hopelessness theory of suicide）：当个体（1）将负性事件归因于稳定和整体性的原因，（2）认为事件很重要，（3）认为自己无价值，自杀的风险就会提高。

人际关系量表（interpersonal inventory）：在人际关系治疗中，对儿童与青少年生活中的重要关系以及这些关系的变化可能导致的心境问题的探索。

自杀的人际–心理理论（interpersonal-psychological theory of suicide）：假设自杀是由三个因素引起的：（1）感知到的负担感；（2）被挫败的归属感；（3）自杀的能力。

人际心理治疗（interpersonal psychotherapy, IPT）：一种抑郁障碍的循证心理社会疗法，针对患儿的人际关系中断或缺陷。

解释偏差训练（interpretation bias training）：一种基于计算机的治疗方法，DMDD 患儿可以在其中学习如何正确识别他人的情绪表现。

点燃假说（kindling hypothesis）：假设早期抑郁发作使个体对应激性生活事件敏感，使他们更可能在未来出现抑郁发作。

习得性无助（learned helplessness）：当人们经常经历失败时会变得沮丧，随着时间推移，他们会感到绝望，而不去有效应对。

受限的患病角色（limited sick role）：在人际关系治疗中，患儿的问题被归因于抑郁障碍，而不是责备患儿自己。

重性抑郁障碍（major depressive disorder, MDD）：DSM-5 中的一种障碍，其特征是情绪低落、快感缺失和其他心境恶劣的表现，持续至少 2 周，并造成严重的痛苦或损害。

手段限制（means restriction）：一种通过限制儿童与青少年接触有危险的事物或环境（例如，枪支、止痛药）来减少自杀行为的技术。

正念（mindfulness）：辩证行为疗法的一个组成部分，个体在这种疗法中学会不加评判地观察当下的事件。

单胺假说（monoamine hypothesis）：假设抑郁障碍是由神经递质血清素、去甲肾上腺素和/或多巴胺的失调引起的。

心境温度计（mood thermometer）：一种可视化的测量手段，儿童与青少年可以用它来评估情绪强度。

消极的归因方式（negative attributional style）：将负性事件归因于内部、稳定和整体性的因素，将正性事件归因于外部、不稳定和情境因素的一种倾向。

消极图式（negative schema）：在贝克的抑郁认知理论中，对自我、世界和未来的消极看法会影响人们对事件的感知。

非自杀性自伤（nonsuicidal self-injury, NSSI）：任何自残、导致伤害或潜在伤害，但无死亡意愿的行为。

持续性抑郁障碍（persistent depressive disorder）：DSM-5 中的一种障碍，其特征是慢性抑郁和/或易激惹的情绪，成人至少持续 2 年，儿童与青少年至少持续 1 年，并导致严重的痛苦或损害。

反应相依的正强化（response-contingent positive reinforcement）：通过行动获得的令人愉快经历。

安全计划（safety plan）：青少年、照顾者和治疗师之间的口头和书面协议，旨在降低自杀行为的可能性。

选择性血清素再摄取抑制剂（selective serotonin reuptake inhibitors, SSRIs）：一类阻断血清素再摄取的抗抑郁药，使其更容易在突触间隙中被检测到，有效减轻儿童与青少年抑郁障碍。

血清素和去甲肾上腺素再摄取抑制剂（serotonin-norepinephrine reuptake inhibitors, SNRIs）：一类阻断血清素和去甲肾上腺素再摄取的抗抑郁药，它使这些神经递质更容易在突触间隙中被检测到，能有效减轻儿童与青少年抑郁障碍。

SMART 目标（SMART goals）：在认知行为疗法中，治疗目标是明确的、可测量的、有吸引力的、现实的和有时间期限的。

社会传染模型（social contagion model）：一种认为同伴示范并强化了自伤的理论。

苏格拉底式提问（Socratic questioning）：在认知行为疗法中，治疗师通过提问了解孩子并挑战儿童与青少年的一些信念的倾向。

自杀性自伤（suicidal self-injury）：任何自我施加的、导致伤害或潜在伤害，且以死亡为意图的行为。

青少年抑郁障碍治疗后转归调查（Survey of Outcomes Following Treatment for Adolescent Depression, SOFTAD）：一项 TADS 的追踪研究；该研究表明大多数儿童与青少年从最初的抑郁发作中康复，但许多人在 3 年内复发。

青少年抑郁障碍治疗研究（Treatment for Adolescents With Depression Study, TADS）：一项大型随机对照研究表明，对于青少年抑郁障碍患者，药物治疗及心理治疗的联合疗法的效果略好于单纯药物治疗。

青少年自杀未遂者治疗（Treatment of Adolescent Suicide Attempters, TASA）研究：一项研究，表明抗抑郁药物可以减少曾尝试自杀的青少年的自杀行为。

对 SSRIs 类药物治疗无效的抑郁障碍青少年的治疗（Treatment of SSRIs-Resistant Depression in Adolescents, TORDIA）研究：一项大型随机对照研究，表明对于难治型青少年抑郁障碍，药物治疗和心理治疗的联合疗法优于单独药物治疗。

三环类抗抑郁药（tricyclic antidepressants）：较老的一类抗抑郁药，影响血清素和去甲肾上腺素，但不能比安慰剂更好地减轻患儿的抑郁障碍状，会引起严重的副作用。

批判性思维练习

1. 想象一下，你是一名初中辅导员。你想帮助学校的教师识别青少年抑郁障碍的症状和体征。创建一个症状列表（带示例），让教师们可以用它来识别高危学生。

2. 金伯利是一名 14 岁的女孩，在过去 3 个月里一直有情绪问题。金伯利对自己的感觉很糟糕，认为自己没有朋友，对家人感到愤怒和怨恨。她最近因为缺乏练习而被辩论队除名，成绩也大幅下降。金伯利会对这些负性事件做出什么评价？

3. 假设你是一位心理学家，最近诊断出一名 15 岁男孩患有抑郁障碍。男孩的父母想知道抗抑郁药物是否能帮助他改善情绪问题，以及抗抑郁药物是否安全。根据本书提供的数据，你会告诉他的父母什么？

4. 阿莉达正在参与抑郁障碍的认知疗法治疗。在治疗期间，阿莉达说："我昨天数学考试搞砸了，得了 D-。我就是不能让自己学习。我什么都不擅长。"如果你是阿莉达的治疗师，你会如何利用认知重构来改变她的思维方式？

5. 朱尔斯正在接受抑郁障碍的辩证行为疗法治疗。朱尔斯在生活中经历了许多重大的压力，包括被生母遗弃和继父虐待。她对她的治疗师说："我不确定治疗是否对我有帮助。我似乎无法将这些负性经历从我的过去中排除。当我想到这些事情时，它们让我觉得自己毫无价值，感到羞耻！"她的治疗师如何运用"正念"或"痛苦忍耐"的概念来回应朱尔斯的担忧？

第十四章

儿童与青少年双相情感障碍和精神分裂症

PEDIATRIC BIPOLAR DISORDERS AND SCHIZOPHRENIA

学习目标

阅读本章后，你应该能够做到以下几点：

14.1 区分双相 I 型障碍、双相 II 型障碍和环形心境障碍，并解释患这些障碍的儿童和青少年与成人的表现有何不同。

描述儿童与青少年双相情感障碍最常见的遗传学、生物学和社会-家庭原因。

评估药物和心理治疗对预防和治疗儿童和青少年双相情感障碍的实际效果。

14.2 描述精神分裂症的主要特征，并说明患精神分裂症的儿童和青少年与成人的症状和体征有何不同。

概述儿童与青少年精神分裂症的神经发育模型。

描述针对预防或管理儿童和青少年精神分裂症的有效药物和心理社会疗法。

14.1 儿童与青少年双相情感障碍

什么是双相情感障碍？

双相情感障碍是严重的心境障碍，因躁狂（mania）症状的存在而定义。**躁狂**是指间断出现的心境高涨、扩张或易激惹和精力及活动水平的增加。所有患双相情感障碍的儿童与青少年至少都有一些躁狂症状。许多（但不是所有）患有双相情感障碍的儿童与青少年都表现出抑郁症状。因此，这些障碍被称为“双相”（即躁狂-抑郁）情感障碍，与“单相”的抑郁症形成对比。

DSM-5（American Psychiatric Association, 2013）确定了与儿童与青少年双相障碍相关的三种类型：（1）双相Ⅰ型障碍（bipolar Ⅰ disorder）；（2）双相Ⅱ型障碍（bipolar Ⅱ disorder）；（3）环形心境障碍（cyclothymic disorder）。这些障碍的严重程度各不相同。双相Ⅰ型障碍是最严重的，它的定义是存在完整的躁狂发作。与之相比，以阈下心境问题为特征的环形心境障碍是最不严重但持续时间最长的。所有的双相情感障碍都是严重的，会极大地破坏患者及其家庭的健康（Fitzgerald & Pavuluri, 2015）。

双相Ⅰ型障碍

要被诊断为**双相Ⅰ型障碍**，个体必须有（或曾有）至少一次**躁狂发作**（**manic episode**）（表 14.1）。躁狂发作是指“一段时间内有明显的、异常的、持续的心境高涨、扩张或易激惹和持续增加的活动和精力”（American Psychiatric Association, 2013, 第 127 页）。根据定义，躁狂发作至少持续一周，症状几乎每天以及每天的大部分时间都出现。但是，如果患者需要住院治疗，则可以不考虑躁狂发作的持续时间标准（即 1 周）。

表 14.1　双相Ⅰ型障碍的诊断标准

A. 至少一次符合了躁狂发作的诊断标准。一次躁狂发作的定义如下：

- 在持续至少 1 周的时间内，几乎每一天的大部分时间里，有明显异常的、持续性的高涨、扩张或心境易激惹，或异常的、持续性的活动增多或精力旺盛（如果有必要住院治疗，则可短于 1 周）。
- 在心境障碍、精力旺盛或活动增加的时期内，存在 3 项（或更多）以下症状（如果心境仅仅是易激惹，则为 4 项），并达到显著的程度，且表现出与平常行为相比明显的变化。
  1. 自尊心膨胀或夸大。
  2. 睡眠的需求减少（例如，仅仅睡了 3 小时，就感到休息好了）。
  3. 比平时更健谈或有持续讲话的压力感。
  4. 意念飘忽或主观感受到思维奔逸。
  5. 自我报告或被观察到的随境转移（即，注意力太容易被不重要或无关的外界刺激所吸引）。
  6. 有目标的活动增多（工作或上学时的社交，或性活动）或精神运动性激越（即，无目的、无目标的活动）。
  7. 过度地参与那些结果痛苦的可能性高的活动（例如，无节制的购物，轻率的性行为，愚蠢的商业投资）。
- 这种心境障碍严重到足以导致显著的社交或职业功能的损害，或必须住院以防止伤害自己或他人，或存在精神病性特征。
- 这种发作不能归因于某种物质（例如，滥用的毒品、药物、其他治疗）的生理效应或其他躯体疾病。

B. 这种躁狂发作不能用精神分裂症或其他精神病性障碍来更好地解释。

在躁狂发作期间，患有双相Ⅰ型障碍的成人将他们的情绪描述为欣快的、高兴的、高昂的或兴高采烈的。他们似乎拥有无限的精力，可能会将自己描述为强大的或“世界之巅”。儿童与青少年患者通常也会报告扩张的心境、欣快和精力增加。大多数专家认为，情绪高涨和精力增加是双相Ⅰ型障碍的主要症状。平均而言，70%

的患双相Ⅰ型障碍患儿表现出异常的兴高采烈、扩张或欣快的情绪，近 90% 也表现出精力大幅增长。这些症状对双相情感障碍具有高度特异性，也就是说，这些症状在双相情感障碍患儿中很常见，但在患有其他精神障碍患儿人中相对少见。因此，它们在确定儿童与青少年的双相情感障碍方面特别有用（Youngstrom & Algorta, 2014）。

儿童与青少年在躁狂发作期间也经常表现出易激惹。他们的情绪通常被描述为敏感、愤怒、对立或易反应的。年龄较小的躁狂发作儿童可能脾气暴躁，很容易发火。他们可能会在一个小时里一直大发雷霆、大喊大叫、大哭，或对他人进行身体攻击。大龄儿童与青少年有时会表现出情绪爆发或“情感风暴”。这些发脾气的行为往往是因小事引起的（van Meter, Burke, Kowatch, Findling, & Youngstrom, 2016）。

易激惹在双相情感障碍患儿中极为常见，即使是那些表现出扩张性和精力旺盛的个体也是如此。平均而言，81% 的患儿表现出明显的易激惹。然而，易激惹并不是双相情感障碍所特有的，它也是儿童抑郁障碍、焦虑障碍和对立违抗性障碍的特征。因此，许多临床医生认为易激惹是一种“有问题”的一般性标志，而非一个特定的双相情感障碍的指征。易激惹类似于发烧，它表明个体生病了，但无法说明患的是哪种障碍（Youngstrom, Birmaher, & Findling, 2008）。

除了这些情绪和能量的变化，躁狂症的特征是至少有 3 种其他症状或体征（如果患者只表现出易激惹的情绪，则有四种症状）。可以使用首字母缩略词 GRAPES+D 来记忆这些症状和体征。平均而言，患儿在躁狂发作期间会表现出 5～6 种症状或体征（表 14.2; Diler & Birmaher, 2012）。让我们看看这些症状和体征是什么样的。

表 14.2　躁狂的体征和症状

G（grandiosity or inflated self-esteem）	夸大或自尊心膨胀
R（racing thoughts or flight of ideas）	思维奔逸或意念飘忽
A（activity level increase or psychomotor agitation）	活动水平增加或精神运动性激越
P（pressured speech or excessive talkativeness）	有讲话的压力或过于健谈
E（excessive involvement in potentially harmful activities）	过度参与可能导致痛苦后果的活动
S［sleep disturbance (i.e., decreased need for sleep)］	睡眠障碍（即睡眠需求减少）
D（distractibility）	注意力分散

注：来自迪莱尔和比尔马赫（Diler and Birmaher, 2012）。

夸大或自尊心膨胀。在成人中，**夸大（grandiosity）**的特点是异常自信、夸张的自尊心和高估自我重要性。一些成人错误地认为他们有特殊的能力、才能，或者技能。躁狂的儿童与青少年也表现出夸大和自尊心膨胀。儿童可能表现出夸大的想法，认为自己很特别，有超人的能力或拥有魔力。例如，一个儿童可能试着从屋顶上跳下来，因为他认为自己有非凡的运动能力。大龄儿童与青少年可能会教他们的教练如何管理团队，或者教他们的教师如何指导班级，因为他们相信自己有特殊的才能或智力过人。

*思维奔逸或意念飘忽。*躁狂的成人经常报告说，他们的思想正在“加速”或发生得太快以至于无法向他人表达。一些患者将这种感觉描述为同时看两三个电视节目。思维奔逸有时被称为**意念飘忽**（**flight of idea**）。儿童青少年也报告思维奔逸的情况。例如，他们可能会说他们的大脑“每小时跑 160 公里”（Kowatch et al., 2005, p. 216）。

*活动水平增加或精神运动性激越。*躁狂的成人经常表现出**目标导向活动**（**goal-directed activity**）的显著增加，也就是说，他们发起一系列新的活动和行为。例如，一些躁狂的成人可能会决定重修他们的汽车引擎、写一本小说，或者在几乎没有准备或培训的情况下开始一项新的事业。通常，这些目标导向的活动没有很好的计划和执行。躁狂的儿童与青少年也会表现出更多的目标导向活动。例如，儿童可能会画画、着色或建造复杂的积木塔。大龄青少年可能会开始一些雄心勃勃的计划，例如拆开他们的电脑。躁狂的儿童与青少年也可能表现出**精神运动性激越**（**psychomotor agitation**），也就是说，他们可能表现出过度活跃、不安或冲动。他们经常做一些没有什么目的的短暂的疯狂活动。

*有讲话的压力或过于健谈。*许多躁狂发作的成人说话很快，试图跟上他们奔涌的思维。他们的讲话速度快、声音大、难以理解。躁狂发作的儿童与青少年可能说话很快。他们似乎有讲话的压力，也就是说，他们似乎一直在说话，以避免出现沉默。有时，他们会迅速地从一个话题转到下一个话题。

*过度参与可能导致痛苦后果的活动。*许多躁狂的成人参与可能导致负性后果的愉悦活动。例如，一些躁狂的成人疯狂购物、赌博或进行有风险的性接触。躁狂的儿童与青少年也可能做出令人愉悦但不计后果的行为。低龄儿童可能骑自行车穿过危险的十字路口，或者表演滑板特技。大龄儿童与青少年可能会乱花钱、鲁莽驾驶、从商店偷东西，或者酗酒和吸毒。许多躁狂的儿童与青少年也有过度的性行为。有些儿童与青少年对色情作品越来越感兴趣。有些儿童与青少年参与不适当的色情行为。例如，有些儿童与青少年颇具暗示性地跳舞、试图触摸他人的隐私部位，或张开嘴亲吻家人。即使躁狂的儿童与青少年从未经历过性虐待，他们也会表现出过度的性行为。

*睡眠需求减少。*许多躁狂的成人可能只睡了 3 小时就觉得休息够了。有些则几天不睡也不感到困倦或疲惫。躁狂的儿童与青少年对睡眠的需求也是减少的。他们晚上只睡 4 ～ 5 小时，清晨醒来时感觉精力充沛。有些人在家里闲逛、玩电子游戏，或者看电视直到凌晨。

*注意力分散。*躁狂的成人很容易被无关的外部刺激或不重要的细节分散注意力。

例如，躁狂的成人可能会发现因为他被另一个人的领带图案或房间外发生的事件分散了注意力，因此很难与他人交谈。躁狂的儿童与青少年几乎总是分心。他们可能无法集中精力做功课或完成家务。教师和家长可能会形容他们是杂乱无章或轻浮的。这些注意力分散的问题反映了青少年典型行为的显著变化，而不是 ADHD 的一般问题。

有三种躁狂症状对确定儿童双相情感障碍特别有用:（1）夸大;（2）睡眠需求减少;（3）参与高危性活动（Youngstrom et al., 2008）。近 80% 的双相情感障碍患儿表现出某种形式的夸大思维。如果夸大与兴高采烈、精力充沛同时出现，那么这是一个很好的躁狂指征。

大多数双相情感障碍患儿（70%）对睡眠的需求也有所减少。通常，这些患儿只睡几个小时就感到休息好了。睡眠需求的减少是双相情感障碍的一个很好的指征，因为诸如焦虑和抑郁的其他障碍都与入睡或保持睡眠方面的困难有关。以一个正经历第一次躁狂发作的青少年埃米莉为例。

高危性活动是双相情感障碍一个相对特定的体征。一个儿童可能开始在学校以具有性挑逗意味的方式行动或着装，或者一个青少年可能与成人进行危险的或具有剥削性的性行为。在性行为方面不符合发展预期的或显著的改变是双相情感障碍和性虐待的特征。观察到子女有这种改变的家长和治疗师要怀疑其是否患上了双相情感障碍，特别是这些行为与情感高涨和精力增加相结合的时候（Klimes-Dougan, Kennedy, & Cullen, 2016）。

案例研究
双相情感障碍

精力充沛的埃米莉

16 岁的埃米莉·盖拉的父母将她送到我们的诊所。盖拉夫人说，最近几周，埃米莉变得更加孤僻、闷闷不乐、喜怒无常。埃米莉常常无礼、易激惹、心烦意乱。当妈妈让她晚饭后打扫卫生时，埃米莉回答说:“你为什么不去做呢？这就是你在这里的所有意义！”在过去的 4 周里，埃米莉退出了她在学校最喜欢的两项活动。她也睡得很少，吃得更少，在家里总是懒洋洋、闷闷不乐。

埃米莉不情愿地同意与我们诊所的社会工作者布伦达·特纳进行“试验”治疗。布伦达诊断埃米莉患有抑郁症，并开始使用人际关系疗法（IPT）来改善埃米莉的情绪。然而，到了第四次治疗时，布伦达注意到埃米莉的情感和行为发生了戏剧性的变化。埃米莉以异常好的心情前来治疗。她说话很快:“布伦达，我今天感觉很好，你知道的，我可以做任何事。”当埃米莉谈论她的新男友时，布伦达注意到她讲话声音非常大，而且她的思维很难理解。“你今天喝酒了吗？”布伦达问。埃米莉用轻快的语调回答:“今天不用，我觉得我不需要喝。”

在治疗过程中，布伦达注意到埃米莉非常容易分心。埃米莉在椅子上坐立不安，在房间里踱来踱去，不停地抱怨坐着聊天是多么“无聊”。她报告说精力突然充沛和情绪突然好了起来。她补充道：“你知道，我想我已经痊愈了。也许我们不必再见面了。”埃米莉说，前两天她只睡了 3 ～ 4 小时，但并不觉得累。事实上，前天凌晨 3 点，她决定粉刷她的房间。“感谢沃尔玛！”她说，“你知道他们 24 小时营业……他们卖油漆吗？”

治疗结束后，布伦达打电话给盖拉夫人，表达了她的关切。盖拉夫人报告说，事实上，埃米莉曾试图将自己的卧室漆成鲜绿色，但她只涂了一面半的墙，就开始了另一个计划。埃米莉在那周也因为逃学、夜不归宿以及用她母亲的信用卡在亚马逊购物而陷入困境。盖拉太太说：“她最近很容易分心，很轻浮，我不知道她怎么了。你觉得她的表现对于青少年是正常的吗？”布伦达回答：“不，我不这么认为。”

双相Ⅱ型障碍

要被诊断为**双相Ⅱ型障碍**，个体必须（或曾经）至少有一次抑郁发作和至少一次**轻躁狂发作**（**hypomanic episode**）（表 14.3）。前缀 hypo- 表示“低于”，因此轻躁狂是指不太严重或持续不久的躁狂症状。与躁狂一样，轻躁狂的定义是一段时期内明显的情绪高涨、扩张或易激惹以及精力增加。此外，轻躁狂的 7 种症状与躁狂相同。不过轻躁狂与躁狂在三个方面有所区别。

1. 轻躁狂至少持续 4 天，而不是 1 周。
2. 轻躁狂不会对社会、职业或学业功能造成显著的损害。
3. 轻躁狂从不需要住院治疗。

表 14.3　双相Ⅱ障碍诊断标准

A. 至少一次符合了轻躁狂发作和至少一次符合重性抑郁发作的诊断标准。一次轻躁狂发作被定义为：

- 在至少连续 4 天的一段时间内，几乎每天和每天的大部分时间，有明显异常的、持续性的高涨、扩张或心境易激惹，或异常的、持续性的活动增多或精力旺盛。
- 在心境障碍、精力旺盛或活动增加的时期内，存在 3 项（或更多）以下症状（如果心境仅仅是易激惹，则为 4 项），并持续性地表现出与平常行为相比明显的改变，且达到显著的程度。
  1. 自尊心膨胀或夸大。
  2. 睡眠的需求减少（例如，仅仅睡了 3 小时，就感到休息好了）。
  3. 比平时更健谈或有持续讲话的压力感。
  4. 意念飘忽或主观感受到思维奔逸。
  5. 自我报告或被观察到的随境转移（即，注意力太容易被不重要或无关的外界刺激所吸引）。
  6. 有目标的活动增多（工作或上学时的社交，或性活动）或精神运动性激越（即，无目的、无目标的活动）。
  7. 过度地参与那些结果痛苦的可能性高的活动（例如，无节制的购物、轻率的性行为、愚蠢的商业投资）。

续 表

● 这种发作伴有明确的功能改变，个体无症状时没有这种情况。 ● 这种心境障碍和功能的改变可以明显地被他人观察到。 ● 这种发作没有严重到足以导致显著的社交或职业功能的损害或必须住院治疗。如果存在精神病性特征，根据定义，则为躁狂发作。 ● 这种发作不能归因于某种物质（例如，滥用的毒品、药物、其他治疗）的生理效应或其他躯体疾病。
B. 从未有过躁狂发作。
C. 这种轻躁狂不能用精神分裂症和其他精神病性障碍来更好地解释。
D. 抑郁症状或抑郁期和轻躁狂期的频繁交替所致的不可预测性，引起有临床意义的痛苦，或导致社交、职业或其他重要功能方面的损害。

根据定义，个体如果曾经有过躁狂发作，就不能被诊断为双相Ⅱ型障碍。个体如果有过一次躁狂发作，将被诊断为双相Ⅰ型障碍。许多最初被诊断为双相Ⅱ型障碍的人最终会经历躁狂发作，随后被诊断为双相Ⅰ型障碍。

轻躁狂在儿童与青少年中很难评估。根据定义，它不会导致明显的痛苦或功能损害，也不需要住院治疗。因此，许多父母不会因为孩子的轻躁狂症状就让孩子接受治疗。轻躁狂和符合发展规律的正常行为也很难区分。例如，很多青少年容易冲动、情绪变化快、睡眠习惯不规律，但没有轻躁狂症状（Youngstrom, van Meter, & Algorta, 2010）。

患有双相Ⅱ型障碍的儿童与青少年必须经历至少一次抑郁发作。抑郁发作可以发生在他们的轻躁狂发作之前或之后。在大多数情况下，儿童与青少年在抑郁发作期间接受治疗，而不是在轻躁狂发作期间接受治疗。因此，治疗师必须评估每个患有抑郁症的儿童与青少年，以确定他们过去是否曾有过躁狂或轻躁狂发作。如果他们之前经历过躁狂发作，他们将被诊断为双相Ⅰ型障碍。如果他们之前经历过轻躁狂发作，他们将被诊断为双相Ⅱ型障碍（Fitzgerald & Pavuluri, 2015）。

环形心境障碍

环形心境障碍是一种双相情感障碍，在儿童与青少年中很少被诊断出来（表14.4）。这种障碍的名字来源于希腊语单词 *kyklos*（循环）和 *thymos*（情绪）。它的定义根据是:（1）不符合轻躁狂发作的全部标准的轻躁狂症状期和（2）不符合抑郁发作的全部标准的抑郁症状期。儿童与青少年必须在至少 1 年的时间里存在以上轻躁狂和抑郁症状，且无症状的时间不能超过 2 个月。

表 14.4　环形心境障碍的诊断标准

A. 至少 2 年（儿童与青少年至少 1 年）的时间内有多次轻躁狂症状，但不符合轻躁狂发作的标准，且有多次抑郁症状，但不符合重性抑郁发作的诊断标准。
B. 在上述的 2 年（儿童与青少年为 1 年）时间内，轻躁狂期和抑郁期至少有一半的时间，且个体无症状的时间每次从未超过 2 个月。
C. 从不符合重性抑郁、躁狂或轻躁狂发作的诊断标准。
D. 诊断标准 A 的症状不能用精神分裂症或其他精神病性障碍更好地解释。
E. 症状不能归因于某种物质（例如，滥用的毒品、药物）的生理效应或其他躯体疾病。
F. 这些症状引起有临床意义的痛苦，或导致社交、职业或其他重要功能方面的损害。

双相Ⅰ型障碍和双相Ⅱ型障碍与流感相似，它们发病突然，出现严重症状，并相对较快地消失。相反，环形心境障碍类似于慢性过敏，它们缓慢地起病，会引起令人烦恼的问题，持续时间长。

患有环形心境障碍的儿童与青少年最常报告的问题是易激惹和过度活动，在至少一年的时间里，这些问题会以间歇性的方式出现。由于易激惹和过度活动是许多心理障碍的共同症状，而且健康的儿童与青少年有时也会表现出这种症状，因此环形心境障碍常常被误诊或忽视（van Meter, Youngstrom, Demeter, & Findling, 2012; van Meter, Youngstrom, & Findling, 2012）。

区分双相情感障碍

图 14.1 是三种主要的双相情感障碍的视觉化总结。让我们回顾一下。双相Ⅰ型障碍的定义是至少出现一次躁狂发作。虽然儿童与青少年也可能出现抑郁症状，但诊断双相Ⅰ型障碍不需要抑郁发作。

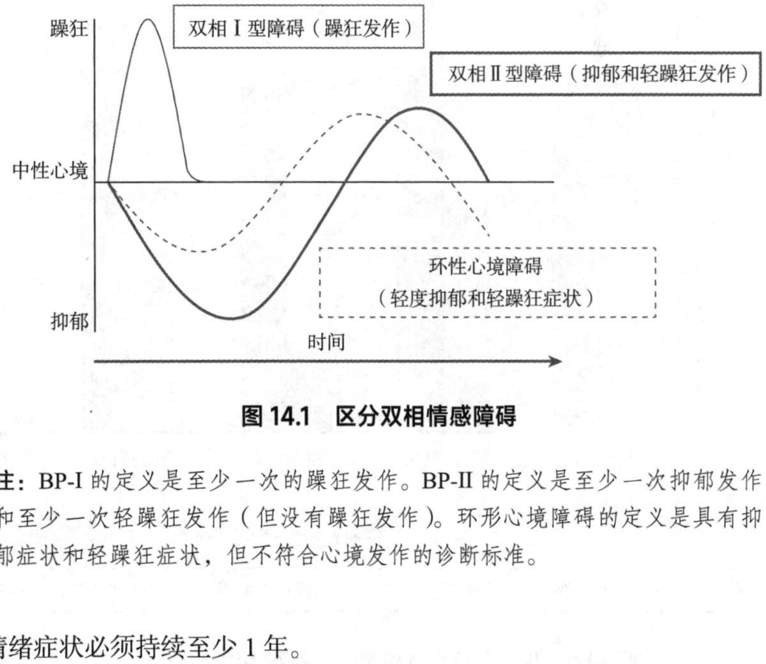

图 14.1　区分双相情感障碍

注： BP-I 的定义是至少一次的躁狂发作。BP-II 的定义是至少一次抑郁发作和至少一次轻躁狂发作（但没有躁狂发作）。环形心境障碍的定义是具有抑郁症状和轻躁狂症状，但不符合心境发作的诊断标准。

双相Ⅱ型障碍定义为至少一次轻躁狂发作和至少一次抑郁发作，但一定从未有过躁狂发作。一旦儿童或青少年经历过躁狂发作，他就会被诊断为双相Ⅰ型障碍。

环形心境障碍定义为有不符合轻躁狂发作标准的轻躁狂症状和不符合抑郁发作标准的抑郁症状。此外，患儿的情绪症状必须持续至少 1 年。

小　结

- 双相 I 型障碍是 DSM-5 中的一种障碍，其特征是至少有一次躁狂发作，导致患儿功能明显受损或需要住院治疗。
- 双相 II 型障碍是 DSM-5 中的一种障碍，其特征是至少有一次轻躁狂发作和一次抑郁发作，导致患儿功能显著改变。
- 环形心境障碍是 DSM-5 中的一种障碍，其特征是持续至少 1 年的轻躁狂症状（但不符合轻躁狂发作的诊断标准）和抑郁症状（但不符合抑郁发作的诊断标准）。

儿童与青少年双相情感障碍与哪些问题有关?

精神病性特征

大约 20% 的患双相 I 型障碍儿童与青少年会出现幻觉或妄想。**幻觉（hallucination）**是与现实不符的错误知觉。尽管幻觉可以出现在各种感官中，但幻听是最常见的。例如，在躁狂发作期间，患儿可能会听到一些声音，告诉他自己很特别或拥有独特的天赋。在抑郁发作期间，患儿可能会听到耳语，告诉他自己有罪或一文不值。**妄想（delusion）**是一种错误的信念，通常涉及对感知或经验的错误解释。通常，这些信念在本质上是奇怪的，或者是不可信的。例如，在躁狂发作期间，一名青少年可能会认为他被召唤去执行一项特殊任务（即关系妄想），或者有一种特殊的身份或力量（即夸大妄想）。在抑郁发作期间，这名青少年可能会认为他的同学们在密谋反对他，或者他们的身体内部正在慢慢腐烂。

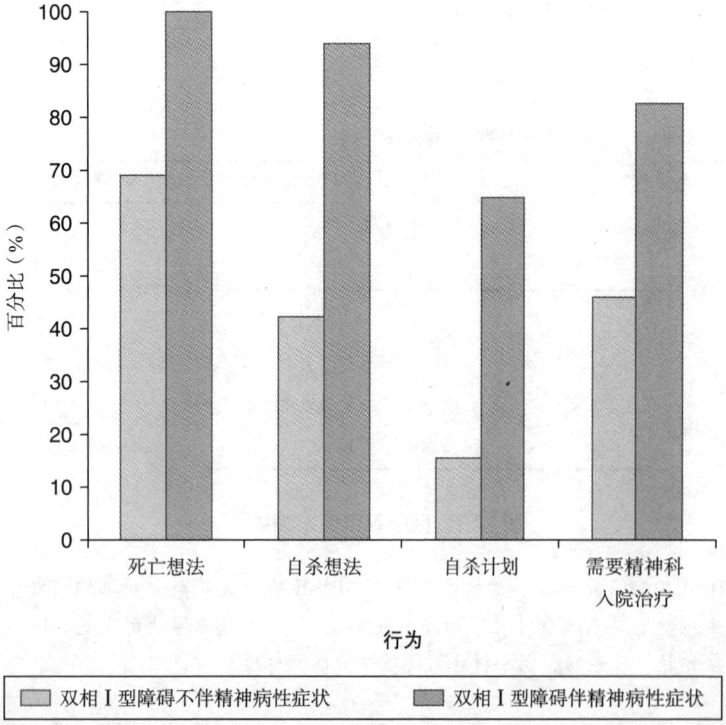

图 14.2　伴或不伴精神病性症状的双相I型障碍

注：患有伴精神病性症状的双相情感障碍的青少年比患有单纯双相情感障碍的青少年表现出更严重的损害。基于卡埃塔诺等人（Caetano et al., 2006）。

DSM-5 指导临床医生在诊断双相 I 型障碍时要标注是否存在幻觉和 / 或妄想。标注精神病性症状的存在是很重要的，因为表现出妄想或幻觉的患双相 I 型障碍青少年往往比没有这些症状的同龄人有更差的转归。正如赫敏·格兰杰曾经对哈利·波特说的那样："即使在魔法世界里，听到别人听不到的声音也不是一个好迹象。"（图 14.2; Fristad, Arnold, & Leffler, 2011）。

混合特征

大多数患有双相Ⅰ型障碍的成人表现出典型的、间歇性的躁狂发作和抑郁发作。一个典型的成年患者在第一次心境发作之前有相当好的功能。然后，通常在 18 ～ 25 岁之间，他经历了一次明显的躁狂发作，其症状表现为情感高涨、自尊心膨胀和夸大、睡眠需求减少、思维奔逸和快速说话以及冒险行为。在这段可能会持续几周的明确躁狂发作之后，他进入了可能持续数周或数月的重性抑郁时期。最后，他的抑郁减轻了，在下一次心境发作之前，他表现出相当良好的功能恢复（Vieta et al., 2019）。

患有双相情感障碍的儿童与青少年很少表现出这种典型的躁狂和抑郁症状（Richards & Bearden, 2018）。相反，儿童与青少年在一次心境发作中往往表现出混合的体征和症状。**混合心境（mixed mood）**出现于儿童与青少年符合躁狂或轻躁狂发作的标准，同时表现出抑郁的阈下症状，或者儿童与青少年满足抑郁发作的标准同时表现出阈下的轻躁狂症状（American Psychiatric Association, 2013 年）。

儿童或青少年如何同时表现出躁狂或轻躁狂和抑郁？为了理解混合心境，专家们将其比作甜点（图 14.3; Youngstrom & Algorta, 2014）。有些混合心境类似于“巧克力牛奶”；躁狂与抑郁症状完全交融，形成既不同于单一躁狂也不同于单纯抑郁的混合状态。这些孩子表现出脾气暴躁、易激惹、愤怒、精力充沛和易兴奋的混合。

儿童与青少年如何同时表现出躁狂和抑郁的症状？ **用巧克力牛奶做类比：** 脾气暴躁、易激惹、愤怒、高能量和易兴奋的混合。 **用软糖浆做类比：** 短暂的兴高采烈和精力充沛叠加在更加突出的易激惹、哭泣和嗜睡之上。

图 14.3　理解混合心境

注：改编自扬斯托姆及其同事（Youngstom and colleagues, 2008）。

其他混合情绪类似于“软糖浆”，在儿童与青少年的行为中，躁狂症状和抑郁症状仍然是可以识别的。在一天中，儿童与青少年的情绪可能会从短暂的兴高采烈和精力充沛循环到更加突出的易怒、哭泣和嗜睡。一些儿童与青少年每天多次经历这种情绪波动。在 DSM-5 中，治疗师通过在双相情感障碍诊断中添加“具有混合特征”的标注来提示混合心境症状的存在（American Psychiatric Association, 2013）。

混合的、波动的心境状态在患有双相情感障碍的儿童与青少年中很常见。在一项研究中，81% 双相情感障碍患儿在 24 小时内会表现出从轻躁狂到正常情绪再到抑郁的情绪转变。在另一项研究中，大约三分之一患有双相情感障碍的青少年表现出心境的快速变化。与之相比，成年双相情感障碍患者的心境快速变化相对少见。以一个有混合心境的男孩麦克斯为例（Youngstrom & Algorta, 2014）。

案例研究
双相I型障碍伴混合特征

混合心境的麦克斯

麦克斯是一个 9 岁的男孩，在一次明显的自杀企图后被送到我们医院。有一天，母亲开车送麦克斯上学时，麦克斯开始不受控制地聊天和大笑起来。然后，他解开安全带，跳出正在行驶的汽车，因此严重受伤。在急诊室接受治疗后，医院的儿科心理学家桑德斯医生对麦克斯和他的母亲进行了访谈。

麦克斯小时候是个“非常闹腾”的婴儿，很难安抚。然而，在幼儿时期，麦克斯的哭声减少了，他长成了一个精力充沛、好奇心旺盛的孩子。3 年前，麦克斯因为多动和冲动问题被诊断为 ADHD。兴奋剂药物的治疗对他来说效果很好。尽管在他的父母看来他属于“少数”，但麦克斯是个讨人喜欢、友好的男孩。

然而，在事件发生的 6 个月前，麦克斯的性情开始改变。药物似乎对控制他的过度活跃不太有效了。他会发牢骚、抱怨，还会跟家人顶嘴。麦克斯晚上开始难以入睡，最终在被要求上床睡觉时拒绝上床。早上，麦克斯易激惹，脾气暴躁。麦克斯也变成了一个“爱哭”的孩子。有好几次，他母亲听到他在房间里抽泣，说“没人爱我”。

麦克斯住院前的一个星期，他的心境迅速恶化。他在家里和学校里都非常活跃和吵闹。他晚上拒绝睡觉，声称自己不累，但在白天，他似乎喜怒无常、易激惹。麦克斯不睡觉，偷偷溜出他的房间，看电视、玩电子游戏，甚至开始拆卸他的自行车，想“看看它是怎么运转的”。他的母亲还发现他在电脑上观看成人内容。

两天前，麦克斯因为在餐厅打架被停学了。当一个同学不允许麦克斯坐在他旁边时，麦克斯把自己的食物扔向那个孩子，并用托盘打他。麦克斯被带到校长办公室，在那里继续尖叫和发脾气，直到他的母亲一个小时后到达。

桑德斯医生问了麦克斯自杀未遂的事。麦克斯说他不想自杀。他解释说：“我告诉妈妈我不想去上学，她不听。所以，我想如果我跑得非常快，我就能跟上那辆车的速度，然后跳下车。”

小　结

- 大约 20% 患有双相 I 型障碍的儿童与青少年有幻觉或妄想等精神病性特征。具有精神病性特征的双相情感障碍患儿比仅患有双相 I 型障碍的儿童与青少年遭到更严重的损害。
- 大多数双相情感障碍患儿都有混合心境的特征。他们会出现伴抑郁症状的躁狂时期，或者伴轻躁狂症状的抑郁时期。

儿童与青少年双相情感障碍与其他儿童与青少年精神障碍有何不同？

外化行为问题

大约70%患有双相情感障碍的儿童和31%的青少年患者同时患有ADHD（Birmaher et al., 2009）。这种明显的共病可能是由于ADHD和躁狂有共同的症状，例如话多、注意力分散和过度活动。然而，很明显许多患儿都患过这两种障碍。尽管症状上有重叠，但这两种障碍是可以区分的。一个ADHD患儿在马路上乱跑，是因为他忘记了留心汽车；一个双相情感障碍患儿在马路上乱跑，是因为他相信自己能跑得过汽车（Fristad et al., 2011）。

尽管双相情感障碍患儿有患ADHD的风险，但是反之则不然，ADHD患儿患双相情感障碍的风险并不会增加。在一项针对患ADHD儿童与青少年的大型研究中，只有一名患儿符合双相情感障碍的诊断标准（Hassan, Agha, Langley, & Thapar, 2011）。

破坏性行为障碍也是一种常与双相情感障碍共病的障碍，但是患病率取决于发病年龄（Birmaher et al., 2009）。儿童期发病的双相情感障碍患儿最有可能患ODD（43%），而青春期发病的患双相情感障碍患儿更有可能患CD（16%）或出现物质使用问题（23%）。区分品行问题和双相情感障碍可能比较难。一般来说，有品行问题的青少年会故意不遵守规则，而患有双相情感障碍的青少年则因为情绪问题而无法遵守规则（Fristad et al., 2011）。

破坏性心境失调障碍

精神病学家埃米尔·克雷珀林（Emil Kraepelin）是最早发现儿童青少年双相情感障碍的诊断学家之一。事实上，克雷珀林记录了大约100名儿童青少年的躁狂发作、抑郁发作和易激惹的情况。克雷珀林认为儿童与青少年双相情感障碍的基本特征与成人所表现的特征一致：严重的心境发作，持续数天或数周，功能明显受损（Leibenluft et al., 2003）。

尽管有克雷珀林的早期观察，但双相情感障碍被视为“成人”障碍，儿童青少年很少出现这种障碍。然而，在20世纪80年代，加布丽埃勒·卡尔森（Gabrielle Carlson）描述了青春期前儿童的双相情感障碍的症状，其特征是严重的易激惹和快速变化的混合心境状态。卡尔森的描述重新引起了研究人员和治疗师对儿童青少年双相情感障碍的兴趣。两种观点逐渐出现。

第一种观点与克雷珀林的观点一致，即双相情感障碍的基本特征在儿童期、青春期和成年期基本不变。所有双相情感障碍患者，无论年龄大小，都表现出间歇性的心境发作，其特征是躁狂（有时是抑郁）症状，并伴有明显的功能损害（Leibenluft et al., 2003）。

第二种观点认为，双相情感障碍的定义应该扩大到包括表现出长期易激惹和愤怒爆发的儿童青少年。根据这一观点，以持续易激惹、愤怒和暴力或破坏性暴怒为特征的慢性心境问题反映了与双相情感障碍一致的深层的情绪障碍（Biederman, Milberger, & Faraone, 1995; Wozniak et al., 1995）。

扩大双相情感障碍的定义导致被诊断患有这种疾病的儿童青少年数量显著增加。《时代》（*Time*）周刊的封面故事和《纽约时报杂志》（*The New York Times Magazine*）的头条文章也推动了诊断率的提高（Egan, 2008; Kluger & Song, 2002; Papolos & Papolos, 2000）。这些受欢迎的出版物使许多父母和治疗师怀疑，长期愤怒、易激惹和喜怒无常的儿童青少年经常表现出强烈的情感爆发、发脾气或“暴怒”是因为他们可能患有双相情感障碍。虽然双相情感障碍的实际患病率从未改变，但门诊和医院的诊断频率显著增加（Parens & Johnston, 2010）。

莱本卢夫特及其同事的研究帮助解决了这个问题（Leibenluft & Dickstein, 2008）。研究人员承认，许多儿童青少年确实表现出易激惹和愤怒爆发的长期问题，然而，他们认为这些儿童青少年没有双相情感障碍。双相情感障碍是一种由心境发作定义的障碍，而这些儿童青少年表现出易激惹、烦躁和愤怒的慢性问题。在DSM-5之前，这些儿童青少年是“诊断孤儿”——也就是说，这些有情绪问题的孩子们需要帮助，但不符合任何诊断类别。许多治疗师会诊断这些儿童青少年患有双相情感障碍，以便他们能够接受治疗（Leibenluft et al., 2003）。

莱本卢夫特及其同事（2003）没有改变DSM标准以适应这些儿童青少年的症状，而是创建了一个新的诊断分类，即严重心境失调（severe mood dysregulation, SMD），其定义为慢性易激惹或愤怒、暴力或破坏性脾气爆发和多动-冲动。研究人员确定了一大群患有SMD的儿童青少年，并研究了这种障碍的表现、病程和病因。他们发现，患有SMD的低龄儿童在青春期和成年早期经常出现抑郁和焦虑障碍，他们几乎没有人患上双相情感障碍。此外，患有SMD的儿童青少年的家庭成员通常患有抑郁障碍或焦虑障碍，而不是双相情感障碍。研究人员得出结论，慢性易激惹和愤怒的爆发反映的是抑郁，而不是双相情感障碍。

由于这项研究，破坏性心境调节障碍（DMDD）这个新的诊断被纳入了DSM-5。回想一下，DMDD是一种抑郁障碍，其特征是持续存在易激惹问题和频繁的愤怒爆发。

患有DMDD和双相情感障碍的儿童青少年都会表现出易激惹和愤怒的爆发。然而，DMDD患儿持续出现这些问题，而患有双相情感障碍的儿童青少年在心境发作期间这些症状明显增加。DMDD被认为是一种抑郁障碍，因为它比双相情感障碍更像抑郁障碍和焦虑障碍（Fitzgerald & Pavuluri, 2015）。

小　结

- 大多数双相情感障碍患儿患有ADHD；然而，大多数患有ADHD的儿童青少年不患有双相情感障碍。与患有 ADHD 的儿童青少年不同，患有双相情感障碍的儿童青少年表现出多动、睡眠需求减少和冒险行为。

- DMDD 患儿表现出易激惹和愤怒的慢性问题；与之相比，患有双相情感障碍的儿童青少年表现出间歇的易激惹、夸大和心境问题。

双相情感障碍在儿童与青少年中有多常见？

患病率

很少有流行病学研究调查儿童与青少年双相情感障碍的患病率。总体而言，双相Ⅰ型的终生患病率在儿童青少年中为 0 ～ 1.9%，与成人人群中 1% 的终生患病率相似（Merikangas & Pato, 2009）。然而，所有双相情感障碍的终生患病率可能为 3% ～ 4%（Youngstrom, Freeman, & Jenkins, 2009）。大多数患有双相情感障碍的成人报告发病年龄在儿童期（15% ～ 28%）或青春期（50% ～ 66%）（Miklowitz, Mullen, & Chang, 2008）。

在转介治疗的儿童与青少年中，双相情感障碍的比例远高于社区中的儿童青少年。精神卫生诊所和精神病医院的双相情感障碍患儿比例分别为 6% ～ 7% 和 26% ～ 34%（Youngstrom et al., 2009）。

性别、年龄和族裔

关于儿童与青少年双相情感障碍的性别差异的数据很少。青少年和成人样本表明，男性和女性患双相Ⅰ型障碍的可能性无差异。然而，双相情感障碍的症状在男性和女性中有所不同。男性倾向于比女性更早出现症状和有更频繁的躁狂发作。另外，女性往往比男性表现出更高频率的混合发作和精神病性特征。双相Ⅱ型障碍可能在女性中更常见。一项流行病学研究显示，青春期女孩（3.3%）患双相Ⅱ型障碍的比例略高于男孩（2.6%; Birmaher et al., 2009）。这个性别差异可能是由于抑郁发作在女性中更常见（Duax, Youngstrom, Calabrese, & Findling, 2007）。

患有双相情感障碍的青少年男孩和女孩表现出不同的共病问题。男孩（91%）比女孩（70%）更有可能共病 ADHD。女孩（61%）比男孩（46%）更有可能共病焦虑障碍（Biederman et al., 2004b）。

很少有研究调查儿童青少年双相情感障碍的族裔差异。非洲裔美国人中双相情感障碍的患病率与非拉丁美洲裔白人中双相情感障碍的患病率相似。然而，一些数据表明，双相情感障碍的表现可能因族裔而异。患有双相情感障碍的非裔美国青少年比患有双相情感障碍的非拉丁美洲裔白人青少年更容易出现精神病性症状，尤其是幻听。研究人员不确定是什么导致了这些症状表现的族裔差异（Patel, DelBello, Keck, & Strakowski,2006）。

病程和转归

双相情感障碍的发病通常是隐蔽的（即渐进的，最初几乎不明显）。儿童与青少年通常在他们第一次心境发作的几个月或几年前就开始表现出**前驱症状**（**prodromal**）、阈下情绪问题。在一项研究中，52% 的儿童青少年在第一次心境发作前一年就开始有了轻微的心境问题，只有 4% 的儿童青少年的症状是突然出现的。最常见的情绪问题是烦躁、难以集中注意力、易激惹和焦躁。健康的儿童青少年有时也会遇到这些问题，因此那些真的有问题的儿童青少年往往没有人注意到，也得不到治疗（Luby & Navsaria, 2010）。

一旦儿童青少年经历了一次完整的心境发作，症状通常会持续一段时间。关于儿童青少年双相情感障碍病程的最佳数据来自**儿童青少年双相情感障碍的病程与转归研究**［**Course and Outcome of Bipolar Youth (COBY) study**］。在这项研究中，研究人员招募了 413 名患有双相情感障碍Ⅰ型、Ⅱ型障碍或阈下躁狂症状的儿童青少年（年龄 7～17 岁）。所有的患儿都在接受治疗，通常是药物治疗。研究人员在四年中每 9 个月对这些患儿的情绪功能进行评估，以确定他们的转归（Birmaher et al., 2009）。

在第一次心境发作大约 2.5 年后，大多数患儿（81.5%）完全康复。平均康复时间为 124 周。然而，1.5 年后，在研究结束时，大多数人（62.5%）经历了第二次心境发作，通常是抑郁症状。从康复到复发的时间平均为 71 周。在为期 4 年的研究过程中，大约一半的复发的患儿实际上出现了多次心境发作（图 14.4）。

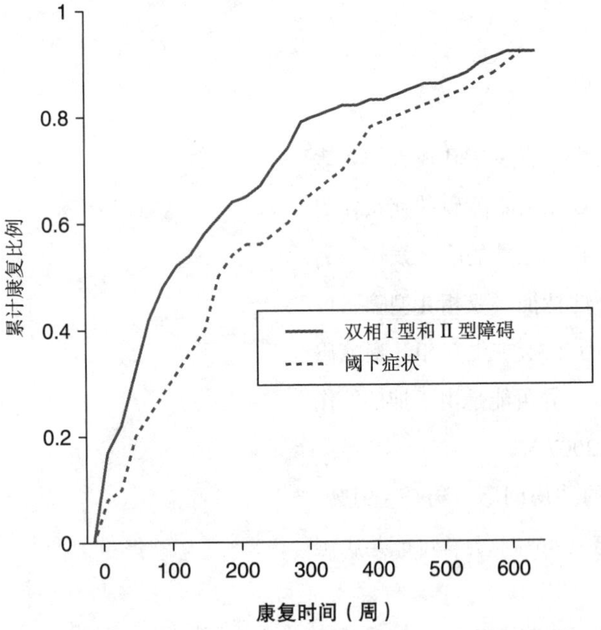

图 14.4　COBY 研究对儿童与青少年双相情感障碍的研究结果

注：大多数患儿都会从第一次心境发作中康复，但是康复的平均时间是 124 周。患双相Ⅰ型或双相Ⅱ型障碍的患儿的康复速度快于有阈下症状的患儿。不幸的是，62.5% 的康复的患儿会在 18 个月内复发。基于比尔马赫等人（Birmaher et al., 2009）。

研究人员还要求家庭每周对孩子的情绪功能进行评价。结果表明，孩子们倾向于表现出不连续的心境发作，通常是长时间的抑郁发作。然而，当没有这些发作时，孩子们仍然倾向于表现出悲伤和易激惹的阈下症状。即使在康复后，儿童与青少年在 60% 的时间里仍有症状。孩子们也倾向于表现出混合的心境症状，心境的变化经常是从兴奋到易激惹再到悲伤。平均而言，孩子们的心境在一年中有 12 次极性变化。

在儿童期和青春期出现双相情感障碍的患者可能比在成年期出现双相情感症状的患者转归更差（Masi et al., 2006）。卡尔森、布罗米特和西弗斯（Carlson, Bromet, and Sievers, 2000）比较了早发型和成人型双相情感障碍患者的一些结果变量。他们发现，与成年期发病的个体相比，青春期发病的个体表现出更频繁的躁狂症状、更少的症状缓解和更多的复发，以及住院的次数更多。此外，与成年期出现症状的患者相比，早发性双相情感障碍患者更有可能有学业、就业和物质使用问题。

如果不及时治疗，双相情感障碍会使人衰弱。随着时间推移，不接受药物治疗的患者有相当大的风险反复出现躁狂发作和抑郁发作、就业和关系问题、法律问题、住院、物质使用障碍和自杀。这些结果强调了尽早识别和治疗双相情感障碍的重要性（Youngstrom & Algorta, 2014）。

小　结

- 约 1% 的儿童青少年患有双相 I 型障碍；儿童与青少年患任何双相情感障碍的患病率可能在 3% ～ 4%。
- 患有双相情感障碍的女孩更有可能共病焦虑障碍，而患有双相情感障碍的男孩更有可能共病 ADHD。
- 双相情感障碍通常起病隐蔽，前驱期较长，前驱期的特征为烦躁、注意力不集中和易激惹。
- COBY 研究表明，大多数双相情感障碍患儿从最初的躁狂发作或轻躁狂发作中康复过来之后继续出现心境问题，并在 1.5 年内经历了第二次心境发作。

儿童青少年双相情感障碍的病因是什么？

遗传学

双相情感障碍的单一最大风险因素是有一个患有双相情感障碍的血亲（Birmaher et al., 2010）。同卵双生子（MZ）的平均同病率远高于异卵双生子（DZ; Merikangas & Pato, 2009）。虽然双相情感障碍的患病率在普通人群中约为 1%，但患双相情感障碍父母的孩子的患病率在 5% ～ 10%（Klimes-Dougan et al., 2016）。

在**匹兹堡双相情感障碍后代研究（Pittsburgh Bipolar Offspring Study, BIOS）**中，研究人员将父母患有双相情感障碍的儿童青少年的大样本与社区儿童青少年的大样本进行了比较（Birmaher et al., 2009, 2010）。在控制了人口统计学变量后，患有该障碍的父母的孩子（6 ～ 18 岁）患双相情感障碍、其他心境问题和焦虑障碍的风险增加。他们患精神障碍的可能性是没有精神健康问题父母的孩子的 2 倍。即使患有该障碍的父母的孩子处在学龄前期（2 ～ 5 岁），孩子患心理障碍，尤其是破坏性行为问题的风险也会增加（图 14.5）。

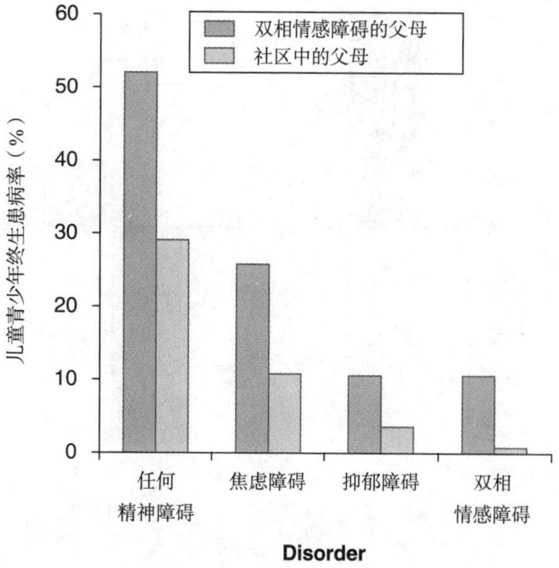

图 14.5　匹兹堡双相情感障碍后代研究

注：匹兹堡双相情感障碍后代研究针对患有双相情感障碍的父母的孩子。这些孩子患上双相情感障碍、焦虑和抑郁的风险增加。基于比尔马赫等人（Birmaher et al., 2009）。

大脑结构和功能

一些神经影像学研究比较了患有和未患有双相情感障碍的儿童青少年的大脑。最一致的神经解剖学发现之一是，患有双相情感障碍的儿童青少年通常比未受影响的儿童青少年的大脑更小。在一些研究中，患有双相情感障碍的青少年与未患有双相情感障碍的青少年相比，大脑总体积减小了 5%。这些发现表明，遗传因素可能导致神经系统发育不良，从而导致大脑体积变小（Carlson, Pataki, & Meyer, 2015）。

由于双相情感障碍是一种心境障碍，研究人员将重点放在大脑中负责情绪处理和调节的区域。一段时间以来，研究人员已经知道患有双相情感障碍的儿童青少年和成人常常在正确识别他人面部表情方面遇到困难。当他们看到人们表现出各种情绪的照片时往往会误解这些表情。具体来说，他们倾向于将温和的面部表情解释为悲伤的、愤怒的或有敌意的。即使儿童青少年没有经历过心境发作，他们的情绪识别也会出现这些问题。正如你所料，识别他人情绪表达的问题可能会干扰儿童青少年理解社会情境和表现得行为得体的能力（Luby & Navsaria, 2010）。

双相情感障碍患儿负责情绪调节的脑区也表现出异常。第一，与健康的儿童青少年相比，双相情感障碍患儿表现出杏仁核过度活跃。回想一下，杏仁核是边缘系统的一部分，边缘系统是大脑中一个对体验和表达消极情绪（特别是恐惧和愤怒）至关重要的区域。当双相情感障碍患儿感知到他人的负性面部表情时，他们自己会体验到更多的负面情绪，并且这个大脑区域表现出过度活跃。

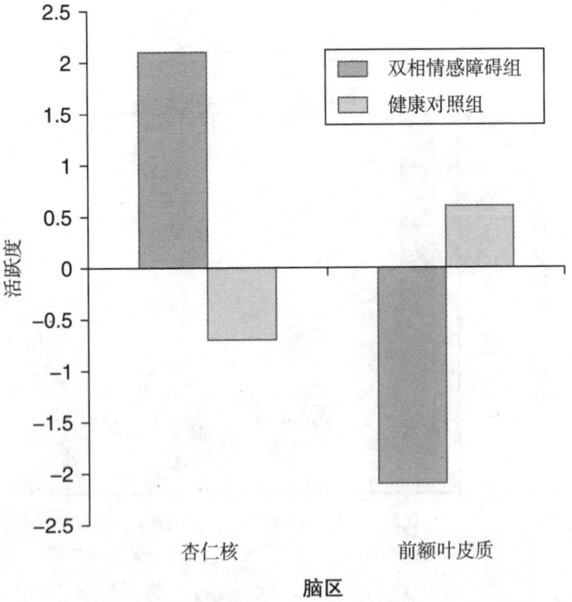

图 14.6　双相情感障碍患儿的大脑异常

注：与健康青少年相比，患双相情感障碍青少年在完成令人沮丧的任务时表现出杏仁核过度激活和前额叶皮质激活不足。这些异常与情绪调节的问题有关。基于加勒特及其同事（Garrett and colleagues, 2012）。

第二，双相情感障碍患儿在面部处理过程中前额叶皮质区域的激活程度低。具体而言，功能磁共振成像（fMRI）研究表明，前额叶背外侧和腹外侧皮质活动不足。回想一下，前额叶皮层是大脑的"执行"区域，它涉及计划、考虑行为的长期后果以及抑制可能干扰长期目标的行为。背外侧前额叶皮层在引导、转移和维持我们的注意力方面起着重要作用。当受到负性刺激时，背外侧前额叶皮层有助于抑制我们的行为，并通过将注意力转移到别处来调节我们的情绪。腹外侧前额叶皮层部分调节我们的外周神经系统、内分泌系统和运动系统身体区域，这些区域在应激期间变得活跃。腹外侧前额叶皮层的活动不足会导致个体难以控制这些身体反应和更高程度的行为和情绪唤醒（图 14.6; Luby & Navsaria, 2010）。

有趣的是，杏仁核（和其他边缘区域）在功能上与大脑的前额叶区域相连。总之，现有数据表明，双相情感障碍患儿经常以敌对的或威胁的方式误解他人的情绪表达。他们可能很难将注意力从其他人的负性表情上转移开，因此他们自己也会体验更多的负性情绪。一旦他们开始感到恐惧、愤怒或激动，他们可能难以调节这些情绪并抑制自己的行为。他们可能会以情绪或身体的方式做出反应，而不是先思考再行动（Garrett et al., 2012）。

情绪调节

有些研究人员试图解释为什么双相情感障碍患儿如此容易被看似轻微的压力或挫折困扰。为了回答这个问题，里奇及其同事（Rich and colleagues, 2011）让患有和不患有双相情感障碍的儿童青少年玩一个简单的电脑游戏。游戏要求儿童青少年根据屏幕的哪一侧显示了刺激按下两个按钮中的一个。给出正确的答案将获得金钱和祝贺信息（例如，“正确！赢得 25 美分”）。虽然任务很简单，但游戏被操纵以使被试感到挫败。在略多于一半的试验中，不管儿童青少年的回答如何，他们会被告知他们的答案不正确或反应“太慢”（例如，“错误！损失 25 美分”）。在儿童青少年玩这个游戏时，研究人员记录了他们的大脑活动。

结果显示，患有和不患有双相情感障碍的儿童青少年的大脑活动存在显著差异（Rich et al., 2011）。正如所料，双相情感障碍患儿在被操纵的任务中比对照组表现出更多的悲伤和消极情绪。更重要的是，与对照组相比，双相情感障碍患儿的右侧额上回表现出更高程度的激活，而在左岛叶脑区表现出更低程度的激活。额上回是额叶的一个很大的区域，负责许多活动，包括注意力和工作记忆。**脑岛（insula）**是一个位于大脑中央的区域，靠近边缘区域，在情绪调节中起作用。总之，这些发现表明，双相情感障碍患儿可能在将注意力从负性事件和经历上转移开来时有困难。一旦心烦意乱，他们也可能难以调节情绪以有效处理问题（图 14.7）。

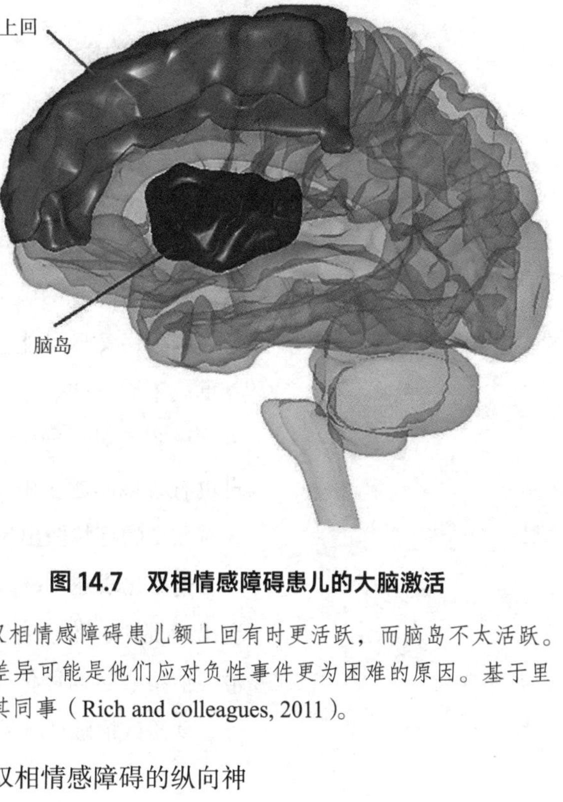

图 14.7　双相情感障碍患儿的大脑激活

注：双相情感障碍患儿额上回有时更活跃，而脑岛不太活跃。这些差异可能是他们应对负性事件更为困难的原因。基于里奇及其同事（Rich and colleagues, 2011）。

当然，像这样的神经影像学研究并没有告诉我们这些大脑差异是否会导致双相情感障碍、双相情感障碍的症状是否会导致情绪调节缺陷，或者是否有第三个尚不确定的变量会同时影响大脑和行为。针对儿童青少年双相情感障碍的纵向神经影像学研究迫切需要解决这些因果关系的问题（Carlsonet al., 2015）。

应激生活事件

应激事件也被证明会引发成人双相情感障碍患者的躁狂发作和抑郁发作。亲人的死亡、失业或家庭危机都可能导致复发。触发复发的事件并不一定总是负性的。任何严重扰乱日常生活的生活经历都会导致情绪的改变。例如，患有双相情感障碍的成人结婚、换工作或生孩子都可能使复发的风险增加（Subramanian, Sarkar,

Kattimani, Rajkumar, & Penchilaiya, 2018）。

在 COBY 的研究中，双相情感障碍患儿报告了大量应激生活事件。事实上，双相情感障碍患儿报告的应激事件数量与抑郁障碍患儿报告的数量无显著差异。此外，许多这些负性事件都是青少年自身破坏性行为的结果。例如，一个青少年可能会被学校停学，或者在躁狂发作期间与交往很久的女友分手。事实上，青少年自己可能会造成负性生活事件，这可能有助于解释青少年情绪问题的长期性（Romero et al., 2009）。

双相情感障碍患儿也很少报告正性生活事件，甚至比抑郁障碍患儿报告的数量还要少。此外，这些青少年生活中正性事件的缺乏似乎取决于他们自己的行为问题。例如，易激惹或抑郁的青少年很可能难以与家人和朋友建立亲密关系。有限的社会支持和紧密家庭关系反过来会使青少年的病理性心境恶劣加剧（Romero et al., 2009）。

家庭功能

双相情感障碍患者也经常有紧张的家庭关系。家庭关系紧张通常以三种方式出现。第一，照顾双相情感障碍患儿会给父母带来极大的压力。照顾者担心，“他会忘记服药吗？他又开始表现出躁狂的迹象了吗？如果他被停学了，我该怎么办？”。养育的压力在家里制造了紧张，干扰了父母提供敏感、一致的照顾的能力。第二，双相情感障碍患儿的破坏性情绪和行为经常让他们的家人产生消极的想法、感受和行为。例如，父母可能会因为孩子的烦躁情绪而责备他们，将他们的情绪问题视为不尊重或不服从的表现。由于父母将孩子的破坏性行为归因于蓄意的恶意行为，父母可能更容易对孩子生气、怀有敌意和怨恨。第三，许多双相情感障碍患儿的父母本身也有心境问题。由于父母自身存在抑郁或躁狂的问题，他们可能无法以有效的方式对孩子的症状做出反应（Youngstrom & Algorta, 2014）。

情绪化表达（expressed emotion, EE）反映了照顾者对有精神健康问题的家人表现出的批评、敌意或情感过度卷入（例如，过度保护、过度自我牺牲）的程度。通常，情绪表达的评估是通过计算照顾者在访谈或简短的观察过程中对孩子说出的批评、敌意或情感过度卷入的话语的数量来进行的。下面是一些例子：

批评：为什么你不能像其他同龄的孩子一样负责任，记住要做家庭作业？

敌意：当你那样做的时候，我不想和你在一起。你让我恶心。

过度卷入：我晚上睡不着，一直担心你。你安全吗？你和谁在一起？

EE 很重要，因为它可以预测双相情感障碍、抑郁症和精神分裂症患者的复发。结束精神障碍的住院治疗后，高 EE 家庭的个体在 2 年内复发的可能性是低 EE 家庭个体的 2 ～ 3 倍（Miklowitz, 2012）。

相反，温暖、支持性的亲子互动可能会防止双相情感障碍患儿再次心境发作（图 14.8）。从心境发作中康复 2 年后，生活在具有温暖和反应敏锐的母亲的家庭中的个体复发的可能性降低至原本的四分之一。康复 4 年后，来自高温暖家庭的孩子（50.3%）比来自低温暖家庭的孩子更不容易复发（85.9%; Geller, Tillman, Craney, & Bolhofner, 2004）。

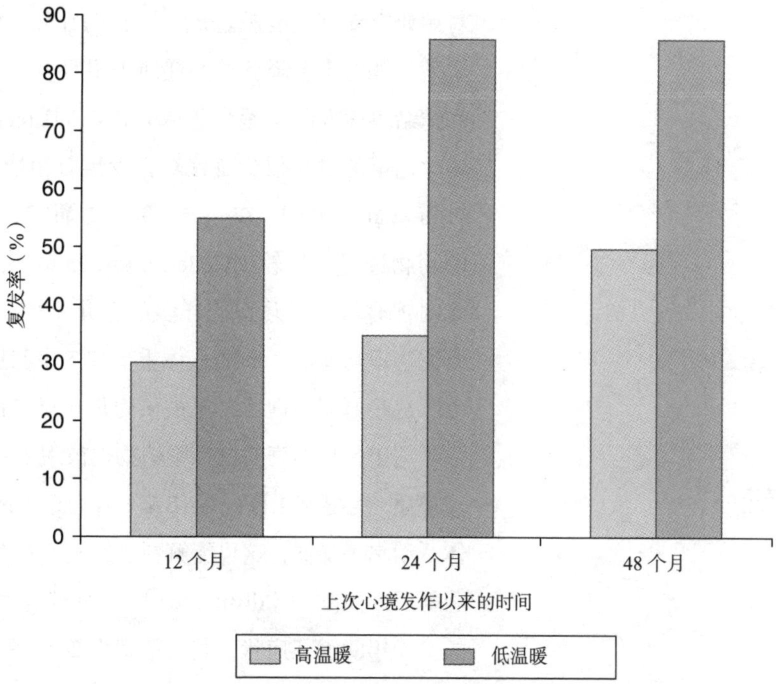

图 14.8 母亲的温暖保护避免双相情感障碍患儿复发

注：在 4 年中，其母亲表现出高水平的敏感并提供反应敏锐的照顾的双相情感障碍患儿复发的可能性较低。帮助父母提供敏感和反应敏锐的照顾并避免冲突是大多数双相情感障碍患儿心理治疗的关键组成部分。基于盖勒等人（Geller et al., 2004）。

小 结

- 双相情感障碍患者的子女患双相情感障碍、其他心境障碍和焦虑障碍的风险增加。
- 双相情感障碍患儿常常表现出杏仁核过度激活和前额叶皮质激活不足。这些异常可能与调节负性情绪的问题有关。
- 额上回和脑岛的功能异常可以解释为什么双相情感障碍患儿难以将注意力从负面事件中转移，并且难以使用应对策略来减少愤怒或易激惹。
- 高 EE 的特点是批评、敌对和情感过度卷入的评论，可预测了双相情感障碍的复发。

药物对双相情感障碍患儿有效吗?

药物治疗被认为是治疗双相情感障碍的主要手段（Pfeifer, Kowatch, & DelBello, 2010）。美国儿童与青少年精神医学学会建议，最初应尝试使用单一药物来治疗双相情感障碍患儿最近一次的心境发作。如果患儿应答有限，可以服用额外的药物，直到达到预期的效果。有三类药物用于治疗儿童与青少年双相情感障碍：心境稳定剂（例如，锂）、抗惊厥药（例如，双丙戊酸钠）和非典型抗精神病药（例如，利培酮）。

心境稳定剂和抗惊厥药

心境稳定剂锂（**lithium**）曾经被认为是治疗双相情感障碍的金标准。一些随机对照研究支持它有减轻成人躁狂的疗效。锂盐减轻躁狂发作和稳定情绪的机制尚不清楚。锂似乎会降低神经递质去甲肾上腺素和5-羟色胺的作用，这两种递质在心境和情绪表达方面发挥着重要作用（Carlson et al., 2015）。

遗憾的是，很少有锂对青少年双相情感障碍疗效的随机、安慰剂对照研究发表（Liu et al., 2011）。在一项研究中，研究人员将锂与其他几种用于治疗双相情感障碍的药物进行了比较（Geller, Luby, & Joshi, 2012）。研究人员发现，只有35.6%的患儿对锂有应答。几乎同样多的患儿（32.2%）在8周试验结束前停用了锂并退出了研究。锂与恶心、头痛、体重增加、甲状腺功能障碍、糖尿病和震颤等副作用有关。由于这些原因，锂通常不被认为是儿童与青少年双相情感障碍的一线治疗方法。

用于治疗癫痫的抗惊厥药物也被用于治疗成人的躁狂。这些药物增加了抑制性神经递质γ-氨基丁酸（GABA）和/或减少了兴奋性神经递质谷氨酸，导致神经元整体活动水平降低，这可能解释了这些药物对癫痫和躁狂的疗效。研究最广泛的抗惊厥药是双丙戊酸钠（divalproex）。一些研究表明，它可以有效地减少患有双相情感障碍的青少年的躁狂症状，其有效率为24%～53%，仅略高于安慰剂（Geller et al., 2012; Pfeifer et al., 2010）。常见副作用包括镇静、胃肠道问题、体重增加；罕见但严重的副作用是胰腺炎、肝毒性和多囊卵巢综合征，后者可导致不孕（Carlson et al.，2015）。

图14.9　儿童双相情感障碍的非典型抗精神病药物治疗

注：平均来说，与25%服用安慰剂的青少年相比，50%的患双相情感障碍的青少年在服用这些药物后会表现出躁狂症状减轻。基于辛格及其同事（Singh and colleagues, 2010）。

非典型抗精神病药

非典型抗精神病药物是双相情感障碍患儿最常用的处方药。对非典型抗精神病药的随机对照研究表明，它们有助于减少儿童与青少年的躁狂和混合心境症状（Singh, Ketter, & Chang, 2010）。有效率从喹硫平的73%到奥氮平的49%不等（Liu et al., 2011）。阿立哌唑、喹硫平和利培酮已批准用于儿童与青少年（10～17岁），而奥氮平已批准用于青少年（13～17岁）。大约一半服用这些药物的患儿的躁狂或混合症状会显著减少，而服用安慰剂的患儿中大约有四分之一的人会出现躁狂或混合症状（图14.9）。

研究人员在**低龄躁狂治疗研究**［**Treatment of Early Age Mania (TEAM) study**］中对药物进行了直接的疗效比较。具体来说，279名患有双相情感障碍的儿童与青少年（6～15岁）被随机分配接受传统心境稳定剂锂、抗惊厥药双丙戊酸或非典型抗精神病药利培酮的治疗。

所有的被试都经历过躁狂发作，但之前没有服用过治疗双相情感障碍的药物。经过 8 周的治疗，41.9% 的被试治疗有效。比起锂（35.6%）或双丙戊酸（24.0%），利培酮（68.5%）的应答率更高。这些发现支持在躁狂发作的儿童与青少年中使用非典型抗精神病药物（Geller et al., 2012）。

非典型抗精神病药物有几个局限性。第一，只有大约一半的患儿对这些药物有应答。通常，必须服用多种药物以减轻症状。第二，尽管有效率相对较高，但完全缓解率较低。大多数患儿在服用这些药物时表现出改善，但大多数也继续存在症状。第三，副作用很常见。最常见的副作用是体重增加，服用这些药物的患儿中有 7% ～ 42% 体重有所增加（Singh et al., 2010）。

小　结

- 锂（碳酸锂）是一种心境稳定剂，用于治疗成人双相情感障碍。大约三分之一的双相情感障碍患儿对该药物有应答。
- 抗惊厥药，如双丙戊酸钠，通过增加 GABA 活性并降低谷氨酸活性来减轻躁狂症状。24% ～ 53% 的患儿服用这些药物后症状减轻。
- TEAM 研究表明，在治疗儿童与青少年双相情感障碍方面，非典型抗精神病药物，如利培酮，比锂盐或抗惊厥药更有效。

心理治疗对双相情感障碍患儿有效吗?

双相情感障碍的社会心理治疗通常与药物联合使用。心理社会治疗的主要目的有两个:（1）提高患儿对药物的依从性;（2）教授应对和家庭沟通技巧，防止复发。在过去 10 年中，针对双相情感障碍患儿的循证心理社会干预的数量显著增加。这些治疗有几个共同的组成部分:

心理教育：治疗师向来访者介绍关于双相情感障碍、病因、病程和治疗方面的知识。

家庭参与：将患儿、主要照顾者和（有时）兄弟姐妹皆纳入治疗。

减少责备：由于家人经常将孩子的情绪问题归咎于孩子或他们自己，治疗师尝试减少责备并减轻内疚感。

技能培养：治疗师经常教双相情感障碍患儿及其父母缺乏的技能。这些技能可能包括识别和调节情绪、解决社交问题、与家人沟通以及保持一致的睡眠-觉醒周期。

虽然目前有几种循证的干预措施可用于儿童与青少年双相情感障碍，但我们将在此学习三种阐释了心理社会干预措施在儿童期和青春期应用的疗法:（1）聚焦儿童和家庭的认知行为疗法（child- and family-focused cognitive-behavioral therapy, CFF-CBT）;（2）心理教育心理治疗（psychoeducational psychotherapy, PEP）;（3）聚焦家庭的青少年治疗（family-focused treatment for adolescents, FFT-A）。

聚焦儿童和家庭的认知行为疗法

聚焦儿童和家庭的认知行为疗法是一种针对 7 ～ 13 岁双相情感障碍患儿及其照顾者的综合性的、基于循证的心理社会治疗方法（West, Weinstein, & Pavuluri, 2020）。该方法包括 12 次治疗，一些由患儿参与，一些由父母参与，一些由患儿和父母共同参与。治疗提供有关双相情感障碍的知识，并教授认知行为策略以改善儿童情绪以及解决社会问题的能力（表 14.5）。

表 14.5 聚焦儿童和家庭的认知行为疗法

R	常规（Routine）	为了避免情绪问题，遵循常规是很重要的。起床、睡觉、吃饭、活动和用药应该是一致的。转换应该是平稳和可预期的。
A	情绪调节（Affect Regulation）	父母和孩子应该每天监测孩子的情绪。可以通过应对策略和养育策略来缓解消极情绪。
I	我能做到!（I Can Do It!）	父母和孩子可以用积极的方式解决争端和争论。父母可以用平静的自信、冷静的语气和聚焦于共情的方式来帮助减轻孩子的负面情绪。
N	不要消极思维（No Negative Thoughts）	父母和孩子可以识别并挑战导致负面情绪的认知歪曲。负面想法（例如，我的孩子很糟糕；我所做的一切都没有用）可以用更现实的想法重新定义（例如，我孩子的行为是我可以应对的）。
B	成为一个好朋友（Be a Good Friend）	教孩子们学习社交技能，帮助他们结交朋友。鼓励父母用平衡的生活方式生活，建立社会支持网络，并找出其他减轻压力的方法。
O	喔，我们如何才能解决这个问题?（Oh, How Can We Solve the Problem?）	父母和孩子可以学会使用问题解决的策略来处理社交问题。将大问题分解为小步骤，生成可能的解决方案，选择并实施最佳解决方案，以及评估会有所帮助的结果。
W	得到支持的方法（Ways to Get Support）	孩子们可以确认当他们有情绪问题时可以帮助他们的家庭成员、其他成人或朋友。父母和治疗师可以在学校支持他们的孩子，帮助他们实现目标。

注：首字母缩写 RAINBOW 是用来提醒家庭的治疗原则。基于韦斯特及其同事（West and colleagues, 2020）。

CFF-CBT 基于的假设是：双相情感障碍儿童的负责处理和调节情绪的神经系统有障碍（West & Weinstein, 2012）。这些患儿通常希望在家和学校举止得体，但他们的情绪调节困难阻碍了他们这样做。治疗包括教导患儿和家长一些策略，以帮助调节患儿的情绪，降低心境发作的频率和严重程度。

第一，治疗师教儿童认识和调节负性情绪。策略包括识别和标记感受，识别和避开可能引起心情不好的因素，以及制定应对情绪扩张、易激惹或悲伤状态的策略。治疗师还教父母如何监测孩子的情绪，并在有压力的时候，促进孩子使用情绪调节技能。家长们也被鼓励开发自己的减压方法，以帮助他们管理自己的压力。

第二，父母和孩子学习认知技能，以提高亲子互动的质量和孩子的社会功能。

一些治疗侧重于问题解决的技巧，以帮助家庭成员在没有愤怒和争吵的情况下解决纠纷。有些治疗强调社交技能。通过角色扮演和讨论，父母和孩子学习如何倾听对方，并以积极的方式交流彼此的感受。

第三，治疗师教授父母行为管理策略，以应对孩子的愤怒或易激惹的情绪状态。在传统的父母培训中，治疗师教导父母限制孩子的行为，发出明确的指令，并对不服从的情况立即做出反应。然而，患有双相情感障碍的儿童可能会因为这些策略而变得更加激动。与严格的限制和惩罚相比，能够缓解情绪冲突的养育策略可能更有效。治疗师鼓励父母使用冷静的声音，调节自己的情绪，并强调有压力的情况下使用共情的和合作的问题解决方法。

两项公开的研究证明了 CFF-CBT 的可行性。在第一项研究中，患有双相情感障碍的儿童及其家人参与了治疗。

被试们对该计划的满意度很高。此外，随着时间推移，儿童的抑郁、躁狂、精神病性症状和睡眠问题都有所减轻，整体功能也有所改善（Pavuluri et al., 2004）。三年后，这些家庭能够保持这些改善（West, Henry, & Pavuluri, 2007）。在第二项研究中，研究人员检验了对父母和儿童同时进行治疗的可行性，患有双相情感障碍的儿童和他们的家人一起参与治疗。治疗后，家长报告说，儿童的应对能力有所提高，躁狂症状有所减轻（West et al., 2009）。

最近，研究人员将 69 名双相情感障碍患儿随机分为 CFF-CBT 组或社区常规治疗组。在基线、治疗期间和治疗后以及几个月后对患儿进行评估。与在社区接受治疗的患儿相比，接受 CFF-CBT 治疗的患儿在躁狂、抑郁和整体功能方面表现出更大的改善。此外，父母对子女态度和互动的改变对治疗的成功至关重要。具体而言，对于那些提高了照管技能和应对策略的父母，以及那些能够以更灵活、更积极的方式重新审视孩子情绪问题的父母，他们的孩子往往从治疗中收获最大（MacPherson, Weinstein, Henry, & West, 2017）。

心理教育心理治疗

心理教育心理治疗是由玛丽・弗里斯塔德及其同事（Mary Fristad and colleagues, 2011）开发的，其作用是帮助患双相情感障碍以及有其他心境问题的儿童（表 14.6）。PEP 是为 8 ～ 12 岁的儿童及其照顾者设计的，这个疗法也经常被用于年龄更大或更小的个体。PEP 可用于单个家庭（IF-PEP），例如 CFF-CBT。PEP 也可以用于多个家庭（MF-PEP），即让儿童群体和家长群体获得知识、实践技能，并从彼此那里获得支持。

表 14.6 心理教育心理治疗的组成部分

1. 父母们和孩子们讨论团体的目标和心境障碍的症状。
2. 治疗师教家长和孩子们关于治疗心境障碍的药物、预期的益处和可能的副作用的知识。父母和孩子学习使用药物日志来监控药物效果。
3. 让父母了解医疗体系，也就是学校中和诊所的专业人员如何合作提供全面的治疗。让孩子们创造一套旨在帮助他们应对负性事件和情绪的技能“工具包”。应对技能包括四个方面：创造性应对（例如，跳舞）、身体应对（例如，运动）、社交应对（例如，与朋友玩耍）和休息 / 放松应对（例如，妈妈给你按摩后背）。
4. 父母了解孩子的情绪症状如何引起家庭冲突。他们参加“命名敌人”的练习，在该练习中，他们将孩子与其症状区分开来。这项练习表明，症状可以掩盖孩子的积极方面和优点。孩子们参与思考–感受–行动练习，以了解思维、感受和行为之间的联系。治疗师会演示思维如何调节事件和行为反应之间的关系。
5. 父母和孩子学会将社交问题分解为多个步骤：（1）停止；（2）思考；（3）计划；（4）执行；（5）检查。
6. 治疗师和父母讨论“有益”和“有害”的沟通形式。孩子们可以通过角色扮演了解这种区别。
7. 父母学习特定的症状管理技能。孩子们继续学习和练习沟通技巧。
8. 家庭回顾他们所学到的知识，并收到关于家庭 / 孩子的优势反馈。他们也会得到资源材料（例如，书籍、社区支持小组）。

注：来自科瓦奇和弗里斯塔德（Kowatch and Fristad, 2006）。经允许使用。

顾名思义，PEP 强调心理教育。治疗师将花大量时间帮助家庭了解心境障碍及其症状、病程、病因和治疗方法。治疗师将心境障碍概念化为具有生物学基础的“无过错的大脑障碍”。儿童的情绪问题既不归咎于儿童，也不归咎于父母。PEP 的基本原则体现在这句座右铭中——“这不是你的错，而是你的挑战！”。虽然家庭不会导致双相情感障碍，但家庭成员对儿童症状的反应方式可以缓解或加剧儿童的问题（Mendenhall et al., 2015）。

PEP 一个主要的目标是通过将儿童与其症状区分开来以避免责备儿童。儿童参加一项叫作“命名敌人”（Naming the Enemy）的活动，在这项活动中，他们被鼓励将自己的情绪问题视为自身的外部问题，需要有针对性地进行治疗。家长也被鼓励将孩子与其症状区分开来，并注意孩子行为的积极方面（参见“从科学到实践”一节）。父母学习监控和记录孩子的情绪症状，并为治疗制定切实可行的目标。

从科学到实践

命名敌人

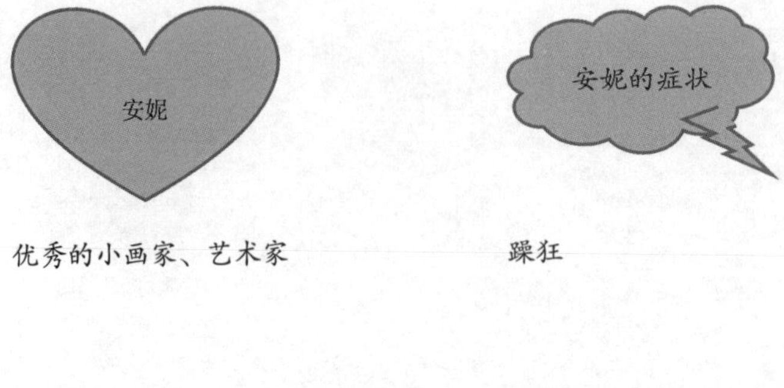

对动物（尤其是猫）很好	睡得少、拒绝睡觉
有美好的微笑	行为愚蠢、没头脑、无法无天
爱运动（游泳、足球、篮球）	话多、无法静坐
总是愿意帮助弟弟	发脾气、摔东西、破坏物品
善于分享	抑郁
非常深情	易激惹、暴躁、“爱说大话”
有趣、爱讲笑话	大哭、动不动就哭
喜欢在户外帮爸爸干活	不想和别人一起做体育运动

注：父母在“命名敌人”的活动中学会区分孩子及其症状，这是针对孩子的心境问题的心理教育心理治疗的一个组成部分。孩子的心境问题（而非孩子）才是罪魁祸首。基于弗里斯塔德及其同事（Based on Fristad and colleagues, 2011）。

PEP 的第二个组成部分是情绪调节训练。最初，孩子们学习控制情绪的基本技能。例如，治疗师会教授三种呼吸技巧（即三个 B）以减少焦虑和愤怒：（1）腹式呼吸（belly breathing）（例如，用横膈膜深呼吸）；（2）气泡式呼吸（bubble breathing）（即缓慢和稳定地释放）；（3）气球式呼吸（balloon breathing）（即撅着嘴唇缓慢释放）。在日后的课程中，孩子们会建立一个“工具包”，里面有他们可以用来处理负面情绪的技能。工具包中的应对技能可分为四类，儿童通过首字母缩写词CARS来记忆：创造性（creative）（例如，绘画）、活跃性（active）（例如，在户外玩耍）、休息和放松（rest and relaxation）（例如，呼吸）和社交（social）（与朋友共度时光）。

治疗师还会帮助儿童理解他们的思维、感受和行为之间的关系。在一个名为“思维、感受和行为”的练习中，儿童将会了解到他们思考问题的方式会影响他们对问题的感受（图 14.10）。如果孩子们用有益的想法（例如，“也许她不是有意伤害我的感情”）或行为（例如，微笑）来改变伤害性的想法（例如，“她故意对我刻薄”）和行为（例如，骂人、大喊大叫），那他们在压力情境下可能会感觉更好一些。

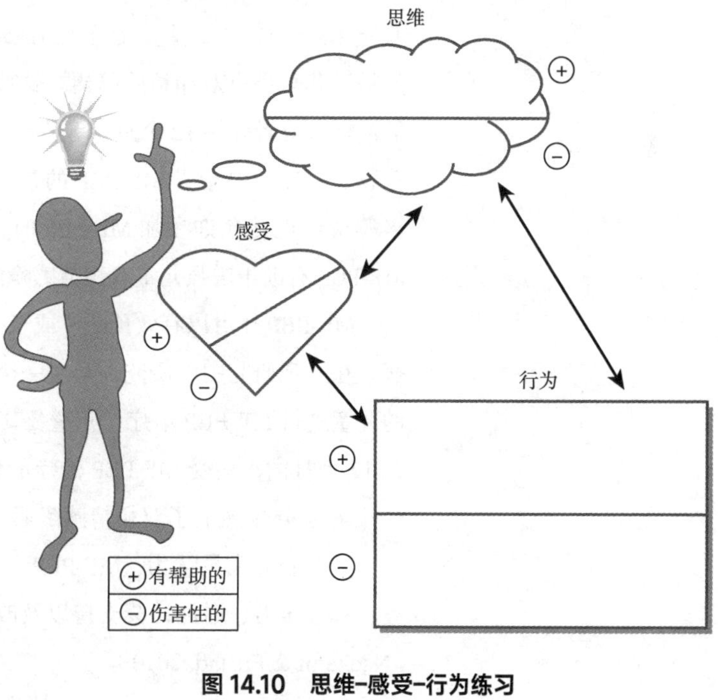

图 14.10 思维–感受–行为练习

注：在这个游戏中，孩子们学习感受（心）、思维（云）和行为（盒子）之间的联系。虽然有情绪问题的孩子“希望”不好的情绪消失是不现实的，但他们可以通过改变自己的行为或思维方式来改变消极情绪。来自戈德伯格–阿诺德和弗里斯塔德（Goldberg-Arnold and Fristad, 2003）。经许可转载。

PEP 的第三个组成部分是提高家庭解决问题的能力，鼓励父母和孩子将心境问题视为需要解决的问题。孩子们将会学习简单的问题解决步骤：

停止：花点时间冷静下来。

思考：定义问题并产生可能的解决方案。

计划：考虑采用最佳解决方案。

执行：执行解决方案。

检查：评估结果并决定下一步做什么。

父母要练习对孩子的情绪症状做出回应，而不诉诸批评、敌意或责备。尽管家长们希望能体谅他人、乐于助人，但当他们的努力未能规范孩子的行为时，他们往往会感到沮丧。父母要学习如何应对喜怒无常的孩子，要学会识别愤怒、沮丧或内疚的早期迹象，以避免与孩子的负性互动。

IF-PEP 包括每周一次共 20 ～ 24 次家庭治疗，每次时长为 45 ～ 50 分钟。治疗通常在与父母对话和与孩子对话之间交替。MF-PEP 包括 8 个每周一次的治疗，每次时长为 90 分钟。通常情况下，6 ～ 8 个家庭（父母和孩子）在每次治疗开始和结束时聚在一起。不过，每次治疗的大部分时间中，孩子们和父母们会分开讨论类似的主题。通过这种方式，孩子们可以与同龄人一起观察和练习技能，而父母则可以从其他照顾者那里获得支持（Davidson & Fristad, 2008）。

对 PEP 有效性的支持来自一项大型随机对照试验，包括 165 名患有心境问题的儿童（8 ～ 12 岁）及其父母（Fristad, Verducci, Walters, & Young, 2009）。大约 70% 的被试儿童患有双相情感障碍。这些家庭被随机分配到立即接受 8 次 MF-PEP 治疗的治疗组或者等待 12 个月的等待组中。两组的孩子也都被允许服用治疗心境问题的药物。一年后，接受 MF-PEP 的孩子表现出的心境症状明显少于等待组中的儿童。当等待组也被允许参加 MF-PEP 时，他们的情绪症状也有所减轻。这些发现表明 MF-PEP 有助于增强儿童双相情感障碍的药物治疗效果。

MF-PEP 还可以有效预防（或至少延迟）处于患双相情感障碍的风险中的儿童发病。在一项研究中，研究人员对一个大样本的患有抑郁障碍和存在短暂性躁狂症状的儿童进行 MF-PEP 治疗。儿童及其父母被分配到立即接受 MF-PEP 组或者等待组。在 12 个月内，接受 MF-PEP 治疗的儿童有 12% 患上了双相情感障碍，而等待治疗的儿童有 45% 患上了双相情感障碍。总的来说，MF-PEP 与发病率降低至约四分之一有关。研究人员认为，MF-PEP 可以通过帮助家庭更有效地利用精神卫生保健服务、减轻压力、增加社会支持以及改善家庭功能来预防或延缓双相情感障碍的发生（Nadkarni & Fristad, 2010）。

聚焦家庭的青少年治疗

聚焦家庭的青少年治疗是由大卫·米克洛维茨（David Miklowitz, 2012）及其同事开发的，用于治疗成人双相情感障碍。最近，该疗法已被修改用于患有该障碍的青少年和大龄儿童（表 14.7）。理想情况下，FFT-A 可以囊括所有家庭成员，包括父母和兄弟姐妹。FFT-A 通常在 9 个月内分 21 次开展治疗。

表 14.7　聚焦家庭的双相情感障碍青少年治疗

治疗时间（月）	模块	描述
1～9	心理教育	家庭了解双相情感障碍的病因、病程和治疗。认识到“基因不是命运”；青少年可以学会避免或减少引发心境发作的应激源。家庭会制定应对复发的计划。
10～15	沟通提高训练	通过角色扮演，家庭练习 4 项旨在改善家庭沟通的技能：倾听、表达积极情感、对他人行为的改变提出积极的要求以及提供建设性的负面反馈。家庭识别并打破消极的沟通循环。
16～21	问题解决技能	家庭学习解决社交问题和避免争论的步骤：将问题分解为更小的步骤，生成可能的解决方案，选择并实施最佳解决方案，并评估结果。治疗还可能侧重于管理青少年的破坏性行为，同时尊重其自主性。
≥21	维持	治疗师定期与家庭会面，解决具体问题并回顾原则。通常情况下，治疗包括回顾沟通和解决问题的技能。

注：基于米克洛维茨等人（Miklowitz et al., 2020）。

FFT-A 的一个主要目标是减少家庭中的 EE。高 EE 家庭通常通过三种方式加剧孩子的心境症状。首先，家庭往往将孩子的破坏性行为归因于内部、稳定的和个人因素，而不是医学疾病。例如，他们可能会因为孩子的破坏性行为而责备他，将他的不当行为解释为不尊重或恶意的表现。因此，FFT-A 的第一个组成部分是心理教育。教授家庭关于双相情感障碍的症状、病程和病因的知识。治疗师帮助父母将孩子的破坏性行为视为障碍的症状，而不是不负责任或不尊重的行为。

患有双相情感障碍的孩子经常引发父母消极的思维、感受和行为。例如，当一个青少年在躁狂发作期间逃学或在抑郁发作期间对父母大喊大叫，父母的反应可能是愤怒或怨恨，这是可以理解的。通常，家庭会陷入一种**负向升级的沟通循环（negatively escalating cycle of communication）**，在这种循环中，一个家庭成员的批评会引发另一个家庭成员的反驳，直到友善地解决问题变得困难。米克洛维茨（2008）称之为“攻击–反击”沟通循环，它通常遵循“三连顺序”：

家长：为什么你放学回家之后不收拾一下你的东西，而是躲在房间里听音乐？
青少年：要是你不唠叨了我也不用躲在房间里，别管我。
家长：唠叨你？如果我不唠叨，你就什么都不干。

FFT 的第二个组成部分是沟通增强训练（*communication enhancement training*）。通过角色扮演，父母学会减少与孩子之间高度情绪化的、消极的互动，以避免过度表达愤怒、敌意或悲伤。家庭学习如何将注意力从眼前的消极情绪上转移，而以建设性的方式交流他们的想法和感受。通常，沟通增强训练包括教家庭如何倾听彼此、分享积极的感受、提出积极的要求，并以不会招致批评或谴责的方式相互给予反馈。

第三，高 EE 家庭往往难以解决社交问题。当问题出现时，家庭往往采取两种无效的策略。如前所述，一些家庭只是批评和用敌意对待他人。他们不是直接解决问题，而是在情感上互相攻击。还有些家庭在处理问题时使用回避来应对。例如，一位母亲可能会一开始忽视孩子的破坏性行为，直到这种行为变得过度，导致她因愤怒和怨恨大发雷霆。

FFT-A 旨在教授家庭社交问题解决技能（*social problem-solving skills*）。首先，家庭要面对大而抽象的问题（例如，“我们彼此不尊重”），并将其分解为客观的、较小的步骤（例如，“我们需要在交流时使用较低的语调”）。然后，家庭继续学习为现实生活中的家庭问题制定可能的解决方案，评估每种可能解决方案的利弊，并选择可实施的最佳解决方案。通常，问题解决训练在治疗期间进行，也在家中进行，如“从科学到实践”部分所述。

从科学到实践
患双相障碍青少年的问题解决训练

问题解决训练是患双相情感障碍青少年治疗的重要组成部分。治疗师和青少年可能会在治疗师或家庭创设的假设情境中练习社交问题解决策略：

> 我们学校将在即将到来的周六晚上举行大型返校舞会。我真的很兴奋，因为我要和一个我很喜欢的人跳舞。我不知道该怎么办，因为我的约会对象和我所有的朋友都被允许在外待到凌晨 1∶30，但我父母说我必须在正常的宵禁时间前回家，也就是午夜前。我父母讨厌我，他们就是希望我不受欢迎！我要错过舞会后的大型聚会了，因为我得回家！每个人都会觉得我很差劲。我正在考虑待在外面，等回家晚了再找个借口。你觉得我该怎么办？（Danielson et al., 2004）

通过学习有条理地解决社交问题，青少年可以在行动之前权衡问题的各种可能解决方案的优缺点。这可以降低他们冲动行事、陷入麻烦和体验消极情绪状态的可能性。

FFT 的疗效已经在多项成人双相情感障碍的随机对照实验中得到了评估（Miklowitz, 2012）。总体而言，与接受传统支持性治疗（60%）或急诊治疗（83%）的成人相比，接受 FFT 的成人复发的可能性更小（36% ～ 46%）。

此外，一项随机对照研究表明 FFT-A 可能加速双相情感障碍青少年的抑郁的缓解。米克洛维茨及其同事（2009）将青少年分入 FFT-A+ 药物治疗组或“增强治疗”+ 药物治疗组。FFT-A 包括 21 次治疗，历时 9 个月，涉及青少年、父母和（有时）兄弟姐妹。增强治疗包括每周 3 次的治疗，在治疗期间向家庭提供有关双相情感障碍、药物管理和避免家庭冲突的重要性的知识。

研究开始两年后，91.4% 的青少年从第一次心境发作中康复。两种治疗条件下的康复率相似。然而，接受 FFT-A 治疗的青少年（10.2 周）比对照组（14.1 周）的抑郁症状的缓解速度明显更快。接受 FFT-A 治疗的青少年（13.8 周）也比对照组（7.6 周）更快从躁狂中康复，尽管这一差异刚刚接近显著。研究人员认为，FFT-A 聚焦于减少家庭冲突、增强社会支持和教授人际交往技能是使其能够有效缓解抑郁的原因。

FFT-A 或可有效预防具有高遗传风险个体的双相情感障碍发病。在一项预实验中，米克洛维茨及其同事（2011）让亲生父母患有双相情感障碍的大龄儿童与青少年接受修订版的 FFT-A 的治疗。这些儿童与青少年之所以被选为研究对象，是因为他们罹患这种障碍的遗传风险增加。一年后，他们在抑郁、轻躁狂和心理社会功能方面表现出显著的改善。因为这项研究没有包括对照组，所以研究人员无法确定这些获益是否可以归因于 FFT-A。目前，一项针对处于双相情感障碍罹患风险中的儿童的 FFT-A 随机对照研究正在进行，它将对比分别接受 FFT-A 与个体治疗的个体的情况（Miklowitz et al., 2020）。

小　结

- CFF-CBT 是一种针对双相情感障碍患儿（7 ～ 13 岁）及其照顾者的治疗方法。治疗包括（1）监控和调节情绪;（2）改善亲子互动;（3）管理破坏性行为。
- PEP 是一种针对患有双相情感障碍和其他心境障碍的儿童（8 ～ 12 岁）及其照顾者的治疗方法 , 可以对单一家庭或家庭团体一起实施。治疗师教授应对心境障碍、情绪调节和解决问题的技能。
- FFT-A 是一种针对双相情感障碍青少年及其照顾者的家庭系统疗法。治疗师促进亲子沟通和问题解决，并通过减少家庭中的 EE 帮助青少年避免未来的心境发作。

14.2 儿童精神分裂症

什么是精神分裂症？

核心特征

精神分裂症（schizophrenia）是一种精神病性障碍，患者的思维、情感和行为缺乏与现实的关联。其定义为出现以下 2 种或 2 种以上的症状和体征：幻觉、妄想、言语紊乱、严重的行为异常、情绪表达减少或动力缺乏（表 14.8）。虽然精神分裂症通常被认为是一种成人疾病，但它也可以发生于儿童与青少年中（Palmen & van Engeland, 2012）。虽然少见，但儿童期和青春期起病的精神分裂症对全球患儿及其家庭的生活造成重大影响。

表 14.8 精神分裂症诊断标准

A. 存在 2 项（或更多）下列症状，每一项症状均在 1 个月中相当显著的一段时间里存在（如经成功治疗，则时间可以更短），至少其中一项必须是 1、2 或 3：
 1. 妄想；
 2. 幻觉；
 3. 言语紊乱（例如，频繁地离题或不连贯）；
 4. 明显紊乱的或紧张症的行为；
 5. 阴性症状（即情绪表达减少或动力缺乏）。

B. 自障碍发生以来的明显时间段内，1 个或更多的重要方面的功能水平，如工作、人际关系或自我照顾，明显低于障碍发生前具有的水平（当障碍发生于儿童或青少年时，则人际关系、学业或职业功能未能达到预期的发展水平）。

C. 这种障碍的体征至少持续 6 个月。此 6 个月应包括至少 1 个月（如经成功的治疗，则时间可以更短）符合诊断标准 A 的症状（即活动期症状），可包括前驱期或残留期症状。在前驱期或残留期中，该障碍的体征可表现为仅有阴性症状或轻微的诊断标准 A 所列的 2 项或更多的症状（例如，奇特的信念，不寻常的知觉体验）。

D. 分裂情感性障碍和抑郁或双相障碍伴精神病性特征已经被排除，因为：（1）没有与活动期症状同时出现的重性抑郁或躁狂发作；（2）如果心境发作出现在症状活动期，则他们只是存在此疾病的活动期和残留期整个病程的小部分时间内。

E. 这种障碍不能归因于某种物质（例如，滥用的毒品、药物）的生理效应或其他躯体疾病。

F. 如果有孤独症（自闭症）谱系障碍或儿童期发生的交流障碍的病史，除了精神分裂症的其他症状外，还需有显著的妄想或幻觉，且存在至少 1 个月（如经成功治疗，则时间可以更短），才能做出精神分裂症的额外诊断。

儿童与青少年精神分裂症最常见的特征是幻觉。幻觉是“在没有外部刺激的情况下产生的知觉体验”（American Psychiatric Associations, 2013, p. 87）。精神分裂症个体通常会出现幻听，包括可能为发出命令、威胁或对思想或行为做出评论的声音（图 14.11）。有时，幻听包括笑声、“嗡嗡”声、口哨声或耳语。患有这种障碍的儿童与青少年也经常出现幻视。一般来说，儿童与青少年幻视的是阴影、灯光或短暂而不清晰的图像。当幻视清晰的图像时，可能是动物（例如，蜘蛛）、神话人物（例如，仙女）、怪物或卡通人物的形状。幻嗅（嗅觉）、幻味（味觉）、触觉或躯体感觉幻觉（触觉）在精神分裂症患儿中很少见。即使出现，也通常伴有幻听和幻视（David et al., 2011）。

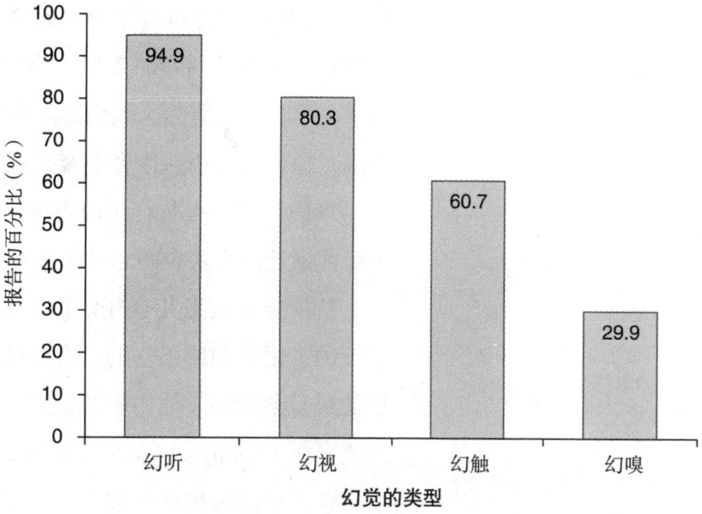

图 14.11 患精神分裂症儿童青少年的幻觉类型

注：幻听和幻视是最常见的。其他幻觉出现时通常伴随幻听和幻视。基于大卫及其同事（David and colleagues, 2011）。

精神分裂症患儿也经常有妄想。妄想是"固定不变的信念，无法根据与之相矛盾的证据而改变"（American Psychiatric Association, 2013）。这些信念通常反映了对知觉或经验的错误解释，在本质上是古怪的。青少年可能会报告有人正在控制其行为或思想（即被控制妄想），有人要来抓他们（即被害妄想），有人正在向其发送特殊信息或信号（即关系妄想）。有时，青少年认为自己是特殊的，或者被召唤去完成某项任务（即夸大妄想），或者他们的身体在某种程度上有缺陷或扭曲（即躯体妄想）。尽管这些妄想显然是非典型的，但它们的内容可能反映了适应发展阶段的担忧，例如对自主性的渴望、青春期的自我中心，或与青春期相关的对外表和身体变化的关注。在患有精神分裂症的低龄儿童中，明显与发展性相关的和清楚的妄想内容相对少见。随着青少年获得更复杂的认知能力，妄想在青春期更加常见（Hollis, 2010）。

患有精神分裂症的儿童与青少年常出现奇特的言语和语言（Clark, 2011）。一些患儿说话非常少（即言语贫乏），而一些患儿则非常健谈。一些患儿重复单词和短语（即持续言语），一些患儿则使用高度僵化、刻板的语言，或似乎异常专注于某些话题。还有一些患儿会重复别人说的单词或短语（即模仿言语），或在他们的言语中插入虚构的单词（即语词新作）。

儿童与青少年的言语可以提供有关其认知功能的线索。患有精神分裂症的儿童与青少年经常会表现出思路的中断（即思维中断），从一个话题跳到另一个话题，讨论无关紧要或完全无关的话题，或使用模糊的语言。在少数情况下，儿童与青少年可能会抱怨他们能听到自己的想法，就好像是别人说的一样（即思维鸣响）。有些人报告说，有人正在将其思想插入他们的头脑（即思维插入），他们的思想被传播给他人（即思维被广播），或者有人窃取了他们的思想（即思维被夺）（Caplan, 2016）。

许多精神分裂症患儿表现出运动和协调方面的障碍（Hollis, 2010）。他们可能显得笨拙、行为刻板，或有其他强迫行为或仪式。他们可能看起来很沮丧，走得很慢。在极少数情况下，他们可能会摆出奇怪的姿势，或长时间保持静止和无反应（即紧张症）。

几乎所有的精神分裂症患儿都有情感紊乱。他们可能会表现出"情绪表达减少”，即他们不会通过微笑、大笑、眼神交流、惊讶来表现出典型的情感，或者不会在讨论悲伤的话题时流泪。他们也可能表现出意志缺乏，即缺乏动力、精力或有意义的目标导向行为。他们可能看起来“无精打采”，对朋友、运动或业余爱好不感兴趣。他们可能说话声音平淡，显得懒散或淡漠。有时，他们表现出不恰当的情感。不恰当的情感是指与言语内容不一致的情绪表达。例如，一个孩子在谈论她被学校开除或最近的自杀企图时可能会“咯咯”地笑（Clark, 2011）。

精神分裂症患儿也经常报告心境问题。有些患儿把自己的心境描述为焦虑的、恐惧的、紧张的或不安的，有些则体验到无精打采和抑郁，还有一些是敏感的、愤怒的或易激惹的。他们中的大多数在人际关系中遇到相当大的困难，经常回避与同龄人交往（Kuniyoshi & McClellan, 2014）。

要被诊断为精神分裂症，儿童与青少年必须至少表现出该障碍的 5 种可能特征中的 2 种：（1）幻觉；（2）妄想；（3）言语紊乱；（4）行为异常；（5）情绪表达减少。此外，症状必须包括妄想、幻觉或言语紊乱中的至少一种，这些是该障碍最显著的特征。通常，精神分裂症患儿会表现出大部分（甚至全部）症状。以一名开始呈现出精神分裂症特征的青少年米娜为例。

案例研究

精神分裂症（青春期起病）

米娜可怕的幻觉

15 岁的米娜被警察带到我们医院的急诊室。根据警方的报告，米娜在一次家庭争吵中袭击了她的母亲。哈林顿医生被要求评估米娜对这起事件的心理状态，并提出治疗建议。

米娜进入检查区域时没有抬头看哈林顿医生。尽管米娜的态度很好，但她的行为却很冷静，很被动，而且沉默寡言。她用一种缓慢而单调的声音低垂着眼睛回答哈林顿医生的问题。她的情感受限，即使在讨论之前发生的事件时，她的语气也很少波动，面部表情也没有变化。米娜一边说着，一边盯着床上的医院的毯子，仿佛它们是世界上最有趣的东西。

“我不想伤害她。”米娜说，“但我觉得我必须这么做。这真的是让事情停止的唯一方法。”

哈林顿博士回答说：“跟我说说那些事情。”

在长时间的停顿之后，米娜继续说：“我会听到一些声音，尤其是当事情变得糟糕的时候。那是一个坏人的声音——一个非常刺耳、快速的声音。它告诉我要伤害或杀死别人。我知道这不是真的，但它一直在我的脑海里，让我做我知道我不应该做的事情。”

哈林顿博士了解到米娜在 13 岁时开始出现幻听。这种幻听开始于“耳语”，逐渐变成一种男性声音，让她“伤害、杀死”他人或使他人“窒息”。几个月前，米娜也开始经历短暂但生动的幻视。通常，她看到的是血淋淋的、分裂的或残缺不全的人体，或是被刺伤或切成几块的尸体。每个场景通常持续 5 ～ 10 秒，但每周发生多次。可以理解的是，幻听和幻视给米娜带来了严重的痛苦，干扰了她在学校取得好成绩以及与家人和朋友互动的能力。

“你能做些什么来阻止这些声音或图像？”哈林顿医生问。

米娜回答说：“有时候，我不知道该怎么办。我只是钻进床上的被子里，试图躲开它们。但那通常不太管用。我曾想过自杀，但我太害怕了，不敢这么做。我不想让我妈妈孤单一人。”

“还有谁知道你会听到声音和看到图像？”哈林顿医生问道。

“没别人了，”米娜承认，“我不想让人们认为我疯了。”

DSM-5 要求患有精神分裂症的个体出现该障碍的症状至少 6 个月，出现精神病性症状（例如，妄想、幻觉、言语紊乱）至少 1 个月。在剩下 5 个月内，这些精神病性症状可以继续存在，或出现不太严重（即减弱）的症状，或者只表现出情绪表达减少的问题。

如果儿童与青少年在出现精神病性症状的同时出现心境问题，则不应诊断为精神分裂症。例如，一些患有 MDD 或双相 I 型障碍的患儿会出现幻听。临床医生只有在排除了患儿的精神病性症状是由抑郁或躁狂引起的可能性后，才能将其诊断为患有精神分裂症。同样，精神分裂症也不是由躯体疾病、药物或毒品引起的。一些疾病、药物和毒品可能导致类似的精神病性症状，因此出现这些症状的个体很容易被误认为患有精神分裂症。

最后，患有精神分裂症的低龄儿童常常表现出孤独症（自闭症）谱系障碍（ASD）的一些特征，例如社交障碍和刻板行为。然而，ASD 患儿通常不会有持续很长时间的幻觉或妄想。在 ASD 患儿中，只有出现幻觉和妄想时，精神分裂症才能被诊断（Kuniyoshi & McClellan, 2014）。

阳性和阴性症状

临床医生通常把精神分裂症的症状分为两种类型：（1）阳性和（2）阴性（Crow, 1980）。**阳性症状（positive symptoms）**反映出“行为的过度表达”，这些症状超出正常功能的范围或水平。阳性症状包括幻觉、妄想、行为紊乱、兴奋、夸大、多疑和敌意。**阴性症状（negative symptoms）**反映出行为上的“表达不足”，指正常功能的缺失或缺陷。阴性症状包括情感迟钝或平淡、意向缺乏、社交退缩、被动或淡漠，以及缺乏自发性。阳性症状和阴性症状都随时间而波动（Kodish & McClellan, 2015）。

将症状分为阳性和阴性对专业人士有帮助，这至少有三个原因（Remschmidt &

Theisen, 2012）。第一，阳性症状和阴性症状可能有不同的深层的神经生物学原因。例如，中枢脑区的多巴胺能神经元的活动过度与许多阳性症状相关，而额叶脑区的活动不足与许多阴性症状相关。第二，阳性症状和阴性症状的出现情况和严重程度往往随病程而发生变化。通常，精神病发作主要是从阳性症状开始，之后逐渐被阴性症状所取代。第三，阳性和阴性症状对治疗的应答有所不同。虽然抗精神病药物通常有助于减轻阳性症状，但是它们通常对阴性症状疗效较弱。

小　结

- 精神分裂症是 DSM-5 中的一种精神病性障碍，其特征是出现导致功能受损害的幻觉、妄想、言语紊乱、行为紊乱和 / 或情绪表达减少，持续至少 6 个月。
- 精神分裂症的阳性症状反映出“行为过度表达”，即正常功能个体中未见的行为表现，包括幻觉、妄想、行为紊乱、兴奋、夸大、多疑和敌意。
- 精神分裂症的阴性症状反映了“行为表达不足”，即常见功能的缺失，包括情感平淡、社交退缩、被动、淡漠和缺乏自发性。

精神分裂症在儿童与青少年中有多普遍?

患病率

研究人员根据起病时间将精神分裂症分为三种类型。成人期起病的精神分裂症最为常见，其起病年龄定义为 18 岁或 18 岁以后。在普通人群中，成人精神分裂症的终生患病率约为 1%。成人精神分裂症通常出现在 20 ～ 24 岁的男性和 25 ～ 29 岁的女性中（Guret al., 2005）。

青春期起病的精神分裂症（起病年龄在 13 ～ 17 岁）比成人型精神分裂症少见得多。只有大约 5% 的精神分裂症患者起病于青春期。虽然大规模的流行病学研究尚未进行，但最准确的估计是，只有 0.23% 的青少年在青春期患上精神分裂症。

儿童期起病的精神分裂症（12 岁及之前起病）更为少见。只有大约 1% 的精神分裂症患者在青春期前起病。总体而言，儿童患精神分裂症的可能性约为 0.0019%。大多数治疗师在其整个职业生涯中都不会遇见患有精神分裂症的儿童（Remschmidt & Theisen, 2012）。如果你想了解儿童期起病的精神分裂症的临床描述，可参考下文中数年前本诊所接诊的女孩卡罗琳的案例。

案例研究
精神分裂症（儿童期起病）

卡罗琳的对话

8 岁的卡罗琳被她的儿科医生转诊到我们诊所。她的儿科医生观察到，在过去 6 个月卡罗琳的运动、语言和社交功能明显下降。尽管进行了体检和广泛的测验，但是她的儿科医生无法找到这些问题的原因。最近，卡罗琳无法自己穿衣服，很少与人目光接触或说话，还会做一些奇怪的动作，例如做不寻常的手势和自言自语。

卡罗琳的运动和语言迟缓。她直到 18 个月大时才开始学习走路，在学龄前时继续表现出平衡、协调方面的问题，并且很笨拙。她直到 26 个月大的时候才说出第一个有意义的单词，4 岁的时候才说出清晰的句子。上幼儿园时，卡罗琳有了一些进步，但她的身体、语言和认知能力仍然落后于她的同龄人。

“大约一年前，我注意到她的行为发生了变化。”卡罗琳的母亲解释道，“她开始自言自语——你知道的，就是自己和自己对话，通常伴随着手部动作和其他手势。我想，‘大多数孩子都有生动的想象力’，所以一开始我并不担心。然后，我开始听到她在对话中说一些奇怪的话，比如‘我的朋友死了，有人用刀杀了他’或者‘我们需要找到一个坟墓埋葬他’。我还听到她对猫说一些可怕的话，比如‘哦，罗斯科（那只猫），为什么你嘴里有虫子？’。这些都让我很担心。”

随着卡罗琳的反常行为增多，她的情绪和社交能力下降。她开始在晚上难以入睡，并抱怨与独自睡觉相关的噩梦和恐惧。她白天经常哭泣或易激惹，有时会大发脾气。她表现出明显的多动和对立情绪，并逐渐拒绝为自己做大多数事情，比如早上穿衣服、刷牙和吃饭。她也对上学和与邻居朋友玩耍失去了兴趣。

西尔弗曼医生观察到卡罗琳和她母亲一起在诊所的游戏室里。卡罗琳几乎没有目光接触。当西尔弗曼博士尝试和她玩的时候，她用一种空虚、毫无意义的表情面对他，然后转身离开了。卡罗琳大部分时间都在静静地自言自语。

西尔弗曼医生询问了卡罗琳的母亲她们的家庭情况。她的母亲回答说：“卡罗琳和我以及她同父异母的弟弟住在一起。她的父亲已经跟我们没什么交集了。我们结婚后不久，他患上了精神分裂症，几个月后我们分居了。我们已经好几年没有和他联系了。”

在儿童期和青春期，男孩患上精神分裂症的可能性是女孩的 2 倍（Kodish & McClellan, 2015）。这可能是因为，平均而言，男性比女性早 5 ～ 7 年出现症状。到中年，不同性别间精神分裂症患病率相似（Nugent, Daniels, & Azur, 2012）。

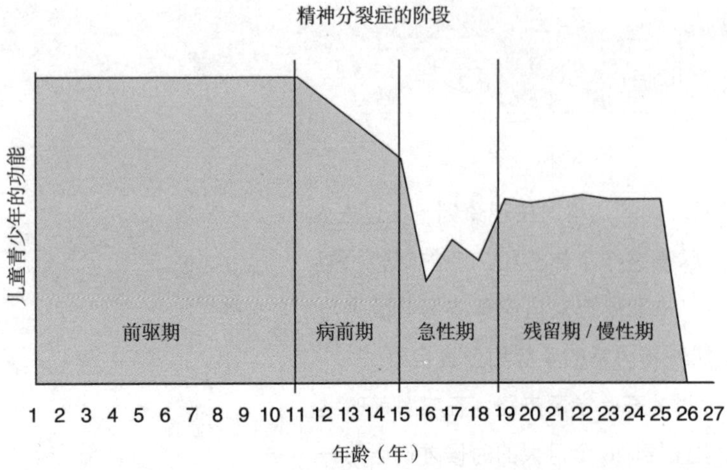

图 14.12　儿童期起病和青春期起病的精神分裂症的阶段

注：运动、语言和认知延迟通常出现在病前期。前驱期的特点是行为和情绪的变化。精神病性症状的出现定义了急性期。残留期通常持续很长时间，大多数儿童与青少年的功能不会恢复到病前的水平。基于古尔及其同事（Gur and colleagues, 2005）。

病　程

精神分裂症患者通常会在几个月或几年内经历一系列阶段。每个阶段都有不同的症状群和功能水平（图 14.12）。确定患者所处的阶段很重要，因为治疗方法因阶段而异（Caplan, 2016）。

病前期：早期生活问题

病前期的范围是从妊娠期到最初出现疾病症状的时间。从表面上看，病前期的儿童与青少年没有明显的症状。然而，一些研究表明，许多后来患上精神分裂症的青少年在婴儿期和幼儿期表现出运动技能和社会情感功能的缺陷。尽管这些缺陷通常当时没有被父母和教师发现，但这表明精神分裂症患者在很小的时候就有神经上的异常。

一种评估精神分裂症患者早期缺陷的方法是，让父母回忆孩子在基本运动技能和语言方面何时达到发育的里程碑。这些回溯性研究表明，后来患上精神分裂症的婴幼儿在学习爬行、行走、抓握物体和如厕方面比同龄人慢。同样，他们在表达性语言和与其他孩子和成人交谈的能力方面也表现出明显的迟缓。许多这样的缺陷早在 1 岁时就可以观察到（Kodish & McClellan, 2015）。

然而，回溯性研究的一个主要问题是报告偏差。事后看来，父母们可能会通过放大实际上很小的迟缓来解释他们孩子目前的问题。为了弥补回溯性研究的这一缺陷，研究人员对成年后患有精神分裂症的个体在幼儿和学龄前儿童阶段的家庭录像进行了研究（Walker & Lewine, 1990, 1993）。没有被告知这些研究目的的专家被要求根据录像内容对儿童与青少年的运动和社会情感功能进行评分。他们的评分证实了父母的报告。后来患精神分裂症的儿童与青少年在家庭录像中表现出运动技能和社交行为的迟缓。

纵向研究重复证实了早期发育迟缓和后期精神分裂症的出现之间的关联。在这些研究中，研究人员定期评估大量样本的发育情况，从婴儿期一直持续到成年早期。成年后患上精神分裂症的婴儿在坐、站和走路方面表现迟缓。他们的母亲报告其语言习得迟缓。学校工作人员报告，这些儿童与青少年开始接受正规教育时出现了言语和语言问题。平均而言，72% 后来被诊断患有精神分裂症的儿童与青少年在早期语言习得、言语和运动发育方面表现出明显的迟缓。当时这些迟缓并没有引起家长和学校工作人员的太大关注；事后看来，这些症状是这种障碍的最早预警信号（Haut, Schvarcz, Cannon, & Bearden, 2016）。

在小学里，后来发展为精神分裂症的儿童继续呈现问题。中小学期间的发展任务包括掌握基本的学业技能以及建立和维持友谊的能力。不幸的是，后来患精神分裂症的儿童在这两项任务上经常表现出明显的问题。平均而言，他们的认知功能比平均水平低 1 个标准差。他们的学习成绩往往很差。这些儿童在人际关系方面也有相当大的困难。家庭成员经常注意到他们喜欢独自玩耍，在与同伴互动时缺乏自信。教师和同学经常形容他们在社交活动中更敏感、易激惹或喜怒无常。尽管这些问题经常与父母和教师有关，但它们几乎从未被视为精神分裂症的早期指标。事实上，学业和同伴问题在儿童与青少年时期非常普遍，所以它们缺乏预测这种少见障碍的特异性（Gur et al., 2005）。

前驱期：显著的变化

前驱症状可能在儿童与青少年第一次精神病发作前 2 ～ 6 年出现。前驱期的特点是儿童与青少年的学业、行为和社会情感功能发生显著变化。虽然处于前驱期的儿童与青少年可能不会表现出精神分裂症的阳性症状（例如，幻觉、妄想），但家人通常会注意到他们的整体功能恶化。许多儿童与青少年在注意力集中方面存在严重问题。他们可能看起来坐立不安、难以完成家庭作业和准备考试。因此，他们在学校的成绩下降了。父母通常把孩子描述成更“喜怒无常”或孤僻的。这些孩子可能开始避免与家人和朋友接触，他们更喜欢独自度过大部分时间。他们可能会退出俱乐部，不再参加体育活动或其他课外活动。有时，他们变得更加易激惹，对他人更加怀疑。许多孩子开始忽视自己的外表或个人卫生（Asarnow & Kernan, 2008）。

急性期：阳性症状和损害

急性期从出现阳性症状开始。低龄儿童通常会经历隐蔽（即缓慢、几乎不明显）的起病。与之相比，青少年的起病通常更快。急性期通常持续 1 ～ 6 个月，这取决于开始用药的早晚以及患儿对药物治疗的应答（Kodish & McClellan, 2015）。

残留期：慢性问题

在精神疾病发作后，大多数儿童与青少年进入一个可能持续数月或数年的残留期。这一阶段的功能是可变的。一些儿童与青少年在行为和社交情感技能方面有了显著改善，功能恢复到前驱期之前的水平。然而，不幸的是，大多数儿童与青少年在精神病发作后仍然表现出持续的阴性症状，功能并未恢复到基线水平。这些儿童与青少年仍然孤僻、喜怒无常或易激惹，并经历长期的人际关系和学业问题。这些儿童与青少年中的许多人在青春期或成年后会经历更多的精神病发作。在随后的每一次发作中，他们的功能都会进一步恶化。因此，这些患儿的问题是长期存在的。

转　归

精神分裂症患儿的短期预后较差。精神病性症状通常持续数月，甚至持续到被识别和治疗之后。在一项研究中，只有 12% 的精神分裂症患者在出院时完全康复。如果患者真的康复了，他们往往是在起病后 3 个月内康复的。只有大约五分之一的患者有好的转归，其特点是阳性症状缓解、有轻微阴性症状、功能总体恢复到精神疾病前的水平。即使在这些患者中，社会功能、友谊和亲密关系方面的长期问题也很常见（Hollis, 2010）。

研究人员已经确定了几个预测儿童青少年精神分裂症长期预后转归的变量（表 14.9）。起病年龄是最有力的预测因素之一。大多数研究表明，在儿童青少年时期患上这种障碍的个体比在成年期患上这种障碍的个体具有更差的长期转归。例如，莱、布兰斯、哈特曼和施密特（Lay, Blanz, Hartmann, and Schmidt, 2000）研究了住院精神分裂症青少年患儿的转归。他们成年后，66% 的个体在社会功能和人际关系方面有严重缺陷；75% 的个体无法独立生活。一项回溯性研究也显示了类似的不良转归（Reichert, Kreiker, Mehler-Wex, & Warnke, 2008）。22% 的被试当前处于急性精神病发作期，31% 存在抑郁问题，37% 承认有自杀想法或行为。大多数青春期起病的精神分裂症患者继续与其父母生活在一起（48%），或需辅助生活设施生活（33%），不到 19% 的人完成了高中学业。

第二个重要的预测因素是前驱症状出现到开始治疗之间的时间。有前驱症状和早期精神病性症状、但未予药物和心理治疗的儿童青少年通常比及时接受治疗的儿童青少年表现出更严重和更持久的症状（Remschmidt & Theisen, 2012）。

表 14.9　精神分裂症患儿的预后

最佳的转归	最差的转归
无家族精神病史	有患有精神病的一级亲属
达到发展的里程碑	婴儿期和儿童早期发育迟缓
起病前功能良好	起病前低功能
青春期晚期或成年期起病	儿童期或青春期早期起病
初次精神病发作的持续时间短	初次精神病发作持续时间长
症状得以识别以及得到快速治疗	症状未得到识别或治疗
症状为轻中度	症状为重度，需入院治疗

注：基于伦施密特和泰森（Remschmidt and Theisen, 2012）。

小　结

- 大约 0.0019% 的儿童青少年在儿童期患上精神分裂症，0.23% 的儿童青少年在青春期患上精神分裂症。普通人群中成人的精神分裂症的总体患病率为 1%。
- 之后被诊断为精神分裂症的儿童与青少年往往在婴儿期存在达到发展的里程碑的延迟，在儿童早期有学业问题。

- 精神分裂症的前驱期发生在第一次精神病发作的前 2 ～ 6 年。其特点是注意力不集中、易激惹和“喜怒无常”以及学业和社会功能下降。
- 儿童期或青春期起病的精神分裂症患者的转归比症状始于成年期的患者差。大约 66% 患有精神分裂症的儿童与青少年在社交功能上有长期缺陷，75% 成年后依赖家人生活。

儿童青少年精神分裂症的病因

遗传学

精神分裂症是一种遗传性障碍（Helenius, Munk-Jorgensen, & Steinhausen, 2012）。自 1980 年以来发表的每一项主要研究都表明，这种障碍是家族性的（图 14.13）。平均而言，有患精神分裂症一级亲属的个体（5.9%）比没有患精神分裂症一级亲属的个体（＜ 0.5%）更容易患上精神分裂症。双生子研究为遗传因素的作用提供了更多的证据。MZ 双生子的平均同病率为 55.8%；DZ 双生子的平均同病率下降到 13.5%。更有说服力的证据来自患有精神分裂症的父母所生，但被没有精神分裂症的成人收养的孩子。亲生父母患有精神分裂症的被领养儿童比亲生父母没有精神分裂症的被领养儿童更容易患上精神分裂症（Escudero & Johnstone, 2014; Greenwood et al., 2016）。

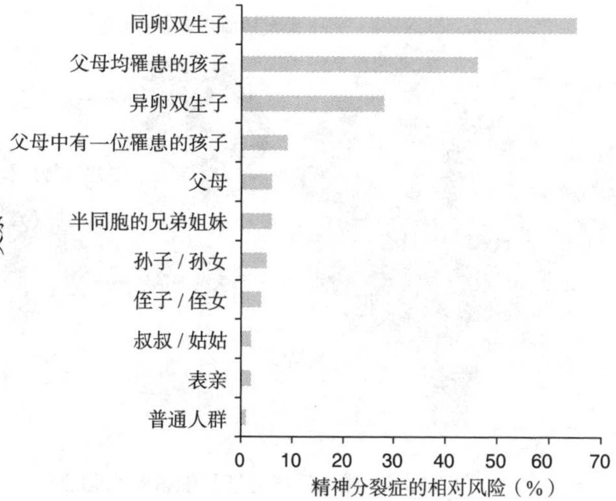

图 14.13　精神分裂症的遗传度

注：患精神分裂症的总体风险约为 1%。如果有一位精神分裂症的生物学亲属，那么患精神分裂症的风险就会增加。然而，即使是具有 100% 遗传相似性的同卵双生子，患该障碍的一致率也不是 100%。环境因素也很重要。基于沃尔特、奥多诺万和欧文（Walters, O'Donovan, and Owen, 2011）。

对有精神分裂症阳性家族史的夫妇来说，了解遗传风险具有实际的重要性。例如，一个没有精神分裂症的女性可能有一个患有精神分裂症的父亲或兄弟。她可以利用这些数据来确定子女之后患精神分裂症的可能性（即假设她的丈夫没有精神分裂症家族史，则可能性为 2% ～ 3%）。如果该女性自己患有精神分裂症，其子女的患病风险将增加到 7%。如果她和她的丈夫都患有这种障碍，他们子女的患病风险会上升到 27%（Corvin & Sullivan, 2016; Walters et al., 2011）。

研究人员已经确定了几个可能对患精神分裂症起作用的易感基因。儿茶酚 -O- 甲基转移酶（catechol-O-methyltransferase, COMT）基因是对青春期起病的精神分裂症最重要的基因之一。COMT 基因产生一种酶，在几个脑区调节多巴胺。它似乎使导致阳性症状的脑区的多巴胺活性过度提高，并使导致阴性症状的脑区的多巴胺活性下降（Caspi, Moffitt, & Cannon, 2005）。

精神分裂症患儿的基因异常和突变率也高于健康的同龄人。例如，患有精神分裂症的年龄较小的儿童有时出现遗传物质的缺失、重复或突变。回想一下，患有迪格奥尔格综合征的儿童与青少年在 22 号染色体的某些部分缺少遗传信息。患有迪格奥尔格综合征的儿童与青少年中有 10% ～ 30% 成年之后患上精神分裂症或精神病性障碍（Kuniyoshi & McClellan, 2014）。

虽然遗传风险可能是个体患上精神分裂症的必要条件，但这还不足以完全解释这种障碍的发生。即使是具有相同基因相似性的 MZ 双生子，在一半的情况下精神分裂症的发生也不一致。因此，研究人员检验了早期环境的影响，这些影响与基因一起可能可以更全面地解释这种障碍的出现。

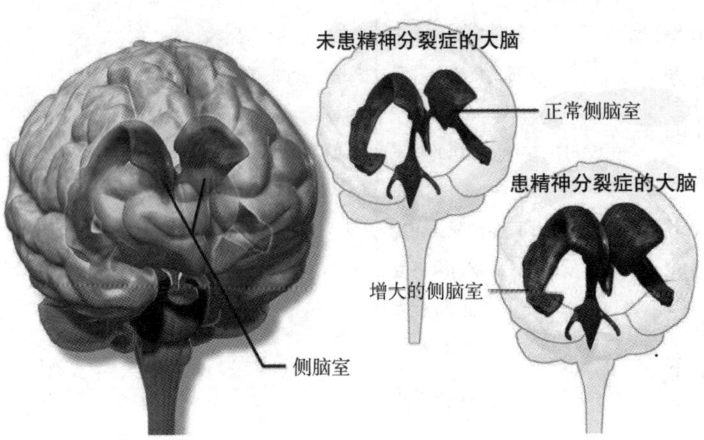

图 14.14　成年精神分裂症患者的侧脑室

注：成年精神分裂症患者的侧脑室通常增大，侧脑室是大脑中充满脑脊液的区域。

大脑发育

30 年的研究表明，患有和不患有精神分裂症的成人的大脑结构有三方面不同。第一，成年精神分裂症患者的**侧脑室**（**lateral ventricle**）体积通常增大，侧脑室是大脑中心充满脑脊液的腔体（图 14.14）。通常精神分裂症患者的侧脑室体积比健康成人增大 40%。第二，患有该障碍的成人的前额叶、颞叶和顶叶皮质的总体积和厚度常常减少。总的来说，精神分裂症患者的皮质体积比健康对照组小 10%。第三，成年精神分裂症患者的海马和丘脑（两个位于大脑中央的负责行为整合的区域）通常会缩小，平均而言，这些脑区比健康成人小 5% ～ 10%（Hollis, 2010; Kuniyoshi & McClellan, 2014）。

直到最近，研究人员还不知道这些大脑异常是精神分裂症的病因、结果，还是抗精神病药物等第三个变量导致的。为了回答这些问题，美国国家精神卫生研究所的研究人员对儿童期起病的精神分裂症患儿从儿童早期到成年早期进行了大脑结构和功能的研究。研究人员用 MRI 对这些患儿的大脑进行扫描检查，并与健康儿童与青少年的大脑的 MRI 扫描结果进行比较。由于患者年龄小，没有很长的服药史，并且可以随时间进行追踪随访，因此研究人员能够开始确定大脑结构与精神病性症状之间的关系（Kodish & McClellan, 2015）。

NIMH 研究有三个重要发现。首先，患有精神分裂症的大龄儿童与青少年与患有精神分裂症的成人大脑的异常之处大部分相同。这一发现很重要，因为这表明未成年期起病的和成年期起病的精神分裂症是相同的障碍（Hollis, 2010）。

其次，未成年患者表现出的异常往往发生在病程早期。这一发现表明，这些大脑异常可能导致后来出现的许多症状和体征（Rapoport & Gogtay, 2011）。

最后，而且也许是最重要的一点，未成年的精神分裂症患者的灰质显著减少，这可以预测精神病发作（Kuniyoshi & McClellan, 2014）。健康个体在婴儿期和儿童早期会有显著的突触连接的过度产生。之后，在儿童后期和青春期，儿童与青少年的灰质每年减少 1% ～ 2%。灰质的减少反映了正常的突触“修剪”。就像需要修剪以使其以适当方式生长的灌木一样，不需要的神经连接在青春期消失，使最重要的连接更有效地工作。这种修剪从儿童期的低级脑区（中央区、顶叶）发展到青春期和成年早期的高级脑区（例如额叶、前额叶皮质）。正常神经修剪的结果是青少年能够参与更复杂、有效的认知和社会情感任务（Kodish & McClellan, 2015; Whalley, 2016）。

精神分裂症患儿表现出更快的、过度的神经修剪（图 14.15）。MRI 显示灰质平均每年减少 3% ～ 4%。此外，灰质的缺失往往发生在患儿第一次精神疾病发作之前不久。精神分裂症患儿神经减少的顺序与健康个体相同，表现为从顶叶到额叶的模式。然而，精神分裂症患儿的神经减少比健康个体要多得多。这种灰质的缺失与精神分裂症的症状和体征相对应（Kuniyoshi & McClellan, 2014）。

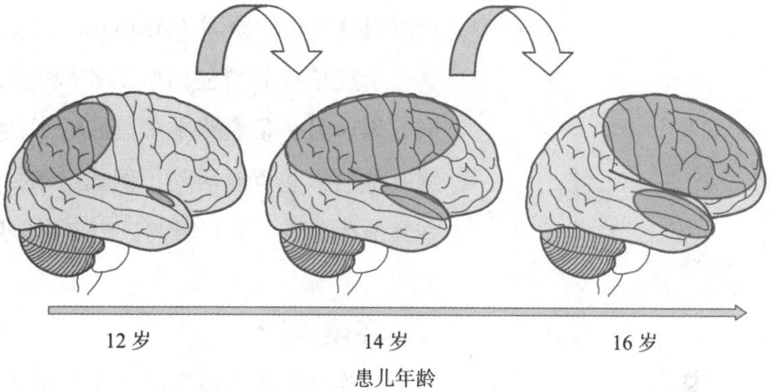

图 14.15　精神分裂症患儿的灰质缺失

注：对精神分裂症患儿从 12 岁到 16 岁进行的脑部扫描显示，精神分裂症患儿表现出正常儿童与青少年所没有的灰质的逐步缺失。请注意灰质的减少是如何随着时间从顶叶区域扩展到额叶和颞叶区域的。这种减少与儿童的第一次精神病发作相对应。基于拉波波特和戈格泰（Rapoport and Gogtay, 2011）。

神经通路

精神分裂症涉及两个大脑通路:（1）中脑边缘通路（mesolimbic pathway）和（2）中脑皮质通路（mesocortical pathway）（图 14.16）。中脑边缘通路是一种富含多巴胺的神经通路，始于中脑的腹侧被盖区（ventral tegmental area, VTA），与边缘系统中的杏仁核、海马和伏隔核这几个结构相连。它还与大脑深处负责协调和运动的纹状体区域相连。

多巴胺假说（**dopamine hypothesis**）认为精神分裂症是由中脑边缘通路的某些多巴胺受体过度激活（D2 受体）引起的。过度的多巴胺激活被认为会导致精神分裂症的许多阳性症状，例如幻觉和妄想。支持这一假说的证据来自这样一个事实，即减少这些阳性症状的抗精神病药物是 D2 受体拮抗剂。它们阻断 D2 受体，以减少许多阳性精神病性症状。此外，某些兴奋剂（例如，可卡因、甲基苯丙胺）可以作为 D2 受体激动剂，通过这一通路增强多巴胺能活动，并让易感个体产生幻觉和妄想（Asarnow &

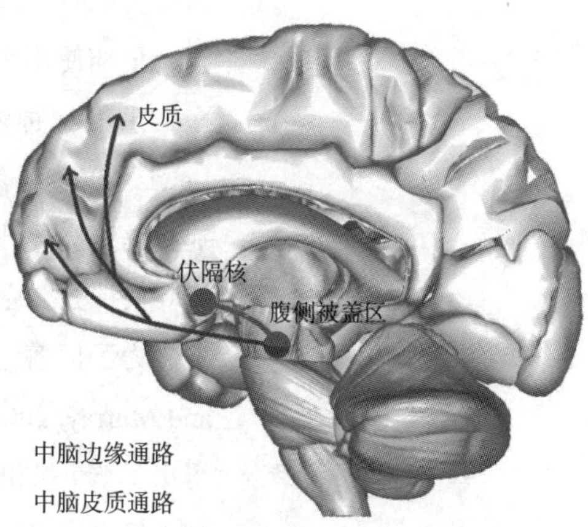

图 14.16　精神分裂症患儿的中脑边缘通路和中脑皮质通路

注：精神分裂症患儿常表现出中脑边缘通路过度激活以及中脑皮质通路激活不足。

Kernan, 2008）

*中脑皮质通路*是另一种多巴胺神经通路。它也始于中脑 VTA，但连接到背外侧前额叶皮质。背外侧区被认为是负责动机和情绪表达的区域。新证据支持**额叶功能低下假说**（**hypofrontality hypothesis**），即背外侧前额叶区域的某些多巴胺受体活性不足的观点（D1 受体）。这种活性不足被认为是该疾病阴性症状，包括情感淡漠和情感迟钝出现的原因（Asarnow & Kernan, 2008）。

治疗精神分裂症面临的挑战是找到药物，阻断一条通路中的多巴胺过度激活，同时增加另一条通路中多巴胺的激活程度。更复杂的是，多巴胺还参与中枢神经系统其他的一些重要活动，例如运动控制和代谢调节。影响多巴胺受体的药物会对这些其他活动产生不利影响，产生副作用，使许多患者难以忍受（Kline et al., 2015）。

环境风险

一些早期的环境风险因素与精神分裂症的发展有关。这些因素包括孕期母亲的压力、疾病、出生季节和产前或围产期并发症（Palmen & van Engeland, 2012）。最近的纵向研究表明，重大生活事件也可以预测在遗传上易患精神分裂症的个体的精神分裂症起病。被视为“无法控制”的事件是精神病性障碍的显著预测因子。此外，正性和负性事件都会使个体处于风险之中。例如，许多青少年认为离家进入大学是正性的事件，但这可能会在易患该障碍的青少年中引发症状（Kodish & McClellan, 2015）。

针对青少年吸食大麻与精神分裂症之间的关系研究已有许多。早期研究表明，青春期早期吸食大麻与青春期后期和成年早期患精神分裂症的可能性提高有关。例如，研究人员对瑞典青少年和年轻成人（占该国男性人口的 97% 以上）的大样本进行了大麻吸食调查，他们发现早期使用大麻与 5 年后的精神分裂症有直接关系，而且，早期使用大麻与之后患精神病性障碍之间存在剂量-反应关系，即：使用量越多，患上精神病性障碍的可能性越大（Zammit, Allebeck, Andreasson, Lundberg, & Lewis, 2002）。然而，研究人员无法判断大麻是否会导致后来的精神病性障碍，前驱症状是否会导致青少年吸食大麻，或者第三因素（例如，冲动）是否会导致吸食大麻和精神分裂症。

为了回答这个问题，阿瑟诺、坎农、威顿和默里（Arseneault, Cannon, Witton, and Murray, 2004）对大麻与精神分裂症之间因果关系的研究文献进行了综述。他们得出了三个结论。第一，青春期使用大麻使成年早期患精神分裂症的可能性增加了 2 到 3 倍。第二，青少年使用大麻的时间越早、频率越高，患精神病的可能性就越大。第三，大麻本身不足以引起精神分裂症；只有当青少年在遗传上有患精神分裂症的风险时，它才会导致精神分裂症（Milin, 2008）。

卡斯比和莫菲特（Caspi and Moffitt, 2006）进行了一项前瞻性纵向研究，以研究青少年的大麻吸食如何与基因相互作用，使青少年面临患精神分裂症风险。研究人员调查了来自新西兰达尼丁的一个年龄在 11 ～ 26 岁之间的大样本。研究人员评估了被试在儿童后期的精神病性症状、青春期的大麻吸食情况以及成年后的精神病性症状。他们还收集了 DNA 来研究的他们基因型。研究人员发现了一种显著的基因-环境相互作用，部分解释了大麻吸食与精神病性障碍之间的关系。

COMT 基因有两种变异（即等位基因）:（1）COMT 缬氨酸等位基因（the COMT valine allele）和（2）COMT 蛋氨酸等位基因（the COMT methionine allele）。儿童与青少年可能遗传两个缬氨酸等位基因、两个蛋氨酸等位基因或每种类型各一个。研究人员发现，无论遗传了什么等位基因，不吸食大麻的青少年比吸食大麻的青少年患精神病性障碍的风险更低。然而，与吸食大麻但未遗传 COMT 缬氨酸等位基因的青少年相比，吸食大麻且遗传至少一个 COMT 缬氨酸等位基因的青少年更容易患精神病性障碍。COMT 缬氨酸等位基因产生一种调节多巴胺的酶，它似乎有使青少年患上精神分裂症的风险，但只有在他们吸食大麻的情况下才是如此。相反，COMT 蛋氨酸等位基因似乎可以保护青少年免受精神病性障碍的影响，不论他们是否接触大麻（图 14.17）。

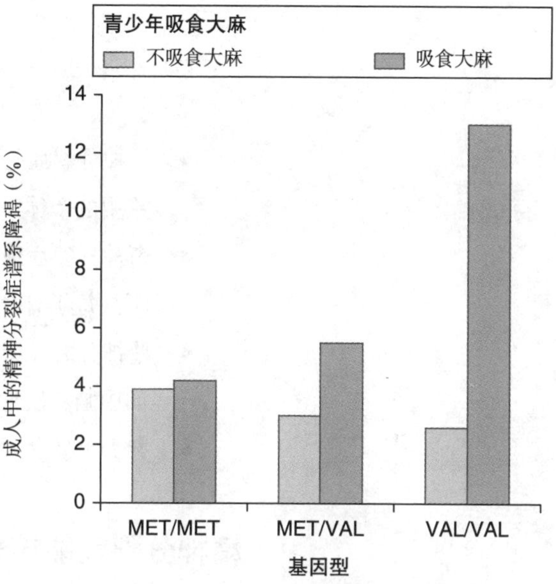

图 14.17　青春期吸食大麻

可预测部分儿童与青少年日后的精神分裂症

注：吸食大麻并遗传 COMT 基因的缬氨酸等位基因的儿童与青少年患精神分裂症风险增加。因此，有精神分裂症家族史的儿童与青少年应该避免吸食大麻。基于卡斯比和莫菲特（Caspi and Moffitt, 2006）。

神经发育模型

如今，大多数专家将儿童期和青春期起病的精神分裂症视为一种神经发育障碍。**精神分裂症的神经发育模型（neurodevelopmental model for schizophrenia）**基于这样一个概念，即患有精神分裂症的个体在出生时就具有这种障碍的素质。这一说法的证据来自行为遗传学研究，该研究显示了该障碍的高度遗传性。分子遗传学研究表明，特定基因可能使个体处于高风险状态。遗传风险似乎对精神分裂症的发展尤为重要；在没有阳性家族史的情况下，发生该障碍的可能性$< 0.5\%$。

然而，遗传风险不足以完全解释这种障碍。神经发育模型假设，早期环境应激源与生物遗传风险因素相结合，导致中枢神经系统的组织结构和发育的异常。已知的环境风险因素包括母亲在孕期的压力和疾病、产科并发症、营养不良和贫困，以及与移民和文化适应有关的应激源。中枢神经系统的异常最初表现为病前特征差异。之后患上精神分裂症的幼儿和学龄前儿童常常表现出语言、社交和运动技能方面的缺陷。

大脑组织结构和发育的异常表现为前驱症状和体征：社交行为、情绪和认知功能的显著下降。这些特征通常出现在儿童与青少年第一次精神病发作的前几年，与已表现出来的神经过度修剪模式的开始相对应，这种模式从较低层次的脑区发展到较高层次的脑区。事实上，精神病性障碍的出现往往与大脑中负责思考、推理和调节情绪的区域的灰质急剧减少同时发生。青少年的第一次精神病性障碍的发作可能是一系列事件中的一步，而这一切从出生时（或出生前）就开始了（Rapoport & Gogtay, 2011）。

小　结

- 精神分裂症是有遗传性的。一级亲属有精神分裂症的个体（5.9%）比没有家族史的个体（< 0.5%）更容易患上精神分裂症。
- 精神分裂症患儿经常出现过度的神经修剪，导致在他们第一次精神病发作前不久每年有 3% ～ 4% 的灰质损失。
- 精神分裂症患儿中脑边缘通路中多巴胺过度激活，这与阳性症状有关。他们的中脑皮质通路中多巴胺激活不足，这可能是他们阴性症状的基础。
- 青少年吸食大麻可能诱发具有遗传易感性的个体患精神分裂症。

精神分裂症能被预测和治疗吗?

预测精神分裂症：轻微精神病综合征

研究人员对尽可能早地在儿童、青少年和年轻的成人中识别精神分裂症非常关注（DSM-5 Psychosis Work Group, 2013）。早期识别是至关重要的，因为长期预后与障碍未经治疗的时间有关。精神分裂症患者越早接受治疗，其转归越好。

因此，DSM-5 将**轻微精神病综合征**（**attenuated psychosis syndrome, APS**）作为“需要进一步研究的病症”纳入其中。APS 可在精神分裂症全面发作之前出现了精神病的最初症状和体征的儿童、青少年和年轻成人中诊断出来。要被诊断为 APS，个体必须存在（1）妄想或妄想意念，（2）幻觉或知觉异常，或（3）紊乱的言语或交流。在过去的 1 个月中，这些特征必须每周至少出现 1 次，并且在过去的 1 年中，这些特征必须已经开始或恶化。此外，这些迹象和症状必须对个体或其家人造成足够的痛苦或损害，促使他们寻求专业帮助（American Psychiatric Association, 2013）。

关于 APS 的研究是很有前景的。早期研究表明，APS 可以可靠地诊断出来。此外，APS 与之后的精神病性障碍有关：符合 APS 标准的个体中，18% 在 6 个月内、22% 在 12 个月内、29% 在 24 个月内、36% 在 36 个月内患上精神病性障碍。大多数后来精神病发作的患者（73%）发展为精神分裂症，其余患者则患上具有精神病性特征的精神障碍（例如，双相 I 型障碍）。

麦戈里及其同事（McGorry and colleagues, 2002）进行了一项随机对照研究，以检验在精神病性症状出现之前提供的治疗是否可以预防这些症状出现。研究人员研究了一组有患精神分裂症遗传风险的青少年，他们的一个或两个亲生父母患有这种障碍。然后，研究人员让青少年接受低剂量的抗精神病药物和心理治疗或“基于需求的治疗”。后一种情况下的青少年只有在症状出现后才接受药物和心理治疗。治疗后，接受早期干预的个体出现精神病性症状的可能性明显低于对照组。在 12 个月的随访时，两组之间的差异基本消失。然而，转归取决于个体是否继续服用抗精神病药物。坚持服药的个体的精神病性障碍的发生率仍然较低（图 14.18）。这些发现说明了早期治疗和坚持药物治疗对预防精神病性障碍的重要性。

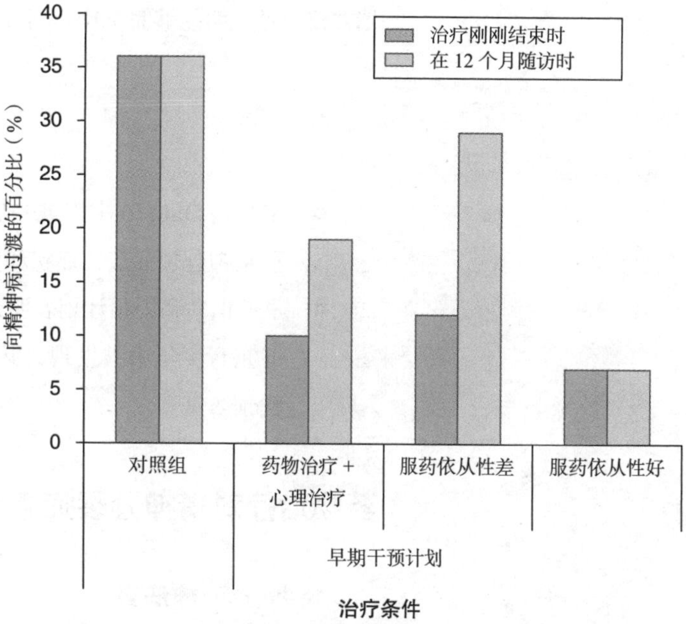

图 14.18　高危青少年精神分裂症的预防

注：治疗刚刚结束时，接受早期干预的高风险个体比对照组中的高风险个体更不容易出现精神病性症状。一年后，大多数接受早期干预的个体继续保持无症状，但前提是他们继续服用抗精神病药物。基于麦戈里及其同事（McGorry and colleagues, 2002）。

早期干预计划

美国和欧洲已经为有前驱症状或早期精神病性症状的青少年和年轻的成年人制定了早期识别和治疗方案。例如，英国的白金汉综合精神卫生保健项目（Buckingham Integrated Mental Health Care Project）旨在社区中识别出表现疾病初期征兆的个体（Falloon, Wilkinson, Burgess, & McLees, 2016）。基层执业医师接受培训，定期筛查个体前驱症状，并将他们转介到早期干预计划。干预包括服用低剂量的抗精神病药物、关于精神病性障碍的心理教育以及帮助患者管理压力的心理治疗。英国的精神分裂症的患病率从计划实施前的每年 7.4/100 000 下降到项目实施后的每年 0.75/100 000。

澳大利亚早期精神病预防和干预中心（Early Psychosis Prevention and Intervention Centre, EPPIC）也制定了早期检测和预防计划。EPPIC 致力于在精神病性症状出现之前识别有患精神分裂症风险的儿童与青少年。随后向患儿及其家庭提供药物、心理教育和心理治疗服务，以减轻该疾病的影响。工作人员还提供支持，帮助患儿正常进行学习和工作。参加 EPPIC 的患儿比没有接受这些预防和早期干预服务的个体有更好的转归。具体而言，参加 EPPIC 的患儿阳性症状更少、适应功能更好、精神病发作更少且就业情况更好。这些发现说明了早期识别和干预的重要性（Amminger et al., 2011）。

其他的早期识别和预防计划包括挪威的精神病治疗和干预研究项目（Treatment and Intervention in Psychosis Study, TIPS）和美国的波特兰识别和早期转介计划（Portland Identification and Early Referral Program, PIER）。对这些计划的评估表明，前驱症状和早期精神病性症状可在青少年和年轻的成年人中发现。此外，包括药物治疗和心理治疗的早期干预在延缓精神病性障碍发生方面是有效的。然而，这些计划并没有被证明能够完全预防精神病性障碍（Kline et al., 2015）。

小　结

- APS 是 DSM-5 中需进一步研究的一种障碍。存在妄想、幻觉或言语紊乱这些精神分裂症最初症状和体征的儿童与青少年被诊断为此障碍。
- 早期识别和干预计划表明，精神分裂症可以可靠地在具有该障碍遗传风险的儿童青少年中被发现，并且其发病可以通过抗精神病药物延缓（但通常无法预防）。

药物治疗对精神分裂症患儿有效吗？

传统抗精神病药

精神分裂症的一线治疗方法是抗精神病药物。有两大类药物对该障碍有效：（1）传统抗精神病药（conventional antipsychotic）;（2）非典型抗精神病药（atypical antipsychotic）。

传统抗精神病药物已经用于治疗成人精神分裂症超过 50 年。传统抗精神病药物通过与 D2 受体结合起到多巴胺拮抗剂的作用，特别是在中脑边缘通路中。因此，它们在减少诸如幻觉和妄想的精神分裂症阳性症状方面特别有效。最著名的传统抗精神病药物是氟哌啶醇、吗茚酮（molindone）和奋乃静（perphenazine）。传统的抗精神病药物在减少儿童青少年精神分裂症的阳性症状方面也是有效的（Mattai, Hill, & Lenroot, 2010）。总体而言，与安慰剂（0% ～ 38%）相比，54% ～ 93% 的患儿在服用这些药物时症状减轻（Leucht et al., 2013; Rapoport, Gogtay, & Shaw, 2008）。

传统抗精神病药物有两个主要缺点。首先，在减少精神分裂症的阴性症状方面效果较差，例如淡漠、情绪表达受限、社交退缩和精神运动问题。其次，也许更重要的是，它们对患者产生副作用。这些副作用令人痛苦，偶尔危及生命。

锥体外系副作用（extrapyramidal side effect）是最常见的。它们涉及锥体外系系统，即一种调节身体运动控制的神经网络。这个系统中的脑区包括黑质、基底节和小脑。这些区域富含多巴胺受体，并可能受到阻断多巴胺的抗精神病药物的不利影响。

副作用包括运动启动困难（即运动障碍）、强烈的不安感和难以保持静止（即静坐不能），以及类似帕金森病症状的震颤。其他不自主运动包括面部和口腔肌肉痉挛、手或手腕扭动、轻微地吐舌或咂嘴。成人可能发生**迟发性运动障碍（tardive dyskinesia）**，其特征是面部、口腔和下颌的无意识、无目的和重复性不自主运动（Leucht et al., 2013; Rapoport et al., 2008）。一种罕见但可能危及生命的副作用是**神经阻滞剂恶性综合征（neuroleptic malignant syndrome, NMS）**。该综合征的症状和体征包括严重的肌肉僵硬、失去运动控制，以及体温和血压升高或变化剧烈（Rajamani, Kumar, & Rahman, 2016）。

非典型抗精神病药

在过去的20年里，精神病学家已经开始使用非典型抗精神病药物治疗成人精神分裂症。和传统的抗精神病药物一样，非典型抗精神病药物也起到多巴胺拮抗剂的作用，能有效地减少该障碍的阳性症状。与传统抗精神病药物不同的是，非典型抗精神病药物与多巴胺受体的结合较弱，导致锥体外系副作用的可能性降低。此外，大多数非典型抗精神病药物对血清素受体具有更高的亲和力，使其在调节情绪和减少阴性症状方面更有效（Harvey, James, & Shields, 2016; Harvey, Shields, & James, 2015）。

最常用的非典型抗精神病药物是阿立哌唑、奥氮平、帕利哌酮、喹硫平、利培酮和齐拉西酮。总体而言，38%～72%的患儿在服用非典型抗精神病药物时症状减轻，而服用安慰剂的患儿中，仅有26%～35%症状减轻（Correll, 2015）。

由于非典型抗精神病药物较新且副作用较少，大多数医生将这些药物用作精神分裂症的一线治疗方法（Correll, 2015）。然而，一项大型研究质疑了非典型抗精神病药物相对于传统抗精神病药物的优越性（Sikich et al., 2008）。在**早发性精神分裂症谱系障碍的治疗（Treatment of Early Onset Schizophrenia Spectrum Disorders, TEOSS）研究**中，119名精神分裂症患儿被随机分配接受三种药物中的一种：（1）吗茚酮，一种传统的抗精神病药物；（2）奥氮平，一种非典型抗精神病药物；（3）利培酮，另一种非典型抗精神病药物。研究人员在治疗后8周评估效果。总体疗效有限。有效率分别为吗茚酮（50%）、奥氮平（34%）和利培酮（46%），三组间无显著性差异（Findling et al., 2010）。

非典型抗精神病药也有副作用。约一半的儿童与青少年服用奥氮平或利培酮后仍会出现锥体外系副作用，5%～10%的儿童与青少年会出现中度至重度运动问题。最常见的非运动副作用是体重增加和镇静。4%～5%的青少年服用阿立哌唑后、15%～16%服用利培酮后、45%～46%服用奥氮平后体重显著增加。体重增加与其他代谢问题有关，例如患糖尿病、肥胖、高甘油三酯和高胆固醇的风险。体重增加还可能导致同伴的嘲笑或排斥。不同药物的镇静作用差异很大：阿立哌唑的镇静副作用出现率最低（0%～33%），奥氮平的镇静副作用出现率最高（46%～90%）。该副作用会干扰患儿的学业和社会功能。在22%～35%的患儿中，非典型抗精神病药物也与肝酶异常有关。必须仔细监测服药患儿的代谢（Caccia, 2013; Correll, 2015）。

抗精神病药物应在出现精神病性症状后使用6～18个月。然而，由于副作用，大多数患儿不愿意长期服用这些药物。一项大型研究发现，因早发性精神分裂症开始服用非典型抗精神病药的患儿中，有71%～77%在他们首次被开具这些药物后的

180 天内停药（Olfson, Blanco, Liu, Wang, & Correll, 2012）。这个高停药率很重要，因为它可以预测复发。平均而言，停止服药的患者再次精神病性障碍发作的可能性比坚持治疗的患者高 7 ～ 28 倍（Subotnik et al., 2011）。因此，治疗师通常在给患者药物治疗的同时合并心理治疗，以提高治疗依从性（Kodish & McClellan, 2015）。

小　结

- 传统的抗精神病药物能有效降低患儿精神分裂症的阳性症状。持续服用药物与锥体外系副作用和迟发性运动障碍有关。
- 非典型抗精神病药物似乎与传统抗精神病药物对精神分裂症患儿同样有效。非典型抗精神病药的副作用较少。
- TEOSS 研究结果表明，大约三分之一的患儿的药物治疗有效。

心理治疗对精神分裂症患儿有效吗？

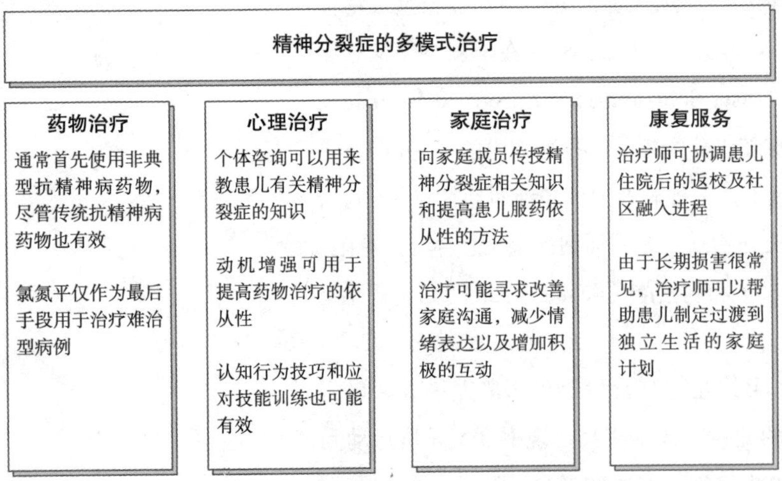

图 14.19 儿童青少年精神分裂症的多模式治疗

注：几乎所有的治疗方案都涉及（1）药物治疗，（2）个体心理治疗，（3）家庭治疗，以及（4）重返学校和家庭生活的计划。基于克拉克（Clark, 2011）。

几乎所有的专家都建议将药物治疗与心理治疗相结合，以治疗儿童与青少年的精神分裂症（图 14.19）。大多数心理治疗有五个共同的组成部分（Kline et al., 2015; Remschmidt & Theisen, 2012）。

第一，治疗师向儿童青少年及其家庭提供有关障碍的知识。心理教育是治疗成功的关键。家人经常对这种障碍以及帮助患儿应对症状的最佳方法有很多疑问，治疗师也有助于消除关于精神分裂症的误解，倾听家庭对照顾精神分裂症患儿的担心。

第二，治疗师与患儿及其父母合作，鼓励药物依从性。因为抗精神病药物会有体重增加等令人不愉快的副作用，青少年通常不愿意长期服用。父母的唠叨、恳求和贿赂通常是鼓励依从性提高的无效策略。相反，治疗师可能使用动机增强的方法帮助青少年遵从药物治疗。使用动机强化的治疗师不是坚持让青少年服用药物，而是承认并尝试理解青少年的恐惧。治疗师还利用决策分析鼓励患儿权衡坚持用药的成本和收益。当然，治疗师希望青少年能够认定坚持的好处大于不坚持的好处。治疗的目标是慢慢地将青少年从拒绝用药转变为对药物有更高的接受度

（Schaefer & Kavookjian, 2018）。

第三，患有精神分裂症的青少年可能受益于*认知行为干预*。例如，患有精神分裂症的青少年可能会觉得自己受到父母和教师的不公平对待。认知治疗师可能会要求青少年提供这些信念的证据，并建议他以其他更现实的方式来解释成人的行为。行为干预可能包括教授特定的沟通技巧以提高孩子与父母和教师的关系质量。例如，治疗师可能会通过教学和角色扮演的方式让青少年在不引起争论的情况下向成人表达担忧。行为干预还可能包括介绍和实践应对精神分裂症特定症状的方法。例如，青少年可以学着在幻听时分散自己的注意力，或者用更理性的方式回应（例如，"哦，又有那些声音了。我需要找到方法，让它们成为我生活的背景。"）。

第四，治疗可能涉及*基于家庭的干预*。虽然父母不是孩子患精神分裂症的原因，但障碍的严重程度和病程可能受到家庭系统的影响。最初，家庭治疗师尝试与家庭成员建立治疗联盟。通常情况下，这包括共情地倾听家人的担忧、提供信息，并向成员提供情感支持。在与家庭结成联盟后，治疗师会处理出现冲突或紧张的领域。例如，家庭治疗师可能会处理父母的担忧，他们的孩子因副作用而不服药；治疗师可能会帮助家庭平衡父母的担忧和青少年自主性的发展；治疗师可能会处理健康的兄弟姐妹的感受，他们可能会感到"被忽视"，因为患有精神分裂症的兄弟姐妹会独占父母的注意力和精力。

第五，治疗几乎总是涉及*康复和重返社区*。精神病发作对孩子及其家庭来说既痛苦又具有破坏性。有些患儿需要住院治疗，可能与家人分离。许多患儿将缺课数周或数月。他们与教师和朋友的关系可能会被严重破坏。他们也可能暂停参加体育运动、课外活动或兼职等以前会参与的活动。治疗师可以帮助患儿从治疗过渡到重返家庭、学校和社区生活（Remschmidt & Theisen, 2012）。

大约 40% 经历过精神分裂症发作的儿童与青少年没有恢复到病前的功能水平。这些儿童与青少年仍然有精神分裂症的阴性症状，特别是烦躁、冷漠和社交退缩。对他们来说，康复的目标与其说是回到他们的"旧生活"，不如说是找到新的方法来应对障碍。

疗 效

心理社会干预对精神分裂症有效吗？两项关于成年精神分裂症患者认知行为干预的研究结果令人失望。在一项已发表的定性综述中，迪克森（Dickerson, 2000）得出结论，CBT 在减少精神分裂症的阳性症状方面，尤其是在具有明确精神病性症状的患者中，有中等水平的疗效。然而，她发现几乎没有证据表明认知行为干预对缓解阴性症状或改善社会功能有用。科马克、琼斯和坎贝尔（Cormac, Jones, and Campbell, 2014）对精神分裂症的各种心理社会干预的疗效进行了荟萃分析。他们发现，与支持性心理治疗相比，CBT 的疗效没有总体差异。此外，药物治疗中加入了 CBT 后并没有比单独用药更能降低复发率或住院率。

遗憾的是，很少有随机对照研究探索认知行为干预对精神分裂症患儿的疗效。

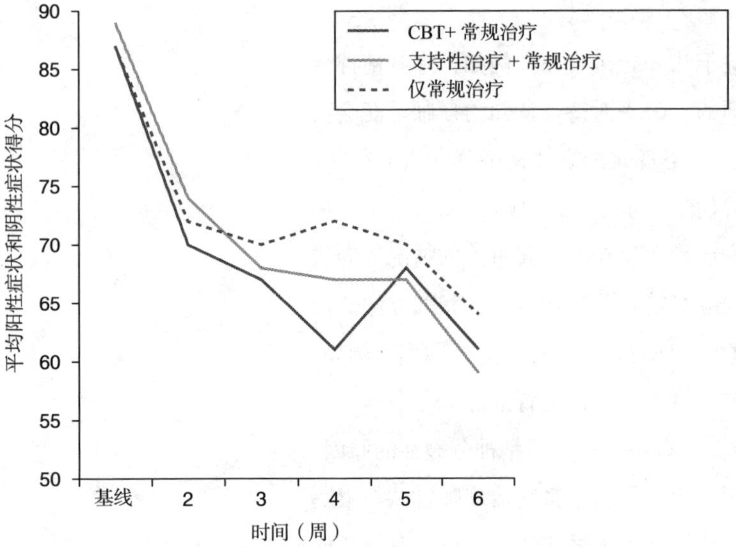

图 14.20　CBT 治疗青少年精神分裂症的疗效观察

注：在常规治疗（药物治疗）中加入 CBT 可以在中等程度上加快精神分裂症青少年患者的康复。接受支持性治疗加药物治疗或单独药物治疗的青少年与接受 CBT 加药物治疗的青少年相比，改善不显著。基于刘易斯及其同事（Lewis and colleagues, 2002）。

不过，两项研究可能与之相关。刘易斯及其同事（Lewis and colleagues, 2002）研究了青少年和年轻成人首次精神分裂症发作时的治疗效果。患者被随机分配到 CBT 加药物治疗、支持性治疗加药物治疗或单独药物治疗组。干预只持续了 5 周。结果显示，CBT 在急性期有助于更快地缓解症状，比其他两种干预措施有中等程度的获益（图 14.20）。

第二项研究涉及近期因急性精神病性障碍发作住院治疗后出院的青少年和成人（Hogarty et al., 1997）。患者被随机分配到两种心理社会干预：支持性治疗或行为技能训练。行为技能训练包括更复杂一些的应对心理社会压力的技能。例如，患者要学习识别可能引发负面情绪的人和情境，避免这些刺激，并使用放松技巧。他们还学习了改善社交互动和适应社区生活的技能。这项研究在 3 年内每 6 个月评估一次转归。总体而言，在两种治疗方式中约有三分之一的患者复发。然而，患者的转归取决于患者在治疗期间是与家人一起生活还是独立生活。技能训练对于减少与家人一起生活的患者的复发非常有效（只有 13% 的患者复发）。相反，技能训练并不能很好地预防独立生活的患者复发（44% 复发）。这些发现表明，治疗的效果可能取决于家庭的支持和 / 或治疗环境以外患者生活的稳定性。

家庭治疗几乎普遍地被推荐用于患有精神分裂症的儿童与青少年。遗憾的是，关于青少年精神分裂症家庭治疗效果的研究非常有限。一项相关研究涉及 547 名正经历第一次精神病发作的初诊患者，其中许多是大龄青少年和年轻成人（Petersen, Jeppesen, & Thorup, 2005）。研究人员将这些患者随机分入两种治疗组：（1）单独用药，或（2）药物治疗 + 家庭治疗。接受药物治疗 + 家庭治疗的患者在阳性症状和阴性症状方面比单独接受药物治疗的患者有更大程度的改善。接受家庭治疗的患者也不太可能使用酒精和其他药物，更可能坚持服药，并且对治疗更满意。

也有一些证据表明家庭治疗可以帮助精神分裂症患儿。在一项研究中，精神分裂症患儿被随机分入（1）药物治疗组或（2）药物治疗 + 家庭治疗组（Rund, 1994）。治疗两年后，接受药物治疗 + 家庭治疗的患儿的总体功能更好且复发率更低。然而，患儿的总体复发率仍然很高，这支持了早发性精神分裂症非常难治的观点。莱尼奥、丁厄曼斯、林森、德・哈恩和舍内（Lenior, Dingemans, Linszen, de Haan, and Schene, 2001）随机将患有精神分裂症的青少年和年轻成人分为标准治疗组或标准治疗 + 家庭治疗组。与仅接受标准治疗的患者相比，接受家庭治疗的患者在随访期间的住院护理时间平均少 10 个月。因此家庭治疗是一种很有前景的针对患精神分裂症青少年的干预方法。显然，要使其最大限度地发挥作用需要更多研究。

小 结

- 精神分裂症青少年的心理治疗有五个组成部分：（1）心理教育；（2）药物依从性；（3）挑战认知歪曲；（4）家庭治疗以减少 EE；（5）康复和重返学校和社区。
- 大约 40% 精神分裂症患儿的功能不能恢复到病前水平。然而，参与家庭治疗的患儿比单独接受药物治疗的患儿有更好的转归。

关键术语

轻微精神病综合征（attenuated psychosis syndrome, APS）：用于描述在没有精神病性障碍发作的情况下，每周至少出现一次的精神病早期症状和体征（例如，妄想、幻觉、言语紊乱）的情况，是 DSM-5 中一种“需要进一步研究的病症”。

双相Ⅰ型障碍（bipolar Ⅰ disorder）：DSM-5 中的一种障碍，其特征是患者至少有一次躁狂发作，导致其功能明显受损、需要住院治疗，或者与精神病性特征相关。

双相Ⅱ型障碍（bipolar Ⅱ disorder）：DSM-5 中的一种障碍，其特征是患者至少有一次轻躁狂发作和一次抑郁发作，导致其功能显著改变。

聚焦儿童和家庭的认知行为疗法（child-and family-focused cognitive-behavioral therapy, CFF-CBT）：针对双相情感障碍儿童（7～13 岁）及其照顾者的治疗方法，包括（1）监控和调节情绪；（2）改善亲子互动；（3）管理儿童的破坏性行为。

儿童青少年双相情感障碍的病程与转归研究［Course and Outcome of Bipolar Youth (COBY) study］：一项关于儿童青少年双相情感障碍病程的大型研究，结果显示，大多数患有双相情感障碍的儿童青少年从症状中恢复，但是之后依然有心境问题，并又经历了一次心境发作。

环形心境障碍（cyclothymic disorder）：DSM-5 中的一种障碍，其特征是儿童青少年持续至少 1 年的轻躁狂症状（但不符合轻躁狂发作诊断标准）和抑郁症状（但不符合重性抑郁发作诊断标准）。

妄想（delusion）：错误的信念，经常是古怪的，通常包括对知觉或经验的错误解释。

多巴胺假说（dopamine hypothesis）：假设精神分裂症的阳性症状是由中脑边缘通路中某些过度激活的多巴胺受体（D2 受体）引起的。

情绪化（expressed emotion, EE）：对患有精神病性障碍的家庭成员的批评、敌意或情绪过度卷入。

锥体外系副作用（extrapyramidal side effect）：与使用传统抗精神病药物相关的副作用，包括运动启动障碍、静坐不能和迟发性运动障碍。

聚焦家庭的青少年治疗（family-focused treatment for adolescents, FFT-A）：一种针对双相情感障碍青少年及其照顾者的家庭系统治疗。寻求改善亲子沟通和解决问题，并通过减少表达情绪来避免之后的情绪波动。

意念飘忽（flight of idea）：躁狂或轻躁狂状态下的个体经常经历的思维奔逸。

目标导向活动（goal-directed activity）：一种开始一系列新行为的倾向。

夸大（grandiosity）：异常的高度自信、夸张的自尊和高估的自我重要性。

幻觉（hallucination）：与现实不符的、错误的、常常是古怪的知觉。

额叶功能低下假说（hypofrontality hypothesis）：假设中脑皮质通路中某些多巴胺受体（D1 受体）的活性不足是精神分裂症阴性症状的原因。

轻躁狂发作（hypomanic episode）：一段时期内异常的情绪持续高涨、扩张或易激惹，活动和精力增加，至少持续 4 天，且上述症状几乎在每天的大部分里出现。

脑岛（insula）：一个大脑的中心区域，负责情绪调节、自我意识和人际功能。

侧脑室（lateral ventricle）：是一个大脑中心充满脑脊液的腔体。成年精神分裂症患者的侧脑室有时体积增大。

锂（lithium）：一种用于治疗成人双相情感障碍的心境稳定剂，可以调节去甲肾上腺素和血清素。

躁狂（mania）：间断出现的异常的、持续的心境高涨、扩张或易激惹，以及精力和活动水平增加，是所有 DSM-5 双相情感障碍的基本特征。

躁狂发作（manic episode）：一段时期内异常的、持续的心境高涨、扩张或易激惹，以及活动和精力增加，持续至少一周，且上述症状几乎在每天的大部分时间里出现。

混合心境（mixed mood）：出现躁狂或轻躁狂发作和阈下抑郁症状，或者出现抑郁发作和阈下轻躁狂症状。

阴性症状（negative symptom）：反映行为"表达不足"的精神分裂症特征，包括情感平淡、意向缺乏、社交退缩、被动、淡漠和缺乏自发性。

负向升级的沟通循环（negatively escalating cycle of communication）：一种一位家庭成员的批评引起另一位家庭成员的反驳，直到问题难以解决的亲子互动模式，通常遵循"三连顺序"。

精神分裂症的神经发育模型（neurodevelopmental model for schizophrenia）：假设早期环境应激源与生物遗传风险因素相结合导致中枢神经系统的组织结构和发育异常，这些异常可能引发精神分裂症。

神经阻滞剂恶性综合征（neuroleptic malignant syndrome, NMS）：一种初始大剂量传统抗精神病药物引起的罕见情况，以严重的肌肉僵硬、失去运动控制、发烧和高血压为特征。

匹兹堡双相情感障碍后代研究（Pittsburgh Bipolar Offspring Study, BIOS）：一项大型研究，表明双相情感障碍患者的子女患双相情感障碍、心境问题和焦虑障碍的风险增加。

阳性症状（positive symptom）：反映“行为过度表达”的精神分裂症特征，包括幻觉、妄想、行为紊乱、兴奋、夸大、多疑和敌意。

前驱症状（prodromal）：发病前出现的症状或体征。

心理教育心理治疗（psychoeducational psychotherapy, PEP）一种针对双相情感障碍和其他心境问题患儿（8～12岁）及其照顾者的治疗方法，可治疗单个家庭或家庭团体，治疗内容包括向家庭传授心境障碍的知识及情绪调节和解决问题的技能。

精神运动性激越（psychomotor agitation）：以过度的活动、不安或冲动为特征的外显行为。

精神分裂症（schizophrenia）：DSM-5中的障碍，以幻觉、妄想、言语紊乱、行为紊乱和/或情绪表达减少以及动力缺乏为特征，这些症状造成功能损害至少6个月。

迟发性运动障碍（tardive dyskinesia）：一类长期使用传统抗精神病药物的副作用，以面部、口腔和下颌的无意识、无目的和重复运动为特征。

早期躁狂症治疗研究［Treatment of Early Age Mania (TEAM) study］：一项大型研究，表明非典型抗精神病药物在缓解儿童与青少年的双相情感障碍方面比传统的情绪稳定剂更有效。

早发性精神分裂症谱系障碍的治疗研究［Treatment of Early Onset Schizophrenia Spectrum Disorders (TEOSS) study］：一项大型研究，表明传统和非典型抗精神病药物在缓解儿童青少年精神病性症状方面有显著的、中度的效果。

批判性思维练习

1. 乔迪是一个15岁的女孩，她曾经历过一次躁狂发作，但从未经历过抑郁发作。她能被诊断为双向Ⅰ型障碍吗？

2. 路易莎是一名患有双相Ⅰ型障碍的10岁女孩，她正在通过药物治疗和家庭治疗来控制自己的症状。她母亲担心路易莎的症状会复发。根据COBY研究的结果，她母亲的担忧有道理吗？

3. 杰克逊是一名13岁男孩，有精神分裂症家族史。杰克逊的父亲在年轻时被诊断患有这种障碍。为什么杰克逊要在青春期避免吸食大麻？

4. 玛吉是一个17岁的女孩，她非常热爱自己的宗教。她每天祈祷多次，定期参加宗教仪式，并参加宗教青年团体活动和慈善活动。最近，她向母亲和她的朋友们报告说，她曾经向上帝“说话”，上帝正在向她传达关于她生活的信息。麦琪还报告说，她在祈祷时看到了上帝和天使。她母亲开始关注她对这些宗教经历的生动描述。

临床医生如何将这些经历与妄想或幻觉区分开来？

5. 在 DSM-5 中将轻微精神病综合征作为“需要进一步研究的状况”是有争议的。为什么临床医生可能不想给表现出早期精神分裂症特征的儿童与青少年贴上这个标签？

PART V

第五部分

健康相关障碍

HEALTH-RELATED
DISORDERS

第十五章

喂食及进食障碍

FEEDING AND EATING DISORDERS

学习目标

阅读本章后，你应该能够做到以下几点：

15.1 区分影响婴幼儿的最常见喂食障碍。

确认导致喂食障碍的主要原因，并为这些问题提供循证治疗的例子。

15.2 区分神经性厌食、神经性贪食和暴食症。

解释进食障碍是如何随年龄、性别、族裔和社会经济地位变化的。

概述进食障碍从遗传-生物因素到社会-文化影响的一些主要病因。

15.3 批判地评估青少年进食障碍的住院和门诊治疗方案。

在 DSM-5 中，喂食及进食障碍被归为一个单独的诊断类别（American Psychiatric Association, 2013）。喂食障碍通常见于婴儿、幼儿和低龄儿童，但也可能见于有发育障碍的儿童、青少年和成人。这些障碍的特点是摄食出现明显障碍，给照顾者造成相当大的痛苦，使患儿面临营养不良或身体疾病的风险。相反，进食障碍几乎只见于大龄儿童、青少年和成人。这些障碍的特点是进食紊乱，导致患儿体重极低、暴饮暴食和/或采用避免体重增加的危险策略。进食障碍是所有精神障碍中最致命的一种，因为这类障碍影响患儿的健康，并与抑郁、无望感和自残密切相关（American Psychiatric Association, 2013）。

在本章中，我们将首先研究婴幼儿常见的喂食障碍：异食癖、反刍障碍和回避/限制性摄食障碍。然后，我们将讨论在大龄儿童与青少年中最常见的三种进食障碍：神经性厌食、神经性贪食和暴食障碍。

15.1　幼儿中的喂食障碍

从母乳喂养或奶瓶喂养到食用固体食物的转变在个体出生后的前2年里逐渐发生。尽管这一转变似乎不费吹灰之力，但在很大程度上取决于婴幼儿的躯体、运动和社会情感发展。第一，婴幼儿的味觉和消化系统必须能够接受和消化越来越多不同口味、质地和外观的固体食物。第二，婴幼儿必须有咬、咀嚼和吞咽的能力，以及将食物放入嘴里、使用勺子和用杯子喝水的协调的动作。第三，婴幼儿必须能够长时间地调节自己的注意力、情绪和行为，以便在进餐时间保持注意力、接受食物和摄入足够的卡路里。最后，婴幼儿必须能够识别饥饿和饱足的信号，并与照顾者协商执行喂食任务（例如，决定谁来拿勺子）。喂养是照顾者和婴幼儿之间的一种社会活动；自我喂食是婴儿逐渐形成自主性和认同感的一个重要里程碑（Lyons-Ruth, Zeanah, Benoit, Madigan, & Mills-Koonce, 2014）。

在最好的情况下，10个月大的婴儿的用餐时间也可能会很混乱；在更糟糕的情况下，它可能是焦虑和沮丧的根源。25%～50%的父母报告他们的婴儿或幼儿至少存在中度的喂食问题。1%～2%的幼儿患有**喂食障碍**（**feeding disorders**）、严重的喂食问题，其特点是回避进食、进食有限、进食不当或反复反流（Chatoor & Ammaniti, 2007）。喂食障碍会引起家庭的痛苦，使婴幼儿面临营养不良、脱水、发育抑制和出现行为问题的风险（Chatoor, 2009）。

什么是异食癖和反刍障碍？

发育障碍患儿中最常见的喂食障碍有两种：（1）异食癖和（2）反刍障碍。**异食癖**（**pica**）是指在至少1个月的时间内持续食用非营养性、非食用性的物质。“pica”这个名字来源于拉丁语表示喜鹊的单词。喜鹊是一种以既吃食用性又吃非食用性物质而闻名的鸟。表15.1列出了异食癖患儿吃的一些物质。一些异食癖患儿不加区分地吃非食用性物质，而另一些则喜欢特定的食物。如果咀嚼或食用非食用性物质被认为是与发育阶段相适应的，儿童则不被诊断为异食癖。例如，如果一个婴儿吃了她在地板上发现的小东西，她不会被诊断为异食癖（Lyons-Ruth et al., 2014）。

表15.1　异食癖患儿最常食用的物质

烧焦的火柴
防水胶、混凝土、玻璃
烟头
硬币、螺母、螺栓、螺丝
蜡笔、粉笔、胶水、铅笔
泥土、沙子、黏土
纤维、枕头或玩具填充物、地毯、布、海绵
草、树叶、橡子、松果

续 表

头发
昆虫
洗衣粉
油漆碎片
纸、卫生纸
塑料玩具零件
岩石、砾石、卵石
木头、树皮、树枝

注：改编自施蒂格勒（Stiegler, 2005）。

异食癖最常与重度或极重度的智力障碍（ID）相关。大约 15% 的 ID 患者患有异食癖。异食癖可能为这些个体提供了口腔和味觉刺激。异食癖有时也与缺铁或缺锌有关。患有与这些缺陷相关的疾病（例如，乳糜泻、肾脏和肝脏疾病、镰状细胞相关疾病）的个体有时会患上异食癖。缺铁的孕妇也可能患异食癖，她们可能通过食用非食用性物质来获取必要的矿物质。异食癖还与环境压力源有关，例如重大生活事件、贫困的家庭环境或社会忽视。最后，异食癖患儿摄入的某些物质本质上是有强化作用的。例如，许多异食癖患儿吃烟蒂是因为烟蒂中含有尼古丁（Stiegler, 2005）。

正常发育儿童的异食癖通常会自动缓解。在发育障碍患儿中，异食癖往往长期存在。在这两种情况下，异食癖都应该得到治疗，因为食用非食用性物质会带来风险。常见风险包括因食用不易消化的物质（例如，头发、鹅卵石）而导致的肠梗阻、摄入有害细菌和寄生虫、尖锐物体（例如，玻璃、指甲）导致的消化系统穿孔以及反复食用含铅油漆碎片导致的铅中毒（Sturmey & Williams, 2016）。

反刍障碍（rumination disorder）也最常见于发育障碍患儿。生理性反刍包括胃内容物反复地反流到嘴里。反流的食物可能会被再咀嚼、再吞咽或吐出。如果这种行为在至少 1 个月的时间内反复出现，那么个体就会被诊断为反刍障碍。患有这种障碍的儿童习惯性地反流；如果个体患有可能涉及非自愿反流的疾病，如胃食管反流病（gastroesophageal reflux disease, GERD），则不会被诊断为反刍障碍。如果个体是为了避免体重增加而让食物反流，例如一些厌食症或贪食症患者会做的那样，他也不能被诊断为反刍障碍（Silverman & Tarbell, 2009）。

反刍障碍通常发生在儿童早期，男孩的患病率是女孩的 5 倍。操作性条件作用（尤其是强化）通常使反流得到维持。一些患儿反刍是因为他们获得了照顾者或同伴的关注（即社会性正强化），一些则是为了避免不想做的事情（即社会性负强化），例如，不想参加团体活动的患儿可能会故意造成食物反流以避免社交接触。有时，反刍是一种自我刺激（即自动强化）。虽然对我们来说，反刍可能听起来并不愉快，但对一些患有严重障碍的儿童与青少年来说，它可能是一种令其感到满足的刺激（Bryant-Waugh & Watkins, 2015）。

反复反刍食物会对患儿的躯体和社交造成影响。最常见的身体问题是体重减轻和营养不良、胃酸引起的牙齿腐蚀，以及体液流失导致的电解质紊乱。反刍障碍通常导致与照顾者的负性社会互动和同伴的排斥。随着时间推移，这些消极的社会经验会阻碍患儿社交技能和人际关系的发展（Lyons-Ruth et al., 2014）。

小　结

- 异食癖是 DSM-5 中的一种喂食障碍，其特征是持续食用非营养性、非食用性的物质，在发展和文化角度都是异常的。症状至少持续 1 个月。
- 反刍障碍是 DSM-5 中的一种喂食障碍，以反复反流食物为特征。症状持续至少 1 个月，且不得归因于医学疾病或进食障碍。

什么是回避性 / 限制性摄食障碍？

回避性 / 限制性摄食障碍（avoidant/restrictive food intake disorder, ARFID）是一种可见于正常发育婴幼儿、发育障碍患儿和慢性健康问题患儿中的一种喂食障碍（表 15.2）。ARFID 患儿对饮食缺乏兴趣，根据食物的感官特征（例如，质地、颜色、气味）回避食用某些食物，或担心进食可能带来的负性后果（例如，恶心、窒息、呕吐）。根据定义，所有 ARFID 患儿在满足营养或能量需求方面都存在持续性问题。例如，他们可能无法增加体重或正常发育，出现营养不良，或者需要喂食管来获取足够的营养。他们用餐也是困难的。他们可能会不停地说话、哭泣、发脾气、把背拱起来、把食物扔掉，或离开座位以避免进食（Bryant-Waugh & Watkins, 2015）。

ARFID 主要有三种亚型，每一种都有不同的病因和治疗方法：

1. 吃得不够且对喂食不感兴趣（即婴幼儿厌食症）
2. 因味道或质地等感官特征而避免食用某些食物（即感官性食物厌恶）
3. 因先前与进食有关的厌恶经历（即创伤后喂食）而拒绝进食

符合以上三种亚型的个体都会被诊断为 ARFID（American Psychiatric Association, 2013）。

表 15.2　回避性 / 限制性摄食障碍的诊断标准

A. 进食或喂食障碍（例如，明显缺乏对饮食或食物的兴趣，基于食物的感官特征来回避食物，担心进食的不良后果）表现为持续地未能满足适当的营养和/或能量需求，与下列 1 项（或更多）有关：

续 表

1. 体重明显减轻（或未能达到预期的体重增加或儿童期增长缓慢）。 2. 显著的营养缺乏。 3. 依赖胃肠道喂养或口服营养补充剂。 4. 显著地干扰了心理社会功能。 B. 该障碍不能用缺乏可获得的食物或有关的文化认可的实践来更好地解释。 C. 这种进食障碍不能仅仅出现在神经性厌食、神经性贪食的病程中，也没有证据表明个体存在对自己体重或体型的体验障碍。 D. 这种进食障碍不能归因于并发的医学疾病或用其他精神障碍来更好地解释。当此进食障碍出现在其他疾病或障碍的背景下，则进食障碍的严重程度超过了有关疾病或障碍的常规进食表现和需要额外的临床关注。

婴幼儿厌食症

一些患有喂食障碍的婴幼儿对进食不感兴趣，很少表达饥饿。他们可能只会接受一小口食物或一小口牛奶，然后就表示他们已经吃饱了。他们经常远离食物，尝试离开宝宝餐椅，或尝试分散自己或父母吃饭的注意力。例如，他们可能会玩弄食物或餐具、说话或发脾气。由于对食物缺乏兴趣和回避进食，相对于他们的年龄和性别来说，这些婴幼儿往往体重不足或体型较小（Norris, Spettigue, & Katzman, 2015）。

不用说，大多数家长都担心他们的孩子对食物缺乏兴趣、体重偏低和/或发育不良。因此，父母经常尝试使用各种策略让孩子吃饭：哄骗、恳求、用玩具分散注意力、用体罚威胁和强迫喂食。吃饭最终会变成一个充满压力和耗时的过程，在这个过程中，孩子们和父母都在苦苦挣扎。因为这些孩子对食物不感兴趣，而且他们经常与父母吵架以维护他们的自主性，所以这些孩子被描述为患有婴幼儿厌食症（infantile anorexia），字面意思是“对食物不感兴趣”。

婴幼儿厌食症往往发生于从母乳喂养或奶瓶喂养过渡到食用固体食物期间（例如，6～36个月大时）。在此期间，孩子开始从父母那里要求更大的自主权。他们可以到处玩、说不、无视他人的要求，对如厕和睡觉等代谢功能进行更多的控制。进食是大龄婴儿和幼儿发展自主性的另一个领域。具体来说，他们必须学会识别饥饿和饱腹感的信号、传达进食的欲望，并与父母合作以获得和食用理想的食物。

不幸的是，患有婴幼儿厌食症的个体在这一发育敏感期并没有发展出这些自主行为。因此，他们一直对食物不怎么感兴趣。一项纵向研究追踪了一段时间内患有婴幼儿厌食症患儿。在4～6岁时，68%有轻中度营养不良，另有13%严重营养不良。到了7～8岁，只有21%的患儿体重在正常范围内（Lucarelli, Cimino, Petrocchi, & Ammaniti, 2007）。这些患儿也表现出对立违抗行为、焦虑、拒绝上学以及身体健康问题。

婴幼儿厌食症出现的原因是什么？查图尔（Chatoor, 2009）的**喂食障碍交互模型**（**transactional model for feeding disorders**）假设，这个问题是由患儿和照顾者的特征随时间的相互作用引起的。第一，新的数据表明婴幼儿厌食症患儿通常有高度的生理唤醒；他们很活跃，需要大量的认知刺激，并且经常“忙个不停”。因此，他们可能对饥饿信号（例如，胃收缩、胃空空的感觉、疲劳）不太敏感。第二，这些患儿经常表现出被称为“固执己见”的脾气，这使得他们在吃饭时更有可能进行权力斗争。第三，这些患儿的父母经常报告他们对孩子的进食和成长感到相当焦虑（图 15.1）。因此，出于善意，这些父母可能会试图欺骗、胁迫或强迫他们的孩子吃饭。这种做法的结果是孩子的饮食完全由父母控制，孩子永远学不会识别和回应自己的饥饿信号。治疗包括教会孩子认识饥饿的信号，依靠自己而不是父母来喂食和确定饱腹感（Owens & Burnham, 2009）。

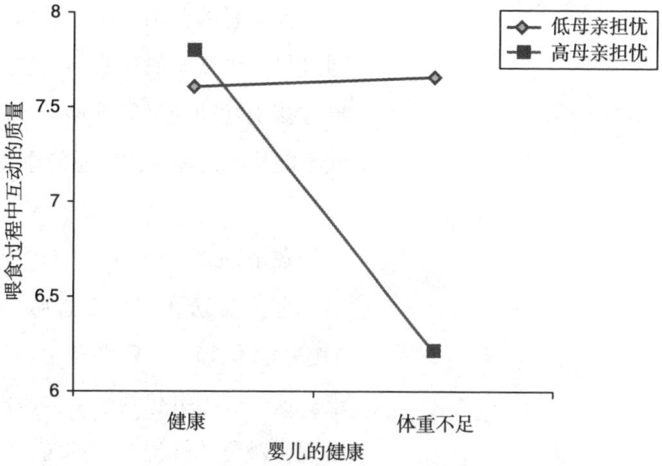

图 15.1 担忧会导致喂食问题

注：健康婴儿的母亲往往在进餐期间与婴儿进行高质量的互动。然而，体重不足的婴儿的母亲的喂养行为取决于她对孩子体重的担忧程度。那些更担心自己孩子的母亲提供的支持更少，在吃饭时更具侵入性。改编自格伦-塞拉、阿策巴-波利亚、梅里和耶鲁沙尔米（Gueron-Sela, Atzaba-Poria, Meiri, and Yerushalm, 2011）。

感官性食物厌恶

有些 ARFID 患儿表达饥饿并要求吃东西，但只接受有限的饮食。大多数情况下，他们的饮食包括淀粉质食品和谷物，而且通常不含水果、蔬菜和肉类。他们通常会因某些味道、质地、温度或气味而对某些食物感到厌恶。在某些情况下，他们只接受特定品牌的食物（例如，泰森鸡块）、特定颜色的食物（例如，“黄色的”和“白色的”）或特定包装的食物（例如，用麦当劳包装纸包裹的食物）。

“挑食”是幼儿和学龄前儿童的常见问题。多达 50% 的父母报告他们的孩子是选择性进食者。然而，除非这些孩子的选择性影响他们的健康或对家庭造成严重干扰，否则不会被诊断为 ARFID（Norris et al., 2015）。

一些患有感官性食物厌恶的婴幼儿似乎对食物的质地超敏。大约 17% 后来表现出感官性食物厌恶的婴儿难以从喝牛奶转换到吃固体食物，或从第 1 阶段（糊状食物）转换到食用第 2 阶段和第 3 阶段（有轻微粗糙颗粒）的食物。有些婴幼儿似乎对某些口味异常敏感，尤其是苦味、辛辣味和油腻味。这种对某些口味的超敏是遗传的，与舌头上菌状乳头和味蕾异常集中有关。这些个体中的许多对有些触觉刺激也表现出过敏；他们可能不喜欢弄脏手、刷牙或洗头（Chatoor, 2009）。

厌恶食物和限制性饮食通常通过经典条件作用形成，并通过操作性条件作用得以维持。父母提供的食物可能会引起负性反应（例如，恶心、作呕）。食物和负性反应的配对导致对食物的厌恶。通常，婴幼儿会将这种习得的联结泛化到具有相似质地、气味或颜色的食物。因此，婴幼儿将来会通过哭泣、发脾气或其他非适应性行为来回避这些食物。这些非适应性行为是通过负强化来维持的。婴幼儿学会避免摄入令人厌恶的食物。父母的默许也是通过负强化来维持的。他们了解到，他们可以通过只提供孩子最喜欢的食物来阻止或避免孩子出现非适应性行为。负强化维持父母与孩子互动的强制性循环。因此，治疗包括打破这个循环，教会患儿哭泣和发脾气不能让他们逃避或回避健康食物（Norris et al., 2015）。

创伤后喂养

有些婴幼儿在口腔、喉咙或胃肠道受到一次或多次创伤性损伤后，会患上ARFID。例如，一些婴儿患有胃食管反流病，这种情况下胃酸会不由自主地进入食道。这种酸会引起刺激（类似胃灼热）、恶心、咳嗽或呕吐。这些症状通常在喂食后出现，对婴儿来说非常痛苦。通过经典条件作用，婴儿就将喂食与胃食管反流症的后果联系起来（Eddy et al., 2015）。

在没有医学疾病的情况下，创伤后喂食的问题也会发生。例如，一些婴幼儿在从牛奶或配方奶粉转为吃固体食物时会吸入食物、窒息或呕吐。在某些情况下，这些负性事件可能与喂食有关，并导致婴幼儿完全拒绝固体食物。

回避喂食是通过负强化来维持的。婴幼儿学习到可以通过不吃固体食物来避免负性症状。有些婴幼儿只喝牛奶、配方奶粉或果泥，还有一些甚至不愿意吃这些物质，只能在他们夜间睡意蒙眬、意识不清时通过奶瓶喂食。在严重情况下，医生可能建议通过胃管补充营养。这种喂食问题的治疗与PTSD的治疗类似，需要采用暴露疗法治疗：即逐步接触恐惧刺激源（如食物）（Fisher et al., 2014）。

患病率

1%～2%的婴幼儿患有ARFID。这种障碍在患有内科疾病（10%～49%）、发育障碍（23%～43%）和躯体残疾（26%～90%）的儿童中更为常见。大约三分之二患有喂食障碍的婴幼儿被归类为**生长发育受阻（failure to thrive, FTT）**，这种医学疾病以营养不良和体重低于同年龄性别标准化生长曲线第5个百分位数为特征（Lyons-Ruth et al., 2014）。

ARFID的各种亚型各有不同。大多数ARFID患儿仅表现出一种亚型，这可能是因为每种亚型都与特定的病因有关。然而，有些婴幼儿表现出两种或两种以上亚型的症状。例如，有喂食问题的婴幼儿中有13%表现出婴幼儿厌食症和感官性食物厌恶。这些个体通常出现更严重的喂食问题、更难治（Chatoor & Ammaniti, 2007）。

小　结

- ARFID是DSM-5中的一种喂食障碍，其特征是（1）对食物缺乏兴趣，（2）基于食物的感官特性回避某些食物，或（3）担心进食的负性后果。这与体重减轻、营养缺乏或其他健康/社会损害有关。

- 交互作用模型假设，喂食障碍是通过亲子互动产生的，这些亲子互动的特征是：（1）高度生理唤醒；（2）困难型气质；（3）父母对孩子的摄食量感到焦虑。
- 1%～2%的婴幼儿患有ARFID。患有医学疾病、发育障碍和躯体残疾的婴幼儿患病率较高。

哪些疗法对治疗喂食障碍有效？

异食癖和反刍障碍的治疗

异食癖和反刍障碍的治疗通常涉及操作性条件作用（Glasofer, Attia, & TimothyWalsh, 2015）。心理学家总是首先尝试使用正强化，因为这能教授与发育相适应的行为，且不让患儿厌恶。一种叫作*不相容行为的差异强化*（*differential reinforcement of incompatible behavior, DRI*）的技术特别有用。在这种技术中，患儿做与异食或反刍不相容的行为会得到正强化。例如，一个患儿可能被允许嚼口香糖，这种行为既有内在的强化作用，也是与异食癖和反刍不相容的。

正强化的另一个变形是*零行为的差异强化*（*differential reinforcement of zero behavior, DRO*）。患儿可因没有异食或反刍而得到强化。例如，照顾者可能会在孩子没有做出不被期待的行为时每分钟给他一口零食或一小口喜欢的饮料。

最后一项技术是创建一个**异食癖盒子**（**pica box**）。父母和治疗师一起确认孩子吃的食物的感官特性，并用具有类似特性的食物替换这些东西。例如，照顾者可以用甘草糖代替塑料玩具、用葡萄坚果麦片代替沙子和鹅卵石，或者用牛肉干代替树皮和树枝。食物储存在工具箱或类似的载体中，并在患儿异食时提供给他（Sturmey & Williams, 2016）。

如果正强化是无效的，而且患儿的喂食问题使他有可能受到严重伤害，那么治疗师可能会使用惩罚。惩罚只能作为最后手段，并在得到父母的同意后使用。正惩罚的一种方法是*过度矫正*（*overcorrection*），患儿被要求在出现异食行为或反刍之后，进行一系列相当长且使其轻微厌恶的行为。例如，反刍患儿可能需要立即刷牙、用漱口水漱口，然后洗脸。

治疗异食癖的另一种正惩罚方法是**面部遮蔽**（**facial screening**），患儿进行异食行为后必须戴上口罩或围兜一小段时间。这种遮蔽会使患儿有点不舒服而且阻止了接下来的异食行为。这种方法只有在父母同意，并且孩子的喂食问题极有可能导致疾病或伤害时才适宜使用（Stiegler, 2005; Sturmey & Williams, 2016）。

回避性/限制性摄食障碍的治疗

正如我们所看到的，ARFID可以从学习理论的角度进行概念化。有些患儿没有学会识别饥饿感，缺乏独立进食所需的技能；有些已经学会了根据某些食物的感官特性来回避食用一些食物；还有一些完全不吃固体食物。因此，治疗包括三个部分：（1）增加的进食动机；（2）改变进食的前因以增加接受食物的可能性；（3）改变进食的后果以强化适应性行为并消除进食时的非适应性行为。

轻中度的喂食障碍通常通过门诊治疗。父母在诊所学习技能，并在家和孩子一起练习。严重的喂食障碍患儿最好在儿童医疗中心接受治疗。医疗中心允许医疗专业人员监测患儿的热量摄入和健康状况，并在必要时给患儿补充体液或营养素。医院还允许心理学家仔细控制患儿的环境，即何时、如何以及由谁提供食物。通过这种方式，心理学家可以控制喂养的前因和后果（Martin & Dovey, 2011）。

食欲管理

治疗包括三个部分：（1）食欲管理（appetite manipulation）；（2）权变管理；（3）父母心理咨询。食欲对于那些没有进食动机的患儿来说尤其重要。在**食欲管理**的过程中，医生向患儿提供液体和必要的电解质以保证水分摄入，但禁止他们吃零食。患儿仅在治疗性膳食期间获得食物，治疗性膳食在一天中安排 3 ～ 4 次，间隔 3 ～ 4 小时。热量限制有助于患儿识别饥饿，并在有食物时增强他们的进食动机。由此患儿可了解到食物能给自身提供能量（Silverman & Tarbell, 2009）。

权变管理

患儿的每顿饭都要进行权变管理。最初，训练有素的治疗师在父母不在的情况下给患儿喂饭。治疗师完全控制食物的呈现（前因）和拒绝进食的后果。

正如我们前文讲述的，大多数喂食问题都是通过操作性条件作用，特别是负强化来维持的。研究人员研究了父母对患儿拒绝进食和破坏性用餐行为的反应，让我们知道操作性条件作用会使喂养问题得以维持（Vaz & Piazza, 2011）。大多数父母的反应有三种：（1）撤回对孩子的进食要求，（2）斥责孩子或表达不满，或（3）尝试分散孩子的注意力或给孩子提供玩具、想要的东西。第一种策略（撤回要求）是最常见的，它会负强化患儿拒绝食物的行为，另外两种策略通常会对患儿起到正强化的作用。父母让孩子注意或接触到想要的东西，这会增加他们拒绝吃饭的行为。因此，治疗必须包括食物的呈现，而不是无意中使用正强化或负强化（Piazza & Addison, 2007）。

杜绝逃避（*escape extinction*）是治疗的关键。杜绝逃避包括拒绝患儿逃避或通过抗议、发脾气而避免进食。杜绝逃避通常使用（1）不移动勺子和（2）物理引导来实现。当患儿坐在儿童餐椅上后，治疗师可能会将少量食物放在勺子上，然后将勺子靠在患儿的嘴唇上。直到患儿接受食物。如果患儿在几秒钟内没有接受食物，治疗师可能会对患儿的下颌关节施加轻微的压力，以能让治疗师将食物放在他的嘴里。最终，患儿必须接受食物，并且不能因为哭喊和抗议而逃避吃饭（Linscheid,2006）。

大多数治疗师用正强化来补充杜绝逃避的方法。正强化可能包括给予表扬、允许接触到想要的对象，或在喂食时观看喜爱的视频。这些刺激取决于患儿进食的情况（Cornwell, Kelly, & Austin, 2010）。

一些治疗师还利用暂停法来减少进餐时的行为问题。暂停法是一种负惩罚形式，根据拒绝进食的行为，所有正强化刺激都会被暂时撤回。例如，如果患儿发脾气，治疗师可能会把儿童餐椅移开几秒钟，忽略患儿寻求关注的行为。当患儿安静下来时，治疗师会重新给他喂食，并要求他接受（Linscheid, 2006）。

无论患儿摄入多少卡路里，用餐时间都限制在 20 ～ 25 分钟。超出时间后，患儿必须等到下一次治疗时间再吃饭。

父母训练和支持

几乎所有的专业人士都明白让父母参与治疗的重要性。父母必须学会如何实施喂食的行为干预，避免无意中强化非适应性进食行为。在孩子接受治疗师提供的各种食物后，治疗师会向家长示范权变管理。通常，在父母在场的情况下，孩子会再次表现出拒绝食物的倾向。在行为方面，父母对孩子起着辨别性刺激的作用。孩子已经知道，父母会强化拒绝进食的行为，但治疗师不会。治疗师的工作是教父母实施权变管理计划，并仅在孩子出现恰当的进食行为时给予强化。治疗师会指导父母直到他们成功（Lyons-Ruth et al., 2014）。

父母也可以从个体心理咨询中受益，这种心理咨询解决了可能影响他们坚持治疗孩子能力的想法和感受。例如，喂食障碍患儿的父母通常对孩子的饥饿和饱腹感线索缺乏敏感性和敏锐的反应，对孩子的饮食习惯有不切实际的期望，或者难以制定饮食计划。有时，这些父母往往深陷焦虑、抑郁、家庭或工作压力，或者受自身养育经历困扰，以致难以有效落实治疗。一些家长在解决问题或情绪调节技能方面表现出缺陷，并且很难以耐心、客观的方式应对孩子的拒食行为。营养不良或慢性病患儿的父母可能非常关心孩子的健康，他们可能难以限制喂养以培养孩子的饥饿动机。这些父母都可能从解决他们具体问题的咨询中受益（Bryant-Waugh & Watkins,2015; Gueron-Sela et al., 2011）。

实际疗效

大多数支持喂食障碍行为治疗的数据来自单一主题的研究。总的来说，这些研究为行为治疗，特别是权变管理提供了强有力的支持（Sharp, Jaquess, Morton, & Herzinger, 2010）。治疗的总体效应量非常高（ES=2.46）。杜绝逃避似乎对治疗至关重要，没有这一部分，很少有患儿表现出明显的症状改善。杜绝逃避与正强化和暂停法配合起来会产生更大的改善。父母训练和支持对帮助患儿将适应性的进食泛化到家庭环境中也很重要（Groher & Crary, 2015）。

小 结

- 正强化是异食癖和反刍的首选治疗方法。如果正强化效果有限，可以在父母同意的情况下使用正惩罚，如过度矫正或面部遮蔽。

- ARFID 的治疗可包括（1）管理食欲以增加进食动机，（2）权变管理以强化进食并避免逃避，（3）进行父母咨询以帮助将技能泛化到家庭。
- 行为干预对患有喂食障碍的幼儿非常有效。

15.2 大龄儿童与青少年进食障碍

哪些进食障碍会影响儿童青少年？

神经性厌食

神经性厌食（anorexia nervosa, AN）患者有三个基本特征（表 15.3）。首先，患有 AN 的个体不能保持正常体重。具体而言，他们的体重明显低于同年龄、同性别且整体身体健康个体的预期（American Psychiatric Association, 2013）。

表 15.3 神经性厌食的诊断标准

A. 相对于需求而言，在年龄、性别、发育轨迹和身体健康的背景下，因限制能量的摄取而导致显著的低体重。**显著的低体重**被定义为低于正常体重的最低值或低于儿童与青少年的最低预期值。

B. 即使处于显著的低体重，仍然强烈害怕体重增加或变胖或有持续的影响体重增加的行为。

C. 对自己的体重或体型的体验障碍，体重或体型对自我评价产生不当影响，或持续地缺乏对目前低体重的严重性的认识。

标注当前类型：

限制型：在过去的 3 个月内，个体没有反复的暴食或清除行为（即自我引吐或滥用泻药、利尿剂或灌肠）。此亚型所描述的体重减轻的临床表现主要是通过节食、禁食和 / 或过度锻炼来实现。

暴食 / 清除型：在过去的 3 个月内，个体有反复的暴食或清除行为（即自我引吐或滥用泻药、利尿剂或灌肠）。

标注目前的严重程度：

对于成人而言，严重性的最低水平基于目前的体重指数（BMI）（参见如下），对于儿童与青少年而言，则基于 BMI 百分比。

以下是来自世界卫生组织的成人消瘦程度的范围；儿童与青少年应使用对应的 BMI 百分比。严重程度的水平可以增加到反映临床症状，功能障碍的程度和指导的需要。

轻度：BMI ≧ 17 kg/m^2

中度：BMI 16 ～ 16.99 kg/m^2

重度：BMI 15 ～ 15.99 kg/m^2

极重度：BMI ＜ 15 kg/m^2

确定一个人是否有“显著的低体重”需要仔细测量和临床判断。DSM-5 建议临床医生计算成人体重指数（body mass index, BMI），即体重除以身高的平方（kg/m^2）。然后，随后将该数值与同年龄、同性别的标准数据比对，以确定是否存在显著偏低情况。根据 DSM-5，BMI 得分低于 17 表示体重显著降低。例如，一个身高 1.6

米、体重 43.5 千克的 18 岁女性的 BMI 约为 17（World Health Organization, 2016）。

对于儿童青少年，DSM-5 建议临床医生计算他们的 BMI，并将其得分与标准数据进行比较。若 BMI 值低于同性别同龄人群体的第 5 个百分位数，即可判定为显著低体重。例如，对于一个身高 1.57 米的 14 岁女孩来说，大约 39.5 千克或更低的体重属于最低的第 5 百分位数（World Health Organization, 2016）。

临床医生在确定个体的低体重是否归因于 AN 时，还必须注意其发育状况和健康史。例如，一名青少年得分略高于第 5 百分位，但表现出对饮食和瘦身的异常关注，那么他也可能被诊断为 AN。而一名处于医学疾病康复阶段的青少年体重较轻，他则不会被诊断为 AN。

患有 AN 的个体对自己的体型和体重表现出过度的关注。几乎所有患有 AN 的青少年都报告称他们害怕变胖。更确切地说，他们非常害怕体重增加。这些青少年的自尊与他们控制体重、表现得有吸引力以及获得他人赞赏和认可的能力密切相关。无法控制体重被视为是个人意志薄弱的表现，也会影响自尊。一个体重增加了 0.5 千克的患有 AN 的青少年可能会认为自己正在变得肥胖、受到同伴排斥和一文不值。

患有 AN 的人通常否认他们低体重的严重性。他们往往是**自我协调（ego-syntonic）的**，他们通常不认为自己的饮食有问题（Roncero, Belloch, Perpiñá, & Treasure, 2013）。而且大多数患有 AN 的青少年都以自己拥有控制饮食或避免体重增加的能力为荣。他们经常从抵制吃的诱惑中获得一定程度的快乐，即使他们严重营养不良。在他们看来，抵抗进食是自控力的体现，节食则是个体成就的象征。当其他人，比如父母或朋友，评价他们的意志力或苗条的身材时，严格的节食会被加倍强化。由于他们的自尊依赖于避免体重增加的能力，因此他们通常抵触治疗。治疗包括进食和增重，这意味着失去控制和自我价值降低。以一名患有 AN 的女孩朱莉为例。

DSM-5 要求临床医生根据患者的 BMI 标注患者障碍的严重程度。分数较低表明患者体重严重减轻，需要立即干预（American Psychiatric Association, 2013）。

案例研究
神经性厌食

完全正常

朱莉是一名 17 岁的女孩，因营养不良和脱水而被送至医院。虽然朱莉身高 1.65 米，但体重只有 40 千克。她的皮肤干燥、呈黄色。她时尚的衣服就像挂在骨架上。玛蒂亚斯医生护送朱莉和她母亲去检查室。

“我们送朱莉到医院是因为朱莉在学校体育课后昏倒了。”她的母亲解释说。朱莉打断了她母亲的话：“没什么，我只是觉得有一点头晕。”她母亲几乎流下了眼泪，插嘴道：“我很担心她。她不听我的。她总是爱发脾气。”

玛蒂亚斯医生问：“朱莉，你今天早餐和午餐吃了什么？”朱莉回答道：“早餐吃一个煮鸡蛋……午餐喝了些酸奶。”

玛蒂亚斯医生注意到朱莉身体瘦弱。她的肋骨和骨盆清晰可见。她的头发又干又脆。朱莉的脸上和手臂上都有柔软的绒毛，这可以帮她御寒。玛蒂亚斯医生听了朱莉的心跳，问道：“你的月经规律吗？”朱莉回答道：“是的……好吧，过去规律，但现在不规律。”

“朱莉，你知道你体重太轻了吗？”玛蒂亚斯医生问道。

朱莉厉声说：“如果是在电视上或电影里，我就是完全正常的。只是因为我在上高中，大家才都认为我太瘦了。”

玛蒂亚斯博士把钢笔递给朱莉。她指着检查台说：“我想让你想象你坐在那里，然后在这张桌上用我的钢笔标记你大腿的宽度。”朱莉叹了一口气，抓起笔，在摊在桌上的纸上划了两个记号。两个记号间的距离远远超过她大腿的宽度。

神经性贪食

神经性贪食（**bulimia nervosa, BN**）的基本特征是反复暴食（表 15.4）。具体是（1）个体在一段时间内（例如 2 小时内）消耗异常大量的食物；（2）个体在进食时感觉失控。在暴食期间，一些 BN 患者能摄入 1000 ～ 2000 大卡热量，这大约是半天到一整天的热量需求。大多数 BN 患者更喜欢高糖分和高脂肪的食物，例如面包、蛋糕、意大利面和甜点（Stice, Marti, & Rohde, 2013）。

表 15.4　神经性贪食的诊断标准

A. 反复发作的暴食。暴食发作以下列 2 项为特征：
   1. 在一段固定的时间内进食（例如，在任何 2 小时内），食物量大于大多数人在相似时间段内和相似场合下的进食量。
   2. 暴食发作时感到无法控制进食（例如，感觉不能停止进食或控制进食品种或进食数量）。
B. 反复出现不适当的代偿行为以预防体重增加，如自我引吐，滥用泻药，利尿剂或其他药物，禁食，或过度锻炼。
C. 暴食和不适当的代偿行为同时出现，在 3 个月内平均每周至少 1 次。
D. 自我评价过度地受身体的体型和体重影响。
E. 该障碍并非仅仅出现在神经性厌食的发作期。

标注目前的严重程度：
严重程度的最低水平基于不适当的代偿行为的频率，严重程度的水平可以增加到反映其他症状和功能障碍的程度。
轻度：每周平均有 1 ～ 3 次不适当的代偿行为的发作。
中度：每周平均有 4 ～ 7 次不适当的代偿行为的发作。
重度：每周平均有 8 ～ 13 次不适当的代偿行为的发作。
极重度：每周平均有 14 次或更多不适当的代偿行为的发作。

根据定义，BN 患者也会采取某种形式的非适应性代偿行为来防止体重增加。也就是说，大多数 BN 患者会催吐或滥用泻药、利尿剂或灌肠剂以避免热量吸收。一些 BN 患者不清除食物，他们主要通过过度禁食或运动来避免体重增加。例如，一个在午夜暴食中摄入 1200 大卡的青少年可能会决定第二天禁食或多跑 6 公里来“弥补”。BN 患者每周至少 2 次暴食发作，并定期使用代偿性体重控制手段。在极端情况下，个体每天有多次暴食和代偿行为。

与 AN 患者一样，BN 患者对体型和体重表现出非同寻常的关注。事实上，BN 患者的自尊和情绪与他们对自己外表的看法密切相关。与 AN 相反，BN 通常是一种**自我不协调**（**ego-dystonic**）的障碍（Roncero et al., 2013）。BN 患者通常认为他们的饮食行为有问题。事实上，BN 患者经常私下暴食，因为暴食会产生罪恶感和羞耻感。青少年往往会不遗余力地向家人隐瞒他们的暴食和清除行为，有时长达数月或数年。患有 BN 的青少年通常只有在不能再对所爱的人隐瞒自己的饮食习惯时才寻求治疗（Stice et al., 2013）。

诊断 BN 的一个问题是确定怎样的行为构成“暴食”。暴食通常被定义为吃下比大多数人在相似的时间段和相似的情境下所吃的量要多的食物。然而，两个人对“大量”食物的概念可能不同。与这一定义相关的一个问题是，许多 BN 患者在暴食时不会摄入大量食物。在一项研究中，大约三分之一的 BN 患者每次暴食时，摄入的卡路里不到 600 大卡，这大约是他们每日饮食需求的三分之一。大多数专家认为，对于 BN 的诊断来说，进食失控的主观体验比在每一次暴食中到底吃了多少更为重要。因此，一些专家用“*主观暴食*”（*subjective binge*）这个词来描述进食时失控的感觉，即使摄入的卡路里相对较少（Watson, Fursland, Bulik, & Nathan, 2013）。

暴食障碍

暴食障碍（**binge eating disorder, BED**）特点是反复发作的暴食，但没有非适应性的代偿行为来避免体重增加（表 15.5）。在暴食期间，BED 的患者感觉失控，很难停止进食。例如，一个患有 BED 的男孩可能会在 30 分钟内吃掉一大袋椒盐卷饼、一整罐薯片、几包饼干和一碗冰激凌（American Psychiatric Association, 2013）。

表 15.5 暴食障碍的诊断标准

A. 反复发作的暴食。暴食发作以下列 2 项为特征：

1. 在一段固定的时间内进食（例如，在任何 2 小时内），食物量大于大多数人在相似时间段内和相似场合下的进食量。
2. 发作时感到无法控制进食（例如，感觉不能停止进食或控制进食品种或进食数量）。

B. 暴食发作与下列 3 项（或更多）有关：

1. 进食比正常情况快得多。
2. 进食直到感到不舒服的饱腹感。
3. 因进食过多感到尴尬而单独进食。

续 表

4. 进食之后感到厌恶自己、抑郁或非常内疚。
C. 对暴食感到显著的痛苦。
D. 在 3 个月内平均每周至少出现 1 次暴食。
E. 暴食与神经性贪食中反复出现的不适当的代偿行为无关，也并非仅仅出现在神经性贪食或神经性厌食的病程中。

标注目前的严重程度：
严重程度的最低水平基于暴食障碍的发作频率（参见如下），严重程度的水平可以增加到反映其他症状和功能障碍的程度。
轻度：每周 1 ～ 3 次暴食发作。
中度：每周 4 ～ 7 次暴食发作。
严重：每周 8 ～ 13 次暴食发作。
极重度：每周 14 次或更多暴食发作。

通常，BED 患者在暴食时主观上并不感到饥饿。例如，患有 BED 的女孩可能在吃完晚餐后的 1 小时，在做家庭作业时暴食。BED 患者经常吃到撑得不舒服为止。然后，他们可能会因为摄入了太多卡路里和失控而感到自我厌恶、羞愧或内疚。

大多数患有 BED 的人对自己的进食行为感到尴尬，因此，他们通常独自暴食。对于患有 BED 儿童或青少年来说，在被发现之前已将该障碍隐藏数月也并不罕见。以一个患有 BED 的男孩马特奥为例。

案例研究
暴食障碍

蚂蚁！

马特奥是一个 10 岁的男孩，由于他有不寻常的饮食习惯，他的母亲将他带到我们的门诊部。马特奥是一个身材比较矮、体重超重的男孩，他在看诊时拒绝进入办公室，宁愿留在候诊室。

他的母亲解释说："我一直努力保持房子整洁，并坚持让马特奥保持房间清洁。然后，我注意到房子里有蚂蚁。我们家以前从来没有遇到过蚂蚁问题，所以我觉得这很奇怪。我跟着蚂蚁来到马特奥的房间，在那里发现了藏在他床下的东西：包装袋、饼干、糖果条、芝士条和许多面包屑。我甚至发现了几个月前万圣节糖果的包装纸！我问他这是怎么回事，他却责备他的弟弟。"

最后，心理学家说服了马特奥去她的办公室单独访谈。她说："我想你知道你为什么在这里。"马特奥回答道："是的，是因为我的床。我妈妈对一切都很不高兴。"

心理学家回答道："她告诉我你吃的不同种类的食物。也许你可以告诉我你是什么时候吃的。"马特奥回答道："我通常在放学回家的时候吃。我饿了，需要一些零食来撑到晚饭。"

“这似乎是合理的。”心理学家说道，“你在其他时间也吃零食吗？”马特奥回答：“晚饭后我在房间里，边看电视或边玩电子游戏边吃零食。有时候，我吃东西只是因为觉得无聊。有时候，我需要把注意力从学业和其他事情上移开。我只是不停地吃啊吃，似乎停不下来。我甚至对自己说‘好了，够了’，但我还是一直吃下去。”

“你后来感觉怎么样？”心理学家问道。马特奥回答：“太可怕了。就像要呕吐一样。”心理学家又问道：“那你呕吐了吗？”马特奥回答：“没有，那太恶心了。”

要被诊断为BED，患者必须每周至少暴食一次，持续3个月。这些频率和持续时间标准与BN相同。然而，与BN患者不同的是，BED患者不会采取代偿行为来避免体重增加。由于代偿行为，大多数BN患者的体重一般或略高于平均水平。与之相比，大多数BED患者都超重或肥胖（American Psychiatric Association, 2013）。

区分进食障碍

神经性厌食与神经性贪食

许多人认为，AN的定义是过度节食，而BN的定义是暴食和清除。事实上，这两种障碍都不是这样定义的。根据目前的症状表现，AN患者被分为两个亚型。限制型的患者通过热量限制，也就是通过极端节食或禁食来保持低体重。相反，暴食/清除型的个体主要通过暴食和清除来维持低体重（American Psychiatric Association, 2013）。

与之相比，BN患者可以有清除行为，也可以没有。大多数患有BN的人有清除行为，他们经常催吐或滥用泻药、利尿剂、灌肠剂以避免体重增加。然而，一些BN患者会采取其他代偿行为，例如过度禁食或运动，以避免体重增加。

AN和BN之间的区别并不取决于是有禁食还是清除行为。事实上，有些AN患者既有暴食行为，也有清除行为，而有些BN患者很少进行清除。相反，AN和BN可以通过两种方式进行区分。首先，所有AN患者都有明显的低体重。与之相比，做出BN的诊断不需要患者有低体重。事实上，大多数BN患者的体重在正常范围内，一些BN患者超重。其次，所有BN患者都表现出反复暴食。与之相比，并不是所有AN患者都暴食（American Psychiatric Association, 2013）。

暴食障碍与神经性厌食和神经性贪食

我们可以通过低体重将AN与BED区分开来。根据定义，患有AN的个体体重很低；与之相比，BED患者通常超重或肥胖。BN与BED的区别在于，BN患者采取清除或其他代偿策略以避免体重增加。与之相比，BED患者在暴食后不会进行清除、禁食或过度运动。BN患者也倾向于花大量时间思考与食物和节食有关的问题。与之相比，BED患者通常不会对食物表现出强迫性的兴趣，甚至可能对食物持负面看法（Wilson & Sysko, 2009）。

虽然BED和BN是独立的障碍，但随着时间推移，一些个体可能会从一种障碍过渡到另一种障碍（Bryant Waugh & Watkins，2015）。对于 BED 患者来说，最常见的是开始清除或进行其他代偿行为。例如，菲克特和夸德弗利格（Fichter and Quadflieg, 2007）对 60 名 BED 患者进行了 2 年的研究。虽然没有患者转为 AN，但许多患者后来符合 BN 的诊断标准。从 BN 过渡到 BED 似乎不太常见。只有 10% 的患有 BED 的女性有 BN 病史（Hilbert et al., 2014）。

小　结

- 神经性厌食是 DSM-5 中的一种进食障碍，其特征是：（1）热量限制导致体重显著降低；（2）对体重增加或肥胖的强烈恐惧；（3）体重或体型障碍。
- 神经性贪食是 DSM-5 中的一种进食障碍，其特征是：（1）反复发作的暴食；（2）反复出现的非适应性代偿行为，以防止体重增加；（3）受体型或体重过度影响的自我评价。这些症状每周至少发生 1 次，持续至少 3 个月。
- 暴食障碍是 DSM-5 中的一种进食障碍，其特征是：（1）反复发作的暴食；（2）与暴食相关的特征（例如，快速进食、抑郁时进食、感到羞耻）；（3）明显的内心痛苦。这些症状每周至少发生 1 次，持续至少 3 个月。

进食障碍会造成什么影响？

身体健康问题

厌食 / 贪食

进食障碍可能导致严重的健康问题（Smolak, Striegel-Moore, & Levine, 2013）。与进食障碍相关的一个常见且严重的医学并发症是**电解质紊乱**（**electrolyte imbalance**）。电解质是人体内的矿物质，包括钙、钠和钾。这些矿物质有助于维持体内适当的体液水平，调节重要的代谢功能。导致身体流失过多体液的行为（例如，呕吐、过度使用利尿剂或泻药）会导致电解质紊乱。

电解质紊乱可导致心律失常（即心律不齐）和死亡。由低钾引起的一种称为**低钾血症**（**hypokalemia**）的严重病症可能是致命的。AN 患者在治疗期间尝试增加体重时尤其容易发生心律失常。事实上，医生用**再喂养综合征**（**refeeding syndrome**）一词描述 AN 患者在治疗的前 7 ～ 10 天出现的心脏和其他健康相关问题。由于存在心律失常的危险，再进食需要在医护人员监督下缓慢地进行。

另一个与 AN 相关的严重医学并发症是**骨质减少**（**osteopenia**），即骨量减少。健康女孩的骨密度会在儿童期和青春期早期增加。大约 60% 女孩的骨密度积累、发展于青少年早期。然而，骨密度的增加会受到种种干扰。营养不良、闭经引起的雌激素水平下降以及过度运动都可导致骨密度显著降低，脊柱和髋部的骨密度损失最大。大约 90% 患有 AN 的青少年和年轻成人患有骨质疏松症，这使他们在日后的生活中面临骨质疏松和髋部骨折的风险。骨质减少可能是不可逆的。

与 AN 相关的其他医学并发症似乎都是暂时的。AN 会扰乱激素和内分泌功能，这可以导致食欲、身体发育、心率和体温调节紊乱。体脂的缺乏有时会导致躯干中部、四肢和面部长出细密的绒毛（即汗毛）。这些柔软的毛发有助于保持体温。患者的头发可能会变脆，皮肤可能会变得蜡黄。与肥胖相关的营养不良似乎也会导致注意力、记忆力和解决问题的能力出现问题。

与 BN 相关的医学并发症主要是由于暴食和清除所致。如前所述，低钾血症是与 BN 相关的最严重的医疗风险因素。频繁呕吐可导致唾液腺增大、牙釉质侵蚀和食道损伤。一些用手指催吐的人的第二或第三指关节的皮肤组织出现暂时性疤痕（插图 15.1）。频繁使用泻药会导致胃肠道问题，尤其是便秘（Sarafino & Smith, 2014）。

暴食障碍

大约 41.7% 的 BED 患者肥胖，而未患 BED 的个体的肥胖率为 15.8%。肥胖与广泛的健康相关问题有关。这些问题包括糖尿病、高血压、高胆固醇、心脏病和慢性疼痛（Kessler et al., 2013）。

BED 也会影响肥胖症的治疗（Wonderlich, Gordon, Mitchell, Crosby, & Engel, 2009）。参加减肥计划的患 BED 个体比未患 BED 的个体减重更少，而且更容易半途而废。此外，接受减肥手术的患 BED 成人在手术后比未患 BED 的成人更容易恢复体重。这些减肥的困难是他们经常暴食导致的。

因为大多数 BED 患儿都超重或肥胖，所以他们有被同伴取笑和排斥的风险。他们经常报告回避社交场合、低自尊和低自信。不幸的是，这些消极情绪会导致抑郁和焦虑，并引发之后的暴食。

事实上，BED 患儿有出现焦虑、抑郁和其他内化性障碍的风险（Bryant-Waugh & Watkins, 2015）。研究人员检验了寻求减肥治疗的肥胖青少年的 BED 患病率，其中大约 30% 的青少年符合 BED 的标准。此外，与未患 BED 的肥胖青少年相比，患有 BED 青少年更关注进食、体型和体重。此外，与肥胖但没有 BED 的青少年相比，患有 BED 的青少年在抑郁和焦虑方面的问题也明显更多（图 15.2）。

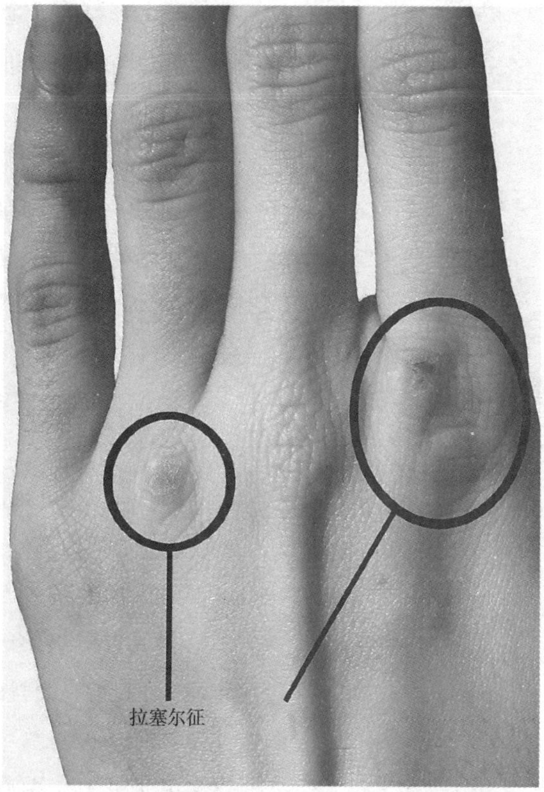

插图 15.1 有些 AN 或 BN 患者由于反复的催吐而在指关节上形成了老茧（即拉塞尔征）。指关节与门牙反复摩擦，老茧就会产生。

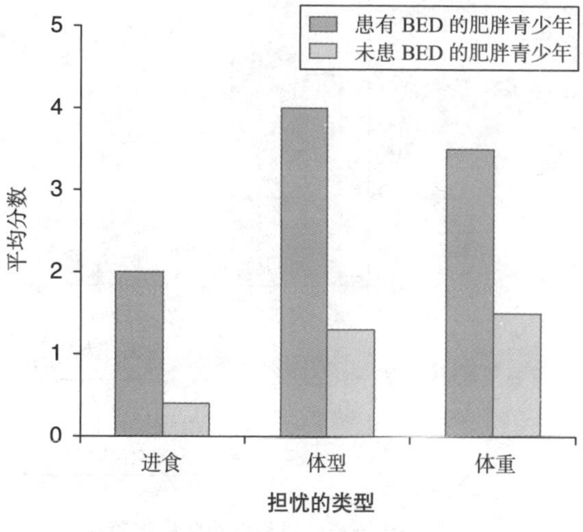

图 15.2 患 BED 青少年报告对身体的担忧

注：寻求减肥治疗的肥胖青少年报告了他们对进食行为、体型和体重的担忧。然而，患有 BED 的肥胖青少年比未患 BED 的肥胖青少年对此更担心。基于格莱索夫及其同事（Glasofer and colleagues, 2007）。

精神健康问题

大约 80% 患有进食障碍的青少年符合至少一个其他精神健康问题的诊断标准。最常见的共病障碍是抑郁、焦虑和物质使用问题（Herpertz-Dahlmann，2015）。

抑郁与自杀

进食障碍青少年中最常见的共病是重性抑郁障碍。进食障碍患者的抑郁障碍终生患病率为 50% ～ 60%。患有进食障碍的青少年的抑郁障碍患病率远远高于一般青少年群体。然而，患有进食障碍的青少年的抑郁障碍患病率与其他没有进食问题但被转诊的个体的抑郁障碍患病率相似（Hughes et al., 2013）。

在 AN 和 BN 的案例中，抑郁通常在进食障碍起病后出现，并在进食问题得到治疗后持续存在。在一项研究中，近 70% 的先前患有 AN 的个体后来患上了抑郁障碍（Halmi et al., 1991）。因此，抑郁通常是 AN 和 BN 的后果，而不是这些障碍出现的一个主要原因。

患有 BED 的成人在暴食后通常也会经历抑郁情绪和其他情绪问题。然而，患有 BED 的儿童与青少年在暴食开始之前往往就处在抑郁之中。患有 BED 的儿童与青少年往往很肥胖，而且由于体重或体型的原因常常被同伴疏远和嘲笑。与未患 BED 的儿童与青少年相比，这些患儿的父母更有可能具有精神健康问题、自卑和抑郁情绪。许多患儿用食物来应对孤独感和其他负面情绪（Faulconbridge et al., 2013; Kessler et al., 2013）。

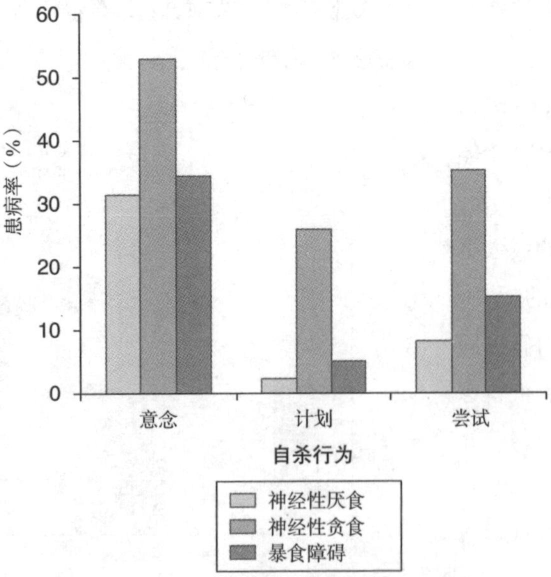

图 15.3　患有进食障碍的青少年的自杀行为

注：BN 患儿自杀尝试最多。这些青少年经常在情绪调节和冲动方面有问题。基于斯旺森及其同事（Swanson and colleagues, 2011）。

患有进食障碍的人也有较高的自杀风险（图 15.3）。大约 40% 患有进食障碍的青少年报告有自杀想法，10% 报告制定了自杀计划，15% 承认至少有一次试图自杀。报告自杀未遂的患儿多于有自杀计划的患儿。这一事实表明，这些青少年中有许多人有冲动性的自我伤害行为。事实上，BN 是一种与冲动和情绪调节缺陷相关的障碍，自伤在 BN 患儿中尤其普遍（Swanson, Crow, Le Grange, Swendsen, & Merikangas, 2011）。

焦虑障碍

社交焦虑障碍影响 30% ～ 50% 患有进食障碍的女性。社交焦虑障碍通常早于 AN 和 BN 出现，并在治疗后持续存在。许多患有进食障碍的女性对他人的批评极为敏感，并有避免他人对她们进行负面评价的经历。这些人也经常表现出对同伴赞许的高度需求。一些人可能会通过饮食限制和 / 或清除来表现出能取得他人认可的外表，并提高其社会地位。随着时间推移，这些行为可能导致 AN 或 BN（Levinson et al., 2013）。

30% ～ 40% 的进食障碍患者表现出强迫症状。大多数研究表明，完美主义和强迫症状往往先于进食问题。患有进食障碍的女性往往长期存在僵化、强迫思维的问题。僵化的认知方式可能会使这些人面临进食问题的风险（Halmi et al., 2005）。

常见的遗传或环境因素可能部分解释了进食障碍和焦虑障碍的共病。基尔、克伦普、米勒、麦格和亚科诺（Keel, Klump, Miller, McGue, and Iacono, 2005）研究了14 对年龄为 16 ～ 18 岁、患进食障碍情况不一样的同卵双生子，这些双生子中的一个患有进食障碍，而另一个没有。研究人员检验了没有进食障碍的双生子中焦虑障碍的患病率。他们发现，这些表型不一致的双生子患焦虑症的可能性是普通人群的 2 倍。这些发现表明进食和焦虑障碍有共同的深层因素。然而，我们不知道这些因素主要是遗传因素还是环境因素，或者（很可能）两者的结合（Levinson & Rodebaugh, 2012）。

物质使用障碍

物质使用问题经常与进食障碍一起出现。患有 AN 或 BN 的青少年和年轻的成人最常使用尼古丁、酒精、大麻和处方止痛药。总体而言，20% ～ 25% 的进食障碍患者会共病物质使用障碍（Mann et al.,2014）。

物质使用障碍的共病率因进食障碍的亚型而异。具体来说，经常暴食的进食障碍患者共病物质使用问题的可能性是不暴食的进食障碍患者的 3 倍。专家们认为深层的冲动性问题是暴食和滥用酒精及其他物质的原因。在大多数情况下，物质使用障碍在进食障碍起病时或之后出现。因此，许多患有进食障碍的个体似乎是通过使用酒精和其他物质来减轻焦虑和低落情绪（Bulik, 2004）。

人　格

AN 患者的核心人格特征是**完美主义**（**perfectionism**），这种人格特征是刻板且不切合实际地追求行为的绝对标准。40 多年前，希尔德·布鲁赫（Hilde Bruch, 1973）描述患有 AN 的青少年是过度顺从、渴望取悦他人、缺乏自主的自我意识。对患有 AN 的青少年进行的研究普遍证实了布鲁赫的印象。

在他们达到 AN 的诊断标准之前，这些青少年通常被描述为完美主义者、有动力的和目标导向的。他们往往成绩优异、广受欢迎，在学业上也很成功。他们往往非常看重自己的外表和向他人展示自己的方式。他们通常不愿意冒险，因为他们不想犯错或失去家人或同伴的认可（Levine, Piran, & Jasper, 2015）。

与 AN 患儿相关的第二个人格特点是僵化和过度控制（Rowsell, MacDonald, & Carter, 2015）。患有 AN 的青少年在行为、感受和思维上往往表现得僵化。关于行为，他们中的许多人说，他们需要“按自己的方式”做事才能感到舒适。他们在无法控制局面时可能会变得心烦意乱。有些人则将患有 AN 青少年描述为“强迫的”或过度有条理的。

在感受方面，患有 AN 的青少年通常是谨慎和情绪内敛的。他们特别不愿意直接表达悲伤、沮丧和愤怒，而是宁愿隐藏这些情绪或完全否认它们。

在认知方面，患有AN的青少年通常会采用**二分法（非黑即白）思维［dichotomous (black-or-white) thinking］**——也就是说，他们把自己、他人和情境视为“好”或“坏”的。这种二分法的思维方式使他们以僵化、苛刻和过于简单的方式看待世界。例如，如果他们的体重增加了1千克，他们就可能会认为自己“毫无价值”或“完全失败”（Alberts, Thewissen, & Raes, 2012; Egan et al., 2013）。

患BN青少年最显著的特点可能是自我评价较低。与患AN青少年相比，患BN青少年的情绪更不稳定，更容易冲动。他们经常发脾气和有行为问题，有些还自伤或滥用酒精和其他物质。许多BN患儿有情绪调节方面的长期问题（Pisetsky, Utzinger, & Wonderlich, 2015）。

家庭问题

研究一直显示患有进食障碍的女孩的家庭功能方面存在问题。患有AN的青少年通常来自高度僵化、过度保护的家庭。他们父母通常采取权威式的养育策略，对孩子的行为要求很高，但对孩子需求的回应性很低。父母通常对孩子的生活有相当大的控制权，不允许孩子参与决策。

患有BN的青少年往往来自重视服从和成就的家庭。然而，他们的家通常混乱不堪、压力重重。这些青少年经常报告高度的家庭冲突，有时还报告家庭暴力。与没有进食问题的青少年相比，患有BN的青少年往往更可能有不安全的依恋关系。

节食、体重和体型在患有进食障碍的女孩的家庭中受到相当大的关注（Levine et al., 2015）。患有AN的女孩经常报告说，她们的父母经常节食以减肥，并定期评论她们的体重和外表。许多女孩有一个患有进食障碍的一级亲属。与之相比，患BN女孩的家庭成员有时肥胖或超重。这些女孩经常报告在进餐期间相当紧张，父母鼓励她们减肥，或家人取笑她们的体重、体型或外表。

父母对体重和体型的评价可以预测女孩对身体的不满意、自卑和不健康的饮食习惯（Levine et al., 2015）。在一项研究中，23%的中学女生说父母至少有一位取笑她们的外表（Keery, Boutelle, van den Berg, & Thompson, 2005）。父亲的取笑与孩子对身体的不满意、饮食限制和BN症状有关。母亲的取笑与孩子的抑郁有关。母亲对自己体重的评价甚至也与女儿对自己身体的不满意有关。虽然这些联系并不一定意味着父母的评价会导致女孩对自己外表的感受不好，但这些联系意味着父母对体型和体重的评论与女儿对自己身体的感受有关（Bauer, Bucchianeri, & Neumark-Sztainer, 2013）。

小 结

- 与AN或BN相关的医学并发症包括电解质紊乱、骨质减少、心脏问题、营养不良、皮肤干燥、多汗毛、唾液腺肿大以及食道和牙齿受损。BED患儿有肥胖的风险。

- 患有 AN 或 BN 的青少年有出现抑郁和自伤、焦虑和强迫行为以及物质使用问题的风险。
- 患有 AN 的青少年经常表现出完美主义，这是一种刻板和不切实际地追求绝对标准的人格特征。这些患儿也可能有二分法（非黑即白）思维。
- 患有 AN 或 BN 的女孩通常来自自主性低、冲突多、强调体型和体重的家庭。

进食障碍在儿童青少年中有多常见?

患病率

出于两个原因，估计青少年进食障碍的患病率很难。首先，大多数患有进食障碍的人，尤其是青少年，不愿意承认自己的症状。即使是匿名调查也可能低估患病率。其次，进食障碍相对少见，尤其是在青少年中。因此，研究人员需要从范围很大的人群中收集数据，以获得精确的估计。

最佳可用数据来源于全国共病调查研究。这些研究的样本取自美国全国具有代表性的成人和青少年（图 15.4）。结果表明，在成年之前，符合 AN（0.3%）、BN（0.9%）或 BED（2.5%）诊断标准的青少年相对较少。这些障碍在成人中的患病率略高，这表明大多数进食障碍都是在青春期晚期或成年早期起病的（Swanson et al., 2011）。

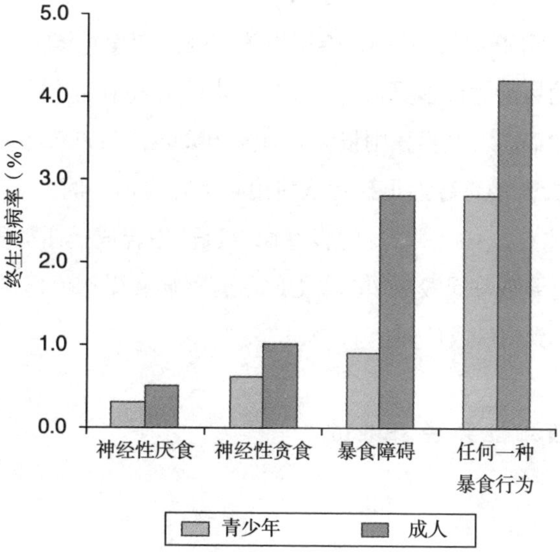

图 15.4 进食障碍在青少年和成人中的患病率

注：基于冯·兰森和华莱士（von Ranson and Wallace, 2014）。

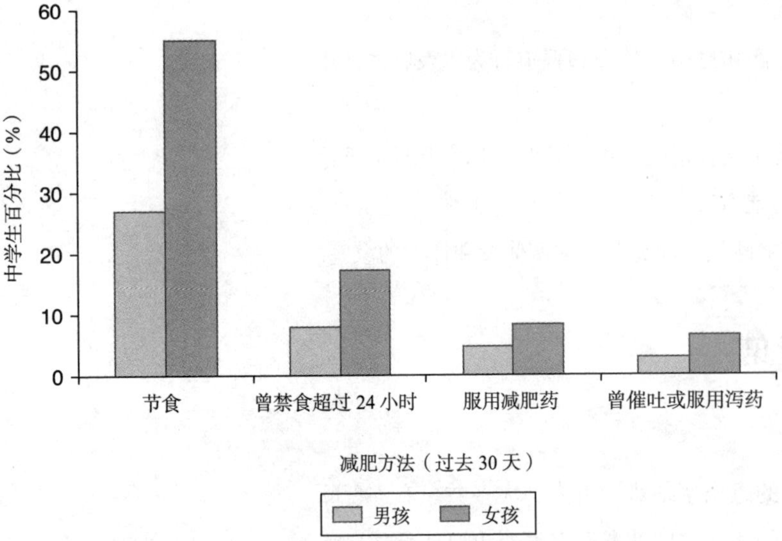

图 15.5　过去一个月里中学生使用的减肥方法

注：数据样本来自约 14 000 名 9 年级至 12 年级的青少年。虽然大多数青少年没有进食障碍，但他们中的许多（尤其是女孩）使用有风险的方法来减肥。基于青少年风险行为监测系统（Youth Risk Behavior Surveillance System; Centers for Disease Control and Prevention, 2016b）。

虽然进食障碍在青少年中相对少见，但非适应性进食行为是常见的（图 15.5）。五分之一的 5 岁女孩、三分之一的 9 岁女孩和一半的青春期前女孩对自己的体重表示担忧。多达 80% 的女孩表示对自己的体型或体重不满意，77% 的女孩通过节食减肥，16% 的女孩至少有过一次清除行为。近 14% 的青春期女孩有进食问题但不够诊断标准（von Ranson & Wallace, 2014）。

性别差异

平均而言，女孩比男孩更容易患进食障碍。来自全国共病调查研究的数据表明，男孩和女孩有同样的可能符合 AN 的诊断标准（0.3%）。然而，女孩（1.5%）比男孩（0.1%）更容易出现阈下水平的症状。

同样，青春期女孩（1.3%）在成年前患 BN 的可能性几乎是青春期男孩（0.5%）的 3 倍。同样，青春期女孩（2.3%）达到 BED 的诊断标准的可能性也几乎是青春期男孩（0.8%）的 3 倍（Swanson et al., 2011）。

与 AN 和 BN 不同的是，一些青春期男孩有因渴望*增加*体重、身体质量和肌肉而导致进食问题的风险。许多男孩尝试通过适当的方式增加体重和肌肉，比如吃健康食品和锻炼。然而，一些男孩则依赖有风险的策略，例如暴食、过度运动或膳食补充剂。25% ～ 50% 的青春期男孩承认使用膳食补充剂（例如，蛋白奶昔、肌酸、麻黄碱）来增加体重。3% ～ 12% 的青春期男孩使用合成代谢类固醇来锻炼肌肉。大约 5% 的青春期男孩每周锻炼 7 次以上，尽管疼痛和受伤但仍要锻炼，或者在无法锻炼的日子里感到内疚或抑郁。

文化、族裔和社会经济地位

跨文化差异

多年来，专家们认为进食障碍只在西方工业化国家，且主要是在社会经济地位较高的群体中出现。如今，我们知道进食障碍存在于所有文化和社会经济阶层中（von Ranson & Wallace, 2014）。

AN 和 BN 似乎是跨越国家和文化的普遍现象。例如，除了西欧和北美，亚洲、非洲、中东、加勒比地区、太平洋岛屿和东欧也发现了进食障碍。然而，进食障碍在西方社会和工业化国家比非西方国家和前工业化国家更为普遍。例如，进食障碍在东欧、日本、新加坡、南非和以色列的患病率与美国相当。在非西方和前工业化国家（例如尼日利亚和伯利兹）患病率较低（Anderson-Frye & Becker, 2004）。

大量证据表明，全球化已将进食障碍从工业化国家传播到发展中国家。例如，二三十年以前，在南太平洋的斐济岛上，进食障碍在很大程度上是不为人知的。然而，在电视和其他媒体将西方文化引入该岛后，进食障碍的发病率急剧上升。同样，从发展中国家移民到美国的青少年的进食障碍患病率最初比较低。然而，在美国生活多年后，他们患进食障碍的可能性急剧增加（Anderson-Frye & Becker, 2004; Polivy, Herman, Mills, & Wheeler, 2003）。以一名移民到美国且出现了 BN 症状的女孩格雷丝为例。

案例研究
神经性贪食症与文化

旁观者之眼

格雷丝是一名 14 岁的女孩，在非洲国家卢旺达发生内战后，她随父母从该国移民到美国。虽然格雷丝的家庭是在该国占多数的胡图族，但她的父亲曾帮助和保护被极端的胡图族民兵屠杀的少数图西族成员。由于担心遭到报复，这家人逃离了卢旺达，最终到美国寻求庇护。

在非洲，格雷丝被认为是一个聪明美丽的女孩。然而，在美国，由于她的外表，她很难获得同伴的认可。按照西方的标准，格雷丝又矮又胖。她不习惯在学校被其他女生取笑，被同学排斥。在上高中的 6 个月内，格雷丝出现了 BN 的症状。她开始每周多次暴食和清除。她的父母最终因为她的进食障碍、暴食和抑郁情绪而寻求帮助。

对于西方文化或工业化如何导致进食障碍患病率的增加，专家们意见不一。一种流行的解释是，处于非西方文化和发展中国家文化中的女孩和女性将自己与西方媒体所描绘的模特和女演员形象相比较。这些比较导致她们对自己的身体、饮食不满意，并进行不安全的减肥活动。

另一种假设是，女孩和妇女注意到西方模特的外表吸引力与其他财富、社会地位和幸福指数之间的关系。为了提高自己的社会地位，她们试图通过减肥来模仿这些模特和女演员。例如，在斐济引进西方媒体后不久，许多女孩表达了减肥的愿望。她们推断，如果像电视上的模特和女演员那样更具吸引力，她们可能会过上更成功的生活（Becker, Burwell, Gilman, Herzog, & Hamburg, 2002）。在其他发展中国家，最有可能患进食障碍的女孩和女性往往来自社会经济地位上升的家庭。例如，在库拉索岛和伯利兹，渴望获得财富和社会地位的女孩和女性或通过旅游业与西方文化有经济联系的女孩和女性的进食障碍患病率与美国女性相似。生活在南非的社会经济地位上升的黑人女性比南非白人女性更容易出现进食障碍。对一些女孩和妇女来说，AN 和 BN 可能反映了一种试图模仿西方文化以分享其社会和经济繁荣的非适应性尝试（Anderson-Frye & Becker, 2004）。

在美国

一些专家认为，美国的少数族裔青少年比白人青少年更不容易患进食障碍。这些专家认为，因为少数族裔青少年来自不太强调苗条身材的亚文化，他们不太可能节食，也不太可能出现有问题的饮食。事实上，与非拉丁裔白人少女相比，拉丁裔和非裔美国少女对更重的体重以及更有曲线的身材更宽容。此外，拉丁裔和非裔美国少女往往不像非拉丁裔白人女孩那样担心体重增加（McKnight Risk Factor Study, 2003）。

然而，进食障碍存在于美国所有的族裔群体中，而且在体重和体型方面的文化特定偏好可能无法保护少数族裔女孩免受进食障碍的影响。

来自全国共病调查研究的数据表明，AN 在非拉丁美洲裔白人青少年中最为普遍（0.4%），在非裔美国青少年中最不常见（0.1%）。另外，拉丁裔青少年（1.6%）比非拉丁裔白人青少年（0.7%）更有可能被诊断为 BN。同样，拉美裔青少年（2.4%）成年前患上 BED 的比例高于非洲裔美国人（1.5%）或非拉美裔白人青少年（1.4%）。

总的来说，进食障碍的患病率并不随社会经济地位的变化而变化。例如，患病率不会因父母的教育程度、婚姻状况或家庭收入有显著差异（Swanson et al., 2011）。

神经性厌食和神经性贪食病程

AN 和 BN 通常在青春期早期开始。最新数据表明，所有 3 种进食障碍的症状通常出现在 10 ～ 14 岁。AN 首次诊断的典型年龄是双峰型的，女孩通常在青春期早期（11 ～ 14 岁）或成年早期（18 ～ 24 岁）确诊。与之相比，BN 和 BED 通常在青春期晚期或成年早期（17 ～ 25 岁）首次诊断。尽管进食障碍可能出现在任何年龄，但在青春期前的儿童中很少见，通常也不会在 25 岁后出现（Swanson et al., 2011）。

AN 的病程是可变的。大约 50% 的 AN 患者康复，30% 的 AN 患者病情好转但仍继续符合 AN 或 BN 的诊断标准，10% ～ 20% 的 AN 患者有 AN 的慢性症状。有慢性症状的个体死于营养不良或自杀的风险最高。在症状出现后不久就接受治疗的 AN 青少年康复的机会最大（Smink, van Hoeken, & Hoek, 2012, 2013）。

BN 的预后比 AN 稍好。在一项针对之前诊断为 BN 的个体的大型研究中，15% 的患者在 5 年后仍然符合诊断标准。不幸的是，36% 的患者继续呈现阈下水平的饮食问题，41% 的患者符合重性抑郁障碍的诊断标准。虽然 BN 的恢复概率比 AN 高，但大多数被诊断患有进食障碍的个体在数年后仍存在精神问题（Smink et al., 2012, 2013）。

随着时间推移，有进食问题的青少年中有相当一部分的诊断分类会随着时间推移而改变，这种现象被称为**诊断迁移**（**diagnostic migration**）。例如，个体可能最初符合 AN 的诊断标准，后来被诊断为 BN。在一项大型研究中，36% 的 AN 患者后来显示出 BN。此外，27% 的 BN 患者后来发展为 AN（Bryant-Waugh & Watkins, 2015）。诊断迁移在患有进食障碍的青少年中尤其常见，通常发生在最初诊断后的 5 年内。

暴食障碍的病程

最近的研究表明，患有 BED 的青少年与成人有不同的症状表现（Fairburn & Gowers, 2010）。马库斯和卡拉奇（Marcus and Kalarchian, 2003）区分了早发性和迟发性 BED。早发性 BED 往往出现在 11 ～ 13 岁。像前文案例研究中的马特奥这样患有早发性 BED 的青少年在儿童期通常有体重问题或肥胖。他们通常在儿童后期（平均年龄为 12 岁）开始暴食，几年后（平均年龄为 14 岁）开始节食。他们经常有抑郁、焦虑和家庭关系混乱的问题。他们成年后也有患 BN 的风险。

与之相比，迟发性 BED 往往出现在成年早期。迟发性 BED 患者往往在成年早期（平均年龄为 19 岁），而非在儿童期有体重问题或肥胖。此外，他们通常在暴食（平均年龄为 28 岁）之前开始节食（平均年龄为 20 岁）。迟发性 BED 与 BN 的关系不太密切。

这些发现表明，儿童与青少年的 BED 与抑郁和焦虑等情绪问题密切相关。食物和进食可能是这些患儿调节情绪的一种方法。与之相比，成人 BED 与饮食限制的关系更为密切。患有 BED 的成人在节食期间可能会用暴食以减轻饥饿、空虚感和低落情绪（Marcus & Kalarchian, 2003）。

与其他进食障碍相比，患者更有可能从 BED 中康复。费尔伯恩、库珀、多尔、诺曼和奥康纳（Fairburn, Cooper, Doll, Norman, and O’Connor, 2000）发现 85% 患有 BED 的年轻女性在最初诊断 5 年后不再符合该障碍的诊断标准。第二项纵向研究发现，诊断后 2 年（65%）和 6 年（78%）的复发率很高（Fichter & Quadflieg, 2007）。

小　结

- 女性的 AN 终生患病率为 0.5% ～ 1%，男性为 0.3% 以下。女性的 BN 终生患病率为 1.5% ～ 4%，而在男性中不到 0.5%。BED 的终生患病率为 2.6%。
- 最近的研究表明，进食障碍在各个国家和文化中都存在。接受西方文化价值观和适应美国文化与患病率增加有关。
- AN 的起病通常发生在青春期早期或成年早期。BN 的起病通常发生在青春期晚期或成年早期。AN 与更严重和持久的损伤相关。
- BED 的病程往往取决于症状出现的年龄。儿童期起病的 BED 与儿童期肥胖、暴食和节食史有关，也与青春期后期和成年期的抑郁问题和家庭问题的更高风险相关。

儿童与青少年进食障碍的病因是什么？

遗传风险

基因在进食障碍的发展中起着重要作用（Bulik, 2004）。行为遗传学家已经确定进食障碍可以在家族中遗传。与没有进食问题家族史的女性相比，一级亲属有进食障碍的女性患进食障碍的可能性要高 4 ～ 11 倍（Strober, Freeman, Lampert, Diamond, & Kaye, 2000）。这种进食障碍的遗传风险增加并不特定于 AN 或 BN，例如，患有 BN 的家庭成员会使其具有血缘关系的亲属面临患上所有进食障碍的风险，而非仅 BN 本身。

行为遗传学家也尝试确定进食障碍的变异在多大程度上可以由遗传因素和环境因素来解释。双生子研究表明，AN 的遗传率为 48% ～ 74%，具体数值取决于样本（Bulik, 2004）。双生子研究表明 BN 的遗传率与 AN 大致相同，介于 59% ～ 83%。剩下的差异主要由非共享的环境因素，即青少年独有的事件和经历决定（例如，不同的朋友、教师、运动或爱好）。共享环境因素（例如，相同的父母、房子、社会经济地位）似乎在解释 AN 或 BN 的病因中发挥的作用相对小。

分子遗传学家已努力寻找可能导致个体患进食障碍风险的特定基因（Bulik, 2004）。不幸的是，研究结果尚不一致。到目前为止，研究人员还未能确定一个或一组始终与 AN 或 BN 有关的基因。一些证据表明，1 号染色体可能与限制型 AN 的发展以及对瘦的迷恋有关。还有一些数据表明，10 号染色体可能在清除行为，特别是催吐的发展中发挥作用。影响进食障碍的遗传因素还需要进行更多的研究。

血清素和胆囊收缩素

神经递质血清素可能与进食障碍的发展有关，尤其是 AN。在健康的个体中，血清素参与调节新陈代谢、情绪和人格。就新陈代谢而言，血清素对食欲起着至关重要的作用，它是产生饱腹感的部分原因。在情绪方面，血清素在情绪调节中起着重要作用。血清素功能异常可能与抑郁有关。在人格方面，高水平的血清素与对心理压力的敏感性、完美主义以及对秩序和组织的需求有关。

一些患有进食障碍的人表现出血清素水平紊乱。例如，AN 患者即使已经从障碍中恢复，也经常表现出异常高的血清素水平。同样，BN 患者在患病期间和康复后血清素水平也均出现异常。凯耶、巴斯蒂亚尼和莫斯（Kaye, Bastiani, and Moss, 1995）认为，血清素水平的升高可能会使某些人倾向于有心理困扰、焦虑和完美主义。限制饮食可以暂时降低血清素水平，减少负面影响。因此，饮食限制会随着时间推移被负强化和维持（Castellini et al., 2013）。

血清素紊乱也被认为是暴食和清除的原因。在健康的个体中，血清素在抑制进食方面起着重要作用。然而，BN 患者经常表现出血清素失调。失调会产生烦躁情绪，可能会导致暴食和清除。从 BN 中恢复的个体血清素水平受到调节的程度往往更高，这表明康复部分依赖于血清素活性的变化（Goethals et al., 2014）。

一些 BN 患者体内一种被称为**胆囊收缩素**（**cholecystokinin, CCK**）的激素水平较低。在健康个体中，CCK 是在吃了大量食物后产生的。这种激素会引发饱腹感，并调节摄食量。然而，BN 患者在进食时产生的 CCK 要少得多，这可能让他们在暴食时没有饱腹感（Rigamonti et al., 2014）。

研究表明，血清素、CCK 和进食障碍之间存在关联，但这些研究都是横断面的设计，不能告诉我们神经递质或激素的异常是进食障碍的原因还是结果。虽然从相关数据推断因果关系很有诱惑力，但这样的推断可能导致对进食障碍的不准确理解（Hannon-Engel, Filin, & Wolfe, 2013）。

性发育和性虐待

青春期发动时相

专家们对青春期在进食障碍中的作用给予了相当的关注。研究表明，进食障碍通常在青春期期间或之后发生，而在青春期之前或 25 岁之后很少出现。

关于青春期和进食障碍之间的联系的一种解释是，青春期的生理变化对青春期女孩来说特别有压力。青春期前，女孩往往身材苗条，体脂含量相对较低。她们的体重和体型与西方社会提倡的和社会认可的理想身材相对接近。随着青春期的开始，女孩们的体重和体脂增加，使她们的身材不太符合西方文化中的理想身材。体重的增加和体型的改变会导致一些女孩对身体不满意，因此，她们会为了恢复青春期前的体型而节食（Smolak et al., 2013）。

一个相关的假说是，青春期可能在进食障碍的发展中很重要。具体来说，早熟的女孩尤其可能面临对身体不满意和患进食障碍的风险。因为过早发育，这些女孩不仅不符合社会文化中对理想的体重和体型的预期，而且当同伴并不似她们一样发育，她们也不符合同伴的预期。一些早熟女孩可能会因为身体发育过早而被取笑。

关于青春期、对身体不满意和进食问题之间的关联，实证研究并不一贯地支持这些假设。一些研究表明，青春期发育、青春期发动时相和对身体不满意之间存在显著关联，然而这种相关性只有相对中等的强度。另外一些研究未能支持青春期发育、青春期发动时相和身体不满意之间的关联。事实上，唯一一项验证这一假设的纵向研究并不支持青春期导致后期身体不满意的观点（Rohde, Stice, & Marti, 2015）。

关于青春期发育、青春期发动时相和进食障碍之间关系的研究也产生了不同的结果。在一些研究中，青春期发育和青春期发动时相与节食有关，但在另一些研究中却没有发现这样的关联。然而，青春期发育和青春期发动时相与患进食障碍的可能性有弱的相关性。综上所述表明，青春期是一个发展阶段，在此期间青少年很容易对身体不满意和患上进食障碍。然而，青春期本身不太可能导致进食问题或进食障碍。

儿童与青少年性虐待

一些专家推测，儿童与青少年时期的性侵害可能会导致进食病理的发展，尤其是 BN（Oppenheimer, Howells, Palmer, & Chaloner, 2013）。根据这些理论家的说法，被性虐待的经历使女孩感到无助和羞耻，也可能对自己的身体感到厌恶，或者认为自己的身体被虐待行为"玷污"。有些女孩可能会通过饥饿、暴食和清除来伤害自己的身体，从而表达这种羞耻和厌恶。有些女孩试图通过节食来重新获得对自己身体的控制感。在任何情况下，女孩都有可能因为受到虐待而患上进食障碍。

有相当多的证据表明，儿童与青少年性虐待与进食障碍有关，尤其是 BN。一项涉及遭受性虐待儿童与青少年、患有进食障碍的青少年和社区青少年的研究表明，受到性虐待的女孩在日后的生活中患进食障碍的可能性增加。此外，患有进食障碍的青少年和成人经常报告说，他们受到的性虐待发生在进食问题出现之前（Pérez-Fuentes et al., 2013）。

另外，儿童与青少年性虐待似乎使其面临一系列精神问题，而非仅是进食障碍。费尔伯恩、库珀、多尔和韦尔奇（Fairburn, Cooper, Doll, and Welch, 1999）进行了一系列研究，该研究涉及 102 名患有 BN 的女性、102 名患有其他精神障碍（通常是抑郁障碍）的女性和 204 名没有精神健康问题的女性。结果显示，患有 BN 或其他精神障碍的女性比健康的女性更可能受到过性虐待。然而，BN 患者的性虐待史与其他精神障碍患者的性虐待史一样常见（Fairburn et al., 1999; Welch & Fairburn, 1996）。这些发现表明，儿童与青少年性虐待是许多精神障碍的风险因素，而不仅仅是进食病理的原因（Pérez-Fuentes et al., 2013）。

认知行为理论

进食障碍的认知行为概念化是基于思维、感受和行为紧密相连的观点。行为的每个组成部分都会影响其他部分。认知行为理论家认为，进食障碍是由以下三个因素引起的：以低自尊为特征的情感障碍；以对体重、体型和体象的认知歪曲为特征的认知障碍；以及以非适应性进食习惯为特征的行为障碍（Pike, Devlin, & Loeb, 2004）。

进食障碍认知行为模式的核心是低自尊。有 AN 和 BN 风险的青少年被认为有情绪低落的深层问题。虽然这种低自尊的来源尚不清楚，但它很可能是由遗传因素和环境因素共同作用造成的。例如，有进食障碍风险的个体往往有使他们对心理痛苦敏感，并对自己和他人持批评态度的人格倾向。此外，许多患有进食障碍的青少年来自有破坏性或高压的家庭环境，这可能导致他们自我价值感低。由于这些负面情绪，青少年可能会对自己的外表（特别是体重和体型）予以相当大的重视。他们可能认为，通过达到一定的体重或体型，可以克服自卑感和提高自我价值感（图 15.6）。

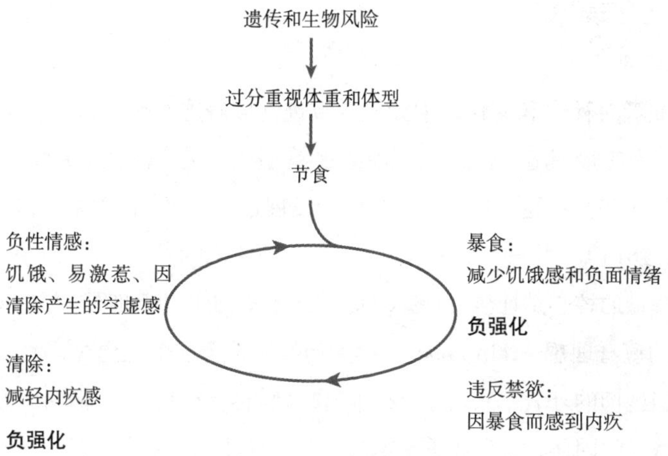

图 15.6　暴食和清除的认知行为理论

注：暴食会因饥饿和空虚的减少而被负强化，清除则会因内疚的减少而被负强化。

大多数青少年通过节食来达到理想的体重和体型。严重的节食会因自卑感的减轻而得到负强化。青少年在减肥和接受他人的赞美时会暂时对自己和外表感觉更好。不幸的是，严重的节食通常会随着时间推移加剧青少年的焦虑。第一，青少年通常对体重和体型抱有不切实际的期待，无论如何节食都不能让他们达到目标。第二，饮食限制导致饥饿感、易激惹和疲劳。

为了代偿沮丧、饥饿感和疲劳，许多青少年停止节食并暴食。负面情绪暂时减少会对暴食造成负强化。然而，暴食之后会很快产生更持久的内疚感、厌恶感和身体不适感。

为了减轻负罪感和避免体重增加，一些青少年会采取非适应性代偿行为，包括禁食或更多的锻炼。对体重增加的内疚感和焦虑感的减轻会负强化禁食行为。然而，禁食也会导致长期的低落情绪和饥饿感。还有些青少年为了避免体重增加而进行清除。暂时减轻的焦虑也会负强化清除行为。然而，随着时间推移，清除行为通常会加剧内疚感和厌恶感。此外，在清除之后，青少年通常会感觉到与清除之前相同的空虚感和低落情绪。

总之，低自尊和低落情绪构成了进食障碍认知行为模型的基础。饮食限制会暂时减轻低落情绪（负强化），但会导致长期的挫折感和饥饿感。暴食会减少饥饿感（负强化），但会导致对体重增加的内疚和焦虑。禁食和清除可以减轻内疚感和对体重增加的恐惧（负强化），但会加剧低自我价值感。因此，进食障碍是由深层的情绪问题引起的，并由不合理的信念和负强化循环维持。

社会-文化理论

双路径模型

有些研究者对社会和文化因素如何导致进食障碍感兴趣。斯蒂斯（Stice, 2016）提出了解释暴食最具影响力的社会文化模型之一：双路径模型（dual pathway model）。根据**双路径模型**，进食障碍有两个发展途径：（1）饮食限制；（2）负面情绪（Rohde et al., 2015）。

双路径模型的核心是社会对青春期女孩的要求，即减肥和吸引人。许多女孩内化了社会认可的**瘦身理想**（**thin ideal**），因为当她们符合这个理想时，他人会对她们进行强化，而当她们的外表不满足这个标准时，她们会受到惩罚。例如，青春期女孩经常赞扬体重减轻的同伴，排斥体重超重的同伴。看过电影《贱女孩》（*Mean Girls*）的人都知道，赞美（积极的鼓励）、戏弄或排斥（惩罚）都是强大的激励因素。

即使是对非常年轻的女孩，对苗条身材的理想化也会导致其对身体不满意（Smolak et al., 2013）。当女孩对自己的身体不满意时，她们可能会通过节食减肥以达到理想的体型。不幸的是，节食是长期控制体重的无效手段。相反，节食通常会产生饥饿、易激惹和疲劳。此外，未能减肥和实现苗条的理想会导致自卑、沮丧和负面情绪（插图 15.2）。

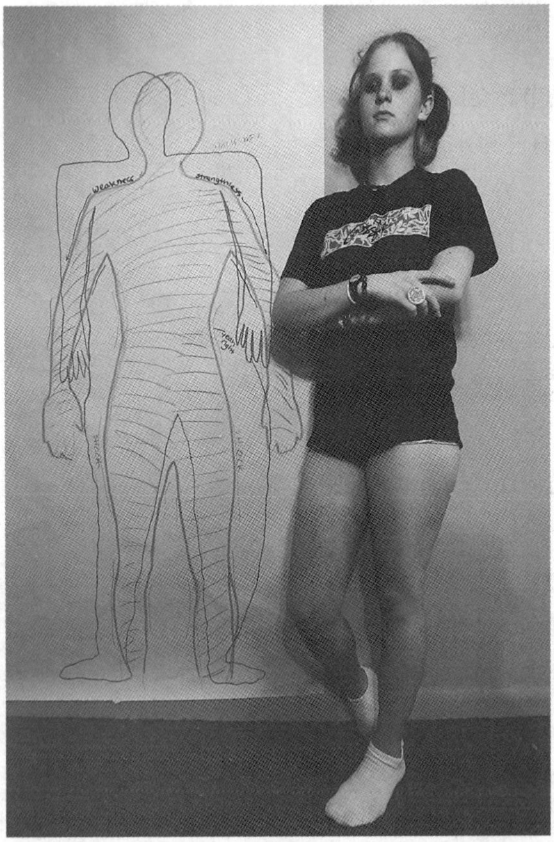

插图 15.2　在为患有进食障碍的女孩进行治疗的过程中，布里特妮站在她的身体追踪记录旁边。身体追踪记录练习可以让她看到治疗师追踪到的她的真实身体和她感知到的体象之间的差异。

在一些女孩中，饮食限制和负性情感导致了暴食。暴食会导致饥饿和消极情绪的暂时减少。事实上，暴食的食物往往是高脂肪和高碳水化合物的。正如进食障碍的认知行为模型所描述的那样，暴食也会引起更多的内疚感并提高清除或其他代偿行为出现的可能性。

三重影响模型

进食障碍发展的另一种社会文化模型是**三重影响模型**（**tripartite influence model**; Keery, van den Berg, & Thompson, 2004; Rodgers, McLean, & Paxton, 2015）。根据这个模型，三重社会文化因素影响青少年女孩的进食行为：（1）同伴；（2）父母；（3）媒体（图 15.7）。

当青春期女孩的同伴们重视体重和体型、取笑其他女孩的外表或者节食，就会影响到青春期女孩的进食行为。父母评论自己的体重、体型、外表或者节食，或者批评女儿的外表、敦促她减肥，这些都会影响女儿的进食行为。媒体也会影响女孩的进食行为。电视、电影和杂志上的模特传达了身体吸引力对女孩的幸福感的重要性。同样，电视和杂志也会向女孩灌输一些关于节食、锻炼和减肥的非适应性的观念。

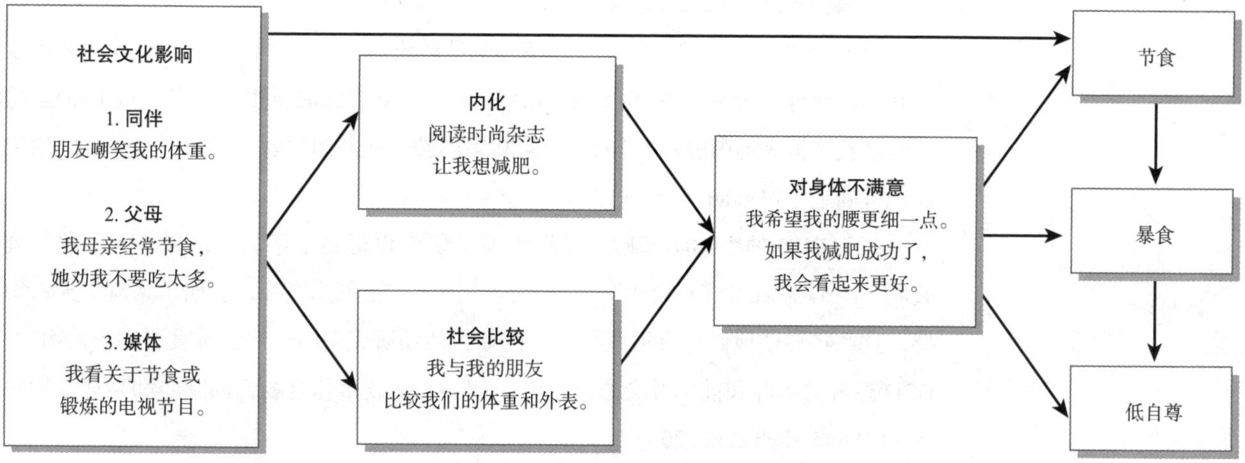

图 15.7 进食障碍的三重影响模型

注：根据三重影响模型，社会文化因素（即同伴、父母、媒体）会导致女孩内化一种不切实际的理想体型，并且将自己与他人比较。

根据三重影响模型，同伴、父母和媒体可能通过三种方式导致青少年进食问题的发展。第一，通过促使女孩节食直接影响进食行为。例如，一个看到她母亲、她最好的朋友和她最喜欢的歌手节食的女孩可能会认为节食是一种符合发展规范和社会期望的减肥方式。她可能决定节食，以便更像这些在其生活中重要的人。然而，正如我们以前所看到的，饮食限制并不是一种有效的、长期的体重控制手段。事实上，它通常会造成负面影响，并可能导致暴食。

第二，这三个社会文化因素与女孩进食之间的关系可能是通过女孩内化的瘦身理想来中介的。来自同伴、父母和媒体的关于体型、体重或吸引力的信息可能会导致女孩将西方文化中传达的不切实际的美丽标准内化。例如，阅读时尚杂志的女孩可能会将这些杂志中模特传达的体型和体重标准内化。反过来，将这些标准内化了的女孩可能会对自己的体型和体重感到不满。对身体的不满意会导致节食、负面情绪和暴食症状。

第三，这三个社会文化因素与女孩进食之间的关系可能是由女孩与他人比较外表的倾向所中介的。例如，同伴可能会评价那些特别苗条、有魅力或者超重、没有吸引力的同学。反过来，青春期女孩可能会将自己的体重和体型与这些有吸引力和没有吸引力的同学进行比较。反过来，这些社会比较可能会导致女孩对自己的身体感到不满意。对身体不满意会导致节食、情绪问题和进食障碍。

来自青少年和成人的数据表明，三重影响模型可能是解释同伴、父母和媒体对节食和进食病理出现的深层影响的一个有用方法（Keery et al., 2004; Rodgers et al., 2015）。未来的研究可能会着眼于检验这三种社会文化影响因素对不同年龄女孩的相对重要性。例如，大龄青少年可能更多地受到同伴的影响，而低龄青少年可能更多地受到父母的影响。

儿童青少年暴食障碍的理论

BED 患者几乎肯定遗传了这种障碍的遗传素质。双生子研究表明暴食的遗传度为 0.39。此外，大约 50% 的患有 BED 成人有一个家庭成员患有肥胖症或 BED。尽管大多数证据表明 BED 患者的血清素和多巴胺转运基因异常，但却没有一致的遗传标记被确定（Wonderlichet al., 2009）。

关于 BED 的生物学基础，神经影像学研究也得到了不同的结果。大多数研究表明，BED 患者可能对食物的某些特性（例如，颜色、气味、质地、味道）异常敏感，这些特性使他们更有可能暴食。例如，两项研究表明，当面对吸引人的食物时，BED 患者的额叶和前额叶会过度活跃（例如，高碳水化合物、高脂肪和高盐分的食物）（Wonderlich et al., 2009）。

BED 患儿通常超重或肥胖。纵向数据表明，在开始暴食之前，这些患儿往往在儿童期就有体重问题。此外，他们的父母往往有体重问题，家庭成员对 BED 患儿的体型、体重或饮食习惯方面有负面评价。此外，BED 患儿的父母通常对孩子饮食有严格的规定。他们坚持让孩子们在吃饭的时候“光盘”，或者严格限制孩子们吃零食和糖果。纵向研究表明，父母对自己的体重、对孩子的体重或孩子的饮食的关注预测了孩子进食障碍的发展。例如，在幼儿期受到父母严格限制的孩子在儿童期后期往往会吃过多食物（Osborn et al., 2013）。

儿童与青少年的 BED 与抑郁和焦虑密切相关。与患有 BED 的成人不同，患有该障碍的儿童青少年通常在开始节食前几年就开始暴食，经常会因为他们的体重或体型而被同伴疏远和嘲笑。与未患 BED 的儿童青少年相比，他们也更有可能有负面的童年经历或他们的父母有精神健康问题（Marcus & Kalarchian, 2003）。

焦虑、抑郁、担忧或无聊的缓解可能会对暴食产生负强化。约翰逊、科恩、科特勒、卡森和布鲁克（Johnson, Cohen, Kotler, Kasen, and Brook, 2002）对个体从儿童后期到成年早期的发展进行了前瞻性研究。他们发现，基线时的抑郁可以预测青春期和成年期的暴食。类似地，斯蒂奇、贝克和约库姆（Stice, Becker, and Yokum, 2014）对大量青春期女孩进行了长期的追踪调查。他们发现负性情绪可以预测暴食的发生，但不能预测清除行为。这些发现表明，患有 BED 的儿童青少年可能用暴食来缓解焦虑、抑郁或不安。

小　结

- AN 和 BN 的遗传度估计大约在 0.50 ～ 0.75。神经递质血清素与 AN 和 BN 都有关系，这可能解释了为什么选择性血清素再摄取抑制剂（selective serotonin reuptake inhibitors, SSRIs）可以减少与这些障碍相关的焦虑和情绪问题。
- 儿童与青少年性虐待是进食障碍的非特异性风险因素。性虐待可以预测一系列障碍，不仅仅是进食问题。

- 认知行为模型认为，饥饿感的减少会负强化暴食，而罪恶感的减轻则会负强化清除。
- 进食障碍的社会文化理论包括双路径模型（即饮食限制、负面情绪）和三重影响模型（即同伴、父母、媒体）。这两种模式的核心都是青少年追求不切实际的瘦身理想。

15.3　进食障碍的循证治疗

哪些治疗方法对青少年的神经性厌食有效?

住院治疗

AN 的住院治疗最初侧重于改变青少年的进食行为，而不是缓解青少年的情绪痛苦（Petti, 2015）。治疗的主要目的是监测青少年的身体健康，帮助其增加体重。由于体重快速增加对严重营养不良的患者是危险的，因此医生要对再进食过程进行监控。通常，患有 AN 的青少年在住院治疗的头几天需要每天摄入 1500 大卡。然后，他们的目标是热量摄入量每隔一天增加约 500 大卡，直到目标达到每天 3500 大卡（几乎是维持体重所需热量的两倍）。每天摄入 3500 大卡通常会使他们的体重每周增加 0.9 ～ 1.8 千克（Linscheid & Butz, 2003）。

大多数患有 AN 的青少年拒绝住院治疗，因为他们害怕哪怕一点点的体重增加。刻板的非黑即白的想法让这些青少年相信，只要他们增加 0.5 千克，他们就失去了对进食行为的全部控制，并会变得肥胖。此外，患有 AN 的青少年经常从他们控制体重的能力中获得自我价值感。对这些青少年来说，体重增加意味着自我认同和自尊的丧失。

为了帮助女孩增加体重，治疗团队实施了一项行为方案，以加强热量摄入和治疗计划参与。通常，这种行为模式基于“患有 AN 的女孩害怕体重增加”的观念。为了克服这种恐惧，她们被要求在有规律的用餐时间食用各种各样的食物，并避免去做那些限制体重增加的行为（例如，清除、锻炼）。

医护人员会正强化吃完一餐的行为。一旦进入治疗阶段，青少年就无法享受他们在家里享受的大部分特别奖励：看电视、浏览社交媒体、打电话和朋友来访，也不能化妆、穿最喜欢的衣服和戴配饰。除非他们好好吃饭和参与其他方面的治疗计划。

患者也被禁止做避免体重增加的代偿行为。最初，医护人员会监控患者，以确保他们不进行清除或悄悄地锻炼。

团体治疗

在大多数住院治疗计划中，青少年会参与团体治疗（Pretorius et al., 2012 Voriadaki, Simic, Espie, & Eisler, 2015）。团体由刚参加住院治疗计划的青少年以及即将完成治疗的青少年组成。团体治疗师鼓励患者之间的**支持性对质**（**supportive confrontation**）。在支持性对质中，老成员被鼓励挑战新成员的认知歪曲和对食物的强迫观念。例如，一个新成员抱怨她被迫吃的食物会让她变胖，这可能会受到其他成员的挑战，以避免该新成员在团体中谈论关于“肥胖”的话题。团体不鼓励成员减肥或者欺瞒医护人员，不然可能受到同伴的排斥。治疗师会在治疗过程中利用同伴压力促进健康饮食，就像同伴压力可能导致青少年在治疗之外的进食问题一样。

团体治疗包括以下几个任务：教授青少年关于进食障碍的知识、情绪管理和应对自卑、发展社交技能、保持健康饮食、认识和挑战导致问题饮食的信念（表 15.6）。进食障碍的个体通常有两种认知歪曲。第一，许多人错误地认为他们的自我价值与体重直接相关。他们认为“如果瘦是件好事，那么最瘦的就是最好的”（Linscheid & Butz, 2003, p. 645）。第二种歪曲是二分法（即非黑即白）思维。具体来说，他们认为一旦开始吃，就会停不下来（Linscheid & Butz, 2003）。治疗师尝试教会患者认识并批判性地评估这些错误的信念。

表 15.6　青少年进食障碍的团体治疗

主题	描述
心理教育	为青少年提供关于进食障碍的知识
行为康复	教授青少年识别和挑战导致进食问题的认知歪曲；通过团体成员之间的相互支持性对质来促进体重增加和健康饮食
放松训练	教授青少年放松和情绪调节技能，例如深呼吸、想象、瑜伽和冥想
营养	教授青少年基本营养知识、与节食相关的风险、控制体重的替代方法以及食用健康食品
三餐计划	协助青少年选择均衡膳食和健康饮食；边吃边教社交技巧
身体形象	教青少年纠正对自己身体的非适应性信念，批判性地评价电视和杂志上的女性身体形象
自尊	为青少年提供自信训练和沟通技能训练，以提高其自信
家庭问题	帮助青少年了解家庭关系如何导致健康的或有问题的饮食习惯；让青少年与家人建立更健康的互动模式
复发预防	协助青少年认识并避免引发问题进食习惯的环境事件或情绪状态；帮助青少年计划重返家庭和学校

注：大多数针对青少年进食障碍的住院治疗计划要求患者参与团体治疗。参加约翰斯·霍普金斯进食障碍项目的患者每天参加 3 次团体治疗，每次治疗都涉及上面列出的主题之一。基于瓜尔达和海因伯格（Guarda and Heinberg, 2004）。

目前支持住院团体治疗对 AN 疗效的证据有限。一些研究人员认为，AN 患儿营养不良，无法完全参与团体治疗。例如，营养不良导致注意力和问题解决的能力下降，会影响青少年识别和批判性评估认知歪曲的能力（Linscheid & Butz, 2003）。

结构式家庭治疗

青少年体重增加后，大多数专业人士建议将家庭治疗作为心理社会治疗的一线治疗方法（Levine et al., 2015）。虽然有很多种家庭治疗方法，但最著名和最广泛使用的方法是结构式家庭治疗。

结构式家庭治疗主要关注家庭成员之间关系的质量和模式。治疗师很少强调青少年的进食行为本身。事实上，青少年的症状被认为具有转移注意力的功能。只要家庭成员将精力集中在青少年有问题的进食上，他们就不必关注问题的真正根源：家庭关系和沟通。家庭治疗师将他们的患者视为整个家庭系统，而不仅仅是患有进食障碍的青少年（Minuchin, Rosman, & Baker, 1978）。

结构式家庭疗法的创始人萨尔瓦多·米纽庆（Salvador Minuchin）认为，患有 AN 的青少年来自高度控制、过度保护的家庭。他用**“纠缠”**（**enmeshment**）一词来描述父母和孩子之间界限模糊或疏离的家庭关系。在纠缠的家庭中，父母控制了青少年生活的许多方面，不允许青少年表现出与发展相适应的自主性。例如，父母可能会对青少年选择课外活动提出过多的要求，对青少年的隐私缺乏尊重，并坚持严格遵守严苛的家规。同时，患 AN 青少年的父母过于关注家庭在他人眼中的形象。家庭成员之间避免冲突，他们更喜欢忽略家庭问题而不是公开讨论。米纽庆认为，来自此类家庭的青少年患上 AN 是为了在他们唯一能够控制的生活方面（即他们的身体）寻求自主权。

结构式家庭治疗师有两个主要目标。第一，他们努力改善家庭成员之间的沟通。具体来说，治疗师帮助家庭成员意识到，青少年的病理性进食行为可能会分散他们对家庭其他关系问题的注意力，比如母亲的酗酒或父亲的易激惹倾向。改善家庭成员之间的沟通，特别是父母之间的沟通，将减少家庭中可能导致青少年进食问题的紧张关系。

第二，治疗师帮助家庭认识到青少年对自主性的新需求，并找到适合其发展的方式来使青少年展示其自主性。例如，父母可能会同意在进入孩子的卧室之前敲门，避免在孩子不在家时窥探她的房间，或者不在孩子不知情的情况下接她的电话。他们还可以给女儿更多选择课程和课外活动的自由。同时，治疗师可能会帮助青少年以直接和成熟的方式向父母表达担忧，以减少家庭冲突。

关于家庭治疗疗效的研究数据非常有限。米纽庆认为患有 AN 的青少年来自高控制的家庭，这一观点尚未得到充分验证。此外，结构式家庭治疗还没有得到充分的随机对照试验的评价。现有的针对结构式家庭治疗的非对照试验表明，66% ～ 86% 患有 AN 的青少年在接受家庭治疗后在体重增加方面有所改善（Lock & Le Grange, 2015）。虽然结构式家庭治疗很受欢迎，但是仍需要更多的研究证明其是一种治疗 AN 的有效疗法。

莫兹利医院疗法

虽然结构式家庭治疗对 AN 是一种流行的门诊治疗形式，但伦敦的莫兹利医院（Maudsley Hospital）开发的另一种家庭治疗形式得到了相当多的实证支持。事实上，研究人员已经进行了一些随机对照试验检验莫兹利医院疗法，使其成为治疗 AN 的最好的家庭疗法（Lock & Le Grange, 2005; Wallis et al., 2013）。

从表面上看，针对家庭治疗的**莫兹利医院疗法**（**Maudsley Hospital approach**）与结构式家庭治疗有很大不同。最初，临床医生使用莫兹利疗法治疗的目标是青少年的进食障碍症状，而不是家庭中的沟通模式。在治疗的第一阶段，治疗师鼓励父母控制青少年的进食行为，并制定计划帮助她增加体重。治疗师通常不关心父母控制青少年饮食的策略，只要求父母二人共同努力。与此同时，治疗师将青少年的体重减轻归咎于进食障碍本身，而不是父母或家庭相关问题。治疗初始阶段的目标是帮助父母感到有权力控制青少年的进食，并让青少年体重增加。

在莫兹利医院疗法的第二阶段，治疗师鼓励父母逐渐将再喂养的责任转移到青少年身上。同样，家庭自己解决如何转移这种责任的问题比治疗师告诉家庭“正确的方式”更重要。完成这一任务需要家庭逐步给予孩子在进食上更大的自主和自由。

当青少年达到足够的体重时，治疗的第三阶段就开始了。在这个阶段，治疗较少关注青少年的饮食行为，更多关注其自主性的发展。父母和青少年共同努力，帮助青少年协商在家庭内的权利和责任，以满足所有家庭成员的要求。

莫兹利医院的家庭治疗方法大约需要 1 年时间。随机对照研究表明，莫兹利医院疗法在治疗相对近期起病的青少年方面是有效的。此外，莫兹利医院疗法比个体心理治疗更能快速增加体重（Lock & Le Grange, 2015）。

小　结

- AN 住院治疗的主要目标是增加体重。工作人员实施的行为治疗措施通常包括对进食的正强化和提高未能实现摄入卡路里目标的反应代价。
- AN 的团体治疗通常依赖支持性对质，在这种疗法中，老团体成员挑战新成员的认知歪曲和对食物的强迫观念。
- 结构式家庭治疗有时被用来改善父母与青少年的沟通，帮助父母满足青少年对更大自主权的需要。
- 莫兹利医院治疗方法包括：（1）最初由父母主导的再喂养；（2）家庭治疗以改善沟通；（3）增加青少年的自主权。

哪些治疗方法对青少年的神经性厌贪食有效？

认知行为疗法

认知行为疗法（CBT）是针对BN的最常用的门诊治疗方法之一（Waller et al., 2014）。回想一下，CBT治疗师将BN定义为情绪、认知和饮食方面的紊乱（Pike et al., 2004）。所有三个方面的功能是相互关联的。青少年最初是为了达到非常理想的、难以达到的体重或体型而节食。他们相信，通过获得这种理想的身材，他们将克服低自我价值感。不幸的是，节食经常导致暴食，这使青少年感到内疚和失控。许多青少年采取进一步的饮食限制来缓解这些负面情绪，但继续节食只会产生更多的负面情绪。还有一些青少年为了减轻对体重增加的恐惧而进行清除，但清除会加剧内疚和自卑。暴食循环是通过负强化来维持的。由于严重节食带来的饥饿、易激惹和疲劳感的暂时减轻，暴食会被负强化。由于暴食带来的罪恶感和焦虑情绪的暂时减轻，清除会被负强化。

CBT的目标是打破这种负强化循环，方法是让女孩吃正常量的食物，禁止她们减肥或使用其他非适应性的方法来避免体重增加。患者最初在进食时会感到相当不适，并避免采取减肥策略；然而，随着时间推移，患者焦虑会减少，代偿行为也不再被负强化。

治疗BN的认知行为疗法通常包括20次治疗，分为3个阶段。在第1阶段，治疗师介绍BN的认知行为模型，并展示患者的情绪、思维和进食行为是如何紧密相连的。在治疗的早期，治疗师要求青少年识别哪些情境或事件会或不会导致暴食或清除。下面从科学到实践中的文字展示了萨拉的治疗师帮助她识别这些触发因素的过程。

从科学到实践

确定暴食和清除的触发因素

治疗师：现在我想让你和我一起完成下面的表格，它是关于你暴食和催吐的次数的。能跟我说说哪些情况几乎总是让你暴食吗？

莎　拉：你知道的，我一个人在家的时候经常暴食，比如我弟弟放学回家前和我父母下班回家之前。

治疗师：你说的“经常”是什么意思？你是说每次都这样吗？

莎　拉：不是，可能有一半的时候。也许每周三四次。

治疗师：好吧。假设独自在家在50%的时间里会触发你的暴食行为。那么什么样的情况或感受*几乎总是*导致你暴食？

莎　拉：感受？

治疗师：对，有时你可能会发现某些情绪会让你暴食。

莎　拉：比如，每当我和男朋友发生争执、我觉得他不在乎我，或者对我生气的时候。

治疗师：那几乎总是让你暴食吗？

莎　拉：总是如此。我内心很难受，你知道的，我很沮丧，然后我就吃东西。

治疗师：在什么样的情况下你从不暴食？

莎　拉：嗯，我从不在别人在场的时候暴食，比如和我的朋友或家人在一起的时候。当我和其他孩子玩的时候，我也从不暴食。

治疗师：好的，所以当你和别人在一起的时候你从不暴食，尤其是当你和朋友在一起玩的时候，对吗？

莎　拉：是的。

治疗师：好的。所以你发现，某些特定的情况和感觉经常会导致你暴食，比如当你独自一人或对你的男朋友感到难过时。当你处于某些情境或心情好的时候，你绝不会暴食。你看到情境和感受如何影响你暴食的可能性了吗？

莎　拉：是的。

治疗师：另外，你有没有发现你的暴食并没有完全失控？毕竟，在某些情况下，你不会暴食，对吧？

莎　拉：是的。我想我以前从来没这么想过。

另一个早期目标是增加青少年改变饮食行为的动机。尽管患有 BN 的青少年通常认识到他们有进食障碍，但他们可能因为害怕变胖而不愿意放弃清除。治疗师可能会要求青少年进行决策分析，以权衡其行为的利与弊。第一，治疗师可能会要求青少年考虑维持目前进食习惯的正性和负性后果。青少年认知到的好处可能是体重减轻，而代价可能是感觉失控。第二，治疗师要求青少年考虑改变进食习惯的利与弊。好处可能是减少对暴食和清除的内疚感，而潜在的弊端可能是体重会增加。

在青少年完成决策分析后，治疗师要求青少年批判性地评估维持目前进食习惯的好处，以及减少暴食和清除相关的代价。决策分析通常会增加青少年参与治疗的意愿。在从科学到实践板块中看看贝卡和她的治疗师权衡清除的利与弊时的互动吧。

从科学到实践

清除的利与弊

治疗师：你说你想停止清除，但清除能帮你减肥。是这样吗？

贝　卡：是的。如果我停止呕吐或运动，我可能就会像那样增重二十几公斤。

治疗师：好吧，让我们来看看这个信念。现在你正在暴食，非常频繁地清除……

通常一天一两次。那你上个月减了多少体重？

贝　卡：好吧，一点都没有。但是我也没有增长体重。

治疗师：所以清除并没有让你减肥？

贝　卡：是的。

治疗师：让我们看看另一种选择。如果你停止清除，你真的会增重二十几公斤吗？

贝　卡：也许不是二十几公斤，可能是十几公斤。

治疗师：如果你增重十几公斤，你认为你的朋友会不和你玩吗？

贝　卡：我不知道，我担心会这样。

治疗师：如果你最好的朋友玛茜体重增加了这么多，你会不和她做朋友、取笑她或者做其他类似的事情吗？

贝　卡：当然不会。

治疗师：所以你不会那样对玛茜，那么她会这样对你吗？

贝　卡：我猜不会。我想即使我胖了，我真正的朋友也不会这样对我的。

在治疗的第二阶段，治疗主要集中于识别和挑战那些导致青少年患上进食障碍的功能失调的想法。青少年会懂得环境和事件不会直接影响行为。相反，信念在前因事件和行为结果之间起中介作用。许多治疗师教青少年用 ABC 方法来分析前因、信念和后果之间的关系。看看从科学到实践板块中希瑟和她的治疗师之间的对话。

从科学到实践

确定进食障碍的 ABC

治疗师：你说你这周暴食了很多次，感觉完全失控了？

希　瑟：是的。你知道的，我之前做得真的很好。我这两天吃得很少，只吃一些低脂酸奶和蒸蔬菜之类的东西。后来，我感到很饿，感觉有点无聊，然后我开始吃一些薯片。一开始它们的味道真的很好，但后来我因为破坏了自己的饮食习惯而感到内疚。但我就是停不下来，所以我把整袋薯片都吃了，一直到吃饱为止。那是星期三，我父母都不在家。之后我感觉糟透了，感觉自己像一头猪。我觉得，你知道，我觉得自己真的很脏，很浮肿。所以我吐了出来，这让我感觉更糟，因为我最近一直表现很好，然后，我又饿了。

治疗师：好吧。让我们更仔细地看看这种情况。你又饿又无聊，所以就开始吃薯片？这就是暴食的开始吗？

希　瑟：是的，然后我就继续吃了。

治疗师：事实上，这期间应该是发生了一些事情。当你开始吃薯片时，你在想什么？

希　瑟：我不知道……没想什么。

治疗师：你是不是说你因为打破了你的饮食习惯而内疚？

希　瑟：是的。我想，我当时想的是："管他呢，我可能会把整袋都吃了，然后大吃一顿，因为我已经破坏了节食计划。"

治疗师：这就是我的意思。吃一片薯片并不会导致你吃掉整袋薯片和其他的食物。是你的想法才使你暴食。你想着，"好吧，我很糟糕，我打破了进食计划，所以我不妨大吃一顿"，所以你才会暴食。

希　瑟：我猜就是这样。

治疗师：如果你当时有另一种想法，一种不同的想法，你会做出不同的行为吗？例如，如果你想，"嗯，我吃了一些薯片，并且打破了节食计划，但我真的很饿。也许我现在应该吃点健康的东西"，也许这样你就不会暴食了。

希　瑟：是的，可能不会。

在治疗的第二阶段，治疗师会花大部分时间教青少年认识和挑战导致暴食和清除的歪曲思维。在从科学到实践的例子中，希瑟展示了二分法思维。她对自己的看法是非黑即白的，不是全好就是全坏。因此，她认为，如果她打破了自己的饮食习惯，她就是一个糟糕的人，无法控制自己的饮食。

在治疗的最后阶段，治疗师和患者会为终止治疗做好准备，并为复发的可能性做好计划。由于复发在 BN 患者中很常见，治疗师会公开谈论在未来某个时候青少年再次进行暴食和清除的可能性。治疗师鼓励青少年预测可能引发复发的高危情况。然后，治疗师和患者制定策略来管理这些高危情况。

一些随机对照试验已经证明 CBT 疗法对 BN 的疗效（Pike et al., 2004）。CBT 与减少暴食、清除、饮食限制以及对体型和体重的担忧有关。此外，CBT 还能使这些症状出现有临床意义的减轻；治疗后，许多青少年患者不再符合 BN 的诊断标准（Lundgren, Danoff-Burg, & Anderson, 2004）。CBT 似乎在减少节食和清除方面是最有效的，但在减少暴食和对体重和体型的担忧方面效果不明显（图 15.8）。

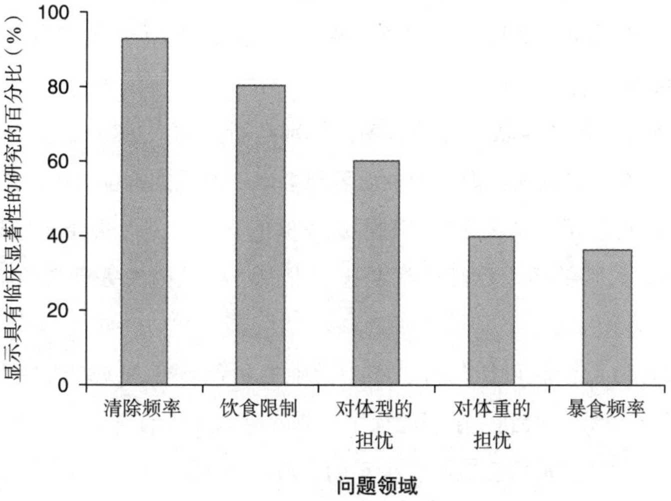

图 15.8　CBT 治疗神经性贪食的疗效

注：CBT 在减少清除和饮食限制方面最有效，而在减轻对体重的担忧和暴食频率方面效果最弱。基于伦德格伦等人（Lundgren et al., 2004）。

虽然 CBT 是目前针对 BN 的首选治疗方法，它不是万能药（Agras, Crow, et al., 2000; Agras, Walsh, Fairburn, Wilson, & Kraemer, 2000）。20% ～ 30% 参与 CBT 的患者在完成治疗前退出。在完成 CBT 的患者中，50% 的患者在治疗后无法戒除暴食和清除。最后，大多数研究都检验了 CBT 对大龄青少年和成人的疗效。CBT 对低龄青少年的效果需要更多的研究来证实。

人际治疗

虽然 CBT 目前是治疗青少年 BN 的首选，但并非所有患者对 CBT 都有应答。另一种可选择的治疗是人际治疗（interpersonal therapy, IPT）。回想一下，人际关系治疗师关注的是来访者关系的质量。虽然他们不一定相信人际关系问题会导致进食障碍，但治疗师明白，进食障碍的症状有时与青少年的社会功能有关。因此，人际关系治疗师主要关注青少年与家人和朋友的关系，而不是其进食障碍的症状（Murphy, Straebler, Basden, Cooper, & Fairburn, 2012）。

IPT 基于心理病理学的医学模型，也就是说，来访者被告知 BN 是一种影响他们身体、心理和社会福祉的医学疾病。青少年被允许扮演病人的角色。他们是不会因为进食障碍而受到指责的，他们的症状也不会被解释为软弱的表现。

治疗师一开始向青少年介绍 BN，并演示人际关系问题经常与（有时引发）进食障碍有关。事实上，75% 的进食障碍患者在出现进食问题前不久都经历过严重的人际压力。治疗师帮助青少年改善其人际关系质量，这样她可能会对自己感觉更好，更能控制自己的进食行为。

人际关系治疗师关注与青少年进食障碍相关的人际关系功能的一两个领域。这些问题可以大致分为4个人际关系问题领域：（1）哀伤；（2）角色转换；（3）角色冲突；（4）人际关系缺陷。

第一，一些青少年的症状与哀伤有关，特别是所爱的人去世或与家人分离。例如，一个青少年在母亲被派往海外服役后可能会出现严重的抑郁和中度的BN症状。母亲不在时，她可能承担了许多家务和照顾家庭的责任，她无法处理与母亲分离相关的负面情绪。人际关系治疗师会帮助这个青少年感受因失去母亲的陪伴产生的哀伤。

第二，进食障碍症状可能与青少年生活中的角色转变有关。改变人生的经历（例如，去一所新学校、搬到一个新的社区，或者应对父母的离婚）要求青少年承担新的角色。通常，这些角色会威胁青少年的自尊。例如，一个进入高中的青少年必须放弃她在初中时扮演的旧的、舒适的角色，而去创造新的社会定位。对于一些青少年来说，这种转变可能具有威胁性。人际治疗师帮助青少年哀悼旧的社会角色的丧失并去接受新环境的挑战。当青少年开始发展社会能力的新领域时，治疗师充当支持的来源。

第三，青少年进食障碍可能与人际角色冲突有关。当青少年和他们的父母对彼此的行为有不匹配的期望时，角色冲突通常就会发生。例如，一个15岁的女孩可能认为她已经到了可以开始约会的年龄；然而，她的父母可能认为她应该至少再等1年，然后在他们的同意下才与男孩约会。这名青少年可能认为自己是一个即将成熟的成人，应该享有某些权利和责任。然而，她的父母可能仍然认为她是一个需要保护和指导的孩子。角色冲突会导致家庭关系紧张，让青少年感觉自己受到误解和不公平对待。如果角色冲突得到成功解决，亲子关系就会更加牢固。人际治疗师的目标是促进家长与青少年之间的沟通，使双方能够更好地理解对方的观点。

第四，进食障碍可能与青少年的人际关系缺陷有关。一些青少年缺乏足够的社交技能来结交朋友和保持友谊。有些青少年因为社交退缩或有破坏性行为而被同伴排斥。例如，一个极度害羞的青少年可能非常想要朋友，但她可能不知道如何加入同伴群体。她可能认为，如果她更有魅力，她就会获得更高社会地位。因此，她可能会开始节食或减肥。人际治疗师可能会帮助她发展提高自信的技能，这样她可能会更舒服地与同伴相处，并扩大社交网络。

初步证据表明IPT能有效缓解BN症状，尤其是暴食和清除（Murphy et al., 2012）。一项大型随机对照研究直接比较了CBT和IPT（Agras, Walsh, Fairburn, Wilson, & Kraemer, 2000）。在这项研究中，220名患有BN的妇女和女孩在20周内接受了CBT或IPT治疗，治疗后立即评估效果并在1年后追踪效果。治疗后，接受CBT的患者比接受IPT的患者表现出更大程度的改善。然而，在后续追踪中，接受IPT的来访者继续有所改善，并显示出与接受CBT的来访者相当的功能水平。这些发现表明，IPT可能是对CBT无应答的青少年的可行替代治疗方法（图15.9）。

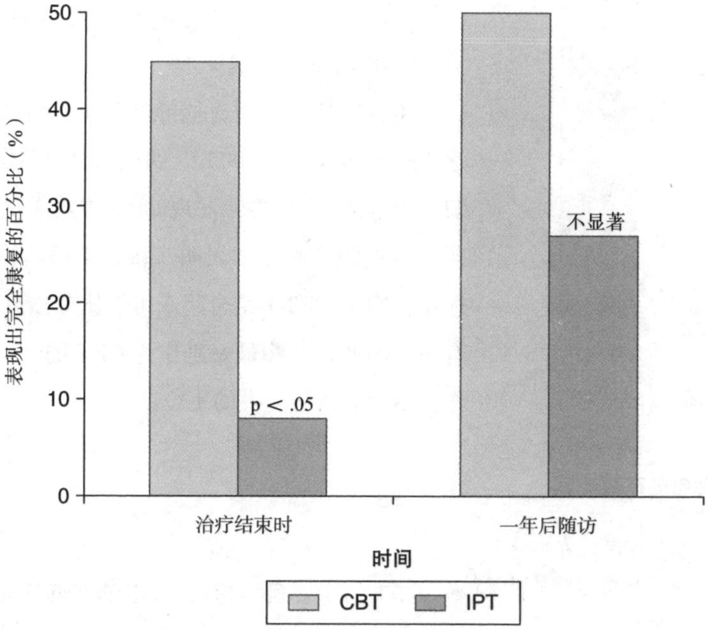

图 15.9　CBT 与 IPT 对治疗神经性贪食的比较

注：治疗后，更多个体在接受 CBT 后立即有所改善。一年后，接受 CBT 和 IPT 治疗的个体表现出相似的转归。基于威尔逊、费尔伯恩、阿格拉斯、沃尔什和克雷默（Wilson, Fairburn, Agras, Walsh, and Kraemer, 2002）。

药物治疗

抗抑郁药物通常用于治疗 AN。医生推测抗抑郁药物有效的原因有三个。第一，进食障碍和抑郁障碍之间有很高的共病率；多达 80% 的进食障碍患者表现出严重的情绪问题。第二，许多人认为，自卑和焦虑是进食障碍症状的根源。用药物减轻焦虑可能会缓解进食障碍的症状。第三，血清素与情绪调节和饱腹感有关。影响血清素的抗抑郁药物可能会改善情绪和饮食（Bühren et al., 2014）。

遗憾的是，三环抗抑郁药和 SSRIs 的随机对照试验表明，这类药物在治疗 AN 方面基本无效（de Vos et al., 2014）。这两种药物在改善体重方面的效果通常相当于安慰剂。有一项研究表明，SSRIs 中的氟西汀可能有助于预防已经增重的患者的复发。然而，另一项研究表明，同时接受 SSRIs 和心理治疗的患者比单独接受心理治疗的患者的转归更差。因此，药物治疗并不是 AN 的一线治疗方法。

抗抑郁药物能有效控制 BN（Flament, Furino, & Godart, 2005）。两项包含 700 多名 BN 患者的随机对照试验显示，氟西汀在减少暴食和清除方面的效果优于安慰剂（Fluoxetine Bulimia Nervosa Collaborative Study Group, 1992; Goldstein, Wilson, & Thompson, 1995）。第二种 SSRIs 类药物氟伏沙明已被证明可以预防 BN 患者的复发（Fichter, Kruger, Rief, Holland, & Dohne, 1996）。遗憾的是，绝大多数接受药物治疗

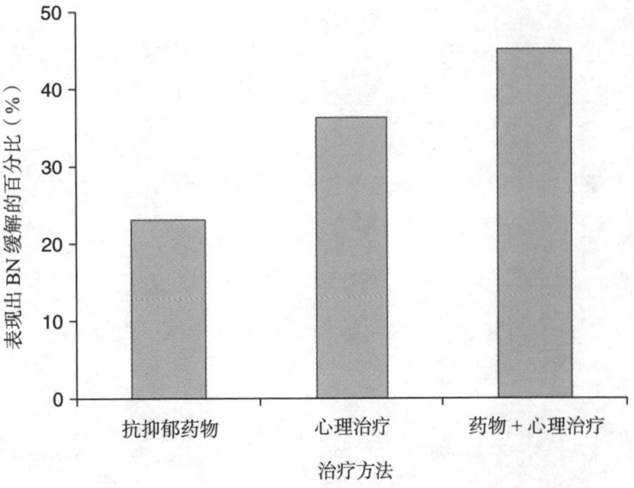

图 15.10　药物和心理治疗对神经性贪食的疗效观察

注：SSRIs 和心理治疗（尤其是 CBT）相结合的疗法在减少 BN 方面比单独使用心理治疗更有效。单独使用药物治疗的转归最差。基于巴卡特恰克（Bacaltchuk et al., 2000）。

的患者并没有停止暴食或清除。75% ～ 80% 的患者即使在服药但仍有症状。药物治疗可以减轻但不能消除症状（图 15.10）。

还有些数据表明，抗抑郁药物不应取代心理治疗（Flament et al., 2005）。四项随机对照研究比较了 CBT 和抗抑郁药物，发现 CBT 的效果优于单独用药。最近的一些数据表明，将抗抑郁药物和心理治疗（特别是 CBT）结合起来可能比单独提供 CBT 更有效。因此，药物最好是作为 CBT 的辅助手段，或作为治疗后防止复发的手段。

小　结

- CBT 的主要目标是:（1）让青少年正常进食，同时限制代偿行为;（2）识别和挑战可能引起负面情绪和非适应性进食的认知歪曲。
- IPT 基于这样一个概念，即关系问题往往与进食障碍同时发生并强化后者。治疗师帮助青少年识别并克服与（1）哀伤，（2）角色转换，（3）角色冲突和（4）人际关系缺陷相关的低落情绪。
- SSRIs 可有效减轻青少年 BN 症状。SSRIs 和 CBT 的联合疗法比单独使用 SSRIs 更有效。

哪些治疗方法对儿童与青少年暴食障碍有效?

认知行为疗法

针对儿童与青少年 BED 治疗方法的研究很少。然而，针对成人 BED 的几种循证疗法已经确定。在针对儿童与青少年的干预措施开发出来之前，这些疗法可能可以进行调整以应用于儿童与青少年（Campbell & Peebles, 2014）。

CBT 是患有 BED 的大龄青少年和年轻的成人的首选疗法（Vocks et al., 2010）。对 BED 的治疗类似于对 BN 的治疗。治疗的最初目标是教患者识别经常导致暴食发作的情境、感受和想法。以从科学到实践板块的互动为例，看看马戈的治疗师如何帮助她识别暴食的前因。

从科学到实践
识别暴食障碍的前因

治疗师：你这周的作业是记录暴食的次数、暴食的地点、当时你在做什么、有什么感受。我真的很高兴你完成了这个任务。

马　戈：是的，我这周暴食了 3 次。

治疗师：你觉得你的暴食行为有什么规律吗？你每天都在同一时间暴食吗？

马　戈：没有，但我总是在待在房间里用电脑时暴食。（看着笔记本）有一次我暴食时在浏览社交平台，另外两次我在做作业。

治疗师：那么那些时候你都有什么感受？

马　戈：很抑郁。我当时在看一个老朋友的照片。因为她去年对我很刻薄，我们不再是朋友了。我当时有点想她，感觉很糟糕。

治疗师：那另外几次呢？

马　戈：我感到很沮丧。你知道我在学校表现不是很好，而且我真的不想做家庭作业。于是我开始吃东西，停不下来。

治疗师：好的。所以在过去的一周，你总是在待在房间里玩电脑和做作业时暴食。在暴食之前，你也会感到抑郁或沮丧。你如何利用这些信息来制定本周的计划呢？

马　戈：我知道，如果我和别人在一起，我就不会暴食。我是说，如果我妈妈或姐姐在，我就真的不能暴食。

治疗师：你可以把笔记本电脑放到厨房的桌子上，并在那里学习吗？

马　戈：我想可以，这会有点分散我的注意力，但至少我不会暴食。但我对自己的感受无能为力。

治疗师：也许你可以对自己做出承诺。如果你感到抑郁或沮丧，你就承诺离开你的房间，和别人谈谈这件事。你有可以倾诉的人吗？

马　戈：是的，我有两个好朋友。我猜我可以试着为这周做一个计划，看看效果如何。

之后，来访者和治疗师会努力改变暴食之前发生的事件以及负性的想法和感受。具体来说，治疗集中于识别和挑战可能导致暴食的关于饮食和体象的特定自动想法。治疗还可以包括家庭治疗，以改善亲子互动的质量。

荟萃分析表明 CBT 对减少患有 BED 成人的暴食有效（Vocks et al., 2010）。平均而言，与对照组相比，被试暴食行为的频率减少了 1.5 个标准差。此外，药物（大多数研究中用的是抗抑郁药）也能减少暴食行为，但效果比 CBT 差。CBT 和药物治疗的联合疗法的效果稍好于单独使用 CBT。

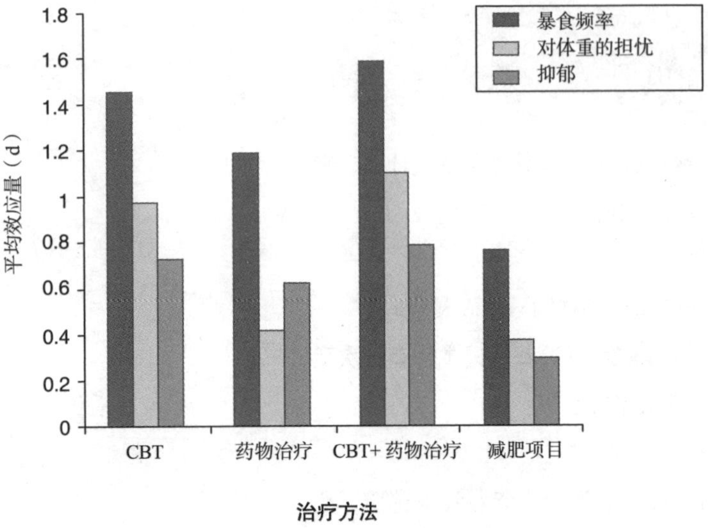

图 15.11　暴食障碍的认知行为治疗

注：CBT 可以减少青少年的暴食行为和对体重的担忧。CBT 与药物治疗相结合的效果只稍优于单独的 CBT。单独的减肥计划效果最差。基于沃克斯及其同事的荟萃分析（Vocks and colleagues, 2010）。

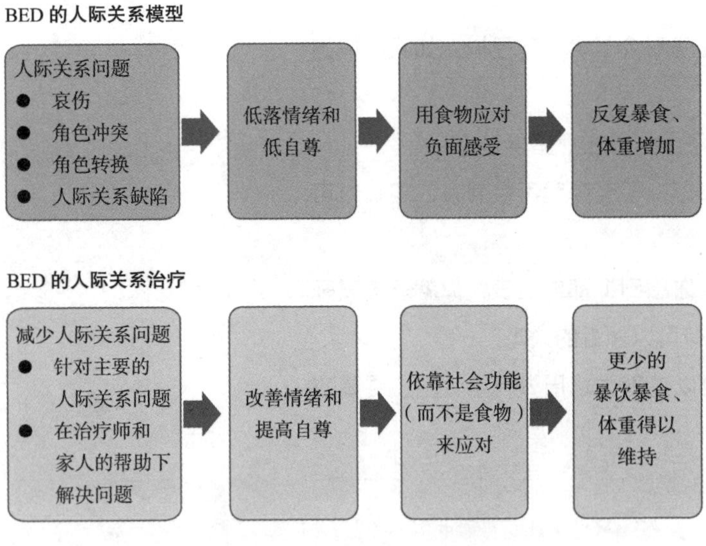

图 15.12　暴食障碍的人际治疗

注：人际关系治疗可以识别和缓解导致抑郁和暴食的人际关系问题。它可能特别适用于情感依赖于与家人和朋友关系的儿童青少年。基于塔诺夫斯基–克拉夫及其同事（Tanofsky-Kraff and colleagues, 2007）。

沃克斯及其同事（Vocks and colleagues, 2010）还研究了行为减肥项目对 BED 患者的效果（图 15.11）。这些项目专门针对减肥，而不针对可能导致暴食的低落心境状态或非适应性认知。总的来说，减肥项目对 BED 的效果是中度的，大约是 CBT 的一半。这一发现表明，对 BED 的治疗应该解决导致暴食的心理压力源、想法和感受，而不是只关注饮食习惯（Wonderlich et al., 2009）。

人际治疗

丹尼斯·威弗利及其同事（Wilfley, Frank, Welch, Spurrell, & Rounsaville, 1998）已经采用 IPT 来帮助患有 BED 的儿童与青少年（图 15.12）。IPT 可能对患有 BED 的青少年特别有用，因为人际关系问题（例如，与父母冲突、被同伴排斥）往往与他们的暴食行为密切相关。这些问题会导致抑郁和自卑。青少年可能会通过暴食来暂时缓解这些负面情绪。随着时间推移，暴食通常会导致更强的焦虑和体重增加。如果 IPT 可以缓解导致焦虑和自卑的人际关系问题，它可能有助于减少暴食和体重增加。

IPT 的核心是识别可能与低自尊和暴食有关的人际关系问题。治疗师帮助患儿确定一个需要治疗的人际关系问题领域，然后治疗师和患儿合作，一起解决人际关系问题，改善其情绪和社会功能。

例如，一个患有 BED 的 12 岁女孩可能报告说她经常和母亲争吵。具体来说，她的母亲经常因她的体重、糟糕的学业表现和邋遢的外表而唠叨她。这些争吵使女孩在家里感到悲伤和紧张。她用食物来放松和获得满足感。人际关系治疗师可能会将女孩的问题概念化为她与母亲之间的“角色冲突”。治疗的目标可能是帮助女孩避免与母亲争吵，以及在发生争吵时保持冷静。治疗的重点可能是提高女孩的沟通技巧。首先，女孩和治疗师可能会采用角色扮演的方法，练习如何以更有效的方式在家里与母亲互动，避免大喊大叫、尖叫和讽刺。之后，治疗师可能会邀请女孩的母亲参加治疗并一起练习沟通技巧。

还有一位青少年可能会因为他的体重而被同伴孤立和嘲笑。在学校之外，他可能没有什么朋友，也没有兴趣爱好。被排斥的情况使他感到孤独和沮丧，因此他经常用食物来应对这些情绪。人际关系治疗师可能认为这个男孩有“人际关系缺陷”。治疗的目标可能是通过学习如何交友来帮助他克服这一缺陷。最初，治疗可能会集中在基本的社交技能上，例如如何向同伴介绍自己、如何参加游戏或活动，或者如何回应戏弄。之后，在父母的帮助下，孩子和治疗师可能会一起找到让男孩更多地参与课外活动的方法。例如，虽然他是一个糟糕的小运动员，但却是一个优秀的小艺术家，那么他可能会参加一个绘画班而不是加入学校的篮球队。

在缓解成人 BED 的症状方面，IPT 已被证明与 CBT 一样有效。此外，在减少暴食方面，它比行为减肥项目更有效。IPT 是通过提高自尊和减少焦虑来帮助来访者的。但其对于 BED 患儿的疗效还需要进一步的研究来证明（Cooper et al., 2016; Fairburn et al., 2015）。

小　结

- CBT 对减少儿童与青少年 BED 症状有显著效果。治疗通常包括帮助患儿识别引发暴食的情况和负面情绪，并挑战可能导致负面情绪的认知歪曲。
- IPT 对减少暴食也很有效。治疗师帮助患儿克服人际关系问题，这些问题可能导致抑郁、孤独或社会孤立，从而导致暴食。

关键术语

神经性厌食（anorexia nervosa, AN）：DSM-5 中的一种进食障碍，其特征是（1）热量限制导致明显的低体重，（2）极度害怕体重增加或变胖，（3）体重或体型异常。

食欲管理（appetite manipulation）：为 ARFID 患儿提供体液和必需电解质以维持水合作用，但禁止患儿在两餐之间吃零食；增加 ARFID 患儿进食的动机。

回避性 / 限制性摄食障碍（avoidant/restrictive food intake disorder, ARFID）：DSM-5 中的一种喂食障碍。其特征是（1）对喂食缺乏兴趣，（2）基于食物的感官特性而回避某种食物，或（3）担心进食的负性后果。这种障碍会导致体重下降、营养不良或其他健康 / 社交损害。

暴食障碍（binge eating disorder, BED）：DSM-5 中的一种进食障碍，其特征是（1）反复发作的暴食，（2）相关特征（例如，快速进食、抑郁、羞愧）和（3）明显的痛苦。患者的这些症状每周至少发生 1 次，持续至少 3 个月。

神经性贪食（bulimia nervosa, BN）：DSM-5 中的一种进食障碍，其特征为（1）反复发作的暴食，（2）为防止体重增加反复出现非适应性代偿行为，（3）受体型或体重不当影响的自我评价。症状每周至少发生 1 次，持续至少 3 个月。

胆囊收缩素（cholecystokinin, CCK）：一种由小肠分泌的激素，在健康人体内发出饱腹的信号并减少进食。

诊断迁移（diagnostic migration）：进食障碍患者的诊断分类随着时间推移改变的倾向，最常见的迁移是从 AN 到 BN。

二分法（非黑即白）思维［dichotomous (black-or-white) thinking］：一种认知歪曲，个体僵化地认为自己、他人和世界要么都是“好的”，要么都是“坏的”。

双路径模型（dual pathway model）：假设进食障碍通过（1）饮食限制和（2）负面情绪两条路径发展。

自我不协调（ego-dystonic）：一个用来描述个体认为有问题的、可耻的或与其目标和价值观不一致的状况或障碍的术语。

自我协调（ego-syntonic）：一个用来描述个体认为没有问题或与他的目标和价值观一致的状况或障碍的术语。

电解质紊乱（electrolyte imbalance）：人体内调节水合作用和新陈代谢的矿物质（例如，钙、钠、钾）的紊乱，可能由清除行为引发。

纠缠（enmeshment）：结构式家庭治疗师使用的一个术语，用来描述父母和孩子之间界限模糊或疏离的家庭关系。

面部遮蔽（facial screening）：一种正惩罚的形式，有时用于治疗异食癖。具体做法是用围兜或宽松的口罩暂时遮住嘴部，以避免摄入物质。该方法仅于其他干预措施失败且摄食有潜在危害物质时，需要在照顾者同意下使用。

生长发育受阻（failure to thrive, FTT）：一种医学疾病，其特征是营养不足、体重低于标准生长表上同年龄和性别的第 5 个百分位数。

喂食障碍（feeding disorders）：DSM-5 中的一类障碍，其特征是与进食相关的行为持续紊乱，导致食物摄入或吸收的改变，并损害身体健康。这类障碍包括异食癖、反刍障碍和 ARFID。

低钾血症（hypokalemia）：即低钾，可能致命，与反复的清除行为有关。

莫兹利医院疗法（Maudsley Hospital approach）：一种治疗 AN 患儿的方法，包括（1）最初由父母主导的再进食，（2）改善沟通的结构式家庭治疗，以及（3）增加青少年的自主权。

骨质减少（osteopenia）：即骨量减少，常见于 AN 患者。

完美主义（perfectionism）：AN 患儿有时表现出的一种人格特征，以严格和不切实际地追求绝对行为标准（体育锻炼、学业、社交）为特征，伴有过度顺从、取悦他人的强烈欲望以及缺乏自我意识。

异食癖（pica）：DSM-5 中的一种喂食障碍，其特征是持续食用非营养性、非食用性的物质超过 1 个月，此类进食行为在发展和文化上都是不被期待的。

异食癖盒子（pica box）：一种装有感官特性与异食癖患儿食用的物品相似的食物的盒子。

再喂养综合征（refeeding syndrome）：在治疗的最初 7 ～ 10 天，AN 患者表现出的心脏和其他与健康有关的问题。

反刍障碍（rumination disorder）：DSM-5 中的一种喂食障碍，其特征是在至少 1 个月的时间内反复出现食物反流，症状不能可以归因于进食障碍患者的医学疾病或清除行为。

支持性对质（supportive confrontation）：一种有时用于进食障碍的住院患者团体治疗的技术；团体中的老成员被鼓励去挑战新成员的认知歪曲和对食物的强迫观念。

瘦身理想（thin ideal）：根据进食障碍的社会文化理论，这是一种不现实的、由文化构建的关于完美女性身体的概念，通过媒体和社会互动产生。

喂食障碍的交互模型（transactional model for feeding disorders）：假设喂食障碍是由亲子互动引起的，这些亲子互动的特征是（1）高生理唤醒；（2）困难型气质；（3）父母对孩子的摄食量感到焦虑。

三重影响模型（tripartite influence model）：假设了进食障碍有（1）同伴，（2）父母，（3）媒体三个风险因素，随着时间推移，这些因素导致了对瘦身理想的内化、社会比较和对身体的不满意。

批判性思维练习

1. 行为疗法通常被认为是婴幼儿喂食障碍的治疗首选方法。为什么治疗师向喂食障碍患儿的父母提供认知或支持性治疗也很重要？

2. 为什么食欲管理常用于 ARFID 的治疗？为什么一些临床医生却可能反对食欲管理？

3. 一个有暴食行为的 15 岁女孩有可能患有 AN 吗？一个 15 岁的女孩是否有可能患有 BN 但从未有清除行为？

4. 萨凡纳是一名患有 BN 的 16 岁女孩，她觉得自己的进食失控。然而，她害怕参加治疗，因为她觉得自己可能会发胖。如果你是萨凡纳的治疗师，你如何使用决策分析来帮助她考虑她行为的利与弊，并增加她改变的动力？

5. 罗尼是一个有早期 BN 症状的 15 岁女孩。在治疗过程中，她向她的心理咨询师解释说：“在我吃了比萨饼、冰激凌和苏打水之后，我感到恶心。那种感觉就像我是一个丑陋的懒汉，没有自控能力。我知道其他女孩也这么想，因为她们在看着我。于是我走进浴室，把一切都吐了出来。”如果你是罗尼的心理咨询师，你会如何挑战她的思维方式？

第十六章

健康相关疾病与儿科心理学

HEALTH-RELATED DISORDERS AND PEDIATRIC PSYCHOLOGY

学习目标

阅读本章后，你应该能够做到以下几点：

16.1 描述儿童期排泄障碍的特征、原因及其循证疗法。

16.2 描述儿童失眠的特点，并说明幼儿的睡眠问题与青少年和成人的睡眠问题有何不同。

确定儿童失眠的一些主要原因及其循证疗法。

举例说明影响儿童与青少年的其他睡眠-觉醒障碍。

16.3 定义儿科心理学领域，并举例说明儿科心理学家的一些主要专业活动。

展示儿科心理学家如何帮助患有慢性医学疾病的儿童与青少年。

如果你让新手父母列出他们最担心孩子哪方面的问题，有2个问题可能是最重要的：(1) 如厕训练和 (2) 睡眠。虽然这两个问题不是很特别，但如厕训练和“彻夜睡眠”是所有幼儿必须面对和克服的两项重要发展任务。父母帮助孩子达到这些里程碑的方式以及孩子达成目标的顺利程度会极大地影响孩子的自主性和自我效能感以及父母的养育胜任力和幸福感（Christophersen & Vanscoyoc, 2013）。

排泄（即如厕）障碍和睡眠障碍至少有3个共同特征。第一，它们都被概念化为**对典型发育的偏离**。在生命的最初几年里，大多数个体获得了控制肠道和膀胱的能力，并有能力安抚自己入睡。然而，排泄障碍和睡眠障碍反映了一种对大多数个体所表现出的典型发展轨迹的基本性的延迟或偏离。在某些情况下，个体可能在发展的敏感期错过了获得这些技能的机会。例如，如果幼儿的家庭日常生活在通常应该进行如厕训练的时间段内受到干扰，他可能就无法在幼儿期获得这种技能，而且以后可能会抗拒学习。因此，这些障碍的治疗包括帮助患儿获得正常发育的同龄人所拥有的技能，并纠正早期发育迟缓或缺陷（Lyons-Ruth et al., 2014）。

第二，排泄障碍和睡眠障碍说明了患儿身体和行为健康之间复杂的相互关系。例如，许多遗粪症患儿有慢性便秘问题。然而，单独治疗便秘很少能解决他们的遗粪问题。相反，治疗通常包括药物治疗以及以教授遗粪症患儿如厕技能（例如，认识到自己"需要去"排泄），并减少尴尬、阻力或恐惧。这些障碍的评估和治疗几乎总是需要医学和行为治疗专业人士的参与（Sulik & Sarvet, 2015）。

第三，儿童的排泄和睡眠技能的发展是在他们与照顾者的关系中发生的。这些障碍可能最好被视为是存在于父母和孩子之间的，而不是孩子本身的。例如，许多孩子难以入睡。他们可能会通过要求喝一杯水、听一个额外的故事或上一趟厕所来推迟就寝时间。这些睡眠问题往往是由那些间歇性地强化孩子"拖延"行为的父母造成的。这些睡眠问题反映了父母和孩子之间的一种互动模式。因此，治疗涉及父母和孩子两方（Ivanenko & Johnson, 2016）。

在本章中，我们将重点介绍在婴儿、幼儿和儿童中最常见的排泄障碍和睡眠障碍。然后，我们将在本章中讨论儿科心理学（pediatric psychology）领域。儿科心理学是一个临床儿童心理学领域，旨在帮助儿童应对医学疾病和伤害，关注儿童问题如何反映典型发展中的偏差、儿童身心健康之间的相互作用，以及治疗中亲子互动的重要性。

16.1　排泄障碍

什么是遗尿症？

描　述

平均而言，幼儿在 2.5 岁时能控制日间排尿，在 3 岁结束时能控制夜间排尿（Houts, 2010）。然而，在美国，大约有 1000 万儿童在白天或晚上有尿床的问题，4% ～ 5% 的个体在儿童期的某个时间点符合遗尿症的诊断标准（Shreeram, He, Kalaydjian, Brothers, & Merikangas, 2009）。

遗尿症（**enuresis**）的定义为 5 岁或 5 岁以上儿童反复在床上或衣裤上排尿（表 16.1）。必须至少每周 2 次，连续 3 个月，才能符合诊断标准。此外，排尿不能由已知会导致排尿增加的药物引起，例如利尿剂或 SSRIs。遗尿可发生在夜间（即仅在夜间发生），也可发生在日间（即仅在白天发生），或既发生在夜间也发生在日间（Friman, 2008）。

表 16.1 儿童排泄障碍

遗尿症	遗粪症
不管是否非自愿或有意识，反复在床上或衣服上排尿	不管是否非自愿或有意识，反复在不适当的地方排粪（例如，衣服上、地板上）
持续 3 个月每周发生 2 次或造成痛苦 / 损害	持续 3 个月，每月至少发生 1 次
儿童实际年龄至少5岁（或相当的发育水平）	儿童实际年龄至少4岁（或相当的发育水平）
不可归因于药物或躯体疾病	不可归因于药物（例如，泻药）或躯体疾病，引起便秘的躯体疾病除外
标注：仅在夜间 仅在日间 在夜间和日间	标注：伴便秘和溢出性失禁 无便秘和溢出性失禁

注：基于美国精神病学协会（2013）。

虽然不是诊断标准的一部分，但大多数临床医生都会标注遗尿症是原发性的还是继发性的。**原发性遗尿症（primary enuresis）**见于始终未能建立昼夜控尿能力的儿童。**继发性遗尿症（secondary enuresis）**见于先前接受如厕训练至少 6 个月，然后开始出现遗尿症的儿童。75% ～ 80% 的遗尿症是原发性遗尿；其余的是继发性遗尿症（Friman, Resetar, & DeRuyk, 2009）。以一个患有原发性遗尿症的男孩特雷弗为例。

案例研究
遗尿症

无法在外过夜

特雷弗是一个 9 岁的男孩，他的儿科医生因为他患有遗尿症将他送到我们诊所。尽管特雷弗白天从未发生过遗尿，但他晚上很少能保持干燥。起初，他的遗尿症状给他的父母带来了很多麻烦。他们反复检查特雷弗的情况，如果他遗尿了就半夜把他叫醒，清洁床上用品。几个月来，他的父母尝试通过在晚饭后限制他喝水、半夜叫醒他让他去小便并提供奖励来使特雷弗保持干燥。当这些方法不起作用时，特雷弗的父母让他穿上拉拉裤，并在他的床上放防水垫以防他漏尿。大多数晚上，特雷弗在入睡一两个小时后就把床尿湿了，但他直到早上才醒来。

特雷弗的妈妈解释道："让他穿着拉拉裤睡觉对我们来说比较方便。尝试训练他、让他不尿床对我们家造成了很大的困扰。我丈夫和我一直很累，特雷弗白天在学校也昏昏欲睡，他的弟弟（和他住一个房间）总是因为晚上我们给他哥哥清理床铺而醒来。"特雷弗的父亲补充道："我们真的希望他能保持干燥，但他做不到。"

后来，当心理学家能够单独对特雷弗进行访谈时，他问道："晚上穿拉拉裤会让你烦恼吗？”特雷弗回答道：“不会。我已经习惯了，我的家人对此没有说什么。”他停顿了一下，然后补充道，“但是，我的朋友在过去的 1 年里 3 次邀请我去他家过夜，我都不能去。其中一次是我最好朋友的生日聚会，我错过了。他曾问我：‘你不喜欢我吗？你是因为不喜欢我才不来参加我的聚会吗？’但我不能告诉他真相。”

心理学家问：“所以，如果你能学会不尿床，事情是不是就变得容易多了？也许我们能找到办法。”

区分原发性和继发性遗尿症很重要，因为这为临床医生提供了有关儿童尿床原因的线索。例如，原发性遗尿症患儿通常没有其他行为或情绪问题，而继发性遗尿症患儿有时有 ADHD 或对立行为（Garralda & Rask, 2015）。此外，继发性遗尿症有时出现在儿童生活中发生压力事件之后，例如搬家、兄弟姐妹出生或父母分居。一项研究的数据表明，81% 的儿童在继发性遗尿症起病前 1 个月经历过应激性生活事件（Friman, 2008; Friman et al., 2009）。

流行病学

大约十分之一的儿童偶尔会遇到日间或夜间遗尿的问题（Houts, 2010）。在任何一年中，大约 4.5% 的 8 ～ 11 岁儿童符合遗尿症诊断标准。遗尿症在男孩中（6.2%）比在女孩中（2.5%）更常见，这可能是因为男孩的神经和排泄系统发育较为缓慢。遗尿的频率随着年龄的增长而减少。8 岁儿童的遗尿症患病率为 7.8%，9 岁儿童的遗尿症患病率降至 3.8%，此后继续下降（Shreeram et al., 2009）。每年，大约 15% 的遗尿症患儿在没有任何治疗的情况下痊愈，这也许是因为躯体的发育成熟。然而，1% ～ 2% 的青少年和 1% 的成人有过类似的遗尿经历，这表明这种障碍在某些人身上持续存在（Brown, Pope, & Brown, 2010; Mikkelsen, 2015）。

相关问题

关于遗尿的早期理论基于心理动力学理论，认为遗尿反映了潜在的精神健康问题。最近的实证研究并不支持这一假设。总的来说，由父母和教师报告的患遗尿症和未有遗尿症的儿童的社交或情绪问题没有数量上的差异。当孩子确实表现出诸如自卑时，这些情绪问题通常是一种后果，而不是遗尿的原因。随着年龄增长，遗尿症患儿的自尊会降低。社交与情感问题最有可能出现在女性患儿、继发性遗尿患儿和日间遗尿的患儿中（Garralda & Rask, 2015）。

另外，一些研究表明，遗尿与 ADHD 有关（Ghanizadeh, 2010）。大约 35% 的遗尿症患儿也表现出明显的 ADHD 症状，ADHD 患儿患上遗尿症的可能性几乎是非 ADHD 儿童的 3 倍，最常见于日间遗尿的男孩。觉醒问题可能是这两种障碍的基础：ADHD 患儿在觉醒和保持注意力方面有困难，而遗尿症患儿在夜间和日间活动时往往难以识别和对膀胱充盈做出反应（Elia et al., 2009; Shreeram et al., 2009）。

尿床对家里的所有成员来说都是一种压力。儿童经常为夜间尿失禁感到尴尬或羞愧。父母也可能会因为孩子尿床而责怪自己或孩子。此外，尿床会干扰家庭的睡眠周期，导致婚姻冲突。遗尿症会给已经经历心理社会压力的家庭带来更大的压力，例如单亲家庭或低社会经济地位的家庭（Houts, 2010）。

虽然父母不会导致儿童遗尿，但他们可以维持或加剧儿童尿床的症状。一些家长把孩子的遗尿症归咎于懒惰或反抗。另一些父母认为，他们对孩子的尿床几乎没有控制，他们作为父母感到无助。因此，他们可能会以敌对和胁迫的方式对孩子的遗尿症状做出反应，例如大喊大叫、打屁股或诱发内疚（例如，对孩子说“你为什么给我找这么多事儿？你对此毫不在意吗？”）。这种归因干扰了父母减轻孩子遗尿症状的能力。这些想法也会增加父母与孩子之间的冲突，引发压力和负面情绪（Cobussen-Boekhorst, van Genugten, Postma, Feitz, & Kortmann, 2013; Friman, 2008）。

有时，父母会用适得其反的方式治疗孩子的遗尿症（van Dommelen et al., 2009）。例如，许多父母让有夜间遗尿症状的年幼儿童穿尿不湿或拉拉裤睡觉。因为这些内裤能吸收尿液，让儿童感到舒适，所以他们通常不会在遗尿后醒来。因此，他们永远不会像大多数儿童那样学会察觉膀胱充盈的感觉或抑制膀胱收缩以避免遗尿。有些父母限制孩子饭后喝水以减少夜间尿床。尽管限制水分摄入可能会减少或延迟尿床，但这会妨碍儿童学会识别和应对膀胱充盈的感觉。最后，一些父母会采用“托举”的方式，也就是在发现孩子尿湿床时，在不吵醒孩子的情况下把孩子抱起来或引导他们上厕所和/或给孩子清洁身体。虽然这样的方式可以避免孩子感到尴尬，但这阻碍了他们习得不在晚上尿床的能力（Christophersen & Friman, 2010; van Herzeele, De Bruyne, De Bruyne, & Walle, 2015）。

小　结

- 遗尿是 DSM-5 中的一种障碍，其特征是，不管是否非自愿或有意识，反复排尿在床上或衣裤上。患遗尿症的儿童必须至少 5 岁，且遗尿必须每周至少发生 2 次，持续 3 个月，造成痛苦或损害。
- 约 4.5% 的儿童患有遗尿症；患儿中男孩的数量大约是女孩的 3 倍。
- 遗尿症通常与 ADHD 和轻微的心理社会压力源有关。严厉批评的管教方式以及善意但无效的纠正策略会加剧遗尿症。

遗尿症的病因是什么?

夜间遗尿的病因

大约 85% 的夜间遗尿症患儿表现出**单症状原发性夜间遗尿症**(**monosymptomatic primary enuresis, MPE**)。这些患儿仅在夜晚遗尿，在夜间保持干燥的时间从未超过 6 个月，并且他们的遗尿症状没有已知的医学原因(Houts, 2010)。患有 MPE 的儿童通常在入睡后很快就会尿床，排出正常量的尿液，排尿后通常不会醒来。这些儿童通常不会有其他行为或情绪问题(Mikkelsen, 2015)。

大多数研究指出 MPE 的四个病因。第一，MPE 是高度遗传的。事实上，儿童在什么年龄能够在夜间保持干燥的最佳预测因素之一是其父母在何时获得这一能力。父母双方都有遗尿症病史的儿童有 77% 会患上这种障碍。相反，当父母中仅有一方有遗尿症病史时，其子女的遗尿患病率下降到 44%(Christophersen & Friman, 2010)。

第二，大约 20% 患有 MPE 的儿童的**精氨酸加压素**(**arginine vasopressin, AVP**)分泌减少。AVP 是一种增加尿浓度并减少总尿量的激素，AVP 分泌量低可能导致夜间尿液产生量超过儿童的功能性膀胱容量，导致儿童尿床(Rittig & Kamperis, 2015)。

第三，几乎所有 MPE 患儿在睡眠中都难以对膀胱充盈的信号做出反应。尽管父母经常将这些儿童描述为“深度睡眠者”，但睡眠研究表明，MPE 发生在睡眠的各个阶段，且患儿从未表现出非典型的睡眠模式。然而，大多数 MPE 患儿确实存在睡眠-觉醒的问题。觉醒很重要，因为这可以让儿童意识到他们的膀胱已经满了，这样他们就可以(1)抑制尿液排出和 / 或(2)醒来并上厕所。然而，患有 MPE 的儿童往往不知道他们的膀胱已经被充满了，甚至可能在尿床后仍处于睡眠状态(Houts, 2010)。

第四，几乎所有 MPE 患儿在睡眠期间都难以抑制排尿。到 4.5 岁时，大多数儿童学会识别膀胱充盈，并通过收缩盆底肌来抑制睡眠中的排尿。然而，MPE 患儿通常不会主动抑制夜间排尿，并因此尿床。导致这种抑制作用缺乏的因素可能是遗传影响的生理成熟迟缓、尿液生成增加、膀胱充盈的意识缺乏以及将膀胱充盈与抑制排尿所需的收缩联系起来的学习经验相对较少。对 MPE 的治疗包括帮助儿童识别膀胱充盈的感觉并抑制排尿，从而抑制夜间排尿(Houts, 2010; Mikkelsen, 2015)。

大约 15% 的夜间遗尿的儿童患有**多症状性夜间遗尿症**(**polysymptomatic nocturnal enuresis, PSNE**)。与患有 MPE 的儿童相比，患有 PSNE 的儿童倾向于整夜都在尿床，排出少量尿液，并在尿湿后醒来。患有 PSNE 的儿童往往也在白天遗尿，并且经常抱怨自己有频繁的、突然出现的排尿冲动。

PSNE 是一个复杂的问题，可由多种生物和心理社会因素引起。然而，有两个因素是最常见的。第一，大约三分之一患有 PSNE 的儿童膀胱功能不稳定，也表现为夜间不受抑制的膀胱收缩，直接引发排尿行为。第二，部分 PSNE 患儿的功能性膀胱容量较小。在感觉需要排尿之前，他们的膀胱能够容纳的尿液少。因此，患有 PSNE 的儿童在白天和晚上经常报告有“想排尿的冲动”（Brown et al., 2008）。

日间遗尿的病因

白天遗尿（即日间遗尿，diurnal enuresis）的总体患病率尚不清楚。然而，1%～2% 的 5～7 岁儿童在白天经常遗尿（Christophersen & Friman, 2010）。在白天，儿童会因为不同的原因遗尿。大多数白天遗尿的孩子在白天和晚上都存在膀胱不稳定（即不受抑制的膀胱收缩）的问题。他们会突然、意外地想排尿并且通常表现出 PSNE 的症状。白天膀胱不稳引起的尿床多见于女孩，有时与医学有关的问题（例如，尿路感染），并可能带来心理社会压力的影响。

白天遗尿的另一个原因是**排尿延迟（voiding postponement）**。正如大多数家长和教师所知，一些孩子（大部分是男孩）白天遗尿，因为他们专注于日常活动，而没有意识到自己的膀胱已经被充满了。有些孩子则过于活跃和冲动，可能不会花时间上厕所。有排尿延迟情况的儿童往往表现显著：排尿频率低，会做一些憋尿动作（例如，交叉双腿、坐立不安），并且必须在成人的提示下上厕所（Christophersen & Friman, 2010）。

极少数儿童（主要是女孩）白天遗尿是因为他们的负责排尿的肌肉运动不协调。这些儿童在排尿时会收缩（而不是放松）控制排尿的尿道外括约肌。因此，他们排尿时肌肉紧张，尿液的流出被打断，而剩余的尿液经常在离开厕所后排出（Garralda & Rask，2015）。

小　结

- MPE 最常见的病因是:（1）遗传风险;（2）精氨酸加压素的减少;（3）对膀胱充盈不敏感;（4）睡眠中抑制排尿的问题。
- PSNE 最常见的病因是:（1）对膀胱充盈不敏感;（2）功能性膀胱容量小。
- 日间遗尿常由排尿延迟引起。

什么治疗对儿童遗尿症有效?

夜间遗尿的治疗

遗尿是一个严重的问题吗？它值得治疗吗？虽然大多数遗尿症患儿最终会发展出控尿的能力，但康复往往是缓慢的和有压力的。遗尿症会降低儿童的自尊和生活质量、干扰儿童的社交活动（例如，露营、过夜），并给父母带来负担。此外，通过治疗，大多数儿童能够显著减少白天和/或夜间的遗尿，有效的治疗可以改善儿童的福祉和社会功能。尽管如此，许多家长仍将遗尿视为随着儿童长大自然会消失的一种障碍。在美国，只有 36% 的遗尿症患儿接受治疗（Brown et al., 2008; Shreeram et al., 2009）。

遗尿症的成功治疗取决于医生、行为健康专家和家庭之间的合作（van Herzeele et al., 2015）。治疗前，儿科医生应对儿童进行评估，以确定他们的遗尿是否可能是由躯体疾病引起的。例如，尿路感染、糖尿病以及 SSRIs 有时会导致儿童遗尿。便秘也会导致遗尿，因为粪便可能会对膀胱产生压力。在非常罕见的情况下，儿童的解剖结构异常会导致遗尿。然而，在 90% ～ 95% 的病例中，儿童遗尿并非由躯体疾病引起，因此，行为干预是必要的（Campbell, Cox, & Borowitz, 2009; Williams, Jackson, & Friman, 2007）。

行为干预在很大程度上取决于家庭的资源和动机。治疗师通常会与家庭一起评估儿童遗尿的性质以及家庭参与行为治疗的能力和意愿。因为行为治疗通常需要父母和孩子付出时间和精力（包括由于夜间遗尿导致的睡眠不足），所以家庭理解并致力于此非常重要。通常，治疗师会要求父母和孩子签署一份行为契约，也就是一份书面声明，说明每个家庭成员在参与治疗时被期待的做法（Mikkelsen, 2015）。

行为治疗

夜间遗尿症的首选治疗方法是使用尿液报警器（urine alarm）（Perrin, Sayer, & While, 2015）。**尿液报警器**是一种小型机械装置，安装在儿童内裤中最有可能在夜间被尿湿的区域（图 16.1）。该设备由电池供电，并与夹在儿童睡衣上的小型报警器相连。当儿童遗尿时，尿液在装置中形成电路，触发警报。警报器通常会唤醒儿童，让他们意识到自己在晚上尿床了（Axelrod, Tornehl, & Fontanini-Axelrod, 2014）。

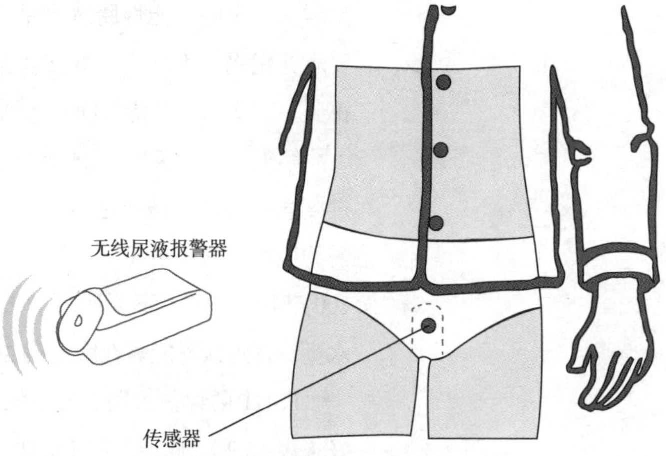

图 16.1　用于夜间遗尿的尿液报警器

尿液报警器通过经典条件作用让儿童不在夜间遗尿。警报自然地会使儿童警醒，导致其盆底肌收缩，这种收缩会抑制排尿。负强化或回避学习会维持这种经典条件反应（conditioned response, CR）。随着时间推移，儿童可以学会通过在感觉到膀胱充盈时收缩盆底肌来避免发出警报。在睡眠中的盆底肌收缩可以延迟排尿，直到早晨（Lyons-Ruth et al., 2014）。

59% ～ 78% 的使用尿液报警器的儿童在 8 ～ 14 周内停止尿床。大多数没有改善的孩子不会被警报吵醒或最终习惯它（Houts, 2010）。如果单靠尿液报警器是无效的，临床医生可能会使用**全谱系家庭训练**（**full spectrum home training**, **FSHT**; Mellon & Houts, 2007）。FSHT 由五个部分组成：（1）教育和行为契约；（2）尿液报警训练；（3）清洁训练；（4）储尿控制训练；（5）过度学习。

第一，治疗师向家庭传授关于夜间排尿的解剖学和生理学的知识。行为治疗师可能会将夜间遗尿症描述为在学习将膀胱充盈感与睡眠时抑制排尿联系起来方面出现的问题。治疗方法包括用报警器叫醒儿童，以使儿童建立这种联结。治疗师告知父母永远不要因夜间遗尿责备或责骂孩子，而应该以一种就事论事的方式承认："哦，你尿床了。让我们开始清理吧。"治疗师还告诉家长要避免限制孩子饮水或让他们在晚上穿拉拉裤——这两种方法可能会干扰儿童习得在睡眠时抑制排尿的能力。最后，治疗师要求家庭成员签署一份行为契约，说明每个家庭成员在治疗中的角色。

第二，家庭开始在家里使用尿液报警器。家庭使用一个记录表来记录儿童每晚不尿床的情况。目标是让孩子连续 14 晚都不尿床。如果晚上不尿床，儿童就受到表扬，并收到一张贴纸或一些奖励。如果儿童尿床并触发了警报，父母必须确保儿童立即醒来并关掉警报。一旦醒来，儿童就要去厕所小便。

第三，在儿童因为警报醒来后，父母就要开始对儿童进行**清洁训练**（**cleanliness training**）。根据儿童的年龄，父母会要求他撤掉床上用品并脱下睡衣，放在洗衣机里。然后，儿童穿上新的睡衣，换上新的床上用品，在回到床上之前重新启动尿液报警器。对报警器进行反应并进行清洁训练根据孩子尿床的频率可能每晚进行多次。

第四，儿童要进行**储尿控制训练**（**retention control training**）。这一训练的目的是增加儿童的功能性膀胱容量，以便他在排尿前能等待更长的时间。在白天，父母要求儿童喝一大杯水，并在 3 分钟内不要上厕所。如果儿童完成了这项任务，他会得到一点奖励。等待时间每天增加 3 分钟，直到儿童能够延迟排尿 45 分钟。

第五，在儿童连续 24 个晚上不尿床后，父母开始进行**过度学习**（**overlearning**）。过度学习的目的是通过给儿童更多的练习，让他们将膀胱充盈的感受和抑制排尿所需的肌肉收缩联系起来，从而防止复发。最初，父母要求孩子在睡前 15 分钟喝大约 100 毫升水，并且不要尿床。如果孩子能够完成这项任务，父母会逐渐增加睡前的饮水量，直到孩子能够在晚上喝 200 ～ 300 毫升水而不尿床。

FSHT 的评估表明，与单独使用尿液报警器相比，FSHT 在防止遗尿方面效果稍好（表 16.2）。此外，与 FSHT 类似的多组分治疗在预防复发方面比单独使用尿液报警训练要好得多（Houts, 2010; Murphy & Carr, 2013）。

表 16.2 夜间遗尿的治疗

治疗	成功率（%，连续 14 天不尿床）	
	治疗后	1 年后
仅用尿液报警器	59 ～ 78	34 ～ 43
全谱系家庭训练	64 ～ 86	45 ～ 75

注：全谱系家庭训练在防止夜间遗尿方面比单独使用尿液报警器稍微更有效一些。基于霍茨（Houts, 2010）。

药物治疗

许多医生建议使用药物对遗尿症进行治疗，要么单独使用药物治疗，要么将药物治疗与行为干预相结合。然而，药物通常不被视为长期治疗的选择，因为药物并不总能减少遗尿症状，而且通常只在儿童服药时起才作用（Mikkelsen, 2015）。

去氨加压素（**desmopressin, DDAVP**）是治疗夜间遗尿最常用的处方药。它是一种合成的精氨酸加压素，用于减少夜间尿液生成。DDAVP 通常作为鼻喷雾剂或可在口腔中融化的冻干药物使用。25% ～ 60% 服用 DDAVP 的患儿在服药后不久停止遗尿；然而，停止使用药物后，只有约 20% 的患儿还能继续不遗尿。DDAVP 也很贵；因此，它通常在短期（例如，儿童在外过夜时）或在难治的情况下使用（Chua et al.,2016; Mikkelsen, 2015）。

另外两种药物不太常用。托莫西汀是一种选择性去甲肾上腺素再摄取抑制剂，常用于治疗 ADHD，它已被用于治疗夜间遗尿的儿童。托莫西汀能增加觉醒程度，使儿童更能意识到膀胱充盈的感觉，从而抑制夜间排尿。在一项随机对照研究中，与安慰剂相比，托莫西汀使夜间遗尿的发生率略有降低，但这种降低是显著的（Sumner, Schuh, Sutton, Lipetz, & Kelsey, 2006）。奥昔布宁是一种抗痉挛药物，用于减少日间遗尿儿童的非自愿膀胱收缩。然而，与 DDAVP 一样，奥昔布宁只有在积极服用时才有效，停药后儿童遗尿的复发率为 85%（Mellon & Houts, 2007）。

日间遗尿的治疗

关于日间遗尿的病因和治疗方法我们知之甚少。大多数患有日间遗尿的儿童不到真的憋不住的时候根本不知道他们的膀胱已经被充满了。即使当父母和教师因为他们坐立不安而提示他们去洗手间时，他们似乎基本上也不会意识到自己需要小便。长期使用拉拉裤似乎会让儿童意识不到尿失禁，并降低他们不遗尿的动机（Christophersen & Friman, 2010）。

因此，日间遗尿的治疗方法由 3 个方面组成：（1）帮助儿童识别膀胱充盈的感受；（2）增加他们对盆底肌的控制，使他们可以在上厕所之前抑制排尿；（3）增加他们的功能性膀胱容量，使他们可以延长延迟排尿的时间。

为了提高儿童对排尿需求的认识，大多数治疗师要求儿童在一天中有计划地上厕所。在一段不连续的时间里（例如，整个上午）不遗尿的儿童会因为这一成就得到强化。如果可能，儿童在学校也应该有计划地上厕所。儿童在上学期间可以获得“厕所通行证”。为了防止滥用，在一天结束时，儿童如果有未使用的通行证就可以因此得到奖励。有些孩子在白天也会戴上尿液报警器，这样即使是少量的日间遗尿也不会被忽视。

为了加强盆底肌，临床医生可能会教儿童练习**凯格尔运动**（**Kegel exercises**），即在如厕期间反复停止和开始排尿（插图 16.1）。每天至少练习 3 次凯格尔运动可以提高儿童抑制排尿的能力。

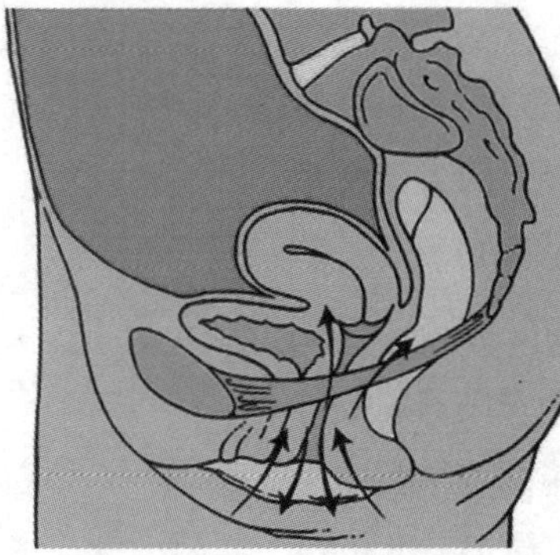

插图 16.1 凯格尔运动指反复收缩和放松构成盆底一部分的肌肉，这些肌肉有时被称为“凯格尔肌肉”。加强这些肌肉可以帮助儿童减少日间遗尿。

为了增加功能性膀胱容量，儿童可以进行储尿控制训练。该训练可以帮助儿童在排尿前保持更多的尿液，从而减少排尿频率。在周末，一些临床医生还建议进行过度学习的练习，也就是让儿童在白天逐渐喝更多的液体，并且避免遗尿（Christophersen & Friman, 2010）。

小 结

- 治疗遗尿症需要医学和行为健康专业人士协同工作。在进行行为治疗之前，医学专业人士必须排除儿童遗尿的生理原因。
- 尿液报警器是夜间遗尿最有效的单一治疗方法。二级治疗包括 FSHT，它由五个部分组成:（1）教育和行为契约;（2）尿液报警训练;（3）清洁训练;（4）储尿控制训练;（5）过度学习。
- DDAVP 是一种合成的精氨酸加压素，是治疗夜间遗尿最常用的药物。DDAVP 在短期内有效，但大多数儿童在停药后会复发。

什么是遗粪症?

描 述

遗粪症是指反复在不适当的地方，例如衣裤或地板等地方排便。在大多数情况下，这样的排便是非自愿的。然而，一些儿童的排便是有意的（例如，排便以让父母生气）。根据定义，患遗粪症的儿童必须至少在 3 个月内每月至少 1 次不适当地排便。此外，患儿必须至少 4 岁。根据定义，排泄障碍不能由通常引起失禁的药物引起，例如泻药。此外，它不能由医学疾病引起，例如细菌性或病毒性疾病。

虽然区分原发或继发不是 DSM-5 诊断系统的一部分（American Psychiatric Association, 2013），但是许多临床医生将原发性遗粪症（primary encopresis）与继发性遗粪症（secondary encopresis）做了区分。**原发性遗粪症**见于从未建立正常排便控制能力的患儿。与之相对，**继发性遗粪症**则见于是在正常如厕一段时间后出现遗粪的患儿。确定儿童自主控制意愿和病程很重要，因为这些信息可以为治疗师提供有关病因和治疗的线索。例如，如果一名患有原发性遗粪症的儿童在白天出现遗粪现象，他可能会受益于系统的如厕训练。与之相对，如果一个患有继发性遗粪症的儿童故意在他妹妹的婴儿床上大便，他可能会从旨在解决兄弟姐妹之间的竞争或家庭压力的干预措施中获益（Mikkelsen, 2015）。

流行病学及相关问题

在美国，大约3%的学龄儿童符合遗粪症的诊断标准（Friman, 2008）。大约1.4%的7岁儿童每周会遗粪一次，而6.8%的儿童只是偶尔出现遗粪现象（von Gontard, 2011）。男孩患上这种障碍的可能性比女孩高4～6倍（Campbell et al., 2009）。

对遗粪症患儿的社会心理功能的研究结果不一致。一些研究表明，与没有遗粪症的同龄孩子相比，遗粪症患儿更有可能有行为或社会情感问题（Friman et al., 2009）。原发性遗粪症患儿有时会报告不太满意的关系、更强烈的悲伤、更多的与分离和社交活动相关的焦虑。有时，继发性遗粪症患儿和/或故意排便的儿童在遗粪前不久经历过紧张生活事件，或表现出对立和挑衅行为的问题。所有患有遗粪症的儿童都有出现自卑和社会问题的风险，因为他们会引发家庭成员和同龄人的负面反应（Friman et al., 2009）。

大约30%的遗粪症患儿也患有遗尿症。通常，这两种障碍都是由结肠增大引起的，结肠增大是长期便秘的结果。增大的结肠还对膀胱施加了压力，从而导致遗尿（Campbell et al., 2009）。

遗粪症的病因是什么？

在80%～95%的病例中，便秘和溢出性失禁是导致遗粪症的原因（图16.2）。便秘通常是儿童长时间不排便导致的。排便延迟的原因有很多：儿童可能会因其他活动（例如，游戏、运动）而分心，儿童可能无法方便地上厕所（例如，在学校），儿童的饮食可能受到限制或不规律（例如，纤维过少），或者儿童可能经历长时间的压力（例如，搬到新家）。有对立和违抗行为的儿童可能干脆拒绝使用厕所。还有些儿童在如厕时可能会感到尴尬、羞愧或异常脆弱。还有一些儿童在排便时可能会感到不适或疼痛，随后就可能会回避如厕（Friman, 2008）。

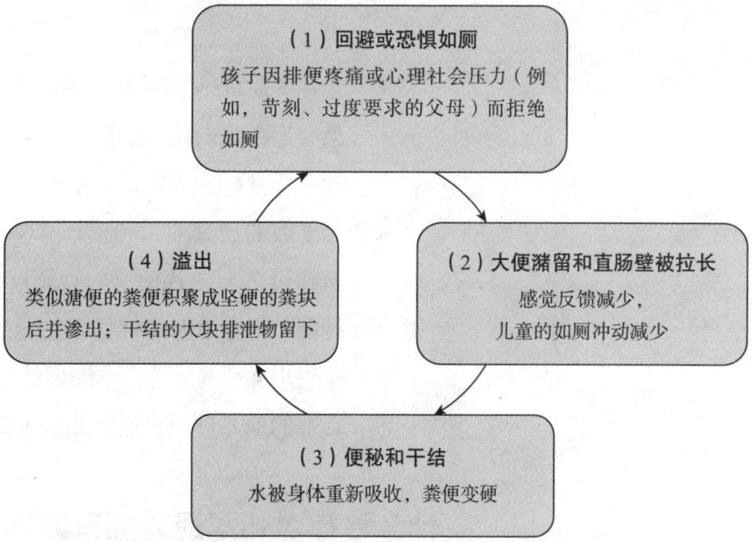

图16.2　遗粪症通常是由便秘引起的充溢所致

注：治疗包括缓解便秘和教患儿定期如厕。基于巴特勒（Butler, 2008）。

不管病因是什么，粪便都潴留在肛管内，直肠壁会被拉伸以容纳这个硬块。粪便潴留有两个后果：（1）直肠变大；（2）直肠周围让儿童感知到充盈感的神经敏感性降低。因此，尽管排泄物在肠道内积聚，但儿童失去了需要排出排泄物的正常感觉。

随着时间推移，粪便中的水分会被身体重新吸收。粪便变得像石头般坚硬，难以排出。通过经典条件作用，儿童很快将排便与疼痛联系起来，从而增加其对如厕的回避（Lyons-Ruth et al., 2014）。

当新的粪便继续堆积在粪便硬块后面时，这些粪便可能会意外地渗透到粪便硬块周围，使儿童的衣裤上出现污便。这种新的排泄物通常类似于腹泻。因此，许多父母错误地给儿童服用止泻药，这会加剧儿童的便秘症状（Mikkelsen, 2015）。

正如你可能想象的那样，表现出便秘伴溢出性失禁的儿童几乎无法控制他们的便秘。然而，由于他们很少抱怨便秘，许多父母错误地将他们衣裤上的污便归因于固执、懒惰或违抗。惩罚性的纪律几乎总是增加儿童的挫折感，降低儿童与父母合作解决问题的可能性。

大约 15% 的遗粪症患儿不便秘。这些儿童中的大多数患有原发性非潴留性遗粪症。这些儿童从未实现控便，经常排便在衣裤上。他们通常有发育障碍或神经系统疾病，这影响了他们如厕的能力。然而，少数儿童表现出继发性、非潴留性遗粪症。他们可以控制大便，但故意在不适当的地方排便。这些儿童主要是有对立违抗行为史的男孩。然而，一些儿童在发生重大生活事件后（例如，父母分居、住院或受到性虐待后）会患上遗粪症。虽然性虐待可能是导致遗粪症的原因之一，但儿童更有可能因其他原因患上遗粪症。遗粪症并不是性侵害的常规指标（Friman, 2008）。

小　结

- 遗粪症是 DSM-5 中的一种障碍，其特征是反复将粪便排泄在不适当的地方。患有遗粪症的儿童必须至少 4 岁，而且这种行为必须每月至少发生 1 次，持续 3 个月，造成痛苦或损害。
- 大多数的遗粪症（80% ～ 95%）是由于便秘伴溢出性失禁导致的。潴留排泄物过多会导致便秘、直肠被拉伸和对充盈感不敏感。儿童由于疼痛避免排便，但随着时间推移，他们会经历非自愿的排便。
- 有些儿童有继发性、非潴留性遗粪症。他们可以控制大便，但他们故意在不合适的地方排便。这些儿童主要是有对立违抗行为史的男孩。

什么治疗对儿童遗粪症有效？

治疗遗粪症引起的便秘需要医生、治疗师和家庭的合作。在治疗开始之前，儿童应该接受儿科医生的评估，以排除由几种少见疾病中的一种引起的排泄障碍的可能。例如，先天性巨结肠症（Hirschsprung's disease，又称希尔施普龙病）是一种罕见的疾病，这种疾病患者控制结肠壁肌肉的神经缺失，导致感觉输入不足（Williams et al., 2007）。儿科医生还可以确定儿童是否患有便秘，如果是，他们可以开泻药或灌肠来缓解这种情况。儿童的结肠清洁后，医生可能会建议儿童每天服用温和的泻药以软化大便，增加消化系统的运动能力，并减少将来便秘的可能性（Campbell et al., 2009）。

行为疗法通常从解释便秘的原因开始，特别是伴溢出的便秘。然后，治疗师介绍治疗的基本原理。阅读下面从科学到实践板块的内容，了解与家长的初步讨论。

从科学到实践

向家庭解释排泄障碍

治疗师：随着时间推移，布拉德的结肠已经变大和膨胀，比它原本的大小要大得多，被拉长的程度也更高。此外，它周围的神经也不能正常工作——它们不能告诉大脑什么时候结肠已经被充满了。这些现象的结果是布拉德不知道什么时候该去如厕。

妈　妈：所以，他排便到自己的内裤上并不是他的错。

治疗师：是的，他可能直到排便时才知道到底发生了什么。是吗？

布拉德：（点头）

治疗师：所以，奖励布拉德整天保持清洁或者因为他拉裤子而惩罚他都不会有任何好处，让他为拉裤子感到难过也无济于事。相反，我们需要让他的结肠恢复正常。现在，它就像一个变形、柔软、松弛的运动员，不能表现得很好。我们需要布拉德训练他的结肠，使其恢复形状，以便它能够在比赛中发挥最佳水平。他可以通过每天做一些运动来做到这一点。你（妈妈）可以帮助他。

为了让孩子的“结肠定型”，治疗师可能会建议改变儿童的饮食，比如增加水果、蔬菜和全谷物，减少乳制品，以及大量喝水。然后，治疗师让儿童定期进行坐便。在早餐和晚餐后 15 ～ 20 分钟时，儿童需要坐在马桶上 5 ～ 10 分钟，尝试排便。父母应该尊重孩子的隐私并且让卫生间看起来对孩子有吸引力，或许可以允许儿童在卫生间里读书或听音乐。同样重要的是，卫生间的大小要适合儿童。儿童坐在马桶上时脚要有支撑，以增加其舒适度。

为了提高对如厕计划的依从性，父母可能会在孩子每次成功坐在马桶上时给他少量奖励，在他成功排便时给予更多奖励（Boles, Roberts, & Vernberg, 2010）。父母可以使用清洁训练和反应代价以防止孩子遗粪。清洁训练要求孩子在遗粪后清洁衣裤（例如，脱掉衣裤并将其放入洗衣机）。反应代价可以是在孩子失禁发生后撤回强化。父母也可以在失禁发生后进行积极练习，以强调适当的坐便行为。例如，父母可能会要求孩子多次练习跑去厕所并坐着如厕（Friman et al., 2009）。

几项随机对照研究表明，联合的行为治疗，例如定时坐便和正强化相结合的疗法，可以有效地减少便秘引起的排泄障碍。此外，与泻药结合使用的行为干预措施通常比单独使用泻药更能减少排泄障碍（Brazzelli, Griffiths, Cody, & Tappin, 2011）。

非潴留性排泄障碍（即非便秘引起）的治疗取决于障碍的病因。患有原发性非潴留性排泄障碍的儿童通常会受益于如厕训练。许多表现出这种遗粪症的儿童有发育迟缓，因此，治疗师必须确保他们有认知能力来成功遵循如厕所需的多步指令（例如，坐、擦、洗）。患有继发性非潴留性排泄障碍的儿童在治疗排泄障碍本身之前，应接受导致遗粪症的可能原因的干预。例如，对立违抗的、恐惧的或遭受性虐待的儿童应接受针对这些问题的特定治疗（Mikkelsen, 2015）。

小　结

- 原发性排泄障碍的治疗通常包括：（1）教育；（2）使用药物缓解便秘；（3）饮食调整；（4）对定期坐便行为进行正强化。
- 继发性非潴留性排泄障碍的治疗通常聚焦于儿童的对立违抗行为。

16.2 儿童青少年睡眠-觉醒障碍

什么是睡眠-觉醒障碍？

尽管睡眠是一个自然过程，但独立入睡、夜间维持睡眠、获得充足睡眠以在第二天感到精力充沛的能力是个体在生命最初几年中必须培养的能力。这些能力的发展在很大程度上取决于神经系统的成熟、气质和行为，以及父母培养孩子健康睡眠习惯的能力。从出生到青春期，发育中的个体通常会经历睡眠行为和**睡眠结构（sleep architecture）**（即中枢神经系统活动）的变化。随着睡眠模式和结构的发展，儿童与青少年可能会出现睡眠问题（表 16.3）。**睡眠-觉醒障碍（sleep-wake disorders）**是 DSM-5 中的一大类障碍，其特征是睡眠模式中断或对睡眠质量、次数或时长不满意。根据定义，这些障碍会导致痛苦或损害（American Psychiatric Association, 2013; Lyons-Ruth et al., 2014）。

表 16.3　睡眠行为、结构和发育中可能出现的问题

年龄	行为	结构	可能的问题
新生儿	每次睡眠时间为 3～4 小时，在 24 小时内均匀分布；每天睡眠 16～18 小时	入睡后进入 REM 睡眠；大部分睡眠是在 REM（快速眼动）睡眠中度过的；其他阶段模糊不清	能否入睡和恢复睡眠取决于父母，但这被认为是正常的
2～4 个月	3 个月时，婴儿进入 24 小时睡眠-觉醒周期；可以在晚上睡得比白天多；如果在夜间醒来，可以自我安抚并继续睡	婴儿入睡后开始进入 NREM（非快速眼动）睡眠；在 REM 睡眠中的时间少	没有父母的帮助，婴儿可能会有入睡困难

续 表

年龄	行为	结构	可能的问题
6～12个月	到9个月大时，大多数婴儿会彻夜睡眠（6～7小时）；总就寝时间为14～15小时，白天小睡2～3次	到6个月大时，婴儿的昼夜节律保持稳定，直到青春期；明显有非快速眼动阶段（与成人相似）	在没有父母帮助的情况下，婴儿入睡或重新入睡可能会有问题；可能有夜惊或在“彻夜睡眠”方面有问题
1～2岁	总就寝时间为12～14小时，白天小睡1次	到3岁时，REM睡眠占比下降到儿童总就寝时间的30%	儿童表现出分离焦虑；可能拒绝在睡前与照顾者分离
3～5岁	总就寝时间为11～12小时；75%的5岁儿童不再小睡	睡眠周期增加到90分钟（与成人相似）	认知的发展使夜间恐惧变得常见；儿童可能拒绝睡觉，可能出现觉醒障碍；一些儿童出现睡眠呼吸暂停
6～12岁	儿童需要10～11小时的睡眠，但通常睡眠不足；睡眠潜伏时间（进入非快速眼动睡眠所需时间）约为20分钟	到了儿童后期，大多数儿童表现出与成人相似的睡眠周期	儿童可能会拖延或拒绝睡觉；有些孩子因焦虑而失眠
12～18岁	青少年需要9～11小时的睡眠，但通常睡眠不足；昼夜节律的延迟会导致晚睡晚起的愿望	随着青春期的到来，青少年表现出褪黑素的时相延迟，这也会延迟昼夜节律	青少年可能表现出焦虑相关的失眠；学业和其他活动会占用睡眠时间，导致白天嗜睡

注：改编自欧文斯和伯纳姆（Owens and Burnham, 2009）以及赖特、韦斯伯格和拉迪（Reite, Weissberg, and Ruddy, 2009）。

睡眠障碍可由几种方法来识别。通常，儿童与青少年的睡眠问题是通过父母的报告来评估的。心理学家可能会就儿童与青少年的睡眠习惯、质量和环境对家庭进行访谈（Cortese et al., 2013）。为了筛查可能的睡眠障碍，一些专业人士使用首字母缩略词为BEARS流程：

孩子有睡眠困难（*bedtime difficulties*）或难以入睡吗？
孩子白天是否过于困倦（*excessively sleepy*）？
孩子是否在夜间醒来（*awaken during the night*）并且无法再入睡？
孩子有规律的作息（*regular sleep-wake schedule*）吗？
孩子睡觉时是否打鼾（*snore*）或呼吸困难？

父母也可以记录睡眠日志或日记，记录孩子的睡眠和觉醒情况。为了更客观地估计儿童与青少年的睡眠时间和质量，儿童与青少年可以佩戴一个活动测量器。这个小装置连接在孩子的腿或手臂上，为夜间活动提供可靠和准确的测量。

评估睡眠的“金标准”是**多导睡眠脑电图**（**polysomnogram, PSG**）或“睡眠研究”（Crabtree & Williams, 2009）。要进行PSG，儿童与青少年必须在医院过夜，使其睡眠受到监测（插图16.2）。在PSG中，大脑活动［脑电图（electroencephalogram, EEG）］、眼动［眼电图（electrooculogram, EOG）］、肌肉活动［肌电图（electromyograph,

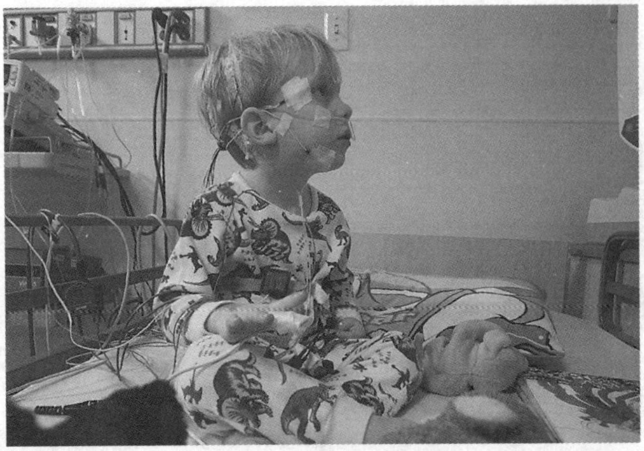

插图 16.2 这个男孩正在准备接受一项睡眠研究以确定他出现睡眠问题的原因。PSG 将测量他的大脑活动、眼动、肌肉活动或骨骼肌激活、心律和睡眠期间的呼吸。

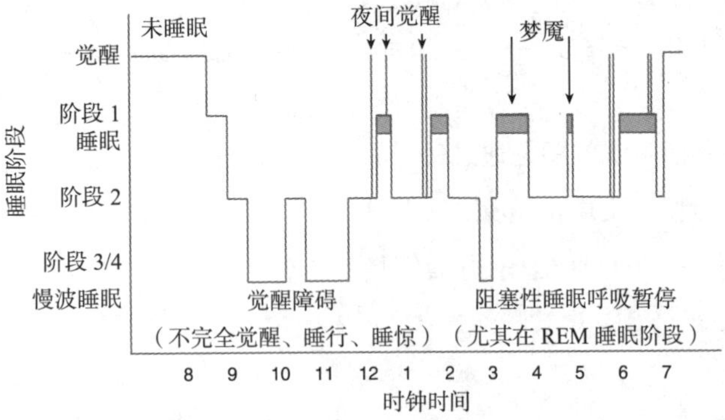

图 16.3 正常发育儿童的睡眠结构

注：睡眠周期（放松清醒期、非快速眼动期、快速眼动期）在整个晚上重复，周期性地夜间觉醒并恢复睡眠。图中显示了最常发生的可能的睡眠障碍的名称。改编自吕和罗森（Leu and Rosen, 2008）。

EMG）］和心律［心电图（electrocardiogram, ECG）］会受到监测。PSG 可以评估睡眠时间和质量，检测睡眠结构的异常，并识别与呼吸有关的睡眠问题（Miano et al., 2016）。例如，图 16.3 显示了正常发育儿童的睡眠结构。医生可以监控儿童与青少年的睡眠周期，并关注这个周期中最有可能出现睡眠–觉醒障碍的时期。

睡眠障碍会导致个体的痛苦或损害（O'Brien, 2009）。患有睡眠障碍的大龄儿童与青少年可能表现出与成人相同的症状和体征（例如，打哈欠、嗜睡）。大多数低龄儿童表现出自相矛盾的症状，例如过度活跃、冲动和易激惹。睡眠问题与注意力、保持专注和问题解决能力的下降有关。毫不奇怪，有睡眠问题的儿童与青少年有时会在学校遇到行为和学业上的困难（Mindell & Owens, 2015）。

睡眠障碍同样会对父母造成干扰。睡眠障碍患儿的照顾者经常报告与他们的孩子有许多相同的症状：白天嗜睡和疲劳、注意力不集中、易激惹和烦躁。养育一个有睡眠问题的孩子可能使父母面临极大的压力，尤其是当父母还面临其他心理社会困难时（例如，婚姻问题、单亲状态、不规律的工作安排）。子女睡眠问题与父母痛苦之间的关系也是双向的：子女的问题会导致父母的压力，并因父母的压力而加剧（Ivanenko & Johnson, 2016）。

大约 25% 的儿童与青少年在发育的某个阶段出现睡眠问题。DSM-5 识别了 20 种睡眠–觉醒障碍。我们将关注在儿童与青少年中最常见的五种：（1）失眠障碍（insomnia disorder）；（2）昼夜节律性睡眠障碍（circadian rhythm sleep disorder）；（3）睡眠唤醒障碍（sleep arousal disorders）；（4）梦魇障碍（nightmare disorder）；（5）阻塞性睡眠呼吸暂停低通气（obstructive sleep apnea hypopnea）（Ivanenko & Johnson, 2016）。

小 结

- 睡眠–觉醒障碍是 DSM-5 中的一类障碍，其特征是睡眠模式中断或对睡眠质量、时间或时长不满意。这类障碍会在白天造成痛苦或损害。